“八项司法”的发展与深化

——浙江法院司法创新成果

（上）

BAXIANGSIFA DE FAZHAN YU SHENHUA
ZHEJIANG FAYUAN SIFA CHUANGXIN CHENGGUO

齐 奇／主编

法律出版社
LAW PRESS·CHINA

目　录

（上）

绪　论

第一章 能动司法

保障经济社会平稳健康发展

第二章 和谐司法

促进平安建设 助推和谐社会

第三章 民本司法

积极回应人民群众司法关切

第四章 协同司法

构建多元纠纷解决机制

第五章　规范司法

确保司法审判公正高效权威

(下)

第六章　阳光司法

不断提升司法公信力

第七章 廉洁司法

构筑司法廉政风险防控堡垒

第八章 基层司法

夯实人民法院工作基层基础

附 录

(近五年来浙江省高级人民法院制定的相关文件)

绪　论

第一节 综　　述

2009年年初，浙江省高级人民法院在“大学习、大讨论”和深入实践科学发展观活动中，经过深入调查研究，针对基本国情省情、发展阶段、经济社会发展态势，结合浙江法院工作实际，在1月7日的全省法院院长会议上和1月18日向省十一届人大二次会议所作的工作报告中提出“抓好八项司法，服务科学发展”的工作思路，即高度关注经济、社会形势反映到司法层面的变化发展态势，紧紧围绕“保增长、保民生、保稳定”的工作重心，抓好能动司法、和谐司法、民本司法和协同司法；紧紧围绕公正高效廉洁审判的工作要务，抓好规范司法、阳光司法、廉洁司法和基层司法。“八项司法”作为一个不可分割的整体，涵括了法院工作的方方面面，体现了科学发展观的要求。其中，能动司法、民本司法、和谐司法、协同司法等前四项司法，一一对应科学发展观的发展是第一要务、核心是以人为本、全面协调可持续是基本要求（强调人与自然的和谐，人与人的和谐）、统筹兼顾是根本方法，旨在发挥审判职能，围绕党和国家的中心工作，为大局服务，为人民司法。规范司法、阳光司法、廉洁司法、基层司法等后四项司法，旨在改革法院各项工作机制，围绕办案，确保公正、高效、廉洁。实践证明，“八项司法”是遵循司法规律，符合法院实际，顺应时代特征，体现浙江特点的有力抓手，是服务经济社会科学发展、实现法院工作自身科学发展的务实路径。

近五年来，全省法院贯彻科学发展观，抓好八项司法，认真履行宪法和法律赋予的职责，各项工作取得新的进展。全省法院共受理各类案件412.13万件，办结407.2万件①，同比前五年分别上升了56.7%和55.1%，是全国增幅的2.1倍（见下图）。其中2012年受理97.66万件，办结96.63万件，同比分别上升17%和17.1%，是继2008年之后的又一个收案高峰。五年来，平均上诉率为6.2%，低于全国3个百分点；二审改判发回率为7.8%，低于全国7个百分点；生效裁判息诉率为99.3%，一线办案法官年人均结案达150件，是全国平均数的2倍，各项办案质量、效率、效果主要指标，历年均居全国法院前列。

① 综述部分的有关数据，如未特别注明，均指2008年至2012年全省法院统计数据。

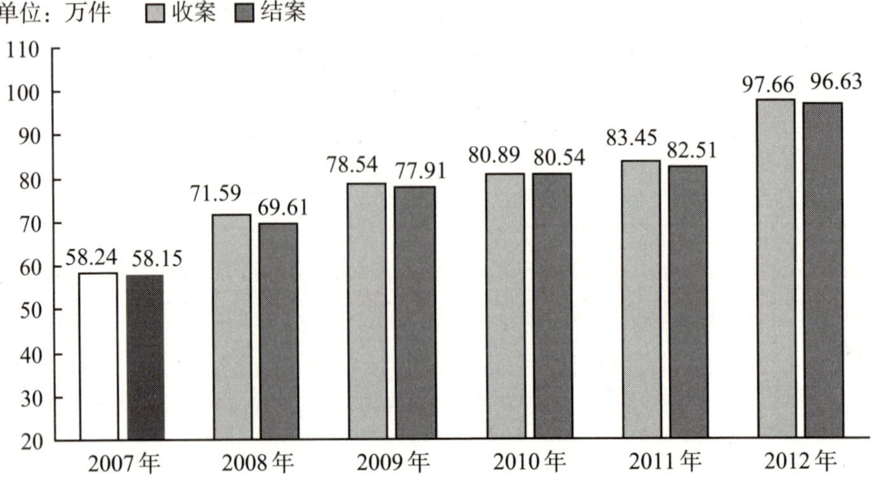

2008 年 –2012 年全省法院收结案情况图

(一)抓好能动司法,依法保障经济平稳较快发展

法院工作有很强的专业性、特殊性、终局性,同时又与党和国家的中心工作息息相关,有很强的关联性、全局性、保障性,浙江法院始终把法院工作放到全局中来谋划、来推动,密切关注经济社会发展的新情况、新问题,坚持抓好能动司法,为大局服务,为人民司法。

1. 重视经济形势变化中的涉案应对

2008 年年初,受国际金融危机和国家宏观调控政策影响,部分企业生产经营困难加重,各类涉企、金融纠纷收案呈大幅上升态势。对此,省法院在调研基础上,于同年 4 月在我省及全国法院中率先抓住“危机苗头”,向省委作出了《关于运用审判职能,切实贯彻省委“防止我省经济下滑”指示精神的专题报告》,提出预警与对策,受到国务院、最高法院、省委领导的重视和肯定。针对 2011 年下半年以来我省又呈现经济下行压力态势,及时要求全省法院密切关注 4 条资金链,重点把握好 5 类涉案问题。研究制定依法保障中小微企业创业创新发展的指导意见,及时出台审理民间借贷、金融纠纷、涉财务风险企业债务纠纷的实施意见,妥处各类经济纠纷,兼顾劳企利益,促进银企合作,千方百计保护有效生产力。通过慎用查封冻结和集中管辖、兼并重组、债转股等司法手段,成功帮扶了一大批有市场前景的困难企业,20 余家行业龙头企业实现了司法重整,有效防止了区域性的金融风险。其中,海纳破产重整案被《人民法院报》评为当年度全国十大最受关注的“维护平安和谐,伸张公平正义”的案件。新华社《国内动态清样》对南望集团、纵横集团破产重整案进行了专刊报道，指出“南望方式有重要参考价值”、“司法创新在企业危机处理中发挥的作用无可替代”。

2. 推进“四大国家战略举措”实施

制定《关于为我省海洋经济发展提供司法保障的意见》23 条，审理好涉船企业、临港产业和海洋新兴产业的涉案纠纷，共审结各类海事海商纠纷 8205 件。指导温州中院出台金融改革司法保障意见，支持温州金改先行先试，推进民间借贷、民间资本的阳光化、规范化运作。通过典型案例等方式引导市场经营户改变贸易经营模式，规范市场交易秩序，服务义乌国际贸易综合改革。依法公正审理涉外（含港澳台）民商事纠纷 9477 件，最高法院批准我省具有涉外商事案件管辖权的基层法院增加至 27 家，数量居全国第一，为外向型经济发展提供了良好法治环境。

3. 支持创新型省份和文化强省建设

贯彻国家知识产权战略纲要，加大知识产权司法保护力度，促进科技创新，审结一审涉知识产权的民事纠纷 31528 件、刑事案件 3398 件、行政案件 32 件，为具有浙江特色的商品批发市场、动漫游戏、传媒影视和电子商务等文化产业发展营造良好的司法环境和创新空间。正泰集团诉法国施耐德公司专利侵权纠纷案获赔 1.57 亿元，是迄今国外跨国公司对中国企业侵权的最高赔偿案，被评选为年度全国十大知识产权案件之首。首创每年邀请外国驻华机构代表和境外媒体列席我省年度知识产权审判工作会议，回答记者提问。2011 年，省法院知识产权审判庭被世界知识产权组织授予首届“中国商标保护金奖”，是全国法院系统唯一获奖单位。

（二）抓好和谐司法，全力维护社会稳定和谐

全省法院立足执法办案第一要务，全面加强审判执行工作，坚持抓好和谐司法，大力助推平安建设，营造和谐稳定的社会环境。

1. 刑事审判贯彻宽严相济政策，依法惩治犯罪

受理一审刑事案件 33.03 万件，审结 32.77 万件，同比前五年分别上升 30.6% 和 29.6%，判处罪犯 48.76 万人，其中判处五年以上有期徒刑直至死刑的 6.3 万人。依法惩处危害公共安全、故意杀人、涉黑涉恶涉毒、两抢一盗等严重影响社会治安犯罪和涉及“毒胶囊”、“地沟油”等危害食品药品安全犯罪 101515 件；依法审结集资诈骗、非法吸收公众存款等涉众型经济犯罪 898 件，指导查办集资类刑事案件的司法政策界限在全国推广。建立县处级以上领导干部职务犯罪案件异地管辖制度，审结贪污贿赂、渎职犯罪 5871 件，判处罪犯 6278 人。认真执行“两个证据规定”，抓好死刑案件办案质量，我省死刑案件被

最高法院核准率一直保持全国前列。在依法从严惩处的同时,对99306名具有从宽情节的初犯、偶犯、从犯、未成年人犯等,依法判处缓刑。为进一步保障人权,防止冤错,2011年以来在全国率先开展扩大刑案指定辩护工作,共为23603名没有钱请律师、可能被判三年以上有期徒刑的被告人指定了辩护人,指定辩护同比上升了135%,彰显了司法关怀,提升了“法治浙江”形象,得到了社会各界的广泛好评。推进量刑规范化改革,调整100余个罪名的定罪量刑情节和数额认定标准。加强刑事附带民事诉讼调解、自诉案件和解以及刑事被害人救助等工作力度,尽可能促进涉案矛盾的化解,减少社会对立面,维护大局稳定。

2. 民商事审判坚持调判结合化解纠纷,调节经济社会关系

受理一审民商事案件208.3万件,审结204.6万件,同比前五年分别上升60.8%和58.7%。坚持调判结合,审结案件调撤率达70.8%。一揽子成功调解的陈艳军等诉杭萧钢构证券市场虚假陈述赔偿纠纷127件系列案,入选第一届“全国法院十大优秀调解案例”。坚持和发展“枫桥经验”,建立健全诉讼与非诉讼相结合的多元纠纷解决机制,推进人民调解、行业调解、行政调解、司法调解相衔接的大调解工作体系。全省90个基层法院、135个人民法庭设立了人民调解窗口,共配备人民调解员360人,兼职调解员777人。委托人民调解案件110097件,调解成功率达83%,办理人民调解协议司法确认案件18966件。规范调解工作,对不宜调解以及调解不成的,及时依法作出裁判。

3. 行政审判注重实质性化解争议,促进政府依法行政和维护相对人合法权益

受理一审行政案件19972件,审结19840件,同比前五年分别下降4.5%和4.6%。其中,在判决案件中判决行政机关胜诉、败诉的分别占74.6%、25.4%,经法院协调和解撤诉的占33.7%,其他方式结案的占9.7%。经一审、二审和申诉复查后,九成半行政争议得以实质性化解。受理行政机关申请强制执行案件97674件,审结98467件,准执率占88.3%。在全国率先出台行政机关负责人出庭应诉制度,积极推进行政诉讼简易程序、附带民事诉讼、优化庭审程序三项试点工作,加大异地管辖力度,建立府院联席会议制度,向党政、人大报送年度“行政审判白皮书”,有效预防和实质性化解行政争议,促进依法行政。2011年率先部署推行“裁执分离”工作模式,兼顾推进重点工程、城市化建设的公共利益需求与被征收人合法利益保护,已审结行政机关申请强制拆迁案件633件,准予强迁率91%,未发生一起对抗失控的恶性事件。认真贯彻国家赔偿法,审结国家赔偿案件149件,赔偿金额202.16万元。

4. 着力破解执行难,维护当事人胜诉权益

深化党委领导、人大监督、政府支持、法院主办、各界配合的综合治理执行

难工作新格局，建立我省各部门联动的“执行征信、执行查控、执行惩戒、执行监督和执行保障”5个系统，与人民银行、工商部门、信用中心等建立联合征信机制，在全国率先建成覆盖在浙商业银行的网上专线“点对点”查询被执行人存款系统，与杭州、宁波、温州三个省内主要机场签署了《关于加强对被限制高消费的被执行人禁止乘坐飞机协助执行的纪要》，建立被限制高消费的被执行人禁止乘坐飞机的协助执行机制。加强执行指挥中心建设，完善三级法院执行联动机制，组织开展清理执行积案、反规避执行等专项执行活动。对7479名被执行人发布限制高消费令。依法拘留抗拒、逃避执行的15818人，202人因拒不执行判决、裁定被追究刑事责任。共受理执行案件115.85万件，执结115万件，执结标的金额1690.03亿元，同比前五年分别上升68%、66.1%和129.5%。

（三）抓好民本司法，切实保护涉案民生

全省法院始终坚持以人为本、司法为民的理念，坚持抓好民本司法，努力满足人民群众日益增长的司法需求。

1. 加强便民诉讼

规范全省法院立案接待大厅“一站式、低成本”便民窗口服务，推行巡回审判、预约办案、网上远程视频庭审与询问取证，扩大简易程序适用，推进小额诉讼速裁试点，为群众提供司法便利。自2008年以来，三次调整民事案件级别管辖标准，将93%的大标的额民事案件，交由基层法院一审，方便就地解决纠纷。推行巡回审判、预约办案，在边远地区或其他有诉讼需求的地方增设人民法庭10个，巡回审判站（点）333个，开展巡回审判41000余次。加大司法拍卖改革力度，2011年在全国率先降低委托拍卖的佣金标准，当年为当事人减轻佣金负担5541万元。2012年又在淘宝网开展网络司法拍卖改革试点，力求拍卖标的物竞价交易的公开公平公正和拍卖价格的最大化，平均溢价率达41.1%，并实现了零佣金。

2. 重视涉民生案件审理

完善涉民生案件“绿色通道”和快速处理机制，加强道路交通事故、医疗损害、劳动争议、房地产和环境污染损害赔偿等涉民生审判的指导。妥善审理涉农案件，每年岁末年初在全省法院部署农民工讨薪维权专项审判执行活动，审结劳动报酬追索、劳动争议案件11.22万件，2012年依法惩处新入刑的拒不支付劳动报酬罪犯29人，劳动报酬、赡养、扶养、抚育等涉民生案件的执行偿付率达88.4%。加强涉军案件审判，依法维护国防利益和军人军属合法权益。健全司法救助机制，为困难当事人缓、减、免诉讼费1.56亿元，为20911名困难当事人、被害人发放救助金2.33亿元。省法院依法建议的温州“7·23”动车事故改进理赔的意见,促进了赔偿争议的化解,受到国务院、最高法院和省委的肯定。

3. 做好申诉和涉诉信访化解工作

畅通申诉复查审理机制,依法保障当事人的申诉权利,审结申诉和申请再审案件 21035 件。加大对申诉案件的调解、协调力度,申诉案件调撤率达 19.6%。推进落实风险评估、多元化解、约期接谈、信访通报、案件终结等“五项制度”,抓好一审、二审期间的风险评估以及初信初访的判后答疑、教育疏导,努力从案件源头上预防和减少涉诉信访问题。五年来,全省法院生效裁判息诉率同比前五年上升 4 个百分点。坚持院长约谈接访和进村入企等专项活动,各级法院院长共接访 8917 次 16410 人。开展涉诉信访积案清理活动,推进信访老案终结工作,共化解和终结列入中央政法委清理范围的涉诉信访案件 2425 件。

(四)抓好协同司法,推动完善和创新社会管理

全面推进减刑、假释裁前公示、开庭审理工作,依法办理减刑 206979 人、假释 27974 人。加强未成年人犯罪审判工作,全省 95 个法院建立了独立建制的少年审判庭或专门合议庭,审结未成年人犯罪案件 32698 件。积极参与社区矫正、回访帮教、特殊人群帮扶等工作,有效预防和减少犯罪。2010 年在全国率先制定了防范制裁虚假诉讼的指导意见,推动诚信建设,相关实践做法被 2012 年修改后的民事诉讼法所吸收。结合办案中发现的各类隐患,共发出司法建议 2539 份,1543 份得到反馈落实,有效延伸了司法活动对优化公共决策和社会管理的影响力。建立长三角地区司法协作机制,推进区域社会管理体系建设。

(五)抓好规范司法,促进司法公正高效

坚持科技强院,依托信息化技术手段,积极构建以审判流程管理为支撑、质量效率评估为重点、审判监督为制约的审判管理新机制。建立全省法院审判质效运行态势的电子评估体系,在全国各省区率先自动生成 26 项办案质效数据,可对全省 103 家法院实时排序通报,为各级院庭长有针对性地改进审判管理提供“体检表”,使浙江法院的审判执行信息化管理走在全国前列。统筹司法规范化建设,制定《关于构建司法规范化工作长效机制的指导意见》25 条,强化案件流程和审限管理,规范文书送达、证据交接等工作,完善案件改判发回、委托鉴定拍卖等管理制度,加强内部监督制约。强化案件流程和审限管理,完善对外委托鉴定、拍卖等管理制度,规范送达、证据交接等工作,推行归档报结制度,杜绝超审限案件。完善案件改判、发回沟通机制,规范改判发回案件在上下级法院之间的程序运行。2012 年 5 月,省法院纪检组牵头,依托全省 1572 个数字法庭系统,组织人大代表、政协委员和特约监督员,对全省法院及人民法庭 951 场

庭审进行了视频抽检督察和问题反馈,效果明显。

(六)抓好阳光司法,提升司法公信力

落实公开审判制度,制定部署六个方面 58 项阳光司法达标工作,明确立案、庭审、执行、听证、文书、审务等必须公开的内容、程序和方法。全省法院已全部验收达标,23 个被评为“阳光司法优秀法院”,8 个被最高法院确定为全国“司法公开示范法院”,初步建立起开放、透明、便民、信息化的阳光司法新机制。2012 年,为巩固深化阳光司法达标工作成果,完善司法公开长效机制,与浙江大学法学院合作研制了国内首创的“阳光司法指数”,由 6 项一级指标、31 项二级指标、60 项三级指标构成,《人民日报》刊文肯定这一指数具有倒逼法院改进管理、提高司法公信的积极作用。通过定期发布阳光司法指数,直观反映和客观监测人民法院司法公开工作的状况,及时发现和改进问题,同时发挥指数评估的导向鞭策作用,在全省法院范围内形成一种相互学习借鉴、不断改进工作的累进式发展态势,实现以公开促公正,以公正立公信,以公信树权威。

1. 全面落实审判公开原则

立案阶段,加强立案窗口标准化建设,打造一站式诉讼服务中心和纠纷分流平台。将收费标准、审判执行流程、工作职责、风险提示、司法救助等在醒目位置公示,推行预约立案、网上立案和语音导诉等制度,以简化的流程与信息化的作业,提供“尊重”、“快速”、“便利”的便民诉讼服务。审判阶段,大力推行庭审公开,一审除有法定情形外,一律公开开庭审理,同时不断提高二审案件开庭率。2012 年,全省有 60 余家法院开展了庭审直播、录播工作。2006 年 6 月 1 日起在全国率先实现死刑二审案件全部开庭审理。执行阶段,及时向当事人告知重大执行行为、执行进度;建立信用信息共享平台,已在“浙江信用网”累计公布被执行人失信信息 116 万余条;司法拍卖更加规范透明,自 2012 年 6 月 26 日联合淘宝网正式推出司法拍卖平台以来,有 20 家法院试点“零佣金”司法网拍,共上线拍卖汽车、机器设备、商铺等标准化、通用型的涉诉资产 53 件,成交 42 件,成交率为 79.25%,总成交额 1532 万元,平均溢价率达 41.1%,为当事人节省佣金 66.77 万余元。《人民法院报》将“网络司法拍卖”评为“2012 年度人民法院十大关键词”之一,认为是“法律效果、社会效果与政治效果有机统一的司法改革措施”。

2. 大力加强民意沟通

建立院、庭领导与网民对话机制。2009 年以来,围绕“民本司法”、“阳光司法”、“和谐司法”三个专题,在全国法院率先推出网民在线系列访谈活动,先后有省高院院长、副院长、庭长、中院院长、部分基层法院院长等 34 人次分别与网民直接对话,网民反响强烈。开展“公众开放日”活动。自2010年推行“公众开放日”制度以来,全省法院已组织“公众开放日”活动2067次,6万余名社会各界人士参加了活动。其中省高级人民法院16次。完善新闻发布制度。2010年以来,全省法院共召开新闻发布会420次,发布新闻报道1.2万余篇,其中省高级人民法院举行20次。连续四年邀请境内外媒体和外国驻华机构代表列席全省知识产权审判工作会议,在境内外引起很大反响。主动向社会各界征求意见。专程走访各民主党派省委会、省工商联、省律师协会,主动听取对法院工作的意见和建议;先后与团省委、省总工会、省妇联座谈交流,共商维护职工、妇女儿童、青少年合法权益的举措;建立咨询专家意见征询制度,就法院工作的重大问题征询专家意见,确保法院决策部署科学民主、体现规律要求、符合人民意愿、解决实际问题。

3. 自觉接受社会各方面监督

建立全省三级法院院长定向分级联络各地全国、省人大代表、政协委员制度,主动通报工作情况,认真听取意见、建议。完善检察长列席审判委员会制度,邀请检察长或受其委托的副检察长列席审判委员会会议。积极探索人民陪审员参与诉讼调解、执行和涉诉信访工作,扩大人民群众参与、监督司法活动的范围。去年,人民陪审员参审案件121398件,一审陪审率86.96%,高于全国法院平均数31个百分点。发放廉政监督卡,告知举报电话,邀请社会各界人士担任廉政监督员,自觉将法院工作置于社会监督之下。

4. 依托现代科技搭建开放、互动、方便、快捷的现代化司法公开平台

全省103家法院全部建立每天更新的门户网站,开通案件查询系统,当事人只要输入案号和密码即能在网上查询案件审理、执行进度;开辟“裁判文书”栏目,累计公布生效裁判文书66余万篇。有60余家法院在门户网站上设立了在线诉讼服务平台,开展网上预约、网上立案、证据交换、文书送达等便民服务。全省1572个审判法庭全部数字化,实现所有开庭的案件全程录音、录像,使司法更加透明、公开,让公正“可定格”、“可再现”、“可复制”;建立了92个远程视频室,对大部分事实清楚、证据充分、争议不大的刑事案件实现远程审理。有56家法院实现诉讼档案电子化,并建立了当事人和辩护人、诉讼代理人查询服务平台,实现电子化阅卷。

(七)抓好廉洁司法,加强队伍建设,改进司法作风

开展社会主义法治理念、政法干警核心价值观等主题教育活动,践行“浙江法官职业四要”,深化法文化修养。对32个法院进行了司法巡查,审务督察暗访4900余次,认真讲评通报“两评查”及“百万案件大评查”所发现的问题。推

进创先争优活动，弘扬先进典型，西湖法院陈辽敏法官光荣当选我省政法系统唯一的党的十八大代表。坚持从严治院不动摇。出台“约法十章”，落实法官办案、任职和地域回避，规范法官与律师关系，防止人情关系对司法工作不当影响。省法院于2009年首创了法官宣誓授职典礼，现已成为全国法院一项引领廉洁司法建设的年度重要司法礼仪活动。组织编写《法院干警拒礼、拒请、拒托提示手册》，人民日报刊文认为“为防腐疫苗提供了研发思路”，最高法院已决定在全国发行。坚持零容忍、不护短，五年来共查处违纪违法案件97件105人，同比前五年下降5.4%。

（八）抓好基层司法，服务审判一线

针对法院干警80%在基层，所办案件90%在基层的特点，深入开展“五好法庭”、“模范五好法庭”达标活动，全省212个人民法庭中已有203个达到了省级五好法庭标准，47个被授予省级模范五好法庭称号。积极争取党政支持，抓好中央加强“两院”工作决定的贯彻落实，着力从人员配置、业务培训、经费保障、物资装备等方面加强基层基础建设。新招录基层干警3339人，增编的中央政法专项编制中80.2%分配给基层法院。加强信息技术在基层司法中的广泛应用，全省法院全部建立了电子局域网，审判用法庭全部数字化，实现所有开庭案件全程录音录像。为全省法官配备电子办案助手、裁判文书智能纠错等实用软件；建立全省法院审判调研人才库，发布指导性案例240个，编发审判实务技能手册31册，举办业务培训班926期，培训基层干警5.7万人次；加强“两庭”建设，新增建筑面积14.2万平方米；新设杭州经济技术开发区法院，杭州铁路运输法院已正式移交实行属地管理。

第二节 “八项司法”的提出、发展与深化

一、“八项司法”的提出

抓好“八项司法” 服务科学发展

——在全省法院院长会议上的讲话

齐 奇*

(2009年1月7日)

同志们:

这次会议的主要任务是:以科学发展观为统领,认真贯彻中央、省委和最高法院的指示精神,进一步明确形势任务,深化有中国特色、时代特征、浙江特点的司法规律性的认识,总结2008年全省法院工作,部署2009年全省法院工作。

省委对这次会议非常重视。1月5日,省委常委会听取了省高院党组关于2008年工作情况和2009年工作安排的汇报,充分肯定了法院工作。

2008年是我们党和国家历史上极不平凡的一年,也是全省法院工作取得新的成效的一年。在过去的一年里,为了维护经济的发展、社会的公正、人民的权益、法律的尊严,全省的法官、法警和法院工作人员付出了极大的辛劳和汗水。全省法院新收各类案件671058件,办结651256件,同比分别上升23.83%、20.36%,这么高的年增长率,是进入新世纪以来空前的。许多同志超负荷地工作,有的身心疲惫,有的积劳成疾,甚至英年早逝。对此,我们感同身受,铭记在心。我代表省高院党组向全省法院的同志们及其家属,表示由衷的感谢和慰问,表示最崇高的敬意!

当前,我国形势总体还是好的,经济仍然保持了较快发展,社会大局保持了和谐稳定。但国际金融危机对全球实体经济的冲击正在进一步扩大,对我国经济发展的严重影响还将进一步显现。从我省经济发展的态势来看,最困难的时

---

* 齐奇,男,1952年4月生,二级大法官,浙江省高级人民法院党组书记、院长。

刻才刚刚开始。中央近期的一系列宏观调控措施,尚有一个滞后的逐步到位的过程。至少在今年上半年,我省经济社会发展环境具有相当大的不稳定性、不确定性因素,我们宁可把问题和困难的程度看得更重一些,时间估计得更长一些。全省各级法院的领导同志,务必保持十分的忧患意识,八分、九分都不行。永康同志指出,2009 年将是我国进入新世纪以来经济发展面临困难最大、挑战最严峻的一年,将是各类社会矛盾碰头叠加的一年,将是社会治安压力增大的一年,将是敌对势力联合发难的一年。对此,我们一定要有清醒的、足够的认识。

对今年我省司法层面的涉案态势,我们有 8 点预测:

1. 涉企业纠纷仍将高发

主要是企业债务、资金链断裂衍生出来的案件,包括金融的、民间借贷的、合同的、劳动争议的,等等。各地还可能碰到事关地方稳定的一些重头企业资金链断裂的系列案件,需要我们增强服务大局的意识。

2. 农民工欠薪纠纷仍将频发

大家知道,历朝历代动摇、推翻皇朝的都是流民,里面还要加一点知识分子,搅和一起,就会一发不可收拾。如今不仅是农民工碰到了严重的就业和劳动报酬问题,大学生也碰到了就业问题。不要小看这些因素,一旦碰头叠加、矛盾聚合,心态很容易失衡。没有饭碗,再加上流动性,会出大事。所以,就业问题是最大的民生,农民工劳动报酬务必高度关注。

3. 扩大内需推进后,各地涉重点工程项目的纠纷将会明显增多

涉重点工程的动迁、环保等群体性行政纠纷,以及建设工程合同、买卖合同等纠纷今后会明显增加。扩大内需,要求“出手快、出拳重”。但从我们的历史教训来看,急了就容易犯“左”,忽视统筹兼顾。法院要加强预警,积极为党政出谋划策,预防在先。一旦涉案,就要尽力依法平衡各方利益,顾及群众合法合理诉求,又要支持重点项目顺利实施。

4. 涉“三农”纠纷会进一步凸显

农村改革发展推进中,涉“三农”纠纷,土地承包、集体土地使用权和林权流转等纠纷将会增多,要依法保护好农民利益,支持我省农村土地使用权的进一步改革。

5. 金融改革进程中新类型案件将不断出现

随着金融改革和民间借贷合法化措施的跟进,民间新型放贷、委托理财和私募基金,证券市场虚假陈述、上市公司重整,以及金融衍生品市场和保险纠纷等新类型案件也将不断出现。需要我们不断研究新情况,解决新问题,及时指导,统一司法尺度。

6. 社会治安形势更加严峻

多发性侵财犯罪，流动人口犯罪，涉众型经济犯罪，以及伤害斗殴案件会明显增多。现在，还发现黑恶势力利用村委会民主选举扩大地盘，称霸一方有所抬头。

7. 涉诉信访压力仍将持续

今年全国“两会”、新中国成立60周年大庆，以及敌对势力趁“周年”等敏感期，发难或炒作“维权”，也不会少。

8. 要特别防范社会矛盾的集聚交汇（“碰头叠加”）引发重大群体性事件

现在，一件偶发事情，一起普通治安案件，都有可能因处置不当，工作不主动，而使事态突然暴发，迅速升级。还要准备应对敌对势力利用我省邪教、民运分子等，乘机插手炒作。

回想2008年，虽然天灾人祸、大事、难事一件连一件，但是为了实现中国人百年奥运梦想，为了支援汶川大地震灾民同胞，一下子把海内外的中国人，紧紧抱团在一起！空前的民族凝聚力起了巨大作用，万众一心，势不可挡！而2009年，则不一定有这样特殊的条件了，还不知道会发生什么始料不及的事情。所以，要强调务必保持十分的忧患意识，八分九分都不行。

从我省法院自身来看，也存在以下突出问题：

1. 有些法官关注大局、服务大局的忧患意识不强

“职业性毛病”仍然较突出，机械执法，只见树木，不见森林。信守条文规则和一般学理，本身也是不错的。但在今年，宏观经济社会大局风云变幻的特殊形势下，如何紧跟中心工作，如何充分发挥司法职能，把握立法指导思想的真谛，在适用法律、政策时善于把握一般和特殊、共性和个性的关系，实现法律效果和社会效果的统一，有时明显不足。

2. 审判管理能力不强

部分法院不适应2008年收案节节攀升的形势和压力，思想准备不足，内部办案管理上见事迟，还是前松后紧的老习惯、老章法，反正靠年底前收案“踩刹车”，照样可“装潢门面”混日子。直至下半年，积案太严重了，加上省高院加大力度督促办案“第一要务”，才仓促动员加班，一度陷入比较被动的局面。

3. 司法不廉、不公现象，仍然是人民群众最关注我省法院的突出问题

少数法官，包括有的法院领导，在处理人情、关系对司法的不当影响时，缺少既坚持原则又实事求是的应对办法。个别法官我行我素，少数班子抵制人情案关系案软弱无力，战斗力、凝聚力不强，威信较差。现在，我们发现队伍里有一种很不健康的舆论，比如碰到违法违纪线索和问题，纪委来查，检察院来查，

你法院领导能挡住，能包下来，能大事化小、小事化了，舆论会传说某某领导是好样的，是保护干部的。如果你讲原则，支持动真格查处的，就会传说是某某领导要整他，或者责怪某某领导不去挡一挡，不保护下属干部。如此潜规则之下，护短的是好领导，敢抓敢管的不是好领导。最可怕在于，有的院党组班子里竟然也有这种舆论，已经到了是非颠倒、丧失原则的地步。我们要向认同这种舆论的人问一句，这样的同志还有没有忧国忧民之心？还有没有忧党之心？如果任凭司法腐败蔓延，如果都这样护短下去，我们还是共产党吗？

4. 基层基础工作还存在诸多薄弱环节

从软件到硬件，从业务到思想、作风、纪律，都需要一件件抓落实，一个一个去改进。问题、难题往往首先发生在基层。从高、中院来讲，都要克服自我为中心的机关作风，真正按照永康同志讲的，形成“心往基层想、人往基层走、事为基层办、钱为基层花”的导向。

在看到形势严峻和自身问题的同时，我们更要看到有利的条件和优势。我们有中国共产党的坚强领导，有中国特色社会主义制度的巨大优势，有30年改革开放奠定的雄厚物质基础和综合国力，有坚持改革开放的强大动力，有多年来维护国家安全和社会和谐稳定方面积累的丰富经验，有对当代中国社会主义初级阶段的司法规律性的更深认识和把握，只要我们真正认清形势任务，狠抓落实，就一定能够克服一切困难，战胜各种挑战。

这里，再讲开一些。尽管这次金融危机和经济衰退来势凶猛，但是，我们要看到两个基本不变：第一，从国际上看，“西强我弱”的格局没有变。美国和美元的霸主地位并未根本动摇。美国最核心的竞争力——科技创新能力和法治发达的优势，均未受损，目前也没有他国能够超越。美国、欧洲、日本的救市行动，既不是搞什么“国有化”，更不是什么“学社会主义”，“学中国”。不要听到有些学者的这种过分乐观的说法，我们就跟着“晕乎乎”的，可不能幼稚。第二，从中国自身来看，我国经济发展的格局也没有变。我们仍然处在快速发展的机遇期，处于“工业化、城镇化”的大发展时期。我们还有很广阔的上升空间，至少还会有10年、15年，甚至20年的快速发展。我们国内市场广阔，基础设施、人民消费发展空间和回旋余地很大，资金充裕，劳动力丰富，素质提高，政治稳定。这个战略机遇期没有改变，也是我们的信心所在。经济危机毕竟有周期性，渡过时艰，否极泰来。只要中国今后能把握好，就有可能化危为机，彼消我长。还有一条，我们浙江有自身的优势。我们最宝贵的优势不是物，而是人。我们有闻名天下、百折不挠的浙江精神，有一支多谋敢拼的浙商队伍。在目前的经济困难期，不少浙商正在想方设法另辟蹊径，抢占技术，抢占资源，抢占市场。每当改革开放的关键时刻,我们浙江还有一批甘冒风险、敢于担当的领导干部。回顾30年的改革开放,他们起了很重要的引领作用。如当年的温州“八大王”案件的平反,“义乌一条街”的鼎力支持,都能顶住压力,开创了局面。这个优势我们千万不要忽视,不能见物不见人。所以,我们有必胜的信心。

2009年全省法院的总体要求是:高举中国特色社会主义伟大旗帜,深入学习实践科学发展观,树立“三个至上”指导思想,深化落实“三项承诺”,高度关注经济、社会形势反映到司法层面的变化发展态势,紧紧围绕“保增长、抓转型、重民生、促稳定”的工作重心,抓好能动司法、和谐司法、民本司法和协同司法,紧紧围绕公正高效审判的工作要务,抓好规范司法、阳光司法、廉洁司法和基层司法,使全省法院更好地服务科学发展,更好地实现自身的科学发展。

一、抓好能动司法

服务大局,是当代中国司法制度的鲜明特色。要克服对法院工作“被动性”、“消极性”的片面理解,发挥好司法的能动性。围绕保障经济平稳较快发展的首要任务,切实加强金融和经济危机冲击下的司法应对,做好前瞻性的调研分析,下好先手棋,打好主动仗。

(一)审理好涉企纠纷,切实帮助企业渡过难关

把是否有利于促进经济平稳较快发展,作为指导当前审判工作的重要政策思想。密切关注经济社会生活出现的新情况、新问题,依法妥善审理和执行各类涉企纠纷案件,多采用调解、和解的方法,尽可能维持有市场、有发展前景的困难企业、劳动密集型中小企业的生存,尽可能减少有挽救希望企业的关门倒闭,尽可能支持优势企业以兼并、重组、控股等方式延伸产业链、增加核心竞争力;要妥善审理好因经济衰退周期而导致的融资、信用证、保险及服务贸易方面的纠纷案件;在依法保护金融债权的前提下,充分考虑浙江企业信用环境较好,银行不良贷款率较低等实际情况,在案件处理中注意银企利益平衡,尽量促成银企合作;依法保障并推动具有浙江特色的企业“抱团担保、增信”、小额贷款公司、村镇银行试点和民间新型合法放贷等金融创新行为;继续运用资金链断裂的企业债务重大案件的集中管辖制度,为涉诉行业龙头企业维持或恢复正常经营创造条件;对目前仍在运营的困难企业,要慎用静态查封、资金冻结等强制措施,可建议原告放弃保全申请,促成双方以抵押、入股等方式实行担保和回报,尽可能维持企业的正常运转;对集资类刑事案件,要注意鉴别行为人的主观目的和客观行为,突出打击重点,区别对待,防止因机械执法而扩大打击面,影响企业经营和经济发展。

（二）审理好涉重点工程建设和“三农”领域的纠纷

做好扩大内需、推进重大工程项目的涉案纠纷的充分预期和应对准备。总结土地、房屋的动拆迁，建筑工程、道路施工、招投标等涉案类型的审判经验，保障重大投资项目的顺利实施；对可能引发的涉土地、拆迁、环保等群体性行政纠纷，要监督和支持依法行政，加大源头的政策和风险评估与防范，多运用协调、和解手段，平衡行政机关和行政相对人的权益；为加快推进农村改革发展提供司法服务，支持我省农村土地使用权的改革创新，依法处理好土地承包、集体土地使用权和林权流转、农业科技创新、农业社会化服务、农村信贷担保等方面的案件，保护好农民的合法权益；要积极向有关部门提出预防和化解相关问题的司法建议。

（三）充分发挥知识产权司法保护的主导作用

为促进技术创新和经济转型升级提供有力司法保障。在各类知识产权案件的审理中，发挥好民商事审判的调节和主导作用、刑事审判的惩治和预防作用、行政审判的司法审查监督作用；针对浙江经济布局特色，加大对省内高新技术产业和新兴科技产业的保护力度，运用司法手段支持我省知识产权战略、标准化战略和品牌战略的实施；要重视重大有影响的知识产权案件的宣传力度，进一步树立我省知识产权司法保护的良好形象。

（四）充分发挥涉外商事、海事审判职能

正确行使司法管辖权，准确适用相关程序与实体法律，平等保护中外各方当事人的合法权益，努力提升我省涉外商事、海事审判的司法形象和国际公信力，减少国际金融危机对我省外向型经济带来的负面影响；要十分关注两岸三通后产生的涉台海事海商和贸易案件，关注我省外商非正常撤离引发的相关利益方的诉讼案件；要进一步规范涉外司法送达工作，根据省高院《关于进一步规范涉外司法送达工作的通知》要求，尽快建立起登记、查询、统计、催办等办理涉外司法送达事务的规章制度，做到件件有回音、事事有着落。

二、抓好和谐司法

2009年，我们将隆重庆祝新中国成立60周年。全省法院必须把维护社会和谐稳定，作为党和人民赋予我们的重大使命。以公正的裁判、和谐的手段，最大限度地增加社会和谐因素，最大限度地减少不和谐因素。

（一）进一步落实宽严相济的刑事政策

越是在经济发展遇到困难的时候，越要着力维护良好的社会治安秩序和市场经济秩序。充分运用刑法武器，在严厉打击严重刑事犯罪、严重经济犯罪、职务犯罪的同时,也要用好宽的一手。要重视总结贯彻宽严相济刑事政策的审判实践经验,充分考虑现实的社会治安形势与人民群众安全感的需求,更加准确地把握“严”与“宽”的对象、条件和尺度。进一步规范刑罚的自由裁量权,积极尝试将量刑纳入法庭审理的程序;推动建立认罪速裁程序和附条件的认罪从轻处罚制度;推动建立刑事自诉、轻微刑事犯罪、未成年人犯罪、刑事附带民事诉讼的刑事和解制度;推动建立刑事被告人积极退赔的有条件的从轻处罚制度;推动建立未成年人轻罪记录消灭制度,以及老年人犯罪适度从宽的法律机制,尽可能减少社会对抗,节约司法资源,促进社会和谐。

(二)进一步贯彻调解优先、调判结合的原则

对有条件的案件,要尽量适用调解、协调、和解等方式来处理,实现案结事了的目标。特别是对当前涉及困难企业所发生的债务、合同、劳资等纠纷,要更加注重调解,尽力寻找双方当事人利益的平衡点,实现互利共赢,维护企业的生存发展。同时,强调调解优先不能否定判决的功能,对不宜调解、调解不成的要及时作出判决,两者不可偏废。

(三)进一步发挥行政审判协调机制的作用

监督和支持依法行政,以解决当事人之间的实体纠纷为目标,灵活运用裁决和协调、和解的手段,保护行政相对人的合法权益,促进行政管理关系的和谐。继续做好我省年度行政案件司法审查“白皮书”的发布工作,扩大行政审判的综合效果。

(四)打好集中清理执行积案活动攻坚战

今年,省人大常委会将专题审议法院执行工作。我们要以更加坚决的态度、更加过硬的措施、更加务实的作风,力求取得新突破、新成效。要加强组织协调,突出清理重点,用足用好法律赋予我们的执行手段,强化协助执行的联动机制,扩大执行声威。对涉及困难企业或矛盾易激化的敏感案件,要讲究方式方法,达到良好的执行效果。明天上午,院长会议还专门安排了执行工作的具体部署。

(五)进一步做好申诉和涉诉信访的化解工作

1 月 1 日,省高院根据修订后的民诉法,三级法院新的审级功能定位,已按“5000 万元、2000 万元、1000 万元”的三档标的额,将民事级别管辖调整到位了。各级法院要把好一审、二审的质量底线。我省高、中院要力争率先理顺和规范好申诉再审的办理程序和工作机制,明确和细化再审案件的启动标准,正确处理依法纠错与维护既判力的关系,有序应对申请再审案件在上级法院大幅增加的局面,确保修订后的民诉法平稳实施。要高度重视涉诉信访工作,进一步采

取有效措施,实行好资深法官轮岗接待信访人制度,切实提高接待窗口的个案研判,及依法纠错、息诉、化解的能力。各级院长要率先垂范,勇于直面接触上访老户,做好研判和化解工作。近年来,涉诉信访势头居高不下,社会上"信访不信法"的观念盛行,司法在社会中的公信度和权威性严重缺失,已成为制约人民法院科学发展的"瓶颈",也是影响社会稳定的突出问题。要认真研究总结处置信访的长效机制,推动建立党委领导下的信访案件终结机制,对上访老户实行审查甄别、区别处置,以有效解决无理缠访、闹访等问题。

(六)依法支持党委政府遏制重大群体性事件多发之势

近年来,由内部矛盾引发的群体性事件往往暴发突然、瞬间升级,已成为影响社会和谐稳定最突出、最敏感的问题。我们要深刻认识当前形势下潜在的社会风险,更加重视社情民意,更加重视疏导群众情绪,更加重视对经济领域不稳定不确定因素的排查化解和稳控,最大限度地减少群体性事件的诱因。以发现得早、控制得住、处置得好为目标,在妥善处置上下工夫。当前,要特别注意做好立案审查把关工作。对经济发展中引发的群体性的利益调整和民生问题,要通过政治、组织优势予以解决,不要轻易纳入司法渠道。要当好党委政府的参谋助手,依靠党委政府的领导,尽可能推动有关部门和单位解决群众的合理诉求。要稳妥处理好涉及困难企业、农民工和职工群体、股市楼市投资受损群体、非法集资受害群体、低收入生活困难群体及受灾害事故损害群体的案件。对一些涉及面广,矛盾可能激化,事态可能扩大的群体性案件,在不违背法律和政策的前提下,可以突破常规,特事特办。坚决防止因思想不重视、工作不主动、措施不到位,使个体矛盾演变成群体纠纷,小事情发展成大事件,民事诉求转化为刑事案件。有效应对敌对势力插手,防止个别问题普遍化,法律问题政治化,国内问题国际化。

三、抓好民本司法

越是困难时刻,越要高度关注民生。要铭记为什么法院前面加上"人民"二字,深刻领会王胜俊同志讲的"我们与群众的感情有多深,司法为民的力度就有多大",深刻认识人民性是社会主义司法制度的本质属性,务求法院各项工作切实体现民意,符合民情,满足民愿。

(一)进一步关注涉案民生

民生连着民心。当前要高度关注并精心审理好因受金融危机影响而发生的企业拖欠职工工资、医疗费、保险费,解除劳动合同等案件,保障群众的基本生活需要;要认真执行省高院年前下发的关于《切实做好农民工劳动报酬案件审判执行工作的通知》,着力依法追索拖欠农民工劳动报酬,坚决依法查控、遏制涉案企业主出逃或转移、隐匿资产。同时,积极引导劳企共渡难关,力求劳企关系和谐发展。凡有条件调解的劳动报酬纠纷,法官要向农民工讲明白,保饭碗第一,讨工资福利第二,留得企业在,才能共渡难关。

(二)进一步落实司法为民

要继续以落实“三项承诺”为抓手,对近年来司法实践中形成的便民利民措施进行认真梳理,实现制度化、规范化。让老百姓打官司尽量少花钱,让案件得到公正处理,让胜诉权利及时得到实现。通过司法手段,实实在在地为群众解决问题。扩大司法救助基金基数,拓展司法救助的范围,加大司法救助的力度,把社会主义司法制度的人文关怀体现在法院工作的各个环节,让群众共享司法进步的成果。我们向人大汇报工作时都要说清楚一句话,在浙江法院的收费环节,困难群众打不起官司的问题已经解决。

四、抓好协同司法

我国目前处于社会转型期,各种矛盾纠纷错综复杂,并呈现量大、多发、累积的态势。法院是社会矛盾的调节器,但仅靠司法手段是无法解决所有矛盾的,必须在党委和政府的统一领导下,综合运用经济、行政、政策、法律、教育等手段,才能及时、有效地处理好。要科学把握司法在整个社会矛盾纠纷解决体系中的定位,运用统筹兼顾的方法,努力将司法手段与非诉手段结合起来,形成各方面分工负责、互相配合、共同化解社会矛盾的整体合力,最大限度地促进社会和谐。

(一)推进多元纠纷解决机制建设

要坚持和发展“枫桥经验”,通过发挥政治、组织优势,尽可能地使大量的矛盾纠纷在进入司法程序之前,通过非诉手段得到化解。建立健全“党委领导、政府支持、民间参与、司法把关”的多元纠纷解决机制,完善人民调解与诉讼调解的对接机制,完善人民调解处理结果的确认制度,尽可能创造条件让更多的退休老法官参与人民调解工作,努力实现诉讼调解与人民调解、行业协会调解、人民团体调解、仲裁调解、行政调解的“双赢共赢”。

(二)推进执行联动机制建设

经省高院积极争取,省综治委已正式成立“解决执行难协调工作领导小组”,目前正在建立全省各乡镇街道专职协助执行人员网络。各级法院要借清理执行积案活动的东风,进一步拓宽、细化与相关职能部门的联动执行,切实变法院“唱独角戏”为全社会“围剿执行难”。

(三)推进长三角司法协作机制建设

长三角区域一体化趋势日益明显,浙、沪、苏经济社会发展水平相近,三地法院面临的难题共性增多。去年10月24日,我们与沪、苏高院签署了《长江三角洲地区法院工作协作交流协议》。今年,“第一届长三角地区司法工作协作和发展论坛”由我省主办。三地法院在信息共享、法律适用尺度的统一、人才培养、司法协作等方面,进行交流的议题和合作领域十分广泛,各级法院要积极建言献策,共同为长三角地区改革开放和经济社会发展提供良好的司法服务。

(四)推进专家合作机制建设

没有学养的实务是浅陋的,没有理论指导的实践是盲目的。省高院已建立特邀法学专家的咨询员制度,努力做到问计于贤、问计于能。通过请他们参与法院实务调研,请他们为司法工作做一些超前的预测,请他们从理论上阐述我们正在探索的新措施新对策等,帮助我们积极应对司法实务面临的新情况,掌握法学领域的新动态新知识,帮助我们对外说明浙江法院工作的新进展、新成效,帮助我们澄清社会上、网络上对法院工作的各种误解、误传。

(五)推进法宣工作机制建设

不论司法改革推进到什么阶段,不论审判执行工作条件发生怎样的变化,法治宣传工作这个政治优势不能丢。要大力宣传浙江法院落实科学发展观、服务大局的重大措施和新成效,宣传提高审判质量效率和效果的新成效,宣传司法为民的新成效,宣传队伍建设的新成效,宣传克服“案多人少”、解决执行难、化解涉诉信访等方面的新成效,使法院工作赢得社会更多的理解和支持,为法院克服各种困难营造更有利的社会氛围和舆论环境。

五、抓好规范司法

人民群众对司法公正的新期待,是程序与实体的双重公正。在工作中,既要防止因片面追求程序正义而“机械司法”、“一判了之”,又要防止无视程序,损害当事人诉讼权利。规范司法,就是要求真正做到实体公正与程序公正的统一。

(一)继续推进司法规范化建设

经过全省法院的共同努力,三年为期的司法规范化建设取得了一定的成效。2006年以规范司法礼仪为重点,抓形象公正;2007年以规范程序运行为重点,抓程序公正;2008年以规范裁判文书为重点,抓实体公正。但我们规范司法的任务依然需要常抓不懈。省高院已制定下发了《关于构建司法规范化工作长效机制的指导意见》,明确了当前和今后一个时期,继续抓好的规范司法礼仪、办案程序运行、裁判文书制作等五项工作,并对推进司法规范化的教育、管理、监督、考评四项机制,提出了明确要求。各级法院要结合案件质量常规评查和专项抽查工作,认真抓好司法规范化长效机制建设,不断推动全省审判工作又好又快发展。由于再审程序的审级改革,基层法院审监庭的职能已经转变为办案质效监督,我们要充分发挥其在业务规范化建设中的职能作用。

(二)全面提升审判质效管理

经过全省法院一年的努力,浙江法院审判质效评估体系,依托信息化手段正式建成了,实现了审判管理的历史性飞跃。今年,各级法院要依托审判质效运行态势的评估数据这一张体检表,坚决克服每年办案“前松后紧”的积习,坚决杜绝年末提前“踩刹车”不立案的积习,从第一季度抓起,真抓实干,务必保持办案质量、效率的良性循环态势。力争做到双休日不加班,少加班。“存案工作量”以2个月左右为良好,2.5个月为临界点。这是符合收结良性运行的审判规律的。各单位和高院执行局都要争取修订有关党委部门的年度考核指标,从根本上杜绝因为考核指标不合理,而被迫年底“踩刹车”、做假账的现象。

(三)着力改进审判作风

作风是法官素质的标杆,作风问题也是引起当事人对办案公正的合理怀疑,引起社会舆论消极评价的主要根源之一。加强审判作风建设,必须从细节抓起。结合浙江法院的实际,考虑人民群众的期待和法官职业的特点,经征求各地意见,我们初步提出浙江的“法官职业四要”,共20个字,“处事要严谨,讲话要亲和,办案要公正,为人要清廉”。

处事要严谨,是法官最明显的职业特征,反映了身为法官的相当高的社会层次和职业层次。因为法官是社会矛盾纠纷的终局裁判者,是社会公平正义的守护人。令出法随,一锤定音,来不得半点随意和马虎。比如,法官的思维与言行,事实证据的分析判断,裁判方案的谋划,都要严谨缜密,瞻前顾后,一丝不苟。办案应当严格按照程序,让人无懈可击。裁判文书应当逻辑严密,辨法严谨,析理透彻,让人清楚明白,不生歧义。待人接物,应当外松内紧,措辞谨慎,举止得体,让当事人感受到尊重、理解和关怀。不能信口开河,也不能疏忽简单。更不能因作风不检点,让人产生合理怀疑。

讲话要亲和,无论是庭上庭下、信访接待,对各方当事人都要亲切随和,平等相待,体现出法官应有的人文关怀和人格尊重,体现出司法为民的服务意识和公仆作风,体现出亲民、爱民、为民的耐心和诚意。我们不排除法官讲话有时需要威严,需要震慑,但绝大多数情况下,威严的法庭,亲和的法官,往往最受民众拥戴。法官盛气凌人,当事人未必心服。这的确是人民群众对法官的新期待之一。哪怕是面对犯罪嫌疑人,除了极个别蛮横对抗的以外,法官也要会用一种亲和、理解的态度,通俗的语言,尽量让那些缺乏法律知识的刑事被告人听得懂,让人家能够针对讯问来陈述,并为自己辩护。

办案要公正,为人要清廉,这两条是法官的立身之本,是身为法官的职业道德、良知和纪律的底线,是党和人民最大的期待。

上面四句话,我希望与全体浙江法官互相共勉,可以定义为我们浙江的"法官职业四要"。这是一种人民群众看得见的、感受得到的法官职业形象。希望我们全省的法官,尤其是基层法院的法官,努力实践之,身体力行之,并自觉接受我省人民群众的检验和监督。

六、抓好阳光司法

司法权必须在阳光下运行。实践表明,阳光是杀死病菌的最好良药。只有在阳光下,各种见不得人的"潜规则"才会无处躲藏。只要我们把权力的内外运行,尽可能置于阳光之下,就能避免陷入"潜规则胜于明文规章"的怪圈。

(一)大力推进落实公开审判的基本原则

全面推行立案公开、庭审公开、证据采信公开、事实认定公开、判决理由和结果公开、执行过程公开、办案纪律公开等制度。进一步拓展电子审务,以信息化手段促使审判、执行的全过程能够公开的一律公开。今后,我们还要拓展网上公开的内容,商事等裁判文书要大批量地上网,开庭公告要上网,还要让当事人能够通过互联网查询自己案件的办案进度,公开就是阳光。

(二)切实搞好法院内部行使审判权执行权的阳光运作

加强庭长和院长监督指导办案的管理职能。庭长和院长要在尊重独任法官和合议庭依法行使审判职权的基础上,通过审核法律文书、要求合议庭复议、组织审判长联席会议讨论、提请审判委员会讨论、对法官业绩进行讲评考核等方法,履行对办案的监督指导职能。特别要加强对重点案件的监督指导,如适用缓刑、免刑,职务犯罪的,标的巨大的,改判发回的,重大有影响的,疑难、复杂和新类型的,群体性可能影响社会稳定的,等等。去年,省高院建立了改判发回经中院审判委员会讨论决定的案件,邀请中院院长列席高院审判委员会机制。各中院可以参照建立基层院长列席中院审委会的机制。

(三)自觉接受社会各方面的监督

强调依法独立审判,严格公正司法,决不能把审判工作与社会隔离起来、孤立起来,必须把审判活动置于社会的广泛监督之下。进一步增强党的领导观念,自觉接受人大监督。去年5月至8月,全省法院开展了"百日旁听百案"活动,省高院创办了《代表委员情况通报》,效果良好。各级法院要把向人大主动报告工作与争取有效支持结合起来,实现接受人大监督工作的经常化、制度化、规范化。要自觉接受政协民主监督和社会监督,充分发挥人民陪审员作用,广泛听取社会各界和人民群众的反映,特别是要重视新闻媒体、社会舆论对司法工作的监督。要自觉接受检察机关的法律监督,落实检察长列席同级审委会的规定,认真审理抗诉案件,认真研究检察建议,及时改进法院工作。

七、抓好廉洁司法

这是省高院去年就非常强调的问题。我还是特别关注两条:

(一)院长和班子成员一定要率先垂范,严格自律

各级法院的班子成员自身一定要过硬。己不正,焉能正人?!只有自身廉洁公正,才能敢抓敢管敢查处,才能带头抵制人情案、关系案,成为各种诱惑干扰的不可逾越的屏障,成为绝大多数正直法官的靠山,才能在一个法院真正形成正气压倒邪气的强大制约力量。

(二)一定要从严治院,旗帜鲜明

要真正坚持“四个到位”:一是警示教育一定要到位。二是诫勉、谈话一定要到位。三是院、庭长对重点案件、重点岗位重点人的管理监督一定要到位。四是对违反者执行纪律一定要到位。

大家注意一下王胜俊同志年前全国高院院长会议的讲话,谈队伍建设这一块,过去一般总要摆上几个方面,这一次他干脆只讲反腐倡廉一块,别的都不说了。王胜俊同志说,我考虑只讲这一块,突出这一块,希望同志们理解我为什么要这样。最高法院出台了“五条禁令”,强调要以非同寻常的强硬手段,前所未有的工作力度,切实加强监督检查,对那些敢于触碰“高压线”的人,要不折不扣地按照规定严肃查究。

重视法院廉政文化建设。开展更富有法院特点的廉政文化创建活动,使廉洁司法成为全体法官的共同信念和自觉实践。省高院考虑,将于近日首次隆重举行“法官授职典礼”。今后,每年搞一次,使之成为人民法院一项年度的重大司法礼仪活动。每一个被授职的法官都要作出献身法治、清正廉洁的庄严承诺。我们初步设计,典礼要庄严、隆重、热烈。(1)授职对象是年度内新任命的助理审判员、审判员、初任高级法官、审判委员会委员(不包括庭、院长),突出职业法官,淡化“官本位”的管理职务;(2)出席人员除了全院干警外,还要包括被授职人员的家属,让新任法官的配偶、子女、父母来共同感受法官的尊荣和权利义务;(3)仪式上,被授职的人员都要身穿法袍,院长逐个授证书,跟他们逐个合

影留念,使之成为每个法官人生的难忘一幕,也成为他们家属的难忘瞬间;(4)要有宣誓仪式,有法官发言,有家属发言,最后由院长勉励几句话。届时,我们将请各中院院长、政治部主任到场观摩。搞法院文化、廉政文化,要善于寻找好的载体,发挥其感染力。所以,要激发法官的职业尊荣感,引导法官乃至全家人,共同树立并铭记廉洁司法的信念,形成强大的廉政文化氛围。

八、抓好基层司法

基础不牢,地动山摇。上级法院必须统筹兼顾机关建设与基层建设的关系,各级院长必须牢固树立服务基层、服务审判一线的理念,把精力和注意力放在审判第一线,努力形成"心往基层一线想、人往基层一线放、事为基层一线办、钱为基层一线花"的导向。

(一)加强调研指导,切实帮助基层破解司法难题

上级法院考虑问题,必须贴近基层,任何时候都不能以自我为中心。提出要求、制定措施、组织活动、作出决策,都不能脱离基层、脱离审判一线的苦衷和实际,更不能随意给基层增负添乱。高、中院要急基层一线司法之所急,想基层一线法官之所想,下工夫抓好司法实务的调研指导工作。运用指导性意见、会议纪要、问题解答、《案例指导》、《浙江审判》、条线例会、各条线的局域网上的法官咨询交流平台等多种载体,下好及时雨,送好雪中炭,及时帮助基层一线法官,解决司法实务中遇到的适用法律、政策方面的难题。要继续做好浙江法院《实务技能手册》的编写和《审判业务资料》活页手册的添页工作。今后,省高院各业务庭起码要腾出 1/3 的人力、精力,搞调研指导。各业务条线都要建立钻研司法实务的人才库,把全省法官中的调研骨干聚合起来,联手攻关解难。今年,省高院将组织实施全省法院上下联动的重大调研课题。课题项目实行招标,中标人可以跨部门、跨单位牵头组织,联合做题,省高院研究室负责统筹协调和督促指导。各级院长要积极支持本院的调研骨干,积极参与带有标志性的全省重大调研课题的实施。形成全省法院上下联动、条块结合、合力推进的调研工作格局。要实干巧干,不要盲目干、蛮干、傻干。尽量减少当前法院调研中大量存在的无效劳动、重复劳动和表面文章花架子,真正发挥好司法实务调研在推动法院自身科学发展中的基础性作用。

(二)加强科技强院,切实提高基层司法的科技含量

要加大电子审务软件的开发应用,为一线法官提供技术服务。省高院技术部门要认真收集各部门,尤其是基层的司法实务方面,有哪些更实用、更便捷的信息化项目的开发需求,编制好每个年度的开发应用计划,一项一项去落实。

高院技术部门一要扎实,二要抓紧。要督促公司合作人员加快工作节奏,贴近实际需求,方便实际操作,加强实施各环节的衔接,切实改变目前脱节较多、磨合较慢、时间耽误较长的被动状况。要结合司法业绩考评体系建设,逐步建立全省法院干警电子人事档案、业绩档案和电子培训档案;要加快电子(数字)法庭建设进程,力争在年内使三级法院所有审判法庭、包括人民法庭,简易的录音录像都要到位。今后,每个案件都要在案卷中,附上一个开庭实录光盘,可先从合议庭普通审案件做起。同时,每个法院都要有一到两个标准的数字法庭,可供网上视频问答直播,可供推行电子远程提讯被告人、远程证人作证、远程庭审等。中院审判委员会听取死刑案件和复杂疑难案件等汇报,也要倡导法官使用PPT展示刑侦现场、尸检等实景图片,展示涉案复杂法律关系的图示表等。电子审务的硬件、软件设施具备后,重在应用,重在推广,不要成为摆设。要像嘉奖调解能手一样,嘉奖善用电子审务的法官、书记员、速录员,充分发挥年轻人电脑运作的先锋作用,充分调动中年人学习、应用电脑的积极性。我强烈呼吁50岁左右的法官同人们,不要自甘落伍,要努力跻身于互联网用户,其中有许多实用方便的东西,有许多乐趣,会大大丰富你的生活、拓宽你的眼界,也会缩小你与子女、青年人的代沟。

(三)加强法官培训,切实提高基层司法能力

党和人民对广大法官,特别是基层法官的新期待新需求越来越高,既要精通法律,又要善于做群众工作,迫切需要我们多渠道、多层次开展各种技能训练。省法官学院要建立理论和实务的师资人才库。培训师资要多从资深法官中选择,授课业绩也要列入法官工作量一样计分考核。要多邀请我们身边能担当大要案的优秀法官、能引领解决司法难题的专家型法官和办案快手、调解能手、息诉高手、电脑高手来授课指导,努力把他们做好新形势下办案工作和群众工作的司法能力,归纳提炼出来,分类编撰出来,推广出去。同时,要不断丰富课堂与视频等培训手段,加强培训资源的共享。省高院考虑拟在全省法院尝试建立“网络培训日”,比如确定每个月的最后一个工作日为网络培训日,法官可自主选择网络上的培训课件,减少工学矛盾,扩大培训受益面。

(四)加强“两庭”建设,切实改善基层办案条件

近年来我省法院“两庭”建设取得了明显成绩,但还有20%审判法庭,50%人民法庭没有达标。人民法院审判用房和业务设施,不属于“建楼堂馆所”,可以归入扩大内需的应有之义。各地要不失时机地积极争取党委政府的重视支持,省高院将进一步加大扶持力度,争取省发改委、财政继续实施扶助法院基层建设的政策和资金,争取新的一年“两庭”建设再有新进展。2004年以来,两年

一度的“省级模范五好法庭”已评了3次,共评选了46个。下一步,省高院还考虑在“省级模范五好法庭”之间,也要开展质效评估,加强回访、监督。防止一旦达标,就万事大吉,流于“达标”化。可能要实行优胜劣汰机制,末位淘汰,让出位置给新的优秀法庭入围。

同志们,以上我讲了抓好“八项司法”。它体现了当前和今后一个时期,我们对社会主义初级阶段“法治浙江”的司法规律性的认识,也体现了我们这一代浙江法官为大局服务、为人民司法的历史使命。这一篇大文章能否做好,要靠在座的各位,靠全省法官一起来做。只要我们真正抓好“八项司法”,就一定能使全省法院更好地服务浙江的科学发展,更好地实现自身的科学发展。

最后,我还要讲一下加强班子建设和队伍凝聚力,也是借此机会与大家集体谈谈心。

全省102个中级、基层法院,我已经走访了一半。从各方面了解的情况来看,各级班子里面有许多非常出色,非常得力,又令人放心的院长和班子成员。他们敢于担当,不计个人得失,引领队伍不断开创新局面,在干警中享有很高威望。不愧是党放心、人民满意的好当家人。每每看到这样的同志,数十年如一日,奉献付出,我真是心存感动,心存感激。我为浙江法院有这么一批法院事业的脊梁骨,而深感自豪。

但是,也不能回避,在各级班子成员中,甚至在座的“一把手”中,还存在值得注意的问题:比如,有的班子成员甚至“一把手”,平时工作的精力很不集中,心思没有真正花在工作和队伍建设上。眼看院里内部矛盾、消极因素、不公不廉问题积累很多,就是视而不见,长期回避矛盾,绕开矛盾,不负责任,不敢担当。有的自以为任职多年了,还未见动静,认为组织上亏待他了,只盘算自己的个人得失。有的选择做老好人,谁也不得罪。一事当前,先替自己打算,患得患失多了,闯劲、干劲大不如前。有的甚至单位里经常找不到他人,热衷于在外面搞关系,走门子,东荡西游。他们在干警心目中其实没有威信可言,却还自以为是,自我感觉良好,因为他根本听不到,也不愿听真实的声音,真实的批评。

还有一种情况,是凭老经验办事。平时满足于一般号召,讲一些永远正确的空话、套话,编一些不解决实际问题的表面文章。真正扑下身子,倾听审判一线干警的呼声,学习他们的好经验,推广他们的好办法,真正思考、调研,破解一两个最急需的司法难题,却很少很少。有的作风飘浮、不深入,脱离办案一线的苦衷,对本院、对分管部门办案中的问题、管理上的问题、干警思想问题、人际关系上的问题,都不甚了了。对如何提高工作绩效,如何改进队伍的面貌,如何调动干警的积极性和团队精神,下工夫不多。有的还主观主义较严重,问题没搞清楚,就哇啦哇啦,不是片面性,就是比较偏激,讲的东西缺乏针对性、实效性。

还有极少数班子成员,做两面人,搞双重人格。背地里心怀鬼胎,以权谋私,违法违纪,自以为天知地知很得计,极其危险。班子里有这样的人,我们就无法指望靠他们去抓好队伍的风气和素质。只有按照王胜俊同志讲的,发现一个,查办一个,不能姑息。

同志们,我们都是共产党员,是党和人民赋予我们领导一个法院的重大政治责任和司法责任。希望各级班子成员、在座的“一把手”,在下一步即将开展的深入学习实践科学发展观活动中,很好地对照、反省自己,认真整改这些问题。实质上,都是党性、党风、党纪上的明显不足,不可忽视。你不改进,耽误的不仅是你自己,还会耽误一个单位、一个部门的工作,一下子好几年,停滞不前,贻害大矣!全省法院都要按照学习实践科学发展观活动的要求,努力把领导班子建设成为既能坚定贯彻党的理论路线和方针政策、又善于服务科学发展的坚强领导集体;坚持和完善党组内部的民主集中制,不断提高开拓创新能力和驾驭复杂局面的能力;坚持公道正派的用人导向,不以“我”画线,不亲亲疏疏,坚决不用李源潮同志讲的“四种人”。省高院将试行派出巡视组,会同党委组织部门,逐步加强对中级法院领导班子的巡视监督力度。

同志们,在新一年里,越是预见到办案任务将会异常繁重艰巨,越是要关爱干警。尤其是办案一线的法官、法警和工作人员。要坚持以人为本的法院管理理念,从政治上关心干警,精神上鼓励干警,工作上爱护干警,生活上体恤干警,努力解除他们的后顾之忧。省高院《关于充分发挥司法职能保障经济平稳较快发展的指导意见》第26条,要求各级法院在经济发展的困难时刻,充分运用审判职能,为大局服务,为党政分忧。同时,使党政领导充分理解、认识人民法院不可替代的重大保障作用。有作为,才会有地位。要抓住有利时机,积极向党政反映干警工作条件、加班补贴、福利待遇、物质装备方面的问题和困难,争取得到有效的改进和解决。要关心干警的进步成长,加强培养和锻炼,解决好他们的职级待遇,提拔重用真正优秀的干警。要合理配置和使用力量,合理安排工作休息时间,切实减轻一线干警负担。要关注干警的心理疏导,尽可能保持健康心态。落实定期体检、休整制度,缓解他们的心理压力。春节之前,各级班子要分头走访、慰问干警家庭。特别是先进优秀同志、积劳成疾甚至英年早逝的干警家庭,要登门看望。凝聚团队精神,鼓舞干警士气。

各位老领导、老同志长期从事法院领导工作,既怀有对法院事业的深厚感情,也具有丰富的工作经验,希望你们继续发挥自身优势,为改进法院工作建言献策。各单位都要重视做好老干部工作,把老娘家的关怀、温暖之情,带给广大的离退休干部,包括已经去世老同志的遗属。

春节将临,紧接着又是全国“两会”。特别是当前经济困难加剧,各类案件和始料不及的问题增多,我们要通过扎实有效的工作,换来社会的和谐稳定,换来万家的安宁和团圆。

总结成绩　创新发展

——2009年1月18日在浙江省第十一届人民代表大会第二次会议上的工作报告

齐　奇

各位代表:

我代表省高级人民法院向大会报告五年来的法院工作,请予审议,并请省政协各位委员和其他列席人员提出意见。

2008年,全省法院在省委、省人大及其常委会、最高人民法院的领导、监督和指导下,在省政府、省政协及社会各界的关心支持下,高举中国特色社会主义伟大旗帜,深入贯彻落实科学发展观,以建设“法治浙江”、“平安浙江”为目标,以落实“三项承诺”为抓手,以化解社会矛盾为主线,以关注涉案民生为重点,服务“创业富民、创新强省”总战略,全省法院新收各类案件671058件,办结651256件,同比分别上升23.83%、20.36%,解决诉讼标的金额1170亿元,上诉率为6.9%,二审改判发回率为10.2%,生效裁判息诉率为99.06%。省法院新收各类案件4697件,办结4469件,同比分别上升66.4%、50.3%,各项工作取得了新的进展。

一、充分发挥审判职能,服务经济社会发展大局

全省法院按照中央、省委的决策和部署,自觉服务大局,为经济发展和社会和谐稳定提供有力的司法保障。

(一)保障经济平稳较快发展

2008年以来,受国内外宏观经济形势的影响,金融、涉企纠纷大幅度上升。省法院党组在第一季度调查研究的基础上,于4月18日向省委作出《关于运用审判职能,切实贯彻省委“防止我省经济下滑”指示精神的专题报告》,受到国务院、最高法院和省委领导的重视和肯定。省法院及时制定了涉及民间借贷、企业之间借款合同、金融纠纷等案件审理中突出问题的处理意见,发布典型案例,支持企业经营和金融创新;针对企业资金链断裂问题突出的状况,下发《关于资金链断裂引发企业债务重大案件的集中管辖问题的通知》,依法支持各地政府妥善化解风险,先后指定相关中级法院集中管辖涉及台州的飞跃集团、中汽雷

克萨斯汽车销售公司，绍兴的江龙控股、纵横集团，丽水的银泰集团等企业债务的重大案件；为严格区分企业集资类案件中罪与非罪的界限，会同省检察院、公安厅联合下发《关于当前办理集资类刑事案件适用法律若干问题的会议纪要》，注意防止因机械执法而扩大打击面。

各级法院按照省法院的要求，妥善、慎重审理金融类、涉企业债务类、劳动争议类案件，采用调解、和解和司法重整等法律调节手段，尽可能维持有市场、有发展前景的困难企业、劳动密集型中小企业的生存，尽可能减少有挽救希望企业的关门倒闭，尽可能支持优势企业以兼并、重组、控股等方式延伸产业链、增加核心竞争力。审结金融类、涉企业债务类案件 92892 件、劳动争议类案件 23459 件，同比分别上升 44.4%、118.2%，三类案件的一、二审调解撤诉率分别达 47.3%、30.9%。省法院还指导有关法院依法妥善化解金信信托投资公司破产风险，使该公司持有的股权经依法拍卖获转让款 63.2 亿元，为其司法重整创造条件；稳妥执行中纬公司资金链断裂引发的系列执行案件，成功将资产整体拍卖，使企业得以起死回生；积极促成南望集团、江龙控股通过司法重整或清算程序，解决债务负担和经营困境等。

(二)服务产业转型升级

全省法院审结一审知识产权民事案件 1694 件、刑事案件 95 件。为贯彻落实《国家知识产权战略纲要》和省委的部署，充分发挥知识产权司法保护的主导作用，省法院制定了 30 条具体举措，并单独设置了知识产权审判庭。同时，积极争取最高法院支持，批准我省扩展知识产权民事案件管辖权法院的范围，现具有一审专利案件管辖权的中级法院已增加到 6 个，具有商标、著作权等案件管辖权的基层法院已增加到 13 个。为树立我省知识产权司法保护良好的国际形象，省法院在 4 月 21 日召开新闻发布会，人民日报、新华社、法制日报及日本每日新闻社、马来西亚星报等 40 余家境内外媒体记者参加，美国商务部国际贸易局对我省发布的知识产权司法保护作了专门介绍。邀请境外媒体参加新闻发布会并当场回应记者提问，在我省省级机关尚属首例。11 月，全省法院还开展了以“司法保护、激励创新”为主题的知识产权保护行动月活动。

服务我省出口外向型经济和“港航强省”的建设目标，省法院和宁波海事法院加大审判工作力度，审结涉外商事案件 858 件，海事海商案件 989 件，同比分别上升 34.9%、10.3%。

(三)维护社会和谐稳定

全省法院牢记稳定是第一责任，切实担负起确保社会大局稳定的职责。

一是在刑事审判中全面贯彻宽严相济刑事政策，审结一审刑事案件 59506

件,同比上升4.52%,判处罪犯93425人,其中判处五年以上有期徒刑直至死刑的12839人。依法严惩严重刑事犯罪,审结危害国家安全、黑社会性质组织犯罪、故意杀人、抢劫等案件19976件;审结生产、销售伪劣商品、金融诈骗等严重破坏社会主义市场经济秩序犯罪案件1729件;审结贪污、贿赂等案件1225件,判处罪犯1300人,处级以上82人,其中厅级11人。坚持惩罚犯罪和保障人权、教育改造并重,对19417名罪行较轻的被告人依法判处缓刑、管制和单处附加刑;对公诉案件中8名被告人、自诉案件中28名被告人宣告无罪,依法裁定准予检察机关撤回起诉76件;为4945名符合法律援助条件的被告人指定了辩护人;积极参与社会治安综合治理和社区矫正试点工作,依法减刑43041人,假释1819人,审理未成年人犯罪7531人。

二是在民事审判中落实调解优先、调判结合原则,审结一审民事商事案件356287件,同比上升26.8%,调解撤诉率为56.4%。多数法院在立案接待大厅设立人民调解窗口,对一些事实清楚、比较简单的民事纠纷,在征得当事人同意后委托人民调解员进行调解,构建多元矛盾化解机制,进一步推动诉讼调解与人民调解、行政调解的有效衔接。委托人民调解案件5894件,调解成功3790件,调解成功率为64.3%。

三是在行政审判中改进协调工作机制。审结一审行政案件4056件,同比下降23.2%,其中撤销、变更行政行为或确认行政行为违法、无效的11.34%;维持行政机关行政行为和驳回行政相对人诉讼请求的47.14%;经法院协调后和解、撤诉的34.59%;终结及其他方式审结的6.93%。市、县两级行政机关负责人出庭应诉案件365件,占一审结案数的9%,同比上升了1.56个百分点。为进一步促进依法行政,省法院就2002年至2007年全省行政诉讼的总体情况、案件特点、存在问题及建议,以行政审判“白皮书”的形式向省委、省政府作了专题报告。省政府主要领导认为报告内容翔实,分析透彻,很有深度,要求省有关部门进一步加强行政复议和行政应诉工作。省法院与省法制办联合召开预防和化解行政争议联席会议,研究改进行政执法活动的措施。

四是高度重视信访工作。全省法院进一步加强信访工作责任制,坚持一手抓办案质量,从源头上预防涉诉信访的发生;一手抓已有信访案件有效处理,力求息诉罢访。全省法院处理来信10869件,接待来访15618人次,信访总量下降29.15%。认真开展重信重访排查化解工作,省法院领导包案的16件案件已全部息诉,中央政法委交办的143件案件,已息诉142件。普遍建立院领导包案、中层干部和资深法官轮流接访制度,在有效解决来访事项的同时,增加对社情民意的了解,提高做群众工作和息诉罢访的能力。

(四)加大对涉案民生的保障

全省法院以落实“三项承诺”为抓手,细化司法为民措施。

一是细化便民利民措施。针对当前当事人起诉查询对方户籍、工商登记等材料难度大的问题,积极与公安、工商等部门沟通,实行当事人可持法院联系函查阅档案等做法,方便当事人收集证据;大力开展巡回审判,在劳资纠纷、交通事故损害赔偿纠纷等多发区域设立专业性、行业性巡回法庭,方便群众诉讼;继续扩大民事案件简易程序适用范围,全年达76%,使有理有据的当事人及时胜诉;充分发挥人民陪审员作用,参审案件47580件,参审陪审员76658人次;加大司法救助力度,对2700名当事人发放救助金2365.88万元,依法缓、减、免收诉讼费2764.84万元,困难群众打不起官司的问题在法院的诉讼收费环节已经得到解决。

二是维护农民工合法权益。全省法院开通“诉讼绿色通道”,简化诉讼程序,加大财产保全、先予执行、强制执行力度。对可能引发群体性事件的劳动争议纠纷,积极争取党委政府支持,调解劳企纠纷,妥善化解劳动争议,引导劳企共渡难关。针对受理农民工追索劳动报酬案件大幅上升的态势,11月11日省法院要求全省各级法院,临近年关务必高度关注各地农民工年终追索劳动报酬等涉案民生问题,并下发《关于切实做好今冬明春涉及农民工劳动报酬案件审判执行工作的通知》,着力依法维护农民工权益。审结追索劳动报酬案件15609件,涉案金额19118万元。对涉案企业主(债务人)涉嫌诈骗、非法集资的及时采取移送公安机关侦查等措施,并对115件案件120人及时采取限制出境措施,涉案金额3.003亿元人民币、58.3万美元。

三是大力推进执行工作。全省法院将加强执行工作作为保障民生的着力点,充分运用法律规定的措施,执结案件173704件,同比上升20.87%,执行标的金额225.45亿元,同比增加49.4%,其中,与民生直接相关的劳动报酬、赡养、扶养、抚育等案件的偿付率达82.25%。工作中,借助基层综治中心平台,推行执行和解,妥善化解涉农执行案件。对受到地方保护主义干扰的案件,实行提级、交叉执行或挂牌督办,提级和交叉执行案件464件。4月至5月部署开展了春季集中执行活动,强制被执行人报告财产22052件,对拒不报告财产或报告不实的,进行搜查和处以罚款,有效执结8890件案件。依法打击拒不执行判决、裁定,暴力抗拒执行等违法犯罪行为,拘留拒不履行义务的被执行人2843人,因拒不执行判决、裁定,非法处置被查封、扣押、冻结的财产构成犯罪而被追究刑事责任的46人。为防止执行不公,实行拍卖事项与执行机构相分离,由中级法院统一对辖区两级法院实行集中摇号委托拍卖,完善执行监督。

二、创新机制优化管理，确保司法公正高效

全省法院主动适应经济社会发展和民事诉讼法的重大修改，不断完善审判执行工作机制，提高法院管理水平。

(一)完善民事再审工作机制

省法院积极应对4月1日实施修改后的民事诉讼法，于2月1日在全国法院系统率先实施了民事案件级别管辖调整，原由中、高级法院一审的85%以上的大标的额民事案件下放到基层法院，同时推进合议、审核等配套制度的完善，确保办案质量，又方便就地解决纠纷。省法院积极应对级别管辖调整后，申请再审案件大幅上升的新情况，健全办理程序和工作机制，4月至12月，省法院受理民事申请再审案件1665件，审结1291件，同比分别上升7.6倍和3.8倍，提起再审和指定再审124件。7月省法院民一庭、民二庭首次办理提起再审的民事案件。

(二)完善审判委员会和法律监督工作机制

省法院落实了检察长列席审判委员会制度，对省检察委员会讨论后提起、支持抗诉的案件，均提交审判委员会讨论决定。认真接受法律监督，审结检察机关提起抗诉的案件585件，其中维持232件，改判153件，发回重审21件，调解98件，撤诉30件，终结51件。

(三)完善执行工作机制

积极争取党委、人大的重视和支持，完善综合治理执行难工作机制，由省综治委成立“解决执行难协调工作领导小组”。在11月19日中央政法委与最高法院联合召开的部署全国集中清理执行积案活动电视电话会议上，省法院作为全国法院的唯一代表，就浙江法院集中清理执行积案活动作了经验介绍。会后，配合省委政法委成立全省的工作领导小组，部署下发了实施方案。推行人民陪审员参与执行工作，受到中央政法委的肯定。加强与公安、工商、房产、建设、金融、纪检及乡镇街道等单位的协作与沟通，并将被执行人不履行债务状况与其诚信不良记录挂钩，健全执行工作联动威慑机制，实行协助执行奖励机制。

(四)完善审判质量效率管理机制

为克服以往每年的法院审判、执行工作存在前松后紧等问题，省法院在年初决定建立全省法院审判、执行质量效率评估体系，要求全省法院充分运用信息化手段，实时掌握办案运行态势，走“科技强院”之路。省法院制定了审判质量效率26项基本评估数据，以同期结案率、存案工作量、平均审理(执行)天数、人均结案数、结案均衡度，及调解撤诉率、上诉率、改判发回瑕疵率、息诉率、有

效执结率、执行清偿率等数据为依据，形成了较为完整科学的评估体系，有力地促进了全省法院的办案质效管理。在当年收案大幅上升的压力下，顺利实现了收、结案平衡运行的良好态势。

(五)完善司法协作和专家咨询机制

国务院下发《关于进一步推进长江三角洲地区改革开放和经济社会发展的指导意见》后，省法院与上海、江苏两地高级法院于10月24日签署了《长江三角洲地区人民法院司法工作协作交流协议》，通过加强司法信息共享、法律适用尺度统一、工作经验交流、人才培养协作、办案协作等途径，共同为长三角地区改革开放和经济社会发展提供更好的司法保障。同时，省法院还建立专家咨询制度，聘请了我省11名法学专家教授担任咨询员，为审判执行工作、队伍建设以及法院改革提供理论和实务上的建议和支持。

三、狠抓廉洁司法，大力加强法院队伍建设

全省法院坚持把队伍建设作为重中之重，着眼自身找差距，从严治院抓落实，切实加强队伍建设。

(一)加强思想政治建设

按照统一部署，在政法系统"大学习、大讨论"和深入学习实践科学发展观等活动中，紧密结合法院实际，重点解决审判、执行工作中的服务经济、促进和谐、改进管理、夯实基层、廉洁司法等方面存在的问题。省法院通过举办全省法院院长专题研讨班、院长带头宣讲、邀请全国模范法官宣讲等多种形式，不断将学习实践活动引向深入。将确立社会主义法治理念融入到班子建设、选人用人机制中去，省法院新选拔30名部门领导和21名审判员，体现了公道正派的用人导向。认真落实中央政法委司法规范化建设要求，对2006年以来三年规范化工作进行总结，健全司法规范化长效机制。

(二)加强反腐倡廉建设

为进一步推进我省法院惩治和预防腐败体系建设，省法院制定了《建立健全惩治和预防腐败体系2008－2012年工作细则》；为治理人情案、关系案这一顽症，出台了《全省法院领导班子成员防止人情关系对司法工作不当影响的若干规定(试行)》，被媒体称为"开前门、堵后门"、阳光运作的"约法十章"。同时，省法院从严治院动真格，对2名违反规定的审判庭领导分别给予免职、记大过和责令辞去公职、记过等处理，在机关引起强烈反响，受到干警的一致认同。为确保审理法院工作人员犯罪案件的公正性，与省检察院联合制定了此类案件实行异地审判的制度。一年来，全省法院对34名违纪违法干警进行了严肃查处。

(三)加强司法能力建设

按照省委“树新形象、创新业绩”主题实践活动的部署,年初全省103个法院的院长深入企业、农村走访,就加强审判执行工作开展蹲点调研。省法院及时将调研成果转化为工作指导,全年下发20余项规范司法的指导意见。做好《案例指导》工作,确保裁判尺度的统一实施。大力开展业务培训,在全省范围内建立审判人才库,省法院举办各类培训班22期,培训干警2650人,着力提高规范司法和做群众工作化解复杂矛盾、解决实际问题的能力。

四、自觉接受人大和政协监督,加强和改进法院工作

全省法院进一步增强接受社会监督意识,自觉将法院工作置于人大的法律监督和政协的民主监督之下。

(一)完善督查联络工作机制

省法院专门成立督查联络办公室作为具体职能部门。同时按照“层层有机构,事事有人管”的要求,在全省三级法院建立了督查联络工作网络,共配备专、兼职人员200余人,不断丰富工作内容,发挥职能提高实效。

(二)完善交办件办理工作机制

为确保省人大、省政协交办件办理工作的质量和效果,省法院建立了三项制度:一是即时回复制度。将来函交付具体承办部门后,先行回复来函机关告知交办情况。二是逾期情况报告制度。交办件须在三个月内办结并答复,确有客观原因逾期的,承办部门须提前向来函机关说明情况。三是重要交办件月报制度。承办部门须在每月初将办理进度和存在问题报院主要领导。省法院全年共收到交办件35件,已办结22件;收到代表建议、政协提案13件,均在规定期限内办结。11月向省人大常委会汇报了代表建议办理情况。

(三)加强与代表、委员的联络

在省人大代表工委、省政协办公厅的支持下,全省法院于5月至8月开展了“百日旁听百案”活动,1265名人大代表、政协委员旁听监督了206件案件的开庭。全省法院还先后邀请各级代表、委员视察指导法院工作124次。省法院创办《代表委员情况通报》及时通报工作情况,已刊发5期。11月20日,结合深入学习实践科学发展观活动,省法院主要领导到省人大、省政协向代表、委员汇报工作,听取批评意见和建议。

在肯定成绩的同时,我们也清醒地看到,面对新的形势和任务,工作中还存在许多问题和困难:一是司法审判水平与维护社会公平正义的需要还不完全适应,仍有少数案件审判质量不好、效率不高、执行不力。二是全省法院队伍的整体素质与人民群众对司法工作的期待还不完全适应,有的法官群众观念不强,工作作风不实,司法能力不高,极少数法官不廉不公,违法违纪,严重损害了人民法院的形象。三是司法体制、保障机制与日益繁重的司法任务还不完全适应,今年虽将增加若干编制,但案多人少的矛盾依然突出,很多法官身心疲惫,特别是2008年收案从2007年54万件上升到67万件,目前尚有未结案53882件,预计今年办案压力更大。自新一轮工资改革后,办案考核激励机制受到影响。此外,少数当事人以非正当途径影响案件的公正判决,暴力抗法事件仍有发生,等等。对此,我们将紧紧依靠省委的领导,省人大和省政协的监督,以及社会各界的支持,积极应对,认真改进。

五、2009年工作打算

在新的一年里,全省法院的总体工作思路是:高举中国特色社会主义伟大旗帜,深入学习实践科学发展观,树立"三个至上"指导思想,深化落实"三项承诺",高度关注经济、社会形势反映到司法层面的变化发展态势,紧紧围绕"保增长、抓转型、重民生、促稳定"的工作重心,抓好能动司法、和谐司法、民本司法和协同司法,紧紧围绕公正高效审判的工作要务,抓好规范司法、阳光司法、廉洁司法和基层司法,使全省法院更好地服务科学发展,更好地实现自身的科学发展。为此,我们将着力抓好"八项司法":

(一)抓好能动司法

紧紧围绕保持经济平稳较快发展的首要任务,敏锐观察、妥善应对我省经济运行中的新情况新问题,落实好服务大局的各项新举措,着力审理好涉企纠纷,切实帮助企业渡过难关,着力审理好涉重点工程和"三农"领域的纠纷,充分发挥知识产权司法保护的主导作用,充分发挥涉外商事、海事审判职能,努力实现法律效果与社会效果、政治效果的统一。

(二)抓好和谐司法

以促进社会和谐为立足点,进一步贯彻落实宽严相济刑事政策,打击、遏制和预防犯罪,减少社会对抗;进一步贯彻调解优先、调判结合的原则,尽可能地采取调解、和解方法,竭力寻找各方当事人利益的共同点,努力实现互利共赢;进一步发挥好行政审判和协调机制的职能作用,妥善化解行政争议;进一步加大执行力度,打好集中清理执行积案活动的攻坚战,努力解决执行难,做好省人大常委会专题听取和审议法院执行工作情况的准备;进一步做好申诉和涉诉信访的化解工作,努力将涉诉上访引导到申请再审的轨道上来。依法支持党委、政府遏制重大群体性事件的可能多发之势。

(三)抓好民本司法

高度关注涉案民生,精心审理好企业拖欠职工、农民工的工资、医疗费、保险费,解除劳动合同等案件,保障群众的基本生活需要;继续落实“三项承诺”,认真梳理司法为民实践中形成的便民利民措施,通过司法手段实实在在地为群众解决纠纷。

(四)抓好协同司法

推进多元纠纷解决机制建设,坚持并发展“枫桥经验”,完善人民调解、行业调解、人民团体调解、行政调解、仲裁调解与诉讼调解的衔接,力争把矛盾化解在当地,解决在基层;推进执行联动机制建设,切实变法院“唱独角戏”为全社会协助“围剿执行难”;推进长三角司法协作机制建设,共同为长三角地区经济社会发展提供良好司法保障;推进司法与专家合作机制建设,为审判执行工作、队伍建设及法院改革提供理论和实务的支撑;推进司法宣传工作机制建设,尽可能使法院工作得到社会各界的理解和支持。

(五)抓好规范司法

继续推进司法程序和司法言行的规范化建设,全面提升审判质量效率,建立健全审判执行运行态势分析机制,通过办案质效评估体系的运用,把审判管理工作纳入长效轨道,积极应对案多人少矛盾将更加突出的挑战。大力加强审判作风建设,倡导“处事要严谨,讲话要亲和,办案要公正,为人要清廉”的浙江法官“职业四要”。

(六)抓好阳光司法

大力推进落实公开审判的基本原则,做到立案公开、庭审公开、证据采信公开、事实认定公开、判决理由和结果公开、执行过程公开、办案纪律公开,开发应用电子审务,尽可能使能够公开的一律公开;切实搞好法院内部行使审判权执行权的阳光运作,健全审判执行工作内部制约、院庭领导的监督指导、审判组织规范活动等制度;自觉接受人大及政协、检察和社会各方面的监督,充分发挥人民陪审员作用,认真对待新闻媒体的监督,最大限度地发挥内外监督机制有效衔接的合力。

(七)抓好廉洁司法

严格执行最高法院“五个严禁”和省法院“约法十章”,院长和班子成员一定要率先垂范,自觉抵制人情案、关系案;一定要从严治院,旗帜鲜明,坚持预防先行,抓早抓小抓紧,动真格不护短;重视法院廉政文化建设,使廉洁司法成为法官的共同信仰和自觉实践。

(八)抓好基层司法

加强基层调研,切实帮助基层破解司法难题;加强科技强院,切实提高基层司法的科技含量,加快实现全省所有审判法庭具备同步简易录音、录像功能;加强法官培训,切实提高基层司法能力,多渠道、多层次开展各种技能训练;加强“两庭”建设,进一步改善基层办案条件。

各位代表:我们将在省委的领导和省人大及其常委会的监督下,忠实履行宪法和法律赋予的职责,以更加务实的作风,更加振奋的精神,开拓创新,真抓实干,把我省法院工作继续推向前进!

统筹“八项司法” 服务科学发展*

齐 奇

在深入学习实践科学发展观活动中,浙江高院经过深入调查研究,针对基本国情省情、发展阶段、当前经济社会的发展态势,结合浙江法院工作实际,在2009年1月7日的全省法院院长会议上和1月18日向省十一届人大二次会议所作的工作报告中提出“抓好八项司法,服务科学发展”的工作思路,即高度关注经济、社会形势反映到司法层面的变化发展态势,紧紧围绕“保增长、保民生、保稳定”的工作重心,抓好能动司法、和谐司法、民本司法和协同司法;紧紧围绕公正高效廉洁审判的工作要务,抓好规范司法、阳光司法、廉洁司法和基层司法。并将其作为今后一个时期谋划、促进浙江法院工作服务科学发展、实现自身科学发展的载体,得到了全省各级法院的积极响应和人大代表的充分认同。

一、能动司法——回应经济社会发展的需求

司法是一项以解决纠纷为己任的事业,必须回应和关注社会需要。在理论界,对司法的功能有“纠纷解决说”、“权利保障说”、“法秩序维持说”、“政策形成说”等不同学说。① 与此相关联,在传统司法哲学上,有司法克制主义(judicial restraint)和司法能动主义(judicial activism)两种不同的立场。司法能动主义以实现实质正义为目标,以司法权的社会功能为重心,以法治精神为依托,强调在司法过程中采取积极灵活的态度,创造性地适用法律,以适应经济社会的需求。② 司法的被动性强调法院在诉讼程序启动上的受应性。有的学者认为,“能动司法”有违司法的被动性、中立性。③ 实际上,司法的能动性与司法的被动性并无必然逻辑联系。任何文化背景下和任何国家的司法都具有能动性。这是由司法活动的实践性质、司法权的内在属性、法律的局限性决定的。能动和克

---

* 原载《人民司法》2009年第15期。

① [美]达玛仕卡著、郑戈译:《司法与国家权力的多种面孔》,中国政法大学出版社2004年版,第106~131页。

② 常倜:“司法能动主义与中国司法的未来”,载徐昕主编:《司法的知识社会学》,厦门大学出版社2008年版,第87页。

③ 张千帆:“司法定位与改革走向”,载《中国经济时报》2008年11月7日。

制的区别更多只是一个程度不一而非性质不同的问题。在美国,能动与克制总是循环交替地成为某一时期司法的主流观点。一般而言,在社会平稳时期偏向克制,在社会变革或转型时期倾向于司法能动,司法机关积极介入国家政治经济活动当中,甚至发挥政策形成功能。1953 年至 1969 年沃伦任美国首席大法官期间不断采取积极的行动,将原属州管理的公民权利纳入联邦政府的管辖范围,扩大联邦政府对弱势群体的权利保护,推动了美国社会的"权利革命"运动。即使在大陆法系,20 世纪以来随着功利主义法学、实用主义法学、结果主义法学的兴起,法官们也不断丰富法律解释方法,按照社会现实的需要更加灵活地适用法律,强调司法应当充分考虑社会现实,考虑本国的历史、文化、习俗,考虑裁判的结果对经济社会发展的影响。[①] 在很多国家,司法能动主义成为司法推动社会进步的一种方式,具有很强的生命力。

当前,我国正处于社会转型时期,经济社会的迅速变革带来了对法律的巨大需求,同时也对法律和司法的有效性提出了严峻挑战。社会结构多元化,利益关系复杂化,要求我国司法必须兼具权利保障、政策和社会共识形成、纠纷解决等功能。能动司法在我国当前具有更大的现实必要性。它不仅有助于社会秩序的重构,而且有助于新型权益的生成和维护以及司法公正和效率的实现。[②] 当然,我国能动司法的品格与西方不同,必须坚持党的领导,坚持司法的政治性、人民性和法律性的统一,这是由我国的国体决定的,也是由我国社会主义初级阶段的长期性所决定的。[③]

浙江作为改革开放起步比较早、市场化程度比较高、融入经济全球化比较深的省份,从 2008 年年初乃至更早一段时间开始,就首当其冲受到了宏观调控的从紧措施及随后爆发的国际金融危机快速蔓延的影响,一些主要经济指标增速回落,下行压力加大,经济运行中出现的问题和困难有不少转化为各类案件进入司法领域。浙江法院敏锐把握经济社会变化,自觉强化能动司法意识,在尊重司法自身规律的同时,运用司法职能服务大局,增强为大局服务的针对性、有效性,努力实现法律效果与社会效果、政治效果的统一。2008 年 4 月 18 日,浙江高院党组在分析当年一季度收案形势的基础上,向省委作出《关于运用审

---

① 钱海玲、李杰:"论法律效果与社会效果的统一",载曹建明主编:《中国特色社会主义司法制度探索》,人民法院出版社 2008 年版,第 207 页。

② 王建国:"社会转型过程中的司法能动论",载《金陵法律评论》2008 年第 4 期。

③ 20 世纪 30 年代后期,陕甘宁边区政府就形成了"坚持司法工作是政权工作的一部分,强调司法工作的主要任务是巩固政权,保护人民大众的利益"的成功经验。坚持党的领导是人民法院化解社会矛盾的独特政治优势。

判职能,切实贯彻省委“防止我省经济下滑”指示精神的专题报告》,并提出相应的司法对策;[①]针对金融危机背景下企业融资借贷类纠纷高发的实际,浙江高院及时制定了涉及民间借贷、企业间借款合同、金融机构借款合同等纠纷案件突出问题的处理意见,发布典型案例,支持企业经营和金融创新,保障金融危机下企业的生存与发展;针对企业资金链断裂引发大量纠纷等状况,先后下发了《关于资金链断裂引发企业债务重大案件的集中管辖问题的通知》、《关于切实做好今冬明春涉及农民工劳动报酬案件审判执行工作的通知》、《关于年前集中清理执行积案活动几项重点工作的通知》、《关于当前办理集资类刑事案件适用法律若干问题的会议纪要》。这些司法文件的出台,为妥善、慎重审理金融类、涉企业债务类、劳动争议类等案件起到了司法政策导引作用。各级法院采用调解、和解和司法重整等法律调节手段,做到“三个尽可能”来应对金融危机环境下的司法工作,即尽可能维持有市场、有发展前景的困难企业、劳动密集型中小企业的生存,尽可能减少有挽救希望企业的关门倒闭,尽可能支持优势企业以兼并、重组、控股等方式延伸产业链、增加核心竞争力。为积极配合省委推进经济转型升级,充分发挥知识产权司法保护的主导作用,浙江高院在2008年、2009年4月世界知识产权日期间,邀请境外媒体参加新闻发布会并当场回应记者提问,邀请驻华机构代表列席全省法院知识产权审判的年度工作会议。[②] 为支持农村土地使用权流转的改革创新,浙江高院与省委农业和农村工作办公室联合召开关于促进浙江农村土地流转改革创新法律问题座谈会。2008年年底,针对全省经济下滑趋势更加明显,金融危机影响深度显现,浙江高院从司法层面对2009年的涉案态势进行了预测,及时出台了《关于充分发挥司法职能保障经济平稳较快发展的指导意见》。

浙江法院能动司法的积极实践,为促进全省经济平稳较快发展和社会稳定做出了贡献,得到了最高法院、省委、省人大、省政府的高度肯定,社会各界也给予了较高的评价。当然,法院能动司法参与社会治理的范围和能力是有限度的,其职能作用的发挥是有边界并受到现行法律规定制约的。在抓好能动司法时,也要正确处理好能动司法与党的领导、严格执法等之间的关系,在能动中,彰显法治,实现公正。

---

① 时任国务院副总理王岐山、时任浙江省委书记赵洪祝和最高法院常务副院长沈德咏等领导均对《报告》专门作了肯定性批示。最高法院副院长奚晓明专程来浙调研时,认为该报告是全国各高级法院中较早针对宏观经济形势变化提出的司法对策,为各地高级法院积极应对新形势提供了有益借鉴。

② 这在全国法院尚属首例,美国商务部国际贸易局对浙江省知识产权司法保护作了专门介绍。

二、和谐司法——促进实现和谐社会的目标

和谐社会是中国传统文化的精髓，是当今社会的时代精神，也是社会主义的核心价值。强调“协商与对话”，淡化“对抗与胜败”，成为当今各国及地区司法改革实践的一种趋势。在德国，调解（“调解优于审判”）的思想已有多年的实践基础，根据2002年1月1日生效的德国《民事诉讼法》第278条，所有的民事诉讼在口头辩论之前必须要有一个善意和解的协商程序。[①] 在我国香港地区，2009年4月2日开始实施的民事司法制度改革，其中一个大方向就是推动调解，鼓励各方尽早达成和解。[②] 英国上诉法院民事审判庭首席法官伍尔夫勋爵在《接近司法》中期报告（1995年6月）[③]中提出的要“大大变革对抗制的道德”，强调各方当事人和律师之间的“合作、公正和对事实的尊重。”并在1999年4月26日正式生效的《民事诉讼规则》（以下简称英国新《民事诉讼规则》）中得到了明显体现。[④] 在刑事审判领域，自1974年加拿大第一个恢复性司法案例[⑤]和1977年美国学者巴内特（Barnett）提出“恢复性司法”一词以来的30多年中，恢复性司法已深刻地影响了西方国家的刑事司法走向和犯罪预防模式，并已成为西方刑事法学界的一大“显学”。联合国也通过决定、宣言，鼓励和要求各成员国扩大恢复性司法的使用。

当代中国司法更应当大力倡导“和谐司法”。有人担心，过于强调和谐、调解，会伤害到法治本身。其实，法治不等于诉讼，诉讼也不只限于“唇枪舌剑”。过于强调诉讼的对抗性，使纠纷的解决缺少回旋余地和弹性空间，不仅与当代各国司法实践的发展潮流相背离，更与我国传统文化、老百姓的诉求观念相冲突。和谐司法并不是“和稀泥”，不是以所谓的和谐取代公正，而是在准确把握纠纷的冲突点、当事人利益的结合点、化解矛盾的关键点的基础上，倡导当事人

---

① ［德］Astrid Stadler：“德国民事诉讼法的最新发展”，季立刚、陈倩译，载何勤华主编：《20世纪外国司法制度的变革》，法律出版社2003年版，第230～231页。

② 李海涛：“香港民事司法制度改革开始实施”，载《法制日报》2009年4月3日。

③ 《接近司法》是英国司法改革的一部十分重要的经典文献，集中概括了英国民事司法改革的背景和措施，也直接标明了改革的终极目标。

④ 徐昕主编：《英国民事诉讼与民事司法改革》，中国政法大学出版社2002年版，第438页。

⑤ 1974年加拿大安大略省Kitchener的两个年轻人实施一系列犯罪行为，侵犯了22名被害人的财产。在当地缓刑机关和宗教组织的共同努力下，这两名犯罪人与被害人逐个见面，从被害人的陈述中使他们认识到自己的行为给被害人造成的损害和痛苦，从而不但承认被指控的罪行，而且半年后交清了全部赔偿金以及补偿被害人的损失。狄小华：“恢复性司法理论初探”，载《刑事司法前沿问题——恢复性司法研究》，群众出版社2005年版，第10页。

依法诉讼、诚信诉讼、文明诉讼、理性诉讼，协同推进诉讼的进程，实现纠纷的妥当解决，促进社会和谐。

近年来，浙江法院以促进社会和谐为目标，坚持抓好“和谐司法”。一是全面贯彻宽严相济刑事政策。讲究刑事策略，对严重刑事犯罪，依法严惩，保持高压态势，防止片面的、盲目的“轻刑化”；对轻罪案件，以挽救教育为目的，将惩治作为教育罪犯的后盾，做到审结一案，教育挽救一名或多名罪犯。进一步规范刑罚的自由裁量权，积极尝试将量刑纳入法庭审理的程序；探索建立认罪速裁程序和附条件的认罪从轻处罚制度；推动建立刑事自诉、轻微刑事犯罪、未成年人犯罪、刑事附带民事诉讼的刑事和解制度；推动建立未成年人轻罪记录消灭制度，以及老年人犯罪适度从宽的法律机制，尽可能减少社会对抗，促进社会和谐。二是认真落实调解优先的原则。正确处理好调判关系，在保护民事实体权利的同时，也保障当事人选择解决纷争合理方式的权利。特别是对当前涉及困难企业所发生的债务、合同、劳资等纠纷，更加注重调解，尽可能通过妥协或协商等方式实现互利共赢。2008 年全省法院一审民事案件调解撤诉率达 56.39%。三是充分发挥行政审判协调机制的作用。2008 年全省法院一审行政案件协调撤诉率达 34.59%。为充分发挥法院和政府良性互动机制在预防、化解行政争议中的积极作用，浙江高院分别于 2008 年 5 月和 2009 年 3 月，就 2002 年至 2007 年、2008 年全省行政诉讼的总体情况、案件特点、存在问题及建议，以行政审判“白皮书”的形式向省委、省政府作了专题报告。省长吕祖善要求印发各市、县政府和省级有关部门，认真研究进一步加强政府依法行政工作。省高院与省法制办联合召开预防和化解行政争议联席会议，研究改进行政执法活动的措施。2009 年 4 月 30 日，最高法院下发《关于在全国法院开展行政审判“白皮书”活动的通知》，并将浙江高院行政审判“白皮书”作为附件供全国法院参考。四是全力做好申诉和涉诉信访的化解工作。积极应对实施修改后的民事诉讼法，浙江高院于去年和今年初两次对民事案件级别管辖进行调整，将 90% 以上的大标的案件下放到基层法院，进一步明确了三级法院的审级功能定位，基层法院逐步成为受理普通民商事案件的初审法院，中级法院逐步成为受理普通民商事案件的上诉法院，高级法院逐步成为受理申诉的再审法院。其目的就是方便就地解决纠纷，化解矛盾，促进社会和谐。高度重视涉诉信访工作，实行资深法官轮岗接待信访人制度，切实提高接待窗口的个案研判，认真研究总结甄别化解涉诉信访的长效机制，推动建立党委领导下的信访案件终结办法。

通过抓好“和谐司法”，浙江法院进一步更新了司法理念，摆脱单纯从诉讼裁判程序上解决纠纷的狭隘视野，注重在诉讼内寻求和构建协商性程序，以发现和促进诉讼中的和谐，丰富了司法政策和技术，提高了服务和谐社会建设的能力和水平。

三、民本司法——彰显人民司法的本质

“法乃公器，民为邦本”。无论是散发着浓厚人本气息的自然法学，还是去道德化的分析法学，抑或社会利益法学等西方法学流派，时至今日都无不承认法律的道德因素与人性基础。[①] 自20世纪70年代持续至今的在世界范围内掀起的便利公民、使诉讼朝向低廉有效的“接近正义”运动，在相当程度上体现了尊重当事人主体性地位的理念。如英国新《民事诉讼规则》要求简化诉讼程序，简化专业术语，消除诉讼拖延，降低诉讼成本，增加诉讼的确定性，促进社会公众对司法的接近。[②] 日本1998年实施的新民事诉讼法，采取了减轻当事人负担的费用，扩充民事法律援助，提高法院的方便性，提高受害救济的实效等措施促进国民接近法院。[③] 我国台湾地区“司法院”1999年颁布的“司法改革具体革新措施”中明确揭示要“实现司法在民的理念”。[④] 香港地区2009年4月2日开始实施的民事司法制度改革，尽量减少审前申请次数，引入措施简化申请程序。[⑤]

我国是社会主义国家，一切权力属于人民。人民性是中国特色社会主义司法制度的本质属性。强调以人为本，做群众工作是人民司法的光荣传统，陕甘宁边区政府时期坚持司法工作群众路线，推行“马锡五审判方式”，要求司法人员在情感上必须与人民同心同德。改革开放以来尤其是20世纪90年代以来，人民法院不断创新和丰富便民、利民措施，便民诉讼机制初步形成。

在新时期新阶段，浙江法院坚持人民利益至上，深入开展“人民法官为人民”主题实践活动，抓好“民本司法”，进一步健全满足人民群众司法新需求的工作机制。一是畅通沟通渠道，掌握民生需求。建立涉诉民意分析、会办、督办制度，在正确判断、去伪存真的基础上，采取针对性的对策措施。2008年年初，全

---

① 汪习根主编：《司法权论》，武汉大学出版社2006年版，第5～6页。

② 徐昕主编：《英国民事诉讼与民事司法改革》，中国政法大学出版社2002年版，第426页。

③ 日本司法制度改革委员会：“日本司法制度改革审议会意见书——支撑21世纪日本的司法制度”，丁相顺译，载孙谦、郑成良主编：《司法改革报告——有关国家司法改革的理念与经验》，法律出版社2002年版，第92～112页。

④ 李子春：“司法政策历史社会分析”，载澄社、民间司法改革基金会主编：《司法的重塑——民间司法改革研讨会论文集（一）》，台湾地区桂冠图书股份有限公司2000年版，第66页。

⑤ 李海涛：“香港民事司法制度改革开始实施”，载《法制日报》2009年4月3日。

省103个法院的院长按照浙江省委“树新形象、创新业绩”主题实践活动的部署,深入企业、农村走访,就加强审判执行工作开展蹲点调研。2009年2月12日,浙江高院主要领导做客“浙江在线”,通过网络视频,围绕“民本司法、阳光司法”与网民互动交流。二是完善便民诉讼机制,方便群众接近司法。目前,全省法院已基本建立了集受理起诉、接受咨询、指导诉讼、收、结、退诉讼费等功能于一体的规范化立案接待大厅,极大地方便了群众到法院诉讼办事。对弱势群体在诉讼告知、法律释明、证据采纳、司法救助等方面给予更多的关怀,不使法庭成为诉讼的“竞技场”。依法扩大简易程序的适用范围,推行民事案件速裁机制,提高审判效率,减轻当事人的讼累。针对当事人起诉查询对方户籍、工商登记等材料难度大的问题,积极与公安、工商等部门沟通,实行当事人可持法院联系函查阅档案等做法,方便当事人收集证据。在劳资纠纷、交通事故损害赔偿纠纷等多发区域设立专业性巡回法庭,开展巡回审判,方便群众诉讼。加大司法救助力度,2008年对2700名当事人发放救助金2365.88万元,依法缓、减、免收诉讼费2764.84万元。充分发挥人民陪审员作用,扩大诉讼民主,2008年参审案件47580件,参审陪审员76658人次。三是彰显实质正义,关注和发展民生。全省法院积极、妥善审理好各类涉及民生的民事案件,尤其是劳动争议、消费纠纷、“三农”纠纷、婚姻家庭纠纷等,切实维护好、关心好、实现好最广大人民群众的合法权益。当前,更加注重对可能引发群体性事件的劳动争议纠纷,积极争取党委政府支持,调解劳企纠纷,妥善化解劳动争议,引导劳企共渡难关。四是加大执行力度,保障民生实现。将加强执行工作作为保障民生的着力点,2008年执行与民生直接相关的劳动报酬、赡养、抚养、抚育等案件的标的到位率达82.25%。借助基层综治中心平台,推行执行和解,妥善化解涉农执行案件。对执行不力的案件,实行提级、交叉执行或挂牌督办。务求法院审判执行工作体现民意,符合民情,实现民愿。

四、协同司法——形成化解社会矛盾的整体合力

作为法律概念的“协同”,源自民事诉讼社会性观念,发轫于奥地利学者弗兰茨·克莱恩(Franz Klein)所主张的民事诉讼具有一种社会性。德国一些学者进一步系统化,并提出了“协同原则”的理论。[①] 随着协同模式的发展演变,协同式的处理手段进化成为一种现代型的司法技术,针对不同类型的社会矛盾

---

① 陈慰星:“多元化纠纷解决机制的复合——以司法协同技术为方法”,载万鄂湘主编:《司法解决纠纷的对策与机制》,人民法院出版社2007年版,第90~91页。

纠纷,提供不同的纠纷解决模式,通过各种模式的良性互动,促进社会矛盾纠纷的化解。20 世纪末汹涌而来的 ADR(即替代性纠纷解决机制)浪潮昭示,西方发达国家的司法制度正在经历一场前所未有的变革,亮点在于强化诉讼外纠纷解决方式的作用。如在美国,90%以上的纠纷都是通过非诉讼方式解决,现代 ADR 与传统的方法合在一起构成了美国的"解决争端过程的生态学"。[①] 英国新《民事诉讼规则》第 8 章规定了可选择诉讼程序,重视争议解决方式的可选择性。[②] 日本 21 世纪的民事司法改革,为促进运用 ADR 手段解决纠纷的法院与各相关机构、各相关省厅之间的协作,完善了各种联络会议体制。[③] 香港民事司法制度改革,其中一个大方向是鼓励通过非诉讼程序解决争议。[④]

我国目前所处的社会转型期,各种矛盾纠纷错综复杂,并呈现出量大、多发、累积的态势。"现代社会和当事人在利益、价值观、偏好和各种实际需要等方面的多元化,本质上需要多元化的纠纷解决方式,需要有更多的选择权。"[⑤]司法的魅力在于它的"最后"角色,它不可能消弭所有社会矛盾,也无法包打天下代替所有手段。人民司法与其他非诉解纷方式组成多元纠纷解决机制,共同构筑社会的稳定机制,对于当下中国社会的意义已毋庸置疑。

浙江法院科学把握司法在整个社会矛盾纠纷解决体系中的定位,努力探索和实践将诉讼与非诉手段结合起来的协同司法的新途径、新方法。一是推进多元纠纷解决机制建设。打造平台,加强各种纠纷解决机制的协调性,培育扶植人民调解、律师调解、行业调解、专家调解、仲裁等纠纷解决组织和力量,力争让大部分纠纷解决在诉讼之外,化解在萌芽状态。2008 年全省法院在立案环节,经征得当事人同意,引导当事人由人民调解组织先行调解的案件 5894 件,调解成功 3790 件,调解成功率为 64.3%。二是推进执行联动机制建设。积极争取党委、人大的重视和支持,完善综合治理执行难工作机制,由省综治委成立"解决执行难协调工作领导小组"。与公安、工商、房产、建设、金融、纪检部门及乡镇街道等建立协助执行机制,并将执行成效纳入当地党委政府"平安浙江"的考

---

① 葛兰特:"审判、诉讼和相关现象",转引自朱景文:《现代西方法社会学》,法律出版社 1994 年版,第 199 页。

② 徐昕主编:《英国民事诉讼与民事司法改革》,中国政法大学出版社 2002 年版,第 440 ~ 441 页。

③ 日本司法制度改革委员会:"日本司法制度改革审议会意见书——支撑 21 世纪日本的司法制度",丁相顺译,载孙谦、郑成良主编:《司法改革报告——有关国家司法改革的理念与经验》,法律出版社 2002 年版,第 112 ~ 114 页。

④ 李海涛:"香港民事司法制度改革开始实施",载《法制日报》2009 年 4 月 3 日。

⑤ 范愉:"ADR 与法治的可持续发展——纠纷解决与 ADR 研究的方法与理念",载《大律师网》2004 年 11 月 26 日。

核内容。全国集中清理执行积案活动开展以来,截至2009年5月31日,全省累计执结有财产积案9701件,执结率为99.24%。执结重点案件6276件,执结率为98.08%。健全执行工作联动威慑机制,切实变法院“唱独角戏”为全社会“围剿执行难”,与省信用中心联合在“浙江省公共联合征信平台”上公布被执行人名录,首批共涉及案件12000余件,在浙江电视台教育科技频道创建“老赖曝光台”,已播出节目37期,曝光被执行人126人。三是推进长三角司法协作机制建设。长三角区域经济一体化趋势明显,沪、苏、浙三地法院面临的司法难题共性增多,国务院下发《关于进一步推进长江三角洲地区改革开放和经济社会发展的指导意见》后,浙江高院与沪、苏高院于2008年10月24日签署了《长江三角洲地区法院工作协作交流协议》,2009年5月又进一步制定了长三角法院13项司法协作的具体规则,并举办第一届长三角“司法协作和发展论坛”,共同为长三角地区经济社会发展提供良好司法保障。四是推进专家合作机制建设。2009年1月5日浙江高院聘任11名法学专家学者担任咨询员,建立专家咨询制度,为浙江司法工作提供预测和建议,协助人民法院积极应对司法实务面临的新情况,掌握法学领域的新动态新趋势。五是推进司法宣传工作机制建设。法院与社会之间的关系实质上是一种“公共关系”,“司法依赖民众的信赖而生存。”①浙江法院高度重视司法宣传对于推动法院工作发展的重要作用,大力宣传全省法院落实科学发展观、服务大局的重大措施和新成效,宣传克服“案多人少”提高审判质量效率的新成效,宣传司法为民和从严治院的新成效,使法院工作赢得社会各界更多的理解和支持,为法院克服各种困难营造更有利的社会氛围和舆论环境。

协同合作,共享共赢,使司法救济真正成为维护社会公平正义的最后一道防线,使有限的司法资源发挥出更大的功效。

五、规范司法——确保司法的公正与高效

司法公正,不仅要在实质上体现出公正,而且还要以“看得见的形式”体现出来。通过规范的司法行为这样的外观或形式而获得的“公正感”,对确保司法的正当性和民众对司法的信任感是非常必要的。对法官职业行为、职业道德和个人操守进行立法规范,已经成为一种全球性的潮流。《美国法官行为准则》要求法官在其全部活动中避免不适当的行为和不适当的表现,约束司法外行为,以减少与其司法职责冲突的危险等。日本法官的伦理要求法官不得做出损伤

① [德]拉德布鲁赫:《法学导论》,米健、朱林译,中国大百科全书出版社1997年版,第119页。

国民对审判及其法官所具有的信赖的行动，必须态度谨慎，保持品性。[①] 欧洲法官咨询委员会提议，建立法官按其职业要求所应遵循的各项原则和具体规定。联合国下属机构召集了一批法学家，集中研究一些国家已经制定的有关法官职业道德规范的最基本原则。这项创意产生了名为《班加罗尔计划》的一套法律规范计划，并制定了《海牙准则》。[②] 同时，为规范法官行为，不少国家和地区非常重视司法管理。20 世纪 80 年代，美国曾掀起一场司法管理运动，引发的重要原因是司法拖延，而联邦司法委员会等法院行政管理机构的建立，则从根本上改进了原有的法院行政管理的旧有面貌与格局。法国采取"司行合作"制度，由法院的行政办公室主要负责立案和对案件的管理。[③] 在我国香港，适当强化案件管理是 2009 年 4 月 2 日开始实施的民事司法制度改革中最为关键的部分。[④]

近年来，浙江法院着眼于加强司法规范化建设，强化审判质量效率管理，改进审判作风。一是推进司法规范化建设。全省法院开展了为期三年的司法规范化建设活动，取得了较好的成效。2006 年以规范司法礼仪为重点，抓形象公正；2007 年以规范程序运行为重点，抓程序公正；2008 年以规范裁判文书为重点，抓实体公正。在此基础上，制定下发了《关于构建司法规范化工作长效机制的指导意见》，对推进司法规范化的教育、管理、监督、考评四项机制，提出了明确要求。二是全面提升审判质效管理。浙江高院在 2008 年年初决定建立全省法院审判、执行质量效率评估体系，要求全省法院充分运用信息化手段，实时掌握办案运行态势，走"科技强院"和科学管理之路。制定审判质量效率 26 项基本评估数据，以同期结案率、存案工作量、平均审理(执行)天数、人均结案数、结案均衡度、调解率、改判发回瑕疵率等数据为依据，形成了较为完整的办案评估体系，实现了审判管理的历史性飞跃。在当年收案大幅上升 24% 的压力下，顺利实现了收、结案平衡运行的良好态势。三是着力改进审判作风。美国著名法学家梅利曼指出，"在我们看来，法官是有修养的伟人，甚至具有父亲般的慈严。"[⑤]作风是法官素质的标杆，作风不良也是引起当事人对办案公正的合理怀疑，引起社会舆论消极评价的主要根源之一。结合浙江法院的实际，考虑人民

---

① 怀效锋主编：《法官行为与职业伦理》，法律出版社 2006 年版，第 572 ~ 583 页。

② 怀效锋主编：《法官行为与职业伦理》，法律出版社 2006 年版，第 311 页。

③ Maria Dakolias、Edgardo Buscaglia："法院工作衡量机制的国际比较研究"，陈丽莉译，载孙谦、郑成良主编：《司法改革报告——有关国家司法改革的理念与经验》，法律出版社 2002 年版，第 46 ~ 78 页。

④ 李海涛："香港民事司法制度改革开始实施"，载《法制日报》2009 年 4 月 3 日。

⑤ [美]约翰·亨利·梅利曼：《大陆法系》，顾培东、禄正平译，西南政法大学法制教研室 1983 年印，第 36 页。

群众的期待和法官职业的特点,2009年年初浙江高院提出"处事要严谨,讲话要亲和,办案要公正,为人要清廉"的浙江"法官职业四要",制定实施"违反法官行为规范处理办法",改进浙江法院职业形象。

六、阳光司法——监督审判权、执行权运行的基石

公开是司法的基本原则,是司法权行使的最有力鞭策。公开审判,这一重要的法治原则是由18世纪意大利法学家切萨雷·贝卡利亚提出的,并被美国国会于1791年12月15日批准的《宪法》第6条所采纳。19世纪,法国、德国、日本、意大利等相继实行了这一法律原则,并逐步被世界所公认。1948年12月联合国通过的《世界人权宣言》第10条规定"人人完全平等地有权由一个独立而无偏倚的法庭进行公正的和公开的审讯,以确定他的权利和义务,并判定对他提出的任何刑事指控。"日本最高法院于1997年开设网站提供各种信息包括判例信息。[①] 并于2001年4月制定信息公开标准,启动信息公开制度。

在我国,公开审判既是诉讼法原则,也是一项宪法性原则。2007年6月4日最高人民法院《关于加强人民法院审判公开工作的若干意见》更是对公开审判作了全面规范。近年来,浙江法院按照公开审判的要求,抓好"阳光司法",有效提升了司法公信力。一是全面落实审判公开。推行立案公开、庭审公开、证据采信公开、事实认定公开、判决理由和结果公开、执行过程公开、办案纪律公开等制度。为防止执行不公,实行拍卖事项与执行机构相分离,由中级法院统一对辖区两级法院实行集中公开摇号委托拍卖,完善执行监督。与此同时,在申诉复查、减刑假释、国家赔偿等案件处理中积极推行公开听证制度。二是创新和拓展审判公开的方式和途径。进一步拓展电子审务,全面推行庭审同步录音录像,开展远程庭审、远程提讯、远程质证、网上视频直播庭审,实现商事等裁判文书上网,开庭公告上网,让当事人能够通过互联网查询自己案件的办案进度,以信息化手段促使审判、执行的全过程能够公开的一律公开。三是强化审判权执行权的内部阳光运作。2008年,浙江高院建立了改判发回经中院审判委员会讨论决定的案件,邀请原审中院院长列席高院审判委员会的制度。同时,加强庭长和院长监督指导办案的管理职能,庭长和院长在尊重独任法官和合议庭依法行使审判职权的基础上,通过审核法律文书、要求合议庭复议、组织审判

---

① 日本司法制度改革委员会:《日本司法制度改革审议会意见书——支撑21世纪日本的司法制度》,丁相顺译,载孙谦、郑成良主编:《司法改革报告——有关国家司法改革的理念与经验》,法律出版社2002年版,第186~188页。

长联席会议讨论、提请审判委员会讨论、对法官业绩进行讲评考核等方法，履行对办案的监督指导职能。四是自觉接受社会各方面的监督。2008 年 5 月至 8 月，全省法院开展了邀请人大代表、政协委员“百日旁听百案”活动，浙江高院创办《代表委员情况通报》，效果良好。自觉接受检察机关的法律监督，2008 年浙江高院落实了检察长列席审判委员会制度，对省检察委员会讨论后提起、支持抗诉的案件，均提交审判委员会讨论决定。为自觉接受律师界的监督，2009 年 3 月 20 日，浙江高院党组成员和有关部门负责人专程走访省律师协会，主动听取律师对法院工作的意见和建议，并就如何规范法官与律师关系、建立法官与律师良性互动机制等方面问题达成共识。

实践证明，只有把司法权的内外运行，尽可能置于阳光之下，才能最大限度地遏制背离司法公正的“潜规则”生存滋长。

七、廉洁司法——确保人民法官高尚、清廉的职业道德

法官是代表国家行使审判权、维护社会秩序、保障公平正义实现的特殊群体。法官行为，无论是职业行为还是业外行为，都会关系到国家利益和社会利益，法官职业道德超出了群体、个体范围而形成对全社会的影响。司法权威的获得不仅依赖于国家的强制力，更重要的是源于民众内心对法律的信仰与遵从，还有对法官高尚的人格和清廉执法的职业形象的信任。廉洁司法是司法公正和权威的“生命线”。《美国司法行为准则》规定：法官不得允许其家庭的、社会的、政治的或其他的关系影响其司法行为和裁判，法官不得利用其司法官的声望而牟取其个人的或其他人的私人利益。《加拿大法官职业道德准则》要求法官应尽可能合理地处理其个人事务和商业事务，从而把自己被要求回避的机会降到最低程度。① 法国《有关法官身份的条例》第 6 条规定，法官在首次承担审判职责前必须进行职业宣誓。② 我国《法官法》从法官义务、任职回避、考核、须受惩戒行为等多方面对法官的司法廉洁提出了严格要求。

近年来，浙江法院坚持从严治院，狠抓“廉洁司法”。第一，院长和班子成员率先垂范，严格自律。为治理人情案、关系案这一顽症，出台了《全省法院领导班子成员防止人情关系对司法工作不当影响的若干规定(试行)》，被媒体称为“开前门、堵后门”、阳光运作的“约法十章”。第二，从严治院，旗帜鲜明。坚持“四个到位”：警示教育一定要到位；诫勉谈话一定要到位；院、庭长对重点案件、

① 李本森主编：《法律职业伦理》，北京大学出版社 2005 年版，第 68 页。

② 怀效锋主编：《法官行为与职业伦理》，法律出版社 2006 年版，第 304 页。

重点岗位重点人的管理监督一定要到位;对违反者执行纪律一定要到位。2008年,浙江高院不护短,动真格,先后对本机关2名违反规定的审判庭正、副庭长分别给予免职、记大过和责令辞去公职、记过等处分,引起强烈反响。全省法院对34名违纪违法干警进行了严肃查处。为确保审理法院工作人员犯罪案件的公正性,与省检察院联合制定了此类案件实行异地审判的制度。第三,严格执行“五个严禁”。最高法院“五个严禁”下发后,全省法院及时将“五个严禁”上墙、上网、上媒体,并随同案件受理通知书和应诉通知书发送案件当事人及其代理人,公开24小时举报电话并由专人接听,对举报内容进行记录、梳理,随时接受社会各界的监督。同时,严肃查处违反禁令行为,做到有投诉必查,有查必果。第四,重视法院廉政文化建设。2009年1月15日,浙江高院举行了首次法官授职典礼,省人大常委会领导、省高院主要领导为2008年度省高院新任高级法官、审判员、助理审判员逐一授职,典礼还邀请受职法官的家属参加,极大地激发法官的职业尊荣感,成为法官人生的难忘一幕,形成了强大的廉政文化氛围。这项活动今后将每年举行,使之成为一项年度的重大司法礼仪活动。

八、基层司法——夯实人民法院的基层基础

欲叶茂者必深其根,欲流畅者必浚其源。从国外来看,许多国家都非常重视加强司法的基层基础建设。美国学者 Maria Dakolias 和 Edgardo Buscaglia 通过分别对三个大洲的法国、新加坡、阿根廷等10个国家的调查显示,以下三方面因素对提高结案率起着积极的作用:(1)科技手段在案件追踪、法理学研究和判决过程中使用;(2)法院经费来源的增加;(3)用于基础设施投资的资金来源的扩大。① 在基础设施投入方面,新加坡于1991年大幅度地增加了法院的基础投资,仅在1993年,法院的审案期限就惊人地下降了39%;同样的奇迹还出现在巴拿马:当法院的基础投资增加后1994年的待审案件的比例就比前一年下降了70%,同年的结案率也上升了39%。② 就信息化而言,英国、美国、澳大利亚等已制订了电子法院发展规划。③ 2004年开始生效的《欧盟证据协助法案》

---

① Maria Dakolias、Edgardo Buscaglia:“法院工作衡量机制的国际比较研究”,陈丽莉译,载孙谦、郑成良主编:《司法改革报告——有关国家司法改革的理念与经验》,法律出版社2002年版,第46~78页。

② Maria Dakolias、Edgardo Buscaglia:“法院工作衡量机制的国际比较研究”,陈丽莉译,载孙谦、郑成良主编:《司法改革报告——有关国家司法改革的理念与经验》,法律出版社2002年版,第46~78页。

③ 徐昕主编:《英国民事诉讼与民事司法改革》,中国政法大学出版社2002年版,第518页。

明确规定了远程摄像技术的运用,并督促各成员国采用这种技术。[①] 美国、澳大利亚、芬兰、加拿大、新加坡等许可利用视频会议、网络会议、录像、电视会议等现代科技手段进行开庭审理和证明程序。此外,法官培训也会大大提高判案的质量。日本21世纪的司法改革中,提出要建立将法学教育、司法考试、司法研修有机结合的"过程"法曹养成制度,对正在从事实务工作的法曹进入法科研究生院通过选修课程等方式,学习先进的、现代化领域的知识或与国际相关联的跨学科领域的知识。[②]

在我国,基层人民法院及其派出法庭处于法院系统的最末端。浙江法院系统,90%的案件集中在基层,80%的法官工作在基层。加强人民法院基层基础建设,事关建设"法治浙江"的进程,事关法院事业的发展。浙江法院牢固树立服务基层、服务审判一线的理念,坚持抓好"基层司法"。一是加强调研指导,切实帮助基层破解司法难题。浙江高、中级法院积极运用指导性意见、会议纪要、问题解答、案例指导、《浙江审判》、条线例会、建立内网法官咨询平台等多种载体,及时帮助基层一线法官解决司法实务中遇到的法律适用难题。为加强对下指导,印制下发《浙江法院审判业务资料》7卷、《浙江法院实务技能手册》24册、《案例指导》9期。建立全省法院调研人才库,整合全省法院调研资源,第一期入库人员112人。2009年开始实行全省法院重点调研课题招标管理制度,确定了15个重点调研课题,组织全省法院招标,形成上下联动、条块结合、合力推进的调研工作格局。二是加强科技强院,切实提高基层司法的科技含量。开展了立足基层法院的远程庭审、远程提讯、远程质证等工作,利用电子视频技术提高审判效率。加快电子法庭建设进程,力争在2009年所有基层法院的审判法庭(包括人民法庭)内都配有简易的录音录像设施。今后,每个开庭审理的案件都将在案卷中附上一个开庭实录光盘。每个基层法院都要有一到两个标准的数字法庭,可供网上视频问答直播、远程提讯被告人、远程证人作证、远程庭审等。同时,加大电子审务软件的开发应用,结合司法业绩考评体系建设,逐步建立全省法院干警电子人事档案、业绩档案和电子培训档案。三是加强法官培训,切实提高基层司法能力。2008年浙江高院举办各类培训班22期,培训基层法官2650人。同时,不断丰富课堂与视频等培训手段,在全省基层法院建立

---

① [德]Astrid Stadler:"德国民事诉讼法的最新发展",季立刚、陈倩译,载何勤华主编:《20世纪外国司法制度的变革》,法律出版社2003年版,第232~233页。

② 日本司法制度改革委员会:"日本司法制度改革审议会意见书——支撑21世纪日本的司法制度",丁相顺译,载孙谦、郑成良主编:《司法改革报告——有关国家司法改革的理念与经验》,法律出版社2002年版,第139~154页。

“网络培训日”,确定每个月的最后一个工作日为网络培训日,基层法官可自主选择网络上的培训课件,减少工学矛盾。四是加强“两庭”建设,切实改善基层办案条件。积极争取省财政的经费支持,2008 年省财政和发改委对欠发达地区法院人民法庭补助资金 2000 万元、信息化经费 800 万元,投入“两庭”建设资金 5940 万元。深入开展“五好法庭”、“模范五好法庭”达标活动,已有 203 个人民法庭达到了省级五好法庭软、硬件的标准,占 95.75%,47 个被授予省级模范五好法庭称号。目前,浙江高院正在对“省级模范五好法庭”开展办案质效评估,实行优胜劣汰机制,末位淘汰,防止流于“达标”化。

总之,浙江各级法院院长的精力和注意力必须放在审判第一线,努力形成“心往基层一线想、人往基层一线放、事为基层一线办、钱为基层一线花”的导向。

上述“八项司法”,是一个互相关联、不可分割的整体,体现了浙江法院为大局服务、为人民司法的工作主题。“八项司法”围绕建设公正高效权威的社会主义司法制度,通过加强能动司法、和谐司法、民本司法和协同司法,服务于经济社会科学发展,通过加强规范司法、阳光司法、廉洁司法和基层司法,建构实现法院自身科学发展的保障性机制。把人民法院外部司法需求与内部保障目标,有机地融入“看得见的公正”、“能感受的高效”和“被认同的权威”之中,使浙江法院工作的发展与经济社会的发展相协调,使审判职能的强化与为民服务水平的优化相协调。

“八项司法”是“三个至上”重要指导思想的具体化。按照党的事业至上的要求,必须抓好“能动司法”、“和谐司法”、“协同司法”,服务大局,促进和谐,维护稳定;按照人民利益至上的要求,必须抓好“民本司法”,不断健全能满足人民群众司法新需求的审判工作机制,关注民生,发展民权,保障民利;按照宪法法律至上的要求,必须抓好“规范司法”、“阳光司法”、“廉洁司法”、“基层司法”,建立健全公正高效权威的司法工作机制,切实维护国家法制的统一。

以上是浙江法院对“八项司法”的一些思考和实践。抓好“八项司法”,将是浙江法院当前和今后一个时期不断落实、巩固和深化的过程。浙江法院将顺应时代和形势变化发展的要求,不断丰富、充实具体工作措施,为建立公正高效权威的社会主义司法制度而努力。

当前法院工作的 5 个问题

——在全省中级法院院长读书会上的讲话

齐 奇

(2009 年 7 月 8 日)

同志们:

今年“读书会”的主题,是以开展“人民法官为人民”主题实践活动为载体,全面推进“八项司法”。昨天上午,各中院和海事法院的院长都作了专题的交流发言。昨天下午,到绍兴江龙集团的印染厂实地考察,并在现场听取绍兴市、县领导和绍兴中院对该集团发生资金链断裂后,省高院指定绍兴中院集中管辖,做好资产清算重组,使企业起死回生的经验介绍。刚才,省高院班子成员就分管的工作,各自谈了需各级院长关注的问题。我们的目的,是使本次“读书会”能提出一些问题,思考一些问题,交流一些问题,不搞面面俱到的八股文章,不作全面的工作汇报。只要大家可从中有所启发,有所得益,认识有所深化、有所提高,那么“读书会”的目的就达到了。

上半年,全省法院在收案继续大幅攀升的巨大压力下,牢记“三个至上”指导思想,紧扣“为大局服务,为人民司法”的主题和“从严治院、公信立院、科技强院”的方针,齐心协力,推进“八项司法”,深化“三项承诺”,总体上继续保持了审判、执行工作良性发展的态势,为我省经济社会平稳健康发展提供了有力的司法保障,作出了重要的贡献,受到了各级党委政府和社会各界的好评。

下半年,我省经济下行的态势虽然有所企稳,但经济社会所面临的困难和矛盾仍然严峻,反映到司法层面将更加明显,全省法官和工作人员的办案压力、难度将有增无减,各级院长和班子担负的责任将更重,需要我们保持好聚精会神、开拓进取、埋头实干的精神状态。

我们要按照年初院长会议精神,继续围绕党委政府“保增长、保民生、保稳定”的一系列决策部署,抓好能动司法、和谐司法、民本司法和协同司法,用心办好涉及困难企业、涉及重点项目、涉及农村改革与集体土地使用权流转、涉及民生、涉及群体性纠纷的案件,处理好公众关注的热点敏感案件,贯彻好刑、民、行政三大诉讼的指导方针,切实把“宽严相济”,调解优先、调判结合,促进依法行政、化解行政争议的有关法律政策落实好。要紧紧围绕公正、高效、廉洁办案的第一要务,抓好规范司法、阳光司法、廉洁司法和基层司法,以“人民法官为人民”主题实践活动为载体,集中精力抓好办案,从严治院带好队伍,率先垂范管好自己。

下面,我就当前浙江法院工作谈5个问题:领会好“六个为什么”;抓好办案管理;把握好死刑案件;做好涉诉无理访的甄别;学会涉案突发事件的舆论应对。

1. 领会好“六个为什么”

现在,“六四20周年”已过,总体平稳,国内外敌对势力企图借“六四”之机闹事、折腾中国的盘算落空。但是,围绕党的意识形态、国体政体之争的暗流、思潮依然涌动,利用个案、网络煽动反共、仇共的敌对势力,一刻也没有松懈过、动摇过。从知识界传播“零八宪章”,到“六四”之前在香港出版赵紫阳下台后的录音讲话和回忆录,在知识界和党内外都造成了一定影响。

为了深化对中国特色社会主义发展规律的认识,弄懂与社会主义核心价值体系建设密切相关的重大问题,经中央批准最近下发了关于“六个为什么”的小册子,即:(一)为什么必须坚持马克思主义在意识形态领域的指导地位,而不能搞指导思想的多元化;(二)为什么只有社会主义才能救中国,只有中国特色社会主义才能发展中国,而不能搞民主社会主义和资本主义;(三)为什么必须坚持人民代表大会制度,而不能搞“三权分立”;(四)为什么必须坚持中国共产党领导的多党合作和政治协商制度,而不能搞西方的多党制;(五)为什么必须坚持以公有制为主体、多种所有制经济共同发展的基本经济制度,而不能搞私有化或单一公有制;(六)为什么必须坚持改革开放不动摇,而不能走回头路。我们要领会好中央下发的“六个为什么”,坚定正确的政治方向。

一方面应当承认,如何加强和改善党的领导,如何推进法治国家的建设,如何推进党内民主、人民民主和权力的监督制衡,如何有效遏制腐败蔓延等,我们做得很不够,人民群众也包括我们自己,有很多的不满意;另一方面更应该看到,小平同志所开创的30年改革开放伟大事业,使中国的综合国力和亿万百姓的生活发生了翻天覆地的改善,使中华民族终于走进了150多年以来最好的时代,中国特色社会主义的旗帜,得到了全党全国人民的拥戴;还应该看到,在举世公认“中国崛起”之时,我们正在打破世界和东亚原有的地缘政治格局和经济利益格局,对此感到不舒服不习惯的,大有人在,巴不得中国又陷入内乱分裂,陷入停滞倒退的,大有人在。7月5日,发生在新疆乌鲁木齐的严重暴力事件,也充分说明了这一点。这是冷酷的国际地缘政治斗争的现实;再者,我们比谁都更清楚,在社会主义初级阶段,尤其金融危机、经济衰退的冲击,我们国家正面临一大堆紧迫而严峻的经济、社会矛盾和难题，需要一步一步去克服和化解。所以，历史和现实都清楚表明，只有中国共产党才能领导和维系当代中国的改革、发展和稳定。坚持党的领导，坚持中国特色社会主义的核心价值和共同理想，绝不能动摇。去年年底，胡锦涛同志总结30年改革开放的伟大历程和风风雨雨，向全党表达了“不动摇、不懈怠、不折腾”的“三不”坚强意志，我们必须牢记。

2. 抓好办案管理

去年，我省法院收案同比大幅上升24%，今年上半年同比又上升16%。在案多人少压力普遍加剧的情况下，我们仍然取得了收结案动态平衡的可喜成效，其中最有效的措施就是靠各单位狠抓办案质量效率的管理，取得了历史性的重大进展。全省103家法院，第一次被端上了审判质量效率评估数据的平台，让每一位院长一下子就看清了当前本院办案质效的态势，看清了本院办案工作中的强项和弱项，看清了自身在全省法院上下左右之间所处的位置和差距。审判质效评估，为各单位不断改进办案的薄弱环节，提供了重要的参考依据。

这里，我简要点评一下2009年上半年全省法院审判质效评估的若干数据：

(1)收案数，上半年已达39万件(全年可能达80万件)，同比上升15.9%，结案同比上升22.8%，在增幅上“结大于收”7个百分点，说明大多数法院办案效率上抓得很得力，根本上扭转了“前松后紧”的传统状况。

(2)月均存案工作量，上半年平均值为2.25个月，同比下降了0.24个月，这是很了不起的成绩。这个数据的含义，在于区分出各个单位的存案量，是处于良性循环水平，还是处于超越警戒线的失衡状态。所以，我批示“平均值以内或接近平均值的单位均应表扬”。在这里，对省高院也应给予表扬。大家知道，省高院总是对下级法院提要求提目标，可自己的办案效率老是落在后面，大象屁股推不动呀，基层法院比我们辛苦得多。省高院应该首先从自己做起，改变按部就班的机关作风。经过一年多的努力，存案工作量终于下来了，很不容易的。一个机关的惯性力是非常厉害的，要扭过来是很费劲的，但只要齐心协力，措施到位，我们还是能办成一些事情的。

(3)人均结案数，是客观反映各单位办案工作量大小的重要数据，反映了一线法官工作负荷的强度，辛苦的程度，很有说服力。每个单位都在叫案多人少，但表上所列平均值数量以上和以下的单位，有些差几倍，一目了然。总体上，浙江法院的法官人均结案数远超全国法官结案的平均值，达到1.8∶1。比如2008年我省平均值达95.82件，全国平均值52.91件，高出42.91件，一线法官一年要办150件,成了家常便饭,3、4个法官抵得上中西部地区一个法院的工作量。

(4)平均审理(执行)天数,是反映一个法院的当事人,在你那里能否及时解决纠纷的重要数据,也是我们天天在讲的“司法为民”,在你那里究竟落实得如何的重要体现。好话说尽,不如看实在的数据,每位院长都要关注和重视。全省法院在去年以来收案大幅上升情况下,平均审理天数平均值继续保持在53天左右,是很好的,与办案效率比较高的上海法院的平均值相当,很不容易的。数据是死的,但与背景结合起来看,就是活生生的很有说服力的数据了。值得注意,各单位之间上下差距之大也是明显的,先进与落后差不多近一倍!从原因分析,有的可能是消化“18个月以上”老骨头案较多,一时也会使平均审执天数上升。

(5)18个月以上的存案数,目前尚存1077件,同比减少了547件,共有近20家单位大幅度减少了老骨头存案,值得充分肯定。这个数据是动态的,你前面花力气办结了,后面新的案件可能还会长出来。请各单位尤其是排在末位的10来家基层院长,务必亲自过问,管理上既要压存量,更要防增量。不能坐等“评估鉴定”“疑难分歧”而拖延时限,要发挥主观能动性,最大限度地减少久拖不决的老骨头案。

(6)上诉案卷的平均移送天数,是今年新发布的一个评估数据,全省平均40.39天,已经引起了大多数院长的关注,纷纷采取有针对性的措施,取得了明显的进展。据我的推测,全省平均天数至少已经加快了15天左右。这个数据也是衡量“司法为民”、“司法公正”的尺度之一,“迟到的案卷”就是“迟到的公正”,而各单位的上下差距,也达一倍之多,我批示要求末位的9个单位查明原因,迅速整改。

(7)民事调解、撤诉率,上半年平均值达55.54%,总体平稳,与全国平均数基本持平,这也是不容易的。因为去年以来,浙江受经济下行的冲击大,不少法院都遇到了很多民商案件被告人溜之大吉、下落不明的情况,导致公告送达案子增幅较大,缺席裁判结案量较多,使调解空间明显压缩。因此,凡调解率达到平均值35.66%以上,或接近平均值的单位,也是均应表扬的。

(8)一审息诉率,是直接反映“案结事了”目标的落实情况的。我省平均值达91.6%,高于全国平均值3.5个百分点,说明总体上维护社会和谐稳定的办案效果良好。需要说明的是,各中院二审案件多,仅计算一审案件,尚无法反映全貌,为此,今后打算单设“中级法院息诉率”,以符合实际。目前,息诉率排在末位的几家基层法院,要引起重视,切实加大“案结事了”的工作力度。

(9)二审改判发回率,上半年全省平均值是9.76%,同比下降2.2个百分点，申诉改判发回率是6.47%，同比下降3.5个百分点。与全国平均值相比，我们的二审改判发回率低8.28个百分点，说明浙江法官尽管案多人少压力大，办案质量上仍然保持了较好的水平。大多数法院对改判、发回案件都逐案过堂，很注意从中吸取经验教训，这是浙江法官办案比较规范，注重办案质量的体现，非常好的。二审改判发回瑕疵率排在末位的7家单位，要认真剖析，力求改进。

(10)实际执行率，上半年平均值为39.67%，实际履行率平均值达61.17%，唯有这个数据，我省是低于全国平均值，大概低了10个百分点，其中可能有各地统计口径不同的问题，如执行"和解"的统计问题各地差异不小。执行标的清偿率，上半年同比下降了16个百分点。总体看，今年浙江法院的执行面临着很大的困难，主要是经济困难形势之下，找人找财产更难了，许多被执行人跑掉了，财产偿付能力也更差了。我们浙江法院在执行方面是办法比较多，协同、联动执行机制搞得比较好，在全国有名气的，因此更加不可掉以轻心。实际执行率排在末位的10家单位，要动脑筋，向先进单位学习，加大执行力度。

(11)简易程序的适用率，上半年平均值是76.79%，高于全国平均值10个百分点，低于上海的平均值5个百分点。这个数据，既是繁简分流的管理力度，也是"司法便民为民"的直接反映。要积极扩大适用面。平均值以下的37家基层法院都要检讨一下，问题出在哪里？主动到适用率达85%以上的先进单位去学习一下，学学人家繁简分流的好经验、好办法，这些先进单位都有管用的一两个招数的。简易独任审满3个月，要转普通程序合议审不是绝对的，民事诉讼程序的立法很尊重当事人的选择权，不少的简易审到时限还差一口气，再有10天半月就可办结的，可经当事人同意并记录在案后，继续沿用简易独任审抓紧办结。当然，你过了一个月仍办结不了的，还是要转普通程序。这方面，浙江法院还是有很大潜力可挖。比如义乌法院，收案超过2万件了，简易审适用率却只有69.01%，太低了，干警办案也太累了，要专门抓一下。

(12)陪审率，全省法院达39.79%，基层法院达42.26%，高于全国平均值21.2个百分点。情况比较好，也是"案多人少"之下逼出来的。杭州法院人民陪审员工作开展得比较好，陪审员里有代表性，也有专门性，陪审率比较高，既发挥了人民参与司法的效果，又为我们增添了有力的生力军。但也有基层法院对陪审员工作重视不够，消极死板，没有充分发挥他们的作用，应加以改进。

通过以上点评，意在使大家进一步了解，我省法院办案质效管理虽然取得了突破性的进展，但各个单位之间还很不平衡，先进与落后之间的差距还很大，每个单位内部也有强项、弱项并存的现象。面对下半年案多人少的更大压力，如何改进办案管理的薄弱环节，更加紧迫。可挖掘的潜力，可改进的空间，仍然比较大,重点是逐步消除少数法院明显滞后的局面。

希望各单位以电子化的科技手段和办案质效评估数据平台为依托,强化院、庭长办案管理的职责,密切跟踪办案质效动态运行的趋势,每月要有讲评、有措施,及时合理地组织调配好有限的力量,要像王胜俊同志多次强调的那样,执法办案是硬道理。一切要以办案为中心,一切要向办案一线倾斜。办案质效的目标考核管理,要分解到庭、分解到人,办案信息的电脑录入要及时正确,使之养成为每一个办案人员的日常工作习惯,使浙江法院的办案管理迈上新台阶。

3. 把握好死刑案件

今年以来,各地报最高法院的死刑数量增幅较大,个别地区甚至上升一倍多。湖北高院也有个材料,反映“宽严相济”刑事政策贯彻中,存在“宁严勿宽”,抗诉倾向于“抗轻不抗重”等“宁左勿右”的现象。周永康、王胜俊同志都作了批示,要求予以重视,认真加以改进。张军同志在厦门会议上,也要求各地加大贯彻“严格控制,慎重适用”死刑政策的力度。

对死刑的把握,周永康、王胜俊同志一直很关注,也肯定了 2008 年全国死刑案审理执行总体上是好的。永康同志强调,“是否判处死刑,是由犯罪本身的性质和严重程度决定的,是以法律规定为依据的,既不能人为扩大死刑适用,也不能人为减少死刑适用。”王胜俊同志明确要求我们把握三句话:“严格控制,慎重适用,防止人为的大起大落。”对照我省情况,我讲三层意思:

(1)我省死刑的法律政策把握总体是好的。最高法院和省委领导多次给予充分肯定,这是高、中院两级刑事法官和审判委员会严格依法审查,慎重适用死刑的结果。一是没有出现大起大落现象,2007 年以来一直比较平衡;二是死刑案质量把握较好,最高法院不核准的,几乎都属于政策原因,属于事实证据原因的是极个别,或事出有因,或可以商榷。

(2)不盲目攀比高核准率。浙江的核准率略高于全国平均数(约 1 个百分点),尚未达到明显高于平均数。但是,如果我们眼睛一味去盯着最高法院的核准率,搞盲目攀比,争创所谓“先进”,那就势必出现人为地减少死刑,而脱离了犯罪本身的社会危害程度和适用死刑的法律、政策。2008 年,浙江的一审刑事案件占了全国 8.6%,人数占了 9.8%,差不多是全国的一成,说明浙江的社会治安一直面临着严峻形势和压力。浙江法院在死刑适用的重大问题上,必须坚持实事求是、求真务实的好作风,坚持从维护好浙江的社会治安出发,深刻认识国情省情,全面理解立法精神,准确把握死刑的法律政策,而不能有盲目追求高核准率的浮躁作风。省委对上述情况和我们的想法很了解,也很赞同很支持。

(3)坚持严格控制、慎重适用死刑。当前,由于事实、证据原因,二审不维持、最高法院不核准死刑的年年都有，虽然是个别的，仍要引起各中院高度重视，这对改进公安侦查、检察公诉也有一种鞭策、警示作用。认真分析，及时总结，十分必要。人命关天，死刑案件的事实、证据规格决不能马虎、降低。我们这里松一松，侦查、起诉就容易麻痹大意起来，隐患无穷。大家在死刑案件的把关上一定要如履薄冰，一旦出现“佘祥林”案件，从我开始，“顶戴花翎”都要拿下，引咎辞职。如果因事实、证据问题而冤杀人，是我们刑事法官最大的耻辱。

由于政策把握上的原因，二审不维持、最高法院不核准的占了绝大多数。这个问题要说两句话：第一，上级法院因政策原因改判死缓的，不能轻易说下级法院是错判。政策原因上认识不一致，掌握有差异，是很正常的，不能简单与对、错画等号。第二，下级法院在行动上要坚决服从上级法院改判死缓的决定，在认识上要领会上级法院对死刑政策的把握。要从全省、全国的大局上，体谅、理解上级法院的意见，自觉服从上级法院的司法权威。

现在，比较突出的一个难题是，如果撇开被害方闹访的压力去看案件本身，明显可以判死缓的，由于担心闹访压力而判了死刑，导致矛盾上交。对此，我也是两句话：第一，高院要体谅中院的压力。个别案件闹得不可开交而上交，由省高院担当一下责任，可以理解。对最高法院，类似的个别情况，我们也是有的；第二，高、中院自身首先要勇于担当，善于担当，尽最大努力不上交矛盾。凡是不属于非杀不可的死刑案件，要更加坚决地贯彻“严格控制，慎重适用”的精神。要鼓励、表扬刑事法官，对依法可以不杀的死刑案件附带民事赔偿部分加大调解力度，鼓励、表扬院、庭领导顶住闹访压力的无私无畏精神，善于依靠当地党委、政府，带头直面被害方，不懈地做好国家死刑政策的释明和被害方的化解、救助工作，克服动辄矛盾上交的简单化做法。

应当承认，杀人偿命在中国传统文化和老百姓的观念中根深蒂固，正确理解和认同国家法治和死刑适用的法律政策，还需要一个相当长的历史过程，也是当代高、中院刑事法官肩负的重任和宿命。我们要上下齐心协力，努力把周永康、王胜俊同志和张军同志的指示精神，贯彻好、落实好。

4. 做好涉诉无理访的甄别

经过近几年涉诉信访集中治理，全省各级法院投入大量精力，依靠党委政府，化解息访了一大批案件。但涉诉信访态势基本上仍未扭转，进京非正常上访仍然较多。如何有效规范上访秩序，区别处置合理诉求和无理缠访闹访，重建法治程序，越来越成为各地党委、司法机关的呼声和共识，很值得总结反思。

日前下发的中办 22 号文件，中央首次明确提出了解决涉诉信访问题，要切实维护司法权威。对涉诉上访老户应该组织公开听证、公开质证、公开答复；对合理诉求确实解决到位,实际困难确已妥善解决的,由省级以上政法机关审核后,按有关规定作出终结决定;有较大影响的案件,还可以通过媒体公布处理结果;对经过中央和省级政法机关复查而仍然上访的问题,可不再交司法机关重新处理;对无理访和已经作出终结决定的,或者已签订过息诉罢访协议的信访问题,不再交办。同时,上级要加强对下级终结信访的检查,发现问题的要严肃追究责任。

中办文件还指出,对经省级以上政法机关作出甄别终结决定后,当事人仍然无理缠访的,要加强思想教育、心理疏导、行为矫治,动员上访人亲属、基层组织共同做好停访息诉工作;对不听劝导仍然违法闹访的,要依法处理;对教唆、鼓动非正常上访、代理上访牟利的,严肃批评教育,屡教不改的,依法严肃处理;对以上访为名制造事端、煽动组织闹事,或插手涉诉信访内外勾连、挟洋施压、丑化我党和政府形象的,及时收集、固定证据,依法坚决打击;对违法闹访依法受到处理的,原则上不受理其以此为由提起的信访,所在地要强化稳控措施,防止发生极端事件。

我省有关涉诉无理访的甄别工作已经启动,各级相关法院要按照省委政法委、省高院下发的实施办法和细则,认真开展好这项意义重大的工作。“政策和策略是党的生命”,“没有区别就没有政策”,这些著名论断是毛泽东同志总结建党、建国的宝贵经验,对我们今天改进涉诉信访工作,依法逐案做好甄别终结,遏制“大闹大得利”、“花钱买太平”的负面导向,仍然具有很强的针对性、指导性。

同时,我们仍要清醒地认识解决涉诉信访问题的重要性、长期性和复杂性,按照中办22号文件的精神,克服厌烦、松懈和畏难情绪,以深厚的感情、极大的耐心、细致的作风努力做好息诉罢访工作。要继续依靠政治优势,加大调解力度,完善司法救助,落实领导责任和办案责任。要深入推进民商事案件的级别管辖改革,除知识产权等有特别规定的以外,一般民商事案件原则上都应在基层法院审理,避免将终审和再审过多地引向高级法院和最高法院,全力引导涉诉信访下移,逐步扭转上访人不相信基层、只相信到北京才能解决问题的状况。

5. 学会涉案突发事件的舆论应对

近一个时期,司法领域波澜迭起,从贵州习水“嫖宿幼女案”到杭州“飙车案”,从湖北“女服务员邓玉娇刺官案”到深圳“金首饰案”,还有湖南的“罗彩霞高考被他人冒名顶替入学案”,贵州的离婚诉讼当事人在人民法庭现场凶杀一死一伤案,等等。多起个案在舆论的强烈关注下,迅速演变成轰动全国的热点诉讼。尤其是网络舆情,往往在虚实真假信息混杂的推波助澜下,很容易形成网上所谓反权贵、反社会、反政府的一片激愤。

对网络舆情在多大程度上代表民意，要科学分析，不能抬得过高。既要重视、倾听，也要沟通、引导。不能"闻网而动"作为决策依据，也不能患"网络民意恐惧症"。这里有个小资料：中国互联网信息中心今年发布的最新调查结果，①中国现有网民2.3亿人，根据抽样调查，2000元以下低收入者和高中以下文化程度者占67%，社会学认为，一个成熟社会的主流舆论代表应当是中间阶层；②在网上跟帖、评论的人，只占网民的千分之一，据抽样以小城市和乡镇的网民居多；③网上博客，现在已达5000万个，而抽样结果，网民相信博客的竟然只有三分之一，尤其在博客上泄私愤、抖隐私者多多，素有"网络暴力"重灾区之称；④目前，网络新闻受众达1.5亿，网民相信网上新闻的有51.3%，反之亦有近一半网民不信任，因为网闻虽快，网谣也快；⑤学生占网民的比例比较高，达28.8%，学生们的世界观尚未形成，所谓"愤青"的言词往往激烈。

但是，汹涌的舆情对承办案件的地方司法机关提出了严峻的挑战，已是不争的事实。种种迹象表明，在信息化时代，法院对外的司法宣传必须适应新的形势。首先是浙江法院各级领导同志要转变观念、准备预案、创新形式、拓宽渠道，自觉地加强与媒体、网络的民意沟通和司法宣传。

今后，浙江法院的院、庭领导都要学会直面新闻媒体和网络在线的录音、摄像镜头，敢于正面的司法宣传。这是新形势、新时代的要求，也是保障公民知情权的一种担当、责任。越胆怯、越回避，就会越落伍、越被动。谁也不是一开始就适应的，但只要敢于尝试，勇于应对媒体网络，不仅能够适应，而且是能取得好效果的。继我在"浙江在线"与网民直播交流之后，省高院民一庭许惠春庭长、民二庭章恒筑庭长，下一步还有知识产权庭周根才庭长，分别就各自审判业务中网民关注的问题开展"在线交流"，都达到了良好的社会效果。许惠春、章恒筑同志在谈体会时，都感到一回生，二回熟，我看还可以加一句是三回精，今后还可以做得更好。为了争取社会各界对法院工作的理解和支持，为了让公众了解涉案真相和法院裁判，需要我们拿出勇气，学会直面镜头开展司法宣传。

对热点案件的舆论应对，我们已经积累了一些经验。司法要赢得舆论的认同，资本只有一个，那就是对涉案的事实进行最权威的法律释明。究竟是正当防卫还是故意杀人，是交通肇事还是危害公共安全，都需要我们法院在详细的事实支撑之上，作出令人信服的法律解答。对舆论关注置若罔闻、闭关自守的消极态度，最终损害的是司法的公信力。法院的舆论应对，披露情况要严格依照法定程序进行。所以，我们要精心抓好公开开庭审理、裁判文书制作和判后公开释明这些关键环节，通过及时而准确的释法、释疑来消除公众误解，引导舆论向合乎司法理性的方向发展。

对涉案、涉干警、涉法院现场重大事故等突发事件的舆论应对,我们更要有所警惕、有所准备、有所预案。一旦突发成舆论热点,第一,要坚定、冷静地给予正面回应。已掌握事实的要公布真相;暂时不掌握的,可以表明态度和我们正在依法采取的措施;对散布谣言蓄意抹黑的,要坚决迎头反击。第二,要争取在第一时间,尽早地给予回应。第三,要实事求是,无私无畏。依法可以公开的,及时说明,不回避,不意气用事,更不能说假话。回应越坦然,越主动,越能取信于民。

至于对某些涉案当事人个人上网发泄不满,捕风捉影抹黑法官的网上“垃圾信息”,司法机关当然不必都去一一回应。不理会它,也是对付“垃圾信息”纠缠的办法。有些人就是想挑逗、激怒你,你越理会他,他就越来劲,就盼着炒热炒大。

需要指出的是,我们在舆论应对中万一讲错了,怎么办?这是各级院、庭领导内心最担心的一件事,故而存在胆怯、消极心理。由于缺乏经验,可能会有失误,会有不当之处。我们首先要鼓励、倡导敢于应对媒体网络,万一发生了失误、不当,各单位和上级领导决不能轻易怪罪、指责,人非圣贤,孰能无过?我们应该为下属主动承担责任,要宽容,还要宽慰,重在迅速补救,总结提高。

总之,我们要学会敢于直面公众,积极地公开正确的信息。如果我们自身放弃话语权,很可能就会自毁形象。我们不仅要学会说正确的话,还要学会说诚恳的话,说平等的话,建立起亲民的、实在的话语体系。这样,我们浙江法院才能拥有更强的公信力。

最后,通报一下上半年全省法院干警违法违纪的情况。

截至6月30日,共查处5件5人。其中3人涉嫌犯罪已被逮捕或取保候审。纪检组告诉我,上半年同比下降了60%。这并不说明队伍的廉洁司法明显改进了,上升、下降的波动,我们都不可盲目悲观乐观,不可放松从严治院。有的法院,多少年没有发现违法违纪,这固然是成绩,但没有发现不等于没有发生。要把别的单位发生的事例,当做自身可能存在的问题,去举一反三、警钟长鸣,教育好、警示好、爱护好我们的法官和干警。

现在的社会风气和复杂环境,法官想利用职务之便牟取私利,机会多诱惑大。我多次讲过,人性都是有弱点的,有的还是与生俱来的。为官者,一定要克服自己的弱点,尤其在制度环境不完备的转型社会,不清醒,不自我约束,就很容易自我毁灭。所以,我们有责任从严治院,不护短,不手软。赏罚明,威令自行,小过不惩,必成大患。决不要怕影响个人的所谓政绩,决不要怕得罪什么人。

我们要经常扪心自问,如果容忍、放任发生在我们身边的腐败现象,一天一天烂下去,我们还是不是共产党?天底下还有没有公平正义?我们怎么对得起60年前建立共和国的前辈先烈,怎么对得起广大黎民百姓、父老乡亲对我们的期盼?

中国古代历来有“贪腐之害,甚于盗贼”这样的为政之训,对贪腐都主张“鸣鼓而攻之”。身为人民法院院长,大家一定要记住“为善勿怠,去恶勿疑”。

就讲这些,不妥之处,请大家批评指正。

重视律师作用　促进良性互动

——在走访省律协座谈交流会上的讲话

齐　奇

(2009年3月20日)

今天,我们省高院领导一行到省律协来,一是想看望大家;二是想了解省律协的工作;三是想听取大家的意见,不论是对法院审判工作,还是对法官队伍的建设,特别是听你们的批评意见,好话不说了,就说存在的问题;四是想以此为契机,促进我省法官和律师的良性互动关系。律协的同志们刚才都讲了一些意见,大家讲得中肯,也比较客气,其实这里面有不少是我们法官做得很不够的,大家还提出了很好的期望。关于促进我省法院和律师界良性互动的关系,我谈一些个人的想法。

一、人民法院要重视律师的作用,保障律师依法执业

法官和律师是法律职业共同体,作为法官应该十分看重律师在社会主义法治建设中的重要地位和作用。通过我们的审判工作切实保障律师依法执业,维护律师的代理权和辩护权。充分听取律师的代理意见和辩护意见,以利于我们正确行使司法裁量权。虽然法官和律师的身份不同、职责不同,但核心价值观是一致的。我们都是中国特色社会主义事业的建设者和捍卫者。今天在座各位,大体都是资深法官和资深执业律师,作为30年改革开放和法治建设进程的亲历者,我们深切体会到律师在保障法律正确实施,匡扶社会公平正义,维护社会和谐稳定,推进社会主义市场经济正常运行,促进社会主义民主政治发展进步方面,都发挥着不可替代的重要作用。

是否可以说律师的作用如何,在某种程度上是衡量我们社会主义民主政治发展阶段和状况的一个晴雨表。我国尚处于社会主义初级阶段,应当承认真正落实共和国宪法的各项基本理念和规范,还有很长的路要走,很多事情还任重道远。司法权和司法资源的配置,尚未达到宪法赋予的地位和要求,律师作用的发挥更加不够。但我们要有信心,从30年亲历的过程中,想想当初多么艰难,我在上海,当年上海的律师工作开展也非常不易,很多事情的小小突破都是非常艰难的,而现在律师已经在那么广阔的领域发挥着自己的作用。所以无论法官也好，律师也好，只要我们一代一代矢志不渝，薪火相传，只要建设社会主义法治国家的基本方略不动摇、不懈怠、不折腾，相信法官和律师肯定会发挥越来越大的作用。所以，作为法官应该重视律师在依法治国进程中无可替代的作用。

二、诚心诚意地上门听取律师界的意见

主要是对我省三级法院的审判工作和法院队伍，包括队伍的思想、作风、纪律各方面存在哪些问题听取你们的意见。希望今后能够更加坦率地对我们提出批评意见和改进建议，这也是我省法院与律师界良性互动的重要方面。我之所以讲诚心诚意，这是有客观依据的。评估每个法官的司法能力、水平、职业道德、公信度如何？最有发言权之一的就是律师界。律师们心里亮得很，他们心里最清楚这个法官怎么样，那个法官怎么样。不少国家评估法官的一个重要指标，就是在律师界的口碑如何。这些国家和公众需要对法官进行考评，依据之一就是由律师公会、律师协会出具的评价意见，半页纸、一页纸，字斟句酌，分量很重。我也看到过，很有味道。是否合格，孰优孰劣，一目了然，有时候是很不客气的。过去，我曾经为此和上海市律协探讨过，他们觉得在中国这么一个人情很重的社会里，委托律协来具体操作很难，恐怕达不到预期的效果，我也只好作罢。但是，你别看我们有的律师和某某法官搞私人关系，请他吃饭，送他东西，彼此很热乎，内心里却未必看得起这类法官。而有些法官你就请不出来，叫不动，但处理案件是公道的，照样维护你的合法权益，律师就会从心里敬重他。说明律师界对每一个法官，心里都有一杆秤，清楚得很。这里大家虽然不方便讲张三李四法官如何，但从法官队伍建设的宏观上讲讲也是好的。就我而言，对我省法官队伍中存在的司法能力水准方面的不足，和不廉不公的问题，从来不敢盲目乐观。可以说，反而是如履薄冰的。所以，省高院与省律协的良性互动，需要重视律师界对法院工作和队伍的意见、建议，也是应有之义。

三、建立良性互动关系，共同塑造良好职业形象

我们各自能不能努力做到独立、尊重、互信。做到有分工的合作，有原则的尊重和交往，共同恪守良好的职业道德。我在省高院机关法官授职典礼上讲过，作为法官要正直善良，要刚正不阿，要严谨审慎。另外，我还觉得法官既要有社会责任感，也要有家庭责任感，如果你这个法官对老婆对家庭都不讲一个男子汉应有的责任感，我们怎么能相信他会有高尚的职业操守和司法公信度？刚才，听了大家对法官的意见和期待，我们要带回去，一定常抓不懈。

关于律师,我们法官平时议论较多的一些意见,我这里也说一下,可能有片面性,有的在因果关系上,也有法官的责任。其一,律师应当真正着力于法律服务。把主要精力、心思,放在案件的研究、证据的收集提供、法律适用的建议上,而不是用于与法官拉关系,套近乎,搞“公关”上。从队伍建设的角度讲,法院也希望律师能够从法律业务角度来帮助搞准案子,不要热衷于拉关系。其二,律师应当力求职业良知、良心和收费的一致性。有的时候两者会发生明显的矛盾,怎么办?应该以职业良知、良心为上。人家聘用你,如果提出了一些不合理、不正当的要求,你不能为了收费而一味迁就。今年春节,我碰到过去中学同班同学,40多年风雨沧桑,有的已经做了外婆外公了。我对老同学们说,咱们这么多年下来,要记住人生一句话:“善良比聪明更重要”,大家都很认同。同样,作为律师也不要一味地追求诉讼技巧,要理解“品德比技巧更重要”。其三,法院工作需要律师工作的配合和支持。当前,特别期待律师配合法官做好调解息诉工作,共同维护社会的和谐稳定。这方面,法官议论较多的,是有些律师往往不愿意考虑调解、和解。很多时候法官只好绕开律师,直接找当事人,找总经理、董事长,反而更能调解成功。还有个别律师好走极端,甚至不惜扩大事态,挑唆群体性事件来打造名气,获取私利,成为不顾社会公共利益的“麻烦制造者”,伤害了律师界的声誉。再如有一些热点敏感案件,社会舆论对涉案情况存在较大误解,法官当然有责任把案情讲清楚。这个时候,我们也非常希望律师能够帮助澄清真相,对社会舆论作一些正确引导。有时候从律师角度一讲,就更平和,更灵光,配合的效果很好。其四,律师和法官不要随意在背后相互贬低或指责。法官应当尊重律师,善待律师。有的法官随意贬低某某律师,很伤人,很不应该,也是违背法官职业道德的。也有一些律师,一接手案子,应当知道这个纠纷的败诉几率很高,却不跟当事人如实说明真相,点明涉诉的法律后果,反而大包大揽,乱拍胸脯。一旦最后裁判结果败诉了,他就在背后随意指称法官被对方当事人搞定了。这样的情况还不是个别的。最后传到法官耳朵里,听到律师在背后讲这些话,也非常不高兴,结果双方越来越不信任。我说出来,意在引起我们的重视,共同加强队伍的教育,尽量避免和防止类似情况。

四、关于建立良性互动机制的初步考虑

刚才大家提的这方面的意见,我赞成。省高院把这项工作归口在研究室,省律协秘书处作为对口的部门。这里面有几件事,是否可以先做:

(一)加强司法业务研讨交流

每年,省高院各个业务条线都强调要为基层法官破解司法难题,统一司法

尺度。为此需要制定一些如何正确理解法律、法规和司法解释的指导意见,涉及的司法问题都是比较具体的。以后,省高院研究室要提醒各个业务庭,注意征求律师协会或相关专业委员会的意见,以促进双方统一司法尺度的认知。当然,有的时候可能比较急,只好先予下达。因为下面已积压了一批案子等着,到底是A意见,还是B、C意见?吵得可厉害了。我们现在有的指导意见,才一年就要修改,因为现实生活变化发展太快,新情况、新问题层出不穷。建议省律协能否建立一个对省高院审判指导意见的定期反馈制度。对当前司法中涉及各类案件的突出问题,对我们下发的指导意见,有什么看法,都可以定期搜集汇总。不必过于讲究文字,耗费精力做什么文章,只要经省律协秘书处过手,即可向我们研究室提供。对你们的反馈,省高院领导和各业务部门肯定会重视的,如果能具体分类就更好了,会起很大作用的。如果觉得需要开一些专题座谈会,我们研究室都可以协助。

(二)可以建立双方资源和信息的共享制度

双方的业务资料、刊物、信息都可互相交换、共享,这方面请省高院研究室与省律协秘书处具体协商落实,可以形成常态。

(三)依法支持修订后的律师法逐步落实

保障律师依法行使辩护权、代理权。刚才章靖忠同志提到,希望法官为律师签发"调查令",缓解律师取证难的问题。我们是支持有关中院、基层法院在辖区内积极探索"调查令"措施的。此外,修订后的律师法出台以后,和刑事诉讼法还存在一个衔接问题。我在检察院工作了十多年,深知侦查人员的顾虑,不是没有道理。作为法官,我们是希望法庭上的控辩双方水平比较平衡。随着刑事侦查水平的提高,犯罪嫌疑人的人权保障的完善,律师在各个诉讼环节上的刑事辩护权终究是要解决的。至少,我们法院不会把这方面的工作开倒车,而要积极推进的。

(四)加强相互配合与监督,促进行为规范,确保司法廉洁

双方既要互相理解,又要在职业行为的约束和规范上做一些文章,也是对社会各界呼声的一种回应。要承认极少数法官与律师之间确实存在不正当往来,造成司法不廉不公,严重损害了双方的司法公信力。我们草拟了一个规范法官与律师关系的稿子,已经交给省律协征求意见了,如果有些提法不够妥当,欢迎你们提出意见。

今天是一个良好的开端,具体的问题,是否请省高院研究室和省律协秘书处再协商,把大家的愿景逐步落实好。

以上讲话,不妥之处,请大家批评指正。谢谢各位。

二、"八项司法"的发展

再接再厉　走在前列

——在全省法院院长会议上的讲话

齐　奇

(2010年1月8日)

同志们:

这次会议的主要任务是:认真贯彻科学发展观和中央、省委、最高法院的工作要求,进一步明确形势,总结2009年全省法院工作,部署2010年的各项工作。

2009年,是新世纪以来我省法院办案压力最大的一年,是我们依法保障发展、民生、稳定的司法能力经受重大考验的一年。全省法院积极践行"八项司法",主动服务发展第一要务,认真履行维稳第一责任,为我省经济社会平稳较快发展提供了有力的司法保障。全年新收各类案件785435件,办结779059件,同比分别上升9.71%、11.92%,再创历史新高。作为受国际金融危机冲击最早、影响最大的省份之一,我省法官、法警和法院工作人员,齐心协力,迎难而上,保持了审判执行运作的良好态势,向党和人民交出了一份较满意的答卷,实属来之不易。借此机会,我代表省高院党组,向全省法院的同志们及其家属,表示衷心的感谢,致以崇高的敬意和亲切的慰问!

当前,我省应对国际金融危机冲击取得明显成效,经济形势回升向好,社会大局保持稳定。全省经济最困难的时期虽然已经过去,但国际金融危机的影响仍然存在,经济回升的基础还不牢固,经济发展中的不确定性、不可预料因素和"两难"问题增多;同时,我国当前仍处于人民内部矛盾凸显、刑事犯罪高发、对敌斗争复杂的时期,今年还要举办上海世博会,社会稳定领域中可以预料和难以预料的风险和挑战还会加大,保持经济平稳较快发展、维护社会和谐稳定的任务依然十分繁重。全省法院工作正面临着收案增幅趋缓与个案矛盾激化、突发事件增多相互交织,法律问题与社会问题相互交织,历史纠纷与现实纠纷相互交织,日常司法运作与敏感时段特殊要求相互交织,司法个案与社会舆情相互交织,当事人权益与社会公共利益相互交织,合法合理诉求与涉诉上访缠访闹访相互交织的复杂局面,呈现出案件数量居高不下、群众诉求明显增长、司法难度越来越大的新特点。我们必须增强忧患意识、大局意识,时刻关注世情、国情、党情、社情的新变化,努力做好应对各种困难和挑战的准备。

2010 年,全省法院要深入贯彻科学发展观,坚持"三个至上"指导思想,善于把握当地经济社会发展形势和司法需求,以推进社会矛盾化解、社会管理创新、公正廉洁执法为重点,继续抓好"八项司法",落实"三项承诺",深化审判机制改革,强化基层基础建设,努力提升司法公信力,为促进我省经济社会平稳较快发展提供有力的司法保障。

一、围绕调结构促发展的工作重心,发挥职能,进一步抓好能动司法、和谐司法、民本司法和协同司法

(一)抓好能动司法,依法保障经济平稳较快发展

深化国际金融危机的司法应对。重视当地经济社会形势的变化,重视司法政策的指导作用,重视司法建议工作,围绕党委政府确定的全年经济社会发展目标,积极主动调查研究,调整措施,建言献策,强化司法保障,注重社会效果,确保法院工作始终符合经济社会发展需要。要把握好法律和政策适用,调节经济关系,兼顾劳资利益,促进银企合作,妥善审判执行好在调整经济结构、深化经济改革、推动出口增长等方面发生的各类合同纠纷、股权纠纷、公司清算、企业破产等案件,保障中央、省委应对国际金融危机的政策措施的落实。

保障中小企业加快创业创新、转型发展。这是一项事关我省民营经济新发展的重大特色工作,全省法院要牢固树立平等保护的司法理念,充分运用民事、刑事、行政审判职能,依法保障扶持中小企业发展的各项政策措施的落实,不断优化中小企业市场环境、融资环境和政务环境。依法支持具有浙江特色的企业"抱团担保、增信"、小额贷款公司、村镇银行和民间新型合法放贷等金融创新行为,维护中小企业信贷融资权益,缓解中小企业融资困难。按照"三个尽可能"的要求,妥善审理好困难中小企业的涉案纠纷,依法支持中小企业开拓市场、参与国企改革以及自身重组改制。充分发挥知识产权司法保护的主导作用,支持中小企业创建自主品牌,加快技术进步。加强对创业型、创新型、出口型、配套型、品牌型中小企业涉诉案件审判工作,保障我省创业促发展、创新促升级战略的顺利实施。

加强农村改革发展司法保障。密切关注各地农村土地流转改革新发展,以"三个有利于"为原则,适时修订省高院推进农村土地流转改革的指导意见,依法支持我省农村耕地、林地、宅基地、建设用地流转的改革创新举措,保障农民

土地权益,推动城镇化建设。同时,警惕并制裁农村宗族、黑恶势力借改革名义侵害农民权益的违法行为。

服务我省出口外向型经济和“港航强省”建设。加强涉外商事、海事海商审判工作,促进我省对外经济和海洋经济发展。关注两岸三通后产生的涉台海事海商和贸易案件,落实最高法院厦门会议精神,积极推动我省涉台审判法律文书得到台湾地区司法当局的认可和执行,促进浙台交流合作。健全海事法院管辖范围,拓展水域污染的环保公益诉讼。

(二)抓好和谐司法,全力化解社会矛盾促进和谐稳定

1. 落实宽严相济的刑事政策

积极适应治安形势变化,把握好宽严的重点和幅度,坚持预防与打击、教育与惩治相结合。要关注刑事法律政策适用中存在的倾向性问题和偏差,既严格依法监督纠正个案问题,又及时有针对性地提出指导意见予以规范。针对我省黑恶势力犯罪动向,加大打黑除恶力度,严惩“保护伞”。加强附带民事案件调解和轻微刑事案件和解工作,加大刑事被害人救助力度,尽可能减少社会对抗。积极参与特殊人群的帮教管理和治安重点地区的综合治理,预防和减少违法犯罪。

2. 贯彻调解优先、调判结合的司法原则

增强“调解是高质量、高效益、高水平审判”的意识,拓展调解领域、创新调解方法、提高调解效率、健全激励机制。统筹诉前调解、立案调解、诉讼调解等多种方式,推进全员、全程调解,力争二审、再审案件的调解工作取得新突破。努力从根本上化解社会矛盾纠纷。注重调解后的自动履行,将民事调解后的申请执行率纳入评估数据。

3. 发挥行政审判协调机制的作用

监督和支持依法行政并重,推动完善和创新社会管理。依法保护诉权,推进我省行政争议化解新机制。继续做好行政审判“白皮书”的发布工作,推进行政机关负责人出庭应诉、发送司法建议、邀请观摩旁听庭审等工作,完善联席会议制度,积极参与政府的依法行政考核。今年 5 月,省人大常委会将开展专题审议行政审判工作。各级法院要争取当地人大常委会将行政审判工作列入审议规划,并力争出台支持行政审判工作的决议。

4. 加快破解执行难长效工作机制的构建

全面落实省人大常委会《关于加强全省法院民事执行工作的决定》,建立完善执行快速反应、分权制约、财产调查与管理、执行规避处置、委托执行案件跟踪协调、法警编队派驻执行局从事执行实施等制度,提高执行效率和质量。认真总结清积活动经验,完善无财产执行案件退出机制,扭转“累积—清理—再累

积—再清理”的被动局面。再接再厉,努力使我省执行长效机制建设走在全国前列。

5. 抓好申诉和涉诉信访的化解

各级法院都要认真贯彻中办、国办文件精神,注重从案件源头上预防和减少涉诉信访问题,尽可能避免涉案矛盾积累激化成新的上访,努力做好判后答疑和案结事了工作。注重依法按政策解决群众合法合理诉求,注重依靠基层党政各方解决好信访问题,注重通过无理访甄别规范涉诉信访秩序,树立正确导向,维护法治权威。进一步落实中政委10号文件和院长包案工作,下大力气化解涉诉信访积案,力争今明两年基本消化。

上海世博会是继北京奥运会之后我国举办的又一重大国际活动,具有时间跨度长、地形环境复杂、工作标准高、难点问题多等特点。要按照中央“把世博会的安全放在首位,保证世博会和奥运会一样安全”的要求,扎实做好“护城河”各项工作,有效预防和稳控群体性事件和涉诉上访极端行为,最大限度做到矛盾不上交、不激化,确保不汇集到上海。

(三)抓好民本司法,切实保护涉案民生

1. 在体察民情上下工夫

进一步畅通民意沟通渠道,定期深入基层和社会各界倾听民意,完善与民主党派、律师、专家学者等的沟通联络机制;建立涉诉民意收集、分析、反馈等处理机制,注重收集网民意见,继续开展院庭领导与网民对话活动,及时了解人民群众的司法需求。

2. 在便民服务上下工夫

完善立案接待大厅规范化达标建设,进一步提升软、硬件服务水平,努力建设成为为民司法之窗、文明司法之窗;健全基层法院、人民法庭司法服务网络,畅通诉讼渠道,完善巡回审判、预约办案、繁简分流、案件速裁和远程立案等便民利民举措;落实对困难群体的司法救助,努力做到一切为了群众、一切方便群众、一切服务群众。

3. 在保障民生上下工夫

把推进社会矛盾化解作为司法为民的生动实践,同时通过依法保障和改善民生,促进消费扩大内需,增强经济发展拉动力。妥善审理好劳动争议、社会保障、婚姻家庭、教育、医疗、住房、征地拆迁、消费以及食品药品安全等方面的案件。开展民生类执行案件的实际履行率、标的清偿率、平均执行天数等数据的评估考核。加强涉军案件审判工作。依法保护各方当事人特别是困难企业职工、农民工、老人、妇女、儿童等弱势群体的合法权益。

(四)抓好协同司法,合力破解司法难题

1. 推进诉讼与非诉讼相衔接的纠纷解决机制建设

坚持发展“枫桥经验”,完善诉讼化解与人民调解、行政调解、行业调解、人民团体调解、仲裁等非诉解决方式的协调配合,推进我省诉调衔接机制的发展和完善。推动专业人士、退休老法官、律师参与调解的制度创新,使矛盾纠纷预防和化解更具针对性和实效性。紧紧依靠党委总揽全局、协调各方的政治优势,构建化解行政争议互动联动机制。主动参与基层社会治安综合治理和平安创建活动。

2. 推进执行联动机制建设

着力完善执行征信、执行查控、执行惩戒、执行监督和执行保障五大工作系统。建立执行征信信息管理与发布、执行征信信息与行业管理接轨、典型执行案件信息曝光、特殊主体案件通报备案等失信记录制度,以信用压力促进案件执行;建立法院与有关部门之间的点对点网上查控被执行人及财产的专项工作机制;依法打击拒执、抗法行为,优化执行环境;加强执行监督制约,改善执行保障条件,巩固和完善党委领导、人大监督、政府支持、法院主办、各界配合的执行联动新格局。

3. 推进长三角司法协作和专家合作

积极做好第二届长三角地区人民法院司法协作和发展论坛的参会准备工作,办好《长三角法院司法协作网》,加强与沪、苏两地法院在审判执行、涉诉维稳等实务层面的交流合作。完善专家学者协助审判制度,加强院校合作,创新方式,注重实效,努力实现理论研究与司法实务的优势互补。

4. 推进司法宣传工作

加大正面司法宣传,做好“八项司法”、先进典型等重大主题的宣传。完善舆情研判分析机制,主动回应社会关切,依法追究恶意倾向性报道在审案件的行为,提高舆情网络引导和应对能力,第一时间发布权威信息,把握话语权,争取主动权。

二、围绕公正高效廉洁审判的工作要务,健全机制,进一步抓好规范司法、阳光司法、廉洁司法和基层司法

(一)抓好规范司法,确保公正高效

1. 推进规范司法行为

坚持从法官日常司法活动最容易发生问题的重点岗位和环节入手,细化审判执行标准,严密司法程序,最大限度地减少和杜绝司法工作的随意性。统筹做好司法规范化建设和司法改革工作,坚持按照司法规律办事,着眼解决实际

诉讼难题,既不墨守成规、不敢担当,也不脱离实际、盲目“创新”。针对容易发生执法偏差的案件和适用立功、自首、缓刑、免刑、改判、发回等重点环节,加强案例指导和制度建设,规范自由裁量权的行使。既积极稳妥地推进量刑规范化试点,又坚持公平公正,防止采纳不当的量刑建议或机械套用量刑指导意见。加强司法警务规范,确保警务安全。

2. 提升审判质效管理

依托全省办案质量效率评估数据平台,加强审判、执行工作的动态分析和管理。发挥基层法院审监庭质效评查和管理职能,不断改进调整办案的薄弱环节,消除少数法院明显滞后的局面。认真开展“省级模范五好法庭”审判质效评估,实行优胜劣汰的争创机制,激励更多优秀人民法庭脱颖而出。

3. 狠抓审判作风建设

深入开展“人民法官为人民”主题实践活动,加强人民性教育,切实增强法官的群众观念和感情,落实浙江“法官职业四要”,使亲民、爱民、为民成为法官的自觉行动。把握好开放、透明、信息化条件下的社会心理和群众心态,坚持理性、平和、文明、规范执法,让人民群众切身感受到浙江法院是更公正、更文明、最讲理的省份之一。

(二)抓好阳光司法,提升司法公信力

1. 强化审判权执行权的阳光运作

加强合议庭和主审法官的职责,强化庭长和院长监督指导办案的管理职能,健全审判委员会讨论案件的程序和范围,完善权责明确、相互配合、高效运转的审判监督制约机制。加强上级法院的监督指导,构建科学的审级关系。推动减刑、假释审理程序的公开制度;完善保外就医、暂予监外执行、服刑地变更的适用条件和裁定程序;规范诉讼中财产控制措施的工作分工;建立委托评估拍卖等中介机构的淘汰机制,促使审判权执行权运行程序更加公开透明。

2. 落实公开审判的基本原则

加大立案、庭审、执行、听证、文书、审务公开,除法律有规定的外,能够公开的一律向社会公开;拓展公开渠道,完善新闻发布、审判业务指导性文件和裁判文书上网、网上直播庭审,推行开放日活动等措施,尚未建立门户网站的 47 个法院上半年内都要建起来;完善公开服务,建立个案进度网上查询,保障人民群众的知情权、参与权、监督权。大力推进司法民主建设,积极吸收人民陪审员参与送达、保全、执行、信访工作。

3. 自觉接受对司法的监督

增强党的领导和自觉接受监督的意识,始终把法院工作置于党的绝对领导之下。完善接受人大监督、政协民主监督、检察机关法律监督和社会监督的工作机制,自觉加强与公安、国家安全、司法行政等部门的协调配合,促进司法公正。

(三)抓好廉洁司法,纯洁法院队伍

1. 狠抓廉政教育、管理和监督

贯彻公正、廉洁、为民的要求,增强先进示范教育、案例警示教育、岗位廉政教育的针对性,筑牢拒腐防变的思想道德防线。针对重点岗位和环节,进一步加强惩治和预防腐败体系建设,最大限度减少制度漏洞。严格执行“五个严禁”,动真格不护短。发挥廉政监察员和司法巡查制度直接、实时监督功能,强化对法官违反司法行为规范的惩戒措施,确保司法廉洁。

2. 加强法院廉政文化建设

创新廉政文化创建形式,贴近干警思想、工作、生活实际,通过创建廉政网页、开通廉政短信平台、张贴廉政名言警句、举办廉政书画展览等方式,坚守司法核心价值观念,改进纪律作风,凝聚团队精神。组织好法官授职典礼,使之成为一项年度的重大司法礼仪活动。

3. 发挥院长和班子成员的率先垂范作用

各级法院领导干部要严于律己,以身作则,带头遵守“约法十章”,带头严格执行廉洁自律各项规定,做到自身正、自身硬、自身净。要认真履行“一岗双责”,按照中央《关于进一步从严管理干部的意见》要求,坚持从严治院不动摇。

(四)抓好基层司法,服务审判一线

1. 加强调研指导,解决基层司法难点

按照依法监督、审级独立、上下互动的原则,更加重视宏观指导、分类指导、业务指导,勇于破解司法难题,善于统一裁判尺度,增强指导的及时性、针对性、有效性。积极争取党政各方支持,努力解决好一些法院业务骨干流失、资深法官过早退居二线、法官招录、司法辅助人员不足、职级待遇、办案激励等问题。继续做好实务技能手册的编写和审务活页汇编的年度添页工作。充分利用法院调研人才库力量,大力推进重大课题调研及成果转化工作。积极改进司法警务、档案管理、行政装备、后勤保障等工作的条线指导。创新联系办案一线方式,改进文风会风,尽可能减少形式主义、表面文章。

2. 加强科技强院,提高基层司法科技含量

加强信息技术在法院办案和审判执行管理、司法政务管理、队伍管理、为民服务等方面的开发应用,进一步实现系统整合和资源共享。升级完善审判质效评估系统,大力推进以审判执行为重点的各项软件应用系统和干警业绩电子档

案建设。数字法庭建设目标已基本完成,今年要转为在应用上下工夫,完善管理,着力发挥庭审全程录音录像制度的综合效能。加强网络安全建设,确保系统正常运行。

3. 加强法官培训,提高基层司法能力

建立法官全员定期集中培训制度,年内要对近五年来尚未参加过省高院培训的基层法官轮训到位。继续下工夫抓好岗位培训,发挥资深优秀法官的“传帮带”作用,着力提高一线法官的把握运用法律政策能力、群众工作能力、突发事件处置能力、舆论引导能力,切实解决永康同志讲的“说不过、判不明和案结事不了”的问题。省高院今年将组织专家型法官,到各地巡回专题辅导。

近年来,全省法院收案持续大幅攀升,办案压力、难度有增无减,广大干警长期超负荷地工作。为此,一要重视法院党建工作,坚持以党建带队建、以队建促审判,充分发挥党组织的思想政治工作作用和党员干警的先锋模范作用,确保法院队伍始终坚持“三个至上”、“四个在心中”,做到为党分忧、为国尽责、为民奉献。二要重视领导班子建设,努力建设学习型党组织、学习型领导班子,健全民主集中制,坚持公道正派用人导向和德才兼备、以德为先用人标准,提高科学管理、带好队伍、抓好业务、管好自己的水平。各级领导干部要善于、乐于在约束、监督下行使权力,认认真真学习,老老实实做人,干干净净干事,团结带领广大干警更好地肩负起中国特色社会主义事业建设者、捍卫者的职责使命。三要重视从优待警,创新完善激励机制,真心实意关爱干警,千方百计帮助解决实际问题和困难,最大限度地激发干警的向心力、凝聚力、战斗力。同时,要进一步做好老干部工作。

同志们,1 月下旬将召开全省“两会”,紧接着是春节、全国“两会”。工作头绪多、任务重、要求高。我们一定要增强工作的前瞻性、主动性,通过务实有效的工作,换来社会的和谐稳定和万家的安宁团圆。

贯彻指示　学习《规定》

——在全省中级法院院长读书会上的讲话

齐　奇

(2010年7月14日)

同志们:

这次全省中级法院院长读书会的主题,是学习贯彻最高法院王胜俊院长和省委洪祝同志在省高院调研时的重要讲话精神。同时,专题学习两个刑事证据《规定》。会议期间,最高法院刑三庭吕广伦同志对刑事证据《规定》作了讲解;王幼璋、宓晓平同志针对我省刑事审判实际作了中心发言,并剖析了个案的重大教训;5个中院就贯彻好刑事证据《规定》交流了工作情况和经验,也谈了他们的认识和见解,他们都讲得很好,给人启示,发人深省;省高院班子成员就分管的专项工作谈了很好的意见。今天上午,还组织了安吉县生态文明建设的实地考察。总的来看,这次读书会主题突出、专题深入、会风务实、学习认真,达到了深化认识、明确方向的目的。

从今年全省法院办案所面临的形势来看,上半年收案42万件,同比上升0.64%,基本持平。这个过程符合我们年初的判断,今年的收案可能是"先低后平"。预计全年仍会基本持平或有小幅增长。这是2008年收案连续两年大幅上升以来,总算出现了增幅明显趋缓的状况,也是我们求之不得的,因为我们现在办案的负荷还是绷得很紧,如果今年还是上升10%以上,实在是很辛苦的。所以,今年增幅明显趋缓是好事,但要指望它明显下降,看起来"好日子"还没来。为什么会出现增幅趋缓的情况?有两个背景,一是我省经济回暖并继续向好;二是诉调对接的纠纷解决机制,在收案前化解了一批纠纷,当然最主要的还是经济形势的变化。

下半年的经济形势,我们还要十分关注。温家宝总理前不久来浙江调研,还召开了长三角地区的工作汇报会,认为经济形势面临的不确定因素还比较多,不排除四季度又会出现比较严峻的局面。专家也在争论会不会出现经济第二次探底。宏观调控方面,今年四万亿的后续投放已经放缓,与此有关的就是银根有所紧缩、房市也在降温,在这些大背景下,我省中小企业的资金链问题,到下半年、四季度还可能会出现较严峻局面,有的地方又出现了老板跑人现象。

企业经营上的困难,除了融资以外,还有用工成本上升较快。再一个,出口仍比较艰难,尽管恢复很快,但前景看起来还不太好,主要是欧美市场还是比较脆弱。另外,人民币汇率已经宣布实行浮动汇率了,如果人民币每升值个把百分点,对我们东部地区出口都是要紧的事情,退税也在缩减。与此同时,总工会又要推出工资集体协商制度。对此,温家宝总理来浙江,对用工成本上升的问题专门讲了一段话,意思就是职工的福利待遇应当逐步提升,这个提升应该跟企业劳动生产率的提高相适应,要兼顾企业的发展。温家宝总理还说,我们中国的劳动力比较优势,切不要在现阶段就拱手相让,过早丢掉。这个问题也涉及我们对劳动争议怎么把握,要维护职工的合法权益,但也要顾及企业的生存,不要让企业关门。所以,中央的提法是"构建和谐劳动关系",而不是激化劳企矛盾。还是这个道理:饭碗比福利更重要。只有保企业才能保增长、保就业,也才能保稳定。尽管现在形势有所好转,我们还是要保持清醒的头脑。我们国家现阶段还不能搞高福利,"胃口"不能吊得太高。美国中央情报局的对华战略,就有一条是鼓励中国的维权运动,鼓励福利高涨,削弱中国的竞争优势,扩大社会的对抗,最好让你烽火连天,以瓦解中共的执政地位,我们可不能犯幼稚病。现在有的地方、有的部门、有的名人总是喜欢哄,实际上很多事情的发展,都有一个尊重市场客观规律的循序发展的过程,转型升级也一样,不是想当然"腾笼换鸟"就一下子会成功的。浙江经济的后劲仍在于民营经济,在于中小企业。民营经济是最符合市场客观规律的,符合人的经济理性。所以,从我们的司法保障角度,如果不能给浙江中小企业的可持续发展,创造一个比较宽松的、比较好的法治环境,我们就对不起浙江"创业富民、创新强省"的大业,愧对浙江的父老乡亲。

全省法院要以贯彻胜俊、洪祝同志重要讲话精神为契机,进一步增强工作的责任感、使命感,主动应对和积极防范浙江经济社会发展中,可能出现的情况和问题,继续抓好"八项司法",以推进三项重点工作,不放松、不动摇、不懈怠,为有浙江特点的科学发展之路提供有力的司法保障。

下面,就当前浙江法院工作谈 5 个问题。

一、贯彻好两个刑事证据《规定》

这是我们这次读书会的专题。最近发生在河南的赵作海死刑冤错案件,再次把司法机关和中国的刑事证据立法推到了风口浪尖,推动五院部迅速出台了两个刑事证据《规定》。浙江的刑事法官要率先贯彻好、执行好两个《规定》,确保每一起刑事案件尤其是死刑案件办成铁案,经得起法律和历史的检验。

第一，要抓好学习培训，全面准确把握《规定》要求；第二，要树立“万无一失”的责任意识和“一失万无”的忧患意识，确保死刑案件审判经得起历史检验；第三，要下工夫协调公、检、司各家，合力规范相关的办案机制，提高我省的刑事司法水平。在司法机关各家，对两个《规定》的认识可能还会不一致，对此要有充分的思想准备，在贯彻过程中，还要做很多涉案的协调工作。

当前，省高院二审的死刑案件，因事实、证据问题而改判、发回的，虽然只有一成左右（今年上半年9.2%），这里还不包括在中院一审阶段经过补强、补查证据的死刑、死缓案件。但类似问题的存在，还是会严重影响死刑案件的质量和效率，甚至埋下冤假错案的隐患。近年来发生的多起震惊全国的重大刑事冤案，多与刑讯逼供直接相关，也与审案法官及庭长直至审委会在事实、证据审查认定上出了差错直接相关。

基于死刑案件人命关天，死刑刑罚的不可逆转性，决定了在事实证据方面，绝对不容许出任何差错。由此，五院部首先对死刑案件采用更为严格的证明标准。可以说，这两个《规定》是对我国刑事证据制度的重大突破。这里再强调几点：

1.《规定》进一步细化了死刑案件证据的裁判原则，第一是凡存疑的证据不能采信；第二是要用合法的证据来证明案件事实。何为死刑案件证据的“确实、充分”？《规定》有五点：一是定罪与量刑的事实，都有证据证明；二是每一个定案的证据，均已经法定程序查证属实（比如必须记明的、签字的、盖章的，不能缺少）；三是证据和证据之间、证据与案件事实之间不存在矛盾，或者矛盾得以合理排除；四是共同犯罪中，被告人的地位、作用均已查清；五是根据证据认定案件事实的过程，符合逻辑和经验规则，得出的结论不能带有或然性。我们高中院做院长、庭长的，对五要点都要烂熟于心，否则就不是一个合格的高中院院长，不是一个合格的分管院长、刑庭庭长。

2. 指导刑事法官对证据的审查认定中，要特别重视这几点：第一，对被告人供述的审查（传统理念中被称为“证据之王”）。一方面，侦查机关对口供突破最迫切，甚至用刑讯逼供；另一方面，被告人的自我保护本性，会作各种辩解乃至虚假供述。因此，《规定》要求我们，一是注意审查侦查笔录、讯问程序是否合法。二是重视对庭前、庭审中口供反复的审查，有的即使庭审中不翻供，但欠缺其他直接证据，或证据存在矛盾的，法官都要亲自提讯一下被告人，仔细甄别其口供真伪，防止极个别性格软弱扭曲的被告人“自甘”蒙冤。三是在主要依靠间接证据定案时，注意区分被告人先证后供还是先供后证，由被告人的口供而后提取到了隐蔽性很强的物证、书证等，能与其他证据相互印证，就可以定案；但须排除诱供、串供下的虚假"先供后证"。第二,对各类鉴定结论,决不能照单全收,而放弃法官的审查判断,包括 DNA 鉴定也不能例外。第三,被告人年龄是否满 18 周岁,如有关证据之间的矛盾未能合理排除的,应做出有利于被告人的认定,不能认定其已满 18 周岁。第四,没有直接证据而依靠间接证据定案的,必须符合第 33 条的 5 个要件,是否可以判死刑应当特别慎重。

3. 关于《非法证据排除规定》,最主要的是突出了对刑讯逼供取得言词证据的排除。对此明确了应由控方承担被告口供系合法取得的证明责任,同样控方也承担举证不能、无法排除非法取供的法律后果。该《规定》还首次明确了侦查讯问人员出庭作证。但大家注意规定的顺序:首先,是要求提供讯问过程的录音录像;其次,是提供其他讯问时在场人员或参与录制人员等相关证人证言;最后,还不能排除的,法庭才通知侦查讯问人员到庭。显然,《规定》意在避免动辄要求侦查讯问人员到庭。对此,刑事法官既要对是否刑讯逼供严格把关,又要充分理解体谅和保护好侦查队伍的破案积极性,妥善把握好两者的平衡与适度。鉴于我国刑事诉讼的法治进程还有一个渐进提升的历史阶段,在今后的刑事司法实践中,要理解侦查机关的破案人员到庭接受询问质证,无论是客观条件或主观条件上,都有一个渐进适应的过程,不可能一有规定而一蹴而就。当然,我们刑事法官首先还要把住的,就是凡不能排除非法取供的不予采信。这最后的一锤定音,是刑事法官的重大责任。在此,恳切拜托在座各位中院院长和高中院的全体刑事法官,浙江法院决不能出现冤杀,我的这份沉重的领导责任就拜托大家了!

二、落实好省高院"依法保障中小企业创业创新发展的指导意见"

中小企业是浙江经济可持续发展的后劲和韧劲所在,也是浙江民营经济的特色所在。浙江的市场化程度在境内最高,对法治的呼声也最高。在境内外经济发展的博弈较量中,如果当地的司法跟不上,就会成为绊脚石。要学习袁芳烈老院长敢于站在时代的潮头,敢于担当风险,为当年的"温州模式"和社会主义市场经济的起飞,作出了不可磨灭的司法贡献。在浙江的市场经济发展中,肯定有一些东西会是比较超前的,我们要从实际出发,运用我们的司法理念和司法智慧妥善处理好中小企业的涉案纠纷,这既是新世纪能动司法对法院工作提出的要求,也是历史赋予浙江法官的重大使命。我们要敢于担当、勇于实践,善于运用司法手段引导、维护中小企业创业创新发展,积极推动我省民营经济实现新飞跃,赢得新先机。

5 月 27 日,省高院下发了《关于加强中小企业创业创新发展司法保障的指导意见》,各地要认真抓好落实。我相信,全省三级法院只要上下一心,尽心尽责,推进浙江从中小企业数量大省向素质强省转变,必将在中国的法治建设中留下当代浙江法官的历史足迹。

三、提高司法舆情引导能力

在信息化时代,人民法院不仅处在维稳工作第一线,而且也处在社会舆论的风口浪尖。法院对外的司法宣传必须适应新的形势,提高驾驭各类新兴媒体的能力,力争掌握法院工作舆情应对的主动权、主导权和话语权。

去年以来,我们妥善应对了“金华婺城法官艳照门”、“杭州 5·7 交通肇事案”、“台州拍卖六四分成”、“南浔强奸案”以及“兰溪法院工作人员上班看电影玩游戏”、“宁波法官赴台猝死”等多起影响较大的舆情事件。尤其在“杭州5·7交通肇事案”、“南浔强奸案”、“台州拍卖六四分成”事件中,面对汹涌的舆情,我们坚定、冷静地在第一时间给予正面回应,不但坚守住法律底线,也及时平息了社会舆情,赢得了各方面的好评,锻炼了队伍,积累了经验。如今,我们的一些院庭领导开始学会直面新闻媒体和网络在线的录音、摄像镜头,敢于应对宣传。

总结一年来我们应对涉诉舆情事件的实践,有五点比较重要的经验:一是迅速而冷静地分析舆情,既要重视、倾听,也要沟通、引导。这是客观对待媒体网络舆情的基本态度。二是领导靠前指挥,视情抓住第一时间,及时正面回应。这是应对涉案舆情的关键所在。三是预警在先、研判在前。这是成熟应对涉案舆情的重要方法。事实清楚的,要正面澄清,迎头反击,不能听任他人抹黑浙江法院;事实原因一下子说不清楚的,则要慎重,切忌急于否认,甚至说假话,隐瞒蒙混,可以公开表明司法机关严肃认真的处置态度,光明磊落,有错必纠;同时,要迅速查明,坚持实事求是。四是加强协作、善于借力。这是应对涉案舆情的重要保障;依靠党委和宣传部门,借助上下级法院和友邻部门,借助法律专家学者,借助更多的媒体网络,灵活机智地应对引导,形成共同应对、引导舆情的工作机制。要勇于“抢旗帜”,不缺席、不失语、不妄语,勇于主动出击,坚决防止因舆情引导不力使“民意”变成民怨。五是在日常办案中,坚持公正、文明、廉洁执法,从源头上减少可资舆论炒作的由头。这是预防和处置涉案舆情事件的根本之策。

司法越贴近民众,人民就越信任司法。要进一步拓宽民意沟通渠道,健全涉诉网络民意收集、分析、反馈等处理机制,鼓励更多的资深法官走进网络媒体,善察民意、善应民意、善导民意。要发挥三级法院门户网站的整体优势,各自为战,有针对性地策划好当地的司法宣传,努力营造网上正面舆论。要善待媒体,善用网络,加强沟通,为我所用,提高司法舆情引导的权威性、公信力和影响力。最大限度地发挥媒体网络的积极作用,抑制其消极作用。

四、严格法院安保措施

近期,湖南、广西、河北等地发生了针对法院干警的恶性案件,造成严重后果,社会影响恶劣。据不完全统计,仅6月份以来,我省发生直接针对法官的暴力抗法,威胁、滋扰法官人身、人格和扬言杀害报复等事件就有25起,法院自身安保建设亟待加强。

没有安全,做好法院工作就无从谈起。当前,社会矛盾和社会心态问题突显,一些心态失衡,言行偏激,悲观厌世,且可能铤而走险的人员增多,人民法院遭受袭击、破坏、侵害的风险明显加大。各级法院院长要按照省高院、省公安厅联合通知等有关文件要求,抓紧建立与当地公安机关内外互动的联防联动机制。同时,加强法院内部安全保卫巡查,及时发现问题、堵塞漏洞。要进一步完善法院安保装备的添置、维修和正常使用,凡是因安保松懈,安检形同虚设等原因,出现不该发生的重大安保事故的,要严肃追究领导责任和直接责任。要尽量为人民法庭配备1名安保人员,配备必要的人身防卫器具,切实提高各级法院和人民法庭的自我保护意识和能力。对出现铤而走险苗头、可能制造事端的高风险人员,要果断采取落地侦查和训诫、治安拘留等稳控措施,及时消除安全隐患。努力形成源头预防治理有效、内部安全管理有力、外围治安防控严密的安保工作格局。奉化法院为全体工作人员购买了人身意外伤害保险,各地法院都要积极为人民法庭工作人员、执行局干警和司法警察等人员办理人身意外伤害保险。省高院决定将从诉讼费统筹中给基层法院统一增拨安保经费。

五、抓好廉洁司法不动摇

上半年,全省法院共查处9件9人,同比去年5件5人上升80%,不廉不公、违纪违法现象仍然在我们身边,永志同志刚才作了认真分析。廉洁司法始终是人民法院的生命线,公正司法的底线守不住,服务大局,服务中小企业,都无从谈起。我们必须绷紧高压线,而且要带电。不护短,动真格,才能教育好、警示好、爱护好我们的法官和干警。

对各级院、庭领导我还是强调两条:第一,率先垂范,管好自己和亲属、身边的人。第二,从严治院,带好队伍。要十分警惕在法官周围的一些诉讼“黄牛”、“掮客”,特别是亲属以及亲朋好友,有的实际上也在充当自己身边的诉讼“掮客”,在利用你的关系或名义,暗中谋取钱财私利,严重败坏司法的公信力。大家决不能听之任之,默许纵容。务必擦亮眼睛,提高戒备,严格遵守领导干部和法官廉洁从政等各项纪律,严格要求配偶、子女及其他亲友,管好身边工作人员。坚决杜绝可能违反廉洁司法的行为发生。

法院各级领导干部都要按照中央、省委要求,做好重大事项报告(房产、投资、配偶子女移居国外等),不要出现因为瞒报、假报而受到追究、免职的情况。有言在先,勿谓言之不预。

同志们,让我们领会好王胜俊、赵洪祝同志的指示精神,以“八项司法”为抓手,大力推进三项重点工作。带好队伍,办好案子。

就讲这些,不妥之处,请大家批评指正。

同舟共济 守望相约

——在浙江省高级人民法院机关廉洁司法集中警示教育活动动员大会上的讲话

齐 奇

(2010年10月8日)

同志们:

今天我们召开全院干警大会,强调廉洁司法,不是第一次,也不会是最后一次。警钟长鸣,是为了让大家看到院党组抓廉洁司法的决心、信心和苦口婆心。就像大家所见,近年来我院机关严肃查处司法不廉不公的行为,每年都没有间断过,尤其是今年,这个秋天不寻常,可谓一波未平,一波又起。由此,我们开展警示教育活动,相信每位同志的内心都会有很深刻的触动。如果能够借此进一步整肃风气,凝聚人心,改善我们的工作,那也就达到了这次集中警示教育活动的效果,把坏事变为好事。

刚才,幼璋、永志同志都作了很好的讲话,我听了也很受启发,希望全院各部门会后很好地贯彻。下面,我补充谈三点:

第一,严肃查处不廉不公、违纪违法问题不动摇。所谓不动摇,就是在廉洁司法问题上,党组不会后退,不会含糊,就是"零容忍"。当然,潘华山的事情跟一般的腐败案件还不一样,他是一个非常极端的个案,历史上也很罕见的,其中有他的性格心理缺陷问题。但是,这个事情出了以后,就听到有两种声音:一种说,这两年机关内部抓得太严了,以至于潘华山害怕因小有不检点受处理,而不惜铤而走险;还有一说相反,认为还是抓得不严,都是给予一些党政纪的内部处理,以至于有的人还在干违纪违法的事,最好把这些受党政纪处理的人都送到大牢里去。我认为,这两种议论都不能成立,都是错误的、片面的。你说太严?那怎么办?难道对这些违反规定、违反纪律的行为,我们都包庇下来,光动动嘴巴,不去严肃执行纪律和制度,那就不会发生潘华山害怕的事情了?难道我们能这样来认识问题吗?在坚守廉洁司法这一点上,要我们后退,没门!对司法不廉不公问题就是要零容忍,没有退路。我相信,省高院机关的绝大多数干警人心思正,是赞成院党组的做法的。还有一说是我们太宽了,我觉得也不能成立。我们坚持的不动摇,是指凡违法违纪的一律受追究,一律受处罚。"受处罚的确定性,比受处罚的严酷性更有威慑力。”这个话,讲得比较多的是革命导师列宁。他讲的是对刑罚应如何掌控。列宁认为,遏制犯罪最厉害的手段就是能够破案,如果50%以上的犯罪会受到追究和处罚,人们就会害怕,就有威慑力,而不在于受处罚有多么严酷。列宁的判断很深刻,我们想想看,即便某一个处罚很严酷,但大多数犯案的人都不会受到追究,那么严酷又有什么威慑意义?因为犯罪分子是计算概率的,如果受处罚的概率很低,出了事情都是眼开眼闭的话,你难得才办一个很严,没用。所以,受处罚的确定性,比受处罚的严酷性更重要。同时,为什么我们不主张受处罚的严酷性?因为我们党执政以后,长期受“左”的影响比较大,什么东西都无限上纲,把人往死里整。过去,我们党长期搞阶级斗争,夺取政权,你死我活非常残酷,这是可以理解的,但执政以后,再把犯错的同志往死里整,一棍子打死,就成为一条教训了,我们不主张这样。所以,凡是违反纪律的,无一例外要受到处罚。但是,在具体处理上要十分慎重,要讲政策,要讲实事求是,要尽量体现教育挽救。这些犯错的同志都有家庭,有亲友,我们能够拉的拉一把,让犯错的同志有一个改过的机会。不动摇不等于一棍子把人打死,但要坚持“零容忍”,坚决执行我们的制度,执行我们的党纪国法不动摇。

第二,从严治院,也要关爱干警。最高法院王胜俊院长到浙江法院视察时,特别强调要更加关心干警的身心健康,更加关心干警的学习和培训,更加关心干警的人身安全。所以,我们要把从严治院和关爱干警结合起来,把尊重人、关心人、理解人、培养人,调动积极性,作为开展思想工作的基本出发点,多渠道为干警鼓劲减压,实现法院工作的可持续发展。

第三,集中警示教育与执法办案两手抓。接下来的两个月里面,我们既要认真抓好集中警示教育活动,让每位同志入耳入脑,吸取教训,坚守信念,又要抓好办案,抓好我们对全省法院的指导调研工作,确保完成年度的任务和目标。

同志们,省高院机关今秋面临着前所未有的考验,全省法院都在关注着我们。全院干警要同舟共济,守望相约,院党组完全有信心、有能力应对压力和考验,将继续带领全院干警和全省法院,一如既往地为民司法、秉公办案,一定能开辟出浙江法院工作的新局面、新天地、新未来!

三、"八项司法"的深化

既有自信 又要清醒

——在全省法院院长会议上的讲话

齐 奇

(2011 年 1 月 6 日)

同志们:

这次会议的主要任务是:根据中央、省委和最高法院的工作部署,回顾总结 2010 年全省法院工作,研究部署 2011 年的工作。

2010 年,是我省法院历史上极不寻常的一年。面对艰巨繁重的执法办案任务和前所未有的压力考验,我们以"八项司法"为抓手,大力推进三项重点工作,不断加强自身建设,为我省改革发展稳定的大局提供了有力的司法保障。全年新收各类案件 808894 件,办结 805404 件,同比分别上升 2.99%、3.38%,保持了审判执行运作的良好态势。全省法院广大干警牢记职责使命,攻坚克难,开拓进取,各项工作取得重要进步和明显成效。特别是我们冷静应对一连串始料不及的重大事件,经受了考验,积累了弥足珍贵的经验财富。

昨天下午,省委常委会专门听取了省高院党组关于全省法院工作的汇报,省委领导对全省法院干在实处,走在前列,坦然应对处置队伍中出现的问题,给予了很高的评价和充分的理解信任。在此,我代表省高院党组,向全省法院干警及其家属,致以亲切的问候和崇高的敬意!也向各位院长的鼎力支持、同舟共济,表示衷心的感谢!

2011 年是中国共产党成立 90 周年,是"十二五"时期开局之年。全省法院维护国家安全、服务经济发展、促进社会和谐、回应群众关切、满足司法需求、保障公平正义的任务更加艰巨繁重。有关当前和今后一个时期,法院工作所面临的政治、经济、社会的形势,存在的问题,周永康同志、王胜俊同志和省委洪祝、宝龙同志都作了十分深刻的分析和论述,本次会议已专门印发给大家,我不再重复。

这里,从我省法院自身情况与大家集体谈谈心。比较突出的情况是,去年下半年省高院机关发生了一连串涉及院、庭领导的重大违法违纪、非正常死亡以及纠正命案错判等事件,一波未平,一波又起,一时间网络媒体舆情汹涌,党政机关、社会各界也议论纷纷,对省高院机关乃至全省法院造成了很大的精神压力和冲击,不少同志有点抬不起头来的感觉。在此,谈一些看法:

第一,要有自信。

越是面对压力和考验,我们越是要自信、坚定。大家作为亲历者都很清楚,近年来,浙江法官的人均办案量达到了全国平均数的 2 倍,浙江法院在把握政治方向上,在服务大局的能动司法上,在保障民生和便民服务上,在审判执行的精细化管理上,在办案的质量效率上,在综合治理执行难的机制建设上,在科技强院的信息化应用上,在树立法官核心价值观的法院文化建设上,都走在了全国法院的前列,受到了省委、最高法院、兄弟省区法院和社会各界的很好评价。这一路走来,同志们都是历历在目的。即便在去年下半年接连遭受到法院历史上罕见的冲击和压力,省高院机关和全省法院方寸不乱,沉稳应对,风雨同舟,破浪前进。在那些难忘的日日夜夜里,我更是切身感受到什么是“危难见真情”,切实感受到浙江法院这支队伍在遇到大风大浪的关键时刻,有着强大的凝聚力和战斗力,堪称是党和人民可以信赖的一支好队伍。

第二,要保持清醒。

我们要充分估计到潘华山故意杀人案等重大恶性事件,所产生的负面影响的延续性,杀伤力很大。如何逐步消除其恶劣影响,还需假以时日,需要我们作出艰苦的不懈的努力;要充分估计到新的一年里,我省经济、社会发展中的不确定因素很多,全省法院的工作负荷、难度、压力仍然很大,各地法院潜在着突发事件、安保事故的风险,稍有疏忽,随时可能爆发;要充分估计到我们外部司法环境的不利因素,人民法院的司法权威不高,不良的网络舆情时时会兴风作浪,“矛盾凸显期”出现的信访不信法,信上不信下等深层次问题,仍然在困扰着各级法院。因此,同志们务必保持清醒头脑,增强政治、大局、忧患、风险、责任 5 个意识,始终把本院工作的着力点,放在驾驭复杂情况、应对突发事件、完善机制和制度、提高司法能力上,务求掌握法院工作的主动权。

第三,要进一步解放思想转变观念。

今年是“十二五”开局之年,全省法院如何以抓好“八项司法”为切入点,深入推进三项重点工作,为我省经济社会平稳较快发展作出我们的司法贡献?必须进一步解决一些法院班子和法官中存在的思想上、观念上不适应新情况新变化,故步自封,不求进取的状况。

1. 视野狭窄

门户观念重,工作格局窄,观念局限多。自以为是,自视甚高,不知外面的世界有多精彩,发展变化有多快。有的同志对"为大局服务,为人民司法",就是吃不透精神,弄不清真谛,不善于把握司法与党和国家中心工作的内在联系。有的只见法律条文,只考虑就案办案,不见背后的世情、国情、社情。有的不考虑某个法律条文制定时的不同背景,立法最根本的指导原则,不在乎裁判效果上的连锁反应。有的重裁判,轻息诉,不屑于再延伸一步去疏导、安抚或协调一下,不懂得中国法官办案也离不开人的思想工作。

2. 思维定式

满足于固有的工作模式,依赖于重复的工作习惯,没有勇气、也不会想办法去破解难题。因循守旧,不愿意积极改革以兴利除弊,凡是要改变现状,推进工作,就要跳,就不满,还动辄唱反调。只图安于现状,作茧自缚。审判实践一再证明,法院工作和各条战线一样,不改革就不会有发展,就不会上台阶。

3. 怕放下架子

固守一间办公室,怕出门,怕求人。需要外出协调沟通的,不主动,不到位,或者临时抱佛脚,平时不来往。反正是公家的事情,办不成随它去,如果是他自家的事,则大不一样。在中国,法院工作非常需要下工夫去改善外部环境,迫切需要我们去疏通、协调有关部门、方方面面,才可能突破一个又一个瓶颈,解决一个又一个难题。

4. 不敢担当

院长、庭长敢于担当者,现在不是多了,而是少了。在其位而不担责任、不担风险,一事当前,先替个人打算,上推下卸,明哲保身,但求无过。在其位而不敢坚守原则,是非很清楚的事情,只要可能得罪人,一概绕道走。有的案子、有的工作、有的队伍问题,一误再误,久拖不决,原因在此。

此外,还请各位院长带话给班子成员,我们的分管院长干工作,不可太超脱,一问三不知。重点工作,重要案件,一定要抓具体。不可任其自流,无所用心,不可空话一大套,成果看不到。我赞成有的法院在班子内部,也实行项目化管理,分解责任到人。有的人要自我调整好心态,别占着位置当二传手,出工不出力。长此以往,只会人未老心先老,人未退休心已退休,心情也好不了。更有愧于党的培养,组织的重托,人民的期望。

5. 克服一个"碎"字,一个"懒"字

"碎"是闲言碎语的"碎"(用北方话是"贫嘴"的"贫"字),这个"碎"字,也是损害队伍、损害团结和谐的大敌。闲言碎语,捕风捉影,张家长李家短,不实之词,出口伤人,贬损人家,抬高自己。或嫉妒先进,嘲笑积极,散布消极。或当面是人,背后搞鬼,为泄私忿私怨,不管内外有别,不惜采用"文革"的坏作风,罗织罪名,到处寄信、上网、发短信,抹黑集体抹黑同志。甚至走上了呼应敌对势力,抹黑人民法院、抹黑执政党和我们的政权。发展下去,终究会搬起石头砸自己的脚,成为过街老鼠,人人喊打。还有一个“懒”字,也是提升自身素质、自身水平的大敌。为民便民的事,方便他人的事,举手之劳的事,懒得多做一点点。办案子办公事,常常差口气,马虎了事。

以上5条,根子都在于人的思想,人的观念。需要我们正视它,改进它,需要我们进一步转变观念,解放思想,实事求是,团结一致向前看。这是我们做好新一年法院工作的思想基础。

2011年全省法院工作的总体要求是:深入贯彻科学发展观,正确把握形势的新变化新特点,以抓好“八项司法”为切入点,深入推进三项重点工作,全面加强审判执行工作和自身建设,为我省“十二五”时期经济社会发展良好开局提供有力的司法保障。

一、坚持能动司法服务大局

近年来,全省法院在应对国际金融危机冲击,依法保障各地经济社会平稳较快发展、加快转型升级上,齐心协力,做得卓有成效。今后,这一项工作要不断巩固、深化、提高。要结合当地经济工作部署和特色经济,进一步保障中小企业创业创新发展,同时注意审理好涉及我省大平台大产业大项目大企业建设的矛盾纠纷案件。

当前,要关注3个问题:

(一)关注可能出现的新一轮困难企业的涉案问题

随着国家经济宏观调控的新变化,银根收紧,企业成本又出现普遍上升,相当一部分企业会难以消化而陷入经营困境。企业的财务风险、资金链断裂问题,深度介入民间借贷的问题,非法集资、虚假诉讼问题等,又可能卷土重来。各地政府在前一轮应对危机时,纷纷拿出各项经济政策措施和优惠办法,出手帮扶困难企业渡过难关,如今再来,恐怕也会出现力不从心、无力支撑的情况。由此,各地法院在办理涉及困难企业的案件时,除了仍然注重“三个尽可能”,视情采用集中管辖等司法对策外,更要考虑走市场破产的司法路径,在司法的主导下,走出一条具有浙江特点、符合市场经济规律,又兼顾各方利益的企业破产的新路子。审理中要十分注意依靠党政支持,注意区别对待,或依法有序破产退出市场,或积极引导破产后,实行企业资产重组、重整,这样做也符合我省经济转型升级倒逼机制的必然效应。省高院将对各地法院受理破产案件给予高度关注,加强涉案指导。要考虑破产案件审理的特殊性和相当大的工作量问题。可视情在办案质效评估数据中给予单独列明,以示区别于受理一般案件。

(二)关注新一轮项目工程建设的征地拆迁等涉案问题

各地法院要积极参与当地重点项目建设的社会稳定风险评估机制,真正做到“有明显不稳定风险的政策不出台,有违背大多数群众意愿的项目不立项”。在立案、审理、裁判、执行各阶段,还要加强法院自身的司法风险评估机制,谨防因司法决策不当,而引发重大极端事件、恶性事故。从最高法院听说,去年福州发生了一起征地拆迁引发的上访,九个人跑到天安门广场,六个人当场服农药,虽然抢救脱险,但惊动了“朝廷”,要求福建省检查。后来在福州市给中央的检查里面有这样一句话,“法院迁就当地党委政府,司法不公”。我听了以后真的不是滋味,我们很理解所涉法院是一个什么情况,但是等到闹大了以后,像剥笋一样一片一片剥下来的话,还是你司法不公,还是你迁就当地党政,还要检讨。在这个问题上,各地法院见事一定要快,紧紧依靠当地党政,力求关口前移,早预警、早建议、早协调。

(三)关注农地流转改革中违反农民意愿的涉案问题

各级法院应积极支持我省各地促进城镇化、新农村建设和农业规模化经营的改革举措。但在涉农土地流转改革全面加速推进之下,也出现了强制搬迁,农民“被上楼”等新情况,把好事办砸了。各地法院在处理此类涉案纠纷时,要重视自愿有偿、让农民得实惠的基本原则,依法纠正借改革为名明显损害农民权益的行为。

以上问题,无论是受理,还是暂缓受理或不受理的,都可及时归纳整理成重要信息或调研材料,报告党委政府引起重视,提出我们的司法建议。这也是近年来人民法院能动司法,促进党委政府完善公共决策的亮点之一。

知识产权审判要以省人大常委会今年将专题审议为契机,更加注重服务转型升级、科技创新,积极参与“打击侵犯知识产权和制售假冒伪劣商品”的专项治理活动,保障我省加快打造具有浙江特色的现代产业体系。精心审理好涉知识产权的热点案件,抓住机遇做足文章。

涉外商事和海事审判要继续推进精品战略,落实针对性的司法措施,保障我省海洋经济发展战略的顺利实施。宁波、舟山以及杭嘉绍、温台沿海地区法院,要主动融入,发挥职能,依法促进优化海洋经济发展布局,保障海洋综合开发。

要依法制裁严重污染环境的违法侵权行为,积极支持检察机关探索环境保护公益诉讼,促进我省生态文明建设。

二、推进社会矛盾化解和社会管理创新

进一步抓好和谐司法、民本司法、协同司法、阳光司法、基层司法,维护社会大局的和谐稳定。

(一)严格贯彻宽严相济的刑事政策

要在严厉打击严重刑事犯罪的同时,用好宽的一手。死刑的严格控制要继续保持好,防止大的起落。去年我省有明显进展,最高法院的死刑核准率提高了5.2个百分点。完善与侦查、检察机关的长效沟通机制,最高法院今年将通报由于事实、证据原因而不核准死刑的个案,高中院要逐件转发相关检察、侦查机关,以此来推进两个刑事证据规则的贯彻。要以纠正吴大全命案错判中的教训,借势发力,发现个案在事实、证据上明显难以定罪的,依法适用疑罪从无或非法证据排除,宣告无罪或准予公诉机关撤回。要认真搞好阶段性的刑案质量讲评,确保对案件的事实、证据问题进行更加规范、更为严格的审查,严守案件质量底线。今年,要扩大刑案被告人指定辩护的范围,使我省过低的指定辩护比例有一个明显的增长,才能与我省"法治浙江"的地位作用相匹配。据省高院初步统计,我省有辩护人的刑案被告人占36.13%,这里,委托辩护人的占29.54%,应当指定辩护人的占6.25%,可以指定辩护人的仅占0.33%。我们考虑先把可能判处3年以上有期徒刑的一审普通程序刑事案件,除去其中作刑事简易审的认罪案件以外,凡没钱聘请律师的,一般都给予指定辩护的法律援助,估计有三四千件,由此"可以指定辩护人"的比例,可推高5到6个百分点。大家想想,这些一判要3年以上,又没钱请律师的疑犯,主要是外来民工、外来人口,一旦有个错案冤案,一查开庭时连个辩护律师也没有,无论从人权保障还是从防止冤错案件上,都与东部沿海发达省份的"法治浙江"形象不匹配。各地法院能做的,可以先干起来,省高院将会同省司法厅研究后,再下文推行。要积极稳妥实施量刑规范化改革,力争相关案件的裁判取得更好的社会效果。今年,要注意做好农村村级组织换届的司法保障工作,依法有力打击黑恶势力插手、干扰和破坏村委会选举,依法处置贿选、煽动闹事等破坏选举秩序的行为。要推进职务犯罪减刑、假释开庭工作的试点,积极参与特殊人群帮教管理、社会治安综合治理、网络虚拟管理等工作,预防和减少违法犯罪。

(二)统筹矛盾纠纷化解和涉案民生的保护

要按照永康、胜俊同志的要求,把调解优先原则落实到各类案件和各个环节,正确处理调解与判决的关系,下工夫提高调解案件的自动履行率,努力实现案结事了人和。发挥司法的引导、保障、推动作用,促进党委领导、政府主导、各

方参与,人民调解、行业调解、行政调解、司法调解各司其职、相互协调、分段施治的“大调解”工作格局。充分发挥诉调衔接机制的作用,把调解工作从本院委托人民调解窗口,延伸到社区、村委会、街道乡镇,从诉调衔接延伸到协助送达、协助保全和协助执行,使诉调衔接机制成为人民法院联系群众的桥梁纽带。6月左右,省高院将联合省司法厅召开全省“诉调衔接”专题会议,总结交流经验,全面推进工作。委托人民调解这项工作,省高院已明确归口立案一庭负责,民一庭协助。

更加重视保护涉案民生和便民利民工作,依法妥善审理与民生密切相关的案件,巩固、拓展各项司法便民措施,做好在裁判之外对低收入困难当事人的司法救助工作,使人民群众享有更加便利的司法服务,感受社会公平正义就在身边。在涉案民生与行政行为、企业行为或重点项目建设发生冲突纠纷时,必须兼顾民生,依法维护好民众的合法权益。服务各地发展大局和涉案民生两者之间要平衡利益,不能一味迁就项目建设而损害民生民利。加强与军队及有关方面的协同配合,力求涉军审判每年有亮点。

(三)加大行政审判探索、创新的力度

浙江法院行政审判历来有先行先试、积极创新的好传统,要继续发扬光大。做好年度的行政审判“白皮书”发布工作,每年在内容上可有所调整、有所创新。大力推进行政诉讼附带民事诉讼、行政诉讼简易程序、优化行政诉讼庭审程序三项试点工作,推广并规范非诉执行申请受理后,视情发送法院“委托申请机关执行”的文书事项,努力在行政审判领域不断实现新突破,取得新成效。认真贯彻修改后的国家赔偿法,根据“确认、赔偿合一审判模式”的新规定,对高、中院赔偿委员会设置实行改组。健全全省法院与当地政府的年度联席会议制度,各中院要像省高院一样,落实每年由院长与政府分管副市长共同召开至少一次的府院联席会议,商讨改进依法行政和司法审查、建议的有关事项。

(四)坚持用群众工作统揽涉诉信访和申诉再审工作

按照中央政法委和最高法院的部署,打好涉诉信访清积攻坚战,对一些“老大难”案件,要多策并举,在解决问题上下工夫,尽可能提高息诉化解率。在今年全国“两会”前,尽可能将多数影响大的进京重复访案件妥善解决,上半年努力实现各类积案基本息诉罢访目标。加强源头治理,落实判后答疑、困难救助、案件评查、责任查究、领导包案接访、各部门协作配合等工作机制。对无理缠访闹访案件要依法处理,维护正常社会秩序,还可择机向社会披露曝光,动员公众力量教育当事人遵纪守法。浙江法院要按照最高法院的部署,推进落实《人民法院涉诉信访案件终结办法》,抓紧出台我省的实施办法,进一步做好无理访终结工作,努力使浙江法院早日走出“信访不信法”的困局。此外,要处理好保护诉权与制止滥诉的关系,可在法院内网上建立“滥诉当事人名单”,把那些明显系无理滥用诉权的行为,阻断在外,对此切不可书生气太足。

各级法院要按照政法委今年下达的案件评查任务、数量和重点,深化案件评查效果,教育警示干警。审判监督工作既要坚持依法纠错,敢于纠错,又要多做调解和法律之外的延伸、协调工作。上级法院需要改判或发回重审的案件,均应建立沟通机制,认真听取原审裁判处理的背景、思路和理由。再审案件的发回重审要慎之又慎,除有充分必要的事由外,上级法院要尽可能为下级法院排忧解难,而不是相反。

(五)下工夫推进执行工作五个系统建设

对五个系统已经明确的23个环节、54项措施中未落实的项目要逐项盘点,院、局领导都要亲自出马,身体力行,加快执行联动机制建设与查控信息的整合共享,做到逐项落实,逐项验收,努力完成省综治委《关于完善全省综合治理执行难工作体系建设的意见》所提出的任务。加大执行查控和惩戒力度,充分运用限制高消费、曝光执行等法律规定的各项强制执行措施。以执行质效评估体系为抓手,着力加强执行管理,下决心解决执行办案信息录入时紧时松,执行管理滞后的问题。认真组织好今年的执行理论年会,按照最高法院的部署,年会的主题改为“民事强制执行的立法研究”,为全国人大常委会今年将审议新的民事诉讼法,很可能同时审议新的“民事强制执行法”造势。

(六)进一步加强基层基础建设

解决好影响基层工作发展的突出问题,加快“两庭”建设进度,把人力、财力、物力更多地投向基层。优化人民法庭设置,可在群众诉讼不便的地方和部分国家级、省级以上重点经济开发区,严格按照有关必备条件,适度有序地增设人民法庭。“模范五好法庭”实行“流动红旗”制,完善综合评选办法,发现玩弄数据搞假者,一票否决。高度重视基层法院、人民法庭的安保工作,与公安机关共同落实法院安保联防联动机制,及时消除安全隐患,谨防发生恶性突发事件和重大安全事故。

继续组织好调研指导工作。落实重点调研课题和业务指导性文件的“三定方案”,今年可尝试委托院校专家学者领衔承包若干调研课题。法院的调研课题,最忌坐而论道“两张皮”,从选题到开展调研,都要重在形成公共政策建议或司法对策,重在推广破解执法难题的可操作性办法,重在形成可统一裁判尺度的指导性意见,加强调研成果转化,提高调研指导工作实效。对中标的重点调研课题,把关验收要分档次、动真格,对滥竽充数包装的,不能讲情面。省高院研究室要加强与各部门的协调沟通，防止个别指导性文件具体条文之间出现矛盾冲突。司法指导性文件出台后，可适时予以修订，要重视实施中的跟踪反馈，及时发现和解决问题，使之更加符合实际。坚持协同调研，加强与党政和其他政法部门、院校科研机构、律协等单位的联系沟通，增强调研工作的合力。

创新培训方式，促进"两个转变"，倡导法官教学、现场教学、案例教学、网络教学。下更大工夫抓好各类干警的在职培训和岗位演练。各级法院要十分关心新进年轻同志的教育、引导和培训，从掌握的情况来看，年轻法官办案明显判多调少，有的结婚离婚，动作也很快，要重点抓好他们的核心价值观、群众工作能力和司法实务技能的带教与培训。

充分认识阳光司法是一项确保公正、发扬司法民主的基础性工作，勇于向社会公开一切依法应当公开、能够公开、可以公开的内容。继续推进裁判文书上网、诉讼档案查阅等工作。搞好"公众开放日"活动，各单位可以自行安排，全省将统一组织两次，上半年、下半年各一次。今年省高院将下达《浙江法院阳光司法实施标准》，在近年来立案信访窗口设施标准化建设的基础上，依托已经初具规模的数字法庭、信息化运行的技术手段，把浙江法院的司法公开、便民服务，从硬件、软件、到运行进一步统一标准，提升档次，再上一个新台阶。实施标准下达后，便于各地法院与财政部门开单子交涉，也便于我们照单验收达标。胜俊同志号召全国法院开展向"司法公开示范法院"学习活动，每个省确定了3到4家示范法院，我省三级法院有信心有能力，力争在今年年内基本上达到，或者超过"示范法院"的标准，以公开促公正，以公正立公信，以公信树权威。

（七）抓好新闻舆论引导工作

按照"展示工作亮点、满足知情需求、回应社会关切、赢得理解认同"的要求，构建统筹协调、整体推进、联动顺畅、配合有力的全省法院宣传工作新格局。建立健全新闻发布工作常态化机制，加强法院网门户网站建设，提高与各类媒体打交道的能力，努力形成正面舆论强势。在这里，我念几段解放日报资深评论员司马心，在中共上海市委一个很小范围会议上的发言（略）。认真总结舆情引导方面的经验教训，研究网上司法热点形成规律，建立健全舆情风险评估和应急处置机制，不断提高舆论引导能力。

三、深入推进公正廉洁司法

要进一步抓好规范司法、廉洁司法，加大教育、管理、监督力度，提高队伍素质，确保司法廉洁。

(一)深化审判管理监督

完善审判、执行质效的信息化评估系统,创新审判管理,优化资源配置,强化监督制约,不断提高审判质量和效率。我这里重申一下,评估数据只是体检表,不能等同于成绩单。由于电脑评估的局限性,它不能涵盖个案的特殊性,只能是大体的、常规的一种评估。如果我们不顾有的案件的特殊性,一味追求速裁而数据好看,就违背了实事求是。当然,特殊性的毕竟是少数,大部分是常态的案件,这就是一个问题的两个方面。

积极推进“归档报结”工作,下决心整治审判管理最末端的一个盲区,解决可能存在的报结不实、结案的后续事项失控和案卷材料散失等问题,甚至有不廉不公的隐患。部分法院抓归档比较好,多数法院是不扎实的,包括省高院。承办人手上的案卷可以长期不归档,就会给有不良行为的人钻空子。诸如阴阳判决书,谎报结案,故意灭失重要材料等,都是钻归档管理松散的空子。所以,我们痛下决心实行“归档报结”。要跟同志们讲清楚,归档总是要做的,实行归档报结的工作量并没有实际增加。第一,改变的只是工作习惯,养成新的随结随归的习惯。各个法院可给档案室配若干聘用人员专职装订卷宗,使承办人和速录员不一定再承担装订卷宗的事务。第二,结案后个别无法即时收齐的凭证、回执等材料,可先“视为归档报结”,嗣后适时补全。基层法院大约只有不到10%的案件,在结案后会有个别材料未收齐,不影响先归档,可以填一个表,注明暂缺的材料,档案室就视为归档报结,其余材料可待收齐后再补送档案室。第三,彻底清结老案,切断后路。省高院新结案件实行归档报结后,最迟6月份就可以清理老案完毕,以后再也不会有每年清理归档的问题了。我考虑,今年上半年,11家试点单位先行,其他单位可以准备,也可以自己取取经,跟着先行;到6月22日,希望全省有半数单位跟进;到年末的12月22日,剩下的单位全部跟进,使浙江法院的审判管理再上一个新台阶。

加强案件质量日常评查工作,规范审判执行的行为。加快信息技术在审判执行工作中的广泛应用,从服务审判管理,向服务、方便法官办案并重转变。以开发量大面广、常见多发类案件的快速审理软件为抓手(比如民间借贷、交通事故、婚姻家庭、物业管理费、电信欠费、信用卡、刑事简易案件、减刑假释等类型案件),规划推出全省法官每人一个审判作业的单机版,含有办案编辑、文书制作、案卷编录、业务资料检索等功能,每年统一更新一次内容,还考虑开发文书纠错软件,为法官办案提供方便。我手上的菜单里,有待完善的东西、有待开发的东西还很多,省高院技术部门成绩多多,欠账也多多。比如,多角度、多层次、多项可链接的法官业绩档案综合管理平台;可对信访人、信访频率、信访类型、排查督办，进行实时监控管理的信访信息管理平台；可对司法建议的类型、数量、质量进行实时动态分析、评估的司法建议管理平台；还有电子诉讼档案的建库等，审务信息化大有文章可做。

坚持委托拍卖的集中摇号和对拍卖机构实行优胜劣汰等阳光拍卖的做法，今年全省法院要适度下调司法拍卖佣金，进一步规范司法拍卖行为。

（二）加强反腐倡廉建设

日前，胜俊院长对省高院去年开展的集中警示教育活动，作了篇幅很长的重要批示，为我们下一步抓好廉洁司法指明了方向，全省法院要认真领会贯彻。对队伍自身的问题始终保持清醒的认识，抓廉洁司法这一手，要按照“教育、机制、查处”三管齐下的反腐基本思路，变被动抓为主动抓，积小廉洁为大廉洁，坚持零容忍，抓早抓小，从严治院不动摇，务求在新的一年里取得明显成效。

队伍出问题，关键在于院党组和院长有没有正确的态度，只要你在廉洁司法上是真抓实干的，自身也是过硬的、干净的，就不要背上什么包袱。要相信群众的眼睛、干警的眼睛是雪亮的，上级组织也是了解的。省高院队伍出事，我从来没有愁眉苦脸，背上包袱，一切照抓不误。重要的是，我们要对党、对人民负责，对神圣的天平负责。个人得失没啥大不了，决不可让腐败危及政权的存亡得失，才是最要紧的。

要加强对重点案件、重点人的监督管理，建立审务督查制度、法官廉政档案制度等。年内，各单位都要按照省高院的部署，拿出一份符合本单位实际、符合审判工作特点的廉政风险防控机制的规范文件，以便对照实施，以严格的管理和监督，逐步铲除滋生腐败的土壤。省高院还要落实机关干警轮岗交流制度和办案法官的地域回避制度。要组织好廉洁司法先进事迹、先进人物全省巡回宣讲团活动，弘扬司法正气。省高院要继续做好对中级法院的司法巡查工作，今年，还将逐步推行中级法院对基层法院的司法巡查。这里我还点一下，听说最高法院党组已经通过了，要下达一个文件，就是法官的配偶如果是律师的，要实行一方退出。省高院原来有规定，凡担任院领导、审判业务庭庭领导的，配偶就不能从事诉讼代理，做做非诉代理工作，还是可以的。现在，最高法院要从原有的办案的亲属回避制度，扩大到职业的亲属回避制度，从领导层扩大到所有法官，实行一方退出。怎么推行，怎么实施？请纪检组先摸清底数，我们待文件下达后，逐步来办这个事情。

（三）抓党建带队建、以队建促审判

今年要按照永康同志的要求，开展“发扬传统、坚定信念、执法为民”主题教育实践活动，着力解决在理想信念、宗旨意识、司法作风等方面存在的突出问题。重点抓好领导干部的作风建设。以党组织和党员创先争优带动全体干警创先争优,继续开展“办案能手、调解能手、勤政廉政标兵”等表彰奖励活动,努力推出一批站得住、叫得响、立得久的先进典型。省高院已陆续推出6项十佳标兵,各条线还可以评选十佳文书、十大案例,各单位都可以设置机关光荣榜,随时发扬身边的先进事迹人物。全省法院在法院文化建设上要取得新成效,要重视发挥党的先进文化和中国优秀传统文化的导向、约束、凝聚和激励功能。无论是场所文化、院史荣誉等硬件设施,还是思想政治工作、宣誓授职典礼、文体活动等软件运作,都要不断巩固、深化、提高。要切实关爱干警的身心健康,进一步做好老干部工作。干警的心理健康不可忽视,浙江的办案法官普遍面临“四高”:高强度(案多人少),高难度(案结事了),高要求(各界期望),高风险(诱惑腐蚀)。“四高”之下,心理压力很难免。当然,从生理分析,人的个体差异也很大,有的人天性乐观想得开,有的人天生比较内向,心思比较重。我们要区分情况,做有心人,经常关注、关心。各单位普遍开展了心理培训、讲座、外出考察、团队红色旅游、文体活动、家属联谊、年度体检,都很有必要,让干警身心有机会得到放松、调整。

要始终把法院工作置于党的绝对领导之下。自觉接受人大、政协、检察和社会各界的监督。今年要继续组织好三级法院院长分级定向联络人大代表工作,计划一年开展2次,至少1次要上门。要发挥好人民陪审员的作用,坚持群众路线,畅通沟通渠道,积极改进工作。

同志们,2010年已经过去啦。春节将临,希望大家抓紧一季度的工作,务必做到新年开门红。新春佳节当思廉,愿大家过一个清正、干净的“舒心年”,在此给大家拜个早年,祝同志们和家人,新年吉祥安康!春节阖家团圆,其乐融融。

学习“七一”讲话　促进法治浙江

——在全省法院院长读书会上的讲话

齐　奇

（2011 年 7 月 28 日）

同志们：

这次全省法院院长读书会的主题是：学习“七一”讲话，树立社会主义审判理念，围绕三项重点工作，推进“八项司法”，更好地为大局服务、为人民司法。上午，国务院新闻办公室原主任、全国政协外事委员会主任赵启正同志为我们作了有关增强新闻素质的专题辅导报告。刚才，上城、慈溪、泰顺、桐乡、上虞、义乌、江干 7 个法院分别介绍了加强审判管理、强化诉调衔接、抓好涉诉信访、落实归档报结、开展反规避执行、知识产权审判和服务社会管理创新等方面的经验和做法。这是我们全省法院特别是基层法院审判工作的缩影，也凝聚着我们各位院长的心血。我相信，这次读书会对我们深化思想认识、增强驾驭能力、凝聚智慧力量，从更高层次上去把握和推进法院工作，必将产生积极的作用。

下面，我讲三个问题，供大家参考。

一、学习“七一”讲话，牢固树立社会主义审判理念

胡锦涛同志“七一”纪念建党 90 周年的重要讲话，是一篇推进党的建设和中国特色社会主义事业的马克思主义中国化的纲领性文献，为我们做好新形势下的法院工作进一步指明了方向。我们要深入理解锦涛同志提出的我们党面临的“四种考验”、“四种危险”，把握世情、国情、党情发展变化对人民法院工作的深刻影响，加深认识当前社会矛盾的复杂性和维护稳定工作面临的新形势，理性看待成就，少一些“盛世心态”，多一些忧患意识，时刻保持清醒头脑，为党分忧，为民解难。要把学习讲话精神同学好人民法院审判理念读本结合起来，进一步认识中国特色社会主义法律体系形成后人民法院所担负的历史使命，坚定不移地践行我国司法制度的根本特色和价值追求。

学习“七一”讲话和树立社会主义审判理念的一个重要方面，就是必须牢记能否始终坚持群众路线，是事关我们党的“最大政治优势”和“最大危险”。要结合当前各级法院正在开展的“群众观点大讨论”活动，强化广大干警的群众观

念,改进审判作风,思想上尊重群众,感情上贴近群众,工作上依靠群众,把群众当亲人,在司法实践中实实在在地体现人民法院的人民性。

抓好青年法官、法警和工作人员的群众观念、群众感情,是一项事关人民法院事业长远发展的重要任务。目前,全省法院35周岁以下的青年干警已达4958名,占全部干警的40%,他们中活跃着一批怀抱崇高法治理想,充满奋斗激情的青年同志,是浙江各级法院的未来和希望。我们要关注他们,关爱他们,倾听他们,鼓励他们,支持他们,对他们寄予厚望。这一群体和我们当年的青春时代一样,由于社会阅历和锻炼不足,容易在现实生活环境中,产生这样、那样的迷茫、挫折和困惑。各级法院的领导和老法官同志要主动靠上去,做好思想沟通和引导工作。使他们思想上牢记宗旨,保持正确的政治方向,既做法律工作者,又做社会工作者,用人民的情怀做人民的法官。提倡推行“导师制”,为新进的青年干警确定优秀的资深法官担任导师,以老带新,打好办案作风严谨和善做群众工作的能力基础。

同志们,今年5月至7月我刚去中央党校进修两个月,参加了“世界经济和政治格局”的省部级专题研究班。借此机会,我想讲一点题外话,向大家简要汇报一下在党校学习的若干宏观大局问题的思考和个人体会,一家之言,不妥之处,请大家纠正。

一是增强信心。当今国际战略力量对比,正在发生新的变化。美国的实力地位相对衰落,全球新兴国家在群体崛起,中国的实力和影响、作用在明显扩大。改革开放之初,我国人均的GDP仅100多美元,邓小平同志曾经设想,到2050年,中国要实现人均4000美元的发展目标,如今想不到提前40年实现了。尽管这个数据没有扣除物价变化的因素,但中国实力的巨大增长和人民生活的明显改善,是举世公认的。我们党不可逆转地开启了中华民族伟大复兴的历史进程,其广度、深度和全球影响,在人类发展史上都是十分罕见的。只要中国再有10年、20年的稳定和发展,中国在全球的实力、地位、影响又将极大地提高,真可谓又是一番景象,不可同日而语。所以我们完全有理由为之自豪,为之期待,为之充满自信。

二是更加清醒。金融危机使美国遭受了重创,至今还远远没有摆脱出来,但它仍是全球最强大的国家。在经济和金融方面将长期保持其优势地位,在科技、人才和创新能力方面依然遥遥领先,在军事上仍然拥有世界上最强大的战争机器,在文化软实力和国际规则的掌控方面还是无可匹敌。当年,小平同志从国情和国际力量对比的现实出发,提出我们中国要“韬光养晦,埋头苦干,不扛旗,不当头”;“过头的话不说,过头的事不做”;“中美尽管有一些这样那样的问题和分歧,但归根结底中美要好起来才行,这是世界和平和稳定的需要”,要避免因对抗而局面失控,影响我国的经济发展。邓小平同志还指出,“中国自己要稳住阵脚,否则,人家就要打我们的主意”;“用软弱态度,不能稳定关系,硬一点,反而能促使它转弯子”;“西方也不是铁板一块的”;“中国在国际舞台上不是无足轻重的,是能够并且应该有所作为的”。“朋友要交,心中有数”。邓小平同志的一系列战略思考、方针、策略,使中美关系在“6·4”以后,逐步走出了僵局,为我国赢得了宝贵的长期的战略发展机遇期。今天,小平同志的教诲并没有过时,我们全党要谨记和遵循,继续努力保持和延长和平与发展的战略机遇期。

三是后危机时期转变经济发展方式要关注的三个问题。如今,世界正进入后危机时期,在我国则是“十二五”规划实施的开局之年,我们党又站在了新的历史起点上。既要看到贯彻科学发展观所取得的伟大成就,也要看到落实科学发展观的难度仍然存在,看到有些多年来积累交织的问题日益突出。如何继续走好邓小平同志开创的中国特色社会主义道路,仅从浙江地方经济及法院办案的实践感受上,谈三点不够成熟的认识。

第一,转变经济发展方式的关键之一,还是要尊重、运用市场主导和取向,而不能沿袭政府主导的计划经济思路。凡是市场机制能够发挥作用的就让市场去做,只有市场机制失效的部分才由政府来做;凡是民营企业能够做的就让民营企业去做,只有民营企业做不了做不好的才由国企来做;凡是基层政府能够做的就让基层政府去做,只有基层政府做不了做不好的才由上一级政府和中央来做;凡是法律法规没有禁止的,就应当允许投资者进入;凡是法律没有授权的,政府就不要去干预处分。当前,要警惕资源配置上中央集权过度扩张,政府这只“看得见的手”越伸越长,市场价格信号扭曲,国企垄断性加剧,挤占民营企业的发展空间,由此而来的必然后果之一,就是寻租腐败的土壤有增无减;要警惕金融改革的市场转型徘徊乏力,中小微型企业、中低收入者难以获得合法有效的资本服务,而潜能巨大的民间借贷至今仍处于地下灰色地带,未纳入规范渠道,民间资金的巨大能量得不到释放,负面效应也屡禁不止;要警惕行政调控过度频繁,银根抽紧已致中小微型民营企业生存艰难的感受,超过了 2008 年的紧缩状态。另一方面看,在一次分配中,如何稳定并逐步减让国家财政税收这一块(占 GDP 比例过高),以提升居民收入和中小微型企业创业创收积累发展的那一块,遏制行政浪费奢侈,使政府财税收入增速与居民收入增速更趋平衡;在二次分配中,如何弱化收缩生产建设性财政这一块,以扩大充实公共服务财政保障民生那一块;在国民经济结构中,如何在竞争性经济领域破除垄断,减让垄断性国企这一块,放手推进民企那一块;在经济结构转型升级上,如何坚持实事求是而不宜急于求成,淘汰落后不能一概而论,技术落后的不一定马上都要淘汰(高污染高能耗除外),不能脱离市场的实际消费水平和需求,不能忽视市场的购买力局限、劳动力素质的局限和就业需求的局限,搞瞎指挥乱折腾;在中央和地方的关系上,如何将财权与事权相挂钩,鼓励更多的地方积极性,实行中央和地方的现代公共预算,合理补偿地方公共预算缺口,逐步调整各地普遍靠卖地补亏空的状况;在行政布局上,不只是精简(小政府大社会)问题,而是下决心逐步放松政府在经济生产方面的强势管理,把政府的管理体系、职能、资源主要放到社会公共服务改善民生方面来,放到宏观经济服务(经济数据统计分析、企业信息服务等)方面来,以改变一方面在生产建设、国企群体上花费巨大的管理成本,另一方面在公共服务和管理上大量缺位,给公共需求保障民生的份额总是十分有限。不能回避的是,要使国家部门配置资源的权力及垄断性利益,作出必要的自我削减、放弃很难。实际上,转变经济发展方式,自我完善,是一场深刻的震动和变革。

第二,改善民生要与劳动生产率的增长相适应,警惕经济发展陷入福利民粹的陷阱。把保障和改善民生作为转变经济发展方式的根本出发点和落脚点,体现了我们党和中国特色社会主义的根本性质宗旨,是科学发展观以人为本的核心价值,各级党政都采取了很多必要的措施,取得了比较明显的成效。同时,也要看到中国人口规模太大,人均劳动生产率水平比较低,仍然是我们的基本国情。改善民生只能量力而行,如果超越各地的发展阶段,超越劳动生产率的增长速度,或者改善民生的办法不当,违背了生产要素的市场价值规律,都会损害生产力的发展,到头来致使改善民生的承诺难以兑现或者不可持续,反而会失信于民。要警惕社会转型期也是民粹思潮的高涨期,它反映了对社会不公以及腐败现象的抗争,但它热衷于比较走极端的办法常有破坏性,会给民众利益带来更大的损害,不可随意去迎合或作秀。当前,各类改善社会福利待遇的举措和承诺不断叠加,有的出台比较草率,顾此失彼引发新的矛盾多多。在浙江这样比较富庶的省份,还有相当部分的县区市财政深感捉襟见肘,忧虑难以为继。民生问题是永恒的,解决是相对的。比如,相对职工的福利待遇而言,充分就业毕竟是更重要的目标,所以应当倡导的是建立企业的和谐劳动关系。我国还处于社会主义初级阶段,生产力标准、发展是硬道理,效率优先兼顾公平,并没有过时。当前,尤其要警惕“中等收入陷阱”、“拉美陷阱”的教训。欧美日主权债务危机的背后,也显现出他们深陷社会福利泥淖而难以自拔。

第三,政治体制改革宜法治先行,民主渐进。党的十四大确立了社会主义市场经济体制改革,党的十五大又确立了建设社会主义法治国家的政治体制改革,提出了依法治国的基本方略,是非常高瞻远瞩的。因为,凡是成熟的市场体制的经济基础,不可能再依靠原来的行政计划体制来协调经济关系,它必然要求建立体现法治经济和市场规则的上层建筑,依靠法治来调节经济关系和矛盾纠纷,从而确保市场主体的交易行为是可以预期的,社会的公平正义是可以实现的,否则市场经济就不能正常有序的运行。因此,法治成了现代化的标志。可以说,建立法治国家这一关过不去,不论是转变经济发展方式,还是遏制腐败蔓延,都会是跛脚的,难以实现的。

提出依法治国基本方略的重大意义还在于,在我们党内要形成像毛主席、邓小平同志那样的崇高威望、领袖权威,是很不容易的。到十八大以后一代代传承下去,就更加迫切需要运用法治权威来治理国家,而不能仅仅依靠执政党领袖的个人权威。新加坡、香港的治理也不是靠多党制轮流执政,但那里法治比较严明,执政的根基就比较太平安宁。

法治先行,打造一个注重程序、尊崇法制的社会环境,就能为渐进有序地推行社会主义民主,创造必要的前提和条件。政治体制改革,在社会转型期选择法治先行民主渐进的路径,符合党的依法治国基本方略,付出的社会变革成本和代价相对较小,获得的国家长治久安、人民安居乐业、党的执政地位巩固利益很大。

本次人代会宣布了中国特色社会主义法律体系形成。但是法律的生命在于实施,法律的实施更离不开立法机关的监督和司法权威的维护。近年来,执法不严、反腐不力等深层次问题仍没有解决,司法权威弱化的现象更值得关注。最终损害的,还是执政党的公信力。比如,一些党政领导干预个案处理,权大于法,以言代法,人治反腐替代法治反腐等现象仍然存在;比如,“信访不信法”的现象,包括对涉诉案件的上访,也混同一般的信访问题,让领导去包案接访,由领导去直接介入个案的处理,从长远看都不是讲程序、讲法治的办法。有的当事人对一审裁判不服,宁愿选择上访而有利可图,不愿依法上诉。可以说,相对市场经济的长足发展而言,立法和司法的权威则是一块短板。

法治先行,加快建设社会主义法治国家,还是靠执政党自身的解放思想,与时俱进。权力必须有制衡,不受制约的权力必然会走向反面。绝对的权力必然导致腐败。真正实行依法治国的基本方略,就要从中央到地方的党政领导自身开始,善于运用法治经济、法治社会、法治反腐的价值观,来维护社会的公平正义,巩固党的执政地位。要增强辨别利弊是非的判断能力,自觉接受立法和司法的制约,维护立法和司法的权威,确立审判、检察办案的相对独立性,纠正权大于法、以言代法、以权压法、人治反腐的言行,任何人都不得享有超越我们党的立法和司法的特权。

借鉴新加坡、香港反腐败的成功经验,借鉴世界各国比较成功的建设廉洁政府的实践,那里的司法权威一定是必备条件。它说明了执政党只有维护好司法权威,尊重法律和程序的约束,确保个案处理不受干预,法律面前人人平等,才能较好地实现社会的公平正义,实现有法可依、有法必依、违法必究,才能较好解决有法不依、执法不严、违法不究的现象。从我们的国情和现实出发,建议考虑按照我国宪法有关人大、政协和一府两院的架构规范,来完善执政党内部的权力制衡,以深化司法体制改革为突破口,逐步确立审判、检察办案的相对独立性,为加快建设社会主义法治国家,奠定坚实的司法基石。

民主渐进,逐步有序地扩大党内民主、基层民主、新闻监督、社会自治等。民主不宜激进,要深刻认识中国共产党在中国夺取政权、长期执政的必然的历史过程;深刻认识改革开放 30 年来的快速发展,使一个人口、疆域超大规模的国家,一下子走过了人家发达国家 100 年,甚至 150 年的工业化城市化的发展历程,成效举世瞩目,同时也一下子集聚了很多的诸如资源环境、贫富差距、腐败蔓延等问题,呈现出矛盾冲突交织、民欲与民怨交替增长的复杂现象,且有敌对势力插手其间,运用网络心战推波助澜,旨在催生中国的颜色革命、茉莉花革命;深刻认识在国际和周边国家的地缘政治角力中,西化、分化、弱化乃至肢解中国的“亡我之心不死”的冷酷现实。在我们这样一个文化绵延数千年,人口、地域超大规模的不平衡发展的大国,如果搞民主激进,把政治体制改革盲目“与国际接轨”,必然会水土不服,顾此失彼,出大事情,党的执政根基、人民的太平安宁、国家领土主权的统一都会动摇。因此,只有巩固完善中国共产党的领导,才能维系我国的艰辛改革和科学发展,只有走小平同志开创的中国特色社会主义道路,才是全中国最广大人民奔小康的幸福之路。

二、落实年初院长会工作部署,努力完成全年各项任务

1 月至 6 月,全省法院新收各类案件 418976 件,同比下降 1.2%,办结 374542 件,同比上升 2.73%,未结案同比下降 9.3%,一审民商事案件调解撤诉率为 60.04%(去掉“公告送达、缺席裁判”案件后为 71.47%),生效裁判息诉率为 99.15%。在审理难度不断加大、案多人少矛盾依然突出的情况下,审判执行工作总体保持良好运作态势,各项办案质效数据继续走在全国前列。

下半年,我省经济局部下行的风险压力将会进一步加大,不排除又会出现防止我省经济过快下滑的局面。不少中小、微型企业可能会熬不过这个寒冷的冬天。从省委到中央,都十分关注东部沿海地区经济下行的局部压力,正在研究一些定向宽松的调控措施,使宏观调控政策更有区别对待的差异性、针对性和实效性。各级院长要十分注意受理案件中出现的涉及困难企业、涉及当地经济发展和社会稳定的新情况,同时,高度关注可能引发的群体性事件、个别走极端事件和危及法院安保事件,发现苗头性问题要及时报告党委,按照省高院“八项司法”的总体要求,和近年来浙江法院有作为才能有地位的成功经验,在办案中更加主动、积极、稳妥地为大局服务,为人民司法。可以说,只要我们把法院本职工作做好做实,就是践行社会管理创新。这次会议还下发了服务我省海洋经济的“若干意见”,提出了针对性的司法措施,为我省海洋经济发展这台重头戏,发挥好法院的司法保障作用。

这里,讲一下今年需要各级法院齐心协力办成的几件事:

《浙江法院阳光司法实施标准》达标的工作。这件事,不是一年两年才做成的,而是各级法院多年来围绕司法公开不断增砖添瓦,才有望做成的。从硬件设施到软件的开发应用,从各项举措、制度的建立,到思想、作风、纪律的改进,都做了大量的开创性的工作,取得了明显成效,已经成为我省法院工作领先全国各省区的一大亮点。在此基础上,省高院集大成制定了这个“实施标准”,旨在正面回应人民群众对司法活动的关切和期待,同时又推动各地法院把阳光司法工作进一步做好做实。请各位院长再逐条对照一下“实施标准”的落实现状,那些未做实、不到位的抓紧改进,心里有底,做好迎接10月左右的验收准备,谁也不要拖全省法院的后腿。

落实归档报结制度。各位院长不要小看了这一项似乎不起眼的小改革、小突破,从准备到启动时一度哇哇叫唤的必经过程来看,这是浙江法院办案工作习惯、方式的一个重大转变,是根本解决案卷归档久拖积弊,杜绝结案的后续工作失控乃至违纪违法“猫腻”,进一步规范司法的重大突破,也是创新和加强审判管理的一项重要举措。今年上半年,舟山一个基层法院的副院长,经办的案件报结了,但真正结案却在报结后拖了一年半之久,后来被当事人举报了。舟山中院纪检部门非常认真地进行了调查,虽然还没有查实背后有“猫腻”、有名堂,但这件违法超审限事情是事实。舟山中院执纪严肃,决定对这名副院长给予行政处分,并在全地区法院进行了通报。我们想想,如果实行归档报结呢?至少就不敢那么随意了。归档报结没有增加工作量,无非是现在做以后做的问题,还是要下决心调整。

目前,除11家试点法院外,总共已有71家法院实施了归档报结,其中,宁波、嘉兴、湖州、绍兴、金华、衢州、丽水7个地区的法院已全部实施归档报结,部分法院归档报结率已达90%以上,广大办案法官正在养成“贵在平时、早作准备、随结随归”的新的办案习惯,有效解决了办案流程最后一道的薄弱环节。已经实施的法院,要及时发现、解决操作和衔接环节上的问题,及时总结推广好经验好方法,强化制度落实,提高归档报结的质量和效率;尚未实施的20家法院,望早日跟进,建议早作准备,能否争取在8月、9月下旬下决心动手实施,这样才更有把握,确保到年末的12月22日前实现“满堂红”,谁也不要拖全省法院的后腿。

扩大刑案指定辩护范围。省高院部署开展这项工作以来,不少法院闻风而动,加强组织领导,积极争取支持,会同司法、检察机关,落实权利告知环节,扩大指定辩护的工作已经取得积极进展。上半年全省法院共为2180名没钱请律师的刑案被告人指定了辩护人,同比上升18个百分点。指定辩护占所有刑案的比例,也上升了1.36个百分点。原来据省高院预测,按可能判处3年以上徒刑、由合议庭按普通程序开庭审理的刑案被告人,凡没钱请律师的如果都给予指定辩护律师,它的占比可上升4至5个百分点。现在仅上升1.36个百分点,一是因为4月份才正式下文件实施,二是部分法院尚未认真落实。所以,全省刑事法官需要进一步提高思想认识,别以为这个举措不过是走程序、走形式,多花点钱而已,也别以为“吴大全错案”绝无仅有,去年还发现了普通刑案中也有冤错案件,当地政法委花了60多万元补偿。大家想想,要判人家3年以上徒刑,一旦出了冤案,一查当初开庭连个辩护人也没有,距离“法治浙江”的形象,差距太远了。法律上设置辩护程序,只要不出冤错,操作起来常有走形式的感觉,可一旦出现了冤案,才会深刻感受到必要的走形式,必要的程序安排,毕竟多了一道法制保障。这件事,请各级院长回去抓一下落实,把刑事法官的思想认识统一到省高院的部署上来。要抓紧与司法行政机关、检察机关建立联动机制,充分调动指定辩护律师的工作积极性和责任心,健全对他们绩效考评的反馈机制,提高指定辩护质量,确保指定辩护比例有一个明显的提高。因此而需增加若干天安排律师阅卷,也是合理的,决不要因为内部的办案效率考核等因素,而影响我们增加必要的、合理的办案时间。年底前,省高院将组织一次专门调研,了解各地工作进展情况,总结交流经验,研究解决问题。对思想上不重视、工作不得力的法院,将予以通报批评。

此外,执行质效的评估数据单列,旨在解决执行办案管理的明显滞后、难点盲点多的老问题。现在问题是执行信息的录入差错相对多一些,要么不及时,要么不准确,比如“执行款平均发放天数”的同比数据失真,主要是去年的录入数据比较乱,要大家再去补录,也很麻烦,因此,各级法院务必把今年的执行数据录入工作抓好,从而使明年的数据录入具备同比的条件。会后,省高院还将下发加强全省法院审判管理机构建设的通知,让我们齐心协力落实办案管理的基础工程。

各级院长分级定向联络全国和省人大代表的制度,一年两次,拜托大家做到位。年中的这一次比年底的更有必要,主要通报一下上半年工作,诚恳坦然,如果到年底才去,可能有“拉票”的感觉。

下半年,还要关注以下几个方面:

抓好征收补偿条例实施后的司法应对。国务院的条例取消了政府对城市国有土地直接强制拆迁的权力,一律移交司法审查和执行,给法院的行政审判和非诉审查执行工作带来了新的压力,提出了新的更高的要求,但是也为法院回应人民群众的关切,充分发挥司法审查职能作用提供了重要契机。1 月 25 日,省高院党组就相关的司法审查工作作出部署以来,各地法院迅速跟进,在调查研究、争取支持方面作了探索性的工作。如杭州中院起草了报送市委的《关于做好房屋征收与补偿案件审判和执行工作的意见》20 条,着力构建党委领导下以法院为执法主体、各部门密切配合的 7 项工作机制,业经市委常委会讨论通过下发实施;温州市委、市政府协调相关部门,明确了党政有关部门和法院共同参与的房屋征收强制执行现场协调指挥工作机制;宁波镇海区委对房屋征收强制执行的组织领导和具体实施作出了明确规定,等等。最高法院虽然提出了是否可以实行由法院依法审查、政府组织实施的所谓“裁执分离”的强制拆迁模式,但尚未得到国务院、全国人大的认同,还不能出台实施文件。省高院将积极支持各级法院的探索和实践,务必紧紧依靠党政的资源优势和支持,依靠上级法院的指导,推动条例在我省的稳妥执行,同时可因势利导地争取在增加行政审判和执行工作力量上有所突破。各级法院要认真贯彻最高法院《关于坚决防止土地征收、房屋拆迁强制执行引发恶性事件的紧急通知》,严格审查强制拆迁执行依据的合法性,多采用听证程序,尽量促成自动履行,慎用强制手段,守住人的生命价值高于财产价值的底线,切实防止恶性事件发生。

抓好涉诉信访的长效机制建设。为期一年多的集中清理涉诉信访积案活动已告一段落,在全省三级法院的共同努力下,基本完成了目标任务,成果来之不易。明天会上,还要专项表彰鼓励。但涉诉信访问题不可能毕其功于一役。7 月 12 日,省委、省政府召开全省信访工作电视电话会议,洪祝同志作了重要讲话。要求增强忧患意识,对涉诉信访的严峻形势不可掉以轻心。要把群众路线、群众观点、群众感情融入涉诉信访工作中,着力在控制增量、应对变量、减少存量上下工夫。各级法院要突出重点,努力把进京访、越级访数量降下来。要继续发扬清积工作的成功经验,按照王胜俊院长“四个必须”的要求,进一步推进风险评估、多元化解、约期接谈、加强通报、案件终结“五项制度”,加强立、审、执、监的协调配合,努力从源头上预防和减少信访案件,着眼于建立解决涉诉信访问题的长效机制,使浙江法院逐步走出信访困境。

有一个现象值得注意,就是有些法院班子成员谁都不愿担当化解涉诉信访的分管责任,往往是有了新提拔的副院长,原先的分管副院长立马卸担子,把涉诉信访工作推给新任的副院长。有的单位 3 年换了 3 个分管院长,班子中形成如此氛围是很不妥当的。处理涉诉信访的确是很费劲、很艰难,甚至“吃力不讨好”,需要很强的责任心,很强的群众工作能力,以及各方协调的能力,是一项不断破解难题的重要任务,需要保持工作的连续性。因此,希望各级院长要防止班子分工中存在挑肥拣瘦的风气,做好思想工作,确保涉诉信访这个特殊岗位得其人,用其长,有利于开展工作、协调各方、解决问题。

抓好执行工作五个系统建设。着力推动法院与其他政法部门、行政管理部门以及金融机构等信息共享和联动机制。加大执行查控和惩戒力度,运用好限制高消费、追究迟延履行责任等法律规定的各项强制执行措施。依托执行质效评估体系,强化执行管理,完善执行监督。省高院将在年底开展 5 个系统建设检查验收活动,表彰综合治理执行难优秀法院。

各级法院按照最高法院和省高院的部署,反规避执行专项活动取得了阶段性成果。下一步,要落实好最高法院《关于依法制裁规避执行行为的若干意见》、《关于委托执行若干问题的规定》,组织好集中宣传活动,扩大专项活动的影响力。

三、抓好队伍,配好班子

上半年,全省法院共查处违纪违法案件 7 件 7 人,同比去年 9 件 9 人下降了 22.2%。事实告诉我们,必须始终坚持从严治院不动摇、不懈怠,“教育、机制、查处”三管齐下,构建浙江法院的廉政风险防控机制,以“零容忍”态度,严肃查处违纪违法人员,确保司法廉洁。

根据中央、省委的安排部署,今年下半年我省部分省辖市和大部分县(市、区)四大班子领导将进行换届的人事安排,各级法院院长换届也将陆续提上议事日程。这次换届,关系到我省法院全局工作和长远发展,也关系到各位院长的进退留转。这里,我强调三点:一是严守换届纪律。中纪委、中组部提出的“5 个严禁、17 个不准和 5 个一律”,都是底线,不得触犯。二是以换届为契机,选优配强领导班子。要切实发挥上级法院党组的协管作用,主动与地方党委沟通,掌握了解情况,负责任地提出协管意见,按照德才兼备、以德为先的原则和法官法的规定，把那些政治过硬、品德优良、熟悉法律、作风扎实的优秀干部选拔到法院领导岗位上来。三是正确对待进退流转，统筹推进各项工作。人事有代谢，往来成古今。换届中个人的进退留转是自然规律，能否正确对待，考验着领导干部的党性修养，胸怀气度，关系着换届风气。

领导干部的“进”，大家都关注，可以理解。但是，能提升的总是少数，这是干部层级结构“上小下大”的客观状况所决定的。因此，各位同志对工作要有进取心，对升迁要有平常心，坦然面对。不能过分强调自己的资历和贡献，拿自己的长处比别人的短处，防止心理失衡，言行失度，党性失落。

领导干部的“退”，也是党和法院事业薪火相传的需要。一般都能愉快接受，有的同志还主动让贤。需要提醒的是，退下来之前容易诱发用人偏离规矩的情况，有的担心自己欠的人情未了，或者担心退下来后讲话没人听，急于安排“办事人”、“追随者”，这种心态之下，难免会有偏听偏信，亲亲疏疏，甚至受迷惑上当受骗，结果会败坏了自己一辈子公道正派的名声。所以，要退的同志必须切实防止“突击提干”的错误，要退得心平，退得无愧，退得健康。尤其是共产党员的精神追求，不能退。

领导干部的“留”，是保持班子稳定性、连续性的需要。换届不是换班，多数干部还要留任。留任的同志大多数都能做到不计较，不攀比，与新进班子同志团结一心，共同开创新局面。也会有少数人不服气、摆资格、闹别扭。其实，现在符合进班子条件的优秀人才很多，能够继续留任就很不容易了，也要经过组织测评、考察关。所以，留任是事业的需要，是组织和群众的信任。留要知足，留要加油，留要奋进。

领导干部的“转”，主要指平职调动交流，是优化配置，锻炼干部的需要。挑挑拣拣，不愿去条件艰苦或情况复杂、困难较多的单位，不愿去所谓冷门的岗位，都是不正确的态度。希望转岗的干部要勇于接受新的挑战，扑下身子干实事，在新岗位上创造新业绩。

总之，我们要以党和人民的事业为重，正确对待进退留转，牢记共产党人的政治本色。要统筹推进换届工作与日常工作，确保换届期间思想不散、工作不断。

凝共识　聚合力
深入推进诉调衔接工作

——在全省矛盾纠纷大调解工作电视电话会议上的讲话

齐　奇

(2011 年 10 月 14 日)

同志们:

省综治委专门召开全省电视电话会议,研究部署加快推进矛盾纠纷大调解工作,十分重要。下面,我就全省法院深入推进诉调衔接工作,作简短发言。

一、我省诉调衔接工作的基本情况

近年来,特别是 2009 年 8 月省高院、省司法厅联合召开深化完善诉调衔接机制电视电话会议以来,全省法院按照省委的总体部署,坚持和谐司法、协同司法的思路,着力推动“大调解”体系建设,在诉讼内构建了纠纷快速平和解决机制,在诉讼外构建了较为完善的诉调衔接机制。主要有:一是以法院立案接待大厅为平台的纠纷分流机制。目前,全省已有 81 家基层法院在立案接待大厅设立了人民调解工作室,半数以上的人民法庭设立了人民调解窗口,共配备了专职人民调解员 211 人。2008 年以来,全省法院共委托人民调解组织调解案件 38036 件,调解成功 28508 件,成功率达 74.95%。二是以相关行业为纽带的纠纷联动化解机制。各级法院主动加强与行业性调解组织的工作衔接,推动建立多形式、多渠道、多领域的纠纷联动化解机制。如省高院与中国互联网协会调解中心签署了为期五年的委托调解协议,打通了涉网络纠纷诉讼与行业调解之间的衔接通道;杭州多家法院与省保险协会建立对接机制,将部分保险合同和交通事故赔偿案件委托给保险协会调解。三是以司法确认为保障的人民调解权威形成机制。省高院及时出台人民调解协议司法确认的实施意见,通过规范确认程序,依法赋予人民调解协议以强制执行力。截至去年年底,全省法院共确认人民调解协议 12919 件,大大增强了人民调解的公信力。四是以法院为主导的人民调解业务指导机制。各地法院切实担负起对人民调解的培训指导职责,通过定向联络、专题辅导、庭审观摩、以会代训等形式,有效提升人民调解员的法律素养和调解能力。

我们也清醒地认识到工作中存在的问题和不足：一是全省尚有9个基层法院未设立人民调解窗口，有的虽已建立，但具体举措不得力，效果不够理想；二是全省还有一半的基层法院尚未开展人民调解协议司法确认工作；三是每年从诉讼分流到人民调解的案件，占全省案件总量的比例还比较低，仅有3%左右；等等。各级法院要从自身查找原因，努力加以改进。

二、下一步工作打算

（一）深化认识，进一步明确诉调衔接工作的重要意义

建立和完善诉讼与非诉讼相衔接的矛盾纠纷解决机制，是中央确定的一项重要司法改革任务，是人民法院参与社会管理创新的重要途径，是坚持群众路线、做好群众工作的重要载体，也是破解司法难题、缓解案多人少矛盾、提高司法公信力的重要举措。大力推进联动衔接的大调解工作新机制，有利于最大限度地增加和谐因素、最大限度地减少不和谐因素。

（二）完善机制，强化诉调衔接工作制度保障

一是完善平台建设机制。重点是建好法院立案接待大厅的人民调解窗口。这里，我提一个总体要求：所有基层法院立案接待大厅设立的人民调解窗口，均应配备两名以上专职人民调解员，9个尚未建立窗口的基层法院，要力争在年内完成；基层法院每年委托人民调解窗口及其他各类调解组织调解的案件，至少不低于所受理民商事案件总数的十分之一。二是完善经费保障机制。当前，人民调解窗口专职人民调解员的报酬普遍较低，每月在1000元至2000元之间，“以奖代补”的激励保障机制也没有全部落实，难以有效吸引更好的人才进入人民调解员队伍。对此，各地法院要主动向党政汇报，积极争取财政、司法行政等部门的支持，争取将诉调衔接专项经费纳入同级财政预算，落实好“以奖代补”的激励经费。三是完善队伍建设、管理机制。目前，我省法院窗口的专职人民调解员中退休法官、检察官、警官、教师的比例不够高，专职人民调解员的法律知识不足。各级法院要积极会同司法行政部门和当地社区街镇，尽可能招录到更擅长调解的人员。同时，要加强培训指导和日常考核管理，切实做好与司法行政部门的工作衔接。四是完善人民调解协议司法确认机制。从司法实践来看，我省法院的司法确认工作取得了一定成效，但适用率还有待提高。今年3月，最高法院出台了《关于人民调解协议司法确认程序的若干规定》。会前，省高院制定下发了《关于人民调解协议司法确认程序的若干意见》，作了更加明确细化的规定，并将司法确认案件纳入调解撤诉率。办理司法确认案件，一要便

捷,二要严谨。严防极少数人串通起来搞“虚假调解”、“恶意调解”等情形。司法确认工作尚处在初始阶段,还需要各级法院在实践中不断总结完善。

(三)创新举措,推动诉调衔接工作向纵深发展

目前,我省诉调衔接工作还存在两个方面的局限:一是诉调衔接的运用局限在立案阶段,主要体现在诉前引导调解,在诉中以及申诉信访阶段运用还较少;二是诉调衔接的主体局限在法院窗口的人民调解员,其他调解组织特别是乡镇(街道)、村(社区)等层级调解人员的积极性还有待进一步调动起来,许多行业性组织、社会团体的参与度还有较大的拓展空间。各级法院要积极开动脑筋,创新方式方法,推动诉调衔接工作向纵深发展。最近,杭州市余杭区委、区政府下发了《关于建立健全涉诉矛盾纠纷综合化解工作体系的意见》,决定在送达、保全、调解、执行等各环节,与全区各派出所、司法所及村委会都建立衔接机制,值得各地法院学习借鉴。

深化上下工夫　巩固中求拓展

——在全省法院院长会议上的讲话

齐　奇

（2012 年 1 月 5 日）

同志们：

这次会议的主要任务是：认真学习贯彻中央、省委和最高法院的指示精神，总结 2011 年全省法院工作，根据当前形势，研究部署 2012 年的工作，动员全省各级法院和广大干警努力做好法院各项工作，以良好成绩迎接党的十八大胜利召开。

2011 年是“十二五”开局之年，也是全省法院工作取得较好成效的一年。面对繁重的办案任务和复杂的司法环境，我们自觉服务大局，以抓好“八项司法”为切入点，推进三项重点工作，加强审判执行业务和队伍建设，各项工作取得了新进步。全年新收各类案件 834485 件，办结 825110 件，同比分别上升 3.16% 和 2.45%，结案标的额 1613.79 亿元；办案法官人均结案 148 件，是全国平均数的 2 倍；上诉率为 6.64%，低于全国平均数 5 个百分点，二审改判发回率为 8.68%，生效裁判息诉率为 99.25%，主要办案质量、效率、效果指标，继续位于全国前列，保持了更为良性的运行态势，为我省经济社会平稳较快发展提供了有力的司法保障，获得了省委、最高法院的充分肯定和社会各界的好评。在此，我代表省高院，向全省法官、法警和工作人员，向一如既往关心支持法院工作的离退休老同志和特约监督员，致以亲切的问候和崇高的敬意！

2012 年，我们党将迎来举世瞩目的十八大，做好今年的全省法院工作责任重大、任务更加艰巨。当前，我省经济运行总体尚好，在国际、国内经济面临困难压力之下，2011 年我省生产总值仍然增长了 9%，总量首次突破 3 万亿大关，社会也保持了和谐稳定的局面。但是，去年下半年以来我省经济运行呈现出越来越明显的下行态势，部分企业生产经营困难加重，民间借贷、民间资本的活动也带来了许多社会性问题，如果不及时处理或者处理不当，就可能对经济社会的发展造成较大冲击。同时，当前国际经济政治和我国周边地区安全形势错综复杂，国内影响社会和谐稳定的因素明显增多，特别是国内问题与国际问题相互关联，现实社会与虚拟社会相互影响，社会稳定领域中可以预料和难以预料的风险和突发事件还会发生。年前,我们专门请了毛光烈副省长到法院,介绍了全省经济、企业发展所面临的突出问题和应对的政策措施,旨在使我们的法官,尤其是法院领导干部,更加敏锐清醒地把握好办案与经济社会发展之间的内在联系,增强服务大局的自觉性。

面对经济下行态势与社会矛盾更加集聚的状况,预计今年全省法院受理案件数量,将在高位运行中进一步攀升,案件处理难度也将越来越大。我们必须增强忧患意识、责任意识,把各种风险估计得更充分一些,把应对措施考虑得更周全一些,切实承担起保障十八大和省第十三次党代会胜利召开的首要政治任务,认真履行审判职责,千方百计把纠纷化解好,把安全隐患堵塞住,把基础工作搞扎实,全力维护公平正义和社会稳定,向党和人民交出满意的答卷。

2012 年全省法院工作的总体要求是:深刻领会中央、省委和最高法院指示精神,贯彻落实科学发展观,深化“八项司法”,推进三项重点工作,加强法院自身建设,着力在深化上下工夫,在落实上见成效,在巩固中求拓展,努力提高服务大局、维护群众合法权益、保障社会公平正义的审判水平,为党的十八大、省第十三次党代会胜利召开和我省经济社会平稳较快发展,提供有力的司法保障。

一、深化能动司法、民本司法,服务经济社会发展大局

主动服务经济社会发展,越是在发展遇到困难的时候,越要发挥审判职能作用,这是近年来浙江法院有作为有地位的成功经验。

当前,要密切关注 4 条资金链问题:第一,中小微企业的资金链问题;第二,民间借贷和担保的资金链问题;第三,房地产开发商和购房按揭者的资金链问题(预计一些购房者的资产将受损,怨气很大);第四,一些地方政府债务的资金链问题(虽然浙江的总体财政状况尚可,但不排除有的地方政府由于土地出让金大幅下降,重点工程、改善民生等开支不断加码,财政捉襟见肘,借债难以为继,导致帮扶企业、救助民生、化解突发事件的财力有限,心有余而力不足)。因此,全省法院要始终关注各地经济、社会发展的变化和动向,及时向省高院报告涉案重大情况,确保上下信息畅通,形成司法合力,按照中央确定的“稳中求进”的工作总基调,深化能动司法,民本司法,不断提高服务大局的审判水平。要重点把握好 5 个问题:

(一)涉案中小微企业的差异化处置问题

不加区别的救助,效果可能适得其反。“能活的”依法帮扶,“当死的”有序退出。一方面要积极帮扶有市场有前景的涉案中小微企业调解纠纷、维持生

产、渡过难关，依法保障有订单和用工较多的企业的有效生产力，防止因司法不当给企业生产经营活动造成影响；另一方面要加大宣传，引导可淘汰的中小微企业走市场化破产的道路，尤其是一些高污染、高能耗的落后企业本该退出市场，要积极探索简易的破产办法，倒逼经济转型升级、消除泡沫，尽可能实现有效资产的重整和再分配。

（二）农民工、职工的欠薪涉案问题

近年来，省高院每年岁末年初都要下发通知，依法防范处置企业拖欠工资，各地法院积极行动有效应对，依法保护涉案职工群体的生计和合法权益，做到早预警、早建议、早协调，防止矛盾积聚、激化，审判执行都积累了丰富经验，取得了良好效果。今年还要依法惩治新入刑的拒不支付劳动报酬犯罪，对典型案件要加强司法宣传。

（三）民间借贷的涉案问题

民间借贷既涉及企业也涉及民生，还关系一方稳定，司法政策性很强。全省法院要加大司法合力，温州等地涉案众多的法院更要紧紧依靠当地党政协调，依法妥善处置面广量大、民事刑事交叉等涉案问题，稳妥把握不违法的民间借贷和非法集资等犯罪的界限，依法正确认定民间借贷合同效力，勇于先行，善于开拓，为全省法院创造新对策，总结新经验，共同维护好各地的市场经济和社会秩序的稳定。要紧跟我省新一轮的金融改革，依法支持地方的金融创新举措，推进民间借贷、民间资本的阳光运作、规范运作，缓解中小微企业融资难。今年，我们一方面要认真探索总结浙江法院的审判实践经验，另一方面要为制定司法解释积极提出相关修改建议，供最高法院参考。

（四）各地重点工程的强制拆迁等涉案问题

这实际上是一个司法介入社会公共利益与民众个体利益、经济发展与社会稳定和谐两者之间如何依法兼顾、适度平衡的难题。最高法院主张推行“裁执分离”强制拆迁模式，即原则上法院只对强制执行申请进行审查，具体的强制执行主要由行政机关负责实施。但是由于最高法院的这个司法解释近期仍难以下达，各地强制拆迁的问题又等不起、绕不过，对此全省法院还是要把握“严格司法审查标准、多适用听证程序、尽量促成自行履行”的原则，依靠当地党政，审慎做好强制拆迁的司法审查和执行工作，兼顾被征收人的合法利益保护与推进各地重点工程、城镇化发展的客观需要，守住人的生命价值高于财产价值的底线，谨防极端事件、恶性事故。

（五）房地产调控之下的涉案问题

要密切关注房地产商和购房按揭者由于资金链问题可能引发的纠纷和社

会动荡,高中院要认真研究房地产调控政策对房屋买卖合同效力的影响,及时统一裁判尺度。随着房地产调控政策的继续坚挺,楼市价格可能进一步走低,房屋买卖违约纠纷可能明显增多,杭州等地已出现类似上海"房闹"这样的群体性事件苗头,对此各级法院要依据个案不同的实际情况,在尊重合同效力的司法原则下,依靠当地党政妥善协调处理。

在今年工作部署中,要更加注重为浙江海洋经济发展示范区、舟山群岛新区建设和义乌国际贸易综合配套改革试点等"三大国家战略"提供有力司法保障。重视环境污染损害赔偿案件增多的态势,根据省高院近期下发的指导意见,加强与环保部门的协调配合,支持环保公益诉讼,妥善处理资源开发、企业生产中发生污染环境的矛盾纠纷,推进我省生态建设。认真落实最高法院关于知识产权审判服务文化改革发展的指导意见,以利益平衡为重要基点,调判结合,尽可能兼顾智力创造人、商业使用人、社会公众三者共同受益,加大对恶意侵权、重复侵权、源头侵权的损害赔偿的制裁力度,促进文化强省建设和科技进步创新,采取发布年度报告(白皮书)、典型案例等举措,进一步扩大我省知识产权司法保护的影响力。积极向最高法院争取,继续扩大管辖知识产权案件和涉外、涉港澳台民商事案件的基层法院数量,高中院也可以指定已具有管辖权的基层法院跨地区划片集中管辖,尽可能方便矛盾纠纷下移,就地化解。

认真调研如何依法保障发展实体经济、改善民生、加快改革等方面的涉案新情况新问题,积极运用"专题报告"、"个案建议"、"类案建议"、"行业建议"、"综合建议"、"白皮书"等形式,有针对性地提出改进的司法建议,落实后续的反馈成效,进一步延伸司法活动对优化党政的公共决策和社会管理的影响力。年中将召开全省法院专题总结、交流、推进司法建议工作的会议,请各级法院做好准备。力求从整体上提升我省司法建议工作水平,履行好司法的政治责任、法律责任与社会责任。

二、深化和谐司法、协同司法,全力化解社会矛盾、推进社会管理创新,维护社会公平正义

加强涉案风险评估,积极参与社会管理体系建设,有效化解各种矛盾和风险隐患。加强对各类敏感案件的及时报告制度和指导协调工作。要讲究策略方法,教育转化大多数,凡能够用行政、纪律、经济、治安等手段处罚的,不要轻易动用刑律刑罚,尽可能减少对立面。对于屡教屡犯或者危害大、非刑罚处理不可的,要注意缩小打击面,注意选择好时机,在程序和实体上严格依法办事,经得起法律和历史的检验。务求矛盾不激化、不蔓延、不升级、不转化,坚决防止重大政治性事件、非法聚集事件、大规模群体性事件和重大安全事故。

(一)坚持宽严相济刑事政策

依法从严与依法从宽并重,被告人权利保障与被害人权利保障并重,依法适用死刑与慎重适用死刑并重,正确把握从严与从宽的民意基础和社会效果,切实做到宽严依法、宽严有度,充分发挥刑罚在创新社会管理中的保障功能。依法严惩危害国家安全、恐怖活动、黑社会性质组织等犯罪以及杀人、抢劫、爆炸等严重影响群众安全感的犯罪,依法严惩工程建设、土地使用权转让、矿产资源开发、国有产权交易、政府采购等重点领域的经济犯罪,依法严惩为黑恶势力提供"保护伞"以及重大安全生产事故、食品药品安全事件背后的职务犯罪。近年来,我省对死刑政策和 5 年以上重刑处罚的把握总体是好的,是坚定而稳健的。要继续严把尺度不动摇,不跟风,不大起大落,不搞片面的、盲目的"重刑化"或"轻刑化"。在此值得一提的是,中院办理死刑案件,三人合议庭中人民陪审员可以安排一人,而不宜"一审两陪",这是把死刑案件办成铁案的需要。要以今年 7 月省人大常委会审议省级司法机关贯彻《加强检察机关法律监督工作的决定》为契机,强化证据裁判意识,推动公、检、法合力逐步落实"两个证据规定",在难点上达成共识,确保公安侦查、检察自侦案件特别是死刑案件的审判质量。继续落实扩大刑案指定辩护工作,会同司法厅局、律师协会和检察机关建立健全长效工作机制,确保没有钱请律师、可能判处 3 年以上有期徒刑的被告人,在我省能够依法享有刑事辩护权,防止冤错案件,提升法治水平。要落实新疆维族等死刑犯土葬办法,体现国家宗教政策,维护民族团结。坚持结合审判工作参与综合治理,加强未成年人犯罪的审判工作,积极参与特殊人群帮扶工作,完善减刑假释、社区矫正、回访帮教等工作机制,为"两新组织"和信息网络管理等提供司法服务,促进社会治安防控体系建设。

(二)坚持"调解优先、调判结合"

加强全面、全员、全程调解,不断创新调解方法,增强调解能力,提高调解质量。重视诉调衔接机制建设,推动完善大调解工作体系,充分利用社会资源,最大限度地把矛盾纠纷解决在基层和萌芽状态。拓展委托调解范围,尽可能将可以通过诉讼外调解解决的纠纷委托出去。基层法院每年委托人民调解窗口及其他各类调解组织解决掉的案件数(包括委托调解后不再起诉、撤诉、纳入诉讼调解以及进行司法确认案件的总数),要不低于所受理民商事案件总数的十分之一。积极开展司法确认工作,近日将会同司法厅局下发通知,着力解决基层社区、乡镇调解组织对司法确认机制了解认知度不高的问题。在加大调解力度的同时,也要更加重视裁判的引领和导向功能,对于当事人或者相关行业对判明是非的期待高,或者对明确规则的要求强烈,或者对判决的接受程度更高的案件,可选择以判决方式解决纠纷。

(三)加强行政审判工作

积极探索党委政法委领导、政府和法院参与的行政纠纷化解工作机制,重视协调解决行政行为的合理性问题,重视行政纠纷的实质性化解。逐步扭转当前行政审判申诉上访率较高、服判息诉率较低的局面。深化行政诉讼简易程序、行政诉讼附带民事诉讼、优化行政诉讼庭审程序三项试点工作,加快有效化解行政争议。重视行政审判形势分析和信息反馈,加强行政诉讼司法审查年度“白皮书”的报送和发布工作,促进法治政府的建设。继续落实好高中院院长与政府分管副省市长,每年共同召开一次的府院联席会议制度,务求年年改进依法行政工作的一、两个实际问题。《行政强制法》已于今年1月1日起施行,各地法院要注意收集行政强制法实施过程中遇到的新情况、新问题,及时向上级法院反映或请示报告。

(四)加强立案信访工作

妥善做好因民间借贷、征地拆迁、劳动纠纷、社会保障、环境污染等矛盾引发的涉众型案件的立案受理工作。高中院要重视畅通刑事、行政案件申诉立案复查审理机制。按照中央关于深入开展领导干部接访活动的部署,以解决群众合法合理诉求、维护群众权益为核心,采取重点约访、专题接访、带案下访、巡回接访、领导包案等方式,在解决实际问题上下工夫。省高院将实行院领导每月到立案窗口接访,各级法院也要根据自身实际,建立完善领导接访制度。继续落实“四个必须”和“五项制度”,逐步建立解决涉诉信访问题的长效机制。立足源头治理,抓好一审、二审和初信初访的判后答疑、思想疏导,做好涉案“风险评估表”填报工作,重视发挥院庭长会诊、协调的作用,帮助法官化解敏感、易激化案件,尽可能减少涉诉上访案件,防止发生影响社会稳定的重大信访问题。按照中央政法委和最高法院的部署,打好第二批进京访集中化解攻坚战,务求在六月底前基本实现化解息诉目标。把好涉诉信访的法律政策底线,进一步做好无理访终结工作,推动由属地党政有关部门或基层组织,统筹做好此类对象的困难救助、劝返疏导、息诉罢访等工作,努力克服终结机制终而不结。

(五)加大综合治理执行难力度

加快推进被执行人及财产的网上“点对点”协助查控机制建设,争取在省级打通与银行、公安的网上查控机制,地市级在地方电子政务网打通与相关行政机关、银行的网上查控机制,力求年内有一半以上的中院建立服务全辖区的协助执行网上查控中心。院、局领导要形成共识,各职能部门要配合抓好这件事。

省高院将以省综合治理执行难领导小组办公室的名义刊发《综治执行难专报》，每周定期通报鼓励各地推进执行工作5个系统建设的好做法，批评怠于协助执行的单位，发送给省级、地市级各成员单位和政法委、综治办，请各级法院执行局注意上报有关的信息动态，发挥其督促导向作用。今年要在省综治办支持下，认真做好全省"5个系统"建设情况的验收工作。加强执行指挥中心建设，进一步落实基层法院法警编队派驻执行局专司执行实施的制度，力争用2年左右时间，使每个基层执行局的法警人员占到执行局人数的二分之一，至少不低于三分之一，加快形成一支可靠的警察强制执行的威慑力量。进一步完善审执兼顾制度，提高自行履行率。加大对规避执行行为的制裁惩罚力度，探索微博曝光，扩大执行宣传，健全反规避执行的长效机制。根据中办和国办文件，开展好清理公权力机关不执行人民法院裁判的专项活动。今年还要进一步改进司法拍卖工作，尽量降低司法拍卖交易费用，积极探索运用淘宝网交易平台等，试行互联网竞价的司法拍卖改革，力求拍卖标的物交易价格最大化，最大限度地维护当事人的合法权益。

三、深化阳光司法、规范司法、廉洁司法，加强司法公信建设

司法公信是人民法院立院之本。要苦练"内功"，更加重视以公开、公正、监督、管理促公信。

（一）深化阳光司法举措

全省法院要在去年落实《阳光司法实施标准》达标工作的基础上，着力抓好巩固深化。14个将要或正在建设新审判大楼的法院，不能因造新楼而停顿有关阳光司法、信息化及法院文化的硬件软件设置和应用，即使因陋就简也要跟上，决不能让本院的相关工作掉队。省高院将在7月份左右，对该14家单位补行验收。今年，省高院将参照政务公开指数的做法，将"阳光司法指数"作为一项重点调研课题，通过专家研究论证，充分发挥指数评估的导向鞭策作用，完善司法公开的长效机制。要积极稳妥地完善和规范裁判文书公开上网工作，改进内网外网文书检索平台的功能设置，提升裁判文书上网的质量和效能。

（二）完善新闻发布常态化机制

加强与各类媒体的沟通，加大正面司法宣传力度，改进舆情回应，统筹打好主动仗、法律仗、舆论仗。对突发事件和热点案件的舆情应对，我们已经积累了一些经验：第一，要实事求是，开诚布公，无私无畏。事实清楚，需要第一时间及时说明的，不回避、不迟钝。第二，如果确实有错或者部分有错的，也要坦然说明纠正，取信于民。千万不能说假话，掩盖搪塞，越描越黑。第三，对蓄意抹黑散布谣言的,哪怕是误传的,要果断澄清,迎头反击。第四,对情况暂时不清楚的,可以先明朗表示态度,待事实及原因查明后,再实事求是予以回应。我们要研究总结新形势下司法舆情回应的工作规律,增强处置突发事件和舆情危机的能力水平,提高舆论引导的及时性、权威性和影响力、公信力。

(三)严格管理规范司法

统筹推进司法规范化建设和司法改革工作,努力构建、完善审判执行权力运行的内部制约机制。深化审判执行质效的信息化评估系统的应用,强化均衡结案,注重加快涉案审计、鉴定、评估的流程,严格时限和督办管理,健全防控、清理18个月以上长期未结案件的长效机制,坚决杜绝年底提前不收案的做法。省高院今年将增加两个评估数据,一个是在"归档报结率"评估数据中,增设"缺项超期未归率",旨在对少数"视为归档"案卷,经合理期间后仍未补齐个别暂缺材料的予以披露,借此助推各单位催办收齐,进一步巩固归档报结的成果。今年上半年,还要组织好对"归档报结"实施之前,历年遗留的未归档老案卷的专项清理工作,各地法院要力争在省高院通知下发的三个月内完成。另一个是"案件录像率",指有录像的案件数占排期开庭案件数的比例,目的是促进各级法院数字法庭设备的应用,切实发挥庭审录像制度在提高全省法官庭审水平等方面的综合效能。加强二审和再审工作,根据最高法院的部署,建立健全发回重审、指令再审案件的信息反馈机制,坚持依法纠错。上级法院改判、发回案件之前,一般均应当与原审法院交换意见,了解涉案相关情况和背景,需要改判发回的,应经庭长或分管院长审核,有分歧意见的应报分管院长决定是否提交审委会讨论;如果是经下级法院审委会讨论决定的,还应约请下级法院院长列席上级法院审委会。重视发挥审判委员会指导监督大、要、新、难案件的职能作用,有条件的中级法院可以分设刑事和民事行政专业审委会,提升审委会专业化水平和审判质量。

(四)加强廉洁司法建设

按照"教育、机制、查处"三管齐下的反腐基本思路,坚持零容忍,抓早抓小,从严治院不动摇,不断增强反腐倡廉的整体效果。深入开展司法廉洁教育,特别要重视案例教育,入耳入脑,警钟长鸣。今年春节后上班第一天,全省法院统一开展"廉洁司法教育日(周)活动",牢记"一岗双责"和党风廉政建设责任制,并作为规定动作形成制度。健全各级法院的廉政风险防控机制,更好地发挥司法巡查和廉政监察员的监督作用,构筑防止利益冲突、规范司法行为、追究执法过错的制度防线,最大限度地减少腐败问题发生的概率。认真贯彻《人民法院审务督察工作暂行规定》,注意核查媒体舆情反映的违法违纪线索和司法作风问题，坚持严肃查处违纪违法行为不护短，使人人牢记不可触犯“四个一律”和“五个严禁”的高压线，确保司法廉洁、公正。

四、深化基层司法，为全省法院事业长远发展奠定坚实基础

基层工作是法院全部工作的根基。要牢固树立固本强基的思想，把人力、物力、财力更多地投到基层，全面加强队伍的思想政治、业务能力、作风纪律、先进文化建设，努力解决基层工作中的突出问题。

（一）加强法院文化建设

把基层法院文化建设与党建工作紧密结合起来，与培育弘扬先进典型紧密结合起来，作为开展主题实践活动的重点。第一，深化法院文化修养，践行核心价值，改进司法作风。“忠诚、为民、公正、廉洁”八个字，集中体现了法院干警应有的政治本色、宗旨理念、神圣职责和基本操守。我们要在思想认同、知行统一上下工夫。从这些年案件评查、申诉上访涉及的自身问题来看，大头都在于有办案瑕疵，它已成为涉诉信访的源头之一。往往是办案法官的言行不当，或者低级差错，或者有程序、实体瑕疵，引起一些当事人很大反感，而怀疑、质疑裁判的公正性，直至申诉上访不断，耗费了各级法院大量司法资源。实践证明，此类司法作风方面的责任心缺失或随意性、情绪化的不当言行，对司法公信力的损害，也不亚于司法腐败。浙江法官“职业四要”之所以要求“处事要严谨，讲话要亲和”，其实就是每一个法官应有的法文化修养之一。少数法官屡屡发生司法作风问题，就是他们的法院文化修养不足不深，八字核心价值观不牢固、不够格。第二，重视青年干警培训。激励他们献身祖国法治建设的理想追求，关心帮助他们正确对待现实工作和生活中的一些思想波动、焦虑、浮躁的问题，认真搞好专业培训和岗位培训，发挥资深、优秀法官导师制的“传帮带”作用，着力帮助青年干警提高做群众工作能力、息诉能力、处置突发事件能力，包括外省籍青年干警学会运用当地方言的能力。第三，营造队伍的凝聚力。努力构建“领导爱法官、法官爱法院”的温馨法院人文环境，形成尊重人、关心人、理解人、帮助人的“大家庭”工作氛围。尽可能帮助干警解决个人的实际困难，关注干警的心态健康和心理疏导，组织好适当的文体、红旅、沙龙、体检等凝聚力活动，做好后勤服务，努力使干警心情舒畅地投入审判工作中。第四，加强法院文化阵地建设，增加团队集体荣誉感。组织好法院“授职宣誓典礼”活动，布置好院史（荣誉）陈列室、活动室、图书室、“法文化长廊”、“法文化墙”，编撰好法院年鉴、年报和法文化刊物，鼓励干警创作各类法文化作品，激发职业认同感和自豪感。坚持典型引路、创先争优，深入开展“优秀党员，优秀法官、法警、书记员，各类办案能手、调解能手,廉政标兵”等评选表彰活动,激励广大干警的精神和力量,增强法院文化的影响力和感召力。

(二)组织好调研指导工作

密切关注基层司法实践中的新情况、新问题,及时总结基层法院在司法实践中创造的新鲜经验,统筹协调好本辖区的审判理论研究工作,调动更多法官和专家学者参与审判理论研究,破解司法难题。完善全省法院重点课题制度,围绕党政和法院的重要决策做好今年重点课题的选题、规划、招标等工作,加强课题的管理和调研成果的转化应用。充分运用办案的审级监督、指导性意见、案例指引、内网上业务交流等方式,及时研究解决基层审判工作遇到的困难和问题,统一辖区的裁判尺度。高度关注三大诉讼法的修订工作,早做准备,主动研究,认真抓好刑事诉讼法和民事诉讼法修订后的实施与衔接工作。

(三)提升法院信息化建设水平

按照“服务审判管理和服务法官办案并重”的思路,继续抓好服务基层的软件开发和升级工作,加快“文书纠错”、“办案助手系统”等软件的开发应用,大力推进网上点对点的执行查控系统建设,协助宁波法院落实好与全省法院电子软件系统的转换并轨工作,积极参与政法各家的网络共建和信息共享,充分发挥电子信息科技的智力支持作用。同时,健全办案信息的安全保障机制,确保法院的电子信息安全。

(四)加强基层司法保障

进一步加强基层人才保障,完善人员招录办法,充实基层一线办案力量,缓解案多人少矛盾问题,尽量把有经验、有水平的法官稳定在基层一线。省高院决定,新增的735名中央政法专项编制,77%将分配给基层法院。积极落实《基层法院基本业务装备配备实施标准》,进一步改善基层司法条件,千方百计拓展从优待警的各项措施。善于运用上下级法院的监督指导关系,为基层干警依法履职撑腰打气,为基层法院依法独立行使审判权做好坚强后盾,为基层法院树立司法权威创造较好的外部环境。以让群众得方便得实惠作为根本出发点和落脚点,加快推进“两庭”建设和改扩建工作,统筹规范人民法庭撤并、恢复、新建的调整工作,继续抓好“模范五好法庭”综合评选工作,打造综合性诉讼服务平台,最大限度地方便群众诉讼。省高院将设立指导人民法庭工作的“基层工作处”,今年将召开全省人民法庭工作会议,总结交流先进经验,推动人民法庭建设再上新台阶。重视基层法院的警务保障建设,健全与公安机关的联防机制,落实安保措施,确保各级法院特别是人民法庭干警的人身安全,维护法院工作的正常秩序。

坚持党的领导,自觉接受人大、政协、检察和社会各界的监督,坚持做好各级法院领导与省人大代表每年的“定向结对”沟通联络工作,重视发挥人民陪审员、特约监督员的作用,畅通民意表达渠道,建立健全联系群众、服务群众的长效机制,以积极有效的工作,争取各方面的支持配合,创造更加良好的司法环境。

随着市、县两级领导班子相继换届,一批年富力强的同志已经或者将要提升走上法院领导岗位,为全省法院班子增添了新生力量。但大部分还是留任或转岗的,据统计,目前已调整领导班子成员 81 人,其中基层法院院长 45 人。高、中院要切实做好新提任领导干部的政治和业务培训,着力提高他们准确把握大局、驾驭复杂局面、严格依法办事、破解司法难题的能力。换届之后,我们能否抓好办案、抓好管理、抓好队伍,关键在于班子自身的表率作用和精神状态。怎样才能做一个成功的管理者、领导者? 结合我个人的体会,提出几条与大家共勉:

第一,高调做事,低调做人。所谓高调做事,旨在当前法院工作之难之复杂,前所未有。许多工作等不起,绕不过。你不大声疾呼、雷厉风行、勇于担当、靠前指挥、身先士卒,就不行。切忌精神懈怠、萎靡,按部就班,坐而论道,年年摆谱年年不落实。所谓低调做人,就是只求把本职工作做实做细做深,不搞吹吹拍拍、拉拉扯扯、跑官要官,不作秀、不做表面文章,有唱功没做功。对一个公道正派的上级领导而言,你费心思拉关系、走门路、自吹自擂,其实没有用,你只有把本职工作扎实做成做好了,才是对上级领导真正的鼎力支持。对此,群众有口碑,上级有了解,都是清清楚楚的。

第二,团结合作,不狭隘松散。每个班子成员都要自觉地珍视、维护班子的团结,互谅互让。遇事要互相补台,互相帮助,同舟共济。班长要听得起不同意见,集思广益,努力使一班子人畅所欲言,心情舒畅。出现重大分歧的,可以缓一缓,或可以改为小步走,逐步达成共识。

第三,带着感情去做好法院工作。成功的领导者,干工作必定有热情,心里始终有一团激情燃烧的火。我们的心怀中有没有强烈的司法责任感,有没有强烈的社会责任感,有没有对祖国对父老乡亲的深切感情,会直接导致每个人的工作成效、办案成效大相径庭。记得德国哲学家黑格尔说过,“假如没有热情,世界上任何伟大事业都不会成功。”

第四,具有敏锐的自我批判能力。敢于揭示存在的弊端,勇于发现差距和不足。不护短,不诿过,不自我感觉良好,不满足于已有的成绩,不迁就不合时宜的老习惯、老做法,不得过且过。如同在市场竞争、转型升级的大潮中,最有实力和后劲的竞争者,就是那些具有敏锐的自我批判能力的人。愿各位同志都能正视队伍所暴露出来的差错、失误和不足,迎难而上,勇于决策改进,你就能获得发展创新的空间和后劲,就能开辟出人民法院的一片新天地、新境界。

同志们,2012 年是我国发展进程中具有重要意义的一年。我们一定要清醒认识肩负的重大职责,勇于担当,攻坚克难,务求实效,努力开创全省法院工作新局面,以良好的成绩迎接党的十八大胜利召开!

传承接力　不懈开拓

——在全省人民法庭工作会议上的讲话

齐　奇

（2012 年 5 月 15 日）

同志们：

人民法庭工作是法院基层基础工作的重要组成部分，广大法庭干警是最基层的司法为民践行者，是最前沿的司法天平守护人。省高院历来重视人民法庭工作，始终把它作为基层建设的重中之重。这次全省人民法庭工作会议，是1991 年以来省高院召开的第五次全省人民法庭工作会议，也是新中国成立以来我省法院系统召开的规模最大的专门会议。会议的主要任务是，认真贯彻中央、省委和最高法院的指示精神，总结 2008 年以来全省人民法庭工作取得的成绩和经验，分析形势，查找问题，研究部署新形势下全面加强人民法庭工作的各项措施，把基层夯实，把基础打牢，为党的十八大和省第十三次党代会胜利召开，为建设法治浙江，作出新的司法贡献。

最高法院和省委对这次会议高度重视，前不久，省编办正式批复省高院新设"基层工作处"，专司全省人民法庭工作的调研指导。今天夏宝龙省长亲自到会看望勉励大家，奚晓明副院长和李强副书记出席会议并作了重要讲话，对进一步加强人民法庭工作提出了殷切希望和更高的要求。全省各级法院和人民法庭一定要认真领会，抓好贯彻落实。

一、近年来全省人民法庭工作取得的成绩和经验

2008 年以来，在党委领导、人大监督和政府支持下，在最高法院的正确指导下，各级法院坚持面向基层、服务基层、建设基层，以抓好"八项司法"为切入点，在加强基层建设方面做了大量卓有成效的工作。广大人民法庭干警在群众诉求明显增多、案件数量持续上升、司法难度日趋加大的情况下，兢兢业业，奋发有为，取得了令人瞩目的成绩。

（一）履行审判职能，化解纠纷水平显著提升

全省人民法庭忠实履行宪法和法律赋予的职责，狠抓执法办案第一要务。2008 年以来，共依法审结一审民商事案件 493495 件，占全省总数的 31.5%，诉

讼标的总金额550亿元;依法执结案件52914件,占全省总数的6%,执结标的总金额24亿元。人民法庭法官年人均结案179件,有的人民法庭年人均办案达450余件。

各地人民法庭努力践行“公正、廉洁、为民”的庭训,实体公正与程序公正并重,法律效果与社会效果相统一,创新审判管理,运用信息技术,实现了审判执行流程的全程掌控和办案质效的实时分析评估,案件质量和效率有了新的提升。所办案件当事人的服判息诉率达到96.3%,二审改判发回率为8%,简易程序适用率达82.2%;平均审理天数为48.5天。

2009年省高院会同省司法厅联合召开“坚持发展‘枫桥经验’,完善诉调衔接机制”电视电话会议,部署《关于进一步加强诉调衔接机制建设的若干规定》26条指导意见,努力实现和谐司法、协同司法。各地人民法庭根据会议精神,认真贯彻“调解优先、调判结合”原则,着力推动人民调解、行政调解、司法调解“三位一体”大调解工作体系建设,有效构筑了维护社会和谐稳定的第一道防线。近年来,人民法庭的调解撤诉率逐年上升,2011年为70.33%,有的法庭达93%以上,使绝大多数矛盾纠纷化解在基层。

(二)践行能动司法,保障经济平稳较快发展

全省人民法庭紧紧围绕当地党政中心工作,认真落实省高院依法保障中小微企业创业创新发展和新农村建设的指导意见,充分发挥扎根基层、贴近企业的工作优势,广泛开展“进村入企”活动,认真排查经济领域矛盾纠纷和苗头隐患,注重帮扶涉案小微企业克难解困、转型发展,依法保障困难企业的有效生产力、职工的权益生计和社会大局的稳定。尤其是2008年国际金融危机发生以来,各地人民法庭走访企业6700余家(次),帮助排查经营上的法律风险13000多个,提出法律意见743项,编发典型案例1600多个,妥善化解欠薪纠纷8580件,审结涉企业和民间借贷纠纷案件24000余件。同时,密切关注当地经济社会发展中出现的新情况、新问题,深入调查研究,为上级法院和当地党政部门有效决策提供了大量有价值的参考信息,充分发挥了人民法庭为大局服务、为人民司法的前沿阵地作用。

(三)落实司法为民,便利群众诉讼

全省人民法庭坚持民本司法,结合当地实际制定实施了一系列便民、利民、护民的新举措。加强法庭立案窗口建设,为当事人提供诉讼引导、诉前调解、立案受理、诉调对接和判后答疑等低成本的司法服务;推行巡回审判、预约办案、远程立案,在边远地区或其他有诉讼需求的地方增设人民法庭10个,巡回审判站(点)333个,开展巡回审判41000余次;针对案件当事人多是农村普通群众,

经济收入较少、诉讼能力较低的实际情况，注重依司法职权释明指导、补充取证等，着力公平保护实体权益。同时，高度重视保护涉案民生，不断完善涉民生案件快速处理机制，每年的岁末年初都要开展农民工讨薪维权专项审判执行活动，使群众切身感受到“人民司法为人民”。

（四）参与社会管理创新，提高公共服务管理水平

全省人民法庭认真贯彻中央、省委决策部署，主动延伸审判功能，积极投入社会治安综合治理和平安创建活动，推动基层社会管理完善和创新，形成了许多富有成效的特色做法。改进了基层调解联席会议制度，135 个人民法庭设立了人民调解窗口，成为整合社会资源解决纠纷的平台、指导人民调解的平台、化解涉诉信访的平台。近五年来，共举办各类业务培训班 1600 余次，培训人民调解员近 2 万人次，有效提升人民调解员的法律素养和调解能力。积极参与当地“网格化管理、组团式服务”，主动与村居基层组织建立工作联系，健全与乡镇（街道）综治工作中心的对接机制，贴近人民群众，就地解决纠纷，被老百姓称为“法庭 110”、“家门口的法庭”。重视拓宽人民法庭协作地区治理的新途径，在义乌国际商贸城、绍兴柯桥等流动人口多的地方建立巡回审判站（点），配合有关部门加强流动人口服务管理。加强司法调研，预警社会风险，发出司法建议 475 份，一些人民法庭还为辖区乡镇（街道）制作了涉诉纠纷分类剖析的年报，提出基层社会服务管理存在的问题和改进建议，产生了积极的效果。

（五）倾力加强保障，人民法庭物质装备和科技水平加速提升

近五年来，省高院和各中院进一步加大扶持力度，共拨付人民法庭建设专项资金 2.6 亿元。基层法院也主动争取党委政府的关心支持，合力推进人民法庭物质装备建设，大多数地区特别是欠发达地区人民法庭的执法条件得到了令人瞩目的改善。共有 59 个人民法庭完成了新建，新增建筑面积 142064 平方米，全省人民法庭平均建筑面积达到 1605 平方米，其中高于国家“两庭”建设基本标准的 173 个，占人民法庭总数的 77.9%。不少法庭已建成了集审判法庭、调解室、办公室、档案室和接待室、图书室为一体的审判用房。目前，进入新一轮立项或在建人民法庭的有 78 个。2010 年，全省 222 个人民法庭全部配备了司法警察或安保人员，落实了安保设备。有效推进信息技术在人民法庭工作中的广泛应用，建立完善了电子局域网，实现了网上办案、电子签章，所有审判用法庭都完成了数字化配置，为提升最基层的审判管理和司法水平创造了有利条件。

（六）推进公正廉洁司法，队伍整体素质明显提高

坚持把思想政治建设放在法庭建设的首位，人民法庭法官的政治、业务和

职业道德素质有了明显提高。目前,全省人民法庭共有干警和审判辅助人员1847名,比2007年增加了12%,其中法官845名,占全省法官总数的11.6%。干警中具有大学本科以上学历的占89%,比2007年增长了9.4个百分点,其中具有研究生学历的194人。高度重视法庭党建工作,178个人民法庭成立了党支部,成为引领人民法庭工作的战斗堡垒。坚持以社会主义法治理念为指导,广泛开展“规范司法行为、促进司法公正”专项整改等一系列教育活动和人民法庭文化建设,严格执行“五个严禁”和浙江法官“职业四要”,人民法庭干警的违法违纪人数逐年下降,2011年是零违纪,同时涌现出一大批先进集体和个人。诸暨法院枫桥法庭、慈溪法院周巷法庭、鄞州法院姜山法庭等6个人民法庭被授予“全国优秀人民法庭”、“全国青年文明号”、“全国法院先进集体”等荣誉称号;洪建良、陈瑞根、邵云娥、沈金汝等120人(次)被评为“全国人民法庭优秀法官”、“全国优秀法官”或受到省级以上表彰。加强法庭干警培训工作,共有1900余人次的人民法庭法官接受了培训,实现了法庭审判人员全员轮训的目标。2008年以来,有107名法庭正副庭长被提拔为院领导,1101名有法庭工作经历的审判人员走上了法院中层领导岗位。

上述成绩的取得,是各级党委正确领导、人大依法监督、最高法院有力指导和政府大力支持的结果,是全省法院共同努力的结果,更是广大法庭干警认真履职、辛勤奉献的结果。在此,我代表省高院,向奋斗在基层一线的广大法庭干警,致以崇高的敬意!向全心全意支持他们工作的家属,表示诚挚的感谢!

回顾近年来的丰富实践,我们不仅摔打磨炼了人民法庭队伍,创造了许多成功做法和宝贵经验,还进一步深化了对加强和改进新形势下人民法庭工作规律的认识,主要是:

——必须依靠党委人大政府的重视支持,自觉服从服务于党政中心工作。服从服务于党和国家工作大局,是谋划和发挥人民法院地位作用所必须遵循的现实要求。人民法庭根植于基层,处在化解矛盾纠纷、维护社会和谐稳定的最前沿,其工作与改革发展稳定的大局息息相关。实践证明,只有善于把握好人民法庭日常办案工作,与维护当地经济社会平稳较快发展的内在联系,自觉、敏锐地依法保障当地党政不同时期的工作重点,人民法庭才能更加有作为有地位,自身存在的问题和困难才能更加顺利地得到解决,人民法庭事业才能更具生命力和创造力。

——必须坚持司法为民,依法维护民众权益。人民性是人民法院的本质属性。坚持以人为本、司法为民,是做好法院工作的根本宗旨。人民法庭直接面向基层、面向群众,是法院联系民众最为紧密的窗口和纽带,是践行司法为民最为直接的平台和机构。只有牢固树立群众观点、群众立场、群众方法,采取符合审判规律和现实生活的各种便民惠民措施,通过更具亲和力的审判方式,贴近群众诉求和期待,才能实现好、维护好民众的合法权益,真正赢得人民群众对司法权威的尊重和认同。

——必须深化"八项司法",统筹推进人民法庭各项工作。统筹兼顾是我们党一贯倡导的工作方法,也是科学发展观的根本方法。"八项司法"是近年来浙江法院工作思路的总结,体现了对新时期司法规律的探索和把握,体现了浙江法院"为大局服务、为人民司法"的工作主题,是统筹兼顾这一科学方法在法院工作中的具体运用,已经成为浙江法院推进工作的有力抓手。各地人民法庭作为法院的重要组成部分,只有深化认识"八项司法",把推进办案工作与加强自身建设统筹起来抓,把诉讼调解与"大调解"工作格局统筹起来抓,把加强人民法庭的管理与实行分类指导统筹起来抓,才能适应当前法院所面临的新形势、新任务,进一步夯实法院的基层基础建设,更好地实现法院服务科学发展和自身科学发展。

——必须从省情乡情出发,因地制宜找准工作着力点。坚持一切从实际出发,是做好各地法庭工作的客观要求。我省自然环境和人文环境丰富多彩,民众勤奋聪慧、吃苦耐劳,自古以来就形成了别具特色的浙江乡土文化。改革开放后更是异军突起,呈现出民营经济发达、区域块状特色产业优势、市场化和外向度较高等显著特点。同时外来人口大量流入,新老居民杂处,社会结构日益多元,利益诉求日益多样,城市与乡村、内陆与沿海、山区与海岛之间各具不同特点。我们推进人民法庭工作,只有立足本地实际,找准工作的结合点、着力点,力求各项举措简便、可行、有效。做到既符合审判工作规律,又适应当时当地的客观要求,充分运用本地乡土文化资源,有效发挥社会各方力量,才能最大限度地把问题解决在基层、化解在萌芽状态,让有限的审判资源发挥更大的作用,促进人民法庭的可持续发展。

——必须形成有效的工作载体,持之以恒地抓好基层基础建设。开展人民法庭争创活动,是我省的一个创举。1991 年,省高院根据人民法庭的实际,在全省部署开展了以"思想作风好、完成任务好、团结协作好、遵纪守法好、装备管理好"为主要内容的争创"省级五好法庭"活动。2002 年,又决定在已达标法庭中开展争创"省级模范五好法庭"活动。2009 年,开始在"省级模范五好法庭"之间,依托审判质效评估等充实争创内容,采用"流动红旗制",实行"固定基数、优胜劣汰"的争创机制,有力推动了人民法庭的规范化、制度化建设,一大批优秀人民法庭脱颖而出。目前,除新设人民法庭外,其余 212 个人民法庭均已达到了“省级五好法庭”软、硬件标准。今天,我们隆重表彰了第四批60个“省级模范五好法庭”。实践证明,开展争创活动是加强基层基础建设、做好人民法庭工作的有效载体,只有一以贯之地抓下去,才能推动法庭建设不断迈上新台阶。

这些宝贵经验和有益启示,是全省法院和人民法庭长期传承接力、不懈开拓的积淀和结晶,凝结了一代又一代法庭干警的汗水和智慧。我们一定要在今后的工作中一如既往地坚持,在实践中继续丰富发展。

二、人民法庭工作面临的形势

当前,浙江与全国一样,经济社会发展形势总体良好,经济发展的有利条件、内在优势和长期向好的趋势没有改变,仍然处于可以大有作为的重要战略机遇期,做好法院工作也有较多有利条件和发展机遇。同时,我们也必须清醒地认识到,我国正处于经济社会转型的特殊阶段,人民内部矛盾凸显、刑事犯罪高发和对敌斗争复杂的基本态势没有改变。特别是随着我国改革开放进入攻坚时期,社会生活进入网络信息时代,国内影响社会和谐稳定的阶段性因素明显增多,既有矛盾和新的矛盾相互交织,现实社会与虚拟社会相互影响,人民法庭工作面临一系列挑战和考验。突出的有以下三个方面:

社会矛盾日趋复杂敏感,给人民法庭预防化解纠纷、维护稳定带来了新挑战。与过去相对个体、分散的特点相比,当前矛盾纠纷的敏感性、关联性、对抗性和聚集性明显增强,依法协调各种利益关系的难度加大。近年来,一些地方劳资、土地、环境、村级治理等领域的纠纷多发,阻断交通、围堵党政机关等群体性过激行为时有发生。此外,随着民众心理和维权心态日益复杂,人民法庭受理的量大面广的婚姻家庭、邻里、轻微伤害等民间纠纷,一旦有所疏忽或处理失当,也易引发暴力、恶性事件。有的法官人身受到谩骂、威胁、跟踪甚至暴力伤害,人民法庭的安全保卫不时面临严峻局面。有的当事人、代理律师利用网络媒体炒作司法个案,混淆视听,扩大事态,制造压力,内外敌对势力从中推波助澜。在这种新形势下,如何做到既紧紧依靠党政,又充分发挥人民法庭的职能作用,有效维护群众合法权益,实现法律效果和社会效果的有机统一,需要我们认真研究、妥善应对。

基层社会管理中薄弱环节增多,给人民法庭能动司法、参与社会管理创新带来了新课题。近年来,随着我国全社会开放性、流动性的日益增强,社会管理面临许多新情况、新问题。其中,以流动人口和刑释解教人员、社会闲散青少年为重点的人口服务管理问题突出。当前,我省共有常住的省外流动人口1180余万人,占全部常住人口的21.7%,其中外来务工和经商人员990万人,有的地方外来人口已超过本地人口。从法院审判的刑事案件来看,目前农民(包括农民工尤其是二代青年农民工)犯罪人数已占生效判决罪犯总人数的58%左右。还要看到,随着村委会选举及农村税费的改革推行,新型村居自治或中介、合作组织的服务、管理、协调一时难以到位;有些村民对村委会等基层组织的认同感、依赖性逐渐淡化;一些地方基层组织权威性减弱,管理服务方式陈旧;一些地方的农地征收、流转或者乡村集资、民间借贷等涉及众多农民,由于他们的抗风险能力较低,一旦利益协调处置不周或资金链断裂,极易引发关联性纠纷和群体性事件。这些矛盾和问题,使基层社会潜在诸多风险隐患,对人民法庭如何能动地发挥职能作用,推进相关部门加强和创新社会管理,带来了前所未有的挑战。

法律体系的形成,给人民法庭确保涉案法律和政策的正确实施、维护社会公平正义带来了新考验。中国特色社会主义法律体系形成后,人民群众对法院严格公正司法的关注度越来越高,对司法效果的追求呈现多样化态势,司法裁判在引领良好道德风尚方面的作用也日益凸显。随着城镇化建设的发展和人口结构变化的加快,维系乡土族群、人情社会的传统正在日渐解析,采用法律途径解决纠纷已经成为现代人的普遍选择,越来越多的纠纷以诉讼的形式涌入人民法庭。需要关注的是,改革开放30多年给中国城乡社会结构带来了巨大变化,即使在农村,不同社会群体的诉求也存在明显的差异,社会经济地位较高的群体,更看重自我成就、被人尊重,而社会经济地位较低的群体,迫切需要改善的是衣食住行等基本生存问题。如何正确适用法律,解决好农民之间的纠纷,特别是根据乡村社会结构变化,积极探索多样化的群众工作方法,依法妥善协调不同群体的诉求利益,维护好社会的公平正义,是摆在各地人民法庭面前的重要任务和考验。

同时,我们还要清醒地看到法庭工作中存在的问题和困难:一是全省人民法庭发展还不够平衡,有的法院领导对人民法庭工作用心不多,疏于管理指导,工作措施落实不具体不得力,影响了人民法庭的形象和职能作用的发挥。二是一些法庭干警不注重学习,不善做群众工作,把握社情民意、准确适用法律、化解较复杂案件的能力不高。有的司法言行不文明、作风简单粗暴,少数案件裁判不公、效率不高,一旦被诉诸网络炒作,极易迅速放大,而严重损害司法公信力。三是有些法庭队伍不稳定的问题依然存在。一些资深的法官不愿来,或难以留住,造成有的法庭人员调动频繁,影响了法庭工作的连续性。四是物质和人员保障水平仍待提高。在全省法院中,法庭干警工作往往任务更重、压力更大、条件更差,有的法庭本来可以改善的工作、生活条件迟迟不到位,有的地方还未按规定配备、落实法庭庭长的职级待遇。一些法庭的安保设施配备还不到位,预防和处置突发事件的联动效能有待提高。五是监督指导培训工作仍需加强,上级法院监督指导方式有待进一步改进,培训范围和途径有待进一步拓展,监督指导的针对性、实效性、权威性有待提高。以上问题的存在,直接影响了人民法庭的可持续发展,必须引起高度重视,在今后的工作中认真加以解决。

三、深化“八项司法”,推进人民法庭工作全面发展

基层稳则全局安。当前和今后一段时期,全省人民法庭工作的总体要求是:遵循“公正、廉洁、为民”的庭训,面向农村、面向基层、面向群众,以“八项司法”为抓手,着力提高预防纠纷、化解矛盾、便民利民、服务发展的能力水平,维护群众合法权益,保障社会公平正义,为党的十八大和省第十三次党代会胜利召开,为我省经济社会平稳较快发展提供有力的司法保障。

(一)不断创新发展“枫桥经验”,深化能动司法、和谐司法、协同司法,预防化解社会矛盾、促进社会管理创新

“枫桥经验”是全国政法工作的一面旗帜,也是浙江司法战线的传承之宝。全省人民法庭要牢记“枫桥经验”的基本精神,发挥政治优势,坚持专群结合,创新服务方式,努力把矛盾纠纷解决在基层和萌芽状态,确保一方平安,保障一方发展。

重视保障民生,努力从源头上预防和减少社会矛盾。人民法庭办理的案件,绝大多数都是人们日常生产生活中的矛盾和纠纷,都涉及群众最关心最直接最现实的利益问题。全省人民法庭要认真研究“三农”工作中出现的涉案法律问题,妥善审理好婚姻家庭、继承、民间借贷、相邻、人身损害等案件,努力调处好农产品买卖、农民工追索劳动报酬、农村土地山林承包等矛盾纠纷,切实维护农民权益。要贯彻好省高院《关于为推进农村土地流转和集体林权制度改革提供司法保障的意见》,依法支持农村耕地、林地、宅基地、建设用地流转的改革,制止损害农民的合法土地权益。要加大对农村小额贷款公司、村镇银行等金融合法债权的保护力度,支持和促进农村金融服务体系建设,拓宽农村融资渠道。当前,我省经济下行压力依然较大,乡村小微企业的生存和发展还面临着诸多困难。各地人民法庭要深化能动司法理念,及时预警经济领域的不稳定因素,注重帮扶有市场有订单的涉案小微企业调解纠纷、维持生产、渡过难关。

走群众路线,着力推进联动衔接的大调解工作新机制。就地解决社会矛盾纠纷,人民法院责无旁贷,但也难以独当。人民法庭一定要深化和谐司法、协同司法的理念,注重加强与当地党政有关部门的沟通协调,建立健全与乡镇(街道)综治工作中心的对接机制,加强诉调衔接的平台建设,完善人民调解协议的

司法确认机制,尚未建立人民调解窗口的人民法庭,具备条件的要给予设置,形成化解纠纷的最大合力。要注重发挥农村专业合作社、村老年协会等乡土人才参与调解的积极性,增强人民调解工作的针对性实效性。这里,还要强调一下正确理解执行“调解优先、调判结合”的原则。一方面,办案要带着对人民群众的深厚感情,优先考虑能否做调解工作,善于根据纠纷的性质、难易程度和当事人的背景情况,因人制宜地开展调解,努力达到调解一案、教育一片的效果。另一方面,也要重视发挥司法裁判对农村道德风尚和价值取向的引导作用,对有些不适合调解或者裁判效果更好的案件,也要当判则判,通过判案说法,引领公民道德诚信建设,促进乡村和谐、乡风文明。

增强人民法庭参与社会管理创新的实效性。基层是一切工作的落脚点,人民法庭要充分发挥地处基层一线的优势,善于立足办案,把涉案工作延伸到当地的社会治安防控体系建设,延伸到“两排查一促进”专项活动,注重对接“网格”、参与指导“团组”,掌握社情动态,及早预警不稳定因素,配合地方党政合力把矛盾纠纷化解在源头、解决在当地,努力维护好农村和社区的治安秩序。开展送法上门、送法下乡活动,扩大法律宣传教育,剖析生动的案例让群众了解和遵守法律,依法生产经营,理性表达诉求。发现基层管理中的问题,要及时提出司法建议,帮助有关部门完善社会服务和管理,促进当地平安建设。

(二)围绕执法办案第一要务,深化阳光司法、规范司法,提升司法公信建设

总的来看,我省人民法庭审理的案件质量效率是好的,对此应予充分肯定,但是,极少数案件久拖不决、裁判不公、执行不力的现象也客观存在,有的地方反应还比较强烈。为此,要更加重视以公开促公正,以监督管理促公信。

在拓展司法公开、司法民主的广度深度上下工夫。人民法庭要针对自身实际,深化《阳光司法实施标准》达标活动取得的成效,进一步规范各类审务公开、诉讼须知的上墙上网和发放等明示制度,落实好庭审旁听、录像、裁判文书上网等公开制度,有条件的人民法庭也可尝试开展“公众开放日”活动,不断完善司法公开的长效机制。采取多种方法,建立健全在人民法庭层面的民意沟通表达机制,推动基层群众对司法活动的有序参与,充分发挥人民陪审员、人民调解员更多地参与、监督法庭审判执行活动的作用,以公开促公正。

在完善审判管理上下工夫。自 2009 年起,省高院对 46 家“省级模范五好法庭”进行了审判执行质效评估,推动了法庭的办案管理和质量效率效果的全面提升,8 成数据均保持逐年向上态势,平均审理天数、平均执行天数、上诉案件移送天数同比分别减少了 7 天、31 天和 18 天。但是,全省仍有少数法庭的数据明显滞后,还有较大的提升空间。今年,省高院还将对人民法庭的调解案件自

动履行率、申诉信访率等数据也实行评估,各地人民法庭要借此推进办案管理,依托信息化手段实时地掌握本法庭办案运行的强项和弱项。注意内部挖潜,合理调配力量,审判与辅助事务适度分工等,确保办案公正高效的良性运转。案量少的法庭,更要在扩大办案效果上下工夫,抓出自己的亮点。

在推进人民法庭规范化上下工夫。人民法庭直接面向群众,远离法院机关,工作任务杂,干扰因素多,规范化建设更需加强。经过全省三级法院的共同努力,目前,各地人民法庭审判办公用房已大为改观,硬件物质装备有了长足进步,但部分法庭“软建设”仍存在较大反差,一些庭长也自以为天高皇帝远,单位小,区区几个人,有些脏乱差在所难免。自我放松,庭务管理松懈、纪律松弛,着装不规范,场所杂乱脏,安保措施不到位等问题突出。对此,各基层法院院长和人民法庭庭长要增强责任感,着力落实人民法庭内部管理的各项规章制度,切实解决改变极少数法庭“脏乱差”所必需的后勤保障问题。即使是暂时条件差一些的人民法庭,也必须做到干净整洁、规范有序。我们都要牢记,人的精神面貌、自身素质总是第一位的,物质装备条件毕竟是第二位的。要进一步加强车辆、档案管理,严格执行财务和诉讼费管理制度,消除管理漏洞和廉政隐患。要重视法庭警务保障建设,健全与当地公安机关的联防机制,落实安保措施,确保法庭干警的人身安全,维护法庭的正常秩序。最高法院于今年 3 月就统一全国人民法庭标志、指示牌,方便群众诉讼,彰显法庭庄严,作出了专门部署,目前正在按照新修改的法徽图案,确定生产厂家,省高院将下发具体实施方案。各地要严格按照要求,确保今年有条件的法庭先安装,至 2013 年全部法庭完成安装,充分展示新时期人民法庭建设的崭新风貌。

要继续改进“模范五好法庭”综合评选工作,发挥争创活动的激励作用。高、中院要进一步加强人民法庭日常检查回访,该通报的通报,该表扬的表扬,该摘牌的摘牌。

(三)坚持为民、利民、便民,深化民本司法,尽力便利群众诉讼

人民法庭是落实司法为民的重要环节,也是探索司法为民新途径的前沿阵地。要强化简易程序、速裁机制、繁简分流等审判工作机制,对事实清楚、标的额不大的案件,尽量做到当天立案审理,当天结案。要加大巡回审判力度,加强巡回审判站点建设,依托人民法庭与人民调解组织、基层司法所、村民自治组织等的联系网络,努力扩大巡回审判的实效和社会效果。可以为人民法庭配备巡回审判车、巡回审判箱、便携式数字法庭设备和其他业务专用设备。要有针对性地开发符合人民法庭便民服务实际的应用软件。省高院已对电子化签章系统进行了更新升级,该软件下发安装后,各地可充分利用电子签章的便捷特点,

进一步缩短办案周期。

经过多年来的调整,我省人民法庭的布局日趋完善。随着各地经济社会的发展,有的地方提出了调整或增设法庭的需求。对此,各地仍要按照“确有需要和条件”的原则,统筹规划人民法庭撤并、恢复、新建等调整工作。可以在群众诉讼不便的地方和部分国家级、省级以上重点经济开发区,有序适度地增设或调整人民法庭及巡回审判站点,进一步完善人民法庭布局,尽可能为民众提供优质高效便捷的司法服务。

(四)落实“公正、廉洁、为民”的庭训,深化廉洁司法,苦练“内功”,大力加强人民法庭队伍建设

以“公正、廉洁、为民”的庭训为价值指引,苦练“内功”,提升素质,努力打造一支党和人民可以信赖的人民法庭队伍。

抓好思想政治建设。要在创先争优和“忠诚、为民、公正、廉洁”的核心价值观主题教育实践活动中,提高人民法庭自身的思想觉悟。推进法庭党建工作,有条件的都要建立党支部,以党建促队建。重视法庭文化建设,因地制宜搞好法庭的场地文化布置,传承或开创本法庭的历史和荣耀,深化法文化的修养,弘扬浙江法官“职业四要”,激发团队的凝聚力、向心力和战斗力。

抓好司法作风建设。在人民群众尤其是广大农民群众眼中,人民法庭和法庭法官的形象,就代表了国家和法院的形象。但是,极少数法庭干警责任心不强、群众感情不深、个人形象不端、纪律作风不严等现象仍然存在,有的还比较突出。去年,省高院剖析通报的12个司法作风问责案例中,就有涉及法庭的案例。各地要充分运用正反典型、案例和法文化的教育,狠抓司法作风的改进。勉励法庭法官既当司法工作者,又当群众工作者,带着感情把人民法庭打造成联系群众、服务群众、匡扶正义的一线“窗口”。

抓好司法能力建设。改进法庭干警的能力培养模式,努力使他们成为定分止争的裁判员、辨法析理的宣传员、社情民意的调查员。要有针对性地加强对婚姻家庭、人身损害、房屋租赁、相邻关系、民间借贷、土地山林承包以及简易程序等方面的法律法规、司法解释和调判实务技能的培训,提高法庭法官正确理解把握法律、政策的能力,做到坚守法律底线,把好政策界限,会做群众工作,力求良好效果。通过下乡走访、资深法官传帮带等,引导法官既向书本学,更向实践学、向群众学,不断提高化解社会矛盾纠纷的能力,在执法办案中更好地实现法、理、情的统一,维护乡村和谐稳定。

抓好反腐倡廉建设。廉洁司法是人民法院的生命线。近年来,我省人民法庭反腐倡廉建设取得了明显成效。应当看到,人民法庭身处最基层,无时无刻

不在乡土人情、关系的包围中,所办理的纠纷又是与群众切身利益息息相关,可以说,说情多、诱惑多、干扰多,面临的廉政风险大。要按照"教育、机制、查处"三管齐下的反腐思路,坚持从严治庭、从严治警不动摇。各中院对基层法院开展司法巡查,也应把人民法庭纳入巡查范围。要认真贯彻《人民法院审务督察工作暂行规定》,注意核查群众投诉或媒体舆情反映的违法违纪线索和司法作风问题,既要及时查纠侵害群众利益、伤害群众感情的违法违规行为,又要及时澄清不实失实举报,保护法官、干警的权益,确保人民法庭声誉和队伍纯洁。

(五)固本强基,深化基层司法,共创人民法庭工作新局面

人民法庭是基层法院的派出机构,加强对人民法庭的指导监督,是基层法院和上级法院的共同职责。要牢固树立固本强基的思想和基层司法的理念,切实把领导精力、注意力更多地投向法庭,舍得把人力、物力、财力更多地投入法庭。

加强组织领导。各级法院要从加强基层政权建设的高度,每年都要专题研究、定期检查本辖区的人民法庭工作,加强与有关部门的协调,切实解决人民法庭工作的梗阻和难题,及时总结推广人民法庭工作的好经验、好做法。要设立指导人民法庭工作的专门机构或明确专人负责,加强工作指导交流,推动人民法庭工作不断实现新的发展。

完善保障机制。各级法院党组要时刻把人民法庭干警的冷暖安危放在心上,带着感情为人民法庭解决实际困难。当前,要继续把解决少数法庭人员不足、配置不合理等问题作为重点,省高院决定,今年新增的735名中央政法专项编制,77%将分配给基层法院。各基层法院在具体分配中,要舍得将这些编制适度充实法庭的一线办案力量。要积极落实《基层法院基本业务装备配备实施标准》,抓好人民法庭的基本保障建设,加大对欠发达地区人民法庭建设所需资金的转移支付力度。目前,我省人民法庭的基建工作已经基本完成,尚未完成的,要积极争取党政支持,加大协调力度,一项一项予以落实。要把法庭作为审判骨干的成长基地、领导干部的选拔基地、新进人员的培训基地,搭配好法庭力量,协调解决好少数法庭庭长的职级等问题,努力把一批有经验、有水平的法官稳定在法庭。这次会议,专门对在法庭工作20年以上的老同志进行隆重表彰,就是要学习发扬他们扎根一线、甘于奉献、守望相约的赤子之心。

加大监督指导力度。高、中院要进一步增强责任意识,建立健全定点挂钩联系法庭制度,加强分类指导,及时研究破解法庭审判执行工作的难题。坚持党的领导,自觉接受人大监督,善于运用上下级法院的监督指导关系,协助人民法庭排除干扰,为人民法庭干警依法履职撑腰打气。要加大对人民法庭工作的

正面宣传,传播人民法庭干警感人的先进事迹,增进社会各界的理解和支持。

最后,还是要强调配好配强人民法庭的庭长。各位庭长就是所在法庭的旗帜,法庭干警是以你们为标杆为尺度的。每一位庭长都必须旗帜鲜明,率先垂范,才能带出好队伍。省高院决定召开本次大会,把你们都请到杭州来,济济一堂,共商法庭工作,就是关心看重你们肩上的担子重,责任大。愿同志们振奋精神,锐意进取,扎实工作,团结带领法庭干警,积极应对各种挑战,更好地履行审判职责,不断开创全省人民法庭工作新局面,不辜负党和人民的信任和重托!

加强司法建议工作　服务“两富”浙江建设

——在全省法院院长读书会暨司法建议工作会议上的讲话

齐　奇

(2012年7月4日)

同志们:

在全省上下学习贯彻省第十三次党代会精神和迎接党的十八大召开之际,我们在这里召开院长读书会的专题会议,主要任务是:专题总结、交流、推进司法建议工作,从整体上提升我省司法建议工作水平,履行好司法的政治责任、法律责任与社会责任,为建设物质富裕精神富有的社会主义现代化浙江作出更大的司法贡献。

省委对这次会议非常重视。省长夏宝龙同志亲自到会看望大家,并做了重要讲话。夏省长的经济形势报告,是当前和今后一个时期全省法院工作的重要指导,各级法院一定要认真学习,深刻领会,抓好贯彻落实。

一、全省法院司法建议工作回顾

司法建议是我国人民司法的一个特色制度和优良传统,起源于20世纪50年代,历经几十年的探索发展,不断注入新的历史内容,日益受到重视,已经成为人民法院延伸和拓展审判职能,坚持能动司法、服务大局、司法为民的重要途径。今年3月,最高法院下发了《关于加强司法建议工作的意见》,明确要求各级人民法院将司法建议作为一项重要职能来抓。近年来,全省各级法院围绕科学发展观和转变经济发展方式主线,按照“为大局服务,为人民司法”工作主题,践行“八项司法”,推进三项重点工作,在抓紧执法办案的同时,密切关注审判实践中遇到的涉及改革、发展、稳定、民生等方面的突出问题,及时向党委、政府及相关部门提出从基础环节和源头上解决这些问题的意见和建议,对加强和创新社会管理、维护社会和谐稳定、促进经济社会平稳较快发展、建设“法治浙江”发挥了重要作用,取得了良好的法律效果、社会效果和政治效果。

2008年以来,全省法院共发送司法建议2347份,建议数量逐年增加,平均增幅21%;得到及时反馈的司法建议有1363份,在反馈的司法建议中得到全部或部分落实的有838份,反馈率和落实率均逐年提高。建议范围不断扩大,涉及行政争议、劳动争议、房地产、知识产权、破产、金融、商事仲裁、海商海事以及刑事等各个审判领域。建议对象涵盖广泛,覆盖行政机关、企事业单位、行业组织、人民团体等各类组织。建议内容不断深化,涉及交通管理、食品安全、金融、保险、拆迁、房地产监管、农村建设、文化建设等多个领域。建议形式不断创新,个案建议、类案建议、综合建议、情况反映、专题报告、白皮书等,形式多样,载体丰富。制度机制不断完善,截至今年6月,全省各级法院共出台相关工作指导意见37个。6月26日,省高院根据最高法院的要求,结合浙江实际,专门制定了《关于加强司法建议工作的实施意见》,对司法建议的适用范围、工作程序、文书制作、落实反馈、工作管理等方面作出更加明确细化的规定,为全面推进我省法院司法建议工作的制度化和规范化,奠定了坚实的基础。建议成效日益明显,广大法官结合自身的审判经验、司法智慧和对涉案经济社会问题的洞察,形成了不少成功做法和典型经验,涌现出一大批高质量的司法建议。在今年最高法院组织的"第一届全国法院优秀司法建议"评选活动中,我省法院有4件成功入选,其中1件还被评为"全国十大司法建议",无论数量、质量均居全国法院前列,这次会上,对评选出的"全省十大司法建议"、20件优秀司法建议隆重进行了表彰,充分展示了浙江法院司法建议工作的成绩和水平。

回顾总结全省法院司法建议工作,有以下几方面的特点和成效:

(一)坚持能动司法,围绕大局建言献策,保障经济社会平稳较快发展

诉讼是反映经济社会发展的"晴雨表"。着眼服务经济社会发展大局,激发全社会创业创新活力,是浙江法院义不容辞的职责,也是开展司法建议工作的重要切入点。

全省法院遵循司法规律,能动司法,敏锐观察、妥善应对各地经济运行中的新情况新问题,运用司法职能服务大局。早在2008年4月,省高院从当年我省一季度金融纠纷案件骤然大幅上升、民间借贷问题凸显等情况中,敏锐觉察到经济下滑危机对浙江经济发展的影响,迅速向省委作出《关于运用审判职能,切实贯彻省委"防止我省经济下滑"指示精神的专题报告》,成为全国法院中最早针对宏观经济形势变化提出的司法对策,受到最高法院、省委领导的高度重视。新华社专门刊文肯定浙江"司法创新在企业危机处理中发挥的作用无可替代"。去年下半年以来,我省经济运行再度呈现明显的下行态势,部分企业生产经营困难加重,民间借贷、民间资本的活动带来了诸多社会性问题,省高院在今年年初向省委常委会汇报工作时,建议省委要密切关注中小微企业、民间借贷与担保、房地产开发商和购房按揭者、部分地方政府等债务的4条资金链问题,重点处理好5类相关涉案纠纷,受到省委主要领导高度评价,认为"省法院大局意识

强,见事敏锐,建议符合省情”。为化解民间借贷风险,规范和稳定民间金融秩序,去年9月温州中院向市委、市政府提出“慎重立案、集中处置;控制财产,防范风险;帮扶企业,放水养鱼;加强宣传,稳定人心”的四点建议,受到温州市委、市政府的肯定与采纳。

全省各级法院主动服务我省创新型省份建设,善于从案件审理中发现相关部门或企业在知识产权方面存在的突出问题,及时提出切实可行的司法建议和预警。如杭州中院针对涉及该市商品批发零售市场和个体商户的知识产权侵权纠纷频发的情况,及时向市工商局发出司法建议,敦促加强对市场经营者商标等权益的监管,规范批发零售市场的商品经营,市政府主要领导批示要求工商部门加以落实,对相关市场进行了集中检查、整顿,取得了良好效果。绍兴中院在审理网吧侵犯影视作品著作权的批量案件时,考虑到网吧产业在城乡公共文化建设中的功能和作用,以及网吧经营者属小微业主的客观情况,向网吧协会发出司法建议,敦促其居间协调,促成批量案件以和解、撤诉的方式结案,取得了良好的社会效果。婺城法院在审理KTV侵权案件中发现,KTV经营者在使用音乐电视作品时,普遍缺乏版权意识,经营存在严重法律风险,遂向行业主管部门发出司法建议,金华市文化广电新闻出版局随即召开专题会议,决定设立专职机构,并将建议内容上报,引起省文化厅、省版权局高度重视,成立专门工作小组,在全省范围就KTV版权作品的收费标准形成统一意见。

(二)坚持民本司法、和谐司法,回应人民群众关切,发挥服务和保障民生的积极作用

司法建议是司法工作面向社会、服务群众、维护民利的重要载体,在保障和服务民众合法权益方面有着独特优势。

全省法院牢固树立民本司法理念,对审判过程中发现的涉及教育、医疗、征地拆迁、损害赔偿、劳动争议等事关群众切身利益的问题,需要有关单位采取措施或改进工作的,及时提出司法建议,实现了法律效果与社会效果的统一。2010年3月,省高院在立案审查平湖市乍浦镇方根祥等395户村民提起的征地拆迁补偿案件中发现,当地土地征用中不仅存在征地补偿不到位、先征地后报批等情况,而且还存在未经批准大量侵占农民承包经营地的问题,范围涉及上千名被征地农民,遂向嘉兴市政府和省国土资源厅发出关于妥善处理征地补偿安置问题、切实保障失地农民合法权益的司法建议。中央政治局常委周永康、最高法院院长王胜俊分别作出批示,时任常务副省长陈敏尔亲自召集协调会研究处置,最终促使当地政府调整了相关征地补偿政策,取得了多赢的社会效果。这份司法建议被评为“全国十大司法建议”。去年,温州发生了震惊全国的

“7·23”动车事故,为妥善解决遇难者赔偿标准争议,省高院认真研究相关法律法规的适用问题,及时向善后处置总指挥部提出了新的理赔建议,使善后赔偿工作得以顺利进行,受到各界好评。衢州中院针对全市法院劳动争议案件骤增的情况,及时向市委上报了《关于妥善处理劳动争议纠纷、为“三保”提供有力司法保障的专题报告》,市委为此召开了24个相关部门参加的工作协调会,多部门联手化解劳动纠纷,充分维护了劳动者合法权益。

(三)坚持协同司法,服务公共决策和有关单位堵漏建制,推进社会管理创新

司法建议是“社会生活的啄木鸟”。司法建议工作是人民法院协同参与社会管理创新的重要方式,是司法机关承担的一项重要社会责任。

各地法院就审判工作中发现的有关单位在工作方法、管理体制、规章制度等方面存在的重大问题,有针对性地提出司法建议,一方面协助相关单位及时堵塞管理漏洞,弥补工作过失,健全规章制度,预防和减少同类矛盾纠纷的发生,另一方面也加强了法制宣传,扩大了办案效果。例如,针对我省各地城市房地产和乡(镇)、村企业厂房的抵押登记机构不统一、不规范,给市场主体抵押融资造成不便和安全隐患的问题,省高院向省政府法制办发送了关于尽快规范抵押登记机构的司法建议。建议得到高度重视,省法制办很快向省政府提出了修订相关管理制度的意见。杭州中院在审理涉及宾馆酒店销售假冒国际名牌商品的案件中,发现类似情况在杭州其他宾馆酒店内普遍存在,如商标权利人大面积提起诉讼,势必严重影响杭州旅游市场的健康发展,遂向市旅游委员会发出关于加强对宾馆酒店的整治,严厉查禁销售假冒注册商标商品的司法建议。杭州市旅游委员会积极响应,责成相关管理部门及时检查、严肃查处。

余杭法院在总结审判经验、深入调研的基础上,提出了关于建立地区预防未成年人犯罪体系的建议,得到了区委的充分肯定。该体系建立以来,全区未成年人犯罪比例逐年下降,未成年人的重新犯罪率始终控制在2%以下。兰溪法院针对纺织企业法律意识缺乏,案件多发,败诉率高,影响行业转型升级的情况,建议市纺织行业协会统筹协调,加强企业的管理指导。该行业协会积极部署落实建议内容,该市同类案件发生率同比下降24%。

(四)坚持规范司法,切实履行法定职责,促进立法、执法、司法的规范与完善

全省各级法院在个案定分止争基础上,注重运用司法建议,确保法律的规范有效实施和修订完善,最大程度地实现司法的价值功能。

行政审判一直是司法建议工作的重点领域。在前面提到的2347件司法建

议中,缘起行政案件的就有963份,占总数的41%,远高于其他类案件。从全国情况来看,我省法院行政审判司法建议工作,起步较早,成效较好,形成了一些具有自身特色、在全国法院系统有较大影响的创新性做法。例如针对传统建议偏重一案一议、一事一议,层次不高、内容重复的问题,我省法院建立了行政审判白皮书制度。从2008年起连续五年,省高院以年度报告的形式向省政府报送行政审判白皮书,通报全省行政诉讼的基本情况和行政机关败诉的原因并提出改进建议。省政府主要领导每年都作出重要批示,并要求落实整改,促进依法行政、规范执法。相关地市政府和行政执法部门以专项检查、专题会议和评比考核等多种形式,认真落实改进措施,有的地方还出台了行政败诉案件责任追究等制度。最高法院专门发文,总结和推广浙江经验。温州市政府将“认真研究落实司法建议”明确列入法治政府建设五年规划,并要求相关部门确保60日内对司法建议作出处理,反馈率必须达到100%,对不落实建议和反馈率不达100%的,在法治政府建设考核中直接扣分。从实践情况来看,这项工作对推进法治政府建设、提高规范执法水平、建设“法治浙江”确实发挥了重要作用。

今年5月,杭州中院在审理一起涉行政强制拆迁案件中,因一名副院长系该拆迁项目领导小组成员之一,原告当庭申请该院及合议庭全体成员回避。合议庭依法驳回其回避申请后,仍引起了原告及众多旁听人员的不满。据初步了解,全省共有713个各类领导小组或工作组将法院院庭领导列为成员之一,有98个涉及重点工程项目等,其中涉及院领导的88个,涉及庭领导的10个。对此,省高院及时报告省委及省政法委,建议协调各地政府部门重视国家有关“一府两院”设置的法定意义,对涉及各级政府的重点工程项目等领导小组进行一次清理,及时将组成部门和人员中涉及法院的予以调整取消。在实际工作中,法院可以参与并提供法律方面的意见,但不宜直接列入相关政府工作及组织成员的名单。省委副书记李强同志作出重要批示,省委政法委已组成调查组赴各地开展专项调研清理。

司法建议在推动立法的修订、完善方面同样发挥了积极作用。例如,宁波海事法院针对海洋环境污染案件频发的情况,提出了《关于统一陆源污染水域案件司法管辖,促进水域生态文明建设的建议》,建议调整我国陆源污染水域案件的司法管辖现状,明确陆源污染水域案件的跨区划特别管辖,并建立水域污染公益诉讼的法律制度。另外,该院关于废止涉外海上人身伤亡损害的现有赔偿限额、建立海上作业人身强制保险制度等建议,都在相关立法修改的议案中得到了采纳。

（五）创新方式方法，确保司法建议的针对性和实效性

在司法建议工作实践中，不断创新方式方法，不仅可以提高法官发现问题和提出建议的能力，而且可以有效促进司法建议的反馈和落实。

近年来，全省法院在创新司法建议方式方法上，做了许多有益的探索。在发送方式上，平阳法院针对过去司法建议多以“文来文往”的形式发送、反馈，导致有的被建议单位重视不够，反馈较慢较少，缺乏相应整改措施等问题，建立了庭前组织旁听、庭中法官点题、庭后推动落实、年终类案建议的“全程互动式”司法建议发送机制，取得了良好效果。2011 年该院共发出司法建议 14 份，反馈 12 份，反馈率达 85.7%，同比上升了 60.7 个百分点，平均反馈时间为 16 天。在建议形式上，根据不同的情况和特点，采取更加多样、灵活和人性化的做法。如景宁、青田等法院为乡镇街道分类制作了当地比较突出的涉案问题剖析的年报，提出基层社会服务管理存在的问题和改进建议，产生了积极的效果。临安法院发布的《服务企业发展法律风险提示“39 问”》、《强化法治环境建设服务企业创业创新发展实施细则 30 条》，象山法院编写的《房地产开发典型法律问题解释手册》，鄞州法院汇集了《劳动争议三十例》，文风朴实，建议具体，务实管用，受到了当地中小企业和职工的欢迎和喜爱。在协作机制上，一些法院探索联合发送模式，提升了司法建议的公信和权威。如上城法院引入行业协会参与发送建议的做法，使原来法院与企业之间的“单向发送”，变为法院、行业协会、企业之间的三方多向互动。该类建议采纳率达 80% 以上，且企业评价良好。

此外，今年 6 月省高院依托现代信息技术，建立起全省三级法院统一联网、信息共享的全省法院司法建议信息库，实现了对司法建议相关信息的全面记录、便捷查询和实时统计分析，大大提升司法建议基础工作的信息化程度。

上述成绩的取得，是全省各级党委、政府、人大和社会各界大力支持的结果，是全省各级法院和广大法官共同努力辛勤奉献的结果。在此，我代表省高院向大家致以敬意和感谢！

回顾这些年来的丰富实践，总结主要经验，对于进一步推进全省法院司法建议工作，具有重要的指导意义。

——必须坚持能动司法，积极有为。司法权源于人民、属于人民、服务人民，承载着丰富的法定职责和社会使命。在司法实践中，人民法院不仅要明辨是非，定分止争，而且要着眼于依法促进经济社会发展目标的实现。法官不仅是案件的裁判者，也是中国特色社会主义事业的建设者、保障者。在新的时期，浙江法院必须坚持能动司法，围绕建设“两富”浙江的目标任务，充分发挥司法的服务性、主动性和延伸性，积极运用司法建议，服务经济发展，维护社会稳定，

推进社会管理创新。

——必须立足审判实际,准确把脉经济社会问题。司法建议工作的缘起,是人民法院在审判执行中,发现案件所涉单位和部门在制度上、工作中存在的缺陷和问题而提出的改进建议。脱离审判实践,司法建议工作就不可能有长久的生命力和发展空间。人民法院只有立足于审判执行业务,从办案中深入了解调研,问题才能找得准,建议才能提得好,让人听得进,让事办得成。

——必须完善工作机制,保障司法建议多形式、广覆盖、出实效。我省法院司法建议工作这些年能够取得显著的成效,其中一个很重要的原因,就是我们形成了一套“管用、好用、实用”的工作机制。必须根据形势的发展,不断完善司法建议工作机制,创新方式方法,积极拓展新领域,以富有成效的司法建议,进一步彰显人民法院在建设“两富”浙江进程中的重要地位和作用。

——必须优化工作环境,提升司法建议工作的社会效果。司法建议工作的顺利开展,不仅需要法院系统的自身努力,更需要外部环境的优化和良好氛围的营造。必须争取党委、人大和政府对司法建议工作的重视支持,司法建议的回复、落实才能得到有效保障。必须加强与新闻媒体等社会各方的合作,努力赢得社会各界对司法建议工作的理解、尊重和支持,为司法建议工作营造良好的外部环境。

在肯定成绩和经验的同时,也要看到我们工作中还存在的不足,主要体现在:一是对司法建议工作的重视程度不够。有的法院领导和法官只注重办案,对司法建议的意义和作用认识不足,社会责任感不强,工作不主动,有的建议质量不高、效果不佳。二是工作发展不平衡。较前些年,各地法院司法建议数总体上都有增加,有的法院甚至成倍增加。但各地法院之间司法建议的水平和效果还很不平衡,地区间、法院间的差距比较大,与办案中可以发现可以改进的诸多新问题、新隐患不相称。三是工作机制和制度有待进一步完善。目前,多数中院和部分基层法院,已建立了相关管理制度,但还有少数法院处于边缘化的应付状态,工作零打碎敲,没有章法。此外,一些机关、单位认为司法建议没有法律约束力,接到后束之高阁,有的甚至认为司法建议是在挑刺,有抵触情绪。上述问题,希望引起大家的重视,在会议之后采取有效措施加以改进。

二、下一步推进司法建议工作的部署

省第十三次党代会提出了建设物质富裕精神富有的社会主义现代化浙江的宏伟目标。今年以来,我省仍面临着经济下行压力与社会矛盾集聚的严峻挑战,正处在全力促使经济回升和转型升级的关键阶段,处在迎接党的十八大召开的敏感时期。全省法院提供司法保障与服务的责任将更加重大、任务将更加艰巨。我们在统筹推进"八项司法",抓好执法办案的同时,更要围绕我省稳中求进、发展实体经济、改善民生、加快改革等方面的涉案新情况新问题,积极运用"专题报告"、"个案建议"、"类案建议"、"行业建议"、"综合建议"、"白皮书"等形式,有针对性地提出改进的司法建议,有效延伸审判活动在优化党政公共决策和社会管理方面的影响力,切实履行好司法的法律责任与社会责任。

(一)提高认识,发挥司法建议在完善公共决策、堵漏建制、助推"法治浙江"建设中的作用

司法建议工作是法院审判职能的重要延伸,有利于实现司法效益最大化。同时,它是推动社会管理创新的有效途径,是人民法院服务大局、服务经济社会发展的重要切入点。这项工作只能加强,不能削弱;只能前进,不能停滞;只能有作为,不能不作为。

坚持"能动司法,服务大局"的理念。随着我省围绕"稳中求进"总基调,加快实施四大战略、四大平台,加快经济转型升级,在政府管理、企业经营、基本民生保障、社会维稳等方面出现的新情况、新问题日益增多,法院在审判执行的办案过程中,往往能对社会深层次的隐患发现得早,问题看得深,漏洞看得清,症结把得准。一件司法建议相比办几个案子,发挥作用的空间更大,责任更重。全省法官要树立大局观念和全局视野,既要善于办案,又要巧于用力,找准延伸服务当地经济社会发展的最佳结合点和着力点,"以小建议显大本领、以小建议展大格局、以小建议赢大发展",有力发挥司法建议应有的作用。

贯穿"立足审判,推进法治"的主线。人民法院作为法律实施的重要国家机关,不仅要通过个案的审理、裁判和执行,使社会实现法律的适用,同时也要善于运用司法建议,使司法的规范、引导、服务、监督、促进的作用,得以从个案向社会层面辐射扩张,从而使法律法规在更大范围内得到有效实施,促进形成普遍遵法、守法的法治社会。显然,做好司法建议工作,必须以依法为前提,不能脱离涉案实际问题,更不能背离国家的法律、政策法规,不能想当然,更不能标新立异,违背立法、司法的原则。

要有"司法为民,勇于担当"的情怀。当前,全省法官执法办案的任务、压力持续加大,而制作一份较高质量的司法建议书,有时候可能比办几个案子还要花精力。但这是值得的,一分耕耘将换来一分收获。一个好法官,对办案中发现的社会缺陷、管理漏洞,决不会不闻不问,放任不管,它源于我们法官内心强烈的社会责任感,源于对维护民众利益的深厚感情。因此,加强司法建议工作,善尽法院的社会责任,还能提升人民群众、社会各界对法院工作的认同和信任。

(二)讲究方法,创新方式,规范管理,不断提升司法建议的品质

有实效的司法建议,才是其生命力源泉之所在。下一步的工作重点,是优化司法建议水平,提高司法建议质量。

重在创优争优。努力在提高建议的针对性、可行性和时效性上下工夫。省高院考虑,不采用可能导致追求数量的量化考核办法,坚决防止搞表面文章,为建议而建议,走上为考核攀比数量而滥发建议的歧途。司法建议不在大小,重在实效。司法建议不论宏观微观,只要依托办案,深入摸清情况、原因,找到症结,有的放矢,就能点准穴位,对症下药,引起重视,达到预期的目的和成效。全省法院要发挥主观能动性,加强本院司法建议工作的分析研究、激励整合,练好内功,激发活力,不断推出大大小小"含金量"较高的司法建议,进一步提升浙江法院司法建议工作水平。

重在服务性、建设性。人民法院与建议的对象一般不存在上下隶属关系,建议的本质旨在提供优质司法服务。因此,要懂得司法建议的正确定位,理应表达出对所建议部门、单位的尊重、理解和善意,增强建议的可接受性,使之产生心悦诚服的认同感。防止以监督者自居,字里行间盛气凌人,居高临下,反而让人产生难堪抵触。防止大话、空话、套话、训话,让人徒生"站着说话不腰疼"的反感。我们要把自己定位为服务者、参谋者,而非管理者、训斥者,以善意真诚的服务少阻力、多合力、巧借力,力求被建议单位和主管部门的理解重视和认同。

重在采纳落实。司法建议不能一发了之,要提高反馈率,重视沟通、落实,有"建"有"纳"。从文来文往,向双方互动共赢转化,力求被建议者从"谏"如流,纳之有益。

强化流程管理。司法建议从提出、起草、审核、签发、发送、录入、督促反馈、归档等,集专业性和综合性于一身,要梳理流程节点,明晰各个环节的责任部门及职责分工,业务部门和综合部门也要有分有合,尤其是院长、分管院长要落实签发把关的职责,才能确保质量,确保工作有条不紊、整体推进。

规范文书制作。文书是司法建议最直观的体现,是"门面"。一份合格的司法建议,最基本的要求是格式规范、行文严谨、内容合理可行。一份优秀的司法建议,更在于指出问题切中时弊、顾及感受,分析问题言之有据、引起重视与共鸣,提出对策要合情合理、可以操作、便于改进,使建议发挥更大的社会效果和影响力。制作司法建议文书务必贯彻必要性、合法性、规范性、实效性原则,行文要规范严谨,文字简洁明了,语气平和得体。可以说"没有最好,只有更好"。

创新建议形式。要不断探索、丰富和创新建议的形式,以灵活多样的载体

把司法建议向社会传递。除了个案、类案、综合性司法建议,还可以根据实际情况以专题报告、要情专报、定期制作发布专项审判工作报告(白皮书)、宣传手册等形式提出司法建议,形成"综合型、纠正型、预警型、善后型、延伸型"等多种方式的丰富载体,使司法建议能大能小、信息快、针对性强、覆盖面广,充分施展法院在审判调研、延伸服务方面的整体实力和水平。

加强沟通互动。与被建议单位的适时沟通,是提高司法建议成效的重要方法。为了使建议更有实效,做到不缺位、不错位、不越位,促使相关单位能够自行改进,在发出司法建议前,注意与被建议单位进行沟通,本着实事求是的态度,尊重被建议单位的意见和感受,有助于避免因司法建议的不对路、不到位、不切实际,而"石沉大海",损害司法建议的严肃性和权威性。同时,还可以使被建议对象更好地理解建议的初衷和善意,预防或消除抵触情绪,营造共商排忧解难的和谐氛围,确保司法建议得以有效落实。

优化资源统筹。要整合法院内部外部资源,树立"一盘棋"整体意识。一是本院内部统筹,整合各部门的资源优势。一线办案部门要注重发现问题、查明症结、改进有方,综合部门要注重提炼升华,院庭领导要严把质量,实现司法建议工作的优质、及时、有效。二是法院之间的统筹。全省三级法院层级不同,工作各有侧重。基层法院要深入涉案关联的当地问题,可多发个案、类案建议,提出具体的问题和改进意见;中级、高级法院视野更宽,可多发类案建议、综合建议,提出更具全局性、系统性的问题和对策。

抓好平台建设。目前,全省法院司法建议信息库已经建成并正式运行,全省三级法院统一联网,信息共享。各级法院要重视相关的信息录入工作,确保司法建议文书及反馈情况上网入库的准确、及时。录入时要注意诸如被建议对象类型和案件类型的选项,尽可能避免信息点的输入错误。建立信息共享的司法建议库,有助于各级院长依托平台了解情况动态,全省法院之间学习交流。它是指导司法建议工作的助手,学习借鉴优秀司法建议的平台;法宣部门也可以从中掌握司法建议中的亮点,适时宣传报道,以提高司法建议的社会认知度,扩大司法建议的社会影响力。

(三)立足长远,健全制度,建好司法建议工作的长效机制

加强和改进司法建议工作,离不开有效的制度保障。全省法院要努力健全司法建议工作机制和制度,克服"一判了之",力求"一'建'中的",防止"一纸空文",促进"一以贯之"。

健全督促机制。司法建议发出后,起草部门应当主动适时采用询问、提醒、回访等方式跟踪,向被建议单位了解其对司法建议的评价、有无后续整改落实

措施,有无不予反馈或落实不到位的情况与原因等。对于被建议单位不落实司法建议事项,可能会产生比较严重的后果,可以及时向其上级主管机关提出意见。在跟踪督促中,要讲究方法,考虑周全一点、解释耐心一点、说理充分一点,增强被建议单位对司法建议的认同感和重视度,力求“件件有回音、事事有着落”。

健全激励机制。合理设置激励办法,可以激发法院和法官的积极性,增强司法建议工作持续发展的动力。省高院和各中院今后都将按年度评选出一批优秀司法建议,在辖区范围内予以表彰,促进浙江法院司法建议工作持续、健康、均衡发展。

健全培训机制。练好内功,才能固本强基。一个法官会用法律思维和司法技能去裁判案件,未必能够制作出针对性强、说服力大的优质司法建议文书。要加强对法官特别是年轻法官的司法建议技能的专项培训指导,着力提高他们发现问题、找准症结、沟通协调、文字表述的能力。通过积极开展司法建议活动,促进法官的思想更加敏锐,视野更加开阔、经验更加厚实、知识更加丰富,促进法院工作更加有作为有地位。

健全联动机制。近年来,一些法院通过做工作,将司法建议的反馈、落实情况纳入了当地的有关考核。实践证明,这对于推动司法建议的落实、提升司法建议的功效,是一项十分有效的手段。各级法院要积极争取党政支持,尽可能将司法建议的落实情况纳入当地社会管理综合治理、依法行政、平安建设以及创建先进法治市、县(市、区)等考核体系。要主动接受人大对司法建议工作的监督和检查,健全与政府法制部门日常的沟通联系制度,搭建与行业组织、主管部门的沟通平台。对于某些问题突出或多发的行业和领域,要主动向党委政府汇报,推动健全风险预警机制,从源头上预防矛盾纠纷的激化,促进经济社会平稳较快地发展。

健全宣传机制。各界民众的认可和认同,是司法建议工作良性发展的重要助推力。目前,社会公众对司法建议知之不多,对法院司法建议工作的作用了解甚少。各级法院要加强与新闻媒体及社会各个方面的合作,通过多种渠道和形式加大司法建议宣传力度,扩大社会影响,为司法建议工作营造良好的外部环境。

同志们,司法建议工作前景广阔,使命光荣。全省各级法院要以深切的社会责任感,把握工作目标,拓宽工作思路,创新工作机制,提升工作水平,努力推动浙江法院司法建议工作实现新突破、开创新局面,切实履行好法院在建设“两富”浙江中的政治责任、法律责任和社会责任,以优异的业绩迎接党的十八大胜利召开!

深化“八项司法” 提升司法公信

——在全省法院院长会议上的讲话

齐 奇

（2013 年 1 月 8 日）

同志们：

这次会议的主要任务是认真学习贯彻党的十八大和省第十三次党代会精神，落实全国政法工作会议和第二十次全国法院工作会议要求，分析形势任务，研究部署全省法院 2013 年工作。

2012 年，是党的十八大和省第十三次党代会胜利召开之年，是我省法院积极应对又一个收案高峰、各项工作取得明显成效的一年。全年新收各类案件 97.66 万件，办结 96.63 万件，同比分别上升 17.02% 和 17.11%。一年来，全省法院齐心协力，迎难而上，干在实处，保持了良好运行态势，各项办案质量、效率、效果主要指标继续位居全国法院前列，为我省经济社会平稳向好发展提供了有力的司法保障，获得了省委、最高法院的肯定和社会各界的好评。

回顾 2008 年以来的五年，是我省法院办案压力剧增、工作难度加大、舆情考验严峻的风云起伏的五年，也是我省法院工作与时俱进、科学发展、迈上新台阶的成效共睹的五年。我们始终坚持党的领导，自觉服务于党政中心工作；始终坚持执法办案第一要务，履行公正司法第一责任；始终坚持司法为民，依法维护群众权益；始终坚持重心下移，夯实基层基础工作。同时，以科学发展观为指南，勤于思考，勇于探索，逐步形成了以“八项司法”为载体的工作格局。实践证明，这是遵循司法规律、符合法院实际、顺应时代特征、体现浙江特点的有力抓手，是服务经济社会科学发展、实现法院工作自身科学发展的务实路径。

五年来，全省法院共受理案件 412.11 万件，办结 407.12 万件，分别比前五年上升 56.65% 和 55.04%，是全国增长幅度的 2.1 倍。平均上诉率是 7.1%，低于全国 3 个百分点；二审改判发回率为 8.7%，低于全国 6.4 个百分点；生效裁判息诉率为 99.3%，一线办案法官年人均结案达 150 件，是全国平均数的 2 倍。成绩来之不易！在此，我代表省高院，向全省法院法官、法警、工作人员及其家属，向一如既往关心支持法院工作的离退休老同志和特约监督员，致以崇高的敬意和亲切的慰问！

以党的十八大胜利召开为标志,我们党和国家开启了全面建成小康社会新的伟大征程,人民法院工作也站在了一个新的历史起点上。当前,我省经济社会总体形势的基本面,依然长期趋好,做好法院工作也有较多有利条件和发展机遇,但也面临复杂严峻的经济社会困难问题和艰巨繁重的安保维稳工作任务,仍然处于人民内部矛盾凸显、刑事犯罪高发、对敌斗争复杂的时期。特别是十八大鲜明提出的全面推进依法治国,加快实现国家各项工作法治化,对进一步做好人民法院工作提出了更高层次、更加紧迫的要求。同时,我省法院工作与我省经济、政治、文化、社会和生态建设的关联度不断上升。作为沿海先发地区的社会转型期所产生和积累的矛盾纠纷、利益冲突,在司法涉案中的反映往往更明显、更在先、更集中。浙江民众对维护自身合法权益、对实现公平正义的期待也越来越强烈。今年,我省法院收案预计仍将继续保持高位运行,办案压力也不会减轻,统筹兼顾各方利益的难度越来越大。我们要充分认识这些问题和困难对浙江法院工作的影响,把握机遇,沉稳应对,在新起点上实现全省法院工作新发展。2013 年,全省法院工作的总体要求是:

认真学习贯彻党的十八大、省第十三次党代会精神,密切关注经济社会形势变化和人民群众司法需求,围绕提升司法公信,深化“八项司法”,改进司法作风,提高司法能力,完善审判机制,加强队伍建设,凝聚力量、真抓实干、攻坚克难,为维护公平正义、建设“两富”浙江提供更有力的司法保障。

一、围绕“两富”浙江建设,深化能动司法、和谐司法、民本司法和协同司法

(一)依法保障我省经济社会发展

继续关注去年提出的“4 条资金链”,把好“5 类涉案问题”不放松:一是涉困企业区别处置。要坚持甄别分类、区别对待、有扶有破。依法帮扶有市场有潜力的困难企业渡过难关,支持新一轮的企业兼并、重组、重整;引导可淘汰企业通过破产清算等方式退出市场,勇于探索出一条“市场导向、司法主导、简易审理、执破结合”的具有浙江特点的市场化简易破产新路子。省高院要注意总结市场化简易破产的新经验,适时出台相关指导性文件。同时加大宣传力度,转变一些党政领导、企业家和各界对破产制度的误解,努力推进我省市场经济法治化的进程。二是依法保障金融改革。金融改革是整个经济体制改革的重中之重。密切关注温州金改和丽水农村金改中存在的困难和问题,勇于支持先行先试,稳妥处理民间借贷和企业间借贷等融资纠纷,优化金融改革的法治环境。继续用好集中管辖、重整、和解等司法措施,有效防范区域性金融风险。加快金融债权案件审执进度,畅通银行不良资产核销处置通道,平衡银企利益,促

成银企合作。支持实体经济特别是中小微企业的生存发展。三是依法妥处重点工程和城市化进程中出现的拆迁、拆违等涉案问题。按照司法“裁执分离”工作原则，兼顾重点工程、城市化建设的公共利益需求与被征收人合法利益保护，不能因迁就项目建设而明显损害民生民利，也不能因个别钉子户的无理诉求而损害公共利益。今年是全省各地加快重点项目落地和实施“三改一拆”（旧城区、旧厂区、城中村改造和拆违）三年行动计划的第一年，涉及申请强制拆迁、集体土地上的违法建筑拆除、退出土地的非诉行政执行案件仍将进一步凸显，各地对涉及土管部门无权自行强制执行的案件，可参照“裁执分离”办法，协调好与政府相关职能部门的关系。千方百计实现和谐执行，坚决防止发生对抗失控的恶性事件。四是审理好房地产调控之下的涉案问题。关注我省部分地区因维持调控而续发的退房、违约等纠纷及“崩盘”、“房闹”事件，要在尊重合同效力的司法原则下，依靠当地党政协调，依法妥善处理，维护好房地产市场秩序。五是审理好劳动争议和企业欠薪的涉案问题。坚持依法保障劳动者合法权益与企业生存发展并重理念，对暂时存在资金困难但有发展潜力的企业特别是中小微企业，尽量通过和解、调解、集体协商等方式，鼓励劳企共渡难关，避免杀鸡取卵、竭泽而渔；对生存无望且以恶意欠薪等形式损害劳动者权益的企业，要加大审判制裁和财产保全力度。尤其岁末年初，各地都要按照省高院通知精神，最大限度保护农民工等劳动者权益，构建“无欠薪浙江”。

重视为我省实施“四大国家战略举措”提供司法保障。抓好涉外商事海事审判，提高海事法院跨区域管辖的司法能力和重大纠纷调处能力。加大知识产权保护力度，推动我省创新驱动发展战略实施，做好邀请驻华机构和境外媒体列席年度工作会议和年度报告（白皮书）发布，打造好知产保护的浙江品牌和投资环境。妥善处理好环境保护、资源开发等方面的矛盾纠纷，依法制裁破坏环境的违法行为，推进“美丽浙江”建设。完善司法建议管理机制，落实好全省司法建议专题会议精神，发挥司法建议在优化公共决策、堵漏建制、创新社会管理中的积极作用。

（二）做好司法领域的民生保障工作

进一步畅通诉求表达和权利保障渠道，审理好就业、住房、医疗、社会保障、教育等民生领域的各类矛盾纠纷，落实诉讼便民利民各项措施，努力构筑保护民生权益的司法防线。今年继续做好三件事：一是在立案信访窗口规范化建设达标的基础上，积极改进集诉讼引导、服务救助、查询咨询、判后答疑等功能于一体的“一站式、低成本”综合性诉讼服务平台。推动在线诉讼服务，完善巡回审判、预约办案、远程立案等制度，努力提高司法救济的及时性和便利性。二是加大执行救助和刑事被害人救助力度。今年省高院将改革“执行无主款”管理使用办法,激活沉淀资金,扩充执行救助资金,努力帮扶涉诉特困群体的基本生活。各地可参照这个办法,只做不说。三是推广司法网拍改革工作,鼓励各地法院顺应民意积极实践,增加网拍数量,丰富拍品种类,尽可能让适于网拍的标的物均能上网竞价,实现改革的规模效应。在网店的开设上,各地可以自行进行,也可由中院统一开设,或委托先行的经验较丰富的法院进行,以提升司法网拍的集约化运作,节省人力、物力投入。

(三)守护平安和谐稳定

1. 严格贯彻宽严相济刑事政策

正确把握从严与从宽的法律精神、民意基础和社会效果,做到宽严依法、宽严有度。要解决好外地人缓刑适用率偏低的问题,平等体现宽严相济的刑事政策。正确把握惩治危害食品药品安全和醉驾等犯罪的尺度,防止该严不严。对某些专项行动背景下的案件,如集中查处销售假“性保健药”、“毒胶囊”、信用卡透支诈骗案件等,要根据具体情节和实际危害,实事求是、审慎适用刑罚,防止打击面过大。依法惩治贪污贿赂及其他渎职犯罪以及商业贿赂犯罪,办好大要案,旗帜鲜明地反对腐败。要通过多种途径落实未成年人缓刑监管、分别关押、分别审判、提供辩护、犯罪记录封存、社区矫正等刑事特别程序保护制度。要巩固“扩大指定辩护”的成效,进一步加强与司法行政机关、律师协会的沟通衔接,确保新修订刑诉法实施后已经取得的辩护成效不倒退。死刑案件人命关天,来不得半点疏忽,我们要缜密审慎啊!要准确把握死刑政策,用准、用好死缓限制减刑,强化证据裁判意识,保证每一起案件经得起法律和历史的检验。无论是作为基础的一审,还是关键的二审,对客观性证据,都要落实严格的程序审查,凡证据来源不清,取证主体、程序或证据固定、鉴定不合法不规范的,都必须补查补证;对言词性证据,必须落实严格的实体审查,判断该证据是否稳定,是否合理,能否与其他证据相互印证等。对比较典型的失误教训,应加强与公安、检察机关沟通或报告政法委,促使我省命案的侦查和审查起诉,提高及时收集固定和补强证据的能力,最大限度减少、防止因取证疏忽或先入为主,致证据存疑,而使案件定、放两难,甚至导致冤错案件的发生。

2. 调判结合预防化解纠纷

以“枫桥经验”50周年为契机,进一步优化大调解工作机制。规范“调解优先”贯穿诉讼全程的工作,对不宜调解以及调解不成的,及时依法作出裁判。诉前登记制度正在全省推行,此举旨在通过登记、分流、调处,将可以通过诉前调解解决的纠纷委托分流出去,发挥好非诉调解的作用,又便于统计诉前工作量,有利于立案把关、诉前举证准备,减少诉讼延迟过长,防止久拖不决难决。根据新修订民诉法关于诉讼代理人的新规定,规范好公民代理人身份核实、登记备案等制度,堵住“黑律师”、“假律师”、上访老户等非法公民代理的渠道。

3. 注重行政争议多元协调的实质性化解

保护行政相对人合法权益,保障国家赔偿申请人依法得到救济。加大行政审判机制改革的力度,拓展跨地区管辖机制和行政诉讼附带民事诉讼、行政诉讼简易程序、优化行政诉讼庭审程序三项试点工作。加强司法与行政的良性互动,坚持府院联席会议制度,推进和完善在党委统一领导协调下、政府和法院等有关方面共同参与的行政争议协调化解机制。做好年度行政审判“白皮书”发布工作,推动依法行政,改善我省法治环境。

4. 推动法治化解决涉诉上访难题

当前仍要重视落实“五项制度”,以减少重复访和越级访为着力点,稳控全国“两会”期间的进京访,坚决防止发生影响社会大局稳定的重大涉诉信访问题。处理好保护诉权与制止滥诉的关系,将立案环节作为重大敏感案事件防控的重要节点,坚持把好关。改进接待作风,以“不忽悠、不回避、不迁就、不姑息”的坦诚态度,加大初访疏导化解和申诉驳回案件“每案必谈”的力度。高中级法院要尽力协助基层法院,做好涉诉信访案件终结的规范层报工作,及时切断闹访缠访的路径。要以新民诉法关于申诉信访“法院救济先行、检察监督断后”的立法设计和中央将作出有关重大调整为契机,倡导信访工作法治化的新要求,为把涉诉纠纷终结在司法程序之内创造条件。

5. 综合治理执行难

扎实推进“5 个系统”联动执行机制和网上点对点查控机制建设,继续扩大覆盖面,对隐匿、转移的被执行人和财产逐步实现网上先行查控。深化反规避执行工作,落实财产报告和限制高消费制度,力争 2013 年有一半以上的市、县建立公安协控机制。全省执行失信信息统一纳入银行和工商的征信系统,着力推进公民、法人诚信系统建设。增强法警执行力量,巩固每个基层执行局法警人员占到三分之一,有条件的法院要达到二分之一。创新工作方式,探索“准备、查控、研判、结案”分段执行试点,推广执行回告(12358 手机告知平台)、集中查控、执行会诊研判等有效办法,努力破解执行难。

二、围绕提升司法公信,深化规范司法、阳光司法、廉洁司法和基层司法

(一)抓好新修订“两法”的实施工作

新修订刑诉法和民诉法已于 1 月 1 日起正式实施,配套的刑诉法司法解释

也已公布。由于涉及的范围广、内容多,如新修订刑诉法在证据制度、辩护制度、强制措施、侦查措施、审判程序、执行程序等方面作了重要修改和补充,新修订民诉法新设了公益诉讼、小额诉讼、第三人撤销之诉、行为保全、司法确认、担保物权的实现等多项重大诉讼制度。既有对原有制度的补充、完善,还增加了许多旧法中没有的制度,将对人民法院的审判理念、诉讼程序产生重大影响。在贯彻新修订刑诉法中,要更加注重落实尊重和保障人权、程序公正、无罪推定和证据裁判等重要理念;在贯彻新修订民诉法中,要进一步强化程序、诉权、公平、证据和效率意识,切实把立法精神和价值取向融入审判执行各个环节。全省法院要在省高院前一阶段开展培训基础上,结合自身实际,深入抓好两法的岗位培训,提高培训效果。要重视与相关部门的沟通衔接,研究新情况,解决新问题。各地贯彻实施“两法”中遇到的问题和困难,要及时报告。高中院要认真调查研究,加强对下指导,确保新修订“两法”得到有效实施。今年下半年,省人大常委会将专题听取和审议贯彻落实修订后刑诉法工作情况的报告,各地要高度重视,尽早做好相关工作。

(二)抓好审判执行管理

保持办案质量、效率、效果位居全国前列的良好运行态势。建立健全严控18个月以上未结案件的长效机制,防止“边清边积”。个别“积案大户”的院长,要逐案分析长期未结的客观因素背后存在的主观因素,积极协调,加快进度,找到解决问题的办法和出路,不能消极坐等。2012年12月23日,全省法院已统一实行“归档报结齐步走”,这是我省下决心解决审判管理最后一道环节的重要举措,今年还要实现全省法院诉讼档案电子化,尚未开展的法院要在一季度把这项工作做起来。后行单位必须改变旧的归档习惯,学习先行单位的好办法,适应新形势,跟上新步伐。

(三)抓好司法公开长效机制

2011年以来,通过实施阳光司法达标等工作,我省司法公开已取得良好效果。为健全长效机制,省高院又研发了“浙江法院阳光司法指数评估体系”,今年将进入实质性启用阶段,适时对全省法院进行评估并向社会公布。各级法院要对照指数评估项目,认真查找不足,切实改进和完善立案、庭审、执行、听证、文书、审务公开工作,努力形成开放、透明、便民、现代化的阳光司法新机制。

(四)抓好新闻宣传和舆论引导

善待媒体、善用媒体,提升新媒体时代的社会沟通能力。做好重大敏感案件的舆情风险评估、舆情收集研判工作,及时发布权威信息,尽可能从源头上预防和减少负面炒作,引导媒体和公众理性看待司法热点、难点问题。完善新闻发布工作机制,努力增强司法媒体在社会舆论中的话语权和感召力。充分理解社会和媒体对一些热点案件的关切,以认真负责和坦诚谦和的态度加强与社会的沟通,特别是公众质疑的案件,必须适时公布案件真相,充分阐述裁判理由,最大限度争取社会各界的理解与支持。

(五)抓好司法作风

坚决落实中央关于改进工作作风、密切联系群众的八项规定、最高法院制定的六项措施和省委的实施细则,各级院长要率先垂范,不搞形式主义,不做表面文章,切实抓好各项工作的落实。认真开展以为民务实清廉为主要内容的党的群众路线教育实践活动,学习、弘扬我省优秀法院院长陶蛟龙同志的优良品格和感人事迹。坚持审务督察工作,继续做好明察暗访和庭审、文书评查活动,教育引导广大干警践行好浙江法官"职业四要",最大限度地减少办案差错瑕疵,克服简单、粗糙作风和随意性、情绪化等不当言行。注意改进文风、会风,不说空话套话大话,多说短话新话实话、有内容的话。

(六)抓好反腐倡廉

坚持"教育、机制、查处"三管齐下的反腐基本思路,有案必查、有腐必惩,始终保持零容忍的鲜明立场。积极推动廉政风险预警系统建设,对苗头性、倾向性问题,要敢于提醒纠正,防止小错酿成大错。深入开展司法廉洁教育,认真做好法官授职典礼和春节后首个工作日的"廉洁司法教育日(周)活动",将党性教育与法官职业道德教育、先进示范教育与反面警示教育、全员参与教育与针对特定对象的个性化教育结合起来,进一步增强针对性、现实感和实效性。最高法院已正式发行我们编撰的《柔性处理,艺术拒绝——法院干警拒礼、拒请、拒托提示手册》,今年省高院纪检组将编撰身边发生的实际案例,以案明纪,以案促教,不断增强拒腐防变的能力,确保法官清正、法院清廉、司法清明。

(七)抓好基层基础保障

牢固树立固本强基的思想,落实好全省人民法庭工作专题会议精神,把人力、物力、财力更多地投到基层,进一步为基层解决面临的实际困难和问题。加强业务指导,统一裁判尺度,及时帮助基层破解司法难题。特别是重大敏感案件的审理、舆情应对等方面,上级法院要指导及时,措施有力,工作到位。要增强培训工作的针对性和有效性,扩大基层干警的受训面,注重青年干警的基层实践锻炼,提升干警执法办案、把握大局、化解矛盾、民意沟通、做群众工作、应对突发事件的能力。要充分发挥资深法官和离退休老同志的传帮带作用,使人民法院的优良传统和作风一代一代传下去。要深入贯彻"科技强院"方针,按照"服务审判管理和服务法官办案并重"的思路,加强电子设施,推进信息共享,保障信息安全,狠抓实务应用,进一步提升我省法院的信息化水平。要巩固深化我省引领全国的电子化法庭和远程视频庭审、询(讯)问的功能,充分发挥其服务审判、提升水平的综合效用。今年6月底前,各中院都应建成集庭审督查、系统演示、司法公开及安保监控等功能于一体的信息化集控中心,有条件的基层法院也可跟进实施。

在坚持从严治院的同时,更要关爱干警,帮助他们缓解案多人少带来的身心压力,尽最大努力增强队伍的凝聚力和战斗力。

同志们,在党的十八大开启的新征程上,人民法院责任更大、担子更重。干事业需要有一股子精气神,精神状态至关重要。面对新形势新任务新挑战,能不能切实履行好人民法院的法律责任、政治责任和社会责任,关键取决于各级法院领导干部能不能保持好的精神状态。让我们振奋精神,求真务实,凝聚力量,攻坚克难,为全面推进依法治国,为建设“两富”浙江作出新的更大的司法贡献!

第三节 “八项司法”大事记

2008 年

3 月 24 日，浙江省高级人民法院出台《全省法院领导班子成员防止人情关系对司法工作不当影响的若干规定》，被媒体称为“开前门、堵后门”、阳光运作的“约法十章”。

4 月，浙江省高级人民法院运用同期结案率、平均审理（执行）天数等 26 项基本数据，对全省 103 家法院的审判情况进行“体检”，每季度排名通报。

4 月 18 日，浙江省高级人民法院向浙江省委作出《关于运用审判职能，切实贯彻省委“防止我省经济下滑”指示精神的专题报告》。国务院副总理王岐山、浙江省委书记赵洪祝以及最高人民法院常务副院长沈德咏等领导批示肯定。

10 月 14 日，浙江省高级人民法院下发《关于第一审民事和商事案件级别管辖的规定》，进一步提高高级法院和中级法院受理一审普通民商事案件的标的额。

11 月 3 日，浙江省高级人民法院制定下发了《数字法庭建设规范》。

11 月 28 日，浙江省高级人民法院下发《关于切实做好今冬明春涉及农民工劳动报酬案件审判执行工作的通知》。

2009 年

1 月，浙江省高级人民法院院长齐奇在全省法院院长会议上提出“抓好八项司法，服务科学发展”的工作思路。

1 月 15 日，浙江省高级人民法院举行首次法官授职典礼，51 名初任高级法官、审判员、助理审判员，面向国徽庄严宣誓。

2 月 12 日，齐奇做客浙江在线《问政零距离》，通过网络视频，围绕“民本司法、阳光司法”与网民互动交流。

4 月，浙江省高级人民法院制定下发了《一审民事案件审判要领》，作为庭审中必须明示的“法官提示”；印制下发《浙江法院审判业务资料》7 卷、《浙江法院实务技能手册》28 册，加大对基层法官的业务指导。

7月23日,浙江省高级人民法院出台《关于为推进农村土地流转和集体林权制度改革提供司法保障的意见》。

2010年

2月,浙江省高级人民法院在浙江省委和省人大的重视支持下,构建执行征信系统、执行查控系统、执行惩戒系统、执行监督系统和执行保障系统的综合治理执行难工作体系。

5月27日,浙江省高级人民法院出台《关于为中小企业创业创新发展提供司法保障的指导意见》。

2011年

2月26日,浙江省高级人民法院制定下发《浙江法院阳光司法实施标准》36条。最高人民法院院长王胜俊、浙江省委书记赵洪祝批示肯定。

3月9日,浙江省高级人民法院制定下发《关于扩大刑事案件被告人指定辩护范围的通知》。

5月10日上午,最高人民法院院长王胜俊到杭州市江干区人民法院调研,亲切看望慰问全院干警,实地察看朱学军法官调解工作室,观看朱学军担任“和事佬”开展“电视调解”的视频,并与干警代表座谈。

7月5日,浙江省高级人民法院制定下发《关于为我省海洋经济发展提供司法保障的意见》。

11月下旬,浙江省全面推进依法行政工作领导小组办公室、省高级人民法院、省政府法制办联合下发《关于全面推进行政机关负责人出庭应诉工作的通知》,标志着行政机关负责人出庭应诉制度在全省范围的正式建立。

2012年

1月,齐奇在全省法院院长会议上提出进行网上司法拍卖试点工作,不需拍卖机构参与,真正实现零佣金。

5月15日至16日,浙江省高级人民法院召开第五次全省人民法庭工作会议,是新中国成立以来浙江法院系统召开的规模最大的专门会议。

5月29日,浙江省高级人民法院与浙江大学联合举办“2012中国法治论坛——司法透明指数研讨会”,《人民日报》、人民网、新华网等主流媒体进行了专门报道并给予高度评价。

6月下旬,浙江省高级人民法院和淘宝网联合推出“网络司法拍卖平台”,

首起拍卖的标的物马自达轿车被拍出6.1万元。

7月4日,浙江省高级人民法院召开全省法院司法建议工作会议,全面推进司法建议工作。浙江省委副书记、省长夏宝龙到会作经济形势报告。

7月9日,浙江省高级人民法院发布《柔性处理,艺术拒绝——法院干警拒礼、拒请、拒托提示手册》。省委书记赵洪祝批示肯定:“省法院编写的这本小册子,内容具体,生动直观,实在管用,是加强法院队伍反腐倡廉建设的创新之举。希望切实抓好有关学用工作,真正使这本小册子发挥大作用。”

8月23日,浙江省高级人民法院与宁波海事法院召开新闻发布会,发布《浙江海事审判白皮书(2008-2011)》。中新社、新华社、中国海洋报、中国交通报、中国水运报、浙江日报、浙江法制报、浙江卫视、浙江在线、浙江之声、文汇报等20余家媒体记者参加发布会。

9月28日,浙江省高级人民法院与省检察院、公安厅联合召开新闻发布会,分析近三年来浙江危害食品、药品安全犯罪案件基本情况,公布了浙江公、检、法三家关于办理此类案件适用法律问题的会议纪要,明确和细化了打击重点、有毒有害物质的界定、罪名的适用、共犯的认定、犯罪情节的把握和刑罚的适用等问题,并公布了危害食品、药品安全犯罪10大典型案例。

12月26日,浙江省高级人民法院与省劳动人事争议仲裁委员会联合召开新闻发布会,共同发布《浙江省劳动争议仲裁与审判白皮书(2008-2012)》。新华社、中新社、浙江日报、法制日报、浙江卫视、浙江在线、浙江之声、文汇报等近30家媒体记者参加发布会。

2013年

1月10日,浙江省高级人民法院召开浙江法院阳光司法指数评估体系新闻发布会,介绍阳光司法指数评估体系的主要内容。新华社、中新社、中央人民广播电台、第一财经日报、浙江卫视、浙江在线、浙江之声、文汇报、求实小康杂志等近30家媒体记者参加发布会。

第一章　能动司法

保障经济社会平稳健康发展

第一节 导 论

一、能动司法的科学内涵

司法的本质在于定分止争，实现社会正义，这早已成为共识。但如何实现正义？实现什么样的正义。在传统司法哲学上，有司法克制主义（judicial restraint）和司法能动主义（judicial activism）两种不同的立场。司法克制主义着眼于司法的被动性，强调法院在诉讼程序启动上的受应性，更关注形式正义的实现。而司法能动主义以实现实质正义为目标，以司法权的社会功能为重心，以法治精神为依托，强调在司法过程中采取积极灵活的态度，创造性地适用法律，以适应经济社会的需求。[①] 实际上，司法的能动性与司法的被动性并无必然逻辑联系。任何文化背景下和任何国家的司法都具有能动性。这是由司法活动的实践性质、司法权的内在属性、法律的局限性决定的。能动和克制的区别更多只是一个程度不一而非性质不同的问题。在美国，能动与克制总是循环交替地成为某一时期司法的主流观点。一般而言，在社会平稳时期偏向克制，在社会变革或转型时期倾向于司法能动，司法机关积极介入国家政治经济活动当中，甚至发挥政策形成功能。1953 年至 1969 年沃伦任美国首席大法官期间不断采取积极的行动，将原属州管理的公民权利纳入联邦政府的管辖范围，扩大联邦政府对弱势群体的权利保护，推动了美国社会的"权利革命"运动。即使在大陆法系，20 世纪以来随着功利主义法学、实用主义法学、结果主义法学的兴起，法官们也不断丰富法律解释方法，按照社会现实的需要更加灵活地适用法律，强调司法应当充分考虑社会现实，考虑本国的历史、文化、习俗，考虑裁判的结果对经济社会发展的影响。[②] 在很多国家，司法能动主义成为司法推动社会进步的一种方式，具有很强的生命力。

当前，我国正处于社会转型时期，经济社会的迅速变革带来了对法律的巨大需求，同时也对法律和司法的有效性提出了严峻挑战。社会结构多元化，利

---

① 常倜："司法能动主义与中国司法的未来"，载徐昕主编：《司法的知识社会学》，厦门大学出版社 2008 年版，第 87 页。

② 钱海玲、李杰："论法律效果与社会效果的统一"，载曹建明主编：《中国特色社会主义司法制度探索》，人民法院出版社 2008 年版，第 207 页。

益关系复杂化,要求我国司法必须兼具权利保障、政策和社会共识形成、纠纷解决等功能。能动司法在我国当前具有更大的现实必要性。它不仅有助于社会秩序的重构,而且有助于新型权益的生成和维护以及司法公正和效率的实现。[①]当然,我国能动司法的品格与西方不同,必须坚持党的领导,坚持司法的政治性、人民性和法律性的统一,这是由我国的国体决定的,也是由我国社会主义初级阶段的长期性所决定的。[②] 根据我国的宪政体制,司法机关由人民代表大会产生,对人民负责,受人民监督;宪法和法律制定权由全国人大和全国人大常委会行使;人民法院适用法律独立行使审判权(狭义的司法权)。因此,司法机关在司法过程中必须遵循法律解释的程序,而且司法机关解释法律的权力在当代中国只有最高人民法院享有。基于中国的司法实践和宪政要求,我国的法官发挥司法能动性主要表现在最高人民法院和地方各级人民法院两个层次。对于地方各级人民法院而言,面对纷繁复杂的社会现实,法官在个案中依照自由裁量权能动地评判证据,正确地认定案件事实,探索法律真意,能动地适用法律,维护公民权益和社会正义,不能机械地以法无明文规定不予受理和裁决案件;就最高人民法院的职能而言,其在指导下级人民法院审判工作以及具体应用法律过程中,能动地发挥司法解释的功能,如通过个案批复,对社会生活产生积极的深刻的影响。可以说,最高人民法院的司法解释,在一定意义上弥补了法律的空白,填补了法律漏洞,有效地发展和补充立法的不足。[③] 这也是当代中国的能动司法区别于其他国家或地区能动司法的重要特征。

同时要认识到,奉行司法能动主义是需要条件的:一是司法精英的存在;二是社会对通过司法完善国家的立法体系有高度的期待;三是通过案件的审理所产生的对普遍规则的要求。[④] 那么当下中国是否具备推行能动司法的现实条件呢?

首先,处于转型期的中国社会对能动司法有着现实的需求。学界主流观点认为,当下中国正在经历着从传统社会向现代社会的转型过程,社会呈现一个多领域的二元状态。一方面,国家经济飞速发展,社会进步全面提升,给人们发

---

① 王建国:“社会转型过程中的司法能动论”,载《金陵法律评论》2008 年第 4 期。

② 20 世纪 30 年代后期,陕甘宁边区政府就形成了“坚持司法工作是政权工作的一部分,强调司法工作的主要任务是巩固政权,保护人民大众的利益”的成功经验。坚持党的领导是人民法院化解社会矛盾的独特政治优势。

③ 王建国:“社会转型过程中的司法能动论”,载《金陵法律评论》2007 年秋季卷。

④ 信春鹰:“司法能动主义的时代到来了吗?”,载信春鹰主编:《公法》(第 3 卷),法律出版社 2001 年版,第 298 ~296 页。

展提供了极大的空间，自由选择的机会不断增加；另一方面，社会分化，新型社会关系频繁产生，贫富差距日趋扩大，社会主体之间的利益矛盾加剧，社会秩序面临严重危机，尤其社会规范受到了前所未有的挑战和冲击。[①] 在司法领域，诉讼案件是经济社会发展的"晴雨表"，人民法院受理案件总量大幅度上升，各类纠纷增多，社会矛盾处于一个高发期。[②] 社会转型时期的案件，矛盾更加尖锐，利益更加多元，加之全国经济文化发展又存在相当大的差异，直接导致适用法律困难、处理难度加大。尤其是2008年国际金融危机的爆发，对经济社会的发展产生了重大影响，同时也对人民法院的司法活动提出了更高的要求。一方面人民法院应当遵守司法权的被动性，奉行不告不理的原则。另一方面要求人民法院在司法过程中应当坚持党的事业至上，增强大局意识，在尊重司法自身规则的同时，高度关注经济、社会形势反映到司法层面的变化发展态势，秉承正义的法律价值和理念，遵循法律原则，并充分运用司法经验，正确适用法律，在理性地对案件的事实问题和法律问题做出判断的基础上行使裁判权，以解决纠纷，维护社会公平正义和秩序，自觉为党和国家中心工作提供司法保障和司法服务。这是社会转型期中国的政治现实，也是推行能动司法的主要现实基础。

其次，我国人民司法的政治性和人民性是推行能动司法的理论和实践根据。[③] 人民法院是党领导下的国家审判机关，其司法权是一种至关重要的执政权，归根结底要为实现党的根本任务服务。而其人民性的本质属性又决定了人民法院在司法审判活动中，必须主动加强与人民群众的密切联系，切实维护好人民群众的合法权益。

最后，法院的功能定位和队伍建设是推行能动司法的有力保证。我国法院本身具有公共政策的制定功能，在长期的司法实践活动中积累了丰富的法律操作经验，推出了如"马锡五审判方式"等行之有效的司法方法，培养出了一大批政治过硬、业务精良的司法人才，这些因素都可以成为我国推行能动司法的有力保证。

此外，当下中国的文化现实要求塑造司法权威，乡土社会的现实也要求法

---

① 王建国："能动司法之功能——基于社会转型现实视角的分析"，载《宁夏社会科学》2008年第2期。

② "回应人民关切，满足社会期待——最高人民法院常务副院长沈德咏解答四大热点问题"，载《人民法院报》2009年3月9日。2008年，全国法院受理案件10711275件，同比上升10.91%，创历史新高。

③ 公丕祥："当代中国司法必须走司法能动之路"，载《人民法院报》2009年9月16日。

院积极地为群众排忧解难，这些也都是能动司法在中国推行的现实基础。[①]

当然，司法者发挥司法能动性，要获得社会认可，并非是无限度的。司法者的能动司法必须是基于理性遵循正当性的原理，这个正当性就是要做到合法性和合理性的协调，被动与能动的平衡，法律效果与社会效果的统一。[②]

二、浙江法院能动司法的实践和发展

浙江作为改革开放起步比较早、市场化程度比较高、融入经济全球化比较深的省份，而且民营企业比重大，外贸出口依存度高，对市场反应灵敏，从2008年年初乃至更早一段时间开始，就首当其冲受到了国际经济形势变化的影响，提前感觉了国际经济形势变化带来的寒意，经济面临十分严峻的困难和挑战，一些主要经济指标增速回落，经济下行压力加大，经济运行中出现的问题和困难有不少转化为各类案件进入司法领域，给人民法院的审判执行工作提出了新的要求，带来了新的挑战。面对形势的变化和发展，浙江法院在尊重司法自身规律的同时，强化司法的能动性，敏锐观察、妥善应对全省经济运行中的新情况新问题，运用司法职能服务大局，增强为大局服务的针对性、有效性，努力实现法律效果、社会效果和政治效果的统一。

（一）加强涉诉企业解困的司法应对

2008年4月，浙江省高级人民法院在分析当年一季度收案形势的基础上，向浙江省委作出《关于运用审判职能，切实贯彻省委“防止浙江经济下滑”指示精神的专题报告》，并提出相应的司法对策；[③]针对金融危机背景下企业融资借贷类纠纷高发的实际，及时制定了涉及民间借贷、企业间借款合同、金融机构借款合同等纠纷案件突出问题的处理意见，发布典型案例，支持企业经营和金融创新，保障金融危机下企业的生存与发展；针对企业资金链断裂引发大量纠纷等状况，先后下发了《关于资金链断裂引发企业债务重大案件的集中管辖问题的通知》、《关于切实做好今冬明春涉及农民工劳动报酬案件审判执行工作的通知》、《关于年前集中清理执行积案活动几项重点工作的通知》、《关于当前办理集资类刑事案件适用法律若干问题的会议纪要》。这些司法文件的出台，为妥

---

① 庄毅：“论司法能动主义在中国的现实基础”，载《兰州学刊》2006年第8期。

② 王建国：“能动司法之功能——基于社会转型现实视角的分析”，载《宁夏社会科学》2008年第2期。

③ 国务院副总理王岐山、省委书记赵洪祝和最高法院常务副院长沈德咏等领导均对《报告》专门作了肯定性批示。最高法院副院长奚晓明专程来浙调研时，认为该报告是全国各高级法院中较早针对宏观经济形势变化提出的司法对策，为各地高级法院积极应对新形势提供了有益借鉴。

善、慎重审理金融类、涉企业债务类、劳动争议类等案件起到了司法政策导引作用。各级法院采用调解、和解和司法重整等法律调节手段，做到“三个尽可能”来应对金融危机环境下的司法工作，即尽可能维持有市场、有发展前景的困难企业、劳动密集型中小企业的生存，尽可能减少有挽救希望企业的关门倒闭，尽可能支持优势企业以兼并、重组、控股等方式延伸产业链、增加核心竞争力。

（二）支持浙江创新型省份建设

抓住浙江加快转型升级、打造现代化产业体系的契机，浙江法院着力加强对地方特色产业的知识产权司法保护，在最高人民法院支持下，浙江拥有专利纠纷或部分知识产权纠纷案件管辖权的法院达 39 个，居全国法院首位，并在全国率先实行跨区域就近指定管辖制度；义乌、西湖两家法院被最高人民法院确定为“中国知识产权审判基层示范法院”。以加大惩罚力度和降低维权成本为重点，加强对自主创新品牌、基础前沿领域、核心关键技术和文化创意产业知识产权的司法保护。针对全省块状经济特色，开展“知识产权特色审判”主题活动，加强与当地重点行业、重点企业的联系，增强司法服务特色经济发展的主动性，促进具有浙江特色的商品批发市场、加工制造、动漫游戏、广播影视、网络传媒和电子商务等产业的创新发展。制定网吧侵犯信息网络传播权纠纷案件的审理指导意见，加强网络知识产权保护，促进了浙江网吧行业的规范发展。连续四年邀请境内外媒体和外国驻华机构代表列席浙江法院知识产权审判工作年度会议，彰显了法治浙江的良好国际形象。2011 年 9 月，浙江省高级人民法院知识产权审判庭被世界知识产权组织（WIPO）与国家工商行政管理总局联合授予“商标保护奖”（全国法院系统唯一获奖单位）、中国科学技术法学会授予“科技与法律”（1999 - 2011）最佳实践奖（全国法院系统仅 5 家获奖）。

（三）服务浙江海洋经济发展

国务院批复同意《浙江海洋经济发展示范区规划》与设立舟山群岛新区后，浙江省高级人民法院紧扣省委省政府的总体规划和具体部署，加强走访调研，收集司法需求，研究制定了《为浙江海洋经济发展提供司法保障的意见》23 条，要求各级法院针对海洋经济发展的阶段性特点，及时掌握司法重点和难点问题，全方位提供司法保障和服务，受到了省委、省政府主要领导的高度肯定。同时，指导宁波、舟山以及杭嘉绍、温台沿海地区法院主动融入、发挥职能，依法促进优化海洋经济发展布局，保障海洋综合开发。

（四）助力中小微企业发展

中小微企业占浙江在册企业总数的 99%，是浙江经济社会发展的关键支撑、优势所在和活力之源。浙江法院积极开展以“进村入企、助推发展、强化服务”为内容的大走访活动,扎实推进“服务企业、服务基层”专项行动,认真开展“法律体检”、“助推中小企业发展”法律宣讲等活动,主动了解基层群众和企业等市场主体的法律需求,帮助解决相关法律问题和实际困难,提高企业依法经营和防范风险的能力,支持企业健康发展。针对国际国内宏观经济环境趋紧,中小微企业发展面临融资难、担保难、用工难、投资难等突出问题,2010 年 5 月,浙江省高级人民法院出台《关于为中小企业创业创新发展提供司法保障的指导意见》12 条,在现有法律框架内创新司法举措,在全国法院率先认可企业之间自有资金临时调剂的合同效力,积极支持具有浙江特色的企业“抱团担保、增信”、小额贷款公司、村镇银行和民间新型合法放贷等金融创新举措,受到省委、省政府和最高人民法院领导的高度评价,并被一些学者称为“在中国首开先河,以司法保障为浙江中小企业在后金融危机中护航”。

(五)服务金融综合改革试验区建设

2012 年 3 月,国务院批准设立温州市金融综合改革试验区后,温州中院及时召开院长办公会议专题研究部署,成立了以院长为组长的领导小组和专门工作组,调研制定《关于为温州市金融综合改革试验区建设提供司法保障的若干意见》,并推行新型金融组织法官联系点制度和涉金融改革大要案报告制度;召开两级法院院长参加的“为温州经济金融改革发展提供司法保障”座谈会,在全市法院范围部署开展保护金融债权专项行动,推进司法保障金融创新和企业破产司法重整等相关工作;向市委作出《关于为我市金融综合改革试验区建设提供司法保障情况的报告》,提出工作建议,并申请增设金融审判庭、增加地方事业编制。同时,2012 年 5 月,温州鹿城区法院成立浙江首个金融审判庭,审理涉及金融的民商事、刑事、行政案件,涉及地方金融改革方面的其他各类案件。

(六)支持农村土地使用权流转的改革创新

高度关注浙江集体土地使用权流转的改革创新举措,为加快推进农村改革发展提供司法服务,是浙江法院践行能动司法的重要内容。2009 年年初,浙江省高级人民法院齐奇院长主持启动了“农村土地流转纠纷法律适用问题”的专项调研。同年 7 月,出台《关于为推进农村土地流转和集体林权制度改革提供司法保障的意见》,提出只要符合“三个有利于”,即有利于农民得实惠,有利于土地规模化、集约化经营,有利于推进新农村建设和城镇化发展方向,都要予以有力的司法支持,出台矛盾和问题时,人民法院不轻易认定流转合同无效;警惕并制裁农村宗族、黑恶势力利用农村土地流转改革,侵害农民合法权益的违法行为;贯彻落实“调研优先”原则,不断总结和推广审判工作经验,努力完善化解矛盾的工作机制,确保浙江农村土地流转和集体林权改革顺利进行。

（七）加强司法建议拓展审判职能

司法建议是拓展和延伸审判职能的有效载体，是审判工作为大局服务、为党政决策建言献策的重要途径。近年来，浙江各级法院在抓紧执法办案的同时，密切关注审判实践中遇到的涉及改革、发展、稳定、民生等方面的突出问题，及时向党委、政府及相关部门提出从基础环节和源头上解决这些问题的意见和建议。2008 年以来，全省法院共发送司法建议 2539 份，建议数量逐年增加，反馈率和落实率均逐年提高。建议范围不断扩大，涉及行政争议、劳动争议、房地产、知识产权、破产、金融、商事仲裁、海商海事以及刑事等各个审判领域。建议对象涵盖广泛，覆盖行政机关、企事业单位、行业组织、人民团体等各类组织。建议内容不断深化，涉及交通管理、食品安全、金融、保险、拆迁、房地产监管、农村建设、文化建设等多个领域。建议形式不断创新，个案建议、类案建议、综合建议、情况反映、专题报告、白皮书等，形式多样，载体丰富。制度机制不断完善，全省各级法院共出台相关工作指导意见 39 个。2012 年 6 月，浙江省高级人民法院专门制定了《关于加强司法建议工作的实施意见》，为全面推进浙江法院司法建议工作的制度化和规范化奠定了基础。建议成效日益明显，形成了不少成功做法和典型经验，涌现出一大批高质量的司法建议。2012 年有 4 条建议成功入选“第一届全国法院优秀司法建议”，其中 1 件被评为“全国十大司法建议”。2012 年 7 月，浙江法院在全国率先召开全省性司法建议工作会议，专门研究和部署司法建议工作，受到最高人民法院王胜俊院长的高度肯定。

浙江法院能动司法的积极实践，为促进全省经济平稳较快发展和社会稳定做出了贡献，得到了最高人民法院、省委、省人大、省政府的高度肯定，社会各界也给予了较高的评价。当然，法院能动司法参与社会治理的范围和能力是有限度的，其职能作用的发挥是有边界并受到现行法律规定制约的。在抓好能动司法时，也要正确处理好能动司法与党的领导、严格执法等之间的关系，在能动中，彰显法治，实现公正。

第二节 实践经验

涉诉企业解困的司法应对

浙江省高级人民法院

2008 年以来,受国际金融危机影响,加上长期以来经济结构性、素质性、体制性矛盾日益显现,浙江一些企业经营陷入困境,部分行业龙头企业资金链断裂引发清偿性危机,影响当地社会经济稳定。同时,经济运行中出现的问题和困难容易转化为各类纠纷频发,大量民商事案件进入司法领域。对此,浙江各级法院紧紧围绕经济社会发展大局,敏锐把握形势变化,充分发挥司法能动性,依法妥善处理了一大批因国际金融危机和国内外经济社会发展变化引发的案件,为省委、省政府驾驭经济社会发展的全局,有效应对国际金融危机对浙江经济造成的冲击,提供了坚强有力的司法保障,并形成了一些具有浙江特色的做法,受到党中央、国务院、最高法院和浙江省委领导的高度重视和肯定。

一、适度转变工作方式

国际金融危机爆发后,其对经济运行带来的困难和挑战,有不少转化为诉讼案件进入司法领域,给审判、执行工作带来了严峻的挑战。面对形势变化和发展特别是国际金融危机的影响,浙江法院在尊重司法自身规律的同时,率先提出了能动司法的工作要求,即运用司法职能服务大局,克服对法院工作“被动性”、“消极性”的片面理解,切实加强金融和经济危机冲击下的司法应对,适度地转变司法工作方式,努力实现法律效果与社会效果、政治效果的统一。

2008 年 3 月,浙江高院党组在审阅一季度司法统计数据时敏锐注意到了在案件背后所反映出的经济社会发展中的一些突出新动向和问题,①特别是其间

---

① 如全省一季度受理民商事案件上升幅度高达 34.46%,其中借款、担保等案件幅度达到 68.65%;因企业资金链断裂引发的民商事纠纷陡增且引起社会震荡;因企业陷入经营困境而引发的劳动争议案件大幅上升,增幅高达 92.78%;民间借贷纠纷案件同比上升 82.2%,很多都是企业深度介入民间借贷而引发,且个案诉讼标上升达 3 倍。

隐含的经济发展动向，随即部署全省103个法院院长深入企业、社区，开展蹲点调研，走访有关金融监管机构和行业协会，了解全省金融发展态势、民间融资政策走向和监管措施，积极研究司法对策。同年4月18日，向省委作出《关于运用审判职能，切实贯彻省委"防止浙江经济下滑"指示精神的专题报告》。浙江省委书记赵洪祝以及最高法院常务副院长沈德咏等领导对此专门作了肯定性批示。新华社《国内动态清样》作了专题反映后，国务院副总理王岐山作出了重要批示。最高法院副院长奚晓明专程来浙调研时，认为该报告是全国各高级法院中较早针对宏观经济形势变化提出的司法对策，为各地高级法院积极应对新形势提供了有益借鉴。

2008年年底，浙江经济下滑趋势更加明显，金融危机影响深度显现，已经引起或即将引起震荡性连锁反应，据此，浙江高院对2009年浙江司法层面的涉案态势进行了预测[①]，及时出台《关于充分发挥司法职能保障经济平稳较快发展的指导意见》，并向省委作出《关于全省法院紧紧围绕省委工作部署促进经济平稳较快发展的工作情况报告》。2009年1月5日，省委常委会专题听取了法院工作情况汇报，对浙江法院服务大局、能动司法的各项举措给予了高度肯定。

近年来，浙江法院立足于当地经济社会发展实际，以能动的姿态分析判断新形势，有近90%的法院出台了相应的司法应对措施。浙江高院还累计100多次以《要情专报》的形式，向最高法院、省委及时报送重大审判情况，并建言献策。

二、积极完善工作机制

针对国际金融危机影响下诉讼案件特别是借贷和劳动争议等案件增长趋势明显等问题，从更好地把矛盾纠纷化解在基层、解决在当地的角度出发，2011年2月和2012年1月，浙江高院在全国法院系统率先对全省法院民事商事审判工作机制进行调整，将原由中、高级法院一审的90%以上的大标的民商事案件下放到基层法院，使大量多发性案件及时化解在基层。同时，针对浙江民间借贷不同于普通消费借贷，具有很强的生产经营型借贷的特征，且国际金融危机背景下企业卷入民间借贷纠纷高发频发等特点，对各民事审判庭案由分工作出

① 提出了八个方面的问题：1. 涉企业纠纷仍将高发；2. 农民工欠薪纠纷仍将频发；3. 扩大内需推进后，各地涉重点工程项目的纠纷将会明显增多；4. 涉"三农"纠纷会进一步凸显；5. 金融改革进程中新类型案件将不断出现；6. 社会治安形势更加严峻；7. 涉诉信访压力仍将持续；8. 要特别防范社会矛盾的集聚交汇（或称"碰头叠加"）引发重大群体性事件。

重大调整,首次将民间借贷案件划入商事案件范围,以便更为灵敏、准确地把握国际金融危机影响下企业生产经营的新情况、新问题。

针对企业资金链断裂引发大量纠纷的状况,2008 年 10 月,浙江高院下发《关于资金链断裂引发企业债务重大案件的集中管辖问题的通知》,确定专门部门和专人密切关注集中管辖案件审理动态,指导相关中级法院及时作出司法决策,截至目前已先后指定相关中级法院集中管辖涉及台州的飞跃集团、中汽雷克萨斯汽车销售公司、德仁集团,绍兴的江龙控股、纵横集团,丽水的银泰集团,杭州的华伦集团、天松集团,舟山的和润集团等 13 家企业债务的重大案件,中院还可指定辖区内基层法院管辖部分案件,为涉诉行业龙头企业维持或恢复正常经营创造条件,尽量避免资金链断裂引发的区域性系统风险。这些集中管辖的案件,超过半数都重组重整成功或取得重大进展,显示了浙江法院能动司法的独特功能和价值。

针对涉企债务案件不断增长,查封、冻结、财产保全等强制措施使用过多给陷入困境企业生产经营带来影响的问题,浙江高院明确提出在诉讼和执行中慎用强制措施的要求,即在涉企案件审理执行中,适度收缩司法强制性,达到最大限度保障企业生存,缓解危机的目的。如台州中院集中管辖飞跃集团系列案件,就采取动态保全方式,多次召开债权人会议并邀请当地政府领导参与沟通协调等方式,使债权人全部主动申请法院解除财保措施。

三、及时出台司法政策

(一)刑事审判方面

国际金融危机对浙江经济社会稳定造成一定冲击,如企业陷入经营困境后为解决生产资金周转问题而大规模集资等不规范行为增多,因企业不景气或破产倒闭而下岗的外来人员滞留不归,引发诸多社会治安问题,如“两抢”案件明显上升等。为此,2008 年 12 月,浙江高院会同浙江省检察院、公安厅联合下发《关于当前办理集资类刑事案件适用法律若干问题的会议纪要》,2009 年 2 月,三家又联合下发《关于办理抢劫、抢夺犯罪案件适用法律的指导意见》,强调在当前形势下充分运用刑罚手段,打击犯罪,有效遏制犯罪的高涨,保障经济秩序稳定。

(二)民事审判方面

着力解决国际金融危机冲击下金融纠纷案件中面临的一些突出问题。2008 年 7 月,浙江高院在充分调研的基础上及时制定了涉及民间借贷、企业之间借款合同、金融机构借款合同、典当和财产保险等金融纠纷案件审理中突出问题的处理意见，对并通过审判指导平台发布典型案件，支持企业经营和金融创新。并针对本省金融市场实际，在商事审判中倡导“银企合作”理念[①]，对涉诉企业因生产融资等需要参与的如“抱团担保、增信”、小额贷款公司、村镇银行试点和民间新型合法放贷等金融创新行为，通过审判实践予以肯定支持，将国际金融危机的负面效应降到最低。2009年9月，又出台了全省法院审理民间借贷指导意见，对长期困扰审判实践的一些疑难问题提供了相应裁判思路，推动并规范民间借贷案件的审理。

受国际金融危机的影响，浙江不少企业特别是一些出口企业经营困难，各地企业拖欠工资的现象明显增多，一些地方还发生了企业主欠薪逃匿事件。对此，浙江高院每年下发关于切实做好今冬明春涉及农民工劳动报酬案件审判执行工作的通知，要求各级法院切实采取有力措施，协调维护各方利益，安定人心。省委领导给予充分肯定，并要求转发全省。2009年4月，又出台《关于审理劳动争议案件若干问题的意见》，对适用劳动合同法和劳动争议调解仲裁法有关问题进行统一。

在知识产权保护领域，2008年11月，全省法院开展了针对应对金融危机影响的知识产权保护行动月活动，采取召开新闻发布会、集中公开开庭和征求意见、公布典型案例、集中宣判等形式，取得显著成效。浙江高院连续四年邀请境内外媒体和外国驻华机构代表列席浙江法院知识产权审判工作年度会议，彰显了法治浙江的良好国际形象。

(三)行政审判方面

国际金融危机背景下，中央和浙江均出台了一系列扩大内需措施，而对行政机关依法行政的要求也随之提升。浙江高院要求全省法院高度重视扩大内需措施推进后，涉重点工程动迁、环保等行政纠纷，坚持以法律法规的规定为依据，充分关注各地出台的帮扶性政策的合理性，妥善审理由此引发的行政诉讼案件，坚持保护与监督并重的方针，既依法支持重大工程项目建设，保障客观调控政策措施的顺利实施，又防止借征地、拆迁之机，损害群众及企业合法权益的情形。

---

① 根据浙江银监局提供的资料，2008年浙江全省银行业实现税前利润901亿元，同比增长141亿元；不良贷款率保持低位运行，不良率仅为1.58%，低于全国的平均值，贷款损失准备充足率在100%以上，信贷资产质量继续保持全国第一。为应对国际金融危机的影响，省委、省政府要求金融机构要强化金融要素保障，认真执行“不抽资、不抽贷、不附加利率费用、不简单处置担保链企业”的“四不要求”，主动帮助企业渡过难关。这是省高级法院倡导“银企合作”理念的背景。

(四)执行工作方面

受金融危机的影响,不少被执行人履行能力进一步降低,且连环债务关系交织,“集中性”、“恐慌性”执行案件增多。浙江高院党组强调,在当前经济形势下,要注意区别情况,依法执行涉企案件,要有帮助企业渡难关的大局意识和相关措施,不宜简单化、片面化。2008 年 12 月,浙江高院下发《关于年前集中清理执行积案活动几项重点工作的通知》,对涉及企业为被执行人案件的执行,要求充分考虑执行的时机、地点、对象、条件,在保障债权人实现生效法律文书确定的权利的前提下,尽量采取措施保证被执行企业能够生存和发展,尽量避免企业倒闭。

四、探索创新审理模式

浙江法院根据涉案企业本身的不同状况,形成了适应不同类型涉企业债务案件的审理模式。

(一)杭州南望集团“司法重整式”

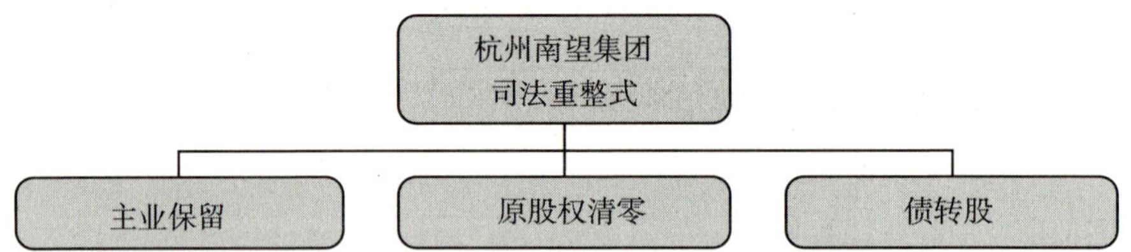

南望集团全称为南望信息产业集团有限公司,系中国十佳专利企业,连续五年位列全国软件百强,市场占有率一度列国内同行业榜首。南望集团因资金链断裂爆发严重债务危机,累计负债高达 23 亿元,多家银行和其他债权人纷纷起诉。浙江高院及时向省委报告了南望集团涉诉情况,并提出了可适用司法重整挽救的建议。杭州中院于 2008 年 5 月受理了破产重整申请,并于同日指定成立重整清算小组,指定该小组为管理人。在法院引导下,确定“主业保留、原股权清零、债转股”的破产重整思路,并形成重整计划草案。核心内容是对有财产担保的债权人债权进行优先清偿,以合理价格向选择债转股的债权人转让原南望集团全部股权,债权人可自行选择是否债转股,未选择的由新组建南望集团在规定时限内偿付。债权人会议及时表决通过了该草案。2008 年 12 月杭州中院裁定批准重整计划,目前正按计划积极实施。南望集团系列案是修订后企业破产法实施以来法院首次对规模民营企业适用重整制度的一次探索与尝试,在无战略投资者介入重整的情况下,依靠自身债转股等形式化解债务困境实现

重整，为通过司法主导下破产重整手段化解企业资金链断裂风险提供了一个范本。①

（二）绍兴江龙集团"清偿重组式"

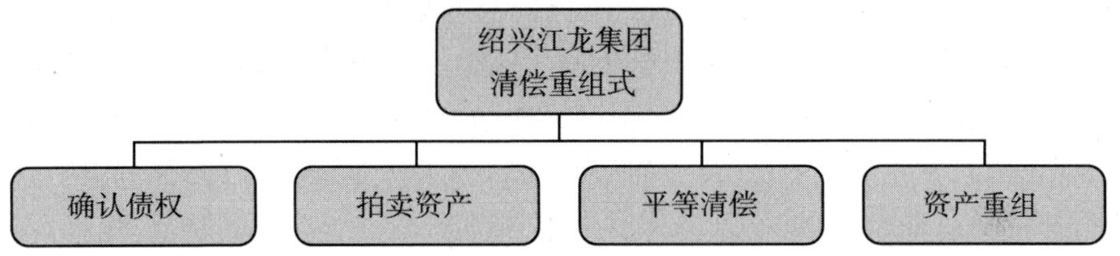

江龙集团全称为浙江江龙控股集团有限公司，是国内最大特宽幅印花生产基地，系绍兴印染行业龙头企业，下属十多家具有控股或投资关系的关联公司。江龙集团盲目融资导致资金链断裂，各关联企业相继停产，总负债达25亿多元。绍兴中院集中管辖此批案件后，确定"依法确认债权，拍卖企业资产，依法平等清偿，实现资产重组"思路，并采取两种方式确认清偿债务：一是对未设定抵押的银行债权，由政府协调担保企业或重组企业偿还并给予政策扶持；二是对其他债权均通过诉讼程序进行确认和清偿，设定抵押债权的优先受偿，未设定的在执行程序中按比例清偿。仅用40余天完成全部1300余件审执案件的确权清偿，并对江龙集团四块实体进行打包拍卖，由竞拍企业实现资产重组和生产恢复，重组后企业均已恢复生产，原江龙集团职工大部分恢复工作。江龙集团系列案是浙江以清偿重组方式解救困境企业的第一例。

（三）台州飞跃集团"协助重组式"

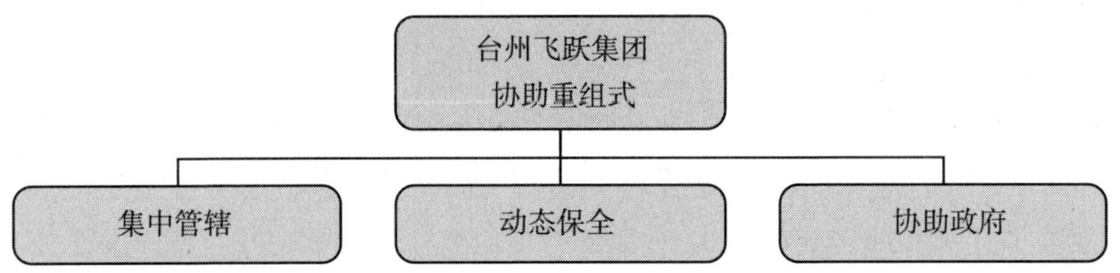

飞跃集团全称为飞跃集团有限公司，是国内缝制设备行业龙头企业和国际知名品牌企业。受企业规模过度扩张等影响发生资金链断裂，多家法院均受理相关案件并采取财保措施，债务总额达20多亿元，影响区域经济发展和社会稳定。浙江高院依法指定台州中院集中管辖涉飞跃集团18件债务纠纷案件和2

① 2008年12月7日，新华社《国内动态清样》就此刊载专访，指出"南望方式有重要参考价值"。

件执行案件,诉讼标的总额近 3 亿元。考虑到飞跃集团尚未停止生产经营、政府主导重组等情形,台州中院确定慎用强制措施、协助政府重组等思路,多次召开政府和飞跃负责人参加的债权人会议,通过积极协调,所有债权人均同意解除财产保全措施,且其余社会债权人和银行债权人均未提起诉讼。法院还多次参加政府召开债务危机处置及并购重组协调会,对债务处置和企业并购重组工作中出现的问题,尽可能提供法律支持,积极促成 67% 的案件以调解、撤诉方式结案,保障飞跃重组顺利进行。2009 年 1 月,在当地优质企业星星集团介入下,飞跃集团核心业务重组成功,负债率降到 55% 左右。飞跃集团系列案件,是对严重资不抵债、自身重组困难、需外力介入企业重组的典型范例,既依法平等保护了各地债权人合法权益,又保住了企业生产能力,促进产业整合提升,其重组过程对于民企应对金融危机而言具有“样本”意义。①

(四)绍兴艾尔派克公司“协调解困式”

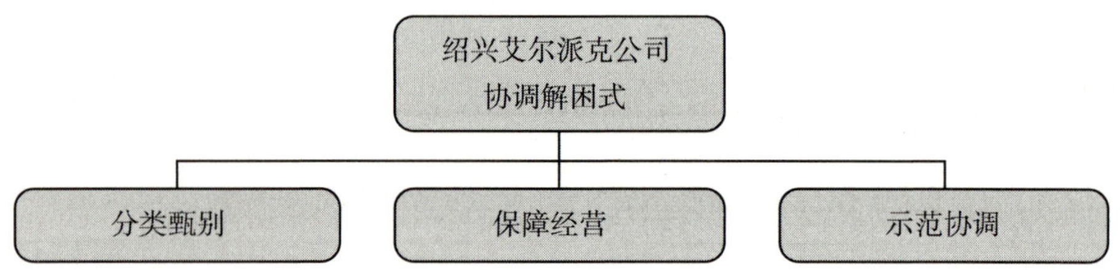

艾尔派克公司全称为浙江艾尔派克包装材料有限公司,是一家生产新型包装材料的合资企业,为三星等著名企业提供产品包装,市场前景广阔。该公司因集中还贷等原因导致资金链断裂,涉及案件 11 件,20 多名债权人,标的额达 5663.75 万元。绍兴中院指定越城法院对涉该公司案件实行集中管辖,该院首先对该公司及债权人进行走访调查,确认该公司生产经营正常且产品市场前景较好等事实,确立调解为主,多措并举的处理方式。考虑该系列案件当事人众多,统一意见难度大等问题,将债权人分为不同类别确定调解方案及对策。在具体方式上采取示范调解方式,将原告为中国银行的借款合同纠纷一案作为示范个案优先调解,对个别债务适度减免,分类化解矛盾,最终调解成功。同时全部财保措施均不涉及企业正常生产经营,并在政府协助下多次派员做好企业职工稳定工作,确保企业生产稳定。艾尔派克公司系列案是对生产经营形势较好,无须重组,仅因资金困境且能短期解决的中小企业快速解决问题的一种思

① 胡作华:“从‘危’到‘机’飞跃集团成功重组的‘样本’意义”,载《浙江日报》2009 年 3 月 4 日第 3 版。

路，即运用诉讼中协调手段给企业缓冲期，使之渡过当前难关，保障企业正常发展。

五、工作经验和体会

（一）合力化解敏感案件

在金融危机的影响下，一些过度依赖银行贷款、民间资金发展的企业出现资金断链，因劳资纠纷、合同债务纠纷而引发的集体哄抢、群体上访、围堵政府、堵截交通等涉企涉众型群体性事件多发，少数缺乏社会责任感的企业主抽资外逃，给事件的后续处置工作带来很大难度。浙江各级法院积极落实调解优先、调判结合的原则，稳妥处理好涉及困难企业、农民工和职工群体、股市楼市投资受损群体、非法集资受害群体、低收入生活困难群体及受灾害事故损害群体的案件。针对案件数量急剧增加、形势更趋复杂等问题，很多法院纷纷在立案接待大厅设立人民调解窗口，对一些事实清楚且相对简单的民事案件。全省还普遍建立了执行联络员制度，借助基层综治中心平台推行执行和解，妥善化解存在维稳压力的执行案件。这些都是浙江法院在应对国际金融危机过程中，调动多方因素维护社会稳定的生动实践。

（二）重点维护企业稳定

重点涉企业债务案件特别是案情复杂、影响面广的案件，牵涉到危机处置、资产管理以及破产重组等一系列社会问题，全省法院建立了党委领导、政府主导、多方合作的协调新机制，对涉及职工安置、重组协调、政策扶持等重大问题，最大限度、最快速度调动各种资源，形成多元化解合力。将重点涉企案件审理中遇到的困难特别是对可能影响社会稳定的案件，及时向党委汇报、与政府沟通，做好稳控及矛盾化解工作。如绍兴中院在处理江龙集团系列案件中，当地政府专门组成了工作组并进驻法院现场办公，帮助法院协调解决涉及企业债权核对、职工安置等问题。又如慈溪法院向市委建议建立金融风险防范机制，还在受理涉企债务案件后采取走访企业本身、走访企业所辖工商部门以及走访所在地乡镇、街道等“三走访”，了解其经营状况和发展前景，并按经营能力的高低采取不同的审判对策等措施。

（三）有效保障弱势群体

浙江拥有 1600 多万名外来农民工，金融危机冲击下企业倒闭或经营困难引发欠薪事件高发，直接导致其生活困难，不稳定情绪滋生，也带来了较大的维稳压力。全省各级法院采取了“以调促稳，多方协调”的思路就地解决矛盾，并在实践中逐步探索出了“建议政府垫资，职工出面起诉，法院查封财产，政府派员看管,法院快审快结,优先归还政府”为主要内容的处置职工讨薪事件的应急处置模式。目前,浙江各地财政按照市县至少100万元,经济发达、企业集中、劳动用工较多乡镇至少30万元的标准追加欠薪应急周转资金。妥善化解了一大批企业无力支付工资可能诱发的群体性事件,至今并未发生因劳动纠纷引发的重大社会冲突。

为中小微企业创业创新提供司法保障

浙江省高级人民法院

浙江是民营经济大省，民营经济产值接近全省生产总值的80%。浙江中小微企业大多脱胎于民营经济，占在册企业总数的99%，是浙江经济社会发展的关键支撑、优势所在和活力之源。支持中小微企业发展，是保持和强化浙江经济竞争力的战略性举措。在浙江各级法院审理的民商事纠纷案件中，涉中小微企业案件占有绝对比例。在最高人民法院的监督指导和浙江省委的正确领导下，浙江法院坚持“为大局服务，为人民司法”工作主题，强化能动司法理念，充分发挥审判职能作用，在应对国际金融危机影响和加快经济发展方式转变过程中，为中小微企业发展提供了有力的司法保障，积累了有益的工作经验。

一、围绕经济发展方式转变，提升中小微企业司法保障工作水平

（一）部署工作重点

2009年11月，浙江省高级人民法院召开全省商事审判例会，指出，民商事案件中的诉讼主体以民营中小微企业居多，要通过审判职能的发挥，提振企业家信心，促进创业创新，推进浙江民营中小微企业公司治理水平的提升和产业整合。在高院党组统一部署下，全省各级法院及时总结前期应对国际金融危机的宝贵经验，紧密结合宏观经济形势的变化，努力提升后金融危机时期中小微企业司法保障工作水平。

（二）落实具体措施

一是依法推动金融创新。融资难是制约浙江中小微企业发展的主要瓶颈。省委赵洪祝书记在2009年2月召开的全省金融工作座谈会上指出，只有在金融过度创新和缺乏有力监管的情况下，金融创新才可能引发金融危机。就目前浙江的金融市场实际而言，仍处于金融创新不足的阶段。这一判断，为正确把握金融创新和司法规制相互关系提供了依据。浙江高院及时提出要通过司法的适度介入和保障作用，在法律允许的框架内，支持浙江金融改革和金融创新的发展，增强“浙银品牌”、“浙江板块”等实力。二是服务企业转型升级，稳步推进破产审判工作。2009年6月，最高人民法院发布《关于正确审理企业破产案件为维护市场经济秩序提供司法保障若干问题的意见》，浙江法院结合实际，

适时提出“稳步推进破产审判工作”的要求,特别关注通过破产和解、重整案件的审理,推进经济发展方式调整下的企业转型升级。2012 年年初,浙江高院发布《关于审理涉财务风险企业债务案件若干问题的指导意见》。浙江法院审结的破产重整案件,重整方案都是由债权人会议高票提过的,迄今尚无一例需要法院强制批准,也没有出现因案件审理中处置不当引发群体性事件等不良后果的事例。

(三)拓展审判职能

一是拓展保障范围。通过系统调研分析,总结辖区内中小微企业特点,以促进中小微企业转型升级等为目的,积极探索形式多样的司法保障举措。如奉化法院通过对相关的分析梳理,形成了涉企案件“白皮书”,对买卖承揽、金融借贷等高发的涉企商事案件特点、成因进行剖析,并逐一提出改进建议。针对案件审理中遇到的困难特别是对可能影响社会稳定的案件,及时向党委汇报,与政府沟通,做好稳控及矛盾化解工作。二是开展法律服务。加强诉讼指导和风险释明力度,组织法官定期深入涉诉企业走访调研,通过举办法律讲座、案例研讨、现场答疑、诉讼指导等形式,帮助涉诉企业增强抵御金融风险能力和维权意识,引导其依法管理、规范经营。三是强化风险控制。对审理中发现的企业经营风险,及时作出预警提示,达到尽早发现和及时处置,最大限度减少纠纷和损失。如象山法院对涉诉企业存在年涉案件数达 10 件以上、资不抵债可能导致企业破产、管理混乱可能造成较大损失、违法经营可能造成严重后果等 10 种情形的,及时通过编制司法审查或调查报告的形式,向党委及政府主管部门作出风险预警。四是协调劳资矛盾。对转变经济发展方式背景下生产经营潜力较大但暂时出现资金困难的劳动密集型中小微企业,主动与政府协调解决职工安置、工资等问题,引导劳企正视困难,共渡时艰,促成新形势下浙江企业的劳企合作,减少对企业重组重整的不利影响。在实践中逐步探索出“建议政府垫资,法院查封财产,政府派员看管,法院快审快结,优先归还政府”为主要内容的处置职工讨薪事件应急处置模式,浙江各地均已建立起欠薪应急周转资金制度,妥善化解了一大批企业无力支付工资可能诱发的群体性事件,至今并未发生因劳动纠纷引发的重大社会冲突,确保了转型升级背景下劳动密集型中小微企业的发展需求。

二、加强调研指导,把握中小微企业司法保障政策导向

(一)开展专项调研

国务院《关于进一步促进中小微企业发展的若干意见》和浙江省政府《关于

促进中小微企业加快创业创新发展的若干意见》出台前后，浙江高院敏锐地关注经济发展方式转变背景下浙江中小微企业发展面临的机遇和挑战，适时跟进司法保障措施。2010 年 3 月 12 日，全国人大代表、浙江高院院长齐奇同志在十一届全国人大三次会议的专题发言中，呼吁要更加重视依法保障中小微企业、特别是小企业的发展；要关注当前中小微企业发展面临的困难，进一步配合国务院“29 条”和省政府“40 条”实施意见的落实；他还就转变司法理念和作风、缩短案件审理、执行的司法周期、依法支持中小微企业开拓国内外市场和资产重组、推进金融创新、缓解中小微企业融资难、加强中小微企业知识产权保护和民事执行工作中加强对中小微企业利益的保护等七个方面的问题提出了具体意见。同时，浙江高院将“关于为中小企业发展提供司法保障和服务的调研”列为 2010 年全省法院重点调研课题。课题组先后赴宁波、温州、绍兴、金华和嘉兴等地调研，征询了政府部门、专家学者、行业协会和中小微企业经营者意见和建议。同年 5 月，依据课题调研成果，浙江高院出台了《关于为中小企业创业创新发展提供司法保障的指导意见》。2010 年 4 月，浙江高院与浙江省经信委、省中小企业局联合召开“中小企业发展与司法保障座谈会”，金德水副省长专程到会讲话。他指出，制定中小微企业司法保障的指导意见具有现实意义和长远的战略意义，有利于中小微企业更快更健康发展，有利于使浙江真正成为中小微企业发展沃土。

（二）制定指导意见

在开展课题调研的同时，浙江高院结合调研情况积极筹划中小微企业司法保障指导性意见的起草。2010 年 5 月，正式发布了《关于为中小微企业创业创新发展提供司法保障相关问题的指导意见》。《意见》出台后，浙江省委书记赵洪祝作出重要批示：“省法院制定的《指导意见》很好，既体现了法律规则，又符合浙江实际，具有很强的针对性和可操作性。实施好这个《指导意见》，对于保障和促进浙江中小微企业发展、推进浙江经济转型升级，必将起到积极作用。”时任浙江省委副书记、省长吕祖善作出重要批示：“省高院始终坚持围绕科学发展为中心，发挥司法保障的作用，结合本省实际做了大量卓有成效工作。这次又针对中小微企业创新发展问题拟定提供司法保障意见，针对性强，问题抓得准，具体明确，望在实施中发挥更好作用。感谢高院同志辛勤工作。”最高法院奚晓明副院长作出重要批示：“请民二庭阅，可向浙江要一份原文，其中支持中小微企业融资环境的金融创新、中小微企业民间融资行为的性质及效力等问题，可进一步研究总结，作为日后召开全国商事审判工作会议的内容之一。”6 月，《人民法院报》头版头条以“浙江高院做护航人更做领航人”为题作了专题报道并配发短评。7月,最高法院王胜俊院长到浙江视察,对浙江法院加强中小微企业司法保障工作表示了肯定。

(三)跟进后续工作

《指导意见》明确了中小微企业司法保障的工作原则、目标和重点。各地法院结合《指导意见》精神,强化了中小微企业司法保障工作。2010年6月,最高法院发布了《关于为加快经济发展方式转变提供司法保障和服务的若干意见》。浙江各级法院按照《若干意见》的要求,紧密联系浙江实际,在深入推进社会矛盾化解、社会管理创新、公正廉洁执法三项重点工作中,按照“八项司法”的要求,进一步提高商事审判工作中中小微企业司法保障工作的自觉性、针对性和实效性,从认真总结经验、细化工作举措、构建长效机制等方面入手,进一步提升中小微企业司法保障的司法能力和工作水平。

司法主导下企业市场化破产探索

浙江省高级人民法院

“十二五”规划实施以来，浙江经济转型升级步伐明显加快，尤其是服务经济转型升级，运用市场机制淘汰落后产能的需求日益增大，企业破产审判工作面临一系列新情况、新问题[①]，浙江法院坚持能动司法，积极探索司法主导下的企业市场化破产路径，积累了一些新鲜经验。

一、不立不破：推进和规范破产案件受理工作

从总体上看，《企业破产法》自 2007 年实施以来，其规范市场主体依法退出、化解企业债务风险的功能并没有得到充分发挥。实践中，与大量存在的“休眠公司”相比，[②]申请破产案件的数量并不多。为破解这一难题，同时，为了贯彻落实最高人民法院《关于适用〈中华人民共和国企业破产法〉若干问题的规定（一）》以及最高人民法院办公厅《关于印发〈人民法院破产程序法律文书样式（试行）〉的通知》的要求，进一步推动浙江企业破产案件审判，2012 年 5 月，浙江省高级人民法院在充分调研的基础上下发《关于规范企业破产案件受理相关问题的通知》，对企业破产案件依法受理作出了进一步规范：

1. 强调“不立不破”，对债权人或债务人提出的符合受理条件的企业破产申请，依法审查受理。

2. 企业破产申请材料登记和案号编立由人民法院的立案庭负责，对债务人是否构成破产原因的审查由人民法院的商事审判庭负责。立案庭和商事审判庭要按照《企业破产法》和最高人民法院《关于适用〈中华人民共和国企业破产法〉若干问题的规定（一）》第 7 条等相关规定，加强对企业破产申请受理审查相关工作的配合和协调。

3. 人民法院在审查受理以企业法人为被告的普通民商事纠纷案件时，发现企业法人陷入财务困境并可能已经构成破产原因的，应向当事人作出合理释

---

① 如依法行政要求强化，政府帮扶救助能力受限；民间借贷风险爆发，中小企业资金风险增加；不良贷款呈现双升，企业风险演变金融风险等。

② 浙江全省每年约 2 万余家未经清算及注销的企业退出市场。

明,引导当事人依法提起企业破产申请。

4. 上级法院要加强对下级法院审查受理企业破产申请工作的监督。

在浙江高院的统一部署和推动下,浙江各级法院在机制上进行了积极探索。

1. 建立企业破产引导机制、企业破产预评估机制。余姚市人民法院在立案大厅设立专门窗口,接受企业破产咨询,重点就破产程序利弊、具体流程等进行释明。

2. 建立工作台账,记录企业涉诉、资产负债、法定代表人去向等情况,并对企业是否具备破产原因进行预评估,对初步判断具备破产原因的企业,及时建议当地政府予以重点关注,以防发生企业主“跑路”等突发事件。

3. 探索建立破产联合引导机制。温州市中级人民法院由分管副院长带队走访市国资委、金融办、处置办等,全面梳理汇总财务危机企业信息,加大企业破产引导力度。目前,企业破产审判工作以点带面,逐渐铺开。2012 年上半年全省有 9 家基层法院受理了《企业破产法》实施以来首例破产案件,破产案件受理和审理工作逐渐在全省铺开。

二、夯实基础:推进和完善破产管理人工作

最高人民法院在发布的司法政策性文件和相关工作会议上都强调各级人民法院在企业破产审判工作中要重视充分发挥管理人作用,完善管理人指定机制;健全对管理人队伍的管理、培训和淘汰体系,积极探索有效的管理人管理机制;进一步厘清人民法院与管理人的关系与职责。浙江高院在推进企业市场化破产的过程中,从以下几个方面进行了积极探索。

1. 启动第二批破产管理人评审工作

在 2007 年评定第一批 48 家破产管理人的基础上,为了进一步推动企业破产审判工作,2012 年 9 月,通过规范的评审程序,共评定中介机构管理人 222 家(其中律师事务所 151 家,会计师事务所 71 家),个人管理人 23 名。第二批破产管理人评审是推动形成新的破产审判格局的重要着力点,有利于夯实市场化企业破产审判工作的基础,有利于推动破产审判工作的深入开展。

2. 规范破产案件管理人的指定

近年来,破产管理人在企业破产案件审理中发挥了积极的作用。同时在调研中也发现,有的法院在管理人指定工作中,存在一些不规范的做法。因此,在调研的基础上,浙江高院于 2012 年 4 月下发了《关于进一步规范破产案件管理人指定工作的通知》,要求全省各级法院:

（1）切实提高依法指定管理人工作重要性的认识。

（2）人民法院审判业务庭在审查企业破产案件申请时，可以根据案件的具体情况提出产生管理人方式的建议。一般企业破产案件，应通过轮候、抽签、摇号等随机方式产生管理人，监察部门应参与过程监督；符合最高人民法院《关于审理企业破产案件指定管理人的规定》第21条规定的企业破产案件和其他重大疑难企业破产案件，由中级人民法院审判委员会专职委员主持，组织司法鉴定处、审判业务庭和监察室相关人员成立评审委员会，通过竞争方式产生管理人。

（3）企业破产案件符合最高人民法院《关于审理企业破产案件指定管理人的规定》第18条规定的，经浙江高院司法鉴定处同意，可以指定清算组临时履行管理人职责，临时管理人在人民法院的指定范围内开展工作。企业破产程序开始后，应即依法按照随机方式或竞争方式产生管理人（确有必要，依法可以继续采用清算组形式）。管理人正式产生后，原清算组应即向管理人移交工作。事先参加清算组的列入管理人名册的社会中介机构（含社会中介机构成员），如不存在最高人民法院《关于审理企业破产案件指定管理人的规定》第23条规定的不宜担任管理人的情形，可以列入通过随机方式或竞争方式产生管理人的备选名单。

（4）除最高人民法院《关于审理企业破产案件指定管理人的规定》第22条规定的金融机构破产案件外，人民法院不得采取接受推荐方式产生中介机构管理人。

（5）对于有关单位和人员推荐相关中介机构为管理人（包括列为清算组成员）的，应要求其出具书面推荐意见并附理由。如推荐的理由存在合理性，经审判业务庭、司法鉴定处和监察室共同研究并报院领导同意，可以将相关中介机构列入通过随机方式或通过竞争方式产生管理人的备选名单。强调廉洁、监督和规范贯穿管理人工作的始终。

3. 发挥能动性，建立、规范和完善管理人动态管理机制

在扩大管理人队伍的同时着力建立和完善管理人的动态管理机制：

（1）对第一批管理人的履职情况进行考评。要求第一批管理人提交《履职报告》，并将这一考评作为管理人动态管理的基础，为第二批管理人中个人管理人的评审提供依据。

（2）探索通过对管理人的评分，以管理人工作团队建设情况，债权人、债务人对管理人工作的意见如债权人会议表决通过率等为指标，建立管理人的“诚信档案”，以此作为动态管理的基础。

(3)完善管理人培训机制,并以此作为调研和工作沟通的平台。

为了建立和完善破产案件管理人的动态管理制度,浙江高院总结实践经验,借鉴兄弟法院成功做法,研究起草了浙江省高级人民法院《关于规范企业破产案件管理人工作若干问题的意见》,从管理人的动态管理,管理人的指定、更换、回避和重新指定,对清算组作为管理人的规定,管理人费用、报酬的确定和审查支付等四个方面作出了较为详尽的规定。

4.管理人报酬援助基金试点工作

价格是市场机制的核心要素,管理人报酬是管理人市场规范发展的关键因素。就《企业破产法》实施以来社会中介机构以管理人或者清算组成员参与的168件破产案件对管理人报酬问题进行的调研表明:

(1)报酬“贫富两极分化”现象严重,主要表现在具体案件上报酬差距很大,个案最高报酬达到682万元,最低为零,个别案件甚至需要管理人垫付破产费用[①];地区之间有较大差别,总体来看,杭州地区、绍兴地区破产案件管理人报酬收取情况比较理想;社会中介机构之间也有较大差别,五年多来,业务发展最好的中介机构在破产案件中收取的报酬近2000万元,个别中介机构则为零。

(2)在报酬的具体收取标准上,在调研的95件案件中,按照标准上限收取的案件有39件,占41.1%;按照标准适当下浮的有45件,占47.4%;报酬为零的有11件,占11.6%。

结合调研情况,为了进一步规范管理人市场,推动市场化导向的企业破产审判工作,浙江高院于2012年4月就贯彻最高法院在太原召开的全国法院企业破产审判工作会议精神,建立管理人报酬保障和援助基金制度,确定湖州中院和绍兴中院先期进行调研和探索,开展试点工作。2012年6月29日,湖州中院出台《关于管理人报酬保障和援助基金管理办法(试行)》,对基金设置目的、来源、提取程序、补偿对象、支取程序等进行了规定,并开始试行,成为浙江首个对管理人报酬援助基金作出制度规范的地区。为管理人报酬援助基金的规范、阳光运作提供了制度保障。

三、提高效率:依法推进企业破产案件简易审理

提高审理效率是企业市场化破产路径探索的重要方面。浙江法院依法推进企业破产案件简易审理,强化诉讼效率意识,充分发挥债权人意思自治,在法

---

① 杭州市西湖区人民法院2011年7月13日裁定受理的杭州软通科技开发有限公司破产清算一案,管理人上海市锦天城律师事务所杭州分所未收取任何报酬,且垫付近3000元破产费用。

律允许的框架内,加快案件审理节奏,积极探索企业破产案件特别是小微企业破产案件的简易审理,最大限度地减少风险处置的成本,节省司法资源,加快企业破产案件的审理进程。

浙江法院采取的做法主要是:

(1)探索多种方式,为破产案件审理提速增效。对基层法院受理的一些事实清楚、债权债务关系简单、债务人财产相对集中的企业破产案件,探索实行独任审理,指派具有丰富破产审判经验的法官担任承办人;简化债权申报、重整方案制作等程序,缩短审理用时;指导外地管理人将部分事务委托给企业所在地律师事务所,减少因使用异地破产管理人导致审理时间延长及适用程序成本的增加的情况,并协调减半收取管理人费用,最大限度保护债权人利益。

(2)通过完善对管理人的授权机制简化破产审判程序。在绍兴县法院审理的浙江宏利纺织有限公司(下简称宏利公司)破产清算案中,为简化案件审理程序,债权人会议表决通过的《破产财产变价方案》中规定:第一,企业厂房、土地使用权、机器设备、车辆、食堂宿舍等企业固定资产整体出售;第二,以评估价为第一次拍卖起拍价和保留价,如流拍,在每次降价幅度不超过上次保留价 10% 的限度以内,由管理人酌情确定保留价,同时授权管理人可在不低于上次起拍价的基础上,协议变卖;第三,向管理人授权,在协商或调解催收债权时,给予不超过债权额 30% 折让的处分权。此后,管理人委托拍卖机构第一次公开拍卖处置破产财产因无人报名而流拍,案外人娄某愿意以第一次拍卖起拍价受让。经报受理法院同意,管理人以 6200 万元整体出让破产企业的资产。在债权催收中,管理人在授权范围内给予对方较大折让的优惠下,35 笔应收款项中,仅 1 笔通过诉讼解决,其余均通过协商顺利回收,从而实现了债权人利益的最大化,并大大提高了案件审理效率。

四、协同司法:加强内部沟通和外部协调

企业破产审判工作的开展既是“办案”,更是“办事”;既需要“开庭”,更需要“开会”;既需要“裁判”,更需要“谈判”;既需要进行法律适用,也需要开展事务协调等工作;因此,在破产审判工作中加强内部沟通和外部协调尤为重要。1. 加强内部沟通。加强浙江高院审判业务部门与立案、司法鉴定、执行等部门的沟通协调,推进企业破产案件依法规范受理、开展第二批破产案件管理人的评审工作、探索执行程序与破产程序的配合与衔接;开展第一批破产案件管理人考核,并认真梳理、总结 48 家社会中介机构管理人提交的《履职报告》,获取了丰富的第一手资料;同时积极探索管理人动态监管制度的完善。2. 加强调研

指导。加强对基层法院破产审判工作的指导,浙江高院专门赴温州、宁波、湖州、台州等地通过法院与管理人座谈会、债务人企业现场走访、问卷调查、企业高管个别访谈等方式开展企业破产审判工作调研指导,既掌握了个案审理的第一手资料,对面上的整体情况也有了了解。指导湖州、绍兴两地开展管理人报酬援助资金制度的试点工作;指导台州和天台法院开展全省首例竞争方式产生破产案件管理人的试点;推动在建德、乐清等地开展企业破产案件简易化审理试点工作;指导推动温州金融综合改革试验区背景下温州两级法院的企业破产审判实践。3. 加强外部协调。加强与金融监管部门、中小企业管理部门和相关政府机构涉及企业破产事宜的常态化工作沟通、协调机制;加强与行业协会主要是银行业协会、律师协会、注册会计师协会的沟通交流;强化与高等院校等科研机构的合作。2012 年 6 月,浙江高院以浙江大学光华法学院为平台推动召开了第一届“企业破产法与浙江实践论坛”召开,总结了《企业破产法》实施以来的实践经验,研讨了在“法治浙江”建设和市场化改革背景下,推进浙江省破产法学研究和破产法制建设的相关问题。

企业破产法制建设是和法治建设、市场经济发展相适应的基础性制度建设,人民法院应当顺势而为,以破产审判作为社会管理创新的平台和抓手,大力推进尊重司法规律的市场化导向企业破产审判工作。

发挥保护知识产权主导作用
服务和保障创新型省份建设

浙江省高级人民法院

近年来，浙江法院深入贯彻落实《国家知识产权战略纲要》，充分发挥司法保护知识产权主导作用，全面加强和完善知识产权审判工作，为浙江建设创新型省份提供了有力的司法保障。

一、依法审理案件，发挥司法保护主导作用

（一）依法审理案件，妥善运用知识产权司法保护方式

2009 年至 2012 年上半年，浙江各级法院共受理一审知识产权民事案件 21435 件，案件数量居全国前列，案件类型覆盖所有知识产权领域。其中，2009 年 2806 件，2010 年 4916 件，2011 年 7601 件，2012 年仅上半年就高达 6112 件，接近去年全年收案量。在充分发挥民事审判在知识产权司法保护中的主渠道作用的同时，全省法院还充分发挥刑事审判惩治和震慑职能，严厉打击各类知识产权犯罪行为。其中 2009 年受理刑事案件 121 件，2010 年 109 件，2011 年 598 件，2012 年上半年 527 件。强化行政审判对知识产权行政行为的司法审查职责，监督和支持行政机关依法行政，促进知识产权行政保护。三年多来，全省法院共受理涉知识产权一审行政案件 78 件。在坚持平等保护的前提下，全省法院妥善运用重点保护、有效保护和适度保护等多种保护方式，不断扩大知识产权司法保护成效。按照有效保护的要求，通过加强诉前临时措施适用、证据和财产保全力度、适度减轻权利人举证负担等手段，切实加强对权利人的权利保护。通过加大对构成重复侵权、恶意侵权和规模侵权行为的赔偿力度，提高违法者侵权成本。加大对多发及典型侵犯知识产权犯罪的打击力度，充分发挥刑事审判的惩治和震慑功能。按照宽严相济刑事政策的要求，在依法适用主刑、加大罚金刑适用与执行力度的同时，继续降低一些社会危害性大、主观恶性明显等知识产权犯罪的缓刑适用比例。加大行政审判推动知识产权行政保护的力度，支持行政机关依法保护知识产权的执法行为，维护执法权威。

（二）注重抓好大要案和关联案件、系列案件的审理工作

近年来，随着国家知识产权法律的不断完善，社会知识产权法律意识不断

增强,知识产权在企业生产、经营活动中发挥的作用越来越大,各种大标的、新类型以及疑难复杂等深受社会关注的重大知识产权案件不断涌现。这些重大案件的审理结果,不仅关系权利人的合法权益,还可能会影响行业发展导向和竞争格局。对此,浙江法院高度重视大要案审理工作,以确保法律效果和社会效果的统一。如正泰集团诉施耐德公司专利侵权纠纷一案的诉讼请求和一审判赔额高达3.35亿元,引起国内外各界的广泛关注,省高院在二审时充分发挥司法智慧,努力促成当事人达成全球和解协议,解决了双方长期存在的知识产权争议,创造了良性竞争、合作双赢的市场环境,也为我国与法国对外关系的改善起到了积极作用,得到最高人民法院和浙江省委主要领导的充分肯定,被最高人民法院评选为2009年全国十大知识产权案件之首。又如台州市中级人民法院以“全国一揽子和解”模式成功解决了罗华恩与中国联通公司和八大手机生产商之间、涉案标的额达7000万元的16件“世界风”商标和著作权关联案件。除大要案频发之外,浙江知识产权案件的另一个重要特点是以个体零售商、中小超市、网吧经营者、KTV经营者等为被告系列案件一直处于高发态势。此类案件覆盖面广,且多数被告法律意识淡薄,赔偿能力有限,诉讼抵触情绪比较强烈,法院的裁判结果不仅影响行业发展,还可能影响社会稳定。对此,浙江各级法院高度重视,通过借助行业协会力量、邀请众被告旁听同类案件审理、以判促调、一揽子和解等方式化解系列案件。同时,省高级人民法院在调研的基础上,及时出台相关指导意见,确保裁判标准的统一。如2009年,针对以德国波马公司为原告的大量商标侵权纠纷系列案件中的损害赔偿问题,出台了相关意见;2010年,针对全省法院受理的1000余件网吧侵犯信息网络传播权纠纷案件制定了规范性文件;2011年,针对涉KTV案件中的疑难法律问题下发了《关于做好涉KTV著作权案件审判工作的通知》。

(三)始终贯彻“调解优先,调判结合”的工作原则

至2012年6月,全省法院一审知识产权民事案件年均调解撤诉率达75%,远高于全国平均值和浙江普通民商事案件的平均调撤率。同时,通过在调解书中附加督促履行条款等方式,提高当事人自动履行率,判决和调解案件中仅有5.82%的案件进入强制执行程序,知识产权民事审判呈现了“调解多,上诉少,信访少,申诉少,进入强制执行案件少”的“一多四少”良好局面。为了加大涉互联网知识产权案件的调解力度,2011年省高级人民法院与中国互联网协会签署了为期五年的委托调解协议,委托该协会调解浙江法院受理的涉互联网知识产权纠纷案件,充分发挥行业协会在互联网案件中的调解和协调作用。为探索方便权利人维权和纠纷快速解决的调解模式,2012年2月,温州市中级人民法院

和温州市科技局签署《关于建立知识产权民事纠纷诉调对接机制的意见书》，与中国（温州）知识产权维权援助中心建立委托调解机制，并具体制定了建立知识产权民事纠纷诉调对接机制的运作方式。截至6月，温州市中级人民法院已委托该中心调处案件30件，占其同期一审知识产权案件收案数的22.7%，其中15件成功调撤结案。

（四）重视涉外知识产权案件审理，依法有效保护境外权利人合法权益，维护浙江知识产权保护良好的国际形象

在涉外案件审理中，全省法院始终坚持依法平等保护原则，注重营造重视知识产权保护的司法环境，达到良好的社会效果。韩国三星公司、美国科勒公司、微软公司、德国博世公司以及法国阿克苏·诺贝尔公司等国际知名公司，都对浙江法院知识产权审判工作予以充分肯定。德国拜耳公司在诉衢州拜耳公司商标侵权及不正当竞争纠纷诉请依法获得支持后，加强了欧盟企业在华投资信心，拜耳集团之后也决定在中国追加10亿欧元的投资。美国微软公司总部专程派人前来杭州市中级人民法院赠送牌匾表示感谢，称赞"杭州中级人民法院知识产权保护工作走在了全国前沿，为企业营造了良好的知识产权保护环境。"近日，芝华士兄弟（美洲）有限公司负责人也专程率队拜会该院并赠送锦旗，感谢其为企业营造良好的知识产权保护环境。

二、坚持能动司法，服务区域经济发展

（一）贯彻落实《国家知识产权战略纲要》，优化知识产权审判环境

人民法院知识产权审判工作离不开党的领导、人大监督、政府支持及社会各界的配合。省高级人民法院结合浙江经济发展形势和知识产权保护现状，及时出台了贯彻《国家知识产权战略纲要》的30条举措，受到各界充分肯定。另外，全省法院还在2008年和2009年连续开展了"司法护权、激励创新"以及"优化自主创新司法环境"主题活动，对进一步促进科技创新、品牌经济发展和营造公平有序竞争的市场秩序起到了重要作用。2011年，为配合省人大常委会对全省法院知识产权审判工作专题审议工作，省高级人民法院制定了具体实施方案，协助省人大开展调研，邀请省人大常委会组成人员、省人大代表旁听知识产权典型案件审理，全面、集中展示了全省法院知识产权审判工作业绩。齐奇院长所作的《关于全省法院知识产权审判工作情况的报告》，受到高度肯定。同时，全省法院还根据审议意见，开展自查自纠，制定整改措施，在工作中认真贯彻落实，并向省人大常委会专题报送贯彻落实情况。目前，除已经过当地人大常委会专题审议知识产权审判工作的杭州、宁波、温州、金华、台州和绍兴等中

级人民法院外,其他法院也正在积极争取当地人大的审议,以进一步拓展知识产权审判的发展空间。

(二)服务区域特色经济发展

浙江具有一般知识产权案件管辖权的基层法院所在辖区,均是浙江经济发达地区,区域特色经济明显。为着力指导各地法院充分发挥司法能动作用,积极延伸知识产权审判职能,省高院于 2011 年在全省法院开展“知识产权特色审判”主题活动,同时将其作为全省法院贯彻落实最高法院开展的“加强知识产权司法保护,促进经济发展方式加快转变”年度主题活动的重要内容,为具有浙江特色的商品批发市场、加工制造、动漫游戏、广播影视、网络传媒和电子商务等产业发展创造良好的司法环境,充分发挥知识产权审判为地方特色经济发展保驾护航的作用。省高院引导各级法院深入挖掘当地经济发展情况,准确把握产业发展特点,结合自身知识产权审判工作实际,卓有成效地开展“知识产权特色审判”主题活动。如杭州市中级人民法院针对辖区各区县在发展创新型经济上各有侧重的特点,实施了以“三贴近”(贴近需求、贴近生产、贴近生活)、“四联动”(设立知识产权司法保护联系点,实现“点对点联动”、整合法院内部审判资源,实现“条与快联动”、加强与行政机关沟通交流,实现“面对面联动”、强化与媒体互动,实现“网格化”联动)、“五走进”(走进网络、走进学校、走进乡镇、走进车间、走进市场)为内容的“三四五”工程,既积极推动知识产权司法保护向基层延伸,又注重积极引导当地企业依靠科技创新获取自主知识产权,为杭州市建设国家知识产权工作示范城市提供了有力的司法保障,取得了党委认可、政府支持、企业和群众欢迎的良好效果。根据国务院批复同意在义乌市开展国际贸易综合改革试点工作意见,义乌法院及时出台了《关于加强知识产权审判,服务国际贸易综合改革试点的 20 条意见》,力争通过加强知识产权司法保护工作,调整和优化国际贸易的主体结构、商品结构、贸易方式和贸易环境,促进和规范义乌小商品市场、展会和国际贸易健康发展,推动产业转型升级,提升市场商品质量,进一步开拓国际市场,提升义乌在国际贸易中的战略地位,保障国际贸易综合改革试点工作顺利推进。宁波中级人民法院以家电制造企业为重点,通过走访、座谈等形式帮助家电企业在知识产权保护方面的困难,并编发了《小家电生产相关法律问题手册》和《小家电生产企业预防法律风险指导意见》。金华市中级人民法院深入走访浦江水晶企业,与水晶协会建立工作对接机制,充分发挥水晶协会在知识产权司法保护中的沟通协调作用,以共同服务于浦江特色经济的发展。台州中级人民法院根据辖区内玉环和温岭地区不同的特色产业,有针对性地走访特色行业的多家相关企业,受到了各个企业、行业协会以及当地政府的积极响应和欢迎。嘉兴两级法院在嘉兴科技城和海宁经济开发区设立知识产权巡回审判联系点，构筑起了企业、科技人员与法院之间的知识产权司法沟通平台。

（三）加强司法建议工作

为深入推进社会矛盾化解和社会管理创新，全面提高知识产权民事审判工作服务大局的能动性，各级法院针对知识产权案件审理中发现的地方政府和企业、科研机构等在知识产权工作中存在的问题，及时向行政主管部门、行业协会和企业、科研机构等提出司法建议，督促其健全制度、加强管理、堵塞漏洞、消除隐患，为地方党委、政府制定相关政策提供决策依据。省高级人民法院于2010年年初就下发了《关于加强知识产权民事审判司法建议工作的意见》。各级法院认真贯彻落实该意见，针对案件审理中发现的突出问题，共向有关部门和企业发出知识产权司法建议50余份，促使有关企业和部门提高知识产权创造、运用、保护和管理能力，完善知识产权保护长效机制，收到了良好的社会效果。如省高院、舟山、金华等法院针对涉及网吧侵权案件大量涌现的情况，分别向网吧主管部门发出司法建议，有效规范了网吧的经营活动，促进了互联网产业的健康发展；杭州中级人民法院针对因宾馆酒店销售假冒国际名牌商品而被权利人起诉侵权的情况，向杭州市旅游委员会发出《关于加强对宾馆酒店整治、严厉查处其中销售侵犯知识产权商品特别是假冒注册商标商品的经营者的司法建议》，市旅委会同旅游行业协会召开了情况通报会，并提出相应的整改措施，取得良好的社会效果，该司法建议也被最高法院评选为全国优秀司法建议；台州中级人民法院针对个体工商户商标侵权案件频发的情况，向工商局发出司法建议，受到充分肯定；温州市中级人民法院针对该市涉动漫产品侵权诉讼高发的态势，通过媒体发布诉讼预警，提醒广大销售商规范交易行为，保留产品来源凭证，谨慎审查商品中动漫卡通形象的知识产权。

三、创新审判模式，提高司法保障能力

（一）稳妥推进“三审合一”审判工作

开展三审合一审判工作，不仅仅是完善知识产权审判机制、加强保护工作、统一裁判尺度、形成保护合力的需要，也是提升知识产权审判工作地位的有利契机。省高级人民法院自2007年7月1日起在义乌法院开展知识产权“三审合一”审判方式改革试点工作，由知识产权审判庭集中审理知识产权民事、刑事和行政案件。2011年义乌法院全年共新收各类知识产权案件466件，同比上升84.19%，其中知识产权民事案件344件，刑事案件120件，行政案件2件，其中

刑(行)民诉讼交叉案件3组6件,工作成效显著。2011年,义乌法院已顺利通过试点工作验收,并被最高人民法院评为首批五个中国知识产权司法保护基层示范院之一。目前,金华、台州两市中级人民法院和玉环县法院也正有序地开展"三审合一"工作。

(二)不断完善知识产权案件管辖布局,进行审判管理创新

为了面对不断增加的知识产权案件的审判需要,经省法院积极争取,浙江现有27个具有一般知识产权民事案件管辖权的基层法院,有9个基层法院具有涉外一般知识产权案件管辖权。除舟山以外10个中级人民法院均具有专利案件管辖权,义乌法院自2009年7月1日起,开始受理实用新型和外观设计专利纠纷案件,成为全国首个可以受理专利纠纷案件的基层法院。2012年浙江试行了基层法院跨区域管辖制度,已批准杭州市滨江区法院和瑞安市法院可以跨地区划片集中管辖一般知识产权民事纠纷案件。在审判程序上,浙江法院为确保案件质量,一直要求所有知识产权民事案件都必须适用普通程序进行审理。但从目前的情况来看,一些基层法院知识产权案件数量已经超过了多数中级人民法院,并且增长速度迅猛、案多人少矛盾十分突出。为此,在充分调研的基础上,2012年9月,省高级人民法院首次指定杭州西湖区人民法院和温州鹿城区人民法院试点适用简易程序审理部分知识产权民事纠纷案件。

(三)加强专项调研工作

各级法院结合本省科技、经济、文化发展的特点和审判工作实际,对知识产权司法保护新问题的法律适用和诉讼制度建设加大调研力度,适当借鉴国际知识产权保护的有益经验,跟踪国际知识产权研究的新成果,推动调研成果的转化,为建设创新型省份提供公正、高效、权威的司法保障。

服务重点项目建设和谐推进

浙江省高级人民法院

随着浙江扩大有效投资决策部署的扎实推进，与重点建设项目有关的征地拆迁、补偿安置、合同履行等矛盾纠纷日益增多，并逐渐反映到司法领域。为妥善化解矛盾纠纷，浙江法院坚持能动司法，公正裁断、和谐执行、堵漏建制，在依法保护当事人合法权益的同时，有力保障重点建设项目的和谐推进。2011 年以来，各级法院共诉前化解涉重点建设项目各类民事、行政案件 896 件；审结 2306 件，其中 37.3% 的案件得以协调化解，61% 的判决案件实现自动履行，约六成案件审判用时缩减近四分之一；行政机关申请强制拆迁的 633 件非诉行政案件，均得以妥善执行，未发生一起对抗失控的恶性事件，得到了各级党委政府的充分肯定。主要做法如下：

一、关口前移，抓好诉前化解

利用涉重点项目纠纷形成初期矛盾相对缓和、协调空间较大的有利条件，着重在项目启动之初即介入指导，加强服务和保障。宁波市中级人民法院以及辖区的海曙、鄞州、余姚三个基层法院先后在宁波火车南站等 17 个省市级重点项目集中地区成立司法联络室，宁海县人民法院向 15 个县重点工程派驻法制促进员，对征补方案、实施方案进行法律把关，最大限度促成各方达成补偿安置协议。海曙区人民法院联络室成立后即在诉前妥善化解了 23 件涉重点工程征迁纠纷，鄞州区人民法院潘火司法联络室成立后，促成当地两处项目征收补偿协议签约率由不足 50% 升至 93% 以上。温州、台州两家中院以及乐清、江干、余杭、莲都等基层法院专门成立重大项目案件协调处理领导小组，专人定期联系沟通，做好协调配合工作。2011 年以来，全省三级法院共诉前化解涉重点项目案件 896 件。

二、快立快审，保证工程进度

对涉重点项目案件在符合诉讼程序原则和保证质量的前提下，能快则快，最大限度地减少诉讼环节，缩短审执周期，提高办案效率。对必须采取强制措施的，也以不影响正常经营和生产运行为限，确保重点项目工程建设进度。如温州市中级人民法院受理的浙江宝业建设集团公司与省重点工程温州市妇幼保健院招标单位确认仲裁协议效力一案中,从立案至审结仅用了11个工作日,因争议已延期开工6个月的建设工程终于得以顺利开工。据不完全统计,六成左右的涉重点工程案件审判用时比普通案件要缩减四分之一左右。

三、加强协调,力促自动履行

一是坚持全程、全员协调。海曙法院在拆迁户“带头大哥”戴某起诉案件程序终结之后,继续做其工作,最终协调结案,带动小区其他35户拆迁户自动签约,无一强制执行;丽水市莲都区人民法院在3起征迁案件强制执行前夜,院长亲自入户做工作,与被申请人沟通到凌晨,最终促使其中2件案件自动履行。二是坚持上下联动、共同突破。在涉鲁迅故里历史街区重点项目案件中,通过省、市、县三级法院共同努力,促成和解,拖延7年之久的重点项目得以完满收官;在奉化法院受理的陈如方两兄弟安放汽油桶准备暴力抗拒强制搬迁一案中,宁波市中级人民法院及时介入,从全市补偿政策等角度释法明理,最终促使两人放弃侥幸心理,接受合理补偿方案。三是坚持协同司法、多元化解。加强与党政机关沟通,通过纳入社会救济范畴、帮助解决工作、申请专项资金等方式解决被征收人的现实困难,从而促成协调。乐清市人民法院推动建立行政争议协调委员会多元化解模式,实现了涉重点工程案件全调解和零信访,被最高人民法院推广。2011年以来,涉重点建设项目案件协调率达37.3%,61%的判决案件实现自动履行。

四、裁执分离,助力和谐拆迁

最高人民法院《关于办理申请人民法院强制执行国有土地上房屋征收补偿决定案件若干问题的规定》实施后,全省法院积极稳妥地推进“裁执分离”工作模式,即由法院审查裁决,政府组织实施搬迁。在实施强制搬迁时,经党政要求,法院可派员到现场实施监督,提供法律意见,并协助对执行现场安全状况、被执行人心理、周边环境、舆情反映等进行风险评估。杭州市江干区人民法院以“裁执分离”模式对严重影响杭州铁路东站枢纽建设的潘某某(户)房屋强制搬迁,取得了较好法律效果与社会效果,受到省委领导肯定。在处理极少数阻挠重点工程的群体性聚集事件中,既依法支持党政现场处置,又注意讲究策略方法,立足教育转化,凡能够用行政、纪律、经济、治安等手段解决,尚未实施打砸抢烧等犯罪行为的,就不轻易动用刑罚,尽可能减少社会对立面。2011年以来,共审结633件行政机关申请强制拆迁的涉重点建设项目案件,未发生一起对抗失控的恶性事件。

五、堵漏建制，完善公共决策

针对审判中发现的涉重点项目建设法律问题，有针对性地提出司法建议，协助相关单位及时堵塞管理漏洞和完善公共决策。省高院针对重点项目立项中存在的法律适用问题，专门与省发改委召开座谈会，提出建议对策；杭州市中级人民法院针对被征收人频繁提起信息公开行政诉讼情况，发送司法建议推动省政府办公厅完善政府信息公开工作，得到省政府主要领导的肯定和支持；温州市中级人民法在院审判中发现有部分区县在土地审批中存在转而未供、供而未用的问题，及时向温州市政府提出促进土地节约集约利用的司法建议，被采纳；嘉兴市中级人民法院对涉市区重点项目的 26 个拆迁许可项目中尚未签约的 258 户拆迁户情况进行摸底调查，发送“市区房屋强拆遗留问题司法建议”获市政府主要领导肯定；台州市中级人民法院成立专题调研组对全市 105 个重点项目进行了调查摸底。2011 年以来，浙江全省法院共针对重点建设项目发送司法建议 76 份，有效预防和减少了同类矛盾纠纷的发生。

集中管辖:妥善审理和执行涉资金链断裂企业债务的重大案件

浙江省高级人民法院

2008年以来,受国际国内宏观经济形势的影响,浙江一些龙头企业陷入资金链断裂危机,引发众多债权人"集中性"、"恐慌性"诉讼。由于案件分散在全省各地,如果由各地法院分别审理执行,很容易造成同类案件出现裁判不统一、保全措施、执行手段相冲突等现象,不利于平等保护各方债权人的利益,也不利于政府部门统一化解工作,影响经济秩序和维稳大局。为此,浙江高院审时度势,于2008年10月28日下发了《关于资金链断裂引发企业债务重大案件的集中管辖问题的通知》,探索在全省建立了集中管辖制度,并先后指定相关中级法院集中管辖涉及台州的飞跃集团、绍兴的江龙集团、杭州的华伦集团等10家企业债务的重大案件,为涉诉企业维持或恢复正常经营创造条件,尽量避免资金链断裂引发的区域性系统风险。目前,这些集中管辖的案件,多数已重组重整成功或取得重大进展,最大限度地发挥了诉讼程序机制对涉企纠纷案件的化解能力,充分显示了能动司法的独特价值,为司法服务经济社会发展提供了鲜活的实例。

一、基本做法

坚持从严把握适用范围。为防止实践中偏离该项制度设立初衷、损害当事人合法权益现象的发生,浙江高院要求各中级法院请求指定集中管辖时,应在书面报告中说明具体情况和理由,并符合以下条件:(1)涉案资金链断裂企业一般应是当地的行业龙头企业,企业融资余额特别巨大,如不采取集中管辖措施将严重影响当地经济、社会秩序的稳定;(2)当地政府已经成立应急处置工作机构,负责处理企业资金链断裂引发风险的化解工作;(3)应急处置工作机构有较明确的化解企业债务风险、处理善后事宜的工作安排,特别是对人民法院集中审理和执行所涉案件有明确的支持意见和维稳预案;(4)市委向省委或省委政法委报告,省委或省委政法委提出建议集中管辖的意见。浙江高院确定专门部门和专人密切关注集中管辖案件审理动态,指导相关中级法院依法公正审理、执行案件。

（一）坚持有利于发展和稳定的原则

明确把是否有利于促进经济平稳较快发展，作为指导审理、执行集中管辖案件的重要政策思想，树立尽量救活企业的司法理念，合理把握审判尺度，在依法合规的前提下，首要考虑企业生存发展，对司法措施进行利益衡平，并优先保护生产要素，尽可能维持有市场、有发展前景的困难企业、劳动密集型企业的生存，尽可能减少有挽救希望企业的关门倒闭，尽可能支持优势企业以兼并、重组、控股等方式延伸产业链，增加核心竞争力。通过发挥审判职能帮扶企业应对困难，增强企业家的创业、投资信心。

（二）坚持统筹兼顾、协同司法

非常时期的危机应对离不开政府的及时介入与强有力的推动。涉企业债务案件特别是案情复杂、影响面广的案件，牵涉到危机处置、资产管理以及破产重组等一系列社会问题。相关法院紧紧依靠当地的党委领导，充分发挥当地政府在化解企业资金链断裂引发风险方面的主导作用，推动建立了党委领导、政府主导、多方合作的协调新机制，对涉及职工安置、重组协调、政策扶持等重大问题，最大限度、最快速度调动各种资源，形成多元化解合力。如绍兴中院在处理江龙集团系列案件中，当地政府专门组成了工作组并进驻法院现场办公，帮助法院协调解决涉及企业债权核对、职工安置等问题。

（三）坚持因企制宜、区分对待

在审理过程中，深入分析涉案情况，针对涉案企业资金链的紧张程度、债务类型、债务人群体、企业偿债能力、所处经济环境等不同情况，创造性地采取不同处置模式，以实现风险化解效果的最大化：1. 对核心主营业务优良，债权人分歧不大、资产负债核算任务轻、重组障碍相对较小的企业，采取“依法确认债权 + 拍卖资产 + 平等清偿 + 实现重组”的处理模式；2. 对不同类型债权人并存，企业已停产，破产重整耗时长，难以短期内重组的企业，采取“保留主业 + 债转股 + 盘活资产 + 实现重组”的处理模式，如绍兴“江龙集团”案；3. 对负债额高、依靠债权人或自身重组可能性小、需要政府主导的企业，采取“动态保全 + 协助政府 + 实现重组”的模式，如台州“飞跃集团”案；4. 对已进入执行程序、主业优良且矛盾对抗较小的企业，采取“放水养鱼 + 债转股 + 拍卖式重组”的模式，如宁波的“中纬公司执行重组”案；5. 在帮助企业解困同时，按照省委有关“经济转型升级”的思路，对无发展前景或生产力落后的困难企业不搞强制拯救，而在充分保障债权人和职工利益的基础上走破产清算之路，在能动司法中促进企业转型升级。

二、实施集中管辖制度的积极意义

实践表明,集中管辖是依法合规前提下的司法创新举措,具有重要的现实意义和理论价值:

(一)有利于最大限度地维护经济、社会秩序的稳定

实行集中管辖,不仅有利于协调债权人的行动,也对安稳人心,提升涉案企业和非涉案企业的信心指数发挥了重要作用,为地方党委政府通盘考虑、统筹安排,做好风险化解和稳控工作创造了条件,最大限度地减少了因各方利益冲突导致的社会不和谐因素。如飞跃集团实行集中管辖后,社会债权人和配套企业及新闻媒体均感受到了政府救活企业及对企业进行并购重组的决心和信心,同时看到了飞跃的发展前景,其余社会债权和银行债权均未再提起诉讼,从而避免了飞跃的“崩盘”。自实施集中管辖制度以来,全省法院已对46家涉资金链断裂的行业龙头企业重大债务案件实行集中管辖,涉及案件4616件,目前已有14家企业经资产重组、重整而起死回生,3家经破产清算后关闭,其余也取得重大进展,无一发生群体性事件。

(二)有利于最大限度地保护债权人和企业职工的利益

维持企业的生存发展,是债权人和企业职工利益的最大保障。实施集中管辖,既有利于统一法院执法尺度和裁判标准,平等保护当事人合法权益,也有利于人民法院借助地方政府的财力支持,更好地做有利双赢的调解工作,尽量以协商方式达成债务安排,防止因形式合法的刚性手段搞垮本可生存和发展的企业,支持优势企业以兼并、重组、控股等方式延伸产业链、增加核心竞争力。如法院对宁波“中纬公司”实施集中管辖后,将企业资产以1.71亿元整体拍卖,使企业得以起死回生;飞跃案件债权人债权暂时搁置而由新企业分期偿还;绍兴江龙集团重组后,安排就业职工人数不但没有减少,反而有所增加。

(三)有利于最大限度地提高诉讼效率、节约司法资源

资金链断裂企业引发的债务案件,绝大多数为借贷纠纷、合同纠纷,少有疑难复杂案件。实行集中管辖,有利于人民法院采取一揽子解决方法,提高诉讼效率,一定程度上有助于减缓法院案多人少的矛盾。如绍兴中院根据省高院指定受理“江龙集团”案后,仅用了40多天的时间,完成了近800件案件的审理和江龙集团全部资产的审计、评估和拍卖,各债权人在向法院出具报告表示放弃未分配部分债权的基础上,集中领取了执行款,使得相应的执行案件也全部执结。

（四）有利于对民事诉讼制度改革和民事审判专业化道路的探索

集中管辖制度是对我国民事诉讼管辖制度的灵活运用，同时也是在现行司法体制内进行的一种制度创新，它使司法作用场域跳出个案纠纷解决藩篱，而着眼于诸如企业解困、利益平衡、社会调控等更为宽广的视野，是商事审判职能在新形势下的拓展延伸。制度是社会需求的反映。集中管辖制度既体现了司法的敏感性和能动性，又实现了民事诉讼制度的功能和目的，并且已被实践证明是可行的，是在司法体制改革进程中对民事审判职权进行优化配置的一个具体体现，必将为民事诉讼的进一步改革奠定一定的基础。同时，对资金链断裂企业引发的重大债务案件实行集中管辖，发挥破产程序在化解企业债务中的积极作用，也是培养一支高素质、懂专业、经验丰富的破产法官队伍的有益探索。

三、启示与展望

浙江法院针对涉企业债务案件创设的区别于传统商事审判的不同应对模式，是能动司法观念在商事审判实践中的生动体现，为促进浙江经济平稳较快发展和社会稳定做出了积极贡献，得到了最高人民法院、浙江省委、省政府主要领导的高度肯定，社会各界对此也给予了较高的评价。但也要充分地认识到，作为司法机关，法院能动司法参与社会治理的范围和能力是有限度的，并且其职能作用的发挥也是有边界并受到现行法律规定制约的。在实施集中管辖、抓好能动司法的过程中，要正确处理好以下几方面的关系：一是能动司法与党的领导及协同司法的关系。坚持党对能动司法的领导，并紧紧围绕党和政府的中心工作，积极取得政府和社会各界的大力支持、协同配合，是人民法院能动司法取得实效的重要前提条件，也是防止能动司法偏离社会治理需要的现实基础。二是能动司法与司法被动性的关系。司法应当遵守司法权的被动性，这主要是指案件的受理和诉讼的发动方面，并不意味着法院在纠纷的处理中陷入消极被动的地位，在社会的转型或危机时期，客观现实要求法院在遵循司法被动性的同时，强化司法的能动性，以更好地化解纠纷、维护社会的稳定和秩序。三是能动司法与严格执法的关系。能动司法绝不等同于司法的恣意，坚守法理和法治精神，是能动司法获得正当性的前提，也是能动司法取得良好效果的保障。

当前，全球金融危机对浙江经济影响仍在持续，经济下行的态势尚未见底，涉企业债务案件继续呈增长趋势，人民法院通过能动司法保障经济社会稳定和谐发展的职责使命更加重大，应在维护全国法治统一的前提下，密切关注社会经济发展的新情况新问题，加强调研指导工作，及时提出切合实际并具可操作性的司法对策。

为海洋经济发展示范区和舟山群岛新区建设提供司法保障

浙江省高级人民法院

2011年2月和6月,浙江海洋经济发展示范区和舟山群岛新区建设相继上升为国家战略。与此同时,自2008年以来,受国际金融危机和欧债危机的影响,浙江航运业遭受重创,货运代理、造船租船、船舶融资等相关行业也萎靡不振。在机遇与困难并存的情况下,浙江海事审判工作勇于进取,攻坚克难,紧扣海洋经济发展这一工作大局,强化司法作为,积极实施精品战略,得到了社会各界的高度认可。

一、提高前瞻性,把握工作大局

面对浙江海洋经济新的发展形势,全省高院快速反应,统筹规划,研究新情况,探索新思路。

(一)深入调研,出台指导《意见》

为应对金融危机,服务海洋经济,2011年,浙江省高级人民法院敏锐把握时势,通过开展前瞻性调研,完成《关于为浙江海洋经济发展提供司法保障的调研报告》,全面梳理了浙江海洋经济发展示范区和舟山群岛新区建设中可能产生的涉法问题和法律风险点,提出了司法保障的相应对策。同年7月25日出台《关于为浙江海洋经济发展提供司法保障的意见》,提出了司法保障海洋经济发展的“三个有利于”原则,即在法律框架内,只要是有利于海洋经济发展示范区规划落实,有利于创新海洋开发管理体制,有利于海洋经济现代产业发展的一切举措,都要提供公正公平的司法保障和优质高效的审判服务。上述《意见》的及时出台,获得了浙江省委、省政府、新闻媒体和社会各界的高度赞扬和肯定,赵洪祝书记和吕祖善省长分别对《意见》作出了专门批示。《都市快报》、《人民网》、《凤凰网》等各大媒体、网络及时做了报道,人民法院报对此进行了专版报道。

(二)分解落实,细化方案

宁波海事法院作为浙江省唯一的海事审判法院,在浙江获批成为全国“海洋经济发展试点省”后,继出台《关于为浙江海洋经济发展试点工作提供司法保障的若干实施意见》后，于2011年又制定《关于服务保障浙江海洋经济发展示范区建设的实施方案》，以责任任务分解表和行事列表形式，对26个工作项目下的58项任务进行了分解落实。省委书记赵洪祝，省委常委、宁波市委书记王辉忠，最高法院万鄂湘副院长和省高院齐奇院长分别批示予以肯定。2011年，为服务和保障舟山群岛新区建设，舟山市中级人民法院完成《关于为海洋综合开发建设提供司法保障的调研报告》，并制定出台《关于为浙江舟山群岛新区建设提供司法保障的指导意见》26条，积极应对海洋经济发展中的新情况、新问题。

二、保证协调性，加强联动协作

加强海事纠纷的总结研判，积极加强与相关部门的沟通协作，是法院能动司法服务海洋经济实践取得实效的重要条件。

（一）加强法院间的沟通协作机制

2012年3月，为保障舟山群岛新区建设，在省高院的协调下，宁波海事法院与舟山市中级人民法院签署《关于建立沟通协作机制的实施意见》，为审判、执行和诉调衔接互相提供便利。

（二）建立与相关海事部门的联动协调机制

2012年上半年，宁波海事法院相继走访了海事、海关、边防、港口、检验检疫、国际航运服务中心等单位，加强交流，完善合作，建立健全多项协作机制。2012年5月，宁波海事法院与宁波市口岸与打击走私办公室签署《服务海洋经济强市建设合作框架协议》，实现了资源共享。

（三）加强与政府部门的沟通协调

对于影响较大或群体性的海事案件，全省高院及时与当地政府加强信息交流，整合各方力量，妥善化解纠纷。如2010年宁波海事法院积极协助宁波市政府解决我国船员因涉嫌巨额海损事故纠纷被巴布亚新几内亚独立国限制出境事宜，为市政府及上级外交部门处理涉外敏感事件、帮助我国公民平安回国提供专业的法律意见；协助舟山市政府外事与侨务办解决“雪曼斯”轮15名俄罗斯籍船员回国和其中一名遇难船员骨灰返国事宜，有力弘扬了我国政府和海事法院的人本、友好情怀；2011年高效处理“浙海358”轮触碰浙江大唐乌沙山发电有限公司电煤专用码头案，及时恢复供电，缓解“电荒”现象。2011年，岱山县人民法院深入调研禁渔休渔新政对辖区渔业生产的影响，及时与政府合作建立信息预警机制，设立专职社区巡回法官，成功化解5起因渔船生产状况不理想濒临破产而引发的民间借贷纠纷。

三、发挥主动性,化解司法僵局

2011 年以来,航运市场的低迷以及融资压力增大等因素导致不少航运企业经营困难,一些原本实力较强的船舶因资金链断裂负债过多引发企业破产,大量纠纷涌入法院。为此,浙江省高级人民法院和宁波海事法院进行了深入调研,认为这种局面是由于部分企业在 2010 年后对经济形势估计不足,错误判断经济形势将回暖、船价将反弹,故而大量建造新船,却因船价暴跌,导致船企资金链断裂所致。充分考量各种利益关系,提出如下化解措施:

(一)加强涉困船企司法应对

宁波海事法院制定《关于加强涉困船企司法应对工作的若干意见》,对涉困船企区分情况慎重处理,对于虽有暂时困难但可持续发展的船舶企业,加大诉前介入化解纠纷力度,灵活运用船舶“活扣押”等措施,稳妥办理涉困企业引发的系列纠纷。2011 年,舟山市普陀区人民法院会同该区司法局在舟山船舶修造龙头企业中远船务公司设立了全市首家船舶修造企业人民调解委员会,促进矛盾纠纷源头治理。

(二)推动航运金融创新

为应对涉诉企业资金困局,2011 年宁波海事法院出台《关于在审判执行中引入融资租赁方式解决案件纠纷的暂行规定》,要求在有关的船舶建造、买卖合同等纠纷案件中,引入专业融资企业与船舶经营人等签订融资租赁合同,解决船舶经营融资困难,促使船舶交易顺利完成,有效化解涉诉纠纷,为推动航运金融创新积累宝贵经验。如在办理原告厦门某船运公司与被告浙江某船舶有限公司船舶建造合同纠纷案中,成功引入第三方融资租赁,使一起标的达 7000 多万元的案件最终顺利调解,双方当事人均赠送锦旗致谢,提供融资租赁的公司也基于这次成功合作的经验,与浙江省政府签订了《支持浙江海洋经济发展专项合作协议》,为浙江省资金困难企业提供融资服务。

(三)引入诉讼担保机构

2011 年 3 月,宁波海事法院出台《关于担保机构为申请保全提供信用担保业务的管理办法》,引入专业担保机构,以规范申请保全中的信用担保,为困难当事人免费提供担保。至今共有 23 起海事请求保全获得专业担保,担保金额达 5530 万元,有效降低当事人的担保融资成本。

四、秉持人民性,体现以人为本

为了方便群众诉讼,浙江法院因地制宜,充分考虑海事案件的特殊性,以各种方式为当事人提供诉讼便利。

(一)便利渔区当事人诉讼

在审理涉渔案件时，尊重渔业生产习惯，尽量在休渔期、生产淡季进行开庭、调解工作，慎重准许渔船扣押申请，避免给渔船经营和渔民生活带来重大损失；为方便群众诉讼，对当事人在偏僻海岛、渔村或身患病残行动不便的案件，或对于案件比较集中的海岛渔村，利用休渔期，组织巡回法庭深入现场办案。2012 年上半年，宁波海事法院温州法庭在渔民休渔期组织干警到洞头县鹿西岛等渔区开展巡回审判，并为群众上门立案 55 件，集中开庭 75 件，高效化解矛盾。

(二)建立诉讼与调解有机衔接的工作机制

宁波海事法院于 2011 年 10 月出台《关于建立和完善涉渔纠纷诉调衔接机制的若干意见》，协同渔区海事渔事调解机构、人民调解组织以及相关基层组织全力打造“无讼渔区”。机制实施以来，已办理渔区基层组织调处的各类涉渔纠纷的司法确认案件 132 件，涉及标的 2100 万余元。

(三)加大司法救助力度，依法缓、减、免收诉讼费用

2009 年至 2012 年 9 月，宁波海事法院共为经济困难的当事人缓、减、免收诉讼费用 1400 万余元，省高院共计对二审海事海商案件当事人缓、减、免收诉讼费用 33 万余元；对于当事人确有困难的，还为其申请司法救助资金，充分体现人文关怀。

(四)开通诉讼“绿色通道”

由于经济下行压力大，航运企业无货可运濒临破产，船员劳务合同纠纷大量涌现，省高院和宁波海事法院出台多项措施，开通绿色诉讼通道，快立快审快执，为困难船员、渔民、外来务工者等要求损害赔偿、追索劳动报酬和经济补偿金的当事人提供方便。如宁波海事法院在办理“华润 6”轮船东拖欠 17 名船员劳务报酬系列案中，17 起案件全部按照简易程序当天快速立案、合并开庭审理宣判，并在七天内全额发放船员被欠工资，让船员们切实感受到司法工作对民生权益的重视和关怀。

(五)坚持调解优先，力争案结事了

对社会影响较大以及群体性、关联性诉讼，尤其是对矛盾尖锐、容易激化的海事案件，增强调解意识，注重调解质量，提高调解效率。2011 年宁波海事法院在办理伊斯兰共和国航运公司所属的“祖立克”在舟山绿华岛附近水域触礁后溢油引发的五起案件时，本着渔民利益优先、环境保护优先、实际损失费用优先的调解原则，妥善协调 50 余户渔民家庭、海事、渔政、海洋渔业局等各部门的利

益冲突,取得良好社会效果;2011 年 7 月,经全省评选,省高院三个海事海商调解案例被选为全省优秀调解案例,报送最高法院参加“第一届全国法院优秀调解案例评选活动”,最终其中一个海商案例获评“全国法院优秀调解案例”。

五、彰显透明性,防范诉讼风险

通过形式多样的司法宣传、翔实可行的司法建议,加强对航运、货代、保险等行业的规范与引导,提示海事诉讼风险,使相关企业不再或较少卷入发展起步阶段经常发生的海事海商纠纷之中。

(一)发布海事审判白皮书

2012 年 8 月 23 日,省高院联合宁波海事法院发布《浙江海事审判白皮书》。《白皮书》主要由海事审判基本情况、纠纷中的相关问题及建议两部分组成,并甄选 9 件典型案例,以图文并茂的形式,总结回顾近年全省海事审判工作,引导市场行为规范,为党委、政府推进海洋经济建设、应对金融危机提供参考。

(二)召开服务海洋经济新闻发布会

2010 年 10 月,省高院和宁波海事法院联合召开浙江海事审判服务海洋经济发展新闻发布会,通报了浙江高院能动司法服务浙江海洋经济发展的主要举措和十大典型案例,新华社、浙江日报、中国海洋报等近 30 余个国家和省市级媒体进行了报道。2011 年 8 月 11 日,省高院与宁波海事法院、舟山市中级人民法院联合召开“服务海洋经济发展”新闻发布会,系统介绍了 2010 年以来全省高院服务海洋经济的举措与成效,28 家中央及省内媒体的记者现场采访报道。

(三)邀请海事法院院长网上交流

2011 年 10 月,省高院联合浙江在线邀请宁波海事法院院长以“发挥司法职能,能动服务浙江海洋经济发展”为主题接受在线访谈,受到媒体和网民的广泛关注。

(四)编制海事司法建议

2012 年,宁波海事法院编制《海事审判情况通报》,对 2008 - 2011 年间海事海商审判中发现的问题和积累的经验进行总结,形成较为全面、系统和易懂的建议性读本,供涉海职能部门、航运企业、船员等参考;同年 6 月,该院撰写的司法建议——《关于处理银行分支机构及其工作人员拖延办理协助冻结手续,致使账户资金被转移问题》,被评为全省高院优秀司法建议。

六、坚守法治性,实施精品战略

浙江法院高度重视海事审判精品战略,出台《关于实施海事海商审判精品战略的若干意见》，在海事案件质量的“精、准、细”上下工夫，保证审判的权威性和公信力。

（一）规范审判管理制度

2009 年，省高院负责海事审判的民四庭制订了《关于内设机构、人员职责及权限的若干规定》，明确职责，落实责任，加强对分案、开庭、审判、合议、文书签发、送达、归档各个环节的细化管理；2011 年，该庭提高了裁判文书签发级别，除调解、撤诉的案件由审判长签发外，其他案件由分管副庭长签发，重大改判案件由庭长签发，进一步加强了对审判程序的监督以及裁判文书的审核；对于重大、疑难、复杂或者合议庭意见分歧较大的案件，由分管副庭长负责提请审判长联席会议讨论；对于可能改判或者发回重审的案件均与下级法院进行沟通，听取意见。

（二）坚持二审改判分析制度

自 1999 年至今，省高院和宁波海事法院连续 13 年举行二审改判和发回重审案件分析会，讨论案件 138 件，就 82 类审判实务疑难问题达成共识，并每年形成《二审改判分析会纪要》，以统一裁判尺度，提高审判质量。

（三）完善案件质量评查制度

省高院制定了专门适用于海事审判的评查指标体系，每年都对宁波海事法院审结的海事海商案件进行质量评查。2012 年又新增《涉外商事、海事海商二审审查表》和《二审案件疑难问题反馈表》，推行海事案件逐案评查制度，以尽早发现问题，及时解决。2010 年 5 月，最高院对省高院海事案件进行了评查，反馈肯定浙江海事审判的质量与经验。2012 年，最高人民法院对宁波海事法院 2010 – 2011 年间办结的 100 件一审海事海商案件进行抽查，给予了较高评价。

（四）抓好裁判文书制作

2009 年，省高院统一了全省海事案件裁判文书的格式，要求加强裁判文书说理工作，做到格式规范、说理充分、逻辑严密；2011 年，在全省涉外商事海事培训班中举办裁判文书制作的专门讲座；坚持做好海事裁判文书公开上网工作，所有二审海事裁判文书都在中国涉外商事海事审判网公开。

（五）建立海事专业陪审员制度

宁波海事法院从海事局、航港局、海洋渔业局、高校等单位选任 29 名思想品质好、社会实践能力强、专业知识丰富的同志担任人民陪审员。2011 年 5 月，对新任人民陪审员进行专门培训，落实人民陪审经费保障。2011 年人民陪审员参加陪审案件 89 起，约占全年一审海事海商案件的 10%。

（六）推行对外委托与拍卖工作集中管理制度

宁波海事法院成立拍卖工作领导小组和对外委托管理办公室，制定规范海事司法鉴定、评估、拍卖、变卖的实施意见,实现了机构选定的集中管理和公开摇号。将船舶拍卖信息刊登在中国涉外商事海事审判网、人民法院诉讼资产网、宁波国际航运服务中心及法院局域网、官方微博上,确保程序公正透明,扩大拍卖信息的受众范围,提高拍卖成交率。每个委托案件分类编号、一案一档,做到台账清楚、资料齐备。

(七)加强海事审判法官培训

2010 年,在宁波举办首届全省高院海事审判培训班,邀请高校法学专家和最高法院资深法官讲授民商法理论和当前海事审判中遇到的热点难点问题,省高院及宁波海事法院 70 余位从事海事审判的法官参加培训,取得较好效果;2012 年,宁波海事法院出台《青年法官导师制实施办法(试行)》,为近 5 年新任法官和新进干警建立导师——学员相组合的青年法官成长机制,并举行青年法官导师结对仪式,确定宁波港股份有限公司作为该院青年干警的实务培训基地,安排新进干警到货代公司、船代公司实习。

提升司法建议质量　促进经济社会发展

杭州市中级人民法院

杭州作为省会城市,辖区内省市区各级行政机关集中,浙江大学等近百所高等院校、科研机构会聚,是浙江省政治、文化、旅游和商住中心。特殊的地缘因素,使得杭州中院的审判执行案件呈现出案件数量多、新类型和疑难复杂案件多、领导和群众关注的案件多等"三多"特点。这既对我们的执法办案提出了新要求,也对我们如何找准服务大局、推进社会管理创新的切入点提出了新挑战。2008 年以来,杭州市中级人民法院更加重视运用司法建议在更大范围、更高层面上发挥司法在服务经济社会发展和法治建设中的功能价值,共向全市各级行政机关、企事业单位发出司法建议 76 份。多份司法建议受到了省市领导的批示肯定和相关部门的高度重视,有力促进了经济社会科学发展。

一、紧扣大局,发挥建议功能,体现司法建议的广度

近年来,杭州中院紧紧围绕大局,从刑事审判、民商事审判、行政审判等各个审判条线,牢牢抓住事关社会和谐稳定和经济发展的苗头性、趋势性问题,及时发出消除隐患、强化管理、防范风险的司法建议,体现了司法建议服务大局的广度。

刑事审判中,如 2009 年,通过对多起外籍人员毒品犯罪案件的审理,杭州中院发现海关在入境安检工作方面存在一定的漏洞,故发出司法建议,建议杭州海关强化举措,把好入境毒品犯罪的查处关。杭州海关对此高度重视,专门出台举措加强出入境查处工作。

民商事审判中,如 2010 年,正是杭州西湖申遗的关键时期,我们受理了一批大型宾馆酒店由于对外租场地管理不善,导致部分经营者销售假冒国际名牌商品而被诉侵权的案件。作为闻名海内外的旅游胜地,杭州的宾馆饭店每年要为数百万中外游客提供住宿餐饮服务。考虑到这种现象一定程度上影响了杭州作为著名国际旅游城市的形象,且不利于西湖申遗工作,杭州中院及时向杭州市旅游委员会发出五点司法建议,建议整顿宾馆酒店内部商品销售市场,树立知识产权保护意识,维护杭州市国际旅游城市形象,新华社对此作了专题报道,该司法建议被最高法院评为全国优秀司法建议。

行政审判中,注重报送为党委决策提供参考的综合类建议。如去年年初,国务院《国有土地上房屋征收与补偿条例》颁布施行,杭州中院经过充分调研和论证,在全省率先起草了报送市委的《关于做好房屋征收与补偿案件审判和执行工作的意见》20条,建立了党委领导、法院主导、政府配合、多方联动的房屋征迁工作组织协调机制,杭州市委主要领导和省高院齐院长都给予了高度肯定。为深入推进此项工作,今年4月,杭州中院与市政府共同召开了以"贯彻实施《国有土地上房屋征收与补偿条例》"为主题的府院联席会议,进一步明确了房屋征迁工作的组织保障体系、最高法院司法解释中确定的"裁执分离"执行模式等原则、规程,积极稳妥推进全市征地拆迁工作。

二、围绕焦点,确保建议质量,体现司法建议的深度

杭州中院注重剖析研判审判执行焦点问题,积极回应群众关切,确保建议的针对性、实用性与可行性,挖掘发挥好司法建议的深度。

如去年在审理一起故意伤害案件中,发现打铁关居委会原书记陈连荣有重大犯罪嫌疑,杭州中院审判委员会及时作出决议,向检察机关发出司法建议。建议发出后,经侦查,确认了陈连荣雇凶报复举报人的犯罪事实,最终,陈连荣因故意伤害罪被判处无期徒刑。

又如近年来,为服务杭州市打造国家知识产权工作示范城市的建设,杭州中院借力司法建议,加强面向行政事业单位、企业、个人的司法宣传和引导,为知识产权保护工作的纵深发展营造良好法治环境,获得政府、社会和媒体的充分好评。一方面,借助司法建议促进重大案件妥善处理。2010年以来,杭州中院受理了近百起网吧被诉侵犯信息网络传播权纠纷案件,审理结果直接关系到网吧行业的生存发展。杭州中院及时向市文广新局发出司法建议,通报情况,相互借力,成功引导网吧业主平稳接受对侵权行为的定性结论,最终促使90%以上的案件以调解、和解方式结案。另一方面,通过司法建议促进企业转型升级。如"中国制笔之乡"桐庐县分水镇,全镇制笔企业达到620家,年产销各类圆珠笔62亿支,由于制笔企业集中,企业间侵犯外观设计的案件经常发生,严重影响了制笔业的健康发展。杭州中院发现这一情况后,及时向当地制笔行业协会发出司法建议,建议当地中小企业将经营理念从假冒仿制转到自主创新上来。经整改,当地类似侵权案件大幅下降,制笔业继续做大做强。

再如去年年底,杭州中院通过个案审理发现《浙江省人民政府办公厅政府信息公开指南》有不少规定已不适应新形势下政府信息公开工作的要求,遂向省政府办公厅发出司法建议,建议对信息公开指南作出相应修改。对此,夏宝龙和俞仲达同志均作出了批示，四项完善措施迅速得到了落实，省政府还就此函复法院，取得了良好的效果。

今年5月，杭州中院向市政府致函，建议不宜将法院领导列为重点工程项目等政府相关工作领导小组成员，得到市委常委、常务副市长批示认同，上述领导小组已清理完毕，法院领导全部退出；后被省高院要情专报采用，引起省委领导关注。

三、关注个案，提升建议效果，体现司法建议的温度

杭州中院坚持能动司法的理念，注重个案差异，充分借助司法建议这一平台，向社会、群众传递司法的人文关怀和法律温暖。如2010年6月，杭州中院在审理一起拆迁行政裁决案中发现，现行法律法规没有针对期房安置作出相应规定，有关职能部门也未引起重视。为确保拆迁户按期回迁、有房可住，杭州中院通过司法建议推动建立了在拆迁裁决阶段的期房保障制度，有效维护了被拆迁人的合法权益。

又如在一起未成年人盗窃案件审理中，通过走访，了解到被告人本质善良、学业尚可，根据犯罪事实、情节及认罪、悔罪态度，在依法判处该被告人缓刑的同时，向其就读的职业技术学校发出司法建议，建议保留其学籍。学校采纳了该建议，被告人得以顺利完成学业。

总结近年来杭州中院的司法建议工作，我们认为，开展好司法建议工作，要抓住以下三点：

一是点子要找准。发挥好司法建议的作用，法院必须找准司法建议的切入点，提高司法建议的针对性、合理性和可操作性。尤其要根据不同的司法建议发送对象，有针对性地提出具有综合性、前瞻性及可操作性的司法建议，提高被建议单位和社会各界对司法建议的认同感。如杭州中院从2008年开始连续4年向市委报送《行政案件司法审查情况报告》，对全市行政案件司法审查的基本情况及涉诉行政机关的败诉原因进行分析梳理，为加强依法行政工作提供了一扇窗口、一个标杆和一种反思，得到市委领导高度肯定。目前，这一做法已在全市基层法院普遍开展。

二是方法要灵活。要充分考量司法建议的可接受度与实际效果，不断创新提出司法建议的方式方法。在传统的司法建议文书之外，针对不同的司法建议发送对象，尽可能以被建议单位易于引起重视和乐于接受的方式提出意见建议。近年来，杭州中院相继采取过司法提示、要情专报、情况反映、法院信息、专题调研报告、府院联席会议纪要等灵活多样的方式建言献策，同时还通过开展疑难案例研讨、法律咨询交流、联席会议等载体,与建议对象形成良性互动。

三是管理要规范。现行法律和司法解释对司法建议工作的规定较少,实践中各地法院的具体做法也不统一。为切实加强对司法建议的规范化管理,杭州中院制定了加强司法建议工作的意见,逐步统一了司法建议的行文格式,明确了司法建议的审核、签发、备案程序,并将其纳入业务庭室目标管理考核范围,还积极争取市委、市政府支持,推动司法建议工作纳入全市社会管理综合治理考核和依法行政工作考核,对改进和完善相关工作,预防和化解矛盾纠纷发挥了积极作用。

尽管杭州中院在开展司法建议工作方面取得了一定成效,但还有不少需要改进和提高的地方,与上级法院的期待和兄弟法院的先进经验相比还有一定的差距。我们决心以这次会议为契机,认真学习领会会议精神,在今后的工作中,做到思想上更重视,认识上再提高,行动上更积极,努力推动司法建议工作质量和水平再上新台阶。

强化大局意识　助力企业发展

宁波市中级人民法院

顺应新形势的新要求，宁波法院主动延伸和拓展司法职能，积极应对经济社会发展反映到司法领域的新情况新问题，努力服务企业创新发展，受到中央和省市领导的重视与肯定。

一、强化大局意识，助力企业应对危机

面对国际金融危机对经济社会发展的严重影响，全市法院扎实做好“保增促调”工作，努力帮助企业化“危”为“机”。

（一）及时调整思路转变作风

受国际金融危机影响，企业停产、倒闭、法定代表人逃债等引发的金融借款、民间借贷、担保、破产等各类案件大幅增加，面对此情，宁波法院积极开展“创建服务型机关、促进企业发展”活动，宁波市中级人民法院成立重大涉企案件诉讼指导小组，并与市工商联、经信委等建立服务中小微企业发展联动机制，加强与党委政府和上下级法院的沟通协调，能动做好涉诉企业合法权益保护和维稳工作。办案中注重做到法律效果和社会效果的统一，确保不因工作不到位而影响企业正常生产经营，确保不因处置不当而引发重大群体性事件，确保不因履职不力而使企业合法权益受到严重侵害。

（二）因时制宜研究出台应对措施

为适应新形势新任务，我们提出了创建服务型法院的号召，将服务发展、服务稳定、服务民生始终作为工作的主线，认真贯彻落实中央和省市决策部署。面对国际金融危机对我国经济社会的深刻影响，宁波市中级人民法院在全市法院部署开展“服务大局年”活动，进行能动司法理念教育，提出了“依法、积极、妥善”的工作方针，采取特殊司法对策，切实防止就案办案、机械执法。围绕“保增长、保民生、保稳定”的中心任务和三项重点工作，认真落实省高院提出的“八项司法”，结合实际，先后出台了 12 件指导意见，采取一系列措施保障党委政府中心工作，切实增强服务大局的针对性、实效性。市中院连续两届被市委评为“实施‘中提升’战略先进单位”。

(三)依法维护创业创新环境

贯彻落实"两创战略",积极营造保护和激励创业创新的司法环境,促进企业科技创新、产业转型升级和品牌经济发展。如在审理浙江帅康电气股份有限公司诉伊莱克斯(中国)电器有限公司专利侵权纠纷案件中,依法认定被告侵权成立,此案是中国厨电行业国内品牌在知识产权领域起诉国外品牌企业的首次胜利。从媒体上得知雅戈尔公司被指使用"DP"标志侵犯他人注册商标专用权后,通过宁波市品牌保护协会指导雅戈尔公司主动启动司法程序,并指导鄞州区人民法院依法作出雅戈尔公司属正当使用,不构成侵权的判决。雅戈尔公司通过此案成功推翻对方的侵权指控,消除了负面影响。该案例被评为宁波市知识产权保护十大典型案例之一。同时准确把握驰名商标司法认定和保护的法律定位,严格界定驰名商标司法认定的基点和范围,杜绝滥用驰名商标保护制度的行为,至今共认定"博洋"、"唐狮"、"好太太"、"中控"四个驰名商标。借助知识产权宣传周、十大案例以及召开新闻发布会等载体和平台,全面及时地为企业和社会提供法律服务和引导。

二、强化保护举措,紧贴企业实际开展服务

积极开展"创建服务型机关、促进企业发展"、"干部进村入企、一线解难创优"等活动,开展涉案中小微企业司法差异化处置专项服务,依据企业类型及困境特点,形成不同特点的企业帮扶和解困方式。在帮助企业和处理涉企纠纷中突出三个字。

(一)突出"稳"字

采取稳妥的措施,防止发生不稳定事件,尽力保障企业平稳过渡。按照"有利于法院统一审理、有利于政府整体调控和有利于矛盾就地妥善处理"的原则,对重大涉企集群纠纷,按照"有利于法院统一审理、有利于政府整体调控和有利于矛盾就地妥善处理"的原则,指定集中由企业所在地或主要财产所在地法院管辖,防范因恐慌性群体诉讼导致企业"休克",避免因沟通协调不当引发群体性事件。共指定基层法院管辖 8 起重大涉企集群诉讼案件,涉及关联企业 50 家、案件 300 件,涉案标的额 23.90 亿元,企业债务总额高达 49.95 亿元,在地方党委政府支持下统一协调稳控,妥善化解风险和不稳定因素。如在处理案件总数达 117 件,涉及 28 家关联企业、17 亿债务的宝诚集团集群诉讼案件中,指导余姚市人民法院,按照宁波市人民政府确定的"先托盘、再瘦身"的企业资产重组方案,顺利重组成功。《财经》杂志 2009 年第 21 期对相关情况作了报道。

（二）突出“和”字

涉企案件坚持调解优先，能劝和的尽量劝和，力促矛盾协调解决，力争使纠纷双方互利共赢，减轻纠纷对经济发展的负面影响。省高新技术企业浙江华健医用工程有限公司老板以该企业等4家关联企业为担保，非法吸收公众存款近2亿元，欠其他单位款项6900万余元，投资失败后，涉及债权人111人、企业46家。考虑到企业自身经营状况良好，市中院指定鄞州区法院集中管辖相关案件，并指导该法院对双方多次协调，最终劝服债权人停息挂账，分期还款。这样既保证企业正常生产经营，也使债权人利益最大化，获得了互利共赢的良好结局。鄞州区法院自2009年9月至2011年8月底历时2年，经6次债权分配总计执行到位2.4亿余元，其中111名个人的债权100%兑现，48家单位的债权受偿比例高达95.75%，众多债权人表示满意，案件执行的社会效果突出，受到当地党委领导的充分肯定。

（三）突出“活”字

对陷入资金链断裂困境但有恢复生产能力的企业，采取灵活的司法手段，积极联合有关方面挽救企业，保护经济实体持续发展。市中院通过暂缓破产程序、招商引资接盘等举措，促使负债达7.24亿元的宁波百联工业技术有限公司重组成功，400余名员工全部保留，市委、市政府主要领导给予充分肯定。北仑区法院在有关部门的配合下，通过引进“战略投资人”，先后盘活“中纬积体”、“中强”、“华辰君临”、“洁贝尔”等多家企业。奉化市法院通过破产重整，由罗蒙集团取得对唐鹰公司及其四家关联企业的经营管理权，目前公司生产经营正常。省高院指定象山县法院集中管辖的中达建设公司集群诉讼案件，当地党委政府和法院已初步确定采用引资接盘的模式挽救企业。总结挽救企业经验，形成的“企业执行资产纳入招商引资”机制，被称为挽救企业的宁波模式。

三、强化机制建设，为企业发展提供长效服务

不断总结服务企业工作经验，逐步建立完善包含涉诉企业风险预警、防范、应急和处置等方面的工作机制，使服务企业常态化、长效化。

（一）完善风险监测预警机制

密切关注因宏观经济环境变化在司法领域出现的各种新情况和新问题，提升对各类敏感问题发展趋势预测能力，及时向党委、人大、政府作专题报告，为党委政府在面上化解风险出主意、当参谋。如慈溪法院较早向慈溪市委报送关于经济风险的报告，市委据此及时出台了防范化解企业破产风险的文件。重大涉企案件受理后，及时走访企业及有关部门，掌握涉诉企业经营和总体债务情

况,同时加强与劳动、工商、金融监管、税务等部门沟通信息,及时发现潜在企业风险。在案件办理中掌握的企业濒临倒闭、涉企集群诉讼、企业主逃逸、群体讨薪等涉稳信息,及时向党委政府报送,保证对突发情况、重大事件早发现、早准备、早处理。

(二)完善风险防范机制

坚持调解优先,力求通过调解、和解、协商等多种形式,维持企业持续生产经营。对出现暂时资金周转困难停产停业但发展前景较好且一定时期内能恢复生产的企业,慎用司法强制措施,尽量使用“软性”保全措施,保护核心资产,为重组、重整或和解创造有利条件。开展“服务企业、服务基层”活动,建立联系街道(镇)和企业工作制度,定期进镇村、进企业了解辖区群众和企业急需解决的法律问题,听取各方面意见和建议,通过现场答疑、诉讼指导等形式有针对性帮助企业增强抵御金融风险能力和维权意识。

(三)完善风险应急机制

对资金链断裂、拖欠债务较多、明显丧失偿债能力的企业,或企业主有逃逸等情形的,果断采取财产保全措施,防止企业转移或隐匿资产。对可能或已经逃匿的涉诉企业法定代表人和高管人员,根据当事人的申请或依职权,在公安机关支持下及时采取限制出境、侦查下落等措施,对相关人员进行有效控制。在审理群体性的职工追薪案件中,除加强教育引导、稳定涉诉企业职工情绪外,着力解决职工工资偿付问题,视情况从保全财产中提取资金用于支付职工工资,必要时建议通过欠薪应急周转金等形式解决,并加强立案、审理、执行等环节的衔接配合,预防群体性事件发生。

为温州金融综合改革试验区建设提供司法服务和保障

温州市中级人民法院

2012 年 3 月底,国务院正式批复同意设立浙江省温州市金融综合改革试验区,温州又迎来了新的历史性机遇,改革发展的步伐再次澎湃。改革一开始,温州两级法院就积极谋划、周密部署,陆续推出了多项措施,为金融改革提供切实有力的司法保障。

一、制定"1+X"规划,司法保障金改体系不断完善

(一)出台司法保障意见

自 3 月 28 日国务院批准设立温州市金融综合改革试验区后,温州市中级人民法院即将金融改革的司法保障工作列为 2012 年全市法院十大管理创新项目之首,并成立了以院长为组长的领导小组和专门起草小组,制定了《关于为温州市金融综合改革试验区建设提供司法保障的若干意见》30 条,并于 5 月 21 日通过新闻发布会向社会公布,引起中央、省、市媒体聚焦报道和热烈反响,受到各界好评。最高人民法院奚晓明副院长,浙江省委常委、温州市委书记陈德荣和省高级人民法院齐奇院长也作出重要批示,给予了高度肯定。

(二)加强配套制度建设

温州市中级人民法院以《意见》为总纲,制定了"1+X"金融改革司法保障规划,要求全市法院不断完善金改司法保障配套措施。到目前为止,已出台了《关于审理民间借贷纠纷案件若干问题的意见》,鹿城、乐清、苍南、洞头等法院也分别出台了相关司法服务保障金改的意见、措施等。此外,《关于银行金融抵押债权执行案件的会议纪要》、《关于破产案件简易化审理的会议纪要》等一批审判执行指导性意见也即将出台。

二、搭建两大平台,金融专业审判格局初步形成

(一)全面设立金融专业审判机构

自 5 月 25 日鹿城法院设立全省首家金融审判庭后,到 8 月中旬止,全市两级法院在市县两级党委政府的全力支持下,均已获批设立了金融审判庭,一些

具备条件的人民法庭也纷纷设立了金融审判合议庭,鹿城、瑞安、龙湾等法院还设立了金融案件执行工作室,覆盖温州市、县、乡三级的金融审判格局已基本形成。温州市中级人民法院出台《关于金融审判庭收案范围的规定》和《关于明确金融审判庭工作职责的意见》,明确了全市法院金融审判庭的案件管辖范围、管辖原则及功能定位。

(二)健全多元化解纠纷机制

指派分管院长参与市政府及有关部门牵头的民间借贷登记中心指导小组、企业帮扶与不良贷款处置领导小组和农村金融改革领导小组等,积极参与制订金改架构设计和制度安排,从司法层面积极当好党委政府金改的法律参谋,配合和支持党政做好经济金融领域重大敏感案事件的处置化解工作。同时,积极整合解决纠纷的社会资源,支持仲裁机构依法开展金融纠纷仲裁,加大对公证债权文书的司法审查力度,推动瑞安、永嘉、瓯海等法院试点与保险、担保等行业协会加强联合调解、委托调解和诉调对接工作,不断完善多元化、多方位、多渠道的金融纠纷解决机制。

三、开展三项活动,及时办结一大批金融类案件

(一)推进集中清案专项活动

今年以来,温州两级法院案件增幅29.7%,预计全年达12万件,比去年净增3万件,其中金融类案件收案总量和增幅居全省第一。全市法院于9月份部署开展清案专项活动,不断加大案件清理力度,截至目前,已办结各类案件94700件。其中,共办结金融类案件19276件,结案标的204.64亿元。鹿城、瑞安等法院金融庭法官人均结案数252件,最高的达306件。

(二)推进银行金融债权保护活动

为配合党政应对银行不良贷款率持续攀升的危机,在全市法院部署开展了为期一年的保护金融债权专项活动,全面推行金融债权案件快立快审快执机制,加大保护力度,有效制止银行不良贷款率上升势头。同时,还联合市经信委、金融办等建立金融债务人企业破产联合引导机制,大力推进政府主导风险处置与法院主导司法程序的破产审判工作,帮助银行剥离不良资产和依法核销呆账。积极协调市委政法委出台《关于银行金融抵押债权执行的协调意见》,明确公安、检察机关应根据法院的函件及时解除金融债权抵押财产的刑事保全措施,由法院通过民事执行程序进行处置,确保金融机构抵押优先权的实现。改进执行拍卖工作。出台新规明确评估、拍卖公司对执行标的因评估价格或拍卖保留价虚高而流拍,需承担暂停接受委托等不利后果,从而督促其增强责任心,

提高了银行抵押房产拍卖成功率。这项活动多次得到陈德荣书记、齐奇院长的批示肯定。

(三)推进协同处置专项活动

针对泰顺立人集团、云天房开等涉案人数众多、债权债务总额达数十亿元的重大集资纠纷案事件,积极建言献策,在党政的统一领导下协同公安、国土、房管、人民银行和金融监管部门等建立联动机制,走出了一条协同处置化解的新路子。目前,立人集团等重大案事件处置工作进展顺利,效果较好。

四、完善四项机制,推动金融审判工作良性发展

(一)健全立审执破衔接工作机制

定期召开立案、审判、执行等部门联席会议,加强金融类案件立审执破信息沟通和工作衔接。完善重大系列案件的集中管辖、"集约"调解和集中保全等制度,整合司法资源,提高工作效益。借助网上"点对点"执行查控机制,加强财产保全和强制执行工作。重视执破衔接,对执行中发现债务人不能清偿到期债务的,及时引导启动破产程序。

(二)完善调研指导工作机制

推行新型金融组织联系点制度,跟踪了解金改推进中的新举措、新情况、新问题,科学研判、及时回应金改的司法需求。充分利用高校的人才和学术资源优势,加强与高校法学院、金融部门的调研合作,促进地方特色调研成果的转化。如中院、乐清等法院与中国人民大学、宁波大学、温州大学等签订了战略合作协议,加强院校课题研究合作。围绕金改和金融审判热点、难点、焦点问题,确定了金融改革司法保障 12 个重大调研课题,内容涉及借贷案件的刑民交叉处置、企业融资担保、中介机构风险控制防范、村镇银行小贷公司股权纠纷问题研究等,编辑《温州审判》(金改专刊)、《温州法院金融综合改革司法保障文集》等。

推行新型金融组织法官联系点制度。组织全市法院商事审判分管院长、庭长和优秀法官,定点联系市县金融办及改革中新设的金融组织,跟踪了解改革推进中的新举措、新情况、新问题,科学研判、及时回应金融改革的司法需求。加强金融风险防范司法宣传。编制金融法律风险防范宣传手册,召开相关新闻发布会 3 次,组织 10 名法官接受本地媒体专访,刊发专题或系列报道 100 多篇,强化以案说法和法律教育,教育和引导各类金融主体增强依法经营和风险防范意识,促进了民间金融规范发展。

(三)完善司法建议工作机制

建立健全金融审判"白皮书"、司法建议、案例指导和大要案报告制度,向市

经信委、金融办报送金融审判信息专报40余期,向温州人行、经发局等发送司法建议6篇,及时通报金融审判中发现的可能引发金融风险的突出问题,帮助查堵金融信贷和管理漏洞。司法建议工作得到了市委、市政府的高度重视,市委、市政府主要领导多次批示,并将司法建议反馈落实情况纳入社会综治和依法行政考核。

(四)完善专家辅助工作机制

温州市中级人民法院积极组建金融审判专家陪审员队伍和专家咨询库,邀请专家学者担任专家陪审员、专家证人和专家咨询库成员。鹿城法院邀请34名来自银监、银行业协会、银行等单位资深从业人员组建了第一期金融审判专家咨询库。瑞安法院从金融办、人行、会计师事务所等部门挑选了4名金融类专业人员担任金融审判专家陪审员。

争取党政重视支持　促进法治建设进程

温州市中级人民法院

司法建议是法律赋予人民法院的重要职责，是人民法院坚持能动司法、延伸审判职能、推进社会管理创新的有效途径，对监督和支持依法行政、推进法治建设进程，也具有重要意义。近年来，温州中级人民法院积极争取市委市政府重视支持，将司法建议纳入依法行政和综合治理考核，完善长效管理机制，有力推进了司法建议工作，使得全市法院司法建议数量明显增加，质量稳步提高，反馈率大幅提升，取得了良好成效。2008 年至今，全市法院共发送司法建议 376 件，反馈率从 2008 年的 33.3% 上升至 2011 年的 62.6% 。其中，行政机关司法建议反馈率从 2008 年的 7.1% 上升至 2011 年的 83.3%，上升了 76.2 个百分点。我们的做法主要是：

一、争取支持、营造氛围，不断优化司法建议工作环境

为保障司法建议工作依法有序开展，全市法院积极争取党委、人大和政府的重视支持。温州中院从 2008 年起每年向市委、市政府主要领导报送行政审判白皮书，并在白皮书中详细披露行政机关不重视反馈和落实司法建议，导致违法行政行为重复发生、行政案件败诉率持续高位等情况，提出整改意见建议，引起了党政主要领导的重视。省委常委、副省长、温州市委书记陈德荣、市长陈金彪，以及原温州市委书记邵占维、市长赵一德等领导都在中院行政审判白皮书上批示，要求各级政府和各部门务必高度重视依法行政工作，并就抓好司法建议反馈落实、行政败诉案件问责等作出具体指示。邵占维 2010 年批示要求：凡是 2009 年司法建议函没按要求回复的，都必须限时回复。请中院将相关情况告各县市区长。赵一德随后批示：请监察局选择典型案例实行责任追究，请法制办根据中院建议，加强行政执法监督，建立健全相关工作制度。陈德荣 2011 年批示：依法行政是各级政府工作的基本要求。案件败诉率居高不下，说明认识观念和工作层面都应改进。请监察局研究。陈金彪市长今年和中院陶蛟龙院长共同主持召开府院联席会议，并在会上强调：对法院提出的司法建议，要认真分析案件败诉或经法院协调改变原具体行政行为的原因，做到件件有反馈，件件有落实，件件有改进。根据书记、市长指示，温州市政府 2010 年出台

《关于实行行政败诉案件责任追究的通知》,明确将司法建议的反馈落实情况纳入依法行政工作考核范围,并区分不同情形追究直接责任人的责任。温州市委市政府督查室对全市行政机关2009年反馈和落实司法建议情况进行了督查,强调行政机关要建立司法建议反馈制度。党政主要领导和监察督查部门的重视支持,极大地提高了行政机关和社会各界对司法建议重要性的认识,从而为司法建议工作的深入开展营造了良好的社会环境。

二、内外并举、强化考核,切实加强司法建议长效管理

中院密切与市政府及法制办等部门的联系沟通和良性互动,积极争取将司法建议工作纳入综合治理和依法行政考核,使法院对被建议单位缺乏强制力的建议转变为上级行政机关对下级行政机关的指令性要求。在中院争取下,市政府在出台的《温州市全面推进法治政府建设五年规划》中,明确将行政机关"认真研究落实司法建议"作为"依法接受司法监督"的一项内容列入法治政府建设任务。《温州市法治政府建设工作先进单位和先进个人评选办法(试行)》明确将司法建议反馈率达到100%作为先进单位基本评选条件。市法治政府建设工作领导小组办公室强调,要将60日内对司法建议作出处理、反馈率达到100%,作为创建依法行政示范单位的基本要求。温州市社会管理综合治理委员会有关领导也同意将司法建议工作纳入综合治理目标责任制考核。乐清、永嘉等地政府已经出台规定,将司法建议反馈情况纳入综合治理和"法治政府"建设等考核项目。同时,中院勤练内功,加强内部的考核管理工作。今年出台了加强司法建议工作的《实施意见》,明确将司法建议工作情况纳入岗位目标考核,审判业务部门每年至少要完成1件司法建议,其他部门则应结合工作实际积极发送相关司法建议,每年根据各部门发送司法建议的数量、反馈情况、实际效果、外部评价等情况,在年度考核中予以奖惩。定期组织优秀司法建议评比活动,对开展司法建议工作有突出成绩的个人和单位,予以表彰和奖励;对优秀的司法建议在全市法院进行推广,以充分发挥优秀司法建议的示范作用,增强司法建议工作的积极性和主动性。2011年,中院有2件司法建议被省高院选送最高法院参评全国法院优秀司法建议(全省法院总共选送7件),其中中院审监庭提出的"关于规范立功减刑申报程序"的司法建议,因直接促成了温州公安机关对立功减刑申报程序的规范和相应监督机制的完善,社会效果显著,被最高法院评为全国优秀司法建议。

三、检查督导、狠抓落实，确保司法建议工作取得实效

（一）建立备案机制

中院对司法建议的起草、会审、审签、编号、送达、存档、备案等工作，组织专项技能培训，要求两级法院在司法建议上必须突出注明反馈时间，并将司法建议和反馈落实情况抄送同级政府法制办备案，以便法制办据以开展检查、督促和考核。平阳法院还坚持每年年底对全年各类案件的审理情况进行类型化分析，就普遍性、倾向性问题，向有关部门提出具有综合性、前瞻性和可操作性强的类案司法建议。该做法得到省高院齐奇院长批示肯定。

（二）完善督查机制

积极推动党政部门开展专项督查检查，跟踪监督司法建议的反馈落实情况。中院每年不定期地梳理汇总全市法院司法建议未反馈、逾期反馈情况，统一向温州市政府法制办抄告，由法制办将该情况在一定范围内进行通报，督促责任部门抓好问题整改。2011 年 5 月至 7 月，中院还联合市监察局对 2009 年以来全市行政机关司法建议反馈落实情况开展专项检查，并对司法建议反馈落实情况较差的个别行政单位进行了点名通报。

（三）落实奖惩机制

对被建议单位未反馈、逾期反馈、落实不到位的情况，除抄送政府法制办考核督促外，还抄报其上级机关、主管部门或组织纪律部门，由相关单位进行通报或处罚，促进整改提高。如中院在审理贾挺贤等 18 人诉瑞安市规划局规划行政处罚一案中，对瑞安市规划局接到群众举报不及时制止大规模违法建筑，在法院判决责令履行职责后，又以违法建筑已既成事实、拆除可能造成上访为由，推诿了事的违法行政行为发出司法建议，并抄报市纪委、监察局。2011 年，温州市纪委、监察局对瑞安市规划局、国土局两名副局长、市府办副主任和上望街道办事处党委书记 4 人予以党纪、政纪处分，在全国引起较大反响，极大地激发了行政机关重视司法建议、抓好依法行政的责任心和积极性。

妥善审理经济案件　服务企业转型升级

绍兴市中级人民法院

近年来，企业面临融资成本增加、用工成本增加、原材料成本增加三大困难，经营风险日益增大。与此同时，人民法院亦面临着案件增幅大、纠纷类型新、维稳任务重的困难。针对这些经济社会发展的新形势新要求，绍兴两级法院坚持“为大局服务、为人民司法”工作主题，强化能动司法理念，不断提高审判质效，为促进绍兴经济发展方式转变和经济结构调整，保持经济平稳较快发展与社会和谐稳定提供了强有力的司法保障。

一、始终做到“三个坚持”，确保审判工作的正确方向

思想是行动的向导。绍兴法院深刻认识到，要不断满足经济社会发展形势对司法的新需求，必须坚持能动司法理念，充分发挥审判职能，保障经济平稳较快发展。为了确保这一审判工作的正确方向，绍兴法院在司法实践中始终做到三个坚持。

(一)始终坚持党委领导、政府主导

党的领导，是做好一切工作的根本保证。国际金融危机和国内外经济社会发展变化引发的矛盾纠纷错综复杂，特别是案情复杂、影响面广的涉企业债务案件，牵涉到危机处置、资产管理、职工安置、破产重组等一系列社会问题，仅靠司法力量往往难以妥善处理。从江龙集团系列案件的成功审执经验中，绍兴法院进一步认识到，坚持党委领导、政府的主导，不但有利于把握正确的办案方向，而且能够最大限度、最快速度地调动各种政府资源和社会资源，从而确保资产重组方案的顺利实施。因此，对工作中遇到的影响区域经济发展的突出问题以及有可能影响社会稳定的重大案件，绍兴法院始终坚持党委领导、政府主导、多方合作的原则，遇到问题及时向党委汇报，与政府沟通，通过发挥政治组织优势予以解决。

(二)始终坚持服务大局

实践证明，只有把法院工作放到时代发展的大背景下来思考，放在党和国家工作大局中来谋划，人民法院才能更加有为有位，人民司法才能更具生命力和创造力。当前党和国家的工作大局首先就是保持经济平稳较快发展。绍兴

法院克服对审判工作被动性、消极性的片面理解，充分发挥主观能动性，切实加强金融和经济危机冲击下的司法应对，下好先手棋，打好主动仗，为促进经济平稳较快发展创造良好司法环境。“我们要以最好的审判质量、最高的审判效率、最佳的审判效果、最优的诉讼服务，全力助推区域经济转型升级。”绍兴市中级人民法院院长陈惠明这样指出。2010 年该院专门出台《深入推进三项重点工作的实施意见》，把司法服务转型升级作为推进三项重点工作的一项重要内容。2011 年又出台《关于为我市发展战略性新兴产业提供司法保障和法律服务的实施意见》，进一步为绍兴地区发展战略性新兴产业提供强有力的司法保障和法律服务。

（三）始终坚持统筹兼顾

严峻的经济形势与我国发展的阶段性特征相互交织在一起，各种社会矛盾更为凸显，仅靠司法手段无法解决所有矛盾。基于此，绍兴法院科学把握司法在整个社会矛盾纠纷解决体系中的定位，运用统筹兼顾的方法，综合运用经济、行政、法律等多种手段及时、有效处理矛盾纠纷。特别是在处理集中管辖的案件过程中，不就案办案，重视统筹兼顾，协同作战。对外，健全上下级法院之间的协调联动机制，积极争取党委、政府和社会各方面力量的支持，努力将司法手段与非诉手段结合起来，形成各方面分工负责、相互配合、共同化解社会矛盾的整体合力，充分发挥多元纠纷解决机制的作用。对内，对案件的受理、审理、执行有一个通盘考虑，必要时建立由各相关庭室人员组成的专案工作组，便于工作上的衔接与协调，使案件得到快速、有效、妥善地处理。

二、稳妥审理各类案件，确保经济的良性发展

（一）依法审理集中管辖案件

根据浙江省高级人民法院《关于资金链断裂引发企业债务重大案件的集中管辖的通知》要求，绍兴市中级人民法院对泽恩系列案件、涉甬金公司系列案等实行集中管辖，统筹化解了企业债务危机和经营困境。同时，根据前述《通知》的精神，积极指导基层法院处理需要集中管辖的重大案件，切实维护经济平稳较快发展和社会稳定。如对浙江艾尔派克包装材料有限公司及下属关联企业为被告的诉讼案件，中院指定由绍兴市越城区人民法院集中管辖。该院专门召开会议研究如何为企业解困，并对公司和债权人进行走访调查，为各方当事人分析利弊得失，积极组织协商调解，最终使 18 件案件以“分批分期履行”的方式调解结案，为公司资金周转和继续生产经营创造了条件，取得了较好的法律效果和社会效果。

在集中管辖过程中,特别注意根据案件的不同情况,灵活处理财产保全问题。对于因资金链暂断裂但仍有挽救希望的涉诉企业,慎用冻结企业银行账号等强制措施,尽量采取查封固定资产、允许使用但不得转移等方式进行保全,对企业正常生产经营以及发放职工工资所需资金不轻易划扣;对确已无法正常经营的企业,特别是那些业主、法定代表人弃厂外逃的,则加大保全力度,除了针对财产,还可以根据当事人的申请或依职权采取限制债务人出境等措施,防止企业资产进一步流失和当事人逃逸。

(二)快速有效处理破产案件

2009 年以来,受国际金融危机影响,绍兴几家大型企业和行业龙头企业相继陷入困境,全市法院临危受命,在党委的领导下和政府的主导下,灵活运用各种司法手段,参与并成功化解了纵横集团、光宇集团等一大批在绍兴乃至全省、全国具有较大影响的企业危机,形成了企业解困的注资重组、清算重组、破产重整、破产清算、破产和解等多种模式。

纵横集团破产重整经验新华社刊文进行了介绍,省委书记赵洪祝作出重要批示予以肯定。纵横集团等六公司重整案件是新破产法实施以来国内最大的民营企业,涉及上百亿债务、近千位债权人、2400 多名职工、数十家担保企业的破产案件。在该案审理过程中,法院坚持党委领导与依法重整结合,坚持各司其职与发挥合力相统一,坚持依法合规与大胆创新相兼顾,主要做法有:理顺关系,以司法主导推进管理人负责的市场化与借政府之力的有机结合;建言献策,以加工承揽和债权转让方式缓解破产案件维稳压力;积极创新,以债权人会议决议解决关联企业合并重整难题;精心组织,以招投标形式招募战略投资人实现资源优化配置。经过六个月的连续艰苦奋战,重整计划获得债权人会议的通过,并在 2010 年 1 月底履行了 50% 的债务偿付,破产重整取得了实质性突破进展,受到了省委、市委和上级法院的充分肯定。

绍兴县法院系列破产案件审理实践也受到省高级人民法院齐奇院长的好评,批示:“勇于探索,成效明显,经验宝贵,令人欣喜……”该院的主要做法有:一是依托审判职能,快速推进工作进程。包括快速反应,及时组建工作机构;密集调查,最大限度实现资产集中管理;细致安排,顺利完成资产拍卖工作。二是争取党委政府支持,灵活沟通协调。包括加强工作汇报,确保信息畅通;借力行政协调,解除后顾之忧;争取公安配合,减轻审判压力。三是强化监督指导,延展管理人作用。包括密集召开分析研商会;督促管理人加快开展对外债权催收工作;督促管理人仔细确认登记企业职工工资、经济补偿金和社会保险金等。

（三）妥善化解民间借贷纠纷

从绍兴两级法院的收案情况来看，民间借贷纠纷案件几乎占据了商事审判案件的半壁江山，案件数量居高不下，涉案标的逐年走高。尤其是2011年10月以来，个别法院的民间借贷案件呈现爆发式增长，高利贷问题突出，出现了个别债务人“跑路”现象，成为商事审判工作的重点和难点。面对这一形势，绍兴法院及时总结审判经验，审慎处理民间借贷纠纷案件，有效化解了社会矛盾。

绍兴市中级人民法院通过五项措施审慎处理民间借贷，确保社会稳定：一是凡涉及有可能影响区域经济稳定民间借贷纠纷，原则上由基层法院一审，诉讼标的额达2000万元以上的，基层法院在受理前均应及时上报中院，并通报当地党委政府；二是对复杂涉财务风险企业债务纠纷案件，积极争取党委政府支持协同，按照浙江省高级人民法院《关于审理涉财务风险企业债务纠纷案件若干问题指导意见》的要求，合法合规区别对待；三是对标的额较大的涉企民间借贷严格审查发生的原因、时间、地点、款项来源、交付方式、款项去向、借贷双方的经济状况以及是否从事高利贷等事实，着眼规范和治理；四是畅通两级法院信息传递渠道，基层法院对涉及重大敏感案件的受理、审理和执行情况，及时予以通报，中院通过发布典型案例，统一裁判思路和尺度；五是建立审判工作与公安部门联动协调机制。对于涉嫌非法集资、非法吸收公众存款、高利转贷等刑事犯罪的民间借贷案，告知当事人及时向公安机关报案，或将案件移送公安机关。

诸暨市人民法院在认真调研的基础上，采取立案、财保信息报告审批制度、集中财保签发权限、涉企案件财保释明担保等措施，加强对涉企案件、民间借贷案件的信息掌握，全力做好维稳工作，受到诸暨市委市政府的高度肯定。该院还及时向诸暨市委、市政府提出司法建议防控民间借贷风险，诸暨市政府为此专门成立数家政策性担保公司，着力割断企业连环担保链条，防范资金风险再度蔓延。

（四）系统审理劳动争议案件

绍兴地区现有10万多家中小企业，占全市工业企业总数的99%，中小企业吸纳劳动就业人数占全市工业企业就业总人数的90%以上。绍兴法院积极帮扶中小企业发展，慎重处理相关劳动争议，注意兼顾涉案企业劳资双方的利益，确保企业发展和劳动者利益保护的平衡。在审理因解除劳动合同、追索经济补偿、拖欠基本工资、追索加班费等原因引发的涉中小企业劳动争议案件中，审判执行等相关部门加强协作交流，掌握企业其他涉案情况，通盘考虑劳动争议案件下判后的法律效果和社会效果，尽可能促成双方和解，通过分期、延付等多种措施增加企业缓冲期,防止因单纯下判给企业发展带来不利。在审理竞业限制引发的纠纷案件中,注意既防止因不适当扩大竞业限制的范围而妨碍劳动者的择业自由,也注意保护企业商业秘密等合法权益。

(五)认真办结知产案件

经最高人民法院批准,绍兴市中级人民法院和绍兴县、诸暨市两家基层法院先后取得知识产权民事案件管辖权。在实践中,充分发挥司法保护知识产权的主导作用,全力为产业转型升级和品牌战略实施营造司法环境。突出专利案件审判,依法快速进行证据保全,鼓励企业技术创新;加强商标及不正当竞争案件审判,保护企业知名品牌;强化著作权“串案”的审理,维护作者的合法权益;重视侵犯商业秘密纠纷、技术合同纠纷等新类型案件的审理,树立典型指导范例;妥善审理各类侵犯知识产权民事案件,贯彻全面赔偿原则,切实提高侵权代价,降低维权成本,保障权利人经济利益的充分实现。同时,不断开拓创新,选择典型案件进行公开开庭,树立绍兴市知识产权司法保护的良好形象。

(六)不断总结规范大标的案件审理

随着基层法院一审案件标的额上限的提高,近年来基层法院受理的大标的案件明显增多。由于大标的案件涉及金额大、牵涉面广,其当事人也大多为辖区当地的大中型企业,利益关系复杂,对经济社会发展影响较大,对审判工作提出了更高的要求。绍兴市越城区人民法院不断总结审判经验,制定大标的案件审判细则,采取五项措施妥善审理大标的案件,效果良好:一是审判法官专业化。大标的案件均由庭长汇总,根据案件类型,指定具有相应专业优势的资深法官进行主审。二是审判程序统一化。标的额在300万元以上的商事案件,一律适用普通程序审理,并由庭长、副庭长、审判长主审。三是送达文书高效化。对超过100万元的大标的案件,尽可能采用直接送达的方式送达相关法律文书,提高办案效率。四是审判长联席会议经常化。事实清楚、争议不大的大标的案件合议后及时下判;疑难、复杂、新类型的大标的案件,提交审判长联席会议讨论,如意见分歧较大,则及时提交审判委员会讨论决定。五是审判监督加强化。主审法官在接案、审案、结案各个环节及时向庭长、分管院长汇报,确保大标的案件的正确审理走向。

注重审理效果 维护社会稳定

湖州市中级人民法院

面对2008年以来国际金融危机的影响，湖州市两级法院紧紧围绕市委关于“保增长、抓转型、增活力”的经济工作要求，充分发挥司法职能作用，切实增强服务的及时性、针对性和实效性，努力实现法律效果和社会效果的有机统一，依法保障经济平稳较快发展。

一、精心审理案件，维护经济社会稳定

（一）加大涉企案件审执力度

建立涉企案件“绿色通道”，简化立案程序，缩短办案周期，加大执行力度，最大限度地减少企业因诉讼时间过长造成的经济损失。对企业破产、金融借款、民间借贷、重点项目建设等案件，注重创新工作方法，努力寻求解决出路。2009年，长兴县人民法院在审理浙江巨能东方饮料公司破产清算案中，首次运用管理人制度替代清算组织制度，仅用4个月时间分配完毕全部破产财产。该案作为民营企业破产的典型案例被收入浙江省高级人民法院主办的《案例指导》刊物，其经验做法在全省推广。2011年，湖州市中级人民法院妥善处理涉“星洲国际花园”项目建设工程纠纷案件，法院受理案件时工程已处于完全停工状态、逾期交房已成定局，政府相关部门协调无果，购房户准备集体上访，办案部门加强与开发区的联系沟通和协调配合，召集开发商、建筑商、施工人、购房户、新承建方等各方于庭前进行反复协商，达成一致意见，促成工程复工，矛盾化解工作取得阶段性实质进展，与该案投资方相关的涉及本市重点项目——北白鱼潭小区安居工程进展的另外两起标的达7000多万元的涉外借款纠纷，也在最短时间之内得以调解解决。

（二）灵活妥善运用司法措施

将司法的原则性与灵活性紧密结合，努力追求法律效果和社会效果的有机统一。对资金周转暂时困难，但符合国家产业政策、尚有发展前景的企业，加强调解，慎用保全和强制执行措施，协调各方利益，帮助企业渡过难关。如2009年，湖州市中级人民法院在执行中国银行南浔区支行与浙江龙耀湾机械重工有限公司借款纠纷一案时，积极与市政府及相关部门协调配合，为浙江京杭重型

机械有限公司并购浙江龙耀湾机械重工有限公司资产提供法律支持,实现企业的结构调整和产业升级,并解决了近200名职工的就业问题。加强司法应对的敏锐性,前移矛盾解决关口,2011年,南浔区人民法院提前介入23起涉困企业纠纷事件,协助党委政府妥善化解相关纠纷,防止纠纷矛盾升级而涌入法院。

(三)注重衡平各方利益

在帮助企业走出困境,促进确有潜力的企业健康发展的同时,注意依法保护债权人的正当权益,维护企业职工的合法权益。比如,中院精心审理红棉染织、三狮水泥等重点破产案件,会同相关部门做好破产企业职工和多次上访、扬言游行示威的外地债权人的思想工作;协助有关部门稳妥处理了三狮水泥1500多名职工解除劳动关系、内退、转岗等内部分流工作。

二、加强司法调研,强化司法应对

(一)加强司法前瞻性研究

密切关注复杂宏观经济形势下各类涉企纠纷反映在司法层面的新情况,及时排摸分析,努力寻求司法对策。如中院针对2011年下半年以来民间借贷高发、涉企纠纷增多等情况,主动走访中小企业,加强与政府有关部门的联系,对涉企案件、企业主外逃等情况进行调查分析,及时出台措施,应对可能因企业资金链断裂、关停或企业主逃匿而引发的合同、债务、欠薪、破产、清算等涉案纠纷。2011年,中院就小额贷款和担保公司的调研报告及建议受到市领导的批示肯定。2012年,南浔法院针对该辖区涉企案件的现状和特点,向区委、区政府发送《关于南浔区目前部分企业债务纠纷应对的司法建议》,受到当地党委政府的高度重视和肯定,该区委书记和区长分别批示肯定并要求其他部门认真加以研究。

(二)积极出台司法服务措施

根据市委、市政府的经济工作要求,近年来,湖州中院先后出台了《关于服务加快经济转型升级的工作措施》、《服务“转型升级加速年”和“城乡建设提升年”活动的工作意见》、《关于加强涉困企业案件审理工作的通知》等文件,深化细化各项司法保障措施。积极配合市委、市政府关于铅蓄电池行业整治提升的工作部署,及时对铅蓄电池企业涉诉情况进行了摸底预测,并出台具体措施。长兴县人民法院也积极跟进,出台相关的服务举措,得到省市领导的批示肯定。各基层法院也结合当地的实际情况和法院工作特点,出台多项服务当地经济发展等司法意见,要求法官高度关注经济、社会形势反映到司法层面的变化发展态势,找准法律效果和社会效果相统一的联结点,努力探索和实践司法助推经济社会科学发展的新理念、新路径、新机制。

(三)主动为企业提供司法服务

采取多种形式为企业提供法律服务。全市法院通过走访企业、联系工业园区和重点项目,邀请企业代表旁听庭审、发出司法建议等形式,为企业提供法律服务,增强企业依法经营和市场风险意识,受到普遍好评。吴兴区人民法院织里法庭针对辖区童装企业纠纷不断增多的情况,组织法官分片包干走访了30多家童装企业,提供法律帮助。建立重点骨干企业联系机制,确定联系法官,发放联系服务卡,确保及时沟通,切实为企业提供优质的法律服务。迄今已与大港纺织集团有限公司、大东吴集团公司、欧美化工企业、金洲集团公司等20余家市、区重点骨干企业建立了长期司法服务关系。南浔区人民法院努力促进和谐劳资关系的构建,与辖区和孚镇总工会联合编写《企业、职工:权利、义务、责任》双向维权手册,按"企业篇"、"职工篇"和"劳动用工管理制度参考文本",详细讲解企业管理者、职工关心的法律问题,从劳动合同、工时休假、社会保险等多方面指导企业规范用工。

三、服务新农村建设,维护农民权益

(一)依法稳妥审理涉农纠纷

坚持为农业增效、农民增收、农村发展服务的司法理念,认真落实浙江高院《关于为推进农村土地流转和集体林权制度改革提供司法保障的意见》,对有利于农民得实惠,有利于土地规模化、集约化经营,有利于推进社会主义新农村建设和城镇化发展方向的,依法保护,全力支持。依法保障农村土地流转和集体林权制度改革,依法稳妥审理涉农村耕地、林地、宅基地流转纠纷,支持和保障土地承包经营权有序流转,促进林权制度改革。

(二)加强司法调研,建言农村发展

对农村土地流转纠纷法律适用、集体林权制度改革相关法律问题进行专题调研,形成调研报告,指导审判实践。安吉县人民法院地处山区,高度重视服务涉农工作,亮点突出,该院与县林业局联建农村土地纠纷仲裁庭,主动预防化解纠纷;对"动钱不动山、利润再分配"林改配套政策的实施困境和深层原因进行深入调研,并向县委提出建议,得到充分肯定;报请县综治委下发《关于建立农村土地承包经营纠纷诉讼与仲裁衔接工作机制的意见》以及配套操作规程,通过"诉裁对接"有效化解土地承包经营纠纷,促进农村集体土地流转和深化林权制度改革;通过调研,出台服务"中国美丽乡村"建设10项举措,依法保障农民通过转包、出租、转让等形式流转土地承包经营权。

四、强化知识产权审判,支持创新发展

(一)知识产权审判职能不断强化

2009 年至 2011 年,湖州市中级人民法院共新收一审知识产权案件 364 件,审结 338 件,结案率 92.8%。审结案件中,判决 73 件,上诉 11 件,改判和发回重审 3 件,调解撤诉率达 78.4%,调解案件自动履行率达 96.4%。知识产权民事审判呈现了“调解多、上诉少、信访少、进入强制执行少”的“一多四少”的良好态势。

在知识产权审判过程中,积极采取各种司法措施,增强知识产权司法保护的有效性,努力降低权利人维权成本,依法制裁知识产权侵权违法行为。一是注重发挥证据保全和财产保全等司法措施的作用,及时制止侵权行为。如该院在审理安吉县聚源家具有限公司为原告的 9 起侵害外观设计专利权纠纷案件时,法院依申请冻结被告公司的银行账户后,被告均主动承诺停止侵权并达成和解协议,案件顺利解决。二是注重运用调解手段化解知识产权纠纷。坚持调解优先,调判结合原则,创新调解方法,提高调解成效。如在审理中国音乐著作权协会诉浙江老娘舅餐饮有限公司及其加盟餐厅著作权侵权纠纷案时,为双方当事人提供建设性的解决方案,最终使双方在全省多个法院的数起纠纷得到一揽子解决。三是注重转化调解成果,鼓励合作共赢。法院在化解案件矛盾的同时努力促成当事人达成合作意向,实现知识产权共享,促进和谐共赢。比如该院在审理安吉富和家具有限公司为原告的侵害外观设计专利纠纷案时,经法院的努力协调,被告在保证不再销售侵权产品的同时,与原告签订销售代理合同,成为原告的特约经销商,达到了化干戈为玉帛的效果。

(二)知识产权审判工作机制不断完善

近年来,湖州市经济飞速发展,科技事业也取得了长足进步,专利申请量、授权量也大幅增加,湖州法院没有专利案件管辖权的状况与形势的发展极不相称。为此,湖州中院精心准备,积极争取,在市委和上级法院的支持下,最高人民法院在 2009 年 8 月 31 日指定湖州市中级人民法院审理辖区内的十大类专利权纠纷案件,从而在湖州形成了较为完整的知识产权司法保护体系。2010 年,新收各类专利纠纷案件 48 件,2011 年增至 73 件,案件类型既有专利权属纠纷,又有专利侵权纠纷,涉案专利涵盖发明专利、实用新型专利和外观设计专利多种类型,专利纠纷的及时有效处理,为促进本市自主创新提供了较好的司法保障。2010 年,经积极争取,最高人民法院授予德清县人民法院一般知识产权案件管辖权,进一步完善了湖州市知识产权司法管辖布局,优化了知识产权司法

保护的环境。目前,吴兴区人民法院正积极申请一般知识产权案件的管辖权,全市两级法院也在研究部分基层法院申请跨区域集中管辖知识产权案件,以进一步优化我市知识产权司法管辖的布局。

(三)审判力量不断加强

湖州市中级人民院和德清县人民法院先后成立专门审理知识产权案件的民三庭,有从事知识产权民事审判的法官 6 人,全部具有本科以上学历,其中 2 人具有硕士以上学历,中院一名法官入选全省知识产权审判人才库。2010 年,中院一名法院被评为全省法院知识产权审判工作先进个人。针对知识产权审判专业性和技术性强的特点,中院建立了知识产权专业型陪审员制度,在全市知识产权行政执法人员中精心选任 5 人担任专业型陪审员,充分发挥其专业优势的独特作用。自 2011 年专业型陪审员制度建立以来,专业型陪审员共参与审理案件 55 件,参审率 34.38%。

(四)知识产权宣传活动不断丰富和深化

积极开展"知识产权司法保护行动月"、"知识产权宣传周"、"知识产权审判"主题公众开放日等宣传活动,提升公众知识产权意识,鼓励企业自主创新,为全市创建国家知识产权试点和示范城市作出积极贡献。2011 年,湖州市中级人民法院组织知识产权法官走进湖州师范学院,为 200 余名师生举办了《网络著作权侵权与保护》专题讲座,受到大学生们的欢迎;选择典型案件进行公开庭审观摩,组织全市工商、海关、科技局、律师事务所、专利事务所等 200 与人参加旁听,受到有关部门和新闻媒体的高度关注。德清县人民法院举行了知识产权庭成立新闻发布会,并举办知识产权论坛,邀请浙江高院专家法官为辖区创新型企业进行主题演讲。2012 年,中院对五年来全市知识产权审判工作情况进行了总结梳理,形成《湖州法院知识产权审判工作五年综述》,同时发布十大知识产权典型案例,通过召开新闻发布会的形式,向受邀人大代表、政协委员,省、市相关媒体,相关职能部门和企业等进行通报和介绍,有效扩大了知识产权司法保护的影响力。

稳妥处置涉企纠纷　保障经济平稳发展

嘉兴市中级人民法院

今年以来,受宏观经济影响,嘉兴市经济发展面临的不确定因素显著增加,在经济呈现下行态势和企业融资困难等多种因素影响下,部分中小微企业陷入经营困境。[①] 对此,嘉兴全市法院着眼大局,积极应对,强化自身,协调各方,妥善处置了一大批重大涉企纠纷案件,取得了良好的社会效果和法律效果,为全市经济社会发展提供了强有力的司法保障。

一、主动作为,服务决策

针对涉企纠纷大量爆发和“进村入企”走访中发现的问题,2012 年 4 月,嘉兴市中级人民法院专门向市委、市政府报送了《我市中小微企业存在三个难题亟需关注》的报告。5 月下旬,又对涉企案件进行了深入的专题调研,向市委呈报了全市第一份涉企专题报告《全市法院近期审理重大涉企案情况报告》,提出了建立党委领导下的常态化工作机制、危困企业的风险评估及预警机制、重大涉企纠纷处置方式的区别选择机制、处理破产案件的资金保障机制和政府参与破产案件清算机制五项机制的建议。市委书记李卫宁在听取专题汇报后,当即作出批示,高度肯定:“全市法院高度重视涉企案件的处置问题,做了大量卓有成效的工作”;并要求全市各部门与法院一起,进一步加强协调、稳妥应对。市委副书记、市委政法委书记冯志礼以及市政府领导多次肯定法院坚持能动司法、积极应对纠纷。6 月 1 日,市委召开全市涉企维稳专题会议,专门听取中院介绍;会后形成的《会议纪要》采纳了中院提出的建议,并成立了冯志礼书记任组长的全市涉企维稳风险防范工作领导小组。嘉善、海盐等法院都对涉企涉稳隐患开展排查化解和分析研判,提出风险预警,为党政工作部署提供参考意见。目前,全市两级涉企维稳领导机制和涉企纠纷防范处置机制已经建立并有效运行,涉企维稳工作已经成为一项全市性的重要工作,法院在其中起到了十分重

① 2012 年前 8 个月,嘉兴全市法院共受理涉企案件 12085 件,同比增长 22.1%,涉案标的额 76.8 亿元;其中标的额在 100 万元以上的重大涉企案件 1440 件,涉诉企业 92 家,涉诉标的额 45.46 亿余元,14 家企业进入破产程序。

要的作用。

二、加强指导，有序推进

嘉兴中院多次对重大涉企案件审判工作进行专题调研和指导，指导基层法院依法妥善处理；并建立了以商事审判条线为主、相关审判和综合部门通力协助的日常指导机制。按市中院要求，全市法院均编发《涉企信息专报》，及时通报各地涉企案件受理情况、最新进展、应对措施、处置办法、司法建议等情况，既使当地党政主要领导、相关部门迅速了解掌握情况，又使各级、各地法院互通情况、沟通交流。为避免可能出现争抢管辖、标准不一、处置混乱的情况，该院根据省法院"三统一"原则，于4月初出台了《当前相关涉企纠纷立案审查工作会议纪要》，对相关涉企纠纷立案审查工作的原则要求、工作制度、处置方式等提出了指导意见。5月初，针对浙江宏昌制革有限公司因资金链断裂引发的系列案件，该院及时下发《关于对以浙江宏昌制革有限公司及其关联企业（自然人）为被告或被执行人的案件实行集中审理和执行的通知》和《关于规范涉企执行案件办理工作的通知》，集中指定管辖，统一司法尺度，妥善化解纠纷。8月初，嘉兴市中级人民法院专门召开以涉企案件审判工作为主题的全市法院院长读书会，全面回顾总结上半年涉企审判工作，制定下发《关于依法妥善处理涉企纠纷，为促进经济平稳健康发展提供有力司法保障的若干意见》（由市委政法委转发），进一步明确涉企案件处理的总体要求、工作原则和工作机制和立审执三方面的具体要求，进一步规范和加强全市法院的涉企审判工作。各基层法院也相继出台了规范文件，健全涉企纠纷应对化解机制。

三、依靠党政，维护稳定

坚持党委领导、政府主导、各方协调的原则。在立案阶段，对大规模系列纠纷、破产案件、出现涉稳事件的涉企纠纷，及时向当地党委政府请示报告、沟通联系、合力化解。在审判和执行阶段，特别是在召开破产案件债权人会议等重大诉讼活动期间，积极依托当地党委政府，协调公安、宣传等职能部门，做好交通、安保、突发事件处置、舆论应对方案；由党政领导设立临时指挥部，相关职能部门派员参与，随时应对处置可能出现的突发状况。据此，海宁市人民法院6件破产案件第一次债权人会议已顺利召开，有2件破产案件即将进入财产分配阶段。

坚持稳定、有序、可控的原则。注重优先维护职工生计和社会稳定。在查控企业财产的同时，为防止工人因工资问题引发不稳定事件，根据属地原则，积极协调当地政府先行垫付工人工资,并努力解决工人的再就业出路问题。如海宁市人民法院与当地政府沟通联系,在查封宏昌公司财产的当天,由政府出面联系相同或相近产业领域的企业在被查封公司附近摆摊设点进行招工,有效解决了大部分工人的再就业问题,稳定了职工情绪,预防了群体性事件的发生。对于租用厂房的破产企业,由当地政府协调,寻找当地同类企业转承租厂房和设备,租金直接向厂房所有权人支付,设备租金直接支付给法院,有效防止了厂房和设备的闲置损失,维护了债权人权益。平湖市人民法院在审理浙江协成硅业有限公司破产案中(国内首例新兴能源多晶硅企业的破产案件),指导管理人就多晶硅(危险品)的保存及处理请专家进行专业论证,及时组织生产,既维护了债权人合法权益,也有效化解了发生安全生产事故的潜在风险。

四、分类评估,差异处置

坚持因案制宜、区别对待的差异化处置原则,根据案件不同情况,灵活采取不同的审理程序和处置办法化解纠纷。对大规模、涉稳纠纷尤其是企业面临倒闭破产,以及现有司法资源确实难以快速有效应对的纠纷,审慎立案,建议党委政府引导当事人通过非诉讼方式先行解决。受理的案件中,对债权人当事人不多、债权关系和企业财产不很复杂的案件,一般采用普通程序甚至简易程序审判并执行;对债权人众多、债权关系十分复杂、涉及企业资产纷杂的案件,则依法根据当事人申请或党委决策,采取破产清算程序。审判和执行中,对有发展前景和挽救希望以及涉及重大重点工程的涉诉企业,尽量合理运用柔性司法措施,积极提供司法帮扶;对一些高污染、高能耗等落后、挽救无望的企业,加快审理进度和财产保全力度,通过破产、清算、强制执行等手段,引导企业有序退出市场,倒逼经济转型升级。如南湖区人民法院受理嘉兴市科海物业管理有限公司、嘉兴市科海电子工程有限公司系列案件后,多方协调,适当延长了科海公司履行债务的期限。桐乡市人民法院成功运用类似于破产和解、重整的方式,为河山大华人造板有限公司“输血”解困,使标的总额为1.2亿元的系列债务纠纷圆满解决。

五、延伸职能,预防风险

该院领导班子成员带队分赴各县(市、区)走访企业,民二庭与市工商联联合开展“进村入企走访服务周”活动,共走访近50家企业和10家商会、行业协会,并印发《企业防范经营法律风险提示三十条》等宣传资料,帮助企业防范经营法律风险,特别是为中小微企业答疑解惑,提供法律服务。各基层法院和人民法庭也结合各地实际，积极开展各种形式的走访服务活动，走访企业 150 余家，深入了解企业生产经营情况和困难，为企业抵御市场风险、防范和化解诉讼风险、完善制度监管等提供法律服务。海宁市人民法院在经编产业园区设立了调研基地，进一步强化法院服务经济社会发展和企业创业创新的职能。同时，积极开展“4·26 知识产权宣传周”活动，进一步强化知识产权保护宣传，妥善审理知识产权案件，并对审判中发现的问题及时提出司法建议，切实加大知识产权保护力度，积极服务“创业创新城”建设。

发挥海事审判对海洋经济发展的服务保障作用

宁波海事法院

宁波海事法院是浙江唯一受理发生在全省海域的一审海事海商案件的专门法院，通过海事审判调整海运、造船、渔船经营等重要海洋经济生产关系，对浙江建设港航强省，打造海洋经济示范区发挥着不可或缺的重要作用。

一、紧紧围绕大局，服务海洋经济发展

(一)密切结合形势，牢固树立能动司法指导思想

自党的十七大以来，实施新一轮沿海开发战略，发展海洋经济，以拓宽经济增长空间、转变经济发展方式，日渐成为共识。浙江省是陆地资源小省，海洋资源大省，发展海洋经济的任务尤为紧迫。自 2003 年浙江提出建设海洋经济强省的战略目标以来，浙江省委省政府均高度重视海洋经济发展，不断加强政策规划和指导力度，以宁波—舟山港一体化建设为重点的港航强省战略持续纵深推进，浙江日益朝海洋经济强省迈进。2010 年以来，浙江先后获批为转变经济发展方式综合试点省、海洋经济发展试点省和海洋经济发展示范区，舟山设立为“舟山群岛新区”，浙江“一核两翼三圈九区多岛”为空间布局的海洋经济总体发展规划正式上升至国家发展战略。上级党委、政府发展海洋经济的思路、规划和部署愈发清晰，为海事审判主动开展服务保障工作提供了政策指引。

2010 年 7 月，浙江成为全国三个海洋经济发展试点省之一，同年 10 月，宁波海事法院经调研出台关于服务浙江海洋经济试点发展的“25 条意见”，成为浙江省司法层面上首个以服务和保障海洋经济发展为主题的工作意见，得到了省委赵洪祝书记、最高人民法院万鄂湘副院长和省高级人民法院齐奇院长的肯定，受到国内多家海事法院和相关媒体公众的广泛关注。2011 年，《浙江海洋经济发展示范区规划》和“舟山群岛新区”先后得以批准和设立，开启了加快建成海洋经济强省的新时代。为此，该院在 2010 年出台关于服务浙江海洋经济试点发展的“25 条意见”和实施海事审判精品战略的“16 条意见”基础上，认真贯彻新的政策要求，进一步细化工作项目和保障措施，于 2011 年 3 月下旬出台《关于进一步贯彻落实“两个意见”，服务保障浙江海洋经济发展示范区建设的

实施方案》,作为审判执行工作服务海洋经济发展的"总抓手"、"路线图"。该方案核心在于延伸审判职能,实现海事审判与海洋经济发展的全方位对接,内容包括26个工作项目和58个分项任务,具体而言,一是实现空间对接,发挥法院本部和三个派出法庭分布宁波、舟山、台州、温州不同沿海空间的地缘优势,既做到全院"一盘棋",又契合当地实际,有的放矢地开展服务保障工作,与浙江"一核两翼三圈九区多岛"的海洋经济总体格局相适应。二是实现类别对接,充分利用海事法院管辖的海事海商案件种类与海洋经济门类产业基本对应的有利条件,积极制定和完善处理海洋产业发展涉诉涉法纠纷的专项工作意见,预防和化解经济纠纷,实现海事审判与海洋经济"一个中心,四个示范区"、航运金融创新以及新产业集聚区建设等重要发展规划的全面对接。

(二)创新工作机制,助力船企应对金融危机

2011年第四季度以来,在全球金融危机持续深化的影响下,我国经济下行的压力持续增大,如何帮扶有发展前景的企业恢复发展、维护社会和谐稳定成为海事审判服务大局的新的重要内容。随着越来越多的航运、造船、物流企业因负债卷入诉讼当中,致使海事法院收案数量呈井喷态势,海事审判肩负着前所未有的压力。为此,该院积极健全工作机制,创新工作举措:

1. 建立困难船企涉诉纠纷的应对机制

金融危机中浙江不少船企的生产经营陷入困境,为加强对涉困船企的司法应对工作,该院结合海事审判工作实际,积极采取应对措施,主要有:(1)成立涉困船企司法应对工作领导小组,强化组织领导,同时出台重点案件审理制度,帮扶涉诉船企走出困境。凡是重大敏感案件,院领导亲自把关担任审判长。对于涉诉案件标的超千万,数量5件以上的特定船企系列纠纷案件等,成立专门合议庭进行集中审理,统一裁判尺度。(2)贯彻积极与慎重相统一的原则,用好各项司法措施,既防止逃废债务,又保护企业正常的生产经营,给因一时资金紧张而陷入困境的企业以复苏机会。(3)统一管理船舶拍卖工作。针对2011年下半年开始的船企倒闭潮以及由此带来的大量船舶被扣押并逐渐进入拍卖程序的现状,2012年年初成立了拍卖工作领导小组及其办公室,统一管理船舶拍卖工作。至今为止,全院已扣押各类船舶100余艘,约50艘进入拍卖程序,拍卖、变卖成交的有23艘,有力地化解了一大批困难船企的案件,取得较好的社会效果。

2. 加大调解力度,促使纠纷早解决、不激化

坚持将调解贯串于审执工作,开展立案调解、庭前庭后调解和执行和解,积极利用债权人会议、听证会以及有关社会力量推动案件的协调解决,避免损失

扩大。

3. 建立案件风险评估机制,为化解高风险提供指导方案

院本部及各派出法庭均与当地政府构建案件风险评估平台,建立纠纷化解联络机制,及时通报重大案件风险系数,共同应对纠纷。2009 年至今共为 18 家国有银行(含下属分行支行)、6 家非银行金融机构解决涉及船企贷款纠纷提供有效的化解方案,解决涉案标的 11.18 亿元。

4. 促进海事司法与金融的联合创新

(1)通过深入调研,推出海事审判服务和保障海洋金融创新的做法,制定担保机构为海事请求保全提供信用担保的业务管理办法,有效解决自然人或企业因申请海事保全提供担保困难的实际问题,也对市场担保机构提供诉讼信用担保行为作了进一步的规范。该制度实施以来,至今约有 80 起海事请求保全引入不同的担保机构,提供担保标的金额超过 1.2 亿元,有效降低当事人的担保融资成本。(2)根据海事诉讼中当事人所拥有的船舶等生产性财产以及继续生产的可能性、可行性,在诉讼中引入资质较好的融资租赁公司作为第三方,以售后回租、杠杆租赁、联合租赁等方式,盘活企业资产。

(三)寻求经济与司法的最佳结合点,服务产业转型升级

近年来,浙江沿海地市充分发挥深水良港多、海岸线长等地理优势,海洋和临港工业总体上保持了高速增长的态势。在海事审判层面反映的纠纷,一般有船舶修造业和船舶交易纠纷、港口建设用地纠纷、海域或滩涂使用纠纷等。为此,该院密切关注船舶修造等各类现代海洋产业基地建设、海洋产业集聚区建设、海洋综合开发体制改革试验区建设的发展现状和趋势,积极开展前瞻性调研,为宏观决策和企业经营提供有益帮助。具体的措施有:(1)深入了解涉案企业的资金构成、股权结构等,避免船舶修造等资金密集型企业因诉讼引发资金链断裂,甚至牵涉其他关联,影响一批企业的正常生产经营;(2)在审理港口建设用地争议等相关案件中,积极配合当地政府,全力做好群众工作,从既能够促进临港工业建设发展,又充分保障群众合法权益的角度妥善解决纠纷,稳妥避免群体性上访事件的发生;(3)在审理海域使用权争议纠纷中,依法鼓励和支持海域使用权认定、流转和融资抵押,既解决临港工业发展用地矛盾,又拓展企业发展的融资渠道,受到当事人的好评。

二、抓好海事特色审判,全力化解涉海纠纷

在顺应海洋经济发展大潮,积极应对金融危机的大局中,宁波海事法院结合海事海商的特点,积极发挥海事专门审判的优势,抓好特色审判,采取有力措

施，全力预防和化解纠纷。

（一）完善高效低廉的海运物流业纠纷预防与化解机制

宁波—舟山港“三位一体”港航物流体系是浙江海洋经济示范区建设的重点工程。由于港航物流辐射面积大、物流链延伸长，物流类纠纷也有所增加。为此，该院采取以下相应措施。

首先，以完善海事强制令制度为核心，采用强制交付外贸或船运单证、货物等措施，以最快的速度、最低的诉讼成本，及时、有力纠正港航物流业中的违法、违约行为，促使纠纷及早化解，防止损失扩大。

其次，以省内“无水港”等区域为重点，通过办案、授课、发放资料等多种宣传方式，加大纠纷的预防和化解力度。如协助义乌等地公安部门依法查处发生在义乌与宁波两地的货运代理市场诈骗案件等，规范货运代理市场秩序。促使金华等5个“无水港”地区的货代纠纷发案率有明显下降。

再次，以预防应对足以影响港航物流正常运营的非正常事件为目的，如针对国内外进出口政策调整、突发性贸易事件、国外港口遭受严重自然灾害（地震等）或政治动乱等所导致的船舶压港、压货或货物灭失等纠纷，开通诉讼热线、窗口指导、组成专门合议庭等合理化解纠纷。如2011年上半年埃及发生的骚乱事件和日本发生的地震海啸使当地港口无法正常运转，导致一定数量的宁波港出口货运纠纷，该院及时运用预案，取得了较好效果。

最后，以加强与物流主管部门及物流协会的联系指导为手段，帮助宁波、义乌等地物流协会提高自身专业和法律素质，完善行业自律和管理规范，从源头上减少和预防纠纷。

（二）有效化解外贸、海运和海上保险纠纷，促进外贸行业的复苏与增长

随着宁波—舟山港的货物吞吐量位居世界大港之列，各类海商合同纠纷也随之增加。国际海上货物运输和进出口货物交付，是对外贸易活动的重要组成部分，也是极易发生纠纷的一个环节。海事海商纠纷一旦发生，通常情况是证据较多、事实复杂、法律适用和事实认定的专业性较强、诉讼周期长、案件执行不易。为妥善审理相关纠纷案件，该院重点做好以下几项工作：一是准确适用海事诉讼特别程序、国际贸易规则和航运惯例等法律制度，依法维护浙江外贸企业在货物交付、海上运输、货款结算等环节的合法权益，维护外贸经济和国际航运的正常秩序。二是积极采取船舶或船载货物的扣押措施，近年来，该院依法扣押俄罗斯、新加坡等14个国家的外籍船舶26艘，经积极引导外方当事人提供相应担保后，近50%的被扣押外轮及时得到释放，为浙江树立了司法公正、文明的国际港口形象。三是依法支持和发挥航运风险分散机制在海上意外事

件及事故损害救济中的作用,通过审理办结214件海上保险合同,支持相关被保险人依法获取赔偿金3.7亿余元,增强浙江外贸与航运企业抵御风险、持续发展的能力。四是积极协助政府处理国际航运意外性事件。2010年,船籍港为宁波镇海的“乐风”轮在巴布亚新几内亚独立国(以下简称巴新国)搁浅被扣、6名宁波籍船员被滞留事件发生后,该院积极参加宁波市政府组织的事件处理协调,提供法律意见,后该事件得到平稳处理。

(三)积极稳妥办理涉海、临港、跨海等重要基础设施案件,保障涉海交通和生产安全

近年来,浙江海洋基础设施建设取得令人瞩目的成绩,一批跨海、跨江大桥建成通车,沿海岸线、港区、码头开发和扩建项目相继竣工,但保障涉海基础设施安全的形势也日益严峻。该院受理船舶碰撞、船舶触碰桥梁、码头或沉船阻碍航道等类案件百余起,每一起事故都给海陆交通、港区生产和海上通航带来较为严重的影响。为保障涉海生产顺利进行,宁波海事法院不断完善该类案件的审判工作措施:首先,第一时间启动重大案件跟踪机制。要求承办部门及时通报情况,及时采取船舶扣押、证据固定和调查取证等工作,协助和指导基础设施建设管理部门调查事故原因、处理事故善后。其次,进一步明确事故案件处理的阶段性工作重点。前阶段侧重在指导受损单位处理事故的同时,进行生产自救,尽早恢复生产,防止损失扩大;后阶段侧重原因查明、损失程度的鉴定和评估,并据此判定事故责任。譬如,2011年上半年,宁海乌沙山电厂因输煤码头栈桥被船舶撞塌,导致电厂3台发电机组因电煤供应不上而停止运行。在办理该案时,该院充分考虑到浙江用电紧张的实际情况,正确引导双方在依法处理纠纷的同时,指导电厂生产自救,尽快恢复供电,既减少事故引发的直接损失,也缓解供电紧张的局面,该案的处理过程得到毛光烈副省长的充分肯定。最后,注重总结事故教训,扩大教育宣传效果。如针对浙江海上通航密集和桥梁防撞较为严峻的形势,分析撰写《关于船舶撞桥事件频发原因及预防措施》等司法建议,受到市委和港航有关部门的重视。近年来,成功审结一批有较大影响的该类案件,如杭州湾跨海大桥触碰案、宁波—舟山跨海大桥触碰案、宁波港主航道沉船沉物打捞案、多起船舶触碰北仑码头碰撞案等,均得到妥善审结,并较好地处理了事故引发的一系列善后处理问题,得到当事人的认可和满意。

能动司法　引导可淘汰企业有序破产

绍兴县人民法院

绍兴县是全国经济十强县，辖区内仅纺织业规模以上企业即达700余家。受国际金融危机和国家宏观调控等因素影响，2011年以来，绍兴县一些较大规模企业因资金链、担保链断裂陷入债务危机，先后向法院申请破产。为有效推动经济转型升级，绍兴县人民法院深化能动司法理念，强化司法主导、发挥市场作用、依法有序推进、兼顾各方利益，完善破产案件审理机制。两年来共审结13家企业破产清算案件，其中12家依法有序退出市场，2012年受理的涉7家企业的破产系列案件在6个月内快速审结，及时为职工全额兑现工资和补偿金，受到当地党政肯定和社会好评。其主要做法是：

一、帮扶有度，破产有据，推进市场导向的有序退出

该院坚持“能活的依法帮扶，当死的有序退出”的差异化处置原则，在破产案件受理阶段即抽调业务骨干组成破产案件专案组，对涉诉困难企业进行全面评估，有针对性地拟定司法应对方案，强化对涉案各方的诉讼引导。一是注重科学评估。及时调查涉诉困难企业的用工、订单等经营情况；结合国家宏观政策导向分析企业经营潜力，并向党政部门、行业协会和产业上下游企业广泛征询意见，综合判断涉诉企业的市场发展前景。既避免司法处置不当影响企业有效生产力，同时也避免对高能耗、污染、落后企业过度帮扶，造成司法资源浪费。二是注重诉讼引导。对产能落后、发展前景不大的可淘汰企业，加强与企业股东、债权人和职工代表的沟通协调，做好相关法律政策的释明工作，努力争取涉案各方支持，积极引导企业走市场化破产道路。如该院审结的旺家纺织、二毛纺纱、加佰利控股集团等7家公司破产清算案，涉案企业大多长期进行低端同质竞争，在政府解困后又未能及时转型升级，致重新陷入经营困境。在案件审理中，该院均通过破产程序引导上述企业依法有序退出市场。

二、强化协作，简化流程，完善司法主导的审理机制

一是加强流程管控。建立破产案件受理的“绿色通道”，对可淘汰企业的破产申请，要求在法定期限内完成诉前准备、作出受理裁定。该院企业破产案件

平均受理时间仅 7 天。强化与律师事务所、会计师事务所和上级法院的沟通协调,立案当日或次日即指定破产管理人,并及时选定审计机构。同时,加强对审计、鉴定、评估、拍卖等环节的用时监控,督促破产管理人加快推进资产接收、文书交接、安全保卫、债权核查和对外债权催收等工作,对资产核查、回收等重大管理事项要求逐一确定时间表。二是加强专业指导。该院及时总结破产案件审判经验,加强对管理人的业务指导和合理授权,帮助管理人尽快完成资产拍卖、分配方案制定等工作,加快案件审理进程。如针对破产企业之间存在的实际控股关系,指导管理人先清偿其他债权人,后清偿破产企业之间的债务,优先保障债权人和投资人权益。针对破产企业之间存在的债权债务关系,指导管理人先行互相抵销债权,避免无限循环分配,大大简化分配工作。为最大限度保护债务人资产,提高办案效率,该院还授权管理人及时变价出卖易耗品、易变质腐烂品等不宜长期存放的机器设备和货物;在债权催收时可在 30% 的幅度内与有争议的债务人协商处理以避免讼累;遇到流拍时可降价 5% 至 10% 再次组织拍卖等。该院破产案件企业资产一次性拍卖成功率达 77% 。三是加强协调会商。不定期召开由该院院长、县委县政府解困工作组成员、破产专案组成员及管理人参与的联席会议,构建合力处置破产企业的工作平台。两年内共召开联席会议 30 余次。对破产清算中遇到的集资债权、职工社会保险金缴纳、企业税收、企业会计档案存放等亟须先行协调解决的问题,及时向县委县政府提出司法建议,研究协调解决方案,为企业破产清算扫除障碍。该院还建立了破产清算案件受理台账,加强与劳动、工商、经贸、税务等部门之间的破产企业信息通报协调,有效防范和化解了潜在风险。审结的 13 件破产案件,无一起引发群体性上访事件和区域性金融风险。

三、兼顾各方,和谐共赢,优化破产审理的社会效果

一是确保可分配财产的最大化。针对破产企业在多地涉诉的情况,该院加强异地司法协作,协调下城、萧山等兄弟法院解除财产保全措施,使破产企业资产得以较快集中管理。其中仅加佰利控股集团破产案就收回企业冻结资产 3000 万余元。同时,对审理中发现的破产企业内部管理人员侵占企业资产的违法行为,及时协调公安机关立案侦查,追回大批被登记在企业法定代表人、高管人员等个人名下的企业资产近千万元。二是强化债权人和企业职工合法利益保护。及时向涉案各方通报案件进展情况,并通过减免案件受理费、建议政府在税收问题上提供优惠政策等方式,两年来共为债权人和企业职工增加清偿款 300 多万元。认真做好债权人会议筹备、动员工作,两年内共召开债权人会议

27 次，未发生现场冲突或对抗事件，各项表决事项均以较高比例通过。如清偿率仅为 0.188% 的旺家纺织公司破产案，财产分配方案通过率亦逾 80%。准确登记职工工资、经济补偿金和社会保险金，确保职工的优先债权得到足额清偿。如在旺家纺织等 7 家破产企业清算案件中，为 959 名职工发放解除劳动合同补偿金等 868 万元，职工债权清偿率达 100%。三是促进党政部门和企业转变观念。充分发挥已审结破产案件的示范效应，通过工作汇报、上门走访、企业宣讲、案例宣传等形式，使当地党政部门、企业和金融机构正确认识破产制度功能，增强转型升级的危机感和责任感。

延伸审判职能作用　推动社会管理创新

天台县人民法院

天台县人民法院以推进“社会矛盾化解、社会管理创新、公正廉洁执法”三项工作为重点,加大能动司法力度,依法拓展和延伸审判职能,多层次参与社会管理创新,服务地方经济发展。

一、强化司法研判机制,主动建言献策

密切关注当前经济运行和社会管理中出现的问题在司法审判领域的具体表现,加强相关信息的搜集、分析和研判,及时归纳发现的苗头性、典型性、源头性问题,形成调查分析报告、司法建议、风险提示、典型案件等,为党委、政府决策提供重要依据。

一是把握形势提建议。定期汇总梳理辖区相关案件情况,分析研究司法应对措施。如针对近几年来公职人员涉及经济纠纷较为普遍的现状,天台县人民法院对相关数据进行梳理分析,通过县委信息专报,引起了天台县委书记李志坚的批示重视,要求对相关部门加强公职人员教育、提醒,防患未然,同时加强金融政策、法律法规宣传,规范金融行为,防止民间非法融资成为天台经济发展的祸水,必要时开展金融整顿,打击犯罪。

二是围绕重点提建议。始终把保障县委重点工作的顺利推进作为法院服务大局的重要切入点,积极做好法律服务,畅通沟通渠道,有效提升工作效果。在服务县委中心工作社会抚养征收执行过程中,发现各乡镇征收标准不一,征收工作弹性较大引发众多被执行人的抵触,于是联合计生局共同召开社会抚养费征收工作座谈会,邀请法制办、部分乡镇领导座谈讨论社会抚养费征收工作中存在的问题及解决办法,最后规范统一了社会抚养费征收标准,有力促进了天台县计划生育工作。

三是总结实践提建议。在审判实践中,特别注重发挥司法建议作用,2009年来共发送司法建议30份,主要涉及土地拆迁、房屋登记、社会保障等事项,涉及公安、工商、政府、环保等部门,有效帮助行政机关、企事业单位及时堵塞漏洞、提高管理水平。每年定期向县政府发布行政审判白皮书,解析上年度审结的被告为县行政部门的行政案件,指出行政机关行政执法的薄弱环节,并提出

有针对性的改进建议,获得了当地党委、政府的充分肯定,也很大程度上促进了当地依法行政水平的提高。

二、完善司法应对机制,主动服务大局

1. 妥善处理涉企纠纷

在当前经济困难的形势下,涉企纠纷的新情况、新问题增多,该院及时从个案和类案的审理中,总结审判经验,制定相关规范性意见,以提供审判思路,确立审判规则,确保司法审判法律效果和社会效果的有机统一。2011 年天台县人民法院出台了《关于充分发挥审判职能服务地方经济健康发展的若干意见》,系统地提出了 18 条司法应对措施,对涉及中小企业的债务纠纷案件,灵活采取执行措施,慎用静态查封、资金冻结等强制措施,尽可能使企业生产正常开展。妥善、慎重审理好企业倒闭、企业主外逃等引发的诉讼,最大限度地减少因各方利益纠纷而导致的社会不稳定因素。例如,在外理天台县坦头镇的鸿福木业债务纠纷系列案时,该院了解到企业生产的产品销路不错,但苦于目前资金周转不灵,如果将企业资产拍卖,这家企业将彻底破产,债务也很能清偿,各方利益均将严重受损。最后,经法院和企业主及其债权人协商沟通,达成了让企业暂缓一段时间的意见,随后,企业开始恢复生产。两个多月后,该企业运行良好,陆续开始偿还债务,各方当事人均表示满意。

2. 深入开展“进村入企”活动

一是进农村访农家。三名院领导担任结对村的第一书记,其他工作人员选择出生地所在镇的一个行政村进行对口联系,对联系村进行经常性走访。通过组织召开座谈会、问卷调查等方式开展社情民意调研,全面了解农村发展中面临的困难,帮助农村理清发展思路,找准发展路子,力所能及地解决农村发展、农民生活中遇到的困难和问题。二是进企业解难题。建立健全干部走访企业制度,重点走访中小微企业,召开司法保障座谈会,面对面了解企业生产经营状况,点对点引导企业依法经营,为企业预防纠纷、解决纠纷提供帮助。选择有代表性的、在转型升级中遇到困难的重点中小为企业实地考察,帮助解决融资难、创新南、赢利难等难题,提供法律服务,谋划服务企业司法措施,助力企业稳定发展。三是解矛盾促和谐。建立民情记录台账制度,对联系村户数、人员、低收入家庭、规模以上企业及有矛盾纠纷的重点户有关情况做好相关记录,做到一村一台账。对联系村涉诉重大矛盾纠纷进行排查梳理,对敏感时期可能出现的信访事件,建立突发应急处置机制,做好应急准备、思想疏导、人员稳控工作,切实把各类矛盾消灭在萌芽状态,实现化解息诉目标,确保社会和谐稳定。

3. 着力服务好县委重点工作

2011 年,天台县举行县、乡两级人大代表换届选举期间,该院积极主动提供司法保障,对万余人次的候选人资格进行司法审核,并抽调 3 名政治思想好、业务熟练、作风正派、群众威信高的业务骨干组成专门合议庭,负责审理起诉到人民法院涉选举案件,确保换届选举有序进行。今年以来围绕天台县“小县大城”战略部署,对涉及重大工程、重大项目的征地、拆迁行为,积极做好法律服务。通过采取灵活多样的方式,对涉讼的案件依法做到“快立、快审、快执”。在天台溪头区块拆迁改造工作中,选派了 2 名经验丰富的法官常驻工作组开展工作,积极响应并组织精干力量参与县里统一组织的每次拆违行动,其中 1 名中层干部还挂职参与到天台县南区违法用地整治工作。同时,在每年的中国旅游日等重点工作中,天台县人民法院积极组织志愿者队伍,协助当地政府做好旅游引导、秩序维护、安全保障等工作,并且在中国旅游日期间设立的旅游巡回法庭,为天台营造一个良好的旅游环境提供了有力的司法保障。此举得到天台县委书记李志坚批示肯定:为搞好旅游日,天台各级高度重视。天台县人民法院推出惠民项目,为旅游日组织了一个流动法庭,对游客在旅游中出现的一些纠纷,及时给予调解或启动简易司法程序,使纠纷尽快化解,还游客一个舒心。真佩服他们想得细!也是构建和谐社会大调解一种探索。

三、优化司法便民机制,主动整合资源

1. 完善诉讼指导机制

在当事人诉讼能力较弱的情况下,该院积极行使职权,加强诉讼指导,从而使当事人正确行使诉讼权利,承担诉讼义务。在立案、审理和执行过程中,对当事人就诉讼程序事项作出说明和解释,引导其诚实有序地进行诉讼;对当事人诉讼中可能遇到的风险以及风险责任的承担,提前予以告知,使其形成合理的诉讼预期;在诉讼过程中,当事人的主张、陈述或意思表示不明确、不适当以及对法律法规存在错误理解的,法官及时向当事人作出核实询问、提醒告知,确保当事人充分表达诉讼意愿。

2. 完善便民诉讼机制

坚持设身处地为当事人着想,采取有效措施,尽力减轻当事人的讼累,降低当事人的诉讼成本进一步加强便民诉讼机制建设,及时有效地回应群众的司法需求,使司法服务更加贴近民众,方便群众进行诉讼。加强立案场所规范化建设,推行柜台式、一站式服务,减少立案流转环节,及时快捷地受理案件。开辟诉讼“绿色通道”,对于经济危机引发的案件特别是涉及民生的案件,及时保全、优先立案、优先调解、优先审理、优先执行。积极推行巡回审判,把法庭开到田间、地头,方便群众诉讼,还以巡回审判为载体扩大普法范围,使更多的群众能旁听庭审,感受法律尊严,知晓庭审程序,从而自觉提高遵法守法的意识。如2012 年上半年,通过与村干部协商,在坦头镇一村委会办公室开庭,成功调解了一起相邻关系纠纷案件,做到了案结事了,受到了村干部和旁听群众赞许。

3. 加大司法救助力度

积极探索工作新模式,努力建立司法救助体系。在民事、行政审判中,充分关注贫困群众的司法需求,加大司法救助的范围和力度,完善对经济困难的当事人缓、减、免交诉讼费的具体条件与标准,对追索抚育费、赡养费、人身损害赔偿金、劳动报酬等且经济上确有困难的当事人,积极实施司法救助,给予司法保护,确保他们打得起官司。在刑事审判中,该院对确无经济来源、无力委托辩护人的被告人及时指定辩护人。2009 年来依法为 180 人缓、减、免收诉讼费 60. 31 万元,对因暂时无法执行案件中的 48 名特困当事人发放救助金 52. 39 万元,为 95 名符合法律援助条件的刑事被告人指定了辩护人。真正让人民群众感受到了司法的人文关怀,收到了良好的社会效果。

四、健全司法综治机制,主动延伸职能

1. 广泛开展法制宣传

针对当前普遍存在的民间借贷、婚姻家庭纠纷等类型案件,总结并制作《日常法律知识问答》,向辖区群众发放,提高群众对基本法律的认知水平;选取典型案件邀请群众旁听,在庭审现场开展生动形象的普法宣传,增强群众对审判工作的认同度。大力开展法律"进社区"、"进乡村"、"进学校"等讲课活动,将法制宣传职能延伸到每个角落。注重搞好媒体宣传,动员全院干警撰写综合治理、法院审判、普法工作等方面的宣传稿件向各级媒体投稿,同时邀请人大代表、政协委员、新闻媒体进法院,开展"公众开放日"等活动,扩大了宣传效果。

2. 健全诉调对接机制

一是加强人民调解指导工作,一方面适时对人民调解员进行培训,帮助提高基层调解人员素质,充分发挥其非诉化解纠纷功能,减轻法院审判压力;另一方面建立诉前调解机制,推进人民调解工作室、人民调解窗口建设,把一大批矛盾纠纷化解在诉前。二是设立"交通事故巡回法庭",既对交警部门的行政调解提供法律指导,又开展司法确认和调解,做到现场立案、就地调解、即时确认,为交通事故当事人提供"一站式"服务,实现与交警部门的行政处理直接对接,为社会矛盾的及时化解起到积极作用。三是推动司法确认工作。各业务庭、人民法庭多次深入各个派出所、司法所、村委会等部门,进一步加强与他们的工作联系,整合各职能部门的工作合力,共同推进司法确认工作。同时,对司法确认案件情况一月一统计、一季一通报,强化部门负责人责任的同时,激发广大干警的工作积极性。

3. 参与社区矫正工作

一是实行社区矫正无缝对接。对判处非监禁刑的案件,在判决下达五日内即安排专人将判决书送达至司法局、公安局、检察院,并办理交接手续,在判决生效三日内通知被告人到社区矫正部门报到。每年会同司法局、公安局、检察院组成联合检查组,对各乡镇、街道社区的社区矫正制度的落实,帮教监督的举措、外出请销假的情况,在册人员的案卷等进行监督指导。对于不遵守规定,不服从矫正帮扶的社区服刑人员,建议社区工作人员固定证据,情节严重的,予以收监执行。二是重视审前调查工作。对未成年人或可能判处管制、缓刑、剥夺政治权利等非监禁刑的被告人,及时出具《审前社会调查委托函》委托司法局对其基本情况进行审前社会调查;审判活动中充分考虑司法局提供的审前调查报告,开庭审理时予以当庭宣读、质证,作为对被告人是否适用非监禁刑的重要参考依据。三是建立回访帮教制度。深入缓刑人员家中、所在学校、街道居委会、工作单位等处了解成长经历、家庭状况、社会交往、平时表现等情况,同时建立缓刑人员信息档案,将从群众中走访,深入了解后的回访情况如缓刑犯考验期间的各项要求、缓刑考验期、缓刑期间内的表现、群众反映的情况等内容记载入《缓刑人员登记表》中,并对罪犯在整个缓刑考验期内的表现作出综合评定。

第三节 典型实例

出台专门文件依法保障创业创新
——浙江高院向中小企业伸出“橄榄枝”

“一有阳光就灿烂，一遇雨露就发芽”的浙江中小企业又一个春天到了。浙江省高级人民法院5月27日出台《关于为中小企业创业创新发展提供司法保障的指导意见》，无疑成为后金融危机时期中小企业在“缝隙市场”茁壮成长的“阳光雨露”。这一首开先河之举，受到浙江省委主要领导充分肯定。

6月2日，浙江省委书记赵洪祝批示：“省法院制定的《指导意见》很好，既体现法律规则，又符合浙江实际，具有很强的针对性和可操作性。实施好这个《指导意见》，对于保障和促进浙江中小企业发展、推进浙江经济转型升级，必将起到积极作用。”省委副书记、省长吕祖善批示：“省高院始终坚持围绕科学发展为中心，发挥司法保障的作用，结合本省实际做了大量卓有成效工作。这次又针对中小企业创新发展问题拟定司法保障意见，针对性强，问题抓得准，具体明确，望在实施中发挥更好作用。感谢高院同志辛勤工作。”

“如果司法跟不上，就会成为绊脚石”

截至去年年底，我国中小企业4200多万家，为国家贡献50%以上的创新成果。浙江中小企业260多万家，贡献60%的财政收入，实现70%的外贸出口，创造80%的工业增加值，提供90%的工作岗位。然而，中小企业却多面遭遇“边缘化”窘境，去年国家4万亿元经济刺激计划中，中小企业只享受到5%。如何让中小企业平等享受资源，已提升到国家战略层面，国务院、浙江省政府相继为促进中小企业发展提出意见和措施。

根植浙江这片中小企业的沃土，浙江高院党组要求全省法院高度重视后金融危机时期经济形势变化，认真分析审判执行案件新情况，依法保障中小企业创业创新、转型发展。“中小企业是浙江经济发展的后劲和韧劲，是浙江先发优势和持续优势，也是浙江非公经济发展的特色。浙江市场化程度高，对法治呼声也最高。在经济发展博弈较量中，如果司法跟不上，就会成为绊脚石。”浙江高院院长齐奇说。他在今年全国“两会”期间,曾就更加重视依法保障中小企业发展做专题发言。同时,主持启动“中小企业司法保障”专题调研课题,先后前往中小企业发达的宁波、温州、绍兴、金华、嘉兴等地调研,专门走访省经信委、中小企业局、工商联、中小企业协会等,一路风尘,体察中小企业及其经营者创业创新的艰辛,翔实掌握其司法需求。4 月 27 日,浙江高院又专门召开座谈会,就司法保障中小企业向法律界、金融界、中小企业界征求意见。数易其稿,《意见》得以面世。

洞悉中小企业疾苦,剑指发展瓶颈

浙江高院《意见》提出,对浙江各地推出的支持中小企业发展的创新措施,只要法律没有禁止性规定、不违背立法精神、有利于中小企业发展,都要予以有力的司法支持。在审理涉中小企业案件时,要遵循平等保护原则,保障诉讼权益,完善便利诉讼机制,提振企业家信心,推动各种所有制经济平等竞争、共同发展;贯彻“调解优先、调判结合”原则,积极引导银企合作,合理平衡劳资双方利益。

一直以来,融资难是浙江中小企业发展瓶颈。由于正规金融制度供给不足,中小企业深度“涉水”民间金融市场,引发大量法律纠纷。今年第一季度,浙江法院整体收案下降 5%,金融纠纷却上升 10%。《意见》规定,要依法支持改善中小企业融资环境的金融创新,对涉案金融创新行为,通过司法裁判依法确认其法律效力,引导和支持民间资本参与解决中小企业融资难;重视融资性担保机构缓解融资难的作用,依法维护具有浙江特色的企业“抱团担保、增信”、“网络联保”等金融创新行为;扩大有效抵押物范围,中小企业可以股权、商标权、专利权、商铺使用权、林权等作为担保物申请贷款。

民间融资作为中小企业解决资金的重要渠道,经常游走于法律边缘。《意见》明确了非法集资与民间借贷、商业交易的罪与非罪的界限:未经社会公开宣传,在单位职工或亲友内部针对特定对象筹集资金的,一般不作为非法集资;资金主要用于生产经营及相关活动,行为人有还款意愿,能够及时清退集资款项,情节轻微,社会危害不大的,可免予刑事处罚或不作犯罪处理。

“企业间借款合同效力问题,也是审判实践难点。出于周转资金需要,企业间相互借贷,是浙江法院审理民间借贷的显著特征。”浙江高院民二庭庭长章恒筑说,以前通常认为企业间借款合同一律无效,《意见》明确,中小企业之间自有资金的临时调剂行为,可不作无效借款合同处理。“当然,以投资公司、咨询公司等名义进行非法资金拆借活动的,仍要依法制裁。”

针对浙江中小企业发展面临的一些长期积累的结构性问题,《意见》紧贴浙江特色,对于陷入困境的中小企业,如有挽救可能、发展前景较好、符合结构调整及转型升级需要,鼓励采取司法重整、和解方式化解企业财物风险,实现资产重组;如果污染环境严重,或产能落后、不具发展前景,则引导其破产清算退出市场。强调为家纺、动漫游戏、网络传媒的电子商务等具有区域特色的创新型中小企业发展提供个性化司法保障的同时,还针对浙江中小企业多为传统家族企业的实际,通过司法适度介入,推进完善公司治理结构和管理创新,正确界定具家族经营特征的中小企业公司财产责任和股东财产范围,从严把握公司法人人格否认制度的适用条件。

保驾护航,绝非一朝一夕

"《意见》作为国务院和浙江省政府文件的司法对接款,一些宣示性、指引性和可操作性条款相结合,这还只是点题,具体的事情需要全省法院上下一心,尽心尽责,为推进浙江从中小企业数量大省向素质强省转变做出司法贡献。"齐奇说。

为积极推动司法保障中小企业发展的长效机制建设,浙江高院与中小企业局定期进行沟通协商,及时回应中小企业司法需求;各级法院将司法保障中小企业发展纳入年度工作目标,通过法制宣传、发布会议纪要、公布典型案例等,帮助中小企业提高风险防范意识、推进管理创新,引导规范发展。

《意见》出台后,反响强烈。浙江省副省长金德水说:"浙江经济在中国各省份位居第四,而中小企业占据浙江经济 99% 以上份额。《意见》具有现实意义和长远的战略意义,有利于中小企业更快更健康发展,使浙江真正成为中小企业发展沃土。"浙江省法学会副会长牛太升赞不绝口:"这是一项高水平的法学研究和应用成果,第一次在刑事、民商事、行政审判、执行等方面提出指导意见,是企业界、法律界多年的期盼。从司法上为中小企业发展解开瓶颈,犹如 20 多年前温州'八大王事件',平反也是先从司法上正确看待所谓投机倒把罪着手,为温州经济崛起铺下基础。《意见》实施将还民间资本以本来面目和自由。"中国工商银行浙江分行、阿阿里巴巴等负责人认为,《意见》有利于企业融资环境的改善,有利于企业规范自身业务行为。

短评

中小企业,一直是浙江经济社会发展的关键支撑、优势所在和活力之源。在经济转型升级背景下,如何促进中小企业加快创业创新发展,日益引起人们关注。

去年年底,国务院发展研究中心研究员吴敬琏就“国进民退”现象提出,“要坚持市场化改革方向,充分发挥中小企业对转型升级的关键性作用,政府要有所为,有所不为,而有所为,首要是提供法律环境。”浙江高院紧紧围绕服务发展第一要务的大局,以深入推进“三项重点工作”为动力,针对浙江中小企业发展面临的一些长期积累的结构性、素质性、体制性问题,在深度调研的基础上提出司法保障意见,力图使中央和省委的工作部署与司法专业性工作契合对接,不断优化中小企业市场环境、融资环境和司法环境。是浙江这片沃土,也是浙江高院敢于担当,才使他们敏锐地、有所超前地提出了这个符合浙江省情的司法政策文件。我们有充分理由相信,这种强化能动司法搞好司法服务,积极作为,对各地法院都有着学习借鉴意义。

(原载2010年6月11日《浙江在线》)

司法助推“海上浙江”扬帆远航

——浙江法院服务海洋经济发展大局纪实

21 世纪是海洋世纪，全球贸易 90% 走海上运输。继去年 7 月国务院批准浙江正式成为全国“海洋经济发展试点省”，今年 2 月和 6 月国务院又先后正式批复《浙江海洋经济发展示范区规划》和设立舟山群岛新区，这是我国首个以海洋经济为主题的国家战略层面新区。

建设社会主义法治国家是 21 世纪中国的历史重任。在这海上浙江新纪元，浙江省高级人民法院出台《关于为海洋经济发展提供司法保障的意见》，为陆域资源小省浙江开辟“新蓝海”又送东风，受到浙江省委主要领导充分肯定。

8 月 9 日，浙江省委书记赵洪祝批示：“省法院围绕浙江海洋经济发展战略，结合法院工作开展深入调研，制定出台为海洋经济发展提供司法保障的意见，做法很好。望立足法院实际，抓紧组织实施，坚持能动司法，强化司法服务，为浙江海洋经济发展营造良好的司法环境。”省委副书记、省长吕祖善批示：“加快海洋经济发展，是浙江经济社会发展新的增长点，也是国家的一个重大战略。为推动海洋经济顺利发展，省高院通过调查研究及时提出司法保障具体意见，充分反映省高院紧紧围绕经济建设这一中心、服务大局的意识，值得充分肯定。”

8 月 11 日，浙江高院与宁波海事法院、舟山中院联合召开“服务海洋经济发展”新闻发布会，司法助推海上浙江扬帆远航的脚步声愈加清晰地响彻耳畔。

理念总动员　密集调研出炉司法政策招招见实

作为海洋资源大省，浙江可建超万吨级泊位的深水岸线 506 公里，500 平方米以上的海岛 2878 个，均为全国第一；拥有全球四大渔场之一——舟山渔场，东海石油资源也主要分布在浙江海域，可开发的海洋能居全国首位。

26 万平方公里的海域，将成为浙江未来的新战场。

徜徉于这片深海，浙江高院敏锐把握时势，在年初全省法院院长会上，齐奇院长把服务海洋经济发展作为服务大局、能动司法的重点工作进行部署。会后成立调研组深入宁波、舟山调研，前往福建、江苏、山东等兄弟法院取经。在一次次调研和观点交锋中，浙江法院服务海洋经济的路径图逐渐清晰，7 月 25 日出台《意见》。

《意见》确定“三个有利于”的指导思想,即在法律框架内,只要是有利于海洋经济发展示范区规划落实,有利于创新海洋开发管理体制,有利于海洋经济现代产业发展的一切举措,都要提供公正公平的保障和优质高效的服务。

浙江高院民四庭庭长郑菊红介绍,针对海洋经济发展特点,《意见》提出发展初期着力解决好土地流转、资本引进、新旧规划冲突等纠纷;中期妥善处理好产业集聚、自主创新、劳动争议等问题;后期将工作重心放在服务保税港建设、海洋环境和资源保护、社会管理创新等方面。同时要求科学合理地设置派出法庭、巡回法庭、涉海案件专门合议庭等,处理好专门法院与地方法院在审判执行中的分工配合,构建具有浙江特色的涉海审判工作制度。

宁波海事法院作为全省唯一专门法院,在去年 7 月国务院批准浙江成为全国“海洋经济发展试点省”后,频频出台意见和实施方案,方案设计 26 个工作项目和 58 个分项任务,制作责任任务分解表和行事历表,勾画每个部门、每位法官对号入座的“路线图”。今年上半年化解各类海事海商纠纷 1062 件,同比上升 9.4%,解决争议标的 21.9 亿元。

舟山群岛作为向东直面大洋的桥头堡,海洋经济占经济总量 68%,在新区批复不到两个月,舟山中院出台提供司法保障的指导意见 26 条,调整司法理念,依法支持“先行先试”,引导企业依法运营,保障交易规范有序,避免产业聚集过程中的矛盾聚集。

破难大行动　规范海洋经济总量扩容之路

海洋经济“三驾马车”齐驱,目前实力相对弱势的浙江未来重点无疑追求海洋经济总量。随之迅猛发展,海上交通流量不断加大,船舶大型化、快速化、专业化程度越来越高,重要通航水域跨海、跨江桥梁越来越多,海域安全和生产之间的矛盾日益突出,急需司法大显身手。

2009 年 12 月 19 日,星巴克航运公司的希腊籍“牵牛星”轮在航行中触碰宁波一个 30 万吨燃油码头,致使码头系缆墩及引桥开裂、系缆墩基础桩严重受损,严重影响宁波港及附近地区的燃油中转供应。

事不宜迟。宁波海事法院立案受理后,主动介入组织专人赶赴现场,确定受损范围,要求受损方尽快请专业人员定损后进行修复。按常理,修理需招投标。但鉴于码头刚建成投产 3 月,尚在工程保质期,该院建议由原施工单位按原招投标价重建整修,得到了原被告一致认同,从而减少了码头两三个月的停产损失。随着工作有序跟进,促使双方先后就直接损失和间接损失达成合意,整个事故损失没有超过海事赔偿责任限额。

如此“程序化”又得心应手的处理得益于宁波海事法院对涉重大海上基础设施事故案的审判工作预案。近年来，该院受理此类案件129起，每一起事故都给海陆交通、港区生产和海上通航带来较为严重的影响。为此，该院细化预案，第一时间启动重大案件跟踪机制，要求承办部门及时通报情况，扣押船舶、固定证据、调查取证，协助指导基建设管理部门调查事故原因、处理事故善后。前阶段侧重生产自救，尽早恢复生产，防止损失扩大；后阶段侧重原因查明、损失程度的鉴定和评估，据此判定事故责任。

针对浙江海上通航密集和桥梁防撞较为严峻的形势，该院分析撰写《关于船舶撞桥事件频发原因及预防措施》，建议有关部门加大桥梁海域航行通告、安全警示以及水上巡查的力度等，提高航行安全意识和航道安全管理水平。

以大宗商品交易、集疏运网络、金融和信息服务为核心的“三位一体”港航物流服务体系是浙江建设海洋经济发展示范区的最大特色。去年下半年来，宁波海事法院受理物流类纠纷279件，同比增加7.8%。为促进港航物流体系不断成熟规范，该院以继续完善海事强制令制度为核心，采用强制交付单证、货物等措施，以最快的速度、最低的诉讼成本，及时、有力纠正港航物流业中的违法、违约行为，促使纠纷早解早结，防止损失扩大。通过办案、授课、发放资料等多种宣传方式，加大省内“无水港”等区域纠纷预防和化解力度。今年以来，金华等5个“无水港”的货代纠纷发案率已呈大幅下降。

目前，作为公共服务平台的中国（舟山）大宗商品交易中心开张在即，这无疑是“三位一体”港航物流体系的重要环节。为全力打造国际物流岛，舟山中院加大司法领域的研究和阐释，通过司法裁判确立起相关规则，形成导向。不断完善重大案件社会效果评估机制，对相关重大敏感案件，就可能影响经济发展、社会稳定的各类因素按照有关程序进行综合分析，及时采取防范措施，最大限度消除不稳定因素。全市法院还通过向各网格派出定点联系法官，参与到地方党委、政府牵头的服务团队，并以法官现场指导、法律咨询以及联席会议等方式，着力从源头上预防和化解社会矛盾，帮助基层完善管理机制。

去年2月27日，嵊泗一渔船海上作业时，与一集装箱货运船发生碰撞后沉没，船上8名船员失踪，其中1人死亡。家属情绪激动，到社区要求解决赔偿事宜。

着手调处纠纷的乡镇工作小组立马搬来专业“救兵”——嵊泗法院3名联系社区法官。

“事故责任虽在集装箱货运船方，但获赔期限较长，”法官就此给予专业指导:由渔船主先行垫付,并针对社区工作人员提出的人身损害赔偿范围、医疗费用、误工费标准等问题作详细的法律解答,最终由渔船主先行赔付400万余元,再向集装箱货运船方追索,矛盾纠纷得以妥善调处。

点石便成金　促进海洋金融创新插上腾飞双翼

“振兴海洋经济,离不开强有力的海洋金融保障。海洋经济的各类产业,每个发展阶段,都需要金融资本的介入和支持。”宁波海事法院副院长陶蛟龙强调金融创新对海洋经济“点金石”意义。一起第三方融资方案让本要流产的合作起死回生坚定了他的认识。

去年4月,厦门力鹏船运公司向宁波海事法院温州法庭起诉,请求解除与浙江东港船舶公司的船舶建造合同。合议庭再三分析,认为宜调不宜判,判则两败:“力鹏公司很可能船款两失,而东港公司可能变卖船舶,同样损失惨重。”经过法官半年不懈努力,双方同意船舶价款按7150万元计算。

船舶交接临近,力鹏公司却只筹到1000万元,而东港公司又不同意分期履行,双方再次进入胶着状态。

法官提出大胆设想,建议力鹏公司尝试引入租赁公司的融资租赁,暂缓目前的资金压力,并积极从中斡旋,促成力鹏公司与华融金融租赁股份有限公司签订5650万元的融资协议,该融资款直接支付给东港公司。移交后的船舶由力鹏公司经营,所有权登记在融资公司名下,力鹏公司向其交纳相应保证金和管理费。

有了这次成功合作经验,该融资公司今年上半年与浙江省政府签订《支持浙江海洋经济发展专项合作协议》。

“现阶段,涉船企业资金链不稳、纠纷增加的现象在海事审判领域反映较为明显。”陶蛟龙说,今年以来,船舶建造、买卖、修理、拆解、抵押、租用合同纠纷等增幅明显,合计同比增幅超40%,诉讼标的金额在1000万元以上的案件占29%,该类案件总标的金额达7.9亿元。

为此,该院积极寻求司法服务海洋金融突破口,制定担保机构为海事请求保全提供信用担保的业务管理办法,有效解决自然人或企业因申请海事保全提供担保困难的实际问题,也对市场担保机构提供诉讼信用担保行为作了进一步的规范。该制度实施以来,有22起海事请求保全引入不同的担保机构,提供担保标的额5400万余元,有效降低当事人的担保融资成本。运用船舶“活扣押”为船舶抵押借款、经营性欠款纠纷“解缆松套”。今年上半年共运用“活扣押”措施保全船舶12艘,解决争议标的额6300万元。根据海事诉讼中当事人所拥有的船舶等生产性财产以及继续生产的可能性、可行性，引入资质较好的融资租赁公司，以售后回租、杠杆租赁、联合租赁等方式，盘活企业资产。

碧海大前瞻 绿色司法保障蓝色经济持续发展

近年来，陆地排污、船舶泄漏、近海开发等给海洋环境带来越来越大的压力。浙江沿海石油储备库、化工仓储区、大型炼化企业密集布局，油轮、液体化工船等往返穿梭，客观上增加了发生海洋污染事故的可能。

为推动海洋环境保护机制建设，宁波海事法院积极参与海上重大污染事故的应急处理机制。配合海事、港航、海洋渔业及环境保护部门，从司法工作角度，及时进行证据保全、事故调查，为全面彻底处理环污事件创造条件。

今年在处理伊朗"祖立克"轮在舟山绿华岛海域触礁漏油案件中，该船上数百吨燃油发生溢油，造成附近海域大面积污染，50 余户养殖户及海洋渔业局等四家单位先后起诉，要求赔偿油污事故造成的养殖水产品死亡及养殖设施清污费损失、海洋渔业资源恢复费用损失等共计人民币 1 亿余元。

宁波海事法院按照"渔民利益优先、环境保护优先、实际损失优先"的调解方案，成功处理该起案件，得到各方当事人好评。目前已进入基金分配和受偿程序。

舟山中院和宁波海院一样致力于碧海生态建设，依法规范海洋海岛综合保护开发。"要把最严格的环境保护制度落实到新区建设始终，综合运用民事、行政、刑事等手段，坚持开发与保护并举，依法保护岸线、海域、岛屿等资源的合理开发与有序利用，支持对海洋海岛开发与保护新模式的探索，促进可持续发展。"该院副院长曹卫年说。

他们希望，海洋经济总量翻一番的群岛依然是绿地葱郁、天蓝水清、鸟语花香的"花园城市"。

（原载 2011 年 8 月 24 日《人民法院报》）

“浙江制造”的司法守夜人

——浙江法院依法保障中小企业创业创新纪实

记者印象

党的十七届五中全会再提深化改革,“必须以更大决心和勇气全面推进各领域改革”,中国提前进入改革深水区中。人民法院如何在转型期扮演自己的重要角色,使上层建筑更加适应经济基础发展变化,为全面实施“十二五”规划提供有力司法保障,浙江法院谱写着一份自己的答卷。

行走古越大地,有很多眼熟。杭州的旅游业、宁波的港口贸易、绍兴的纺织业、义乌的小商品市场、温州的制造业等“浙江制造”全球分享。远在地球另一端的南非世界杯,从赛场座椅到空调设备,从球迷头上的围巾到嘴里的“呜呜祖啦”,到处风靡“浙江制造”。

创造这生机与活力的市场主体,是占浙江全省企业99%以上的中小企业。截至去年年底,浙江中小企业260多万家,全省工业总产值的81.1%、外贸出口的81.6%、财政税收的82.9%、劳动就业的90.1%都来自中小企业。

根植这方沃土,浙江全省法院顺势而为、激流勇进,以法治远见和司法智慧担纲“浙江制造”的司法守夜人,正如浙江省商法学研究会会长钱弘道所说,“浙江法院在中国转型期积极发挥主动性、能动性、主导性,创造着中小企业茁壮成长的法治大环境。”

法治远见　剑指中小企业发展瓶颈

司法统计数据是浙江省高级人民法院院长齐奇解读经济社会发展的“晴雨表”。早在2008年,他从企业资金链断裂引发大量纠纷和民间借贷案件飙升感受到国际金融危机带给浙江民营经济的“寒意”,以敏锐的政治意识向省委省政府报送有数据、有情况、有分析、有对策的题为《关于运用审判职能,切实贯彻省委“防止浙江经济下滑”指示精神的专题报告》,成为能动司法服务大局的生动写照;同时,浙江高院积极研究司法对策,明确要求全省法院依法妥善、慎重审理金融类、涉企业债务类、劳动争议类案件,尽可能维持有市场、有发展前景的困难企业、劳动密集型中小企业的生存,尽可能减少有挽救希望企业的关门倒闭,尽可能支持优势企业以兼并、重组、控股等方式延伸产业链、增加核心竞争力。这“三个尽可能”如今已成为全省法官办案的“经济常识”。

“今年第一季度，浙江法院整体收案下降5%，经济普遍回暖的情况下，金融纠纷却上升10%，说明银根在紧缩。”齐奇从中再次看到融资难已成为严重制约浙江中小企业发展瓶颈。5月27日，浙江高院出台《关于为中小企业创业创新发展提供司法保障的指导意见》，一方面依法支持改善中小企业融资环境的金融创新，扩大有效抵押物范围，拓展中小企业正规金融贷款的可能性；另一方面为被妖魔化的民间融资“松绑”，明确非法集资与民间借贷、商业交易的罪与非罪的界限，对于在单位职工或者亲友内部针对特定对象筹集资金的行为，可不认定为非法集资。对企业间自有资金的临时调剂行为，认定为有效借款合同。被企业界称为中国金融监管破冰之旅。“有了省高院的依法支持，我们给中小企业放贷时心里就有底了。”嵊州农村合作银行行长吴智晖看到《意见》时坦言，否则金融监管的“达摩克利斯之剑”，不知哪天会掉下来。

“典当行是服务中小企业的融资性商业企业，浙江典当行业经营规模接近全国1/7，”浙江高院民二庭庭长章恒筑介绍，由于典当法制不完善等，典当纠纷案件逐年上升，浙江高院日前出台意见，依法确认典当行的经营主体资格，规范典当综合费用、利息认定方法，平等保护典当行和当户的合法权益，明确典当行与当户之间法律关系适用，统一裁判尺度，促进典当行业更好为中小企业提供融资服务。

在省高院的部署和带动下，金华、舟山、绍兴、宁波等各中基层法院立足当地经济社会发展的实际，出台应对措施。宁波规定在案件执行中，对涉及鼓励农民、城镇居民、高校毕业生和科技人员创业投资等5类案件，尽量不轻易冻结企业账户、不轻易查封账册、不轻易扣押财产，最大限度地帮助企业渡过难关。龙泉市作为全国首个农村林改示范基地，2007年来，五家金融机构相继开展林权抵押贷款业务，截至今年3月，累计发放林权抵押贷款4799笔，2.33亿元，形成林权抵押贷款龙泉模式，拓展了上百家林农中小企业融资渠道。但在实践中，却面临法律法规缺失等问题。龙泉法院成立7人调研组，探寻龙泉模式在法律层面上的相关操作规范，为金融支持林权改革金融创新提供理论支撑。龙泉市委书记赵建林批示认为，“课题组为中小企业创业创新发展形成初步成果，非常值得肯定和鼓励。”并要求该市相关部门对调研成果研阅借鉴，吸收运用。

密切关注浙江司法动态的钱弘道说，“在走向法治浙江的转型期，中小企业发展的司法保障，是道非常好的题目，法院在促进弱公民社会向强公民社会的法治进程中发挥主导作用，充分体现了司法机关的高度责任感和法治远见。”

司法智慧　绘制案结事了的愿景

乾谭镇是建德市工业重镇,现有中小企业1214家。受金融危机影响,许多企业资金链断裂,企业主外逃,浙江欣龙家纺曾遭此重创。如今回望,其“复活”之路是法院工作人员情理辅法的典范。

欣龙家纺是家外贸企业,2009年2月,企业主廖某欠下巨额债务,又面临四五十万美元的账款难以收回,心灰意冷,出逃美国。闻讯纷来的债权人成了建德法院乾潭法庭的“常客”,有咨询,有起诉……

考虑到欣龙家纺生产经营一直不错,乾潭法庭及时与党委、政府沟通,做好稳控及矛盾化解工作。同时主动寻找廖某下落,联系廖某之子,促使其接收企业经营,努力与已起诉的3起案件原告和解,鼓励前来咨询的债权人尽可能“放水养鱼”。

与此同时,身在美国的廖某得知他不在时,法院主动扶持,没有一名员工离开企业,都希望他重整旗鼓。3月6日,廖某来到建德法院,感谢法官为企业生存争取机会,并表示一定要妥善经营,为建德经济发展做出自己的贡献。采访中,记者了解到,欣龙家纺去年完成产值5000多万元。今年公司订单充足,有望完成产值2亿元。

“每个个案处理都是司法智慧创造的艺术作品,能动司法不是空话套话,要落实到案结事了的具体行动中去。”建德法院院长楼军民说。

受惠于案结事了艺术的不仅是浙江企业。“平等保护原则,不仅要求法官转变司法理念,办案中不看来头,依法平等保护省内中小企业合法权益,还要依法维护省外境外企业发展,推动各种所有制经济平等竞争、共同发展。”齐奇说。江苏海利达纺织公司老总秦跃海曾专程赶到新昌法院,对这种“大气”胸怀伸出大拇指。

海利达公司是江苏一家中小纺织企业,金融危机时期,公司资金运转困难,欠浙江泰坦股份公司近2200万元。今年3月在新昌法院进入执行程序后,该院副院长童均带队前往江苏调查发现,“海利达虽有困难,但拥有国内最先进的新型纺纱设备,产品具有竞争力,发展前景很好,目前经营转入正常刚有起色,若立即采取查封拍卖无异于杀鸡取卵。”为此,新昌法院积极与当地法院联动,多次召集双方当事人沟通协调,最终得到泰坦公司谅解,同意分批履行,最大限度维持了海利达“造血”功能,既保障了泰坦公司债权实现,又保住海利达公司1000多名工人就业。

为缓解涉诉中小企业短期资金周转困难,绍兴法院在审理以中小企业为被告的金融债务纠纷案件中，积极运用督促、担保履行条款，增强债权人接受调解收回款项的信心，促使双方达成调解，宽延还贷期限。今年上半年，全市法院通过附加督促、担保条款调解涉中小企业民商事案件773件。在审理解除劳动合同、追索经济补偿、拖欠基本工资、追索加班费等涉中小企业劳动争议案中，注重平衡劳资双方利益，去年以来，全市审结涉中小企业劳动争议案件1873件，调撤率达60%以上。

历史担当 荡起浙商远行的双桨

"能动司法不仅仅着眼个案，还必须有一种历史担当，着力于司法大环境建设，在法治建设中，在深化改革中留下浙江法官的历史足迹。"齐奇一段语重心长的话常常回响在浙江法官心底。这历史担当，让他们在案多人少的办案压力下，积极探索以司法之力推进社会管理创新，推动中小企业做大做强。

宁波万代冲床科技有限公司，今年9月轻松申请100万元贷款，用来购买原材料，现已投入生产。这完全得益于江北法院积极联合工商在宁波市首推的城乡小额贷款保证保险业务，促成民营企业协会与中信银行合作，以民营企业会员单位为贷款对象，无须抵押和担保，由协会利用工商信用监管网络体系和法院涉诉案件查询系统对借款企业资信、涉诉情况进行贷前调查，一般9天就可放贷，惠及全区3000余家企业和1万余家个体工商户，单户最多分别可获贷100万元和10万元。浙江省副省长金德水说："对有诚信的中小企业大胆地信用放贷，法院参与其中，这是建立诚信机制的基础和尝试，也解决了部分企业融资难。"

浙江中小企业多为传统家族企业，司法适度介入，推进完善公司治理结构和管理创新。兰溪法院，通过座谈会、法制讲座等形式，帮助企业规范用工行为，防范和化解劳资纠纷，已帮助企业解决40余个法律问题；针对审判中反映出的涉诉中小企业管理不规范等问题，发出司法建议13份，促进企业规范内部管理，增强自我保护和防范风险能力。慈溪法院尝试逐步建立涉诉企业经营状况分级制度，视企业发展状况将其分为"严重资不抵债企业"、"危机型企业"、"周转困难型企业"、"良性经营企业"，针对不同企业灵活采取调判方式，量身定做执行措施。

浙江法院还大力推行主动进企进行"案前会诊"，积极向未涉案企业通报企业"通病"，提醒他们早整改、早防范。象山法院结合审判实践编写《中小企业防范经营法律风险的三十条提示》宣传手册，目前已向当地针织、建筑等行业的120余家中小企业累计发放手册500余本，受到一致好评："手册涉及合同订立、履行、企业治理等方面,三十条提示不仅详细说明了易导致风险的做法,还就如何规范进行了指导,成为圈内相互传阅的‘葵花宝典’。”

为加快涉企纠纷处理,避免因司法周期过长“折腾”中小企业,杭州中院与浙江省贸促会建立涉外商事纠纷调解机制,“浙江是外贸大省,去年进出口总额全国第四。涉外商事诉讼一般成本高、周期长,当事人常为此放弃维权。如今,涉外纠纷当事人在商事调解机构引导下,可采用相对灵活的程序,节省时间和精力。”杭州中院副院长汤海庆说。针对温州民营经济发达,许多企业自发组织行业协会自治管理,现有各类行业协会140多家的实际,温州法院联手行业协会调处企业纠纷。舟山市定海区法院帮助缺少法律顾问的中小企业建立司法协理员,通过互动协调将涉企纠纷化解在萌芽状。

知识产权是浙江中小企业转型升级的重要武器。为加强对中小企业的知识产权司法服务,嘉兴中院、南湖法院分别在嘉兴科技城设立了知产审判联络处、工作站。绍兴县法院与工商局建立中小企业信用评级合作制度,对有侵犯知识产权行为等不良信用记录的企业,由县工商局取消评选著名、知名商标的资格,目前已有2家企业因被判决存在知产侵权而被取消知名商标评选资格。面对高速递增的知产侵权纠纷案,杭州中院结合案件审理情况,通过统计分析、调研报告确定每年司法保护重点,坚持“贴近生产、生活、百姓”的理念,以“走进市场、网络、学校、乡镇、车间”的方式,针对不同受众,展开延伸服务。在审理金大笔业公司诉桐庐东成制笔厂一案时,结合桐庐是“制笔之乡”的实际,杭州中院到桐庐巡回开庭,并召集当地中小制笔企业主旁听庭审,引导他们将经营理念从假冒仿制转到依靠科技创新和获取自主产权上来。

谈到浙江法院依法支持中小企业发展的种种创新和实践,浙江省中小企业局局长高鹰忠感慨:“中小企业在竞争中处于相对弱势地位,通过司法环境建设来促进中小企业发展是世界各国的普遍做法。浙江法院积极作为,必将使浙江制造动力十足,更大更强。”

(原载2010年11月19日《人民法院报》)

突如其来的企业破产系列案

——浙江省绍兴县法院解困企业挽救产业盘活经济

日前，浙江省绍兴县法院企业解困办传来捷报：涉及7家公司的破产系列案审理取得决定性成功，7家企业财产都均已变现，近3亿元资金将为全部企业职工全额实现其工资和补偿金，有效维护当地生产秩序和社会稳定，受到绍兴县党委政府高度肯定。

一路绿灯，只为快速有效推进审理

纺织产业发达的绍兴县作为全国十强县之一，杨汛桥是其重要经济增长点，曾因这个乡镇一下子冒出3家上市公司被业界称"杨汛桥现象"加以解读。去年以来，杨汛桥镇部分较大规模企业受国际金融危机影响，纷纷因资金链断裂陷入债务危机，绍兴县法院先后受理旺家纺织、二毛纺纱、二毛纱业、加佰利控股集团、宏兴纺织、宏兴莎美娜服饰和宏利纺织7家公司破产清算案，涉案标的达60亿余元。

"破产案件数量之多、涉案标的数额之巨在全省乃至全国的基层法院中均属罕见。"绍兴县法院代院长孙浩谈起当时的压力，面色沉重。

杨汛桥企业解困工作是绍兴县委县府中心工作，也成为孙浩走马上任以来头等重要大事。该院党委召开专门会议研究部署破产案件受理审理工作，专门成立由孙浩任组长的企业解困工作领导小组，抽调业务骨干组成7人专案组，腾出一层楼供专案组专司破产案。绍兴县法院一名院领导和一名审判人员常驻杨汛桥，加强与党委政府企业解困工作组沟通联系，积极建言献策。并建立法院、政府、管理人共同参加的周五工作例会制度，由管理人汇报工作情况及工作计划，并对相关问题协调处理。

企业破产将对职工利益、债权人利益产生一系列不利影响，绍兴县法院积极争取党委政府的支持，一方面要求政府及时清结企业职工工资，平息职工不安情绪；另一方面积极参与政府组织的走访、协调工作，为金融机构债权人分析利弊，消除顾虑获取支持，这为案件受理工作铺垫了道路，解决后顾之忧。为促成拍卖成功，积极建议政府物色合适买家参加拍卖，确保破产财产以合理的价格成功出售。同时，绍兴县法院免去所有诉讼费用，共计200多万元；争取管理人报酬7折、拍卖佣金5折,留出更多的资金实现职工利益和债权人利益。

“必须在年内完成系列破产案!时间紧急,每天都在倒计时。专案组优先已成为全院法官常识,连文印室的都知道对企业解困专案组一路绿灯。”该院民二庭庭长、破产专案组组长钱峰说。

在年内完成系列破产案的审理,绍兴县法院破产专案组“不在办公室就在会议室”,这处于连续作战状态的日日夜夜,无数的细节在书写“为大局服务,为人民司法”的动人故事。

日夜兼程,只为最大限度保全企业资产

破产清算最终目的在于将破产企业现有的全部财产按比例分配给全体债权人,使有限的资产最大限度地满足债务清偿,所以企业资产的集中管理和有效保全成为至关重要的一项工作。为实现最终可分配财产的最大化,切实保护企业职工、债权人合法利益,绍兴县法院受理这7个破产案件后,立刻督促管理人展开资产核查和回收工作,最大限度“集结”所涉企业的全部资产。

由于7个破产案件所涉企业资产状况及债权债务关系复杂,在多家法院有诉讼案件,该院企业解困领导小组及时分组奔赴各地的债务人开户银行核查债务人账户,要求停止结算,保护债务人资产。同时,到各相关案件的受理法院开展协调工作,在兄弟法院的协助下,解除了涉及债务人资产的财保措施并将资产统一收回交由管理人管理,其中仅加佰利案件通过这种方式收回冻结款就达3000万余元,这为审理工作顺利开展增加了底气和“真材实料”。

时间刻不容缓,工作停顿一分钟就有可能使企业资产以各种途径流失,造成无法挽回的后果。面对这一严峻形势,该院专案组在立案后立刻分组奔赴湖南、湖北、河南等地的债务人开户银行核查债务人账户,要求停止结算,保护债务人资产。由于破产案件所涉的7家企业资产状况及债权债务关系复杂,在多家法院有诉讼案件,为使资产得到集中管理,该院专案组又马不停蹄辗转到各相关案件的受理法院开展协调工作。

9月的一个傍晚,专案组成员朱建军在接女儿放学的途中接到电话,得知杭州市下城区法院近日正在审理被告为加佰利集团的合同纠纷案,且已进入执行拍卖阶段,朱建军立刻掉转车头赶赴杭州,到下城区法院时已是晚上8点多,为争取第一时间和相关办案法官取得联系,便决定在杭州夜宿,第二天一早再到下城法院了解情况。而此时,朱建军的女儿却在校门口足足等了一个多小时,最后校方无奈之下打电话到家里,才由外婆将外甥女领回家。

提到这件事,朱建军面有羞涩,微笑着说“付出总有回报”:因为第二天恰恰是加佰利集团资产拍卖日，拍卖成交金额达到 3 千万余元，在下城法院的协助下，这笔款项顺利转到了管理人的账户中。

这仅仅是众多事例中的一个。这一年来，专案组成员日夜奔波，解除了涉及债务人资产的财保措施并将资产统一收回交由管理人管理，这为今后顺利开展变价、分配工作增加了底气。

为实现可分配财产最大化，切实保护企业职工、债权人合法利益，绍兴县法院强化对管理人的监督指导，对每一项管理事项均确定时间表，敦促其仔细核对确认申报债权；在接管债务人会记账簿等材料时，督促管理人认真核查企业高管财产，对实际权属为企业的财产及时全额追回。同时合理授权，为避免债务人厂房内的易耗品、易变质腐烂品等不宜长期存放的机器设备贬值，授权管理人提前变价出卖，将所得价金纳入统一管理的债务人财产，法院全程指导监督。对外债权催收时，为减少争议避免诉讼，授权管理人可在 30% 的幅度内与有争议债务人协商处理。在拍卖工作中，预先授权管理人在遇到流拍时，可降价 10% 再次组织拍卖，确保拍卖工作顺利推进。

殚精竭虑，确保全额偿付职工“血汗钱”

“企业职工是企业破产清算工作中的特殊群体，不少职工是看着企业由小变大、由弱变强，对企业有着非同寻常的感情，还有一部分职工是外来务工者，原本对进入大企业工作有着一份自豪感，却瞬间因为企业的崩塌而前途迷茫。”绍兴县法院民二庭庭长钱峰告诉记者，企业破产对日夜劳作、付出血汗的职工有着巨大的心理冲击，在破产清算工作初期，7 家企业的很大一部分职工都出现了不安情绪，担心自己的工资无法清结，甚至成群结队到当地党委政府上访。

如何维护职工的合法权益，如何及时有效地稳定职工情绪，避免引发群体性事件，成为绍兴县法院专案组的重中之重。该院在破产案件审理过程中，始终把保护职工利益放在突出位置，在债权申报、制定变价方案、拍卖企业资产等环节中，时刻督促管理人确保全额偿付职工工资和经济补偿金。

去年 9 月份，该院连续一周专门针对职工工资及经济补偿金的登记召集 7 家破产企业的管理召开现场督促会，与管理人一起对 7 家企业的每位职工的工资、经济补偿金进行核对登记，奋战 7 个昼夜后，即使是铁打的身躯也扛不住这般连续作战，专案组的 7 名工作人员都接连出现身体不适的情况。钱峰在母亲生病住院、女儿上学放学无人接送的窘迫境况下，坚持连续工作至深夜，每每说起这件事，他总是掩饰不住内心的矛盾，但他依然毫不后悔地说：“尽孝道可以择日，尽父责可以补偿，但那些外来务工者等着清结工资回家过年，不能等！”

几番车轮战后,7 家企业共 2000 余名职工的工资、经济补偿金和社会保险费用共计 1900 余万元分毫不差地得到了准确登记,经过公示,又专门从管理人账户中预留了这部分款项,确保全额偿付。这些以为能拿到工资已是万幸的职工在拿到补偿金后,连声说道:“谢谢法院,这笔钱我们真是想都没想到,就像掉了馅饼一样高兴。”朴实的语言正是职工们的真情表达,而沉甸甸的补偿金也满溢着党委政府和法院对企业职工的关切和关爱。

精雕细琢,力求债权平等、平稳清偿

变价、拍卖、分配,这三个环节构成了整个破产清算工作的核心,债权人能否最大限度、公正公平受偿取决于这三项工作的成败。为使破产企业的资产最大限度变现,绍兴县法院专案组可以说“绞尽脑汁”、“用尽办法”。

在制定变价方案和拍卖方案时,该院与管理人一起实地查看企业资产、联系拍卖机构的次数不下数十次,专案组成员刁学伟在资产拍卖阶段连着三个星期放弃休息日,与管理人一起分析完善拍卖方案和制定流拍预案,并全程在拍卖现场了解进展,时刻应对突发情况,确保拍卖成功。进入分配阶段后,为平稳顺利召开第二次债权人会议,增加分配方案通过概率,该院加强了对管理人在分配方案制定工作上的监督指导,力求使分配方案合法合理公平,兼顾各方利益。

去年 11 月中旬起,绍兴县法院专案组坚持每周开三次分配方案研商会,在法院、镇政府、管理人共同参加的情况下,反复核对分配方案的各项数据,确保数字准确无误,细致分析和不断完善分配方案的具体分配计划。

由于 7 个破产企业间关联度较高,互相的债权债务关系极其复杂,为简化分配关系,充分保护债权人的利益,根据加佰利集团与宏兴纺织、宏兴莎美娜之间的实际控股关系,专案组创造性地向管理人提出适用源自美国破产案例的“深石原则”,在对其他债权人清偿完毕后,再清偿三企业彼此之间的债务,这不仅避免了破产企业间无限循环的清偿关系,也大大加快了清算进程。

很多次仅仅为了一个数据的核对,大家会争得面红耳赤,全然忘记了时间,会议常常开到深夜,万籁俱寂的县城唯有专案组的会议室依然灯火通明。专案组中有三个“80 后”,由于单位与住处相隔较远,每次会议结束后都会因为没有了公交车,这几个年轻法官都要步行回家,他们调侃“每天走个五公里,就当减肥呗”。正因为这股年轻的力量,使整个破产清算工作有了无坚不摧的动力。

为加快取得破产案件审理工作的实质性进展,该院在前期做好周密预案和安保工作的基础上,于去年 8 月和 9 月分别召开 7 家企业的第一次债权人会议。

在合议庭的主持下，会议秩序井然，债权人情绪稳定，表决通过了 7 家企业的停止营业报告、财产管理报告和财产变价报告。“在目前 7 家资产全部变现的基础上，我们下一步将严查有无法人代表隐匿、抽逃资金，以确保最大限度实现债权人利益。”钱峰告诉记者。

（原载 2011 年 2 月 12 日《人民法院报》）

司法长线稳持"东海鱼仓"

——浙江舟山法院推进社会管理创新纪实

舟山是全国唯一以群岛设立的地级市,素有"东海鱼仓"和"祖国渔都"之美称。全市共有大小岛屿1390个,占全国的五分之一,其中常年有人居住的岛屿103个,是全国第四大岛。今年6月30日,国务院批准设立舟山群岛新区。浙江省舟山市两级法院应势而为,积极推进社会管理创新,建立"网格化管理"对接工作机制和重大案件社会效果评估机制,为第四个国家级新区提供有力的司法保障,努力把"东海鱼仓"做大做强。

小纠纷化解在"网格"

嵊山法庭,我国最东边的人民法庭,地处东海的悬水小岛嵊山上。从嵊山的作为领海基线起算点的礁石处往外24海里,就是烟涛浩渺、广袤无垠的公海了,所以嵊山又别称"尽海"。

嵊山镇上少地,几乎没有平坦的腹地。房子都是依山而建,层层叠叠。镇上只有一条主街,嵊山法庭就坐落在这条街旁,三层,办公楼狭小局促。

记者到达法庭时,正在调解一件合同纠纷案件,据说法官已不厌其烦前后组织了三轮调解。嵊山法庭庭长朱刚强介绍:"当地常住人口18500多人,散居在嵊山、枸杞、壁下三个悬水小岛上,绝大多数从事渔业捕捞和养殖,社交圈子狭小,人与人之间关系都很熟,特别讲究面子。有些案子虽然通过判决也可解决,但是通过社区及亲戚和朋友做工作,调解成功后效果会很好。"

法庭还加强与渔农村综治组织和公安派出所、司法行政部门的联系沟通和工作衔接,定期通报涉案情况、研析矛盾成因、深化协同配合,推动建立多形式、多渠道、多领域的纠纷联动化解机制。

嵊山镇箱子岙社区主任周腰清说,法庭经常对人民调解组织进行指导,法官进社区以后,社区干部处理纠纷的能力大大提高了。有一次两户人家发生口角,一方要求赔偿。社区干部认为双方都有责任,其中一方赔50%-60%损失差不多了,但对方不同意。社区干部随即给法庭致电求援,法官认为处理不妥应该全赔。于是社区在法官指导下又去做另一方工作,终使双方达成调解协议。

嵊山法庭在枸杞和壁下两个小岛上设立了巡回审判点。在渔区的生产季节,渔民按照潮汛决定返航的时间,每月在家的时间只有六七天,针对渔民作业规律,法庭工作人员在这短短几天里,经常随身携带案卷,进渔村、上渔船进行巡回办案,就地审理,形成了候潮开庭、伏休执行、对讲机传唤、舢板找人等独具海岛特色的工作方式,做到了既不耽误生产,又有利于案件的及时审理。

据了解,舟山法院已经设立57个巡回审判点,大部分都设在位置偏远、交通不便的小岛上。2008年以来共开展巡回审判710次。

2008年8月,舟山市委市政府在全市推行“网格化管理、组团式服务”的社会管理和基层党建的新模式。在现有区划不变的前提下,根据具体情况,合理设置网格,在社区(村)里细分2464个“网格”,搭建信息化管理服务平台,并在每个“网格”配备相关职能部门人员参与的兼职服务团队。舟山法院以人民法庭为平台,建立“网格化管理”对接工作机制,向各网格派出定点联系法官80余名,参与地方党委、政府牵头的网格服务团队,从源头上预防和化解矛盾。

人民陪审员葛燕君说,嵊山法庭的法官每半个月都会去自己的基层联系点转转,和社区干部成了好朋友,还经常应邀为乡镇、社区调解干部讲解法律相关规定,并结合平常处理的案例详细讲解如何运用法律、法规去调处常见纠纷,提高了社区调解人员的调解水平。去年,岛上人民调解组织共调处纠纷达147件。

早在2007年4月,刚刚上任不久的舟山中院院长何鑑伟一口气跑完了辖区内所有法庭,海岛上恶劣的气候、不便的交通、艰苦的生活以及海岛法官扎根基层的热情和精神给他留下了深刻的印象,更全面地理解了什么叫“基础不牢,地动山摇。”

近年来,舟山两级法院坚持以人民法庭为立足点,大力加强人民法庭各项建设,建立健全了具有海岛特色的人民法庭综合保障、便民诉讼、诉调衔接、源头化解等工作机制。2008年至2010年,全市14个人民法庭共办结各类民商事案件5690件,调解撤诉率达79.8%,且无一申诉上访,充分发挥了人民法庭化解基层社会矛盾、推进社会管理创新的前沿阵地作用。

重大案件评估“会诊”

小纠纷不出岛,被一线法庭火速处理了。重大案件则要登上社会效果评估平台,在千钧一发之际发挥司法能动本意。舟山市定海区法院院长宋存国给记者讲了件发生在去年8月的轰动全市哄抢事件。

位于商业区的健力专卖店是舟山市体育产业的龙头企业,代理经销耐克、阿迪达斯品牌产品。公司负责人李某在去年8月中旬突然下落不明,债权人遍寻其不见。同年8月22日,专卖店贴出“消费券截止日期提前到8月22日”的告示,大批持有该品牌消费券的市民和部分债权人聚集在企业门下专卖店前,因无法及时取得货物,情绪激动,既而发生了哄抢,引起媒体高度关注。

此后,定海法院先后受理了50件债权人起诉健力公司及其投资人李某、姜某的民间借贷纠纷、租赁合同纠纷、装修合同纠纷系列案,诉讼标的达1646万余元;37件健力公司职工追索劳动报酬纠纷案,诉讼标的5.2万余元。

综合系列案件社会稳定风险发生的影响范围及可能造成的后果等,定海法院决定启动风险评估程序,对37件追索劳动报酬纠纷,会同舟山市劳动监察支队参与评估,确保快立快审快结快执行;对50件民间借贷纠纷、租赁合同纠纷、装修合同纠纷,争取党委、政府重视及支持,做好各债权人思想工作,同时在审案中,极力促成调解撤诉,最大限度地将资产处理最大化,充分保护各债权人利益。

同年9月25日,该批系列案件全部调解结案,5万余元工资得到优先偿付,其他案件债权的执行到位率也达71%。

定海法院公正、高效的工作得到了原被告双方的赞扬,先后送锦旗表示感谢。宋存国说:“实施重大案件社会稳定风险评估机制以来,通过对重大案件的‘疑难杂症’进行会诊,对提高办案效果起到了很大的推动作用,真正做到案结事了。”

重大案件社会效果评估机制是舟山中院在2009年年初建立的一项司法工作创新机制,要求对法院处理结果可能对当地经济社会产生明显导向性作用或涉及重大利益分配的案件,群众反映强烈、可能引发群体性事件的案件等七类案件,在受理、审理、执行、信访的各个环节,对可能影响经济发展、社会稳定的各类因素按照相关程序进行综合分析并及时采取有效防范措施,防止因工作不当引发影响社会稳定的问题。

2009年2月以来,舟山法院共实施评估505件,其中,一般评估389件,重点评估116件;涉及民商事案件446件,行政案件45件,刑事案件14件。裁判后当事人上访的5件,仅占0.99%,没有一例进京上访。

上下齐心“长线”持有新区大局

今年7月7日,国务院新闻办宣布成立舟山群岛新区的场景至今留在舟山中院年轻法官王华伟的脑海里,他刚到此工作一年,“当时办公楼七楼的视频会议室里挤满了人,大家都来收看电视直播。”

王华伟籍贯山东泰安,他对舟山成为我国首个以海洋经济为主题的国家级新区感到十分兴奋，在此安营扎寨可大展宏图，“但也面临巨大压力。”

何鑑伟把这种新区带来的司法压力做了预测：“我举个最直观的例子，1993年上海浦东新区法院建立后，当年受理案件5315件，到去年全年受理案件数达7万余件。18年间，收案数足足增长了14.3倍。”他认为，随着舟山群岛新区经济快速发展，舟山法院的收案数量肯定会大幅上升。审判力量与审判任务的矛盾更加突出，司法能力与案件复杂程度的矛盾更加突出，司法权威与司法环境的矛盾更加突出。

在今年2月10日，舟山中院成立由何鑑伟为主持人的课题组，他们调研的范围比较宽泛：如何为舟山的海洋综合开发建设提供司法保障。当时，舟山已经在去年5月国务院批准的长三角规划中被定位为“海洋综合开发试验区”。

几个月以来，课题组紧锣密鼓，先后赴天津滨海、江苏连云港、上海浦东等法院考察，并深入各县区、相关职能部门、工商企业和重点项目开展了一系列调研活动，通过走访相关负责人、收集资料、座谈访谈、实地调查，对可能产生的涉法问题和法律需求进行了前瞻性、实证性研究。

“我们现在的任务不单单只是每年办好一万来件案件，要未雨绸缪，有更大的作为。”何鑑伟在各种场合多次提到。

不仅高层在为新区发展奔忙，大局意识已深入法官之心，每个案件处理中充分兼顾政治效果和社会效果，注重司法裁判的导向作用。今年6月在舟山法官中的一项问卷调查显示，91.2%的法官认为在重大案件评估工作中提高了自身大局意识。

舟山华泰石油有限公司是舟山市普陀区一家大型民营企业。2009年8月起，华泰公司因不能清偿到期债务，引发资金危机。公司法定代表人郑某出走国外，众多债权人向华泰公司索债，债务高达2.7亿元。对案件的处理直接关系着十多家企业的生产经营和社会的稳定，极易引发群体性事件。

普陀法院为此启动评估程序，第一时间对被告财产进行保全，及时登记债权并耐心做好债权人的法律解释工作，并向上级法院、地方党委进行专题汇报。舟山中院及时加强业务指导，对处理方案反复论证。当地党委政府也召开会议予以部署，配合法院做好安抚工作，最终争取华侨支持，促使法定代表人回国。

今年1月，普陀法院裁定受理破产重整后，采取优质资产重组的思路，鉴于其已取得石油储运项目的相关审批手续，具有相当的财产价值，引进两家战略投资者，以远远高于华泰实物财产的标准受让股权，获转让款2.15亿元。不仅使债权人利益最大化，而且重整后石油储运成为其强项，近期储油能力达到200万立方米，远期将扩展至500万立方米，为舟山海洋经济综合开发注入了新的活力,未发生影响稳定的群体性事件。

何鑑伟用一组实实在在的数据对评估机制在推进社会管理创新中发挥的作用做了一个有力注脚:“针对评估工作折射的普遍性问题,舟山法院开展相关调研 11 次,向党委政府发送《情况反映》、《要情专报》21 篇,其中党政主要领导做出专门批示 8 次,表示肯定和重视。就行政管理突出问题向公安、城建、教育、环保等部门发送司法建议 12 条。”

司法建议规范船企“外包工”

舟山中院在调研中敏锐意识到,新区建设首先离不开人力资源的聚集,但人才资源流动也可能促使劳动争议频发。

普陀法院在审理一起人身损害赔偿案件中发现,舟山船舶修造企业中“外包工”现象十分普遍。“普陀区有 9 家产值上亿的船企,用工方式基本上都是外包,一家船企看起来有上万的员工,但实际上有劳动合同关系的不足千人。外包企业的工人一旦在生产中发生较大安全事故,引起人身损害赔偿,外包企业的负责人由于所包工程的盈利都不足以赔偿损失,往往会采取卷铺盖走人的方法,使受伤工人得不到偿付,容易引起较大社会矛盾。”该院民一庭庭长何益光介绍,“虽然现在这类案件还不是很多,但可以预见,如果问题得不到有效解决,以后这类纠纷会越来越多。”

为此,普陀法院专门成立“关于船舶修造业涉及的劳动争议及劳务合同纠纷”调研课题组。在到人力资源部门、船舶行业主管部门走访了解后,课题组又选择沈家门本岛、六横、虾峙三个典型区域对规模船企实地走访、召开座谈会。

广泛调研后,课题组建议船企合理规划劳务用工结构,协力工、外包工、在册员工较合理的比例当为 3∶2∶1,参照深圳和上海模式,由政府主导配套建立欠薪保障基金制度,并充分发挥责任政府的行政职能,依法履行保护之责,特别要关注恶意欠薪行为犯罪化之后的执行问题,“经政府有关部门责令支付仍不支付”的构罪条件设置赋予了政府相关部门更高的执法义务。只有关注发生在船企中的欠薪行为,及时责令外包企业负责人支付该付的工资报酬,才能为启动对恶意欠薪者的刑事责任之追究程序创造条件。

同时,要畅通劳务工的利益表达渠道。健全劳务工的法律援助体系,需要有一支财政支持的精通法律又热心公益的队伍;健全集体合同制和工会制度,有效解决船舶行业中普遍不签订劳动合同的现象,提高劳务工的组织化程度;劳动仲裁部门和法院畅通司法救济,在法律适用时,尽量采取更有利于劳务工利益的诉讼程序，如在外包企业与劳务工未签订劳动合同时，尽量搜集证据确认劳动关系的存在，在举证责任的分配上，应让处于优势地位的外包企业承担更多的举证义务。

（原载 2011 年 12 月 26 日《人民法院报》）

第二章　和谐司法

促进平安建设　助推和谐社会

第一节 导 论

一、和谐司法的科学内涵

和谐已成为时代的主题。和谐司法是司法理念在新的社会历史条件下的新境界,要求以和谐精神指导司法制度发展、铸造司法人员灵魂、引领司法实践活动。在当今社会,和谐本身就是正义的要素和内容,和谐本身在一定程度上代表了正义。和谐司法不是善意的"劝架",与司法公正并不矛盾,相反以司法公正为重要衡量指标,只有实现司法公正,和谐司法才具有意义;也与司法高效不矛盾,高效是和谐司法的绩效保障,只有及时、便捷地履行司法职责,才能使和谐司法的目标真正落到实处。

(一)和谐司法是实现"良法善治"的本质要求

和谐司法有利于推动法治现代化由工具主义法律观向人本和谐法律观转换,真正实现"良法善治"。一是实现法本位观的转换,由国家本位转到社会本位、个人本位;二是实现法价值观的转换,由效率优先转到更加注重公平、正义;三是实现法伦理观的转换,由人类中心转到人与自然和谐共存;四是实现法秩序观的转换,由单纯追求稳定转到民主、自由和秩序的统一。[①] 以和谐精神指导法治实践就是把法的和谐精神体现贯彻到法治发展的各环节、各领域、各方面,在立法、执法和司法领域都要体现和贯彻和谐精神。

(二)和谐司法是彰显法的和谐价值的重要途径

和谐是法治的高级形态,彰显法的和谐精神、实现法的和谐价值。转型国家不仅面临着如何限制和制衡权力的问题,也面临着价值和秩序的重建问题。从法价值的位阶看,法的和谐价值是法的目的价值体系中的组成部分,同时又高于一般的法的价值,是法的元价值。[②] 和谐司法是整合司法公正、司法高效、司法权威的上位阶司法价值目标。

(三)和谐司法是中国特色社会主义法律体系的组成部分

中国特色社会主义法律体系是一个与时俱进的开放体系。它是在中国共产党领导下,立足中国实际,开创性地推进社会主义法制建设的结晶,也是以改

---

① 张友连:"构建和谐社会与法精神的转换",载《法制与社会发展》2004 年第 4 期。

② 魏和军:"法的和谐价值与法价值体系的重构",载《经济与法》2012 年第 2 期。

革开放精神和世界眼光,借鉴世界各国法制建设有益经验的成果。[①] 法律体系的开放性要求审判理念的兼容性:(1)承认法律价值和社会价值的张力存在,重视裁判的社会认同。尊重司法国情和个案的具体实际,灵活作出具有最佳社会效果的裁判,以获得涉案当事人信服与社会认同,逐步树立人们对司法的信任,铸造民众的尚法理念。(2)构建多元解纷方式。社会矛盾纠纷产生的原因和类型是复杂多样的,法院积极推进多元纠纷化解机制,采取和解、调解、协调等多种方法预防化解矛盾纠纷,既符合能动司法的要求,又发挥了综合治理机制的优势。

二、浙江法院和谐司法的实践与发展

(一)创新和简化程序,为当事人提供更多的程序选择,使纠纷以便捷、经济、和谐的方式解决

各地法院积极推进审判改革和规范化建设,注重在诉讼内寻求和构建协商性程序,以发现和促进诉讼和谐,尽可能以裁判外的方式解决纠纷,既实现了案结事了,又有效缓解了“案多人少”矛盾。

加强立案信访窗口标准化、规范化建设,努力打造一站式诉讼服务中心和纠纷分流平台。目前,全省法院都建立了集诉讼引导、立案审查、立案调解、救助服务、查询咨询、材料收转、费用收结退、判后答疑、信访接待等功能于一体的立案信访接待大厅,极大地方便了群众到法院诉讼办事。如宁波市鄞州区法院的“诉讼服务中心”,设置了15个开放式窗口,除原有的立案、缴费、信访接待、导诉、判后答疑和人民调解等窗口外,新增案件进展查询、诉讼材料转递、约见法官、法律咨询、立案调解、财产保全担保、法律志愿者等窗口,[②]以及其他便民服务职能。

扩大简易程序的适用范围。2008年以来,全省法院近80%的一审民事案件是适用简易程序审结的,充分发挥其快捷、经济、高效的纠纷解决功能。为合理配置司法资源,实现案件繁简分流,很多基层法院设立了专门的简易法庭或者简易审判组,使大量纠纷得以通过“快速道”解决。如义乌市法院设立了民事

---

① 薛剑祥:“中国特色社会主义法律体系的形成与审判理念的多维度展开”,载《法律适用》2012年第4期。

② 该院与宁波大学、万里学院等当地高校建立联系,鼓励有兴趣参与法律志愿服务的学生,以及来院实习大学生报名担任法律志愿者,由政治处进行面试甄选,符合条件者加入该院的“法律志愿者人才库”。每天安排2名在校大学生担任法律志愿者在法律志愿者服务窗口为群众提供诉讼服务,缓解了法院工作压力,受到群众一致好评。

简易一庭、二庭专门负责审理民事简易案件，并制定《适用简易程序审理民事案件的实施细则》。民事简易一庭、二庭的结案数，占该院民商事结案总数的60%以上。

推行速裁机制，便于小额诉讼当事人接近和利用司法。积极推进小额诉讼一审终裁试点工作，速裁案件平均审理天数仅5.4天。许多基层法院在简易程序的基础上，进一步简化程序，试行民商事案件速裁机制，大大缩短审判用时，审判效率明显提高。如杭州市萧山区法院自2007年3月开始试行速裁制度以来，速裁中心法官人均年结案500余件，平均结案时间22天，当庭宣判率达90%，一次庭审成功率达97.4%，速裁案件调撤率近60%。又如杭州市上城区法院自2005年开始推行民事速裁机制，以不到全院1/3的民商事审判力量，办结了近一半的民商事案件，速裁法官年结案数最高为363件，平均结案周期仅为27天，案件调解撤诉率达70%以上，上诉率仅为4.3%。有的法院探索建立功能相对独立的民事庭前程序，固定争点、简化诉讼、促进和解，以解决因“一步到庭”改革所带来的庭审层次不清、重点不明、争点难以形成、反复开庭次数多、容易错失调解时机等问题。

加强人民法庭、专业法庭、巡回法庭建设。全省共设有人民法庭222个，不少法院为了更好地实现司法目的，及时有效地解决纠纷，积极尝试审判组织改革，成立了交通、劳动、工商、消费等专门审判组织或巡回法庭，对行业性、类型性纠纷进行快速、集中、专业化调处，并加强与相关主管部门和行业协会的工作衔接，实现办案法律效果与社会效果的有机统一。目前，全省法院共设立交通事故、消费者权益、劳动争议等专业法庭或者巡回法庭78个。不少基层法院和人民法庭在案件较多或交通不便的山区、农村和海岛设立了“巡回审判站（点）”，共333个，就地化解了大量纠纷，既方便了群众诉讼，减少诉累，又达到了“调解一案、教育一片”的目的，从源头上减少纠纷。

试行“示范诉讼”，发挥个案处理在化解群体性纠纷中的示范效应。为应对当前群体性纠纷不断增多、纠纷矛盾叠加交错的现实，有的法院借鉴域外经验，试行“示范诉讼”，引导群体纠纷的当事人通过自行协商，选取部分当事人先行诉讼，待个案解决后再以该处理结果作为其他当事人寻求救济或者自行和解的基准。“示范诉讼”突出了个案处理结果的示范效应，使得一个诉讼可以为众多同类纠纷的当事人提供指引，进而实现了群体诉讼逐案、平和地解决，使人民调解、仲裁等非诉讼方式解决纠纷的可能性大大提高，同时有效避免因纠纷处理顾此失彼或措施不当而导致纠纷激化升级的风险。如玉环县法院在审理某村民与某房地产开发公司、某村委会的财产损害赔偿纠纷案时，其他情况类似的村民闻讯也纷纷欲起诉。经玉环县法院建议,这些村民最后均选择暂不起诉,而等待已受理案件审结后,再将该处理结果作为处理自己纠纷的参照依据,最后通过个案处理实现了群体纠纷的妥善解决。又如该院在审理某企业拖欠517名职工劳动工资、经济补偿金案时,也采取以其中若干典型纠纷作为示范进行审理,最后促成其他案件均根据示范判决调解解决。

落实“调解优先、调判结合”原则,及时、有效化解纠纷的功能。2011年,全省法院一审民商事案件调解撤诉率达70.3%,同比上升2.08个百分点,民事调解案件自动履行率为74.85%,同比上升2.69个百分点。调解和撤诉已成为处理民商事案件的主要结案方式。全省法院落实“调解优先,调判结合”的原则,以“定分止争、案结事了”为目标,将诉讼调解贯穿于民商事诉讼立案、审判、执行的各个环节,同时拓宽调解网络,加强与相关部门、社会组织联动,构建社会化调解机制,促进纠纷及时、有效地化解。有的法院实行调解人员与审判人员适度分离,提高调解效率和专门化程度,例如,宁波市鄞州区法院设立“交通事故损害赔偿案件调解小组”,调解率自2006年以来一直维持在90%左右的较高水平;杭州市西湖区法院立案庭成立“调解速裁组”,副庭长陈辽敏近三年来共办结民商事案件2041件,调解撤诉率为87.48%,息诉服判率100%;海盐县法院成立诉前调解办公室、消费者权益争议调解中心、交通事故损害赔偿调解室,全院民商事案件的调解撤诉率在80%以上,案件的服判息诉率高达98%。有的法院设立了法官调解工作室,如杭州市江干区法院“朱学军法官调解工作室”①、湖州市吴兴区法院“沈金汝调解工作室”、杭州市西湖区法院“陈辽敏网上调解工作室”②,充分发挥部分法官调解专长,化解了大量纠纷。

各地法院还加大刑事附带民事案件的调解力度,探索行政诉讼的协调、和解制度,推行执行中的和解,不断扩大调解的适用范围。2011年8月,为进一步促进法院与检察院办理民事行政申诉抗诉案件中的良性互动,妥善化解民事行

---

① 2011年5月,江干法院开通“朱学军法官调解工作室”微博,加强与网民的互动交流。截至8月中旬,共发布微博562条,吸引粉丝1896人次,收到评论4705条,注重在线引导,强化诉调衔接。对在线咨询有关矛盾纠纷处理的,及时提供法律意见,并引导至法官调解工作室妥善调处。工作室通过微博成功引导调处纠纷89件,将矛盾纠纷化解在萌芽状态。微博与该院外网、QQ在线平台、调解工作室网站及博客同步更新,实现资源共享。如该院审理的一起抚养费纠纷案件,通过微博对外发布“江干法院在线服务”QQ账号,实时在线直播庭审并解答网友提问,取得良好社会效果。

② 为充分利用科技手段,更好地践行司法为民,同时进一步发挥先进人物的辐射示范作用,2011年9月29日,西湖法院成立了全国模范法官陈辽敏网上调解工作室(网址:www.xfclm.com),职能包括案件查询、预约开庭、在线调解、诉讼指南、法律咨询等,在线调解功能使当事人可以在法官的主持下通过互联网参与调解,大大方便了当事人诉讼。

政纠纷，省高院会同省检察院出台《关于民事行政申诉抗诉案件纠纷化解工作的若干意见》，明确建立法、检联席会议和敏感案件信息定期沟通机制，定期或即时通报敏感案件信息，并对当事人人数众多的共同诉讼、集团诉讼或者其他涉及群体利益、事实难以查清、当事人讼争标的属于历史遗留问题等9类案件，法、检两家要合力调处，重点化解。2008年6月17日，浙江高院下发《关于加强和规范行政诉讼协调工作的指导意见》，要求全省法院充分发挥行政审判预防化解行政争议的司法职能，积极探索行政争议解决新机制。近三年来，全省法院审理的一审行政案件中35%左右经法院协调后和解、撤诉，九成半的行政争议得到实质性化解，切实保护公民、法人和其他组织的合法权益，维护和支持行政机关依法行使行政职权。2008年，浙江环宇建设集团以浙江华芯半导体公司拖欠工程款为由，向绍兴中院提起诉讼，同时申请查封华芯公司位于绍兴袍江工业区面积21万余平方米的土地使用权。案件审理期间，因袍江工业区规划调整，需对涉案土地实施拆迁，经绍兴市政府批准，绍兴市国土局收回了上述地块的土地使用权。后绍兴中院依法判决由华芯公司支付环宇集团工程款等共计人民币12166余万元，但因涉案土地使用权已收回，无法进行拍卖。环宇集团遂向法院提起行政诉讼，请求撤销绍兴市政府、市国土局收回土地使用权的具体行政行为。绍兴中院一审裁定驳回起诉，环宇集团不服，向浙江高院提起上诉。浙江高院行政庭受理该案后，为彻底化解矛盾纠纷，承办法官多次到当地做各方当事人的协调工作，在绍兴中院的协助下，最终促成环宇集团与两被上诉人及绍兴袍江经济技术开发区管委会达成四方协议，约定由开发区管委会以1800万元受让环宇集团享有的对华芯公司的债权。后环宇集团领取了首期900万元款项，至此，该起纠纷得以妥善化解，这也是行政诉讼法实施20余年来，我省行政诉讼协调结案中给付货币金额最高的案件。为进一步健全行政诉讼与非诉讼的衔接机制，共同推进行政争议的实质性化解，东阳法院会同市政府出台《东阳市行政争议诉前协调工作办法》。主要内容：一是明确分工职责。行政争议诉前协调工作由政府法制办组织，法院立案庭负责诉前协调立案预登记，行政庭负责引导和征求当事人是否同意诉前协调、提出协调方案、审查和解协议等工作。二是确立协调原则。明确诉前协调应当遵循自愿、合法、公正原则，不得强迫当事人同意协调。三是明确协调范围。群体性行政争议、被诉行政行为涉及当事人重大民生权益等七类行政争议可以诉前协调。四是明确协调程序。当事人同意诉前协调的，由法制办组织协调会；协调期间当事人拒绝的，终止诉前协调程序；达成和解协议的，法院可按撤诉处理，未能达成和解协议的，应依法立案。五是明确保障机制。行政首长应当参与诉前协调，法院在协调过程中发现行政机关履职存在的问题的,应及时向相关部门发出司法建议并抄送市政府,由市政府督促纠正和改进。法院定期向市政府通报诉前协调的基本情况、效果、存在的问题及改进建议。

充分发挥人民陪审员的作用。2011 年,全省法院人民陪审员参加审理的一审案件 88193 件,同比上升 23.29 %,占一审普通程序案件的 77.54 %,高出上年同期 15.16 个百分点,远高于全国平均值。其中,参审刑事案件 19002 件,上升 12.15%;参审民商事案件 38482 件,上升 34.4%;参审行政案件 1334 件,上升 2.69%。各地法院还积极探索有效发挥人民陪审员作用的工作机制,如宁波市北仑区法院自 2005 年 7 月开始探索人民陪审员参与法院执行工作,对破解“执行难”起到了积极作用,受到了社会各界的好评。该经验被中央政法委《调研报告》摘登推广。又如杭州市西湖区法院从高等院校、医疗卫生等部门选聘 15 名专家为该院专业知识型人民陪审员,其中博士 4 名,硕士 4 名,专业涉及医学、机械学、涉外经济、国际贸易、经济管理、会计、工业与民用建筑等。专业知识型人民陪审员参与审理涉及医疗、建筑、金融等专业知识的案件,实现了“专家陪审员”与“专业法官”的强强联手。还如,安吉县法院建立人民陪审员驻庭工作机制,任命驻庭人民陪审员为人民调解员,成为法院定分止争、息诉维稳的有生力量,有效缓解案多人少矛盾,促进矛盾纠纷及时化解,在 2012 年上半年收案同比上升 58.3% 的压力下,结案同比上升 35.8%,实现了收结案同步大幅提升的良性循环态势。

通过采取上述措施,全省法院在民商事案件收案大幅上升、案多人少矛盾日益加剧的情况下,仍保持了高结案率、低上诉率、低改判发回率的良好态势。其中,上诉率为 6.64%,低于全国平均数 5 个百分点;二审改判发回瑕疵率为 6.93%;全省法院信访总量同比下降 2.69%,进京越级访同比下降 40.9%,一审收案总数与进京上访案件数之比为 524:1,明显优于全国法院的平均数 231:1。

(二)落实宽严相济刑事政策,注重办案的法律效果和社会效果的有机统一

近年来,浙江法院刑事审判在惩罚犯罪、预防犯罪的同时,注重加强保障人权,根据个案的具体情形和被告人罪行的具体情况,宽严并举,当严则严,该宽则宽,做到罚当其罪,罪刑相适应。同时,认真做好民事赔偿工作,积极进行司法救助,充分保障被害人及其亲属的权益。

一是在死刑的适用上,坚持“少杀慎杀”政策,严格控制死刑的适用,对于因为民间纠纷引发的案件、被害人有明显过错的案件和被告人有法定从轻情节的案件等,原则上不判死刑;同时对于罪行极其严重、社会危害极大的犯罪分子,坚决判处死刑。近年来判处死刑的人数比较平稳,波动幅度很小,被最高人民法院核准率较高。

二是注重协调平衡利益，强调不轻易动用刑律。对因征地、征收、环保等维权事件引发的群体性过激行为，坚持严格依法办案，凡是能够通过行政、纪律、经济、治安等行政手段解决的，建议相关部门不要轻易启动刑事程序，尽可能减少社会对立面。依法予以纠正不当动用刑律的申诉案件，引导下级法院严格执行宽严相济的刑事政策。

三是积极应对各类犯罪出现的新情况、新问题，维护经济发展和公共安全。针对集资诈骗犯罪突出，浙江高院于 2008 年、2011 年会同省检察院、省公安厅先后出台两个《关于当前办理集资诈骗类刑事案件适用法律问题的会议纪要》，对非法集资"公开性"、"社会性"、"非法占有目的"等难点问题进行了明确，适当控制非法集资类犯罪打击面，有力维护了经济发展秩序，收到较好的法律效果和社会效果。针对危害食品、药品安全犯罪突出、人民群众反映强烈的情况，浙江高院会同省检察院、省公安厅出台了《关于办理危害食品、药品安全犯罪案件适用法律若干问题的会议纪要》，明确打击重点，对"地沟油"、"问题胶囊"案件的处理作出专门规定，对《刑法》中危害食品、药品安全犯罪中的"有其他严重情节"和"有其他特别严重情节"予以细化，构筑食品、药品安全的司法防线，让民众能够放心食用食品和使用药品。针对《刑法修正案（八）》实施后"醉驾"案件增长迅猛，浙江高院会同省检察院、省公安厅出台了《关于办理"醉驾"犯罪案件若干问题的会议纪要》，在立案标准、强制措施、事实认定、诉讼程序及非监禁刑的适用等方面进行规范，统一执法尺度，落实宽严相济的刑事政策。

（三）推动法治化解决涉诉上访难题

处理好保护诉权与制止滥诉的关系，将立案环节作为重大敏感案事件防控的重要节点，坚持把好关。改进接待作风，以"不忽悠、不回避、不迁就、不姑息"的坦诚态度，加大初访疏导化解和申诉驳回案件"每案必谈"的力度。重视落实"五项制度"，以减少重复访和越级访为着力点，做好涉诉信访案件终结的规范层报工作，坚决防止影响社会大局稳定的重大涉诉信访问题的发生。抓好立案窗口规范化建设和文明窗口创建活动，完善接访制度，规范接访秩序，满足来访群众的接待需求，对敏感、涉群体等信访隐患比较突出的案件，及时提示审判、执行部门关注。加强判后答疑和民事再审审查工作，有效发挥审判监督功能，使案件错误及瑕疵能尽可能多和早的得到纠正和弥补，从源头上控制信访的增加。以修改后《民事诉讼法》关于申诉信访"法院救济先行、检察监督断后"的立法设计和中央将作出有关重大调整为契机，倡导信访工作法治化的新要求，为把涉诉纠纷终结在司法程序之内创造条件。

第二节 实践经验

构建“防、查、化、终”工作机制有效化解涉诉信访

浙江省高级人民法院

近年来,浙江法院积极探索妥善化解涉诉信访之道,逐步建立起“防、查、化、终”的工作机制。“防”,是指加强源头治理,从源头上预防和减少和涉诉信访,主要包括诉调衔接、立案把关、风险评估等工作机制。“查”,是指畅通申诉渠道,穷尽诉讼程序,将申诉信访纳入诉讼轨道。“化”,是指做好矛盾化解工作,通过判后答疑把矛盾纠纷化解在初始阶段,通过中层领导接访提高处理纠纷的能力和水平,通过院领导约访包案示范化解工作力度,通过司法救助解决涉诉信访人的民生困难。“终”,是指建立信访终结制度,通过最高法院审查终结、省委政法委无理访甄别终结以及浙江省高院终结报备三种终结机制,疏通案件出口,维护信访秩序。

一、防——加强源头防范

(一)诉调衔接

浙江法院诉调衔接工作的主要做法是:一是以法院立案接待大厅为平台的纠纷分流机制。二是以相关行业为纽带的纠纷联动化解机制。各地法院积极与行业性组织加强对接,推动建立多形式、多渠道、多领域的纠纷联动化解机制。三是以司法确认为保障的人民调解权威形成机制。浙江高院及时出台《人民调解协议司法确认实施意见》,通过规范确认程序,依法赋予人民调解协议以强制执行力。四是以法院为主导的人民调解业务指导机制。各地法院努力克服案多人少矛盾,切实担负起对人民调解的培训指导职责,通过定向联络、定期上辅导课、观摩庭审、以会代训等形式,有效提升人民调解员的调解能力。

(二)立案把关

首先,明确立案工作的指导思想和基本理念。其次,建立重大疑难敏感案

件受理协调机制。对土地征用、房屋征收、企业改制等重大敏感疑难案件，既不能简单受理，也不能一推了之。最后，对民事申请再审案件立案进行适度把关。民事申请再审案件的立案是一个比较敏感的问题。通过近几年的实践，浙江高院遵循“严格形式审查、适度实质把关”工作原则，探索出一套行之有效的立案标准，实现了数量稳中有降、工作有序可控的目标。

（三）风险评估

建立案件信访评估预防机制最根本的要求就是要在立案、审判和执行阶段给来信来访的当事人以有效地回应，识别——预防——回应——化解是解决涉诉信访问题的锁链，做好每一个环节才能从源头上降低涉诉信访的数量。浙江部分法院如舟山中院、宁波中院、温州中院、杭州市下城区法院都较早开展了案件风险评估工作。最高人民法院《关于开展案件信访评估预防工作的若干意见》下发后，浙江高院收集了先期已推行类似机制的河南高院、舟山中院、温州中院的文件资料，在充分调研的基础上起草了《浙江省高级人民法院案件风险评估预防工作实施细则（试行）》。该细则共 19 条，正文 2800 字，另附“案件信访等级评估抄告表”和“案件信访等级评估预防情况表”2 个附件。比较突出的特点：一是列举了如何确定信访等级的具体情形，二是明确了立案、审理等环节各自的评估预防工作的职责内容，三是将评估预防工作纳入审判流程系统和质效评估体系。目前该细则正处于最后的审议阶段。

二、查——穷尽诉讼程序

对申诉类信访的处理机制是涉诉信访工作机制的主要内容，也是决定涉诉信访工作局面的关键一环。然而，这个问题一直处于两难的境地：一方面申诉是宪法和诉讼法赋予当事人的权利，不能剥夺；另一方面申诉过滥严重冲击生效裁判的既判力和司法权威。

（一）民事申请再审

从浙江高院的数据来看，由于民事申请再审的立案审查以形式审查为主，2009 年以来浙江高院每年办理的民事申请再审案件都在 1500 件以上，但经过审理裁定驳回再审申请的接近 90%。这是否意味着会有大量的案件继续申诉信访呢？数据表明，2009 年、2010 年经浙江高院裁定驳回民事申请再审后，当事人继续上访的只有 328 件。因此，民事复查程序可以让 91% 的当事人不再申诉信访，可见民事复查程序对民事类涉诉信访案件的过滤作用是明显的。

（二）刑事行政案件申诉

刑事案件和行政案件的申诉，各级法院历年来都采取相对较严的立案把关政策。除了领导机关交办的案件外，对当事人直接来法院申诉信访的，在程序上，要求先经过原生效法院复查驳回；在实体上，要求经过立案信访窗口接谈或来信审查认为案件确实存在疑点。在2010年开展的清积活动期间，浙江高院对信访多年的刑事和行政申诉案件进行集中复查：2010年1月至2011年4月浙江高院共审结刑事申诉案件109件，截至2011年7月31日，当事人未再来访的案件达84件，仍然来访的案件数量为25件46次，息诉率为80%。2010年1月份至2011年4月份浙江高院共审结行政申诉案件78件，截至2011年7月31日，当事人未再来访的案件62件，仍然来访的案件为16件27次，息诉率为80%。上述数据表明，对申诉类信访靠谈、劝、拖，而不作正式复查的做法，不仅与法律赋予当事人的申诉权利相冲突，事实上也无法消除信访数量，只有畅通申诉复查渠道，才能够依法充分保障当事人的申诉权，事实上也能够消减绝大多数的重复信访。

三、化——化解工作到位

（一）判后答疑

浙江高院于2007年5月出台了《关于判后答疑的若干规定》（2010年做了部分修改完善），在全省三级法院正式建立判后答疑制度。当事人来访中对裁判事项提出异议、疑问的，各级法院及时安排原承办法官、审判长或庭长进行答疑，有针对性地向当事人解释、说明裁判有关程序适用、证据采信、事实认定及法律适用等问题，以消除当事人的疑问。

（二）中层接待

浙江高院自2009年开始正式实施中层接访制度，每天由2名中层副职到窗口轮值接待，每名中层副职轮值1个月。中层轮值排期表在立案接待大厅公开，由上访人自主选择业务对口、时间合适的中层干部约期来访，避免盲目重复来访。目前，全省各级法院普遍建立了中层轮值接访工作机制，把中层干部接待群众来访作为综合考核评价的重要内容，考核结果要作为干部使用的重要依据。同时浙江高院注重发挥中层接访的实际效用，在2010年新大厅搬迁、硬件彻底改进的基础上，进一步明确了中层接访的案件范围，合理安排接访数量，楼下普通接谈，楼上中层“专家门诊”，减少数量、提高质量，真正发挥中层的案件研判能力和息诉工作能力。

（三）领导包案

浙江高院建立院领导定期接访、约访制度，建立院领导班子成员周值班制度，窗口接访人员认为接访事项重大疑难，或可能引发群体性纠纷和社会连锁反应,或需跨部门沟通协调的,可以报请值班的院领导予以接待。各中级和基层法院均有类似的工作机制。实行院领导接访工作和对信访老案包案化解的常态化,对于摸排出来的案情复杂、久拖未决的疑难信访问题,及时纳入领导包案化解工作计划。

(四)司法救助

浙江各级法院本着以人为本的工作理念,一方面,以刑附民案件赔偿不到位的被害人、生活面临特殊困难的上访群众为救助重点,在审理、执行、申诉信访等各个阶段全面开展司法救助工作。另一方面,在救助过程中严格掌握司法救助资金的适用对象、标准和审批程序,避免随意降低标准来满足当事人的不合理要求,防止上访人利用司法救助手段从中渔利现象的发生,真正发挥司法救助资金在化解涉诉信访案件中的作用。

四、终——疏通案件出口

涉诉信访工作必须找到终结办法,找到出口通道,否则让人看不到希望。经过多年努力,浙江法院的涉诉信访案件终结工作,已形成"最高院审查终结、省委政法委无理访甄别终结、浙江省高院终结报最高院备案"三套案件终结机制。

(一)最高法院审查终结

信访人对下级法院生效裁判,经逐级审查直至向最高人民法院提出申诉或申请再审,经最高人民法院审理或审查作出裁判或审查结论的,案件予以终结。

(二)无理访甄别

浙江高院专门成立了无理访甄别工作领导小组,研究制定了《涉诉无理访案件甄别工作细则》,对无理访甄别流程做了完整细致的规定。按照"基层法院申报——当地政法委评查——中级法院听证——高级法院审核——省委政法委认定"的甄别流程。对于已经认定为无理访的案件,省委政法委将名单上报中政委备案,并通报省人大、省信访局等部门,此后不再登记、不再交办,稳控责任移交当地政府。无理访人员违法上访的,按照省公检法三家联合下发的处置办法依法予以惩戒打击。

(三)浙江高院终结报备

2010 年年底,最高法院出台了《人民法院涉诉信访案件终结办法》及相应的备案工作细则。浙江高院于 2011 年 6 月出台了《涉诉信访案件终结工作实施细则》。按照"中级法院申报—浙江省高院审核—向最高院报请备案—向信访人告知终结结论"的流程,对终结报备工作提出了如下要求:(1)中院要申报信访终结,前提是案件已经经过中院、高院两级复查维持;(2)中院在申报过程中,要确定承办人充分掌握上访人的基本情况、案件的处理过程、裁判结果以及已做的化解工作、已采取的稳控措施和效果,提出申报报告,经合议庭及审委会或相关领导小组讨论通过后才能作出申报决定;(3)浙江省高院的审核工作由对该案作出最后审理或复查结论的部门进行,承办人审核认为符合终结条件的,应制作报告,提出报备终结建议,认为不符合终结条件的,应提出明确的后续工作方案,审核报告经合议庭讨论后报领导小组决定。

司法调解新路径：设立朱学军法官调解工作室

杭州市江干区人民法院

2009年3月，杭州市江干区人民法院在全省率先成立了以法官个人名字命名的“朱学军法官调解工作室”，组建由法官、法官助理、书记员以及人民陪审员、人民调解员加盟的工作团队，积极开展诉前、诉中调解和指导人民调解工作，在化解社会矛盾、促进社会管理创新方面取得了良好的成效。最高人民法院院长王胜俊充分肯定调解工作室的工作，认为很有启发意义，很有新意，体现了为民理念、和谐理念、创新理念，是与法院工作实际结合、创新社会管理的积极探索、有效做法。

一、激发活力，创新法官服务社会管理的角色

为了激励法官立足审判岗位创业创新，积极投身服务社会管理的新实践，该院于2009年为法官朱学军量身定做了调解工作室，并以其姓名命名。朱学军系该院预备审判庭副庭长，擅长7种方言，善于做群众工作，是杭州法院公认的调解能手。工作室的成立，促进了法官个人特长与司法资源的有机结合，极大地激发了法官的主观能动性与社会责任感。经过两年多的运作，工作室共调处民商事纠纷1910件，指导基层人民调解组织调处纠纷422件，接待调解咨询5248人次，影响力越来越大。为积极回应群众需求，朱学军还主动承担了更多社会服务管理工作：开通个人博客开展“网上调解”、网上答疑；担任电视调解员“和事佬”，开展“电视调解”；担任“浙江在线”网站爱心维权专家，当好普法宣传员；担任社区调解指导员，利用业余时间深入社区开展“社区调解”；带教香港大学生和见习法官，成为法官示范点的指导老师。在朱学军的引领下，工作室全体法官既当矛盾纠纷的调解员，又当社会事务的管理者；既当推行法治的司法工作者，又当深入群众、服务群众的群众工作者；既当职业法律人，又当服务大众的社会人，赢得了人民群众的广泛好评。

二、打造平台，创新法官服务社会管理的模式

调解工作室通过打造“五位一体”平台，积极探索法官服务社会管理创新的有效模式。一是诉调衔接工作平台。积极融合人民调解员、人民陪审员等社会

力量参与调解工作,使调解工作的法律基础、社会基础、群众基础更为扎实,大大提升了调解工作的公信力、执行力。二是司法延伸服务平台。工作室通过设置联络站开辟覆盖辖区49个社区的服务网络,深入社区,直面群众开展调解工作,尽最大努力把矛盾纠纷化解在群众的家门口、化解在萌芽状态,既减轻了群众的诉累,又减少了进入诉讼程序的案件,缓解了法院案多人少矛盾。三是指导人民调解工作平台。工作室不仅手把手指导驻法院的人民调解员开展诉前调解,还通过“公众开放日”、“法官服务进社区”、请进法院观摩调解、走出去开展集中培训等形式,帮助基层人民调解员掌握调解技巧、提高调解水平,更好地化解社会矛盾。四是普法释法宣传平台。工作室积极通过电视、网络、报刊、社区内网等传媒,广泛报道典型调解案例,使群众在潜移默化中接受法制教育,增强法律意识,同时也在群众中树立了人民法院和人民法官可亲、可敬的良好形象。《法制日报》、《人民法院报》、《浙江日报》、《浙江法制报》等对工作室作了100余次报道。五是年轻法官带教平台。工作室的法官既当法官又当老师,贴身带教年轻法官,认真做好“传帮带”,有效提高了年轻法官的调解技能和群众工作能力,创新了法官教育管理模式。工作室已成为杭州法院“年轻法官带教示范点”。

三、用足手段,创新法官服务社会管理的方法

工作室在运用法治手段化解社会矛盾的同时,积极运用人文的、文化的、科技的、传媒的手段拓展法官服务社会管理的方法。一是人文关怀。为了烘托调解工作室的氛围,该院将调解工作室设置为浅红暖色调的环境,中间摆放“T型圆角调解台”,便于当事人平等对话、温和倾诉、感知尊重。调解台形似钥匙,寓意打开心结,调解台设置的宽度为适合当事人双方握手言和的距离,加上布艺凳子,绿色植物和饮水机摆放其中,营造如家般温馨、和谐、舒适的环境,彰显司法亲民的人文关怀。二是文化引领。弘扬中华和文化,传播和谐理念,提出“调和、调顺、解忧、解难”调解的八字宗旨,推出《百字调和歌》和调解《心语》,张贴在工作室墙上给当事人以启发,用心劝导;提炼“入门”、“入耳”、“入心”、“入脑”、“入魂”的“五入”调解法,助推调解工作。三是科技助力。用好科技手段开展便民调解,在杭州网开通朱学军博客,作为“网上调解工作室”,剖析典型案例,开展网上咨询。积极参加“浙江在线”在线访谈,了解群众司法需求。2012年5月,工作室还开通了微博,加强与网民的互动交流。四是传媒引导。加强舆论引导,营造社会尊重法治、崇尚和谐的氛围。2010年1月,朱学军受聘担任杭州电视台首位电视调解员“和事佬”,在业余开展电视调解工作,调解过程被明珠频道制成170余期节目播出,深受群众欢迎。朱学军被评选为杭州市首届“十大金牌和事佬”。

坚持和发展“枫桥经验”

诸暨市人民法院

一直以来，诸暨市人民法院坚持和发展“枫桥经验”，①积极探索，勇于创新，运用群众能接受、可信服的方法，化解社会矛盾，取得了良好成效。

一、诸暨法院坚持和发展“枫桥经验”的实践

当前，社会利益冲突加剧，社会矛盾日渐多发，司法机关作为调处矛盾纠纷的职能部门，必须立足我国国情，注重法治的本土化、人性化，注重与基层组织和人民群众的联系配合。作为身处“枫桥经验”发祥地的诸暨法院，始终坚持群众工作理念，在执法办案中积极依靠群众，依赖基层，运用群众能接受的方式、可信服的方法破解司法难题，推动社会矛盾的有效化解。自2008年起，诸暨法院在充分调研的基础上，全面推行“枫桥式”矛盾纠纷多元解决机制，充分借助各类基层人民调解组织机构全、人员齐、保障好、触角广的优势，全力推动纠纷在诉前环节得到有效化解，预防和缓解矛盾纠纷的进一步扩大。主要做法有：

一是面上指导调解高效开展。目前，诸暨市共有各类调解组织839家、调解员3522名、矛盾纠纷信息员3299名。诸暨法院充分依托这一资源优势，进一步完善“四环指导法”②等机制方法，指派27名审判业务骨干担任人民调解指导员，分别联系全市27个乡镇（街道），在诉前、诉中、诉后环节全面发挥指导人民调解工作的职能作用，促进人民调解工作的规范化、法治化，提升人民调解组织化解矛盾的高效性、权威性。2008～2010年，全市依托人民调解组织化解的矛盾纠纷分别达5391件、5130件、5627件，其中各有5216件、4939件、5405件得以成功化解（见图一）。

---

① 20世纪60年代，浙江省诸暨枫桥的干部群众在社会主义教育运动中创造了“发动和依靠群众，坚持矛盾不上交，就地解决，实现捕人少、治安好”的“枫桥经验”，毛泽东同志非常重视，于1963年11月20日批示“要各地仿效，经过试点，推广去做”。“枫桥经验”从此成为全国政法战线的一面旗帜。

② 指诉前环节普遍指导、诉时环节跟踪指导、诉中环节个别指导、诉后环节案例指导，是2003年诸暨法院在开展指导人民调解工作实践中摸索出来的经验和方法，得到了时任浙江高院院长张启楣的批示肯定。

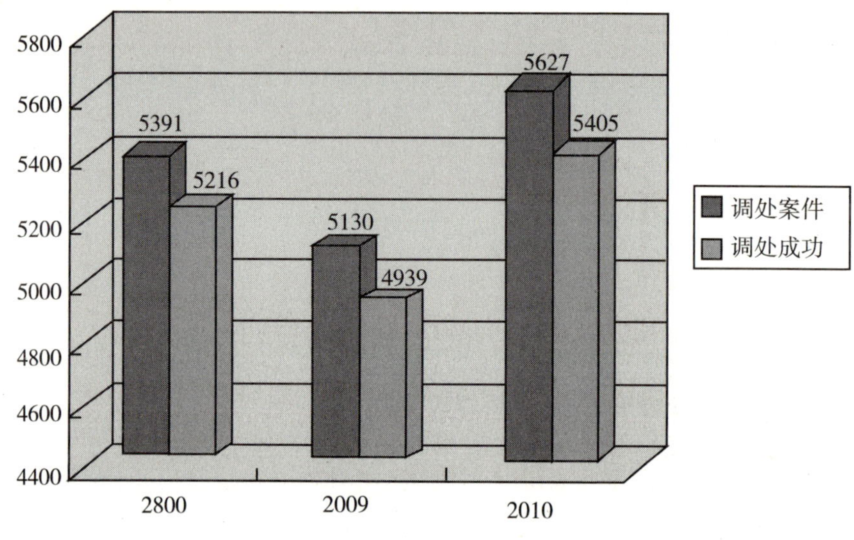

图一　人民调解组织化解矛盾纠纷情况

二是线上专业调解有序推进。诸暨法院先后与市政府法制办、国土资源局、环保局等部门建立协调化解行政纠纷机制,妥善化解行政争议;与劳动人力资源和社会保障局、总工会建立劳动争议纠纷联动调解机制,妥善化解各类劳资纠纷;与司法局建立简易纠纷联合调解机制,实现机构共建、人员互派、经费保障、效力对接;与卫生局建立医疗纠纷协调机制,妥善化解医患矛盾纠纷;与公安局建立调处交通事故纠纷的巡回审判法庭等。另外,还先后配合有关部门组建了联合人民调解、医疗纠纷、维护妇女儿童权益、劳动争议、维护消费者权益、交通事故等六大专业化社会调解机构,全力推进纠纷的快调、多调,实现专业调解的制度化、流程化、规范化(见图二)。

三是点上多元调解全面铺开。2008 年在法院立案大厅设立联合人民调解委员会(见图三);2010 年在全市 5 个基层人民法庭建立联合调解分中心,吸纳退休的老法官、老司法所长等担任调解员,开展诉前调解工作;加强立案时的劝导、释法、说理工作,开展立案调解;配合 16 个公安派出所建立的治安纠纷调解中心及老年协会、妇女协会等组织开展纠纷调解,着力完善诉调对接、诉警对接等机制,促进人民调解、行政调解、司法调解衔接联动。

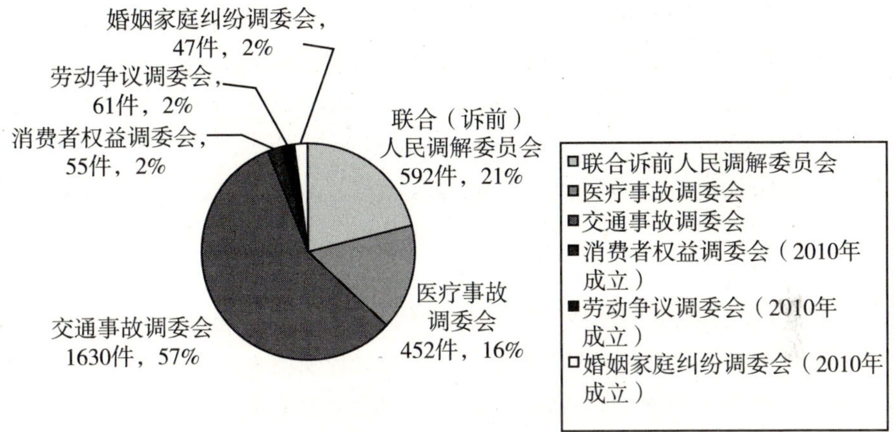

图二　2008－2010年专业调解机构调解成功案件数

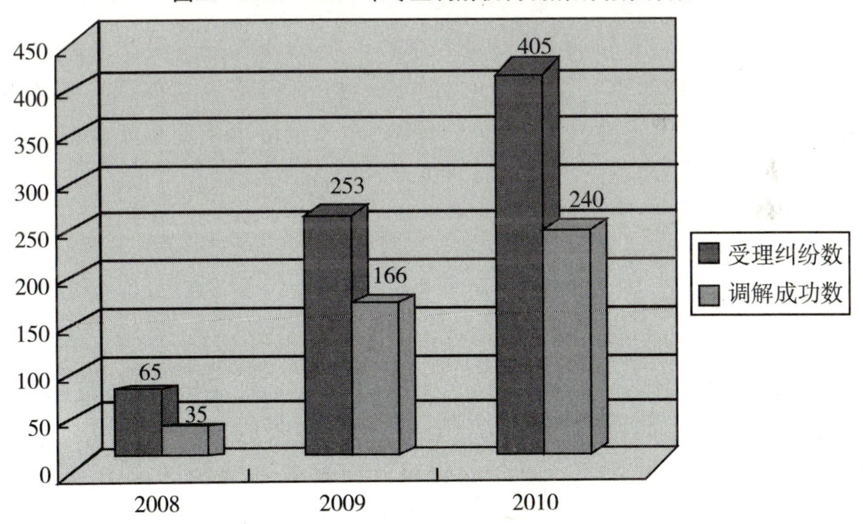

图三　近三年来联合人民调解委员会工作情况

二、运用群众方法化解矛盾的措施与对策

当前，社会矛盾纠纷呈现出主体多元化、内涵复杂化、对立尖锐化的特点，矛盾纠纷的涉及面广、突发性强、群体性高，已经成为构建和谐社会的一大隐患。大量的矛盾纠纷涉及利益分配问题，仅仅依靠司法机关无法从根本上得到化解。同时，随着依法治国方略的深入推进，大量原来由党委、政府处理的社会矛盾纠纷，现在纷纷进入司法程序处理，对法院的司法能力和水平提出了新的考验和挑战。多元解决纠纷已然成为当下中国社会的应然选择和应有之义。

因此,在新的历史时期,我们必须坚定群众工作理念,提高群众工作能力,健全矛盾纠纷化解机制,完善矛盾纠纷化解平台,有力推进司法公正,更好地维护社会公平正义。建议做好以下五个方面:

(一)坚定运用群众工作方法化解矛盾理念

做好新时期的社会矛盾化解工作,就必须站在做好群众工作的高度,以群众工作为统揽,放眼群众抓调解、促稳定,最大限度地增加和谐因素,最大限度地减少不和谐因素。必须坚定群众利益无小事的观点,心里时刻装着群众,把群众的安危冷暖挂在心上,涉及群众切身利益的问题,不能视而不见,漠然置之,做到想群众所想、急群众所急、做群众所需。必须增强法官特别是年轻法官做群众工作的能力,采取法官教法官、业务培训、经验交流、下派锻炼、开展调研等方式,丰富法官的社会阅历和经验,提高法官把握社情民意、分析现状、驾驭庭审、做好群众工作的能力。要切实贯彻“调解优先、调判结合”工作原则,把调解作为处理案件的首要选择,并以是否有利于实现和维护人民群众的根本利益、是否有利于实现案结事了人和的为最终标准。对于依法能够调解或者根据案件性质适宜调解的案件,要认真进行调解;对于依法不能调解或者根据案件特点不适宜调解的,要尊重当事人的意愿,依据实际情况选择合理的方式,妥善化解矛盾纠纷,最大限度实现办案两个效果的有机统一。

(二)立足审判积极探索化解矛盾的新方法

要继续完善流程管理和质量监控,确保办案的每个环节都能受到有效监督,不断提高办案的质量和效率。继续推进司法规范化建设,全面规范各个工作环节,确保每项工作都有章可循。大力推进阳光司法,不断增强司法的公开程度,以公开促公正、以透明保廉明。要把法律、情理、乡风民俗和群众监督有机结合起来,加强释法说理,学会推心置腹,用群众听得懂的语言,提高其对法律的理解和裁判的认同,并努力找出解决问题的办法,尽量减小摩擦力,尽量增加凝聚力,把矛盾消灭在萌芽状态。要在感情上和行动上进一步贴近群众,深入基层,深入群众,通过实地调查研究,广泛听取老百姓的意见,充分保证群众的知情权、参与权和监督权,最大限度地节约当事人的诉讼支出;在坚持依法办事原则的基础上,灵活运用俗语、谚语、典故、歇后语、俏皮语等与群众加强交流,运用村规民约、风俗习惯、道德伦理等群众易于接受的道理说服双方,从源头上化解纠纷。

(三)以机制创新推动司法联系群众工作经常化、制度化

面对新形势、新阶段的矛盾纠纷,人民法院必须坚持把化解社会矛盾贯穿于执法办案始终,既要坚持和完善原来的好机制、好做法,还要探索建立更为行

之有效的化解调处机制。在内部工作机制上：一是严格落实矛盾纠纷首问首办责任制和问责机制。要按照“谁主办、谁负责”的要求，采取规定案件办理时限、明确质量标准和化解调处办法、与办案干警签订案件办理责任书等办法，使每一起案件都能得到公正高效办理，切实把涉诉矛盾纠纷解决在首办环节和始发之地。强化群众对司法工作的监督，建立常态化的执法干警问责机制，确保法院干警的执法办案权始终处于可控状态。二是建立良好的内部协调互动机制。实践中，法院内部各业务部门之间、业务部门与立案审监部门之间、审判执行部门之间还没有建立起良好的矛盾纠纷处理互动机制，相互之间缺乏及时的沟通、配合与协作，甚至出现此部门和彼部门就同一矛盾纠纷解释处理不一致，造成群众对法院工作误解和不信任的情况。建议在每个业务部门确定一至两名经验丰富、业务精通的干警专职或兼职担任矛盾纠纷调处联络员，定期或不定期地进行交流沟通，对同一矛盾纠纷明确各自职责，通力合作。三是建立承诺答复制度。对于涉诉矛盾纠纷，在自愿的基础上，人民法院可以与当事人签订书面协议，承诺在规定时间内对当事人提出的事项进行调查处理，并依照程序给予答复；当事人则承诺在法院自行调查处理期限内，不就同一问题重复或越级上访。在外部配合机制上，人民法院应当服从党委的统一安排，充分发挥司法职能优势，积极参与调处群体性、综合性事件，并健全与党委、政府以及相关职能部门的配合协调、信息通报、联合调处等工作机制，推动建立经常性的协作网络。

（四）多管齐下营造运用群众工作方法化解矛盾的氛围

要不断健全教育培训机制，把群众工作作为开展法官素质教育的重要内容之一，纳入基层法院院长、人民法庭庭长轮训、干警专项素能培训的内容。定期总结基层创造的一些好经验、好做法，编写形成工作案例，提炼一套行之有效的群众工作方法，作为培训教材供广大干警学习借鉴。坚持在实践中学习、在锻炼中提高，对新进法院干警，要安排下基层工作，或到信访岗位挂职锻炼，学会直面群众；对缺乏基层工作经验的法院干警，要分期分批安排到基层一线锻炼，切实提高法院干警了解群众疾苦、掌握群众心理、疏导群众情绪、化解群众纠纷、引导说服群众、协调各方妥善处理群众诉求等方面的能力。健全群众工作绩效考评机制，探索建立群众评议制度，将运用群众工作化解矛盾的内容纳入法院绩效考核中，并将群众工作考核结果作为各部门及干警评比表彰、提拔使用、奖优罚劣的重要依据，对在群众工作方面作出贡献的，要给予表彰奖励；对因群众工作开展不力，以致酿成重大案件、事件、事故的，要严肃倒查追究责任。要树立正确的用人导向，对扎根基层、情系百姓、实绩突出的干警要予以奖励重用;对长期工作在基层一线做出实绩的干警要从职级待遇上给予倾斜。建议上级法院尽量削减对基层法院、人民法庭的各种检查、考核、评比活动,规范台账报表,精简考评内容,改进考评办法,确保一线干警能把更多的时间和精力用在做好群众工作上。

(五)进一步加强与基层组织的联系协作与互信互动

要自觉接受党委的领导,定期汇报法院工作开展情况及存在的主要问题和困难,加强与部门、乡镇、村居等基层单位的日常联系,通过建立多部门共同参与的信息共享、预警联动、部门协作、联调联处机制及纠纷排查和调解网络的信息反馈,发挥各自优势,变"法院调处纠纷"为"多元调处纠纷",增强化解矛盾的主动性、有效性。要进一步完善处理矛盾纠纷的领导责任制和责任追究制,完善人民内部矛盾的预警、处置等工作机制,积极预防和妥善解决人民内部矛盾引发的群体性事件,维护群众利益和社会稳定。要把人民调解、行政调解、司法调解、行业调解有机衔接起来,综合运用法律、政策、经济、行政等手段和教育、协商、疏导等办法,最大限度地缓解社会冲突,减少社会对立,尽可能把矛盾解决在基层、解决在萌芽状态。

三、"枫桥式"矛盾纠纷多元化解机制的成效

一是案件增幅得到有效控制。依赖多元化解机制的实施,诸暨法院近十年来受理各类案件的数量一直较为平稳(见图四)。

二是"调解优先"得到全面贯彻。近三年来,经法院调解结案的案件数分别为3416件、3146件、3070件,其中民商事案件调解率为55%,刑事附带民事调解率达85%,行政案件协调解决率为73%,执行和解率达59%。

三是诉讼效果日益提升。在诉讼中切实尊重并引导当事人依法表达诉求,做好劝导、释明、判后答疑等各项工作,推动初信初访的化解,涉诉信访量、初信初访率、进京赴省上访率逐年减少,近三年群众申诉率分别为0.44%、0.26%、0.31%。通过努力,社会各界对法院工作的满意度逐步提升,市人代会上法院报告满意度逐年上升,三年来仅有1件代表建议;先后荣获执行工作、信访工作、平安综治等省级以上先进荣誉8项;2008年、2010年在市级机关各部门考评中两次获得党群部门一等奖。

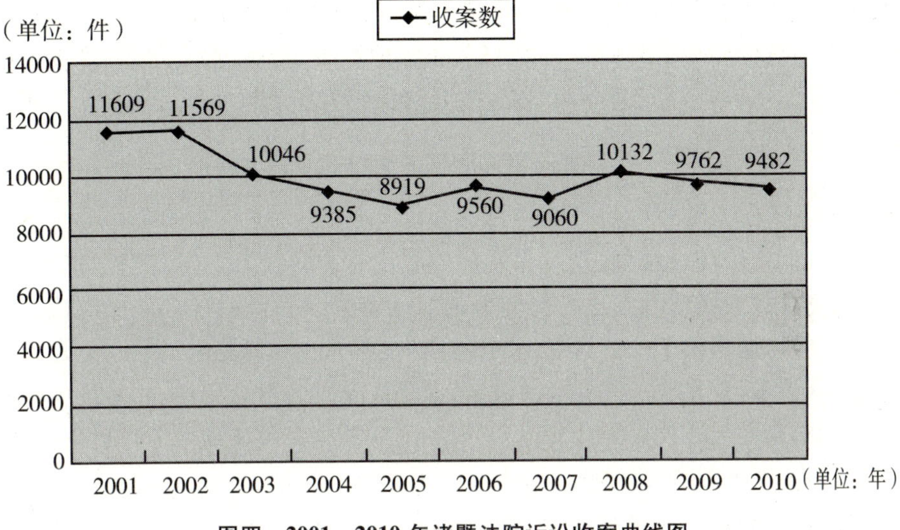

图四　2001－2010 年诸暨法院诉讼收案曲线图

群众工作方法的司法运用

宁波市北仑区人民法院

坚持群众路线、做好群众工作是我们党的优良传统和政治优势。近年来,宁波市北仑区人民法院立足社会转型的时代背景,结合辖区实际,回应群众司法需求,努力探索出了一条具有“北仑特色”的群众工作新路子,做到“立足审判满足群众诉求、立足服务便利群众诉讼、立足民意贴近群众生活、立足民生保障群众权益、立足破难依靠群众支持”。有的经验被中央政法委肯定并刊登在《调研报告》上。①

一、立足审判满足群众诉求

法院案件的审判过程,就是一个做群众工作的过程。北仑法院立足案件的不同类型及当事人的不同特点,因人而异,因案而异,采取不同的群众工作方法,妥善化解矛盾,满足群众诉求。

(一)工作态度上坚持柔性司法与刚性司法相结合,温情与威严并重

在温情方面,竭力当好“群众接待者”角色,做到温情接待、耐心倾听,让群众充分表达诉求、倾诉委屈、发泄不满。近年来,全院没有出现一起因法官工作态度不好而被群众投诉的事件。在威严方面,努力扮好“严肃执法者”角色。对“无理纠缠型”群众,在温情接待、耐心倾听的基础上,通过及时言语制止、专业法律解答等方式,树立法官威严形象,对其内心起到刚性法律应有的震慑作用。对于“不诚信诉讼型”群众,在坚持“有礼有节”尊重其人格的同时,对妨碍诉讼的不当行为及时制止,必要时适当给予惩戒,两年来共对扰乱法庭秩序、暴力威胁法官、妨害执行的24名当事人予以惩戒。对于诉讼能力较强的群众,法官在保持基本司法礼仪的同时,更重要的是向其展示法官的业务水准,通过良好的专业素养和审判技巧树立法官威严,以令其信服的方式促成矛盾化解。

(二)调解方式上坚持“真情调解”与“法理调解”并重

一方面,对情感型纠纷坚持“真情调解法”为主导。“婚姻案件有旧情,赡养

---

① 北仑区人民法院课题组:“人民陪审员参与执行工作的新尝试”,载中央政法委编:《调研报告》2008年第13期。

案件有亲情，邻里纠纷有乡情，欠款纠纷有友情，道赔纠纷有同情。"[①]法官通过外部观察、内心分析，从群众的言行举止等方面找准矛盾症结，从家庭伦理、血脉亲情、朋友情义等角度真情疏导，解开"心结"，调处纠纷。同时，针对一些当事人"托人情、找关系"试图影响法官办案的情形，巧用"人情调解法"，对找关系说情的群众不一概"拒之门外"，而是"为我所用"，通过说情者摸清双方的预期，根据其"底牌"确定合理的调解方案，大大增加了调解成功的可能性。另一方面，对利益型纠纷则坚持"法理调解法"为主导。"和稀泥"式的调解方式对解决利益型纠纷有局限性，法官们在实践中创造性地运用"点穴法"，充分发挥自身业务能力，在与当事人的短时间交流中，迅速捕捉争议的事实和焦点，抓住要害点"死穴"，尽量以理服人。碰到双方都不让步的情况，根据大致已经确定的审判方向，抓住无理当事人的"软肋"，促成调解协议的达成。

另外，北仑法院还不断创新调解方式，积极探索判后调解新机制。对一审判决后在上诉期间内的案件、尚有调解可能已上诉的案件，甚至二审裁定书送达期间的案件，有针对性地继续做好调解工作，拓宽诉讼调解适用关口。2011年以来，采取这一方式妥善调解案件16件，社会效果良好。

（三）确保案件质效上坚持"内聚合力"与"外部借力"并重

在"内聚合力"上，一方面建立科学合理的审判管理机制。2008年6月，北仑法院成立了专职审判管理机构——审判质量效率管理中心，统一行使审判管理职权，推动审判管理由"分散型"向"集中型"转变。通过建立审判用时"节点"监管制度、党组质效专题分析会、审判运行态势分析报告等举措提升审判质效，成效明显。[②] 另一方面，针对少部分案件需要"群策群力"才能妥善化解纠纷的实际，以稳妥做好群众工作为办案第一目标，建立了法官—庭长—院长"三力合一"的工作机制：承办法官将案件动态情况即时向院里汇报，庭长在开庭前召集法官召开庭前准备会，分管领导亲力亲为抓全程，必要时由"一把手"出面协调。近三年来，妥善解决了13起拆迁安置补偿、商品房预售等群体性案件，无一因处理不妥引发不稳定因素。对疑难复杂性案件，建立审判长联席会议常态运行机制，召开由分管领导主持、资深法官参与的定期讨论会，形成裁判"智囊团"，促使矛盾纠纷又快又好地化解。在"外部借力"上，针对有些案件一纸判

---

① 最高人民法院政治部、江苏省高级人民法院主编：《人民信服的好法官》，人民法院出版社2010年版，第286页。

② 宁波市北仑区人民法院课题组："专职型审判管理机构的实践与思考"，载浙江省高级人民法院编：《法院调研》2010年第2期。

决书只能解决法律层面的问题而难以解决实质矛盾的情形,积极借助政府相关部门的力量,合力做好群众工作。近两年先后借力区信访局、招商局等部门妥善化解9起案件。

二、立足服务便利群众诉讼

围绕诉讼经济和诉讼便利,主要采取三项举措丰富司法便民、利民举措,服务群众。

(一)建立健全立案便民机制

加强“立案信访窗口”标准化、规范化建设,推行“一站式”服务。与宁波信用网合作,方便起诉人查询被告主体资格信息;制作“协助查询函”,方便当事人到相关行政部门查询被告户籍、暂住证、夫妻关系等证明材料;安装银联POS机,方便当事人刷卡缴纳案件受理费、执行款等;建立诉讼信息短信告知机制,对未能当天办理立案手续的案件,在向当事人邮寄送达立案受理通知书等诉讼材料的同时,发送手机短信告知案件受理信息、案件承办人及联系电话、监督电话等内容;建立午间立案制度,方便当事人利用休息时间立案。建立导诉制度,在立案接待大厅设置导诉台、配置导诉员,专门负责解答诉讼咨询,为当事人提供案件信息查询服务;告知诉讼风险,引导当事人合理选择纠纷解决方式;收转当事人提交给承办人的诉讼材料,负责当事人愿意来院领取法律文书案件的直接送达等,为群众的诉讼活动提供合法、适度、透明的指导与释明。加大对弱势群体的司法救助力度,出台《关于担保机构开展诉讼保全信用担保业务的管理办法》,引入担保机构为当事人提供信用担保,解决当事人诉讼保全担保难的突出问题。

(二)全面强化速裁便民机制

早在2003年,率先在全省范围内设置了具有独立编制的速裁庭(民三庭),专门从事民商事案件的速裁审判工作。出台《民商事简易案件速裁规则》,明确对具备主要证据的民间借贷等七类简易案件速裁审理,切实做到四个“当”,即当天立案、当天移送、当庭调解或宣判、当庭制作并送达法律文书;对双方当事人共同到法院要求立案处理的案件,速裁庭马上组织调解,做到随立、随移、随审。截至2010年,速裁庭共办结案件9100件,占民商事案件总数的31.8%,人均结案311件,最多的1年办结528件;调解、撤诉率为80.0%,当庭宣判率达99%,当庭制作并送达法律文书的案件达95.3%,平均结案时间为8.5天,仅为普通程序案件审理期限的15%左右,大大减轻了群众诉累(见表一)。所办结案件经院案件质量督查办公室检查无一差错。

表一　北仑法院速裁庭成立以来的办案情况

事项 年份	结案数（件）	人均结案数（件）	占民事案件比例（%）	平均审理天数（天）	调解撤诉率（%）
2003	663	221	31.1	9.5	76.5
2004	1009	336	41.0	9.1	78.9
2005	857	286	28.2	8.6	78.6
2006	848	212	28.4	7.9	83.4
2007	906	227	25.0	8.3	84.3
2008	1418	355	33.5	8.1	84.8
2009	1676	419	32.5	7.8	78.1
2010	1723	431	34.7	8.4	76.1
合计	9100	311	31.8	8.5	80.0

（三）积极构建"巡回法庭、道交合议庭、假日法庭"三位一体的便民服务机制

一是加强巡回法庭办案力度。坚持定期巡回审判，在辖区两个相对偏远的乡镇和国家保税港区所属地梅山岛，建立每月一次的巡回审判制度，固定时间、固定人员，每月中旬分三组各赴属地，现场工作一天，接受群众法律咨询，协助当地司法所调解纠纷，当场受理案件并调处，有时即时审并宣判。同时，坚持示范性案件就地审判。对有些发生在乡邻之间、当地群众关注的案件，到纠纷发生地现场公开开庭、宣判，以起到法制示范教育作用。二是设立道交合议庭。自 2004 年 5 月起，将道路交通专业合议庭办公地点专门设置在区交警大队，既方便当事人诉讼，又为道交纠纷的人民调解与诉讼调解对接创造便利。三是探索建立假日法庭。推行预约开庭，对一些外地当事人以及在正常工作时间无法到庭的当事人，可预约在节假日进行开庭、调解；对情况紧急、矛盾容易激化的案件也可由假日法庭及时处理。

三、立足民意贴近群众生活

北仑法院主要从"让群众零距离走进法院，让法院零距离融入群众"两个层面，加强互动，贴近群众。

（一）让群众走进法院

一是举办"公众开放日"活动。自 2009 年 6 月以来，每季度开展一次"公众

开放日”活动,邀请社区群众、中小学生、企业职工等不同群体,到法院参观、参加旁听庭审,帮助群众消除对法院的“神秘感”,社会反响良好。二是邀请人大代表、政协委员观摩庭审。每年邀请人大代表、政协委员观摩案件开庭审理3~5次,主动接受监督。三是加强审务公开。早在2002年就建立法院门户网站,对法院基本情况、部门职能、人员状况等基本信息及法院工作动态、法院文化等内容予以全面公开,并设立民意沟通信箱及法官廉政举报电话。依托网站上的案件管理系统,当事人凭“服务密码”及时查询案件办理进度。积极开展裁判文书上网工作,扩大司法公开力度。四是建立新闻发布会制度。对于社会关注度高的重大案件,适时召开新闻发布会,邀请相关媒体参加并报道,并就这类案件的进展情况及时在法院网站开辟专栏,供相关群众查看并下载有关资料,努力打造让群众信得过的“透明”法院。

(二)让法院融入群众

一是建立人民调解指导员制度。自2006年起,为每个街道、乡镇各安排2名审判经验丰富的法官作为人民调解指导员,分片联系指导人民调解工作。每两个月组织一次人民调解员业务培训,进行法律知识辅导,接受疑难法律问题咨询,努力实现指导工作的经常化、制度化。二是建立庭室长联系乡镇制度。自2006年起,以大榭等3个法庭机构升格为契机,出台了《关于指导人民调解工作职责的若干要求》,强化庭室长联系乡镇(街道)功能,每个庭室长分别对口联系一个乡镇(街道),深入了解基层群众动向,及时掌握可能涉诉的案件动态并进行研判、预防,增加对涉及基层征地安置补偿等纠纷多发领域的风险预警能力。三是建立基层法制促进员制度。2010年,选派18名政治素质好、组织协调能力强和善于做群众工作的中层干部和业务骨干,进驻区域内存在社会稳定风险的18个重点村、社区,配合基层组织排查矛盾纠纷、不稳定因素以及帮助群众解决实际问题,夯实了与基层组织的感情基础。一年来,共排查矛盾纠纷200余起、参加基层组织相关会议50多次、走访群众600余人次、解决法律问题70多个,《人民法院报》头版作了专题报道。四是加强法制宣传。建立“三进一建”工作举措,即审务进社区、进企业、进学校、与百合社区等成为共建单位,定期选派法官到相关单位授课,有针对性地对各个群体中易发生纠纷的情形进行法律知识“扫盲”、法律风险提醒。利用“12.4”法制宣传日等节日,开展普法宣传活动,并与北仑电视台合办“法与德”栏目,每周报道评析涉及征地补偿、遗产继承、“限购令”影响下的购房纠纷等与群众生活紧密相关的典型案例,达到“办理一案,引导一片”的效果。

四、立足民生保障群众权益

（一）涉民生案件优先办理

对追索劳动报酬、赡养费、扶养费、抚育费、抚恤金费、医疗费及征收安置补偿等涉及群众切身利益的民生案件，建立绿色通道，做到当天立案、当天送达、最短期限内安排庭审，案件平均审理周期较其他案件缩短30余天。同时，成立民生案件执行专案组，由执行经验丰富、善于做群众工作的干警专门负责办理，该类案件实际执行到位率较其他案件高出13%。

（二）对因企业经营危机造成的群体性劳资纠纷案件能动执行

延伸司法职能，帮助企业找出路，通过引入投资主体、充实企业资金，保障劳动报酬足额发放。同时，对企业资产一时难以核查、老板外逃等导致执行程序难以快速展开的案件，采取摸清底细、借助外力、垫付资金、提前发放的灵活措施，解决劳动者生计困难的燃眉之急。

（三）妥善化解破产难题

审理破产案件坚持“立足清算、争取重整”，全力保障企业职工、债权人利益。金融危机以来，成功处置破产案件8起，涉及职工2000多人，工资3000多万元；债权总额150亿元，债权人超过1500人，避免了近100亿元巨额社会资产的损失，职工、债权人利益得到最大限度的保障。如“华辰君临”破产案，法院采取“时间倒逼”的工作制度，高效审理，涉价值数亿元的资产账册3天内完成查封保全，超过10亿元的债权1个月内完成申报，创设了法院、政府、管理人、债权人委员会四方通力合作、协调沟通的协调机制；巧用网络，在法院外网上开辟“华辰专栏”，及时公布信息、答复债权人网上提问，对遍布全国各地的债权人，设计了网上投票制度；通过市场途径寻找优质的投资者开展资产重组，法院会同区招商局在“搜狐网”发讯息，希望有投资意向者洽谈联络；最后，经过多方努力，引入了有实力的新投资者，成功实现重整。

五、立足破难依靠群众支持

（一）借力人民陪审员做好群众工作

在2010年陪审员换届选任中，采用“基层型”与“专业型”相结合的标准选任人民陪审员，选任基层人民调解员、基层德高望重的社会热心人、熟悉征地补偿政策和农村土地承包政策的人员各7名，体现出“基层”实用性，主要参与农村社会传统民事纠纷的处理；选任建筑工程、会计审计、医疗技术、心理咨询师等7个行业的专业性人员18名，特别是适应北仑作为我国“模具之乡”的情况，选用了3名模具行业人员,体现出“专业”实用性,主要参与工业社会专业性较强的案件处理。据统计,自陪审员重新选任以来,各庭室选择陪审员组成合议庭的比例同比上升21%,效果良好。同时,立足工作难点拓展陪审功能。面对送达难、调解难、执行难等问题,北仑法院出台了专门文件,让陪审员参与送达、调解、执行工作。近三年陪审员参与调解案件83件,调解成功70件;参与辖区内直接送达案件4200余件,一次送达成功率近85.3%;陪执案件59件,有效执结率75.5%(见表二),以陪审员“陪执”工作为内容的专题调研被中央政法委《调研报告》采用,所涉经验在全省推广。

表二 北仑法院人民陪审员使用情况(2008~2010年)

事项 年份	参与审理案件数	占普通程序案件比例	参与调解案件数	参与送达案件数	参与执行案件数
2008	564	55.8%	21	无	17
2009	725	58.7%	27	1836	23
2010	986	80.1%	35	2418	19

(二)借力基层调解组织做好群众工作

大力借助基层调解组织的力量,把矛盾化解在诉前、化解在萌芽状态。2008年6月,与区司法局联合发文,组建区涉诉人民调解委员会进驻法院办公,通过诉前引导调解和诉中委托调解的方式调处案件。探索建立人民调解协议司法确认机制,并加大对虚假人民调解协议的审查、防范力度,维护基层调解组织的威信。另外,先后协助区司法局等有关部门建立了劳动争议、道交纠纷、医疗纠纷、物业纠纷等四个专业性调解机构,并尽力做好业务指导工作。2008-2012年,这些调解组织共调解5000余件案件,调解成功4900余件,既使纠纷及时和谐化解,也缓解了法院案多人少的压力,2010年法院受理的劳动争议、交通事故案件数量同比分别下降21.5%、12.7%。

(三)借力基层自治组织做好群众工作

对涉婚姻家庭、相邻纠纷、损害赔偿等传统类纠纷,充分利用社区、村委会基层自治组织贴近群众、了解群众的优势,通过邀请调解、协助调解等方式,助推涉诉矛盾的化解。同时,自2007年起在全区11个乡镇(街道)聘请了45名基层干部担任送达、执行工作联络员,一定程度上缓解了法院的送达难和执行难。

优化立案调解机制 化解纠纷于萌芽状态

宁波市鄞州区人民法院

调解是根植于我国历史文化传统之中,并经过长期司法实践证明的一种有效的纠纷解决方式。宁波市鄞州区人民法院通过加强和优化立案调解,成功化解了一大批矛盾纠纷。近两年立案调解结案778件,为当事人减少诉讼成本约230余万元。

一、建立"2+2+2"立案调解机制

2008年11月,鄞州法院在立案大厅建立"人民调解工作室"。由该院和区司法局联合招聘人民调解员两名,人民调解员工资由两单位共同支付,实行"以奖代补"机制,人员调解员接受两单位的共同管理。由于调解员法律知识缺乏,又没有专人负责工作指导,调解室设立之初效果并不理想。截至2009年6月,两名人民调解员月调解案件仅10件左右。为改变这一状况,2009年7月,该院成立了由法官主持的诉讼调解和人民调解员主持的人民调解相结合的"2+2+2"立案调解机制,该机制的构建模式为审判员、人民调解员和书记员各两名,由审判员指导人民调解员调解。人民调解员主持下达成的调解协议,当事人要求司法确认的,由审判员制作民事调解书进行司法确认,实现了人民调解和诉讼调解的无缝对接。具体运作程序是:

第一步审查:当事人直接到调解工作室申请调解的,或当事人在立案大厅信访、法律咨询时愿意通过调解解决纠纷的,或立案时当事人同意暂缓立案先行调解的,均由人民调解员先行调解。人民调解不成功的,当即办理立案手续,进入诉讼程序。立案后发现可能通过调解解决的,也可委托人民调解员调解。

第二步受理:当事人申请调解的,经当事人书面确认,调解工作室立即予以登记;已经立案的,立案人员将卷宗移送至调解工作室予以登记,并立即发送起诉状副本等法律文书。当事人申请财产保全的,由审判员负责执行。

第三步调解:尚未立案的案件一般由人民调解员承办,已经立案的案件一般由审判员承办。审判员也可将已经立案的案件委托人民调解员调解,也可与人民调解员联合调解,但不参与调解不成功之后的审判程序。

第四步确认:尚未立案经人民调解达成调解协议的,当事人如果要求人民

法院出具调解书予以确认,则立即办理立案手续,并由审判员审查后出具法律文书。已经立案的案件经人民调解员调解,双方达成调解协议的,由审判员审查后出具法律文书。

二、“2 +2 +2”立案调解机制的优点

“2 +2 +2”立案调解机制包含着多种调解方式,即人民调解、诉讼调解、联合调解、委托调解等,既可独立作用,也可以综合运用。在充分尊重当事人自主选择权的前提下,积极引导当事人选择调解方式,使审判员与人民调解员合理分工,协同作战,同时充分考虑了当事人的实际情况,拉近了与当事人的距离。

一是人民调解与诉讼调解协同的顺序性比较好。纠纷解决机制的协同,最为常见的办法就是设定不同的纠纷解决先后顺序,逐步引导纠纷的解决。这些年大量的案件涌入人民法院,与基层调解组织弱化,不能有效发挥调解作用有一定的关系。在人民法院设立“人民调解室”有效地弥补了这一缺陷,利用当事人双方解决纠纷的意向,通过创造不同的机制与平台,使得纠纷能够更好的消弭。

二是人民调解与诉讼调解协同的角色定位比较好。不同纠纷解决模式的协同,反映在不同模式纠纷解决过程中当事人“合意性”解决强度和第三者有拘束力“决定性”解决强度的交融互动上,从而形成“合意性—决定性”之轴。[①] 在纠纷解决的模式设计中,要克服与弱化裁判者决定性作用,在合意的过程中实现利益博弈的复杂平衡,又要将权威性与终局性的司法程序植入纠纷解决的模式之中。“2 +2 +2”立案调解机制,以促进当事人自行解决纠纷为常态和途径,以司法的终局性为纠纷解决的保障和手段,既有当事人合意性的始发意义,又有司法程序决定性的终局效力。

三是人民调解与诉讼调解协同的交互性好。一种纠纷解决方式,可以有效推进后一种纠纷解决方式。通过人民调解过程中双方当事人之间反复的协商与沟通,可以让双方当事人明晰争点所在以及各自所处的法律位置。哪怕在人民调解过程中无法达成一致意见,但案件进入诉讼调解或者实体审理后,之前的这个过程也能让当事人对诉讼的预期结果有一定的认识,对诉讼风险、诉讼成本等有一个大致的判断。

---

① [日]棚濑孝雄:《纠纷的解决与审判制度》,王亚新译,中国政法大学出版社1994年版,第7页。

三、"2+2+2"立案调解机制的功效

通过两年的实施，收到了很好效果：

一是降低当事人的诉讼成本。对于立案后当事人愿意先行调解的案件，如调解成功且案件未进入执行程序的，民事案件免收任何费用，商事案件只收取减半诉讼费中的10%－20%。对当事人上班不方便请假的，一般安排在节假日进行调解。对继承、赡养、房产分割等家庭成员之间的纠纷，审判员、人民调解员与当地居委会一起上门调解。而对一些在外地工作无法及时赶回的，人员调解员通过电话、视频等方式调解。

二是有利于实现"案结事了"。有些矛盾纠纷如相邻关系纠纷、家庭成员间和亲戚之间的纠纷，不宜通过诉讼或法官直接调解，人民调解可使当事人双方缓和情绪，清除怨气，并保证协议一次履行到位。据统计，该院通过立案调解结案的案件，主动履行率在80%以上。

三是有利于缓解基层法院"案多人少"的压力。2008年该院共受理各类案件13743件，2009年13858件，2010年13456件，"案多人少"矛盾十分突出。立案调解实现了纠纷的分流和化解，在一定程度上缓解了法官的办案压力。

四是提高了案件调解的成功率。在调解过程中，综合运用联合调解、委托调解等多种调解方式，使一些调解难度大的矛盾纠纷得以顺利化解。

五是减轻了涉诉信访工作压力。近几年，涉诉信访案件不断上升，牵制了审判人员的大量精力，通过诉讼解决纠纷的方式越来越凸显出现实的局限性，而通过立案调解的案件，矛盾纠纷彻底化解在诉讼程序之前。鄞州区人民法院立案调解的778件案件，无一例转化为涉诉信访案件，社会效果非常明显。

异地籍青少年犯企业帮教基地建设

温州市鹿城区人民法院

1999年11月,温州市鹿城区人民法院利用温州民营经济发达的优势,创建了全国首家异地籍青少年犯企业帮教基地,将被判缓刑的异地籍青少年犯送到帮教基地设点企业,一边接受帮教,一边学习生产技能,帮助其改过自新,自食其力,使其成为社会主义的健康劳动者,最大限度地化消极因素为积极因素,走出了一条青少年犯帮教工作的新路子。鹿城法院把建立青少年犯帮教基地作为人民法院参与社会管理创新的一项重要举措,既改造了罪犯,又保证了缓刑适用的公平公正。

一、帮教基地的创建情况

鹿城区作为温州市中心城区,外来人口众多,达到70万余人,刑事案件发案率相对也较高,其中异地籍未成年人犯罪占未成年人犯罪的比率一直居高不下。而这些异地籍青少年犯“人户分离”,即户籍所在地与经常居住地、暂住地不一致,故在审判实践中对异地籍青少年犯很少宣告缓刑。为实现异地籍青少年与本地青少年能同罪同判、同罪同罚,体现“法律面前人人平等”,1999年11月25日,鹿城法院经多方努力,选定当地两家优秀民营企业作为异地籍青少年犯帮教基地首批试点单位。其目的是为那些主观恶性较小、犯罪情节较轻、适用缓刑不致再危害社会的异地籍青少年犯提供一个帮教、监护场所,在缓刑考验期间能接受帮教企业所在地的公安机关及帮教企业的监督、教育,解决异地籍未成年犯因缺乏帮教条件而不宜宣告缓刑的现实问题。经过多年的探索与实践,异地籍青少年犯帮教基地已经从成立时的2家设点企业,发展到了16家设点企业和1所学校,已成功帮教44人,帮教对象中无一例重新犯罪。基于异地籍青少年帮教工作的成效,鹿城法院荣获全国优秀青少年维权岗称号,少年庭荣立集体一等功,一名帮教法官获全国维护妇女儿童权益贡献奖等。

二、帮教基地的运作情况

帮教基地成立了由法院、公安机关、设点企业以及政法委、共青团、妇联、教育局等多家单位负责人参加的帮教工作领导小组,由法院院长担任组长,全面负责基地运作的各项事务。在帮教实践中,逐步形成了《异地籍青少年犯帮教基地操作规范》、《异地籍青少年犯帮教基地帮教责任人职责》、《异地籍青少年犯帮教对象守则》等规范性文件。在对象选定、帮教措施制定、各方帮教责任人职责、对象权利义务、考评办法等多方面予以明确规定,使帮教工作有条不紊地开展。基地的具体帮教工作可分为法院选案、全方位帮教、领导小组考评三个阶段(见下图)。

法院选案——→全方位帮教——→领导小组考评

图 异地籍青少年犯帮教工作流程

(一)选案

选择对象是帮教工作的基础。少年庭法官在审理阶段加大调查力度,通过仔细阅卷,并向其亲属、曾经的务工单位、村委会等方面进行全面了解,尽可能详细地掌握被告人的犯罪情节、生活环境,分析其犯罪原因、犯罪心理,着重做好审理阶段的悔罪教育,为投入基地帮教打好基础。努力做到选准一个,帮教成功一个。

(二)帮教

在帮教对象经法定程序宣告缓刑或其他非监禁刑罚后投入基地的当天,由法院、基地设点企业所在辖区派出所、企业(或学校)三方组成的专门帮教小组,有针对性地制订帮教计划,签订帮教责任书,将帮教责任具体到人。必要时邀请共青团、妇联、教育局参与帮教,开展诸如集体观念、亲情重建和文化补习等方面帮教。帮教期限与缓刑考验期限或假释考验期限等同。帮教对象在企业边工作边接受帮教,工作期间享受与企业普通员工同等待遇。由企业党团组织负责人、车间主任、寝室长为企业方帮教责任人,采用全方位监护式帮教,对帮教对象工作、生活的各个环节的思想、行为动态发现异常情况后在第一时间向基地领导小组汇报并及时采取相应措施。少年庭法官定期或不定期地到帮教基地回访,或通过电话、短信等方式与帮教对象沟通,关心他们的生活。

(三)考评

每名对象帮教期满后进行考评,考评由帮教责任人提出,采用考评会的形式,对帮教对象在帮教期间的表现进行综合评定,考评结果由基地领导小组决定。经考评合格,由公安机关公开宣告缓刑考验期或假释考验期满,不再执行原判刑罚。考评合格后,由帮教企业和帮教对象进行双向选择,决定帮教对象的去留。考评作为整个帮教的一个重要环节,既是对具体对象帮教成效的检验,又为今后如何进一步做好其他对象的帮教工作积累经验。

三、完善企业帮教工作的措施

通过上述分析可以发现,企业参与帮教为青少年犯的监外改造开辟了一条新的路径,拓宽了社会力量参与犯罪治理的渠道。为进一步完善企业帮教工作,应加强以下几方面工作:

(一)与禁止令结合,创新帮教措施

2011 年 5 月 3 日,鹿城法院发出了全国首例缓刑考验期禁止令,判令未成年犯在缓刑考验期间须在法院指定的帮教基地企业内工作、生活,禁止接触毒品及涉毒人员。将青少年犯的帮教工作与禁止令相结合,是对《刑法修正案(八)》的实践诠释,同时也是努力探索异地籍青少年犯帮教基地工作的创新之举。帮教对象在帮教企业工作享有普通员工的权利,只是作为缓刑考验期的罪犯,必须遵守法律,随时报告行踪。帮教对象在帮教企业接受帮教的同时,也接受公安机关的监督,擅自脱离帮教的行为也是不服从监督的行为,可依法撤销缓刑。以禁止令的方式约束帮教对象在帮教企业接受帮教可以提升帮教工作的可执行性、强制性,使帮教工作更有序、更高效。

(二)引入心理测试,提升帮教成效

青少年犯往往存在一定程度的心理扭曲或障碍,借助心理学测试、诊断的科学依据,开展有的放矢的帮教、矫正,才能达到理想的效果。目前社会调查制度尚不健全,调查内容往往流于形式,法官很难把握未成年被告人是否具备适用缓刑等非监禁刑罚的条件。在帮教对象的确定上,尚缺乏科学系统的标准,决定是否适用帮教制度往往凭借审判人员对相关法律政策的粗略认识理解和个人的情感倾向。因此,有必要庭前引入心理学测试,从专业的角度帮助审判人员了解未成年人犯罪前的心理特点、成长过程,从而为更好地把握未成年被告人是否适用缓刑等非监禁刑提供科学依据,使帮教工作更有针对性。针对未成年罪犯在帮教过程中出现的新情况、新问题,可再次借助心理学测试手段调整帮教措施。

(三)明确权力界限,规范帮教工作

在目前的企业帮教工作中,公安机关与法院之间关系不清、职能不明的现状限制了帮教制度推广适用。虽然《刑事诉讼法》第 217 条规定,缓刑犯的监管人为公安机关。但在实践中,公安机关由于职责任务多、警力配备不足等原因,疏于监管,使大部分的帮教工作落在推行帮教制度的法院身上。因此,有必要在制度设计上,明确法院与公安机关的帮教职能,相互配合,由法院联系帮教基地,属地公安机关负责对帮教对象的监管,法院定期考察回访,及时把握帮教对

象的表现状况。在缓刑期满后,法院、公安、企业三方共同召开评议大会。

(四)凝聚各界力量,完善帮教体系

预防犯罪,是一项十分复杂、艰巨的社会工程,需要社会各界的共同参与。创建帮教基地,是法院延伸青少年犯罪审判职能,践行能动司法的有效尝试。由于改造青少年犯是社会管理的有机组成部分,仅凭法院的一家之力远远不够,还需要政法委、检察机关、公安机关、司法行政机关的通力协作,共青团、妇联、教育部门等多部门的积极参与。为了使帮教工作有法可依,急需通过制定法律、法规或政策等规范性文件,明确各相关职能部门的职责,充分发挥各自优势与合力,进一步巩固和提高帮教基地已取得的成果,使预防异地籍青少年犯重新犯罪的工作真正落到实处,收到实效。

建立行政诉讼协调新机制　实质化解行政争议

乐清市人民法院

2010年4月,乐清市人民法院与当地政府在全省率先成立行政争议协调委员会,建立完善行政诉讼协调新机制,有效化解了一批矛盾复杂、社会影响大的行政案件,促进了社会的和谐、稳定。

一、行政诉讼协调新机制形成的背景

(一)行政诉讼协调的合法性依据

行政诉讼中的协调是随着实践的发展而逐步探索和发展的。1989年我国颁布的《行政诉讼法》第50条明确规定:“人民法院审理行政案件,不适用调解。”法律明令禁止在行政诉讼中进行调解(赔偿诉讼除外)。但随着行政诉讼理论和实践的发展,这个规定不再适合时代的发展和现实的需要,在一定程度上也与建设社会主义和谐社会的法治理念相悖。2007年1月15日最高法院发布《关于为构建社会主义和谐社会提供司法保护的若干意见》,提出要“探索构建行政诉讼和解制度”,2007年3月又发布《关于进一步发挥诉讼调解在构建社会主义和谐社会积极作用的若干意见》,进一步提出了要“完善行政诉讼案件和解工作机制”。2008年1月14日最高法院颁布的《关于行政诉讼撤诉若干问题的规定》,虽然没有明确规定调解,但为建立行政诉讼协调和解处理的新机制间接提供了法律依据;2010年6月7日最高法院发布的《关于进一步贯彻“调解优先、调判结合”工作原则的若干意见》,明确要求把调解、和解和协调案件范围扩展到行政案件并对相关具体工作作出了安排。

(二)行政诉讼案件日益复杂

2007年以来,乐清市行政诉讼案件数量逐年上升,年均增长6.17%,尤其是敏感性强、社会影响大的群体性纠纷案件明显增多,行政诉讼案件呈现涉及面广、成因多元、案情复杂等特点,仅仅依靠司法审判难以有效解决纠纷。而且部分行政案件还涉及多个行政职能部门,法院往往需要多方协调,工作效率不高,较难实现“案结事了”的效果。因此,迫切需要加强法院和行政机关的沟通联系,通过建立司法与行政的互动协调机制解决行政争议。

(三)机制形成具有现实基础

近年来,乐清法院与行政机关已初步形成了良好的互动关系,为建立行政诉讼协调机制打下了基础。通过定期向市委、人大汇报行政审判工作情况,定期召开联席会议,定期发布《行政审判白皮书》等工作形式,着力构建司法与行政良性互动机制。实践中,已成功协调了一批涉及市重点项目、重点工程建设等群体性行政诉讼案件,市委、市政府深切地感受到行政争议协调机制的作用。在乐清市委、市政府和温州中院的大力支持下,乐清市成立行政争议协调委员会,构建了行政诉讼协调机制。

二、行政诉讼协调新机制的主要内容

(一)适用范围

在乐清市行政争议协调委员会议事规则规定的案件范围①基础上,乐清法院根据司法实践,进一步明确了需要提交委员会协调的案件类型:(1)因民事纠纷引发的行政争议;(2)被诉行政行为存在明显违法情形,足以导致被撤销的案件;(3)因行政机关行使自由裁量权引发的案件;(4)行政机关不履行法定职责的案件;(5)行政征收及行政补偿案件;(6)其他宜采用协调解决的行政案件。

(二)运行程序

(1)程序启动。由当事人申请或由法院根据案件情况依职权决定。为防止随意扩大协调解决的案件范围,建立院、庭长把关制度。(2)协调方式。在庭前、庭审过程中、庭审结束后均可组织协调;根据案件性质,注重诉前协调疏导。(3)结案条件。以和解协议履行完毕或被告改变、撤销具体行政行为,原告申请撤诉的,法院裁定予以准许。

(三)机制保障

(1)搭建协调平台。建立乐清市行政争议协调委员会,由市委常委、常务副市长担任主任,法院院长及分管工业和城建的两位副市长担任副主任。成员单位②由行政案件较多,协调需求较大的行政执法部门组成。(2)落实四项配套制度。一是建立行政机关负责人参与协调化解制度。规定行政机关法定代表人或分管负责人参与案件协调。对法院提出的协调方案,行政相对人已接受,

---

① 提交协调委员会的案件范围:(1)具有普遍性、指导性的疑难案件,群体性纠纷案件;(2)行政法律关系难以恢复的案件,裁判后易引起连锁反应、纠错成本高的案件;(3)政治性强、敏感度高的案件;(4)案件数量大、执行难度高、易引发群体性事件的土地、环保等类型非诉行政执行案件。

② 成员单位包括市府办、市府法制办、信访局、公安局、劳动保障局、国土资源局、规划建设局、环保局、房管局、工商局等。

但因行政机关态度不积极、不配合而导致协调不成并败诉的,法院将该情况予以通报。二是建立行政诉讼目标管理制度。把涉诉行政案件纳入行政机关目标考核,实行行政追责制度①和败诉案件通报制度。② 三是建立行政执法与行政审判定期交流、互提建议制度。四是建立司法建议联动反馈制度。由乐清市政府法制办会同有关单位针对法院司法建议制定整改措施,并责令相关涉案单位认真总结教训,完善执法规范,并将处理意见反馈给法院。

三、取得的成效

(一)行政诉讼效益明显提升

通过协调解决行政案件,使行政争议在立案前或一审阶段得到妥善化解,大大提高了效率,节约了诉讼成本,司法资源也得到了优化配置。2009 年行政诉讼案件撤诉率为 29.2%,2010 年行政诉讼案件撤诉率增加到 45.5%。2009 年至 2011 年 6 月,诉前协调化解重大、群体性行政争议纠纷 12 起,普通行政争议纠纷 45 起(见下表)。

行政审判基本数据统计表

年份 评估指标	2009	2010	2011(1-6 月)
诉诉前协调不起诉案件数(件)	13	29	15
结案数(件)	96	99	50
协调撤诉案件(件)	28	45	24
协调撤诉率	29.2%	45.5%	48%
败诉案件(件)	18	12	5
行政机关败诉率	18%	12.1%	10%

(二)实现了零信访零申诉

行政诉讼案件因各种原因导致审判不公、不能从根本上化解行政争议是引发原告、第三人不断上访、申诉的主要原因,也是一直困扰行政审判的难题。乐

① 2010 年 5 月,温州市在全国率先建立了行政败诉案件追责制,对属于超越职权、滥用职权、未落实行政首长出庭应诉等 9 种情形而导致案件败诉的,追究直接责任人和主管领导的责任,视情依法给予警告、记过、记大过、降级、调离岗位乃至撤职处分

② 每半年召开一次败诉案件通报会,将各单位败诉情况,尤其是重大、典型败诉案件向全市进行通报,并将各类典型案例汇编成册,印发各乡镇、部门,进行警示教育,防止同类纠纷重复发生。

清法院通过协调解决行政争议，促使行政机关主动纠正违法或不当的行政行为，维护了行政相对人的合法权益。对于法院通过努力协调未成而判决其败诉的案件，行政机关也能充分理解，均能履行判决义务。对经法院协调未成而判决其败诉的案件，原告、第三人也能服判息讼。该院 2009 年以来审结的 242 件行政诉讼案件，无一案件引起信访申诉，较好地解决了矛盾。

（三）实现诉、调分离，减轻法院审判压力

以往完全由法院主导的行政诉讼协调方式在实践运行中出现一些问题并暴露其局限性，一是诉讼中行政审判人员易陷入无休止的协调工作；二是与相关职能部门协调不力、不畅。建立行政协调新机制后，对一些符合该协调委员会受案范围的案件，诉前或庭前予以分流，借助党委、政府力量进行协调，更能妥善处理涉案行政争议。因此，行政诉讼协调新机制从某种意义上讲，将协调制度从审判程序中分离出来，处于诉讼程序的前置地位，在一定程度实现调解者和审判者身份职责分离的同时，也有效化解了涉诉矛盾、纠纷。

（四）促进了法院与行政机关之间的良性互动

在行政诉讼协调过程中，行政机关能亲身体会到法院在化解矛盾中所做的努力，一定程度上缓和了行政机关因法院对其行政行为进行审查而产生的对抗情绪，有利于建立良性的行政诉讼司法环境。同时，在行政争议协调委员会成立后，法院可以更有效地发挥业务指导作用，对其他部门的行政执法和协调工作进行监督指导，促使行政机关依法行政。近几年来，涉诉行政机关主动要求协调的案件数超过法院依职权决定的案件数，法院主动提交协调案件 28 件，行政机关建议协调案件 35 件（见下图）。

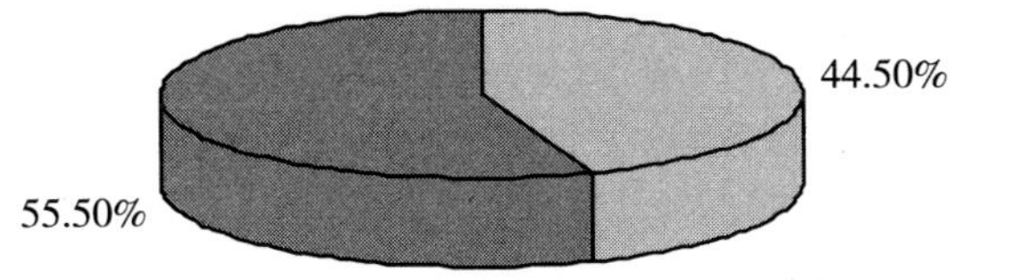

提起协调的主体比例分布图

推行重大案件社会效果评估机制

舟山市中级人民法院

2009年年初,舟山中院制定文件,完善制度,建立起重大案件社会效果评估工作机制,要求全市法院对重大敏感案件在受理、审理、执行、信访过程中进行风险评估,并根据评估结果及时采取司法对策,防止因工作不当引发影响社会稳定的问题。

一、框定案件类型,严格准入范围

舟山中院综合考虑案件的性质、社会影响力和关注度、审判对社会利益价值的导向性等因素,明确两级法院对七类案件应当启动实施社会效果评估:(1)当地党委政府或群众极为关注的;(2)涉案标的金额500万元以上,处理结果严重影响企业生产与经营的;(3)涉及市区两级政府重点扶持的项目、企业的;(4)刑事审判理念与民意存在冲突或因证据问题发生重大变更的;(5)民商事案件的处理涉及重大利益重新分配或可能产生明显导向性作用的;(6)属政策调整范围,法院审理社会效果不明显的;(7)可能引发群体性事件,影响社会稳定的。各种启动事由分布情况如下(见表一):

表一 社会效果评估的启动事由①

启动理由	案件数	百分比
可能引发群体性事件	286	77.09%
涉及市区重点扶持项目	13	3.5%
标的巨大,处理结果严重影响企业生产与经营	11	2.96%
党委政府或群众极为关注	44	11.86%
重大利益重新分配或产生明显导向性作用	8	2.16%
属政策调整范围,法院审理社会效果不明显	9	2.43%

① 样本案件中不存在“刑事审判理念与民意存在冲突或因证据问题发生重大变更的案件”,因此没有在本表中单列。

从表一可以发现，启动事由分布较为集中，主要集中在“可能引发群体性事件”和“党委政府或群众极为关注”上，分别占 77.09% 和 11.86%。可见，两级法院对各类群体性纠纷较为慎重，能及时实施评估工作采取应对措施；而对社会广泛关注的案件，因涉及面广，对案件处理效果提出了更高要求；同时，涉及重点扶持项目、企业和处理结果严重影响企业的案件，关系党委政府中心工作的推进，实施评估的比例仅为 3.5% 和 2.96%。

二、覆盖诉讼全程，消除风险盲点

为使审判、执行各环节形成防控合力，最大限度消除风险盲点，社会效果评估贯穿于审判、执行、信访工作全过程。在立案阶段，严把案件入口关，着重审查基本争议事实、案件受理后的审判效果、执行难度以及是否可能引发信访、上访等情况。在审判阶段，着重研究处理结果对当事人或当地社会产生的影响，重点考虑法院裁决的认可度与相关各方协调的结果及意见，并在作出裁判前明确已采取的措施以及法院如何有效化解矛盾纠纷的对策建议。在执行阶段，着重考虑执行方案的科学性、执行措施的妥当性和执行结果的社会认可度。在信访阶段，做好对当事人的解释、说服工作，针对反响强烈的案件，及时查找核实审判、执行工作可能存在的疏忽点，并提出解决意见和对策。

三、实施分级评估，优化管理模式

社会效果评估采用分级评估、分级防控的工作模式。根据案件社会风险发生的可能性、影响范围以及可能造成的后果等因素分为一般评估和重点评估两个等级。一般评估主要针对涉案当事人少、可能有一定社会负面影响的案件，由庭长组织案件承办人和庭室人员进行风险调查，制订处理方案后报主管副院长批准。重点评估主要适用于情况复杂、涉及人员众多、社会影响较大的案件，由主管副院长组织相关庭室进行调查，制订处理方案后报院长决定是否提交审委会讨论。这种分级评估的方式有利于发挥程序的分流作用，进一步优化法院人力资源配置，集中解决疑难复杂案件。从目前运行情况看，一般评估案件有 120 件，占 32.35%，主要涉及建设施工、买卖合同、普通侵权、婚姻家庭等案件；重点评估案件有 251 件，占 67.65%，主要涉及系列、涉企纠纷中的民间借贷、劳动争议、权属纠纷等案件。

四、注重程序衔接，强化信息收集

建立系统化、全流程的追踪管理体系，强化风险信息动态收集。各业务庭均要逐案排查、收集社会稳定风险隐患,相关庭室在发现有提起评估的事由时,应认真填写评估表,详细记载简要案情、稳定情况现状、可能存在的风险、拟采取的措施等内容。从立案环节开始,评估表一式两份,一份放入案件卷宗,另一份依办案流程随案流转,使审判风险信息始终处于完整收集过程中。立案庭实施评估后,将评估意见附卷移送业务庭,相关业务庭结合案情发展,加强对案件风险的甄别,通过收集诉讼参与人心理情绪、权益诉求、极端行为等可能引发不稳定的信息,对评估表内容及时予以补充,尽到询问、排查、及时填写、及时上报的责任,为后续的风险防控提供科学依据。

五、开展系统研判,推进风险防控

对存在审判风险的案件,如何进行有效防控是整个评估工作的关键。过程主要分为四个步骤:一是风险识别。通过简要案情和不稳定因素的判断,辨识各类危险因素、可能发生事件的类型(如媒体炒作事件、群体性事件、信访上访事件)、事件发生的原因。二是风险分析。研究现有处置条件下各类审判风险发生的可能性和严重性,以及这种风险是否涉及相关工作部门,是否应与该部门进行沟通协商。三是风险评价。在分析审判风险发生可能性与后果的基础上,按照审判风险大小进行风险评估分级,明确防控重点。四是风险处置。通过审判风险的综合分析和评价,形成防控措施报告,拟定媒体炒作事件应急防控方案、群体信访事件预警稳控方案、信访案件稳控化解方案、当事人劝解方案,以及相应的工作机制。上述风险防控的基本模型如图一所示。

六、坚持协同司法,实现矛盾联调

坚持协同司法理念,形成化解矛盾的整体合力。一是加强与党委、人大、政府等有关部门的沟通协调。例如,29名学生诉舟山市大千美术学校教育培训合同纠纷一案,学生家长反映强烈,舟山中院邀请人大、政法委、信访局、教育局等有关部门,共同进行评估。此后,市教育局多次召集双方当事人进行协调,配合法院开展工作,人大、信访局在处理当事人信访时,与法院保持一致的答复口径,妥善化解了矛盾。二是重视来自民间和社会的各种力量。对婚姻家庭纠纷,借助村委会、居委会和社区的力量,分别对症下药;对专业性较强的行业系统内部纠纷,争取专家学者、行业协会、企业负责人的协助。三是争取社会舆论支持。两级法院对媒体报道、社会关注度高的案件,坚持邀请人大代表、政协委员、市民代表旁听案件审理,使他们全面了解案件情况和法院处理思路,从而增进对法院工作的理解和支持,协助法院共同做好当事人工作。

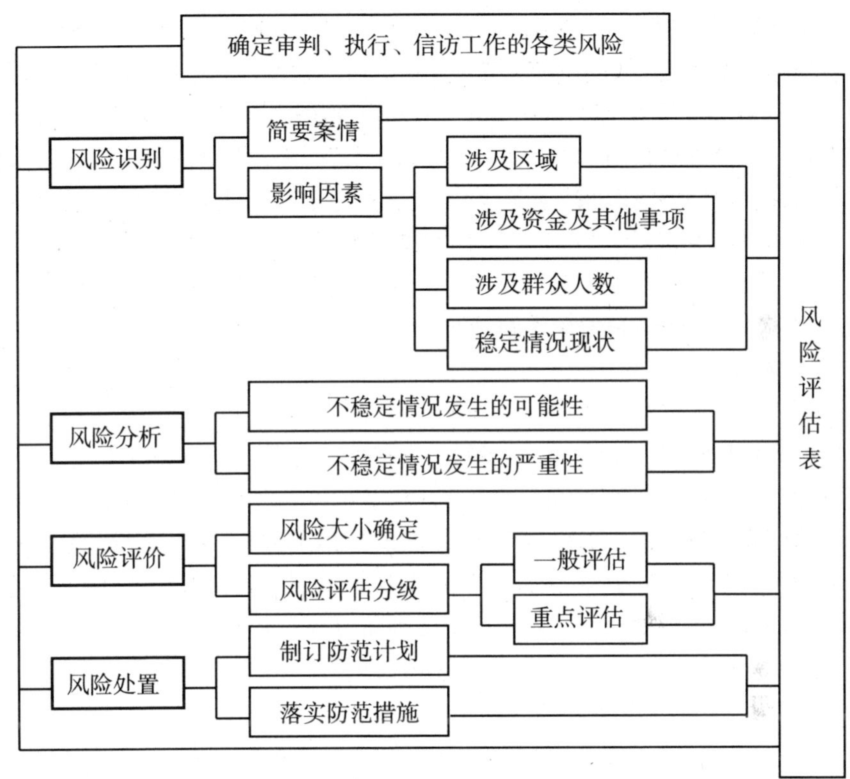

图一　重大案件社会效果评估风险防控模型

七、落实相关制度，提升运行效果

制度保障是发挥社会效果评估功效的保障。一是审判研讨制度。就评估工作折射的深层次问题开展前瞻性研究，两级法院多次成立课题组进行专题调研，为相关案件处理提供理论依据，统一司法尺度；加强普遍性做法的提炼，探索涉企债务纠纷、群体性纠纷等方面的处置经验。二是信息专报制度。就评估中发现的社会管理问题和法律适用难点，以《要情专报》、《情况反映》形式报送党政领导和上级法院，听取意见和建议，积极争取支持。三是司法建议制度。就普遍性或需要提请注意的问题，及时向有关单位提出司法建议，敦促各方加强治理。四是责任追究制度。将预防和处置审判风险作为法官的重要职责，进行定期考查和专项检查。同时，对应评估而未评估、未及时组织评估、拖延评估以及对评估问题处理不当，造成严重后果的，案件承办人、审判长、庭长、分管副院长和院长均应承担相应责任。

加强涉案风险评估 有效预防和化解矛盾

象山县人民法院

近年来,象山县人民法院积极开展案件信访风险评估工作,探索系统化、流程化的稳控管理体系,努力使矛盾预防与审判、执行工作紧密结合,涉诉信访的源头治理取得明显成效。

一、主要做法

(一)建章立制,规范操作

2009 年 10 月,该院制定了《审执案件涉稳风险评估的暂行规定》,规定立案庭(现为立案二庭)为风险评估的管理和协调部门,案件承办部门为风险评估的实施和化解部门。评估工作包括:一是确定分级评估。由案件承办部门根据案件争议的事实、当事人的言行、情绪和以往诉讼行为表现等情况,对相关案件进行全面客观准确的信访评估,确定信访等级,并及时制定应对措施。对经评估认为涉稳风险较小,但存有一定上访苗头或当事人扬言上访、上网散布等情形的案件,实行一般评估;可能引发上访、群体性事件或者恶性行为的案件,实行重点评估。重点评估等级需由承办部门报分管领导确定,并在每月维稳例会上通报进展情况。二是规范流程管理。该院于 2011 年 1 月开发了信访信息管理平台,由立案二庭负责将信访风险评估案件的相关信息录入管理平台,统一管理。从立案环节开始,经案件审理、执行完毕,所有环节的承办人随时排查、收集可能导致不稳定的因素,逐项登记于《涉稳风险信息登记表》,分别制订相应的防控措施,并将防控措施及落实情况登记于《涉稳风险化解表》,随卷宗材料流转,本环节确实难以化解不稳定隐患的,由下一环节承办人继续实施。上一环节确定为重点风险评估的案件,后续环节必须重点化解,直到结案;上一环节被确定为一般风险评估案件的,下一环节视情可以变更为重点评估案件,并报立案二庭备案,必要时由立案二庭协调化解。

(二)研判风险,预警矛盾

从搜集信息入手,切实掌握各办案环节中的潜在风险。同时,加强预案及时化解涉诉矛盾,案件承办部门根据预测评估结论,确定信访风险等级,制定防范和处置预案,编制评估报告。评估报告内容包括简要案情、案件办理情况、预测情况、采取的对策和措施、评估结论等。对属于一般评估的矛盾和问题，通过办案人员释法说理和深入细致的思想工作来消解；对于属重点评估的案件如存在稳定隐患的案件，采取定责任领导、定责任人员、定化解方案、定工作时限、包消化矛盾的“四定一包”责任制来化解。存在潜在办案风险的案件，在落实“四定一包”责任的同时，由承办部门报立案二庭，统一提请党委、政府和基层组织协同配合，综合施策，确保办案顺利进行（见图一）。

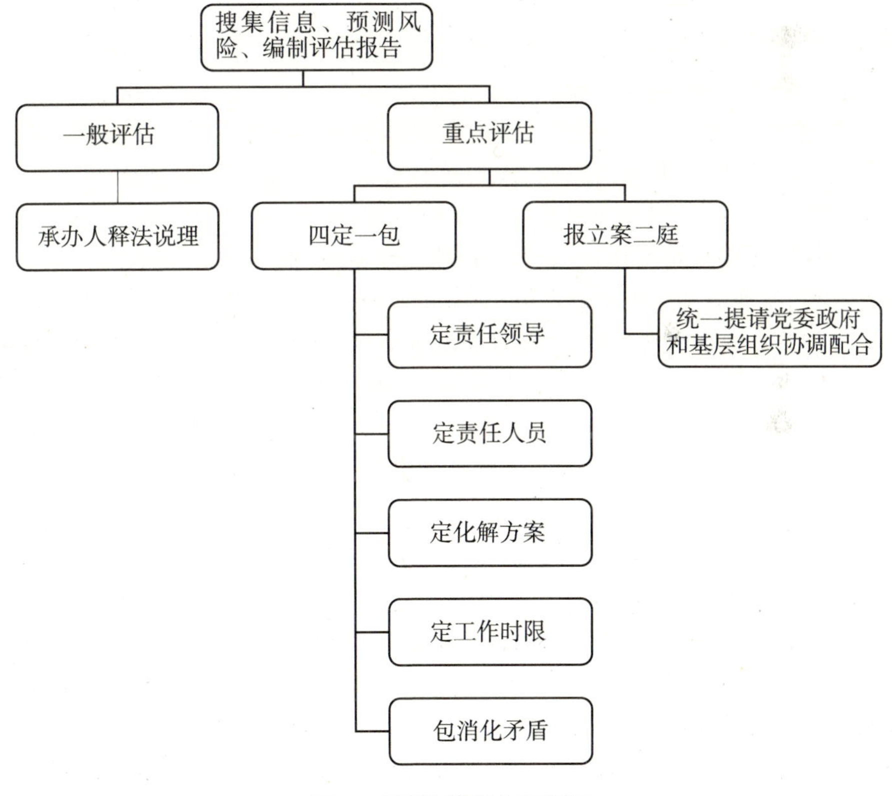

图一　矛盾预警机制流程图

（三）促进协作，防控风险

一是加强内部协作。充分发挥网络阅评员的作用，在网上发现涉本院案件的信息时，及时报办公室并向立案二庭反馈。立案二庭定期或不定期就某一专题或某类案件进行风险评估，发现重大、突发风险信访信息及时通报相关业务部门，提醒对相关个案重点关注，视情调整应对措施。涉诉信访预警处置工作领导小组定期对全院的涉稳风险排查化解等情况进行跟踪检查。二是加强外部协作。定期与当地信访局联系，及时查询信访人动态，以便在立案阶段就能及时纳入风险评估范围。加强与辖区乡镇、街道、社区的沟通配合，就信访人的相关情况进行共同分析、研究，同时委托社区或村干部关注信访人近期的动态，随时掌控信访信息。对于经多方努力仍无法有效化解的风险案件，寻求当地党委、政府的支持，合力防控案件风险。注重上下级法院之间的联动，对于进入二审、再审程序的风险案件，充分重视后审判阶段的化解可能，加强与中院、浙江省高院相关部门的联系，及时掌握当事人的动态，把握契机，通过三级法院联动的方式，促进风险化解。

（四）延伸服务，提示风险

强化信息研判，提高评估信息的决策依据与服务功能。及时汇总业务数据情况、影响社会转型发展的问题、成因及对策研究、工作举措和成效等信息，编发"要情专报"等，将排查出的信访风险上报当地县委、县委政法委，并有针对性地提出预警方案和对策建议，为当地党委、政府决策提供参谋。例如，针对涉企案件高发、企业资金链断裂易引发"多米诺骨牌效应"、大量企业涉诉造成当地经济发展不稳定的现象，该院加强涉企案件的风险评估，出台了《关于涉企案件风险预警处置的暂行规定》，对众多债权人向同一债务企业提起的系列诉讼、群体性诉讼等案件实行大要案报告和集中审理执行制度，对审理执行中涉及的企业信贷危机、企业裁员、破产等问题加强风险预测防范，并从经风险评估的涉企案件中分析总结出 30 条关系企业生产经营的风险点，编印《企业防范经营法律风险提示》提示企业预防经营风险，取得良好的社会效果。

（五）加强考核，促进落实

一是将涉稳案件审执工作与绩效考评挂钩。设计了与涉稳风险评估相配套的四种表格，业务部门未按规定上报案件稳控化解方案等六类台账材料的，酌情扣除当月绩效考核分并上网通报。二是将涉稳案件审执工作与晋职晋级挂钩。建立了干警个人信访工作档案，将干警的涉稳风险排查化解情况、息诉息访工作成效等信息记入个人信访档案，作为干警提拔任用、职务晋升的参考依据。三是将涉稳案件审执工作与干警问责制度挂钩。在案件办理过程中发生应进行涉稳风险评估而未评估，或化解和处置措施不落实，引发涉稳重大信访事件等情况，造成不良影响或后果的，则根据《工作人员问责实施办法》的规定，对案件承办部门负责人、办案干警进行问责，并追究相应责任。

二、取得的成效

(一)结案息诉罢访率逐年上升

在已结信访案件中,信访人承诺息诉罢访的案件数大幅增加,所占比例也逐年上升。其中2009年35件,所占比例为40.23%;2010年46件,所占比例为41.82%;2011年102件,所占比例为45.33%(见图二)。

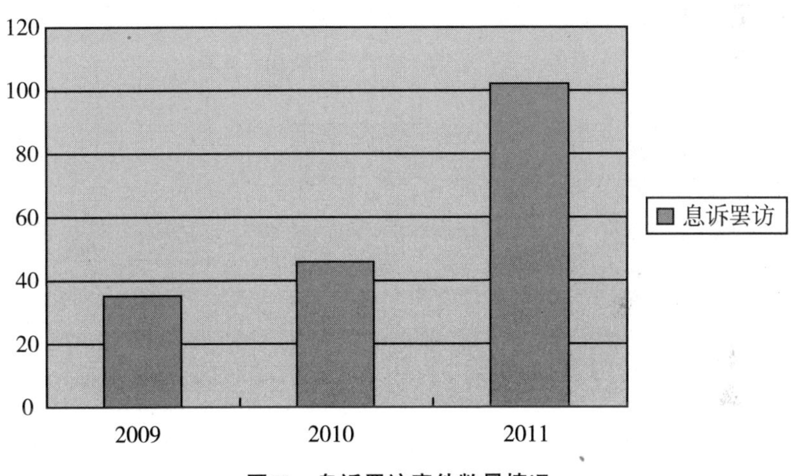

图二　息诉罢访案件数量情况

(二)风险案件信访率逐年下降

对于存在社会不稳定因素的风险案件进行科学的评估,并有针对性采取预防化解措施,把矛盾化解在萌芽状态。2009年,该院涉稳风险评估案件29件,最终进入信访程序的案件26件,信访率89.66%;2010年涉稳风险评估案件56件,最终进入信访程序35件,信访率62.50%;2011年涉稳风险评估案件153件,最终进入信访程序94件,信访率61.44%(见图三、图四)。

(三)信访案件化解数逐年增加

2009年26件风险案件进入信访程序,已成功化解24件,化解率92.31%;2010年35件风险案件进入信访程序,已成功化解31件,化解率88.57%;2011年94件风险案件进入信访程序,已成功化解87件,化解率92.55%。总体来看,纳入风险评估体系进行管理和防控的信访案件,成功化解的数量逐年增加,化解率总体较高(见图五、图六)。

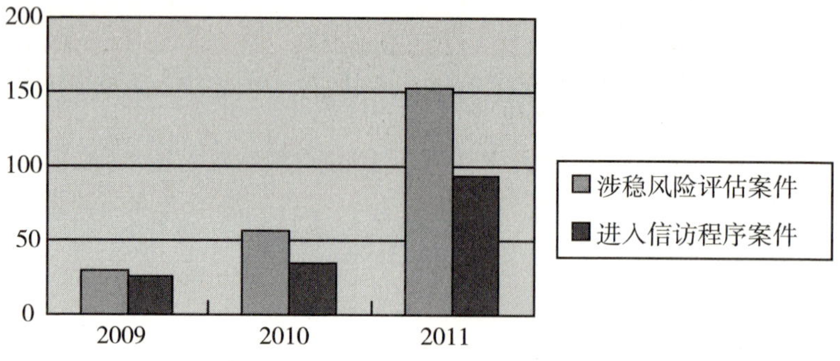

图三　经评估进入信访程序案件的数量

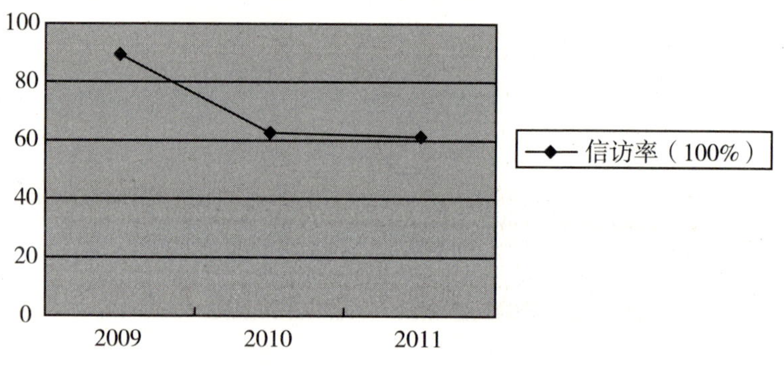

图四　风险评估案件信访率情况

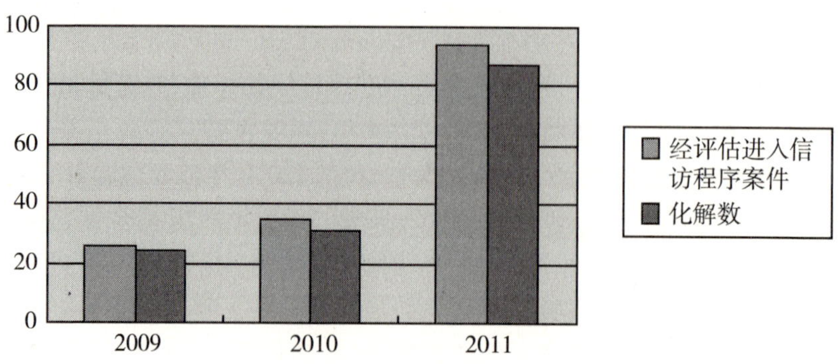

图五　经评估进入信访案件化解数量情况

(四)进京上访人次明显减少

三年来进京访次数、人数呈逐年递减的趋势,且减幅明显。其中2009年进京访为24次、13人,2010年进京访为17次、10人,2011年进京访为8次、7人(见图七)。

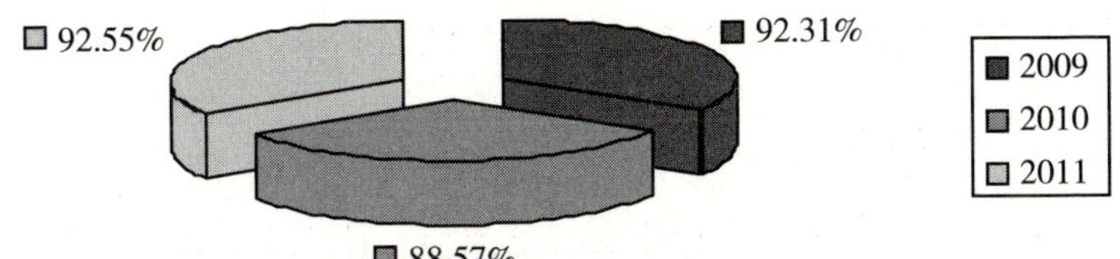

图六　风险案件信访化解率情况

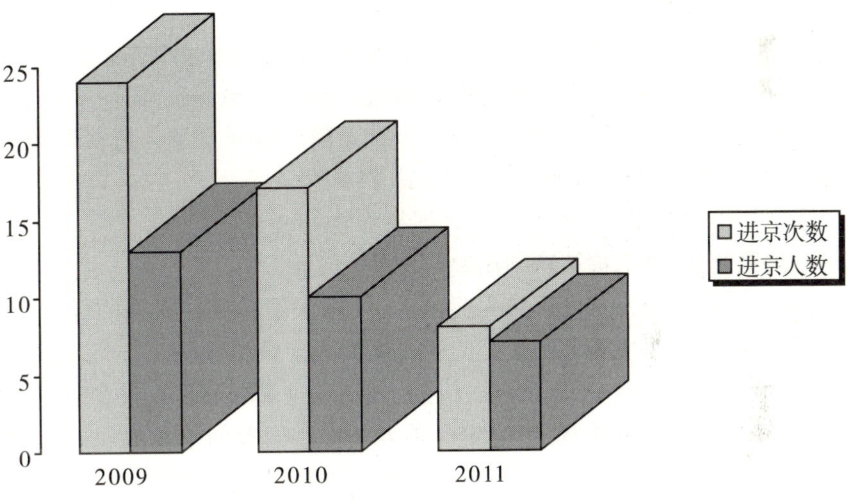

图七　2009－2011 年进京上访情况

着力构建涉诉信访化解长效机制

义乌市人民法院

近年来,义乌法院针对收案数量大增、矛盾纠纷集中复杂、涉法涉诉信访居高不下的实际,通过加强源头治理,重视初信初访,借力联动化解,着力探索和构建涉诉信访化解长效机制,取得明显成效。2011 年该院受理来信来访总数 691 件,同比下降 41.2% ,2012 年上半年同比下降 14.4% 。集体访从 2009 年的 14 批次下降到 2011 年的 4 批次,同比下降 71.4% 。

一、加强源头治理,提高审判质效

一是抓风险预防。义乌法院先后出台了《重大敏感案件报告的规定》、《案件风险评估预防工作实施办法》,建立完善案件风险评估预防工作机制,对案件进行矛盾风险评估并确定风险等级、信息入网,及时采取预警通报和防范措施。对可能引发信访的重大敏感案件,案件承办人按规定及时呈报庭长、分管院长或院长,同时抄报立案信访部门。需要上级协调处理或重视的,以要情专报等方式上报上级法院及党委政府,及时做好防控应对。

二是抓审判质量。对高发的案件类型及处理方式进行专题分析,以院务会或庭长例会会议纪要的方式,统一裁判尺度,促进规范司法。着力推进裁判文书上网公开,加强案件办理信息外网查询告知工作,推行执行日志,公示财产分配方案,强化公众监督,提高司法公信力。加大对民商事案件调解率、自动履行率、上诉案件改判发回率等质量指标的考核,促进办案质量的提高。此外,认真抓好诉调衔接工作,强化诉前引导和诉中委托人民调解组织调解的工作力度,力争矛盾纠纷在诉讼外彻底有效解决。

三是抓审限管理。加强审判流程节点管理,严格控制和规范“简转普”案件审批,强化对超审限案件的预警、督办,开展民商事案件速裁机制建设,确保案件快立、快审、快结。近年来,该院 3 个月审限的简易程序案件,平均 45 天审结;6 个月审限的普通程序案件,平均 70 天审结。

二、前移工作关口,解决初信初访

一是建立院领导及部门负责人接访工作机制。每个工作日安排一名院领导或部门负责人到接访室轮值接访。对于来访人员反映的问题，及时予以解答说明；发现需要交办的及时予以交办。立案庭信访室就接访情况每日发布信访简报，每月发布信访工作综述。

二是完善初信初访工作机制。对于重要来信来访做到第一时间处理，第一时间告知，第一时间反馈。无论是各业务部门审判执行案件，还是纪检监察、审判监督部门处理控告申诉，办公室接受媒体监督及舆情研判，一旦发现有信访苗头，都及时妥善化解。如该院办公室在接受《工人日报》就某执行案件来访时，发现申请执行人许某对该院未按其要求查封与保金相当的房产，后因参与分配债权人多，且分配方案有瑕疵，致使其未能取得足额诉讼标的利益。在核实情况后，法官第一时间与当事人沟通协调，并向领导汇报后确定了弥补方案，取得当事人的理解，从而妥善化解了一起极易引发信访的案件。

三是建立重点案件判前沟通协调和判后释疑工作机制。加强对涉村、涉企及涉部门重点案件的判前沟通，做到基本案情清，矛盾纠纷明，调处工作到位。同时，大力做好判后释疑工作，努力让当事人或群众理解、信任审判工作，防止因工作态度简单粗暴引发信访。

三、强化工作举措，集中清理积案

一是强化责任落实。逐案拟定化解方案，确定包案领导、责任部门和责任人，明确目标，限期化解。院党组定期听取清积案进展情况汇报，研究和协调解决清积案中遇到的困难和问题。

二是注重方式方法。与信访人正面接触之前做实做足前期工作，详细掌握案情、信访经历、信访人工作家庭等情况，争取外围突破。如在了解到某信访人父亲生病住院，及时到病房探望，取得信访人家属的理解和信任，促成信访人配合，最终得到化解。与信访人面谈工作中，学会换位思考，做到耐心倾听，耐心解释，耐心等待最佳化解时机。

三是坚持“四个到位”。根据每个信访案件的不同情况，分别制定化解方案，强化工作力度，使每个案件的处理做到合理诉求解决到位，错误瑕疵纠正到位，实际困难帮扶到位，思想教育疏导到位，尽一切可能妥善化解。中政委、省委政法委交办的三批共 26 件涉诉信访积案 100% 办结，被授予全省政法系统“集中清理涉法涉诉信访积案活动”先进集体。

四、借助各方力量，联动化解纠纷

紧紧依靠党委支持，争取部门镇街和社会各界配合，形成矛盾化解工作合力：

一是主动向党委上级汇报。主动向党委和上级法院汇报涉法涉诉信访工作进展,特别在办理上级交办信访件过程中,及时汇报沟通,积极争取支持,紧紧依靠党委和上级法院做好化解工作。对部分疑难复杂信访件,党委政法委和上级法院加强指导、协调和督促,有力推进了信访案件的化解。

二是积极争取各方支持。依靠义乌市委政法委信访件办理的协调机制,凝聚各相关职能部门、信访人住所地镇街、有关单位和社会各界等多方力量,会商研究办法对策,以联合走访、下访约访、救助资金支持等多种有效措施进行稳控化解。

三是总结经验完善机制。对重大信访个案的产生原因、化解过程中存在的问题深入剖析,不断总结经验做法,促进提高涉诉信访工作水平。加强汇报和协调工作,建立完善党委支持、各方配合、法院主导的联动化解长效机制,促进涉法涉诉信访工作的有效开展。

创新涉诉信访处理模式　推进社会矛盾化解

余姚市人民法院

近年来，余姚法院探索建立起管理系统、程序规范、职责明确的涉诉信访办理新模式，开辟群众工作室，着力化解初信初访；实行信访事项再审办理方式，努力减少重信重访；强化信访案件评查考核，倒逼提升审判质效，取得明显成效。2011 年，该院被评为“全省法院涉诉信访清积工作先进集体”。2012 年以来，共受理初信初访 148 件，化解率达 92%，同比上升 10%，重信重访同比下降 15.74%。

一、开辟群众工作室，优化信访处置效果

一是优化窗口服务。该院针对以往立案信访大厅同时接待立案和信访容易引发信访人趁机造势，影响其他当事人对法院工作评价的弊端，于 2012 年 3 月份设立了群众工作室，将其与立案大厅隔离，在审判大楼单独开辟约 70 平方米的工作区域，内设群众休息、领导接访和信访登记三个区块，置备饮水机、法律手册、报刊、纸笔等便民用品，安装电脑、打印机、录音电话等办公设备，开通并公布接访电话、网上信箱。同时，选派经验丰富、责任心强、群众工作过硬的审判人员担任专职信访接待人员，把好信访进口关，当好释法明理解说员，理顺接访秩序，营造良好氛围。

二是实行信访分流。对于正常法律咨询或诉讼引导类信访，由群众工作室负责一站式解答，避免重复接待或多头接待；对于对法院受理、审判、执行的案件处理结果不服的初信初访，专职信访人员不能解释明白的，及时联系相关承办部门现场接访，争取即办即结；对于当事人存在心理障碍、重访缠访、无理访等处理难度较大的信访，由群众工作室进行初步办理，不能当场解决的，移交审监庭作进一步处理。

三是打造“专家诊”平台。为进一步加大信访接待和矛盾化解的力度，建立院、庭领导专题接访制度，充分利用院、庭领导的专业性和权威性来促进疑难复杂信访的疏导化解。如针对当前涉拆迁信访、执行信访、立案不予受理信访等群体性、政策性信访趋多的实际，在院长接待日时由院长带队，会同行政庭、执行局、立案庭等部门负责人，对来访人反映的专项问题进行当场答复，集中解

决,并在事后召开专项信访会研究整改。截至2012年10月,该院院、庭领导共接待来访群众120批163人,直接答复信访案件99件,当场矛盾化解率达82.5%。

二、实行再审办案模式,规范信访处理流程

对于经群众工作室接访后仍不能息访的信访案件,按照普通案件审理程序办理,形成了包括立案、办理、答复和归档的全套办案流程,确保信访事项件件有着落,事事有回音,有效提升来访群众满意度。2012年以来,该院信访案件答复率100%,平均办理周期同比缩短10天。

一是建立信访立案登记跟踪制度。审监庭作为归口管理部门,将信访件按当事人日常来信、信访人员日常接访、院庭长接访案件以及上级法院和其他有关党政部门交办案件等进行分类,建立信访立案表和办案流程表并同步输入审判业务系统,便于统一跟踪、动态管理。

二是建立院长办公例会定期研判制度。强化对信访案件办理质量的层级把关,每周召开院长办公例会研究信访工作,对审监庭新收的一般信访案件,统一处置思路,落实承办部门、人员和期限;对重大、敏感性案件、上级交办或化解难度较大的信访案件,落实包案领导,明确处置方案;对法院自身力量无法解决,需要谋求外力支持的信访事项,落实牵头领导,加强对外沟通。

三是实行“一案一卷宗”制度。规定信访结案后5日内,由承办人员将办理流程表、信访人递交的证据材料、信访处理材料和审查报告等相关材料装订成卷,上交审监庭单独留档保管。“一案一卷宗”制度的建立,重点规范了重信重访案件的处理,防止因多头多次办理造成司法资源的浪费。

三、强化管理考核,倒逼提升审判质效

该院坚持将信访工作作为查找司法管理漏洞、纠正办案质量瑕疵和追究有关人员责任的重要载体,进一步丰富评查、通报、考核、整改等管理手段,提升审判质效。2012年1-10月,该院申诉率仅0.2%,同比下降0.2个百分点。

一是开展“再审式”评查。对于每一个已立案的信访案件,均由审监庭组成三人评查小组,结合庭审笔录、送达程序、信息输入等再审案件的审查标准,对案件开展全面评查,剖析信访产生原因并作出评查结论。对重信重访和疑难复杂的信访案件,在常规检查的同时,邀请审判委员会委员运用数字法庭视频录像开展评查。2012年以来,该院共对126件信访案件进行再审式评查,7件重大信访案件通过数字法庭评查,切实强化了源头治理。

二是拓宽信访通报功能。注重信访通报的微观性，每周逐个通报信访案件办理进展和下步措施；注重信访通报的预警性，提前对信访案件进行维稳风险评估，准确把握进京上访、越级上访等重大信访动向。

三是加大考核整改力度。将信访事项的办理情况纳入季度和年度绩效考核，对于办理效果良好、化解重大信访案件的最高奖励500元，对于办理效率低下、负有工作责任的进行不同程度的处罚，督促相关人员切实履行信访工作职责。同时，对信访案件评查中发现的法院内部管理中存在的问题进行分析总结，落实整改措施。2012年以来，该院共对9件信访案件的承办法官予以惩处，落实了普通程序庭审规程、集约化送达模式、审委会调取数字法庭视频集中讨论案情等5项整改措施。

第三节 典型实例

坚守和谐社会的司法“前哨”
——浙江省人民法庭工作巡礼

浙江全省海域26万平方公里,陆域10万平方公里,山地和丘陵占70%。这山河湖海间,全省222个人民法庭星罗棋布,或深入海岛,或扎根山区,或居城乡统筹前沿阵地的闹市,或偏安波澜不惊的乡村一隅,为全省944个乡镇夯实定分止争的桥头堡,为“十里不同风、百里不同俗”的乡土中国播撒法治的启蒙。2008年以来,浙江人民法庭审结一审民商事案件49万件,占全省民商事审判案件1/3,诉讼标的额550.27亿元;依法执结案件5万件,执结标的额24.13亿元。

他们不仅是法庭人,还是社会管理者,在履行审判职责的同时,主动延伸审判功能,在企业破产重整、流动人口管理、传播法律文化等方面,有效推进社会管理创新和经济社会的有序发展,为基层社会的平稳转型撑起渐进式的法治晴天。

情与法水乳交融的“法庭法官”

置身乡土的法庭所面临的环境,法学科班出身的法庭庭长们都有一箩筐的故事:

男女被判离婚,男方不接受,带来一帮亲属要将女方强行带回继续“做老婆”。甘霖法庭庭长郑玉清说,他们常常不得不动用警车将女方送上一程。

在洲泉法庭,夫妻双方自愿离婚,签署具有法律效力的调解协议后,一方却反悔了,不仅撕毁了自己这一份,还以看笔录为借口,抢撕法院的调解笔录,承办人只能“奋力保护”。同样是婚姻纠纷,当地风俗为判决离婚时,男方一定要把婚前女方交给他的“八字”完好无损地交还女方,否则“女方将一世无好运”。洲泉法庭庭长沈元明说:“这在我没到洲泉前,闻所未闻。但在此只能尊重民俗,将‘八字’问题一并调解,虽然不写入调解笔录,但要督促男方自行归还。”在他看来,尊重民风,有时更有利于工作开展。辖区大麻镇,民风彪悍、爱面子,法庭开着警车去送达，基本没人会告诉你是哪户。“先礼后兵，先打电话告诉他‘怕开个警车上门送材料丢你面子，所以先通知你，是否方便来法庭拿一下’。嘿，这一招还真好用。”就在这样的执法环境中，洲泉法庭5年来所办的2700多件案件实现零改判、零发回、零再审、零上访。在沈元明看来，法庭案件质量最重要还是责任心，庭长签发必须严，“印发”两字重如泰山，证据不是很充分的都要卡掉，特别在农村，当事人要求法院查明的是客观事实。严格签发体系培养了审判人员的好习惯，每案尽量查明案件事实。一纸欠条的民间借贷，是否归还，法官总是主动引导被告提供取证线索，逐家银行一一调取资金往来清单并核实有无还款。这些工作当事人都看在眼里，记在心里，即使败诉还是信服。

为适应乡土特色，浙江法庭各显身手发挥调解作用，姜山法庭调解室里挂上“宁波谚语”：“讲话讲道理，带鱼吃肚皮”、“上半夜忖忖自家，下半夜忖忖人家”等，让当地百姓在庄严的法庭中有意外的收获。与“和文化”相得益彰的还有“法文化”，刻有镏金的古今中外著名法谚也走进宁波百姓心中。

2008年5月，环城法庭设立了以法官个人名字命名的沈金汝法官调解工作室，注重诚心帮助，耐心沟通，热心解难，公心断案，工作室成立至今已调解案件614件，成功率达75.3%。

上泗法庭更在硬件上独创性地打造“家、和、让、诚、恕”五大特色调解室，分别用于不同类别纠纷处理，将诉讼色彩浓厚的调解室变为充满温馨的会谈厅。

青田是著名的侨乡，温溪法庭辖区更是重点华侨输出区域，涉侨案件占35%，华侨出庭应诉率仅10%，该庭建立海外联络员制度，委托送达和调解，采用QQ语音视频网络跨国庭审模式，开通24小时自动语音导诉热线，解决华侨时差问题，推出在线QQ，确定专人在线解答华侨的问题。

浙江是临海省份，法庭更要适应渔民作息。大门法庭针对海岛特色，每年9月开渔后对渔民实行预约时间和地点的服务，庭长叶定光说：“鱼汛期间只能实行弹性工作制候潮开庭，渔民可能就在某个岛上登陆一下第二天又出海了，所以你何时息渔归港，是在大门岛还是在鹿西岛方便，你来定，无论午夜还是节假日，我们都来开庭。”为方便渔民诉讼，大门法庭法官前往鹿西岛开庭时往往“不问归期”，“很可能就涨潮了，不能坐轮渡，在鹿西岛住上三五天是常有的事”。

基层决策者的“法律参谋”

记者4月底采访时，因法庭改建临时租用办公楼的塘栖法庭一点不像“临时过渡”，虽是老法庭设备，却是整洁大方，审判场所、党员活动室、图书室等一应俱全，法庭安保不仅挂靠院机关，还与公安“110”联网。“2010年年底杂七杂八拉了18车搬来的,利用双休日整好,保证周一开班无误。”庭长赵美芳快人快语,有着基层女庭长的干练。也是在这种“非临时”心态下,塘栖法庭按期向辖区党政机关发送《涉诉矛盾纠纷季报》,并成为基层决策者离不开的“法律参谋”。

3月16日中午,辖区一镇领导因一起黄沙车事故处置问题致电:“赵庭长,我们没办法了,请尽快过来一下。”这时在黄沙车事故处理现场,三死二伤的受害者家属,蜂拥而至的媒体让事故赔偿标准谈判起来无比艰难。死者中一人是驾驶员,刚上班第一天就遇难。是否算工伤?是否按照工伤与侵权两者兼得的方式处理?那是个周五,赵美芳驻扎在处置现场,一直到次周二下午四点,标准定下来,家属将死者入土为安。

4月25日,为另外两名伤者的赔偿问题,镇领导再次邀请法庭“专家”出马。诸如赵美芳的“专家”身份,浙江法庭庭长们都享受过。余杭区2007年以来出台内地首个区域法治指数,对各镇乡街道和部门实行年度考核,这使法庭庭长们更是成为离不开的“参谋”。从乡土走向现代的,不仅是乡民,还有这些乡民的管理者。依法行政,重点和重心都在基层。而法庭作为坚守在最前沿的最小司法单元格,更突显其在现代化进程中的专业价值。甘霖、崇仁等浙江法庭主动利用涉诉情况这一敏锐感知社会经济的“晴雨表”,定期向党委、政府通报有分析有数据有情况的法庭工作分析,密切关注当地经济社会发展中出现的新情况新问题,向基层党政部门发送各类司法建议。

最小的司法单元格在参与党委政府“网格化管理、组团式服务”时,发挥的不仅仅是“点”上化解纠纷的作用,更有着服务“面”上决策的意义。六横法庭所在辖区作为舟山群岛新区的重要组成部分,舟山海洋经济发展的桥头堡,大量的规模企业被引入,尤其是修造船企业。少则几千人,多则上万人,一定意义上形成一个“小社会”,网格服务和人民调解在厂区存在真空带。六横法庭向辖区各规模企业发送了《关于在企业内部设立人民调解组织的建议(函)》,对企业调解委员会的人员组成、工作程序、相关制度和受案范围进行全方位指导,使“网格”功能在辖区实现全覆盖。此举得到普陀区委高度肯定和支持,区委副书记、政法委书记亲自参加首家企业人民调解组织的成立仪式。目前辖区已成立两家企业调委会,调解纠纷50余起。

在乡土播种法治启蒙的“社会人”

“有法庭在基层坚守,就是把法治的旗帜插进了那方土地。”浙江高院基层工作处副处长亓述伟说,做法官,在城里可以威风凛凛办案,而在基层,却要“婆婆妈妈”，要踩落几个、几十个太阳和月亮。正是这不分昼夜、不分法内法外的办案，办好案，悄悄让无论土生土长的本地人还是远道而来的务工者，都体会到法庭这不起眼的外表里所蕴含的法治力量，为那悬水小岛、崇山峻岭还有那熙熙攘攘赶往现代化的城乡结合部筑牢法治根基。

为引导民间调解，浙江法庭主动对接基层调解组织，全省 135 个人民法庭设立人民调解窗口，近五年来，为 2 万人次人民调解员举办业务培训班 1600 余次。王江泾法庭辖区户籍人口 12.5 万人，新居民 7.7 万人。该法庭主动对接新居民事务所。“在处理一些纠纷案件时，双方互相协助，利用法庭的法律威慑力和新居民事务所的亲民性，更加便于沟通、理解和调解。”王江泾镇新居民事务所主任苏小华说，有法庭的专业性指导，新居民事务所作为新居民的娘家，处理事情时心里更有谱了，“不懂的地方，一个电话就知道法律相关规定了”。

在审理中发现企业管理漏洞，主动调研指导，发出司法建议，让小微企业无偿受惠。小越法庭在审理经济纠纷案件时发现市场商户的欠款纠纷不断，而且不少拿来做证据的欠条因形式不规范导致经济纠纷难断，法官深入调查研究后设计了“欠条样本”，专门进市场教经营户如何写欠条，现在市场内 80% 以上的经营户的欠条都能写得很规范。金塘是舟山的传统工业重镇，岛内注册企业 678 家，几乎全是民营企业，金塘法庭编订《防范信用不良企业风险名单》，向辖区企业提供预警信息，供其在经营中参考。针对辖区中小企业普遍存在的送货单签收不规范的问题，将送货单存在的问题梳理后，以司法建议的形式发给相关企业，帮助企业加强管理、堵塞漏洞。

浙江法庭远不满足于这种基于涉案的法治影响力，还要更强的辐射性和传播力。普法宣传让法庭法官犹如西西弗斯滚石一般致力于长远的努力。桐乡法院挂职于崇福法庭的法官侯力伟在紧张的办案和方言学习之余，饶有兴趣地在报纸上“以案说法”，3 个月发表 7 篇文章。坐落在“生活着的千年古镇”的西塘法庭开通博客、微博，定位于宣传法律、沟通民意的窗口。自开办以来，点击率达 3 万余次，微博粉丝 3000 余名。而嘉兴全市 14 个人民法庭统一“公众开放日”，今年 3 月份邀请近 600 名群众零距离接触法庭、感受法官。

“当代中国法官不管是在城市还是在农村，正是大有作为之时。不但要懂得惩与罚，更应该懂得帮和引，在法治建设的道路上，我们是带路人，是领跑者，不但自己要精通法律、奉公守法，更要引领广大的百姓走上法治的轨道。”在奉化江口法庭担任庭长已达七个年头的王爱军说，1990 年从北京大学法律系毕业的他曾对法庭法官“不屑一顾、看不上眼”，但到了法庭，面对那些无论腰缠万贯的农民企业家，抑或为索讨几百元欠款的小菜贩，要一遍两遍地告诉他们怎么写诉状、怎么提交证据、怎么参加开庭时,他懂得了这个时代需要既拥有深厚的法学理论功底、能够坐堂问案,又深知群众疾苦、能够在田间山头与群众打成一片的新时代的马锡五式法官。

“我们的普通老百姓,生活在农村,不太懂法,但法的种子在他们的内心,我们要做的就是不断培育、浇灌他们内心的种子,使之生根、发芽,坚定他们的法律信仰。”

(原载 2012 年 5 月 15 日《人民法院报》)

铁面柔情　用"心"办案

——记杭州市西湖区人民法院立案庭庭长　陈辽敏

陈辽敏，杭州市西湖区人民法院立案庭庭长，全国优秀女法官、全国模范法官，从事司法工作15年。

用"心"办案

陈辽敏那股"拼命三郎"的工作劲，让同事和家人都会感叹不已：平均每天工作10多个小时，调解7到8件案子，最多的时候一天10多件。有一次为了一位从贵州赶过来的当事人，她忘记吃饭坚持调解到下午3点多。

工作以来，陈辽敏一直坚持这样的工作态度："法官不一定要办大案，但一定要用'心'办案！"她所在的立案庭是法院最繁忙的部门之一，工作相当琐碎：有老人告子女不赡养的，有夫妻吵架离婚的，有债务纠纷的……陈辽敏深深懂得，即使再小再简单的案件，对当事人和他的家庭来说都是最重要的事。因此，她对每个案件都一视同仁，尽可能设身处地为当事人着想。

杭州公交车司机于军说起陈辽敏就十分感激。他父亲早年因为有外遇而抛弃妻子，半身瘫痪失去生活依靠后到法院要求儿子承担赡养义务。第一次调解时，于军母子非常气愤，指着陈辽敏的鼻子骂。陈辽敏理解于军的矛盾和痛苦，每次开调解会都耐心地听于军发泄心中的怒气，从不生气。调解期间，她特意请来于军的同事一起参与，安抚他的情绪。后来调解成功了，陈辽敏还经常打电话询问于军的工作和他妈妈的情况。事后于军感动地说："您能理解我，愿意听我的心里话，陪我们度过那段难熬的时光，真和家里人一样。"

法律也有"温度"

到西湖区法院工作6年多来，陈辽敏共办结了各类民商事案件4000多件，经她手的案件结案率达95.4%，调解撤诉率达84.4%。

去年，西湖区法院开通了"陈辽敏网上调解工作室"，每天都有很多人在调解室留言，咨询各种法律问题。陈辽敏对每个留言都尽可能及时、详细解答。因为白天时间大都花在审理案件上，所以她基本是利用午休、晚上等时间来回复。有一次晚上10点多，她答复了一个关于"继子女遗产继承"的法律咨询，到了夜里12点,躺在床上的她忽然觉得刚才的回答不够完善,于是又爬起来补充了留言。

当事人还从“陈辽敏网上调解工作室”感受到温暖:有人为家庭矛盾咨询,她在回答后又粘贴了亲情短文发给对方看;有少年因为受到网络诈骗在留言上倾诉,她特意联系到这个学生的班主任一起细心开导……

人们习惯用“铁面”来形容法官,但是在陈辽敏身上,我们看到了一颗柔软的心;人们都说法律是无情的,但陈辽敏让我们看到,在人性关怀下,法律也有“温度”。

(原载2012年8月29日《人民日报》)

信贷之前涉诉调查　“两权一房”抵押确认

——江北“司法确认”破解创业融资难题

“像我们这种原始积累严重不足的小微企业能快速成长，当初那 100 万元信用贷款的帮助绝对价值千万。”宁波万代冲床科技有限公司董事长胡豪祥谈起那笔借以进军冲床市场具有“支点”意义的信用贷款时感慨万分。这是浙江省宁波市江北区人民法院积极助力工商部门在宁波市首推的城乡小额贷款保证保险业务的一个缩影。

为解决中小微企业融资难题，江北民营企业协会与中信银行合作，利用工商信用监管网络体系和法院涉诉案件查询系统对借款企业资信、涉诉情况进行贷前调查，以民营企业会员单位为贷款对象，无须抵押和担保，一般 9 天就可放贷，全区 7000 余家企业和 1 万余家个体工商户有资格申请贷款，单户最多分别可获贷 300 万元和 10 万元，贷款利率不超过同期基准利率的 30%。

受惠于这项政策，万代冲床公司于 2010 年 10 月轻松获得保证保险小额贷款 100 万元。“我们发现这家企业产品科技含量高，成长性好，而江北法院也提供了无不良诉讼记录的回函，便把它推荐给中信银行。”江北民营企业协会秘书长徐波说，这些资金帮助企业开发出新产品，产值也翻了好几倍，由于发展态势良好，又无不良诉讼，今年银行又追加 200 万元贷款。如今万代冲床公司年产值达 2000 万元，获得 7 项国家专利，其研发的冲床填补了国内无高速精密冲床的空白。

在此类信用贷款中，也有因通不过法院这一关而被卡掉的。江北一家电瓶车老板去年申请 100 万元贷款，在工商核实无异后，江北法院却在涉诉案件查询系统中发现其有一笔 80 万元的担保在诉，及时防范了贷款风险的发生。

“当然我们也不是有诉讼就不建议放贷，要看是否属于不良诉讼，多案中为被告，或者多案为原告，被多家公司拖欠货款等，也说明你的经营与市场不匹配。”江北法院办公室主任吕晓峰说，自法院参与信用贷款业务，受民营企业协会委托，该院安排专人进行贷前涉诉情况调查。2011 年，银行共为 37 家企业融资 6000 万元，无一起不良贷款发生。

“在对诚信中小企业放贷过程中，法院参与其中，这是建立社会诚信体系的有益尝试，也解决了部分企业融资难问题。”浙江省原副省长金德水说。

在江北,“司法确认”品牌促进融资的受益者,还有那些在城市化进程中有着创业梦想的农民。

随着农民创业意识的增强,农村信贷需求也进一步加大,广大农户希望获得更多的资金支持。江北区农村现有住房总面积787.4万平方米,1.82万农户拥有土地承包经营权,农村股份经济合作社达60余家,股本金达12.44亿元。按市场价合计,江北的股份经济合作社股权、土地承包经营权和农村住房(以下简称“两权一房”)的资本总额超过120亿元。但按照现行法律法规,这笔可观的财富只能处在休眠状态,无法贷款抵押。

作为宁波市城乡一体综合配套试点区,自2009年5月启动的“两权一房”抵质押贷款工作中,江北法院成为领导小组成员,并对“两权一房”抵质押有效性给予司法确认。

“要不是法院给予司法确认,我们是非常有顾虑的,因为用‘两权一房’进行抵质押贷款是前所未有的事,需要一定的探索精神。”宁波市市区信用合作联社理事长罗建国说。随着“两权一房”抵质押贷款的顺利进行,担保物有效范围又扩大到了房屋征收安置权益。在安置房到手前的“房票”也可以用来质押贷款。

去年,“两权一房”抵质押贷款为1700户农民融资1.8亿元,有15户90万元贷款到期未还,不良贷款率仅占0.5%。“这15户被诉至法院,主要因遭遇自然灾害、爆发疫情等导致农户投入种植的作物或养殖的牲畜等损失惨重,还有少数农户将贷款用于购房后无法转手套利导致无法归还贷款。”江北法院院长周兴宥说。

江北法院在处理涉及“两权一房”抵质押贷款纠纷时,首先在对贷款合同确认有效的基础上加强诉调对接,尽量调解结案,即便要拍卖担保物,也只在江北区农户范围内流转。同时特别注重典型个案的示范引导作用,采取巡回审判、就地办理的方式加强普法教育,提高村民守合同、讲诚信的法律意识。

相关链接

浙江有260万家中小企业,是全省经济发展的重要力量。2008年国际金融危机以来,以外向型为主的浙江企业经济遭遇严峻挑战,原材料价格上涨、劳动力成本上升,特别是融资难问题,使得中小企业经营举步维艰。尤其是去年下半年以来,温州等地中小企业破产停工、倒闭、老板跑路时有发生,引起广泛关注。

为此,浙江省高级人民法院专门增设《涉企信息专报》,畅通企业涉诉情况的信息报送,及时了解掌握各地规模以上中小企业运行中的异常情况,强化帮扶中小企业的司法应对工作。温州中院制定涉企债务纠纷立案审查工作应对措施，分级评估风险，分类处置案件，增强涉企债务纠纷处置工作的统一性；衢州中院设立危困企业涉讼审理执行“绿色通道”，宁波、金华中院结合当地经济发展特点，分别出台了司法帮扶危困中小企业、推进中小微企业司法保障工作的规范性文件，得到相关领导的批示肯定和企业的好评。

（原载 2012 年 3 月 7 日《人民法院报》）

“小对接”构建“大和谐”

——浙江省宁波市镇海区人民法院诉调对接多元化解矛盾机制调查

市场经济的发展伴随着利益主体多元化,矛盾纠纷的主体、内容也日益多样化、复杂化。这一背景下,浙江省宁波市镇海区人民法院探索建立了多元化解矛盾机制,实现了矛盾化解成本降低、效率提高,社会效果提升,司法资源配置优化的一系列成果。这些成果是如何取得的,镇海法院是如何开展工作的,近日,记者在镇海法院展开了调查。

强化人民调解指导　活用“第三方”力量

近年来镇海先后建立了“大阿姐调解工作室”、社区和好屋、阿拉老娘舅、他乡人之家等多种人民调解组织,2008 年年底这些人民调解组织已有近十类 200 余个。这些人民调解组织虽然化解了大量的基层矛盾纠纷,但由于机构分散、人民调解员人员变动大,专业素质不高,缺乏统一的协调指导,因此战斗力不强,平均调解成功率只有 38% 左右,没有调解成功的矛盾纠纷绝大部分最后还是流向了法院。

“基层人民调解工作不够出色并不能掩盖这项工作特有的优势。”镇海法院分管民事审判的副院长郑松告诉记者,“相比诉讼调解,人民调解具有更大的灵活性,更贴近群众的生活,能够通过及早介入来有效控制矛盾纠纷,并对诉讼调解补偏救弊,同时人民调解作为化解矛盾纠纷、维护社会稳定的第一道防线,将矛盾化解在基层,可以在很大程度上减轻法院工作的压力。指导人民调解工作是法律赋予我们人民法院的重要职责之一,我们法院有责任,把这些不穿法袍的调解员发动起来,把这项工作做得更好”。

2008 年以来,镇海法院与当地司法局、镇(街道)人民调解委员会每月定期举行联席会议,通过制订人民调解工作计划,通报人民调解工作情况,分析矛盾纠纷的类型特点和发展趋势,探讨解决人民调解工作中的新问题,镇海法院将辖区内的人民调解力量整合起来,告别了人民调解组织单打独斗的局面。

“调解能力是人民调解工作的生命线,镇海法院只有拓展职能,不断强化对人民调解的指导力度,才能推动人民调解工作的发展。”镇海法院民一庭庭长田明芳告诉记者。

为及时弥补基层人民调解组织在法律适用能力的不足,有效提高人民调解组织的个案处理能力,镇海法院创办了《镇海人民调解工作指导》期刊,通过具有典型性的审判、调解案例和调解经验介绍,对人民调解组织提供类型化的指导,加强了人民调解员对婚姻、家庭、土地、相邻关系、损害赔偿等常见矛盾纠纷的应对性,大大提高了人民调解组织的个案调解能力。

镇海法院还广泛开展庭审观摩、巡回审判活动,为人民调解组织进行现场示范指导。该院定期或不定期组织经验丰富的审判人员深入农村、社区开展巡回审判,邀请人民调解员共同参与案件调解,观摩案件审判,并在庭审结束后与人民调解员一起对案件进行分析,总结交流经验,实现对人民调解工作的业务指导。2008 年以来,镇海法院邀请人民陪审员 400 余人次,参加庭审观摩、巡回审判 53 次。"跟法院这样的正规军学习调解,让我们这样的地方队伍长见识,提能力,收获很多。"多次参加过法院现场示范指导的人民陪审员陈友江跟记者感叹道,现在的陈友江更多时候成为了镇海法院的特邀指导员,面对这样的转变,陈友江告诉记者法院的工作功不可没,对自己的帮助很大。

对于人民调解组织正在调解的案件,必要时镇海法院及时安排指导法官向人民调解组织提供法律、调解方案等方面的指导,促进案件调解成功。2009 年 7 月,镇海蛟川街道金富金属制品有限公司发生一起安全生产事故,一名工人在作业过程中触电身亡,死者家属要求公司赔偿 65 万元,而该公司只同意赔偿 22 万元,双方的心理预期差距巨大,街道调解委员会的调解工作一度陷入僵局,30 多名死者家属情绪激动,事态随时可能扩大。为尽快化解矛盾,镇海法院指派法官指导调解,最终促使双方以 41 万元的赔偿达成了和解,及时阻止了一起群体性事件的发生。

为了实现对人民调解指导常态化,镇海法院为每个镇、街道和工业园区都安排了一名指导法官,2008 年以来,累计已有 40 多名法官参加驻点指导,每个驻点法官平均每年下基层 34 次,参与指导个案 50 余件,收到了良好的效果。基层人民调解组织的平均调解成功率逐年上升,2010 年平均调解成功率达到了 68%,而调解案件数量上升了 36%,大量的矛盾纠纷得到分流化解。

案件个性动态把握　分流"全时段"调解

"在镇海法院每个案件都有身份信息。"田明芳告诉记者,根据案件的繁简难易程度进行分流,便于法官适时采用速裁,这大大提高了办案的效率。

在镇海法院,法官在立案时,通过与当事人交流和案件的初步了解,都建立一个案件信息表,将每个案件情况进行备注,让承办法官一目了然,及时对诉讼案件进行繁简分流。简单案件直接进入速裁程序组织调解,调解成功的当场发送调解书。自2009年镇海法院建立案件身份信息表以来,进入速裁的案件59%得到调解,平均审限仅3.44天,15%的案件撤诉,平均审限仅4.5天,案件审理时间大大低于非速裁程序。

当然对于不能调解或撤诉的案件,承办法官会根据案件办理情况不断补充案件身份信息,把握案件的特点便于对案件进行二次分流。例如,镇海法院在民一庭设置了固定的合议庭,分别办理二次分流后不同的案件,将权属侵权类中的人身损害赔偿案件交由调解经验丰富的审判长承办,2009年这类案件除公告案件外,调解率达到了90%,执行阶段的实际履行率达到了80%;将婚姻家庭类案件中的离婚案件交由两位资历较老、经验丰富的审判员承办,调解撤诉率也达到了65%。案件办理专业化水平明显提高。

刘光明,镇海法院民一庭法官,擅长办理劳动争议案件,他告诉记者,通过案件身份信息表和二次分流,案件被划入了不同的“生产线”,需要简单组装还是精细操作,法官可以根据判断进行选择。

在案件审理过程中,镇海法院并没有将调解局限于庭前调解和庭间调解,而是根据各个办案环节的不同情况和特点,实行诉讼调解“全时段”调解机制,将立案调解、判决送达前调解等纳入整个诉讼调解体系中。

“镇海法院还在诉讼调解中实行四延伸。”郑松对此如数家珍,“所谓四延伸即调解场所延伸,对一部分案件不再局限于庄严的法庭,而是移到气氛相对宽松自由的调解室;调解阶段延伸,案件调解不限于开庭时间,而是延伸到立案、送达、开庭之后的各个阶段;调解时间延伸,为了使部分当事人能够在不影响重要工作的情况下进行诉讼调解,推行假日法庭、夜间法庭、巡回法庭,在庭审时间安排上不断便民利民;调解手段延伸,调解不局限于面对面坐在一起,而是灵活采用电话调解、远程视频调解、QQ图文调解等新举措,使很多在外地的当事人免去了奔波之苦”。

说到四延伸,家住镇海骆驼街道的刘云亮深有感触。今年3月,镇海法院民一庭法官张发生审理了一起人身损害纠纷案件,刘云亮因为酒后一言不合,用啤酒瓶将老乡马峰砸伤,刘云亮觉得马峰骂人在先拒绝赔偿,马峰因为受伤误了工期被老板扣了奖金,两家人因此积怨很深,多次发生口角甚至动手。法官了解到两人都是一个村出来打工的,2007年刚从江西老家出来打工的时候,两人由于一时找不到工作,为了节省开支还睡过桥洞,曾经是患难与共的好朋友。为此,法官将案件审理的地点放在当年桥洞下的空地上,看到法官安排的“旧地重游”,

两人的对立情绪明显缓解，法官为此趁热打铁做起了调解。不到一个小时，两人就在法官的见证下握手言和，达成了调解协议，案件得到了圆满解决。

“开放式”无缝对接 请“外援”化解干戈

2009 年 302 件，调解率为 63.07%，2010 年 353 件，调解率为 54.48%，这一连串的数据不是一个法庭的调解数据，而是镇海法院民事纠纷调解室取得的工作成果。

2006 年，镇海法院成立了由两名退休法官成立的特邀调解组，将简易民事案件在庭前交由特邀调解组调解，充分发挥退休法官精通法律，调解经验丰富的优势，两位退休法官也不负众望，在特邀调解组工作岗位上如鱼得水，调解成功案件数量和调解率也屡创新高。

2008 年，镇海法院将特邀调解组升格为民事纠纷调解室，由法院和司法局联合选派调解员，将部分民事诉讼案件在起诉前、起诉后、审判前、审判中委托调解工作室进行调解，将调解工作关口前移，积极探索诉讼调解的适度社会化运作模式，民事纠纷调解室成立当年就成功调解民事案件 256 件，这个数据占民事案件收案数的 22.2%，在民事案件调解数中更是占了近 70%。

“对当事人起诉的婚姻家庭、相邻关系、劳动合同、损害赔偿等事实清楚、权利义务关系明确、争议不大的纠纷，引导当事人到民事纠纷调解工作室进行调解，加强了诉前引导机制；对已进入诉讼程序的纠纷案件，法官在审理中认为可以通过调解结案的，就出具书面委托函，委托民事纠纷调解工作室进行调解，在调解期限内调解不成的，则可再进入诉讼程序，这就是民事纠纷调解室的优势所在。”民事纠纷调解室专职调解员包启镇自豪地告诉记者，“去年镇海的王女士因与丈夫长期性格不合提出离婚，在离婚诉讼失败的情况下，经过民事纠纷调解工作室调解，双方当事人最终在财产分配和子女抚养问题上达成调解协议。如果按照诉讼程序，6 个月之后再次提起诉讼，到时离婚就是一场旷日持久的消耗战。”

镇海法院在实践中，能够紧紧抓住诉讼调解与人民调解的有效衔接点，激活调解资源，引入社会力量协助法院调解，充分利用工会、妇联、村民委员会、社区、公安派出所、工业行业协会等与当事人联系密切的单位和组织在化解矛盾纠纷中的积极作用。仅 2011 年，该院就邀请行业协会等社会力量协助调解 193 件，大量矛盾纠纷化解在了基层，化解在了萌芽状态。

（原载 2012 年 9 月 6 日《人民法院报》）

第三章　民本司法

积极回应人民群众司法关切

第一节　导　　论

一、民本司法的科学内涵

“法乃公器，民为邦本。”民本是司法乃至现代法律的精髓。无论是散发着浓厚人本气息的自然法学，还是去道德化的分析法学，抑或利益法学等西方法学流派，都无不承认法律的道德因素与人性基础。[①] 如罗尔斯认为，“在社会体系的设计中，我们必须把人仅仅作为目的而绝不作为手段”。博登海默也认为，“一切可行并有效的法律制度必须以民众的广泛接受为基础。而相当数量的不满和反对现象的存在所标示的则是法律的一种病态而非常态”。[②] 德沃金还提出了对“法律帝国的专制”的高度警惕，认为“对法律帝国的狂热追求，或许对法治社会的建立具有重要价值。但是，其代价是法官逐步脱离市民社会，法官、律师以及其他法律工作者可能由于自身的群体利益形成一个封闭的职业共同体。如果司法的运作不能保证民众的充分参与，那么就与古代法律的秘密状态没什么区别”。[③] 这些观点都是民本思想在司法领域的深刻体现。

在我国，民本思想源远流长。早在商周时代，社会中就有“保民”、“重民”的思想，如《尚书》中的“民惟邦本，本固邦宁”。春秋战国时期，孔子、孟子等儒学大师总结历史经验，以“仁者爱人”和“仁政”理念为核心，提出在政治思想方面，要爱人重民；在经济政策上，要富国富民；在治国策略上，要利民足民；在统治方法上，要施行仁政、取之有度。构建了独具特色的儒家民本思想体系。[④] 中国古代的民本思想体现在法律领域，就是主张立法、司法都以民为本。如春秋时期管仲就明确提出，“下令如流水之源，令顺民心”，“俗之所欲，因而予之，俗之所否，因而去之”。宋代包拯也说“民者，国之本也”，主张统治者制定法律当以便民为基本。

当然，以儒家民本思想为指导的司法行为只是服务于封建王权的统治，并

---

① 汪习根主编：《司法权论》，武汉大学出版社 2006 年版，第 5 ~6 页。

② [美]博登海默：《法理学：法律哲学与法律方法》，邓正来译，中国政法大学出版社 2001 年版，第 370 页。

③ 屈新、何显兵：“论司法为民与现代司法理念”，载《国家行政学院学报》2005 年第 4 期。

④ 张莉：“儒家民本思想与中国传统司法论析”，载《中国青年政治学院学报》2009 年第 2 期。

没有为人民利益带来保障,不是真正的民本司法。近代以来,随着封建专制体制的崩溃与人民民主运动的开展,民本思想才逐渐摆脱了儒家传统伦理的束缚,体现出鲜明的时代精神。尤其是中国共产党成立后,一直以全心全意为人民服务为宗旨,并提出了“执政为民”的民本观。这既是对传统民本思想的高度升华,也是真正、彻底的民本主义。胡锦涛同志提出的“权为民所用,情为民所系,利为民所谋”,则堪称是对这一理念的经典概括。正是基于“立党为公、执政为民”的宗旨,最高人民法院于2003年提出了“司法为民”工作理念,旨在通过司法活动的开展,为人民群众排忧解难,以人民的权利福祉为归依,实现社会正义,这是民本司法的生动实践。

改革开放以来,我国在政治、经济、文化等领域都发生了深刻变化。市场经济利益主体的多元化,公民权利范围的拓展,“依法治国”理念的提出,丰富了人民法院的工作职能,提高了法院在整个社会中的地位。在国际上,随着“司法消费观念”的兴起,司法权与人民群众之间的关系需要重新界定。在这种大背景下,如何更新司法理念,克服和纠正长期以来司法工作重规范轻救济、重管理轻服务的思想倾向和习惯做法,正确认识和处理好公权力与私权利、审判权与诉权的关系,强化民本意识、弱化职权意识,成为摆在人民法院面前的重大课题。民本司法的应用,正是回应现实需要、解决这一新时期课题的必然要求。

从本质上讲,民本司法的实践,就是将“司法为民”的理念贯彻落实到全部司法活动之中,“以积极的态度救济民权,以优质的服务减轻民负,以快捷的审理解除民忧,以公正的裁判保障民权,以有力的执行实现民愿”。[①] 民本司法要求司法机关在实践活动中以“司法为民”为价值取向加强制度建设,尊重与保障人权。一是要避免出现法律帝国的专制。当法官逐步脱离市民社会,法官、律师以及其他法律工作者可能由于自身的群体利益形成一个封闭的职业共同体,从而形成新的“法律专制”,人民群众无法全面参与其中,这无疑与民本司法的精神背道而驰。二是要保障当事人充分参与司法进程中。法院应当积极创造各种条件,保障当事人能够充分参与诉讼进程中,尤其是要强调对弱势群体的保护。三是要保证民众的参与和监督。司法过程必须接受权力机关和人民群众的正当监督,体现公民对国家权力的民主参与。

二、浙江法院民本司法的实践和发展

近年来,浙江法院以解决人民群众最关心、最直接、最现实的利益问题为突

① 孙章季:“论社会主义法治理念与‘司法为民’”,载《江西社会科学》2006年第10期。

破口,完善保障全面改善民生的司法工作机制;充分发挥审判职能作用,着力促进社会公平正义,为全面改善民生提供有力的司法保障和优质的法律服务。为切实抓好民本司法,浙江高院专门出台了《关于为全面改善民生促进社会和谐提供有力司法保障和优质法律服务的实施意见》。

(一)在体察民情上下工夫

积极拓宽民意沟通渠道,定期深入基层和社会各界倾听民意,健全涉诉民意收集、分析、反馈等处理机制,建立了一支数百人的网络媒体舆情分析整理队伍,努力做到善察民意、善应民意、善导民意。健全完善院、庭领导与网民交流对话机制,2009 年以来,浙江省高级人民法院围绕"民本司法"、"阳光司法"、"和谐司法"三个专题,在全国法院率先推出网民在线系列访谈活动,先后有省高院院长、副院长、庭长,中院院长,部分基层法院院长等 34 人次分别与网民直接对话,网民反响强烈,开创了全国法院先河。

(二)在便民服务上下工夫

三次调整民事案件级别管辖标准,将 93% 的大标的额民事案件,交由基层法院一审,方便就地解决纠纷。围绕"功能完善、制度健全、设施齐备、服务到位"的目标,大力推进立案信访窗口建设,努力营造便民诉讼的良好氛围。健全基层法院、人民法庭司法服务网络,完善巡回审判、预约办案、远程立案等工作举措,减轻当事人的奔波劳苦。加快"诉讼场所无障碍设施"建设,40 个法院设置了残疾人通道,其余法院正在抓紧改建中。依法扩大民商事案件简易程序的适用范围,平均适用率达 80.07%,推进小额诉讼速裁试点和行政诉讼简易程序试点,为群众提供司法便利。在全国率先降低委托拍卖的佣金标准,当年为当事人减轻佣金负担 5541 万元。加大对弱势群体的司法救助力度,健全司法救助机制,为困难当事人缓、减、免诉讼费 1.56 亿元,为 20911 名困难当事人、被害人发放救助金 2.33 亿元,使人民群众切实得到司法的关怀和实惠。

(三)在保障民生上下工夫

妥善审理涉及民生的案件,通过依法保障和改善民生,促进消费,扩大内需,增强经济发展拉动力。同时,加强对各类涉稳敏感案件可能导致的社会风险评估,与有关部门密切配合,妥善解决损害涉案群众利益的问题。浙江高院每年岁末年初在全省法院部署农民工讨薪维权专项审判执行活动,制定《关于审理劳动争议案件若干问题的意见(试行)》,既着力依法维护农民工权益,又引导劳企共渡难关,审结劳动报酬追索、劳动争议案件 11.22 万件,2012 年依法惩处新入刑的拒不支付劳动报酬罪犯 29 人,劳动报酬、赡养、扶养、抚育等涉民生案件的执行偿付率达 88.4%。及时制定贯彻侵权责任法、审理道路交通事故损害赔偿纠纷案件、审理医疗纠纷案件等司法文件，指导各地法院妥善审理相关案件。妥善审理涉农案件，加强涉军案件审判，依法维护国防利益和军人军属合法权益。浙江高院依法建议的温州“7·23”动车事故改进理赔的意见，促进了赔偿争议的化解，受到国务院、最高人民法院和浙江省委的肯定。依法保障当事人的申诉权利，审结申诉和申请再审案件21035件。加大对申诉案件的调解、协调力度，申诉案件调撤率达19.6%。推进落实“五项制度”，努力从案件源头上预防和减少涉诉信访问题。五年来，全省法院生效裁判息诉率同比前五年上升4个百分点。

第二节　实践经验

依法扩大刑事案件被告人指定辩护范围

浙江省高级人民法院

刑事案件指定辩护工作是衡量一个地区法治环境和形象的重要标尺之一。为充分保障被告人的辩护权，防止冤错案件，浙江省高级人民法院将扩大刑案被告人指定辩护范围作为2011年度全省法院的一项重点工作，精心组织，大力推进，取得了良好的成效。据统计，2009年全省基层法院审结的刑事案件中，有辩护人的被告人占被告人总数的34.1%，其中属可以指定辩护情形的仅为0.27%；各中级法院审结的一审案件中，有辩护人的被告人占被告人总数的76.16%，其中属可以指定辩护情形的仅为1.46%。不少被告人因为经济困难而无力委托辩护人，也得不到有效的法律援助。由于辩护人的缺失，刑事案件庭审的抗辩性大打折扣，也使这部分被告人的诉讼权利难以得到有效保障。

为此，浙江省高级人民法院于2011年3月9日向全省法院下发《关于扩大刑事案件被告人指定辩护范围的通知》，2011年5月6日又会同浙江省司法厅下发《关于加强刑事案件指定辩护工作的若干意见》，对法院和法律援助机构的职责、相互间的工作衔接等问题作出了具体规定。在浙江高院指导下，各级人民法院积极与司法行政机关、检察机关建立联动机制，注重调动指定辩护律师的工作积极性和责任心，扩大指定辩护工作取得了实质性进展。

一、主要做法

（一）结合实际，扩大范围

根据《刑事诉讼法》和司法解释的有关规定，浙江省高级人民法院结合浙江实际，在刑事诉讼法规定的应当为被告人指定辩护人的3种情形之外，增加规定了被告人无力承担、家属不愿承担（含无法联系其家属）辩护律师费用，本人又提出法律援助申请的，法院一般也应当为其指定辩护人的7种情形：(1)中级人民法院审理的一审刑事案件；(2)基层人民法院适用普通程序审理的一审刑事案件，被告人可能被判处3年以上有期徒刑刑罚的；(3)案件有重大社会影响或者社会公众高度关注的;(4)被告人犯罪时未满 18 周岁,开庭审理时已满 18 周岁的;(5)被告人认知能力较差,可能影响案件正常审理的;(6)法院认为起诉意见和移送的案件证据材料可能影响定罪量刑的;(7)被告人作无罪辩护的。各级法院还结合本地实际,将开庭时已满 60 周岁的、共同犯罪案件中其他被告人已委托辩护人的、少数民族不懂汉语的被告人等情形纳入指定辩护范围。

(二)加强协作,合力推进

浙江省高级人民法院与浙江省司法厅、浙江省律协就扩大刑案指定辩护范围工作建立了定期联席会议、日常信息沟通等机制,及时解决工作中遇到的困难和问题,共同争取财政支持,确保工作的顺利推进。法院设立专人负责日常沟通协调工作,办理指定辩护手续等衔接事宜。司法行政机关在法院设立法律援助受理点或工作室,配备专职工作人员,协助法院及时办理指定辩护手续,并每周安排律师值班。浙江高院还积极与浙江省检察院沟通,推动检察机关明确对有指定辩护律师的简易程序案件,应当派员出庭公诉,确保控辩审诉讼模式有效发挥作用。

(三)规范流程,提高效率

浙江高院规定,法院在送达起诉书副本时,对于未委托辩护人的被告人,应当告知其可以委托辩护人,并在开庭 10 日前将指定辩护通知书和起诉书副本或者判决书副本送交其所在地的法律援助机构。同时强调,对确定需要指定辩护的案件,法院应在当天与援助中心取得联系,法律援助中心应在 3 天内确定辩护人,在开庭前办完手续,并派专人负责送达法律文书、通知律师阅卷等工作。一些法院专门制定《诉讼权利义务告知书》,并以显著标识提示符合条件的被告人可以申请指定辩护,同时送达人员还要口头告知被告人有关指定辩护的规定,确保被告人及时掌握指定辩护信息。

(四)完善考核,确保质量

为确保指定辩护律师的辩护质量,采取了以下措施:一是建立回访登记制度。制作《刑案指定辩护工作回访登记表》,在案件判决后,逐案跟踪回访被告人,了解指定辩护律师的工作开展情况,并定期通报给司法行政机关。二是建立指定辩护律师名录。根据律师执业年限、业务能力、办案经历、社会反响等因素,设定担任刑案指定辩护律师的资格条件,选用愿意从事刑事指定辩护、业务素质较好、职业道德较高的律师进入信息库,优化指定辩护律师的选用。三是完善工作考评机制。会同司法行政机关对优秀的指定辩护律师,联合进行通报表彰;对不尽职的指定辩护律师,给予批评教育、退出指定辩护律师名录等处理,并将该情况备案登记,作为司法行政机关对律师事务所及律师个人业绩考核的重要依据。

（五）落实经费，强化保障

会同司法行政机关共同争取省级及地方财政加大对法律援助工作的专项拨款，设立法律援助案件专项补助经费，同时上调指定辩护律师的补助费，通过以“以奖代补”等方式，对工作积极认真、乐于承办疑难复杂、社会影响较大等类型案件、办案数量较多的援助律师，给予专项物质补助。目前，各地律师补助经费已从原先的每件400元提高至600元以上，最高的已达1400元。

（六）注重宣传，提升形象

浙江省高院将扩大刑案指定辩护工作列为宣传策划重点，要求宣传做到以案说法、虚实结合、深入浅出。对于宣传反响好的法院，予以考核奖励。同时，通过宣传优秀指定辩护律师的事迹，提高人民群众对指定辩护工作的认知度，增强刑事指定辩护律师的荣誉感与成就感。

二、取得的工作成效

2011年1－11月，浙江全省法院共为6374名无钱请律师、可能被判处3年以上有期徒刑的被告人指定了辩护人，指定辩护同比上升了80.52%，有指定辩护人的被告人占辩护人总数的比例同比上升8.22个百分点。总的来看，扩大刑案指定辩护工作进展顺利，促进了刑事审判工作的全面发展，得到各级党委、人大的充分肯定和社会各界的广泛好评。

（一）促进了刑事审判法官的规范执法意识，被告人合法权利得到进一步保障

为刑案被告人指定辩护人，增加了庭审的对抗性和控辩性，对司法人员的执法观念、程序意识、司法能力都提出了更高的要求。经过近一年的推行，全省法院刑事审判法官的执法观念、程序意识得到进一步提高，对刑事案件审查更加细致全面。同时，通过发挥指定辩护律师的作用，切实保障了被告人的辩护权等合法权利。如被告人汪某某涉嫌滥伐林木罪一案，在侦查阶段，汪某某承认自己存有过错和责任，因经济困难无力委托辩护人，法院为其指定了辩护人，庭审中指定辩护律师为其作了无罪辩护，合议庭采纳了此意见，该案由公诉机关撤回起诉，防止了冤错案件的发生。

（二）促进了审判管理的加强和创新，刑事审判质量得到进一步提高

扩大刑案指定辩护范围，促进了法院与公安、检察、司法行政机关及律师协会的长效沟通机制建设，强化了刑事审判活动外部监督。2012年1－11月，全省法院共审结一审刑事案件58397件，判处罪犯89188人，同比分别上升

15.1%和16.88%，上诉率为8.04%，同比下降了1.45百分点，其中有指定辩护人的案件上诉率明显低于其他刑事案件的上诉率。

(三)促进了宽严相济刑事政策的落实，社会矛盾得到了进一步化解

扩大刑案指定辩护范围工作增强了被告人及社会公众对司法公正的认同，有利于促进被告人认罪服法，促进社会矛盾化解。如新疆籍被告人艾尔夏提·买买提抢夺案，被告人归案后拒不认罪，抵触情绪十分强烈，法院为其指定了辩护律师，经法官和辩护律师的悉心教育和情感沟通，被告人主动认罪服法，取得了良好的社会效果。

(四)促进了公正廉洁司法，司法公信力得到进一步提升

扩大刑案指定辩护范围，进一步发挥控辩双方参与庭审的职能作用，有效保障了当事人的参与权和监督权，促使审判过程更加公开，审判结果更加公正。同时，彰显了司法人文关怀和法治浙江形象，进一步提升司法公信力。

加大审执力度　力保金融债权

浙江省高级人民法院

近年来，浙江全省法院在金融债权纠纷案件数量不断攀升、审理难度加大、审判资源严重不足的情况下，高度重视金融债权司法保障工作，充分发挥其职能作用，加大审执力度，取得了明显成效。2012 年 1 - 9 月，全省法院受理金融债权纠纷案件 2.2 万件，同比上升 63.5%，收案标的 497.8 亿元，目前已审结 1.7 万件，同比上升 51.3%，结案标的 259.4 亿元；共受理金融债权执行案件 9740 件，申请执行标的 163.3 亿元，已执结 7782 件，执结率达 79.9%，实现金融债权 45 亿元。新华社、法制日报等主流媒体先后作了报道。

一、加强组织领导，推进金融纠纷案件专业审判新格局

在浙江省高院的指导下，全省各地法院成立了以院长为组长的金融债权保护专项活动领导小组，形成了一把手亲自抓、负总责，分管院长具体抓，各部门协同配合、齐抓共管的工作机制。为专业化服务浙江区域金融中心建设，浙江省高院积极争取省委支持，设立了独立编制的金融审判庭。温州两级法院均成立了金融审判庭，其他具备条件的中、基层法院及人民法庭也设立了金融审判庭或金融审判合议庭，集中管辖金融债权案件，初步形成了专业化的金融审判大格局。温州鹿城、瑞安、龙湾等法院还成立了金融案件执行工作室或工作组，专司金融债权案件执行工作。为充分发挥专家的专业咨询和参考论证作用，温州等地法院还组建了金融审判专业陪审员队伍和专家咨询库。

二、创新工作方法，推行金融债权便捷化审判新机制

一是优先立案。在诉讼服务中心或立案大厅开辟金融债权案件立案“绿色通道”，对于符合立案条件的金融债权案件优先受理，优先立案，立案当日即移送业务庭审理。二是加大诉讼保全力度。允许金融机构以出具该机构保函的方式提供担保，无须提供财产担保，并在最短时间内实施保全措施，有效防止债务人非法逃避金融债务。对于可能逃匿的债务企业股东、高管或其他债务个人，依法及时采取限制出国境等措施进行有效控制。三是缩短案件审理周期。对事实相对清楚、争议不大、证据比较完整的金融债权案件，允许适当突破诉讼

标的额的限制,适用或参照简易程序审理。2012 年 1 -9 月,包括金融债权纠纷在内的一审民商事案件的简易程序适用率达 79.76%,案件审理期限大大缩短。瑞安等法院还探索金融债权案件小额速裁机制,实行一审终审,确保 1 个月内审结。四是实行集中管辖制度。自 2008 年以来,浙江全省法院共对金融机构等作为原告提起的、46 家涉资金链担保链断裂的行业龙头企业为被告的重大债务案件实行集中管辖,涉及案件 4616 件。在省高院的统一指导下实行集中受理、集中保全、集中协调、集中审判,目前已有 14 家企业的不良贷款重整后转为优质资产。

三、加大执行力度,探索金融债权最大化执行新举措

一是开展金融案件专项执行活动。温州、湖州、宁海、天台等地法院集中时间、集中力量、集中人员,定包案领导、定承办人员、定办案任务、定办结时间和包案件质量,加大金融债权案件执行力度,效果明显。如温州两级法院共执结金融债权案件 867 件,实现金融债权 14 亿余元。

二是创新执行方式方法。在全国率先建成基本覆盖在浙所有商业银行的网上专线“点对点”查询被执行人存款系统,加强与公安、国土、建设、房产、工商等部门的沟通联系,通过多种渠道查明被执行人财产,最大限度保护金融债权。探索运用国内最大的网上交易平台淘宝网,开展互联网竞价的司法拍卖试点,力求拍卖标的物交易的公开公平公正和拍卖价格的最大化,最大限度提高金融债权受偿率。适用限制被执行人高消费、媒体曝光等措施,迫使被执行人自动履行债务。探索刑民并行的处置方式,由法院通过民事执行程序先行处置被公安机关查封的金融债权抵押物,确保银行抵押优先权的实现。

三是大力推进“市场导向、司法主导、简易审理、执破结合”的企业市场化破产新路子。2012 年 1 -9 月,共受理破产案件 98 件,审结 52 件,同比分别上升 226.7% 和 100%,尽可能实现金融债权,便于金融机构及时核销金融债权。

四是加大对逃废债行为的打击力度。针对一些企业“假改制、真逃债”、“假破产、真逃债”现象,依法加大对“逃废金融债务”行为的制裁,确保金融安全。

四、延伸审判职能,构筑司法防范区域金融风险新防线

一是健全与人民银行征信系统对接机制。发送 60 万余条法院执行案件信息给人民银行征信系统,作为金融机构发放贷款、办理信用卡、评估信用等事项的参考,防范金融风险。

二是大力加强司法建议工作。针对部分银行在贷款清收过程中不注重对享有担保物权的财产向法院申请诉前或诉讼保全的情况，浙江省高院建议省银监局明确要求省内金融机构建立健全对借款人的分析、评价和预警机制，以减少贷款清收中的障碍和困难，引起省银监局的高度重视并落实改进。

三是强化调研指导。浙江省高院先后出台《金融纠纷案件若干问题讨论纪要》等10余项指导意见，统一裁判标准；开展"发挥商事审判职能促进浙江区域资本市场发展"等调研，从司法保障层面提出促进区域资本市场发展的对策与措施。

发挥陪审作用　促进司法民主

绍兴市中级人民法院

人民陪审员制度是保障广大人民群众参与并监督司法的重要形式,是具有中国特色的一项重要司法制度。近年来,绍兴市两级法院积极贯彻上级精神,落实制度保障,不断加强对人民陪审员的日常管理和业务指导,充分发挥人民陪审员的各项职能,保障了群众的合法权益,提高了司法的公正权威,推动法院各项工作有了新发展。根据全省法院统计报表,2011 年绍兴中院一审陪审率为 43.66 %,同比上升 32 个百分点,上升 2 个名次;各基层法院一审案件陪审率亦逐年提升。特别是在知识产权案件中,专家型人民陪审员参审率达 60%,参审案件调解率达 80% 以上,得到了《人民法院报》的宣传报道。

一、提高重视,完善制度,强化对陪审制度重要性认识

(一)领导重视,思想认识得到统一

绍兴两级法院领导充分认识到人民陪审员制度的重要价值:人民陪审员制度是落实司法民主原则的重要形式,是促进司法公正的有力举措,是强化司法监督的重要机制,是增强司法权威的重要途径,具有拓展法制教育的重要功能。通过不断营造氛围,全市法官亦深刻认识到,来自基层的人民陪审员可以把社情民意、生活经验、地方风俗人情等带入审判,而这些民间智慧正是职业法官特别是那些学历高但社会阅历相对简单的青年法官所缺少的;通过陪审制度可以在法律允许的范围内将朴素的民情和法律准则巧妙地融为一体,有助于法官更为准确地认定事实和适用法律,更好地实现社会正义。正是基于这样的认识,人民陪审员制度受到了绍兴法官的热烈欢迎。

(二)完善制度,开展工作有章可循

绍兴两级法院严格按照全国人民代表大会常务委员会《关于完善人民陪审员制度的决定》和浙江高院有关文件的要求等,认真落实人民陪审员制度的各项工作。中院和各基层人民法院都在第一时间成立了以院长或分管院长为组长的工作领导小组。为进一步规范人民陪审员使用管理工作,保障人民陪审员制度的实施,绍兴中院在 2005 年制定《人民陪审员使用管理办法(试行)》的基础上,又于 2010 年对该管理办法予以修订,对人民陪审员人事管理工作和人民

陪审员参加审判活动的日常管理工作等作了具体规定，明确了相应的责任部门。在实际运作中，由政治部门负责人民陪审员的日常人事管理工作，相关业务庭负责人民陪审员参加审判活动的日常管理工作。各基层人民法院也结合本院的具体情况，制定了相应的配套制度，确保工作顺利开展。例如，嵊州法院出台了《人民陪审员参加审判工作活动操作细则》，绍兴县法院出台了《关于进一步贯彻落实人民陪审员制度的指导意见》。

（三）加强宣传，陪审工作深入人心

社会各方面对人民陪审员工作的重要性认识不足，势必会影响人民陪审员工作的正常发展。比如，有些当事人对人民陪审员制度不大了解，对通过人民陪审员参与案件审理来维护自身合法权益的意识较弱；一些人民陪审员所在单位对陪审工作重要性认识不够，不能为人民陪审员参与审判提供良好的环境；个别人民陪审员认为陪审工作是本职工作之外的业余工作，被动地或机械地参加审判工作，缺乏主动参与的积极性。为此，绍兴两级法院努力通过媒体、网络等方式加大陪审工作宣传力度，促使陪审工作深入人心。通过积极有效的宣传，增强了当事人对陪审制度的了解和认知，促使其主动选择陪审员参审的形式维护自身合法权益；增强了人民陪审员所在工作单位对陪审工作重要意义的认识，从而协调好陪审工作和本职工作的关系，为陪审工作创造了良好的工作条件；在形成良好社会氛围的同时，强化了人民陪审员的责任感和使命感，增强其参与陪审工作的积极性和主动性。

二、加强管理，落实保障，坚持和体现司法的人民性

（一）选任民主科学，壮大陪审队伍

1. 选任民主

在增选工作中，注重选拔范围的广泛性、选拔程序的公正性、选拔标准的严格性、选拔人选的代表性，真正将各个层面的优秀专业人才选拔到人民陪审员队伍中来。绍兴两级法院 2010 年选任人民陪审员 107 名，2012 年新选任 10 名，现共有人民陪审员 256 名。其中所选人民陪审员的来源较为广泛，涉及行政机关干部、现役军人、基层调解干部、教师、记者、工程师、会计师、企业管理人员、街道社区干部、企事业单位职工、农民、退休人员等。学历多为大专以上，专业面广，职业结构合理。总体而言，源自各行各业的专业知识、大众思维与审判法官的法律素养、职业思维形成有效互补，缩短了法官与民众之间的距离，提高了裁判的社会公信力。

2. 任用科学

在选任工作中,同时发展常驻各庭的专职人民陪审员和兼职人民陪审员。考虑到兼职人民陪审员因联系不便、与本职工作有一定冲突等原因导致实际参审困难较大,绍兴两级法院在工作中积极安排专职人民陪审员参加陪审,同时确保每一名兼职人民陪审员每年也有一定量的案件参与陪审。两类陪审员参与案件审理一般采用“相对固定,定期轮岗”的模式,将一定数量的人民陪审员统一分配至某一审判庭,由各业务庭从相对固定的人员中随机抽取人民陪审员参加案件审判,人民陪审员在相对固定的业务庭参加审判活动满一定时间的,进行轮岗。

(二)强化业务培训,提高参审水平

绍兴两级法院建立了符合人民陪审员特点的培训机制,不断加大培训力度,丰富培训内容,创新培训形式,切实提高人民陪审员的陪审能力:

一是每年制定科学的培训方案,以提高法律素养、锻炼庭审技能、强化职业道德为重点,突出人民陪审员的特色和优势。

二是将定期培训与不定期培训结合起来,将集中培训与对口培训结合起来。绍兴中院统一组织新选任人民陪审员的任前业务培训和每年一次的全市人民陪审员的集中培训。在此基础上,各级法院根据实际情况,积极创造条件开展灵活多样的指导、培训。

三是在培训内容上突出针对性,注重技能化、实用性内容的传授。法律知识需要日积月累,并非通过几天的闭门学习就能轻松掌握。相对而言,职业道德与审判纪律的作用更为基础,如果人民陪审员在这方面有所松懈,那么或是影响司法效率,或是影响司法公正,后果比较严重。因此,在集中培训时不仅就法律知识和审判规则进行培训,也重视对司法礼仪和审判纪律的强调,积极引导人民陪审员树立强烈的责任感。

四是在培训方式上采用组织庭审观摩、召开座谈会、培训班、开展专题讲座、举办联席会、实施导师制度、订阅书籍报刊等多种形式,提高人民陪审员的业务水平,增强人民陪审员的履职能力。

(三)发挥专业优势,合力攻坚克难

在审判活动中,充分发挥人民陪审员专业技术优势,对涉及知识产权、医患、金融、房地产等案件,邀请从事相关工作的人民陪审员作为合议庭成员参加审理,以便提供可行的专业知识帮助,协助法官解决审判中的专业性疑难问题。特别是针对知识产权案件专业性强、技术问题复杂,又往往没有鉴定意见可供参考,普通人民陪审员甚至是不少法官无从下手的现状,安排从版权、专利、工商等行政执法部门业务骨干中选任的专业型陪审员参与案件审理，能够确保案件审理的公平、公正与高效。

(四)提高后勤保障，调动工作热情

一是落实补贴。绍兴两级法院按照全国人民代表大会常务委员会《关于完善人民陪审员制度的决定》第 18 条之规定保障人民陪审员各项补贴，将人民陪审员的经费、补助纳入当年的业务经费预算并向财政部门申报，列入法院转移支付资金账户。人民陪审员参加案件审理的，对兼职陪审员按件给予一定金额的补助，对驻庭的专职陪审员按月给予补助。

二是保障待遇。为人民陪审员制作进入法院的通行卡、停车卡、就餐卡等，提供专门的办公室，方便人民陪审员到法院参与陪审工作。在春节等重大节庆日，向每位人民陪审员进行问候，使其感受到法院大家庭的温暖。

三是进行嘉奖。年末召开人民陪审员表彰会，根据各庭汇总的陪审情况，综合陪审次数、调撤结案数量、思想作风情况等方面，评选优秀人民陪审员，并通报其工作单位，作为本职工作评优评先的参考。

三、积极探索，开拓创新，努力实现人民陪审员价值

(一)发挥人民陪审员审判员职能

司法实践中，人民陪审员“陪而不审”、“审而不议”现象比较突出。很多人民陪审员不提前阅卷，开庭前对案件一无所知，庭审时也就无从发言，或只是静坐在审判员席上，或干着自己的事，是名副其实的“陪”审员。有的陪审员虽然认真参加了庭审，出于对自身法律知识的不自信或是对法官的敬畏，在合议时往往盲目遵从法官的意志。

针对这些可能出现的问题，绍兴两级法院明确规定人民陪审员在参审时享有与审判员同等的权利并承担同等义务，同时针对陪审情况，向人民陪审员提出“四个要求”：在开庭前到法院了解案情、查阅案卷；庭审时仪表端庄，言行举止得体；合议时充分发表自己的观点；严守审判纪律，宣判前不得向外泄露案件审理情况。由此，人民陪审员发挥好职业、专业、身份兼具的优势，与法官形成优势互补，共同努力提高了案件的审判质量。2011 年，全市两级法院 246 名人民陪审员共计陪审案件 6427 件 7714 人次，群众予以普遍认可，社会效果良好。

(二)发挥人民陪审员调解员职能

人民陪审员扎根群众、贴近群众，具有广泛的群众基础。在一审案件的处理中，绍兴两级法院注重在调解中发挥陪审员的引导、联络、协调作用，引导当事人认识调解处理案件有利于执行、有利于融洽关系、也有利于化解矛盾的优

点,及时促成双方当事人达成调解协议,力争案结事了。绍兴中院民三庭还针对专业型陪审员全部来自商标、专利和版权等知识产权行政执法部门这一特点,开展人民陪审员庭前预调工作,推进知识产权审判与行政执法诉调对接,合力化解知识产权纠纷。知识产权审判庭收到诉讼材料后,即交由相关人民陪审员进行庭前预调。对调解成功的,由该院出具调解书予以确认,或者双方达成和解协议后撤诉;对调解不成的,则由人民陪审员主持证据交换,归纳案件争议焦点,固定证据和技术问题,并了解当事人对案件的态度,为开庭审理做好准备。运用这一办案模式,专业型陪审员参审案件调解率达80%以上。

随着管辖范围的调整,中院受理的一审案件越来越少。出现在中院的婚姻家庭、继承类案件等均为二审案件,理论上讲不存在适用人民陪审员制度的情况。但绍兴中院积极探索,在部分双方当事人矛盾尖锐、敌对情绪严重的亲情类案件中邀请社会阅历丰富、社情民意熟悉的人民陪审员参加调解,向双方晓之以理,动之以情,取得了不错的成效。部分“骨头案件”得以调解结案,未调解成功的案件当事人也增强了对案件结果的预见性,提升了对判决的信服性。

(三)发挥人民陪审员监督员职能

在审判过程中,人民陪审员既参审案件,又能对审判活动进行全方位、深层次、宽领域的监督,从而增强审判过程的透明度。为了确保人民陪审员真正行使监督权,绍兴两级法院明确对于承办法官在办案过程中的司法公正性、廉洁性等情况,人民陪审员可以及时向各业务庭或政治处提出意见。同时,还不定期向各位人民陪审员通报法院工作、队伍建设等情况,及时寄送反映法院动态的信息简报,通过发放征询意见函和召开座谈会等形式向人民陪审员征询意见和建议,推动法院科学发展。

(四)发挥人民陪审员宣传员职能

人民陪审员经过陪审活动,对法院工作有一个全面的了解,可以在社会接触沟通中向广大群众渗透法律知识、法治精神,在交流互动中取得对法院和司法工作的共识、理解和支持,从而使司法工作更有效率,法治观念更深入民心。为此,绍兴两级法院积极鼓励人民陪审员向群众宣传法律知识,宣传法院工作,帮助群众树立法律意识,并了解法院的司法公正、理解法官的艰辛。通过人民陪审员或是潜移默化或是热情洋溢的宣传,案件当事人消除了对法官的误解,普通群众增加了对法院的尊重。这反过来激励着绍兴两级法院锐意进取,积极推进司法的民主与公正,进一步满足人民群众日益增加的司法需求。

完善诉讼服务中心和涉诉信访处理机制

湖州市中级人民法院

一、诉讼服务中心走向前台

诉讼服务中心是将法院各职能部门的部分功能剥离出来、重新组合而成一个全新的法院内设机构。在原来立案环节"一站式"服务的基础上,积极拓展职能,提档升级,争取实现立案、信访、调解乃至整个诉讼过程的"全方位"服务。在湖州市法院五家立案接待大厅先后被浙江省高院评为"省级文明窗口"的基础上,湖州市法院系统结合工作实际,进一步转变司法理念,整合资源,以诉讼服务中心模式逐渐取代传统的立案大厅模式。由德清、安吉法院在传统立案大厅模式的基础上,进一步试点功能更加齐备、流程更加便捷的诉讼服务中心。而后,吴兴区法院大胆举措,在本院系统内一举以诉讼服务中心的模式取代、整合了各相关部门的职能,实现了民本司法从传统向现代的成功转型,展现了法院亲民、为民、便民、利民的良好服务形象。

(一)实现了两个同步

所谓的"两个同步",是指同步开展网络在线服务和同步开展诉调对接。在立案窗口升级为诉讼服务中心的同时,吴兴法院门户网站也进行了二次全面改版升级。新的网站设置了"在线诉讼服务中心",包括公众服务和当事人服务两大版块,其中公众服务版块提供网上预约立案、在线咨询、网上信访、诉讼文本下载、诉讼费计算等服务,当事人服务版块则提供案件查询、证据交换、联系法官、判后答疑等服务,这些功能强大的在线服务,由进驻诉讼服务中心的计算机服务公司人员进行同步对接,通过收集信息、分流任务、网络反馈这一流程,真正实现"虚实对接"。新的诉讼服务中心投入使用后,原立案大厅改造成"调解中心",提供立案前的人民调解和立案后的庭前调解两项服务,构建多元化纠纷解决的平台。一方面,由司法局派驻人民调解员进行诉前人民调解,促使非诉讼纠纷解决方式更加便捷、灵活、高效,为人民群众提供更多可供选择的纠纷解决方式,把矛盾纠纷化解在初始阶段。另一方面,设立"立案调解速裁组",将进入司法程序的纠纷繁简分流,减少诉讼环节,降低诉讼成本,方便当事人诉讼。

(二)规范了两项制度

所谓的“两项制度”,是指预备法官导诉轮岗制度和庭长轮流值班制度。院党组按照“政治坚定、业务精通、纪律严明、作风优良”的要求,为诉讼服务中心配齐配强工作人员,同时实施两项制度优化人员配置,实现动态管理,并全部实行亮牌上岗。两项制度前者是指每周安排一名院新招入预备法官人选和虽已通过司法考试但尚未被任命为审判员的青年干警轮流担任导诉员,提供导诉分流服务;后者是指每天上午安排各业务庭的庭长或副庭长轮流值班,提供诉讼咨询、进行判后答疑以及接待信访。为避免轮流接待信访可能产生互相推诿的情况,信访接待同时施行“首问责任制”;同时配备一名专职信访接待法官,负责日常信访接待和登记。这使诉讼服务中心不仅成为业务专家轮流“坐诊”的基地,也成为加快青年法官培养锻炼和增强中层干部沟通协调能力的大平台。

(三)整合了两套系统

所谓的“两套系统”,是指诉讼电子叫号系统和身份证识别案件查询系统。诉讼服务中心坚持高点起步,创新发展:一是安装了电子叫号系统,加强规范。共设置了6个配备电子显示屏的诉讼服务窗口和1台电子取号机,各显示器同步显示窗口服务内容和号码,既维护了诉讼秩序又保护了当事人的隐私。二是安装了身份证识别案件查询系统,方便诉讼。当事人立案后,将会收到一份案件信息查询告知书,根据告知书上的密码,通过浙江法院网查询案件进展情况。考虑到一些当事人无条件查询或者不会查询等情况,诉讼服务中心设置了加载“二代身份证”识别器的多媒体触摸屏设备,并由导诉员指导使用,该系统操作便捷,保密性好,使当事人能够全面、及时掌握案件进展信息。

二、涉诉信访处理机制成效显著

(一)涉诉信访处理机制

1. 加强组织领导,逐案落实工作责任

湖州市两级法院高度重视进京越级访化解稳控工作,院党组每年专题听取工作汇报,研究部署具体工作,成立相关清理活动领导小组。各法院院长除亲自落实领导包案外,还逐案听取本院进京越级访有关事实认定、法律适用、信访过程的分析汇报,指导制订化解方案,协调案件处理,督促工作开展。分管立案信访的院领导牵头抓总,立案庭全程跟踪、协助指导,各业务部门分工合作,形成了“全院参与,齐抓共管”的工作局面和氛围。包案领导带领工作班子,携案卷走访信访人及其所在乡镇和社区街道,与相关单位沟通协调,做到信访案件“一件件摸、一个个磨”,穷尽方法努力化解。同时,中院在全市范围内强化督促检查,每季以督查或基层集中汇报的形式对活动进行检查,发现问题立即指导整改,推进办理进度。

2. 坚持内外联动,因案施策化解积案

以解决信访人的诉求为首要目标,全力整合各种资源,着力提高息诉罢访率。

一是依靠党委、政府力量。对单凭法院难以化解的信访案件,及时报告当地党委政府,邀请政法委出面协调,共同制定化解方案和具体实施步骤。针对司法救助存在的资金紧缺、方式单一等问题,积极寻求政法委的支持和帮助,拓宽救助范围,2008 年以来,先后有 18 件进京越级访案件在政法委的协助下通过司法救助得以化解。

二是借助社会各方力量。主动与上访人所在工作单位、所在地基层组织等进行沟通,利用家庭成员、亲戚、朋友、同事、同学等"熟人"共同做好化解工作。例如,安吉县上访老户姚某因山林纠纷上访 8 年,经三级法院 10 余次接访和上门做工作,仍无法化解,后通过姚某所在村村委会的协助配合,借助同村熟人的优势,成功促使姚某承诺不再上访。

三是凝聚上下级法院合力。中院除加强面上工作指导和督查外,还与基层法院共同对一定期限内未能化解的个案进行分析,完善、落实化解措施。对经审查发现原审裁判结果确有错误的,建议由基层法院主动依职权提起再审,促使信访工作重心下移。对于由上级法院进行化解效果更好的案件,中院积极主动承担化解工作。例如,长兴县史某信访案系国家信访局交办案件,涉及公司财产分配、离婚、分家析产、民间借贷等多个法律关系。为"一揽子"解决问题,中院主动牵头与市县两级政法委共同做上访人工作,经多次协调后最终得以妥善化解,取得了良好的效果。

3. 实行分类处置,着力提高化解实效

围绕"案结事了、息诉罢访"工作目标和省高院"四个到位"的工作要求,对于原裁判正确的案件或不宜以现有政策法律处理的历史老案,积极适用"思想疏导、情感诱导、经济引导"的"三导"工作法,全力化解。对做多次工作后仍不息访的案件,包案领导主动上门,从法理、情理等方面继续做当事人工作。例如,德清县李某不仅就本人案件多次上访,还经常为他人代理案件,煽动当事人越级访。为此,德清法院院长亲自上门做其工作,并针对其具备一定法律知识、在信访人当中具有较高威望的实际,邀请其参与其他纠纷的调处。李某感动于法院对他的尊重和真诚相待,书面承诺息诉罢访,并积极配合法院做好其代理案件的当事人息诉罢访工作。对生活确有困难的当事人,我市两级法院主动给予司法救助或帮助解决社会救济,例如,吴兴区信访人黄某与原单位发生劳动争议,自2005年起不断进京上访,我院在信访化解过程中,了解到黄某系孤寡老人,被原单位除名后,无生活来源,通过协调帮助其落实了生活补助,黄某表示感谢并书面承诺不再上访。对穷尽各种方法仍无法使当事人息诉罢访,或上访人合理诉求已妥善解决但仍就同一事项继续上访的,按规定及早启动申报无理访认定程序。我市两级法院对已申报无理访的案件,仍然继续做好化解工作,并在敏感时期,主动与党委、政府对接,落实措施加强稳控,确保不转化为进京越级访。

4. 狠抓初信初访,积极构建长效机制

湖州市法院在全力抓好进京越级访化解工作的同时,注重源头治理,努力控制信访增量。

一是进一步转变接访观念。积极开展院庭领导值周接访、预约接访、带案下访等活动,变避而不见为坦诚相见,通过“面对面”交流,带去法院解决问题的诚心和态度,增进群众的信任与理解,有效化解涉诉信访。

二是积极推行判后答疑。从2006年起探索建立判后答疑制度,对不服法院生效裁判初次来信来访的,由案件原承办法官进行疏导解释,促使当事人息诉服判,最大限度地将涉诉信访解决在初信初访阶段。2010年省高院出台文件将该制度在全省法院予以推广。仅2010年以来,我市法院共对165件案件进行了判后答疑,近半数申诉、再审申请经判后答疑后服判息诉。

三是扎实推进重大敏感案件风险评估。我院在2011年年初建立了重大敏感案件风险评估制度,从立、审、执等各环节对案件风险开展评估,及时预警信访风险,提高了应对主动性,较好地实现了立、审、执、信兼顾的工作新机制。2011年至2012年6月,全市法院共对62件案件进行了风险评估,其中确定为重大风险等级的19件,一般风险等级的43件,上述案件均因风险评估及时,处置方法得当,未发生进京越级访情况。例如,安吉县833名村民起诉安吉味全奶牛养殖场环境污染损害赔偿一案,安吉法院收案后审查发现,该案原告提出的损害赔偿请求833万元难以评估鉴定,涉案人数众多,易引发群体性事件,且被诉企业属台资企业,处理不当可能对两岸关系造成负面影响。为此,该院及时对该案进行了风险评估,同时将案件情况通报县委、县政府,并提出解决方案和建议。最终,县委、县政府采纳法院建议,促使该污染企业主动搬迁,稳妥处置了矛盾纠纷。

(二)成效显著

湖州市涉诉信访处理成效显著:

一是涉诉信访总量逐年下降。2009 年涉诉信访总量为 3257 件次,2011 年降至 1576 件次,降幅高达 51.61%,审结案件数虽然保持在高位徘徊,但涉诉信访占结案总量的比例不断下降,2011 年进京访案访比达到829.5(全国平均数为 360.4)。

二是信访渠道不断畅通。坚持有诉必理、有访必接、有接必复,落实信访工作首问责任制,做到件件有着落、事事有回音,立案复查和进入再审案件数占当事人申诉、申请再审量的比例逐年上升,分别从 2004 年至 2007 年的 32.2% 和 8.8% 上升到 2008 年至 2011 年的 55.8% 和 26.8%。

“三个一百”活动服务民生

金华市中级人民法院

2011 年以来,金华两级法院开展了以“百名法官进百村、百名法官进百企、百名法官解百案”为主要内容的“三个一百”走基层活动,进村入企,排查化解矛盾纠纷,深入推进企业帮扶,促进“网格化管理、组团式服务”工作的完善落实,取得了明显成效,受到各界好评。金华市委主要领导多次批示予以肯定,市人大常委会专题听取和审议活动开展情况报告,市政府召开现场会进行推广。最高人民法院副院长江必新认为,“三个一百”活动为大局服务,有新意、有特色,很有司法服务的预见性、主动性、针对性。

一、百名法官进百村,关注三农利民生

一是深入基层,建立联村帮扶制度。全市法院共结对帮扶 220 余个村,采取设立法律咨询点、发送法律知识宣传册、面对面解答群众法律问题、开展巡回审判等方式,帮助解决联系村的实际困难。义乌法院 105 名法官分别联系 105 个行政村,开展联村结对帮扶工作。永康法院将联村帮扶与青年法官培养结合起来,建立了“两镇十村青年法官实践基地”。东阳法院巍山、南马、横店三个法庭与东阳市委宣传部联合举行了“公众开放进基层”活动,邀请辖区各界人士走进法庭,感受法庭文化、“零距离”接触法官。

二是强化诉调衔接,妥善化解涉农纠纷。加强与辖区镇街的联系,在人民法庭建立人民调解工作室,推进诉调衔接工作,妥善处理涉“三农”案件,共审结涉农耕地、林地、宅基地、建设用地流转等案件 93 件。武义法院妥善调处了俞源乡下杨村 238 名农民与益佳禾蔬果专业合作社土地承包经营权纠纷,维护了正常土地经营权流转关系;磐安法院顺利执结了该县 130 余户农户与金华市瀛花高山农业开发有限公司种植、养殖回收合同纠纷案,取得了良好的效果。

三是主动介入,完善农村维稳工作机制。坚持关口前移,建立健全矛盾纠纷信息预警和排查机制,通过走访了解农村综合治理以及新农村建设中存在的困难,主动排查村级组织换届选举后产生的矛盾纠纷,征询农村干部群众对司法工作的期待和需求,主动协调相关部门进行调处,将涉村矛盾纠纷化解在萌芽阶段。加大对农村人民调解员的培训力度,已培训 3000 余人次。

二、百名法官进百企，服务经济助发展

一是深入企业送法律、送服务。确定具有代表性的 142 家企业作为联系对接单位，主动上门走访，了解企业司法需求，进行法律会诊，提出危机化解方案。金华中院向企业发送了《知识产权民事诉讼指南》和《知识产权十大典型案例》。各基层法院也结合当地实际，向有关企业发送法律风险防范司法建议，为企业高管专题授课，有效提高企业风险防范能力。

二是深入开展涉困企业帮扶。针对经济下行形势下中小微企业面临的融资、经营、劳资等方面的困难，金华中院出台了为危困中小企业脱困提供司法帮扶的若干意见，为党委政府帮扶中小企业脱困建言献策，受到市委副书记、市长徐加爱批示肯定。义乌、东阳等基层法院针对企业主出逃引发的纠纷，启动涉企纠纷应急预案，及时采取查封、扣押等保全措施，积极参与党委政府组织的协调会，向党委政府提供法律建议，促成案件得到妥善处理。全市法院走访企业 692 家，帮助企业排查经营法律风险 269 个，并针对企业经营管理中存在的薄弱环节，提出法律风险防范建议 353 条，受到企业的好评。

三是妥善化解涉企纠纷。高度关注涉困中小微企业案件审理，组织精干力量，妥善解决涉企纠纷 18031 件，金额 4.86 亿元，成功调处了浪莎、横店东磁等重点企业的商事纠纷案。东阳法院开展申请执行人为建筑企业的案件专项执行活动，帮助企业清理“三角债”、清收呆账、死账、烂账，为 17 家建筑企业执行到位标的额 3984.6 万元。

三、百名法官解百案，维护稳定促和谐

一是排摸难案，集中会诊。全市法院经认真排查，挑选出在当地有较大影响的案件、党委领导关注案件、群体性纠纷案件、信访老案等 130 件，组织专项活动组成员进行会诊，逐案确定包案责任人，落实化解方案，做到“包掌握情况、包解决问题、包教育转化、包稳控管理、包依法处理”。

二是多措并举，合力化解。对重大疑难案件，积极争取党委支持，借助相关部门和社会各界力量合力化解。金东法院重视涉政府重点工作案件审理，积极向区委、区政府汇报，并借力乡镇政府，妥善处理了城乡一体化的公交改造系列案件，16 件案件全部调解结案并当场履行，受到市领导批示肯定。东阳法院成功化解一起当事人三次到全国人大常委会申诉、二十余次到我省各级党政部门信访的执行积案。目前，全市已成功化解 122 件疑难案件，化解率达 93.8%。

三是疏防结合,源头治理。在诉讼过程中注重落实风险告知、庭中释明、判后答疑等制度,加强诉讼调解,强化诉调对接,引导当事人心理预期合理化并息诉罢访,促进案结事了人和。

思想为民　程序便民　作风亲民　实体护民

台州市中级人民法院

2009年以来，台州两级法院在当地党委的领导、人大和上级法院的监督指导及政府、政协的支持下，严格履行宪法和法律赋予的职责，坚持科学发展观和“三个至上”指导思想，深入开展“人民法官为人民”主题实践活动，不断创新和丰富便民、利民措施，做到思想上为民、程序上便民、作风上亲民、实体上护民，切实抓好“民本司法”。2009年至2012年8月，全市两级法院共办结各类案件193949件，解决争议标的254.54亿元；执结案件96413件，执行标的75.41亿元；依法为5389件案件当事人缓、减、免收诉讼费576.23万元，向生活确有困难的当事人发放司法救助金457.85万元；审判执行质效不断提升，人民群众满意度进一步提高。

一、强化以人为本司法理念，做到思想上为民

“以人为本”是科学发展观的核心内容，执法为民是社会主义法治理念的本质要求。我国是社会主义国家，一切权力属于人民，人民性是中国特色社会主义司法制度的本质属性。强调以人为本，做群众工作是人民司法的光荣传统。近年来，台州两级法院充分认识新时期新形势下加强人民性教育的必要性和紧迫性，将其摆在重要突出位置来审视，与审判执行工作紧密结合来推进，先后大力开展了学习实践科学发展观活动，“人民法官为人民”主题实践活动，社会主义法治理念再学习、再教育活动，群众观点大讨论，政法干警核心价值观教育实践活动等。通过采取丰富多样的教育活动，确保了人民性教育具有针对性、有效性和长远性，坚定了广大法官走群众路线的信心和决心，坚持以人为本、司法为民，提高了维护群众合法利益的能力和水平，奠定了民本司法的思想基础。

二、落实司法为民司法举措，做到程序上便民

（一）加强立案大厅规范化建设

近年来，台州两级法院按照公开、便民的要求，不断完善立案信访窗口标准化、规范化建设，努力打造立案大厅“为民、便民、亲民、利民”窗口形象，集诉讼引导、立案审查、救助服务、查询咨询、材料收转、费用收结退、判后答疑、信访接

待等功能于一体的“一站式”诉讼服务平台。设置单独的立案窗口,分刑事、民事、民商、行政、执行立案及诉讼费用交纳等窗口,设置导诉台并安排接待人员,指导当事人立案,告知诉讼风险,解答诉讼疑问。立案大厅设置电子触摸屏,方便群众查阅各类案件的立案条件、立案流程、法律文书样式、诉讼费用标准、缓减免交诉讼费程序和条件、当事人权利义务等内容;设置公告牌,公布办事程序、立案大厅工作职责、工作纪律、审判执行流程及诉讼费用交纳标准等内容。印制诉讼须知、诉讼风险告知书、申请执行须知等各类诉讼指南,向群众免费赠阅;在法院网站上设立“在线诉讼服务平台”,实行网上立案、材料收转、文书送达、预约开庭、联系法官等在线诉讼服务。同时,做好诉讼指导和服务工作,保障当事人的知情权。立案时,向当事人随案发送外网查询密码,当事人借此可以在浙江法院网查询该案的相关审理、执行信息,及时了解、跟踪案件的流转。依法及时告知当事人案件受理情况,向当事人送达案件受理通知书、举证责任通知书、诉讼执行风险须知和廉政监督卡等,对于不予受理的,向当事人说明理由,或告知救济途径。台州已有 7 家法院立案接待大厅被命名为“全省法院立案接待大厅文明窗口”,另外 3 家法院也已通过省院考评。2010 年,中级法院立案接待大厅被台州市精神文明建设委员会授予“文明示范窗口”。2011 年温岭法院被最高法院评为全国法院“立案信访窗口”先进集体。

(二)细化为民司法举措

为方便群众诉讼,台州两级法院尤其是基层法院和人民法庭结合实际,采取了一系列便民措施,如实行弹性工作时间制度,开展午休立案、预约立案,并根据需要,开展巡回审判、预约开庭、假日法庭等工作。在农村、海岛等一些交通不便地区设置巡回审判站点 38 个,受理并审判辖区内案件,开展法制宣传,提供法律咨询,接待群众来访,接受、交付执行款物等,为涉诉群众解决烦扰,2011 年开展巡回审判 198 次,切实为群众诉讼提供便利。路桥、临海、仙居、天台、三门等法院在交警部门设立交通法庭,调解处理各类交通事故案件,调解率、自动履行率均在 90% 以上。对于要进入诉讼程序的交通事故案件,法庭采取口头起诉、现场受理、就地开庭、当庭调解等“一站式”服务,大大提高了案件处理效率。如张某与李某因医疗费、误工费、营养费等赔偿问题发生争执,于上午即将下班时来到临海交通事故巡回法庭要求调解。法庭在了解当事人来意后,立即口头受理了此案,并在现场进行了调解,仅用时 1 小时 30 分钟便使双方达成调解协议,并当场执行完毕。椒江法院联合区消协设立“消费纠纷巡回法庭”,调解案件 91 件,调解成功率 100% 。天台法院在中国旅游日设立旅游巡回法庭,为天台营造一个良好的旅游环境提供了有力的司法保障。天台县委书记李志坚批示:“为搞好旅游日,天台各级高度重视。天台法院推出惠民项目,为旅游日组织了一个流动法庭,对游客在旅游中出现的一些纠纷,及时给予调解或启动简易司法程序,使纠纷尽快化解,还游客一个舒心。真佩服他们想得细!也是构建和谐社会大调解一种探索。”对涉及农民工、残疾人等诉讼案件,开通从立案到执行的“绿色通道”,做到优先立案、优先审理、优先执行。设立民商事案件速裁庭,依法扩大速裁案件适用范围,推行民商案件速裁机制,提高审判效率,减轻当事人诉累,75%民事案件和60%刑事案件通过简易程序解决。

三、树立民本司法宗旨观念,做到作风上亲民

(一)推行阳光司法,保障社会公众知情权

通过推行“阳光司法”,使更多人民群众了解、理解法院工作。加大案件公开审理力度,除有法定情形外,所有案件一律公开开庭审理,对于公开开庭审理案件,庭审前通过室外 LED 大屏幕,滚动播放各类案件开庭信息,方便群众旁听。庭审时,当事人近亲属、媒体记者和社会公众,经过安检后可以旁听所有公开开庭的案件,不设置任何障碍。公开执行事项,执行立案后,向申请执行人发放执行案件受理通知书、外网查询告知书、执行风险告知书。执行中采取查封、扣押、冻结、划拨等重大措施后,均及时将相应的法律文书送达给双方当事人;未按照规定的期限完成执行行为的,及时向申请执行人说明原因;执行款项的收取发放、执行标的物的保管、评估、拍卖、变卖等情况,也均及时告知当事人,使执行工作公开透明。同时在外网公布裁判文书,方便社会各界当事人查阅。加强法院网站建设,全市 10 个法院均已建成互联门户网站、执行网站,在法院网站公开法院审判工作流程、法院动态、裁判文书以及非涉密审判工作情况、重要规范性文件等,加大网站信息的更新力度,使更多的群众通过法院网站了解法院、理解和支持法院。积极开展“公众开放日”活动,2011 年全市法院组织“公众开放日”63 次,接待各界人士 3200 多人次,玉环法院还开展“百场庭审万人听”活动,邀请社会各界人士走进法院、走近法院。加强与人大代表等社会各界的联系,接受监督。邀请人大代表、政协委员担任司法监督员,旁听庭审、定期走访,主动向人大代表、政协委员通报工作情况,认真听取意见和建议。

(二)着力改进审判作风

通过开展社会主义法治理念再学习、再教育和“人民法官为人民”主题实践活动,深化“忠诚、为民、公正、廉洁”政法核心价值观教育活动等,加强人民性教育,切实增强法官的群众观念和感情。落实浙江“法官职业四要”,使亲民、爱民、为民成为法官的自觉行动。大力开展司法巡查和审务督查,由中院领导带

队开展明察暗访巡查活动,重点查找立案大厅服务、信访接待、庭审规范以及法官司法礼仪、执行上下班制度等审判纪律作风方面问题。坚持院机关每月巡查一次,基层法院每季度巡查一次,巡查结果及时通报,还邀请司法监督员参与巡查,组织基层法院交叉巡查,有效促进法院形象与司法效率的提高。各地法院改善审判作风,提高审判效率,审判质效进一步提高。黄岩法院推出半小时立案、司法救助即时审批、特事特办等三项“便民承诺”,对当事人起诉的案件,做到当即审查受理,随到随立,在半小时内办理完立案手续,半小时立案率达99%以上;对经济确有困难当事人提出的司法救助申请,只要符合条件的,即时予以审批办理;对于追索劳动报酬、赡养费、抚养费、当事人系残疾人等案件,开通“绿色通道”,推行口头起诉受理或上门立案。这些“便民承诺”的实施极大地方便了诉讼当事人,该经验做法也被最高人民法院《人民法院信息》采用推广。温岭法院延伸法庭服务功能,把人民法庭打造成法院司法为民的“文明窗口”。推行从咨询到立案、诉讼费用收结的“一站式”服务;规范接待语言和接待行为,并出台文明接待承诺,要求接待当事人做到“三个心”、“三个一”,即对来访和到法庭打官司的群众做到热心接待,耐心听讼,公心处理;生人熟人一个样,外地人本地人一个样,干部群众一个样。

(三)延伸扩展审判职能

积极开展送法下乡活动。通过法律咨询、散发宣传资料等方式,进村入户、进企到校,积极开展法制宣传教育活动。积极开展“党员干部帮扶结对子”等活动,通过向困难户发放慰问金、提供司法服务等举措,拉近了法院与当地群众的距离,使群众感受到党和政府的关怀和温暖。注重发挥司法建议作用,2009年来共发送司法建议230份,主要涉及土地征收、房屋登记、社会保障等事项,涉及公安、工商、政府、环保等部门,有效帮助行政机关、企事业单位及时堵塞漏洞、提高管理水平。加大知识产权司法宣传和保护力度,积极参与台州市创建“国家知识产权示范城市”活动,深入企业、学校开展以案讲法、维权辅导和示范庭审活动。通过与台州海关、市知识产权局等召开联络会,与温岭机电、黄岩模具等行业协会共建联系站,举办知识产权宣传月活动等形式,服务地方特色经济。同时加强法制宣传力度,扩大法院审判效果。2011年,全市法院报送的各类宣传稿件被中央级刊物录用370篇,省级录用605篇,取得良好司法宣传效果。中级法院与台州电视台合办电视栏目《百姓说话(法制版)》,每周一期,选择老百姓感兴趣的案件进行录播和法制宣传。2011年10月25日,中级法院首次进行网络庭审直播,对公开开庭审理的被告人徐苍君贩卖毒品(上诉)一案在互联网上全程现场直播,让普通民众能够有更多途径接触和了解庭审。

四、实现以人为本司法效果，做到实体上护民

（一）妥善处理涉民生案件

依法妥善审理劳动争议、医疗纠纷及交通事故损害赔偿等关乎民生的案件，维护受害方合法权益。妥善处理婚姻、赡养、抚养、继承等婚姻家庭纠纷案件，保护妇女、未成年人和离婚无过错方的合法权益。稳妥处理直接关系人民群众切身利益和社会安定的案件、矛盾易激化案件、群体性案件，利用各种方式和途径积极疏导、协调，促使当事人和解或自动履行。年末开展农民工讨薪专项清理活动，开通“绿色通道”快审、快执，椒江法院不远千里赴川为民工送薪，切实为外地民工着想，解决民工实际困难，得到市区领导及媒体的充分肯定。加强对涉军权益的司法保护，全市设立 10 个维护国防利益巡回法庭，切实维护国防利益和军人军属合法权益。重视群众来信来访的督办和落实，加强诉前指导、诉中释明和判后答疑，实行信访责任评议和倒查追究制度，通过领导包案协调、听证审查、困难救济、无理访甄别等方式，加强涉诉信访案件处置工作。

（二）加大执行力度，保障民生实现

将加强执行工作作为保障民生的着力点和落脚点，坚持经常性执行与集中执行、专项执行、突击执行等相结合，进一步加大执行力度。以推进执行工作五大系统建设为主线，以完善执行制度、规范执行行为为保障，切实加强执行工作，强力破解执行难题，兑现当事人胜诉权益。认真组织全市法院开展反规避执行专项活动，通过召开新闻发布会，公布活动方案，披露典型案例；通过灵活运用被执行人财产申报、房屋查封、悬赏执行等手段，进一步提升执行查控能力；加大执行曝光和惩戒力度，2009 年以来，共执结各类案件 96413 件。

（三）健全司法救助机制

对于涉及赡养费、抚养费、医疗费用、人身损害赔偿以及外地务工人员追索劳动报酬等严重影响当事人生活、生产的案件，开辟“绿色通道”，优先立案，依法及时保护其合法权益；针对老弱病残等特殊当事人，探索推行口诉立案、上门立案、预约立案等；对确有经济困难的当事人实行减、缓、免收诉讼费，确保困难群众打官司的权利，向生活确有困难的当事人发放救助金。为充分保障被告人的辩护权，防止冤错案件，两级法院积极为被告人指定辩护人，2011 年为 786 名被告人指定了辩护人，同比上升 60%。

着力审理好民生案件 保护当事人合法权益

舟山市中级人民法院

舟山市两级法院按照“公正司法,一心为民”的要求,坚持以人为本,真正做到权为民所用,情为民所系,利为民所谋,把司法岗位作为服务人民的平台,把司法活动作为保护和实现人民利益的方式,高度重视涉案民生保护,完善、创新诉讼便民机制,保护案件当事人合法权益,加大司法救助力度,切实把司法为民的要求落到实处,走出了一条立足海岛实际的司法为民新途径。

一、畅通民意沟通渠道

(一)收集网格民意

2009年年初,舟山中院出台了《关于人民法庭参与“网格化管理、组团式服务”工作的指导意见》,要求基层法院以人民法庭为平台,建立对接“网格管理”工作机制,向各网格派出定点联系法官,参与地方党委、政府牵头的服务团队。各基层法院按照意见要求,积极参与网格管理,网格联系法官以“网格管理”民情研判机制为载体,通过信息互通,实现与基层组织及网格民众的良性互动,了解近期网格、社区、乡镇内事关基层民主建设、社会稳定、经济发展、渔农民利益的问题,立足审判工作及时开展调研和预警分析,提出对策建议,帮助完善基层管理机制。与此同时,网格联系法官还定期向网格或社区通报法院近期工作动态并收集对法院工作的建议。截至2012年7月底,网格法官全面覆盖全市2360个网格,参与辖区网格服务600人次,共为网格居民提供咨询服务2960次,上法制课205次,培训人民调解员3980人次,诉讼外解决纠纷1363件。各基层法院纷纷建立了颇具地方特色的对接机制,定海法院建立班子成员联系乡镇街道、业务法官定期走访网格制度,普陀法院会同职能部门试点“旅游纠纷网格快速调处机制”,岱山法院设立了专职社区巡回法官,嵊泗法院推行青年法官联网格制度。

2010年,定海法院40名法官共参加了13个乡镇街道的网格服务团队,一年内两次走访网格居民3196户;收集各类问题和意见55条,其中涉及法律方面的问题和意见19条,处理了19条;提供法律服务120次。所属4个法庭结合辖区的工作特点,充分发挥精通法律的优势,通过网格访民情、巡回办案、定期走访、编发法制宣传资料等形式，及时解决基层群众利益诉求，提供法律服务。同时，在深入网格服务的基础上，加强对基层矛盾纠纷成因和动态的调研分析，为当地党委政府提供法律参考。

（二）收集网络民意

定海法院、普陀法院门户网站上公布院长邮箱、廉政邮箱等，公开收集当事人投诉和社会各界意见、建议，并从中发现案件质量、审判管理和队伍建设存在的突出问题，通过立案再审、督促办理，确保当事人投诉有回音，问题反映有落实。建立网络阅评员制度，加强舆情分析研究，切实做好敏感事件舆论引导工作，营造良好网络舆论氛围，树立良好司法形象。

（三）收集信访民意

涉诉信访是了解社情民意的重要渠道。全市法院以立案信访接待大厅规范化建设和“文明窗口”建设为载体，树立“对群众负责，为群众办事，让群众满意”的服务意识，认真做好日常接访工作以及判后答疑工作，努力从源头上化解矛盾。

（四）收集社会民意

多次开展“社会公众开放日”活动，邀请人大代表、政协委员、在校学生、社区群众、部队官兵旁听案件、参观法院、与法官座谈等，不断拓展司法公开的广度和深度。市中院、定海法院、普陀法院每个季度向每一位人大代表及政协委员寄送《法院通讯》，通报法院具体工作、展现法官风采以及最新的法律、法规。全市法院广泛征求社会公众的意见，聘请人大、妇联、新闻媒体、社区等多个领域的10名人员为法院的廉政监督员，每年与律师举行两次座谈会。

二、高度重视涉案民生保护

（一）积极回应中小企业的司法需求，依法把握涉案中小微企业的差异化处置，最大限度实现企业与债权人合法权益

舟山中院出台了《关于依法妥善处理涉企财产保全的司法措施》，进一步减小诉讼财产保全对企业正常生产经营活动的影响。结合“进村入企”、“双服务”活动，全市法院200余名法官走访各类企业43家，听取120名企业负责人和律师代表的法律需求，帮助排查经营法律风险60个，提出法律意见建议74条，审结因宏观经济形势变化引发的企业投资合同纠纷、金融纠纷、企业间借贷纠纷370件。同时，充分发挥破产审判功能，最大限度实现企业有效资产的重整和再分配。舟山中院集中全市法院商事审判骨干，成立全市破产审判指导小组，强化业务指导。加大集中管辖力度，将涉企系列案件、破产相关案件等指定

由企业主要财产所在地法院或受理破产案件的基层法院集中管辖,提升办案效果。建立破产评估引导机制,在审查破产申请时,全面做好涉诉稳定风险评估,对有望破产重整的案件举行立案听证会,广泛征求债权人意见,决定是否裁定重整立案。依法简化破产程序,在债权申报时就直接将相关事宜详细通知债权人,允许债权人通过电子邮件、电话等方式行使权利,方便当事人诉讼,压缩诉讼周期。注重挖掘重整企业的市场价值,普陀法院将华泰公司已获行政审批的石油储运准入资格视为企业无形资产纳入企业重整财产,引入战略投资者。2012 年舟山首例破产重整案结案,2.7 亿元债务普通债权总清偿率达 60.59%。

(二)妥善做好征地补偿司法审查工作

最高人民法院推行“裁执分离”征收补偿模式后,舟山中院以专题报告形式,向党委政府作了汇报和通报,建议政府更加注重被征收人的合法权益、征收程序和风险评估,并提出了集体土地上房屋等强制征收工作应按照“裁执分离”执行方式实施的建议,得到了周国辉市长的批示肯定。同时,有关土地行政登记存在问题的信息专报,也得到了市委常委、副市长姚青林的批示回应。全省法院行政审判工作座谈会后,中院立即召开全市法院行政审判工作会议,对省高院有关“裁执分离”工作要求进行传达部署。普陀法院在处理涉区属重点工程天吴隧道的房屋征收案时,主动向党委政府提交执行方案建议,督促职能部门做好风险评估、应急预案、征收后维稳引导等工作,普陀区委采纳了该院建议,采用政府组织实施、法院现场监督、区属各部门协同配合的方式,妥善执结案件。

(三)依法妥善审理民间借贷、损害赔偿以及教育、医疗、住房、社会保障等与民生密切相关的案件,有力地维护了人民群众的合法权益

定海法院在审理浙江帅马服饰有限公司破产案件中,法院为解决职工因工资拖欠引发不满情绪问题,多次召开职工代表座谈会,与职工沟通交流,后又通过政府协调,管理人借用资金,在法院宣告帅马服饰有限公司破产一周内迅速处理好 380 多名职工的拖欠工资及补偿金发放、社保金缴纳、劳动合同终止、人事档案移交等工作。案件办结后,舟山市市委书记梁黎明批示:“法院坚持依法、公正、透明的原则,积极有序地处理帅马破产工作,既维护破产债权人的合法权益,又维护社会各层面的稳定。充分体现了政治和大局意识,为全市应对金融危机,维护社会和谐稳定作出了贡献,发挥了重要作用。”

妥善处理民生关注的刑事案件,特别是附带民事诉讼的刑事案件,由于被告人行为致使被害人家属遭受巨大物质、精神损失,被害人家属往往有以经济补偿来换取心理平衡的诉求。对于此类案件,积极开展刑事附带民事诉讼调解,争取使被害人诉求得到满足。如 2012 年 4 月初舟山中院受理的丁迪等人

故意伤害案，被告人行为致被害人死亡，而被害人系家中主要劳动力，且尚有年仅1岁的幼儿急需抚养，被害人获得经济补偿的要求极其强烈。案件受理后，审判人员在庭前多次组织当事人双方家属进行调解，析法明理，成功达成调解协议，最终为被害人家属争得90万余元的经济赔偿。

（四）推进刑案扩大指定辩护工作，保障刑事被告人充分行使诉讼权利

2011年3月浙江省高级人民法院发布《关于扩大指定辩护范围的通知》以来，全市法院高度重视，在充分调研、论证的基础上，积极稳步推进刑事案件扩大指定辩护工作，在保障刑事被告人充分行使诉讼权利上取得了明显成效。首先，指定辩护比例大幅提升，获得辩护的人数增多。2011年1－10月，舟山两级法院共为132名被告人指定了辩护人，同比上升164%。其次，指定辩护范围进一步扩大。以往两级法院指定辩护类型集中在“可能判处死刑”和“开庭时不满18周岁”两种类型。2010年年初，舟山中院已将因经济困难没有委托辩护人的一审刑事案件被告人纳入指定辩护范围，2011年，除认真落实省高院规定的应扩大指定辩护的11种情形外，一些法院还增加了可以指定辩护的情形。例如，普陀法院将被告人“开庭时已满65周岁”、“同案犯已聘请辩护人”两种情形纳入指定辩护的范围。目前两级法院指定辩护涉及类型达14种，由于指定辩护人的介入，在审理阶段，通过律师和法院的工作，能使案件事实进一步查清，也能使侦查机关和公诉机关对这类问题引起重视，保障了刑事被告人诉讼权利的充分行使。

（五）强化执行力度，努力实现胜诉当事人的合法权益

拓展民事执行措施，强化民事执行力度，将民事执行作为司法护民的重要方面，努力实现胜诉当事人的合法权益。2009年至2012年9月，全市法院共执结案件13326件，执结标的金额达19.08亿元。

2009年，在集中清理执行积案专项活动中，定海法院执行的钱国芳一案中，被执行人钱国芳系40余件系列案的被执行人，涉执金额累计达500多万元，而申请执行人大多为体弱多病、生活孤苦的老人，急需执行款维系生活。经调查，被执行人钱国芳的财产只有在农村的房屋一幢，按照现行法律，不能直接予以执行变现。经院长督办，市政法委协调，分管院长亲赴城建委与相关部门领导同志磋商，城建委原则上同意将被执行人钱国芳房屋用地性质转化为建设用地，该案得以顺利执结。

2011年，在执行“王学顺民间借贷”系列案件时，涉案金额达2863余万元，涉及上海、宁波、舟山等地案件58件，群众焦虑、不满情绪强烈，处理难度大。舟山中院执行局克服被执行人承租酒店尚缺乏工商、税务、消防等执照且已转

租给第三人等不利条件,积极与原房产人海军某部沟通,采用“拍卖承租权”的方式获得1555万元执行款,最大限度地维护了广大债权人的合法权益。

三、完善便民诉讼机制

(一)抓好全市立案接待大厅规范化建设,为当事人提供诉讼引导、诉前调解、立案受理、信访接待等“一站式、低成本”司法服务

全面落实导诉制度,加强当事人权利义务告知、诉讼风险提示、举证指导,为有效解决部分当事人无法提供对方户籍信息的问题,市中院积极与市公安局沟通协商,在全市推出了当事人可持法院协助查询函进行查询的做法,方便了当事人收集证据。注重细节服务群众,在立案大厅张贴各审判部门职能、诉讼流程图,让每一位当事人都可以心中有数;设置饮水机、投影仪、电子触摸屏,努力为当事人提供便利;定海法院岑港法庭还在立案大厅放置放大镜和老花镜,为年纪较大的当事人提供贴心服务;免费提供诉讼指南宣传册,为当事人顺利诉讼提供法律指导。

普陀法院为进一步完善立案接待大厅服务功能,出台了《关于规范诉讼材料接转工作的规定》,为当事人提交诉讼材料提供快速便捷的“一站式”服务,做到立案程序所需材料、手续一次性告知,接收材料、立案审查、交纳费用、办理缓减免手续、受理查询等一站式服务,在立案窗口就可以获知自己案件的诉讼程序、风险提示内容。全院各基层法庭诉讼案件均可在这里立案,当事人无须到海岛去,本来需一天时间来回于海岛,现只在立案大厅半小时就解决了立案问题,大大方便了群众的诉讼,节省了当事人的诉讼成本,形成了“一站式”服务模式。

舟山中院开通诉讼费与执行款支出账户网上银行,对需退还诉讼费或划拨执行款的,法院根据当事人提供的银行账号,通过网上银行直接划拨诉讼费或执行款,整个操作流程最快可在1个小时内完成,切实减轻海岛群众诉累。试行1个月以来,已利用网上银行平台划拨了11笔诉讼费、9笔执行款,共计6340万余元。普陀法院依托便携式数字法庭到社区开展巡回审判,系便携式数字法庭设备在我省法院系统的首次应用,得到了齐院长的批示肯定。定海法院对部分人民法庭管辖区域予以调整,方便群众诉讼。岱山法院依托专职社区巡回法官,丰富群众工作方式。嵊泗法院开通“裘红法官热线”(裘红法官系嵊泗法院审委会专委、立案庭庭长,2011年获全国政法系统优秀党员干警称号),已开展法律咨询189人次,处理纠纷20起。

（二）完善便民诉讼网络，依托人民法庭、巡回法庭、网格法官等载体，畅通群众诉求反映渠道，切实方便群众诉讼

巩固、拓展司法便民措施，大力推行预约立案、远程立案、远程庭审等经验做法，积极做好“浙江法院网上立案申请系统”的宣传、运用工作。中院将对部分具有海岛特色的便民利民举措进行总结，进一步予以规范和细化。大力推行上门立案、候潮开庭等富有海岛特色的诉讼便民机制，并充分利用信息化建设成果，在全市推广网上预约立案、远程庭审等做法，进一步方便群众诉讼。在立案方式上以司法为民为宗旨，简化立案环节，丰富立案方式，运用多样化立案方式如电话立案、网上立案、上门立案、口头立案、巡回立案，提高群众行使诉讼的便捷性；为行动不便的伤病患者、残疾人、老年人等提供上门立案等便民服务，实现立案工作的亲民性

（三）加大司法救助，高度关注社会弱势群体的司法需求，加大对困难当事人的司法救助力度

2009 年至 2012 年 9 月，全市法院共为经济确有困难的当事人减、缓、免交诉讼费 121.66 万余元，发放司法救助金 47.05 万元，充分体现了人文关怀。

定海法院审理的一案中，李某因道路交通事故脑部严重受伤，而肇事车辆没有保险，家庭拮据的被告在支付 7.3 万元后就一筹莫展。李某在欠下医院 9.5 万元的费用后被迫中止治疗。2010 年 2 月初，医院告知李某如不尽快做颅脑修补手术，将有瘫痪的危险。为筹集手术费，法官一方面为李某申请到了 3 万元司法救助金，另一方面寻求社会力量帮助，筹到定海区慈善总会救助金 5000 元、好心人捐款 1.5 万元，医院也同意暂不要求李某支付尚欠的 9.5 万元医疗费。春节长假后第一天，法官一早就将 5 万元救命手术款交给了当事人，李某家属含泪表示感谢。

（四）积极开展巡回审判，对邻里纠纷、偏远地区的民商事案件，减轻当事人诉讼成本，努力做到上门立案、就地审理，扩大法制宣传，促进社会和谐稳定

普陀法院社区巡回法官上任后，通过开展常规性走访、纠纷预防、24 小时随时联系等制度，与 39 个社区取得了联系，巡回法官的工作职责、巡回法官照片和联系方式等相关信息均上墙，建立社区日志制度，专职社区巡回法官与网格化管理工作对接起来，变群众“走上来”为法官“沉下去”，变被动受理为主动服务，主动深入纠纷现场，与群众保持“零距离”接触，与网格服务团队成员配合，面对面做工作，心贴心讲道理，就地解决问题，受到了社区和网格居民的欢迎，被亲切地称为“百姓家门口的法院”。

(五)进一步畅通信访申诉渠道,坚持“有访必接,有信必复,有诉必理”

2011年,为推进申请再审、申诉案件及信访案件的公开、透明,舟山中院立案庭制定出台了《关于民商事、行政申诉、申请再审及信访案件听证程序规定》,就听证的启动程序、听证流程等作了明确规定。同时,为进一步完善院长信访接待制度,明确信访案件的交办部门、交办期限,促进信访工作常规化、制度化,起草了《舟山市中级人民法院院长信访接待日工作规则》。全面落实院长接待日和判后答疑等制度,努力解决当事人的合法合理诉求。共处理来信581件,接待来访786人次。按照上级部署,认真开展集中清理涉诉信访积案活动,解决当事人合法合理诉求,做好服判息诉工作。

坚持"三个重视"　办好"四类纠纷"

宁波海事法院

在宁波海事法院受理的全部海事海商案件中，约占30%的案件与渔民、船员等基层百姓的切身利益息息相关，这些案件主要是海上人身损害责任纠纷、船员劳务合同纠纷、船舶共有纠纷、渔船营运借款以及渔需物资供应纠纷等。宁波海事法院在办理涉及民生类案件时，以"三个至上"为指导思想，将群众利益、社会效果与依法维护公平正义有机统一，着力解决海事司法中人民最关心、最直接、最现实的利益问题，努力适应民本司法对海事审判工作提出的新要求。

一、围绕群众需求，健全法护民生的工作机制

根据民生纠纷的特点，从老百姓的需求入手，采取灵活多样的司法手段，在法律允许的限度内尽量满足群众的民生需求。随着近年来经济增长放缓，海事民生类案件有大幅增长。2012年1月至9月底，我院共受理此类案件1069件，超过去年全年三类案件总数量，占全院同期收案总数的35%，同比增长3.36倍，涉及标的额达119553万元，同比增长307%。大标的人身损害责任纠纷案件、群体性船员讨薪案件明显增多，同时因企业资金链断裂，船东逃逸外出躲债的现象愈加常见，给审理执行带来很大的难度。我院经过认真全面分析，提出坚持"三个重视"，构造"法护民生"的便民利民机制的基本构想。

（一）更加重视积极主动地呼应迫切的民生司法需求

司法具有理性，但法官要有感情，尤其是在当前经济形势相对困难、民生需求大幅上升的背景下，对基层群众维护民生权益要用心倾听，工作热心，措施到位，让群众满意。为此，充分发挥院本部和各派出法庭立案接待大厅的"一站式"诉讼服务功能，简化民生案件的立案受理程序，以热情、文明、负责的态度认真对待来信来访，船员、困难渔民、外来务工者等要求损害赔偿、追索劳动报酬和经济补偿金的当事人建立诉讼"绿色通道"，让老百姓亲身体会到海事法院可亲、可近和可信。在办理宣告公民死亡案件时，考虑到申请人大多居住在外省市且急需得到法院宣告死亡判决才能依法索赔或办理婚姻

继承等手续,法院从宽认可出具被申请人失踪或无生还可能证明的单位范围,首先应由海事或渔监部门出具,其次可由公安派出所出具,最后可由乡镇政府出具,并主动与相关单位核实,尽快保障申请人权益的实现。

(二)更加重视减轻部分困难群众存在的诉讼不便和诉讼负担

针对偏远地区当事人的诉讼不便和部分当事人的经济困难,我院加大了诉调衔接、巡回审判力度和司法救助的力度。

第一,在加强诉调衔接方面,我院在走访浙江省主要渔区,对涉渔纠纷调处现状进行调研的基础上,于2011年10月出台了《关于建立和完善涉渔纠纷诉调衔接机制的若干意见》,提出海事审判要与全省渔区调解机构及相关基层组织建立诉讼与调解有机衔接的工作机制。同时组织召开了涉渔纠纷诉调衔接工作推进会,邀请全省各渔区的司法行政、海事、海洋渔业、乡镇政府调解组织等代表共同探讨涉渔纠纷诉调衔接工作方法,正式推进涉渔纠纷诉讼与调解衔接工作制度,协同各方力量全力打造和谐稳定“平安渔区”。此后,又相继在温州、台州地区举行诉调衔接工作推进会,与当地基层政府部门商议合作,充分发挥海事审判长臂管辖和专业性强的优势,为各类基层纠纷化解组织提供司法确认和法律指导。目前,诉调衔接工作深入推进,已有近百起涉渔纠纷案件通过渔区调解组织的成功调解,并经司法确认得以圆满解决。这项措施增强了基层调解的权威,引导部分纠纷分流到当地就近化解。

第二,在加强巡回审判方面,我院一方面强化法庭的审执力量,另一方面要求法庭落实送法下乡,为偏远地区的渔民、船员等提供现场立案,上岛调解,就地开庭,取得很好的社会效果。如2012年一季度,“浙椒渔7215、7216”两轮的船东洞头县鹿西乡王某、虞某和陈某因经营不善,债务缠身,王某和虞某外匿避债,渔船停止捕捞生产,几十万元的船员工资和其他债权无着落,大量债权人涌入鹿西乡政府,要求尽快解决。温州法庭考虑到债权人众多,单笔债权额小,当事人大多在海岛,交通不便等因素,本着便民诉讼的原则,采取上岛立案、集中公告、巡回审判、就地调解的方式,共计受理纠纷75起,现场审结53起,涉及船员工资、船舶营运借款,物料备品供应、船舶维修等各类纠纷,为70多名海岛群众节省了约2万元的诉讼活动成本,为海岛渔民提供便利、快捷的司法服务。

第三,在司法救助方面,我院在财政允许的限度内,依法为困难群众办理缓交、减交和免交案件受理费手续,2009年至2012年上半年,共为经济困难的当事人减、缓、免交诉讼费约265万元,大大减轻了困难群众的诉讼负担。针对执行阶段,部分群众裁判权益无法落实的现象,积极为其向有关部门申请司法救助,近年来共为多起案件的当事人申请到总额42.5万元的司法救助金,既解了群众的燃眉之急，也掐掉了部分当事人进行涉诉信访等非理性维权的苗头。

（三）充分重视解决纠纷双方法律知识相对不足、法律意识不强、诉讼代理服务缺位、心理对抗较严重等问题，促进实体公正

对于民生权益纠纷，采取以主动释明为主的释明原则，从有利于案结事了的角度，加强对案件当事人的法律释明和辨法析理的工作。对于争议较大而当事人诉讼能力明显不足以适应的案件，积极联系法律援助机构为其办理法律援助。在审理过程中，依法解答诉讼咨询，告知诉讼风险、诉讼权利与义务，并提供针对性的举证指导、法律释明、判后答疑等援助，帮助普通群众了解法律的具体规定，使其诉求在法律的轨道上得以主张与保护。

二、办好四类纠纷，依法保障人民群众生命与财产权益

（一）全力处理好海上人身损害责任纠纷案件

2009 年至 2012 年 9 月，共办结海上人身损害责任纠纷 268 件，结案标的 4446 万元，其中经法院调解撤诉的共 106 件，司法确认调解协议 80 件，较好维护了海上劳动者的人身权益。具体做法是：着重做好海上受害船员及其家属的思想工作，增强群众对海事审判与法官的政治认同、情感认同与心理认同。在日常接待和庭审活动当中，始终严格维护公平中立的形象，同时仔细倾听各方意见，尤其是受害人一方的实际困难与诉求，从情感和心理上关怀事故受害方，再从法律与情理的双重角度向其释明司法裁判的尺度范围，引导其依法合理的提出诉讼请求，促使纠纷双方互谅互让达成和解。千方百计解决受害方的合理诉求，包括争取社会保障部门、司法鉴定机构、保险公司等加入矛盾化解当中，共同帮助受害方弥补损失，恢复正常生产生活。通过总结实践经验，得出一套行之有效的调解方法：首先平复情绪，解开心结，从情感角度入手调解，注意当事人情绪变化，调解初期主动与当事人交流，耐心倾听，全面了解，以情动人，鼓励当事人换位思考，逐渐平复情绪，待当事人情绪平和后，再寻求和捕捉合适时机，引导双方以经济赔偿方式达成谅解。对于生活不便的当事人，我院主动延伸服务，如在 2012 年上半年妥善调解一起 200 多万元的大标的海上人身伤亡损害赔偿连环案后，亲自将执行款存入银行并送至已完全丧失劳动能力的原告病床前。

（二）将船员讨薪纠纷纳入法治秩序，依法高效维护船员、渔民在海上生产作业可享有的劳动报酬权益

2009 年至 2012 年 9 月，共办结船员劳务合同纠纷 786 件，结案标的 2616 万元，其中经法院调解撤诉的共 448 件，较好维护了海上劳动者的劳务报酬权

利。船员劳务纠纷案件往往是一艘船的全部船员或多数船员同时起诉,形成系列案件。这一特点极易引起集体上访或给社会稳定带来隐患。船员流动性较强、以船为家的特点,导致一些船员将船舶作为追讨薪酬的砝码,不配合法院对船舶的扣押与管理。为此,在审理此类案件时突出司法的高效与柔韧性,努力包容和化解纠纷,具体方法是:坚持快立、快审、快执,适度简化立案受理程序,创新调解方式方法,将在同一船上的船员集中在同一时间,由合议庭或全庭干警分别对其进行庭前调查,再将各船员间的陈述进行对比和去伪,在核查确定工资欠款的事实基础上,对同一船上船员的劳务报酬诉请予以合并调解,尽量当天开庭、当天调解、一周内执行到位,从而准确、快速化解矛盾纠纷。对于个别急需资金解生活困难的船员,经严格审查报批后,由法院预先垫付一定款项给船员使用。对于外籍、外省市的船员,为其办理诉讼委托提供指导和便利,通过与纠纷发生地外侨办、乡镇街道或利害关系人的协商,由相关方先行垫付遣返费用和劳务报酬,尽快安抚船员索取劳务报酬返乡过年过节的焦急心理,为构建浙江良好的海运秩序与用工环境添砖加瓦。由于稳妥处理涉诉涉访案件,为维护社会稳定发挥到积极作用,舟山法庭于2009年被评为舟山市“信访先进工作者”。

(三)以调解优先为理念,妥善办理船舶合伙纠纷,保障渔业生产顺利开展与渔民合法权益

2009年至2012年9月,共办结船舶合伙纠纷110件,结案标的8170万元,其中经法院调解撤诉的46件,依法保障了渔业经济组织的稳定与渔区和谐安定。具体措施有:尊重渔民生活和渔业生产习惯,充分听取当地渔业主管部门、镇村组织及渔民代表的意见建议;尽量在休渔期、生产淡季进行开庭、调解工作;慎重准许渔船扣押申请,从有利于渔业渔村发展的角度调解或判决纠纷,既依法办事,又注重办案的社会效果,得到渔区群众的好评。舟山法庭还认真总结此类案件的审判经验,受到省高院民四庭的充分肯定和采纳,为今后审理渔业合伙经营纠纷提供了重要的审判依据。

(四)坚持教育为主、合理惩戒的原则,妥善审理涉及军民关系的纠纷,加强对军事设施和国防利益的保护

邀请部队现役官兵来我院参加公众开放日活动,组织座谈,介绍海事法院近年来涉军审判的基本做法和典型案例,使其增进对海事审判工作的了解。如在2010年10月审理渔船因违法系泊损害海军某部航标案件中,组织法官与当事人到事发渔村巡回调查与审理,多次做双方调解工作,并与当地村、镇政府沟通协调共同促进纠纷化解,力求达到军民关系影响最小化,教育效果最大化。

通过现场开庭与以案说法，责令渔民停止侵权行为，适当赔偿对部队航标损害造成的物质损失，并教育村民强化国防无小事的观念，既成功化解军民矛盾，又切实维护国防利益和国防安全。

第三节 典型实例

百姓心中的“阿水哥”

“从手术台到审判台,我经过1年多的努力;从职业到使命,我要努力一辈子。”沈阿水的话掷地有声。沈阿水,从军20年,法官生涯18年,现任南浔区人民法院双林人民法庭审判员,主要从事民商事纠纷案件的调解和审判工作。他以对事业的无限追求、对人民的满腔热忱,无怨无悔地奋斗在基层审判第一线,忠诚地履行着一名人民法官的神圣职责,用实际行动践行着“忠诚、为民、公正、廉洁”的政法干警核心价值观。2010年以来,沈阿水先后被评为全市人民满意政法干警、全市指导人民调解工作先进个人、全市十佳调解能手,被授予湖州市“五一”劳动奖章。2011年,浙江省高级人民法院授予他“全省诉调衔接工作先进个人”、“全省法院法庭工作先进个人”等荣誉称号。

一、工作干劲像一头“老黄牛”

沈阿水生在农村,长在农村,老家石淙。1974年,他离开农村从军入伍,在部队担任军医,但他乡音未改,乡情未泯,骨子和血液里始终保持着一份对农村和老百姓的真挚感情。1994年退伍转业后,阿水放弃了彻底离开农村到市级机关工作的机会,主动要求到基层法院从事法医工作,重新回到基层,回到他出生和成长的地方。

由于形势变化,基层法院取消了法医部门,沈阿水突然面临“下岗待业”。在部队一直是业务骨干的他感到有劲无处使,不小的心理落差让这个军人出身的硬汉感到茫然,究竟何去何从,沈阿水曾经徘徊良久。可想起那些进出法庭的当事人,想起他们焦急的神情、期盼的眼神、获得公正裁判的喜悦,沈阿水深深体会到老百姓对公正的渴望和对法治的需求。终于,他下定决心要做一名为百姓解忧的人民法官。军人的习惯是说干就干,沈阿水找来各类法典,坚持每天自学,虚心向同事请教。用沈阿水自己的话说,与部队相比,这是另一种“训练”,而且一点不比部队轻松。通过一年多的努力,他就从书记员顺利转任为法官,完成了从军营到法院、从手术台到审判台的华丽转身。

十八载春秋弹指一挥间，沈阿水的两鬓已日渐斑白，但再漫长的时光也改变不了他在乡间这一方审判台的默默坚守，孜孜奉献。十八年来，阿水身边许多同事陆续升迁，昔日的战友也都在事业上风生水起，而沈阿水始终心无旁骛地扎根基层一线，仿佛所有的名与利都与他无关，就像一头老黄牛，终日俯首田间，耕耘不辍。

对事业无怨无悔的追求，让沈阿水不得不对亲人多少有了疏离。法院开庭的日期必须提前排定，在他的开庭排期表上，开庭的日程依次排列，沈阿水不会特地注明休息日，所以他的庭审经常会被随机地安排在周末或者节假日。近五年来，沈阿水放弃休息日四百多天，平均每个工作日就要办理 0.7 件案件。他的妻子曾经埋怨他对家庭疏于照顾，也为他的身体担忧。

有一次沈阿水和同事出外办案，途中电话响起，传来妻子焦急的声音，岳父突发脑溢血紧急送院抢救。同事让阿水立刻返回，可阿水沉吟良久，考虑到当天如果不能顺利对被告财产采取保全措施，第二天财产就可能被转移，将对原告造成不可挽回的损失，阿水毅然决定把事情办完后才连夜赶赴医院。妻子觉得阿水对家事不够关心，为此很生气。阿水对妻子说："家里的事是大事，但老百姓一辈子也许只打一场官司，对他们来说，这是天大的事，他们叫我一声'水哥法官'，我就无法心安理得地把他们的事放在一边。"

确实，群众利益无小事，作为一名法官，每天办理着形形色色的案件，有大有小，有缓有急，可对每个当事人来说，再小的案件也是他们生活中的大事。五年中，沈阿水写了近两千份裁判文书，总字数达到上百万，卷宗堆起来差不多有四五层楼高。可就是这样的数字也无法反映沈阿水在每一个案件中所付出的汗水和努力。

2011 年，嘉善某台资公司欠双林镇徐某 900 多万元借款，徐某来到双林法庭求助。徐某 60 多岁，与该公司老总是朋友，为了帮助朋友渡过难关，徐某拿出自己的"老本"，还向亲友求助，凑齐了 900 万元，如今公司面临倒闭，借款迟迟不还。许多债主上门讨债，徐某和家人面临着巨大的压力，老伴还因此与徐某产生矛盾，再加上子女的埋怨和不理解，真正是家无宁日，心力交瘁，身体也每况愈下。沈阿水细细研究这家台资企业的状况，多次走访打听，发现这家企业在外地有房地产投资项目。沈阿水克服自己身体的不适，先后三次远赴当地办理财产保全，协商具体还款事宜。经过不懈努力，此案得到了圆满解决，最终债务人以房产折抵本息的方式清偿了全部债务，维护了一个家庭的和睦与安宁。

二、调解水平像一名“老娘舅”

民商事案件主要有判决、调解和撤诉三种纠纷解决方式,“调解优先”是沈阿水一贯坚持的原则。他认为,在一般情况下,调解也许会比判决花费法官更多的精力和时间,但调解更有利于消解双方当事人因诉讼产生的对抗情绪,而促使双方在自愿的基础上达成一致,也有利于案件的实际履行和矛盾的彻底化解。五年来,沈阿水所办案件调撤率达 79.6%,高于全省基层法院平均水平近 15 个百分点。

沈阿水是一名经验丰富的法官,在多年的审判工作实践中,他积累和总结了许多调解的方法和技巧,有效地提高了调解的效率,提升了调解效果,沈阿水的同事们称之为“水哥调解法”。简言之,就是“抓牢一个点、走好五大步、选用五方法”。“一点”是指在调解案件过程中,努力寻求“法”、“理”、“情”、“和”的最佳结合点;“五大步”是指“倾听理解、摸清底线、框定架构、分析利弊、一锤定音”;在做到“五大步”的同时,针对具体案情,有选择性地将“五法”即“正反对比法”、“亲情服务法”、“换位思考法”、“整合多方力量法”和“分类调解法”穿插其中,力求达到最佳的调解效果。

双林镇潘家桥村的徐某与陈某是一对夫妻,结婚十多年来,两人勤勤恳恳操持家业,夫妻感情一直很好。但近些年,徐某经商小有成就,生活水平提高很快,可兜里有钱了,诱惑也多了,生活作风出现了问题,夫妻感情也出现了裂痕。去年 4 月,双方大吵一架之后,妻子一气之下向法院起诉离婚。沈阿水在庭审后感觉夫妻双方多年的感情还在,女方起诉离婚有可能是一时冲动,而男方对自己的错误也深感悔恨。根据现有证据,沈阿水认为双方当事人尚未达到离婚的法定条件,依法应当判决不予离婚。但沈阿水却没有简单下判,他认为尽力挽回夫妻感情,挽救破碎家庭比简单结案更加重要。他采取“亲情服务法、换位思考法”给两人做工作,让他们站在双方的立场上,相互考虑,尽自己最大的能力给孩子一个完整的家庭。他对丈夫徐某进行劝戒,让他写下保证书,从此对妻子、对家庭忠诚;也告诉妻子陈某在生活中要给予丈夫多一些关心和照顾,少一些埋怨和指责。在沈阿水的耐心调解下,夫妻俩终于打开心结,和好如初,满脸笑容地走出了法庭。

沈阿水在调解案件中,坚持“拿来主义”,凡是对调解案件有利的,他都会学习和借鉴。在调解交通事故案件中,军医的经历也成为他有力的武器。在交通事故案件中,保险公司往往会提出原告主张的部分用药和伤情没有因果关系的抗辩,沈阿水凭借着自己医生的素养,能够准确判断原告用药的合理性,对保险公司的抗辩或驳回或支持，让双方当事人都十分佩服，令许多法官头痛的医学专业领域的问题常常迎刃而解。

大家都评价沈阿水同志“气场”足，他的话当事人都愿意听、听得进，除了他调解方法独到之外，公平公正的工作原则也是大家信任他的原因。他和家人约定三个“不准”：不准陌生人进家门、不准和熟人谈工作、不准接受任何礼品和吃请。2009 年，沈阿水承办雇员纠纷案件，雇主是他好朋友的亲戚，好朋友亲自上门说情，暗示他卖其几分薄面。沈阿水只一句话便让好朋友拂袖而去：“生活中我们是好朋友，工作中我没有朋友。”看着朋友离开的背影，沈阿水不禁有些落寞，不知多年好友的情谊是否毁于一旦，可当脑中闪过“法官”二字，沈阿水又抬起了头，他明白，他必须承担这两个字的沉重分量。

近两年来，沈阿水民事息诉率达 99.8%。他以专业的职业素养，赢得了当事人的尊重；他以公正无私的品格，取得了老百姓的信任；他以优秀的调解技能，受到了人民群众的好评。他用法律为老百姓撑起了一片和谐的阳光天地，当地人民群众都亲切地称他“水哥法官”。

三、亲切态度如一位“老大哥”

“法官”二字在沈阿水心中有着极重的分量，而“人民”二字在他心中的分量更重，沈阿水常说对自己的要求不高，只希望做一名合格的“人民法官”。他是这样说的，也是这样做的，除了坐堂办案，他喜欢走出去，走到百姓中间去。

法官为什么要走村串户呢？沈阿水解释说，在长期的审判实践中发现，许多矛盾纠纷之所以升级为诉讼，并不是因为纠纷本身有多么激烈，更多的问题是老百姓对法律的不了解，法制意识的淡薄，如果能够在纠纷发生当时或发生前及时提供合理的法律服务，也许很多矛盾就能化解于无形。为此，沈阿水建立了一套“民情走访”制度，即入户走访、定点接访、主题约访、定期回访，着力预防和化解民间纠纷。他主动进村入户，定点定时到村委会接待来访，对社会关注度较高的问题，制定主题，有重点、有针对性地约请群众代表座谈，定期主动到反映问题的群众家中回访，跟踪工作进度，了解工作成效，以实际行动取信于民。

“民情走访”要取得效果，沈阿水有自己的心得与体会。一是要多跑。无论工作多么繁忙，他每逢星期三、星期五的下午，都要出去走走看看。他深入社区、企业、机关、学校了解社情民情，解决实际问题，提供司法服务。几年下来，辖区几个镇数十个村落基本都被他跑遍了，庭里的书记员出去送副本找不到地方的时候，只要问他，一问一个准，他就是法庭附近几个乡镇的“活地图”。二是要多写。沈阿水随身总是带着一本小本子,有些陈旧,却被他视为宝贝。本子里写着他在走访过程中收集到的问题、意见和建议。近两年来,他已经记满了三本,收集问题近四千多条,有小王和小薛因为养猪发生矛盾的事,有老张家门口的阴沟堵塞的事,还有邻村小李夫妻俩闹矛盾的事,等等,不一而足。对于法庭分内的,他总会想方设法为他们解决,对于分外的,他也将问题转交相关部门,要求予以解决,做到“件件有着落,事事有回音”。三是要多说。沈阿水和老百姓有说不完的话题,上至国家政策、名人轶事,下至家长里短、生活趣事,欢声笑语不绝。农民出身的他在和老百姓交流时,都讲农村熟悉的“土话”,从不讲法言法语,做到“当事人听得懂法官的语言、法官听得懂当事人的语言”。江浙一带的方言很复杂,庭里许多年轻的同事不会说也听不懂,常常开玩笑说沈阿水在说“外语”,可就是这样的“外语”在不知不觉间拉近了他和老百姓的距离。

沈阿水从农村来,到农村去,让老百姓“脸熟”,也让老百姓“心热”,在群众心目中享有很高的威望。在双林镇,法官“阿水哥”的名字几乎无人不知、无人不晓,无论是企业、个人,还是民间调解组织,有了纠纷,第一个就会想到他。

四、创新管理像一个“老诸葛”

沈阿水深知,个人的力量永远是有限的,传统方法在新的社会时期也不可避免地存在局限性,要想解决深层次的问题,提高化解纠纷的效率,创新机制,整合力量,推进社会管理创新相当重要。

2011年,沈阿水经领导批准着手成立以个人名字命名的“水哥法官工作室”,组建了由法官、法官助理、书记员、人民陪审员、人民调解员加盟的工作团队,广泛开展诉前调解、指导人民调解和法制宣传等工作。沈阿水以工作室为依托,对家庭纠纷、民间借贷和小标的额案件等适合调解的案件,充分行使释明权,主动宣传人民调解工作的特点、优势,积极开展诉前调解工作。在诉前调解过程中,他还注重调解主体的选择,除了有基层司法所的法律工作者、人民调解员参与之外,还积极邀请在当地有威望的长者、律师参与法庭的诉前调解中来。同时,在他的建议和倡导下,双林法庭正式确立了沈阿水探索多年的“1+4”的纠纷联调机制,由法庭牵头,组织司法所、综治办、派出所、劳动服务所共同建立沟通协作机制,妥善应对突发事件和群体性纠纷。

2008年8月,湖州某制衣公司因经营不善倒闭,欠下了60多万元工资款和其他债务,债权人和工人哄抢机器设备,特别是数百名职工工资无着落,对其生活造成了严重影响,情绪非常激动。在严峻的事态下,沈阿水启动了纠纷联调机制,各部门统筹谋划,分工协作,最终使226名工人工资得到清偿,其他债权人也按比例得到分配，避免了矛盾激化。

沈阿水在“引进来”的同时，还“走出去”指导人民调解，提高人民调解员的调解水平，让人民调解员成为“编外法官”，有效地将纠纷解决在基层，解决在萌芽状态。沈阿水指导人民调解主要体现“三化”：一是规范化。在深入了解辖区基层调解委员会组织现状的基础上，沈阿水主动联系镇司法所，协助制定调委会的规范化考核细则，并定期参与评定考核。二是经常化。沈阿水定期对辖区人民调解员进行业务培训，为了方便联系，他还印制了“法官联系卡”，发放到每一个人民调解员的手中，随时接受电话咨询。三是多样化。在常规指导的基础上，沈阿水选择具有典型意义的案件，邀请人民调解员到庭旁听，并在庭后结合法律规定进行有针对性的解析，对调委会某些疑难、棘手的案件，他也会直接就个案调解进行指导。

双林镇资深人民调解员沈根权说：“调委会非常需要阿水法官的指导和帮助，他能说能讲，有柔有刚，把调解做成一门艺术，对我们帮助很大。”去年沈阿水所联系的旧馆镇仅有 66 件案件诉至法院，法庭案件受理数也比 2010 年下降了 28.9%，大量民间纠纷化解于诉前。

沈阿水还注重以工作室为载体，整合多方资源，探索创新举措，将工作室的作用最大化。针对双林辖区受经济下行趋势影响较大的服装、地板等重点骨干企业的现状，沈阿水将辖区企业按照种类、经营范围及特点进行划分，与 10 家重点骨干企业达成“法制宣传定点联系”的服务意向。通过定点咨询、定期会议等方式为企业“量体裁衣”地提供法律服务，引导企业及时减少和预防经营风险，加大司法扶助力度。

沈阿水选择一些典型纠纷、社会影响较大的热点难点案件，邀请特约监督员、人大代表、政协委员和当地群众组成评判团进行评案。在开庭审理前他会向评判人员告知案件基本情况及争议焦点，开庭完毕后组织评判人员对案件的处理进行评判，提出意见和建议。针对评判团的意见和建议，他会作出解释和答疑，使评判团成员理解、接受、支持法院的调判结果，扩大了法制宣传的效果，提高了法院裁判的社会认可度。

今年，沈阿水在对大量交通事故案件进行调研的基础上，针对交通事故当事人普遍反映的保险理赔程序繁琐，专业性太强，事故索赔艰难等问题，与平安保险公司在双林法庭联合设立了“平安调解点”。由保险公司派员驻庭，双方当事人与保险公司在诉前共同协调处理交通事故赔偿事宜，使事故当事人双方的赔偿和保险理赔共同处理，一步到位，极大降低了当事人的索赔成本，避免诉累，受到群众和保险公司的一致好评。沈阿水介绍说，按照常规，一起交通事故有可能引发多起诉讼案件，一是事故双方之间的诉讼，二是投保人与保险公司之间的诉讼，而“平安调解点”的探索使事故处理一步到位，目前取得了较好的效果，行业主管部门和上级法院都很感兴趣，准备进一步推广。

历经风雨，方见彩虹；踏平坎坷，终成大道。“上善如水”，沈阿水正在“司路法雨”的道路上渐行渐远，彰显正义的同时，又蕴含着似水柔情……

（原载2012年11月20日《人民法院报》）

对外公开电话咨询过,需要的材料法官都一一交代了。因为被告的信息不是特别清楚,她昨天还专门到这里来领取了“委托取证函”,今天一大早凭函到公安局查询。

10时34分,章大姐在顾法官递出来的材料上签名,然后到银行进驻法院的窗口缴费、开票。

10时36分,返回顾法官窗口,递进相关票据,拿到案件受理通知书。

正准备离开,见到昨天给她开函的蒋海萍,她激动地翻包,想把证据材料拿出来给“庭长”看看。

蒋海萍笑成邻家女孩:“大姐,您别着急,案子已递交民一庭。您要想了解谁在办,办到哪一步了,可以给我打电话。”说着,她拿出便笺纸写上电话递给章大姐。

在“委托提取证据函”上,一案一编号,致公安局的已编到2636号,致工商局的则编到1716号。

拐进旁边的联合调解中心,正在值班的副主任杨能范曾做过多年的基层法庭庭长,如今退休返聘,因为整日忙碌于热热和和的“老娘舅”工作,看不出丁点儿老年人的疲态。此刻,他正在用地道的诸暨话和当事人约着明天见面“说和”。

(二)时间:12时30分,地点:嵊州市人民法院立案大厅

“地址……身份证……”午休时间,一个立案法官还埋头在一堆资料中。

外地口音的女士(后经追问姓李)别别扭扭说着普通话。

仔细一听,原来是她丈夫在十车连环相撞的交通事故中丧生,她要提起损害赔偿,但是被告有24个,要提供这么多人的具体信息让她很犯难。

“那我帮你找吧!”立案法官很干脆,埋头在责任认定书里,一个个追查。为找到详细地址,还不时互联网“百度”起来。

见法官这么热心,李女士不由大胆诉起苦来:“这个家全靠丈夫支撑着,他这一去,我们更困难了,你们可要为我撑腰。”

查找完信息,立案法官还帮着她申请缓缴了2275元的诉讼费。

将近下午一点,法官还没吃上午饭,李女士有些过意不去,连催法官先去吃饭,他摆摆手:“现在案子多,趁中午人少赶紧弄,不然下午人多又耽搁了。”留意立案窗口的法官台标,看到他的名字叫郑超。

(三)时间:16时45分,地点:绍兴县人民法院立案大厅

“您这个事实很清楚,不妨到右边第二个办公室去调解下?”立案法官边看材料边说。

被建议调解的是丁士聚律师,他代理一起道路交通事故案。早先,被代理人吴先生已赔付60万元。事故过去大半年,参保的保险公司仍迟迟不见赔偿。

“调解也好,程序走得快。”丁律师来到调解室,遇上熟人:“章兄,你也在这儿?”

被称作章兄的律师正在两份调解协议上签字。

调解员山月康看过丁律师的材料,抓起电话拨号:“这个保险公司代理人我认识,叫徐长荣,经常有案子来。看看他现在能否过来。”

说到绍兴县法院的诉讼服务,在此做了十多年律师的丁士聚认为法院理念的变化最大:“以前是实质审查,常说一句‘证据不充分’,让你无法辩驳;现在是形式审查,基本上都能当场立案。”

这得到章律师附和:“以前可是90%不能当场立案。敞开式窗口也体现服务态度,以前在办公室,连上个厕所都要关门,立案难在让你连人都见不到。”

谈话间,徐长荣来了:“山法官,你拿个方案吧。”

一来二去,26万多元的赔偿额降到20万元,双方达成一致意见。

二、百姓自述——揣着忐忑来 怀着温暖走

(一)15000元诉讼费愣是没用上

我是2008年法院调解离婚的。当时共有三套房,一套给前妻,两套归我。调解协议上写了句:“财产分割及经济补偿问题双方已自行协议处理。”本是清清爽爽的局面不料留下祸根。去年年底,我经营的滨海小厂急需资金,在拿着自己的两套房产去抵押贷款时却出了状况:银行认为离婚财产产权不清晰。

我三番五次拿着房产证、房产分割协议去办理都不行,叫来前妻证明也不行。

我想到了公证。但这也是死路一条,人家说分割两年多了,不能给公证,找熟人通关也不行。要知道,我那小厂等着钱发工资,什么法子都用上了,真是心急火燎的。

后来律师说,我们还是去法院吧,补充起诉。

人家已经处理过一回,还会理我吗?抱着一丝希望,怀揣15000元的诉讼费,我第二次来到法院。

把情况给立案法官一说,她说你急着要用钱,不用起诉,建议我直接去联调中心山法官那里调解处理。

结果,山法官主动提出把我前妻叫来,当面说清楚后,立马给出具调解协

议书。

第二天，拿着协议书，贷款办下来了，为我这小厂解决了大问题。

说出来自己都不敢相信，我奔波了大半年的难题在法院一天就解决了，带好的 15000 元诉讼费愣是没用上。

（二）刷新法官高高在上的印象

我是开照相馆的。有个小老板到我店里冲印照片，前前后后欠下 7400 元，从 2009 年开始，我问他要钱，他总是找借口不还。即便我退让到 5000 元，他还是避而不见。

这态度把我惹毛了，我就到法院来告他。

7 月 7 日，第一次跨进县法院大门，心里有些忐忑不安：真要来打官司了，花上几个月的时间弄个你死我活，最后不知能否要回钱？

接待我的是任法官，她和颜悦色听我讲完，说可以受理，但走诉前调解程序更方便快捷。对于我来说，也不想跑来跑去，一趟汽油费得 30 多元。

当时都是午饭时间了，山法官还是第一时间打电话给被告。

下午两点，他来了，我们一见面就干上了。我也很来气，都想走了，让法官去判吧。

但山法官还是把我们分开单独做工作，他比较会说话。最后大家都各退一步，对方当场还了 6500 元。

原本以为一场官司会把我们弄个你死我活，结果现在我们还是继续做着生意。这种方式挺好，让大家都有个台阶下。各自讲讲难处，大家相互体谅。

老实说，我最初想过让小混混去教训教训他的，后来觉得自己大小也是个有头有脸的人，犯不着。

这次的官司使我认识到什么叫法治社会，法官不是电视剧中那样高高在上敲法槌，也有温情在。

三、实践者说——笑脸背后法律的热度和速度

"窗口是法院第一形象，是法院的脸面。"绍兴市中级人民法院院长陈惠明期待的不仅是冷脸变笑脸，还有笑脸背后法律的热度和速度。2006 年，全市法院"变脸"工程正式启动，250 万元投入改建，不久，一座座相对独立的现代化多功能立案大厅开门迎客……

"绍兴许多基层法院办公条件比较紧张，文明窗口建设取得全省唯一的'满堂红'，与两个理念有关。"中院副院长钱武生说，一个是服务群众不能等。"我们要求尽快在原址改造，不能等新建办公楼，否则立项、选址、征地等起码三五

年,实在等不起。”

另一个是窗口公开透明制度化、强化立案提速,这不仅是服务群众所需,也是队伍建设的保障。“当场立案、银行进驻收费,隔绝权力寻租时空,杜绝抽屉案,用公开透明的环境来减少出错的可能。”

其他配套制度随之也紧跟上去,导诉制,立案24小时、财保12小时承诺制,一次性告知制,为不能自行到公安局和工商局查询被告信息的当事人提供委托取证函,推广预约立案、远程立案、邮寄立案……

方便、快捷的诉讼服务赢得了群众的信任。连续5年来,钱武生分管的纪检监察部门没有收到一起对立案窗口人员的投诉。

更重要的是即立即调制度,这对作为“枫桥经验”发源地的绍兴来说,已深入人心。

“诉前的联合调解让当事人从法律的繁杂程序中解脱出来,又在法院的庄严氛围中实现,在提速上有着事半功倍的效果。”钱武生说。

2008年,联合调解中心纷纷进驻各基层法院立案大厅,“纠纷解决的全科医生”来到调解工作室,为简易案件快速把脉会诊。

在绍兴县法院看来,这“全科医生”的选任至关重要。2008年7月,该院已设联调室,但效果不理想,2009年全年诉前调解了33件,成功11件。

“直到去年初,选聘刚从基层法庭退休的法官山月康担任调解员后,联调室才有了重大起色,去年受理435件,调解成功282件。”绍兴县法院副院长濮建明说起老山,满是感激和称赞。

今年上半年,老山已受理300件,调解成功270件。“他有着丰富的审判和社会经验,对基层事务又熟悉,很多律师也认识,调解起来自然得心应手。最关键的是,他爱这一行。他现在调案件一般在3天内办结,最长也不过一周。”像老山这样的调解“老娘舅”现在已经成为全市法院的“香饽饽”。为扩大效果,诸暨法院还把联调中心引入各基层法庭,设立分中心,人员、经费均由财政全额保障。

位于“枫桥经验”发源地的枫桥镇法庭身在光环下,不为名所累,结合法院实际,将诉讼服务群众的理念不断创新与发展。

到任不长时间的庭长寿文光扳着指头说:“法庭加强对调解的业务指导,实现了人民调解法治化,为‘枫桥经验’注入了新的内涵,同时,人民调解和司法裁判有效衔接、良性互动,提高了司法审判的效率,这是个‘双赢’的局面。”“今年上半年我们已经调了150多件,调解成功率为74.1%。从头到尾都得到了寿庭长他们的指导和帮助。”刚调和一起婚姻纠纷的调解分中心主任老丁拉着记者说。

就在采访时记者得知，两天前，中共中央政治局委员、中央政法委副书记王乐泉来到枫桥法庭，就坚持“枫桥经验”、创新社会管理进行了深入调研。

（原载 2011 年 8 月 4 日《人民法院报》）

博士局长也来当陪审员

浙江省绍兴市中级人民法院知识产权庭有个“高手”,他是清华大学材料加工工程专业的博士,绍兴市知识产权局局长。在绍兴中院,他有个新的身份,知识产权庭人民陪审员——贾良荣。专业技术背景让贾良荣特别擅长处理专利纠纷案件,这类案件涉及的技术问题复杂、专业性强,对于大多数没有技术背景的法官来说,真是有种雾里看花、无从下手的感觉。“这个时候请贾局长来一招‘拨云见日手’,就思路清楚了。”绍兴中院知识产权审判庭很多法官都有同感。

一、“专业”态度面对“专业”工作

贾良荣作为一局之长,公务繁忙可想而知。但他一直认为“坐上陪审席就不能只当‘陪衬’”,对这份“业余”工作,他的态度非常“专业”。自从担任陪审员以来,他从未缺席、迟到或改期,有时前一天晚上还在外地出差,第二天一早就精神抖擞地准时出现在庭审现场。从 2010 年年初上任至今,这位“博士局长”陪审员已陪审专利案件 10 余件,调解、和解撤诉率达到六成以上。绍兴中院民三庭的法官笑说:“贾局长擅长‘分身术’!”

贾良荣有本庭审笔记,每次开庭前都认真“预习”:阅读案卷、做笔记、提前查阅资料。这让一些专业法官都自叹不如:“正是这样的庭前准备,让他在庭审现场思路机敏,常能提供不同的视角和思路。”

在一起专利权纠纷案件中,争议焦点聚集在了直接销售侵权产品的陈某的身份问题上,原告认为陈某是代表被告公司销售侵权产品,而被告则坚称公司没有陈某这个人。由于陈某不知所踪,双方又各执一词,现场一度僵持不下。此时贾局长话锋一转,把话题重新拉回到被控侵权产品上:“那产品包裹上面留下的电话号码和网址,是否是被告公司的?”问题焦点化繁为简,顺着这一线索追查,被告最终承认了陈某的确是其公司员工。最后案件实现了调解,双方都对结果表示满意。

二、构建行政执法与司法审判的协调机制

这位学者型的陪审员不仅在法庭上用其“火眼金睛”协助法官断案,还开始思考怎样从具体案例中提炼普遍规律,让知识产权保护真正“拨云见日”。为

此，他一方面向专利复审委员会技术专家了解专利的技术特征、新颖性、创造性、实用性程度，帮助化解疑难案件；另一方面钻研知识产权尤其是专利方面的法律法规，与程永顺等知识产权领域的知名人士交流学习，研究知识产权案件的审判特点。在这样的基础上，贾良荣提出了构建知识产权行政执法和司法审判协调机制的建议，“这样可以充分发挥行政的便捷优势和司法的强力优势，形成知识产权的保护合力”。

基于这一建议，2011 年伊始，专利纠纷案件庭前预调机制在绍兴中院知识产权庭开始试行，此类案件立案后将首先交由贾良荣，他不仅对案件进行预先调解，还将帮助法官确定案件争议的技术焦点，为庭审做好“备课”。“专家解决技术问题和事实问题，法官解决法律问题，真正实现了优势互补。而且他们新鲜的视角和观点也帮助我们更深入地思考知识产权司法。”绍兴中院知识产权庭法官秦善奎颇为感慨地说。

目前，绍兴中院这样的“高手”不止一个，根据当地知识产权纠纷案件的特点，该院从版权、专利、工商等行政部门的专家、业务骨干中选任了 8 名陪审员，他们充分运用自己的专业技术背景及视角，不仅跳出了“陪衬”真正“陪审”，更是和法官“双剑合璧”，2010 年以来共参审知识产权案件 37 件次，参审案件调解率达 80% 以上。

三、连连发问专业技术问题

在一起侵犯实用新型专利权纠纷案件中，双方对于被告销售的耐磨吸沙泵是否侵犯了原告的专利权争执不下，审判一时陷入胶着状态。

“权利要求的第四行，引申形成是什么意见？”此时贾良荣不急不缓地出手了，“螺帽是一体的还是分开的？”“原告说被告使用的是什么材料？”“那原告认为被告的材料耐磨吗？”接连四个专业技术问题发问环环相扣，让原告代理人自己说出相比原告的专利技术特征，被告所用材料不同，螺帽和螺杆的连接方式也存在区别。双方技术特征厘清了，最为纠结的问题得以突破，剩下的也就迎刃而解了。

最终，这起专业性极强，双方分歧极大的案件得以成功调解。

（原载 2011 年 3 月 20 日《人民法院报》）

“四个零距离”：司法便民

新昌县人民法院儒岙法庭办案法官运用“电话调解”方式快速化解一起道路交通事故人身损害赔偿纠纷。这是今年以来，儒岙法庭积极推行司法便民“零距离”的一个缩影。该庭在深入开展“创先争优”活动中，把司法为民、便民、利民的各项措施落到实处。“零距离”立案，除实行审查、立案、缴费、排期开庭等“一站式”服务外，针对涉老弱病残当事人进一步畅通便民绿色通道，实行无障碍诉讼服务，通过实施电话预约立案、口头立案、上门立案等方式，全方位提供更加便捷的立案服务；“零距离”调解，积极开展走出法庭，主动到纠纷发生地或当事人住所地，充分发挥当地调解人员熟悉民情、了解民意的特点，促成案件就地调解解决；“零距离”审判，进一步完善巡回审判工作机制，对涉及影响较大的婚姻家庭、邻里纠纷、群体性诉讼案件，采取流动式巡回审理、就地审理、就地法律宣传；“零距离”法律服务，选取重点企业作为联系对象，定期联系沟通，及时提供法律咨询和法律建议，帮助企业解决经营中遇到的法律难题。

（原载 2010 年 11 月 2 日《人民法院报》）

第四章　协同司法

构建多元纠纷解决机制

第一节　导　　论

一、协同司法的科学内涵

协同,源自系统论的概念,作为法律概念的"协同",最早源自民事诉讼社会性观念,发轫于奥地利学者弗兰茨·克莱恩(Franz Klein),他所主张的民事诉讼具有一种社会性,要求诉讼控制当事人对于诉讼权利和实体权利的自由处分。[①] 德国学者巴沙曼是协同主义理论的继承者和发扬者,在其所著《社会的民事诉讼:在社会法治国家民事诉讼的理论与实务》一书中对协同主义进行了深入的诠释,他认为协同主义是与辩论主义完全不同的一种崭新的诉讼结构,强调法院、当事人三方的协同关系。从自由主义的民事诉讼步入社会的民事诉讼,也就是说,从在诉讼中的力量对比的角度来理解的话,诉讼步入了法官的指挥和援助的所谓作业共同体,其大大动摇了辩论主义的妥当性。[②]

在吸收德国学者的协同主义理论后,我国学者也提出了协同主义的诉讼模式,并主张其应成为我国民事诉讼发展的方向。如我国台湾地区学者姜世明认为,协同主义也称协力主义、合作主义,其内涵是:在民事诉讼中不绝对强调辩论主义,由法官和当事人协同完成诉讼资料的搜集,以发现案件真实。即原则上由当事人提出事实主张及诉讼资料,在必要的情况下法官则依据职权进行证据调查。因协同主义在一定程度上改变了传统辩论主义的内容,一些学者便将其别称为搜集主义、混合辩论主义、限制的辩论主义[③]。我国大陆学者田平安教授也表达了类似的看法,他认为,协同型民事诉讼模式是指在民事诉讼中应最大值地充分发挥法官与当事人的主观能动性及其作用,法官与当事人协同推进民事诉讼程序的一种诉讼模式。它是在充分尊重当事人辩论权和处分权的前提下,针对因诉讼程序复杂化和专业化所造成的当事人行使诉讼权利的困难和不便以及因主体滥用程序权而导致的诉讼迟延和高成本等弊端,为促进案件真

---

① 陈慰星:"多元化纠纷解决机制之复合——以司法协同技术为方法",载广州仲裁委员会主编:《仲裁研究》(第13辑),法律出版社2007年版,第81页。

② 唐力:"辩论主义的嬗变和协同主义的兴起",载《现代法学》2005年第6期。

③ 姜世明:"民事诉讼法总论",载《月旦法学教室》1995年第23期,转引自孙永军:"协同主义的追问与我国民事诉讼的未来",载《河北法学》2009年第3期。

实的发现,为节约有限的司法资源,而确定法官与当事人必须协同行使诉讼权利和履行诉讼义务的一种诉讼模式①。

事实上,司法"协同主义"主要是为了防止诉讼过程中的法官和当事人陷入孤立的境地,其目的在于促进司法活动中的参与者相互协作,增强互动性,从而提高司法效率,实现司法公正。从这个意义上讲,司法"协同主义"对现代法治理念的进步是很有价值的,而这也正是协同思想在司法活动中深入实践的合理性基础。因此,随着司法"协同主义"日益深入人心,在协同模式的发展演变中,协同式的处理手段也已经逐渐进化成为一种现代型的司法技术,这就是"协同司法"。它针对不同类型的社会矛盾纠纷,提供不同的纠纷解决模式,通过各种不同纠纷解决模式的良性互动,促进社会矛盾纠纷的化解,是司法"协同主义"在司法活动中的丰富与发展②。

协同司法以和谐为基石。法院借助外力解决纠纷,其终极目的不只是缓解法院的办案压力,更是为了根据纠纷的不同特点对症下药进行矛盾的终局化解,促进社会和谐。完善多元纠纷解决机制,既要加强其化解纠纷的固有功能,也要将其纳入法治和社会建设(包括社会管理创新)的范围,强化其服务、规制、引导、教化等综合功能。

协同司法以长效机制为保障。协同司法体系涉及法院与地方党委、政府、有关行政主管机关、基层组织、社会组织之间的沟通、协作,由于司法与其他部门的职能存在本质不同,法院与各协同部门之间的职能界定、协作流程、信息沟通模式等一系列事项都需要进行明确,以确保协同司法体系的正常和长远运作。要构建协同司法的长效运行机制,实现诉讼与非诉讼相衔接:一是扩大衔接广度,包括丰富扩充诉讼接入非诉讼纠纷解决机制的种类和范围、衔接机制共同解决纠纷的覆盖面和受益面等;二是挖掘衔接深度,即加强在组织、机制、法律效力方面衔接的紧密度和契合度;三是把握衔接向度,即明确诉讼与非诉讼的各自定位、界限以及相互关系。前两项指标是数量性指标,后一项指标是品质性指标。相对而言,实践中前两个指标得到了较大的关注,这与当前司法

---

① 田平安、刘春梅:"试论协同型民事诉讼模式的建立",载《现代法学》2003 年第 1 期。

② 虽然司法"协同主义"在学术界受到越来越多的支持,但也有学者对协同司法理念提出了质疑。他们认为协同主义司法所批判的古典辩论原则已经得到了修正,现代西方各国的司法已经不是彻底的、绝对的当事人主义,而协同主义本身的内容则具有不确定性和流动性,"协同主义强调的是当事人和法官的合作,至于合作的时机、方式、条件和不合作的责任等则缺乏明确而具体的标准。这样就使得协同主义的内容、结构呈现流动化和不确定的特征,而这种状况又很有可能导致程序进行的失范。"孙永军:"协同主义的追问与我国民事诉讼的未来",载《河北法学》2009 年第 3 期。

需求和司法资源短缺之间的突出矛盾相关联,后一指标则被大大忽视。而后一指标关系到未来我国纠纷解决体系的实质特征、整体布局、发展方向等重大问题,应当得到高度关注。我国目前还处于法制建设的发展时期,法律和司法的权威尚未树立,在大力发展诉讼外纠纷解决机制的同时,必须兼顾法治长远发展目标,兼顾法院"纠纷解决"和"规则之治"两大功能的落实。

协同司法以司法终局为核心。诉讼作为纠纷解决的"最后一道防线",处于纠纷处理的末端。应当重视发挥其他纠纷解决机制的外围防线和源头化解作用,在不影响当事人寻求司法救济的权利的前提下,支持纠纷解决逐步向社会回归,向基层回归。同时,要落实司法终局的地位,实行"诉访分离"。建设社会主义法治国家,最终要靠规则之治,最重要的就是法律之治。中国特色社会主义法律体系形成后,我国法治建设的重点也将向法律的有效实施过渡。通过健全司法制度,加大法律实施力度,维护司法权威和司法裁决的终局性,提升司法整合社会价值的功能。

二、浙江法院协同司法的实践和发展

(一)全面构筑诉调衔接平台

1. 基层法院的人民调解平台已经全面建成

到目前为止,我省的90家基层法院(不包括新设立的杭州经济技术开发区人民法院)已经实现了人民调解窗口的全覆盖,222个人民法庭有102个建立了人民调解窗口,共配备专职人民调解员360人,兼职调解员777人。人民调解窗口的建设,使诉调衔接工作的开展有了一个有效的工作平台。2008年以来共委托人民调解组织调解案件105664件,调解成功率达83%,办理确认人民调解协议案件17362件,基本实现"基层法院每年委托人民调解窗口及其他各类调解组织调解成功的案件数不低于所受理民商事案件总数的十分之一"的工作目标。

2. 提升了人民调解工作规范化水平,维护人民调解协议权威性

各地法院依托诉调衔接机制,通过个案评析、联合调解、集中授课等各种方式加强对人民调解员的培训和指导,不断提高人民调解协议的规范化水平;同时对符合条件的人民调解协议进行司法确认,赋予其强制执行力,有力地维护了人民调解协议的权威。目前我省已有70余家法院以司法确认决定书的形式对人民调解协议进行了司法确认工作。2011年1月至6月份,共办理了4960件司法确认案件,比去年同期增加了近十倍。

3. 积极探索涉诉纠纷综合化解机制,拓展了诉调衔接的新途径

各地法院不仅将诉调衔接机制与人民调解组织的对接,还注重和公安、工商、劳动等行政部门以及各类行业协会的协作,建立具有地方特色的对接机制,使矛盾纠纷化解更具有针对性和实效性。如普陀法院与大型船舶企业、水产加工企业、服务性企业建立诉调衔接制度,并建立旅游纠纷网格快速调处机制、劳动争议纠纷解决协调机制、涉渔纠纷诉前调处机制。余杭法院将送达、保全、调解、执行、维稳等工作均纳入诉调衔接机制的范围,并引导区委区政府将各镇街、职能部门协助法院工作业绩纳入镇街平安综治维稳工作考核,按照考核项目量化计分,极大地丰富了诉调衔接工作内容。

(二)加强执行五大系统建设,综合治理执行难

1. 执行征信系统初见成效

积极发挥省公共联合征信平台的作用,省高级法院执行局与省信用中心建立联建共享机制,将全省法院超过3个月未结案件和所有程序终结案件失信信息在省公共联合征信平台“信用浙江网”上发布,每周更新,供社会公众查询并应用于政府监管、金融和招投标等领域。执行失信信息发布后,有的企业失去了重点工程的投标资格,有的当事人在贷款时被银行拒绝。一些被执行人为消除不良信用记录,主动到法院履行了债务。各地法院与工商、金融机构的信息共享方面也取得了突破。湖州、绍兴、金华、衢州、台州、丽水等中级法院都与当地人民银行建立了信息对接机制,执行案件信息录入人民银行征信系统,作为金融机构发放贷款、办理信用卡、评估信用等级等事项的参考。温州市中级法院与市人民银行联合发文,市、县两级一次性同步建成法院执行案件对接金融征信系统机制。杭州、宁波、嘉兴、绍兴、舟山等中级法院与当地工商局建立了信息沟通机制,将执行失信信息纳入工商企业信用平台,作为评定企业信用的依据,并依法限制被执行人担任法定代表人和公司高管。对被执行人为国家机关以及党员、公务员、人大代表、政协委员等特殊主体的案件,向被执行人所在单位、主管部门、纪检监察机关等通报。

2. 执行查控系统取得突破

在全省公安、工商、国土、建设以及金融等部门的大力支持下,法院执行查控模式更加多样、手段趋于强化。一是建立内网“点对点”查询机制。温州市两级法院依托温州市政府信息平台,连接各相关单位,在内网上查询被执行人的银行存款、房地产、车辆等信息。绍兴市中级法院和德清、临海等20余家法院在当地行政服务中心设立执行联络点,对接公安、国土、房管等部门的工作窗口,实现被执行人有关信息的即时、集约查控,执行联络点通过设立法院内网专

线传递信息。还有一些法院设立执行查控室,可以直接登录当地建设、工商部门信息系统,或与各金融机构确定专人,通过电子邮件、传真等方式集中查询被执行人财产信息。这些工作模式改变了个案查控、上门查控的传统做法,有效地提高了工作效率。二是公安机关协助执行。省高级法院与省公安厅2012年3月联合下发的《关于强化执行查控系统建设有关问题的意见》规定,公安机关为法院查询提供固定场所和终端,赋予相当的权限,法院确定专人可随时前往依法查询被执行人身份、住宿、车辆、出入境记录等信息。法院已决定司法拘留或涉嫌拒执犯罪的被执行人逃匿的,公安机关可在全省范围内进行网上布控。已被裁定查封的被执行人车辆,公安机关在巡逻、事故处理、车辆年检等过程中发现的,现场进行控制并通知执行法院。61家法院完善了出入境报备制度,公安出入境管理部门发现报备人员有出入境证件的,及时通报执行法院扣押证件或宣布证件作废。三是鼓励社会力量查找被执行人及其财产。省高级法院与省财政厅联合下发《关于对举报被执行人财产实行奖励的规定(试行)》,要求各级财政部门把奖励经费纳入法院财政预算。四是加强信息化建设。省高级法院建立了当事人信息查询系统,将全省70多万家企业的信用信息接入执行管理系统,各级法院可通过内网查询本省企业被执行人的基本信息。建立当事人关联查询系统,可查询被执行人、申请执行人在全省各地法院所涉及的诉讼和执行案件情况,从中评估被执行人的履行能力,发现和控制可供执行财产。

3. 执行惩戒力度加大

全省法院充分运用民事诉讼法规定的追究迟延履行责任、拘留、罚款等措施,对拒不履行义务的被执行人进行惩戒。各地法院还在当地主流媒体设立曝光台,通过电视、报纸、网络、电子显示屏等多种形式对被执行人进行曝光。强化刑事惩戒,严格执行省高级法院、省检察院和省公安厅联合下发《关于办理拒不执行判决、裁定刑事案件若干问题的规定》,加强公安、检察、法院之间的配合协调,严厉打击拒不执行判决裁定的犯罪行为。温州、南湖、安吉、临海、椒江等地细化了拒执罪情形及认定的证据标准和条件。

4. 执行监督继续强化

一是接受外部监督。认真落实关于执行公开和告知、执行听证、执行信访、申请变更执行法院等一系列制度,接受当事人监督。省高级法院在"浙江法院网"开通当事人案件信息查询系统,各级法院的执行办案进展信息均纳入该系统,当事人凭密码可以上网查询其案件的办理情况。同时,各级法院主动接受人大、政协监督,积极配合纪检、监察、检察监督,认真对待舆论监督,提高接受监督的自觉性。二是强化分权制约。制定和落实合理配置执行权、执行重点环节监督管理、执行案件结案方式、立审执兼顾等一系列制度。全省法院实现了执行立案权由立案部门统一行使,执行审查事项由执行审查机构或审查人员负责,执行委托评估拍卖由法院对外委托鉴定机构行使,执行异议之诉由相应的审判机构负责审理的分权制约模式。省高级法院制定了《关于审理案外人异议之诉和许可执行之诉案件的指导意见》,下发全省法院施行。三是提升执行质效管理。2008 年,借助信息化办案方式录入各类办案信息,在全国各省区率先自动生成 26 项办案数据,评估全省三级法院审判执行质量效率的运行态势,每季度公布通报。2010 年 9 月,全省执行质量效率评估数据实行单列,设定了民商事案件实际履行率、委托案件实际执行率、执行款平均发放天数等 13 项评估指标和 6 项调研指标。通过这一套评估数据,全省 103 家法院可以看清自身各项工作在全省上下左右之间的位置和差距,有效扭转年度办案“前松后紧”的积习,并及时发现和弥补办案流程中的薄弱环节。同时,制定和落实执行款物管理、执行案件协调、执行案件监督、执行工作质量效率评查、执行队伍廉政教育等多项制度,完善上级法院监督机制。

5. 执行保障进一步加强

全省各地都成立了综治委解决执行难协调工作领导小组,协调解决执行工作机制建设和执行重大疑难案件中的问题,较好地发挥了组织协调作用。全省已经有 54 家法院增设了执行机构,其中 30 家法院的执行机构增设到 3 个以上。全省 103 家法院都成立了执行指挥中心,并有 326 名法警派驻执行机构,执行快速协同反应能力得以提高,执行力量有所加强。执行办案经费基本得到保障,执行救助资金来源渠道有所扩大。温州、金华、衢州等地就保障和扩大司法救助资金来源采取了专门的措施。2012 年全省法院已向 2566 名申请执行人发放救助款 1704 万元。

6. 执行宣传进一步加强

各地法院加强与新闻媒体的联系,利用各种媒介手段宣传执行工作,2012 年以来共召开新闻发布会 33 次,发表新闻报道 676 篇次。省高级法院执行局与省信用中心联合召开新闻发布会宣传执行征信系统建设,新华社、中央电视台、中新社等 20 多家媒体都作了报道,社会效果良好。

(三)推进长三角司法协作机制建设

2008 年 10 月 24 日,沪、苏、浙法院在江苏省南京市建立长三角地区人民法院司法协作和发展机制。由上海高院院长应勇、江苏高院院长公丕祥、浙江高院院长齐奇共同签署了《长江三角洲地区人民法院司法工作协作交流协议》。四年以来,长三角司法协作机制不断建设完善,在更大范围、更广领域、更高层次上推进了长三角地区的司法协作与科学发展。

1. 长三角司法协作机制的建立

近年来,沪、苏、浙在经济社会很多领域进行了广泛而深入的合作,三地政法工作和法院工作在加强司法协作方面也进行了一些探索和实践,建立了长三角法学论坛、三地法院执行工作协作等,为进一步加强三地司法协作奠定了良好基础。在前期充分调研论证的基础上,沪、苏、浙三地高级法院正式签署了《协作交流协议》,包括司法协作宗旨、司法协作原则、司法协作领域、司法协作形式和司法协作宣传五个方面,确立司法协作采取"依法协作、友好协商、优势互补、联动发展"的原则;还明确了决策、办事、执行三个方面的具体内容:一是决策层次,建立三地法院司法交流协作联系会议,作为交流协作的议事决策机构。二是办事层次,设立三地法院司法交流协作日常联络组。三是执行层次,规定了三地法院刑事、民商事、行政、执行等部门的交流协作制度。

2. 长三角司法协作机制的发展

长三角司法协作机制发展到今天,共召开了五次司法工作协作交流联席会,并举办了四次司法协作和发展论坛,三地高院层面的协作交流不断加强,实质性层面的交流以及中基层法院层面的交流逐步展开。随着三地法院司法协作交流各项工作机制和程序性规范的建立和完善,长三角地区人民法院司法协作交流的领域不断扩大,层次不断深入,成效更加明显。

(1)工作规则不断完善。为进一步全面落实三地高院共同签订的《长江三角洲地区人民法院司法工作协作交流协议》(以下简称"协议")有关规定,推进三地法院在更大范围、更广领域和更高层次上进行司法协作交流,实现区域法院工作的协调发展,共同提高区域法院案件审判质量和效率,2009 年 5 月 26 日,三地高院共同签署了《长三角地区人民法院司法协作交流联席会议议事规则》等 13 项司法协作工作规则(浙高法〔2009〕229 号);2010 年 4 月 20 日,共同签署了《长三角地区人民法院咨询专家资源共享机制(试行)》等 6 项司法协作工作规则(浙高法〔2010〕164 号)。2012 年 6 月 1 日,第三届长三角地区人民法院司法协作和发展论坛暨第四次长三角地区人民法院司法协作联席会议在江苏南京召开。会上,安徽省法院加入了《长三角地区人民法院司法工作协作交流协议》,并签署了上述 19 项司法协作工作规则,长三角地区人民法院司法协作范围扩大到安徽省法院。四地法院将全力加强以审判工作为中心的 19 个领域的司法协作交流,努力提高法院审判工作水平,共同为长三角地区改革开放和经济社会发展提供有力的司法保障和优质的法律服务。

(2)开发司法协作交流网,促进江浙沪三地法院信息共享。根据《长三角地区人民法院司法协作交流网方案》,由浙江高院牵头开发“长三角地区人民法院司法协作交流网”,并经三地高院联络组讨论确定了该网的栏目设置、网页布局、信息发布要求、权限等内容。浙江高院负责网络的日常维护,江苏、上海高院开放相应的访问端口,保障网络畅通。同时,三地高院分别指定一名联络员,协调相关工作。目前,该网已投入使用,三地高院已上传有关材料。

(3)建立三地法院指导性案例交流机制。根据《长三角地区人民法院指导性案例交流机制(试行)》规定,三地高院应建立长三角地区人民法院指导性案例协调交流机制,实现区域法律适用标准的统一。建立三地高院发布的指导性案例共享机制,定期相互通报四地发生的有重大影响案件、关联案件情况,加强对案例的分析利用,共商解决案件审理中带有一定普遍性的问题。

(4)建立三地法院咨询专家资源共享机制。根据《长三角地区人民法院咨询专家资源共享机制(试行)》规定,三地法院应充分整合和发挥法院咨询专家资源优势,促进三地法院专家咨询工作的优势集成与互补,积极建立知识产权、金融、海商海事等方面的咨询专家库,聘任在全国或本省(市)法学、经济、金融、社会以及其他领域中具有较高声望和权威的知名专家学者担任咨询专家,充分发挥咨询专家在审判工作、法院改革和队伍建设方面的智慧和作用,保证四地法院重大决策的科学性、有效性、协调性,促进审判工作质量和效率的提高,维护司法公正。

(5)建立三地法院调研、培训教学人才资源共享机制。根据《长三角地区人民法院调研、培训教学人才资源共享机制(试行)》,三地高院建立长三角地区人民法院调研、法官师资共享人才库,充分发挥三地法院调研、教学人才的集约优势,按照属地管理的原则,选择一批政治素质好、业务水平高、有较强调研、教学经验的资深法官进入人才库,并分别负责本地法院调研、法官师资人才的遴选、确认、调整、信息录入和人才日常管理等工作。三地法院根据调研、教学工作需要,可以邀请入库调研、教学人才参与重要调研课题研究、承担教材编辑和教学任务,实现三地法院人才资源利用一体化。

(6)建立三地法院刑事、民事、商事审判协作交流机制。根据《长三角地区人民法院刑事审判协作交流机制(试行)》、《长三角地区人民法院民事审判协作交流机制(试行)》、《长三角地区人民法院商事审判协作交流机制(试行)》规定,三地高院分别建立四地法院刑事、民事、商事审判协作交流机制,三地高院每年举行本省(市)刑事、民事、商事审判工作会议时,可以视情邀请长三角地区其他两地高院相关审判部门负责人参加。建立重大问题协商平台,三地高院根据刑事、民事、商事审判工作的实际情况,对需要共同协商的涉及四地相关审判工作中的重大问题，可以举办三地刑事、民事、商事审判工作联席会议，由三地高院相关审判部门负责人参加，共同研究解决相关问题。三地高院在举办的专题研讨会上，邀请长三角地区其他两地法院中具有丰富审判执行工作经验的资深法官参加研讨，总结交流三地法院审判执行工作中的成功经验，研究探讨破解审判执行难题。积极鼓励三地中级法院、基层法院和海事法院开展相互间经常性的交流合作。

未来几年，江苏、浙江、上海、安徽四地法院将在凝聚共识、深化拓展、健全机制、加强领导四方面下更大工夫，把长江三角洲区域司法协作交流提高到一个新的更高水平。

第二节 实践经验

坚持和发展“枫桥经验”
推进诉讼与非诉讼相衔接的多元纠纷解决机制

浙江省高级人民法院

当前,我国正处于社会转型期,各种矛盾纠纷易发多发,加上13亿人口基数的乘法效应,使得纠纷解决的供给与需求失衡,国家治理和社会管理的困难和压力很大。诉讼作为纠纷解决的最后手段,应当与非诉方式一起构成多方面、多层次的纠纷解决体系,共同构筑社会的稳定机制。

浙江作为改革开放起步比较早、市场化程度比较高的省份,各类新型社会关系不断出现,各种社会矛盾和问题也早发多发,有很多矛盾纠纷通过诉讼进入司法领域。在这一背景下,浙江法院受理案件数量持续大幅度上升,自2007年起,收、结案数均已居全国第四,人均结案数居全国各省区第一;2008年受国内外宏观经济形势影响,出现新一轮诉讼高峰,收案715918件、结案696116件,同比分别上升23.83%、20.36%;到2010年收、结案数双双突破80万件,法官人均结案150余件,为全国平均数的2倍;2012年收、结案数分别为976553件、966285件,同比分别上升17.02%、17.11%,是2008年之后的又一个收案高峰。面对司法需求急剧增加与司法资源有限短缺的突出矛盾,浙江法院坚持和发展“枫桥经验”[①],科学把握司法在整个社会纠纷解决体系中的定位,积极探索将诉讼与非诉手段结合起来协同司法的新途径、新方法。

一、构建五大衔接工作平台

(一)以联席会议为依托的工作协调机制

普遍建立了联席会议等形式的沟通协商制度。联席会议由法院、公安、司

---

① 20世纪60年代,浙江省诸暨枫桥的干部群众在社会主义教育运动中创造了“发动和依靠群众,坚持矛盾不上交,就地解决,实现捕人少,治安好”的“枫桥经验”,毛泽东主席非常重视,于1963年11月20日批示“要各地仿效,经过试点,推广去做”。“枫桥经验”从此成为全国政法战线的一面旗帜。

法行政和相关行政部门及工会、共青团、妇联等参加，制定本地区调解工作规划，定期召开会议，互相通报社会矛盾纠纷的调处情况及现状，共同研究重大、疑难纠纷的处理方案，分析存在的问题和困难，明确相关部门的职责和分工。联席会议制度的建立，对构建和完善人民调解、行政调解和诉讼程序衔接的长效机制起到了积极的作用。2011 年 9 月以来，浙江高院制定了诉调衔接、调解协议司法确认、贯彻实施《人民调解法》意见等五个审判业务指导性文件。

（二）以法院立案接待大厅为诉调对接平台的纠纷分流机制

目前，全省法院都已建立集受理起诉、接受咨询、指导诉讼、收、结、退诉讼费等功能于一体的标准化、规范化立案接待大厅。法院立案接待大厅不仅是便利当事人的“一站式”诉讼服务窗口，也是诉讼资源与非诉资源高度整合的大平台，使得一些法律关系不复杂、事实较简单的民事纠纷，以简捷、经济、平和的方式解决。全省 90 个基层法院已实现了人民调解窗口的全覆盖，222 个人民法庭中已有 102 个建立了人民调解窗口，共配备人民调解员 360 人，兼职调解员 777 人。委托调解的案件数量每年以 20% 左右的速度递增。2010 年全省法院共委托各类调解组织调解案件 12398 件，调解成功 9150 件，成功率达 73.8%。2011 年共委托调解 15035 件，调解成功 12223 件，成功率达 81.3%。2012 年 1 月至 6 月，全省法院在诉前和诉中共委托各类调解组织调解案件 17103 件，调解成功 14312 件，比去年同期委托调解成功案件数 5502 件上升了 160%，其中，诉前委托调解 14127 件，调解成功 11750 件；诉中委托调解 2976 件，调解成功 2562 件。与上半年全省基层法院一审民商事案件结案数（不包括公告送达和缺席判决）170375 件相比，大致为 10 件民商事案件中有 1 件委托调解组织调解，每 11.9 件民商事案件有 1 件委托调解成功。丽水中院设立司法调解中心，负责指导和管理全市法院诉调衔接和立案调解工作，是全省唯一设立诉调衔接专职管理机构的中级法院。有的基层法院，如玉环县人民法院，依托浙江高院开发的“办案助手”系统的文书模板功能，自动导出人民调解申请书、受理登记表、调解记录和协议书等法律文书，自动生成“引调”和“确调”号法律文书，提高委托调解工作效率。

此外，积极发挥主导作用，加强与劳动争议、道路交通、医疗、保险等行业性、行政性调解组织和商会的工作衔接，整合各自优势，实现“职能互动、优势互补、资源共享、责任共担”，有效推动纠纷的多元联动化解，如浙江高院与中国互联网协会调解中心签署了为期五年的委托调解协议，打通了涉网络纠纷诉讼与行业调解之间的衔接机制。2010 年 3 月，杭州市中级人民法院与中国国际贸易促进委员会浙江省分会形成《关于建立涉外商事纠纷诉讼与调解衔接机制的会议纪要》,明确法院可以将涉外合同纠纷、涉及外商投资企业的纠纷、当事人选择适用外国法或国际公约、国际惯例解决的纠纷等7类纠纷委托省贸促会下属的法律事务部及中国国际贸易促进委员会浙江调解中心主持调解,充分发挥国际商事调解机构在化解矛盾纠纷中的作用,促进对外经济发展,服务浙江外贸大省建设;宁波市中级人民法院亦于中国贸促会宁波分会协商,由贸促会派驻专员在法院,并成立调解中心,以调解知识产权案件为主,目前已成功调解44件知识产权案件。2010年4月,温州市中级人民法院出台《关于民商事纠纷委托行业协会调解的意见》,明确法院可将物权、债权纠纷,劳动争议与人事争议,知识产权纠纷,与公司、证券、票据有关的民事纠纷等,委托纠纷发生地的行业协会调解。2011年,杭州市余杭区人民法院在积极争取党委领导,政府相关职能部门、各镇街村(社区)调解组织支持的基础上,形成全区涉诉矛盾纠纷综合化解工作体系,建立源头预防、矛盾排查、诉调衔接、宣传指导、法律援助、考核保障六大机制,将各镇街“万人成讼率”纳入镇街年度综合考评,促使镇街各级领导高度重视矛盾预防排摸,力争将矛盾纠纷化解在诉前,降低万人成讼率;杭州市下城区针对外来务工人员多,劳资纠纷时有发生,为及时有效化解涉外来务工人员的劳资纠纷,下城总工会人民调解委员会以区法院为依托,设立驻区法院工作室,为外来务工人员提供法律咨询,引导其走理性的维权路径,力求将矛盾纠纷化解在萌芽状态。这些做法有效化解了社会矛盾,提升了法院参与社会创新的能力和水平;宁波市镇海区人民法院会同区维稳办、司法局、信访局、劳动保障局和总工会出台《关于建立健全社会矛盾纠纷联合调处工作机制的方案》,共同筹建“镇海区社会矛盾联合调处中心”,内设接访(督察)室、办信(复查复核)室、综合室、安保室、劳动争议联合调解与仲裁室、法律服务(援助)及涉法涉诉信访问题6个调解室,各部门选派工作人员定期、分批入驻,集中处理信访案件、调处社会矛盾、处置群体性事件等工作。同时,建立由法官、律师、心理咨询师等组成的“专业调解咨询机制”,为民事、医疗、国土、城市管理、交通事故、劳动争议、物业管理等行业性调解组织及基层调解组织提供业务指导,努力构建“和谐促进员—村(社区)、企业—镇(街道)—区”纵向四级联动,人民调解、行政调解、司法调解、仲裁调解横向紧密衔接的大调解工作体系。2012年9月,杭州市滨江区人民法院与浙江证券业协会签订了《关于建立证券纠纷诉调协作机制的合作备忘录》,双方将在纠纷调处、人员培训、业务学习、信息共享等方面开展广泛深入的合作。

(三)以人民法庭、巡回法庭为平台的纠纷就地化解机制

人民法庭加强与综治工作中心的联系,积极参与人民调解、行政调解、司法

调解等职能的整合，将人民法庭工作融入到社会矛盾大调解工作机制中，同时组织审判力量在案件较多、交通不便的山区、农村和海岛建立巡回法庭或设立巡回审判（站）点，满足基层、农村、山区群众司法需求，并协助人民调解组织做好调解和法律咨询、宣传工作，有效地化解矛盾纠纷。如宁波市鄞州区人民法院于2011年7月启动"小巷法官"试点项目，动员法官以居住地为轴心，利用8小时外为社会居民提供司法服务。至2012年1月底，首批4名"小巷法官"已接待群众215人次，解决各类纠纷27起，居民起诉案件环比下降73.3%，有的基层法院还与工商局、消费者协会联合，在一些专业市场、纠纷多发地域设立巡回法庭和调解指导点，开展法律咨询、诉前调解，对调解不成的，就地立案、就地审理。如永嘉法院针对永嘉县泵阀、皮革、铸造行业涉企纠纷案件多发，在该县泵阀、皮革、铸造行业协会中分别设立诉调衔接联络处，借助各行业协会的人际、地域和专业优势，通过委托调解、邀请调解、指导调解等方式，加大对涉企纠纷案件的调处力度，努力把涉企纠纷化解在诉前、消除在萌芽状态。又如海盐县法院沈荡法庭与当地消协联合成立了"沈荡消费者权益争议调解中心"，化解了大量的消费纠纷。

（四）以司法确认为保障的人民调解权威形成机制

2002年5月，为解决人民调解协议效力缺失问题，在最高人民法院《关于审理涉及人民调解协议民事案件的若干规定》出台以前，浙江高院就已经与省司法厅联合下发了《关于进一步加强对人民调解工作指导的意见》，规定调解协议系自愿达成，不违反法律法规禁止性规定，不损害国家、集体或第三人利益的，人民法院可以在此基础上进行调解或依法判决。自2007年起，各地法院积极探索人民调解协议司法确认，依法赋予调解协议以强制执行效力，大大增强了人民调解的公信力。各地法院对那些经审理调解协议被判决变更、撤销或者被确认无效的，结案后，及时将裁判文书寄送给原纠纷的调解组织和所在地的司法行政机关，并向他们说明调解协议书被变更、撤销或确认无效的原因，以此强化人民调解的能力建设和调解工作的成效，促进人民调解的调解成功率和调解协议的自动履行率，人民调解组织的社会公信力不断增强。2011年9月，浙江高院下发《关于人民调解协议司法确认的若干意见》，完善人民调解的司法确认机制。2012年10月，浙江高院会同省司法厅，推动浙江省综治委专门召开了全省矛盾纠纷大调解工作电视电话会议，研究部署进一步加强诉调衔接工作，要求所有基层法院立案接待大厅设立人民调解窗口，均应配备两名以上专职人民调解员，同时要增加专职人民调解员中退休法官、检察官、警官、教师的比例；基层法院每年委托人民调解窗口及其他各类调解组织调解成功的案件数（包括委托调解成功后不再起诉、撤诉、纳入诉讼调解以及进行司法确认案件的总数），不低于所受理民商事案件总数的十分之一；进一步拓展诉调衔接的主体（由人民调解组织扩展到行业性组织、社会团体等）、环节（有立案阶段扩展到诉中以及申诉信访阶段）、领域（由案件实体调解扩展到诉讼程序的其他环节，如委托送达、财产保全、案件执行等），在更大范围内整合资源，形成多元解决纠纷的合力。

（五）以人民法院为主导的人民调解员业务培训机制

各地法院克服案多人少、人手紧张的困难，切实承担起对人民调解组织、调解员的培训、指导职责，按照“不缺位、不错位、不越位”的要求，不断改进和加强对人民调解工作的指导，增强业务指导的针对性、实效性。普遍建立资深法官于人民调解组织的归口联络制度，定期或不定期地给人民调解员上辅导课、担任人民调解指导员，定期深入对口的人民调解委员会，了解情况，沟通信息，对发现的问题，及时指导，如舟山市普陀区法院推行社区巡回专职法官制度，由专职法官负责对人民调解工作的指导，加强工作联系；淳安县法院共选派 22 名法官，担任该县各乡镇及千岛湖镇社区人民调解委员会的指导员，要求人民调解指导员每年要到所联系的乡镇、社区就地审判案件 1 件以上，并适时邀请人民调解员旁听典型案件的庭审和调解。不少法院建立了人民调解协议书评阅制度，定期选派法官评阅，指出不足之处，帮助人民调解组织提高调解协议书的制作水平；宁波市镇海区法院、海盐县法院等不少法院还定期编写《人民调解工作指导》、《民事审判动态》等刊物，发送给人民调解组织，不断丰富和创新指导方式、方法。诸暨市法院枫桥法庭在指导人民调解工作的实践中总结出诉前、诉时、诉中、诉后四个环节指导人民调解工作的“四环指导法”，在实践中取得了较好效果。灵活多样的业务指导、培训工作，提高了人民调解员调处纠纷的能力和水平，促进了人民调解工作的规范化，有效地加强了诉讼程序与人民调解的衔接，既有利于减轻法院的审判负担，减轻当事人的讼累，也增强了人民调解的规范化和公信力。

二、创新和完善诉调衔接工作机制

近年来，我省法院因地制宜地开展诉调衔接工作，形成了一些较有代表的做法。

（一）西湖法院“四调机制”和“律师主持和解制度”

2007 年 3 月，该院出台了《关于开展诉前调解、立案调解、委托调解和邀请调解工作的若干意见（试行）》，大力推行以诉前调解、立案调解、委托调解、邀请调解为内容的多方调解机制(即“四调机制”),使诉讼调解覆盖诉讼全过程,并与人民调解、行政调解全面无缝衔接,大大提高了案件办理质效。2008 年以来,该院民商事案调撤率为 61%。为加强立案调解工作,该院在立案庭设立了立案调解组,立案调解组人均年结案 1034 件(个人最高达 1255 件,是全院人均年结案数的 5.6 倍),案件平均用时 15 天,远低于全院 34 天的平均审理周期,所办结的案件数占全院民商事结案总数的 35%,且调撤率达 84%。

2009 年年底,西湖法院会同区司法局联合下发了《关于律师主持和解制度的实施意见》,并举行了律师主持和解制度的启动仪式。该制度受到省市区各级领导的高度重视和律师界的广泛关注。主要做法是:除适用特别程序、督促程序、公示催告程序、破产还债程序审理的案件,以及涉及身份关系、权属关系、合同效力等必须由法院裁判确认的案件外,其余民商事案件的当事人均可在法院作出裁判前,申请由各方代理律师主持和解。经法院准许后,代理律师在对案件事实进行必要调查的基础上,结合法律规定,为当事人制订和解方案,并引导当事人作出理性选择,促使双方达成和解。和解协议达成后,当事人可以向法院申请撤诉,也可以申请法院根据和解协议内容制作民事调解书。和解期间一般不超过 20 天,最长不超过 30 天,不计入法院审理期限。一年多来,进入律师主持和解程序的案件为 260 件,占双方都有代理律师的民商事案件的 15%;和解成功案件 80 件,占进入律师主持和解程序案件的 31%,初步实现了帮助当事人及时化解纠纷、简化诉讼程序、缓解审判压力的多重目标。

(二)余杭法院“委托调解机制”

2008 年 5 月,杭州市余杭区法院与区司法局合作推行委托调解工作,对事实清楚、法律关系简单的民事纠纷,在征得当事人同意后,委托人民调解组织进行调解,在立案庭、民三庭(道路交通事故审判庭)和 4 个人民法庭设立联合调解中心或人民调解室,共配有专职调解员 13 名(部分由法院与区司法局联合从政法系统和基层退休老干部中择优聘用,部分向社会公开招聘,具有不同从业背景和专长)。截至 2012 年 9 月,共委托调解成功 8113 件,占受理民商事案件数的 25.1%,平均结案时间 2.3 天。从结案数量看,经委托调解成功的案件数相当于该院民一庭同期结案数的 130%,相当于良渚法庭同期结案数的 184%。也就是说,增加了 1.5 个业务庭的工作效能。从结案效率看,委托调解案件的平均用时仅 2.7 天,而该院同期民事案件平均用时 56 天。从处理效果看,绝大多数案件当事人能自动履行,真正做到案结事了。(见附件十六:余杭法院课题组:《后诉讼时代”背景下诉调对接的机制完善——以杭州市余杭区的实践为分析样本》)

（三）温岭法院“协助调解机制”

该院自2004年年初开始在箬横法庭试行“协助调解员制度”，从法庭辖区539名人民调解员中选聘25名协助调解员，参与协助相关案件的调解，很快使该庭的调撤率提高了15%。2005年，该院在完善制度的基础上将该做法推广到所辖6个人民法庭，同样取得了较好的成效。为保障当事人的选择权，该院将协助调解员区分为固定和不固定两类。前者由法院从当地具有较高社会威望和丰富调解经验的人民调解员中聘任（共153名）；后者由当事人临时从他所信任的人员中选定。2008年至2011年，该院共审结各类民商事案件23657件，调解撤诉率为72.2%，其中，审前调解1620件，邀请协助调解2011件，办理司法确认案件143件。

（四）文成法院“特邀海外调解员制度”

文成是浙江省著名侨乡。涉侨案件占文成县法院民事案件的30%以上。涉侨案件因送达难，公证认证、公告时间长等原因，影响了案件审理周期，而旅居海外的当事人往返国内参加诉讼的诉讼成本很高。2009年11月，该院在国内率先推出“特邀海外调解员”制度，在涉侨案件当事人相对比较集中的意大利米兰市聘请侨领为法院的特邀调解员，主要职责：协助确认当事人身份及见证民事起诉状签字和委托授权；协助送达；协助调解；协助督促当事人自动履行生效裁判文书等。特邀海外调解员制度深受海外华侨的欢迎，取得了显著成效，中央电视台、法制日报等媒体以及海外华人媒体予以报道肯定。

（五）临安法院“法官进综治中心”工作

为积极参与社会管理创新，推进社会矛盾化解，2010年以来，临安法院积极推进“法官进综治中心”工作，即选派优秀法官进入镇（街道）综治工作中心工作，推行网格化管理，实施“一中心、一法官、一巡回法庭、一联络员”（见下图），搭建法院参与社会管理的平台，强化法院与基层组织的良性互动与优势互补，努力将矛盾纠纷化解在基层、化解在萌芽状态，取得良好成效。

2012年1月至6月，该院在前几年收案年均上升15%的态势下，实现收案下降4.26%，来信来访数同比下降15.38%。该项工作受到省委政法委的肯定和推广，《法制日报》、《人民法院报》均作了报道。主要做法如下：一是选派“综治法官”，搭建群众沟通桥梁。选派优秀法官到镇（街）综治中心任职，发挥法官职业优势，主动参与基层矛盾纠纷化解，搭建起司法与群众沟通的桥梁。目前，该院共选派18名中层骨干，一对一地到全市18个镇（街）综治委担任副主任或委员职务，并设立了固定办公场所。“综治法官”除参加日常综治工作例会，及时收集、掌握、反馈社情民意和矛盾纠纷，通报涉诉纠纷情况外，还要做好送法

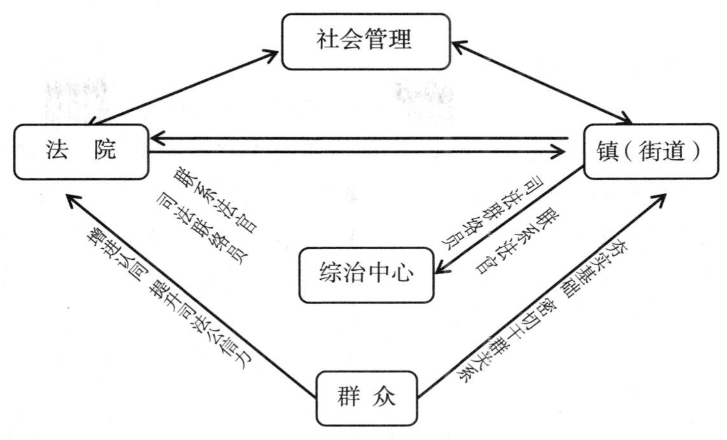

临安法院进综治中心工作模式图

进村、联系两代表一委员、便民诉讼、法制宣传、矛盾排查、就地调解等工作。天目山镇“综治法官”固定每周四进入综治中心,开展调解或协助调解工作。龙岗镇“综治法官”建立了“法官接待日”制度,每月固定两天时间开展法律咨询和指导人民调解工作。2012 年,临安法院又在选派“综治法官”的基础上,确立了院领导联系镇(街)制度,确定每名党组成员联系 3 个镇(街),进一步加强与镇(街)的沟通联络。二是开展巡回审判,推进司法便民利民。在全市 18 个镇(街)综治中心挂牌建立固定的巡回审判点,利用巡回审判就地开庭、就地调解的优势,选取典型案例,组织辖区内的群众旁听,达到以案说法的目的,提升当地企事业单位、有关组织和人民群众的法律意识。突出巡回审判重点,明确规定对具有典型意义、在当地有一定影响和赡养、扶养、抚育、相邻纠纷等方面的案件,原则安排在巡回审判点审理;对偏远地区、交通不便且当事人立案确有困难的,通过综治中心与法院联系,实行上门预约立案。工作开展以来,该院共巡回审判各类案件 125 件,主动上门预约立案 13 件。为强化“法官进中心”工作的法制宣传辐射效果,该院还结合审判实践,收集婚姻家庭、相邻纠纷、劳动争议、土地承包、民间借贷等方面的法律法规和司法解释,用较为通俗的语言编写《“法官进综治中心”工作手册》,向镇(街)、村居综治干部和群众发放。组织开展“社区主任看法院”等系列法庭开放日活动,进一步拉近司法与基层的距离。通过召开新闻发布会、上门走访等形式,向辖区企业发送《服务企业发展法律风险提示 39 问》。三是强化诉调衔接,就地化解矛盾纠纷。坚持把诉调衔接作为“法官进综治中心”工作的关键环节,充分发挥人民调解与诉讼调解的优势,合力将矛盾纠纷化解在基层。一是加强信息沟通。各综治中心确定专人为司法联络员,负责与法院的联系和相互之间的信息通报,并协助法院开展法律文书送达、执行查人找物等工作。二是加强业务指导。“综治法官”定期或不定期的通过开展讲座、实务指导等方式,提升基层调解组织、调解队伍的法律素养和工作水平。三是加强委托调解和协助调解力度。对一些有调解可能的民商事纠纷案件、刑事自诉案件、执行和解案件,尽可能委托纠纷所在地综治中心的人民调解委员会调解处理。对政策性强、单纯通过诉讼途径难以解决的纠纷案件,尽量通过人民调解手段妥善处理。对人民调解达成协议的,及时予以司法确认。同时,积极接受镇(街)综治中心邀请,合力调处疑难纠纷。该项工作实施以来,共调处矛盾纠纷和案件 619 件,委托调解案件 177 件,协助调解案件 117 件,依法确认人民调解协议 23 件。四是编发涉诉季报,量身体检防患未然。为促进法庭和当地党委、政府之间信息沟通,提升矛盾化解的效率和效果,该院专门建立了法庭辖区涉诉矛盾分析通报制度,人民法庭每季度向当地党委政府发送《“法官进综治中心”工作季报》。季报主要内容有:法庭情况通报,包括法庭概况、工作思路和办案情况,全面反映法庭总体工作情况;各镇涉诉纠纷情况通报,及时通报各镇、村的矛盾纠纷数量、主要类型和特点,并对潜在风险进行分析,有针对性地提出加强和创新社会管理、预防和减少矛盾纠纷的对策建议,主动为当地党委政府社会管理决策提供法律服务和参考;新法速递,刊载最新颁布实施的重要法律法规。季报不但从宏观上对预防和化解矛盾纠纷作出指导,而且从微观上对常见纠纷提出科学合理、切实可行的解决办法,对潜在矛盾纠纷隐患及时发出预警,提升社会稳定风险防范化解工作水平。目前,於潜、昌化、昌北三个人民法庭已刊发季报 8 期,受到辖区党委、政府的好评。

搭建多层良性互动机制　协同预防化解行政争议

浙江省高级人民法院

2008年以来，为贯彻落实中共中央办公厅、国务院办公厅《关于预防和化解行政争议　健全行政争议解决机制的意见》以及浙江省委办公厅、省政府办公厅《关于预防和化解行政争议健全行政争议解决机制的实施意见》的明确要求，应对社会矛盾凸显期全省行政争议多发、高发的态势，浙江法院深入践"协同司法"，努力加强与各级党政的沟通，着力搭建"以行政审判白皮书加强共识为先导，以联席会议出台举措意见为平台，以建立协调衔接化解矛盾综合机制为抓手"的立体良性互动工作机制，共同做好全省行政争议的预防和化解工作。

一、发送行政审判"白皮书"，书面提出预防行政争议的综合性司法建议

为提高政府机关的依法行政意识、提升依法行政的能力水平，2008年年初，浙江省高级人民法院院长齐奇要求，集中力量，梳理分析全省法院行政案件的情况，向省委、省人大、省政府等报送全省法院行政案件司法审查情况报告。为此，浙江省高级人民法院组织专门人员，对2002年至2007年的全省法院行政案件进行了梳理和分析，提交了《2002年至2007年浙江省法院行政案件司法审查报告》（行政审判"白皮书"），报告在总结全省行政案件收结案基本情况的基础上，分析了政府机关败诉的九项主要原因，并借此提出对进一步提高全省的依法行政水平提出的五项建议。报告递交后，时任浙江省长吕祖善和省委常委、副省长葛慧君立即作出批示，认为该报告内容翔实、分析透彻，很有深度。2008年7月10日，吕祖善省长评价"我认真看了好几遍，报告非常好，对提高各级政府依法行政水平大有好处。建议高院今后每年编一本，提问题、提意见、提建议还要更直接一点、坦率一点、尖锐一点。"自2008年起始，浙江省高级人民法院连续五年向省委、省人大、省政府、省政府等发送年度行政审判司法审查情况报告，梳理分析年度行政机关败诉案件的原因、提出促进政府依法行政、推进法治浙江进程的意见建议。2009年起，全省11个中院也逐步形成了定期向当地党委政府发送行政审判白皮书的工作机制。最高人民法院也对浙江开展的行政审判白皮书工作给予高度肯定，2009年4月30日印发《关于在全国法院开展行政审判"白皮书"活动的通知》（法〔2009〕156号）中，将浙江省高级人民法

院年度行政审判白皮书作为附件,在全国法院介绍推广。

各级党政领导对此高度重视,多次作出重要批示。如对2012年发送的2011年度行政审判白皮书,时任省委副书记、省长夏宝龙批示:省法院从我省经济社会发展大局出发,对去年全省行政案件司法审查情况进行了认真梳理,明确指出了行政执法中存在的问题,并分析了原因,提出了很好的建议。这对于推进法治政府建设、提高依法行政水平、建设“法治浙江”具有十分重要的作用。请省法制办将此报告摘要印发各市、县(市、区)政府和省直有关部门阅,更好地促进依法行政。省委常委、副省长葛慧君批示:去年全省法院行政诉讼案件的协调撤诉率上升到35.92%,为化解行政争议做了大量切实有效的工作。对败诉率较高的重点领域和典型案件,请省法制办、有关地方和部门阅研,举一反三,研究一些措施。2012年4月26日,省政府法制办印发了该报告摘要,要求各地各部门全面分析行政管理中存在的问题和不足,研究制定整改措施,切实加强依法行政,着力预防和化解行政争议,维护社会和谐稳定。

温州市委副书记、代市长陈金彪在温州中院《2010年行政审判“白皮书”》上批示:请将此件转发各县(市、区)长、涉案多的市级部门负责人阅;各级政府及工作部门务必提高依法行政的理念和能力。请市法制办对“报告”所提建议予以研办。2012年2月21日,宁波市委副书记、市长刘奇在宁波中院《2011年全市法院行政案件司法审查情况报告》上批示:此报告以事实为依据进行了深入透彻的分析,并提出了建议,具有很强的指导性,建议转各县(市)区政府及市相关部门主要领导阅研。2012年4月25日,衢州市委书记赵一德在衢州中院《2011年度衢州市行政机关败诉行政诉讼案件情况分析》一文上批示:应引起重视。要建立败诉追查机制。可将此件发各县市区政府和市相关部门研究分析。

二、建立联席会议机制,当面研讨预防化解行政争议突出问题

各地法院在建立健全司法行政良性互动的载体机制上,既强调书面建议综合规范梳理,也注重以多层次多角度会议的方式实现与政府机关的双层多层的当面沟通互动。

(一)行政复议与行政审判联席会议

为促进与行政之间的良性互动,充分发挥行政复议与行政审判在有效化解行政争议、促进法治浙江建设等方面的职能作用,2007年12月29日,浙江省高级人民法院与省政府复议办在杭州召开省行政复议与行政审判联席会议第一次会议,并通过了《浙江省行政复议与行政审判联席会议章程》,确定联席会议

原则上每年召开一至二次议，以研究行政复议与行政审判工作动态、行政执法、行政复议和行政审判的工作总结、程序衔接及法律适用等新情况新问题。2008年12月，在义乌召开第二次联席会议，专题研讨政府信息公开行政争议的预防化解会议；2009年11月，在奉化召开第三次联席会议，主要研讨行政复议与行政诉讼衔接的有关问题并在会后就行政复议与行政审判的程序衔接问题下发会议综述；2010年7月，在衢州召开第四次联席会议，专题研究，推进征地拆迁管理领域行政争议的预防化解工作；2010年12月，在天台召开第五次联席会议，专题研究进一步完善和推进行政机关负责人出庭应诉、行政审判司法建议工作；并安排部署在全省范围内建立预防和化解行政争议工作联席会议制度等。2011年6月，在遂昌召开第六次会议，专题研究加强复议审判与信访工作的协作配合问题；2011年12月，在长兴召开第七次会议，专题研究全省劳动和社会保障管理领域中的法律适用实务问题，在此后下发了统一全省人力资源社保领域法律适用问题的会议纪要。2012年7月，在绍兴召开第八次会议，专题研究推进国土资源类非诉行政执行案件"裁执分离"工作新机制，就裁执分离新机制取得初步共识；2012年8月，在平阳召开第九次会议，专门研究建立健全复议、审判和信访共同化解行政争议的长效机制，并出台了有关会议纪要。

（二）政府与法院主要领导间的联席会议制度

为丰富与当地党政关于行政争议预防化解工作的平台，提升解决重大突出问题的能力，2008年7月4日，省政府与省法院在杭州共同召开了省预防和化解行政争议工作联席会议，交流行政复议与行政审判工作情况，共同研究依法行政工作中存在的矛盾问题，葛慧君副省长与齐奇院长到会并讲话。葛慧君副省长提出了"提高认识，高度重视行政与司法的良性互动；改进工作，切实提高解决行政争议的能力；加强协调，进一步理顺各种工作关系；完善运作，进一步健全联席会议制度"四个方面的要求；齐奇院长提出了"进一步加强市县政府依法行政工作；进一步加强政府法制工作；进一步完善依法行政考核指标体系；进一步加强行政与司法良性互动；进一步增强理解支持，共同解决非诉执行难；继续关心支持法院的各项工作特别是行政审判工作"六条建议。在此次讲话中，齐奇院长还提出了"每年上半年适当时候，召开一次由省政府分管领导和浙江省高级人民法院主要领导参加的行政复议与行政审判联席会议，以加强高层面的沟通交流"的建议。

此后，浙江省高级人民法院与省政府每年均召开了一次由省政府分管领导与浙江省高级人民法院齐奇院长参加的预防和化解行政争议工作联席会议（又称"府院联席会议"），至2012年已经连续召开了5次。联席会议定位于研讨全省预防和化解行政争议工作中的主要问题,力求解决一至二个影响依法行政与行政复议、行政审判的突出问题。2009 年 7 月 22 日的第二次联席会议上,葛慧君副省长提出“充分发挥行政复议与行政审判解决行政争议的制度优势,进一步强化行政争议化解措施,着力推进重点领域的依法行政工作,进一步加强行政与司法的良性互动”等四点要求,齐奇院长提出了“高度关注涉民生类行政争议的预防和化解工作,进一步重视和加强行政复议工作,进一步做好行政应诉工作,进一步强化司法与行政的良性互动,进一步加强对行政复议和应诉工作的监督指导”五个方面的意见。2010 年 8 月 4 日召开的第三次联席会议,专题研究征地拆迁管理创新,预防和化解征地拆迁领域的行政争议,葛慧君副省长提出了“把征地拆迁管理创新摆上重要位置,严格执行征地拆迁法定程序,完善征地拆迁管理制度和补偿政策,形成化解征地拆迁领域行政争议的合力”等四点要求,齐奇院长就有效预防和化解征地拆迁领域行政争议提出了“各地政府建立重大征地拆迁项目事先向法院通报制度,尽量避免未批先征先用带来的司法审查难题,严格程序保障相对人的程序参与权与知情权,按照规定标准足额补偿确保基本生活保障,充分发挥政府的政治优化和组织优势,先行启动省内相关立法”等六条建议。2011 年 9 月 23 日召开的第四次会议,专题研究有效预防、化解劳动和社会保障领域的行政争议,省委常委、副省长葛慧君强调“创新劳动保障管理领域的管理理念、机制和方式;依法规范劳动用工关系,把劳动关系纳入法制轨道;切实加强劳动保障制度建设,加强相关立法与规范性文件的管理;健全调解仲裁、行政复议、行政与司法的良性互动机制等劳动保障争议的化解机制。”齐奇院长提出了“进一步统一政策适用标准,及时清理有关规范性文件,加大地方立法力度;进一步提升依法行政水平,从源头上预防和减少行政争议;充分发挥行政调解、劳动争议仲裁、行政复议等行政救济功能,共同推动建立行政争议、劳动争议的诉调衔接机制,多元化解劳动和社会保障行政与民事争议”等三条建议。2012 年 12 月 20 日召开的第五次会议,专题研究有效预防和化解重点项目建设领域的行政争议的对策措施。省委常委、常务副省长龚正要求,要依法规范、源头预防涉重点项目建设领域的行政争议,把工作程序、风险评估、政策处理、制度完善四方面的工作做到位,从最低层次、以最少成本、在最早阶段、最大程度地妥善化解涉重点项目建设领域的行政争议。同时强调,要通过考核、通报等,继续抓好行政机关负责人出庭应诉工作的落实;要在党政统筹下,按照“裁执分离”的要求,积极探索建立非诉行政执行案件法院与政府分工负责的新机制。齐奇院长就做好涉重点项目建设行政争议的预防化解工作,提出了四点建议:坚持依法启动和推进重点项目建设,保障基本手续和主要程序到位；理解支持人民法院在相关非诉行政执行案件保推进“裁执分离”工作机制；加强沟通协调、构建合力化解行政争议的工作机制；高度重视在行政程序中化解行政争议，尽量将行政争议化解在基层、化解在初始阶段。

在 2011 年 1 月召开的全省法院院长会议上，鉴于省预防和化解行政争议工作联席会议积累的经验与取得的显著成效，齐奇院长要求“要健全全省法院与当地政府的年度联席会议制度，各中院要像浙江省高级人民法院一样，落实每年由院长与政府分管副市长共同召开至少一次的府院联席会议，商讨改进依法行政和司法审查、建议的有关事项。”此后，各中院不仅陆续召开了类似的府院联席会议，建立了长效联席会议机制。

借助多层次的联席会议平台，全省依法行政工作在不断取得共识，建立健全了关联性工作机制，如积极促成了全省行政机关负责人出庭应诉制度的出台，加强了对行政审判司法建议的反馈落实；衢州市建立了行政案件败诉责任追究工作机制；不断减少行政诉讼案件行政机关只委托律师出庭应诉的现象；加强了征地拆迁、劳动和社会等执法领域的依法行政水平与行政争议的预防化解工作、妥善应对了《国有土地上房屋征收补偿条例》、《行政强制法》出台后对人民法院涉房屋、土地征收以及违法建筑拆等非诉行政案件的影响，建立了破解非诉行政执行难的“裁执分离”工作新机制等。

三、建立协商衔接工作机制，共同化解复杂疑难行政争议

在加强党政机关以书面建议、当面沟通，力求形成预防和化解行政争议的各项工作机制外，针对行政争议化解渠道多元、行政审判实质性化解行政争议的制度与资源不足等司法实践中反映的突出问题，各级法院注重在当地党委统一领导下，加强了与政府机关就行政诉讼案件的协调衔接工作机制的建立健全，以实现行政争议的合力化解。

（一）行政争议协调委员会工作机制

乐清法院推动当地政府于 2010 年在全省率先成立行政争议协调委员会，由市委常委、常务副市长担任委员会主任，法院院长与相关副市长分别担任副主任，市政府法制办以及信访、公安、劳动保障、国土资源、规划建设、环保、房管、工商等行政案件比重较大，协调需求较多的行政执法部门为成员单位。法院可将行政法律关系难以恢复、易引发群体性和集体上访、裁判后易引起连锁反应、纠错成本高以及政治性强敏感度高等疑难复杂案件提交给协调委会员，由其确定协调化解的参与单位与方案。《人民法院报》对该工作机制进行了专门报道。

(二)建立行政调解与行政审判相衔接的工作机制

台州三门法院与当地全面推进依法行政工作领导小组办公室政府联合出台《三门县行政争议调解与行政审判衔接试行办法》,将行政调解与行政诉讼有机衔接,形成了政府与法院合理分工并合力化解行政争议的工作机制。对以县政府、所属部门及各乡镇为被告,且影响重大、案情复杂或涉案人数众多的环境污染、土地征用、拆迁、劳资纠纷等行政诉讼、行政赔偿案件,法院在正式立案前可先行登记,并引导当事人到县政府法制办下设的行政争议调解办公室进行调解或和解。调解办公室应及时受理并在20日内促成当事人达成调解协议,调解不成的,应在3日内告知法院予以立案。当事人不同意诉前行政调解的,法院应依法立案,并在5日内将案件基本情况及开庭信息等书面告知调解办公室,由调解办公室派员参加旁听并协助法院进行庭外调解。

(三)构建行政争议综合协调工作机制

杭州余杭区人民法院推动当地党政成立行政争议综合协调工作领导小组,由区政府分管领导担任组长,副组长由区法院院长、各副区长担任,成员由区政府各职能部门分管领导组成;同时建立行政争议综合协调工作联席会议制度,联席会议成员由区法院,区政府各部门、各直属单位,各镇人民政府、街道办事处组成。行政争议的协调处理纳入“大协调”的工作格局,通过“行政执法中,由行政机关为主协调;行政复议中,由行政复议机关为主协调;司法审查中,由法院为主协调;司法审查后,由法院与行政机关联合协调”的方法,形成了分阶段、多元化、相配合的综合协调处理工作机制。

浙江省高级人民法院在关注各地协调化解工作建章立制的同时,加强了对有关工作的调研总结,在多次全省法院行政审判工作座谈会上,要求各地借鉴推广行政争议协调化解工作机制建设。绍兴、舟山、台州、丽水等地已经加强并逐步开展了行政争议协调委员会工作机制的建立健全工作;东阳等地健全了行政协调与行政审判的衔接机制等。

建设执行五大系统　综合治理“执行难”

浙江省高级人民法院

2010 年 2 月 3 日，浙江省综治委转发《关于完善全省综合治理执行难工作体系建设的意见》，我省综合治理执行难工作体系建设自此展开。全省综合治理执行难工作体系包括执行征信、执行查控、执行惩戒、执行监督、执行保障等五个工作系统（五个系统的主要内容和职责分工见附表）。在各级党委的领导和各协助执行单位及社会各界的支持配合下，经过 2 年多来的努力，我省综合治理执行难工作体系已基本建立，并在促进案件执行，缓解执行难方面取得了积极成果。执行工作五个系统包含 23 个环节、54 项措施；每项措施都明确了工作目标和责任部门，具有较强的可操作性，受到最高法院江必新副院长和浙江省委领导的批示肯定。

一、执行征信系统建设

我省法院的执行案件管理系统，以建立全省法院执行案件质效评估系统为契机，已兼具案件管理、数据分析、信息交互等功能，随着信息录入工作不断完善，执行案件信息更加及时、准确、全面，以此为基础建立起执行征信系统，对接各级政务网、浙江信用网及金融等征信系统，供查询、检索，实现信息共享，助推社会诚信建设。

1. 执行案件信息管理基础建设基本完成

全省法院执行案件管理系统和执行案件信息录入工作经历了两次大的跨跃。第一次是 2007 年，是年最高法院下决心建立全国法院执行威慑机制，主要载体是在互联网上建立了全国法院执行案件管理系统，进而实现执行案件信息公开和对失信行为的制裁。第二次是 2010 年，省高院将执行质效评估单列，旨在通过数据分析形成对执行工作客观、全面的“体检表”。现有的执行案件管理系统，能够根据不同需求提取案件数据，进行分类统计，完成质效评估和趋势分析，具备了根据具体情节划分等级、实行分类管理的能力，为执行征信系统的建立奠定了可靠的基础。

2. 被执行人失信信息多渠道多层次向社会公开

全省法院通过多种渠道将执行未结案件信息向社会公开，保障公民、法人和其他组织依法获取执行案件信息,充分发挥执行案件信息对人民群众生产生活和社会经济活动的服务作用。

(1)依托信用浙江网。2009 年 3 月浙江高院执行局和浙江省发改委信用中心协作,联建共享“浙江省公众联合征信平台”,将全省法院超过 6 个月未结和程序终结的案件信息①纳入省公共联合征信平台,在信用浙江网上予以公开,供社会各界查询,并应用于金融、招投标和政府监管等领域。截至 2012 年年底,已在“信用浙江网”累计公布被执行人失信信息 116 万余条。

(2)依托各级法院网。中院开通专门执行外网的有宁波、温州、绍兴、金华、台州 5 个,占全省中院 41.7%。开通专门执行外网的基层法院有 13 家,占全省基层法院 14.4%。其中,杭州 3 家,金华 1 家,台州 9 家②。

(3)依托中国法院网。最高法院从 2009 年 3 月 30 日起开通“全国法院被执行人信息查询”平台。登录中国法院网,点击“被执行人查询”,按提示输入相关查询条件,社会公众即可查询全国法院(不含军事法院)2007 年 1 月 1 日以后受理的及此时点前立案但尚未办结的执行实施案件执行情况。

3. 执行信息与部分行业管理机关实现接轨

(1)与人民银行征信系统对接。杭州、湖州、绍兴、金华、衢州、台州、丽水等中级法院先后与当地人民银行建立了信息对接机制,将辖区法院执行案件信息提供给人民银行征信系统,作为金融机构发放贷款、办理信用卡、评估信用等级等事项的参考。

(2)与工商等行政、行业管理机关征信系统对接。杭州、宁波、嘉兴、绍兴、舟山等中级法院以及温州市鹿城区、瑞安市、诸暨市、开化县、景宁县、临海市等基层法院都和当地工商行政管理部门建立了信息沟通机制,将辖区被执行人失信信息纳入工商企业信用平台,作为评定企业信用的依据,并依法限制负债较多的被执行人担任法定代表人和公司高管等。

(3)特殊主体案件信息与有关部门对接。省高院以党员和行政监察对象为被执行人的案件为突破口,与浙江省纪委、浙江省监察厅建立特殊主体案件全省通报制度。此外,被执行人拒不履行生效判决情况还纳入省委、省政府组织的“平安浙江”、“法治浙江”、社会治安综合治理等多项考核活动之中。

---

① 2010 年 7 月起将全省法院超过 6 个月未结调整为超过 3 个月未结。单位被执行人信息点包括单位名称、组织机构代码、法定代表人姓名、地址、未履行金额等项目,个人被执行人信息点包括姓名、案号、执行法院、未履行金额等。

② 台州地区所有 9 家基层法院全部开通执行外网,是全省所有 11 个地市中唯一一个全部建成执行外网的地市。

二、执行查控体系建设

执行查控措施是否到位，直接关系到案件能否实际执行。近年来，我省法院依托信息化建设，将执行查控系统作为优先着力推进的重点，积极争取协助执行部门支持，建立起被执行人的基本信息、存款、工商登记、房地产等信息网上“点对点”协助执行查控机制，彻底改变了以往个案查控、上门查控的传统做法，查控被执行人及其财产的工作更加便捷、高效，是执行工作的一项重大创新。此外，我省法院还全面实施财产报告制度，积极实施委托律师调查制度，健全执行悬赏和奖励机制；继续坚持和完善执行协助网络。

1. 协助查询机制基本建立

浙江全省法院结合实践，充分发挥现代信息技术在执行工作中的作用，探索建立多种方式的“点对点”查询被执行人及其财产的工作机制，并且各具特色。

(1)温州特色。温州中院依托电子政务平台建立全市网上执行查控系统，该系统于2010年9月试运行，截至目前，覆盖全市法院、235个行政部门、商业银行等相关协助单位的点对点网络查控系统已基本建成。银行、房管局、车管所、工商局相继成功开发批量自动查询功能，实现了执行财产信息查询的即时批量作业。已在温州银行、市房管局、市车管所成功开展了网上财产控制的试点工作。银行、市车管所、市工商局等协助单位的财产查控工作都已集中到市级单位办理，县级单位不再设立查询岗位。2012年执行查控指挥系统于5月下旬顺利完成。丽水市综治委于2011年8月印发《丽水市综治委解决执行难协调工作领导小组关于在全市建立网上“点对点”协助查控体系的实施意见》，也是依托政务网建立全市网上点对点执行查控系统，于2012年2月15日开始试运行。我省最早探索和实践网上点对点查询的是杭州市余杭区法院。

(2)绍兴特色。绍兴中院于2010年下半年在市便民服务中心设立“中级法院执行工作联络室”，从公安、工商、国土部门服务窗口拉专线，实现直接登录查询。执行工作联络室采取固定由一名执行人员，每周固定两天半为全市两级法院提供查询服务。我省最早在便民中心探索实践窗口查询工作的是临海市法院。

省高院在对上述点对点查控机制专题调研的基础上，经积极协商，于2012年3月19日与工行、农行、中行、建行、交行五家银行浙江省分行共同签署了《关于集中查询被执行人银行存款有关问题的协作纪要》，后陆续与浙商银行总行及中信银行、浦发银行、华夏银行、招商银行、广发银行、深圳发展银行、民生银行、兴业银行、光大银行、恒丰银行、渤海银行等商业银行杭州分行签署协作纪要，截至目前，省高院已与工商银行、农业银行、中国银行、建设银行、交通银行等58家商业银行浙江省分行签订了协作纪要，与42家开通了点对点查控系统，标志着全省法院金融“点对点”网上协助查控机制全面建立。按照协作纪要内容的规定，浙江各级法院可通过执行管理系统和省高院与协议银行的专线，查询到被执行人账(卡)号及存款信息。整个过程实现被执行人银行账户存款余额批量查询，查询操作无纸化，信息交互网络化，信息内容加密化。

2. 协助控制取得进展

(1)公安机关协助控制有力。省高院与省公安厅先后于2006年、2007年联合下发《关于公安机关协助执行若干问题的通知及贯彻意见》，2010年又联合出台《关于强化执行查控系统建设有关问题的意见》。全省法院和各地公安机关认真落实联合文件，积极开展网上布控、车辆动态查控、限制出境、出境通报备案等措施。

(2)探索网上财产控制。在建立网上“点对点”协助查询机制同时，各地法院开始积极探索网上控制被执行人财产的工作模式，温州中院在这一领域继续担任着领跑者。该院在批量自动查询功能成功实现之后，积极利用现代科技手段和设定适当的授权管理机制探索网上财产控制工作，实现“查询、控制、划拨”一体化的操作模式。在财产控制的网络技术障碍突破后，温州中院配备了CA数字证书、网上电子签章系统、将执行人员的工作证和执行公务证扫描到执行查控系统、为协助单位购置彩色打印机等设备。网上财产控制的制度障碍解决之后，温州中院在温州银行、温州市房管局成功开展了网上财产控制的试点工作。与之配套，温州中院还规定了网上财产控制的工作流程。

3. 财产报告制度全面实施

为及时查明被执行人的财产状况，切实维护申请执行人的合法权益，2008年新民事诉讼法实施后，省高院及时总结经验，制发新的执行通知知书样式，将财产申报令并入执行通知书，明确被执行人未按执行通知书确定的内容履行相应义务的，应向法院报告当前以及收到执行通知书之日前一年的财产状况。报告后财产情况发生变动，影响申请执行人债权实现的，应当自财产变动之日起十日内向法院补充报告。目前，全省法院均在发出执行通知书的同时一并发出财产报告通知。

4. 执行协助网络普遍建立

基本做法是：通过聘任乡镇、街道从事政法工作的同志为执行协助员，借助他们的政治优势和工作优势以及对辖区内的人员状况、风俗民情等情况比较了解的优势，采取调和执行申请人和被执行人双方关系等办法，促进自动履行，化解执行中的对抗与冲突等。

基层执行协助网络的组织模式主要有两种：一种是专职协助执行员模式；另一种是兼职协助执行员模式。专职协助员的工资待遇仍归乡镇街道负责，但工作职责变为协助法院执行工作，由法院统一培训、指挥、考核。专职协助执行员主要负责帮助法院收集、提供被执行人及有关涉案人员的人员线索、财产状况及其他有关线索；协助法院依法送达法律文书和对被执行人采取强制措施；开展法制宣传工作，引导被执行人和有法定协助义务的单位和个人自觉履行法定义务。

兼职协助执行员模式又可分为三种：一是仅在乡镇街道聘任兼职执行工作联络员的模式。采用这种模式的比较多，聘任的执行联络员多为乡镇政法副书记、副乡（镇）长、综治办主任等。二是在县（区）、乡（镇、街道）建立两级执行协助网络模式。在县级成立由政法委和政法各部门领导参加的执行协助网络领导小组，在乡镇（街道）分别建立由各乡镇、街道的政法书记、副镇长、综治办副主任、司法所长、分管治安的派出所副所长组成的执行协助网络小组，小组成员兼任执行协助员。三是县（市、区）、乡镇街道、村居三级执行协助网络模式。县级组成协助网络领导小组，乡镇街道设执行协助网络工作小组，执行协助员由镇、街道综治工作中心的工作人员及村、社区的治保调解主任担任。三种模式的共同点是，基层执行协助网络的重心在乡镇街道一级；执行协助员都为兼职，且以乡镇政法副书记、综治办专职副主任等为主。

5. 网上“点对点”查控机制成效显著

（1）执行财产查控质效明显提升。网上执行查控系统的全力推进，使得全省法院的执行财产查控工作效率、效果得到明显提升。自 2012 年 6 月 8 日省高院与五大行查询系统试运行至 2012 年 12 月 21 日，协查并反馈结果 601 万条，涉及被执行人 328000 多人，查到人民币和外币存款总额 310 多亿元，账户余额大于 1 万元的有 43000 多笔。而且都能够在次日反馈查询信息。从工作效率上看，提升了不止 10 倍。以五家国有商业银行为例，2 个工作日完成了对该 5 个银行在全省 2000 多家网点的查询，这在过去用一年的时间都难以完成。

（2）执行财产查控成本明显下降。一是时间成本降低，省去了路途奔波、在协助单位等待的时间。二是经济成本降低，惠及执行当事人和法院自身。三是人力成本降低，惠及协助执行单位。由过去每个窗口都要受理法院查控，改变为全省共享一个窗口，且批量查询后效率极大提升，减轻了协助单位的工作压力和成本。

(3)为执行改革腾出了充分的空间。网上执行查控系统的成功运行,使得执行案件办理经由财产查询、财产控制、财产处置等阶段更加明晰,为规范执行流程和探索“分段集约”等新型执行模式奠定了坚实基础。

三、执行惩戒系统建设

全省法院积极推进执行惩戒系统建设,充分运用经济、声誉乃至人身自由限制等杠杆,加大失信成本。加强与公安、检察等相关部门的协作,加大对拒不执行、抗拒执行等违法犯罪行为的惩戒力度,彰显司法权威,维护公平正义。两年多来,一大批消极执行、逃(规)避执行,用违法手段对抗执行的被执行人,依法受到相应的惩戒,依法付出应有的成本和代价,执行环境有了明显改善。

1. 加大不履行债务的成本

(1)全面适用迟延履行债务利息的法律规定,使不履行债务的被执行人依法付出经济代价。为配合迟延履行金的适用,一是省高院专门委托软件公司开发了计算公式,挂接在执行案件管理系统,统一了计息的尺度,避免了争议,并为执行案件双方当事人和解协商提供准确的依据。二是在执行案件管理系统案件办理的节点上,增加“应执行标的”项,无论结案时是否全额执行到位,作为必填项,均需要按迟延履行利息的要求作出计算并如实填写,这一“金额”作为衡量执行质效、案件能否报结的依据之一。三是对执行和解及其报结标的作出新的规范,既鼓励指引执行和解,又要求尽可能地保护胜诉当事人的债权处分权,凡符合规范要求和解报结的,以申请执行标的金额计算实际到位金额,而不是包含迟延履行利息的“应执行标的”。同时,在质效评估数据中设定有“和解标的清偿率所占比例”,以评价和解案件的质效。

(2)全面落实失信公开曝光措施,使不履行债务的被执行人依法付出信誉代价。在多年探索实践的基础上,失信信息公开曝光的具体方式相对固定下来:一是曝光的时机——常态化和阶段性相结合,常态化曝光以省高院建立的信用浙江网为主,将全省法院 3 个月以上的未结案和历年程序终结案件,通过“个人未履行生效裁判失信信息”、“单位未履行生效裁判失信信息”两个窗口,向社会公众曝光并开放查询需求。各级法院网或执行专网也具备定期曝光的功能。二是曝光的方式——法院官网为主,当地报纸、电视台和广场公众电子屏幕为辅,社区公告栏、楼宇电视平台、手机短信曝光等方式采用相对少一些。三是曝光的对象——一般对象和选择性对象相结合,定期更新曝光的均为一般性对象,以立案执行时间、执行状态为标准,而在配合集中执行专项活动而采取的执行曝光,则在对象的选择上往往限定在特定的主体。

(3)全面落实特殊主体案件通报制度,使特殊主体案件受到比一般主体更大的压力。在2011年反规避执行活动中,杭州中院向市纪委移送了乔司监狱民警管花兰等六名未履行法律文书确定义务的对象,后又邀请市纪委专题座谈,敦促履行并依法查处,使得所涉案件均取得突破。绍兴中院将61人205件涉特殊主体未结案件向市综治委解决执行难协调工作领导小组各成员单位予以通报。

2. 强化执行措施最大限度地保护胜诉权益

各级法院对不履行法律文书确定的义务并有可能隐匿财产的被执行人,依法实施搜查。近年来全省法院共在149件案件中实施了搜查,其中对93件案件的执行起到了关键作用。加强与政府有关部门协作,压缩被执行人融资、投资、招投标等空间。杭州中院与市建委下发《关于加强执行协助工作的联合通知》,限制被执行人(单位)参与政府投资项目的建设工程投标。杭州两级法院2011年向建委部门报送了22名限制招投标对象,大多数被执行人在限制招投标的预告知环节即自动履行义务。温州中院在温州市政府的支持下,实现被执行人信息与全市个人信用信息系统的对接。金华中院与市工商局实现征信信息对接,工商部门对纳入企业信用分类监管平台的被执行人依法停止办理新企业法人设立、法定代表人(股东)变更、财产转移登记等事项,限制其担任其他企业法人的法定代表人。舟山中院在工商部门的配合下,对被执行人采取限制担任企业高管、限制评定工商荣誉等措施。

3. 打击拒执违法犯罪行为更加有力

在公安、检察机关的支持下,全省法院执行中打击违法犯罪行为机制更加完善,工作更加顺畅,措施更加有力。除省高院外,全省11个中院、31个基层法院与公安、检察机关就办理拒执罪问题联合发文,统一认识。

(1)与公安、检察等部门协调形成办理拒执罪的一致意见。包括:一是拒执管辖权突破。杭州中院与市公安局、市检察院关于办理拒不执行判决、裁定刑事案件的若干意见中,确立了执行法院属有"拒执罪"管辖权的原则,这一管辖权的规定在全省是首家,为杭州地区办理拒不执行判决、裁定犯罪案件提供了有力的制度保障。二是拒执标的量化。2010年3月,临海市公检法三家联合出台《关于办理拒不执行判决、裁定罪案件若干问题的意见》,对《刑法》"履行能力"问题明确规定为10种情形,这样具体地规定打击拒执行为的财产额度在全省是首家。三是拒执情形具体化。2012年5月,玉环公、检、法三家出台关于依法查处拒不执行判决、裁定和暴力抗拒法院执行犯罪行为的会议纪要,列举式规定了"被执行人有房产不配合执行的"等八种拒不执行情形,规定情形而对具体财产额度不作规定的亦属全省首家。

(2)探索建立惩罚和威慑相结合的柔性惩戒机制。惩戒措施针对人身、财产、声誉等方面进行限制,具有严厉性。在发挥其惩罚功能的同时,如何发挥其威慑功能从而寻求惩罚与教育的平衡,各地进行了探索。台州市建立预拘留和预曝光制度较好地实现惩罚与威慑之间的平衡。预拘留机制主要针对收到法院的报告财产令后拒不向法院报告财产,以及有能力履行而拒不履行的被执行人,在法院传唤无效的情况下,向其发送"预拘留通知书",要求其在确定的期限内及时履行债务,否则将对其进行强制拘留。

四、执行监督系统

经过多年的发展,全省法院已基本形成以当事人监督、分权制约监督、上级法院监督、法律和民主监督、纪检检察监督、舆论监督为框架的执行监督系统,内部监督机制健全,外部监督渠道畅通,有效防止了执行不作为、乱作为和违法违纪现象的发生,确保了执行权的阳光、规范、有序。

1. 接受外部监督

(1)自觉接受当事人和群众的监督。全省法院认真落实执行公开和告知、执行听证、执行信访、申请变更执行法院等一系列制度,主动接受当事人监督,并在浙江法院网开通当事人案件信息查询系统,当事人凭密码可以上网查询其案件的办理情况。在各地实践的基础上,浙江省高院于 2011 年制发了执行通知书样式,供三级法院参照使用。为了更好更直接地接受群众监督,三级法院相继开通了执行监督电话并向社会公开,大多数法院设有局长信箱,有的法院将监督电话与执行线索举报电话"两话合一",有的分别设立,即在法院纪检监察部门另设执行监督号码,由值班干警 24 小时接听,部分法院还尝试将监督举报电话与当地纪检监察机关举报电话联网。部分法院还向当事人派发廉政监督卡,并聘请了廉政监督员,确保执行权在阳光下运行。

(2)法律和民主监督更加全面。各级法院主动向人大及其常委会报告、向政协通报执行工作,争取人大、政协的支持和监督。全省法院开展"见证执行"活动,将邀请人大代表、政协委员参与执行作为阳光司法考核的重要指标,并详细列举了执行重点环节、参与执行质效评查、执行队伍廉政建设等七项制度作为人大代表、政协委员、人民陪审员及社会各界监督领域。为深入推进综合治理执行难工作体系建设,2011 年 12 月省高院、省检察院联合发布《关于开展民事执行活动法律监督试点工作的通知》,在 6 个中级法院和 14 个基层法院开展民事执行活动法律监督的试点工作。

(3)积极配合纪检、监察监督。全省法院执行局内部均设有专职或兼职的纪检监察员,并从法院系统外部聘请廉政监督员,适时、直接对执行全过程进行全方位监督。同时,全省法院积极实行执行廉政"走出去"活动,加强与党委、纪检委、检察院的沟通联系,实现廉政网格化监控。

(4)主动接受舆论监督。全省法院高度重视媒体舆论监督,通过新闻发布会、汇报案例、法制宣传、公众开放、新闻专访等形式,主动加强与媒体、网络的民意沟通。如省高院召开全省法院反规避执行专项活动新闻发布会,通报2011年全省法院开展专项活动的阶段性成果和典型案例,20家主流媒体参加并进行了专题报道。同时,与浙江日报、浙江卫视建立执行典型案件曝光机制。

2. 强化内部监督

(1)强化分权制约。制定和落实合理配置执行权、执行重点环节监督管理、执行案件结案方式、立审执兼顾等一系列制度。浙江全省法院实现了执行立案权由立案部门统一行使,执行审查事项由执行审查机构或审查人员负责,执行委托评估拍卖由法院对外委托鉴定机构行使,执行异议之诉由相应的审判机构负责审理的分权制约模式。

(2)加强上级法院监督。多年来,省高院从案件执行、综合事务、人员管理三个方面加大了对下级法院的管理力度,基本形成了有令必行、步调一致、纪律严格、团结有力的工作格局。此外,省高院制定了《关于建立全省法院快速协同执行机制的意见》,规定全省各级法院均要设立执行指挥中心,目前,全省各级法院都已按照要求完成了中心建设,提升执行质效管理。2008年,借助信息化办案方式录入各类办案信息,在全国各省区率先自动生成26项办案数据,评估全省三级法院审判执行质量效率的运行态势,每季度公布通报。

(3)引入交易平台,司法拍卖阳光化。针对传统司法拍卖暴露出来的弊端,及其对司法公信力和当事人利益造成一定程度损害的现实,2012年1月5日,在全省法院院长会议上,省高院作出将司法拍卖直接推上互联网的改革部署,借助淘宝网交易平台试行司法拍卖,力求司法拍卖更加公开透明,力求竞价更加充分,使拍卖标的物交易价格最大化,最大限度地维护当事人的合法权益。随后省高院确定了全省开展网络司法拍卖的19家首批试点单位。其中,宁波市北仑区、鄞州区两家试点法院,经过深入调研和筹备,于2012年7月10日率先顺利完成了首次网络司法拍卖,两件拍品均以第一拍成交,实现零佣金,并分别溢价65.5%和34%,取得良好效果。网络司法拍卖有着传统委托司法拍卖无以比拟的优势,公开、透明的同时,能够实现拍卖标的价值的最大化。

五、执行保障体系建设

1. 组织领导更加有力

(1)执行工作综治体系在强有力的领导下得以推进。省、市、县三级综治委均成立了以政法委书记为组长的综治委解决执行难协调工作领导小组,自上而下建立起综治执行难的领导体系,切实加强了对法院执行工作的协调领导。

(2)执行工作质量效率在强有力的配合下得以提升。与银行合作提升了效率,在基本实现对被执行人存款信息的集中批量查询的同时,将被执行人失信信息纳入银行信用评价体系,限制其贷款资格。与公安合作提升了威慑力,完善对被执行人户籍、身份等信息的查询机制的同时,将被执行人名单列入公安网上布控范围,打击拒执行行为强度全面加强。与组织部、发改委、建委、工商、财税、房管、国土、机场等机关、单位的合作,将被执行人失信信息在其征信系统中予以记录,限制其任职、从业、获得荣誉、年检、招投标、高消费等活动,进一步完善了执行征信和惩戒体系。与检察机关合作,完善了打击拒执犯罪的合作机制同时,探索逐步完善民事执行活动的法律监督机制,促进了执行规范。

(3)执行工作能力形象通过执行指挥中心建立得以改善。至2010年年底,全省法院均成立了执行指挥中心,并依托执行指挥中心,建立快速协同执行机制,加强与公安、检察等部门的联系,统一指挥调配各类司法资源,实现紧急执行线索、紧急执行情况的统一受理和处置。

2. 队伍建设逐步增强

(1)执行队伍文化结构显著优化。各级法院高度重视执行队伍建设,在改善队伍文化结构,提高队伍整体素养方面加大了投入,与2003年比较,执行人员大学以上学历由39.31%上升到84.37%。

(2)法警派驻执行实现常态化。司法警察参与执行工作的要求得到全面落实,全省法院均按要求将法警派驻执行机构参与执行工作,执行工作与法警之间的配合更加密切和协调。2012年年初全省院长会议上,齐院长讲话中明确要求“要进一步落实基层法院法警编队派驻执行局专司执行实施的制度,力争用2年左右时间,使每个基层执行局的法警人员占到执行局人数的二分之一,至少不低于三分之一,加快形成一支可靠的警察强制执行的威慑力量”。为此,浙江省法院在充分调研的基础上,出台了《进一步加强基层人民法院司法警察编队派驻执行局专司执行实施的意见》。

3. 经费保障更加到位

(1)执行装备加强。全省都将执行工作所需装备经费纳入年度预算,在执行办案经费及车辆、通信工具、电脑、摄录设备等物质保障上都有一定倾斜。在今年全省法院力推的点对点执行查控机制建设过程中，在软件开发、设备购置、线路架设、人员培训等，各中院、基层法院在人力、物力各方面均给予了最大的保障，为成功实现年初提出的省高院和所有中院均要建立起执行查控中心的目标奠定了基础。

(2)执行举报奖励制度普遍实行。全省法院按照浙江省高级人民法院、浙江省财政厅《关于对举报被执行人财产实行奖励的规定(试行)》的精神，结合本地实际，建立起了被执行人财产举报奖励机制，奖励经费有可靠保障，奖励程序与标准更加明确。

(3)执行救助资金来源稳定。全省均建立了司法救助资金，专项保障执行救助的保持在 2800 万元左右。2010 年 - 2011 两年内，全省法院执行中共对 2211 人实行了救助，救助金额达 2964 万余元，执结执行案件 2500 余件。

4. 宣传调研更加深入

各级法院执行宣传工作经过多年的实践探索日趋成熟稳定，执行宣传的长效机制初步建立。一是宣传内容不断拓展。执行法律法规、执行案例、执行先进典型、执行困境与问题、执行成功经验做法等均已纳入宣传的范围。二是宣传的载体愈加丰富。报纸、电视、网络、电子屏、宣传手册等各种宣传载体都已覆盖。新闻发布会、现场采访、座客访谈、新闻专栏、法制宣传日、公众开放日等宣传形式都成为执行宣传的常态。三是法院与新闻单位的沟通协作机制越来越成熟通畅。执行局均有专人负责与新闻单位联系，主动通报工作，提供新闻素材，听取媒体意见建议。

附表　执行工作五个系统主要内容和措施

<table>
<tr><th>分类</th><th>主要内容和措施</th></tr>
<tr><td rowspan="4">一、执行征信系统</td><td>(一)执行信息管理。建立全省法院执行未结案件信息库，为记录被执行人失信信息提供数据支撑。</td></tr>
<tr><td>(二)执行信息发布。
1. 各级法院执行未结案件信息在同级政务网上公布。
2. 被执行人失信信息在信用浙江网上发布。
3. 被执行人失信信息在各级法院外网上发布。</td></tr>
<tr><td>(三)执行信息与行业管理接轨。
1. 被执行人失信信息纳入工商企业信用监管平台。
2. 被执行人失信信息纳入各行业管理部门征信系统。</td></tr>
<tr><td>(四)特殊主体案件通报。被执行人为国家机关以及中共党员、公务员、人大代表、政协委员等特殊主体的，向其主管部门或所在单位以及纪检监察机关等通报。</td></tr>
</table>

续表

分类	主要内容和措施
二、执行查控系统	(一)财产报告。全面落实被执行人财产报告制度,强化核查措施,查处拒不报告、虚假报告行为。
	(二)协助查询。 1. 公安机关向法院提供被执行人户籍、出入境、车辆等信息。 2. 人民银行杭州中心支行为法院查询被执行人账户开户银行名称提供便利。 3. 各商业银行为法院查询存款提供便利。 4. 工商“企业信用联合监管平台”逐步向法院开放。 5. 国土、建设部门为法院查询房地产信息提供便利。 6. 证券、保险部门为法院查询被执行人证券、期货、保险等账户信息提供便利。 7. 出入境检验检疫部门为查询被执行人进出口货物提供便利。 8. 试行委托律师调查被执行人财产制度。
	(三)协助控制。 1. 执行法院将符合条件的被执行人交公安机关采取控制措施。 2. 执行法院对有可能出境的被执行人向公安机关通报备案,依法限制其离境。 3. 公安机关协助法院控制被执行人的查封车辆。 4. 金融、工商等部门停止办理被执行人财产移转手续。
	(四)执行协助网络。建立健全基层执行协助网络,乡镇、街道设执行协助员,有条件的地方在村(社区)建立执行联络员负责执行协助工作。
三、执行惩戒系统	(一)加大失信成本。 1. 对拖欠工资等涉民生执行案件,严格适用迟延履行责任。 2. 依据有关规定对被执行人限制高消费。 3. 工商部门对负较大债务到期未清偿的被执行人限制担任法定代表人。 4. 金融、工商、国土、建设、税务、电信等部门对有未结执行案件的被执行人降低信用等级。
	(二)强化执行措施。 1. 对可能隐匿财产的被执行人依法进行搜查。 2. 对拒不报告、虚假报告财产和已经歇业等情形的被执行人,采取强制审计、强制清算。 3. 对严重资不抵债的企业依法破产。
	(三)严惩拒不执行违法犯罪行为。 1. 对违法被执行人依法适用罚款、拘留。 2. 对拒不执行、拒不协助执行等行为涉嫌犯罪的,及时侦查、起诉和判决。
	(四)着力化解矛盾。对确无执行条件或矛盾易激化的案件,充分发挥综合治理的优势,做好教育疏导化解工作,采取司法救助、社会救助等方式解决矛盾纠纷。

续表

分类	主要内容和措施
四、执行监督系统	(一)当事人监督。 1. 落实执行告知制度,建立执行案件办理情况查询系统供当事人查询。 2. 完善执行信访工作机制,严格信访案件退出的认定条件。 3. 各级法院向社会公开执行监督电话。
	(二)分权制约监督。 1. 健全执行实施权与执行审查权分权运行机制。 2. 严格落实评估拍卖事项与执行机构相分离的规定,完善集中委托评估、拍卖程序。 3. 健全易人执行制度,对非因客观原因、六个月未结的案件更换承办人。 4. 规范执行案件结案方式,完善无财产执行案件退出机制。 5. 加强立案、审判、执行的协调配合。
	(三)上级法院监督。 1. 落实错案和瑕疵案件责任倒查制度。 2. 严格适用执行违法确认制度。 3. 加大提级执行、指定执行力度。 4. 加强委托执行案件的督办和协调工作。 5. 建立执行质效评估体系,完善良性循环长效机制。
	(四)法律、民主监督。各级法院主动向人大及其常委会报告、向政协通报执行工作,邀请人大代表和政协委员视察执行工作,依法接受检察监督。
	(五)纪检监察监督。主动接受、配合纪检监察机关的监督,监督结果与考核奖惩挂钩。
	(六)舆论监督。主动加强与媒体、网络的民意沟通,自觉接受监督。对于涉执行舆论事件,迅速查明事实,及时公开信息。
五、执行保障系统	(一)组织领导。 1. 各地综治委解决执行难协调工作领导小组协调、检查和督促《意见》落实,落实情况纳入社会治安综合治理考核内容。 2. 各级党委政法委适时组织开展执行检查,建立重大、典型案件挂牌督办制度,相关单位协助执行情况纳入本系统考核范围。 3. 各级法院加强执行指挥中心建设,全省联动,提高快速反应能力。
	(二)队伍建设。中级、基层法院按不少于编制总数 15% 比例配备执行人员,完善司法警察编队派驻执行机构参与执行实施和人民陪审员参与执行制度,优化执行队伍学历、年龄结构,及时表彰先进集体和个人。
	(三)经费保障。按照有关规定在法院办案业务经费中安排执行工作经费,将执行业务装备经费纳入年度预算。

续表

分类	主要内容和措施
五、执行保障系统	(四)司法救助。加大对执行救助资金的投入,建立稳定的执行救助资金来源渠道,健全救助资金发放程序,扩大执行救助适用范围。
	(五)宣传调研。执行宣传工作列入普法宣传范围。各成员单位加强执行工作法律法规宣传。在主流媒体设“执行曝光台”,定期曝光典型案件。加强调查研究,为执行改革与发展提供理论支持。

全省综合治理执行难工作体系建设职责分工

<table>
<tr><th>分类</th><th colspan="2">内　　容</th><th>责任单位</th></tr>
<tr><td rowspan="8">一、执行征信系统</td><td colspan="2">(一)执行信息管理</td><td>省法院</td></tr>
<tr><td rowspan="3">(二)执行信息发布</td><td>1. 各级政务网</td><td>政务网管理部门、各级法院</td></tr>
<tr><td>2. 信用浙江网</td><td>省法院、省信用中心</td></tr>
<tr><td>3. 浙江法院网</td><td>省法院</td></tr>
<tr><td rowspan="2">(三)执行信息与行业管理接轨</td><td>1. 企业信用监管</td><td>省法院、省工商行政管理局</td></tr>
<tr><td>2. 纳入征信等级、信誉、行风等考核</td><td>各级法院、金融、工商、国土、建设等部门、</td></tr>
<tr><td colspan="2">(四)特殊主体案件信息通报</td><td>各级法院、相关单位或主管部门</td></tr>
<tr><td colspan="2"></td><td></td></tr>
<tr><td rowspan="9">二、执行查控系统</td><td colspan="2">(一)财产报告</td><td>各级法院</td></tr>
<tr><td rowspan="8">(二)协助查询</td><td>1. 被执行人户籍、旅馆登记、出入境及其车辆信息查询</td><td>各级法院、公安部门</td></tr>
<tr><td>2. 账户查询</td><td>人民银行杭州中心支行、省法院</td></tr>
<tr><td>3. 存款查询</td><td>省银监局、商业银行</td></tr>
<tr><td>4. 工商登记信息查询</td><td>各级工商行政管理部门</td></tr>
<tr><td>5. 房地产查询</td><td>各地建设房产、国土部门</td></tr>
<tr><td>6. 证券、期货、保险等金融产品查询</td><td>省证监局、省保监局</td></tr>
<tr><td>7. 出入境检验检疫查询</td><td>各级出入境检验检疫局</td></tr>
<tr><td>8. 试行委托律师调查</td><td>各级法院、司法行政部门</td></tr>
</table>

续表

<table>
<tr><th>分类</th><th colspan="2">内　　容</th><th>责任单位</th></tr>
<tr><td rowspan="5">二、执行查控系统</td><td rowspan="4">（三）协助控制</td><td>1. 被执行人控制</td><td rowspan="3">各级法院、公安部门</td></tr>
<tr><td>2. 限制出境</td></tr>
<tr><td>3. 车辆控制</td></tr>
<tr><td>4. 限制财产移转</td><td>各级工商、建设房产、国土部门和金融机构</td></tr>
<tr><td colspan="2">（四）执行协助网络</td><td>各级综治办、法院</td></tr>
<tr><td rowspan="12">三、执行惩戒系统</td><td rowspan="4">（一）加大失信成本</td><td>1. 严格迟延履行责任</td><td rowspan="2">各级法院</td></tr>
<tr><td>2. 限制高消费</td></tr>
<tr><td>3. 限制担任法定代表人</td><td>各级工商行政管理部门</td></tr>
<tr><td>4. 降低信用等级</td><td>各级金融、工商、国土、建设、税务、电信等部门</td></tr>
<tr><td rowspan="3">（二）强化执行措施</td><td>1. 搜查</td><td rowspan="3">各级法院</td></tr>
<tr><td>2. 强制审计、强制清算</td></tr>
<tr><td>3. 破产</td></tr>
<tr><td rowspan="2">（三）严惩拒不执行违法犯罪行为</td><td>1. 罚款、拘留</td><td>各级法院</td></tr>
<tr><td>2. 追究拒不履行等行为法律责任</td><td>各级公安、检察、法院</td></tr>
<tr><td colspan="2">（四）着力化解矛盾</td><td>各级综治办、法院、相关部门</td></tr>
<tr><td rowspan="11">四、执行监督系统</td><td rowspan="3">（一）当事人监督</td><td>1. 执行案件查询系统</td><td>省法院</td></tr>
<tr><td>2. 执行信访机制</td><td rowspan="2">各级法院</td></tr>
<tr><td>3. 执行监督电话</td></tr>
<tr><td rowspan="5">（二）分权制约监督</td><td>1. 分权运行</td><td rowspan="5">各级法院</td></tr>
<tr><td>2. 评估拍卖</td></tr>
<tr><td>3. 易人执行</td></tr>
<tr><td>4. 执行结案方式</td></tr>
<tr><td>5. 立、审、执兼顾</td></tr>
<tr><td rowspan="3">（三）上级法院监督</td><td>1. 案件责任倒查</td><td rowspan="3">高级法院、中级法院</td></tr>
<tr><td>2. 违法确认</td></tr>
<tr><td>3. 提级、指定执行</td></tr>
</table>

续表

分类	内容		责任单位
四、执行监督系统	(三)上级法院监督	4. 委托执行	
		5. 质效考核	
	(四)法律、民主监督		各级人大、政协、检察院
	(五)纪检监察监督		各级纪检监察机关
	(六)舆论监督		各级宣传部,新闻媒体
五、执行保障系统	(一)组织领导	1. 督促检查	领导小组成员单位
		2. 挂牌督办	各级党委政法委
		3. 执行指挥中心	各级法院
	(二)队伍建设		各级法院
	(三)经费保障(包括执行悬赏、奖励机制)		各级财政部门、法院
	(四)司法救助		各级党委政法委、财政、法院
	(五)宣传调研(普法、典型执行案件信息曝光、调研)		各级宣传部、法院、司法局,新闻媒体

创新执行查控机制
推行网上“点对点”执行查控体系建设

温州市中级人民法院

借助综治执行难工作机制，探索和创新执行财产查控新机制，是破解执行难的当务之急。2010 年下半年以来，温州中院认真贯彻落实省综治委印发的《关于完善全省综合治理执行难工作体系建设的意见》，积极争取温州市县两级政法委的重视支持，以电子政务平台为基础，以协助执行网络为纽带，以信息网络技术为支撑，以综治考核机制为保障，构建了一个涵盖温州市两级法院和 276 家协助执行单位的网络“点对点”协助执行查控系统，有效提升了执行财产查控质效和执行工作水平。2011 年，温州全市法院共通过执行查控系统查询被执行人财产 7139 次，涉及执行案件 5704 件 8682 人，查控银行存款 14 亿元、车辆 332 辆、房产 508 处、土地 332 处，成功执结案件 1995 件，执行标的额 1. 18 亿元。

一、以电子政务平台为基础，快速推进执行财产查控的网络化

为建设一个投资少、覆盖广、安全性高的网上执行查控系统，温州中院在 2010 年年初专项调研中发现，温州市政府已经建立了连接市、县、乡三级政府和市、县两级所有党政部门、金融机构的电子政务网，市、县两级政府一般公文的上传下达均已通过该网络进行。为此，温州中院积极向温州市委政法委汇报，并和主管电子政务网的温州市政府信息政务中心协商，最终得到了各方的大力支持，依托电子政务网建设执行查控系统，在市政府连接市、县(市、区)、乡镇所有党政部门和金融机构的电子政务网下，加设了一个子网系统，各基层法院及协助单位只要配置相应的办公电脑即可通过查控系统进行相关的财产查控工作，无须再与协助单位挨个建设网络专线，大大降低了查控系统建设成本，同时也有效地避免了协助单位因顾虑执行人员使用协助单位内网不相关数据而拒绝加入查控系统，大大加快了查控系统建设进度。2010 年 5 月，委托软件公司开发查控系统软件；7 月完成软件设计，并将软件模块运载于电子政务网。查控系统从开始调研论证到成功试运行，历时仅半年左右。

二、以协助执行网络为纽带,着力推动执行财产查控的规模化

在建好系统软件的基础上,温州中院积极利用综合治理执行难工作机制,推动相关行政部门和商业银行协助执行查控。一是整体规划,确定工作目标。构建查控系统之初,我院就确定了县市两级联动、一次性同步建成、各个终端之间可以实现互通的工作目标,采取由中院负责统一建设查控系统,两级法院各自协调辖区协助单位投入运行的方式,积极利用综治执行难工作机制,推动协助查控网络建设。二是两级联动,迅速扩大网络。2010 年 9 月,在市综治委的协调下,工行温州分行、温州银行和市国土局开始加入查控系统试运行。同年 12 月,市综治委出台《关于在全市建立网上点对点执行查控体系的实施意见》(以下简称《实施意见》),推动公安、工商、人民银行、国土资源、住建委等 11 个市级协助单位加入查控系统。2011 年 1 月,召开法院和商业银行查控系统对接会议,推动市级 20 余家商业银行加入查控系统。2011 年以来,以落实《实施意见》为契机,推动 11 个基层法院及各县(市、区)200 多个行政部门、商业银行分支机构陆续加入该系统。至此,温州市已有 276 个行政部门和商业银行加入网上点对点执行查控系统。三是争取支持,升级改造系统。2011 年 12 月,原温州市委副书记、政法委书记朱贤良批示要求重视支持查控系统建设。2012 年 3 月,市委召开协调会,市委常委吴开锋提出四项措施,深入推进查控系统升级改造工作。5 月 2 日,市委办、市府办转发市综治委《关于进一步加强网上点对点执行查控体系建设的实施意见》,要求以更高站位部署推进查控系统规范化、规模化建设。5 月 17 日,市社综委综治执行难专项组召开扩大会议,市委副书记、政法委书记王昌荣要求全面推进查控系统规模化、品牌化建设。到目前为止,覆盖全市两级法院及相关协助单位的查控系统已基本建成,法院常规执行财产调查和控制工作全部实现网上点对点查控,执行人员在办公室足不出户就能查询被执行人财产,极大地提高了执行财产查控质效。

三、以信息网络技术为支撑,逐步实现执行财产查控的集约化

1. 先实现网上传递数据,再争取批量自动查询

在成功实现以网上传递数据的方式代替传统的人来文往查询方式后,针对实践中手动键入逐案查询方式存在耗时费力、容易出错等问题,温州中院经过座谈、考察和论证,决定更新升级原有的查控系统软件,委托软件公司开发银行、房管、土地、公安和工商等协助单位的批量查询数据端口。2012 年 4 月,温州银行、市房管局、市车管所均成功开发批量自动查询功能,执行财产信息查询

的即时批量作业已成为现实。

2. 先实施网上财产查询，再探索网上财产控制

做好网上财产查询工作的同时，温州中院积极利用现代科技手段探索推进网上财产控制工作，逐步实现“查询、控制、划拨”一体化的操作模式。在财产控制的网络技术障碍突破后，温州中院配备了CA数字证书、网上电子签章系统，将执行人员的双证扫描到查控系统，为协助单位购置彩色打印机等设备，并在温州银行和市房管局成功开展了网上财产控制的试点工作。待总结相关经验后，被执行人财产的网上控制工作将在所有协助单位陆续铺开。

3. 先实行平级属地查询，再逐步实现集中查控

查控系统升级改造之前，全市两级法院基本上采取平级属地查询的模式，除需交叉查询、提级查询外，基层法院原则上只能向辖区协助单位发送查询请求。批量自动查询功能实现之后，县市数据库已经联网的协助单位将全部实行由市级单位集中查控，以充分发挥查控系统的效能。目前，温州银行、市车管所等协助单位的财产查控工作都已集中到市级单位办理，县级单位不再设立查询岗位。

四、以综治考核机制为保障，不断促进执行财产查控的规范化

1. 健全监督制约机制，严格防范违法查控行为发生

温州中院对系统的使用坚持严格管理、严格监督。为从源头上防止查控系统被滥用，温州中院进行了特殊的设置。已立案执行案件的信息查询只能从执行案件信息管理系统中导出后方能进行，相关信息无法进行修改，未立案执行案件的信息查询则需经审批、授权后方能进行；查控人员每次登录查控系统时除需CA数字证书和密码外，其每次登录的时间、查控的案件等信息都将被记录，该记录无法由查控人员自行删除。此外，温州中院还建立了专门的数据库备查和出台了《执行查控室信息查询工作规范》和《执行查控工作流程》，进一步加强执行财产查控的内部控制。

2. 加强专项业务培训，切实提升执行查控工作水平

要求各基层法院和协助单位都配备专职查控人员负责查控信息的接收和反馈，并实行AB岗工作制度，确保该项业务有人及时办理，工作连续不间断。同时，不定期组织查控业务培训，使专职查控人员通过培训不断丰富自身的执行理论和实务知识，推动查控工作更好地开展。

3. 强化综治考核管理，不断优化执行查控工作环境

积极争取市委、市综治委的支持，出台查控系统建设实施意见，推动市社综

委制定综治执行难专项组工作方案和工作制度;建立查控工作例会和定期通报制度,对反馈不及时、内容不准确的协助单位进行通报批评,至今已通报 7 期;将协助单位履行网上协助执行查控职责情况纳入综治考核内容,视情形予以扣分、一票否决,甚至追究相关协助单位或直接责任人的责任。温州银监分局也专门出台《市银行业金融机构网上点对点执行查控工作考核(暂行)办法》,对银行业金融机构的协助查控情况加强考核督促。

五、以提升执行质效为目标,积极探索执行财产查控的品牌化

2011 年 7 月,温州中院对查控系统建设情况进行了调研,并在《法院调研》和《执行工作指导》上发表了调研报告。2012 年年初,温州中院在浙江省法院院长会议上介绍了查控系统建设经验,并在浙江省高院《工作简报》和最高人民法院《情况反映》上刊发了经验介绍材料,齐奇院长、王昌荣书记等领导也多次批示肯定温州中院的经验做法。在执行财产查控温州品牌逐步形成的同时,温州全市法院还收获了执行质效提升的硕果。一是查控质效明显提升。2011 年至 2012 年 4 月,温州全市法院通过查控系统共查询被执行人财产 19856 次,直接促成 2982 件案件成功执毕,执结标的 2.74 亿元。2011 年,查控系统运行较好的基层法院的平均执行天数,均低于全省平均水平(57 天)。二是查控成本大幅下降。通过查控系统大幅节约了路途奔波、在协助单位等待、逐案查询控制等执行成本和协助成本。三是执行公信逐步提升。随着查控系统的日渐完善,被执行人常规财产的调查措施基本上得以穷尽,群众对执行工作的满意度不断增强,执行公信力逐步提升。

加强法制宣传 营造良好的司法协作局面

衢州市中级人民法院

针对当前"信访不信法"比较突出的问题,衢州市两级法院近年来高度重视法制宣传工作,不断加大投入力度,切实推进法制宣传向纵深发展,为各项司法工作营造更为有利的社会氛围和舆论环境。

一、围绕主题主线宣传,服务经济社会发展

衢州两级法院不断增强服务意识,针对经济社会发展中出现的新情况、新问题进行法制宣传,及时妥善进行司法应对,提升宣传成效,以宣传促进经济社会又好又快发展。

一是开展送法入企活动。开展走访企业、送法上门、法律培训、法律咨询等活动,加强与骨干企业的沟通联系,帮助经济主体防范经营风险。针对经济管理和企业经营中的法律问题,及时向相关单位提出司法建议,促进经济运行和法人治理机制的完善。举办中小企业主座谈会,组织涉企案件庭审观摩,主动与经济主管部门、金融机构等对接,不断完善中小企业司法保障机制。举办法制讲座,提高风险防范能力。如 2011 年柯城区法院与经贸局、司法局联合举办了企业防范法律风险业务讲座,就当前银根紧缩经济形势下,企业如何应对和防范法律风险进行了专题讲解,115 名企业家聆听了讲座,衢州日报等该市多家媒体都进行了报道,收到了良好的社会效果。

二是开展知识产权宣传活动。开展"知识产权特色审判"主题活动,开展知识产权日宣传活动,邀请媒体旁听庭审等举措,加大知识产权宣传力度,努力提高全社会知识产权保护意识。2012 年 4 月 26 日,市中院积极参加在衢州市中百广场举行的全市 2012 年保护知识产权宣传周活动,与市科技局、市工商局、市文广新局联合开展了主题为"培养知识产权文化,促进科技创新发展"知识产权宣传活动。市中院在活动中着重介绍了新获专利管辖权情况,展示了部分侵权产品,并就群众咨询进行现场解答,受到了社会的欢迎与好评。

三是以宣传服务科技创新。为切实激励企业自主创新,服务企业转型升级,市中院多次组织知识产权法官专程前往企业与公司负责人、高级管理人员开展座谈,就商业秘密的保护,企业技术和销售人员竞业禁止协议的签订,贴牌

加工中可能面临的知识产权诉讼风险等企业知识产权保护问题进行了介绍,并对企业关心的在对外签订合同时应注意的事项等问题予以解答。

二、深入基层开展宣传,促进社会矛盾化解

衢州两级法院坚持司法宣传面向基层,服务基层,以多种形式深入基层开展司法宣传活动,为广大群众提供法律服务,不断满足基层群众对法治文化产品的需求。

一是加大基层法制宣传力度。加强与各乡镇、街道、村民委员会及社区等基层组织的协同联动,积极开展基层治调干部的业务培训和指导工作,深入开展送法进社区、进企业等活动。累计为各乡镇、社区、企业及等基层组织普法讲座40余次,听课人员近4000人。主动安排业务骨干到党校、乡镇和社区开设法制讲座,据不完全统计,每年宣讲都有10多次,受到欢迎和好评。

二是指派资深法官担任中小学法制副校长。法制建设要从娃娃抓起。衢州两级法院指派多名干警担任中小学法制副校长,开设法律课堂提高学生法律意识。法制课堂注重联系青少年身边的典型事件和案例,从法律的视角,以形象易懂的语言,深入浅出的讲述,帮助同学们理解和懂得从小养成良好习惯、遵纪守法、助人为乐、抵制不良诱惑、学会自我保护的重要性,增强了同学们的法律意识和自我保护意识,推进了法制和谐校园建设。

三、巧借媒体曝光增威,化解审执工作难题

为破解执行难题,维护申请执行人合法权益,衢州两级法院法院不断创新执行工作机制,积极借助电视、报纸等媒体及时曝光部分执行难个案,促使被执行人履行义务,取得良好效果。对一些长期不履行的“老赖”震动较大,对我市的诚信环境有较大触动,同时也树立了法院的权威和法律的尊严,提高司法震慑力,实现督促执行的目的。

一是召开新闻发布会,集中公布被执行人不履行义务信息的有关情况。市中院近年来每年都召开新闻发布会,包括浙江之声、浙江法制报、衢州日报、电视台等在内的10余家媒体驻衢记者应邀参加。市中院向媒体通报了全市法院关于集中公布被执行人不履行义务信息的有关情况,并向媒体介绍了通过假离婚、假破产、混同公司财产与个人财产、虚假诉讼、利用专项豁免资金账户等10种规避执行的典型手段,还就公布老赖信息的规范化流程对媒体进行了详细介绍。法院拟对被执行人不履行法律文书确定义务信息的,应当向其发出预公布通知,责令在15日内履行相应义务,在接到通知后15日内既未履行义务又未

提供有效担保的,方可在媒体上予以公布。新闻发布会结束不到几天,就要多名"老赖"主动找到法院要求履行执行款。江山法院联合江山电视台对一起拒不履行赡养义务案件的执行工作进行实况录像,随后,该电视台《江山新闻》节目对该案进行了报道。慑于法律和媒体曝光的威慑力,身处外地的被执行人杨某得知情况后,当天下午便主动与执行法官联系,承诺尽快履行义务。

二是设置曝光台,督促被执行人履行执行款。自2011年3月6日开始,市中院、柯城法院、衢江法院通过位于衢州市区和美大酒店、中百商厦、人民医院后门、中银百货麦当劳正门的四处LED显示屏,在每晚18点至19点的时段内,通过人民法院执行曝光台,用10分钟时间集中公布被执行人不履行义务信息。此次活动进一步加强了对阻碍法院执行行为的曝光力度,明确规定采取隐匿等方法规避执行的,以暴力等方法妨碍执行的,将一律予以公布。在被曝光后,已有多名被执行人主动找到法院要求履行执行款。

四、不断创新方式方法,全面加强法制宣传

衢州市两级法院不断丰富宣传载体,创新宣传方式,努力扩大法制宣传的影响力。

一是办好公众开放日活动。衢州市两级法院按照省高院的要求,将公众开放日活动作为一项日常工作开展。自2009年以来,全市法院共开展了70余次主题各异的公众开放日活动,赢得了群众的一致好评。衢州市法院公众开放日活动呈现两大特点:首先是主题多样,受众广泛。自2008年以来,衢州市两级法院"公众开放日"活动已经制度化,常态化。衢州两级法院主办各类主题的公众开放日,参加人员已达2000余人,来自社会各行各业。如市中院开展了主题为"民间借贷风险防范"公众开放日活动,邀请了市老年大学学员、银监会、人民银行、经侦大队、企业负责人、社区居民等代表参加;柯城法院举办以"规范行政执法,构筑和谐交通"为主题的公众开放日活动,邀请市公路管理处、市稽征运管处及各超限运输检测站的负责人和一线执法人员旁听一起行政处罚诉讼案件庭审;衢江法院考虑到山区、库区出行不便,当地群众对法院审判工作缺乏了解,专门面向山区、库区群众举办公众开放日;常山法院举办"网民走进法院"公众开放日活动,邀请部分活跃网友走进法院,进一步加强与网友的互动沟通,引导网络舆论;开化法院开展"打击醉酒危险驾驶,维护社会公共安全"公众开放日暨网络庭审直播活动,邀请县人大代表、政协委员、交警、驾校教练及学员、媒体记者共40余人参加活动。其次是联合外力,协同公开。衢州两级法院还有针对性地联合党政机关等部门一起组织公众开放日活动,从而扩大公众开放日

的宣传效果。如开化法院联合县纪委邀请了150多名来自该县各乡镇、县级机关部门的领导干部到该院参加公众开放日活动,旁听了一起受贿案的庭审过程,以党员干部职务犯罪的典型案例作为反面教材,为旁听的干部们上了一堂生动的反腐倡廉公开课。本次“公众开放日”活动得到县纪委的大力支持,专门下发通知,要求工业园区、招投标中心等12个部门的全体班子成员参加,同时要求各乡镇、其他县级机关部门分管领导参加,以进一步加强全县党员干部廉洁从政意识,营造风清气正的社会环境。柯城法院、开化法院分别联合当地妇联开展了以“反对家庭暴力,维护妇女儿童合法权益”、“让法律成为妇女儿童保护的利盾”等主题的公众开放日活动,以促进辖区妇女儿童的维权工作更好开展。

二是推出法制栏目。全市两级法院拓宽新闻宣传工作思路,充分发挥电视、广播、报纸及互联网等新闻媒体传播迅速、贴近生活、信息量大、受众面和覆盖面广、参与性和时效性强等优势,依托地方各类媒体,搭建宣传平台,扩大法院工作影响力。2012年,衢州市委政法委联合衢州电视台、衢州日报相继推出了《法治衢州》电视栏目和《衢州政法》报纸半月专刊,设有“举案说法”、“大家来评理”、“政法菁英”等多个子栏目。全市法院利用这一平台,大力开展司法宣传工作,展示法院工作的新举措、新进展、新实践、新成效,同时大力宣传法院队伍中的先进典型,树立良好的法官形象。

三是印发法制书刊。常山法院编辑出版了《打架的代价》、《赌博的眼泪》等小册子,形成系列普法读物,发放给社区和农村等基层组织,以及县人大代表、政协委员,以案说法,反响良好。2011年,柯城区法院在该区进行村两委换届选举时,与区纪委共同编录了《村干部悖职警示录》,发放给每个候任村干部及乡镇等部门,给新一届的村干部以警示,为党委、政府加强和创新对村干部的管理监督提供实证。龙游法院历经两年多艰苦细致的编纂工作,于2011年出版了《龙游法院志》,共有24万文字,照片50余幅。从晚清开始,按时间顺序记录了龙游法院的发展历程,6章33节内容按工作性质分类,主要包括审判机构、审判人员、审判程序制度、刑事审判、民事审判、行政审判、执行工作、审判监督、复查纠错、司法行政、档案管理、综合治理等内容,从不同角度、不同时代、不同层次向社会读者展示了60年来龙游法院走过的艰难曲折历程和取得的辉煌业绩。

四是占领网络高地。2011年全市两级法院的门户网站均已完成升级改版,栏目设置更加科学、便民项目更加完善、信息更新更加及时。一方面,通过法院门户网站,及时公布执法为民、服务民生的重大决策部署,解读各项法律法规,以案说法，增进人民群众的法律知识。另一方面，加强网络监测，对负面舆情，做到见事早、研判准、处置快，正确引导网络舆论，引导广大网民辩证理性地看待分析问题，及时回应人民群众的司法关切。2011 年 10 月，市中院出台了《关于加强网络文化建设和管理的若干意见》，对法院门户网站建设、网评员队伍建设、网络发言人制度、网络舆情应对机制、干警微博和博客管理制度作出明确规定，进一步建立健全舆情风险评估机制，切实把握舆情引导的主动权，提高司法公信力，维护司法权威。深入开展院长访谈，继 2009 年市中院章俊院长做客浙江在线和衢州新闻网之后，市中院将“院长访谈”活动范围扩展至各基层法院院长和分管副院长，与“衢州新闻网”达成长期合作协议，从 2011 年下半年至今，6 位基层法院院长走进网络直播间，就网友所关心的司法问题进行在线交流。

五是开展街头法律咨询活动。市中院“青年沙龙”的法官定期走上街头开展义务法律咨询活动，以通俗易懂的方式宣传各类法律知识，现场搭台，设置立案、民事、刑事、行政、审监、执行、综合等各类咨询台，开展义务咨询，先后接待前来咨询的群众 500 多人次，免费发放宣传资料 1000 余份，受到百姓一致好评。

大调解机制下基层法庭送达模式探索

乐清市人民法院

送达对保障和推动诉讼进程具有重要意义。由于种种现实原因,送达已成为制约人民法院审判质效的“瓶颈”问题。2009年4月24日,浙江高院下发了《关于民商事案件诉讼文书送达问题的若干规定(试行)》,很大程度缓解了这方面困难。但就基层法庭而言最理想的送达模式仍为:直接送达为主,邮寄送达与公告送达为辅。为完善直接送达,应着力探索发展驻村干部协助送达、免于送达声明等一系列制度,以期达到“送达促调解,调解促送达”的目的。2011年以来,乐清市人民法院大荆人民法庭①在现有的民事送达制度框架下,以构建大调解机制②为契机,对民事送达模式进行探索与创新,取得了显著成效:平均审理天数比浙江省基层法院平均少25.92天,调撤率比浙江省基层法院平均高11.84%。③

一、探索前的既往模式:邮寄送达为主,直接送达与公告送达为辅

近年来,大荆法庭起诉状副本等诉讼文书的送达基本上采取先行邮寄送达的方式。只有在邮寄送达未能成功的情况下,再进行其他方式的送达。这也是目前浙江省大多数基层法院所采用的送达模式。

---

① 浙江省乐清市人民法院大荆法庭下辖9个乡镇(包括1个风景区),202个村居,占地面积296平方公里,常住人口15.81万人,2005-2010年平均结案数为585件。位于浙江省经济较为发达的温州地区乐清市内,但相对于乐清市的其他两个基层法庭辖区而言,却处于相对山区的位置,经济稍欠发达,各项数据在全省均处于一个中等水平的位置。按照著名经济学家钱纳里的结构性指标判断,大荆法庭具有作为模型研究的意义。基层法庭的送达实践,委托送达、转交送达运用较少,故本文不做讨论;留置送达实际上是直接送达的一种变通方式,故并入直接送达统计。

② 大调解中“大”是一个不确定的概念,站在不同的角度有不同的理解,目前对大调解的理解主要有三种:站在法院的角度,对内所称的大调解是全员、全程的诉讼调解,除法院自己调解外,还包括委托协助调解,对外所称大调解强调诉讼调解与其他单位、其他调解的有效对接;站在司法局的角度,大调解主要指人民调解,尽管一定程度上糅合了行政调解和其他民间调解力量,强调的是人民调解的网络建设;站在党委的角度,指党政领导,政法综治部门牵头协调,司法部门指导、其他部门参与、各种手段相互配合、相互协调,纠纷排查和处理各种矛盾的机制。本文所指的大调解主要是指站在法院角度的大调解。

③ 2011年1月至7月浙江省基层法院平均审理天数为49.15,平均调撤率为60.93%

(一)该模式运行的背景及成因

究其原因,制度上,虽然我国民诉法规定只有直接送达不能为的情况下,才能适用其他方式。但严格意义的直接送达却成为法院不能承受之重。实践中,严格意义的直接送达费时耗力,成功概率低。民诉法规定的送达机关主体只有一个即人民法院,对送达人则未予明确,传统实践中执行送达任务的通常是案件的承办法官和书记员或司法警察。以大荆法庭2010年为例,共审结案件494件,按每件理论送达最少4次计,共送达1976次,大荆法庭审判人员(包括法官与书记员)共计6人。如果全部先行实施严格意义的直接送达,那么平均每个工作日要执行送达任务10次,计20人次在路上奔波,再加上车辆和燃油,其耗费可见一斑。且因地域特征及经济发展,人口流动频繁,因此,严格意义的直接送达成功率较低。

权宜之下,在最高人民法院《关于以法院专递方式邮寄送达民事诉讼文书的若干规定》出台后,作为运行经济成本最低的邮寄送达应运而生。就浙江省而言,基本上诉讼文书副本送达为先行邮寄送达,若邮递员称当事人全家外出,无法联系的,经邮递员向村委核实后,直接予以公告送达;若邮寄送达遇拒收,再行直接送达;直接送达仍未成功的,则适用公告送达。

(二)该模式带来的弊端

1. 邮寄送达规定过于原则,缺乏可操作性

第一,从制度本身上看,民事诉讼法并未明确将邮局机关为送达主体。未明确送达主体直接带来的后果,就是邮递员只能将诉讼文书送达至当事人及其同住成年家属,在当事人拒收的情况下不能适用留置送达。第二,对同住成年家属范围不明确。法律范畴上的同住成年家属与社会意义的同住成年家属并不是一个概念,让作为非法律专业人士的邮递员去判断,往往出现签收人错误,导致程序不合法。第三,邮递员素质不一,责任心欠佳,导致投递错误。对签收人核查不严格,出现未成年人家属代收;签收人与当事人间关系未注明;送达时间未注明;未严格按照规定五天内送达三次以上,而是一次送达未成功,即将邮件退回称不能送达等。

2. 邮寄送达直接导致了审限的延长

常规操作上,邮寄送达的,因要预留送达时间及回执退回时间,一般简易程序最快也只能排在受理后25天到30天之间开庭。若遇拒收的,待其退回法庭,再直接送达,通常都要另行排期。笔者随机抽查了2010年大荆法庭100份邮寄送达邮件(见表一),发现存在费时耗力,浪费诉讼资的现象。

表一　副本邮寄送达抽样调查表

样本数	签收不规范	因签收不规范另行排期	延期平均天数	未按规定时间退回回执	另行直接送达	另行公告送达
100	23	19	8	9	23	5

(三)邮寄送达机械操作不利于调解的开展

因邮递员为非法院工作人员,对诉讼文书没有释明义务。故一方面不能启动庭前释疑,另一方面没有义务了解并向法院反馈案情,不利于后面调解程序的启动,甚至导致了一些调解良机的错失。

(四)公告送达流于形式,导致当事人到庭率低,不利于调解

公告刊登规定不明。乐清法院除涉外案件在人民法院报上刊登公告之外,其余被告所在地为乐清市范围内的,刊登在乐清日报上。但报纸发行覆盖率却较低。外地的被告则采用邮寄公告给当地基层部门,并要求张贴,至于有没有张贴则无从监督。上述三种方式,实际上只是推定送达,走走程序,当事人很难知道开庭事宜,更毋论调解了。

二、探索中的现有模式:直接送达与邮寄送达并重,公告送达为辅

2011 年,大荆法庭借浙江高院编发《民商事诉讼送达百问》的东风,积极探索改革送达模式,裁判文书直接送达率大幅提高,超过 80%。

(一)实践:强化直接送达,直接送达形式多样化,特别是结合大调解机制促进直接送达顺利地进行

近年来,电话通知领受诉讼文书被广泛使用,有学者认为其形式上是非正式的,严格意义上讲不能称之为直接送达、不属法定的送达方式。① 但笔者认为,不能狭义的理解直接送达,直接送达只要符合民诉法规定的形式,由法院工作人员直接将诉讼文书交付给受送达人即可,至于送达的场所,并不影响直接送达的实质。基于这种理解,大荆法庭自 2011 年 1 月始,成功实现近距离的当事人以直接送达、远距离当事人以邮寄送达为主的送达模式。

一是在案件受理过程中,利用送达进行调解。充分调动原告的能动性,提供被告最详尽的联系方式。再利用大调解机制,有联系电话的,不是生硬的通知被告到庭领取开庭传票,而是尽可能早甚至受理当天安排调解时间,通知被

---

① 廖永安:“在理想与现实之间:对我国民事送达制度改革的再思考”,载《中国法学》2010 年第 4 期。等其他方式为补充,以公告送达为最后手段。

告到法庭,协同人民调解委员会驻法庭工作人员,共同调解,消除被告对原告的对立情绪。即使调解不成,一般在调解过程中,也已基本上消除了当事人对法院的偏见,故再当场立案、排期、送达都比较顺利,基本上在立案后二十天内即可开庭审理。若原、被告愿意放弃举证期限,被告自愿放弃答辩期限的,甚至可以当天排期开庭,大大的缩短了审限,提高了调解率。2011 年,此类案件送达计 210 件,占结案数的 32.2%。

二是加强排摸力度。对于被告不愿来领取诉讼文书的,特别有逃避诉讼倾向的,进行排摸,只要人有在本辖区住所地可能性的,出其不意的于立案当天就到住所地直接送达。2011 年,此类成功送达案件数为 44 件,占结案数的 6.71%。

三是确立专人负责送达,衔接前后。乐清法院案件受理后,副本送达和裁判文书的送达,因立案与审理分离而分离。通常情况下,副本送达由立案的法官送达,裁判文书由审判的法官送达。因此造成了信息的隔断,导致重复劳动,并且不利于调解工作的开展。针对于此,大荆法庭确立一人专门配合送达,以承上启下。同时由立案法官负责进行诉中调解情况摸底,立案法官在送达过程中碰到特殊情况(特别是有调解意向的)会用便利贴贴于卷皮提示审判法官。2011 年,因此于开庭前顺利调解结案 62 件,占调解结案数的 16.7%。

四是提升原告的送达意识,让原告尽力打听被告下落,必要时陪同送达。2011 年,原告陪同送达 63 人次。

五是灵活送达时间。针对农民和务工人员的特点以及部分当事人逃避诉讼的情况,利用午休与晚上时间送达。2011 年,非上班时间送达 119 人次。

六是加强邮递员与送达人员的联系,在遇拒收的情况下,立即通知送达人员前来留置送达。2011 年,在邮递员配合下的直接送达为 42 人次。

七是依靠第三方力量,如村干部,特别是驻村干部的力量,因大调解机制宣传到位,村干部及驻村干部配合送达工作积极程度有明显提升。因此及时掌控当事人的动态,直接送达成功 137 人次(包括起诉状副本及裁判文书送达)。

八是充分发挥适用简易程序中关于送达的规定,利用现代通讯手段送达,对明确拒不提供送达地址,或邮寄送达签收人关系不明确,但又能电话联系的当事人,在联系时,明确告知诉讼相关事项并制作电话笔录 26 人次。

(二)成效:审限缩短及调撤率提升明显

1. 直接送达率明显提高,审限明显缩短

2011 年,大荆法庭在办案人员未增,同比结案数增长 31.78% 的情况下,如表一所示:平均审限天数提前 16.5 天,平均审理天数提前 23.4 天。当天立案,当天结案的为177件,占结案数的27.18%;直接送达率明显提高,副本送达直接送达与邮寄送达各占一半,裁判文书的送达,直接送达占到80%。

2. 调解成效明显

调撤率较上年提高了9.53%。当天立案,当天调解结案的为177件,为总结案数的27.18%,15天内调撤结案率为34.56%;未开庭即调撤结案的为410件,为总结案数的62.98%,较上年度均有大幅度提升。与人民调解员联动调解结案的为65件(见表二)。且调撤结案的当事人基本上在调解当天立等即可领取裁判文书,大大提高了直接送达率。

表二 2010年度与2011年1-7月调撤率情况对比表

时间段	结案数	调撤率(%)	受理当天调撤结案率(%)	15天内调撤结案率(%)	庭前调撤结案率(%)	人民调解委员会参与调解率(%)
2010年度	494	61.13	15.59	19.02	52.02	4.25
2011年1月~7月	651	70.66	27.18	34.56	62.98	16.04

三、探索后的理想模式:直接送达为主,邮寄送达与公告送达为辅

(一)物质保障

一方面,送达应配专人专车;对送达人员设立专项下乡津贴;并实行考核制度,对工作表现突出者,在晋升职务等方面予以优先考虑。对送达人员视区域情况,建立灵活的考勤制度。[①] 另一方面,在简易程序中可简化送达程序。特别是电话可联系,但又拒绝提供送达地址的,在电话中应明确告知诉状副本内容、领取副本时间及地址、应诉及举证相关事项、开庭时间、拒不提供送达地址的后果,做好送达证据的固定,电话录音刻盘附卷,制作公示送达贴于被告居住地,并拍照存档,当事人逾期领取之日即视为送达之日。且立法亦应该将之确认并推广到普通程序中来,这是解决送达难问题的有效途径。对邮递员开展专项业务培训,送达成功与否与费用挂钩,如送达成功按1件计,不成功按1件8折计。发现不合法送达,不支付该邮件费用。

(二)流程保障

一是所有的诉讼文书(当事人在外地的除外)一律应先行直接送达,并采取

① 如送达人员上班可不签到,可于下班时签到。

集中送达。实际上集中送达的工作量也只是每天绕辖区一周，就不会出现因直接送达各管各的，全庭工作人员奔波在途的情况。若法庭辖区过大，则可采取分片集中轮流送达。并且在送达过程中，应对诉讼文书进行释义，尽力促成当事人到庭参加诉讼，为调解提供契机。二是建立送达详情单制度。将送达详情单附卷，还可备注上送达中碰到临时情况，如当事人的调解意愿、身体有特殊情况，等等，有利于审判人员拿到案卷后能尽早介入化解矛盾。三是将调解纳入送达环节。可印制便民调解提示，作为送达诉讼材料的一部分，以消除当事人的对立情绪，为调解工作做准备。即自案件受理之日起，直到案件结案前，若当事人有意向调解，可以预约调解，特别提倡电话预约。四是充分应用送达地址确认书。在庭审中应增加询问送达地址确认并记录在案。并在庭审中释明拒不提供送达地址的后果：在简易程序中，若拒不提供送达地址的，原、被告庭审中自认的身份基本情况中，有现住地的，以现住地为送达地址，无现住地的，以住所地为送达地址。

（三）建立驻村干部协助送达制度

基层法庭送达传统上多有依靠第三方力量，特别是村居干部的力量。其实这就是司法依靠社会的一种表现。但是近年来，一方面，选举出来的村居干部大多为相对而言的能人，外出经商的增多；另一方面，在一个以诉讼为耻的社会中，村居干部考虑到明面上配合法院送达会影响其群众基础，故不愿配合送达的趋势日渐趋强。而其他基层组织对此也仅有粗略规定，却没有规定不协助送达的督促程序，故不予协助时有发生。驻村干部相较于村居干部而言，地位更为超脱，驻村干部成为协助送达人的理由有三：第一，驻村干部对其所驻村居行使一定的管理职能，特别是计划生育工作，使得驻村干部对村居的人口情况十分了解。因此，对受送达人的住所和行踪易于掌握，由其代为实施送达更为方便；即使受送达主体不在本区域，也便于及时反馈信息，避免送达迟延。第二，驻村干部往往和辖区人员相对较熟悉，由他们具体实施送达，更便于和受送达主体沟通，减少受送达主体的抵触和抗拒情绪，有利于送达的实现和调解工作的开展。第三，司法实践中也实际存在着并且相当一部分已产生实效，促进了法院送达工作的顺利开展，这表明该方式的存在有着充分的合理性。对于调解来说，其运作空间要求的就是熟人社会。实践中，驻村干部参与调解成功的案例不胜枚举。操作层面，可借大调解的契机，通过政法委协调，将协助送达纳入驻村干部职责，同时建立考核激励机制，与年度考核挂钩，对协助送达可考虑类同于人民陪审员按次予以补贴。

(四)完善公告送达、留置送达制度

首先应缩短公告期。最初民诉法将公告期定为60天,系当时交通、通信不发达的情况下出台的。在现在交通及通信十分发达的时期,公告期60天显然过长。笔者建议公告期缩短为30天甚至更短,以提高效率。其次,公告应以方便受送达主体知悉公告内容为原则,在基层法庭应以张贴为主,并拍照附卷。再次,可以确定驻村干部为张贴责任人,确保公告能张贴到当事人所在村居的村务公开栏里,发动村居民众传播的力量,使当事人能知悉案件信息。最后,对于异地的当事人,应当选择以当地最受欢迎的媒体为主。送达最原始和最直接的功能就是“告之”或“通知”,如法院通过开庭通知的送达将原告、被告、其他诉讼参与人和法院的诉讼行为相互协同起来,当事人才有实施下一步诉讼行为的可能,①调解才会成为可能。就留置送达而言,在目前未能取消见证人制度的框架下,可以考虑调整见证人为驻村干部或人民调解员。目前,基本上基层法庭都设有人民调解室,司法行政机关都有派专人驻在法庭。在预见到送达有可能会被留置的情况下,携同驻村干部或人民调解员随同送达并见证送达,较之临时找其他基层组织,显然更为可行。同时,在一个调解依靠社会力量或称之为熟人关系社会的时期,驻村干部和人民调解员,有时较法院工作人员更具亲和力,更能说服当时人收取诉讼文书,有时甚至能为调解工作做好铺垫。

(五)建立免于送达制度

当庭宣判的判决书、撤诉的裁定书及无履行内容的调解书等,若当事人自愿放弃要求法院送达裁判文书的权利,可填写免于送达声明书,不再予以送达,但应记录在案,声明之日即视为送达之日。此系当事人对自己诉讼权利的处分,应予准许。

---

① 何其生:《域外送达制度研究》,北京大学出版社2005年版,第22页。

推行律师主持和解制度

杭州市西湖区人民法院

近年来,杭州市西湖区人民法院立足基层实际,在总结已有“四调机制”(立案调解、诉前调解、委托调解、邀请协助调解)的基础上,推行律师主持和解制度,丰富了协同司法的内涵。

一、律师主持和解的制度构建

(一)制度定位及适用范围

律师主持和解区别于民法上的和解,是诉讼和解的一种形式,是纠纷进入诉讼程序后由双方当事人通过互相让步、达成合意后以终结诉讼为目的的一种纠纷解决方式。它也区别于法院调解,法院调解中法院起到一定主导作用,而律师主持和解仍是双方行为,双方律师具有代表己方当事人利益的鲜明立场,并在主持和解的过程中发挥主导作用。为便于司法实践中的操作,律师主持和解的案件适用范围采取排除性规定,即下述情形不适用律师主持和解:(1)适用特别程序、督促程序、公示催告程序、破产还债程序审理的案件;(2)涉及身份关系、权属关系、合同效力等必须由人民法院裁判确认的案件;(3)当事人一方人数众多、在起诉时人数不确定的代表人诉讼案件;(4)其他依案件性质及特定情形不适宜由律师主持和解的案件。

(二)操作步骤

律师主持和解分为以下四个步骤:

第一步:和解的启动。根据启动方式的不同,分为申请启动和法官建议启动两种。(1)申请启动:双方当事人均有申请启动律师主持和解程序的权利,申请启动的一方应向法院提交申请启动的书面意见,另一方收到该书面意见后可在规定期限内提交同意启动的书面意见。原告方可在起诉时提出申请,被告方可在答辩期内提出申请。(2)法官建议启动:对各方当事人均未申请律师主持和解的案件,承办法官可以根据案件的实际情况,建议当事人及律师启动律师主持和解程序。

第二步:和解的进行。律师主持和解程序启动后,承办法官应根据案情指定一个不超过20天的和解期间。和解期间内,律师可以引导己方当事人以各种方式进行和解、磋商,因正当理由需要延长和解期间的,各方当事人协商一致后可向法院申请延长一次,延长期间一般不超过10天。

第三步:和解终止。律师促成当事人和解成功的,当事人可在和解协议达成后可以选择向法院申请撤诉,也可以选择要求法院根据所达成的和解协议制作民事调解书。要求法院制作民事调解书的,各方当事人应在和解协议达成后五日内向承办法官提交有各方当事人和律师签名的书面和解协议。承办法官应对和解协议做实质审查,如发现协议内容存在法定无效情形、违背当事人真实意思表示等十类情形的,应责令当事人和律师进行协商修改或者瑕疵补正。拒不修改或补正的,法院不予制作调解书。和解不成功的,律师和解程序即告终止,案件恢复至审理程序,承办法官应依法作出及时判决。

上述的步骤图示如下:

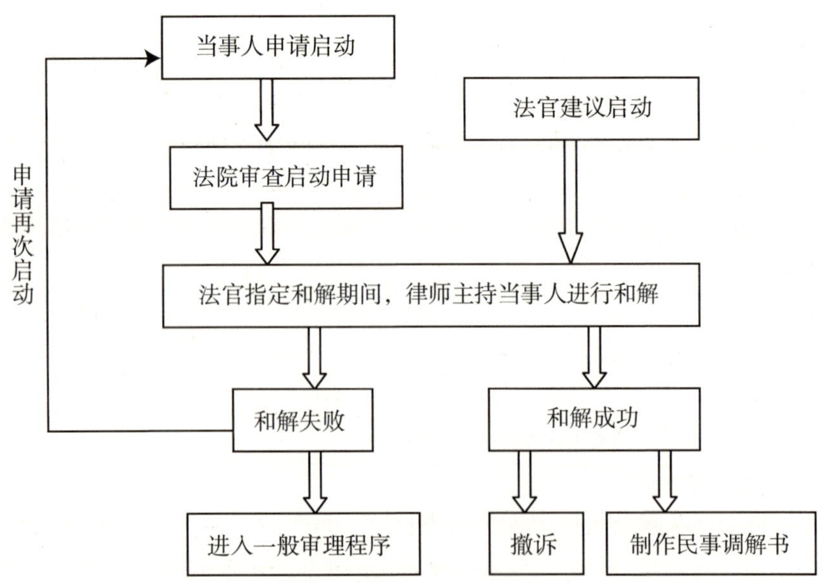

(三)律师的工作内容与义务

将律师置于诉讼和解的主导位置是律师主持和解制度最主要的特征。律师在主持和解过程中应当恪尽职守,做好如下工作:对案件事实进行必要调查,在弄清事实的基础上向当事人阐明法律规定,进行利弊分析,制定符合当事人合法权益的和解方案,分析阐明对方和解方案中的合理化部分,帮助各方当事人寻找共同的利益基础,引导当事人作出理性选择,促成最终和解。在主持和解过程中,律师除了负有遵守法律和职业道德规范的义务,还对当事人负有忠实义务和勤勉义务,不得有强迫当事人接受和解、利用专业知识优势诱导、蒙骗等行为。

(四)和解协议的效力

律师促成当事人达成和解协议后,和解协议具有何种效力关系到当事人最终能否实现协议上载明的各自利益。在律师主持和解制度中,我们为当事人实现和解协议设计了两种不同的路径:和解撤诉和申请法院制作民事调解书。在两种不同的路径选择下,和解协议的效力也有所不同。

(1)撤诉后和解协议的效力。在大陆法系国家和地区的民法典中,一般把和解达成的协议作为一种有名合同加以规定。① 由于和解协议是当事人和律师通过平等协商谈判所达成的,所以对纠纷主体双方均具有契约上的约束力。作为这种拘束力的体现,如果当事人在撤诉后因履行和解协议发生纠纷又再提起诉讼的,法院一般应当根据和解协议的约定进行裁判。如果当事人认为和解协议有重大瑕疵,如欺诈、无权代理、损害国家和社会公共利益等导致法律行为无效或得撤销原因的,可以对和解协议本身提出异议之诉。被法院确认为无效或撤销的和解协议自始不生效力,当事人可以就原纠纷重新起诉。

(2)法院根据和解协议制作成民事调解书的效力。在这种情况下,和解协议与审判权结合并以法院调解书的形式表现出来,对当事人具有与生效裁判同等的法律效力,即终止诉讼的效力和强制执行力。由于和解协议的这种强制性效力是由介入的审判权所赋予的,因此在和解协议转化为民事调解书的过程中,还必须经过法院的司法确认。

二、推行律师主持和解的效果分析

(一)制度价值

律师主持和解制度是完善多元纠纷解决机制的新举措,是深化协同司法、和谐司法的新载体,是探索法官与律师良性互动机制的新平台。

(1)有利于促进法官与律师同使一股劲,推动社会矛盾化解。当前,社会矛盾多发、易发,人民法院收案数量居高不下,人民群众日益增长的司法需求和相对滞后的司法资源存在矛盾。推行律师主持和解制度,不仅为律师参与"大调解"工作提供了入口和平台,进一步健全了诉讼与非诉讼相衔接的矛盾纠纷解决机制,为人民群众提供更多可供选择的纠纷解决方式,是满足人民群众日益增长的司法需求的新途径。而且该制度的推行还有利于缓解法院"案多人少"

① 如日本《民法典》第695条和第696条、我国台湾"民法"第736条和第737条。

的矛盾,破解法院工作中面临的司法难题。

(2)有利于促进法官与律师同担一份责任,推动社会管理创新。社会管理包括司法领域的审判管理,以及律师介入各类案件的诉讼管理。律师主持和解制度,是律师以良好的职业良知和法律素养为前提,在严格确保既有诉讼制度执行得更好、更严的情况下,为法官和律师共同履行化解社会矛盾、维护公平正义神圣职责打造的新平台,可以说是诉讼管理领域的重要创新。

(3)有利于促进法官与律师同守一条底线,推动公正廉洁执法。推行律师主持和解制度,一方面,可以消解法院调解的“负面效应”,减少法院“以拖压调”、“以判压调”现象的存在,最大限度地体现民事诉讼当事人的合意,以最小震荡的方式解决社会矛盾;另一方面,法官与律师在共事中可以互相监督,增进双方的理解、信任与合作,守好维护社会公平正义这一共同的职业道德底线。

(二)实际成效

制度的生命力需要通过实践来获得,每一个新生案例的成功解决,都意味着对制度的再次诠释。律师主持和解制度试行以来,取得了良好的实际成效:

(1)成功案例不断涌现。自2010年4月2日制度启动以来,截至2012年9月30日,进入律师主持和解程序的案件为480件,占双方都有代理律师的民商事案件比例为15%;成功案件为160件,占进入律师主持和解程序案件的比例为31%。律师主持和解使矛盾纠纷预防和化解更具针对性和实效性。一些案件法官调解陷入僵局,但通过启动律师主持和解程序,把律师的积极性调动起来,发挥自身独特的优势,有效化解了纠纷。如杭州响海科技有限公司诉宁波海曙吉安达物流有限公司公路货物运输合同纠纷一案,法官调解陷入了僵局:原告要求被告至少再赔付1.4万元,被告方则坚持只能支付9000元,如对方不接受,愿将官司进行到底。法官在调解失败后,向双方律师建议启动和解程序。几天后,当法官再次组织开庭时,欣喜地发现在双方律师的推动下,双方已达成了和解协议:由被告支付原告12000元,如货物追回以7:1比例分配货物价值。经当事人申请,法庭对此和解协议加以确认并制作调解书,案件顺利结案。

(2)新的纠纷解决平台成功搭建。西湖法院推行律师主持和解以来,随着社会宣传的扩大和配套措施的完善,制度运行呈现出三个转变:启动方式上,由法官建议启动为主向当事人启动为主转变;操纵步骤上,由律师单一主持和解向法官调解、律师主持和解互相衔接,协力解决纠纷转变;运行效果上,由律师主持达成和解协议向律师促进协议实际履行转变。以上运行情况表明,律师主持和解已成为一种诉讼内快速平和解纠机制,其对于维护当事人程序权益,弥补审判功能的局限,实现纠纷高效、便捷地解决具有重要作用。

(3)多赢效果逐步呈现。律师主持和解工作不仅发挥了维护稳定、促进发展的作用,而且引导了新的诉讼和司法理念。律师主持和解制度的实施带来法官、律师、当事人的多赢效应。对于法官而言,律师主持和解制度进一步促进审判理念的更新,提升繁简分流,提高办案效率,使法官能有更多的时间和精力审理疑难、复杂、新类型案件,提高办案质量;对于律师来说,主持和解工作是其拓展执业领域、承担社会责任的体现,而和解高效迅速解决纠纷的特点又使得律师代理更多案件、获得更高收益成为可能;对于当事人而言,律师主持和解可以节约诉讼时间和费用,平衡当事人利益,避免新矛盾的产生。最后,不论最终能否达成和解协议,律师主持和解的过程都能够引导当事人将注意力集中于纠纷的解决上,帮助当事人理性地认识各种利益关系,用法律视角正视诉讼结果,减少涉诉信访特别是无理访事件的发生,有效改善了司法环境。

三、推广建议及注意事项

推行律师主持和解工作,是一项严谨而且严肃的改革实践,必须深入贯彻落实科学发展观,立足中国司法国情,尊重工作规律;必须紧紧依靠党委领导,加强与司法行政、律协等有关部门和各律师的沟通协调,争取他们的支持和配合,力求在各方互动与联动中形成工作合力;必须紧密结合实际,建立健全科学合理、便于操作的律师主持和解工作考核机制和激励体系,推动律师主持和解工作深入开展。浙江高院院长齐奇在看到律师和解制度的报道后予以肯定,并作出专门批示:“很好!望力推拓展,取得新经验、新建树。请研究室关注跟踪,今后可考虑在省院与司法厅层面推行该项制度。”

积极稳妥推进律师主持和解工作需要注意以下方面:

(一)要坚持正确的工作指导原则

推进律师主持和解工作,坚持正确的指导原则是保证。要坚持依法原则,正确处理好依法改革与创新工作机制的关系,律师主持和解工作必须在现行法律框架内进行,不能违反法律的有关规定,确保律师主持和解制度具备合法的正当性基础;要坚持自愿、平等、自决原则,充分尊重当事人的意思自治,按照合法自愿的原则开展律师和解工作,从制度上杜绝法官强制律师主持和解,律师因关系因素片面追求和解,律师利用专业知识优势诱导、蒙骗等损害当事人合法权益的现象;要坚持、强化法官释明和律师诉讼指导原则,引导当事人形成正确、理性的纠纷解决观念,促使当事人诚信诉讼、文明诉讼,以“对话”取代“对抗”,以理性“沟通”、“协商”取代诉讼技巧。

(二)要建立科学的律师主持和解程序

科学的程序设计是确保律师主持和解工作顺利开展、取得工作实效的重要保障。要紧密结合实际,注重和解程序的规范性、简易性和可操作性,避免随意性和克服形式主义,把实际效果作为检验程序运行的主要标准,对启动、进行、时限、协议的达成、审查及终止等程序环节进行科学设计,促使解决纠纷更加便捷、灵活、高效;要将律师主持和解程序的设置与探索相对独立的庭前准备程序相结合,通过律师主持和解来推进诉讼进程、整理争点、促进和解 ,实现纠纷的快速解决和有效分流。

(三)要把握好法官在律师主持和解工作中的定位

既要依法发挥司法的支持和推动作用,也要确保律师主持和解工作规范运作。要统筹协调,正确处理好律师主持和解工作与原有诉调对接机制之间的关系,促进各种纠纷解决方式相互配合、相互协调和全面发展;要依法监督,正确处理好依法支持律师主持和解和加强法院指导、监督、审查的关系,以尊重律师主持和解协议为基点,及时认定调解协议的效力,确保当事人的合法权益得到实现,同时注重司法程序的监督功能,防止“虚假和解”、“恶意和解”,以损害公共利益。

建立健全涉诉矛盾纠纷综合化解工作体系

杭州市余杭区人民法院

建立诉讼与非诉讼相衔接的矛盾纠纷解决机制，是中央司法改革重要项目。2012 年 4 月，最高人民法院报请中央批准，确定杭州市余杭区人民法院为全国 42 家“诉讼与非诉讼相衔接的矛盾纠纷解决机制改革”试点法院之一。为做好试点工作，余杭法院积极推动区党委政府在全区建立涉诉矛盾纠纷综合化解工作体系，形成“党委领导、政府支持、综治牵头、法院推动、多方参与”的工作格局，凝聚各方力量就近就地预防化解矛盾纠纷，取得明显成效。自该工作体系建立以来，该区涉诉矛盾纠纷呈现出法院收案增幅下降、矛盾纠纷成讼率下降、人民调解组织调解数量上升的“两降一升”良好态势（法院收案增幅由 2008 年的 27.7% 和 2009 年的 33%，下降为 2011 年的 1% 和 2012 年的 9%，调解组织调处数量年均以近 20% 的增幅上升）。杭州市委将该工作体系列为创新社会管理的典型案例，最高人民法院司改办刊发工作简报予以推广。

一、分层级建设组织体系，确保体系建立的“执行力”

积极争取区委、区政府在组织领导、考核等方面的保障支持力度。一是成立领导小组。区级层面成立由区委副书记任组长、相关部门和各镇街主要负责人为成员的领导小组，领导小组办公室设在法院，各镇街、村和区级有关部门成立相应层级领导小组。二是窗口挂牌服务。在法院设立诉调衔接中心，由 2 名专职人员负责全区诉调衔接业务指导工作，各镇街社会服务管理中心设立诉调衔接窗口，安排专人值班，确定联系法官，开展诉前调解、法律咨询和业务指导工作。三是考核机制保障。将镇街“万人成讼率”纳入年度综合考评，在区综治维稳考核中明确镇街须协助法院送达、调解、执行等工作，对拒绝协助或协助不力的将视情况予以扣分。

二、多渠道开展源头预防，降低矛盾纠纷的“成讼率”

一是源头预防，规范行政行为运作。协助区级各部门对重大决策、重点工程做好前期建设法律风险论证和评估工作。如该院选派行政庭庭长做好杭州西溪国家湿地公园三期工程建设项目的法律指导工作。该项目投入使用后，至今无一起征地拆迁纠纷诉至法院,无一起群体性事件发生,无一起上访案件。二是以点带面,强化司法建议功能。案件处理后注重分类或个案剖析,以“专题报告”、“个案建议”、“白皮书”等形式提出司法建议,源头预防。如近期区公安分局依据该院专送的涉赌博嫌疑民间借贷纠纷信息,深入排摸,摧毁赌博团伙9个,抓获犯罪嫌疑人53人。三是重心下沉,合力化解矛盾纠纷。借助基层党建网和社会综治网“两网合一”管理模式,在网格化管理中及时发现问题,合力化解矛盾纠纷。如该院诉前指导乔司街道化解“杭州沈大服饰城”155个投资人因商铺不能交付要求退还投资款的纠纷,有效防止群体性事件的发生。

三、分行业搭建调解平台,打造大调解的“网络化”

一是民商事案件委托调解。该院于2008年推动区委成立联合人民调解委员会,在法院设立6个人民调解工作室,派驻14名专职调解员,对民商事案件组织调解。截止2012年9月,共委托调解成功8113件,占受理民商事案件数的25.1%,平均结案时间2.3天。二是行业协会参与调解。联合区总工会、司法局、卫生局、总商会、家纺协会等部门,开展劳动争议案件委托工会调解、涉家纺企业纠纷委托家纺行业协会调解、商事纠纷委托总商会调解等工作。共委托调解成功90件,协助处理突发、群体性事件20次。三是基层组织协助调解。充分发挥基层调解委员会优势,引导当事人到基层先行调解,调解成功的予以司法确认,进入诉讼阶段的,邀请纠纷发生地调委会协助调解。共邀请基层组织协助调解案件147件。

四、多层次组建协助队伍,争取司法运作的“协同化”

一是组建专职协助执行员队伍。2009年组建全省首支专职协助执行员队伍,从各镇街平安巡防大队中择优选聘21人协助法院执行,共协助执行243次,协助调查1725次,反馈有价值的线索827条,使442件案件得以全案或部分执结。二是建立基层组织协助机制。明确当事人所在地的综治办、司法所、人民调解员应协助法院送达、保全、调解、执行和维稳。基层组织共协助送达、保全319件次,协助调解55次,维稳69次,有效缓解了送达、调解、保全等难题。三是发挥人民陪审员的作用。选派熟悉当地情况的人民陪审员协助送达和保全,2010年来共参与送达、保全及调查事项35人次。邀请人民陪审员参与群体性纠纷类、矛盾易激化类、专业技术类等案件执行、听证20件。对部分案情简单、争议不大的案件,由人民陪审员协助或独立开展调解工作。

五、分领域构建互动机制，提高基层干部的“调解力”

一是建立指导衔接机制。成立指导人民调解工作讲师团，分14个专业有针对性地进行指导和培训。2009年以来共培训1850余人次，解答法律问题1325个，现场指导调解315件次，邀请旁听庭审300余人次，提高了人民调解员的法律认知和调解能力。全区各类调解组织调处纠纷数同比上升12.3%。二是建立结对联系机制。建立与基层组织“一对一”联系制度，各业务庭、人民法庭与全区20个镇街综治办、司法所结对，参加综治信访工作例会，协助化解矛盾纠纷。建立“法官联系村（社区）”制度，将全院法官分派至各村（社区），开展法制宣传和排查化解矛盾等工作。三是建立信息沟通机制。编发《涉诉矛盾纠纷综合化解工作信息专报》，分析全区涉诉纠纷总体情况和突出问题，通报镇街万人成讼率，推广各成员单位的工作经验；各人民法庭编发《涉诉矛盾纠纷动态》，刊发典型案例和常用法律知识，搭建信息共享平台。

综合预防未成年人违法犯罪工作

杭州市余杭区人民法院

近年来,余杭法院认真贯彻“教育、感化、挽救”方针,充分发挥少年审判职能,依托社会管理综合治理优势,推动在全区建立“党委领导、综治牵头、家庭学校为主、社会各部门参与、齐抓共管、社会联动”的综合预防未成年人违法犯罪工作体系,有效保护了未成年人的合法权益。全区未成年人犯罪比例从2006年的11.41%下降至2011年的6.19%,未成年人重新犯罪率始终控制在2%以下。该院少年审判庭被评为省级“青少年维权岗”。

一、创新方式,构建特色审判机制

一是实行“三分开”工作机制。会同区委政法委、公安、检察机关制定《对未成年人刑事案件实施“三分开”工作机制的规定》,对未成年人与成年人共同犯罪案件,实行“分案移送、分案起诉、分案审理”,有效防止交叉感染。二是建立全覆盖指定辩护机制。争取法律援助机构的支持,对未成年被告人和犯罪时系未成年人、庭审时已成年的刑事被告人,均为其指定辩护人,充分保护未成年人的诉讼权利。2007年以来,共为648名未成年被告人指定辩护人。三是判决书随附“法官寄语”。用法理和情理感化被告人,鼓励其放下思想包袱,走向新生,彰显司法的人文关怀。截至目前,共随附“法官寄语”540份。四是建立出狱回庭日制度。在宣判时与未成年人罪犯及其家属签订出狱回庭日承诺书,在未成年犯刑满释放后回法庭,由承办法官与未成年人进行谈心谈话,了解服刑期间的思想状况、改造情况及今后打算,赠送法律书籍及生活必需品,并帮助解决就学、就业等实际困难。目前,共与48名未成年人犯谈心谈话,帮助解决实际困难9个。

二、协同互动,构建综合预防工作网络

针对未成年人违法犯罪现象日益严重和未成年人权益保护存在盲区的客观情况,该院深入调研,提出“改变预防与责任不对称,整合多种社会资源,建立综合预防未成年人违法犯罪机制”的建议,推动区委、区政府出台《建立预防未成年人违法犯罪体系的实施意见》。深化协同司法,构建了“党委领导、综治牵

头、家庭学校为主、社会各部门参与、齐抓共管、社会联动”的综合预防未成年人违法犯罪工作新格局。一是加强组织领导。成立由区委副书记、政法委书记任组长的综合预防未成年人违法犯罪工作领导小组，建立预防未成年人违法犯罪信息、教育、服务、责任及未成年人不良行为预防、严重不良行为矫治等六大体系，并明确各成员单位的工作职责和任务。二是建立考核机制。对被纳入预防体系的单位和组织，实行责任倒查机制，未按实施意见要求对未成年人进行教育、管理、矫治，致使未成年人权益遭受严重侵害或违法犯罪的，由法院提出考核意见。三是建立“一对一”帮教机制。对被判处监禁刑的未成年人，由法院牵头，司法、工会、团委、妇联、关工委等部门参与，组成帮教团定期对服刑未成年犯开展“帮教进高墙、携手促新生”延伸帮教活动，并建立企业爱心帮教基地，提供就业帮助。目前，已建立企业爱心帮教基地2个，预留岗位10余个。对被判处非监禁刑、宣告缓刑的未成年人，由法院牵头，形成区矫正办为主，公安机关配合、基层组织参与的全方位矫正体系，坚持每月5日集中学习、15日电话报到、25日上交思想汇报和开展谈话教育的“三个五”监管教育机制，实行法律工作者、责任民警、治保主任、志愿者、监护人与社区服刑人员结对监管帮教“5+1”的监管帮教机制，动员学校、企业等社会力量对其再升学、复学等方面提供必要的帮助，预防重新犯罪。开展“请你给我写封信”活动，鼓励少年犯给法官写信，反映其人生经历、思想认识等，法官收到来信后及时回复，帮助排忧解惑，共回复450余名少年犯的来信。

三、拓展效果，开展综合预防工作试点

一是建立未成年人违法犯罪试点工作基地。会同区综治办等部门，在未成年人犯罪人数相对较多的塘栖镇和外来人口相对集中的乔司镇开展工作试点，协助两镇成立领导小组、未成年人事务管理所、村（社区）未成年人事务管理工作站、社会志愿者四级预防网络；建立预防未成年人违法犯罪工作法官指导队伍，定期开展辅导讲座、业务培训和心理咨询辅导；建立未成年人基本情况信息库，实行“一人一档”；设立4个就业就学关爱基地，帮助关爱对象就学就业，初步形成了综合管理服务体系。试点镇未成年人犯罪人数下降明显。二是开展全方位关爱帮教活动。会同有关部门，通过各村（居）、学校和派出所警务平台等渠道，排摸有不良行为或家庭情况特殊需要关爱的未成年人，逐一梳理、留档，并建立由学校老师和老干部、老教师、老法律工作者、老模范、老军人“五老”及村（居）干部等人员组成的“多对一”关爱工作组，为关爱对象提供心理辅导、学习帮助、生活帮扶，实现家庭、学校、社会联动关爱。共摸排出关爱对象129

名、帮扶成功120名。三是有针对性地开展普法教育活动。定期选派有心理咨询师资格的法官到区团委“12355”青少年热线接听电话,为青少年提供法律咨询;与黄湖中学、塘栖职高等中小学校开展法制共建活动,指导中小学校开展“模拟法庭”,通过案例演示来警示广大在校学生知法守法,不违法;编写法制宣传读本《预防未成年人违法犯罪手册》,印刷6万册分发给全区中小学生,做到人手一册。

探索试行海外特聘调解员制度

文成县人民法院

文成县是浙江省著名侨乡，现有华侨10.6万余人。近年来，随着该县出国经商务工人员日益增多，文成法院受理的涉侨案件数量逐年增多，其比例占民商事案件总数的三四成。为有效解决涉侨案件公告送达多、审理周期长和华侨诉讼成本高等问题，妥善化解涉侨纠纷，切实维护涉案华侨的合法权益，该院拓展诉调衔接机制领域，于2009年11月在全国法院率先建立了特邀海外调解员制度，帮助意大利米兰文成同乡会组建海外第一家民事调解委员会，建立与完善涉侨纠纷诉调衔接工作机制，充分借助民间调解力量，化解涉侨纠纷。2009年12月23日至2012年9月22日，该院审结涉侨民事纠纷976件，调解结案的569件，调解率58.3%。一审民事行政息诉率100%。2012年1－9月，该院委托海外民事调解委员会成功调处涉侨民事案件124件，占该院所办结涉侨案件的42.18%。受到海外华侨的欢迎，中央电视台、法制日报、欧洲侨报、欧华时报等国内外媒体均作了报道，给予好评。

一、加强涉侨案件诉调衔接的平台建设

为有效实现涉侨案件的诉调衔接，该院在海外建立健全以调解委员会为核心、特邀海外调解员为支撑、海外调解联络员为补充三位一体的人民调解网络，覆盖了半数文成籍华侨旅居地方（文成籍华侨华人10.6万人旅居世界70多个国家和地区，其中5.44万人旅居意大利，占51.32%）。

（一）建立特邀海外调解员制度

针对涉侨案件数量逐年增多、法律文书域外送达难、审理周期长、海外当事人集中在意大利等特点，该院决定探索借助国外华侨聚居地自发形成的商会、同乡会等“民间调解力量”，协助该院调处纠纷。在深入调查，认真研究讨论的基础上，于2009年11月在涉侨案件当事人比较集中的意大利米兰市聘请了胡建金和吴步双两位侨领作为该院的特邀海外调解员，开始接受委托调解或协助调解涉侨纠纷。

（二）协助意大利米兰文成同乡会设立民事调解委员会

为更加有效地实现涉侨案件的诉调衔接，充分发挥特邀海外调解员的作

用,经该院提议,意大利米兰文成同乡会于2011年4月17日成立意大利米兰文成同乡会民事调解委员会,由该同乡会会长周立新担任主任、特邀海外调解员胡建金、吴步双担任副主任,以及成员周斌、周慧等人组成。主要职责是宣传中国法律、依意大利华侨申请或接受文成法院委托调解民事纠纷。同时,文成法院与该同乡会共同出台《关于涉侨民事纠纷诉调衔接工作的实施办法》,规范该同乡会接受法院委托调解或协助调解的纠纷范围、调解程序和衔接办法,真正实现涉侨案件的诉调衔接。

(三)推行海外调解联络员制度

为充分调动各方面的积极因素,探索和健全社会矛盾多元化解决机制,进一步完善涉侨案件的诉调衔接机制,解决2名特邀海外调解员难以满足侨民需求的问题,该院探索建立海外调解联络员制度,于2012年9月17日在意大利米兰、都灵、威尼斯等六大文成籍华侨聚居城市,聘任李一立、朱金亮、周慧等15名高声望侨领作为该院海外调解联络员,协助调解民事纠纷。

二、逐步扩大涉侨案件诉调衔接范围

该院涉侨案件绝大部分是婚姻家庭纠纷,2009年以来办结的976件涉侨民事案件中,有897件婚姻家庭纠纷,占了91.91%。因此,该院前期委托海外调解组织调解或协助调解的都是婚姻家庭类纠纷。从2011年8月开始,该院探索扩大涉侨案件诉调衔接的范围,将行政纠纷案件和执行案件也纳入诉调衔接机制建设之中,并取得初步成效。

(一)共建行政协调机制

让特邀海外调解员和调解联络员参与行政纠纷的协调,和该院一起共同协调行政争议。截至2012年9月22日,该院办结的三件涉侨行政纠纷案件,在特邀海外调解员的共同努力下,协调成功由原告主动撤诉的2件,成功率达到66.67%。

(二)共建执行协调机制

让特邀海外调解员和调解联络员参与执行和解、督促履行,和该院一起共同在“案结事了”上下工夫。截至2012年9月22日,该院办结涉侨民事纠纷413件,实际履行率98.79%。其中,当事人申请强制执行的9件,委托海外民事调解委员会做执行和解以及督促自动履行的6件,当事人达成执行和解协议并实际履行的4件,成功率达到66.67%。

三、积极探索诉调衔接的新方法

本着“程序更简”的原则，着力于调解解决纠纷，该院积极探索诉调衔接机制的新途径、新方法，为海外当事人提供便捷高效的司法服务。

（一）指定专人办理

指定立案庭副庭长专门办理涉及人民调解协议确认的案件、办理网上立案。

（二）推行网上立案

2010年，该院被浙江省高级人民法院指定为网上立案试点法院后，便在门户网站 http://wcfy.9966.org/开通了网上立案系统，方便海外当事人申请网上立案。海外当事人因民事纠纷需要寻求法律途径解决的，经由海外调解员将民事起诉状及护照、居留证等证据材料等，扫描后通过网上立案系统申请立案。经立案法官初步审查后，对符合立案条件的，约定时间办理立案手续。立案庭法官、书记员以及双方当事人的委托代理人，提前到专用的网络视频审理法庭，国外当事人、海外调解员及时到域外商会的网络视频前，借用数字法庭大屏幕和 Skype 语音视频工具或 QQ 远程网络视频平台，由立案法官和海外调解员共同对当事人的身份进行审核和确认，再由双方当事人互相指认，然后由坐于国内审判庭代理人席的代理人与当事人互相指认身份。在完成当事人身份的四重确认后，由当事人当着立案法官、海外调解员、国内代理人的面，由当事人在视频现场在民事起诉状、授权委托书、离婚意见书、离婚协议书等材料上签字。当事人签字完毕后，两名海外调解员在视频现场对上述诉讼材料的签字过程和对当事人的身份证据，包括当事人的护照、居留证、结婚证、子女的身份证明等复印件的真实性予以见证签字。并由海外调解员在五个工作日内，将见证的诉讼材料以国际快递方式及时邮寄立案庭。

（三）利用数字法庭和网络技术开庭调解

对双方当事人均在国外的案件，征得双方当事人同意，将案件委托特邀调解员调解，达成协议后，由法院通过网上开庭确认，出具调解书。对一方当事人在国外，另一方在国内的案件，通过远程视频系统，由法官和特邀调解员通过网络共同主持调解；或者由法官做国内方当事人的调解工作，特邀调解员做国外方当事人的调解工作，再通过视频调解。该院确定每周周五下午2时至晚上12时（意大利米兰时间为当日上午8时至下午6时）为涉侨案件网络视频调解时间，通过对数字法庭系统与 Skype 语音视频传输系统两套独立系统的整合利用，实现对涉外委托调解案件的司法确认。身处国外的当事人可以通过选定的网络终端(一般的PC电脑即可)访问数字法庭的播放页面,通过播放页面实时获取调解过程的音像信息。同时,国外当事人通过Skype系统与其他Skype使用者进行语音、视频通信交流。调解成功后调解笔录当场通过网络传给海外方当事人进行核对签名,并由海外特邀调解员快递寄回法院(为了避免丢失,采取一式两份寄回法院一份,特邀调解员保留一份)。同时,国内方的当事人、委托代理人也当场核对笔录签名确认。开庭调解的全过程(包括调解或庭审笔录的签名)进行全程录音录像,录入光盘存档。

(四)充分发挥当事人的诉讼代理人的作用

大部分涉侨纠纷的当事人由于身居国外,都聘请律师或亲属作为其诉讼代理人参加诉讼。该院倡导律师或其他诉讼代理人积极引导、主导当事人自行解决纠纷,或者配合法官做好调解和服判息诉工作。

四、完善诉前引导分流和调解协议确认制度

对于基本事实清楚,案情比较简单,法律关系比较明确且双方当事人均有代理人的一般涉侨案件,立案法官主动引导当事人选择人民调解进行诉前调解、力争定分止争,减少诉讼,促进和谐。对于已立案、双方当事人均在国外且有调解意向的案件,主动引导当事人选择意大利米兰同乡会民商事调解委员会进行调解,调解成功后,人民法院对盖有意大利米兰同乡会民商事调解委员会印章和特邀调解员或调解联络员签名的协议进行司法确认。

五、加大诉调衔接机制的保障力度

该院从特邀调解员的选任培训、设备配备、激励机制等各方面加强对涉侨案件诉调衔接机制的保障力度。

(一)注重调解员"进人关"

严格规定特邀调解员选任条件,确保人员素质。出台了《关于建立特邀海外调解员制度的若干规定》,选任曾担任过该院法庭庭长和人民陪审员的侨领胡建金和吴步双作为特邀海外调解联络员。2012年又参照该规定选聘了人民调解经验丰富的15名侨民作为海外调解联络员。

(二)注重调解员"素质关"

加强对特邀海外调解员的培训工作,不断提高调解员的法律素养。加强海外特邀调解员对新法律、法规的学习和培训,与特邀调解员定期进行网络视频沟通,了解海外华侨司法需求,及时交换案件信息,积极做好业务指导工作,不断规范协助送达、委托调解等程序。定期邀请华侨商会、联谊会、同乡会的侨领

或华侨代表举行华人华侨座谈会,听取对法院工作的意见和建议。向他们发放《涉侨案件的审判流程》、《涉侨案件当事人须知》、《涉侨之法律法规汇编》等宣传小册,在文成县侨办、侨联主办的《文成侨讯》刊登精选的涉侨案例并定期邮寄给他们,提高他们对《民诉法》、《婚姻法》等常用法律、法规的理解和运用能力。通过学习和培训,全面提高海外特邀调解员的综合素质,以适应其岗位需要。

(三)重视"投入关"

加大设备投入,改善办公条件和环境。建设了一个高清的标准型数字法庭,用于涉侨案件的网络视频调解,并且购置存储器、刻录机,专用于涉侨案件网络视频授权委托、立案、调解全程录音录像的存储与刻录。同时,申请"文成法院"的 Skype 专用账户,用于链接海外的视频。在海外为特邀调解员、调解联络员办公室配置了宽频高清电脑及其他相应设备,方便其开展工作。

(四)重视"激励关"

建立激励机制,充分调动积极性。一方面对要求司法确认的当事人,在调解案件减半收费的基础上再减半,以激励当事人接受委托人民调解。另一方面以奖代补的方式激励调解人员的调解积极性。2011 年,经该院积极争取,县财政为该院追加特邀调解员专项经费 10 万元。

探索建立完善证券纠纷诉调协作机制

杭州市滨江区人民法院

为积极响应浙江省委打造“金融强省”战略规划,深入贯彻司法为民,积极践行“八项司法”,加强人民法院与行业组织的联系,妥善处理好涉证券类纠纷,2012 年 9 月 19 日,杭州滨江区人民法院与浙江证券业协会联合召开新闻发布会,宣布正式建立证券纠纷诉调协作机制。这是浙江省法院第一次建立涉证券领域诉调协作机制。

一、当前证券纠纷调解现状及存在的问题

长期以来,由于证券纠纷的复杂性、专业性,单一的诉讼解决途径一般无法及时、妥善解决证券争议,因此,相关法律、司法解释都特别强调调解的重要性。《证券法》第 176 条规定,证券业协会负责“对会员之间、会员与客户之间发生的证券业务纠纷进行调解”。最高人民法院《关于审理证券市场因虚假陈述引发的民事赔偿案件的若干规定》第 4 条规定:“人民法院审理虚假陈述证券民事赔偿案件,应当着重调解,鼓励当事人和解。”

但实践中,调解在证券纠纷解决领域应用的范围和效果仍然较为有限。如滨江法院 2011 年共受理涉证券纠纷案件 9 件,均以判决方式结案。究其原因,一方面,随着改革开放的深入和普法宣传的推广,人民群众维权意识和法律意识普遍提高,出现了较为明显的倚重诉讼的现象;另一方面,今日中国社会变革日新月异,流动加速,利益多元,社会转型犹未完成,宽容和协商精神有所退化,民众对于调解这一替代性纠纷解决机制的信赖度较低。

毋庸置疑,尚未建立统一的、专业的、可以信赖的证券纠纷调解机制,未能给证券市场参与者提供便捷、高效、专业的纠纷处理程序,是调解未能充分发挥作用的重要原因。证券纠纷调解机制的缺位,不仅导致证券纠纷解决成本高,也不利于矛盾的及时化解,阻碍了资本市场的健康发展以及和谐社会的构建。

二、调解解决证券纠纷的优势

一是主体专业化。调解员通常掌握较多的证券知识和法律知识,且经过专门培训,不仅能使当事人更好地理解他们之间的权利义务关系、争议的性质、是

非曲直，而且能够提供更多的解决方案，从而更有利于当事人达成一致。二是过程低成本。仲裁或诉讼需要遵守既定的程序和规则，一般较为费时且费用昂贵。在仲裁裁决作出后，如果一方当事人申请强制执行，另一方一般会寻求对仲裁裁决的司法干预，仲裁往往久拖不决；司法裁判面临同样的问题。调解程序则是非正式的，当事人积极参与，不受证据规则的拘束，达成的结果令双方满意。三是结果易接受。仲裁或裁判的结果是一方输、另一方赢，双方的关系往往破裂，而通过调解达成解决方案时，双方关系得以维持，甚至还能继续发展进一步的业务关系。实践中，证券纠纷调解逐步凸显其独特优势，受到投资者青睐。

三、证券纠纷调解的经验借鉴

近年来，在境外资本市场，纠纷调解机制发展迅速，已成为重要的替代性争议解决方式。美国全国证券商协会（National Association of Securities Dealers，NASD）于1989年率先推出证券纠纷调解服务。此后，英国、澳大利亚、日本、德国、新加坡、韩国、我国台湾地区在2000年前后相继建立了证券纠纷调解机制，并成为重要的证券纠纷解决途径。

（一）美国FINRA调解机制

2007年4月，经美国证券交易委员会批准，NASD与纽约证券交易所会员监管部门合并，重组为美国金融业监管局（The Financial Industry Regulatory Authority，FINRA），成立了美国金融业监管局纠纷解决中心（The Financial Industry Regulatory Authority Dispute Resolution，FINRADR），负责处理证券纠纷仲裁和调解。FINRA调解机制强调当事人自治原则。《调解程序规则》虽规定了基本程序，但当事人对调解程序高度自治，可以在任何时候协商修改这些程序。当一方当事人表达调解的兴趣或意愿，FINRA的调解工作人员联系另一方当事人，解释调解的程序并且回答有关提问，若各方当事人都同意，则当事人向FINRA调解主任呈递《提交调解协议》（Mediation Submission Agreement），调解程序开始。在与各方当事人交换意见后，FINRA从其调解员名册中提出调解员建议名单，当事人可以从中选择调解员，也可以要求FINRA补充建议名单以供选定，还可以在上述建议名单之外，甚至FINRA调解员名册之外选定调解员。选定调解员后，FINRA的调解工作人员就着手协助调解员和各方当事人进行调解排期。FINRA调解机制还特别注重效率和保密。调解员在开庭之前通常会要求当事人提交他们认为将会有助于调解员理解涉案争议和各自的立场及利益的资料，有时会分别接触当事人，提一些问题，理顺案件脉络。开庭调解往往分为两部分。

(二)英国 FOS 金融服务纠纷解决机制

2000 年,英国通过《金融服务与市场法》,要求新设立的金融服务管理局(Financial ServicesAuthority,FSA)建立一个独立运作的解决金融纠纷的制度并对之实施有效管理。在此背景下,FSA 整合投资督察员等多个金融业督察组织,成立了金融督察服务有限公司(Financial OmbudsmanService Limited,FOS),旨在公平、合理、迅速、非正式地处理金融产品消费者投诉,提供诉讼之外的替代性争议解决途径。FOS 提供的是一整套金融争议解决机制,包括:(1)审裁员(Adjudicator)对案情进行评估,当事人经调解达成和解;(2)若不能调解成功,审裁员进行调查后作出正式结论,供当事人采纳;(3)若当事人不采纳该正式结论,则提交督察员(Ombudsman)作出最终决定。对于该最终决定,消费者有权选择是否接受,如果消费者选择接受,则最终决定对服务提供者(如银行、保险公司、券商等)和消费者双方均有约束力;如果消费者不接受,则消费者仍有权诉诸法院。FOS 受理案件的前提条件是,争议已经由服务提供者进行了申诉受理,但在该内部程序中纠纷未能解决。FOS 不对消费者收费,每家服务提供者年度内的前三件争议不收费,从第四件起每件须缴纳 500 英镑案件受理费。调解成功率约为 80%。以 2008 - 2009 年度为例, 51% 的案件以调解方式结案,41% 以审裁员正式结论结案,8% 以督察员最终结论结案。

(三)我国台湾地区证券投资人及期货交易人保护中心调解机制

我国台湾地区证券投资人及期货交易人保护中心是依据 2002 年“证券投资人及期货交易人保护法”,由证券商业同业公会、台湾证券交易所等机构共同捐助设立的,统筹执行证券投资人及期货交易人保护事宜,负责调处“证券投资人或期货交易人与发行人、证券商、证券服务事业、期货业、交易所、柜台买卖中心、结算机构或其他利害关系人间,因有价证券之募集、发行、买卖或期货交易及其他相关事宜所生民事争议”。该调解机制虽借鉴英美国家,但有其自身特点:

在受案范围方面,美国纠纷调解机制的调解范围包括投资者与证券商之间的争议、证券商相互之间的争议以及证券商与雇员之间的争议;英国建立的是统一的金融争议调处机制;而我国台湾地区证券纠纷调解机制适用于投资者与发行人、证券商、结算结构等中介机构之间的争议解决,但不负责证券商之间、证券商与交易所或结算机构之间的争议。

在处理结果方面,美国证券纠纷调解机制完全基于自愿原则,我国台湾地区证券调解机制则规定,调处事件经双方当事人达成协议,即视为调处成立,此时调处委员会将结果作成调处书,并送请管辖法院审核;调处书一旦经法院核定,便与民事确定判决具有相同的效力;对小额证券投资或者期货交易争议规定了特别程序，当事人两次不到庭视为调解成立。

在收费方面，申请人于申请调处时应向中心缴纳工本费，每人每件新台币一千元；但相对人拒绝调处或调处不成立时，申请人缴纳的工本费予以退还。调处中所产生的必要费用由当事人负担。中心不以案件受理费为主要收入来源，收入主要来自主管机构拨款、保护基金孳息及运营收益及境内外捐款等。

四、滨江法院的实践与探索

目前，我国解决证券民事纠纷的调解机制主要是民事案件审理过程中的司法调解。最高人民法院出台了《关于建立健全诉讼与非诉讼相衔接的矛盾纠纷解决机制的若干意见》等一系列文件，确立了"调解优先、调判结合"的工作原则。但在法院主持的司法调解中，由于双方当事人已经通过多次沟通协调未果，进入诉讼程序，各方调解的最佳时机已过，调解往往只是法院民事审判的一个必经流程，双方调解的诚意和空间已大为缩小。而且，诉讼过程中的调解，也存在成本高、耗时久、作为调解人的法官证券专业知识有限等弱点。和普通的民事纠纷相比，证券纠纷具有专业性强、数额大、纠纷形成的原因隐秘、复杂等特点。针对证券纠纷，由熟悉证券业务、市场规则和法律知识的行业人士进行调解，可以充分发挥调解灵活性和自主性的鲜明特点，尽量做到随调随解，使投资者避免冗长烦琐的司法程序。为更好地维护社会公平公正，提升证券市场的公信力，建立一套行之有效的证券纠纷调解机制，给市场参与者提供一个能够公正、迅速地解决争议的平台，是证券市场创新发展的必然要求。

基于以上原因，滨江法院与浙江证券业协会合作建立了证券纠纷诉调协作机制。主要内容有：

（一）整合社会资源，探索多元化纠纷解决机制

一是建立案件联合调处机制。双方约定，互派人员以调解员的名义参与调解，通过加强"输血能力"，提高法院裁判金融、证券类案件的专业水平和证券业协会调处案件的权威性。二是建立人员互培机制。通过授课、讲座、现场教学等手段，相互培训调解人员，加强培训机制，互通有无，提升法院和证券协会的内在"造血能力"，提升各自条线的工作层次。三是建立信息共享机制。双方就当事人信息、案情、案情评估、存在风险等信息实时共享，通过改善"活血水平"，打通证券类案件信息死角，提高双方之间的透明度，防止司法资源浪费和虚假诉讼的发生。

（二）拓展调解路径，形成立体化诉调工作模式

根据《合作备忘录》内容，双方的诉调协作机制分三种情况：一是诉前委派

调解。法院对证券纠纷立案前,经当事人同意后,将该案委派调委会调解,法院将向调委会出具调解联系单。经调解,当事人达成和解协议的,可以由调委会制作调解协议,也可以经当事人申请,由法院予以立案就和解协议制作调解书。二是审中委托调解。法院对证券纠纷立案后,经双方当事人同意,可以将案件委托调委会,法院将向调委会出具委托调解书,并将起诉状副本或其他必要法律文件复印件转交调委会。经调解,当事人达成和解协议的,可以申请撤诉,或者经双方申请并由法院审查确认后制作调解书。调解不成的,法院应及时审理。三是审中邀请调解。法院在审理证券纠纷中,经双方当事人同意,或者法院认为确有必要的,可以邀请调委会共同进行调解。达成和解协议的,当事人可以申请撤诉,或者经当事人申请并由法院审查确认后制作调解书。调解不成的,法院应及时判决。

(三)延伸服务职能,打造人性化司法为民格局

一是调解程序灵活。针对证券纠纷突发性强、当事人众多、权益救济困难等特点,证券纠纷的当事人在证券调解机构引导下,可以采用相对灵活的程序,充分运用现有资源,通过面对面、视频、电话等多种方式开展交流与协商,达成和解,节省时间和精力,维护当事人的合法权益。二是调解效率较高。诉前、诉中调解,原则上在20日之内办结,经双方当事人同意的可以延长到30日,为当事人提供高效便捷的延伸服务。三是调解结果保障。滨江法院将证券诉调对接与速裁审理机制结合起来,经调解,当事人达成和解协议的,可以由调委会制作调解协议,也可以经当事人申请,由法院予以立案就和解协议制作调解书。如当事人无法达成和解协议的,立案庭在第一时间立案,进行审理程序。

建立完善的、专业的、可资信赖的证券纠纷调解机制,是市场健康有序发展的必然要求。今后,滨江法院将继续发挥协同司法的优势,积极采纳当事人建议,及时总结经验,注重提高纠纷解决的效率和效果,以便更好地保护投资者利益,维护证券行业整体秩序,促进社会公正与和谐。

打造“四位一体”诉调衔接工作格局

丽水市莲都区人民法院

为充分发挥人民法院在大调解体系建设中的“引擎”作用，进一步适应人民群众对司法工作的新期待，2012 年以来，莲都法院以司法调解试点工作为契机，积极构建以“诉前调解、诉与非诉对接、诉中调解和诉后回访”为主要内容的“四位一体”诉调衔接工作格局，将大量矛盾纠纷化解在诉前和萌芽状态。2012 年 1 月至 9 月，该院受理民商事案件 1917 件，诉前和诉中委托调解案件 456 件，委托调解成功 441 件，调解成功率达 96.71%，委托调解成功案件数占受理民商事案件总数的 22.33%。

一、加强组织领导，构建“全方位”保障体系

一是完善组织机构。将“大调解”工作纳入“一把手”工程，专门设立院长为组长的参与全区“大调解”体系建设领导小组。在该院设立司法调解督导中心，与原有的调解速裁中心合署办公。专门指定 3 名法官和 1 名书记员，负责指导和管理全院诉调衔接和立案调解工作。积极争取当地党委政府支持，为设在法院的区涉诉纠纷人民调解委员会工作室配备 2 名人民调解员，基本工资、就餐补贴等经费由区财政予以全额保障，同时落实以奖代补政策，经人民调解委员会调解成功的案件，每件给予 150 元的奖励。二是强化量化考核。制定《岗位目标考核细则》，规定各业务庭室的目标调解率，年终根据总得分计算调解案件专项奖励金额和评选调解能手。建立诉调工作月通报制度，将各部门和各法官当月的民事调撤率、诉前调解成功率等诉调衔接重点指标进行公示，并将考核结果纳入审判管理和法官业绩档案，作为职级晋升和创先评优的重要依据。三是营造工作氛围。借助门户网站、官方微博及“公众开放日”等载体，向群众全方位宣传调解优势，增强接受度和认同感。同时，该院还组织召开诉调工作交流会，进一步统一认识、强化司法研判。2012 年 7 月，该院党组向区委政法委报送诉调工作专题情况报告，并在全市法院院长会议上作经验交流。加强理论调研，先后有《诉讼调解的双重维度》、《调解技巧略谈》、《论青年法官调解能力的培养》等多篇调研成果在国家、省、市级获奖或发表。

二、加强流程管理，健全“全程式”工作机制

一是建立诉前化解机制。在立案审查环节，对纠纷进行初步滤化，对于事实清楚、法律关系明确、争议不大的相邻、物业、民间借贷等纠纷，由立案庭出具《委托人民调解函》，引导当事人到工作室设在该院的区涉诉纠纷人民调解委员会接受人民调解。二是完善诉与非诉对接机制。在立案受理后5日内，对不接受人民调解和调解不成的案件实行再次过滤，向当事人发出《调解建议书》，经当事人同意后1个工作日内移送至调解速裁中心在3个工作日内组织调解，规定时间内调解不成的，再移送至业务庭审理。2012年1月至9月，共速裁270件，平均审理天数8.97天。三是完善诉中调解机制。对进入诉讼程序的民事、行政、刑事附带民事、刑事自诉等各类案件，设置送达、财产保全、证据交换等10余个流程节点，对当事人进行全方位、全过程调解，争取能够达成调解协议。四是建立健全诉后回访机制。全院各部门建立调解案件台账，根据调解内容和履行期限列出详细的案件清单。由全院39名中层副职以上领导干部在每月的10日和20日，根据登记台账，轮流对调解案件进行回访。1月至9月，民事调解案件自动履行率73.08%。

三、加强沟通协调，搭建“互动式”衔接平台

一是支持指导人民调解。实行划区包片制度，将辖区18个乡镇(街道)分为3个片区，分别由民三庭和南城、碧湖人民法庭负责对人民调解组织提供法律咨询、业务指导和技能培训。2012年已累计组织人民调解员观摩庭审8次，开展现场工作指导26次，专题授课2次，发放《莲都法院报》等学习资料1300余份。同时，对人民调解组织主持达成的人民调解协议，经双方当事人同意，均依法进行审查，符合条件的调解协议当日确认。1月至9月办理司法确认调解协议案件417件，无一进入执行程序。二是积极联动行政调解。采用信息反馈、司法建议、协同解决典型个案等方式，与当地行政机关建立司法调解与行政调解良性互动机制。如在区交警大队设立交通事故纠纷调解工作室，指派经验丰富的法官和书记员各1名进行驻点办公，实现事故认定、赔偿调解、诉前司法确认、立案和审理无缝对接。对征地拆迁类纠纷，登记后暂不予正式立案，先与有关机关沟通协调，对适合由有关单位处理的试行“委托调解”。2012年4月，与市土地储备中心、街道配合，妥善调处9件涉市重点工程案件。三是主动对接社会组织。针对交通事故、医患、物业、劳资等多发纠纷，与律师事务所、保险公司、鉴定机构等部门建立业务联系和信息交流制度，聘请23名社会组织负责

人和有关部门工作人员担任调解联络员。先后邀请相关调解联络员参加“机动车交通事故责任纠纷赔偿标准”、“企业职工社保费用缴纳”专题座谈会，就重点案件、疑难问题进行研讨，取得了良好效果。

第三节　典型实例

滋润法治浙江的那场场“头脑风暴”

八月的杭州西子湖畔,炎热而潮湿,整个城市如入“桑拿”之季。在浙江省高级人民法院院长齐奇的眼里,更为热烈的还是那些来自政协和各民主党派、工商联和无党派代表人士的谏言。他带着浙江高院党组一行走进这一场接一场的“头脑风暴”,以期在这民主监督、参政议政的浓烈氛围中,借助这些“外脑”促进他所带领的全省法院审判执行工作。

这是浙江高院每半年一次的向社会各界主动通报半年工作情况的会场。这已形成制度化的良性互动正在浙江一轮轮波动推开。

第一场,8 月 2 日,浙江省政协会议室　“我真诚地理解你们、敬重你们”

得知齐奇同志将要走访省政协并主动通报上半年法院工作情况,省政协主席乔传秀推迟了外出考察的时间,政协委员陈子敬一大早专门从台州赶到杭州。上午 9 点不到,11 位政协方代表已跃跃于会议室。听了齐奇所做通报,与会政协常委、委员纷纷发表意见和建议,认为 2012 年上半年,全省法院紧紧围绕全省经济社会发展大局,主动适应社会变革期的新要求,以坦诚开放透明的状态,积极履行审判职能,创新审判工作机制,自觉接受各方监督,为维护经济平稳较快发展和社会和谐稳定做了大量工作,特色鲜明,成效显著。

曾有基层法院工作经历的乔传秀有感而发:“重回浙江,深刻感受省高院党组党性观念鲜明,群众观点强烈,大局意识坚强,法治理念坚定,创新做法凸显。”她对浙江法院上半年工作给予充分肯定,“有声有色,有板有眼。”

齐奇同志通报的审判执行质效数据让乔传秀忆起 20 世纪 70 年代末基层法院工作时光,不由感慨:“法院今天所取得的成绩让人欣喜和敬重,而背后的艰辛却是常人难以理解的,在案多人少的办案压力下,还面临着许多新情况、新问题,基层法官压力更大。但这职业维护公平正义、为民排忧解难,也有让人非常愉悦的成就感。我真诚地理解你们、敬重你们。”由此动情的她表示要充分利用政协工作平台,客观地、实事求是地宣传法院工作和作用,宣传全省法院在履行职责维护大局、秉公执法忠诚为民方面所贡献的智慧和心血。省妇联副主席金敏说她是第三次听齐奇同志通报法院工作,“省高院对涉及民生的司法保障印象给我非常深刻,出台了有不少重民生、富民情的司法指导意见。”

省监察厅副厅长谢双成对于食品安全问题是深恶痛绝,认为司法机关要加大惩罚力度,“不少公共食品安全问题我们从行政问责角度来讲已经非常厉害,那么刑事问责怎样？是否最后会不了了之?”齐奇颔首称是,认为行政问责和刑事问责之间的衔接上是需要探讨。

谢双成从省效能办的工作经历上认为,还需要衔接的是,“效能办要与省高院建立信息沟通机制。假设我2012年收到有关法院的投诉50件,而这50件中有无省委政法委和最高法院认定的无理访,如果是无理访,我们是否还有必要做工作。同时还可以来共同调处一些工作,我们当然无权干涉法官独立办案,但有关工作作风问题,可以进行沟通。”

难得见到大法官的两位律师也没有放过这个机会。天册律师事务所的黄廉熙建议:“要正确对待办案审理中法官被投诉的问题。”她从自己当仲裁员的一次体验上谈起,“我做了30年仲裁,有次遇到一个当事人就是不接受仲裁结果,到政协告,到律协会投诉,还到律所闹,硬是说我拿了对方的好处。弄得我特别委屈,就觉得这人怎么这么不讲理。虽然后来我专门找了这个人当面谈,使他最终理解了我的观点。”叹口气,然后说,“可我就体会特别深刻,投诉的杀伤力太大了,太容易让人冤枉了。我们法官肯定也会面临这个问题,会不会在一方闹得厉害,另一方不会闹的时候,法官因为惧怕投诉而影响公正审判?”齐奇一边听一边记。如此几个回合的互动后,省政协社法委主任方泉尧当场表示,要将通报会内容做成简报发给所有政协委员,要在力所能及的范围内宣传法院工作,并要鼓励更多政协委员提出一些科学的、管用的、可行的建议。

齐奇同志对于政协委员们的理解和支持由衷感谢,“我们常觉得法院工作怎么越来越难做,怎么也望不到头似的。今天既有你们代表精英的理性思考,又有代表草根的民声,这也是我们政治协商作为基本政治制度的优势所在。”

第二场,8月3日,浙江省高级法院党组会议室　带着一箩筐专业问题而来的这些主委们

下午两点,杭州突然狂风骤雨。瓢泼大雨没有挡住各民主党派、工商联和无党派代表人士前往浙江高院回访的步伐。一个小时后,浙江省委统战部部长、政协副主席汤黎路带队下的12位代表人士如约入席。雨过天晴。这些主委和副主委们绝大多数非法律专业出身,可他们脱口而来的专业问题让这个通报会显得特别像是同行们在切磋法院难题。原来,他们在得知通报会的时间后,都是积极做了调研功课的,带来的很多都是各地公安、检察和律师行业的

“一筐”又“一筐”问题。

“齐院长,我这里有前期收集来的九大问题,有些我自己都还不懂。”听完齐奇同志所通报的情况后,民进省委会主委、省政协副主席盛昌黎拿出一个密密麻麻做着笔记的笔记本毫不客气地拉开了座谈会的序幕。……“第四个问题要加强法官与律师的良性互动。这本是法律职业共同体,可如今司法公信力的缺失有些就来自于双方的内耗。齐院长在2009年主动走访律协,也是25年第一次,在司法界给予了很高评价。……“第九个是请求齐院长带给最高法院的,请求最高法院统一立案主体资格证明制度。要当事人提供户籍证明等,这个我也不是太懂。”她的实事求是使与会者不禁莞尔。

律师王国栋则表示裁判文书的说理部分要再加强,“特别是我们浙江法官,应该有这个水平。因为判决书是最能考察法官水平的地方,为什么采纳这个证据、观点,要体现审判高度,也对我们律师发现自己的问题非常有帮助。如果律师服判,可以在一个让当事人更为信赖的立场上说服当事人服判息诉。”“法院要处理好有关法律、法理和法官的问题。法律根据法理制定,而法律在执行中要把握历史发展阶段,有它的弹性,这个弹性的把握在法官手里。因此,省高院要加强法官队伍的思想方法论教育,要有高度的辩证水平。”汤黎路,曾为张友渔学生。他的建议突然就让这场具体问题上互动的座谈会有了理性的深度。

同样有深度的还有这种座谈会形式本身。“让法院的工作、一个政策的出发点、潜在想法都能这样让社会各界知晓,以一种贴近基层贴近群众的方式走进社会各界,让更多人知道我们法院工作背后的艰辛,这也关涉我们司法公信力的问题。”汤黎路的话引起在场人士的共鸣。民革省委会副主委张解放说:“我们已进入‘六五’普法,可以前我们普及的都是法律,如今也要宣传一下我们的法院工作。”一直到傍晚六点半,参政议政的声音仍是不绝于耳。这畅所欲言的氛围里,大家余犹未尽。

“请把你们的材料留下来,我们要专门整理研究,在党组会和院务会上通报。欢迎你们平时工作中对我们这花色品种巨多的法院工作多提议。”齐奇与这些“外脑”一一握别时,发出最诚挚的邀请。

(原载2011年8月6日《人民法院报》)

金华法院借力使力“好行船”

浙江省金华市中级人民法院面对案多人少矛盾，充分发挥执行统管职能，积极争取党委政法委的领导和社会各界的支持，加强与公安、银行、工商等有关部门的联动，形成执行合力，破解执行难。

一、借助公安之力查控

2010 年 2 月 20 日，公安 110 指挥中心发现被执行人周某的轿车行至某地，立即通报金华市婺城区法院执行局，法院迅速出警，在公安机关协助下将车辆扣押。躲避执行五年多的周某也被带至法院。在执行人员的协调下，周某与申请执行人达成和解协议。

金华中院十分注重推进联动查控机制建设，并将执行案件信息纳入公安应急联动系统，通过公安局配合协作，有效查询被执行人身份信息、暂住、住宿登记信息及核对举报车辆的信息，提高了执行效率，优化了执行效果。2009 年全市法院借助公安机关查询被执行人及财产 7796 人次，有效促使 2090 件案件执结，到位标的 2665 万余元。

为进一步健全金华地区公安协助执行工作机制，2009 年 12 月，金华中院会同市公安局出台了《关于加强执行协助工作的联合通知》，对公安机关协助法院查询被执行人户籍、暂住、出入境证照等信息，查控被执行人车辆等财产作了明确规定。

二、借助“曝光台”谴责

“执行曝光台”是金华中院与市电视台合作的栏目，2008 年开设，每周一期，对被执行人的失信行为进行谴责，借助舆论力量来敦促其履行。至今已曝光 100 期计 334 人次，共有 10 位“知名人士”慑于媒体曝光威力，主动履行债务共计 1770 万元。早在 2002 年，金华中院就通过《金华日报》、金华市政府门户网站等渠道，对被执行人的信息进行曝光。在实践中，金华中院还探索出将被执行人和执行案件信息张贴在所在村（居）的公开栏等显著位置，借助社会舆论、“人情面子”压力，敦促被执行人自觉履行。

2008 年 12 月，金华中院与人民银行金华市中心支行联合制发了《关于全市法院执行案件信息对接金融征信系统有关工作的规范意见》,建立起金融征信系统与法院执行工作信息共享机制。此后金华两级法院将全市未结执行案件涉及的所有的被执行人信息,报送所在地人民银行县(市)支行在征信系统予以记录,并根据执行情况及时更新。至2009年年底,全市法院共录入征信系统被执行人信息共32548条,入库数量占全省总数的80%以上。信息共享机制有效地实现了协同司法、共御风险的目的。

据了解,人民银行金华支行共有26笔贷款计1.96亿元被拒贷。慑于征信系统不良记录给其信用造成的影响,共有434名被执行人,主动履行了8436万余元的债务。

三、借助“绿色通道”执结

2010年2月1日上午,兰溪市人民法院六楼会议室热闹非凡,该市某塑胶有限责任公司债权集中兑现大会在这里举行。一大早就赶到现场的原在该公司工作的12位民工,高兴地从法官手中全额领回了被拖欠近一年的总额为6万余元的工资款。

近两年,因金融危机影响,不少企业经营困难甚至资金链断裂,企业欠薪讨债事件增多,而且极易演化为群体性纠纷。金华中院要求法官智慧办案,能动司法,凡是涉及民工讨薪的案件,执行要不遗余力,采取各种措施,切实维护农民工合法权益。在执行活动中,切实有效的办法之一是开通了民工讨薪案件“绿色执行通道”。这个“通道”是一种快速反应机制,具体内容就是“三快三缓三及时”。“三快”即快立、快审、快执;“三缓”即缓解农民工情绪、缓交执行费用、缓和双方矛盾;“三及时”即及时采取财产保全措施、及时与企业所在镇街联系、及时妥善处理苗头性问题。在过去的两年里,金华两级法院共执结涉民工工资案件2747件,为民工追回薪金3000万余元,维护了农民工的合法权益。

对民生案件优先执行,对涉特困群体案件,金华两级法院还积极主动向党委汇报,争取通过司法救助方式解决。

(原载2010年3月23日《人民法院报》)

减刑假释案件审理的"金华模式"

为充分发挥减刑、假释激励罪犯改造、维护监管秩序、增进社会和谐的作用，近年来，金华中院积极创新减刑假释案件审理机制，建立健全财产刑履行审查制度，将罪犯履行财产刑情况纳入减刑假释考核范围，推进减刑假释案件公开审理，同时加强与监狱、检察机关的沟通协作，既规范减刑假释案件审理，确保公平公正，又促使罪犯积极履行财产刑，使得财产刑"空判"现象得到明显改变。

2008年以来，该院累计办理减刑假释案件24348件，绝大多数有履行能力的罪犯主动履行了财产刑，受到最高人民法院的充分肯定。最高法院副院长江必新在金华中院建立减刑假释案件"审问式为主，对抗式为辅"的金华审理模式文件上批示："金华中院的做法值得各地借鉴"。

一、建立"审问式为主，对抗式为辅"的审理模式

金华中院在总结减刑假释案件审理经验的基础上，出台了《关于减刑、假释案件开庭审理的规定（试行）》（以下简称《规定》），明确了审理内容、审理方式和裁判规则，从规范层面明确了减刑假释案件审理的"审什么"、"怎么审"和"如何裁"的实务问题，也在理论上诠释了减刑假释司法裁判权的性质和地位问题。

一是科学设置审理内容，解决"审什么"问题。针对以往实务中存在的"审分数"现象，金华中院的《规定》明确将案件事实分为一般要件事实和特别要件事件，一般要件事实是法律或司法解释规定的法律要件事实，特别要件事实是为了贯彻刑罚执行的个别化原则，使审理更具有针对性和实质性，根据法律规范或法理要求确定的要件事实，包括：老年、身体残疾、患严重疾病罪犯"劳动能力"、"生活自理能力"与"犯罪能力"；判处财产刑罪犯原判是否获利、罪犯在监消费情况以及个人财产或家庭共同财产情况，被判有刑事附带民事判决罪犯附带民事判决的履行情况；等等。

二是合理确定审理方式，解决"怎么审"问题。金华中院从创新减刑假释案件审理方法为突破口，创立了"以审问式为主对抗性为辅"的审理模式。由于较好地兼顾了案件质量与办案效率、司法公开性要求与节约司法资源之间的关

系,实践效果良好。审问式开庭由合议庭全体成员参加,也可由案件承办人单独审理;对抗式开庭,则由全体合议庭成员参加,并邀请对罪犯减刑假释提出书面异议的同监区罪犯、被害人及其亲属、刑事附带民事申请执行人以及检察机关、社会矮正机构等参加庭审,就罪犯是否符合减刑假释条件进行抗辩。

三是坚持主观标准与客观标准有机结合,解决“如何裁”问题。为避免“百分制考核”带来的弊端,改变考核分数作为罪犯减刑假释的唯一依据的做法,贯彻最高法院提出的“综合考核制度”,金华中院对百分制考核减刑制度与法定标准减刑的关系问题作出了明确而具体的规定,只有百分制考核符合规定要求并具备减刑法定条件的案件,才能裁定减刑假释。

二、率先建立财产刑履行审查制度

出台《关于在办理减刑假释案件中审查处理罪犯财产刑执行情况的审理规范》及内部程序规范,将罪犯财产刑履行情况等纳入审理范围,既审查法律规定的自由刑执行中的悔过表现、立功等刑假释的一般要件,又审查财产刑执行情况以及“老病残”者的劳动能力、生活自理能力、犯罪能力等特殊要件。重点审查有无未被追缴的赃款赃物(或获利)及数额大小、是否存在故意隐瞒财产逃避财产刑执行的情况、有共同财产关系的家庭成员的消费水平、罪犯本人在服刑场所的消费水平等情况。全部履行的,适度从宽;态度积极、履行较好的,从宽处理;有能力而部分履行或有部分能力而不履行的,从严把握;有能力或有部分能力而拒不履行的,不予减刑假释。如在审理王某减刑案件过程中,该院发现其在诈骗犯罪中有获利并购买了房屋,具有履行财产刑能力,鉴于王某明确拒绝履行财产刑,该院遂依法裁定对王某扣减四个月呈报减刑幅度。据统计,2010 年该院共对 1436 件减刑案件裁定扣减减刑刑期,2 件裁定不予假释。

金华中院设立异地籍罪犯财产刑罚没专户。针对外省籍罪犯履行财产刑不方便的实际情况,该院在市财政局设立罚没专户,供外省籍罪犯异地汇款履行财产刑,简化相关手续,提高外省籍罪犯财产刑履行效率。

近三年来,该院敦促罪犯履行财产刑的人数和金额逐年上升:2008 年 317 人 192. 69 万元,2009 年为 1510 人 790 万元,同比分别上升 376. 34% 和 309. 98%;2010 年为 1636 人 1024 万元,同比分别上升 8. 34% 和 29. 62%。2012 年 1 月至 9 月已达 1240 人 1200 万元,较好地解决了财产刑“空判”现象,维护了司法的权威性和严肃性。

三、创新方法促进罪犯积极改造

为确保公平、公开，金华中院加强与监狱、检察机关的沟通协作。在监区设立审判站点，定期公开开庭审理减刑假释案件。监狱负责组织罪犯代表旁听庭审，扩大减刑假释案件开庭审理效果，促减刑、假释更加公开、透明，该院将会同监狱组织妇联、残联、老年协会、共青团组织及社会各界有关人士旁听减刑假释案件公开审理。邀请检察机关派员参加部分对抗式开庭审理，发表法律监督意见，确保减刑假释公开、公正。

金华中院还强化与罪犯家属的沟通联系。对于呈报减刑假释的案件，主动联系罪犯及其家属，做其思想工作，敦促罪犯积极履行财产刑，争取宽大处理。

为满足一些罪犯在传统节假日与家人团聚的合理需求，该院建立了节假日绿色通道，加班加点办理减刑假释案件。如去年年底，该院为确保报请减刑假释的罪犯能在春节前回家与家人团聚，并敦促罪犯主动履行财产刑，该院审监庭法官加班加点，积极联系罪犯家属做工作。截至目前，该院已利用节假日集中审理476件减刑假释案件。

该院还随附“法官寄语”感化罪犯。在办理减刑假释案件中，承办法官随裁定向罪犯发送“法官寄语”，告诫、鼓励罪犯改过自新，取得良好效果。目前，该院已向减刑假释罪犯发送“法官寄语”7人次。

（原载2011年12月19日《浙江法制报》）

诸暨打响“大调解”的司法品牌

2011 年新春上班第二天,浙江省委书记、省人大常委会主任赵洪祝专程赶赴诸暨市人民法院视察指导联合调解工作,并把社会管理创新定为第一个下基层调研的课题。对枫桥经验发源地诸暨法院,这无疑又是一个欣欣向荣的春天。近年来,诸暨法院积极探索联合调解推进矛盾纠纷多元化解工作,有效缓解了诉讼压力,减少了当事人诉累,促进了社会和谐。

一上午签了六份调解协议

3 月 24 日上午,正在值班的联合调解中心副主任杨能范是个“老法官”,曾多年担任基层法庭庭长。如今退休返聘,因为整日忙碌于热热乎乎的“老娘舅”工作,看不出丁点老年人的疲态。此刻,他正在用地道的诸暨土话和当事人约着明天见面“说和”的事宜。而那边,几个中年人正围着人民调解员谢环,在调解书上摁手印,其中一个还主动提出下午就把钱送到调解中心来。等这些人有说有笑地离开,谢环才告诉我们,这一下子签了六份调解协议。

3 月 2 日,诸暨某物业管理公司将小区的 28 个业主起诉到法院。在立案大厅随手翻阅到了诸暨法院专门印制的“纠纷劝导手册”,经立案法官解释,得知人民调解更省时、省力,甚至还不用诉讼费,于是转身来到立案大厅旁的调解中心。

这里,30 多岁的女调解员谢环又是热情地端茶倒水,又是温婉地拉家常,得知小区业主因为不满物业服务已拖欠物管费共 17 万多元,便主动分别给 28 个业主致电了解其苦衷,并释明法律。在多次联系中,谢环了解到这里有个“带头大哥”——业委会顾主任,他带头拖欠 6000 多元的物管费,不少业主就和他保持统一战线了。谢环明白工夫用在刀刃上的道理,她一来二去又是打电话又是和顾主任约谈,让顾主任把对耀光物业的那些抱怨说完了,心里就畅快了。签订调解协议并主动提出下午就把费用交来的那个就是顾主任。谢环说,这批案子现在已经调解了 10 个,顾主任一带头交钱,其他业主也就迎刃而解了。

一周,纠纷化解了

安徽籍人张泽民是回族人,去年骑电动车不慎坠入窨井中,经抢救无效身亡。事故双方对赔偿额度争议较大陷入僵局，死者家属及其同村回族村民共五六十人在村干部带领下滞留在交警大队，情绪非常激动。鉴于死者为外来建设者和少数民族双重身份，事故发生后第 5 天上午，设在诸暨法院草塔法庭的调解分中心及时开展事故调处工作。法官建议首先明确事故责任方，对死者家属阐明赔偿标准，使其心中有数，并耐心细致做好安抚疏导工作。安抚工作一直持续到当晚 7 时，死者家属与事故责任方终于达成协议。原本剑拔弩张的一起纠纷就这样在"春雨润物"般的调解工作中化于无形。

诸暨法院每年受理民商事纠纷近万件，每名法官每年承担 200 多件案子的办理压力，诉前调解中心的建立，使大量社会矛盾化解于萌芽状态，2010 年民商事收案数同比下降 2.9%，缓解了近年来不断上升势头。调解中心通过对各类案件全程调解，促成当事人之间利益之争逐步趋向缓和，从而有效地避免了矛盾的激化和反复，也避免了当事人不服而反复上访或上诉，去年该院受理的初信初访同比下降 30% 以上。

"联合调解中心调解的简单纠纷大都可以当场调结，一般性纠纷在 3 天至 7 天内调解结案，至多不超过 1 个月。而选择诉讼方式解决，普通案件开庭审理最快也要 1 个月以上才能结案。"诸暨法院院长潘浩告诉记者。去年该院民商事案件简易程序适用率为 85.31%，平均审限天数在一个月至 46 天左右，一审民事息诉率达到 92.17%。

"管闲事"的多了

这只是法律专业出身、曾在公证处工作过的谢环很普通的一个工作日。2008 年 10 月，诸暨市委办专门下发了关于建立人民调解与民事诉讼衔接联动机制的工作意见，并建立联合人民调解委员会，在诸暨法院立案大厅内设立了联合人民调解中心，配备了 2 个调解室、4 名调解人员，人员、经费由市财政全额保障，利用人民调解资源开展诉前调解工作。

为深化诉讼与人民调解联动，推进社会矛盾有效化解，诸暨法院以充分行使审判权为基础，以多方多重联动为支撑，积极构建四大工作机制，使能够、愿意"管闲事"的人越来越多。该院先后与市法制办及国土资源局、环保局等部门建立协调化解行政纠纷机制，妥善化解行政争议；与总工会、司法局、人力资源和社会保障局组建劳动争议纠纷联动调解机制；与卫生局等建立了医疗纠纷协调机制，妥善化解医患矛盾纠纷；与公安交管部门配合，建立了调处道路交通事故纠纷的巡回审判法庭；积极配合市政府及相关部门，组建、成立了诸暨市联合人民调解委员会、医疗纠纷人民调解委员会、劳动争议联合调解委员会等六大专业化社会调解机构。对进入诉调对接的纠纷案件,诸暨法院实行全程跟踪指导,建立双向联络制,在人民调解委员会中各设1名联络员,在立案庭配有专门的人民调解联络员,业务庭还指派业务骨干分片分辖区随时提供法律指导。“管闲事”的多了,并不代表法院自身在加强调解上要有一丝一毫的放松。诸暨法院对进入诉讼程序的民商事、行政、刑事附带民事等各类案件,在立案、审理、执行、申诉、信访等各个程序及环节,都优先适用并全方位、全过程开展调解工作,同时设立简案法庭,对案情简单、争议不大的案件进行分流快速调解。

(原载2011年4月12日《人民法院报》)

第五章　规范司法

确保司法审判公正高效权威

第一节 导 论

一、规范司法的科学内涵

古人云："没有规矩不成方圆。"规矩是人类生存与活动的前提和基础，人们总是要在规与矩所形成的范围内活动，司法活动当然也不例外。美国"综合法理学"代表人物博登海默认为，"法律是秩序与正义的综合体。"法包括秩序、正义等基本价值，秩序体现着法的形式价值，正义体现了法的实质价值。在司法活动中强调"规范"的作用，构建起明确而稳固的法律秩序，对法律价值的实现具有十分重要的意义。

当今世界，对法官职业行为、职业道德和个人操守进行立法规范，已经成为一种全球性的潮流。《美国法官行为准则》要求法官在其全部活动中避免不适当的行为和不适当的表现，约束司法外行为，以减少与其司法职责冲突的危险等。日本法官的伦理要求法官不得做出损伤国民对审判及其法官所具有的信赖的行动，必须态度谨慎，保持品性。[①] 欧洲法官咨询委员会提议，建立法官按其职业要求所应遵循的各项原则和具体规定。联合国下属机构召集了一批法学家，集中研究一些国家已经制定的有关法官职业道德规范的最基本原则。这项创意产生了名为《班加罗尔计划》的一套法律规范计划，并制定了《海牙准则》。[②] 同时，为规范法官行为，不少国家和地区非常重视司法管理。20 世纪 80 年代，美国曾掀起一场司法管理运动，引发的重要原因是司法拖延，而联邦司法委员会等法院行政管理机构的建立，则从根本上改进了原有的法院行政管理的旧有面貌与格局。法国采取"司行合作"制度，由法院的行政办公室主要负责立案和对案件的管理。[③] 在我国香港，适当强化案件管理是 2009 年 4 月 2 日开始实施的民事司法制度改革中最为关键的部分。[④]

目前，我国正处于社会转型时期，各种社会矛盾层出不穷，对司法活动提出

① 怀效锋主编：《法官行为与职业伦理》，法律出版社 2006 年版，第 572 ~ 583 页。

② 怀效锋主编：《法官行为与职业伦理》，法律出版社 2006 年版，第 311 页。

③ Maria Dakolias、Edgardo Buscaglia："法院工作衡量机制的国际比较研究"，陈丽莉译，载孙谦、郑成良主编：《司法改革报告——有关国家司法改革的理念与经验》，法律出版社 2002 年版，第 46 ~ 78 页。

④ 李海涛："香港民事司法制度改革开始实施"，载《法制日报》2009 年 4 月 3 日。

了更高的要求,而另外,司法人员素质参差不齐,且面临着巨大的诱惑和压力,司法腐败时有发生。正如最高人民法院在2006年10月向全国人大常委会所做的《关于开展规范司法行为专项整改情况的报告》中,也对法官司法行为不规范、少数案件裁判不公的情况进行了总结。主要表现在:一些法官还没有完全树立正确的司法指导思想和社会主义法治理念,辨法析理、调解纠纷、息诉止争的能力还不强;有的工作效率低下,办事拖沓,办案久拖不结;有的适用自由裁量权不当,甚至滥用自由裁量权,导致民事裁判结果缺乏可预测性;有的裁判文书制作粗糙,繁简不当,重证据罗列,轻证据和法理分析,当事人感到没有说服力;有的办案不透明,程序不公正;有的工作作风简单粗暴,对待当事人“生、冷、横”,遇难题上下推诿、敷衍塞责;个别法官贪图私利,吃请受礼,照顾人情,不作为或乱作为,严重侵害当事人的合法权益;有的甚至顶风违法乱纪,贪污受贿,徇私舞弊,腐化堕落;个别法院主要领导“带病上岗”,“前腐后继”,造成极其恶劣的后果和社会影响;人民群众反映强烈的“执行难”问题尚未得到根本扭转。在学术界,也有对司法活动缺乏规范性的批评,有学者认为,我国目前司法工作人员的法律专业素质、道德品质和业务能力还有待提高,相当多的司法工作人员还缺乏程序公正的理念,许多人不能自觉地用程序公正的标准评价、约束自己的行为,致使在司法实践中出现了许多违反程序公正的现象。[①] 由此,无论是法院系统的自我剖析,还是学术界的批评,矛头都指向了司法行为的不规范、程序正义的欠缺以及由此而导致的各种社会问题,而规范司法的开展可以逐步地消除这些问题。申言之,通过规范司法贯彻实行程序公正,本身就是我国社会主义法治国家建设的关键环节之一。我国传统社会的法律文化造成了人们“厌诉”、“畏诉”的心理,动摇了法律在治理国家中的重要地位。在向现代法治迈进的过程中,正确处理好法律的形式合理性与实质合理性的关系,对于加快我国的民主法治化进程将会起到巨大的推动作用。美国学者罗尔斯对形式正义有许多精辟的论述,他认为,“形式正义的概念,也即公共规则的正规的和公正的执行,在适用于法律制度时就成为法治。”[②]此外,规范司法在追求法的形式合理性的同时,既可以防止司法权的滥用,也有助于培养人民群众的法律意识,这些都是规范司法在促进社会主义法治国家建设上的现实价值的体现。

---

① 高景民、侯万龙:“法的形式正义与司法程序公正”,载《广播电视大学学报》2007年第1期。
② 高景民、侯万龙:“法的形式正义与司法程序公正”,载《广播电视大学学报》2007年第1期。

二、浙江法院规范司法的实践和发展

(一)建立科学的审判管理机制

为了全面加强审判管理,提升审判质量和效率,浙江省高级人民法院在2008年年初决定建立全省法院审判、执行质量效率评估体系,依托信息化技术手段,构建以审判流程管理为支撑,案件质量效率评估为重点,审判监督制约为保障的审判管理新机制,确保审判工作的规范、阳光、廉洁。一是搭建信息化管理平台,创新审判管理手段。2008年年初开始实施电子审务的开发和应用,建立起全省法院审判执行数据库,将信息化管理手段引入审判管理,实现了对各级法院审判执行工作的全面、动态和实时监控。二是构建审判质效评估体系,抓好过程管控和管理评价。2008年,省高院确定了26项质量效率评估指标和11项调研指标,去年9月又将执行质效评估数据单列(共13项评估指标和5项调研指标),通过信息化管理平台汇总数据,自动生成评估指标,每月对包括省高院在内的全省103家法院实行通报和排名,将评估指标作为一张"体检表",为各级院庭长有针对性地加强审判管理提供参考,使各法院看清本院办案工作的强项和弱项,看清自身各项工作在全省法院上下左右之间所处的位置和差距,更有针对性地抓好审判管理的重点环节,改进薄弱环节。三是完善内部监督管理的各项制度,加大对重点案件、重点人员、重点环节的评查监督力度,特别是加强了对18个月以上积案的清理工作。推行"先归档后报结"制度,将案件归档日期作为内部管理的结案日期,加强内部监督管理。

(二)积极稳妥推进量刑规范化改革

2009年6月,根据最高人民法院的要求,省高院成立了以齐奇院长任组长、王幼璋副院长任副组长的量刑规范化工作领导小组,领导全省法院量刑规范化试点工作。6月9日召开了试点法院工作会议,要求试点法院加强实证研究,找准量刑起点,合理确定量刑情节的调节幅度,完善量刑程序。绍兴中院、绍兴市越城区法院、杭州市萧山区法院、湖州市南浔区法院、永康市法院5个试点法院随即开始试点工作。10月至11月,省高院对试点法院的工作情况进行了检查指导,并形成了《关于量刑规范化试点工作的情况报告》报最高人民法院。2010年9月,省高院出台《浙江省〈人民法院量刑指导意见(试行)〉实施细则》,并召开全省法院量刑规范化改革电视电话会议,传达文件的精神和主要内容。具体做法:一是制定实施细则,促进量刑规范。各试点法院在总结本院审判实践经验的基础上,对《人民法院量刑指导意见(试行)》中规定的量刑起点、基准刑、量刑情节、量刑情节调节幅度均予以细化,进一步提高量刑的精确度。二是改革庭审程序,规范量刑活动。各试点法院对庭前程序、庭审程序以及裁判文书表述等方面均作了不同程度的规范化改革。将量刑纳入法庭审理程序,在法庭调查、法庭辩论等阶段,保障量刑活动的相对独立性。三是存储案例数据,深化量刑改革。各试点法院根据量刑规范化试点工作的要求,建立了案例数据库,将每个试点案件的基本情况都纳入数据库,并将试点案件的量刑相关材料集中分类入档,为量刑规范化提供技术支持和工作便利;实行一案一表制,明确审判人员在判决案件时确定的量刑起点、增减刑罚量的情节及比例、计算出的基准刑。

(三)规范上下级法院审判业务关系

一是建立二审改判、发回重审沟通机制。为了规范省法院与下级法院之间关于二审改判、发回重审案件的审判业务关系,浙江省高级人民法院出台《关于健全二审改判、发回重审案件沟通机制的意见》,加大对改判、发回重审案件的监督、协调力度,规范与辖区法院之间的审判业务关系。二是规范基层法院的请示工作。宁波、嘉兴、金华等中级法院建立了案件请示答复制度。严格案件请示答复的范围、程序,落实案件请示答复的工作纪律和责任,积极做好对审判业务具有普遍指导价值的答复意见的推广适用工作,发挥案件请示答复对审判业务指导的特有作用,努力消解各种不当案件请示所产生的负面效应。三是发布指导性业务文件和案例。为了加强对下级法院的业务指导,近年来,针对审判实践中不断出现的新情况、新问题,省高院相关业务部门及时开展调研,深入论证分析,制定出台相应的司法指导性意见,统一法律适用和司法裁判的尺度,有效提升了审判质效,取得了良好的法律效果和社会效果。2007 年,省高院创办了《案例指导》刊物,截至目前,已出版 24 期,共发布指导性案件 277 个。四是加强法官培训。建立全员定期集中培训制度,聘请资深法官担任培训兼职教师,着力提高一线法官的把握运用法律政策能力、群众工作能力、突发事件处置能力、舆论引导能力。

(四)加强和改进审判工作作风

美国著名法学家梅利曼指出,“在我们看来,法官是有修养的伟人,甚至具有父亲般的慈严。”①作风是法官素质的标杆,作风不良也是引起当事人对办案公正的合理怀疑,引起社会舆论消极评价的主要根源之一。结合浙江法院的实际,考虑人民群众的期待和法官职业的特点,2009 年年初浙江高院提出“处事要

---

① [美]约翰·亨利·梅利曼:《大陆法系》,顾培东、禄正平译,西南政法大学法制教研室 1983 年印,第 36 页。

严谨，讲话要亲和，办案要公正，为人要清廉”的浙江“法官职业四要”，制定实施“违反法官行为规范处理办法”，司法作风明显改进，司法行为进一步规范，法院工作更加透明、规范、文明。

综上，浙江法院的实践说明，将“规范”引入司法程序，推行规范司法，可以增强法律实施过程的形式正当性，有助于全面地实现法的秩序价值和正义价值，对人民群众合法权益的保护以及社会稳定和谐环境的营造也都具有十分重要的意义。

第二节 实践经验

打造规范阳光廉洁的审判管理新机制

浙江省高级人民法院

为了全面加强审判管理,提升审判质量和效率,2008 年以来,浙江法院紧紧围绕执法办案第一要务,遵循司法工作规律,依托信息化技术手段,积极构建以审判流程管理为支撑,案件质量效率评估为重点,审判监督制约为保障的审判管理新机制,努力确保审判工作的规范、阳光、廉洁,取得了显著成效。2008 年全省法院收案 67.1 万件,办结 65.1 万件,同比分别上升 23.83%、20.36%。2011 年全省法院收结案双双突破 80 万件,收案和结案数量均位居全国第四,法官年人均结案达 118 件(含非办案部门法官),是全国平均数的 2 倍,位居全国各省区第一(除北京、上海外);上诉率为 14.08%,低于全国平均数 11.02 个百分点;生效裁判息诉率达 99.3%。2012 年 1-10 月,新收各类案件 81.5 万件,审执结 75.9 万件,同比分别又上升了 16% 和 16.03%,均达历史新高,但审判、执行仍保持了良好运行态势,各项主要办案质量、效率、效果指标,继续位于全国法院前列。

一、搭建信息化管理平台,在创新审判管理手段上下工夫

随着审判任务日益繁重、人民群众的司法需求日益增长、社会公众对审判效果的评价日趋多元,以司法统计报表为主要手段的传统审判管理方式的弊端逐渐凸显:一是管理周期过长。司法统计报表以月为时间单位,无法即时反映审判动态,不利于及时发现、反馈、纠正和改进审判过程中存在的质量、效率问题;二是管理手段落后。依靠传统手工统计数据,既费时费力,又难以保证客观性、准确性,由各法院自己上报数据还可能导致投机取巧做假账的问题;三是管理模式粗放。微观管理、事前与事中管理不足,不利于院、庭长及时把握审判工作态势,优化资源配置,容易导致年度办案“前松后紧”、年底收案“踩刹车”等有违司法公正和效率的现象。

为此,浙江高院积极创新思路,将富有时代特点的信息化管理手段引入审

判管理，于2008年年初确定了以电子审务的开发、应用、完善为依托，积极构建审判质量、效率管理新机制的工作思路，即以网上办案为基础，实现审判过程、结果数据化，设定若干指标项，经系统运算，得出评估数值，予以全省通报。针对全省尚有60%以上的法院没有实行网上办案的现状，浙江高院对管理系统进行统一升级，并全力抓好系统的安装和平台的实施，在全省法院部署开展2007年以来办案数据的录入工作，定期专项抽查汇总各法院数据录入差错率的情况，进行排序通报，督促各法院确保数据录入的及时性、准确性、完整性。经过不懈努力，2008年9月，全省各级法院全部实现网上办案，案件立案、审判、执行及案卷归档、移送等工作流程环节都纳入了全省统一的管理系统，各个办案节点的相关数据得以实时录入。在此基础上，全省法院案件流程信息和相关数据自动转换成标准的XML文件，每日定时经由中级法院的数据分中心汇集到省高院数据中心，从而建立起全省法院审判执行数据库，实现了对各级法院审判执行工作的全面、动态和实时监控，形成了案件信息网上录入、案件流程网上管理、司法活动网上监督、案件质量网上考核的司法权开放、透明、信息化运作机制，走出了一条科技强院的新路子。

二、打造审判质效评估体系，在抓好过程管控和管理评价上下工夫

数据汇集仅是第一步，关键在于利用好数据，使之成为各级法院领导抓审判执行过程管控和办案业绩评价的“牛鼻子”。

（一）科学设置评估指标，发挥导向功能

审判管理具有很强的系统性和专业性，必须从整体上平衡把握评估指标相互之间存在的内在逻辑关联，努力形成符合审判规律和特点的评价体系。坚持既抓住基本、管用的数据，贯彻简便易行的原则，又着眼于解决审判实践中存在的突出问题或薄弱环节、注重导向性，经反复比较论证，确定了28项质量效率评估指标和8项调研指标（2010年9月又将执行质效评估数据单列），其中，调研指标主要用于调研参考以及一些效果性的指标，随着数据所反映问题的突出程度变化，评估指标与调研指标可以转换。在具体设置上，注意把握“四个有利于”的原则：

1. 有利于实行精细化的量化管理

紧密结合审判实践，注重各管理环节的衔接，设置能够涵盖立案、审判、执行、信访全过程的、可量化的评估指标，加强对从立案到归档各个环节流程节点的监控，实现对各个法院直至每名法官审判工作的科学量化管理，增强管理的客观性、准确性和全面性。

2. 有利于把握审判工作态势

把握审判态势一个重要的方法，就是对案件的收、结、存作出走势分析。比如，为了分析各法院未结案件是处于正常循环水平，还是处于超越警戒线的失衡状态，设置了“月均存案工作量”评估指标；为反映新收案件的结案走势，设置了“同期结案率”；为了有效解决年度办案“前松后紧”、年底突击结案甚至停止收案的积习，保持办案质量、效率良性循环态势，设置了“结案均衡度”评估指标，经过几年的努力，结案均衡度由 2009 年的 0.66 提高到 2011 年的 0.84，位居全国法院第二；为反映各法院办案工作量的大小，反映办案的辛苦程度，设置了“人均结案数”和“法官人均结案数”，等等。以上评估指标的设置，使各级院长掌握本院、本辖区法院的办案情况更便捷、更准确、更及时、更全面，指导更精确，决策更科学。

3. 有利于促进司法公正、提高审判质量和效果

如在考核“二审改判发回率”的同时，扣除了其中因出现新证据、维稳需要、二审平衡等而改判发回的案件，针对存在程序、实体问题的，设置“二审改判发回瑕疵率”，以更准确地反映审判质量现状；为了直接反映“案结事了”目标的落实情况，在考核“民事调撤率”的基础上，设置“一审民事调解案件自动履行率”，引导法官更加重视调解质量，提高调解案件的自动履行率，防止片面追求调解率，确保调解的法律效果和社会效果。

4. 有利于提高司法效率、落实司法为民

有一段时间，人民群众对上诉案件案卷移送时间过长反映很大，而这恰恰是审判管理的盲点，“迟到的案卷”就是“迟到的公正”，为此，设置了“上诉案件平均移送天数”，重治作风拖拉，使一、二审程序紧密衔接，比评估体系建立前减少了 20 天左右；还设置“12 个月以上未结案数”、“18 个月以上未结案数”，着力化解表面处于正常状态的存案数中隐含的长期未结的“老骨头案”，避免久拖不决造成工作被动；为克服以往仅统计“审限天数”，出现少数法官借用可“扣除审限事由”而人为久拖的现象，设置“平均审理(执行)天数”，考核审理、执行各类案件的平均自然天数，以更加全面地反映案件有无得到及时审理和执行，平均审执天数分别下降了 20 天、21 天；设置“简易程序适用率”，既反映繁简分流的管理力度，也反映司法便民为民的力度，适用率提高了近 10 个百分点。通过科学设置评估指标，将审判管理深入到每一件具体案件、每一个办案环节、每一位承办法官，不留死角。

(二)合理运用评估指标，力克审判管理“短板”

法院案件审理不同于企业产品生产，法院审判管理也不可照搬企业质量效

率管理体系，不能仅仅以评估指标作为“成绩单”论高低，不能不加分析地一味苛求数据的升降和排名，否则会掩盖各个法院在人员、物质装备等工作基础方面的区别，会忽略评估指标无法涵盖的法院特色、亮点工作。浙江高院通过信息化管理平台汇总数据，全国各省区率先自动生成评估指标，每月对包括省高院在内的全省103家法院实行通报和排名，将评估指标作为一张“体检表”，为各级院庭长有针对性地加强审判管理提供重要参考，让各单位看清本院办案工作的强项和弱项，看清自身各项工作在全省法院上下左右之间所处的位置和差距，从而更有针对性地抓好审判管理的重点环节，改进薄弱环节。在每年的全省法院院长会议上，浙江高院齐奇院长都对重点评估指标进行集中讲评和分析。2008年以来，齐奇院长还在评估指标通报上批示97次，对管理成效突出的法院，及时给予表扬和鼓励；一旦发现某个法院、某个阶段存在月均存案工作量过高、18个月以上未结案数较多、简易程序适用率较低等异常现象，就要求相关院长牢牢抓住不放，切实改进工作；尤其强调从每年第一季度开始就抓紧均衡办案，力争全年工作的主动权。评估指标体系也被充分运用于省高院机关各审判业务庭，在每个月的院务会上公布通报各业务庭的评估指标，落后的部门要作出解释说明，并提出有力的改进措施。经过努力，省高院的办案质量效率明显提高，存案工作量大为降低，在全省法院起到了带头示范作用。2009年开始，浙江高院还在“省级模范五好法庭”之间开展审判质效评估，实行优胜劣汰的争创机制，以激励更多的优秀人民法庭脱颖而出。

（三）构建执行质效评估体系，拓展审判管理领域

评估指标体系应当随着审判实践的发展而不断完善。浙江法院自2008年建立评估体系以来，根据审判执行工作实际需要，对评估指标内容、计算方法等作了多次调整完善，使评估指标更科学，重点更突出，指导性更强。如将“一审息诉率”调整为“一审民事息诉率”，剔除刑事的息诉案件，以防止产生片面轻刑化等负面导向。2010年年初，齐奇院长到基层法院调研时，了解到人民群众对执行中执行款发放不及时等问题反映强烈，便考虑将全省法院执行质量和效率评估指标单列，以更好地落实司法为民。几经讨论，确定了包括“执行款发放平均天数”、“委托评估拍卖变卖平均天数”等在内的12项评估指标、4项调研数据，重点规范不应当拖拉的执行环节和容易拖拉但可以不拖拉的执行环节。这是浙江法院深化办案管理，规范执行流程，加强执行监督，促进执行质效的重大举措。通过系统改进、数据补录等工作，同年9月底正式出台了审判、执行分列的质量效率评估指标，使各级执行局的办案质量效率强项弱项、孰优孰劣一目了然，促使各法院下工夫解决执行管理滞后的老大难问题。

此外,浙江高院还对全省法院三级专网进行了改造,对链路进行扩容,开发涉案当事人关联查询系统,可查询被执行人在全省各地法院的涉案债权债务情况;为全省法官配备电子“办案助手”、裁判文书智能纠错等系统软件,方便法官办案;开展政法各家之间,与金融部门、政府部门内网之间的信息专项查询和互通共享,2012 年 6 月在全国率先建成了覆盖在浙所有商业银行的网上“点对点”协助查控存款系统,实效明显。同时,大力加强信息技术在法院调研、司法政务管理、队伍管理、为民服务等方面的开发应用,进一步实现系统整合和资源共享,提升办案科技含量,让每一名干警都从中享受到信息化技术给工作带来的便利和效用。

三、健全内外监督制约机制,在抓好人员管理上下工夫

人既是管理的对象,也是管理的主体。在实现对案件审理、执行进行实时、精细化管理的基础上,一方面强化对审判人员的监督制约,保证流程管控、质效评估落到实处;另一方面重视通过科学合理的评估,激发审判人员的办案积极性和创造性。

(一)规范司法行为,加强监督指导

2009 年年初,浙江高院制定了《关于构建司法规范化工作长效机制的指导意见》25 条,建立教育、管理、监督、考评等四项机制,最大限度地减少和杜绝司法工作的随意性。针对案件审理中认识不一的新疑难问题,2008 年以来,共制定各类业务指导性文件 149 个,编发各类办案技能手册 31 册、审务资料活页汇编 10 卷,发布指导性案例 240 个。为增强法官的群众观念和感情,以优良的审判作风助推审判管理,结合人民性教育,根据法官职业特点,经组织全省法官大讨论,制定了“处事要严谨,讲话要亲和,办案要公正,为人要清廉”的浙江“法官职业四要”。强化院长、庭长的管理理念和职责,浙江高院所有院长都担任过审判长主持开庭审理案件,所有党组成员包案并接待下访信访老户。健全审委会监督管理机制,凡经省检察院检察委员会讨论提起、支持的抗诉案件,均提交审委会讨论;凡改判发回经下级法院审委会讨论决定的案件,都约请下级法院院长列席阐明原判意见。

(二)落实司法公开,实行透明管理

依托信息化技术手段建立的审判管理体系,不断拓展公开渠道,完善公开服务。比如,在全省 1572 个开庭审判用法庭全部建立科技法庭,对庭审进行同步录音录像,实现网上庭审检查、观摩,远程提讯被告人,证人远程作证,远程庭审和网上庭审直播等,加强庭审管理;在全省总计 90 个看守所,建立了 92 个远程视频室，对事实清楚、证据确定、争议不大的认罪刑事案件实行远程审理，既提高了办案效率，又规范了提审管理工作，被最高人民法院作为“浙江模式”在全国法院进行推广；借助案件信息数据集中的便利，对所有排期开庭案件在门户网站“浙江法院网”上预告，并开通案件查询系统，当事人只要输入案号和密码即能在网上查询案件的审理、执行进度；建立全省法院裁判文书库，使符合条件的能够一律上网，现已上网公布全省 2008 年以来的生效裁判文书 49 万余篇；探索运用淘宝网，开展互联网竞价的司法拍卖试点，力求拍卖标的物交易的公开公平公正和拍卖价格的最大化，并实现零佣金，杜绝了拍卖行业潜规则，引起社会热议和赞同。为完善浙江法院的网络公开平台，在省高院督促下，全省 103 个法院都已在互联网上建立了门户网站，同时有针对性地开展舆情应对和司法宣传。

（三）强化廉洁司法，激发职业尊荣感

确保司法廉洁，是审判管理的重要目标之一。浙江高院于 2009 年隆重举行了首次法官宣誓授职典礼活动，现已成为全省法院年度的弘扬“公正、廉洁、为民”的司法核心价值观、加强廉洁司法管理的重要载体。同时，坚持从严治院，严肃执纪“零容忍”。2008 年，在全国率先出台规定抵制人情案、关系案，被媒体誉为“开前门、堵后门”、阳光运作的“约法十章”。针对一些干警违纪违法行为源于与律师不当接触的情况，会同省司法厅制定了规范法官与律师关系维护司法公正的 35 条规定。2010 年实行了法官地域回避制度，明确省高院审判执行人员不得承办、审签当事人住所地与本人出生地、成长地系同一县（市、区）的案件。今年，在春节后上班首日，浙江高院和全省法院统一开展了“廉洁司法教育日（周）活动”，并作为规定动作形成制度。浙江高院还组织编写《法院干警拒礼、拒请、拒托提示手册》，帮助广大法官拒礼拒贿、拒请拒托，人民日报刊文认为此举为“防腐疫苗”提供了研发思路。2008 年以来，全省法院共查处违纪违法 96 件 102 人。其中，浙江高院严肃自查，处分了违纪违法干警 9 人。

（四）注重业绩考评，强化精神激励

针对“阳光工资”对法官办案积极性和审判管理带来的影响，除了积极向省委反映、争取政策支持外，高度重视发挥业绩评价和精神激励在审判管理中的作用，开发法官业绩档案系统，将法官的办案信息数据，包括办案数量、质量等，与法官的人事信息数据、调研信息数据等进行深度融合，全面反映法官的各项素质，为法官考核、评先及晋级晋职提供数据支持，实现对每名干警工作业绩的科学量化考核，更好地实现工作绩效考评与评先评优、晋级晋职的结合，形成以工作实绩管人、选人、用人的导向。

培育法文化素养　弘扬核心价值观

齐　奇

党的十七届六中全会确立了建设社会主义文化强国的战略目标,也指明了新形势下人民法院文化建设的发展方向。作为中国特色社会主义文化的重要组成部分,人民法院文化是推动人民司法事业发展的力量源泉之一,是广大法官共有的精神家园。培育法官的法文化素养,弘扬“忠诚、为民、公正、廉洁”的政法干警核心价值观,不仅是贯彻落实党中央号召,丰富和发展社会主义先进文化的必然要求,也是法院文化建设和队伍建设的重中之重。

一、法文化素养的主要内容与典型特征

素养是一个人在从事某项工作时应具备的素质和修养。关于法官应当具备什么样的素养,古今中外已有不少论断。如英国哲学家、大法官弗兰西斯·培根曾说:“作为法官,应当具有高度的修养。他们应当富有知识,而不应机敏多变;应当持重庄严,而不是热情奔放;应当谨慎小心,而不是刚愎自用。”这些论述对培育当代中国法官的法文化素养有一定的借鉴意义,但不够全面。我认为,法文化素养是指法官应当具有的文化素质和法律修养的集中体现,是包括精神信仰、学识水平、职业道德和行为作风等在内的司法者的综合品质。具体而言:

1. 法官应当具备政治文化素养

司法问题从来就不是单纯的法律问题。法律是政治中最基本、最稳定的规则和价值的体现,脱离政治的法律是不存在的。中国法官作为有中国特色社会主义法律制度的执行者,就必须坚定中国特色社会主义的理想信念,始终拥护党的领导,不断增强对中国特色社会主义司法制度的政治认同、理论认同和职业认同,不断提高政治敏锐性和政治鉴别力,切实做到在大是大非面前旗帜鲜明,在原则问题上立场坚定,在关键时刻头脑清醒,永葆忠诚的政治本色。

2. 法官应当具备传统文化素养

中国传统文化源远流长、博大精深,积淀着中华民族生生不息的精神追求,是一份弥足珍贵的文化遗产。“民本”、“诚信”、“慎独”等传统文化的精髓思想,对当代中国法官的素质培养具有特殊意义。当代法官既要与时俱进,把握

时代发展的脉络,也要立足乡土,继承传统,从情感上更加贴近普通群众,从认知上更加熟悉国情省情乡情;既要有现代法律思维,也要善于从传统文化中汲取有益营养,从更加宽广的角度审视纠纷的解决途径;既要做精通法律条文的裁判专家,也要做通晓人情世故的练达之人,最大限度地满足民众的司法需求。

3. 法官应当具备司法专业文化素养

司法工作具有较强的专业性,有着自身的职业特点和规律。司法工作的职业特点,决定法官必须具备良好的、以法律知识和法文化为主的司法专业文化素养,它既体现在法官对司法规律和司法规则的理解把握上,也体现在法官对法治思想和立法、司法理念的融会贯通上,它是法官执法办案的能力基础和智慧源泉,它要求法官善于从对立中发现真伪,从冲突中找到均衡,从矛盾中实现和谐。

4. 法官应当具备职业道德文化素养

法官的职业决定了一名法官除了具备普通人所应有的个人品质和公德素质外,还必须具备公正、严谨、平和、廉洁的职业道德素养,这是法官赢得社会尊重的重要原因。它不仅关系着法官个人的人格魅力,也关系着整体的司法形象,关系着社会公平正义能否真正实现,关系着司法权威能否被公众认同。

中国法官的法文化素养具有以下特征:

一是本土化特征。无论在东方还是西方,法官都应当具备公正、清廉、正直等品质,但由于法治理念、政治体制、社会环境和文化传统的差异,中西方法官的法文化素养也不尽相同,比如西方社会往往强调法官保持政治中立(其实未必能够真正中立),而政治文化素养则是中国法官不可或缺的重要品质;西方法官往往强调追求程序正义,而中国法官在实现程序正义的同时,还要考虑裁判的实体和社会效果。

二是职业性特征。司法具有权利救济、公权制约、纠纷终结的功能和居中、衡平的职业特性。培育法官的法文化素养必须体现司法的职业特性,要坚定共同的理想信念、价值追求、职业道德和行为准则,还要具备公正、公开、高效、便捷、平等等现代司法理念。

三是时代性特征。独立品性、专业能力和经验学识等是法文化素养中的固有内容,但随着时代发展,法官的法文化素养也在不断丰富和完善。现代法官不仅要能"坐堂问案",还要树立能动司法理念,既主动服务经济社会发展大局,又尽可能提供便民惠民利民的诉讼服务;不仅要具有厚实的理论功底和娴熟的审判技能,还要具有相当的现代人文社会科学和自然科学知识,努力实现裁判法律效果和社会效果的统一;不仅要严格按照诉讼程序办案,还要善于运用计算机、网络等科技辅助手段,提升审判的质量和效率。

二、浙江法院培育法文化素养的具体路径

“忠诚、为民、公正、廉洁”的政法干警核心价值观,是社会主义核心价值体系在政法领域的集中体现,为新形势下培育法文化素养提供了理论指导。它要求培育法文化素养,必须坚持马克思主义指导地位,紧密结合中国实际和时代特征,把握人民愿望和司法工作特点。政法干警核心价值观也是衡量法文化素养培育效果的重要尺度。法文化素养培育的好不好,归根结底还是要看法院干警是否牢固树立了社会主义法治理念,是否保持了“忠诚”的政治本色,是否践行着“为民”的宗旨理念,是否守护着“公正”的神圣职责,是否恪尽着“廉洁”的基本操守。

近年来,浙江法院按照中央和最高法院的要求,大力弘扬政法干警核心价值观,全面加强法院文化建设,切实提升干警法文化素养,为全省法院的科学发展提供了强大的精神文化支撑。

(一)抓学习教育

浙江法院大力加强思想政治教育,努力提升政治文化素养,促使广大法官成为政法干警核心价值观的坚定信仰者、积极传播者和模范践行者。

1. 建设学习型党组织

坚持“抓党建带队建促审判”,强化一岗双责意识,大力推进党组织和党的工作在法院系统全覆盖,搭建弘扬核心价值观的坚实平台。省高院党组中心组以弘扬核心价值观为根本,坚持时政学习每月第一周安排一次,理论学习每季不少于一次,每次不少于3天,每年不少于12天,坚持每年7月举办全省院长读书会,进行思想理论务虚,统一司法理念,全面推进法院文化建设。同时,积极开展基层党支部建设,将支部建在人民法庭,将党旗插遍人民法庭,222个法庭全部成立了党支部或党小组,成为引领人民法庭工作的战斗堡垒。各级法院积极落实建立“学习型机关”的要求,确定机关理论学习日,创设理论学习和心得交流平台,浓厚法院的学习氛围。

2. 开展主题教育活动

全省法院将践行政法干警核心价值观作为法院领导干部和法官应当追求的重要目标,紧密结合“发扬传统、坚定信念、执法为民”和“人民法官为人民”等主题教育活动,深入开展核心价值观大学习大讨论和社会主义法治理念再学习再教育活动,认真安排核心价值观教育培训内容,使广大法官真正做到思想认同、知行统一。另外,省高院还开设“我们的价值观大家谈”论坛,组织“让天

平在审判岗位熠熠生辉”主题演讲比赛，开展“下基层，访民情，增感情”有奖征文竞赛，大大深化了干警对核心价值观内涵的认识。这些活动通过法院内网辐射到各级法院，在干警中产生较大反响。

3. 加强法院文化阵地建设

出台关于加强法院文化建设的意见，要求全省三级法院布置好院史（荣誉）陈列室、活动室、图书室、“法文化走廊”、“法文化墙”等法文化设施，编撰好各地法院年鉴、年报等法文化刊物，建设好人民法庭标识等法文化标志，注重在法院外观和内部设置上营造浓厚的法文化氛围，充分发挥法院机关在核心价值观学习教育活动中的主阵地作用，时时提醒法官坚守正义、严格执法，塑造法院公正、高效、权威的司法形象。目前，全省三级法院和70%以上的人民法庭已经达到了向社会公众开放参观的法文化硬件标准。

4. 以人文教育和关怀凝聚团队精神

通过在法院内网开辟“法官论坛”等专栏，邀请历史、哲学、文学等领域的专家学者到法院讲座，开展“读书·思考·进步”和诗书画影作品展览等活动，营造法院学习氛围，增进干警文化修养，提升干警精神境界。省高院主要领导利用休息日先后走访了60余位中层正职以上、先进典型、劳动模范和新提任干部家庭；以“我们高院人”为题，汇集省高院全体在职干警笑脸照片，集中展示于主楼电子大屏幕上，大大增强了队伍的凝聚力。将院长与退休干警、新婚干警的寄语制作成《光阴与足迹》、《相约一生》的视频，上传全省法院内网，引起广大干警很大共鸣。重视发挥党团组织作用，积极组建各类文体活动小组，定期举办文体竞赛和运动会，不断丰富法官精神文化生活，同时注重关心解决干警个人、家庭生活中的实际困难，引导法官保持良好精神风貌，努力构建“领导爱法官、法官爱法院”的温馨法院人文环境，形成尊重人、关心人、理解人、帮助人的“大家庭”工作氛围。

（二）抓司法作风建设

全省法院狠抓司法作风建设，教育和引导广大干警规范司法言行，遵守司法礼仪，讲究司法文明。我们感到，从这些年案件评查、当事人申诉上访中发现的一些问题来看，之所以有的法官引起当事人反感，裁判结果被质疑，直至申诉上访不断，重要原因不仅仅在于案件裁判不公，而更多的情况往往是办案法官言行不当，或者低级差错，或者有程序、实体瑕疵等司法作风问题。因此，有针对性地加强司法作风建设，最大限度地减少办案差错瑕疵，克服简单、粗糙和随意性、情绪化的不当言行，对于树立良好司法形象和提升司法公信力具有重要的现实意义。

1. 提出浙江“法官职业四要”

根据人民群众的期待和法官职业特点,我们早在2009年年初就制定“处事要严谨,讲话要亲和,办案要公正,为人要清廉”的浙江“法官职业四要”,并专门出台实施意见,广泛进行宣传,不断推进落实,使之成为法官自觉的道德规范和行为准则,成为改进司法作风的有力抓手。

2. 推进司法行为规范化建设

全省法院在开展为期三年的司法规范化建设活动取得成效基础上,2009年年初又制定了《关于构建司法规范化工作长效机制的指导意见》,规范立案、审判、执行和裁判文书制作等重点工作,建立教育、管理、监督、考评等四项机制,最大限度地减少和杜绝司法工作的随意性。深入开展司法礼仪培育活动,专门就法官统一着装、庭审、接待等方面的礼仪作出明确规定。组织拍摄全国首部《法官司法礼仪规范》电教片,从职业形象、接访接诉、开庭审理、执行工作、业外活动等角度讲解、演示法官司法礼仪规范和实务要求。经最高人民法院政治部批准,该电教片在全国出版发行。举办“我心目中的法官形象”恳谈会,邀请社会各界代表到会发言,进一步强化法官对核心价值观的理解和实践。结合“百万案件大评查”,开展明察暗访1085次。针对一些尚不够党政纪处分,但又明显违规、违反职业要求,或小错常犯的不当行为,省高院出台《工作人员违反规章制度的处理办法》,采用类似交通违章记分扣罚的方法进行扣分处理,累计扣分达若干分数,年终考核不能评为称职。该制度实施以来,省高院机关已对8名干警进行扣分处罚。2011年,集中通报剖析12个纪律作风典型案例,警示全省法院干警,有力改进司法作风。2012年5月,依托全省1572个数字法庭系统,对全省法院130场庭审进行了视频抽检督察,逐一点名通报。下一步,还将组织各中院对所辖基层法院和人民法庭进行庭审随机视频督察。

3. 畅通民意沟通渠道

院庭领导带头“触网”、“过河”。自2009年以来,与浙江在线联袂推出“阳光司法、民本司法”、“和谐司法”和“中级法院院长访谈”等三个系统访谈活动,省高院院长、副院长、庭长、各中院院长通过浙江在线与网民交流31人次,直播页面访问量达410万人次,网民留言近4000条,收到良好效果。大力推进“公众开放日”活动品牌化。全省法院按照省高院部署,每2个月组织一次主题“公众开放日”活动,并在上、下半年各举行一次全省三级法院同时参加的主题“公众开放日”活动。2010年以来全省法院组织“公众开放日”活动890余次,邀请社会公众3.1万余人次参加,切实拉近了群众与法官的距离。

4. 大力弘扬先进典型

开展"十佳优秀法官"、"十佳办案能手"、"十佳工作标兵"等评选表彰活动,先后涌现出了已光荣当选为党的十八大代表的陈辽敏、以及调解能手朱学军等一大批公正司法、一心为民的优秀法官,树立了人民法院和人民法官的良好形象。全省各级法院着力从司法作风方面广泛开展向陈辽敏、朱学军等先进典型学习活动,引导广大干警以先进典型为榜样,大力培育高尚的职业道德、优良的职业素养和扎实的职业作风。

(三)抓司法能力提升

根据队伍现状和司法职业特点,大力提升法官正确适用法律和做群众工作、化解息诉的能力,在维护公平正义的具体实践中弘扬核心价值观,体现司法专业文化素养培育成果。

1. 着力提高青年法官业务素质

目前,浙江法院 35 岁以下青年法官已达 5832 名,占全省法院干警总数的 45.2%,已成为法院队伍的重要力量,承载着法院的未来和希望。青年法官普遍具有较高学历,但"三门干部"多,社会阅历和实际审判工作经验较为缺乏。为此,浙江法院从大处着眼,小事入手,着力提高青年法官司法和群众工作能力。针对青年干警经历简单,思想活跃,容易受西方错误政治观点和法学观点影响,容易在现实环境中产生迷茫和困惑的实际情况,通过多种形式的思想教育,筑牢青年干警思想根基。出台专门规定,新进青年干警必须先到立案大厅接访群众 6 个月,缺乏基层经历的青年干警必须到基层法院或法庭实习一年,选派青年干部到县、乡(镇)、重点工程挂职锻炼,提高青年干警群众工作能力。建立青年法官任命前的轮岗机制,实行法院内部多岗位交流锻炼,推行和完善"导师制",为青年干警配备德才兼备的资深法官导师,以老带新,搞好传帮带,增强青年干警综合业务能力。

2. 加强业务培训和审判指导

2009 年以来共会同各中院举办各类培训班 272 期,培训法官 24760 人次。创新培训方式,确定每个月的最后一个工作日为网络培训日。注重对基层法官办案技能的实务指导,共编发技能手册 31 册、审务活页汇编 10 卷,发布指导性案例 269 个,总结推广审判经验 91 项。切实帮助基层破解司法难题,在全省范围内建立各审判条线人才库和专家咨询制度,组织实施全省重点调研课题及成果转化工作。

3. 大力推进阳光司法

阳光司法既是检验司法能力的平台,更是倒逼司法能力提升的有效途径。

近年来,浙江法院大力落实最高人民法院《司法公开示范法院标准》,制定《浙江法院阳光司法实施标准》,进一步明确立案、庭审、执行、听证、文书、审务六个方面58项必须公开的内容、程序和方法。经逐项检查验收,除了在建改建审判大楼的法院外,近90%的法院已经达标,23个法院被评为"阳光司法优秀法院"。大力改进全省103家法院的对外门户网站建设,完善和规范裁判文书公开上网工作,不断强化网上信息公开、网上便民服务。今年,已将"阳光司法指数"作为重点调研课题,会同科研部门共同研究制定切实可行的司法公开量化评估体系,充分发挥指数评估的导向鞭策作用,完善司法公开的长效机制。

(四)抓廉政制度建设

全省法院以制度建设为根本,筑牢反腐倡廉的"防火墙",以制度教育人,以制度管理人,不断加强司法良知教育,切实提高法官的职业道德素养。

1. 大力开展廉政教育

在全省法院内网上开辟"廉政经纬"专栏,及时更新"廉文赠读"、"廉洁制度"等内容,利用短信平台在节假日前夕向全院干警和各中院班子成员发送廉政提醒短信,拓展廉政教育的广度和深度,使廉洁司法成为全体干警的共同信念和自觉实践。高度重视案例教育,以发生在身边的违纪违法典型案件为教材,在全省法院深入开展集中警示教育活动,充分发挥查办案件的治本效应。从2012年起,全省法院在每年春节后上班第一天(周)统一开展"廉洁司法教育日(周)活动",并作为规定动作形成制度。

2. 创新廉政机制建设

着力完善重要事项报告、廉政监察员、廉政谈话、案件回访、案件监督卡、违纪违法责任追究、重大案件剖析和通报等制度,重视源头防腐。制定完善全省法院防止人情关系对司法工作不当影响的规定——被媒体称为开前门、堵后门、阳光运作的"约法十章",强化内部监督。积极探索构建岗位廉政风险防控机制,针对自查、交叉检查等方式发现的审判执行等岗位存在的廉政风险点,制定防控措施。组织编写《柔性处理,艺术拒绝——法院干警拒礼、拒请、拒托提示手册》,模拟了20多种法官在办案中可能遇到的送礼请托场景,给出了在遵章守纪、秉公办案的前提下,不影响法官正常人际交往的处理建议,帮助广大法官拒礼拒贿、拒请拒托,筑牢廉政防线。落实院领导和审判业务法官的职业回避制度,实行办案法官地域回避,省法官协会还与省律师协会联合制定了规范法官与律师关系的16条意见,抵制不正当交往。

3. 举行新任法官宣誓授职典礼提升职业尊荣

省高院从2009年开始,每年举行新任法官宣誓授职典礼,邀请省委、省人大主要领导为新任审判员授职，邀请干警家属现场观礼，安排法官和家属代表发言，激发广大法官记住庄严承诺，坚守法治信仰，珍惜职业荣誉，守住廉政底线，矢志不渝地维护社会公平正义。在省高院的带动和倡导下，全省各级法院均已举办新任法官宣誓授职典礼，其已成为浙江法院一项年度的重大司法礼仪和廉政教育活动。

4. 坚决查处不廉不公行为。全省法院严格执行“四个一律”、“五个严禁”和“约法十章”，认真贯彻最高人民法院《人民法院审务督察工作暂行规定》，坚持对违纪违法行为“零容忍”，保持对不廉不公行为的高压态势；及时查纠、通报侵害群众利益、伤害群众感情的违纪违规行为，促进严格、公正、廉洁、文明执法，收到良好效果。2008 年以来，省高院先后主动严肃查处了 8 名处以上干警的违纪违法行为，分别给予开除公职、免职、降级、记大过、记过、留党察看等党政纪处分。浙江法院坚持从严治院、从严治警，敢于动真格的做法受到最高人民法院院长王胜俊、省委书记赵洪祝等领导充分肯定。

此外，信息化手段在法文化建设中的作用正在日益彰显。回顾浙江法院实施“科技强院”战略的历程，我们通过组建法院三级专网的启动起步、狠抓业务数据应用的突破提高、全省推行门户建设的内外拓展、强调管理服务并重的纵深推进这样一条持续连贯的工作思路和层层递进的“分步走”工作方法，在 3 年内全面实现了审判管理数字化、庭审活动电子化、行政管理智能化、人事管理科技化，并且依托全省 103 家法院的内网门户和互联网门户网站，实现了法院信息发布网络化，形成对外宣传法院工作的传播平台、对内弘扬法文化的教育平台。在信息化建设的助推下，不但信息技术中的规则、程序、工作流程等理念被导入法院管理和具体工作之中，还使广大干警在现代信息的氛围中全方位地受到法文化的感染熏陶和潜移默化，这也是我们在“培育法文化素养，弘扬核心价值观”中的工作体会。

规范档案管理　专项清理未归档老案卷

浙江省高级人民法院

人民法院的诉讼档案,是审判活动的真实记录,属国家重要的专业档案。总体上看,浙江法院诉讼档案管理是好的,尤其是自2011年全面实施“归档报结”制度以来,档案管理的规范化程度有了明显提高,但历史遗留未归档案问题仍未得到有效解决。2012年1月,浙江省高级人民法院专门部署开展1985年以来历年遗留的未归档老案卷的专项清理活动。截至4月底,全省法院共清理出历史遗留未归档案卷147361件,其中清理入库53569件,属无案件空号的49969件,按规定核销33752件,另有未审结、待核销10071件,基本完成了未归档老案卷清理任务,有力促进了各级法院的档案管理,对加强审判、执行管理产生了积极影响。

一、精心组织,“一把手”上一线

浙江高院将历年遗留的未归档老案卷专项清理工作,列为2012年重点工作之一,召开电视电话会议专题部署,明确具体责任部门、阶段性目标和时间节点。在年初的全省法院院长会议上,浙江高院院长齐奇就做好老案卷清理工作提出明确要求。

全省法院高度重视,纷纷成立了由院领导任组长的领导小组,制定细化实施方案和工作推进时间表,充实档案人员力量,扎实推进专项清理工作。丽水中院院长黄文斌亲自负责此项工作,要求两级法院院、庭领导和审判人员全员参与清理工作。台州中院院长丁铧先后4次专题听取活动进展汇报,并深入档案库房了解立案登记、归档登记、外借案卷等情况。温州中院3次组织召开视频会议,实时跟踪了解辖区基层法院工作动态,并要求档案库存量达10万件以上的法院,配备档案管理人员不少于5人,库存量为10万件以下的,不少于3人。

浙江高院组成督察组,分赴各地检查指导清档工作。各中院在抓好本院清理工作的同时,实地听取各基层法院清理工作汇报,加强督促指导,有效推动了清理工作的进度。针对婺城、金东两个法院1985年以来经历两次拆并、档案情况复杂的实际,金华中院院领导带队上门调研提出具体工作措施,保障了两家法院清档工作的顺利开展。

二、全员参与，翻箱倒柜摸“家底”

理清历年未归档老案卷的案号，是清档工作能否取得实效的基础和关键。纳入清理对象的案卷时间纵跨26年，各地法院或多或少地存在行政区划变更、机构撤并、人员调动、办公场所搬迁等情况，给档案清理工作带来许多难度。为准确整理未归档案号，浙江全省法院全院动员、庭处室全员参与，尽最大可能查找底账，从登记簿到入库的实体卷宗，逐一清理核查。绍兴中院实行“定人、定案、定时、定质”的“四定”要求，切实把每一件案卷的清理责任落实到位。该院从各业务部门收集了总计达130余册的收案登记本与档案室归档登记本的原始信息进行逐一核对，再进入库房上架翻查，逐案确定未归档老案卷的实际情况。

浙江各级法院在理清未归档老案卷案号的基础上，纷纷通过召开党组会、院务会、干警大会以及发送短信通知、定向通报等形式，动员各方力量，全面查找案卷去向。嘉兴中院要求各部门对办公室的橱柜、抽屉等进行地毯式自查。诸暨、新昌法院院领导带队对全院各个办公室进行逐个查找，对所有闲置仓库和柜子进行翻查，查找出老案卷330余件。杭州中院召开专题分析会，邀请离退休老同志回忆未归档历史老案卷的情况。舟山中院由政治部门出具干警档案，联系原庭长、承办法官、档案管理员等了解情况，并发动在职干警积极参与原工作庭室的清查工作，同时加强与一审法院、受移送法院和检察院等单位的沟通联系，尽最大努力查找案卷线索。

三、查漏补缺，老档案换“新颜”

浙江法院以此次清理活动为契机，结合2011年11月实施的“归档报结”制度，及时整改档案管理中存在的问题，创新和改进档案管理方法，同时，大力推进档案电子化工作，提升法院档案管理规范化、信息化水平。宁波、丽水、湖州等法院建立了核销档案备案制度，制作工作台账，列明核销案件的明细和核销手续，以备今后查案需要。宁波海事法院注重查找管理工作和制度落实方面的漏洞，进行查漏补缺，防微杜渐。镇海等法院还对已入库的有褶皱破损的老案卷进行重新装订，以延长档案使用寿命。

全面贯彻司法公正　切实提高司法权威

杭州市中级人民法院

随着经济社会的发展,人民群众学法、用法的意识逐步增强,对规范司法行为、提高法官职业操守的要求也更加迫切。同时,网络舆论对社会生活产生的影响越来越大,司法不公、不文明、不规范的现象,经由网络炒作甚或放大后,极易产生巨大的负面效应。因此,人民法院亟须通过规范司法来贯彻司法公正,提高司法权威。近年来,杭州全市法院深入落实规范司法行为、深化司法管理、提高文书质量、优化职权配置等措施,提升司法规范化水平。

一、规范司法行为

(一)规范司法礼仪

法官在办案过程中因不注意遵守司法礼仪而遭投诉或被怀疑司法不公的现象时有发生。要有针对性地解决这一“顽症”,关键是从义务的角度要求法官遵守司法礼仪,当法官违反规定时予以一定的惩戒,并逐步从“他律”转变为“自律”。鉴于最高人民法院制定的《法官职业道德基本准则》中关于“遵守司法礼仪”的部分多属原则性规定,萧山区人民法院经过反复征求全院干警的意见和建议,制定了《司法礼仪规范》,此为全省首创,也为省高级人民法院制定《关于规范司法礼仪的若干规定(试行)》提供了蓝本。

(二)优化司法作风

采取多种形式开展《法官职业道德基本准则》、《法官行为规范》和《人民法院文明用语基本规范》的宣传教育和培训,增强干警公正廉洁规范文明的司法作风素养。全市法院通过个人自查、同事帮查、群众满意度调查、涉法涉诉案件评查等形式,全面梳理、认真查摆与政法干警核心价值观不符合、不适应的问题,特别是在思想认识、管理服务、机制建设等方面存在的薄弱环节和漏洞,剖析原因,查找根源,落实整改措施、期限,逐项加以整改并形成自查自纠报告。为进一步转变工作作风,切实解决一些法院干警中存在的“庸、懒、散”问题,确保中央和省、市委各项重大决策部署的贯彻落实,根据杭州市作风建设领导小组《关于在全市开展深化作风建设治庸治懒治散“效能亮剑”专项行动的实施意见》要求,结合法院工作实际,全市法院开展了治庸治懒治散“效能亮剑”专项行动。

（三）增强司法能力

全市法院认真贯彻落实《2011－2015年全国法院教育培训规划》，以法院领导干部、一线法官、青年法官为重点，扎实抓好各级各类培训，确保全员培训任务落实。按照“立足岗位、服务实践、全员参与、注重实效”的原则，区分不同岗位和审判业务领域，采取“法官教法官”等形式，扎实开展各种形式的岗位培训活动。采取庭审观摩、优秀裁判文书评比、考核比武等具体形式，广泛开展司法业务技能竞赛，组织评选办案标兵，激励促进干警提升司法能力。市中院每年开展全市法官的集中轮训班，把核心价值观教育融入到集中培训中。重视对青年干警的教育培养，激励青年干警追求法治建设事业，关心帮助青年干警正确对待现实工作和生活中的一些思想波动、焦虑、浮躁的问题，开展预备法官导师制培养、预备法官示范岗位锻炼、两级法院上挂下派锻炼、新招录干警下基层锻炼等做法，着力帮助青年干警提高做群众工作能力、息诉能力、处置突发事件能力，包括外地籍青年干警学会运用当地方言的能力。

（四）统一量刑尺度

全面推进量刑规范化建设，统一量刑尺度。严格执行两个刑事证据规定，确保无罪的人不受刑事追究。在量刑规范化工作正式在全国法院全面推开之前，早在2009年5月，萧山法院就被确定为全国量刑规范化改革试点法院，开始探索量刑规范化建设。近三年来，该院按照“坚持标准、保证质量、注重实效、扎实推进”的原则，利用自身案件资源丰富、类型广泛、疑难案件比例高、基础材料收集方便等优势，认真学习贯彻上级法院指示精神，积极探索部署量刑规范化改革，通过实践检验《人民法院量刑指导意见（试行）》和《关于规范量刑程序若干问题的意见（试行）》的科学性和可行性。2011年7月5日，最高人民法院刑三庭有关领导检查了萧山法院的量刑规范化建设情况，给予充分肯定。

二、深化司法管理

近年来，全市法院根据最高人民法院部署，积极推进各项司法改革，在原有五大审判管理体系（即上诉案件审级监督管理、案件审判流程管理、案件质量评查、案件质量与效率评价体系、违法办案追究机制）的基础上，进一步强化管理，规范办案责任体系，健全完善了以审判工作规律为指导、以案件质效管理为重点、以程序公开公正为主要内容，以绩效考核考评为重要抓手的司法管理新机制。

（一）抓常态，经常抓

一方面，建立机构实现常态管理。目前，杭州中院和14家基层法院中，经编委批准正式挂牌成立了审管办或类似机构的有6家,其余为设立内部机构或与相关庭室合署办公。另一方面,结合案件质效管理和案件评查坚持常抓不懈。杭州中院完善案件质量效率评估体系,强化数据分析,严格审限管理,定期通报改判、发回重审案件存在的问题,提高办案质量,规范自由裁量权行使;建立法官办案情况每周通报制度,强化未结案常态清理机制,切实提高办案效率,努力实现收结案良性循环。认真落实院庭长审判质量管理责任制,实行审判委员会委员、业务庭庭长案件抽查评查制度,强化审判委员会对审判工作的监督指导;建立重大疑难案件审判委员会委员征询机制,集中资深法官的智慧,把好裁判关;坚持常规评查,突出重点评查,规范专项评查,做好“百万案件大评查”工作,加强涉诉信访案件成因分析,促进办案质量和效率。完善法官考评机制,量化工作绩效指标,促进法官多办案、办好案。2012年4月,为进一步加强对长期未结诉讼案件的管理,杭州中院在全市法院部署建立防控和清理长期未结案长效机制。通过排查清理,逐案分析,对所有三年以上老案逐一制订了预结案计划,坚决杜绝因人为放松搁置而导致久拖不结的情况。

(二)抓难点,重点抓

全面开展遗留未归档老案卷专项清理活动,采取严守操作方法、责任落实到人、强化考核通报等举措,对未归档老案进行了逐案清理。经排查,共有50件案件,存在确实无法归档的原因,正处于销案审批中;桐庐县法院已圆满完成自1950年建院以来283件案卷档案的归档清理工作,江干区、西区湖等法院正有序推进此项工作。案件录像率稳步提升,现已达到92.3% 。

(三)抓落实,环环抓

为促进均衡结案,杭州中院出台了《关于案件审理和执行期限监督管理办法》,严格控制申请延长审限的案件数量,对案件审限实行实时跟踪,对审限剩十五日的案件,向承办法官每日催告;同时规范流程,加强节点管理。今年以来,杭州中院建立了发回重审案件审判委员会评议制度;西湖区法院建立了庭审观摩示范及评查抽查机制;淳安县法院开展“三项评查”,着力杜绝办案瑕疵。上城区法院紧跟省高院的统筹安排,着眼于加强司法规范化建设,加大改革创新力度,推出了案件质量管理“一一三三”工程:建立一个机构——成立以分管院长为组长、审监庭庭长任副组长的院案件质量评查工作领导小组,作为案件质量管理的办事机构;紧抓一条流程——充分发挥案件流程管理的作用,确保案前、案中、案后的各种资料和信息及时输入,加强审限监督,杜绝超审限案件;落实三项制度——制定落实《案件督查、评查办法》、《案件质量管理办法》和《案件质量监控指导意见》,以制度建设促进审判管理工作;建立三大载体——

开展“司法之星”评选，优秀庭审活动评议，加强优秀裁判文书和调研文章评选。经过近几年的探索与实践，案件质量管理机制改革取得了明显的成效，案件质量大幅上升。

三、提高文书质量

（一）评选优秀裁判文书

裁判文书是审判过程的最终有形载体，也是法官业务能力的集中体现，更是公平正义的化身。为推进司法公开建设和裁判文书改革，提高裁判文书制作质量，推动审判执行工作科学发展，树立全市法院司法公开、公平、公正良好形象，杭州中院连续 11 年组织开展了全市法院优秀裁判文书评选活动，编辑《优秀裁判文书选辑》。经过全市各法院推荐、评审小组初选和评委会严格评审，并报院领导审定，从参评文书中优中选优，评选出样式规范、语言精练、逻辑严密、说理透彻的优秀裁判文书。通过优秀裁判文书评比活动，推动全市法院进一步加强裁判文书质量管理，使裁判文书真正取得“事实清、道理明、人心服”的良好法律效果和社会效果，促进司法公正性，提高司法公信力。2011 年开始，进一步将优秀案例评选纳入进来，以促进案例撰写质量和办案水平，发挥典型案例的示范、引导作用，推进司法公正。

（二）统一裁判文书格式

全市法院以信息系统为载体，统一裁判文书。萧山区法院制定出台《裁判文书语言和技术规范》，从语言运用、数量用法、标点用法、格式标准等方面，对制作裁判文书进行详细规范；制作刑事、民事、商事、行政四种判决书样本，供制作裁判文书时直观参考。其次，自动生成文书，保障标准统一。规范立案、审判、执行中案件信息的输入，做到完整、准确、及时，以便具体案件的相关信息在裁判文书中自动生成。修改信息管理系统中的法律文书模板，制作民事裁判文书模板 46 个、刑事 50 个、行政 16 个、执行 34 个，并上传到法律文书卷宗编辑器中，自动生成裁判文书，减少法官工作量。通过网上指令完成裁判文书的校对、印刷、盖印及统一保存等工作。裁判文书质量大幅提升，成为向社会公众展示司法公正形象的载体。通过制定统一的电子模板和裁判文书样式，做到格式统一、技术规范、用语准确，完整体现诉讼程序。裁判文书写作做到繁简得当，论证充分，条理清晰，针对性和逻辑性强，使裁判获得公众的信服。

四、优化职权配置

(一)调整执行机构职能

杭州中院调整优化执行机构职能,建立全市法院执行工作统一管理、统一协调新机制,深化执行分权制衡改革,实现执行流程的查控、实施、裁决三分离,进一步强化对执行权的监督制约。完善被执行人财产查控措施,2007 年在全省率先建立执行查控网络,有效提高了法院查控财产的能力,促进了联动单位协助执行作用的发挥,提升了执行威慑力,这项工作被评为杭州市市级“创新创优目标”奖,受到省高院肯定并在全省推广,全国多家兄弟法院专程来人学习经验。

(二)规范司法评估拍卖工作

进一步规范司法鉴定、评估和拍卖工作,采用随机摇号方式公开选定评估、拍卖机构,纪检监察部门监督评估、拍卖全过程,此项工作走在全国前列,得到了最高法院、省高院有关领导的认可和关注。为进一步加强对全市法院委托拍卖工作的监督管理,改变受委托评估、拍卖机构由各基层法院自行选定的做法,杭州中院在辅楼设置了专门的拍卖大厅,中院及城区法院(含萧山、余杭)的委托拍卖统一在拍卖大厅进行,监察室、司法鉴定处人员现场监督。该举措在全省领先,也得到省外兄弟法院的赞许。拍卖大厅启用以来,未发现当事人或相关权利人投诉及串标、陪标、哄标等现象,拍卖成交额、拍卖成交率和成交的最大化明显增长。2011 年,杭州中院在全省法院率先出台调整拍卖佣金的实施细则,对拍卖佣金的收取等问题作了细化,加强对拍卖机构佣金收取的管理、检查、监督。引入第三方政府交易平台,将司法拍卖纳入政府设立的公共资源交易中心进行,进一步推进全市法院司法拍卖社会化、市场化改革,确保司法更加公开、透明、廉洁。

规范是实现法院科学管理的必由之路

金华市中级人民法院

没有规矩，不成方圆。司法规范化建设是一项系统工程，涉及法院工作的方方面面。近年来，金华法院通过开展“质量效率改革年”和“全面工作规范年”等活动，全面加强司法规范化建设。

一、完善审务管理机制，审判质效再提升

（一）以审判质效评估为抓手，建立完善审判质效评估体系

金华法院案多人少矛盾特别突出，人均结案数久居全省第一位。在此压力下，金华法院紧紧依托质效数据评估体系，全面监控案件质量、效率和效果指标，成效非常明显。

1. 加强审判质效数据的分析和研判

全市坚持开展“一读二报三评”活动，全面监控案件质量、效率和效果指标数据。中院每月通报全市法院、全市法庭以审限内结案率、调解撤诉率等16项核心质效指标，为审判工作的正确评估和决策提供重要参考依据。中院通过质效数据动态分析、专题统计分析、弱项指标分析等多种形式，巩固优势指标，改进弱项指标，促进审判执行各项指标均衡发展。各基层法院结合自身实际，制定审判执行质量效率考核办法，将质效数据通报到庭到人，并以此作为评优评先的重要依据。如永康法院推行了“一周一跟踪、一月一通报、两月一评查、一季一点评、半年一考核”机制，基本形成了科学的审判质效管理体系。

2. 加强案件质量评查制度

2011年，中院修订《案件质量评查办法》，成立审管办，专职案件质量评查，定期开展发改案件督查通报，并将评查结果列为审判人员年度考核和评优、评先的依据。审委会严格审查发改案件，逐案查找发改原因，进一步提升案件质效。各法院结合“百万案件大评查”活动，认真做好发改案件质量评查工作，质量评查小组每季召开例会，评定案件差错，发布评查通报。义乌法院探索和加强改发案件异议反馈机制作用，定期收集反馈核查改发案件的异议，使改发案件真正经得起检验。兰溪法院出台《关于对发回重审、改判等案件监督管理办法》，落实督查重大案件监察室旁听、案件服务质量跟踪反馈制度、首问责任制

等制度,提升审判质量。

(二)以案件审限管理为抓手,健全审判流程管理长效机制

1. 建立健全案件“审限内预警”机制

制定了《关于规范程序运行的实施意见》,按照立、审、执兼顾的原则,将案件处理分为 23 个节点,实行节点管理。对于临近审限、执限的案件,由庭长向合议庭发出催办通知,督促结案;对绝对审限超过 12 个月的案件必须书面向分管院长汇报,由分管院长督办;超过 18 个月未结的应向院长汇报并由院长直接督办。

2. 严格流程管理

2010 年,金华中院出台《审限流程管理实施意见》,进一步强化审限流程管理,提高审判和执行质效。浦江法院实行随机滚动分案制度,出台了《浦江县人民法院随机分案规则》,规定除行政非诉执行案件、系列民事诉讼案件、发回重审案件外,其余案件由立案庭统一受理,实行随机滚动分案,从制度上促进了司法公正高效。义乌法院制定《进一步加强民商事审判流程管理的规定》,对送达、保全、裁判、上诉等关键环节提出具体时间要求,缩短非审限用时,提高审判效率。磐安法院率先在全市尝试通过手机短信送达诉讼材料,既降低了司法成本,提高了送达效率。

3. 强化院、庭长审批关

特别是对于依法延长、中止、中断、暂停计算审限的案件,加强分析研究,落实责任,严把审批关,凡需延长审限的案件,必须在法定期限届满前报庭长和分管院长批准,否则视为超期审理、执行。浦江法院出台《关于裁判文书签发分级管理的若干规定(试行)》,扩大分管领导、庭长的签发权限,更有效发挥院、庭长的指导作用;研究出台《关于规范程序终结的实施细则》和《关于被执行人曝光实施细则》,严格控制程序终结案件,确保了被执行人曝光等执行措施正确适用。

(三)以审判管理创新为抓手,完善审判业务管理长效机制

1. 全面规范法官自由裁量权

为统一法律适用标准,规范法官的自由裁量权,让诉讼参与人切实体会到量刑的规范、公平、公正,从而息诉服判,全市着力推进量刑规范规范化改革。如永康法院,作为浙江省量刑规范化试点单位,在省内率先出台刑事、民商、执行五个方面的自由裁量权规范意见,对 32 款罪名的量刑幅度和量刑程序,要求案件量刑做到一案一表,得到省高院领导的充分肯定。在民商、执行程序中全面规范法官自由裁量权的前沿性探索,引起社会各界的广泛关注。

2. 建立民商判决书移送检察监督机制

义乌、浦江、磐安、永康等法院主动与检察机关沟通，每月定期将当月生效的民商事、行政案件判决书送交检察机关，请检察机关进行法律监督，有力提升了裁判文书质量，促进了司法公信力。2011 年，永康法院又在试点基础上，与检察机关联合出台了《关于加强和规范民事行政审判监督与推进执行监督的意见》，对民商判决书、执行案件移送检察监督，进行了细化规范。

3. 深入推进扩大刑事案件被告人指定辩护工作

深入推进扩大刑事案件被告人指定辩护工作成效明显，为 1633 名被告人指定辩护律师，同比增长 150.8%。省高院就此专门刊发工作简报，并在全省院长会上作经验交流。

4. 着力保障刑事被害人救济机制

针对当前刑事审判程序中被害人权益保障失衡，被害人信访多、长期缠纺等困局，加大刑附民调解工作力度，2011 年全市共调结 433 件刑附民案件，履行金额达 3648.22 万元，同比增长 24.19%，有效缓解了当事人之间的对抗情绪。永康法院出台了《关于加强保障刑事被害人权益的若干规定》，对试点的 9 类案件的被害人，加强保障。这 9 类案件判后无一信访，二审发回重审、改判率同比下降了 70%。相关调研课题在全省获得二等奖，《人民法院报》对相关做法进行了报道。

5. 规范减刑假释审理制度

金华中院积极创新减刑假释案件审理机制，建立健全财产刑履行审查制度，将罪犯履行财产刑情况纳入减刑假释考核范围，推进减刑假释案件公开审理，同时加强与监狱、检察机关的沟通协作，既规范减刑假释案件审理，确保公平公正，又促使罪犯积极履行财产刑，使得财产刑"空判"现象得到明显改变。2011 年，共依法办理减刑、假释案件 6767 件，同比上升 5.8%。促进罪犯缴纳罚金 1400 万元，同比增长 40%，受到最高法院江必新副院长的批示肯定，并被省高院刊发简报推广，被《浙江法制报》专版刊载，被称为减刑假释案件审理的"金华模式"。

二、完善政务管理机制，司法规范再强化

金华法院相继开展"全面工作规范年"、"制度执行力落实年"活动，结合自身实际，多措并举，完善政务管理，着力司法规范再强化。

(一) 梳理制度汇编成册

积极将"规范"引入司法程序，着眼长效机制建设，金华中院、东阳法院、婺

城法院,结合自身实际,将各项规章制度逐项清理,汇编成册。对不适应新形势、新情况的制度,提出修改建议,对需进行规范但尚未出台相应制度的,要求及时制定制度。金华中院清理了200余项规章制度,东阳法院清理了66项规章制度,汇编成册,人手一册,内网上挂,实现以制度管人、管事。

(二)加强案卷归档管理

着力开展归档报结制度,全市各法院纷纷出台案卷归档报结实施制度,2011年,全市法院的归档报结率达80%以上。金华中院将归档报结纳入办案能手评比的重要条件,极大促进办案干警归档效率,去年中院的归档报结率为98.4%,居全省中院第三位。东阳法院实行轮流归档制度,使归档工作更加有序和高效。武义法院出台《非诉讼文书管理办法》,加强非诉讼文书档案的管理、使用。着力开展老案卷归档工作。目前,金华中院已对历年来的16.4万余件案件进行了全面清理,共清理出未归档的老案64件,除11件尚未结案外,已归档52件,仅1件案件的案卷在进一步查找中;同时,对所有借阅尚未归还的38件案件,均已通过交回案件后再办理续借的形式,确认了案卷的安全。

(三)加强法院安全保障

一是建立涉稳风险评估预警机制。2011年出台《案件风险评估预防工作实施办法(试行)》,对案件中可能存在引发不稳定因素,采取切实可行的防范措施,切实预防和减少涉诉信访,降低、消除影响社会稳定的风险。义乌法院出台了《重大、敏感案件报告的规定(试行)》,武义法院出台《重大、敏感案件风险评估规定》,加强立案、审理、裁判、执行等环节的监管,预防在先,保证办案效果。完善处置突发事件应急预案。二是健全处置突发事件应急机制,2011年,出台《处置突发事件应急预案完善应急预案》,提高预防处置突发事件的水平,为审判执行工作做好服务。武义法院与县公安局建立安保联防联动机制,分别出台《法院处置突发事件应急预案》、《处置法院门口及周边地区突发事件应急预案》,发挥法院和公安在法院安保工作中的联动、协同作用。

(四)健全委托评估拍卖制度

2011年,中院制定《关于大标的拍卖资产招标确定拍卖机构办法(试行)》,全省首推大标的资产拍卖招标制度,共为当事人减少司法拍卖佣金340.26万元,同比减少59.3%。金东法院推行诉讼资产上网拍卖工作,司法鉴定和对外委托工作更加透明规范。

(五)规范信息调研考核激励机制

为充分发挥调研、宣传工作服务领导决策、服务审判工作的职能,完善《调研、宣传工作激励办法》,要求各部门每季完成一定数量的信息报送、调研文章撰写,并实行季度通报。进一步明确信息稿件、调研成果的奖励标准,激发了干警的工作积极性。2010 年度,金华中院、东阳法院由于成绩突出,被授予全省法院信息工作一等奖;2011 年度,金华中院信息考核居全省第一位,信息员荣获全国法院信息先进个人、全省先进个人。

三、完善队伍管理机制,队伍素质再提升

(一)积极落实法官"职业四要"

作风是法官素质的标杆,作风问题也是引起当事人对办案公正的合理怀疑,引起社会舆论消极评价的主要根源之一。该院从细节抓起,按照"法官职业四要"要求,加强审判作风建设。

1. 建立院风院貌制度

2011 年,金华中院制定《院风院貌巡查实施办法》和《关于工作人员违反规章制度的处理办法》,建立院风院貌制度,确定由院领导、人事处、宣教处等部门负责人组成的院风院貌巡查组,主要巡查法院干警在开庭、办公等场合着装等司法礼仪,及各项规章制度落实情况。院风院貌每周巡查一次,并将发现的违反相关规定的情况予以全院通报,对违反规章制度的行为予以记分,并与部门领导年度考核挂钩,极大提升了法院形象。深入开展院风院貌巡查工作,发现问题,及时督促整改,共开展巡查 56 次,巡查通报 20 期。

2. 加强学习提高素养

采取自学、集中学习、开办讲座、座谈会、讨论会等形式,学习最高人民法院"五个严禁"、省高院法官"职业四要"等队伍作风建设方面的规定要求。中院每周五开展政治学习,严格学习纪律,要求做好学习笔记,撰写心得体会,并由政治处和监察室及时进行检查督促。定期赠送《中国震撼》、《心态比黄金更重要》、《向善的孟子》等书籍,并撰写心得体会。

(二)完善管理激励机制

1. 充分发挥院领导、中层干部管理职能

强化院、庭长的监督、指导、管理职责,推行院、庭长办案制度,2011 年全市法院院、庭长共办结案件 27955 件,占结案总数的 28.38%;建立优秀庭长(主任、处长、队长)年度评选制度,调动中层干部管理的积极性、主动性。

2. 推行阳光工资下的激励机制

为应对"阳光工资"给审判执行工作带来的不利影响,积极探索激励机制,采取建立干警业绩考评档案,开展"办案能手"、"青年突击手"等评选活动,树立向一线倾斜、向实干者倾斜、向工作业绩突出者倾斜的用人导向,充分调动干警多办案、快办案、办好案的积极性,全市法院连续四年办案居全省第一。建立新进青年干警信访接待锻炼制度、书记员任前考核和工作经验交流制度、资深法官助理制度,等等。其中,关于完善“青年干警培养的金华模式”,被浙江法制报专版刊载、省高院简报肯定。继续开展“三评”工作(办案能手评选、青年突击手评选、优秀部门负责人评选),激发广大干警工作积极性。

3. 建立和完善合议庭制度

为进一步完善合议庭制度,建立健全审判长联席会议、庭务会等不同审判组织间法律适用协调机制,制定了《关于进一步完善合议庭工作管理的若干意见》,组织修订了《审判长管理规定》,有效发挥合议庭的职能。

建制度 强作风 促质效　提高司法规范化水平

台州市中级人民法院

规范司法行为，是保障“公正司法、一心为民”的根本，也是实现“公正与效率”主题的重要手段。近年来，台州法院以建立运行规范、运转协调、公正透明、廉洁高效的审判管理机制为目标，不断巩固和深化以司法裁判文书、司法程序运作和司法礼仪为主要内容的司法规范化建设成果，加强制度建设、质效管理和作风建设，司法审判和管理规范化水平有了明显提高。

一、加强制度建设，努力提高司法能力

健全的规章制度是优化管理、规范行为的基础。早在 2006 年至 2008 年，全市法院就按照浙江省高级人民法院的统一部署，开展了为期三年的司法规范化建设活动。2009 年以来，台州两级法院继续推进司法规范化建设，坚持从法官日常司法活动最容易发生问题的重点岗位和环节入手，细化审判执行标准，严密司法程序，最大限度地减少和杜绝司法工作的随意性。

（一）规范裁判量刑

深入推进量刑规范化改革，制定“规范量刑”和“处理缓刑”指导意见，对常见量刑情节、缓刑适用，以及交通肇事、故意伤害、盗抢、毒品犯罪等罪名量刑幅度予以细化，分类设定案件基准刑，充分考虑法定和酌定、加减刑等各种情节，细化量刑幅度，通过强化庭审功能、设置量刑评议等，进一步促进同类案件的量刑平衡。与公安、检察、司法行政机关联合出台《关于认定和处理立功具体应用法律问题的若干指导意见》，明确立功认定情节、适用条件、审核程序和量刑幅度，有效规范立功认定程序。制定出台《贪污受贿案件量刑指导意见》，严格贪污、贿赂等职务犯罪的缓刑适用。开展全市法院刑事审判优秀裁判文书评选活动，并针对当前刑事法律文书制作存在的不规范问题，制定出台《刑事法律文书制作指导意见》，规范刑事法律文书中被告人基本情况、事实部分、裁判理由、判决结果的表述，以及审理报告的制作。

（二）规范司法拍卖

坚持委托拍卖的集中摇号和对拍卖机构实行优胜劣汰等制度，重大案件监察部门全程监督，规范司法拍卖行为，探索大额执行标的拍卖佣金招投标制度，

累计为当事人减轻佣金负担338.7万元。2011年,出台《拍卖案件变卖实施办法(试行)》、《入册机构考核办法(试行)》、《对外委托司法鉴定、评估、拍卖工作考核办法(试行)》和《大额标的资产拍卖招标投标实施办法(试行)》等一系列审判业务文件,对规范对外委托拍卖管理工作,实现审执分离,确保司法公正,保护当事人的合法权益作出了明确规定。为进一步规范司法拍卖工作,推进社会公共资源市场化有效配置,促进公平交易,采用佣金招标方式确定拍卖机构,大大节省拍卖佣金。积极引入第三方平台,将涉诉资产处置纳入市招投标中心统一平台进行交易,并于2012年年初举行首次拍卖,成交标的额达6380万元。

(三)规范审务管理

围绕保障审判工作中心,修订完善包括案件质量评查、审判委员会委员听审、重大案件邀请代表旁听、规范诉讼费执行款管理等十多项制度,审判管理制度更加健全。加强立案窗口建设,编印《诉讼指南》,全面落实风险告知制度,发挥法官依职权调查取证和释明作用,保障诉讼能力较弱的当事人正确行使诉权。深化审判公开制度,提高当庭宣判率,探索刑事裁判文书当庭送达,所有开庭、拍卖预告和部分裁判文书在法院对外网站或电子显示屏上滚动公布。深化数字法庭、同步录音录像和远程视频庭审系统建设,落实审限跟踪、审限延长审批等措施,严格控制非审限用时,加快案件流转速度。强化院、庭长办案管理职责,通过完善日常评查、重点评查、专项评查机制等,提升办案质量和水平。开展对公务用车问题的专项治理,全市法院所有公务车辆安装GPS监控系统,实行信息化的全程监控管理,有效规范警车使用管理。

二、加强作风建设,着力提升司法形象

台州法院始终坚持从严治院,狠抓作风建设,着力推进公正廉洁司法,努力提升司法公信力。2009年以来,全市法院有137个集体和160名个人获得省级以上荣誉表彰。涌现出如全国五一劳动奖章获得者、全国先进工作者、全国优秀法官、全省法院首批审判业务专家项延永;全国法院党建工作先进个人林萍;全国法院办案标兵陈善华;全国法院先进个人钟巍;带病坚持岗位,直至累倒在审判台上的全省十佳优秀法官杨卫东等一大批先进典型。中院行政庭、临海执行局和中院法警队被省高院记集体一等功。

(一)特别注重教育学习

结合“人民法官为人民”、“发扬传统、坚定信念、执法为民”、社会主义法治理念再学习再教育、政法干警核心价值观教育实践等一系列主题活动,广泛开展理想信念教育、党性党风党纪教育、职业道德教育和廉洁司法教育,不断提

高教育的针对性、实效性。围绕当前制约法院服务科学发展和实现自身发展的突出问题，通过中心组学习、理论研讨、创作廉政小说、征集院训、民主恳谈等形式，认真践行“忠诚、为民、公正、廉洁”政法核心价值观和“处事要严谨、讲话要亲和、办案要公正、为人要清廉”的浙江法官“职业四要”，以先进的法院文化引领干警思想和行动。通过举办主题演讲、歌咏比赛、先进事迹巡回报告会和读书月等活动，激发干警的职业认同感和自豪感。

（二）不断强化监督检查

大力推行作风检查、司法巡查和案件评查等督察工作，不断加强法院内部自我监督。坚持作风检查。由院领导带队，政治部、办公室、监察室以及其他相关部门人员组成巡查小组进行明察暗访，重点查找窗口形象、庭审规范、审判作风以及法官司法礼仪、机关效能等方面问题。坚持院机关每月巡查一次，基层法院每季度一次，巡查结果及时通报。2009 年以来还邀请司法监督员参与巡查，组织基层法院交叉巡查，有效促进法院形象与司法效率的提高。开展经常性的司法巡查。2011 年和 2012 年中院分别组织对黄岩法院和天台法院开展为期一个月的司法巡查。巡查采用组织民意测评，听取党组汇报，与班子成员、老干部、中层干部、普通干警谈话，分别走访人大、政协、纪委、政法委、组织部，发函征求相关部门意见，召开律师和当事人代表座谈会，查阅案卷和台账资料，开通举报电话，设立举报箱，暗访派出法庭等，全面推动被巡查法院的思想政治建设、司法业务建设、司法队伍建设。组织案件评查。开展以庭审评查和裁判文书评查为主要内容的“两评查”活动，通过各业务庭组织合议庭交叉观摩点评、分管审判业务庭的院领导每人开一个示范庭、审判实务导师对结对青年法官进行庭审评查、视频评查和随机抽查等形式，对 2012 年以来开庭审理的案件进行庭审评查；以“消除裁判文书瑕疵，提高裁判文书质量”为目标，对 2011 年以来结案并生效的裁判文书进行评查，并开展优秀裁判文书评选活动。先后开展了全市法院刑事案件“百案联评”活动、全市法院庭审情况视频督察活动。通过“两评查”活动，认真查找审判工作存在的质量问题和薄弱环节，进一步健全完善司法能力建设长效机制，健全完善审判管理制度机制。

（三）积极配合人大监督

台州市人大常委会分别在 2010 年和 2012 年对台州中院部分法官开展绩效评估。2010 年，台州市人大常委会首次从中院审判业务庭中随机选取 6 名法官，通过走访了解、旁听庭审、抽查案卷、民主测评，对该 6 名法官依法履行职责、自觉接受监督以及勤政廉政等情况进行评估，最终作出 2 名优秀、4 名称职的评估等次意见。2012 年，又随机抽取 8 名法官，并作出 3 名优秀、5 名称职的评估等次意见。中院均积极配合做好评估工作,并以此为契机深入推进司法规范化长效工作机制建设、队伍作风建设和党风廉政建设,受到人大常委会的好评,并得到浙江高院齐奇院长的批示肯定。这在全省中院一级尚属首次。

(四)扎实推进反腐倡廉

以“作风建设年”活动为载体集中开展警示教育,把治理庸、懒、散问题作为突破口,深入推进作风建设,以治庸提能力、以治懒增效力、以治散正风气。全面推进岗位廉政风险防控机制建设,对审判执行、综合管理中的风险环节排查梳理出 111 个风险点,开展等级评估,提出预防措施,构建法官“人身防火墙”。该做法得到了台州市委主要领导的充分的肯定,台州市纪委专门编发两期简报予以重点介绍。坚持廉政谈话制度,开展经常性的交心谈话活动。推行廉政监察员制度,随案发送廉政监督卡,开展家属助廉、文化育廉等活动,加强日常监督和教育,促进司法廉洁。积极构建内外监督网络,内部建立健全审判执行重点岗位 11 名廉政监督员和综合部门廉政联络员两个监管网络,外部聘请 25 名人大代表和政协委员担任司法监督员,不断延伸监督触角。

三、加强审判管理,全面提升审判质效

2011 年,台州中院以提升审执质效水平、提高群众满意度为目标,充分利用现有审判资源,依托审执质效评估体系,切实加强审判管理,组织开展了“质效提升年”活动。截至 12 月底,29 项主要审执评估指标中,21 项与 2010 年同期相比明显提升,9 项位列全省法院前十名。其中,同期结案率达 104.48%,同比上升 13.02%,从 2010 年全省中院倒数第一跃升为 2011 年全省中院排名第一;同期执结率达 111.52%,同比上升 8.24%,居全省中院首位;民商事案件实际履行率达 106.51%,同比上升 31.77%,排名前移 86 位,居全省法院第三。

(一)依托评估体系,强化数据运用

依托审判执行质量效率评估体系,实行项目化管理,明确各项目的责任部门和责任人,要求限时完成,并将先进法院列为“标杆单位”,作为学习榜样,进一步明确工作目标。切实加强组织领导和指导协调,着力制度构建,完善考核体系。一是开展质效实名通报。细化院、庭、个人三级审执质效评估体系,每月通报全省审判质效评估数据、调研数据、执行质效评估数据等 44 项指标,全面反映全院审执工作情况;每月提取前一个月 10 个业务庭室、80 余位办案法官的 12 项主要质效指标,以结案数为主、平均审理天数为辅进行排序,分解到庭室和个人开展通报。二是实行质效数据例会分析。每季度召开院务会专题解析前一季度质效数据,分析运行态势,研究应对措施。院领导利用全院干警大会通

报质效动态，各庭室相应建立每月例会通报制度，开展横向、纵向比对，查找薄弱环节，有针对性地进行整改，形成了院、庭两级齐抓共管局面。三是深化考评结果运用。制发《岗位目标责任制考核实施办法》，逐步建立科学完善、行之有效的考评体系，探索将审执质效与岗位目标责任制考核相结合，将考核结果与干警晋职晋级、评优评先等挂钩，激励干警自觉提高质效水平。制定出台归档报结实施办法，明确工作职责，归档瑕疵率排名全院末三位的个人不得参与年终评优评先。

（二）加强节点管理，提高办案效率

加强审判节点管理，加快案件流转速度。一是规范案件移送。要求基层法院移送前准确、完整填写上抗诉信息，信息不全一律不予接收，提高上抗诉案件数据录入准确性和效率，二审案件立案用时大幅缩短，基层法院移送二审立案至业务庭收案基本在3个工作日内完成；改进上诉案件移送方式，在邮政寄送机要基础上，统筹整合车队资源，使案卷及时随车发送省高院，大大缩短上诉案件移送时间，平均移送天数27.87天，同比减少9.86天，全省排名前进10位。二是提速案件归档。加强诉讼费发票管理，明确特殊情况下相关材料和诉讼费发票入卷归档办法；提高送达效率，在经费紧张情况下加强“法院专递”送达，送达时间缩短近2/3。2011年，归档率由年初的14.30%上升至目前的76.92%，已归档案件合格率达100%，无一件视为归档案卷。三是强化审限管理。充分利用数字法庭、同步录音录像和远程视频庭审系统，落实审限跟踪，规范延长审限审批管理。严格控制对外委托鉴定、拍卖等非审限用时，2011年，委托评估拍卖变卖平均天数74.67天，同比减少94.81天。

（三）坚持质效并重，深化质量评查

将专项评查与日常评查、重点评查有机结合，切实发挥审判监督职能。一是开展案件送达归档专项评查。对2009年度中院办结的1794件民商事、行政、知识产权案件送达与归档情况开展专项评查。对每案送达结果、送达方式和办案节点用时进行统计分析，查找未成功送达及归档报结滞后原因。二是狠抓法律文书质量。规范裁判文书样本，严格裁判文书校对、审核、签发责任，开展优秀裁判文书评选活动，出台《刑事法律文书制作指导意见》，切实提高裁判文书制作质量。三是开展百万案件评查。抽取全市法院299件案件开展“交叉接龙”式评查，就执法思想、事实认定、法律适用、程序和实体处理等方面综合评定，填写“一案一表”，确定案件质量等次。评查后及时总结点评，落实整改责任，形成长效机制。一年来，二审改判发回率和二审改判发回瑕疵率分别为12.22%和7.78%，排名均领先“标杆单位”；申诉改判发回率和民事、行政上诉率分别为5.23%和8.32%,均排名全省中院第二。

(四)结合作风建设,推进整体移位

将质效提升与作风建设紧密结合,以改进作风促提升质效,形成“比、学、赶、超”、人人争先的良好氛围。在2011全年收案数下降4个多百分点的情况下,结案总数上升近10个百分点,人均结案数提高幅度超过10%,平均审理天数缩短3天,结案均衡度从2010年的141.51大幅下降至2011年的62.04,在全省法院的排名前移10多位。开展长期未结案件集中清理,通过领导督办、查找未结原因和每月进度通报等方式,强化责任意识,克服畏难情绪,狠抓化解落实。中院涉及的4件长期未结案件都已审结,18个月以上未结案件数量从年初的14件减少到3件,位列全省第四,取得了明显成效。

规范司法礼仪　树立公正形象

杭州市萧山区人民法院

司法活动是一项古老、文明的活动。司法活动在礼仪方面有较高的要求。人民法院的司法礼仪是法官、人民陪审员、执行员、书记员、法警及其他法院工作人员，以及当事人、诉讼代理人、旁听人员等，在法院司法活动中所应当遵守的礼节、仪式和其他交流与行为的态度和方式。法官是一个不寻常的角色，他在法庭上的举手投足、神色仪态都是对法律的塑造。法官司法礼仪作为法官职业应当遵守的职业操守，是可触摸和感知的司法公正。近年来，杭州市萧山区人民法院在规范司法礼仪方面孜孜以求，不断探索，积累了不少可贵的做法和经验。

一、认真梳理，查摆问题

在一些案件审理中，实体和程序没有违法，但由于法官不注意司法礼仪，让人对其公正性产生合理怀疑，造成当事人投诉、上访，这渐成法院多年未彻底解决的一个"顽症"。在司法实践中，司法礼仪存在的问题主要表现在：

一是法官仪表不端正。"法官无论在法庭上，还是工作期间，都应当保持自身仪表的适当与得体。这可能是对所有职业人士的一种共同要求，但对于法官来说更为重要。"有些法官把制服当便装披在身上或挽起袖子、卷起裤腿；着制服时与他人勾肩搭背、嬉戏打闹；着制服时染彩发、化浓妆、戴首饰，以及非因公务出入娱乐场所等：都与庄重、文雅的法官身份不符。

二是庭审礼仪不规范。"法庭是法官活动的主要场所，也是司法礼仪表现最充分的地方。在法庭里，与其他诉讼参与人一样，法官必须模范地遵守相关的司法礼仪。"庭审礼仪集中体现在法庭规则中。最高人民法院制定的"法庭规则"只有区区 15 条，并且主要针对当事人和旁听人。司法实践中，书记员不宣读法庭纪律；法官迟到早退，随意离开审判席；合议庭审判员不专心审判；审判法官随意打断当事人及其代理人发言；与一方当事人或律师争论不休，甚至拍桌子、瞪眼睛；开庭前后或休庭时与一方当事人或其亲友相互递烟等现象，与庄严、神圣的法庭很不相称。

三是接待礼仪不讲究。"以礼貌、文明、善意的态度对待当事人、律师、证人和其他诉讼参与人以及旁听人员是一个法官勤勉敬业的标志,也是遵守司法礼仪的表现。"商务礼仪的核心概念是"尊重",司法礼仪也一样。有些法官在接待当事人时嘴里叼着烟,也不对当事人正眼瞧一下;不停地接电话或打电话,把当事人冷落在一边;情绪容易激动,甚至与当事人发生争吵;搞所谓"背靠背"调解,或故意和一方压低声音说话,让另一方当事人怀疑有"阴谋";审理过程中就警告一方"一定要输的";等等。虽然案件结果和程序都可能没有违法,但极易让当事人对司法公正产生合理怀疑。

此外,司法礼仪并不仅仅是法院工作人员的事,进入法庭的当事人、代理人、旁听人也要遵守。但有时会发现,一方当事人到庭迟到,审判法官不问原因,也不给予批评教育;旁听人手机"铃声大作",法警似乎不管不问;甚至来旁听的一方亲友,人多势众,哄闹法庭,威胁法官或另一方,审判法官也是"惹不起、躲得起",一走了之。法官、法警没有维护好法庭秩序,虽然自己没有作为,但这一失职却导致了他人对司法礼仪的漠视。

萧山区人民法院高度重视司法礼仪上存在的问题。为了"摸清家底",认真开展多种形式查摆问题的活动:一是抽查案件开展评查。共抽查456案件,发现46个程序问题。二是开展部门查摆活动。15个部门查找出98个问题。三是召开老干部座谈会。与会的老同志纷纷发言,共收到11条意见和建议。四是院长亲笔签名发放《征求意见函》,并派专人回收。共收到回函168份,不同意见77条。五是走访人大代表。院领导分成6个组,分片走访了154名人大代表,亲自上门听取他们对法院工作的意见,共收集意见33条。六是召开律师(法律工作者)座谈会。共收到各类意见和建议28条。通过以上6项活动,共收到216条意见、建议或问题。经过仔细梳理,去除重复部分,汇总出108条不同的意见和建议。其中未发现在案件的实体处理上有裁判不公、滥用执行权等现象,突出的问题表现在适用程序、司法形象等方面。

二、分析原因,对症下药

司法礼仪属道德范畴,遵守主要依靠内心信念,不遵守也在于内心的错误认识。萧山区人民法院对症下药,着力提高干警对司法礼仪重要的认识。

一是认识到法官职业的特殊性。萧山法院办公区与审判区隔离,当事人等不能随意进入法官办公室。一天,一名政府干部来法院办公,因为不能直接进办公区而发牢骚:"我们政府还没这样,你们法院为什么要搞特殊化?"显然,有一定法律知识的政府工作人员也无法理解法官职业的特殊性,何谈一般老百姓?有一句西方法谚:法官是"仅次于上帝完美的人"。法官职业特点决定了:

既然选择了法官这个神圣职业，选择作为正义的运送者，那么你就得放弃一些普通公民应享有的权利。

二是认识到司法礼仪非小事。这与司法实践中长期存在的“重实体轻程序”不无关系。不少法官认为，只要判对了，可以“不择手段”。司法礼仪作为一种法律没有规定的司法程序，更被认为是搞“形式主义”，是搞“花架子”，对判决实体意义不大。虽然司法礼仪没有在国家法律中明文规定，但它的重要性不亚于诉讼法规范。法官也是人，也肯定要犯错误，但如何让人真切感受到法官的“完美无缺”呢？形式、形象非常重要！所以法官应当特别注重自身形象，注重司法礼仪。有礼仪，才能塑造“完美”。德国法学家拉德布鲁赫说过：“法律借助于法官而降临人世。”故法官的“完美”，就是法律的“完美”，法律就被人们“奉若神灵”，法律的权威不宣而立。有了法律的权威，当事人会不服已经生效的终审判决吗？被执行人会故意逃避执行吗？如此说来，司法礼仪之于法官非小事。

三是认识到法官的权威来自文明礼仪。在我国古代，行政官员兼理司法事务，在司法活动中的礼仪往往透露出专制行政礼仪的气息：司法人员的形象表露为居高自傲、盛气凌人、庄严威武，司法礼仪则体现着浓厚的封建性、不平等性和长官意志性。银屏上的“包青天”，威武高大的形象和动辄对“坏人”行刑的凛然正气，感动了亿万国人的心。有些法官就认为，要想树立法官的权威，就应当对当事人“冷漠高傲”；对违法的被告人以及“胡搅蛮缠”的当事人，应当“专横”一点，以伸张“正义”。其实，依靠这种封建式的专横维持的所谓“权威”是专制下的“威权”，是畸形的权威，与现代民主思想和民主制度不相容。对法官要求不是“威武不曲”，也不是“除暴安良”，而是有较高的司法礼仪，要求以适体的司法礼仪来反映司法文明，博取民众对司法的尊重和信任。

三、制定规范，加强落实

提高对司法礼仪重要性的认识，除了加强学习、培训外，更重要的是从制度入手，规范司法礼仪。萧山区人民法院认识到，法官在行使审判权时，遵守司法礼仪既是法官职业道德所要求，也是应当履行的一项义务，当法官违反时，应予以一定的惩戒。为此，经过反复征求全院干警的意见和建议，六易其稿，制定了《杭州市萧山区人民法院司法礼仪规范》，从胸徽佩戴的位置到法槌敲击的次数和音量，都有详细规定。按照规范要求，法官有违司法礼仪情节严重的，将被免除法官职务。该规范特点有二：

第一点是细化司法礼仪规范。其结构主要包括：

一是序言：明确司法礼仪之于法官的重要性。开头设置“序言”，说明司法工作的特殊性,对礼仪要求的特殊性;讲清司法礼仪的重要性,以及制定规范的必要性;解释为什么要将这些道德要求“义务化”,违反规范要受到一定的惩戒。这些认识,是制定、遵守司法礼仪的前提和基础。

二是主要规范:包括仪表、庭审和接待三大礼仪。我国《法官职业道德基本准则》“遵守司法礼仪”部分首先规定:法官应当严格遵守各项司法礼仪,保持良好的仪表和文明举止。这里的“仪表”,是司法礼仪的第一方面的要求;“文明举止”,应当分为法庭内审判和法庭外接待当事人两个方面的礼仪要求,故“庭审”、“接待”成了司法礼仪第二、第三方面的要求。这三个方面共同构成了司法礼仪的主要规范。

三是其他规范方面:当事人、旁听人等也应遵守司法礼仪。法院司法礼仪规范只是法院内部规范,不能对非法院人员约束。但“入乡随俗”,进入法院的任何人都要遵守一定的规矩。如庭审中,当事人、旁听人都要遵守法庭规则;法院驾驶员非因公务需要,不要将警车停放在娱乐场所等。所以,司法礼仪规范并不仅仅针对法官和其他法院工作人员,还应对进入法院的当事人、代理人、驾驶员、旁听人等,作出相应的规定。

此外,在用语上,规范应当多用“应当”、“不得”,少用“要”、“不要”。目前,司法礼仪,在一些法官的眼里不屑一顾。如果在规范中对法官的要求仅仅是提倡性的,可做可不做的,辛辛苦苦制定出来的规范,最后必成一堆“文字垃圾”。在范围上,司法礼仪规范不能太庞杂。诉讼法规范、审判执行纪律以及法官职业道德中司法公正、司法效率、清正廉洁等方面的规定,一般不纳入司法礼仪。

第二点是规定详尽的惩戒措施。为了保证各项规范的约束力,应当对各种违反司法礼仪的言行,详细规定不同的惩戒措施:

一是惩戒方式与纪律处分相区别。司法礼仪不同于审判、执行纪律,而且从严重程度上来说,前者明显较轻。所以,违反司法礼仪的惩戒方式不同于法院内部的纪律处分方式。违反司法礼仪的惩戒方式应当包括批评教育、责令作出书面检查、通报批评、调离工作岗位、免除或提请免除法官职务等。

二是设立惩戒组织。决定和实施惩戒措施,应当有合适的组织。设立法官惩戒委员会,通报批评以上的惩戒措施只能由惩戒委员会决定。监察部门负责只能决定批评教育或责令写出书面检查;并负责所有惩戒措施的实施工作。

三是规定惩戒程序。法官违反司法礼仪的,立案、调查、谈话、处理、申诉等程序应当进行规定,否则就会出现惩戒的随意性,影响惩戒的公正。

四是正确适用惩戒措施。法官及其他法院工作人员违反司法礼仪的,应当根据其严重程度,详尽规定不同的惩戒措施,这可有效地增强司法礼仪规范的约束力。对于进入法院的当事人、代理人、旁听人等,司法礼仪规范不能直接对其惩戒,但审判法官、司法警察等有职责对他们进行监督。司法礼仪规范可以对"监督者进行监督",即审判法官、司法警察等没有尽到相关职责的,也要受到一定的惩戒。

为进一步形象展现司法礼仪,由浙江省高级人民法院联合杭州中院、萧山区人民法院和浙江长城影视公司,历时三个多月摄制了《法官司法礼仪》电教片,由人民法院音像出版社出版发行。这部电教片分为职业形象、接访接诉、开庭审理、执行工作和业外活动五个方面,以求做到解说与画面、正面与反面、实景与动漫的结合,增强电教片的吸引力和观赏性。为体现剧本真实性,浙江各地法院有 23 名法官、法警和书记员担任剧中演员。

四、成效显著,树立形象

规范司法礼仪,是司法规范化工作的重要组成部分。经过多年来司法礼仪规范的教育、落实和监督,遵守司法礼仪渐成萧山区人民法院干警的自觉行动。通过学习,增强了干警对司法礼仪重要性和必要性的认识,尊重当事人的意识进一步加强。在庭审、接待过程中,时刻以《司法礼仪规范》的要求严格约束自己,公正形象进一步树立,办案质量效率进一步提高。2011 年,萧山法院共收各类案件 25847 件,办结 25503 件,均位居全省第一,同比分别上升 11.76% 和 9.78%。法官人均结案数为 265.79 件,名列全省首位,2 倍于全省基层法院人均结案数。上诉率为 5.27%,二审改判发回瑕疵率为 6.04%。民商事案件实际履行率为 93.48%,执结案中的实际执行率为 75.49%,执行标的清偿率为 86.41%。主要办案质量、效率、效果指标继续位于全省前列,并保持了更为良性的运行态势。

在审理深圳某企业诉萧山区地名办的行政诉讼案中,来自深圳的原告企业代理人对萧山法院出庭法官的几个细节的评价,颇能说明问题。他说:"今天开庭时,我注意到了一个细节——法官在开庭前十几分钟就已经准备就绪,反而是当事人显得有些拖拖拉拉。我出了这么多次庭,这样的情况还真不多见。我甚至见过法官在过了开庭时间后还在穿法袍,还在争论'这件法袍不是我的,我的没这么小,我的那件法袍到哪里去了',等等。"庭审中的几个细节也让他留下了深刻的影响——法官从未打断过他的陈述;碰到需要确认时,法官总是和颜悦色地问:"请问原告刚才说的是这个意思吗?"该代理人认为,案件可能会出现种种无法预料的结果,但有一点可以确定,至少在这个案件中,法官不会袒护哪一方。他说:"要说是否有信心,我倒是对这几名法官有信心!"

量刑程序规范化的积极实践

宁波市镇海区人民法院

量刑程序规范化是规范刑事诉讼活动,促进量刑结果均衡的重要途径。宁波市镇海区人民法院着眼于创造群众满意的刑事司法活动,立足于本区刑事司法实际情况,多方位采取务实举措,推进量刑规范化工作取得实效。

一、多方联动,形成工作合力

刑事诉讼从横向发展来分析,大致可以分为案件侦查阶段、审查起诉阶段、案件审判阶段、执行阶段等,各个阶段紧密连接,相互影响。量刑规范化改革虽然主要实施于案件审理阶段,其作用也主要体现在人民法院的审判结果中,然而量刑情节来源于侦查机关,量刑建议来源于公诉机关,量刑活动的法律监督也由人民检察院来承担,如果没有公安机关、人民检察院与人民法院的多方联动,那么量刑规范化就不能取得实质性成果,导致形式化和空壳化。此外刑事诉讼活动也牵涉到司法行政部门指定辩护、社区矫正等工作。镇海法院在立足审判本职工作的基础上,充分与有关部门沟通协调,共同推动量刑规范化工作的有序进展和顺利实施。

(一)与公安机关的联动

量刑情节的获取主要来源于公安机关的侦查活动。镇海法院在量刑规范化改革准备期间,就利用公检法联席会议、日常工作通报机制等途径,与本区公安机关展开了紧密的沟通。沟通的重点在于两个方面:一方面是关于量刑情节的种类及其证明证据的形式与实质要求,其中就自首、立功等法定情节的情况说明提出了必要的建议,并特别针对退赃、赔偿、谅解等酌定量刑情节的查明进行了沟通。另一方面是关于在审理阶段对具体量刑情节进行必要核实和补充的机制问题,为了保证量刑情节确实、充分,镇海法院与公安机关建立了顺畅的日常沟通机制,法官对案件中某一情节认定不清时,可以及时与办案警官取得联系,办案警官将予以口头解释或者出具书面的情况说明,提高了法官查清量刑情节的能力。

(二)与检察机关的联动

公诉机关在量刑程序规范化工作中起着承前启后的作用。镇海法院与检察机关的沟通主要存在三个方面：一是关于量刑建议的提出方式、内容。经过沟通，双方均同意简易程序必须以书面提出量刑建议，普通程序审理的案件可以口头提出量刑建议，对于量刑建议内容，双方同意建议主刑的刑期，对罚金数额不建议，建议宣告缓刑明确提出。二是关于量刑程序的进行方式，经过沟通，双方一致认同公诉人提出的量刑建议应当在所有量刑情节得到评价后进行，量刑建议应当附加必要的理由。对于无辩护人的被告人对量刑建议不理解的地方，由公诉人给予清楚、明了的解释。三是关于量刑建议的幅度，量刑建议应当具有不少于 3 个月的量刑幅度，并以过往多次类似案件的判决和量刑细则为基础。

（三）与司法行政部门的联动

当前我国的刑事诉讼制度中，司法行政部门参与的主要内容存在于指定辩护律师与社区矫正工作。司法行政部门承担的社区矫正前期调查工作，不仅能够为法院提供是否对被告人宣告缓刑的第一手资料，同时也能为法院了解被告人的社会危害性和悔罪表现等重要量刑情节提供更为贴切的根据。镇海法院有针对性地与本区司法行政部门进行了专项沟通和协调，其中就如何对拟宣告缓刑的被告人进行审前调查进行了协调，并建立了与司法行政部门实时联网的社区矫正管理平台，确保在案件宣判前获得深入实际的调查材料。

二、紧扣情节，确保量刑科学规范

量刑规范化改革的载体是量刑活动，而量刑活动的根据来自于量刑情节。脱离量刑情节的规范化量刑，是无本之源。重视各类量刑情节，是量刑规范化改革的实体法重点。镇海法院从试行量刑规范化改革伊始，就将紧扣量刑情节作为中心工作之一，分门别类地采取积极措施，保证应当采信的量刑情节都纳入案件的量刑活动中来。

（一）紧扣法定量刑情节

在规范化量刑活动中，法定量刑情节的意义重大，直接影响对基准刑的调节幅度。镇海法院采取了两方面工作强化对法定量刑情节的正确认定：一是强化审前查验，对起诉书已经认定的法定量刑情节或者起诉事实可能构成量刑情节的案件被告人，在送达起诉书时就及时讯问确认，对经过审阅案卷后疑似构成法定量刑情节的，及时进行提审以收集被告人意见。二是强化庭外调查，对可能存在法定量刑情节的案件，均采取必要的调查手段，获取合法有效的证据。2010 年 10 月至 2011 年 12 月，镇海法院共认定公诉机关未查明的犯罪时未成年、自首、犯罪未遂、从犯等法定量刑情节超过 17 个，均对被告人在量刑时给予了一定幅度的从轻或者减轻。

(二)重视酌定量刑情节

与法定量刑情节相比较,酌定量刑情节由于没有刑法的明文规定,表现形式多样,情况十分复杂,长期以来没能得到足够重视。然而,被害人谅解、被告人退赃等酌定量刑情节的认定在消除犯罪的社会危害、维护社会稳定等方面具备特有的优势,而且诸如犯罪动机、被害人过错、特殊犯罪对象等情节也是反映被告人人身危险性、社会危害性的重要体现。此次量刑规范化改革提出“量刑时要充分考虑各种法定和酌定量刑情节”。镇海法院在量刑规范化改革中,从两个方面落实上述要求:一方面,重视审理发现被告人实施犯罪中存在的特殊因素,如犯罪起因,犯罪动机,犯罪手段的轻重,犯罪后果的严重性等,如果能够证明被告人人身危险性较低或者犯罪行为危害性较小,那么在量刑中则就低确定基准刑期,或者适度扩大减轻调整基准刑的幅度。另一方面,重视并大力促成被告人退赃、被害人谅解等,对被害人有实际损失的案件审前及早告知被告人及其家属,可以通过积极赔偿或者退赃得到被害人谅解以获得从轻处罚的机会,并发挥司法公信力努力进行调解,既帮助被害人获得了犯罪后的赔偿,使犯罪行为对社会秩序的危害性降低,也为被告人从轻处罚提供了根据。但是,对于犯罪手段恶劣,人身危险性高的被告人,在酌定从轻情节的调整幅度上从严掌握,确保当严则严。

三、探索适当量刑程序,提供程序保障

量刑规范化改革的程序法重点在于改变原有刑事诉讼以定罪为中心,将量刑完全交由人民法院在法律的规制下进行自由裁量活动的局面,在庭审中构建适当的量刑程序。镇海法院根据本院刑事案件审理的具体实际,从以下四个方面着手,构建了一整套的比较科学的、操作性强的规范化量刑程序。

(一)探索与不同的审判程序适恰的量刑程序

量刑程序应当归属于定罪程序之后的阶段,由于适用不同程序审理的公诉案件,案件事实的争议程度、被告人认罪状况是不同的,因此量刑程序也应当体现为不同的形式。镇海法院根据案件审理程序、被告人认罪等情况的不同,建立相应适当的量刑程序。在无辩护人参与的简易程序案件中,由法官告知的方式体现量刑过程;在有辩护人的简易程序和普通程序简化审理的案件中,在法庭调查和法庭辩论阶段组织公诉人与被告人、辩护人就量刑情节的构成、量刑情节所形成的量刑幅度等展开抗辩;在被告人不认罪的普通程序案件中,先由针对定罪问题展开法庭调查,后再进行量刑的抗辩,同时法官申明,被告人及其

辩护人对量刑发表意见，不会被视为承认所犯罪行。通过积极有效的量刑程序，使各方充分参与刑罚的裁量活动，增加法院量刑的透明度。

（二）建立量刑情节证据的庭前周知程序

量刑程序的根据是量刑情节，而情节由证据证明。因此，公开、规范、高效率的量刑程序应当建立在证据充分开示制度中。镇海法院在试行量刑规范化改革中，建立了清晰的量刑情节证据周知制度，对公诉方、辩护方提交的对被告人刑罚裁量具有调节意义的证据，特别是针对被告人及其家属提供的关于被告人一贯表现、退赃情况、补偿被害人情况等材料，一般在送达出庭通知书以前，至迟在开庭审理之前，将主要内容和证明事实告知对方，促使公诉人、被告人、辩护人积极做好量刑抗辩的准备工作，为量刑程序真正发挥作用奠定基础。

（三）加强当庭对无辩护人的被告人进行量刑释明

典型的具有抗辩意义的量刑程序中，辩护人的角色不可或缺。但是由于我国社会经济社会发展水平有限，刑事案件被告人很多并未聘请律师为自己辩护，特别是在罪刑相对较轻的适用简易程序审理的案件中，辩护人参与庭审的比率低于30%。但是纳入试行量刑规范化改革范围的案件中，适用简易程序审理的案件占比达到49.35%。如何在缺少具备专业法律素养的辩护律师参与的情况下，使量刑程序发挥作用成为一道难题。镇海法院主要通过在庭审中加大法官对量刑情节的释明力度，来解决这一问题。在法庭调查阶段，法官在被告人对起诉书无异议之后，针对公诉机关认定的量刑情节讯问被告人。在法庭辩论阶段，首先向被告人释明各个量刑情节对量刑的作用以及量刑建议书的基本内容，并听取被告人意见，使被告人主动参与到量刑过程中，并了解到自己的刑罚量计算的方法，从而能真正地认罪服法。

（四）引导辩护律师积极参与量刑程序

量刑程序能够真正发挥作用，其要点在于发挥辩护人的能动性。镇海法院采取引导、帮助相结合的方式，切实提高辩护律师在量刑程序中的参与作用。首先法官在律师庭前阅卷前，同时送达公诉机关的量刑建议书，并告知可以相应提出包含具体刑期幅度的量刑意见。其次，在法庭辩护阶段，引导辩护律师针对公诉人建议的量刑幅度，口头提出有幅度的量刑意见，并附有必要的说理。再次，在判决书中对律师正确、妥当的量刑意见予以引用采纳，以充分肯定和鼓励律师积极发表量刑辩护意见。

四、选择重点，推动扩大刑事指定辩护范围工作

我国早已建立了刑事指定辩护制度，但在实际运行过程中，存在着范围限

定过窄、具体实施较少的现象。为有效推动量刑规范化改革，镇海法院立足本区律师资源极为薄弱的实际，针对审理案件的特点和具体案情的需要，精心调配本区指定辩护资源，务实采取“三项倾斜”的集约化措施，推动本区扩大刑事指定辩护范围工作取得实效。

（一）向维稳意义重大的案件倾斜

向维稳意义重大的案件倾斜，目的在于发挥律师的中间纽带作用。通过指定辩护人，让被告人感受到司法的民主和公正，进而自愿认罪服法，减少社会不稳定因素的发生。如镇海法院审理的艾尔夏提·买买提抢夺一案中，被告人拒不认罪且抗拒态度强烈，加之案件审理时新疆地区发生暴力事件，使得案件的审理更加复杂、敏感，如果径行裁判，可能影响社会稳定。通过庭审中公诉人和辩护人对量刑的抗辩和讨论，最终被告人表示愿意接受法院判处的刑罚。

（二）向被告人不认罪的案件倾斜

向被告人不认罪的案件倾斜，目的在于发挥律师的释法教育作用。此类案件由于被告人不认罪，案件事实尚不能认定，定罪问题不能解决，开展量刑程序将更加复杂。通过指定辩护人，让辩护人阅卷并对被告人进行释法沟通后，增加了有罪被告人认罪服法的几率，同时没有犯罪的被告人在得到律师的帮助后，能够更加清晰地表达自己的意见，从而促使案件事实得到客观真实地认定。试行量刑规范化改革以来，镇海法院审理的案件中已有超过 15 名原不认罪的被告人在接受指定辩护后认罪服法。

（三）向指控事实和罪名存疑的案件倾斜

向指控事实和罪名存疑的案件倾斜，目的在于发挥律师的对抗辩护作用。案件事实是量刑的基础，犯罪罪名是量刑的指引，如果指控事实或者罪名与案件事实不符，那么规范化量刑也就无从谈起了。镇海法院通过为被告人指定辩护律师，辩护人在法庭上积极提出异议并就量刑提出意见，最终法院居中做出裁判，既查明了案件事实，也达到了量刑程序科学有效的目的。

总结试点经验 完善量刑规范化

湖州市南浔区人民法院

2009年5月，湖州市南浔区人民法院被省法院确定为全省量刑规范化改革五个试点法院之一。自此以来，该院积极探索完善量刑规范化改革工作，得到了省、市法院的充分肯定，并被选派参加全国部分法院量刑规范化试点工作汇报交流会。

一、强化领导，形成工作合力

（一）加强领导构建工作格局

接到试点工作任务后，院党组高度重视，迅速成立以院长为组长，分管副院长为副组长，纪检、政工领导、审委会专职委员、刑庭、办公室负责人为组员的量刑规范化试点工作领导小组，并由刑庭具体负责量刑规范化改革试点及全面铺开后的自我完善工作，形成刑庭具体牵头，其他部门密切配合的工作格局。

（二）强化学习提高工作水平

采取多种形式，组织刑事审判干警认真学习《人民法院量刑指导意见（试行）》、《浙江省〈人民法院量刑指导意见（试行）〉实施细则》等业务文件，使之迅速掌握量刑规范化的审理技术和技巧，正确领会和熟练掌握以定量分析为主、定性分析为辅的量刑方法和步骤。

（三）主动汇报争取党政支持

紧紧依靠党委的领导，主动向区委政法委提交《关于开展量刑规范化改革试点工作的报告》，得到区委政法委的重视，专门组织区政法部门召开量刑规范化改革工作座谈会，强调各政法单位要加强沟通，统一思想，提高认识，共同完成量刑规范化改革试点工作。同时，积极加强与公安、检察机关和律师机构的沟通协调，借助相关联席会议，向公安、检察院等单位通报试点工作的设想及建议，争取相关单位的理解和支持，并明确工作任务。

二、制定制度，指导量刑实践

（一）细化情节促进量刑均衡

为进一步规范法官的自由裁量权，该院对量刑规范化实施前的大量案件进行分析研究，广泛收集数据，梳理分析问题，寻找相关规律，于 2009 年 6 月制定《刑事审判量刑参考意见(试行)》，就量刑的基本原则、常见量刑情节的标准、12 类常见罪名的量刑方法等作出明确规定。其中，针对未成年人犯罪以及犯罪中止、未遂、共同犯罪、累犯、自首、立功等不同犯罪情形，规定了不同的量刑标准，特别是针对实践中最常见的盗窃罪、抢劫罪、故意伤害罪等 12 类犯罪，明确了量刑方法，并根据刑法和司法解释规定的各种犯罪情节详细确定了量刑幅度，如对于侵财型犯罪，以犯罪数额比对相应法定刑幅度确定量刑基准，每增加一定数额，相应增加自由刑年限；以情节严重为犯罪构成要件或量刑标准的，以法定刑起点为量刑基准，每增加一个情节严重情形(包括犯罪情节及犯罪结果)，相应增加自由刑年限。该《意见》还从实体方面确立了采用定性分析与定量分析相结合的量刑方法，明确了法官在量刑时应先根据基本犯罪事实在法定刑幅度内确定起点刑，从起点刑到基准刑，然后根据量刑情节的调节幅度对基准刑的调节结果依法确定宣告刑。

(二)纳入庭审促进审判公正

为规范刑罚自由裁量权的行使，探索将刑事案件量刑程序公开化，逐步将刑事案件量刑纳入法庭审理程序，以重点查清相关量刑事实。立案阶段，将量刑审理程序的相关事宜以书面形式告知诉讼参与人；法庭调查阶段，重视影响量刑情节证据的举证和质证，审判长积极引导公诉人、被告人、辩护人针对影响量刑的自首、立功、从犯、累犯等法定量刑情节，以及犯罪动机、手段、被害人态度等酌定量刑情节进行举证、质证；法庭辩论阶段，组织控辩双方对量刑展开辩论，由公诉人根据被告人的犯罪事实和量刑情节提出量刑建议，被告人和辩护人针对公诉人的量刑建议进行答辩，以便合议庭更加准确地把握量刑幅度。截至目前，公诉机关共提出明确量刑建议案件 151 件，其中建议采纳案件 138 件；诉讼辩护人提出明确量刑建议案件 280 件，建议采纳案件 50 件。合议庭评议阶段，设立专门的量刑评议，并完整填写量刑评议表，使量刑过程一目了然。同时，加强量刑说理，审判人员制作裁判文书时，在全面叙述证据采信、事实确认、犯罪认定、法律适用的基础上，强化量刑事实、量刑理由及法律依据的分析，向被告人释明量刑依据，提高当事人对量刑结果的认同度。该院将量刑纳入法庭审理程序的做法得到了上级法院的重视和肯定，最高人民法院信息专刊以《南浔法院尝试将量刑纳入法庭审理程序》为题进行了专门介绍。

(三)程序独立保障量刑规范

在严格按照程序法规定的基础上，对原有的庭审规则进行补充完善，制定《普通程序庭审提纲(试行)》和《简易程序审理提纲(试行)》，对适用普通程序审理的案件主要围绕犯罪事实和量刑事实分别进行调查，围绕定罪和量刑问题分别辩论；对适用简易程序审理的案件，在核实犯罪事实后，庭审主要围绕量刑事实、情节和刑罚适用问题进行举证、质证和辩论。

三、健全机制，稳步推进工作

（一）庭前告知，明确审理思路

在开庭前向被告人送达起诉书时一并送达《告知书》，告知其所涉嫌的犯罪行为触犯《刑法》的具体条款，以及可能被判处的法定刑幅度及诉讼权利，使被告人在庭前了解自己可能被适用的刑罚。同时，向被告人征询其对案件事实以及是否认罪的意见，以利于审判人员对案件性质、犯罪情节、证据采信、法律适用等做好准备，明确案件审理思路。

（二）"一案一表"，确保量刑精准

实行"一案一表"制，设计专门的量刑评价表，审判员在审理案件时不论何罪名均要填写量刑评价表，将被告人的犯罪事实、控辩双方的量刑意见、法官将确定的犯罪事实、对确定基准刑的量化依据、量刑起点、基准刑、量刑情节、量刑情节对基准刑的调节比例、确定的宣告刑等逐一记录，使量刑过程清晰明了，确保量刑准确。同时，将"一案一表"制延伸至全部刑事案件，有效提高刑事审判质量。

（三）协调联动，确保量刑科学

加强与检察院、公安机关及司法局的协作配合，通过召开联席会议、参加庭审观摩等形式，就如何加强量刑证据的收集固定，提高量刑建议质量等问题达成共识，并对公安、检察、司法行政等部门在量刑规范化工作中得定位和职责进行明确，充分利用联动机制确保量刑的科学性、合法性和公正性。

四、总结经验，完善量刑规范化

（一）积极创新扩大量刑范围

自 2010 年 10 月量刑规范化改革在全国法院铺开后，该院深入总结试点工作经验，进一步大胆探索扩大量刑规范化适用范围，将共性的量刑情节按照量刑规范化幅度引入尚未纳入量刑规范化范围的案件，逐步将全部案件有序纳入规范化量刑程序，走在全省前列。

（二）调整量刑评价表架构规范量刑评判标准

进一步调整量刑评价表架构，将每个影响量刑的情节科学地按照调节起点刑情节、修正基准刑情节、调节修正刑情节三个类别分列，从而参照各个情节依

序在起点刑基础上采取同向相加、逆向相减的方式得出基准刑、修正刑直至宣告刑,进一步规范量刑评判标准,确保量刑准确。

(三)多方搭建宣传平台营造良好氛围

通过举行量刑规范化庭审观摩,邀请人大代表、政协委员及社会各界代表参加量刑规范化庭审观摩,增强社会各界对量刑规范化的直观认识和支持,通过网络、报刊等媒体向社会通报法院推进量刑规范化改革工作的进展情况,增进社会对这项工作的了解和认识,形成良好的舆论氛围。自量刑规范化改革工作开展以来,人民法院报、中新社、新华网、浙江法制报等报刊、网络媒体先后刊登我院相关举措,得到了上级领导和社会各界的关注。

重程序 抓礼仪 强监督
全面推进司法规范化建设

余姚市人民法院

余姚市人民法院始终把司法规范化建设作为一项立足现实、着眼长远的战略性任务来抓，形成了主要领导亲自抓，分管领导具体抓，政工、监察等各部门齐抓共管的工作局面。

一、以程序公正为重点，全面规范司法行为

规范程序运行是“规范司法”的重要内容，而程序公正则是司法程序运行的内在要求。近年来，我院以实现和保障程序公正为重点，全面规范立案、审判和执行工作，确保形成完善的程序运行体系。

（一）规范立案工作

注重窗口建设，大力完善案件受理、诉讼收费和立案大厅建设等各项工作，全面提高窗口形象。一是规范案件受理。坚持立案与审判、执行分立的原则，立案庭和人民法庭受理的案件，分别编号，纳入案件流程管理程序；二是规范诉讼收费。贯彻执行国务院《诉讼费用交纳办法》和最高人民法院、浙江省高级人民法院有关诉讼收费的规定，严格收费范围和标准，规范司法救助条件和审批手续，确保有理有据的当事人打得起官司；三是规范立案大厅建设。在逐步改善硬件设施的同时，加强和规范“立案信访窗口”建设，为当事人提供诉讼引导、立案审查、受理、缴费等“一站式”服务。开辟午间立案通道，为当事人提供工作日全天候立案服务。

（二）规范审判工作

审判工作是人民法院的中心工作。通过规范庭审、调解、合议等诉讼活动，全面提高审判工作的规范性。一是规范开庭审理。通过采取庭审实时监控、对35周岁以下的法官开展庭审评议、审委会召开专题会议借助数字法庭技术进行庭审评查、邀请人大代表和政协委员旁听庭审等措施，做到庭审言行规范、态度中立、程序到位，进一步提高了法官驾驭庭审的能力和水平。二是规范诉讼调解。严格遵循合法、自愿的调解原则，拓宽调解范围，丰富调解手段，有效提高调解水平和调解结案率。三是规范合议庭负责制。按照“放权、分权、制权”的

原则,通过合理界定独任审判员、合议庭、审判委员会与院庭长的职责范围,实现分权与制约的平衡。

(三)规范执行工作

针对执行工作过程复杂、对抗性强的特点,切实做好建章立制工作,严格规范执行行为,防止出现“执行乱、执行不公”现象。一是健全执行分权运行机制,积极探索执行实施权、执行裁决权、评估拍卖管理权分离运行模式,加强对执行调查、财产处置的管理和监督。二是规范案件报结制度,加强对执行和解案件的监督和管理,严禁执行干警为了追求结案率强迫当事人和解,努力减少“案结事未了”现象。严格程序终结案件的审批程序,防止不当结案现象的发生。三是健全评估拍卖制度,全面规范评估、拍卖程序,严格实行司法鉴定回避制度,防止暗箱操作;四是建立执行公开制度。推行“阳光执行”工程,尝试执行全程公开,保障当事人的知情权、参与权、监督权。

二、以规范礼仪为抓手,大力提升法官形象

司法礼仪作为法官必须遵守的职业操守,对实现司法公正、塑造司法形象、树立司法权威、维护司法尊严有着重要的作用和特殊的意义。我院针对当前法官司法礼仪中的薄弱环节,通过“抓教育、重制度、强监督”,全面提升法官的司法形象。

(一)着眼教育,引导树立礼仪意识

理念是行动的先导,思想认识上的不足就有可能导致在平时司法活动中忽略仪容、举止等礼仪要求。为此,该院特别注重法官观念的转变,及时统一全院干警的思想和行动。院领导坚持以身作则,带头学习有关文件,带头开展对照检查,带头规范言行举止,并利用各种场合给干警压担子、提要求,营造了一种重礼仪、讲礼仪、守礼仪的浓厚氛围。同时,积极深化社会主义法治理念再教育活动,通过举办司法礼仪讲座等形式,努力促使法官牢固树立礼仪意识,自觉遵守礼仪规范。

(二)着眼规范,统一制定礼仪标准

余姚市人民法院根据《法官法》、《法官职业道德基本准则》及省法院的相关规定,结合本院实际,制定了《规范司法礼仪若干规定》、《关于日常工作文明用语的规定》、《干警八小时外行为规则》、《约束干警业外活动预警机制的实施意见》等一系列制度,通过教育学习,统一了着装、接待、庭审、社会交往等各方面的礼仪标准。此外,还制定了《人民陪审员使用和管理办法》、《规范临聘人员行为管理办法》,加大对人民陪审员、临聘人员司法行为的管理力度,提升整体

礼仪水平。

（三）着眼监督，有效保障礼仪遵守

严格的监督机制是保障政策得到落实、制度得到执行的重要手段。该院通过完善监督手段、加强督查力度和强化外部监督的方式，有效提高了司法礼仪的执行力度。一是创新监督方式，通过在审判法庭、立案大厅、信访室等安装计算机实时监控系统，方便院庭领导可以随时在办公室通过计算机对干警言行举止进行检查；二是加强日常督查，通过设立司法礼仪督查小组，经常性对庭审活动、信访接待、外出执行等进行明查暗访，梳理归纳问题，每月反馈信息、督促整改；三是强化外部监督，通过邀请人大代表、政协委员旁听庭审活动，评议司法形象，督促法官规范庭审礼仪，提高庭审水平。

三、以强化管理为保障，有效提升审判质效

有效的管理和监督是推进规范司法的重要保障。该院结合工作实际，建立健全各项管理制度，通过强化审判流程管理、强化案件质量管理和强化队伍廉政管理，有效提升了审判工作的质量和效率。

（一）强化审判流程管理

实行"立案、审判、监督、执行"分立制度，使案件办理各环节机构设置科学，职责明确，分工合理。强化流程管理，及时催办督办，避免超期现象发生。理顺审判委员会、院长、庭长、审判长、审判员、书记员的职责及相互关系，明确人员分工，优化审判资源配置。落实公开审判制度，把法官确认证据的思维过程，判决结果形成的推理过程，法官行使裁量权的理由，通过庭审和裁判文书向当事人公开，使"阳光下的审判"落在实处。

（二）强化案件质量管理

进一步完善以案件质量评查为龙头，以案件卷宗检查、裁判文书评选、庭审旁听检查为重点，以实现程序公正、实体公正、形象公正为目标，多层次、全方位的审判质量监督管理体系；完善评查反馈机制，对发现的问题，坚决严肃处理，该改判的改判，该处罚的处罚；正确处理好监督与提高的关系，把监督过程中发现的具体现象，通过归纳、提炼，形成专题材料，定期编发通报。同时，理顺监督管理和绩效考核的关系，对审监、审管和纪检部门从不同的层面发现的问题，由政工部门按照考核办法，对各庭及干警个人进行考核，从而实现了对法官职务行为和办案结果监督的统一。由于监督工作措施实，力度大，有力地确保了司法公正。

(三)强化队伍廉政管理

清正廉洁的队伍是确保司法公正和提升审判质效的有效保障。为确保队伍不出问题,我院坚持层层签订廉政责任状,通过邀请纪委书记授课、到监狱接受警世教育等多形式、全方位的思想灌输,激励干警以廉为荣,以贪为耻,自觉维护清正廉洁形象。建立了干警诫勉谈话等十多项廉政建设制度,形成完善的监督、责任追究体系。内外互动,建立了八小时以外管理制度,聘请10位特约监督员,定期向人大代表、政协委员、政府和社会各界征求意见,自觉接受各种监督。领导的表率、经常的教育、完善的制度、严格的监督,共同构筑了“不愿为、不能为、不敢为”的廉政运行机制。

开展规范司法建设活动以来,余姚市人民法院通过不断强化管理,各项工作取得了显著成效:一是审判执行工作始终保持健康有序运行,审判的质量和效率明显提高,实现了无重大质量事故案件、无工作不当引发矛盾激化案件、无违法违纪事件的工作目标;二是人民法院的司法形象不断提高,人民群众对法院工作的满意度不断增强,在2012年上半年院委托零点调查公司对本院司法公信力调查过程中,综合评价达到83.24分;三是全院干警的争先创优意识明显增强,先后涌现出了全国、全省等众多先进典型。

坚持规则之治　实现司法规范

奉化市人民法院

近年来,奉化市人民法院结合自身实际,以规范司法礼仪、程序运行、裁判文书等为载体,狠抓细节规范,强化监督落实,在司法规范化建设方面形成了很多有益的做法。

一、着眼每一项数据,确保质效管理全面提升

2011 年 3 月,该院成立了审判管理办公室,配备了一名主任(由审判委员会专职委员兼任)、一名副主任,人员编制 9 人,专门负责审判管理工作,为提高审判管理水平和在全院形成重视审判质效、重视审判管理的浓厚氛围提供了组织保障。

(一)瞄准质效管理目标,强化管理考核

按照市中院《基层人民法院绩效考核办法》要求,该院将各大类别下的小项考评内容进行层层分解、细化落实到具体部门甚至具体人员。2012 年开始,将以往"考核部门"的方式改为"分级考核"的方式,各项工作由院考核到部门,再由部门制定细则考核到个人,拒绝了平均主义,加大了"奖勤罚懒"力度。同时实行精细化管理,细化每月的办案数量、调撤率、改判率等具体考核指标,实行每月个人工作业绩通报制度,排名末位部门谈话制度等,充分发挥考核办法的规范引导作用。

(二)加强流程跟踪管理,实行审限预警

实行网络审判流程管理,从立案、审判、执行各个环节加强跟踪监督。在"案件审判管理系统"内进行窗口弹出处理,做到对即将超出审限的案件给予预期警示,把问题处理在萌芽阶段。先后三次制定、修改、完善案件催督办制度的实施办法,实行案件接近法定审限分管院长催办、延长审限院长督办、继续延长审限审委会讨论的管理制度。比如,民商事案件超过 4 个月仍未办结的,由审管办发出催办令,在法定审限届满前 1 个月仍未结案的,报请分管院长审批是否延长审限,且延长的审限不得超过 2 个月,如在延长审限内仍无法结案而需要继续延长审限的,需提前 15 天提交审委会讨论决定,从而切实发挥分管院长、审委会的作用,增强审执人员的紧迫感与规范性,把握和调整办案节奏,促

进规范结案和均衡结案。

(三)关注重点指标数据,实行定期通报

在每月 22 日结案日之后的 5 日内,由审管办发布本院各部门审判执行质量效率评估数据通报,对一线办案人员的收结案数、同期结案率、平均审理天数、调撤率等 18 项数据进行全院通报,坚持将各项指标数据落实到庭,落实到人。并把指标值与省高院、宁波中院发布的各项重点质效指标数据达标值进行对比,找出差距,分析原因,促弱提强,促进质效数据指标提升。

(四)坚持案件质量评查,强化责任追究

该院坚持“以评查促质效”的做法,实行案件质量常规评查、专项评查与重点评查相结合。由审管办质评组定员对全院所审、执结的全部案件,严格按照《奉化市人民法院案件质量评查(督查)实施办法(试行)》的规定,从实体、程序和卷宗装订等方面进行全面评查,再由档案室负责归档报结数据录入。同时审管办会同各庭兼职质评员开展一季度一次的案件专项评查,要求在数据库系统随机抽取每个庭的 10 件案件,进行交叉评查。对被宁波中院改判、发回重审案件进行重点把关评查,每一重点评查案件均提交审判委员会讨论,对被最终认定为差错案件的,实行案件质量“问责制”,严格按岗位目标责任制进行扣罚。并将上述情况作为法官业绩考核、奖惩、评先和晋职的重要依据。

(五)开展专项办案竞赛,冲刺质效位次

为实现审判质效指标不断跨越新台阶,稳固和扩大优势指标的位次,弥补落后指标的不足,切实提升同期结案率、调撤率等指标,从 2011 年开始开展“每月办案之星”专项办案竞赛评比活动,激励先进,鞭策后进,营造争先创优的良好氛围,推动审判质效的升序进位。

(六)创新管理方式方法,提升办案效率

针对近年来收案数量持续高位攀升、一线法官人均结案数超过百件、案多人少矛盾日益凸显的状况,2010 年年初,为充分挖掘内部潜力,缓解办案一线压力,推动法官的业务学习交流,出台《关于实行部门结对办案模式的暂行规定》,明确部门职责分工,确定由办公室、政治处等七个综合部门为支援部门,刑庭、执行局等五个业务部门为受援部门,援助办理案件。同时制定相应案件质量评查和年度岗位目标考核制度。不但缓解了部分业务部门的办案压力,提高了办案效率,而且促进了全体干警司法业务能力的提高,加强了法院部门之间的业务沟通和交流。2010 年 2 月 21 日,《人民法院报》进行了专门报道。

二、关注每一个环节，确保司法活动公正高效

该院坚持把满足人民群众的司法需求作为规范建院的重要内容，不断强化法官的规范化、标准化意识，保证审判、执行活动的每一个环节都做到向“规范化”迈进。

（一）规范窗口运作，强化服务意识

立案与信访是人民法院工作的窗口，群众往往最先通过这两个窗口来认识和了解法院，并据此进行评价。奉化法院坚持以推进立案窗口规范化建设为目标，改善硬件设施，明确窗口职责，提高服务质量。推行导诉、法律咨询、法律查询、休息、书写诉状、提交材料、交费、签收的“一站式”服务模式，推广远程立案、预约立案、网上立案的立案模式，安装窗口叫号系统，设立第三方法人信用担保制度，最大限度地给当事人提供便利。同时，在立案大厅设置专门信访室，安排精通业务、耐心热情的专职信访人员负责接访，采取信访流程管理、首接负责、限时回复和对热点、难点问题特别督办等一整套完整的接访处理机制，既保障了当事人的合法权益，又有力地维护了社会的和谐稳定。由于窗口工作成绩突出，该院立案庭已先后荣获“全国巾帼文明岗”、“浙江省巾帼文明示范岗”、“浙江省示范妇委会”、“全省法院文明窗口”、“宁波市级文明窗口”、“宁波市机关事业单位示范妇委会”、“奉化市文明窗口”等称号，信访工作也连续六年被评为宁波市、奉化市信访工作先进单位。

（二）规范庭审活动，提高审判质量

切实规范庭审程序，对不同种类的案件严格按照法定程序开庭审理，公平对待双方当事人，充分保护当事人诉讼权利，要求审判人员认真把握开庭审判的每个环节，准确归纳争议焦点，正确引导当事人举证质证、辩论，确保庭审活动的公正、有序和高效运作。坚持推进庭审公开，对典型案件和有一定社会影响的案件，主动邀请人大代表、政协委员、廉政监督员等旁听庭审，同时加强与新闻媒体的沟通联系，在审判法庭设立媒体席，主动接受新闻媒体的舆论监督。不断强化庭审考评，设立了庭审评议专项小组，对 9 个业务庭室采取半年一次的现场评查和随机抽取庭审光盘评查相结合的方法，从司法礼仪、庭审作风、程序运用、实体处理等方面，对法官的庭审活动进行打分评比，并将评议结果以简报形式予以通报。不断增强庭审装备，严格按照上级法院相关要求，建成 4 个标准化数字法庭和 14 个简约数字法庭，充分利用信息化手段的“可再现”、“可复制”的功能，客观、真实、全面地记录庭审活动全过程，为庭审记录、庭审考核、档案查询等工作提供科学而直观的依据，实现了庭审设备的智能化。

(三)规范文书制作,确保文书质量

一是强化格式规范。认真执行上级法院关于规范裁判文书制作的有关规定和要求,对裁判文书的字体、字号、排版、纸张等严格按规范操作执行,坚决杜绝形式上的错误或瑕疵,确保发出的每一份文书都合乎规范要求。二是强化审核把关。制定出台《关于裁判文书审核、签发工作的若干规定》、《裁判文书差错责任追究办法》、《关于停止使用“奉化市人民法院核对章”的通知》等文件,不断完善裁判文书审查流程,坚持“三查一签发”制度,即承办法官自查、书记员校查、承办法官复查,最终由庭长(或分管副院长)签发,确保裁判文书制作规范,减少出错可能。三是开展文书评比。按照市中院年度绩效考核要求,由审管办联合办公室,对裁判文书进行一年一次的评比活动,从法律文书的制作规范、语言文字、说理的条理性、适用法律的正误、判决主文的严密性等方面进行评析,对于评选出的优秀裁判文书进行通报表扬并给予适当的物质奖励,营造争创精品裁判文书的良好氛围。

(四)规范法官裁量,有效接受监督

认真贯彻落实《人民法院量刑指导意见(试行)》和《浙江省〈人民法院量刑指导意见(试行)〉实施细则》文件精神,联合奉化市检察院出台《量刑程序规范化实施规则(试行)》和《关于检察长列席审判委员会会议的实施办法》,同时制定《奉化市人民法院量刑指导意见》、《被告人辩护权利告知书》、《量刑评议表》等,统一量刑标准,规范量刑程序,加强检察监督,扎实推进刑事案件量刑规范化建设工作。

(五)规范执行工作,维护司法权威

进一步优化执行权配置,对执行权实施流水线式分段配置,将执行工作分解为执行通知、执行调查、执行实施、执行拍卖、执行裁决、执行争议六个环节,2009 年经奉化市编委批准,在执行局内部设立了监督、裁决、实施三个科,做到分工负责,权责明确,相互制约,相互配合。同时,制定《执行款物管理的暂行规定》,由专人负责执行款物登记管理工作,对执行中的委托鉴定、委托评估拍卖等由司法行政科专人负责公开施行,对案外人提出的执行异议,专门组织听证和裁决,增强执行工作的透明度和公信力。进一步整合社会资源,创新工作机制,建立健全执行联络室制度,大力推行执行和解,积极构建市、镇(街道)、村(居)三级执行协助网络。进一步完善综合治理执行难工作机制,加强执行五大系统建设,深化“党委领导、人大监督、政府支持、法院主办、各界配合”的执行联动新格局,维护胜诉方的合法权益,树立司法权威。《人民法院报》对执行协助网络工作经验进行了整版报道。2011 年 7 月,《关于执行案件恢复执行的调查与思考》一文在最高人民法院主编的《执行工作指导》上刊登，用于指导全国法院执行工作，这在宁波法院系统尚属首次。

三、规范每一个行为，确保队伍素养得到强化

“基础不牢，地动山摇”。队伍建设是规范建院的基础，更是实现人民法院跨越式发展的根本保证。

（一）加强党风廉政建设

始终坚持从严治院、从严治警方针，认真贯彻落实最高人民法院“五个严禁”规定。加强队伍廉政教育，层层签订“廉政勤政责任状”，开展专题警示教育，落实党风廉政建设责任制，完善廉情预警机制。出台《建立健全惩治预防腐败体系 2008 －2012 年实施意见》、《关于开展廉政风险防控机制建设的实施方案》等制度，对权力的运行形成有效的制约和监督。发挥纪检监察部门的职能作用，严格执行《人民法院审判纪律处分办法》、《法官行为规范》、《法官职业道德基本准则》以及本院《关于禁止法院工作人员外出办案与当事人等“三同”的规定》等约束和规范法官行为的纪律规定。积极开展责任追究工作，实行有报必查，有查必果，确保队伍的纯洁性。健全廉政监督管理，制定《关于加强大标的案件监督管理的实施办法》，做到对重点部门、重点岗位和重点人的监督，防患于未然。该做法被 2010 年 6 月 6 日《人民法院报》头版头条进行了刊登介绍。宁波市人大代表楼国强对此评价：“法院在为企业提供司法服务时热心、廉洁，处理涉企业案件时公正、不偏袒，我们在感受司法关怀的同时，更对法官这个群体肃然起敬。”

（二）加强司法能力建设

打造学习型法院，鼓励干警参加学历教育、在职培训。目前全院拥有大学及以上学历干警 96 人，占总人数的 80%，拥有硕士学位 19 人，占总人数的 15.83%。同时，通过开展各项教育培训活动，邀请上级法院业务骨干来院授课，搭建内外网信息网络平台、开设法官论坛等多种形式对干警进行教育培训。2011 年 3 月，该院一名青年干警被最高人民法院授予首批“全国法院办案标兵”荣誉称号。

（三）加强司法作风建设

坚持开展“发扬传统、坚定信念、执法为民”、“三思三创”及“工作作风建设年”等主题实践活动，出台相关实施意见，切实转变“庸懒散”的工作态度，努力提升工作效率，同时加强对接待当事人、庭审活动和日常司法礼仪的明察暗访，坚决纠正举止不端正、语言不文明、着装不规范等问题，切实塑造干警文明、规

范的司法作风,提高干警大局意识、服务意识和群众意识。经过努力,全院各项工作作风有了明显转变,廉政投诉件呈逐年下降趋势,并先后5次被授予省、市级文明单位、文明窗口称号。

坚持“八个紧抓”　促进规范司法

嘉兴市南湖区人民法院

随着经济社会不断发展和法院职能作用日益增强，人民群众对司法公正的要求越来越高。近年来嘉兴市南湖区人民法院积极将“规范”引入司法程序，坚持一手抓业务一手抓队伍，努力实现审判质效、队伍素质不断提升，在规范司法中加强自身建设。

一、紧抓制度构建

按照“人定制度、制度管人”的原则，围绕立案、审判、执行等重点环节逐步完善各项审判管理制度，该院先后出台《审判人员违法审判责任追究实施细则（试行）》、《关于进一步做好执行工作管理的规定》、《大标的案件监督管理办法（试行）》、《案件审限管理及超审限处理办法》等规定，形成了一整套权责明确、程序严密、监督有力的审判管理机制，逐步实现了由无序管理向规范管理、粗放管理向精细管理、静态管理向动态管理的转变，规范了日常工作程序，实现了审判管理的规范化、科学化。为理顺职能、明确权责，2012 年上半年成立嘉兴市基层法院首个审判管理办公室（与审监庭合署办公），负责审判流程管理、案件质量评查和总结审判经验。完善繁简分流办案机制，出台《民商事案件繁简分流规则》，做到简易案件求效率，疑难案件保质量，着力提高民商案件审判质量和效率，减轻当事人的诉累。

二、紧抓质量管理

严把案件质量关，将案件合议、研究、评查贯穿于审判始终，把质量评查从注重审判结果向注重立案、审判、执行各个环节转变，由审管办组织协调，对立案、审判、执行全过程进行监控，采取基础评查、专项督查、重点评查相结合的办法，全方位、多角度对裁判文书、归档卷宗进行评查，强化对评查结果的运用，及时发现审判中存在的问题，提出对策建议，切实改进和提高案件质量。以评查二审发改案件、当事人反映强烈的信访投诉案件等作为重点，及时组织召开审委会会议，研究讨论，作出审判质量认定，对有重大分歧的个案或法律问题进行统一，推动和促进审判工作的有效开展；对重大、疑难、新类型案件，坚持集体研判制度,审委会加强指导和监督,确保裁判的统一。同时,该院每年都要组织优秀裁判文书、规范庭审评选活动,严格评比标准,注重评比结果的运用,不断总结经验,增强示范和引导作用。2009 年以来,共评查各类案件 2409 件,上诉率下降至 4.49%,二审改判发回率下降至 5.02%。

三、紧抓效率管理

认真落实审判流程管理制度,树立立、审、执、监一盘棋思想,强化节点控制,实现审判、执行、信访等工作的有序运转。抓好审判管理软件的运用和培训,指导和监督信息录入工作,从立案、排期、送达、开庭、结案、执行、归档等环节入手,对审判流程实行“无缝隙”管理,确保各个审判流转环节有效衔接,保证审判执行过程始终处于动态监管之中。2009 年 3 月、2011 年 6 月先后组织骨干法官集中时间编写了《业务流程节点》和《业务操作指导》两书。前者严格按照诉讼法的规定,对审判和执行的流程节点进行严格规范,使每个流程中的重要节点都有清晰的控制标准,让程序参与者责权明确,防止司法行为的随意性,赋予了裁判结果直观的公正性。后者通过对道路交通事故人身损害赔偿、婚姻家庭、民间借贷等各类常见案件在庭前准备、开庭审理、法律文书制作等方面的特点和难点逐一详细归纳,使审判员通过翻阅便能对各类案件的审理方法、处理重点、注意问题有全面的了解,对于统一司法理念,规范自由裁量权、提高办案质量起到积极的促进作用。

四、紧抓质效考核

南湖法院以省法院审判质效评估体系为依托,每月编发《审判管理动态》,将 36 项评估、调研数据分解到部门、细化到个人,建立定期通报情况制度,按每月、季度、半年和全年通报各业务庭室收结案数、调撤率、月人均结案率,每位审判人员办案数、调解率等,实行量化考核,动态管理,提高审判工作评估、法官业绩考核的科学性和规范性。不断完善月度报表,以全省、全市法院排名为基础,以全省均值、全市均值、基层均值为参考线,将该院各项指标与其余基层法院逐一比对,提高质效管理的针对性。加强审判运行态势分析,审管办每月汇总评估数据,形成当月办案运行态势通报,对当月审判工作特点、存在问题进行剖析,并在每月的中层干部工作例会上进行讲评,进一步强化数据分析引导,便于党组及时进行决策调整。加大超审限案件惩处力度,对临审限案件加大催办、督办力度,每月进行统计通报,对超审限案件,根据超出时间扣罚绩效考核分值,超审限案件达到一定数量的,实行部门和个人“一票否决”制。加强发改案件评查剖析，由审管办对二审改判或发回重审的案件，在一、二审事实认定、法律适用、办案效果及分歧焦点方面进行对比剖析，查找发改案件在程序和实体方面的不足，提升类案审判质量。2012 年 1 - 9 月，人均结案数达到 84 件，18 个月以上未结案数下降到 4 件，申诉率只有 0.15%，取得了良好成效。

五、紧抓审判监督管理

加强审判工作的外部监督力度，充分发挥人民陪审员、人大代表、政协委员的监督职能作用。创新庭审旁听模式，以“菜单式”形式由代表委员点取有重大社会影响以及新型、典型的案件，将人大代表、政协委员庭审旁听工作常态化。搭建内部监督管理平台，以信息化建设为载体，规范审判流程、合理调配审判资源、深化审判方式改革，已建成 19 个数字法庭，庭审录像率达到 99.68%，可供庭审检查观摩、网上庭审直播和庭审结束后庭审视频点播，增强审判程序的透明度。通过建设自己的互联网网站等媒介对外发布个案信息、司法文件、案件公告、裁判文书等案件信息，进一步扩大公开透明效应。在法院内部通过在立案大厅、法庭、执行局等处设立的电子显示屏、电子触摸屏，对外发布立案受理程序、诉讼风险告知、法庭纪律、老赖身份等信息，指导诉讼当事人参加诉讼。拓宽民意沟通渠道，设立电子信箱和热线电话，在全市法院率先建立网络发言人制度，积极回应群众的关切和期待。

六、紧抓司法作风建设

深入开展宣传动员，加强学习教育。通过党组带头以身作则，动员干警认真学习新修订的《法官职业道德基本准则》、《法官行为规范》等规定精神。以个人学习与庭室集体学习相结合的形式，使干警充分认识到加强作风建设，转变工作作风、规范司法行为对提升各项工作任务指标的意义，从而自觉加入到作风规范建设活动中来。坚持经常性教育和集中性教育相结合，积极组织开展社会主义法治理念教育、贯彻落实科学发展观、“人民法官为人民”、“创先争优”、“发扬传统、坚定信念、执法为民”等一系列主题教育活动，引导干警运用正确的司法理念指导办案实践。制定奖罚措施，将纪律检查与绩效考评挂钩，通过专项检查和明察暗访，改进司法作风，规范司法行为。每月对全院各部门执行上下班纪律、着装仪表、办公秩序、工作作风和工作态度的情况进行明察暗访，并及时公开检查情况，对违纪者实行点名通报，并将干警的纪律作风情况纳入年终考核评比。开展部门联动、专项检查活动，纪检监察部门联合审监、立案等有关部门对大标的案件、与当事人外出办案、评估拍卖、违规收费及违规管理涉案款物等重点环节开展专项检查,对发现的苗头性问题,及时纠正、整改,防患于未然。

七、紧抓司法廉政建设

精心打造行为规范、清正廉洁的执法队伍,是该院始终如一的目标。在各部门设立15名廉政监察员,协助纪检部门抓好法官队伍的作风、学风、纪律建设。同时聘请人大代表、政协委员、调解员、媒体人等来自社会各界的11名特约监督员参与审判、执行工作的监督检查,重点监督和查找落实“五个严禁”的薄弱环节。在全省法院首推“一案一承诺”工作制度,变对内承诺为对外承诺,变被动承诺为主动承诺,变一年一承诺为一案一承诺。建立300万元以上大标的案件监督跟踪制度,实行登记备案,严格审批权限。全面排查廉政风险点,构建符合法院特点的廉洁司法风险防控体系,将廉洁司法风险防控划分为前期防范教育、中期监控管理、后期惩治处置三个阶段,并绘制风险防控管理工作流程图,明确各部门、各岗位做好廉洁司法风险防控的职责任务。建立“廉洁司法风险预警提示制度”,根据监督管理工作中发现的各类潜在风险,由纪检监察部门按照风险涉及的岗位、对象,以《廉洁司法风险预警提示书》的形式予以提示,并抓好跟踪督查、落实整改,把可能发生的廉政风险控制在始发阶段。同时还制定出台了《执行案件财产评估、拍卖、变卖操作规则》、《赃款、赃物管理办法》等一系列规章制度,进一步健全了廉政保障制度体系,全面规范司法权力运行。

八、紧抓司法改革创新

深化人事制度改革,增强法官队伍活力,是南湖区人民法院抓好队伍建设的一项基础工程。近年来,先后开展了审判员、审判长公开选任,中层干部竞争上岗,书记员定期轮岗,打破多年来凭资历或由组织“钦定”的任用习惯做法,有效激发了队伍活力。2009年以来,开展了两次争性选拔中层干部工作,采取民主推荐、演讲答辩、群众评议、党组讨论、全院公示等办法,使12名作风好、素质高、能力强的优秀干警选拔到中层岗位上来。大力开展裁判文书评比、办案执行能手、规范庭审评查等多层面的创先争优活动,不断强化司法技能培养,推进法官能力结构由理论向实践转变。积极选派法官参加上级法院组织的各项培训和学术研讨活动,特别注重对青年法官的培养,建立了以“一对一导师制”领衔的,集社区柔性挂职、机关单位短期挂职、青年学术研究在内的全方位培养模式。鼓励干警在职学习,目前有25名法官拥有硕士学位,占法官人数的44.64%,35岁以下干警担任中层干部的有8人,促进了干部队伍的年轻化、知识化。制定完善《岗位绩效考核办法》,通过对审判人员办案数量、质量、效率等的量化和德、能、勤、绩、廉等方面的细化要求,设定科学的审判绩效考评指标,通过目标明确、导向积极的绩效管理,使法官办理每一起案件、开展每一项工作、采取每一项措施,都能始终朝着公正、廉洁、为民的目标去努力。

规范司法行为,不断加强队伍司法能力建设,是人民法院在新世纪、新阶段一项长期而艰巨的任务。嘉兴市南湖区人民法院在实践中将不断总结经验,不断推进以质效提升为目的,以队伍建设为保障的法院全面建设,规范公正司法的水平逐渐迈上新的台阶。

第三节 典型实例

向虚假诉讼“亮剑”

空白纸上写句话,凭空欠下百万元,原被告“手拉手”去诉讼,图的是给欠条一件合法外衣。当诉讼日益成为维护合法权益和解决争议的重要手段时,近年来诸如此类伪造证据、借助诉讼谋取不正当利益的虚假诉讼现象也日益增多。

7月7日,浙江省高级人民法院、省人民检察院联合出台《关于办理虚假诉讼刑事案件具体适用法律的指导意见》,对这种骗取法院裁判文书的行为使出杀手锏,明确追究虚假诉讼参与制造者的刑事责任。刑罚手段的强力介入,无疑又给这些想动歪脑筋的“聪明人”敲响了警钟。

零零总总“假官司”

在经济关系日益复杂的今天,假币、假药、假商品、假新闻等时有耳闻,一向怕“惹官司”的国人,而今也制造起“假官司”,企图在法庭剧场上演,这绝非耸人听闻。

吕振韶是朱金进的舅舅,拿着4张借款人署名均为朱金进的借条复印件,向永康法院起诉要求朱金进、颜晓芳夫妇归还借款277万元及利息10万元。还向法院申请对其在四川成都的房产和银行存款进行财产保全。

审理中,法官有了疑问,“作为普通工人,吕振韶哪来数百万资金?”但在诉讼主体、证据形式上看不出瑕疵。碰巧的是,颜晓芳也向法院反映借条是舅甥俩合谋伪造。随后,法官调查发现,短期内该院已受理以朱金进夫妻为被告的案件16件,诉讼标的额达480余万元。

随着调查深入,疑点继续浮出水面:朱金进与颜晓芳感情不和;原告申请保全的存款均为颜晓芳名下存款;以朱金进、颜晓芳为被告的多起民间借贷、买卖合同纠纷,不同身份、不同居住地的原告均委托了同一诉讼代理人。

细查后,吕振韶对资金来源含糊其辞,无法提供用于借款的银行转账凭据,277万元款项均以现金交付明显不合常理。最终,吕振韶不得不承认这是朱金进为离婚时多分财产,和他合演的一出“戏”,真实债务仅为5万元。

类似的案件,近年来浙江各地基层法院屡屡发生。东阳法院近九成法官表示曾接触过虚假诉讼案件,八成法官感觉有逐年递增趋势。特别是 2008 年金融危机后,涉及企业破产、资产重组、债务纠纷的案件急剧增加,当事人利用虚假诉讼逃避债务、转移资产、非法套现等行为不时出现。以丽水为例,所辖四所基层法院已发现虚假诉讼案件达 197 件,严重困扰基层法官。

2008 年 5 月 23 日,一份"平阳法院发现一起虚假诉讼案件"的信息引起浙江高院院长齐奇重视,展开对全省虚假诉讼专门调研,形成《对浙江省有关"虚假诉讼"问题的调查与思考》调研报告。当年 12 月 4 日,浙江高院制定了《关于在民事审判中防范和查处虚假诉讼案件的若干意见》,率先对如何防范和查处虚假诉讼进行了明确规定。

《意见》第 1 条界定"虚假诉讼"是指民事诉讼各方当事人恶意串通,采取虚构法律关系、捏造案件事实方式提起民事诉讼,或者利用虚假仲裁裁决、公证文书申请执行,使法院作出错误裁判或执行,以获取非法利益的行为。

这是国内首次由司法机关将"民事诉讼各方当事人恶意串通,采取虚构法律关系、捏造案件事实方式提起民事诉讼"现象正式界定为"虚假诉讼",与以前"恶意诉讼、诉讼欺诈、诉讼诈骗"的概念相区别,作为一种独立诉讼现象进行研究。"之所以要独立出来,既考虑到虚假诉讼数量在不断增加,其社会危害性比一般单方诉讼欺诈、诉讼诈骗更甚,又因为其具有自身显著特点,公然蔑视国家法律,挑战司法的严肃性、权威性。"平素儒雅的齐奇此刻一脸严肃。

"虚假诉讼"现形之难

朱金进为多分共同财产进行虚假诉讼露了马脚,没有得逞。"实践中形形色色的虚假诉讼,相当数量难以发现,或是即便觉得有嫌疑却缺乏有效证据证实。"浙江高院研究室主任魏新璋说。

对虚假诉讼现形之难深有感触的玉环法院速裁庭庭长孙宾表示,能够查处的虚假诉讼一般都是受害人因自身利益受损,顺藤摸瓜发现后提供给法官的线索。在虚假诉讼案件中,当事人之间一般存在亲属、朋友、同学等特殊关系,行为默契,查处难度大。为避免露出破绽,当事人到庭率较低,大多委托诉讼代理人单独参加诉讼,给法院查清案件事实设置了障碍。他们大多选择调解方式结案,纠纷的解决取决于双方当事人的合意,"加上前些年过多强调当事人主义诉讼模式,使法官在证据问题上偏重于依赖当事人举证、质证,弱化了法官对调解协议的合法性审查,使虚假诉讼者有了可乘之机。"他说,从目前查处的虚假诉讼案来看,很多是适用简易程序审理的,当事人利用了简易程序审理方便快捷的特点,有的甚至提前私下拟好了调解协议,就等着法院认可。

杭州中院副院长王治建还从刑法视野提出打击虚假诉讼的掣肘。“由于虚假诉讼预谋的隐蔽性,受害人即使发现自身利益受损,也很难给公安机关提供足以立案的证据。并且虚假诉讼当事人事先对证据做了充分准备,有的还请律师参与其中,在庭审中又相互协调配合,很难看出破绽。公安机关往往花费大量的人力、物力、财力,却收效甚微,侦查难度相当大。”他还提出对虚假诉讼准确定性难的问题,“在我国现有刑法条文中,没有一个罪名与虚假诉讼直接对应,造成司法实践中对其处理非常不统一。实践中多以诈骗罪、妨害作证罪、帮助伪造证据罪等来给虚假诉讼中的涉案人员定罪。而在学界中,又有无罪说、敲诈勒索说等理论。立法具有长期性,不可能一蹴而就。为满足现实需要,迫切需要上级法院对虚假诉讼加以统一规范。”

三招应对“道高一尺,魔高一丈”

为防范和查处虚假诉讼案件,促进诉讼诚信,维护司法权威。同时,帮助基层法官破解虚假诉讼之扰,2008 年 12 月,浙江高院出台了在民事审判中防范和查处虚假诉讼案件的 18 条意见,从防范机制、处理机制和奖惩机制等方面,对预防和查处虚假诉讼进行全面规范。

首先是建立虚假诉讼案件防范机制。要求全省法院在立案大厅或人民法庭立案窗口设立禁止虚假诉讼的告示,引导当事人诚信诉讼。同时锁定民间借贷、离婚案件一方当事人为被告的财产纠纷、改制中的企业为被告的财产纠纷、涉及驰名商标认定等六类虚假诉讼高发案件,要求特别关注;对于原告起诉的事实、理由不合常理,证据存在伪造可能;当事人无正当理由拒不到庭参加诉讼,委托代理人对案件事实陈述不清;原告、被告配合默契,不存在实质性的诉辩对抗;调解协议的达成异常容易;诉讼中有其他异常表现的情形,审判人员应谨慎审查,严防虚假诉讼。

审理中发现有虚假诉讼嫌疑的案件,审判人员应立即报告,并将有关案件异常情况予以记载附卷,在每个审理环节予以警示。对有虚假诉讼嫌疑的案件,应责令当事人接受法庭调查或出庭参加诉讼,或责令当事人出示原始证据;要求证人出庭作证,向利害关系人通报,通知其参与诉讼。必要时可依职权调查取证,并邀请有关部门、人员参与审查调解协议。

第二招是建立虚假诉讼案件的处理机制。与虚假诉讼案件有利害关系的案外人,可以向法院提出再审申请。经审查确认属于虚假诉讼的案件,已经作出生效裁判文书的,人民法院应当依照法定程序予以撤销,并裁定驳回起诉。

对有虚假诉讼嫌疑的案件,当事人申请撤诉的,人民法院可以准许;经审查确认属于虚假诉讼的案件,当事人申请撤诉的,法院不予准许。

鉴于虚假诉讼隐蔽性,仅靠法官去发现颇有难度,浙江高院还建立查处虚假诉讼案件的奖惩机制和通报机制,发动案外人员,特别是知晓案情或与案件有一定利害关系的第三人,积极举报虚假诉讼线索,对查证属实的,应给予必要奖励。对参与制造虚假诉讼的有关人员,依法予以训诫、罚款、拘留;构成犯罪的,依法追究其刑事责任。对参与制造虚假诉讼的律师,应同时向有关司法行政机关提出建议,依照律师法规定吊销其执业执照。对参与制造虚假诉讼的审判人员,依规定严肃处理。对防范和查处虚假诉讼案件成绩突出的审判人员,应当予以表彰。

为将这三招落到实处,鄞州法院在受理案件后,要求立案人员询问当事人有无其他案件在诉讼程序,并比对审判流程管理系统数据,查询其他诉讼信息,以书面形式附于案卷中,一并移交给承办法官,以方便其判断和防范虚假诉讼;在审理中发现虚假诉讼嫌疑的,承办法官要通过实地调查来甄别;该院还编撰了"虚假诉讼警示手册",立案时向当事人出示,用实案实例进行事前警示,形成一定的威慑。

2010 年 5 月 24 日,瑞安市法院民二庭在审理六件民间借贷纠纷案件及一件承揽合同纠纷案件时,发现七起案件均涉嫌虚假诉讼,原告陈茂勇等七人与被告李位敏均系亲戚、朋友关系,为达到参与分配房款的目的,李位敏唆使陈茂勇等七人到法院起诉。在查明事实后,7 月 30 日,法院依法对原告陈茂勇等七人处以每人罚款 2000 元,对被告李位敏实施司法拘留。

刑罚"亮剑"出击虚假诉讼

"因业务量不多,当时只想表现自己,没想到不但断送了律师生涯,还把自己送进了牢房。"6 月 3 日,原浙江某律师事务所律师何慧强站在江干法院被告人审判席上,对自己精心策划"虚假诉讼"后悔莫及。

2008 年 12 月,陈海东之妻包某向江干法院起诉离婚。陈海东为使包某在离婚时少分财产,通过他人找到律师何慧强,何慧强提出让陈海东串通他人虚构夫妻共同债务,通过虚假诉讼将夫妻共有的一套房屋用来清偿。随后,何慧强打印一份空白借款协议,让沈建明、陈海东分别以出借方、借款方名义签字,何慧强又在借款协议中填写了借款金额及时间等,并让陈海东书写了收条。2009 年 3 月,律师何慧强以沈建明的诉讼代理人身份向江干法院提起诉讼,要求陈海东归还沈建明借款及利息共计 85 万元,同时申请对房屋进行诉讼保全。

事发后，何慧强以妨害作证罪被判处三年六个月。

“由于刑法典没有明确针对虚假诉讼犯罪的专门条文，在过去的司法实践中，许多明显构成犯罪的虚假诉讼行为，很多只是司法拘留了事。个别进入到刑事诉讼程序的虚假诉讼犯罪案件，也存在定罪不一、量刑较轻的问题。”浙江高院刑一庭庭长陈光多说，为严厉打击虚假诉讼犯罪行为，保障公民合法权益，维护司法裁判公信力，统一司法认识和尺度，规范全省类似案件的处理，浙江高院与省检察院联合出台《指导意见》，从虚假诉讼犯罪的目的和手段两方面，对虚假诉讼犯罪适用法律作出规定。“从目的方面规定：为了提起虚假诉讼，或者在虚假诉讼过程中，指使他人提供虚假的物证、书证、陈述、证言、鉴定结论等伪证，或者受指使参与伪造证据，按照妨害作证罪、帮助毁灭、伪造证据罪处理。为逃避人民法院生效裁判文书的执行，进行虚假诉讼，套取、转移财产的，按照拒不执行判决、裁定罪处理。公司、企业或者其他单位人员利用职务便利，进行虚假诉讼，侵吞本单位财物，根据单位的不同性质，分别按照职务侵占罪、贪污罪处理；从作案手段方面规定：在伪造证据过程中触犯相关法律的，分别按照伪造、变造、买卖国家机关公文、证件、印章罪，盗窃、抢夺、毁灭国家机关公文、证件、印章罪，伪造公司、企业、事业单位、人民团体印章罪，伪造、变造居民身份证罪等处理。”

为有效应对虚假诉讼“亮剑”刑罚，杭州中院积极与检察院、公安局、司法局共建联动阻击机制，明确公检法司各单位具体职责，检察院受理虚假诉讼案件线索后，可依法进行初查，移送有管辖权的侦查机关。公安机关对涉嫌刑事犯罪的虚假诉讼应立案侦查。法院在审理过程中对参与实施虚假诉讼的当事人及其他相关人员，可依法予以训诫、罚款、拘留；涉嫌刑事犯罪的，移送有管辖权的公安机关或检察院；确实存在虚假诉讼情形并导致法院原审生效裁判错误的，法院应按审监程序自行再审。公检法机关发现律师或法律工作者参与、指使当事人进行虚假诉讼的，应及时向司法局通报。各机关在查办虚假诉讼案件过程中，可相互调阅或复制有关案卷，交流传阅各自形成的书面材料，同时以定期召开联席会议、走访调研等形式建立经常性的工作联系机制，研究办案难点、疑点。

（原载 2010 年 8 月 23 日《人民法院报》）

让“死档案”变成“活资料”

——杭州中院档案信息化工作纪实

日前，浙江省杭州市中级人民法院调研骨干刘宏水逢人便说电子档案好处，“我要调研2004年以来杭州13家基层法院远程视频审判情况，若在以往不仅要耗费大量时间、精力去各家法院一一调取、查阅纸质案卷，还很难保证数据准确性。有了电子档案，只要设置查询条件，就能很快搜索到详尽、准确的资料。”

近年来，杭州中院坚持把档案信息化作为解决诉讼档案管理和利用瓶颈问题的突破口，自2004年9月开始启动档案信息化建设项目，目前已对全部库存档案及新生成档案33.4万余卷进行了信息化处理，形成集电子文档采集生成、调阅利用、管理备份、统计分析为主的综合性档案信息化管理系统，有力支持了审判工作的顺利开展，推动了审判管理创新，方便了群众查阅利用，已有2.5万人（次）查阅电子档案。今年3月，该院被浙江高院考核达到一级标准。

信息安全“滴水不露”

杭州中院档案用房面积达800平方米，2004年专门申请信息化专项资金200万元，还专门外包一支扫描工作队伍，配备专业电子化设备，建立工作流水线，专人进行档案电子化扫描加工处理。

“数字化过程中最关键的是档案实体和档案信息的安全，”杭州中院办公室副主任陈群介绍，为确保档案在扫描流转过程中万无一失，杭州中院设置自己的档案SOP（规范管理操作流程），针对不同类档案在归档、移交、接收等环节专门设计不同流程的8种表格，针对电子化处理需要进行的拆卷、扫描、合页（修页）、索引、质检、装订的6个环节，设计详细的表格和签名单，防止档案信息泄密。

为确保电子档案高质量体系，档案员对新生成的电子档案进行影像质量监督和索引条目质量检查。档案电子化数据定期双重备份，有效防止因服务器故障、病毒及硬盘老化而造成数据流失或破坏。

档案管理“一劳永逸”

面对越来越多的案卷涌入，杭州中院“老档案”刘翠凤坦言以往工作实在不轻松,每天都有机关内外人员前来查阅。借取、归还、复核、归档,整套流程复杂繁琐,容不得半点马虎,每天都是疲于应付,“很多案卷常年堆积在库房,覆盖很多灰尘,每次查阅都弄得灰头土脸。”

随着档案信息化工程的开展,这种负担正在一天天减轻。库存档案正本通过数字化加工流程逐步转变为数字化档案,案卷归档 3 天内生成与纸质档案一致的电子档案,达到纸质档案与电子档案的同步管理。“这让我们有种解放的感觉,通过电子诉讼档案查阅功能,办案人员网上轻松查阅,档案正本调阅率大大降低。”

记者体验了一把杭州中院的档案信息化管理系统,发现档案员的不少工作需求都可通过网上系统来完成:点击“信息化统计”,实时把握档案的信息化动态;点击“档案总量分类统计”,对库存档案的整体及分类情况一目了然;利用“查询跟踪”模块,清楚地显示出电子档案的查阅情况,对开发升级更人性化的系统模块提供了必要的技术参考。

查阅检索方便快捷

“电子档案网络具有资源共享的优势,多个对象可以同时查阅同一案卷,且不论纸质案卷是否被借调,都不影响其他查阅者的需要。这也有利于创新司法管理机制,目前,电子档案系统在运用于案卷查找、统计归纳档案信息等方面的同时,还被广泛应用于案件质量评查考核、法官晋升考核等多个方面,大大提升了案卷利用率,使法院司法管理科技化水平大为提升。”杭州中院院长翁钢良说。

刘翠凤对此有深刻体会,以往案件评查时,审监庭要搬运、翻阅大量的纸质档案,费时费力,一旦案卷被借调,评查工作也往往难以继续。“由于我们对电子档案进行了严格的影像、数据质量监督,确保图像清晰、信息录入完整,需留存档案信息的查档人可直接打印,相比复印纸质档案更为清晰全面。”

公安、检察、审计、律师、学校、当事人也是法院档案室的“常客”。以往帮他们查阅一份纸质档案,起码耗时 5 分钟。现在,只要填写《查阅档案登记表》,就可到当事人查档区的电脑上,轻点鼠标自行查阅及打印案卷,社会公众对此给予了高度评价。

对公安部门而言,法院电子档案不仅提高工作效率,更为其工作开展提供了参考依据。2006 年 1 月,慈溪市公安局为抓获一起故意杀人案件中的在逃同案犯罪嫌疑人,通过杭州中院档案信息化网络,调取大量证据,并查找到追捕线索,为早日破案提供帮助;针对 2006 年卖淫女被杀害案件日益增多,而侦破率不高的现状，杭州市公安局来到杭州中院，通过档案信息化网络，很快搜索到2002年以来19起同类案材料，有利于研究此类案件的规律和案犯心理，找出犯罪行为的共性、特性，提出预防对策等。

（原载2010年6月19日《人民法院报》）

抓好规范司法　实现司法社会认同

金华古称婺州。地处人文荟萃之地的金华市中级人民法院,注重审判管理,通过管理促审判,通过审判促公正,通过公正立公信。在案多人少的情况下,连续三年人均结案全省第一,2008 年、2009 年连续两年被省高院记功,2009 年获得“全省法院文化建设示范单位”称号,2009 年、2010 年连续两年被为市级先进。2011 年 2 月被省委、省政府正式授予“省文明单位”称号。

审判管理有“细”指标

2010 年 1 月 5 日,金华市中级人民法院院长徐建新收到了一封当事人来信,信中写道:“从金莉法官的身上,我看到贵院法官的风采,也钦佩贵院审判思想教育的喜人成果……”并称赞其,“为国徽添彩,让天平永恒!”

事情是这样的,2010 年 11 月 1 日,中院受理了倪某等十名东阳车主与某汽车销售公司买卖合同纠纷,由于案件复杂,涉及人员众多,矛盾难以调和,当事人多次上访。民二庭金莉法官接手此系列案件后,不怕辛苦,多次赴东阳组织双方进行调解,在不懈努力下,终于达成调解协议,圆满处理了此系列案件。

“现在法院管理越来越规范,法官办案很用心,社会效果很明显,真正体现了‘人民法官为人民’。”今年全国两会前夕,全国人大代表、新光集团老总周晓光是这样评价金华法院的。

其实,这些成绩的取得得益于金华法院这几年狠抓队伍建设、质效改革。紧密结合审判实际,金华中院确定对二审发改率、月均存案工作量、申诉率等 15 个主要指标设立量化考核机制,将案件受理、移送、信息录入等重点环节录入审判管理系统,实行电脑实时监控,自动提醒。每月发布全市法院的审判质效评估数据情况,并进行分析、通报,实现对各个法院及法官的量化管理。完善临近审限案件预警机制,严格延长审限的审批权限和程序,对因客观原因超过 6 个月、12 个月、18 个月的案件分别实行庭长、分管院长、全院三级督办,防止久拖不决。

此举将评估、调控、激励各级法院,努力在全市法院营造人人讲指标、人人懂数据、人人重质效的良好氛围。

记者还了解到,为强化审判管理,金华中院法院还将专门成立审判管理办公室。由于没有设立专门的审判管理部门,许多规章制度在实际操作中无法落实到位,成立审管办将改变分由立案庭、审监庭、监察室、政治处等多部门负责的传统做法,有效实现“多龙治水”向“一龙治水”的转变。金华中院有关负责人表示。

绩效考评有“硬”杠杠

2010年新年上班伊始,当人们还沉浸在新春佳节的喜庆气氛中时,金华中院就在永康对公安部督办的徐征勇涉黑案进行了公开开庭审理。庭审持续九天,包括元宵节前的星期六,合议庭为加快速度,加班开庭。期间合议庭施政、吴艳萍在开庭期间生病,但他们边吃药边开庭,其中吴艳萍同志连续几个晚上都是庭审结束后到医院挂瓶,深夜11点多才回住处;书记员吴燕华16个月大的儿子高烧40度,但为了开庭,她没有回去看一眼,选择了坚持,每天校对笔录至深夜12点。

“为应对“阳光工资”带来的不利影响,金华法院积极探索“阳光工资”下的激励机制,注重业绩评价和精神激励在审判管理中的作用,激发干警的工作积极性”,金华中院政治部主任楼庆丰说。

记者看到,金华中院依托绩效评估数据,建立了办案效率、质量月通报制度;开展评比办案能手和青年突击手活动;及时修改、完善原有的岗位目标责任制量化考核办法和评定标准;建立包括审判执行业绩档案、教育培训档案、纪律作风档案、职业能力养成档案及表彰奖惩档案的干警业绩考评档案。定期进行汇总公示,并将其作为后备干部培养、评先奖惩、晋职晋级或安排考察、学习的依据。

“以前干多干少,干好干坏,只能靠感觉去评价,现在绩效考核摆在那,谁的办案数量多,谁的调解率高,实实在在,大家心服口服”,该院法官是这样评价这套绩效评估体系。

审判执行有“亲”和力

“你在服刑期间,你的家人及其亲戚积极筹措款项代为缴纳罚金,借此,希望你认罪服法,彻底悔过,积极接受改造……”市中院审监庭法官崔毅光在作出罪犯骆某的减刑刑事裁定书时,后面附上这样的一段法官寄语。骆某对此表示十分感谢,并表示以后一定会做一名守法公民。

“法官通过情感感染当事人,可以把法治的力量更大程度地释放。使法院的裁判文书更具说服力、亲和力和可信度,实现了法律效果和社会效果的有机统一。”市中级人民法院副院长孟玲介绍。

为了强化司法公信,该院积极推行判后答疑,规范裁判文书制作,评选优秀裁判文书等。当事人形象的评价:“判决书好读好懂,官司输在哪里,赢在哪里,我们看得明白,心里透亮”。

为保障当事人合法权益,以“保民生,促和谐”为主题,金华中院抓住春节有利时机,在全市范围统一部署开展涉民生案件专项执行活动,成效显著。2010年12月至2011年2月,全市共有效执结涉民生案件1302件,部分执结159件,到位标的达5187.97万元。开展“夜间执行”、“突击执行”、“集中执行”,加大执行力度,对恶意逃避抗拒执行的,依法果断采取强制措施,对家庭确有困难,耐心细致做思想工作,促成部分履行或与申请人和解。专项活动中,全市法院共拘传被执行人220人,拘留121人次,在强大的威慑和耐心细致工作努力下,促使当事人自动履行案件725件,和解案件234件。

拍卖评估有“高”透明度

2011年3月初,市法院司法鉴定处依法对位于金华市婺城区的一处房产成功地进行了公开拍卖。整个评估拍卖工作坚持在公开透明的前提下进行的,有效地确保了司法公正,参与拍卖并中签的某评估拍卖公司的负责人王先生表示:“市中院的评估拍卖很公开透明,办理的法官工作负责严谨,我们这些参与者很满意。”

金华中院认真落实最高人民法院《关于司法公开的六项规定》,通过加强对评估拍卖环节的领导和监管力度,全力打造“阳光评估、拍卖”工程。去年金华两级法院共计委托拍卖案件639件,评估价共计11亿元。其中1000万元以上案件为20件,评估价为5亿元,占总额的45%;2000万元以上的案件11件,评估总价为3.8亿元,占总额的34%。

近年来,该院相继建立了司法鉴定人入册名单、评估拍卖跟踪评查机制、拍卖案件跟踪评查细化标准等制度,对参与竞标的拍卖公司进行考核评查,并积极接受监察部门的监督,招投标活动更加规范、公开、透明。

为进一步实践为民司法,降低司法拍卖佣金,切实减轻当事人负担,增加拍卖透明度,2011年3月金华中院首推《关于大标的拍卖资产招标确定拍卖机构办法(试行)》。该院在省高院《关于调整拍卖佣金有关问题的通知》的基础上,进一步降低拍卖佣金,规定“评估价2000万元以上的标的,或者评估价在1000万元以上,经双方当事人申请或者委托法院认为需要的标的,均应采用招标的方式确定拍卖机构”。同时,以招标方式确定拍卖机构,引入竞争机制,最大限度地提高拍卖成交价。

司法文明有“新”面貌

2011 年 3 月 28 日上午，一上班，中院范旭东副院长带领监察室、人事处、办公室等部门的负责人开始了这一周的院风院貌例行巡查。

一行人来到十楼小孔的办公室，只见其办公室内十分整洁，文件资料摆放井然有序，盆栽的兰花长的生机盎然，小孔本人正在认真地工作，毫无察觉巡查人员已经来到其面前。

他说，整洁的办公环境、规范的着装带来的是责任意识的提高，责任意识提高了，工作效率自然也就成倍的增长。小孔去年因工作成绩突出被院里荣记三等功。

为加强司法礼仪建设，2010 年 12 月，金华中院专门出台《院风院貌巡查实施办法》，在全院推行院风院貌巡查制度。从法院干警在开庭、办公等场合着装等司法礼仪，到法院车辆的停放、使用和管理等。由院领导带队，每周至少巡查一次，对巡查中发现的违反相关规定的情况予以全院通报。

“把加强司法文明建设作为人民法院自身发展的重要引领，”金华市中级人民法院党组书记、院长徐建新对记者一语道出了加强法院文明建设的初衷，“司法为民就是从需要这些点滴的文明行为抓起。”

由于院领导对文明建设的重视，在立案窗口，你总能见到着装整齐、耐心回答当事人询问的一道亮丽风景线；在审判时、在执行时……你总能见到既亲切又严肃的笑脸，春风化雨，一个个矛盾就这样迎刃而解。

（原载 2011 年 4 月 19 日《人民法院报》）

首创司法鉴定节点监管机制

——鉴定效率提高46.5%　每件平均耗时缩短27.3天

今年1月至5月,浙江省宁波市北仑区人民法院办结委托鉴定案件98件,每件平均耗时31.4天,同比缩短27.3天,效率提高46.5%,案件审判进程大幅加快,得到涉诉各方的普遍好评。这得益于该院今年年初实施的司法鉴定环节耗时精细化管理模式,其中鉴定节点用时监管机制在全国司法鉴定领域开创了先河,得到了浙江高院院长齐奇批示肯定。

“群众反映案件审理周期过长,大多是因为鉴定环节耗时太多,这个问题长期困扰着法院,损害了公正高效的司法形象。究其原因,主要是以往司法鉴定工作管理较为松散,对外委托鉴定办公室与审判业务庭、鉴定机构三方之间职责划分不精细,欠缺畅通有效的沟通平台,部分案件补充鉴定材料、现场勘验次数过多。”北仑法院办公室主任李瑛深有感触地说,去年,邬某诉宁波某针织公司一案的审理中,需要对工程造价进行鉴定,现场勘查次数达5次,因补充鉴定材料互相推诿导致鉴定耗时5个月之久。

经过调研论证,北仑法院于今年年初创新建立了鉴定节点用时监管机制和鉴定案件相关三方联络机制。鉴定节点监管机制确定收案、立案、选定鉴定机构、委托移送、发缴费通知、现场勘查、结案等22项重要鉴定用时节点。据此统计收案至立案期限、立案至选定鉴定机构期限、选定鉴定机构至委托移送期限、移送至结案期限等6个环节平均用时,借助EXCEL软件平台制作“鉴定案件电子登记表”,将各个“节点”用时以“数字化”方式展现出来,并在法院内部网络系统共享。每半个月会对采集的节点用时进行分门别类的统计分析,查找影响鉴定进程的共性问题,形成报告,进而改进工作。“节点实时采集制既便于相关领导、承办法官跟踪鉴定进程,强化鉴定流程监管,也便于当事人及时了解鉴定情况,满足群众知情权。”李瑛说。

建设工程类案件的鉴定一直是法官头痛、当事人心烦的老大难,该院去年受理的17件工程造价类案件平均用时长达139.76天。负责委托鉴定的陈法官运用节点用时监管机制采集分析后,发现“通知补充鉴定材料时间”和“收到补充鉴定的材料时间”2个节点用时较长,随即向院党组建议,收案时应当规范审判业务庭的资料项目。该建议被采纳施行,今年受理的9件类似案件,仅1

件需要补充材料，平均用时减少为32.3天，效率提高76.9%。

该院还配套实施了鉴定案件相关三方联络机制，加强审判业务庭、对外委托办公室、鉴定机构三方之间的沟通协调，以提高鉴定效率。法医类鉴定案件多为人身损害赔偿案件，当事人大多受伤在身，行动不便。为给当事人提供最大程度的便利，通过三方协调配合，现在大多数此类案件可以当天移送鉴定立案，当天选取鉴定机构并委托鉴定机构，而去年这一过程需要13天。

“北仑法院案件审理明显加快了，特别是鉴定效率提高很多!”在法院大厅里，宁波一家科技公司负责人傅先生感慨说，他的公司厂房存在质量问题，造成了巨大的经济损失，他起诉承建企业赔偿，2010年4月就漏水问题进行过质量鉴定，耗时半年，今年2月底，厂房再次出现其他质量问题，而今年的质量鉴定仅耗时2个月。对于北仑法院对外委托司法鉴定工作的新变化，很多涉诉群众都有着切身的体会，经过回访，该院对外委托司法鉴定工作获得一致好评。

（原载2011年7月14日《人民法院报》）

用制度管权　按制度办事　靠制度管人

——浙江省上虞市人民法院制度化管理纪实

近年来,浙江省上虞市人民法院按照“用制度管权,按制度办事,靠制度管人”的要求,对所有规章制度进行系统梳理,对原有制度进行修改和完善,对尚未规范的情况,及时出台新的制度。制度化管理在审判权的规范、办事的质效以及队伍的建设方面成效显著,让各项工作在有序中“自动进行”。

为使审判管理工作步入科学化、规范化的轨道,2009 年以来,浙江省上虞市人民法院先后出台了《绩效考核管理办法》、《审判流程管理规定》、《分段执行流程管理规定》、《关于干警外出办案的规定》等制度,建立了一套行之有效、符合科学发展观要求、操作性和实用性较强的考核、监督、制约制度体系。

上虞法院建立裁判文书上网公开制度,全院业务庭室文书上网率达到 80% 以上。实行发改判及差错案件点评制度,每季度召开一次发改判及差错案件点评专题会议,由分管副院长、庭领导对审判质量评查中发现的问题实行定期点评,对案件审判质量随机抽查中发现的问题实行不定期点评,做到及时查找问题、及时整改提高,确保审判质量。配合实行差错裁判文书公示制度,对评查中存在差错的裁判文书,通过内网差错裁判文书曝光台及时进行公示,敦促办案人员相互借鉴,提高裁判文书制作质量。

审判流程管理是抓好审判管理的基础工作。该院以节点控制为切入点,制定了《审判流程管理规定》,进一步明确了立案、分案、开庭、裁判、执行、归档等各个流程节点工作职责,由案件审判质量领导小组负责监控管理和打通节点之间的不畅因素,升级管理软件,全程信息化跟踪考核,形成环环相扣、畅通高效的流程体系。同时,该院实行每月“六通报”制度,以文件形式每月通报各个节点潜在或者已出现的问题,在法院内网和公示栏公示,提醒和督促审限内结案、及时归档案卷等情况,有效实现及时发现问题、及时纠正、及时改进。

法院管理是一项繁杂的系统工程,2011 年,该院将企业管理中的项目管理理念引入法院审判管理中,实行项目化管理,对该院思想政治建设、审判执行管理、司法政务管理等方面的主要工作进行分解细化,共确定项目 58 个,并对每个项目明确了目标要求、完成期限、分管领导、责任部门和配合部门,切实做到工作项目化、目标责任化、责任考评化。自项目化管理实施以来,各项工作的管理更加清晰，工作效率不断提高，工作质量得到提升。

近年来新招录年轻干警日益增多，35 岁以下青年干警已占到上虞法院干警总数的 45%，年轻干警正成为该院的生力军和主力军。针对新招录的干警年纪轻、学历高但社会阅历欠缺、实践能力不足的现状，该院于 2011 年正式实行青年法官导师制，以师徒形式，由老法官传、帮、带年轻法官成长，同时还制定了青年干警培养规划，出台了《关于进一步加强青年干警培养教育的工作意见》，对青年干警培养作出系统长远规划。该院还成立了青年法官沙龙，创办了《上虞法院调研》刊物，开设“法苑讲坛”，着力为青年干警打造表达思想、交流探讨的平台。为积极鼓励干警撰写调研文章和学术论文，该院专门作出规定：从 2011 年起，提任审判员、副庭长、庭长或相应职务的，必须在提任前三年内在绍兴市级以上刊物发表调研文章或学术论文 1 篇以上。

同时，上虞法院结合实际情况，先后出台了《书记员考核办法》、《驾驶员管理考核细则》等规定，并专门成立考核领导小组负责落实，实现对包括法官、书记员、驾驶员等法院全体人员的考核，考核内容涵盖审判管理、队伍建设、后勤保障等各个方面，建立了一套完整、科学的审判管理考核体系，并将考核结果作为年度评先评优和岗位责任制考核的重要依据，奖勤罚懒的激励机制基本形成，充分激发队伍活力和动力。对考核规定的奖惩措施，做到严格落实，不偏不倚，特别是对违反制度的人和事不掩丑、不护短，今年该院已先后对四名违反规定的干警作出严肃处理。

公示栏里的“红绿灯”

在上虞法院公示栏中，几排红黄绿相间的圆形标志格外显眼。该院大力实施每月六通报制度、项目化管理制度，每月由相关职能部门对超审限案件、案件审判质量评查结果、上诉案件审判质量、案件归档、审判数据录入、质效评估数据分析六块内容发布通报，通报在法院内网和公示栏同时公布，对存在案件瑕疵等问题的部门亮起红灯，发出警报。对通报中出现案件审判质量问题的部门，要求及时作出整改方案，并由案件审判质量领导小组督促落实，直至整改落实后，红灯才变为绿灯。

在公示栏通报文件的旁边有一张密密麻麻却规范有序的表格。该院出台了很多工作举措和活动，因为数量多，进度有快有慢，经常出现顾此失彼的情况。为提高管理效率，该院将企业管理中的项目化管理理念引入法院管理中，将全年计划开展的主要工作进行细化分类，每项具体工作都确定责任部门、分管领导、完成期限，并由办公室专人对项目化管理工作进行催、督办，对即将超期限的工作,在公示栏中对责任部门和分管领导亮起黄灯;对超期未完成的工作,在公示栏中对责任部门和分管领导亮起红灯,责任部门要提交情况说明和整改方案,直至被亮起红灯的项目落实完成后,红灯才变为绿灯。

自每月六通报和项目化管理红黄绿三色预警以来,逾期未完成工作的情况大幅减少,法院管理更加有序。

分段执行清扫“管理死角”

“感谢法官帮我拿回执行款,真是没想到这么快就可以拿到钱呀。”瘫痪在床的申请执行人邹某从法官手中接过最后一笔 38 万元执行赔偿款时,情绪十分激动,他紧紧握着执行法官的手,激动地说。

长期以来,上虞法院一直采用传统的“一人包案到底”的执行模式,执行权力过于集中,不仅缺乏必要的公开透明,还降低了执行工作效率。2011 年以来,该院对执行权进行科学分权、合理配置,将案件执行过程划分为若干阶段,每个阶段配置不同的人员进行集约查控和分段实施执行,执行流程坚持各部门各环节各司其职、各负其责、互相监督、互相制约、配合协调相结合,提高执行效率,缩短办案周期,实现阳光执行,取得了良好效果。

该院执行局局长介绍说,实行分段执行改革后,执行庭专门成立了查控小组,统一查询被执行人的身份登记、银行存款、财产状况、车辆信息等情况,最大限度地实现了查控不留死角。该院还成立了突击小组,由查控小组成员轮班执勤,全天候 24 小时待命出击,配合 24 小时举报电话,真正实现了随时举报,随时出击,查控效果和效率大幅提高。

“浙东新商都”的法律参谋

浙江石狮商贸城作为上虞“浙东新商都”的标志性贸易交易市场,每天要进行频繁的贸易往来,民商事纠纷时有发生。为了维护市场交易秩序,提高经营户防范意识,今年 1 月 18 日,上虞法院小越法庭在浙江石狮商贸城设立了便民服务站,每月 15 日、25 日法官在此现场办公。

上虞法院的制度建设提升了法官的服务意识。在办案过程中,法官们发现因欠条不规范而导致纠纷难断的比例占“绝大多数”。为此,小越法庭制作欠条规范样本发送给市场的经营户,并在每月的现场办公日做现场指导,此后该市场因为欠条不规范引发的纠纷大幅下降。

同时,该庭还在浙江石狮商贸有限公司主办的刊物——《浙江石狮商报》上开设“法律专栏”,有针对性地向商户宣传法律知识,规范交易行为,增强防范能力。最近一期法庭从订立合同的重要性和必要性、合同的效力、送货单的签收、违约金的约定、结算及货款的支付、管辖权的约定等六个方面阐述了经营过程中订立书面合同时应当注意的事项,并附《产品购销合同》范本一份以做参考。

（原载 2012 年 5 月 29 日《人民法院报》）

"八项司法"的发展与深化

——浙江法院司法创新成果

（下）

BAXIANGSIFA DE FAZHAN YU SHENHUA
ZHEJIANG FAYUAN SIFA CHUANGXIN CHENGGUO

齐 奇／主编

目 录

（下）

第六章 阳光司法

不断提升司法公信力

第七章 廉洁司法

构筑司法廉政风险防控堡垒

第八章 基层司法

夯实人民法院工作基层基础

附 录

（近五年来浙江省高级人民法院制定的相关文件）

第六章　阳光司法

不断提升司法公信力

第一节 导 论

一、阳光司法的科学内涵

“正义不仅应当实现,而且应当以人们能够看得见的方式实现。”在法制发展史上,从司法神秘到司法公开经历了一个漫长的时期,公开透明已成为当今世界各国司法的普遍原则和重要特征。

实行司法公开,是落实宪法原则、加强社会主义民主法治建设的基本要求。一方面,司法公开制度是人民法院各项审判工作必须严格遵循的基本宪法原则和基本诉讼制度。中华人民共和国第一部宪法早在1954年就明确规定了司法公开的原则,“人民法院审理案件,除法律规定的特别情况外,一律公开进行。”此后,司法公开的原则一直得到我国的宪法、法院组织法以及刑事、民事、行政三大诉讼法的确认。因此,实行司法公开是人民法院必须履行的职责。另一方面,司法公开制度是我国社会主义民主政治建设和社会主义法治国家建设的重要组成部分。实行司法公开,充分尊重和保障人民群众对法院工作的知情权、参与权、表达权和监督权,促进司法权公开、规范、明确地行使,既是我国社会主义民主政治的具体实现形式,也是推进依法治国、弘扬社会主义法治精神的必然要求。

实行司法公开,是坚持以人为本、司法为民的本质体现。坚持以人为本、司法为民,是党的根本宗旨的要求,也是做好法院工作的根本目的。司法公开作为一项法治原则,是人民法院践行人民性要求、维护人民权益的关键,是取信于民的基本方法之一。人民法院必须高度重视司法公开,把群众是否满意作为检验工作的第一标准,进一步深化和完善司法公开制度,自觉将审判工作及其他工作置于阳光之下,接受群众监督,及时发现、认真解决和适时公开人民群众普遍关心、可能影响司法公正的问题,切实维护当事人的合法权益,促进社会公平正义。同时,要更加自觉地把实现好、维护好、发展好最广大人民根本利益作为人民法院工作的根本出发点和落脚点,倾听群众呼声,回应社会关切,建立健全民意沟通表达机制,推动人民群众对司法活动的有序参与,建立主动依法维护群众权益机制,努力从源头上主动解决问题、减少矛盾,更好地促进社会和谐稳定,让老百姓感受到法治的力量和司法的温暖。

实行司法公开,是加强司法能力建设、推进社会管理创新的有效途径。司法公开是加强司法能力建设的重要举措,也是人民法院参与社会管理并推进创新的强有力手段。实行司法公开,有利于密切法院审判组织与法官的关系,营造审判权执行权内部阳光运作的良好氛围,使法官更好地了解和参与法院管理,最大限度激发广大法官工作的积极性、主动性和创造性,最大限度凝聚各方面智慧和力量,不断把握工作特点和规律,提高人民法院科学管理的水平;有利于密切法官与群众的关系,促使广大法官牢固树立群众观点,始终站稳群众立场,不断增强群众工作能力,改进司法作风,提高司法水平和效率;有利于密切人民法院与人民群众的关系,在制定重要的规范性文件、审判指导性意见时,广泛听取相关部门、专家学者、其他法律工作者的意见,不断完善司法决策征求群众意见的各种机制,进一步推进司法决策的民主化、科学化,增进社会公众对司法的认知和认同,提高司法公信力。

实行司法公开,是强化司法权监督制约、推进公正廉洁司法的重要举措。阳光是最好的“防腐剂”,公开是监督的有效方式。实行司法公开,有利于解决监督者与被监督者的信息不对称问题,充分调动广大法官开展监督的积极性,建立健全纪检监察部门与组织人事、机关党务、审判管理、立案信访、审判监督、国家赔偿等部门之间的协调沟通机制,切实形成抓党风廉政建设的整体合力,及时发现、纠正和查究违反制度、破坏制度的行为,真正发挥制度在反腐倡廉中的保障作用;有利于强化广大法官自觉接受监督的意识,正确对待来自各方面的监督,养成在监督下行使权力、开展工作的习惯,严格遵守廉洁司法的各项规定;有利于推进权力运行程序化和公开透明,建立健全科学的权力结构和运行机制,最大限度地减少和杜绝司法工作的随意性,防止“暗箱操作”,确保权力正确行使,从源头上预防腐败现象的发生,实现司法公正、廉洁、为民。

二、浙江法院阳光司法的实践和发展

2009 年以来,浙江法院将抓好阳光司法作为“八项司法”的重要内容之一,着力在全省法院全面推进司法公开工作。2011 年,又借最高人民法院抓“司法公开示范法院”的东风,部署开展阳光司法达标工作,制定《浙江法院阳光司法实施标准》,明确立案、庭审、执行、听证、文书、审务六个方面必须公开的内容、程序和方法,并对全省法院进行达标考核,23 个法院被评为“全省阳光司法优秀法院”,8 个法院被最高法院确定为全国“司法公开示范法院”。2012 年初,为巩固深化阳光司法达标工作成果,完善司法公开长效机制,浙江高院将阳光司法指数调研确定为重点课题,分别组成法官课题组和专家学者课题组,分头开展调研，共同研究制定《指数评估体系》，包括7项一级指数和26项二级指数，与浙江大学联合先后举办“2012中国法治论坛——司法透明指数研讨会”和专家论证会，获与会法学专家的一致好评，《人民日报》刊文肯定这一指数具有倒逼法院改进管理、树立司法权威和提高司法公信的积极作用。通过定期发布阳光司法指数，直观反映和客观监测人民法院司法公开工作的状况，及时发现和改进问题，同时发挥指数评估的导向鞭策作用，在全省法院范围内形成一种相互学习借鉴、不断改进工作的累进式发展态势，实现以公开促公正，以公正立公信，以公信树权威。经过多年努力，浙江法院的司法公开、便民服务，从硬件、软件到运行提升了档次，上了新台阶，已初步建立起开放、透明、便民、信息化的阳光司法新机制，有效推动了队伍素质、审判质量和司法公信力的提升。

（一）全面落实审判公开原则，拓展司法公开的范围

一是加强立案信访窗口标准化、规范化建设，打造一站式诉讼服务窗口和纠纷分流平台，设施更加完善、功能更加便民。将收费标准、审判执行流程、工作职责、风险提示、司法救助、信访事项等在宣传栏、公告牌、电子触摸屏上公示，推行预约立案、网上立案和语音导诉等制度，以简化的流程与信息化的作业，提供便民诉讼服务。目前全省有23家法院设置立案电子叫号系统，90家基层法院全部在立案接待大厅设立了人民调解工作室，222个人民法庭设立了人民调解窗口，群众到法院诉讼、办事越来越感到温馨、高效和便利。

二是庭审更加公开、透明。大力推行庭审公开，一审案件除有法定情形外，一律公开开庭审理，对公开审理或不公开审理的案件，一律在法庭内或通过其他方式公开宣告判决。同时不断提高二审案件开庭率。公开开庭审理的案件依法允许公众旁听、媒体记者采访，目前全省有70余家法院设立了92个同步庭审视频室，方便公众旁听庭审。不少法院还积极探索利用现代信息技术开展庭审直播、录播工作，方便公众参与司法，扩大社会效应。如温州中院、江山市法院以“视频+微博”的方式直播案件庭审；杭州市拱墅区法院还利用第三代移动通信技术（3G）对案件庭审过程进行手机直播。

三是执行更加公开、规范。全面推行执行公开，执行依据、标准、规范、程序以及执行过程全部向社会和当事人公开，并及时告知执行款项的收取发放、执行标的物的保管、评估、拍卖、变卖以及执行进展等事项。建立拍卖机构名册淘汰制度，规定由中院统一对辖区两级法院实行集中摇号委托拍卖，实行拍卖机构优胜劣汰评估制度，进一步规范拍卖行为，改进司法拍卖方式，确保司法拍卖的公开透明。自2012年6月浙江高院联合淘宝网推出司法拍卖平台以来，有20家法院试点“零佣金”司法网拍，共上线拍卖汽车、机器设备、商铺等标准化、

通用型的涉诉资产53件,成交42件,成交率为79.25%,总成交额1532万元,平均溢价率达41.1%,为当事人节省佣金66.77万余元。浙江法院"网络司法拍卖"分别入选《人民法院报》评出的"2012年度人民法院十大关键词"和《法制日报》评出的"2012年度法治热词"。浙江高院研究室署名评论《法院自行拍卖是否"鸠占鹊巢"》入选《人民法院报》评出的"2012年12大法治评论"。浙江法院网络司法拍卖试点工作受到社会广泛赞誉和关注,被认为是"法律效果、社会效果与政治效果有机统一的司法改革措施"。

四是公开听证逐步完善。积极探索非诉讼事项的公开听证,切实保障非诉讼案件当事人的合法权益。浙江高院相继出台《关于执行案件听证的规定》、《减刑假释案件公开听证规程》等文件,规范听证程序。舟山中院对非诉行政执行案件开展听证;宁波市象山县法院对一些不属于法院管辖或不必进入诉讼而当事人又坚持要求立案的进行听证,拓展听证公开的案件范围,切实保障当事人的权利。

五是文书公开力度加大。针对裁判文书公开难题,积极依托互联网站拓宽文书公开渠道,规定裁判文书上网公布率20%作为考核达标基数,加大裁判文书公开力度。截至2012年12月,全省103家法院在互联网门户网站上开辟了"裁判文书"栏目,公布裁判文书共计49余万篇。杭州市萧山区法院扎实推进文书公开,2011年该院裁判文书上网公布4464份,上网率达75%,《民主与法制时报》以"裁判文书上网的萧山样本"为题进行了专题报道。

(二)大力加强民意沟通,提高法院工作透明度

为改变以往司法公开偏重单向发布、缺乏互动的弊端,全省法院积极拓宽沟通渠道,努力做到善察民意、善应民意、善导民意。

一是建立院、庭领导与网民对话机制。2009年以来,浙江法院围绕"民本司法"、"阳光司法"、"和谐司法"三个专题,在全国法院率先推出网民在线系列访谈活动,先后有省高院院长、副院长、庭长、中院院长、部分基层法院院长等34人次分别与网民直接对话,网民反响强烈。浙江法院有计划、有组织地开展与网民互动交流,开创了全国法院先河,受到最高法院王胜俊院长、沈德咏常务副院长和省委书记赵洪祝等领导同志的高度肯定。

二是开展"公众开放日"活动。为充分尊重民意,广泛吸纳民意,2008年湖州中院就在全市法院实施"公众开放日"制度。之后,"公众开放日"活动逐步在全省法院开展起来。2010年,这一制度在全省法院推广,2011年,浙江高院发文要求全省法院每两个月举行一次"公众开放日"活动,使人民群众直观了解法院公共设施,零距离感受和接触审判工作。自2010年以来,全省法院已组织

“公众开放日”活动2067次,6万余社会各界人士参加了活动。其中省高院16次。“公众开放日”活动已经成为全省法院打造阳光司法的一个优质品牌。

三是加强正面宣传舆论引导工作。全省法院积极运用召开新闻发布会、新闻通报会、新闻记者集体采访等形式,加强对法院工作的正面宣传。2010年以来,全省法院共召开新闻发布会420次,发布新闻报道1.2万余篇,其中省高院举行20次。连续四年邀请境内外媒体和外国驻华机构代表列席全省知识产权审判工作会议,在境内外引起很大反响,展示浙江法院知识产权保护的水平与成效,彰显法治浙江的公开透明。

四是构建司法与网络良性互动机制。汹涌的舆情对承办案件的地方司法机关提出了严峻的挑战。浙江法院在应对杭州“‘5·7’胡斌交通肇事案”、湖州南浔“临时性强奸案”、“吴英集资诈骗案”等舆情事件中,及时发布权威信息,主动回应社会关切,坦然真诚,取信于民,不但坚守住了法律底线,也及时平息了社会舆情,取得了良好的效果。在2012年4月26日召开的浙江省互联网管理工作电视电话会议上,时任浙江省委书记赵洪祝要求全省党政部门学习借鉴浙江法院应对网络舆情的经验。

(三)自觉接受社会各方面监督,提高廉洁司法水平

一是自觉接受人大、政协监督。建立全省三级法院院长定向分级联络各地全国人大代表、省人大代表制度,主动加强联系沟通,认真听取意见。2011年全省法院共向各级人大及其常委会专题汇报151次,邀请人大代表、政协委员和特约监督员视察法院工作、旁听庭审、参与执行、参加座谈、信访接待10033人次,主动接受监督。

二是自觉接受检察机关的法律监督。2008年,浙江高院完善了检察长列席审判委员会制度,邀请省检察院检察长或受其委托的副检察长列席审判委员会会议;2011年全省法院共邀请检察长列席审判委员会208次。永康市法院还推行将民事、行政案件裁判文书移送检察院审查机制,与检察院联合发文,对移送审查范围、监督形式等内容作出明确规定,主动接受检察机关的监督。

三是自觉接受社会各界的监督。积极探索人民陪审员参与诉讼调解、执行和涉诉信访工作,扩大人民群众参与、监督司法活动的范围,受到中央政法委的肯定。2012年,全省人民陪审员参审案件121398件,一审陪审率86.96%,高于全国法院平均数31个百分点。不少法院还积极利用信息技术拓展接受监督的渠道,丽水中院与丽水华数公司合作在丽水华数电视频道开设阳光司法专栏,公开司法信息,主动接受监督,此举带动了其他行政执法机关政务公开工作的开展;宁波市镇海区法院于去年年初建立网络发言人制度,以当地网络问政平

台为依托,听取网民对法院工作的意见和建议,自觉将法院工作置于全社会的监督之下。

(四)抓科技助推,提升司法公开的信息化、现代化水平

一是创新审判管理手段,支撑司法公开。拓展司法公开的深度和广度,都离不开数据的翔实和准确。2008 年初,着手实施电子审务的开发和应用,积极构建审判质量、效率管理新机制,利用信息技术,汇总涵盖了审判执行各个节点的数据,建立了全省法院审判、执行两个质量效率评估体系。体系的形成,使得全省法院的审判执行情况在内部实现了全透明,为各级法院在向党委、人大、政协汇报介绍工作时,提供了更为准确、更为全面的情况,同时,也为法院向社会公众公开诉讼进程、诉讼结果等打下了良好的基础。透明翔实的数据又有助于加强审判管理,提升审判工作质量,2011 年,在最高法院公布的 26 项案件质量评估指标中,浙江法院有 9 项指标位居全国前三,评估指标综合指数继续处于全国前列。

二是加强门户网站建设,弘扬法治精神。在信息化时代,互联网站在司法公开中发挥着重要作用,其可以成为司法公开集成化的载体。目前全省有 103 家法院已建立门户网站,社会公众通过法院网站可以及时、便捷地了解法院审判工作流程、管理制度等基本情况和重要规范性文件、审判指导意见、指导性案例、重要研究成果等信息。对所有排期开庭案件在网上预告,开通案件信息查询系统,当事人只要输入案号和密码就可以在网上查询案件审理、执行进度。为了增强了网站的互动性,全省有 61 家法院在门户网站设立了在线诉讼服务平台,开展网上预约、网上立案、在线咨询、文书送达等服务,搭建了开放、互动、快捷的现代化司法公开平台。

三是积极拓展电子审务,提升公开实效。全省 1572 个审判法庭全部数字化,实现所有开庭的案件全程录音、录像,使司法更加透明、公开,让公正“可定格”、“可再现”、“可复制”;建立了 92 个远程视频室,对大部分事实清楚、证据充分、争议不大的刑事案件实现远程审理。2011 年,全省法院开展简易案件远程庭审、提讯 3391 次,配合最高法院完成远程提讯 161 次,受到最高法院主要领导的批示肯定。全省有 56 家法院实现诉讼档案电子化,并建立了当事人和辩护人、诉讼代理人查询服务平台,实现电子化阅卷。

四是实现信息外联公开,共建“信用浙江”。法院的执行信息,对于考察企业和个人信用情况具有重要的参考价值。近年来,浙江高院在积极推进法院与公安、金融、工商、国土、建设等部门内网“点对点”执行查控机制建设的同时,与浙江省信用中心联建共享省公共联合征信平台,向浙江省信用中心提供未履行

人民法院生效裁判的失信信息共计 116 万余条，为公安、金融、工商、国土、建设、电信等部门提供相关失信记录数据，使被执行人在融资、投资、经营、置产、出境、高消费、注册新公司、获得荣誉、从业任职资格等方面，受到全方位的限制或禁止。

第二节 实践经验

建机制搭平台 推进司法公开

杭州市中级人民法院

加强司法公开建设,推动司法公开向全面公开、全程公开和实质公开纵深发展,是保障人民群众对人民法院工作的知情权、表达权、参与权和监督权的需要,是规范司法行为、促进司法公正廉洁的需要,是提升开放透明信息化条件下的司法公信力的需要。杭州法院通过加强司法公开建设,推进阳光司法,不断满足人民群众对司法公开的新要求、新期待,增强裁判的社会可接受性,切实发挥司法公开示范作用,让人民群众信任法官、信赖法院、信服裁判。

一、夯实机制建设

(一)成立专门工作机构

全市两级法院都成立由院长担任组长、分管副院长为副组长、各部门负责人为成员的司法公开工作领导小组,统筹部署全院司法公开建设工作。领导小组下设司法公开工作办公室,负责落实司法公开具体工作,定期或不定期组织专项检查,评估工作开展情况,通报检查结果。各部门负责人为本部门落实司法公开工作要求的第一责任人,具体负责组织、推进本部门各项司法公开工作。

(二)科技助力阳光普照

数字法庭建设得到推广,截至2011年年底,全市法院建成271个数字法庭,实现庭审全程同步录音录像和"一案一光盘",以科技保障审判质量。探索网上立案、QQ在线服务、远程审理等便民措施,努力让人民群众行使诉权更加便捷,实现权益更加及时,感受司法公正高效更加真切。完善审判流程管理系统,对审限即将到期的案件实行"网上预警",逐案催办,全市法院无一违法超审限案件,以科技提升审判效率。全市法院均建成门户网站,开展法院领导资深法官与网友在线交流等阳光司法活动。杭州市西湖区法院、余杭区法院等开设执行案件悬赏举报网、网上调解工作室,探索"网上办案"。继续推进档案电子化工作,实现"网上阅卷",以科技提供司法便利。

(三)健全机制加强考评

全市法院为健全司法公开的机制建设,纷纷建章立制。杭州中院于2011年3月出台《关于加强司法公开建设的实施意见》,规定了加强司法公开建设的工作机制、目标和举措。具体措施共36条,包括立案公开、庭审公开、执行公开、听证公开、文书公开、审务公开等内容。该实施意见在深入调研的基础上,厘清本院司法公开工作在哪些方面已经做得比较好,在哪些方面可以做得更好,在实施标准上作出有针对性的部署与安排,对司法公开工作的每项内容确定了具体责任部门和协助部门,并将各部门司法公开工作开展情况,纳入本院目标管理进行考核考评。

在司法公开方面的机制建设主要包括以下几方面:

1. 立案环节

全市法院完善集诉讼引导、立案受理、诉调对接、判后答疑等于一体的"一站式、多层次"司法服务。公开诉讼费交纳标准、公开立案的条件和应提交的材料、公开立案的程序和期限,使当事人一目了然。为方便当事人交纳诉讼费用,专门设立收费服务窗口,实现了案件的即收即立。桐庐县法院对手续齐全的即时办理立案,对书写诉状有困难的群众准许其口头起诉,对老弱病残等行动不便的当事人上门立案。自2009年起,该院的案件当日立案率达100%,超过95%的案件都在10分钟内办理所有立案手续。

2. 审判环节

通过推行"阳光审判",将审判过程全方位公开,消除当事人对司法公正性与廉洁性的疑虑。一是公开开庭和宣判,案件公开开庭率、公开宣判率两项指标均为100%。杭州市萧山区法院庭审时当事人近亲属、媒体记者和社会公众经过安检后可以旁听所有公开开庭的案件,不设置人为障碍。为了方便媒体报道,在审判庭旁听席上设置专用的媒体席,保证记者旁听。二是公开案件合议庭成员。将开庭时间、地点以及合议庭组成人员通过电子屏幕反复滚动播出或通过门户网站予以公告,方便了当事人参与庭审、进行庭审监督。萧山法院试点审判委员会委员回避制度,提交审判委员会讨论案件的当事人认为审判委员会委员与自己有利益冲突的,可以申请该委员回避,保证案件的处理建立在客观公正的基础上。三是公开案件流程。在大厅显要位置放置案件流程图,当事人可随时了解案件所处的审理环节。四是公开审理期限。将法律规定的审理期限明确告知当事人和诉讼代理人,防止程序违法和超审限。

3. 执行环节

桐庐法院通过"八公开"规范执行工作。该院将"阳光执行"作为执行工作核心理念,公开执行案件启动程序、执行案件收费标准、执行人员及联系方式、财产调查及强制措施采取情况、财产评估拍卖过程及结果、执行款物分配及交接情况、异议、复议案件审查过程及结果、案件执行进展情况,发放执行联络卡,进一步规范执行公开的内容、措施等,让人民群众更多地了解、支持、监督执行工作。

4. 文书公开

杭州中院于2011年出台《关于裁判文书上网公布有关事项的通知》,专门就裁判文书上网公布作出具体规定,全面规范和推进裁判文书上网工作。杭州市萧山区法院2011年共在互联网上传判决书4464份,实现了75%的生效判决书上网的目标。在上传判决书时,为了平衡司法公开的要求和当事人隐私的保护,对拟上网的判决书实行技术处理,实现“对事不对人”,将当事人姓名、家庭住址、银行账号等个人信息,证人等诉讼参与人或当事人近亲属的个人信息,以及涉及商业秘密及其不宜在互联网公开的内容等信息进行处理。

5. 考核机制

杭州市江干区法院结合院目标管理考核方案,建立阳光司法考核评价机制和督促检查机制,如实行院领导按周巡查制度,对巡查中发现的不足,及时通过内网予以曝光、提醒,加强督促整改;通过院审管办全面加强审判执行质效工作动态管理,加强对案件信息录入的监管,促进司法及时、全面公开;实行数字法庭使用情况定期通报机制,提高审判员、书记员用好科技资源提升司法透明度、规范度的意识与能力;健全案件信息报送、宣传制度,将考核任务分配到庭、落实到人。

二、创新载体平台

(一)创立意见征询制度

2007年杭州中院首创重大案件意见征询会制度,就审理中的重大疑难复杂案件以及社会反响较大、关注程度较高的热点难点问题,听取法学专家、人大代表以及相关人士的意见。此举有利于疏通和扩大民意沟通渠道,有效实现司法审判的公开和公众参与案件的互动。近年来共召开意见征询会数十件次,取得良好社会效果。同时建立法学专家咨询制度,共同研究新情况,破解疑难法律问题,促进司法民主。2011年杭州中院首次聘任在杭部分机构和单位特约监督员10名,主动寻求社会各界对法官公正办案和廉洁自律情况进行监督。

(二)举办公众开放日活动

全市法院通过开展公众开放日活动加强民意沟通,让当事人和社会公众及时了解审判信息和法院工作。2011 年全市法院举办不同主题的公众开放日活动 22 次。

杭州市江干区法院于 2008 年 6 月在全省法院首创主题式、常态化、制度化“公众开放日”活动，将每月的 20 日定为公众开放日（节假日、公休日除外），平均每两月举行一次，通过组织参观法院、旁听庭审等形式，增进社会公众对法院、法官的了解，为阳光司法开窗架桥，更好地实现司法公正，满足民生诉求。根据群众需求，结合工作实际，以“媒体观察员在行动”、“掀起少年审判的盖头”、“人大代表进法庭”等为主题，截至 2011 年年底已开展开放日活动 29 次，接待群众 1500 余人。

杭州市下城区法院专门成立“公众开放日”活动项目组，负责活动的组织策划工作。在活动组织上实行模块化运作，即将参观主体分成学生，普通居民，群众工作者，机关工作人员、监督代表四类，根据四类参观者不同的需求设计了四种有针对性的活动内容模块并进行固定，今后的策划活动可以按既有模块进行，以提高组织工作效率。并将场所参观与现场体验相结合，在参观活动中设计体验环节，通过选取部分代表敲击法槌、坐法官席、体验法官的一天等活动增强参观者的直观感受；情景模拟与旁听案件相结合，为参观者提供模拟案件剧本进行模拟法庭表演，在旁听案件的选择上注重选取有代表性和热点性并能当庭宣判的案件，与庭审法官就案件的审理进行“面对面”交流。通过发放建议卡、座谈等形式获取效果反馈信息，优化活动内容和形式。

（三）加强司法宣传工作

充分重视公共媒体的宣传作用，通过召开媒体通报会、新闻发布会，报道典型案件审判活动、电视直播执行等多种形式，协同媒体及社会力量，总结阳光司法工作经验，尽力保障当事人合法权益，提升工作质效，为推进阳光司法营造积极的舆论氛围。2011 年杭州法院在各类媒体上共发表宣传稿件 2580 篇，其中新华社、中央电视台、《法制日报》等中央级媒体采用 665 篇，人民法院报共 71 篇，连续七年获全国法院系统思想宣传先进集体。2011 年 4 月 2 日，杭州中院召开全市法院反规避执行专项活动新闻发布会，18 家省市媒体进行了现场报道，引起社会广泛关注。2011 在 10 月 20 日《人民法院报》以《内外兼修的“阳光长跑”》为题专版报道杭州中院开展阳光司法的一些特色和亮点工作，社会反响良好。

江干法院在一起涉市民养犬管理的侵权赔偿案审理中，通过媒体组建“民间陪审团”，组织专题连续报道市民和法律专家的各派意见，充分释放民意，使得判决前充分沟通民意，判决时充分阐述法理，释疑解惑，推动服判息诉，引导公众理性关注涉诉公共事务。此举被媒体誉为“以大家看得见的方式实现公正”的“破冰之举”,是一场“城市公民精神的操练”。中央电视台等媒体予以全面报道,相关系列报道被评为全省司法好新闻一等奖。

(四)建设立体监督平台

1. 加强人民陪审员工作

杭州中院按现有审判人员数量1∶1的比例配备人民陪审员,提高参审率,有效发挥人民陪审员的审判功能、监督功能、和解功能、宣传功能,人民陪审员员额比例、参审率均居全省法院首位。扩大人民陪审员工作范围,在全省率先将人民陪审员工作职责范围从审判延伸到执行、接访等环节,目前包括全市法院均有相对固定的人民陪审员派驻执行局参与执行听证、执行实施工作。同时积极探索陪审员参与立案送达、保全等工作,自觉接受监督。

2. 认真接受人大监督

切实贯彻杭州市委有关精神,把审判工作置于党委领导和人大监督之下,及时向人大常委会汇报法院工作情况。全面落实市人大决议,就市人大常委会《关于加强人民法院执行工作的决议》、《杭州市人民调解条例》的贯彻执行情况,向市人大常委会及主任会议作专题报告,认真落实审议意见,及时制定整改措施。高度重视与人大代表的联系联络,扎实开展两级法院院长定向联络代表工作,及时反馈代表意见建议,赢得代表的赞同、理解和支持。近五年来主动邀请人大代表旁听案件审理、参与执行、视察座谈、参加重大疑难案件咨询1600余人次。

3. 自觉接受政协和社会各界的监督

建立沟通平台,确定专职专人负责与各民主党派、工商联、无党派人士的沟通联络。完善通报机制,坚持每年向政协通报工作,听取意见建议,认真办理政协委员提案。全面推行裁判文书上网工作,开展司法拍卖社会化、市场化改革,积极回应群众司法期盼。杭州市江干区法院高度重视媒体记者等社会人士的公共意见代表性,于2008年组建由《浙江日报》、《浙江法制报》等记者加盟的媒体特约观察员队伍,通过主动邀请近距离观察、报道法院、法官工作等形式,以开放、协同的理念,践行阳光司法,提升司法公信力。在原有的以区人大代表、政协委员组成的执法执纪监督员队伍基础上,拓宽监督员范围,涵盖民主党派等社会人士,组建特约监督员队伍,进一步加大阳光司法力度。

4. 依法接受检察机关法律监督

健全完善接受检察机关法律监督的工作机制,共同促进司法公正。全市法院纷纷建立检察长列席审委会制度,五年来,杭州中院邀请检察长列席审判委员会会议41次。

构建"五大机制"　推进"六大公开"

宁波市中级人民法院

2010年10月,宁波中院被最高法院确定为"全国司法公开示范法院",全院以此为契机,不断开拓创新,紧紧围绕"五项机制、六大公开"建设,深入推进司法公开,阳光司法工作取得了明显实效。

一、强化机制建设,构建阳光司法工作"五大机制"

一是组织协调机制。设立了阳光司法工作领导小组,下设办公室,同时,制定工作方案,确定每一项工作的责任部门、配合部门、监督部门。此外,还推动辖区11家基层法院全部建立了相应的机构,全面强化了工作的组织协调。

二是考核评价机制。近几年修订的《部门岗位目标管理考核办法》中,均将阳光司法作为一项非常重要的管理考核内容。2012年宁波中院将出台办法,对各基层法院的阳光司法工作进行横向与纵向的考核,确保条线的各项工作全部达标。

三是督促检查机制。设立了专门机构负责定期督促和检查本院各部门及辖区法院贯彻落实阳光司法的情况,通报工作进度。例如,2011年5月对余姚法院的阳光司法工作情况进行了通报,年底,又通报表扬了诉讼档案电子化工作成绩显著的宁波市北仑区法院、慈溪市法院和象山县法院。

四是物质保障机制。制定专门文件对物质保障加以规定,年初由财务人员征询相关部门意见,对开展公开活动需投入的经费进行汇总,各项经费经院长办公会议讨论通过后,全力予以保障。自2009年以来,宁波中院在此项工作上的投入达到500余万元。

五是问责反馈机制。设立投诉电话、举报投诉信箱,由院纪检监察部门对当事人和社会公众反映的司法公开问题进行核查。对于违反相关规定,造成严重后果的行为,及时严肃查处。

二、坚持高标准严要求,全面推进"六大公开"

(一)立案公开

大力打造集立案审查、诉讼指导、查询咨询、信访接待、立案调解、收退诉讼费等功能于一体的一站式诉讼服务中心和纠纷分流平台。

一是加快立案大庭硬件建设。设置了单独的立案、信访、收费窗口及接待室、合议室、人民调解工作室等。此外,还安装了电子叫号系统,引导当事人按需取号,营造安静、有序的诉讼环境。

二是充分公开立案信息。立案大厅里,利用电子屏幕公开各类案件的立案条件、诉讼流程等。印发了受案范围、办案程序、回避规定、当事人权利义务等12类小册子并将其放置于立案大厅,供群众免费翻阅。在宁波法院网,公布了诉讼费用交纳标准、远程立案指引办法等。在接待室里,利用电子显示屏和公告栏两种方式公布《来访人员须知》等制度。在《宁波日报》上,将内设部门及其职责情况、立案规程等整版公布,向社会公开。

三是拓展服务范围。在立案大厅,增加设置了导诉台、志愿者服务台、青年干警服务台等,为当事人提供诉讼引导,告知诉讼风险、查询案件信息、解答诉讼疑问、引导当事人合理选择纠纷解决方式。2011 年 8 月,与中国贸易促进委员会宁波分会联合设立了商事调解工作室,加强诉调衔接,从立案环节就进行案件的引导分流。在审判大楼,设置了电子查询系统。可查询内容包括案号、立案日期、案由、当事人姓名或名称、案件流程等。在宁波法院网,增设了在线诉讼服务平台,包括网上立案、案件查询、材料收转、文书送达、联系法官等六项内容,免去了当事人来回奔波法院的诉累。

此外,为方便群众立案,还推行工作日午间不间断立案制度。

(二)庭审公开

1. 对应当公开审理的案件依法公开审理,并在审判庭增设媒体席。此外,还专门设立了同步庭审视频室,满足公众了解庭审实况的需要。

2. 定期邀请人大代表政协委员旁听在当地有较大影响的典型案件。事先分发旁听案件的起诉书和答辩状,让代表委员对案件情况事先有所了解,增强旁听效果;并尽力做到当庭宣判,借此扩大办案效果;在每次旁听结束后,均召开座谈会,认真听取代表委员们对庭审活动的意见和建议。近年来,每年邀请的旁听代表委员均在百人以上。

3. 对于社会影响大、具有重大典型意义的案件,适时开展网络庭审直播活动。2010 年 9 月,通过中国法院网、宁波法院网对一起公开开庭审理的网络传播权纠纷案件进行了全程图文直播,收到了较好的社会效果。

4. 探索当事人申请审委会委员回避制度。2011 年 9 月,在宁波法院网公布了宁波中院审委会委员的名单,目前正在探索当事人申请审委会委员回避的途径与方式,切实维护当事人的合法权益。

5. 推行诉讼档案公开查询制度。自 2010 年开始，宁波中院就投入大量资金购置了有关设备，抓紧时间对档案进行扫描，目前已完成档案扫描工作，基本实现电子化阅卷。

（三）执行公开

一是注重执行信息公开。通过宁波法院网等载体积极公开执行案件的立案标准、收费标准、执行程序等信息。同时，设置调查控制台账、处置台账、司法惩处信息及结案信息四大类台账供查询。

二是加强鉴定、评估、拍卖的透明度。自 2012 年起，通过统一管理部门、统一资质标准、统一随机方式、统一拍卖场所，充分公开拍卖标的信息，实现拍卖价格最大化，维护当事人合法权益。

三是公开被执行人失信信息。对曝光案件设置条件并予以类型化，对曝光的程序明确化，明确了执行曝光的审核、撤除、除外情形及曝光内容、模式等，许多"老赖"在被曝光后主动履行了义务。同时，还积极配合浙江高院建立全省法院执行未结案件信息库，将被执行人失信信息提供给政府监管、金融和招投标等部门，并统一在信用浙江网上发布，供公众查询。

（四）听证公开

一是加强制度建设，制定了《关于执行案件听证的规定》等文件，完善听证程序规则。对开庭审理程序之外的涉及当事人或者案外人重大权益的案件实行公开听证，并公告听证事由、时间地点、听证法官、听证参加人的权利义务。

二是拓展听证公开的案件范围。对申诉、申请再审案件、涉法涉诉信访案件、案外人异议、执行异议案件、非诉行政执行案件等积极开展听证。

2011 年，宁波中院就公开听证审查减刑假释案件撰写的经验交流材料在全省审监工作会议上得到了重点介绍，并在浙江高院《审监工作动态》上被全文刊载推广。

（五）文书公开

裁判文书公开既是阳光司法工作的重点，同时也是其中的难点。实践中各业务庭室普遍对于泄露当事人隐私、裁判文书瑕疵曝光等存在担忧。为此，宁波中院及时出台了《裁判文书上网暂行办法》，明确划定了不予上网文书的范围，同时，要求各庭室长为第一负责人把好技术处理关，对上网公布裁判文书中的当事人姓名、家庭住址、身份证号、银行账号等关键信息进行处理。另外，还规定：对法院工作人员发现上网的裁判文书存在错误的，按照文法错误每发现一处 5 元、严重错误每篇 300 元的标准进行奖励。2011 年 11 月又出台了《关于促进社会公众监督上网裁判文书质量的若干意见》，规定：对公众发现上网的裁判文书存在错误的,每发现一处支付稿酬20元。该文件公布后一个月内,已收到在线提交的社会公众纠错意见22份,涉及21份裁判文书,并已按照规定进行了相应的扣罚或奖励。

(六)审务公开

1. 在宁波法院网站及其他信息公开平台公布了宁波中院的审判工作流程、审判业务部门审判职能等基本情况。公开非涉密审判工作情况、审判指导意见、重要研究成果等信息。

2. 完善新闻发布制度,建立与媒体及其主管部门固定的沟通联络机制,宁波中院专门设立了新闻办公室,定期或不定期举行新闻发布会、通气会、座谈会或研讨会。2010年,在原有一名新闻发言人的基础上,新增了两名新闻发言人。2010年、2011年连续获得全省法院宣传工作考核第一名。

3. 定期开展“主题式公众开放日”和“司法公开宣传月”活动,增进社会各界对人民法院工作的了解和理解。2011年开展法院开放日活动6次。

4. 加强人民陪审员参与案件审理工作,提高人民陪审员陪审案件的比例,2011年,人民陪审员案件陪审率为62.45%。

5. 完善网络舆情研判、应对机制,利用网络、电视台、广播电台等媒体加强与社会公众的对话与交流,使更多的群众了解法院,理解和支持法院工作。

6. 专门成立人大代表政协委员联络工作处,2005年起每季度向全市1000余名人大代表、政协委员寄发一次《法院工作通报》,通报全市法院阶段性工作情况。

立足“五个平台”　推进司法公开

温州市中级人民法院

司法公开是推进司法民主、促进司法公正、提升司法公信、树立司法权威的重要途径和形式，也是人民法院提升整体工作水平、规范司法行为、实现司法公正的重要举措。温州中院以落实司法公开为原则，积极探索司法公开的新举措，以透明促公开，以公开树形象，努力满足人民群众对司法公开的新需求和新期待。司法公开工作中的一些创新性举措及成效受到了社会公众的好评。

一、立足制度建设平台，逐步规范司法公开

一是高度重视司法公开工作，加强组织领导。温州中院于 2011 年 4 月成立以院长任组长、分管副院长任副组长，各部门负责人为成员的阳光司法领导小组，并成立阳光司法领导小组办公室专门负责推进工作。

二是制定了具体的工作方案，建立了分工协作、各负其责的长效工作机制。为了深入推进司法公开工作，先后制定了《互联网门户网站信息管理规定(试行)》、《关于加强信息宣传工作的若干意见》、《关于在本院机关开展廉政风险防控机制建设的实施意见》、《关于裁判文书上网公布的实施意见》等制度规定，对各类审判执行信息公开的原则、目标、主体、时限、范围、方式、途径等作出了明确规定，并将阳光司法工作纳入本院年度岗位目标考核及创先争优考评内容，加大阳光司法工作考核力度。

三是建立了司法公开责任追究机制和举报投诉机制。对于违反司法公开相关规定，损害当事人合法权益，造成严重后果的，要进行查处。并在法院网站及立案大厅设立投诉电话、举报投诉信箱，安排专人对当事人和社会公众反映的问题进行调查核实，分别情况进行处理。

二、立足为民服务平台，不断促进司法公开

一是加强窗口建设，提升窗口形象。将立案大厅作为落实司法公开的窗口，大力加强立案大厅建设。将立案区、信访区分别独立设立，并设置了信访导诉室、立案调解室和文印室。在硬件建设上突出便民特色，努力营造温馨舒适的立案接待环境。在软件服务上则不断落实规范化要求，完善服务设施，全力

打造集诉讼引导、立案审查、救助服务、查询咨询、材料收转、判后答疑、信访接待等功能于一体的诉讼服务窗口。同时不断提升立案智能化水平,通过在安检、立案窗口和触摸屏加装二代身份证读卡器和银行刷卡机,实现了身份登记、立案缴费及案件查询“一证通”。这一举措受到了浙江高院齐奇院长的充分肯定。2011 年 7 月,温州中院立案信访窗口建设还受到了最高法院的通报表扬。

二是加强诉调衔接,完善便民服务。通过完善人民调解员驻庭调解机制、委托行业协会调解机制、司法调解与行政调解的联动机制、诉讼全程调解机制和法官下乡巡回调解机制五大机制,全面推进温州地区诉调衔接工作。如针对温州中小企业众多、行业协会发达的情况,在全省率先出台了《关于民商事纠纷委托行业协会调解的意见》,规定涉企纠纷可委托温州市 140 多个行业协会调解,并视情赋予法律效力。同时建立了行业协会调解人员名录,各法院均确定专门人员负责委托行业协会调解的联络工作。这一工作受到上级领导的充分肯定,新华社、中国新闻社、法制日报、人民法院报等中央媒体专门宣传报道,新华社、光明日报还编写内参报高层领导。

三、立足信息化建设平台,积极创新司法公开

一是加强数字法庭建设。落实公开审判原则,不断丰富审判公开方式。新审判大楼 22 个审判庭全部为数字法庭,通过采用计算机技术、图像数字化技术、信息技术等,使庭审过程与科技手段紧密结合,实现案件庭审同步录音录像,大大增强了庭审工作的透明度,实现了以科技促公开,以公开促公正。

二是完善门户网站建设。在法院门户网站设置了法院简介、工作动态、便民诉讼、执行网、法律法规、调查研究、法院文化、裁判文书、管理制度等九大版块,公布了审判工作流程、机构设置及其职责、最新工作动态、管理制度、规范性文件、审判指导意见、重要研究成果等信息,并专门制定了《温州法院互联网门户网站信息管理规定(试行)》,指定专人负责网站维护、内容更新等工作。当事人不仅可以通过网站下载各种诉讼须知和诉讼文本格式,还可以通过网站轻松查询到案件信息、开庭公告、拍卖公告等。

三是加大裁判文书上网公开力度。自 2011 年起,不断推进裁判文书上网公布工作。2011 年 10 月制定了《裁判文书上网管理暂行办法》,又于 2012 年 4 月出台了《关于裁判文书上网公布的实施意见(试行)》,对上网公布裁判文书的范围、文本要求、上网公布流程、审核管理等作了进一步规范。仅 2012 年上半年就上网公布生效裁判文书 368 篇。

四是推进执行查控系统建设。认真贯彻落实浙江省综治委印发的《关于完善全省综合治理执行难工作体系建设的意见》，积极探索和创新执行财产查控新机制。自2010年初开始，积极争取温州市县两级综治委的重视支持，以电子政务平台为基础，以协助执行网络为纽带，以信息网络技术为支撑，以综治考核机制为保障，建成了一个涵盖全市两级法院和200多家协助单位的执行查控系统，极大提升了执行财产查控水平和效率，有效缓解了案多人少的矛盾。2012年年初，温州中院在全省法院院长会议上介绍了查控系统建设经验，并在浙江高院《工作简报》和最高法院《情况反映》上刊发了经验介绍材料，省市领导多次批示肯定我院的经验做法。并于2012年7月17日召开全省创新社会管理强化执行查控现场会，推广介绍温州经验。

四、立足司法宣传平台，着力推动司法公开

积极构建全方位、多角度的司法宣传体系，充分运用各种媒介向社会公布法院案件的审理情况、便民措施、办事制度等。

一是完善庭审旁听制度。对重大案件或社会关注度较高的案件，邀请人大代表、政协委员或社会组织代表旁听庭审，如2011年12月份在公开审理备受社会各界关注的温州菜篮子集团原董事长应国权等16人腐败窝案时，邀请市直各单位纪检组长或分管领导、检察院系统干部代表、市民代表、被告人家属等300多人到庭旁听，起到了很好的法制宣传和警示教育作用。

二是推行新闻发布会制度。为了扩大审判效果，使人民群众及时了解法院的审判工作，积极推行新闻发布会制度。通过新闻媒体及时将审判工作中的重大工作部署、重要举措、重大专项业务活动以及各类大案要案或社会关注度高的案件审理情况向社会公布，扩大社会公众的知情权、监督权。2011年共召开新闻发布会3次，2012年已召开5次，主题分别为打击危险驾驶犯罪专项工作、知识产权保护专项工作、“除恶治乱”专项行动、推进金融综合改革司法服务保障工作等。

三是开展“公众开放日”活动。通过开展“公众开放日”活动，增进群众对法院工作的理解，拉近群众与法院的距离，增强群众与法院的血肉联系。2011年共开展了6期，2012年已开展6期，活动对象涉及党务工作者、司法工作人员、部队官兵、高校师生、妇女代表、国有企业老总、纪检干部代表、娱企业主与高管人员等社会各界人士。

四是建立庭审活动网络视频直播制度。为更好地推进审判过程的公开，加大法制宣传力度，于2010年开始尝试网络视频直播重大案件庭审活动，每年选择重大案件进行网上庭审直播。2010年10月20日，通过温州网首次在网上直播一起抢劫案庭审过程，通过新闻、论坛在线观看直播近 10 万人次，网友交流互动十分热烈。2011 年又创新了庭审直播形式，于 2011 年 6 月 29 日以“视频 + 微博”的方式直播一起运输毒品案庭审，不仅联合温州新闻网对庭审进行全程视频直播，并首次通过微博同步直播。2012 年已开展了 4 次庭审网络直播，均取得了较好的社会效果。

五、立足社会监督平台，努力改进司法公开

一是主动征求人大代表、政协委员及社会各界对法院工作的意见和建议。坚持在市人代会期间，分派人员赴各代表团听取审议意见，并认真作出汇总和反馈，作为今后工作的整改方向。建立特约监督员制度，通过邀请廉政监督员及特约监督员旁听庭审、召开座谈会、参观法院文化建设、参加法院院长会议等多种方式，听取廉政监督员及特约监督员对法院工作的意见和建议，加强沟通与交流，改进各项工作。

二是加大人民陪审员对案件的参审力度。不断深化人民群众对审判执行工作的监督，广泛吸收人民陪审员参与审理诉讼案件及执行、送达、涉诉信访等工作，并通过定期或不定期组织业务培训、开展座谈会等形式，加强“编外法官”建设，努力提高人民陪审员陪审案件的比例。三是通过在线访谈等形式加强与社会公众的对话交流。2011 年以来，法院院长、庭长、法官多次做客温州网，就社会关注的司法工作与网民进行在线交流，拉近法院、法官与社会公众的距离，主动接受社会监督。

强化制度机制建设　切实推进司法公开

金华市中级人民法院

金华中院积极响应上级法院的要求和部署，认真对照最高法院《司法公开示范法院标准》和浙江高院《浙江法院阳光司法实施标准》，通过《关于进一步推进司法公开工作的实施意见》等一系列文件，将司法公开工作细化为50项具体任务，逐项分解到相关部门，加强督察，狠抓落实，全面推行立案公开、庭审公开、执行公开、听证公开、文书公开、审务公开，不断丰富和创新公开透明的司法措施，进一步推进司法公开，建立健全审判权执行权的阳光运作新机制。

一、推行立案公开

坚持以群众需求为导向，以群众满意为标准，进一步完善立案信访窗口设施，2011年，立案窗口被市委创先争优活动领导小组授予“先锋服务窗口”。

一是公开立案条件，方便群众诉讼。制定了《关于建一步加强立案接待大厅规范化建设的通知》，建立文明接待制度、限时办结制度、特事特办制度和接待大厅一站式服务制度。通过宣传栏、公告牌、电子触摸屏或门户网站等，公开各类案件的立案条件、诉讼流程、法律文书样式等内容。出台《关于推行导诉制度的实施意见》，并设置了导诉窗口，安排专门接待人员，解答诉讼疑问，引导当事人合理选择纠纷解决方式等。成立了诉讼材料收转中心，出台《诉讼材料收转中心工作规则（试行）》，进一步确保了收转中心的高效有序运作。

二是公开立案信息、依法告知当事人案件受理情况。开展诉讼案件信息网上查询工作，在立案时即将“外网查询告知书”送达或邮寄，当事人凭告知书中自动生成的密码即可在网上查询案件进展情况。及时将案件受理情况告知当事人，对于不予受理的，向当事人说明理由，或告知有关权利救济途径。

三是设置单独的信访接待室，及时妥善处理来信来访。配备专职接访工作人员两名，负责接待来访和来信的收转工作，力求做到件件有登记、事事有回应。出台《关于加强中层接访与实行首问负责制的若干意见》，专门设置中层干部轮流接访室，工作日期间中层干部全天候轮流接访。出台《关于院领导接待来访工作实施意见（试行）》和《关于涉诉信访案件约期接谈工作实施细则（试行）》，将符合较大风险评估范围的案件作为院领导接访重点。开通了网上信访,由专人负责接收当事人及社会公众的信访投诉,并以适当方式及时回应。

二、推行庭审、听证公开

一是公开开庭信息,方便群众旁听。依法应当公开审理的案件一律公开审理。对于公开开庭案件,庭审前通过法院互联网、室外和大厅内的 LED 大屏幕,滚动播放各类案件开庭信息。为方便媒体报道,在审判庭旁听席前排专门设置媒体席。因审判场所等客观因素所限,对未获得旁听机会的人员,做出必要的解释说明。

二是创新减刑假释案件公开审理模式。制定了《关于减刑、假释案件开庭审理的规定(试行)》,确立了减刑假释案件审理新模式。该做法受到了最高法院江必新副院长和浙江高院的充分肯定。出台《关于在办理减刑假释案件中审查处理罪犯财产刑执行情况的审理规范》、《在办理减刑假释案件中审查处理罪犯财产刑执行情况的内部程序规范》等文件,在全国率先建立财产刑履行审查制度,将罪犯财产刑执行情况纳入减刑假释考核范围,推进减刑假释案件公开审理,注重改进工作方式方法,加强与监狱、检察机关的沟通协作,既规范减刑假释案件的审理,又促使罪犯积极履行财产刑,使得财产刑空判现象得到明显改变。

三是对庭审活动进行全程同步录音录像和录播。制定《关于数字法庭适用管理的暂行规定》,规定所有开庭审理的案件都应在数字法庭开庭、宣判。按照“一案一光盘”原则,庭审光盘随案卷归档。对于社会影响重大的案件,每年选取部分进行网上、电视庭审录播。2011 年以来,金华中院对金华市外国语学校原教师胡保平绑架杀人一案的一审、二审及宣判,吴英集资诈骗案以及一起外国人犯危险驾驶罪案件的庭审进行了录播。

三、大力推行执行公开

一是及时公开执行信息。通过金华法院执行专网公开执行案件的立案标准、收费标准、执行风险、执行规范、执行程序等信息,完善并制定《执行实施流程参照图》《执行救济流程参照图》,加强执行流程透明化管理。开展执行案件网上信息查询工作,及时公开执行案件信息。

二是全力打造“阳光评估、拍卖”工程。出台《司法技术管理工作的规定》,采用摇号的方式在法院入册拍卖机构内确定评估、拍卖机构,建立法医学、文书鉴定咨询专家制度。案件执行中委托评估、拍卖的,向当事人和利害关系人公开评估、拍卖的结果。制订《网上拍卖管理办法(试行)》,对拍卖主体、拍卖程序进行规范，特别对网络安全和稳定性问题，即网上拍卖平台提出了明确的要求。建立QQ群强化对拍卖公司的监督、着手建立全市法院电子立案登记本。2011年4月19日《人民法院报》以“金华在规范司法中实现社会认同”为主题，对金华中院开展的司法评估、拍卖工作给予了充分肯定。

三是加大执行公开力度。金华中院制定出台了《关于限制高消费专项执行活动的实施方案》、《关于开展反规避执行专项活动的实施意见》等文件，在开展限制高消费专项活动中，邀请金华电视台《法制金华》栏目跟踪报道，执行局领导两次接受电视台采访宣传阳光执行的举措；同时，中院执行局还常规开展了全市被执行人电视曝光的工作，曝光78人次，敦促12人次履行债款200余万元。

四、推行文书公开

一是出台制度规范文书公开。2011年制定《关于在互联网公布裁判文书实施细则》，确定审判管理办公室为裁判文书在互联网公布的归口管理部门，监督管理上网公布的文书数量、质量和信息安全等事项，设专人负责裁判文书上网工作。

二是建立文书上网公布定期通报机制。审判管理办公室每季度对法院各部门及基层法院裁判文书在互联网公布的数量、质量等情况进行通报。截至2012年6月，以制作通报3期，对上网文书存在的差错问题进行点名评析，督察相关业务部门及基层法院对上网公布过程中的不规范操作进行整改。2012年1－6月，金华中院非调撤结案的生效案件为1546件，上网公布815件，上网公布率达52.75%。

五、推行审务公开

一是设立法院网站，公开司法审务信息。在“金华市中级人民法院网”、“金华法院执行网”等平台公布了人民法院审判工作流程、管理制度、审判业务部门审判职能等基本情况，公开非涉密审判工作情况、重要规范性文件、审判指导意见、重要研究成果等信息。并出台《外部网站管理规定（试行）》制度，规范信息发布工作。

二是建立完善新闻发布制度，加强与社会公众的对话与交流。制定《关于接受新闻舆论监督规定（试行）》，规范接受新闻舆论监督。金华中院与浙江法制报、浙江电视台、金华日报、金华电视台等主流媒体及其主管部门建立固定的沟通联络机制，并就法院专项工作定期或不定期举行新闻发布会、通气会、座谈会或研讨会。2011 年以来,已与金华电视台新闻综合频道合作播出法治专题节目 10 期,促进了法制宣传。

三是开展“公众开放日”和“三个一百”活动。2011 年起金华中院已开展“公众开放日”活动 9 次,邀请了学校师生、社区居民、企业工人等各界 450 余名嘉宾走进法院“零距离”感受法院工作。积极开展“三个一百”活动(“百名法官进百村”、“百名法官进百企”、“百名法官解百案”),全市两级法院全部建立了联村帮扶制度,共结对帮扶 220 余个村落乡镇,定期开展“送法下乡、进村办案”活动,并在结对村设立法律咨询点等;确定了 141 家企业作为联系对接单位,由分管副院长带领相关庭室主动上门走访,送法律、送服务、听意见、查矛盾、解纠纷;2011 年共挑选了 122 件疑难案件进行集中攻坚,仅 4 个月就化解 84 件。

四是构建人民陪审员参与司法工作机制。制定了《关于人民陪审员参加审判活动的实施意见》、《知识产权审判专业型人民陪审员管理办法(试行)》等规定,积极推进人民陪审员参与执行和涉诉信访等工作,充分发挥了人民陪审员的功能和作用。

五是加强与人大代表、政协委员和社会组织代表的沟通与协调。2006 年,金华中院制定了《加强与人大代表、政协委员联系工作的责任分解规定》,专门对邀请人大代表、政协委员等旁听庭审、执行案件异议听证和现场执行监督活动进行了规定。2011 年以来共邀请人大代表、政协委员等旁听庭审 6 次,旁听人大代表、政协委员 62 人。并制定《特约监督员工作制度》,根据该制度,经市人大、市政协、市委统战部推荐,中院聘请了来自市人大代表、市政协委员、各民主党派、市工商联、无党派人士各界别的 17 人担任首届特约监督员,并举行了首届特约监督员聘任仪式。2011 年金华中院被评为“金华市廉政文化示范点”单位。

另外,金华中院还积极对执行异议案件、申诉信访案件进行公开听证,积极保障非诉讼案件当事人的合法权益。

发挥引领示范作用　强化司法权阳光运作

杭州市萧山区人民法院

2010年年底，杭州市萧山区法院被最高法院确立为“全国司法公开示范法院”，全院深受鼓舞，充分运用现代信息技术手段，不断创新司法公开的方式方法，扎实推进司法公开工作，全面推行立案公开、庭审公开、执行公开、听证公开、文书公开和审务公开，以公开促公正、以公正树公信、以透明保廉明。2011年9月，浙江高院在萧山召开“全省法院推进阳光司法现场会”，向全省法院介绍和推广萧山法院推进阳光司法工作的经验和做法，充分发挥引领示范作用。

一、提高对司法公开重要性的认识

萧山法院党组高度重视司法公开工作，认识到贯彻落实公开审判的宪法原则，扩大司法公开范围，拓宽司法公开渠道，是保障人民群众对人民法院工作的知情权、参与权、表达权和监督权的需要，是维护当事人合法权益的需要，是提高司法民主水平、规范司法行为、促进司法公正的需要。为此，萧山法院多次召开党组会，统一思想，提高认识，研究讨论司法公开实施工作中的实际问题和困难。召开院长办公会议，部署各责任部门工作任务，突出工作的重点和难点。并严格按照《司法公开示范法院标准》制订工作方案，落实负责部门和协助部门，并加强对各部门落实情况的检查通报。在推进司法公开工作过程中，萧山法院还根据《浙江法院阳光司法实施标准》，补充完善各项公开措施，进一步提高司法公开的程度。

二、积极推进司法公开工作

一是成立领导小组。为加强对司法公开工作的领导，促进司法公正，成立司法公开工作领导小组。领导小组由院长任组长，分管副院长任副组长，成员包括所有审判、执行业务庭以及政治处、监察室、办公室、行装科等综合业务部门领导，下设领导小组办公室，设在办公室，负责落实司法公开具体工作。

二是制订了《关于落实〈司法公开示范法院标准〉的工作方案》。根据最高法院《司法公开示范法院标准》，结合工作实际，制订工作方案，工作方案包括立案公开、庭审公开、执行公开、听证公开、文书公开、审务公开以及工作机制等六大块内容，共39条，每条都有负责部门和协助部门，并对各责任部门开展司法公开工作情况进行检查、督促和考核，将考核结果纳入全院的“五项考评”中。

三是为落实上述工作方案，修改或新增有关格式文书。如新拟《审判委员会名单告知书》、《执行风险告知书》；修改《诉讼须知》、《被告人须知》，告知当事人裁判文书将在互联网上公布；要求主审法官庭审中在宣布案由后告知有关庭审录音录像事项。

四是改版萧山法院互联网网站，适应司法公开工作的需要。新版萧山法院网站首页开辟司法公开专栏，下设立案公开、庭审公开、执行公开、听证公开、文书公开、审务公开等子栏目，预留庭审直播窗口。新版网站还整合了有关法院信息公开的链接，方便当事人和群众查阅司法公开信息，如“全国法院被执行人信息查询”、“全国组织机构代码管理”、“浙江法院案件信息查询系统”、“浙江法院开庭公告查询”、“浙江法院文书检索中心”、“信用浙江网”等。

五是根据《浙江法院阳光司法实施标准》，制定了萧山法院《关于实施司法公开工作的补充方案》。在制定实施方案的基础上，根据浙江高院下发的《浙江法院阳光司法实施标准》，又制定通过了实施司法公开的补充方案。该方案按立案庭、审判业务庭、执行庭以及行装科、办公室、审判监督庭、政治处、监察室等综合管理部门分块，明确各自的工作职责，共40条。

三、实施司法公开的具体做法

（一）立案公开方面

进一步加强立案大厅规范化建设。设置电子叫号系统，使大厅井然有序；设置导诉台，配专职导诉工作人员，告知诉讼风险、解答诉讼疑问；设置案件信息查询电脑，方便为当事人查询相关案件信息，如案号、立案日期、案由、当事人姓名或名称、承办法官、审判庭、开庭时间、案件流转、执行进展等，保障当事人的知情权、参与权、表达权和监督权；更新触摸屏电脑程序，增加各类案件的立案条件、立案流程、法律文书样式、诉讼费用标准、缓减免交诉讼费程序和条件、当事人权利义务等内容。印制诉讼指南和诉讼须知等材料，群众可以免费取阅；提供免费空白起诉状，以及追讨劳动工资、离婚、民间借贷和机动车交通事故责任纠纷等常用起诉状模板，并在背面附上每类案件所需的相关起诉材料清单，方便当事人准备起诉材料。

加强立案管理工作，便利群众诉讼。落实限时办结制度，对符合立案条件的，除了大案要案需要提请领导审批外，一般案件均能在半个小时之内完成立案、交费手续。立案时，向当事人提供外网查询通知书，告知查询密码，当事人凭密码可以在浙江法院网网站查询到该案的相关审理、执行信息。对于材料不全的,一次性告知需补办事项。对于不予受理的,在 7 日内将不予受理裁定书等相关法律文书依法送达当事人,或者采用立案释明通知书、信访告知书等方式向当事人指明解决问题的途径。目前对不予受理的案件,主要采取口头方式向当事人告知并释明。

(二)庭审公开方面

首先,公开开庭信息,方便群众旁听。各类公开开庭案件庭审前,通过法院互联网、室外 LED 大屏幕滚动播放各类案件开庭信息,人民法庭通过在宣传栏张贴开庭公告等方式,方便群众旁听庭审。庭审时,所有公开开庭的案件,允许当事人近亲属、媒体记者和社会公众旁听。为了最大限度地满足群众旁听的需要,在法院 18 号法庭设立同步庭审视频室,通过数字法庭平台,实现庭审直播。该同步庭审视频室可容纳 300 余人。为了方便媒体报道,制作了媒体席座套,在审判庭旁听席上设置专用的媒体席。其次,同步录音录像,准备庭审直播。除撤诉、庭前调解达成协议及巡回审判的案件外,其他案件庭审均能做到全程同步录音录像。审判员开庭采用新的开庭提纲,统一在宣布案由后告知当事人录音录像相关事项,并由书记员记录到庭审笔录中。至今尚无当事人对庭审录音录像的做法提出反对意见。庭审直播、录播,已经向各审判业务庭下达任务,但由于技术方面原因,暂未开展。再次,公开证据及认证,加强裁判说理。法庭上公开所有证据,能够当庭认证的当庭进行认证。当事人申请证人出庭的,一般均予以准许。在我院的实施方案中转发了省高院《关于加强裁判文书说理工作的若干意见》,要求加强裁判文书说理工作,做到裁判理由公开。由于判决书上网的需要,有力促进了认证和裁判说理工作。最后,依照有关规定落实案卷、档案公开查询制度。当事人和代理人凭身份证件可以直接到档案室查阅裁判文书等结论性材料;经承办法官和办公室负责人同意,当事人和代理人可以查阅证据材料、双方身份情况、起诉状、答辩状和庭审笔录;经承办法官和办公室负责人同意,关联案件的当事人和代理人也可以查阅档案材料。

(三)执行公开方面

目前,萧山法院的互联网门户网站上已经发布执行案件的立案标准、收费标准、执行风险、执行规范、执行程序等信息。执行立案后,向申请执行人发放执行案件受理通知书、外网查询告知书、执行风险告知书。其中,外网查询告知书中载明了浙江法院网的网址及每个案件特定的查询密码,当事人可通过互联网系统查询案件的立案日期、立案标的、执行依据、案件当事人等案件基本信息以及案件承办人、案件状态等。评估、拍卖的公开主要集中在机构选定的公开和结果的公开。目前对评估、拍卖机构的选定采取两种方式,一是双方当事人协商一致选定,二是由法院公开摇号的方式确定。具体做法是将具有评估、拍卖资质的机构列表向当事人公开,如果用法院公开摇号的方式确定,在摇号时会有执行庭、监察室派员到场监督,并通知双方当事人到场,确保机构选择的公平性。在评估、拍卖环节报告送达法院时,承办人及时将报告送达当事人。

(四)文书公开方面

修改诉讼须知、被告人须知,告知民事、刑事、行政案件当事人有关裁判文书上网事项,征求其意见;审判员开庭结束前,还向当事人告知判决书上网的相关事宜。我院对判决书上网的例外情况作了例举,对上网的技术处理规则进行了细化,要求生效判决书的50%上网公开。

(五)审务公开方面

在法院网站公布了法院基本情况、非涉密统计报表、法院各部门职责、规范性文件、调研成果等信息;今年开展了2次“公众开放日”活动;聘任了121名人民陪审员,民事普通程序案件陪审率达到98.7%;邀请特邀监督员旁听案件并抽查案件,回访当事人,对我院干警的工作作风、生活作风进行调查。立案庭、速裁庭、执行庭的法官分别走进萧山电视台,就市民打官司立案时的注意事项、离婚家庭子女抚养问题、法院执行难的相关问题向群众作了介绍,让更多的群众了解法院。做好与人大代表和政协委员的联络工作,定期邀请他们旁听案件审理,向他们赠阅《萧山法院资讯》,听取他们对法院工作的意见和建议。去年分批组织全体区人大代表旁听了21次刑事、民事、行政开庭庭审,旁听人数累计达380人次。

四、推进司法公开有突出特点的探索

一是规范审委会委员回避程序。在司法实践中,审委会委员回避操作难度较大。萧山法院规定,对可能需要提请审判委员会讨论的案件,主审法官在庭审中或庭审后应当向当事人宣布审判委员会委员名单,并送达书面告知书。当事人要求对审判委员会委员申请回避的,应当在5日内向我院书面提出,并附正当理由。是否决定回避,按照法律规定由院长或审判委员会决定。为此,专门制作了《审判委员会名单告知书》,送达当事人,征求其意见。承办人应在《提交审判委员会讨论案件呈批表》备注栏中注明名单告知情况及反馈意见。

二是加强裁判文书上网力度。裁判文书上网工作是司法公开的重点,也是难点。由于法院“案多人少”矛盾突出,加上对当事人个人信息和隐私公开的顾虑,或是因裁判文书质量不高等原因,有些审判人员对裁判文书上网公开信心不足,4 月以前没有一篇裁判文书上网发布。为此,萧山法院采取两项措施:一项是制订《上网公布判决书技术处理细则》,对判决书中真实人名、单位名称可以隐去,当事人性别、出生日期、住址等个人信息可以删除。另一项是规定各审判业务庭上网判决书,应当达到该庭生效判决书的最低上网率,即 50% ,每月统计通报,纳入全院"五项考评",即各审判业务庭每月裁判文书上网率未达到最低上网率的,以未履行工作职责论,予以扣分;上网率排名前三位的,分别予以加分;在上级法院组织的考评中,如司法公开工作被扣分的,将对相关责任部门加倍予以扣分处理。2011 年共在互联网上传判决书 4464 份,生效判决书上网公开率超过 75% 。

强化科技保障　推进司法公开

宁波市鄞州区人民法院

司法公开作为现代司法的一项基本原则,是社会主义法治社会的重要标志,也是我国司法体制改革的基本目标,并且已经成为推进司法民主、确保司法公正、提升司法公信、树立司法权威的重要途径和形式。近年来,宁波市鄞州区人民法院坚持以公众需求为导向,以信息技术为支撑,以制度建设为保障,多层面、多举措探索司法公开机制。通过司法全程公开透明,形成倒逼机制,促使法院干警自觉践行司法公正和司法规范,努力实现公众“看得见的公正”、“可感受的高效”和“能认同的权威”。在司法公开工作的助推下,审判质量和效率明显提升,队伍素质进一步加强,司法行为及司法作风更加规范,2010 年和 2011 年,分别荣获浙江省“全省优秀法院”和“全省阳光司法优秀法院”称号,2010 年和 2012 年,先后被最高人民法院授予“全国优秀法院”和“全国模范法院”荣誉称号。

一、科技保障,有效拓展司法公开覆盖面

始终将信息化建设贯穿司法公开的全过程,2009 年起,投入 1000 余万元开始分三期实施“数字法院”工程,目前二期工程已经完工并投入使用。今年开始,又着力推进阳光司法“六八四二”工程,通过互联网庭审点播、信息互动平台、文书上网等功能,强化法院与当事人互动新模式,充分保障人民群众知情权、参与权、表达权和监督权,以更加开放的姿态实现自我约束,打消公众对司法不透明乃至腐败的疑虑。

(一)“数字法庭”打破庭审时空界限

建成了 19 个集计算机网络、视频技术、多媒体图像、自动控制、数据库“五位一体”的标准化数字法庭,实现案件庭审全程同步录音录像并刻盘保存。开发了互联网庭审公告系统、触摸屏案件查询系统、LED 大屏幕信息发布系统、审判区开庭信息指示系统,“四大系统”实时播报各类公开开庭案件信息。

(二)加快实施阳光司法“六八四二”工程

按照最高院关于司法公开六项规定的要求,整合现有的审判、执行信息系统,通过互联网、电话语音、手机短信、触摸屏四大系统组成的信息互动平台,将

立案、开庭公告、庭审视频、裁判文书、听证、执行、鉴定评估拍卖、审务八大类信息对外公开,此外,以裁判文书上网和网上点播庭审视频作为司法公开的两大关键突破口,为社会公众和案件当事人提供全方位、全过程、时效性高的服务。

(三)尝试推出庭审直播和点播服务

积极开展庭审网络直播,2010 年以来,鄞州法院已通过中国法院网开展了 15 次网络庭审图文直播。今年开始,着手开发网上庭审视频点播功能,当事人凭密码可在法院外网预约点播相关案件庭审视频。遇有当事人投诉或信访,则将密码提交给相关督办部门,方便督办人员随时查看庭审情况,促进投诉或信访处理,实现诉前服务、诉中互动、诉后监督一体化。

(四)打造裁判文书和案卷网上查阅平台

裁判文书作为直接承载审判活动、体现审判结果的司法"产品",是司法公开的核心。鄞州法院出台了《关于裁判文书上网公布的规定》,规定符合条件的文书均需网上公布,每季度对业务部门结案数、裁判文书上网数、上网公布率等数据进行通报。目前,正抓紧建设档案数字化查阅平台,将 2007 年以来审结的案卷同步扫描成电子案卷,为当事人网上查阅案卷提供便利。

二、突出创新,持续探索司法公开新模式

(一)率先成立综合性诉讼服务中心

2009 年,鄞州法院成立了宁波市法院系统首家综合性诉讼服务中心,在 300 平方米的服务中心设置了信访接待、约见法官、判后答疑等 14 个开放式窗口,并在全省率先试点网上立案。此后,又将五个人民法庭建成规格统一、功能齐全的综合性诉讼服务窗口,成为全省首个将"一站式、开放性"诉讼服务理念向基层法庭延伸的法院。

(二)率先开展网络司法拍卖试点工作

以被浙江高院确定为首批司法拍卖改革工作试点法院为契机,积极探索运用淘宝网交易平台开展网络司法拍卖,以全透明的操作模式将司法拍卖置于网民的监督之下。目前,已成功开通淘宝网络店铺和网络司法拍卖资金专用账户。今年 7 月 10 日,首次网络司法拍卖开拍,经过 36 个小时 15 轮竞价,拍品三菱轿车以 6.7 万元的价格成交。首次网络司法拍卖吸引了社会广泛关注,8 万余名网友关注拍卖,百余人致电咨询,真正实现了拍品价值最大化和零佣金拍卖。广大网民对网络拍卖纷纷表示赞赏,《法制日报》、《南方周末》等主要媒体均作了全方位报道。网络调查支持率在 90% 以上。

(三)启动“小巷法官”试点活动

在2011年小巷法官试点活动成效明显基础上,今年初,将该活动推广到全区,在区内较大的12个社区设立了64名小巷法官,利用法官居住在社区的便利条件,承担起社区纠纷的就地处理、法制宣传等任务,将司法公开的窗口向前延伸至基层社区。该活动已受到浙江省委副书记、省政法委书记李强,省委常委、副省长葛慧君等领导的批示肯定,成为我院司法公开一个响亮的特色品牌。

三、加强互动,切实维护群众参与权和监督权

(一)坚持与社会各界的互动交流

从2010年开始,我院出台实施方案,每月一次举办“法院开放日”活动,成为浙江省首家将“法院开放日”制度化的法院。截至目前,共举办开放日活动17次,累计邀请近600人参观法院。举办了“百名律师评法院”活动,并由院领导带班两次走访辖区律师事务所,征求律师界对司法公开的意见和建议。2008年与中国人民大学共同举办以“培育司法公信力、提升司法满意度”为主题的法官与学者对话论坛,共同探讨司法公开的有效途径,并将对话成果转化,出版了《司法公信力的理论与实务》一书。五年内推出行政审判、知识产权审判等6本审判白皮书,受到社会各界好评。

(二)借助媒体同步传达司法讯息

建立新闻发言人制度,发生重大事件及时召开新闻发布会,第一时间通过媒体向外界传达信息,已成功举办了“服装品牌侵权案诉讼情况通报”、“小额速裁审判”以及“未成年人综合审判”等新闻发布会。今年又完成对法院外网网站的升级改版,通过审务公开、案件进展查询、预约点播庭审视频、预约查档等栏目,公众可与法院实现即时互动。

(三)发挥人大代表、政协委员和人民陪审员的纽带作用

邀请人大代表、政协委员和廉政监督员走访法院、观摩庭审,每季度向全区人大代表、政协委员赠送《鄞州法苑》。认真贯彻审判公开、民主原则,设立专门的人民陪审员办公室,建立陪审员管理档案,积极推动人民陪审员参与调解、执行和息诉服判工作,人民陪审员陪审率保持在90%以上。

抓重点促亮点　推进阳光司法

绍兴县人民法院

近年来，绍兴县法院认真贯彻落实最高法院有关司法公开文件精神，立足于基层法院的司法实践，积极回应人民群众对司法公开的新要求新期待，大力推进阳光司法。通过制定《关于进一步推进司法公开工作的实施方案》等系列文件，不断拓展司法公开的广度和深度。

一、以突出亮点工作为重点，积极主动公开

（一）率先开通互联网门户网站

绍兴县区域经济发达，对外联系紧密，为更好地展现法院工作形象，早于2009年初，绍兴县法院就率先在绍兴地区法院系统正式开通互联网门户网站，通过法院门户网站推动司法公开、司法便民。网站内容主要包括法院概况、诉讼指南、法院新闻、审判信息、执行信息、制度汇编、队伍建设、法院文化、法院风采、法律法规等10个栏目35个子栏目。在网页栏目排列上，将“诉讼指南”、“开庭公告”、“案件信息查询”等关注度较高的栏目设置于网页的醒目位置。增设“执行动态”、“老赖曝光”、“案件快报”等多个子栏目，坚持动态新闻与内网同步更新，并指定专人负责管理与维护，强化司法公开度。完善院长信箱等互动交流机制，缩短意见反馈和问题答复的时限，更加自觉地接受社会各界监督。

（二）全面完成数字化法庭建设

积极依托信息化技术手段建立审判管理系统，不断拓展公开渠道，完善公开举措。2010年初，绍兴县法院在绍兴地区率先完成数字化法庭建设，累计投入资金129万元，为31个法庭装备数字化设施，包括标准化数字法庭1个，简约型数字法庭30个。推动庭审同步录音录像和“一案一光盘”建设，进行网上庭审直播、观摩评查，加强司法作风建设，真正实现“阳光审判”。同时，在县看守所设立远程视频提讯室，已配合最高法院、省高院开展远程视频提讯30余次。

（三）大力推进“公众开放日”活动

为畅通民意沟通渠道，广泛接受社会监督，每两个月组织一次主题“公众开放日”活动，邀请人大代表、政协委员及社会各界人士参加，让公众更加了解法

院、熟悉司法。2010年以来共组织“公众开放日”活动20余次,邀请社会公众近千人次参加,切实拉近了群众与法官的距离。

(四)积极开展“走进法院、感受审判”活动

2009年起,选取社会关注的典型案件,每季度组织一次“走进法院、感受审判”活动,先后有来自镇街、村居、学校、企事业单位等公众代表参加,通过公开透明的执法办案,为公众提供及时、权威的审判信息,争取其对法院工作的理解和支持,受到社会各界和媒体的广泛好评。

二、以落实阳光司法为基点,实现全面公开

(一)抓立案公开,提升便民服务水平

设立集诉讼引导、材料收转、分类立案、司法救助、查询咨询、费用收结退、诉前调解等功能于一体的一站式诉讼服务中心。设置电子叫号系统和等候席,当事人凭序号排队立案。中心大厅张贴工作人员照片和各类诉讼须知,液晶显示屏滚动播放当日开庭信息,电子触摸屏设有法院概况、诉讼常识、法律查询、案件查询,提供文具和法律文书样式。设立各庭室信箱和诉讼材料收转窗口,方便当事人递交诉讼材料。中心及时将案件受理情况通知当事人,向当事人送达案件受理(含举证责任)通知书、诉讼执行风险须知和廉政监督卡等。对不予受理的,说明理由并告知有关权利救济途径,先后受到省市县三级人大代表的考察肯定。2008年,法院原立案大厅被浙江高院授予“文明窗口”荣誉称号;2011年,被最高法院评为“在立案信访窗口建设工作中作出突出成绩的先进集体”。

(二)抓庭审公开,提高庭审透明度

除有法定情形外,所有案件一律公开开庭审理。对公开审理或不公开审理的案件,一律公开宣判。依法公开开庭审理的案件允许当事人近亲属、媒体记者和公众旁听,对个别社会影响较大的案件积极邀请媒体参与旁听。受审判场所等客观因素限制的,法院还通过设立同步视频室,方便公众旁听。庭审过程实现同步录音、录像,积极推进庭审录播工作,进一步促进了程序公开、实体公正。所有证据都在法庭上公开质证、辩论,能当庭认证的当庭予以认证。通过网站等公开独任审判员、合议庭成员、审判委员会委员的基本情况,依法保障当事人申请回避的权利。

(三)抓执行公开,杜绝执行不公、不力

在法院网站公开执行案件相关信息,并在执行案件信息查询系统中提供查询服务。采取查封、扣押、冻结、划拨等执行措施后第一时间告知双方当事人。

建立评估、鉴定、拍卖入册机构名单，通过公开抽签等方式予以确定，抽签结果向当事人公开。向社会和当事人公开执行风险、执行规范和执行程序，并通过执行“点对点”查控机制、执行征信系统以及“老赖曝光”等进一步促进执行公开工作。

（四）抓听证公开，保障非审理程序当事人的权利

对部分重大涉诉信访案件、司法赔偿案件和执行异议案件实行公开听证，并公告听证事由、时间地点、听证法官、听证参加人的权利义务等内容。

（五）抓文书公开，满足公众的司法新需求

在法院网站设立专门的裁判文书公开栏目，将生效的裁判文书上网公布，并指定专人管理裁判文书上网公布工作，监督管理上网公布的裁判文书数量、质量和信息安全等问题。高度关注裁判文书上网公布后的舆情反映，理性对待，慎重处理，以适当方式及时回应，并注意收集社会各界对裁判文书的意见和建议，作为改进工作的参考。每年组织优秀裁判文书评选活动，并将优秀裁判文书全部上网公布。

（六）抓审务公开，保障公众的知情权

一是公开法院信息。通过法院门户网站、《法院信息》、《鉴湖法苑》、《信息通报》等平台，公布法院工作流程、管理制度、审判业务部门工作职能等基本情况，公开非涉密审判工作情况、规范性文件、审判指导意见、重要研究成果等信息。二是完善新闻发布制度。建立固定的沟通联络机制，加强与媒体的沟通与协调，多次就法院受理涉外商事案件、知识产权案件等重大工作举措召开新闻发布会。三是注重新闻宣传。每年知识产权保护宣传周期间，在中国轻纺城开展巡回审判，并借助电台、电视台、专题研讨会、新闻发布会、企业宣讲等平台，延伸审判职能，辐射审判效果。法院连续多年被最高法院评为“全国法院思想宣传工作先进集体”。四是加强人民陪审员工作机制，提高人民陪审员参审率，积极探索陪审员参与立案送达、保全、执行、接访等工作。五是自觉接受监督，聘任人大代表、政协委员、镇街干部等各界人士为特约监督员，定期召开座谈会，通报法院的工作开展情况，征求其意见建议，自觉接受监督。六是做好人大代表、政协委员联络工作。每年“两会”期间，法院均组织人员听取人大代表、政协委员意见建议，积极办理建议提案，代表委员满意度100%。在《鉴湖法苑》等刊物中开设“代表委员之窗”栏目，邀请人大代表、政协委员视察法院工作，并以上门走访或定期召开座谈会等形式，主动通报工作情况，认真听取意见和建议，寻求社会各界对司法工作的理解和支持。

三、以加强司法改革为切入点,力促深度公开

(一)率先探索刑事审判量刑规范化

早在2003年下半年,绍兴县法院就开展刑事审判量刑规范化工作,并制订《关于规范量刑的意见》(2004年2月8日起施行)。2004年至2009年,法院无一案件因量刑畸轻或畸重被抗诉,也无一案件仅因被告人认为量刑不当而上诉,更无一案件因量刑不当被改判。经两次修订,《关于规范量刑的意见》中有关量刑基本方法、量刑情节、量刑情节调节刑期的限度及常见犯罪的基本刑确定方法,都与最高法院《人民法院量刑指导意见(试行)》的精神基本一致。我院通过规范、透明的量刑活动,既提高了审判人员的量刑意识、量刑能力,也实现了良好的息诉服判效果和社会公众的普遍认同。

(二)深入开展案件质效评估

依托全省法院审判执行质效评估体系,通过强化案件质量与效率数据指标分析,建立法官办案情况每月通报制度,建立未结案常态清理机制,各项主要办案质量、效率、效果指标位居全省法院前列。同时结合法庭工作实际,出台《人民法庭质效评估体系》,定期发布质效评估通报,运用信息化手段实时掌握法庭办案运行的强项和弱项,有力提升案件质量和效率。

司法公开促公正　阳光执法树形象

温岭市人民法院

温岭市人民法院切实把推行司法公开作为推进司法规范化建设和促进司法公正效率的重要切入点，不断创新工作思路，着力在强化保障、拓展领域、健全机制上下工夫，增强司法公开透明度，有效提升了司法公信力。法院调解工作、立案信访窗口建设受到最高法院通报表彰，先后被浙江高院授予集体二等功、"全省优秀法院"、"全省法院文化建设示范单位"、"涉诉信访工作先进集体"、"司法规范化先进集体"、"诉调衔接先进集体"、"全省阳光司法优秀法院"等荣誉称号。

一、落实保障机制，增强司法公开实效

（一）加强组织领导，强化司法公开意识

院党组高度重视司法公开工作，专门成立了由院长担任组长，党组成员担任副组长，各部门负责人为成员的司法公开领导小组，并下设实施协调、考核评价、督促检查、物质保障四个小组，由各分管线领导任组长，确保领导到位、组织到位、工作到位。为开展好司法公开工作，根据上级法院要求，积极研讨本院有关司法公开的各项制度与措施。一是制订《关于推进阳光司法工作实施方案》及责任分解表，《关于在互联网公布裁判文书的实施细则》，部署实施阳光司法具体内容，落实工作标准、责任部门、责任领导。二是制定了阳光司法考核评价、督促检查、责任追究和举报投诉机制，将阳光司法工作纳入全年岗位目标责任考核，要求每月督促检查，对于违反司法公开相关规定的，及时严肃查处。三是设立投诉电话、举报投诉信箱，安排专人对当事人和社会公众反映的问题进行调查核实，分别情况进行处理。

（二）加强信息化建设，拓宽司法公开渠道

近年来，温岭法院每年投入 200 万元资金用于信息化建设，加大司法公开硬件支持力度。一是加强门户网站建设。2010 年 9 月，正式开通了互联网门户网站，设置了工作动态、执行曝光、网上办事、裁判文书等 10 个栏目，还同时提供与浙江高院门户网站的链接，可以方便快捷地查询本人案件的有关信息。完善院长信箱等互动交流机制，及时反馈意见和答复问题，网站已经成为温岭法

院司法公开的重要窗口。二是加强数字法庭建设。自2009年起,累计投入资金199.7万元为26个法庭装备数字化设施,包括标准化数字法庭2个,简约型24个。同时,在市看守所设立远程视频提讯室,已远程视频开庭1535件次,其中配合上级法院开展远程视频开庭(提讯)31次。通过对庭审同步录音录像、进行网上庭审观摩评查,真正实现“阳光审判”。三是加强档案电子化建设。将2000年以来的全部档案数字化处理,形成电子档案,并建立电子阅卷平台,当事人和律师调取判决书、裁定书等结论性材料的,可凭相关有效证件直接到档案窗口从电子档案系统中打印相关材料。

(三)加强法制宣传,强化司法公开效果

建立健全“点面结合”的便民诉讼网络,设立巡回审判点、平时针对个案特点实行上门立案、就地开庭。2008年至今,采用“点面结合”巡回审判方式办结案件3886件,并全部实现案结事了,对此,人民法院予以专版报道。组织“公共开放日”活动,邀请干部、村民、学生等走进法院、了解法院,畅通民意沟通渠道。运用照片、图表、文字等多种形式将每年各项工作及取得的成绩制作成年报,在“两会”期间发放,使公众对人民法院工作有了更加感性和直观的认识,至今已发放4000余份。开通手机短信平台,选取重大典型案件、群众关注的热点问题及法院工作举措等,不定期向人大代表、政协委员发送短信,已发送1500多条。加大对法院工作的宣传力度,在《人民法院报》等报刊媒体上充分展示我院审判执行、文化建设等工作的实践和改革成果,不断提升法院新形象。

二、围绕重点环节,深化司法公开内涵

(一)立案公开环节

一是加强立案窗口建设。将立案大厅作为落实司法公开的窗口,设立集诉讼引导、立案审查、救助服务、查询咨询、材料收转、判后答疑、信访接待等功能于一体的诉讼服务中心。开通网上立案,实现诉讼材料收转、文书送达、预约开庭、联系法官等在线诉讼服务。二是加强诉调衔接工作。2010年8月,在立案庭设立涉诉调解庭,由市司法局、行业联合调解委员会派2名人民调解员专司诉前调解工作,至今调解案件513件,调解率100%。同时,在六个人民法庭设立了人民调解室,由司法局向每个法庭派驻2名调解员,协助法庭开展调解、送达等工作。三是公开立案信息。立案时,向当事人随案发送外网查询密码,当事人借此可以在浙江法院网查询该案的相关审理、执行信息,及时了解、跟踪案件的流转。依法及时告知当事人案件受理情况,对于不予受理的,向当事人说明理由,或告知救济途径。2008年,法院立案大厅被省高院授予“文明窗口”荣

誉称号。

（二）庭审公开环节

认真落实审判公开原则，对于依法公开开庭案件，庭审前通过大屏幕，滚动播放各类案件开庭信息，方便群众旁听。庭审时，当事人近亲属、媒体记者和社会公众，经过安检后可以旁听所有公开开庭的案件，不设置任何障碍，公开开庭率达100%。案件的所有证据都在法庭上公开质证、辩论，能当庭认证的当庭予以认证，使庭审真正成为诉讼活动中心。为了方便媒体报道，在审判庭旁听席上设置专用的媒体席，保证记者旁听。积极试行量刑规范化改革，完善个案量刑"五步法"，探索"独立型量刑"强化庭审公开，设置"量刑评议"强化案件合议，此举受到最高法院领导的高度肯定。

（三）执行公开环节

在法院网站公开执行案件相关信息，并在执行案件信息查询系统中提供查询服务。建立执行"110"快速反应机制，将办案干警的联系方式等信息向申请执行人公开，申请人一旦发现被执行人下落或者可供执行财产线索，可立即联系，执行人员根据具体情况在第一时间出警执行。建立执行信息告知制度，及时向当事人告知执行风险、、执行措施、执行听证等。加大公开曝光执行力度，通过报纸、网络等媒体公布不履行法律文书确定义务的被执行人的基本信息、财产状况、执行标的等信息。按照规定录入被执行人失信信息，被执行人失信信息统一在信用浙江网上发布。

（四）文书公开环节

明确规定裁判文书制作规范，在裁判文书中公开诉讼过程和程序，公开证据采信情况及理由，做到说理公开，让当事人胜得明白，输得服气。在法院网站设立专门的裁判文书公开栏目，按照规定将生效的裁判文书上网公布，指定专人管理裁判文书上网公布工作，监督管理上网公布的裁判文书数量、质量和信息安全等问题。

（五）审务公开环节

一是充分利用法院网站、信息简报、《天平》等信息公开平台，公布工作流程、管理制度以及重大案件审判情况、法院重要活动部署和规范性文件等。二是与新闻单位建立沟通联络机制。不定期召开媒体座谈会、司法研讨会等活动，出台《媒体沟通指南》，加强与新闻媒体的沟通联系。开展网络舆情研判、应对工作，建立网络阅评员制度，加强对网络舆情的监控。三是积极发挥人民陪审员作用，开展陪审员参与庭审、执行、送达、涉诉信访工作等，法院每年一审普通程序案件陪审率居全省前列。

三、强化监督制约,确保司法公开质量

(一)强化内部监督

依托质效评估系统,建立审判执行工作态势分析制度,每月按部门通报办结率、庭审录像率、裁判文书上网率等各项可量化的司法公开数据,每月通报全院干警办案质量和质检对比考核情况,通报结果作为庭室和干警年度评先评优的重要依据。坚持院领导月巡查制度,以明查暗访的形式,对窗口服务、庭审规范等开展定期巡查和不定期抽查,每月发送巡查通报,并将巡查结果在内网上公示,进一步增强干警自律意识。

(二)强化外部监督

拓展监督主体,共聘请名 48 人民陪审员,27 名司法监督员,143 名协助调解员,15 名廉政监察员,共同参与司法监督,广泛收集人民群众和社会各界的意见和建议。落实重大事项报告制度,向党委、人大汇报重大工作举措和重点案件审判执行情况。及时办理人大代表、政协委员的议(提)案,主动就重点督查工作进展情况向人大汇报,对人大提出的意见和建议及时予以整改。适时邀请人大代表、政协委员视察法院工作、旁听案件庭审。积极开展走访代表、委员活动,倾听他们的意见和建议,努力改进法院各项工作,实现监督与公开双促进。

第三节　典 型 实 例

浙江　阳光让潜规则无处遁形

4月6日上午9点多,正忙活春耕的楼建林接到余姚法院的每月执行反馈电话,告知其申请的执行案已在信用浙江网曝光,以此敦促“老赖”早日还款。

温州船工阀门公司的杨经理正在通过QQ视频参加舟山市定海区法院主持的远程调解,“这个办法好,不然又要跨海奔波几百公里了。”

家住嵊州的王大妈拿着一张纸条让儿子打开电脑,进入“浙江法院网”,在“案件查询”栏目试探性地输入案号和密码,没想到立案日期、开庭时间、承办法官等信息立马跃入眼帘,“再也不用天天缠着律师和法官问这问那了。”……

这是最为普通的一刻,浙江角角落落沐浴在阳光司法的和煦春风里。“阳光是最好的防腐剂,只有把司法权的内外行使尽可能置于阳光下,才能最大限度压缩潜规则的生存空间。”浙江省高级人民法院院长齐奇说,推动司法公开向纵深发展是今年全省法院的重点工作。

今年2月,浙江高院印发《浙江法院阳光司法实施标准》,在立案、庭审、执行、听证、文书、审务和工作机制等方面对司法公开提出更加明确、具体、可操作的规定,并设计各项标准的计分权重,逐条考核验收,力争全省年底全部达标,率先全面实现“阳光”。

最高人民法院主要领导批示:“浙江的实施标准在内容和形式上都是对阳光司法的进一步规范和创新。要关注并及时推广浙江经验,推动全国司法公开深入健康发展。”

浙江省委书记赵洪祝批示:“省法院推进阳光司法决心大、措施实,程序规范、要求明确、操作性强,对于树立司法公信和权威、维护社会公平正义,必将起到积极作用。”

法庭里的“一米阳光”

去年7月,嘉兴中院开始公开开庭审理减刑假释案。

当天的减刑庭审中,刑罚执行机关提交了12名罪犯在服刑期间认罪服法、积极改造、附加财产刑的履行情况等相关证据,建议减刑。合议庭不仅审核相关证据材料,还分别听取罪犯本人的陈述和检察员的监督意见,当庭作出裁定。

“公开开庭审理减刑假释案是刑事审判的延续,出庭的几方均可提出异议当庭交锋,相比以往的单纯书面审理,更有利于发挥合议庭集体把关的作用,使减刑假释也在阳光下运行。”嘉兴中院审监庭庭长徐瑾说,公开开庭审理减刑假释案在嘉兴已成常态。

近年来,浙江法院将阳光司法作为推进“八项司法”的重要内容,全面推行立案、庭审、证据采信、事实认定、判决理由和结果公开、办案纪律公开等制度,充分运用现代信息技术,初步建立案件信息网上录入、案件流程网上管理、司法活动网上监督、案件质量网上考核的审判权执行权阳光运作新机制。在全省1347个电子法庭里,所有开庭全程录音录像,实现“一案一光盘”,让公正“可定格”、“可再现”、“可复制”。

“庭审公开对当事人程序权利的保护最为关键,社会公众也主要通过旁听庭审了解司法运作,进而形成司法信赖。”浙江高院研究室主任魏新璋如此定义法庭里那“一米阳光”的重要性。

立案公开,浙江法院要打造集诉讼引导、立案审查、立案调解、救助服务、查询咨询、材料收转、费用收结退、判后答疑、信访接待等一站式诉讼服务中心和纠纷分流平台。通过法院网站设立“在线诉讼服务平台”,实行网上立案、案件查询、材料收转、文书送达、联系法官等在线诉讼服务。

阳光司法不断升级

今年2月的一天,王理平和往常一样翻看着《今日宁海》,宁海法院的一则公告引起他注意:“本院在办理被执行人杨雄伟、俞坚芬案件过程中,对其共有的房地产依法公开拍卖所得92万元……通知各债权人,在本公告发出之日起15日内向本院申请参与分配……”

“这夫妻俩不是还欠我钱吗?”王理平“按图索骥”来到宁海法院申请参与分配,在法官详细导诉后立案审理,最终按比例分配拿到7万元。

今年,宁海法院刊登此类执行分配方案公告20余次。民间融资活跃的宁海县,民间借贷案件居高不下。

一起案件进入执行程序后,涉及被执行人的其他案件有的尚未判决,有的未申请执行,有的还没起诉,这些债权人能否参与分配、怎么分配等缺乏统一标准。宁海法院为此出台执行分配方案公告制度,使更多债权人知悉,增强执行透明度。

浙江法院阳光司法的半径早就从立案、庭审扩大到执行和听证。去年 10 月，浙江高院健全完善司法拍卖制度，委托拍卖与审判执行相分离，建立全省各中院拍卖机构名册，实行淘汰制，委托拍卖统一由各中院随机确定拍卖机构；不断改进司法拍卖方式，尝试利用产权交易平台竞价拍卖，探索网上竞拍，确保司法拍卖的公正、公开、公平。

为形成人人喊打"老赖"的氛围，浙江高院依托公共联合征信平台，将全省法院"老赖"失信信息发布于信用浙江网，供社会公众查询并应用于政府监管、金融和招投标等领域。

"源于行政学概念的听证制度运用到司法程序中，主要是为了解决开庭审理程序之外的涉及当事人或案外人重大权益保护问题。"齐奇说。浙江法院除了按照最高人民法院规定在申请再审，涉法涉诉信访，司法赔偿，严重犯罪分子的减刑、假释，以及执行程序中的案外人异议、不予执行的申请等事项进行公开听证外，还积极探索在其他案件中适用听证制度，如对外委托司法鉴定必要时可组织鉴定听证会，充分听取当事人意见。

浙江法院从去年起每月举行"公众开放日"，省高院每两个月召开新闻发布会，截至目前，全省法院组织"公众开放日"396 次，14640 人次参加；召开新闻发布会 98 次，发布新闻报道 2100 余篇，让公众更好地了解法院、零距离接触审判。

阳光司法不能有死角，浙江法院欢迎法律共同体内同仁"挑刺"。2008 年始，浙江高院邀请省检察院检察长列席审判委员会会议，目前，此制度已在全省法院建立；去年 4 月，省法官协会与省律师协会签署"法官与律师良性互动机制"，共同抵制涉案不正当交往和不公不廉行为。

科技助力阳光普照

一杯清茶，手握鼠标，温州市民王先生如此状态下通过网络"旁听"了一起抢劫案庭审。

这是温州中院一次不同寻常的网络直播。

审判法庭中架设 3 台摄像机，1 台正对法官审判台和整个法庭，另两台分别对着公诉人、被告人和辩护人席位，整个庭审活动通过摄像机实时传送到温州网在线直播。旁听席上，还有 8 位特殊听众，他们专注地听着公诉人、被告人和辩护人的发言，不时低头记录、凝神思考。这是该院院长崔盛钢等 8 名审委会委员。

据悉，当天有近 10 万人次和王先生一样观看直播视频。王先生感慨："庭审网上直播、审委会法庭听审，这样的阳光司法可以将案件审理过程原原本本展示给社会。”

他不知道的是，温州中院就此推行重大案件审委会听庭制度，审委会委员从幕后走上法庭，还借助庭审录播系统，在办公室就能实时旁听案件庭审，庭审结束还能通过点播、查看庭审笔录等方式了解案情，为审委会集体讨论做准备。

和温州中院一样，浙江法院对借助科技推进阳光司法已得心应手，三级法院依托初具规模的1347个电子法庭、103个法院门户网站和网上办案等科技手段，积极开展远程审判、远程提讯、远程质证，还在全省看守所建立85个远程视频室，作为法院审判场所，配合最高人民法院完成远程提讯37次，全省各级法院共开展远程庭审1504次，远程提讯148次。

在齐奇带头下，浙江三级法院院庭长全面“触网”，就公众关心的热点问题与网民进行在线交流，这种有计划、有组织地开展与网民互动交流，开创了全国法院先河。

为提高审委会审查案件质量，2008年开始，浙江高院合议庭向审委会汇报案件时，用PPT软件，通过图片、录像、文字说明等直观地展示案件的主要证据和证据之间的关系。瑞安法院14个庭室全部开通腾讯QQ，与网民即时在线交流。

“法院要学会敢于直面公众，积极地公开正确的信息。只有建立起亲民实在的话语体系，才能拥有更强的公信力。”齐奇对阳光司法的要求已成为浙江法院广大法官的共识。

（原载2011年4月29日《人民法院报》）

司法拍卖效率低、腐败多：上淘宝

——法院搞网拍，冷落拍卖行

法院：司法拍卖增值率、成交率“两低”背后是低估贱卖、缩水贬值、“暗箱操作”和司法腐败，必须“从制度上源头上切断少数法院工作人员、不良拍卖企业以及竞买人的灰色利益链条”。

拍卖协会：预备就淘宝司法拍卖的主体违法和程序违法问题撰写意见书；推出自己的“网络拍卖平台”；着手起草《网络拍卖规程》，以“规范电子商务行为对拍卖业的侵蚀”。

吉林辽源人王建军此前想也不敢想，自己会大老远从浙江买辆车回家。方法很简单：上淘宝。

因为两辆车，法院和淘宝这两个看似不搭界的机构，联系在一起。

2012 年 7 月 9 日上午 10 点到次日晚上 10 点，浙江宁波的北仑区人民法院和鄞州区人民法院，分别将一辆宝马 730 轿车和三菱欧蓝德送上了淘宝网。经过整整 36 个小时挂拍，68 个回合竞价，两辆车最终分别被吉林辽源和宁波本地的网友拍走。

法院对此欢欣鼓舞，拍卖业老板们却叫苦连天。作为改革方向，产权所交易、网上竞拍、电子竞价等已在各地试行的拍卖形式登堂入室，传统拍卖业的领地一步步失守。

1991 年颁布的民事诉讼法正式确立法院的强制拍卖权，当时仍以法院自行拍卖为主，1997 年拍卖法生效，专业拍卖公司相继成立，“委托拍卖”则成为原则和主流。

不过，在委托拍卖中，法官和拍卖行有较大的“寻租”空间，极易产生腐败。近年落马的诸多司法官员，包括原最高院副院长黄松有、原湖南高院院长吴振汉、原重庆高院副院长张弢等人，都曾涉及司法拍卖违规行为。据《中国青年报》援引的数据显示，全国 70% 落马的法官与司法拍卖有关。

最后十秒决胜负

一辆“宝马 7”，19 万元起拍，33 万元出头抢回，“咋说呢，值！”

这是王建军头一次参与司法拍卖。两个星期前，他从网上看到消息：甩卖价啊!

这辆黑色宝马 WBAHN730 轿车登记 6 年,起拍价为 19.99 万元,而同款新车目前报价约 90 万元。网友直呼“奇闻”。王建军开了一个二手车评估网站,算是“行内人”,他的心理估价是 35 万元。

开拍前 14 天,淘宝开出了此次拍卖的页面,为“展示期”。根据浙江省高院公布的数据,开拍前围观人数已超过 30 万人。相较于传统的举锤拍卖,这是一个天文般的数字。

意向客户还可以亲赴现场验车。北仑区法院相关工作人员告诉《南方周末》记者,看车的人很多,登记客户也有 8 人,其中不乏来自温州绍兴等地的外地人。

7 月 9 日上午 10 点,竞拍开始。醒目的 36 小时倒计时出现在淘宝“司法拍卖”页面上。“拍卖流程”显示,整个拍卖分为六个步骤:项目公告、付保证金报名、参与竞拍、支付余款、结算交付。相比普通拍卖,最大的区别在于这些步骤均在网上完成。

与传统拍卖一样,竞拍人需缴纳保证金才能参与竞拍。宝马车保证金为 5 万元,增价幅度 1000 元;欧蓝德保证金为 1 万元,不限增价幅度。为避免信息泄露,保证金一律由竞拍人通过支付宝划付。只要经过身份登记、认证并缴纳保证金,意向买家还可以在拍卖过程中随时进场。

“所有流程都由系统自动操作。”阿里巴巴集团公关部负责此次拍卖监控的田心介绍说,包括身份认证、保证金缴纳、竞价在内的环节,人工无法介入,并不存在一个法院和淘宝的可视“后台”。

长期研究民事诉讼的中国政法大学教授谭秋桂认为,传统拍卖行拍卖至少存在两大问题:一是信息传播能力有限,而多大程度上公开,直接决定参与竞拍的人数和覆盖范围,影响到拍卖结果。二是行业内滋生的潜规则积重难返,法院和权属人难以监督,一直是司法拍卖的顽症。

发生在拍卖环节中的司法腐败,常见行为,是法院“暗箱操作”,指定评估机构或拍卖机构,分别谋取评估费回扣和拍卖佣金回扣,或者收受贿赂,故意压低估价及成交价,为预定的买受人牟取暴利。

但在谭秋桂看来,司法官员的腐败还不是传统司法拍卖方式的最重要毒瘤,“场内勾结串标才是”。

开拍短短一个小时,两辆车共获得 50 多轮竞价。开拍后仅 10 秒,宝马车便率先获得第一次报价,20.09 万元。9 秒钟后,宝马获得第二次报价,加价 2000 元。欧蓝德也在开拍后第 28 秒钟获得首次报价,5.1 万元。

你如果在拍卖行,这样的轮番竞价会迅速拉高气氛,老到的买家腹中有数,却也难免被裹挟叫价。但另外一种屡见不鲜的情形是,拍卖行、拍卖师与买方串标不叫价,导致流拍。

第一次流拍后,降价80%进入第二次拍卖。动产可以拍两次,不动产可以拍三次,如果都流拍的话,就进入变卖环节。流拍和变卖意味着拍卖物的贬值。

在此次淘宝的司法拍卖会,未有迹象表明出现了上面提及的操纵现场、非理性竞价等问题。

第一个小时的"战斗"鸣金收兵后,躲在电脑后的竞拍人,仍然可以在剩下的35个小时内深思熟虑,然后再有条不紊地出价。宝马车从开拍到成交,总共53次报价,其中,46次发生在7月9日10点至11点之间,此后页面未见刷新,直到7月10日上午10点左右,才又出现一次报价。

在截止前一个小时,拍卖迎来第二轮高潮,甚至出现缠斗。最后半小时,王建军把电脑重启了一遍,清除垃圾文件,关掉其余页面,同时开启四个宝马车的竞拍页面,不停刷新,志在必得。他与另外一位竞拍人叫板4轮,出价7次,"落锤"的时间是7月10日21点59分49秒,距离此次活动结束仅11秒。备受瞩目的那辆"宝马7",最终成交价为330900元,溢价率高达65.5%。

"直接推上互联网"

这样的局面让两家基层法院兴奋不已,也让浙江省高院看到了前景。

"被省外竞拍人拍走,这个没想到。"北仑区法院法官王宇之前很担心冷场。拍卖那两天,她一有时间就刷新竞价页面,"还是网络有力量"。

在以往的司法拍卖中,流拍现象十分突出。据重庆高院的统计,在拍卖改革前,仅2005年至2008年,重庆每年三千余宗涉讼司法拍卖案例中,90%左右的标的物要多次流拍,拍卖额平均缩水30%左右。此次网络拍卖试点的宁波北仑法院,在2011年通过委托拍卖行拍卖的12辆汽车中,多次流拍就有4辆,一次流拍1辆。

"如何提高成交率是司法拍卖一直以来的改革目标。"北仑区法院办公室主任李瑛告诉《南方周末》记者。

2012年1月,浙江省高院院长齐奇在全省法院院长工作会议上提出,应该让司法拍卖阳光化。参会的一位法院院长告诉南方周末记者,当时齐奇提到重庆的产权交易所模式,认为浙江还应该做得更透明,更彻底,要一步到位,"直接推上互联网"。

院长的话马上化为行动。1月12日,浙江省高院一行人前往阿里巴巴集团参观。春节后,马云带队又赴浙江省高院拜会了齐奇,并就司法拍卖上网一事进行了讨论。双方协商的结果,是借助淘宝网的现有渠道,开设“司法拍卖”平台。此时,淘宝网的“拍卖会”模式已积累了相当经验。

据相关人士透露,考虑到这一尝试面临的舆论压力和不确定性,浙江省高院决定绕开省会杭州,选择一到两家案源充足、结案率高、控制力强的非省会基层法院进行先行试点。最后敲定宁波市鄞州区人民法院和北仑区人民法院。

鄞州区和北仑区都是浙江的经济强区(县),诉讼资产丰富。鄞州区法院2011 年和 2012 年分别获得全国优秀法院和全国模范法院荣誉,是浙江法院系统的“排头兵”;北仑区法院在全国首创司法鉴定节点监管机制,曾受到齐奇点头肯定。

选择较好的基层法院和最易出让的汽车,经过多轮平台预演和测试,可见浙江省高院对此项改革志在必得。

此次试水成功,浙江省高院相关负责人终于表态:将逐步扩大试点法院范围,目前已确定全省 19 家基层法院作为网上司法拍卖试点法院,将选择一些适合网上拍卖的标的物进行网上拍卖。

抛弃传统拍卖业?

在浙江之前,各地推进的司法拍卖改革主要依托产权交易所和诉讼资产网,通过线上线下分离拍卖主体,以杜绝腐败和非法串拍。

此次消息一经发布,便吸引全国目光。舆论除了好评,也有质疑。最主要的批评意见认为,按照现行拍卖法,产权所和网络都不具有拍卖资质,缺失经过认定的合法“拍卖人”。

《南方周末》记者注意到,2012 年 1 月 1 日,最高法《关于人民法院委托评估、拍卖工作的若干规定》正式实施,首次给网络拍卖“正名”。其中第四条明确规定:法院委托的拍卖活动应在有关管理部门确定的统一交易场所或网络平台上进行,另有规定的除外。

上述文件,其实早在 2010 年 8 月 16 日就由最高法院审委会通过。而 2009 年 8 月 24 日最高法院审委会通过的《关于人民法院委托评估、拍卖和变卖工作的若干规定》则没有网络拍卖的内容。

形势巨变,仅一年。

拍卖行集中的浙江老板们,对此次淘宝拍卖提出强烈抗议。

据《南方都市报》报道,在此次拍卖开始的前晚,浙江省拍卖行业协会的副会长单位和决策层,召开了一次“过冬大会”,预备就淘宝司法拍卖的主体违法和程序违法问题，撰写一份意见书。据统计，近两年中国传统拍卖行业的成交额呈现下降趋势，2012 年一季度甚至出现同比下降五成的局面。

“浙江省高院的做法，我有些意见。”中国拍卖行业协会秘书长李卫东说，任何行业都有害群之马，拍卖行业也不例外，但至少拍卖法和最高法相关规定白纸黑字，拍卖行有法可依，依法办事。

李卫东表示，中拍协也推出了自己的“网络拍卖平台”，目前中拍协受商务部委托，正着手起草《网络拍卖规程》，以规范电子商务行为对拍卖业的侵蚀，“我们现在正在研究确定网络拍卖的标准”，“我们不排斥网络拍卖，只是想规范它”。

委托拍卖是国内司法拍卖的主要形式。据拍卖行内人士称，法院委托拍卖一直是拍卖公司的主要收入来源，全行业平均占比 20%，广州上海等地的平均水平高达 40%，甚至出现一些以司法拍卖为生的拍卖公司。

这样人气不旺的拍卖方式延续了 20 年，并完成了大部分诉讼资产转卖。据中拍协的统计，仅 2005 － 2011 年的 7 年间，拍卖行就实现司法拍卖金额 5348.7 亿元，平均每年执行金额近 800 亿元。

在最高法看来，这却不是一组值得称道的数字。2012 年 2 月召开的全国法院深化司法拍卖改革工作会议上，最高人民法院两名副院长明确指出，中国司法拍卖增值率、成交率“两低”现象突出，背后是低估贱卖、缩水贬值、“暗箱操作”和司法腐败，必须“从制度上源头上切断少数法院工作人员、不良拍卖企业以及竞买人的灰色利益链条”。

这次会议特别选择在重庆召开。从 2004 年起，重庆在全国率先将涉讼产权打包进入重庆产权交易市场进行拍卖，并在 2009 年全部实现由“电子竞价”取代“击槌成交”。产权所交易有效杜绝了黑箱串拍，但却不能有效解决信息集散问题。于是在 2010 年 12 月，重庆启用司法拍卖互联网竞价系统，迈出了网拍的步伐。

产权所交易、电子竞价和网上拍卖随后在南京、杭州、广州、长春、北京、西安、合肥等地陆续铺开。依托重庆互联网竞价平台，最高法也于 2012 年 2 月 8 日开通了“人民法院诉讼资产网”，逐步实现诉讼资产网上公示和竞拍。

在谭秋桂看来，建立一个统一的拍卖平台，是司法拍卖“消毒”的方向之一，虽然大一统平台会增加意向竞拍人的信息筛选难度，但至少“程序可以由法院控制”。

据重庆高院统计，2009 年 4 月至 2012 年 1 月，重庆全市法院共实施司法拍卖 1396 宗，总成交率和平均增值率分别达到 81.3% 和 13.6%，与改革前的成交率不到20%、成交价平均缩水30%,形成鲜明对比。并且,此间没有出现一例因司法拍卖违法违纪的行为。

谭秋桂还有更“激进”的设想。他曾多次赴日本、美国、德国等地考察司法拍卖,都界定为公法行为,由法院自己组织拍卖,几乎没见过“委托拍卖”。这种做法的好处在于,可以避免中介“寻租”,并有效界定责任和权属关系,“民事诉讼法修订,就应该把‘委托’两字拿掉”。

(王建军为化名)

(原载2012年7月13日《南方周末》)

萧山　判决书常态上网“晒”阳光

2012年3月1日上午9点49分开始到10点27分,浙江省杭州市萧山区法院外网又新上传58份生效裁判文书。而前一天的此时段,也上传了24份。从上传时间看,从去年5月开始,裁判文书上传密度越来越高,上传数量也明显增多。

萧山法院是全国优秀法院,也是最高法院确定的全国100家司法公开示范法院之一。去年以来,该院加大“阳光司法”力度,从公布生效裁判文书入手,将司法公开落实到审判的每一个环节,法院的各项工作发生了实实在在的变化。

判决书上网不达标被扣分

萧山法院网显示,2007年公布了9份判决书,2008年公布的只有2份,但2011年5月17日这一天就公布了30多份,这是标志性的“分水岭”。此后以每天20多份的速度上传更新。

据统计,2011年5至今年1月底,萧山法院生效的6777份判决书中,上网5205份,上网率达到76.81%。“剩下的大多是涉及国家秘密、未成年人犯罪、个人隐私以及其他不适宜公开的案件。”该院办公室主任夏传胜说。

在萧山法官常态化的文书上网习惯背后,是“铁的纪律”。该院制定硬性指标,要求审判业务庭每月提交上网的判决书,应达到当月生效判决的一半以上,每月统计通报。而且与考核挂钩,未达标的以未履行工作职责论,予以严厉扣分;上网率排名前三位的,则分别予以加分。“曾有业务庭因未达标,一个月被扣2分,这个分值非同小可,要办多少案件才能追回来。这也起到杀一儆百的作用,后来再也没业务庭敢过这个警戒线。”夏传胜说。

为避免判决书上网给当事人造成影响,萧山法院规定,判决书上网前告知当事人,如果当事人请求不在公布,应在收到判决10日内向法院提交书面意见,并提出正当理由。并制定《上网公布判决书技术处理细则》,比如原被告的名字处理成张某、李某,或某单位,隐去家庭住址、单位地址等,体现出法院的谨慎。

“那些不上网的判决成为特例,是否涉及国家秘密、商业秘密、个人隐私等内容,还是因敏感性、涉社会稳定等‘其他不宜在互联网公布’的,要制作相关说明,并附案备查。对当事人明确请求不在互联网公布并有正当理由的,也应当将相关材料附卷备查。”该院副院长华立军说。

“永久的痕迹”让法官心存顾虑

判决书上网会增加许多工作量,法官们并不乐意。这家法院去年审理了2.5万多件案子。如果按50%裁判文书上网,工作量相当大。“每人年均审理260多件案子的法官们已处于高负荷运转,本来弦就绷得很紧,有抵触情绪也在情在理。”一名业务庭负责人说。

让庭长和法官们更为忐忑不安的是,裁判文书的公开会置法院于被动。“一上网可是全世界的人都能看见,但有些东西防不胜防,比如,被告人盗窃作案几十次,记不清具体时间,判决书上出现去年上半年5月的一天,这本来很正常,但网民来炒作一番,说你连时间都没搞清楚。”一位刑庭法官皱着眉说。

不过,上网公布裁判文书还是在法官们的顾虑中推开了。“我给每个法官都下任务,必须完成,这一个月真是累得够呛,那几个美女法官都变成霉女法官了。”该院刑庭庭长任又飞苦笑道。自定50%的指标,各个庭室的开场成绩也令人吃惊:当年5月生效的判决书上网率达83%。

在具体操作上也常遇难题,比如关于官员腐败的案件要不要公开?如何公开?“院里没有规定官员腐败案件不能上网,”任又飞说,这类案件确实较敏感。

而负责“民告官”案件的行政庭也有许多顾虑。萧山区法院行政庭庭长李文华坦言,来自被告方面的压力较大,特别是行政败诉案件,作为行政机关肯定是不希望上网,一旦媒体从中获悉进行报道,会造成更大的影响,因为各级机关都有考核。但行政庭并未因此豁免。在今年1月的通报中,记者看到,10件生效的判决书中有7个都上网了。

倒逼机制下的“精雕细琢”

3月1日下午,萧山法院临浦法庭的法官杜欢庆在办案系统中看到两个案子已生效,他让助理技术处理后,又拿起铅笔一字一句审读一遍,拿到庭长那里签发。“等庭长那道关口过后,我会把每个细节再重新推敲后,交给办公室传上网。”杜欢庆说,“不精雕细琢行吗?任何一个疏忽都会闹笑话,我们得对自己负责!弄不好会砸饭碗……”

“裁判文书作为法院的最终产品,直接体现了一个法院的执法水准和法官的办案水平。”萧山法院院长楼军民说,“一旦上网公开,将接受全社会的检验。如果一个法院出来的判决却是同案不同判,肯定是不合理的。这要求我们加强院内信息沟通,统一司法尺度,防止人情案、关系案和金钱案的发生。对于一个法官来说，判决书中的认证和说理是重点和难点，能否说理充分，在判决书上见分晓。这压力也是动力，促使我们进一步增强责任心，从而推动裁判文书质量的提高。”

任又飞也表示，近年来，萧山法院刑事判决书有了很大改进，比如办案的环节、时间，超期了要向当事人通报，判决书上都要有体现，早些年是不写的；对被告人、辩护人提出的问题，都要有问必答，说理要说清，文字上会仔细推敲。

随着网上高水准裁判文书增加，网上转载率也越来越高，在以中国最大的司法案例库号称的汇法网上，萧山法院判决案例高达 18015 份，位居全国法院之首。

采访中，也有法官认为，法院对判决书上网过于谨慎。如：规定当事人的名字、单位要屏蔽。可以借鉴一些发达国家的经验，将裁判文书上网与诚信系统对接，便于社会监督，来促进当事人守法、诚信。裁判文书公开并不仅仅是对法院的约束。

（原载 2012 年 3 月 18 日《人民法院报》）

绍兴　阳光司法催生公平正义之花

“以审判公开为核心，让司法权在阳光下运行；以自觉接受各方监督为重点，让司法权在阳光下接受检验。”今年4月，绍兴中院《关于全市法院进一步推进司法公开工作的实施意见》正式发布，内容涵盖立案、庭审、执行、听证、文书档案等方方面面，全市两级法院步调一致全线推进，做到应当公开、能够公开、可以公开的全部公开，积极探索并构筑民意监督的良性互动模式，全面推进阳光司法。

全流程　增加“阳光”接触面

“怎么立案、怎么缴费、要注意些什么……清清楚楚，比银行的工作流程还清楚。”说起绍兴中院的立案服务，钟某竖起了大拇指。对第一次走进法院的钟某来说，打官司，那可是新娘子上花轿——头一回：“之前总觉得法院很神秘，对于如何立案那是两眼一抹黑。”但让他惊讶的是，走进绍兴中院立案大厅进门即是导诉台，左手边根据案件性质分类的刑事、民事、商事、行政、执行，以及诉讼收费、开票窗口，银行工作人员驻厅收费处等窗口一字排开，标识清楚；右手边从“诉讼须知”、“诉讼费用交纳办法”、“民事诉讼风险提示”、“便民提示”等全部制作成展板上墙，电子触摸屏、电脑网络一应俱全，“一目了然！”

这就是绍兴中院在全省唯一实现两级法院“文明窗口”满堂红的立案接待大厅“一站式”立案服务，所有信息清楚明了，使它不仅成就了法院立案提速工程，也成为从立案环节开始贯穿该院工作始终的第一缕“阳光”。正是从这里开始，立案、审理、裁判以及执行等各个环节对“阳光”一路敞开门户，全流程接触公众视野。

庭审旁听“无障碍”

“原来法院庭审是这样的，原来法官们的工作那么紧张忙碌。”家住和畅堂社区的王长法大伯走出法庭的时候兴奋地说。作为绍兴中院公众开放日的“贵宾”，王大伯和他的社区邻居们第一次走进了法院，近距离感受和接触了司法审判工作。

“通过审判公开，公民才能信服法院的判决确实表达了法。”作为阳光司法的题中应有之义，绍兴中院不仅着力保障每一位群众的庭审旁听权，还定期通过“公众开放日”等活动主动邀请人大代表、政协委员、社区群众、学校师生等社会各界走进法院，零距离接触庭审活动。2010年以来，全市法院举办“法院公众开放日”活动60余次，累计有3000余名群众走进法院与司法互动，已经成为绍兴中院阳光司法中的常态工作。

反规避执行“亮铁拳”

6月29日，《绍兴日报》以《重拳打击“规避执行”，维护社会和谐稳定》为题专版公告了全市特殊主体被执行人和限制高消费名单，这一铁拳行动的高调亮相让人们眼前一亮，尤其是那份包括政府部门、党员、公务员、人大代表、政协委员等特殊主体57人在内的“老赖”名单一时间成为热议焦点，有网友这样评价：“敢出重拳，敢碰硬钉子，这才是法院执行的硬骨头！”

而在绍兴中院副院长黄家由看来，这无疑是阳光司法的题中应有之义：“让老赖们无所遁形，也让执行工作置之于阳光之下，‘敲山震虎’，营造全社会支持和配合法院反规避行为的良好氛围。”

裁判文书网上“晒太阳”

“裁判文书生效后3日内，承办法官应将文书正本及电子版报请庭长审批。经审批决定公布的，一般应在发生法律效力后1个月内予以公布。”绍兴中院的《推进司法公开工作的实施意见》为裁判文书上网开列了明确的“时间表”和工作流程。目前在绍兴两级法院，除涉及国家秘密、商业秘密、未成年人犯罪和个人隐私等不适宜公开的情形外，一审、二审和再审案件发生法律效力的裁判文书以及执行案件的裁定书、决定书都将逐步上网“晒太阳”。

这一制度实施以来，绍兴中院的门户网站上已经公布裁判文书1200余篇。“裁判文书公开是对庭审公开的一种补充，便于人们对法院判决结果、理由、依据、推理过程的了解和知情。上网晒文书，同时也要求裁判必须能够经得起社会公众的反复推敲，这对法官的裁判工作提出了更高的要求，一定程度上起到了一种‘倒逼’作用。”

多维度　以镜为鉴“正衣冠”明得失

“从应然的角度而言，司法与民意之间在本质上并无冲突，一方面，司法应当听取民意，以体现司法的民主化和借此摆脱权力的干扰，另一方面，司法毕竟是一种专业性事务，必须严格按照宪法和法律的规定，依法独立办案。”9月6

日,绍兴中院院长陈惠明做客浙江在线网络访谈直播室,畅谈民意和司法,“用平常的心态和开放的姿态面对民意,向民意打开透明的窗口,保障人民群众对司法工作的知情权、表达权和监督权,这样既能在裁判中彰显民意,又能促进公正廉洁司法。”

而如何实现这两者的良性互动?

多维度入手!借助“外脑”、主动“曝光”、直面“麻辣”,多管齐下确保司法公开!正是绍兴中院给出的答案。

借助“外脑”

9 月 14 日,绍兴中院举行特约法治民意咨询员聘任仪式,12 名来自各行各业的代表成为该院首批“特约法治民意咨询员”。作为法治民意的“高参”,这些来自媒体、社区、金融界、教育界、网民、基层社区等领域的特约法制民意咨询员今后将定期听取法院工作情况的通报,并就一些疑难敏感性案件和法院重大工作举措提供民意咨询意见。作为首批法治民意咨询员,绍兴日报副总编吴钊谦对绍兴中院“法治民意工作室”的创立和咨询员队伍组建的举动给予了高度评价:“及时关切民意,沟通民意,回应民意,在司法和民意之间寻求最大的公约数,从而体现真正的民意。这正是法律的真谛,也是维护司法权威,提高司法公信力的必然选择。”

借力“高参”、谋求“外脑”,绍兴中院着力畅通与人大代表、政协委员、特邀监督员、律师、群众之间互动渠道。从 2010 年以来,每季度一本全彩页《人大联络专刊》都会如期送到绍兴全市近 500 名人大代表手中,从主题策划到工作动态,从队伍建设到法治宣传,图文并茂,让代表们第一时间速览法院工作方方面面。“您的关心,是建设高素质法官队伍的不竭动力;您的支持,是人民法院建设和发展的坚实基础;您的监督,是铸就司法公正与高效的坚强柱石;您的建议,是法院工作完善和改进的宝贵财富”。《人大联络专刊》封面上的这四句话,字斟句酌道出了绍兴中院畅通互动渠道的肺腑之言。

主动“曝光”

今年 6 月,绍兴中院召开新闻发布会,第一时间发布“战略性新兴产业司法护航白皮书”,并为知识产权周活动拉开帷幕;7 月,绍兴市反规避执行专项活动新闻发布会召开,宣告反规避执行铁拳行动,并向社会公布了全市 7 家法院的执行举报电话。

两次发布会吸引了包括绍兴广电总台、绍兴晚报、钱江晚报等传统媒体,以及绍兴网、绍兴E网等网络新兴媒体悉数到场,并予以专门报道,形成了报纸、电视、广播、网络全方位的立体声报道。"及时主动'曝光',接受媒体的监督,对于司法而言,不是任务不是压力,而是一举双得的局面,对于法院工作,及时沟通,对于个别问题,我们也毫不避讳。"绍兴中院副院长、新闻发言人钱武生用"坦荡"和"坦诚"来形容法院和媒体之间的关系,"不仅将法院工作置于更大范围的阳光之下,更通过有效沟通、主动寻求监督,为法院工作营造了更好的社会舆论氛围。"

直面"麻辣"

"老百姓很差钱的官司怎么打?""现在中小企业融资那么难,法院怎么定性民间借贷?""凡是醉驾都一律入刑吗?"自今年4月开播以来,绍兴网网络演播室里每隔两个月的"法官面对面"直播都很是"闹猛",这档由绍兴中院和绍兴网联手推出的网络直播节目关注"司法服务转型升级"和"醉驾入刑"等时下热议话题,一经推出即受到网友热捧,直播页面点击量达到10万余次。

事实上,早在2010年10月,绍兴中院就联手绍兴网对一起行政诉讼案件庭审进行了网上现场同步直播,这场庭审的首次"触网"在3个小时的时间里,就吸引了超过7.8万次的点击量,平均每秒7次!网友反响热烈:"原来庭审是这个样子的,开眼界了!""电视上的案件重演看过,报纸上的说案解法看过,但是这样真刀真枪的庭审还是第一次,不错不错!""敢于拿到阳光下来的公正才是最坦荡的公正!赞一个!"……

"欢迎'麻辣'!不惧'拍砖'!"是绍兴中院阳光司法历程中面对网络和民意的态度,也体现了成熟的司法者在面对批评和异议的时候应有的态度。

信息化:科技力量加速"光合"速率

"我们是浙江省高级人民法院的法官,现在通过远程视频对你进行提审,你要如实回答问题……"7月26日下午,在绍兴中院的第一法庭里,一起交通肇事案的被告人蔡某独自站在被告席上,面对着一台50寸的液晶屏幕,浙江高院刑庭法官正通过全省法院三级专网,利用远程视讯系统,对他进行远程再审。

在整个庭审中,与远在杭州的省高院法官一起忙碌着的,还有"远程提审系统",通过计算机网络建立声音、视频图像传输通道,它将整个过程自动全程录音录像,并制成光盘保存,正是得益于它的帮助,此次远程审判只用了半个小时,大大节省了传统提审方式中耗在路上的时间,节约了审判资源,提高了审判效率。

而这仅仅是绍兴中院信息化发力的一个缩写,这个强大的神经系统在全省走在前列,目前在绍兴中院,15 个数字法庭为加速阳光司法的“光合”速率立下汗马功劳。今年以来,该院开庭审理的案件基本上都在数字法庭进行,共录像 1620 余件,完成远程庭审活动 31 次。所有庭审都在 15 个数字法庭被一一“定格”,多个摄像头和 2 台 50 寸液晶显示屏分工合作,同时对庭审过程实时全程拍摄和同步显示,一个显示屏显示整个庭审情况,另一个特写发言者,并直接根据语音激励功能自动切换画面,对旁听席同步播出。法官、当事人的言行举止在显示屏上看得清清楚楚,任何发问、回答都通过话筒和扩音器听得明明白白,证据展示通过投影显示清楚明了,庭审视听效果显得更为直观生动。庭审结束后,书记员将校对无误的笔录上传到庭审系统自动存档,并刻录光盘写上标记附卷存档。真正让公正“可再现”、“可复制”。

“阳光司法不是任务,不是要求,‘群众想知道什么,我们就公开什么’,但并不意味着这是一个被动的工作,事实上,就如同光合作用是万物生长的根本,公开、民主是司法发自内在的需要,是司法生命力的保证。阳光,并非最终目标,而是催化剂和能量,是司法生命工程光合作用的第一步。”

绍兴中院陈惠明院长的态度理性而坚定:“所以阳光司法,不能为了晒而晒,阳光所及之处,目标直指对公平正义的终极追求。从迎进第一缕阳光,到司法公正这一终极目标的最终实现,这个过程并非一蹴而就,我们也应当预见到这条道路并非一马平川,这是一个发现问题解决问题的过程,知道不完美但仍然追求完美的过程,这个过程中贯穿着对于公平正义终极追求的司法美学。”

“用光合作用为司法的良性发展制造氧气,完成新陈代谢,消弭积弊,保证肌体循环的健康,并最终盛开公平正义之花。”

(原载 2011 年 10 月 18 日《人民法院报》)

浙江嘉兴14个法庭揭面纱
“接地气”　集体对外开放

浙江省嘉兴市14个法庭今天集体进行“对外开放日”活动，嘉兴市人民法院有关负责人说，法院揭开面纱接上地气，是为了更好地展示司法，让人民了解法院，才能真正理解法院工作。

自2010年以来，嘉兴法院形成了“公众开放日”活动工作机制，定期或不定期邀请社会各个群体走进法院，组织旁听庭审等。截至目前，嘉兴全市法院共开展“公众开放日”活动124次，邀请社会各界人士4600余人零距离接触法院。

今天，嘉兴市7个县、市、区所辖全部14个法庭统一开展“公众开放日”活动。

14个法庭各有主体，而嘉兴秀洲法院王江泾法庭今天的主体是“新居民合法权益保障之家”。

王江泾法庭管辖王江泾、油车港两镇，区域面积190.27平方公里，户籍人口12.5万人，新居民7.7万人。

秀洲法院副院长张晓明介绍说，“辖区新居民占了将近45%，而新居民是秀洲区发展的生力军。保护好新居民的合法权益，是稳定和发展的需要。”

据统计，王江泾法庭2011年共受理新居民案件129件，已结128件，调撤率达78.13%。其中邀请新居民事务所参与调解6件，委托新居民事务所调解4件，均为调解或撤诉结案。全年共调处涉及新居民纠纷360余起560余人，标的为620余万元，当事人前往新居民事务所进行法律咨询的有100余人次。

针对新居民案件集中在离婚案和劳务纠纷的情况，王江泾法庭对涉及新居民案件处理过程开通“绿色通道”，在时间上进行优先办理。新居民还可以在处理案件前预约法官，法庭也专门为新居民开设“午休法庭”，在休息和节假日时间应要求办理新居民案件。

“人民法庭是基层法院在地方的‘触角’延伸，虽然只负责处理一些民商类案件。但最基层的法庭最接近群众，需要处理的案件数量最多，且细微而繁杂。”嘉兴市人民法院有关负责人表示，“公众开放日”活动是阳光司法的重要举措，打破了法庭工作平时的神秘感，让法院工作更接地气，让人民了解法院，才能真正理解法院工作。

（原载2012年3月13日“中国新闻网”）

浙江湖州吴兴区法院试点“司法透明指数”
100 个指标量化司法公开

司法公开,一直是司法改革的重中之重。随着公众对司法审判关注度的日益提高,推行阳光司法,满足公众对司法公开的需求,成为基层法院工作的一个重点。

为了让司法真正晒于阳光下,浙江省高院在浙江湖州吴兴区法院首次尝试以科学评定的指标量化法院司法公开程度。这种做法能否促进司法进一步公开?

在浙江湖州吴兴区法院,凡涉及官员贪腐等热点案件,旁听人员便会大增,三十几个座位的法庭远远满足不了百来号的旁听“大军”。法院工作人员感慨:以前公众只关注和自己直接相关的案件,但现在不一样了,即使不旁听,公众也会在网络上进行舆论监督。

而有些地方法院对司法公开认同度较低,公开庭审容易流于形式,但公众对司法公开的要求在不断提高。为此,浙江省高院年初委托浙江大学光华法学院钱弘道教授组成调研小组,以湖州吴兴区法院为研究样板,探讨将司法公开程度量化为可以感知的指标。

行政管理指标超过 29%

“司法透明也要求法院行政管理必须透明”

“司法透明指数的指向是要让公众充分享有知情权、参与权、监督权、发言权。以往最高法院和地方法院的《司法公开标准》与司法透明存在距离。任何法院都离不开行政管理。司法透明要求法院行政管理也必须透明。”司法透明指数研究课题主持人钱弘道教授表示。“司法透明指数”分为行政管理和司法过程两方面 6 个一级指标。行政管理包括人事管理、财务运行和公众交流;司法过程涉及立案公开、审判公开、执行公开。每个一级指标下设 10 到 20 个二级指标,总数达到 100 个。

这是“行政管理”首次进入司法公开的评价体系。在钱弘道看来,行政透明是司法公开的前提。因此,“人事管理”和“财务运行”指标被置于重要的位置。前者主要涉及法官、司法警察选拔公开,法官法律职务等级、司法警察警衔晋升公开，法官、司法警察财产公开、规则公开等 14 个指标；后者包括法院财务预算分配标准公开、法院诉讼费收支情况公开、法院罚没款项公开等 15 个指标。

“指数”对“司法过程”的考核中出现了不少“新面孔”。比如首次把“审判委员会讨论案件的时间、地点、人员应提前 3 天公开，当事人有权申请回避”列入考评范围，这样在一定程度上避免了审判委员会成员与案件存在关联；出于对保护当事人隐私权的考虑，“设置电子叫号系统”也被列为单独一项。此外，“公开选任陪审员”也纳入了指标体系，指标设定来自各个阶层的“人民陪审率逐年提高”能够加分。

这是国内首次提出以“指数”来度量司法公开程度，在国际上没有先例。它实际上是一种社会管理创新，是当前中国司法改革必然的逻辑延伸。——浙江大学光华法学院教授钱弘道

倒逼法院改进管理

“大部分法院很努力才能靠近及格线”

“司法透明指数”能为推进司法公开带来什么？这在“试验田”吴兴区法院已经有所体现。

为了让当事人能全面了解案件细节，推进“生效裁判文书公开”一直是司法公开的核心内容。“司法透明指数”对此设立了不同梯度的三个指标：生效裁判文书上网率达 50% 以上；生效裁判文书上网率达 20% 以上；生效裁判文书上网率达 20% 以下。这意味着一旦进入“司法透明指标”考核系统，“生效裁判文书公开”有了更为具体的“量”的要求。这也“倒逼”吴兴区法院提高了裁判文书的上网率。据吴兴区法院工作人员章丽美介绍，处于试验阶段的吴兴区法院，裁判文书上网率已达到了 30% 以上。吴兴区法院今年还将举办“十佳文书说理评选”，以规范和加强裁判文书说理。

为进一步保障当事人的知情权，“司法透明指数”设置了“开通案件信息自主查询平台”的指标。为此，吴兴区法院已从多个方面“自我提升”：一方面设立“阳光司法告知书”，当事人只要在网上立案，便能够得到一份“告知书”，详细地了解案情的进展；另一方面，一套崭新的身份证识别系统已进驻吴兴区法院，当事人只要一刷身份证，关于案件的信息便会自动跳出来。“‘司法透明指数’如同催化剂，能够倒逼法院改进审判管理和队伍管理，促进司法公正。”吴兴区法院院长许学锋说。

现在很多考核建立在大部分法院可以做到的基础上，据章丽美介绍，按照以前的考核标准，很多法院都能得到高分，有些法院还因为完成了加分项目，总

分超过了满分,考核难以转换成法院向前发展的动力。“而‘司法透明指数’的设置要求,是大部分法院很努力才能靠近及格线。这是一个高要求的指标设计。它代表了未来的发展方向。”章丽美说。

指标的测评加速了法院的信息化,从长远来看,能够提高诉讼效率,减少诉讼成本。——吴兴区法院工作人员章丽美

如何保证科学性

指标设计靠“解剖麻雀”,由第三方独立评估

“运用指数对社会科学进行测评,并推向实际应用,这在西方已经很常见。”在钱弘道看来,指数要具有可推广性,首先要解决两个问题,一是指标设置的科学性;二是评估能中立。

司法透明指数如何实现科学和客观?

2008 年,钱弘道在浙江余杭区首次推出了“法治指数”评估,而此次“司法透明指数”设计吸取了余杭法治指数的经验,延续了“解剖麻雀”的方法,选取了在浙江法院处于中等水平的吴兴区法院作为试点。调研小组对吴兴区法院司法公开的各项工作进行了全面自查,并制作了包含 82 个题目的司法调查问卷,面向学校、社区机关、律师事务所、当事人等代表发放问卷 180 份,作为指标设计的重要参考。另外,调研小组还广泛开展了各类座谈会,征求建议和意见。

为了指标设计避免流于形式,第三方的评估机构正在建设中。钱弘道透露,评估机构肯定是非政府层面的,在前期,法院会以支持方的形式对第三方机构提供帮助,后期将有望形成独立的第三方。

尽管如此,在研讨会上,“司法透明指数”的可推广性仍遭到一些专家的质疑。首当其冲的是对“行政管理”指标的质疑。中国政法大学副校长、教授、博导马怀德认为,司法公开要注意阶段性和长期性的结合,像人事管理的公开在近期做到也不太现实,需要长远设计。

也有学者对于指标设置不能体现“重要”和“次要”的问题表示担忧。中国政法大学终身教授、博导,原全国人大常委、中国政法大学校长江平指出,现在司法透明指数设立了 100 项指标,这样的罗列能够顾及全面,却缺乏重点,应该把司法透明指数作为一个目标,但是不能把它仅仅作为一个目标。而国家统计局统计科学研究所研究室主任吕庆喆则认为:“从统计学角度,评估体系设立的指标数量越多,收集数据的成本就越高。欧洲实验室在模拟实验后指出,50 个指标的贡献率为 75% ,超过 50 个指标的评估体系贡献度很小。我建议司法透明指数最好设置在 50 个以内。”

目前,已初步完成的“司法透明指数”尚在进一步完善中。吴兴区法院方面透露,预计到 10 月份,吴兴区法院将按照指标设置对其 2012 年的工作进行一次测评和公布,以实践评判指标的科学性和客观性。浙江省高院表示,待“司法透明指数”成熟之后,将在全省基层法院推广。

在司法公信力面临严峻挑战的形势下,“司法透明指数”用制度内部的建设来树立权威,能提高公众对司法的信赖和关注。——清华大学法学院教授林来梵

(原载 2012 年 6 月 8 日《人民日报》)

第七章　廉洁司法

构筑司法廉政风险防控堡垒

第一节 导 论

一、廉洁司法的科学内涵

“廉洁”思想自古有之，是中华民族代代相传的古训和优秀传统文化的重要组成部分，并成为当代司法的基本价值理念之一。

廉洁司法可以促进司法公正。公正主要来自法官公正的心理状态和超脱各种影响的中立地位。如果法官不能保持超脱于不当利益，或者在表现上给他人以获取不当利益的印象，法官的公正性必将受到破坏或怀疑。而廉洁司法的推进恰恰能够保障司法作为“社会正义的最后一道防线”作用的发挥。假如司法制度与腐败结缘，司法腐败代替了司法廉洁，那么后果将不堪设想。在国家正式的司法体系里无从求助的当事人势必会寻求自救，法律与社会秩序的维系便成为一句空话，“司法腐败是最大的腐败”。

廉洁司法可以促进司法公信力的提升。法官廉洁与否直接关系到公众对法官裁判能力的信任与否，进而影响到公众对司法制度的信任。而司法权威的获得不仅得力于国家的强制力，更重要的是源于民众内心对法律的信仰与遵从，还有对法官高尚的人格和清廉执法的职业形象的信任。法官如果贪污、受贿、腐化，则会严重影响司法的公信力，最终使司法职能难以发挥。

廉洁司法可以保持法官的良好形象。法官是社会正义的守护神，“法官是法律帝国的王者”，在社会公众看来，司法必须清正廉洁，因为司法本身不可掺杂任何金钱交易和物质诱惑。法官的公正、权威在很大程度上依赖于法官的廉洁无私。换言之，法官能否做到依法办案、刚正不阿、铁面无私，很大程度上取决于其能否做到廉洁奉公。

廉洁司法可以保持法官内心高尚与自重。法官是司法的载体，是代表国家行使审判权、维护社会秩序、保障公平与正义实现的特殊群体，职业的特殊性决定了必须对法官行为提出不同于其他社会群体的更高的要求。法官行为，无论是职业行为还是业外行为，都会关系到国家利益和社会利益，法官职业道德就超出了群体、个体范围而形成对全社会的影响。法官欲以自己的职权影响他人，必须先获得他人的信任，这才是司法权威的真正来源。

二、浙江法院廉洁司法的实践和发展

近年来,特别是2008年以来,浙江法院高度重视抓好廉洁司法,坚持"三个至上"指导思想和"标本兼治、综合治理、惩防并举、注重预防"反腐倡廉方针,围绕"八项司法",认真抓好《浙江省高级人民法院建立健全惩治和预防腐败体系2008-2012年工作细则》的落实,不断创新工作方式方法,提升廉洁司法建设的综合效应,全面加强法院党风廉政建设和反腐倡廉工作,努力打造一支政治坚定、业务精通、作风优良、清正廉洁、品德高尚的法官队伍,为全省经济社会又好又快发展提供了有力的司法保障。

(一)加强廉洁司法教育,绷紧反腐倡廉的"警戒线"

1. 开展警示教育,用反面案例警示人

2008年,针对当时浙江高院机关个别干警私自接受当事人吃请、为案件说情等不廉不良现象,严肃查处原民一庭庭长私下会见当事人及未按规定上交所收银行卡违纪问题的基础上,向全院通报情况及处分决定,开展廉洁司法大讨论,教育引导全院干警从小事做起、从我做起,举一反三,时刻绷紧廉政建设这根弦。对全省法院11起典型违纪违法案例编印成《法官警示录》,供全省法院干警学习。2009年,以中纪委对王华元、黄松有等领导干部违纪违法案件的通报材料和最高法院印发的《人民法院警示教育案例选编》为教材,以领导班子和领导干部为重点,开展"警示教育年"活动。2010年10-11月,针对机关连续发生多起严重违纪违法案件的情况,开展了为期2个月的"廉洁司法集中警示教育活动"。经调查,71%的干警认为近年来院机关廉洁司法的总体情况与之前相比有明显好转或有一定好转;67%的干警认为办案中说情打招呼的现象与之前相比有明显减少或有所减少。绝大多数干警认为,通过集中警示教育,院机关廉洁司法的总体情况是好的,正气上升,人心思正。活动得到了最高法院和省委主要领导的充分肯定。王胜俊院长批示认为:"浙江高院党组及时抓住近期发生的几起案件在全省法院开展集中警示教育活动很有必要,也取得了很明显的效果。"省委书记赵洪祝批示:"有针对性地开展廉洁教育很重要,要持续不断地做下去。"2012年3月,部署在推进政法干警核心价值观教育实践活动中深化廉洁司法警示教育活动,要求全省法院紧密结合当前正在进行的"忠诚、为民、公正、廉洁"政法干警核心价值观教育实践活动、"人民法官为人民"主题实践活动、法院廉政文化创建活动等工作,结合童志兴等违纪违法案件,深化开展廉洁司法警示教育。

2. 组织先进事迹巡回宣讲，用正面典型引领人

不断加大对廉政勤政先进典型的总结和宣传力度，强化正面灌输，充分发挥先进典型的引领示范和导向辐射作用，用正气凝聚人心，用形象展示风貌。2011 年 8 – 9 月，成功举行"全省法院廉洁司法先进事迹巡回宣讲活动"。巡回宣讲团的 12 名同志用质朴的语言、生动的事例和饱满的情感，为全省法院近万名干警作了一场场感人至深、催人奋进的事迹报告。活动取得了预期效果，社会反响较好，《人民法院报》等媒体进行了广泛报道。

3. 拓展法院文化建设载体，用精神力量凝聚人

2008 年 11 月，全国法院廉政文化建设工作现场会在宁波鄞州区法院召开，最高法院对宁波中院开辟廉政文化教育基地和开展廉政文化的做法和经验给予了充分肯定。近年来，全省法院以 2008 年"鄞州会议"精神的贯彻落实为契机，不断深化廉政文化进法院、进法庭、进家庭活动。2009 年、2010 年，省高院两次隆重举行法官授职典礼，省委书记、省人大主任赵洪祝同志参加典礼，并作重要讲话。赵洪祝书记、齐奇院长分别为新任审判委员会委员、审判员和高级法官、助理审判员授职。这项活动已成为浙江全省法院年度的一项重大司法礼仪活动。三年多来，全省有 50 多个法院组织了法官授职仪式，邀请受职法官的家属参加并发言，有效地激发了法官廉洁司法的职业荣誉感。2010 年 7 月，最高法院在宁波召开全国法院文化建设工作会议，推广了我省法院文化建设的经验，王胜俊院长到会并作了重要讲话。2011 年，在浙江高院办公大楼一楼，利用 LED 电子显示屏滚动播放高级法官名录，强化干警的光荣传统意识；在每层的走廊，建立廉政文化长廊，精心挑选法学名言、廉政警句等上墙，使干警在潜移默化中加强自律意识；各庭处室建立党团活动室，多角度展示庭风庭貌，强化干警的荣誉意识。此外，还通过创建廉政网页、开通廉政短信平台、编写廉政小故事、举办廉政书画展览等方式，大力弘扬"公正、廉洁、为民"的司法核心价值观。国庆前夕，我院汇集全体在职干警笑脸照片，以"我们高院人"为题，集中展示于主楼电子大屏幕上。同时，还将齐奇同志对退休干警的寄语和退休干警对省高院的赠言制作成《光阴与足迹》视频，连同去年制作的齐奇同志寄语新婚干警的《相约一生》，上传全省法院内网供全省法院干警观看。

（二）加强廉洁司法制度，筑牢反腐倡廉的"防火墙"

根据中央《建立健全惩治和预防腐败体系 2008 – 2012 年工作规划》和最高法院《关于贯彻落实〈建立健全惩治和预防腐败体系 2008 – 2012 年工作规划〉的实施办法》，浙江高院及时出台了关于《建立健全惩治和预防腐败体系 2008 – 2012 年工作细则》，明确了今后五年全省法院惩防体系建设的目标、任务

和要求。同时,强化责任,把11项具体任务进行分解,明确责任部门和责任人。各级法院也结合各自实际,出台了工作细则和要点。

针对人情关系干扰公正办案的顽疾,2008年3月,浙江高院出台《全省法院领导班子成员防止人情关系对司法工作不当影响的若干规定(试行)》,在全国率先建章立制、公开处理涉案反映中的人情关系,防止人情案、关系案发生,在全国法院引起积极反响,被媒体誉为“开前门、堵后门”、阳光运作的“约法十章”。这一做法,在2010年召开的全国法院反腐倡廉建设创新经验交流会上作了介绍。2011年12月,我院又根据形势变化,对“约法十章”进行了修订。4年多来,全省法院共查处违反“约法十章”的干警36人,其中省高院6人,涉及厅级干部1人、处级干部4人、科级干部1人。

针对一些尚不够党政纪处分,但又明显违规、违反职业要求的不当行为,2009年制定了《浙江省高级人民法院关于工作人员违反规章制度的处理办法(试行)》,采用类似交通违章记分扣罚的方法,进行扣分处理,累计扣分达若干分数,年终考核不能评为称职。制度实施以来,已有10人次受到扣分处理。

为进一步规范法官与律师的关系,抵制涉案不正当交往和不公不廉行为,2009年和2010年,浙江法官协会先后与省司法厅、省律师协会联合制定了《关于规范法官与律师相互关系的35条规定》和《法官与律师良性互动机制的16条意见》,努力形成法官与律师互相尊重、互相支持、互相监督、平等交流的工作关系。

为进一步防止人情关系对审判执行工作的不当影响,浙江高院于2010年制定了《关于本院审判执行人员办案实行地域回避的规定(试行)》,明确法院审判执行人员不得承办、审签当事人住所地与本人出生地、成长地系同一县(市、区)的案件,在法官私人利益与社会公共利益容易发生冲突的环节构建了“廉政隔离墙”。

为进一步增强全省法院干警秉公用权、廉洁司法意识,促进反腐倡廉建设和作风建设,浙江高院出台了《关于推进廉洁司法风险防控机制建设的指导意见(试行)》,强化对司法权运行的监督制约,最大限度地降低司法腐败发生的风险。截至2011年11月底,浙江高院和全省11个中级法院、宁波海事法院已全部完成廉洁司法风险点的排查、风险等级评估和防控措施制定等工作;其中,浙江高院院共排查出院领导、各内设部门岗位廉洁司法风险点815个,制定防控措施800余条。

为加强对大标的案件、有较大社会影响的案件、当事人反映强烈不断信访案件的监督,试行《办案廉政回访制度》,规定纪检组从立案开始介入,采取面谈、电话、书面等相结合的形式进行事中、事后全过程监督，通过向承办人和当事人发廉政监督提示书、向双方当事人了解法官司法行为、就有关问题展开独立廉政调查等方式，提高司法规范性。

为解决纸质档案不易保存、查询等问题，开发建立了领导干部电子廉政档案管理系统，大大提高了申报、收存、查询的效率，将过去的“档案库”变“信息库”，不仅摸清了领导干部的廉政家底，并且依托电子廉政档案“预警平台”的作用，通过定期分析干警廉情动态，及时掌握苗头性、倾向性问题，做到早发现、早预防、早纠正，从而有效地促进了纪检监察工作的科学化、规范化。

此外，为进一步规范法官自由裁量权的行使，浙江高院出台了《人民法院量刑指导意见（试行）》实施细则，稳妥推进量刑规范化改革。为贯彻落实《廉政准则》、《处分条例》等规定，进一步健全党风廉政建设责任制考核机制，省高院修订了《关于全省各中级法院落实党风廉政责任制考核细则》、《司法巡查工作实施细则》。三年来，全省法院共制定有关廉洁司法的制度和规定 219 项，修订完善相关制度 199 项，设立专（兼）职廉政监察员 900 余人。

在加强制度的建立完善的同时，各级法院更注重制度的执行。各级法院通过定期巡查、明察暗访、专项检查等方法，重点抓好最高法院“五个严禁”、《关于对配偶子女从事律师职业的法院领导干部和审判执行岗位法官实行任职回避的规定（试行）》、《关于在审判工作中防止法院内部人员干扰办案的若干规定》和“约法十章”等规章制度的落实。2011 年上半年，省高院机关在人事安排上就认真执行最高法院《任职回避》规定，对 3 名符合任职回避的新任中层干部和审判业务部门的审判人员在人事安排时事先作了考虑。2011 年浙江法院共对 80 名配偶子女从事律师职业的法院领导干部及审判、执行岗位的法官实行了任职回避。浙江高院还重视抓好党风廉政建设责任制的检查落实。各级法院还通过经常性的检查、考核、巡查、明察暗访等形式，增强制度执行力，强化对审判权、执行权的内部监督，为促进公正廉洁司法发挥了积极作用。

（三）加强廉洁司法监督，构建反腐倡廉的“隔离墙”

1. 加强党风廉政建设责任制执行情况的检查考核

严格落实“三书两报告”制度，将领导干部贯彻落实党风廉政建设责任制的情况作为对领导干部业绩评定、选拔任用和奖励惩处的重要依据，切实增强各级法院领导干部特别是主要领导干部履行“一岗双责”的自觉性。从 2009 年开始每年由院领导带队对全省各中院和宁波海事法院执行党风廉政建设情况进行考核，对因发生严重违纪问题的中级法院，实行一票否决，取消评先评优资格。

2. 深入推进司法巡查工作

从2009年开始先后对衢州、台州、舟山、温州、宁波、湖州、杭州、金华等8个中院和海事法院进行了司法巡查,提出50余个方面150余条整改建议,进一步强化了上级法院对下级法院领导班子及其成员的协管监督力度以及对下级法院司法业务建设和司法队伍建设的指导监督力度。同时加强指导,从2011年开始逐步推行中级法院对基层法院的司法巡查,推动各级法院的领导班子建设。

3. 认真落实党内监督制度,深入开展“三谈一述”

三年来,全省法院任前、岗前廉政谈话1080余人(次),诫勉谈话或提醒810余人(次),领导干部述职述廉2840余人(次),4690名干部报告了个人重大事项,其中,省部级干部1人、厅级干部25人、处级干部513人、科级干部2800人。

4. 加强对重点案件的监督

对上级领导交办、人大督办、信访反映突出和改判发回重审等案件进行督查评查。三年来,全省法院共督查评查各类案件20万余件,发现并纠正问题5000多个。抓好中政委10号文件的落实,开展无理访甄别工作和“百万案件评查”活动。共评查各类案件4600余件,发现程序瑕疵287处,文书错别字404处,引用法律条文不准确113处,评定不合格案件20件,依法提起再审27件,追究相关责任人192人,其中诫勉谈话38人,通报批评115人,其余给予取消评先资格、责令检查等处理。为解决结案与归档脱节,杜绝结案的后续事项失控、案卷材料散失等老问题,积极推进“先归档后报结”制度。

5. 加强对重点事项的监督

推行司法拍卖集中摇号,建立拍卖机构优胜劣汰评估制度,已淘汰8家,停牌2家,进一步规范了司法拍卖行为;参与法院执行工作中评估拍卖及法院基本建设、物资采购管理和信息化建设等工作的监督550余人次;参与各类评先创优、立功嘉奖等活动的监督等400余人次。

6. 自觉接受人大及社会各界监督

建立全省三级法院院长定向分级联络各地全国人大代表、省人大代表制度,加强联系沟通,共上门走访400余名代表600余人次。2010年浙江高院建立特约监督员制度,聘请15名民主党派和省人大代表、省政协委员担任特约监督员,拓展接受监督渠道。全省法院注重从人大代表、政协委员关心关注的问题入手,邀请人大代表、政协委员视察法院工作、旁听庭审、参与执行等,三年来共邀请视察3070人次。重视新闻媒体、社会舆论的监督,促进司法公正。深化院、庭领导与网民对话机制。齐奇院长、部分中级法院院长以及省高院10位庭长先后做客浙江在线等网站，与网民对话“八项司法”。三年来共组织“公众开放日”活动200余次，邀请社会公众8500余人次，社会效果较好。

（四）加强司法作风建设，织密党风廉政的“防护网”

根据人民群众的期待和法官职业特点，我院制定了“处事要严谨，讲话要亲和，办案要公正，为人要清廉”的浙江“法官职业四要”。浙江高院领导带头开门接访、带案深入基层下访，2010年，全省法院领导下基层调研1983人次，为企业和群众解决实际问题526个，制定帮扶措施174条，破解难题192个。其中，高院领导班子成员深入基层开展调研50余人次，为企业和群众解决实际问题12个，破解难题11个。深入开展审务督察工作，2010年全省法院共开展明察暗访935次，发现并纠正“门难进、脸难看、事难办、话难听”和庭审中存在的举止不端庄、语言不文明、着装不规范及民事执行活动中滥用执行强制措施、随意查扣当事人财产等问题400余个。省高院建立院、庭长实地暗访人民法庭制度，暗访检查90余个人民法庭，整改问题200余个。各级法院开展了对警车违规、违规收费及违规管理涉案款物、“小金库”等问题的专项检查活动230余次，解决问题31个。2011年全省法院所有警用车辆全部安装GPS监控系统，有效规范了警车管理。2011年，在齐奇院长的带领下，省高院机关所有共用车辆均安装了GPS，实行信息化的全程监控管理。强化效能监察，受理效能投诉347件，追究责任人30余人。认真落实机关厉行节约各项要求，大力整治奢侈浪费之风。全省严格控制出国（境）团组数量1个，减少出国（境）18人，实现了公款出国（境）经费支出的零增长。大力整治文风会风，严格控制发文、会议的数量和范围，严格控制会议经费和规模，2010年发文数比上年下降10%，实现会议数量、经费零增长。

（五）强化查办违纪违法案件，突出反腐倡廉的“高压线”

浙江高院党组对违纪违法行为坚持“零容忍”，从严治警不动摇、不懈怠，重视“抓早抓小”，对不廉不公行为做到严抓严管、不护短、不退缩。

最高法院“五个严禁”下发后，各级法院积极采取措施，狠抓落实，及时将“五个严禁”上墙、上网、上媒体，并通过媒体向社会公开24小时举报录音电话、举报电子邮箱等，随时接受社会各界的监督。严格落实“一月一报告”、“一月一通报”制度。浙江高院组织全省中级法院对各地落实“五个严禁”规定情况进行互查，互查结果全省书面通报，较好地促进了“五个严禁”规定的落实。同时，严肃查处违反“五个严禁”行为，做到发现一件，查处一件，始终保持查办案件的强劲势头，重点查办利用审判权和执行权索贿受贿、拖延办案、谋取私利等严重违法审判行为，特别是发生在领导干部中的以权谋私案件，力度逐年加大。2008

年1月至2011年12月,全省法院查处违纪违法案件85件89人,浙江高院主动查处违规违纪违法干警15人次,其中扣分、诫勉谈话并通报批评的8人次,如原审委会专职委员童志兴和原立案一庭副庭长潘华山先因违规受到扣分并被通报处理,后又因涉嫌犯罪被查处;原审监庭庭长因收受当事人大额礼品受到行政记大过处分,并被调离审判岗位、免去庭长和审委会委员职务。省高院主动查处和狠抓整改的工作得到最高法院、省委、省纪委主要领导的充分肯定。

在严肃查处违纪违法事件,彰示浙江高院对不公不廉行为坚决说不,实行“零容忍”的同时,坚持两月一次对机关作风和管理工作等情况进行明查暗访和通报。2008年以来,已检查通报27次,发现问题并提出整改意见17条。针对明查暗访发现的问题,制定了《关于进一步加强机关管理工作的意见》,对机关安全防范、规范统一着装及如何加大监督检查力度等方面进一步作了强调。

第二节 实践经验

严格执行"约法十章"确保司法权阳光运作

浙江省高级人民法院

长期以来,人情案、关系案广为社会诟病,并成为影响司法公正和公信力的重要因素。如何妥当处理人情关系,防止与抵御人情案、关系案,是全国各级法院面临的现实课题。2008年3月,浙江高院出台了《全省法院领导班子成员防止人情关系对司法工作不当影响的若干规定(试行)》(文中规定全省各级法院的中层以上领导参照执行),在全国率先建章立制、公开处理涉案反映中的人情关系问题,对抵制人情案、关系案进行了有益探索。该制度出台后,受到社会各界的广泛关注,《人民法院报》、《法制日报》等各大媒体先后予以报道,称之为"开前门、堵后门"、阳光运作的"约法十章"。

一、出台背景

浙江高院党组在对法院队伍廉洁司法面临的形势和难点、法院所处的社会环境、当前的社情民意等现实状况深入思考后认为,司法工作之所以会遇到这么多的人情关系,既与中国传统文化习惯有关,也与社会风气有关。中国自古就是一个"讲礼仪、重人情"的社会,人际关系的交往和疏通是人们实际生活的重要内容,"熟人多了好办事,多个朋友多条路"、"打官司就是打关系"等观念在人的思想深处可谓根深蒂固;同时,我国很多国民还具有浓厚的"清官情结",认为只有找了领导,而且领导的级别越高,官司才会赢。"人非草木,孰能无情?"因此,法院的领导干部往往处于律条与人情的漩涡之中,尴尬、无奈、纠结、迷惘是许多领导干部反映的实际问题。而在现实生活中,法院系统内部确实有个别害群之马利用手中的审判权、执行权,送顺水人情,办人情案、关系案,以权谋私,收受贿赂,加剧了普通民众"打官司就是打关系"的印象,这种"潜规则"的流行与弥漫,使大多数民众一旦涉及诉讼,就只相信人情关系、相信后门,不相信到法庭上摆证据、讲道理,盲目跟风,四处托人找关系。

同时也应当注意到,大多数托人情找关系的人要求维护的都是合法权益,并非都是蓄意谋取不正当利益、非法利益;大多数人是有权利要保护,有冤屈要申说,有正义要伸张。但由于传统文化影响、社会风气变化、诉求渠道不畅等原因,无奈之下,即使表达合法合理的请求也只得托人情找关系。

基于以上实际情况,浙江高院党组研究认为,人情关系是社会的正常现象,其本身并不可怕,可怕的是人情关系对司法工作的不当影响,是偏离公正的人情案、关系案。对于人情关系妥善的处理方法是既要坚持原则、依法办案,又要正视现实、对症下药;而不能遮遮掩掩、欲盖弥彰。为此,浙江高院决定对涉案反映中的人情关系打开前门、坦然面对,建立“阳光机制”,“阳光是最好的防腐剂”,让一切潜规则和暗箱操作在阳光之下无处遁形。

二、主要内容

(一)畅通诉求渠道“开前门”

一是对各种涉案反映人,告知其采用书面形式转达涉案请求;坚持要求面谈反映的,应通过正常的来访途径公开进行;属于有关主管部门或相关组织要求来访反映的,应按接待来访的规定在法院机关公开进行;对领导同志口头转达涉案反映,未批转书面材料的,应制作电话记录或工作记录,再转批交办;所有来信、来访、批件,均存入卷宗。二是对涉案反映材料,不得作出实体处理或者倾向性意见的批示。三是阅批涉案反映材料后需交办的,均不得直接交给承办人,应经分管院长、庭长、副庭长、审判长逐级转递;收到不属自己分管部门的材料需转交的,也应按照上述程序转递。

(二)防止暗箱操作“堵后门”

一是不得私下接触当事人、代理人、辩护人、涉案关系人;因情况不明或其他原因被动接触上述人员时,应告知其通过信访途径反映,不得对案件发表意见;对可能引起合理怀疑的,要及时向组织说明或主动回避。二是不得向承办人就个案私下打招呼,施加不正当影响。三是对分管部门审判组织的意见有不同看法,应说明理由建议审判组织复议或提请审判委员会讨论。四是参与审判组织讨论案件有法定回避情形的,应当主动回避;与案件当事人、代理人、辩护人、涉案关系人有其他关系,可能影响案件公正处理或导致他人合理怀疑的,也应主动说明自行回避。五是对亲属和身边工作人员应加强教育,严格要求,不准其为案件当事人、代理人、辩护人、涉案关系人打听案情、说情。六是干警发现领导班子成员违反上述规定的,应报告本院主要领导或上级法院纪检监察部门。七是违反上述规定的,视情予以批评、诫勉谈话、通报、扣分扣点直至纪律处分。

综上所述,“约法十章”是最高院“五个严禁”等规章制度的具体化。“开前门”、“堵后门”堵疏结合、刚柔并济,既是“禁止令”、“高压线”,又是“挡箭牌”、“护身符”。一方面,它告诉法院领导干部面对人情关系可以做什么,应该怎么做,为防止和抵御人情案、关系案提供了一个很好的挡箭牌,可以说是“道似无情却有情”。另一方面,它又告诉法院领导干部面对人情关系哪些不能做,做了有什么后果,时刻提醒着领导干部要注意安全,谨防触电,危害政治生命。从这个角度上讲,又是“看似有情却无情”。

三、实施成效

(一)领导率先垂范,防止人情关系不当影响已成为大部分干警的自觉行动

院长和领导班子成员是法院里的一面旗帜、一竿标尺,抵制人情案、关系案关键在法院领导班子成员。“其身正,不令而行;其身不正,虽令不从。”班子成员只有严格自律、廉洁公正、自身过硬、率先垂范,才能敢抓敢管敢查处,才能带头抵制人情案、关系案,成为各种诱惑干扰不可逾越的障碍,成为绝大多数正直法官的坚强靠山。“约法十章”出台后,全省各级法院叫响“全院干警向班子看齐,班子向班长看齐”的口号,班子成员带头遵守“约法十章”,做到管好自己,不滥用权力;管好身边人,避免被人利用;管好家人,防止“后院”起火。特别是对于干警推辞不了、解决不好、抵挡不住的人情关系,班子成员甘当“盾牌”,敢于“唱黑脸”、担责任,既为干警廉洁司法创造了宽松的环境,也为干警廉洁司法做出了表率。目前,浙江各级法院大部分干警已充分认识到“约法十章”的辩证关系,抵制人情案、关系案成为干警的自觉行动。

(二)民众普遍赞誉,关于人情案、关系案的投诉举报明显减少

根据“约法十章”的规定,双方当事人均可以向法院领导或者其他单位领导书面反映涉案情况,法院收到这些书面材料后予以登记并存入案卷备查。因此,双方当事人表达诉求的途径和渠道非常畅通,大大减少了暗箱操作的机会和空间,降低了当事人对法院公正性的怀疑,受到了社会各界的普遍赞誉和好评。另外,对于前来请托说情者一律提供书面材料,领导干部对于书面材料不但不能批示实体处理或倾向性意见,而且必须逐级转交给承办法官,法院干警在办案过程中受到的压力、干扰也明显较少。近两年来,全省法院关于人情案、关系案的投诉和举报明显降低,2008 年、2009 年分别同比减少 10%、15%,有的法院甚至出现了零投诉、零举报。

(三)严肃纪律动真格,制度的执行力得到切实保障

制度的生命力在于执行,否则就会成为摆设、装饰。为此,浙江各级法院严

肃纪律,加大查处的力度。比如浙江高院原民一庭庭长赵国勇在“约法十章”出台后,在一离婚案件的一、二审诉讼过程中,多次在茶楼等休闲场所私下与女当事人何某某约见,并被对方当事人录像,造成较为恶劣的影响。为此,浙江高院党组决定给予赵国勇行政记大过的处分决定,并报请省人大常委会依法免去了其庭长职务。浙江高院的这些决定得到了最高院和浙江省委主要领导的批示肯定,也得到了全院干警的一致认同。

推行情景案例教育　深化廉政风险防控

浙江省高级人民法院

近年来，浙江高院根据最高法院和省委的部署，围绕规范司法权力运行这条主线，积极探索、实践和深化廉政风险防控机制建设，促进干警公正、廉洁司法。2012年7月，浙江高院向全省法院每位干警发放的《柔性处理，艺术拒绝——法院干警拒礼、拒请、拒托提示手册》（以下简称《提示手册》），就是深化廉政风险防范管理的重要成果之一。《提示手册》发布后，得到最高法院、浙江省委领导的高度肯定。最高法院院长王胜俊批示："这个关于法官保持廉洁的'口袋本'，内容深入浅出，把反腐倡廉的重大原则体现在执法办案和待人接物的现实生活中，也是反腐倡廉工作的形式创新，相信通过不懈努力，广大法官一定能够不断提高反腐倡廉能力，一定能够坚守廉洁司法底线。"时任浙江省委书记赵洪祝批示："省法院编写的这本小册子，内容具体，生动直观，实在管用，是加强法院队伍反腐倡廉建设的创新之举。希望切实抓好有关学用工作，真正使这本小册子发挥大作用。"

一、背景与初衷：映照实践，及时预警

浙江法院推进廉政风险防控建设工作起步较早。早在2008年年初，嘉兴海宁、海盐等法院就率先试行了廉政风险防控机制；2009年上半年，浙江高院及时在海宁召开现场会，总结海宁、海盐等法院的经验与做法，并决定在嘉兴两级法院进行试点；在前期试点的基础上，2010年年底，出台了《关于实行廉洁司法风险防控机制的指导意见（试行）》，在全省法院全面部署开展廉政风险防控机制建设工作。截至2011年年底，浙江高院和全省12个中级法院（含宁波海事法院）、90个基层法院已全部完成风险点的排查、风险等级的评估和防控措施的制定工作，实现了风险排查、风险评估和风险防控"全覆盖"，初步形成了寓教育、监督、评估、预警于一体的岗位廉政风险防控长效机制。2012年，根据最高人民法院《关于全面推进人民法院廉政风险防控机制建设的指导意见》要求，在去年"全覆盖"的基础上做好深化和提高工作，着力推进廉政风险防控工作制度化、精细化、常态化，充分发挥其"预警器"和"气象台"的作用。

在推进廉政风险防控建设工作实践中，广大法官普遍反映，目前在办案中

的压力来源并不是案件本身,而是来自外部各种人情关系的干扰或干涉,特别是说情请托风气盛行,严重影响了法官正常办案。大部分法官碍于人情关系而违心迎合,艰难游走于法律和情面的边缘,有苦难言;而极少数法官在此风气影响下,职业道德滑坡,利用职权办理或者插手人情案、关系案、金钱案,使司法公信力大打折扣,法院队伍形象严重受损。"没有人是孤岛,与世隔绝。"法院不是隔音的空间,法官也不是生活在真空之中,身为社会人的法官身份多元,表现为同学、老乡、战友、领导,等等。法官在工作中难免会碰到这些"关系人"找上门就案件说情、打招呼,甚至"被"送礼请托等问题。面对各种说情、送礼,如果法官接受意味着天平将会倾斜、司法不再公正;冷冰冰、硬邦邦的简单拒绝又可能导致亲朋好友与法官断绝往来,影响和谐的人际关系。因此,法官往往处于律条与人情的漩涡之中,纠结、无奈、尴尬成为许多法官,特别是年轻法官反映的实际问题。

为回应广大法官的关切,充分发挥廉政风险防控机制的预警作用,我院纪检组监察室在广泛调研的基础上编写了《提示手册》。通过模拟法官在办案中可能碰到的众多送礼、请托场景,再现廉政风险,聚焦风险问题,促使干警澄清模糊认识,警惕廉政隐患,从而达到及时预警风险和从容应对的效果。

二、内容与特点:柔性处理,艺术拒绝

《提示手册》围绕司法工作的中心环节、重点岗位,以形象、生动的语言,精心模拟了 24 种法官在办案中可能遇到的送礼、请托场景,将抽象、枯燥的廉政风险转化为鲜活、灵动的案例场景;并在坚持遵章守纪、秉公办案的前提下,给出了不影响法官正常人际交往的柔性、艺术的处理建议,引导广大法官特别是年轻法官,善于回绝、抵制"人情、关系、金钱"的干扰和诱惑,筑牢廉政防线。《提示手册》还配以各种通俗易懂的反腐倡廉漫画作为补白,图文并茂,寓教于乐,使广大法官在"会心一笑"中潜移默化受到教育,有效防范廉政风险。

一是注重互动性,更加强调法官的主动参与和融入。在廉政风险防控机制建设工作中,我院开展了"写"情景案例、"评"情景案例活动,要求干警紧密结合工作岗位和实际,以所见所闻为素材,编写案例场景,并择优选用。通过"写"、"评"活动,模拟场景,再现风险,明晰选择,彰显了教育对象的主体地位,激发了法官参与教育的动力,从而使广大法官在参与中深思考,在讨论中获警示,在互动中汲启发,在编写中受教育,提升辨别风险、防范风险、抵御风险的能力。

二是坚持贴近性,更加符合法官的思想、工作和生活实际。《提示手册》选

取的案例场景全部来自广大法官实践，是法官在日常的办案工作和实际生活中可能碰到的问题，因此，更加符合法官的思想动态、工作实际和生活状况，可以让法官实实在在感受到廉政风险不再是虚幻和抽象的，有利于增强干警的感知度和认同度，提升教育的针对性和有效性，增强教育的感召力和影响力。

三是突出人性化，更加体现组织的关爱和提醒。在编写《提示手册》的过程中，强调的是以人为本，法官既要坚持原则、秉公办案，又不能因为简单的拒绝亲朋好友的说情而影响和谐的人际关系。为此，我们力争做到三个“坚持”：一是坚持维护司法公正性与彰显司法人性化相结合，二是坚持执纪严肃性与方法灵活性相结合，三是坚持艺术拒绝与柔性处置相结合。可以说，《提示手册》既是对干警的预警，也为干警提供了一种自我保护的方法，充分体现了组织的关爱。当然，我们编写《提示手册》的初衷是帮助广大法官在第一时间艺术性地拒礼、拒请、拒托，提醒和防范廉政风险，避免法官在人情关系的漩涡中迷失方向，失去准头。但这并不是说浙江高院党组对不廉不公行为也是柔性的、放纵的。以齐奇同志为班长的浙江高院党组对不廉不公行为历来是旗帜鲜明的，就是“零容忍”。如果我们的法官没有按照《提示手册》给出的处理建议或者其他合法的方式去拒绝人情关系，办理了“人情案、关系案、金钱案”，就要受到纪律或者法律的严惩。

三、几点思考

《提示手册》发布后，不仅得到最高法院、浙江省委领导的高度肯定，也深受全省法院广大干警的好评，不少干警誉之为拒腐防变“锦囊妙计”，不少法院还将《提示手册》发放给干警家属，扩大反腐倡廉的受众和家属助廉的效果；省外法院和其他单位也纷纷向我院索要《提示手册》，用于学习借鉴；此外，人民网、凤凰网、中国新闻网、新华网、《中国纪检监察报》、《人民法院报》、《法制日报》等各大媒体也进行了大篇幅报道或评论，社会反响强烈。《提示手册》在社会上能够引起如此大的反响，主要有以下几点原因：

一是从现实情况看，切中了当前反腐倡廉建设的重点和难点。我国自古是个“人情大国”，“恭行天理，执法原情”的观念在我国深入人心，司法传统历来强调“天理、国法、人情”三位一体。转型时期的中国虽然正在从人情社会向契约社会转变，但“人情”在国人的生活中仍然扮演着重要作用。“人情”本身并不是贬义词，也并不可怕，可怕的人情关系对司法工作的不当影响，可怕的是法官私底下办理人情案、关系案和金钱案，而这也正是为老百姓所诟病和讨伐的地方。应该说，我们都能意识到不当人情关系对司法工作的严重破坏影响，但如何处理确实是一个值得思考的难点问题。我们认为,“阳光是最好的防腐剂”,对于人情关系不能遮遮掩掩、讳疾忌医,而要实事求是、公开处理,以积极的态度抓住症结、直击要害。其实早在2008年,我院就在全国率先建章立制、公开处理涉案反映中的人情关系问题,在全国法院引起强烈反响,被媒体誉为“开前门、堵后门”、阳光运作的“约法十章”。而《提示手册》一定程度上是“约法十章”的延续,也是公开处理各种送礼、请托,公开处理人情关系,这正是社会大众和广大法官所关心的问题,所以才会引起巨大反响和共鸣。

二是从方法论层面看,是在硬规定和强监督之外加强反腐倡廉建设的有益探索。近年来,为加强法院反腐倡廉建设,最高法院出台了许多制度,不断强化对干警队伍的监督。在制度方面,先后制定了“五个严禁”、“任职回避”、“防止干扰办案”等。制度是刚性的,比如,“五个严禁”就是一个个硬杠杠、一根根高压线,只要干警碰杆、触线,就要调离审判岗位,受到纪律严惩。关于监督,则有廉政监察员的日常监督、司法巡查的对下监督、审务督察的不定时监督等形式,监督网络也非常健全、严密。但《提示手册》既不属于硬性的制度规定,也不属于强化监督的范围,而是在二者之外的没有制度和法律约束力的一个提示性、引导性文本。这个文本的作用就在于给法官一种指引、一种提醒,其中的处理建议并不是唯一答案,而是弹性的、开放性的,法官既可以按照其中的处理建议去做,也可以寻求其他更加科学、合理、人性而不违法的做法。这种以“形而下”的方式,从方法论层面探讨法官处理人情关系的方法、技巧,并把抽象的制度规则转化为鲜活案例的做法,使得形式上更加灵活、亲切,内容上更加生动、直观,促使广大法官自觉去学、主动去思,不断筑牢思想防线。

三是从效果层面看,有利于拓展法官视野,提高法官的守廉能力。如何拒绝说情送礼,从形式上看主要有两种方式,一是原则性的刚性拒绝,一是艺术性地柔性拒绝。我们认为,前者适用于大多数的送礼行贿情形,对于那些非熟识的送礼行贿人我们的法官当然要严词拒绝,不能有半点含糊;但如前述,对于熟识的亲朋好友的说情送礼如果一概冷冰冰拒绝,效果可能并不好。这就要求我们的法官在拒绝的方式上要柔性、要艺术,做到能够同时兼顾廉洁原则和人情关系。《提示手册》在坚守公正廉洁司法原则和底线的基础上,为广大法官提供了柔性的、艺术的、尽量不影响人际关系的处理建议,给广大法官提供了一种妥善处理人情关系的思路,这拓展了法官的视野和阅历的厚度,有利于法官在碰到具体问题时举一反三,触类旁通,灵活处理,从而提高守廉能力,做到健康工作、快乐成长。

四是从内容上看,加强了对法官业外活动的引导,促进了惩防体系建设。

当前，廉洁司法监督或者关注的焦点主要侧重于对法官办案过程和结果的监管上，而对于八小时之外法官的业外活动如何进行监督则涉之较少，成为实际上的“空白点”。但实际上，不少法官不廉不洁大都是从在业外活动中不注意一言一行开始的，比如吃吃饭、喝喝酒，拿点小礼品、礼卡，等等。因此，纪检监察部门如何将监督的触角延伸到法官日常工作的“八小时外”是一个亟待解决的现实问题。我们以编写《提示手册》为契机，通过开展岗位教育、查找风险点、模拟案例场景、制定防控措施等，使干警明确八小时外的廉政隐患以及应当如何防范，从而形成了人人主动参与风险防控和进行自我教育、自我提高、自我革新的工作格局，提高了干警的廉洁自律意识，实现了以案说法、以事警人、以情醒人的效果，初步建立了预防腐败工作长效机制，拓展了从源头上防治腐败工作新领域，形成共同参与反腐倡廉建设的良好局面。

拓展源头治腐　完善惩防体系

宁波市中级人民法院

宁波市两级法院在“坚决惩治腐败的同时,更加注重治本,更加注重预防,更加注重制度建设”的思想指导下,深入开展了以防范廉政风险为核心内容、以风险排查为重要手段、以制度建设为主要载体、以预防腐败为根本目的的廉政风险防控机制的探索与实践,取得了初步成效,进一步深化了廉政教育,进一步实现了定岗明责,进一步推进了制度建设,进一步拓展了源头治腐,进一步完善了惩防体系,进一步落实了党风廉政建设责任制。

一、推行廉洁司法风险防控机制建设的背景

2010 年 1 月,胡总书记在中央纪委五次全会上强调:“要进一步加强预防制度建设,推进廉政风险防控机制建设”。2011 年 1 月贺国强在中纪委六次全会上提出“全面推行廉政风险防控管理。”要求在全国范围内全面推开此项工作,意味着这项工作将作为反腐倡廉建设的一项长期性、常态性的工作持续深入开展下去。浙江高院 2011 年 2 月 11 日出台《关于推进廉洁司法防控机制建设的指导意见(试行)》(浙高法〔2011〕35 号),要求全省法院推行廉洁司法风险防控机制建设。

为提高预防、化解廉洁司法风险和防腐拒变的能力,全市两级 12 个法院积极开展廉洁司法风险防控机制建设工作,并取得初步成效。其中余姚法院从 2009 年起率先开展该项工作,2010 年 10 月 19 日宁波中院在余姚法院召开全市法院廉政风险防控机制建设推广会,对该院的先进经验、做法进行了介绍、推广。先行的理论研讨和试点探索,为面上推开提供了理论和实践支持,也为后续建设活动积聚了较强的认知和工作动能。鄞州法院也较早地开展了该项工作,成绩比较显著,被浙江高院作为推荐单位。2011 年年初其他法院均已按照省高院《关于推进廉洁司法风险防控机制建设的指导意见(试行)》的要求和宁波中院全市法院纪检监察工作的部署展开廉洁司法风险防控建设工作。目前,全市两级法院均已完成了风险点排查和风险等级评估两项工作,并制定了相关的规范性文件,两级法院共查找出风险点 1026 个,制定规范性文件 10 余份。大部分法院已针对查找出的风险点制定了相应的防控措施,正在着手构建风险

防控长效机制，并进行“回头看”活动。其中，宁波中院按《意见》的时间节点要求完成了风险点排查和风险等级评估两项工作，共查找出130个风险点，其中一级风险点13个、二级风险点84个、三级风险点33个。下步两级法院均将按实施方案要求有序开展制定防控措施、落实防控责任等工作。

二、宁波法院廉洁司法风险防控机制建设的主要做法

（一）广泛发动，努力营造良好工作氛围

一是积极部署任务。根据浙江高院下达的《意见》和省、市纪委的安排，在今年年初召开的全市法院纪检监察会议上，对全市法院全面推进廉洁司法风险防控机制工作进行了统一部署，要求把该项工作作为今年重要的抓手性工作。

二是精心组织领导。为加强廉洁司法风险防控机制建设组织领导工作，成立院廉洁司法风险（岗位廉政风险）防控工作领导小组，由院长任组长即第一责任人、纪检组组长（纪委书记）为主管责任人，领导小组下设办公室挂靠监察室，负责院廉洁司法风险防控机制建设的牵头、协调等日常工作。形成了“一把手”总负责，分管领导具体抓，庭室负责人亲自抓，上下联动，一级抓一级，一级对一级负责的责任网络。针对工作中出现的问题，领导小组及办公室多次召开会议研究，积极采取措施，确保了活动按要求扎实推进。

三是及时制定方案。各法院根据自身工作实际，制定下发了实施方案，对廉洁司法风险防控工作的指导思想、工作目标、实施范围、方法步骤作出了明确的规定。把廉洁司法风险防控机制建设作为全院一项重点工作整体筹划，稳步推进。

四是广泛宣传发动。通过召开院党组会、全院动员大会、专题座谈研讨会和外出参观学习等方式。如海曙法院组织干警观看《廉政风险防范机制工作纪实》录像，帮助干警增强廉洁司法风险防控意识，多层次、多角度地宣传推进廉洁司法风险防控机制建设工作的重要性、迫切性和科学性，统一思想，提高认识。北仑法院要求干警消除“搞阶段性运动、查个人问题和无风险可查”三个误区，明确责任与要求，增强广大干警参与廉洁司法风险防控机制建设的责任意识和主动意识。

（二）全面覆盖，深入排查潜在风险

一是梳理职权，明确职责。按照“事有专管之人、人有专司之责、时有限定之期”的要求，全面梳理岗位职能，明确岗位职责。通过定岗定责，厘清权力界限，全面明确所有岗位及全体人员的职责、权限。

二是层层把关，找准风险。采取自己找、群众提、相互查、领导点、组织评等

方法,由每位干警、每个部门认真进行风险自查,填写个人、部门《廉洁司法风险点自查表》(《廉政风险点自查和自我防控表》)坚持风险点排查层层把关,做到个人风险点由部门主要负责人把关,部门风险点由分管领导把关,单位风险点由院领导集体把关,全部风险最后统一由院领导小组把关,力求将风险点找准、找深、找全。

三是评估审查,确认风险。在个人、部门风险点自查和风险等级自评的基础上,由领导小组办公室对风险点进行梳理分类并结合其他渠道归纳整理。余姚法院结合群众举报投诉、干警社区征求意见、廉政监督员反馈意见以及法院系统查处的有关违纪违法案件等情况,对岗位廉政风险点进行确认,获取的信息形成风险信息库,并以发生机率和危害程度标准划分风险等级,经院领导小组审定后在内网公示,接受监督。

(三)建立机制,全面落实风险防控

一是制定实施办法。为使廉洁司法风险防控机制建设有章可循、有法可依,使风险防控工作制度化、经常化,各法院相继出台了专门的实施办法(意见)。北仑法院出台了《宁波市北仑区人民法院岗位廉政风险防范工作实施办法(试行)》;海曙法院出台了《岗位廉政风险防范管理工作实施办法》;余姚法院出台了《余姚市人民法院开展岗位廉政风险防范工作的实施意见》,对廉洁司法风险防控机制建设的工作体系、防控措施、风险的预警与处置及考核评估等内容进行了积极探索和明确规定。

二是建立配套制度。为了防止走过场,切实做好对风险的预防、预警和防控工作,各法院根据排查得到的信息,结合审判执行工作实际,对以前出台的各项制度展开梳理,进而在此基础上进行研讨完善,以构建廉洁司法风险防控的长效机制。慈溪法院先后制定和完善了绩效考评办法、中层干部接访制度、党员干部亮相承诺制度、推进阳光司法实施办法、诉讼文书集中直送制度、财产保全管理办法、审判案件报结规定、案卷归档管理办法、审判法庭使用规定、门禁系统管理办法、车辆管理和使用规定等十多个制度性规范,书记员考核管理办法、驾驶员文员考核管理办法也正在酝酿修订当中。

(四)强化监督,严格追究相关责任

一是求实效、强化考核。把廉洁司法风险防控机制建设考评纳入《岗位目标管理考核办法》、党风廉政建设责任制等检查考核内容,由院廉洁司法风险防控工作领导小组在各部门自查评估的基础上开展检查考评,分别通过查看资料、群众评议、重大案件回访、行风座谈、明查暗访等形式开展检查或抽查,对每位干警和各部门完成情况进行综合考评,考核结果与干部评先、评优、晋级和提拔使用挂钩起来。

二是重监控、落实责任。为及时了解、掌握、化解风险，各法院对风险实时监控、及时处理。如江北法院党组要求每季召开一级廉政风险节点动态分析会，及时掌控不同部门廉政风险点的动向；对已出现和可能出现的一级风险点进行分析和调研，形成决策和对策，并通过警示提醒、诫勉纠错、责令整改和组织处理等手段，对已存在风险苗头的个人进行告诫，防止可能出现或正在演化的腐败问题发生。严格落实防控责任制度，做到谁的责任谁落实，谁的问题追究谁。对经考核评估被确定为不满意和不合格的，由廉洁司法风险防控工作领导小组提出警告，并由相应的责任领导及时查找问题，分析原因，限时落实整改。对不认真履行“一岗双责”，导致分管部门或所在部门发生责任问题的，一律问责到位。

（五）勇于创新，积极探索工作规律

一是深入开展调研。为扎实推进廉洁司法风险防控机制建设，构建长效有效机制，宁波中院从去年年底起就将“廉洁司法风险防控长效机制”探索确定为重点课题，并进行了大量的筹备工作，突破传统的研究方法与框架，针对法院的工作特点，围绕该机制运行实践中存在的问题与不足，在破解实施廉洁司法风险防控管理的阻力障碍，确保风险识别的真实性客观性及风险防控措施的针对性和有效性等方面提出行之有效的建议和对策。

二是积极学习取经。2010 年 10 月 19 日，宁波中院在余姚召开全市法院廉政风险防控机制建设推广会，对余姚法院的先进经验、做法进行了介绍、推广。为进一步推进该项工作的开展，今年 5、6 月又根据省委、省政府相关实施意见要求，分别组织市中院监察员、廉政监察员和全法院监察室主任赴省高院的推荐单位——嘉兴中院和海宁法院参观学习，获取了不少有价值的经验材料。

三是认真总结回顾。2011 年 6 月 8 日，宁波中院召开全面推进廉洁司法风险防控机制的座谈会，余姚法院围绕“回头看”活动介绍了体会；鄞州法院、象山法院介绍了各自的做法；其他法院也作了交流发言。会上，宁波中院党组成员、纪检组组长对全市法院推进廉洁司法风险防控机制建设工作开展的情况进行了阶段性小结，就全市法院如何全面、深入推进廉洁司法风险防控机制提出要求：一是在认识上要进一步统一、提升。二是在建设上要进一步规范、完善。三是在举措上要进一步探索、创新。

四是充分发挥廉政监察员的作用。目前宁波中院廉政监察员已达 23 名，并于今年 6 月 30 日召开了廉政监察员座谈会，会上对廉政监察员如何更好地发挥特殊的职能作用提出工作要求，特别要求其配合好部门主要负责人开展好本部门的廉洁司法风险防控机制建设工作,使反腐倡廉各项工作任务落到实处。江北法院今年也对各部门的廉政监察员进行了调整和重新任命,并召开廉政监察员座谈会,讨论如何开展对本部门岗位廉政风险节点的教育、管理和监督。

五是建立“手册式”防范机制。为使廉洁司法风险防控机制实现“常态化”,余姚、北仑等法院建立“手册式”防范机制。如余姚法院将《余姚市人民法院开展岗位廉政风险防范工作的实施意见》、全院 20 个部门的《部门廉政风险点和防控承诺表》、42 名中层副职以上领导干部的《个人廉政风险点和自我防控承诺表》和《余姚市人民法院岗位廉政风险防范工作实施办法(试行)》汇编成一本《岗位廉政风险防范手册》,既使部门领导掌握了解本部门存在的廉政风险,有针对性地加强管理,又使每位干警无论变换到哪个岗位,都可以找到相应的廉政风险隐患和防范措施,真正达到“时时看、时时查、时时防”的目的。

三、两级法院廉洁司法风险防控机制建设取得的成效

(一)廉政意识进一步提高

查找风险点的过程是一个自我教育、自我警醒的过程,通过风险自查,使全体干警重新审视手中的权力,受到了一次实在而深刻的廉政教育,增强对廉政风险防范的重要性和必要性的认识,实现了干警从被动接受到主动防范的转变。

(二)反腐倡廉的工作合力进一步增强

通过开展岗位廉政风险防范工作,使纪检监察工作从以前的“一旁监督”转变到现在的“共同参与防范监督”,从过去纪检监察一个部门开展党风廉政和反腐倡廉建设,到现在全院所有人员参与,既强化了纪检监察与业务工作的关联性,也使党风廉政建设的基础更加坚实。

(三)以廉政促审判效应进一步凸显

岗位廉政风险管理,全面融入审判执行业务工作,贯穿于权力运行的全过程,切实解决了反腐倡廉建设与审判执行业务工作结合不紧密的现象,实现了廉政建设和审判执行工作的同步推进,切实发挥了廉政建设的保障作用。通过风险防控,促进了审判执行工作的标准化、程序化、信息化,使权力运行更加透明、工作职责更加清晰、工作流程更加规范、工作运转更加顺畅。

完善工作机制　促进廉洁司法

绍兴市中级人民法院

廉洁司法是实现司法公正的前提和基础，是法院工作的生命线。绍兴法院一直以来狠抓廉洁司法工作，始终围绕公正廉洁司法，加强廉洁教育，规范监督管理，创新工作机制，不断完善队伍建设。2008 年全省法院院长会议后，绍兴法院根据浙江高院的要求和部署，不断完善廉洁司法工作机制，进一步加强廉政教育和廉政文化建设，并严格执行最高法院"五个严禁"和浙江高院"约法十章"，从严治院，努力建设廉洁、公正、高效的人民法院。

一、狠抓廉洁教育，培养纯净的干部队伍

全市两级法院在坚持组织集体学习、督促个人自学等常规教育方式的同时，努力丰富教育载体，挖掘教育内涵，让干警喜闻乐见，从而提升廉洁司法的教育成效。近五年来，全市法院涌现出潘才刚等一批模范人物，有 262 个集体、729 名个人获得市级以上表彰或记功，其中 95 个集体分别获得全国政法系统先进基层党组织、全国法院涉诉信访工作先进集体等国家、省级表彰，112 名个人分别获得全国政法系统优秀党员干警、全国法院优秀办案标兵等国家、省级表彰。

（一）主题教育与专题教育相结合，提高干警拒腐防变能力

在创新廉洁司法教育载体的同时，全市法院坚持不懈地开展和加强日常教育工作，结合社会主义法治理论再学习再教育、"人民法官为人民"和"发扬传统、坚定信念、执法为民"主题教育实践等活动，将廉洁司法教育纳入干警整体教育培训计划组织实施，每周利用固定时间，组织干警学习胡锦涛总书记在庆祝中国共产党成立 90 周年大会上的重要讲话，学习中央、各级党委和纪委及上级法院有关廉政建设的文件规章，学习各自法院的规章制度，促使干警进一步明确廉洁司法的具体要求。以纪念建党 90 周年为契机，开展"四红"系列活动。越城区法院以"我理解的红色精神"为主题组织演讲比赛，接受革命传统教育。全市法院大力挖掘和宣传上虞法院法警大队原大队长潘才刚同志的先进事迹，组织全院干警观摩全省法院廉洁司法先进事迹报告会，举办潘才刚同志先进事迹宣讲会，发挥正面典型的示范引导作用，形成"比学赶超"先进的新氛围，以模

范人物感召和激励干警争先创优、克己奉公。继续利用内网和短信等平台定期登载《廉文共读》、发送廉政短信,时时提醒干警防微杜渐。在每年春节后的首个工作日或工作周统一开展“廉洁司法教育日(或周)活动”,不断探索完善法院廉政文化建设和廉洁司法教育长效机制。

为进一步强化廉洁自律意识,确保公正廉洁司法,绍兴中院、越城法院组织全院干警参观市警示教育基地,接受廉政感化。组织全市法院全体执行干警旁听冯培忠受贿案的庭审,参观由最高人民检察院部署开展的“惩治和预防渎职侵权犯罪展览”,学习《人民法院警示教育案例选编(第二辑)》。组织干警参加部门座谈、过组织生活、撰写体会文章等多种活动,查找自身在思想认识和工作言行中存在的不足和差距,明确今后努力的方向。为巩固教育成果,各法院又对集中警示教育进行“回头看”活动。

(二)宣传先进与反面警示相结合,营造风清气正的工作氛围

2011 年,绍兴法院在全省各市中率先提出并组织廉洁司法先进事迹巡回宣讲活动。为此,全市两级法院上下密切配合,检监察部门对先进人选纪认真考察,党组(党委)严格把关,宣讲稿经反复修改,宣讲人多次演练。在充分准备基础上,7 位廉洁司法先进人物或其事迹宣讲人先后到各法院巡回宣讲,共在全市范围内组织了 8 场共 1000 余人次参加,让身边的人讲身边的事,可亲可信,大大提升了廉洁司法教育的亲和力和鲜活性,既内树榜样、又外树形象,受到干警们普遍欢迎。组织潘才刚同志先进事迹巡回宣讲团报告会,全市法院干警无不为之动容,深受感化教育。2011 年 6 月 9 日,《人民法院报》以《辉煌蕴在平凡中》为题头版报道了上虞法院司法警察大队长潘才刚同志的优秀事迹。

根据省高院统一部署,全市法院在 2011 年下半年以反面人物为典型,集中开展了廉洁司法警示教育活动,引导全体干警从身边反面典型巨大的人生落差中,感悟尊严的无价、自由的可贵、家庭的责任和工作的快乐,从而切实增强廉洁司法的内心原动力,筑牢拒腐防变的思想堤坝。针对冯培忠受贿犯罪案发实际,绍兴中院开展警示教育先行一步,院党组研究制定了周密计划,并召开专题会议由“一把手”亲自动员。期间,全体干警以严肃的态度,认真学习有关文件规章,查摆问题、剖析原因,参加民主生活会开展批评与自我批评,明确整改目标和措施;两级法院全体执行干警旁听了冯培忠受贿案庭审,部分干警代表在专题座谈会上谈认识、谈教训、谈体会。整个教育活动安排紧凑、内容丰富、形式多样,使全体干警的内心受到了强烈震撼,收到了预期效果。

(三)日常教育与创新教育形式相结合,推进廉政文化日益繁荣

全市各法院积极抓好日常的廉政文化创建工作,利用廉政短信平台向每个

干警编发廉政短信，不断丰富内网廉政栏目内容，定期刊发《廉文共读》，节前寄送廉政贺卡。上虞法院组织开展“结贫思廉”活动，提升干警道德修养，时刻铭记廉洁要求。诸暨法院枫桥法庭积极创建诸暨市廉政文化进机关示范点。在抓好廉政文化创建的同时，各法院积极创新教育形式，丰富教育内容，以纪念建党90周年为契机，开展“四红”系列教育活动，接受革命传统教育。越城法院以“我理解的红色精神”为主题举办演讲比赛，不断提高干警的政治素质。

（四）改进司法作风与工作作风相结合，树立良好的司法形象

司法作风建设，关系到法院和法官的形象，关系到司法权威。法官的一言一行、一举一动，直接影响着人民群众对社会公平正义和司法权威的认同。现实生活中许多司法腐败问题的滋生蔓延，往往都是从司法作风不正开始的。廉洁司法教育始终坚持走群众路线，强化服务意识和规范意识，确保严格司法、文明办案，切实做到心系人民、服务群众，真心实意地为群众排忧解难，让群众真正体验到司法的人文关怀；坚持关口前移，以整顿思想作风、工作作风、庭审作风、学习作风、生活作风和工作纪律为内容，切实解决机关纪律、作风、效能等方面存在的突出问题，使司法作风、工作作风得到实实在在的改变。

二、完善制度建设，切实建立廉洁司法长效机制

为确保廉洁司法工作有序推进，各法院坚持把制度建设作为廉洁司法的重点环节，紧密联系实际，狠抓各项规章制度的完善和落实，从源头上堵塞漏洞，强化预防工作，廉洁司法长效机制建设和制度执行力不断得到加强。

（一）建立廉政风险防控机制

根据浙江高院、绍兴市纪委的要求，全市法院积极开展岗位廉政风险防控机制建设。在统一思想基础上，按照不同的岗位及职责，从主观和客观、共性和个性等多个方面，排查可能引发不廉洁职务行为的风险，相应地提出防控风险的对策措施，并根据风险的危害程度明确防控责任人。逐步形成以“风险排查、风险分类、风险评估、风险防控”为主要内容的廉政风险防控机制，并将风险防控与作风建设、制度建设和队伍建设相结合，着力形成以岗位为“点”、以程序为“线”、以制度为“面”的风险防控体系。目前，全市法院共梳理出风险点近千条，制定防控措施二百余条，岗位廉政风险防控机制建设取得阶段性成效。绍兴县法院还将岗位廉政风险防控机制的各项相关制度汇编成册，制作了《岗位廉政风险防控机制手册》，印发给每位干警。上虞法院建立了岗位风险防控“三色预警”体系。建立岗位廉政风险防控机制，既是发动干警参与廉洁司法制度建设的有益尝试，更是干警从中自我反省、自我教育的过程，收到了一举两得的

效果。

(二)继续推进惩防体系建设

建立《对外委托司法鉴定、评估、拍卖案件“五统一”工作制度》,进一步规范操作程序、明确具体要求。利用审判机关自身优势,全市法院统一建立了“行贿者黑名单”,以生效裁判文书为依据,在内网上公布近年来在受贿和商业受贿案件中的行贿者情况,并逐步更新,以提醒和警示干警谨慎履职、谨慎交友,加强自律和防范。绍兴中院从自身实际出发,制定实施了《关于本院审判执行人员办案实行地域回避的规定(试行)》,以防止干警陷于个人利益冲突,保护干警,维护公正。

(三)狠抓规章制度执行落实

全市法院加强规章制度的执行力建设,通过领导带队巡视、组织人员暗访等形式,对各项规章制度的执行落实情况进行经常性的检查督促,以维护规章制度的权威、确保规章制度的实效。中院纪检组、监察室通过逐一检查二个月所受理的1132件案件,就《关于本院审判执行人员办案实行地域回避的规定(试行)》的执行落实情况进行了专项督查,对发现的问题作出专题通报。越城法院建立“六个一”工作机制,努力把党风廉政建设和反腐败工作的各项制度落到实处。最高法院发布《关于对配偶子女从事律师职业的法院领导干部和审判执行岗位法官实行任职回避的规定(试行)》后,我市法院迅速行动,严格筛查,对按该《规定》须要任职回避的2名干警及时调整了工作岗位。

(四)完善党风廉政责任制落实

全市法院将落实党风廉政建设责任制作为一项常规性、基础性工作来抓,并与审判执行工作同研究、同部署、同落实、同考核。坚持党组(委)专题研究、分析、部署党风廉政建设和纪检监察工作,明确不同阶段的工作重点和要求,做到年初有部署、年中有检查、年末有考核。

一是党风廉政建设责任层层分解落实。坚持党组书记与其他班子成员、班子成员与分管的庭科室负责人层层签订廉政责任状。完善了“一把手”负总责、班子成员分工负责、部门负责人齐抓共管、纪检监察组织协调、干警支持参与的党风廉政建设责任格局。绍兴县、诸暨、嵊州法院每位干警都作出廉政承诺,形成一级抓一级,层层抓落实的全程监控网络。

二是切实加强领导班子建设。各法院“一把手”切实履行“第一责任人”的职责,班子成员在日常工作中重视廉政建设,严格执行领导干部廉洁自律规定,及时报告个人重大事项,在执行法规纪律上起表率作用。严格执行民主集中制原则和民主生活会制度。坚持重大事项、重要人事变动和大额度资金使用等经集体讨论决定。越城法院成立基建工作领导小组,大力加强基建工程中的廉政建设。诸暨法院专门成立了小额物品采购监督小组,杜绝暗箱操作。

三是支持并保障纪检工作开展。各法院把纪检监察工作摆上重要议事日程,全年研究部署工作均不少于2次。在案多人少矛盾突出的情况下,配齐配强、不断充实纪检监察队伍。经常听取纪检监察部门的专题汇报,及时提出工作要求。对廉洁司法坚持逢会必讲、逢节必讲。分管领导对分管部门经常上廉政教育课,并开展有针对性的谈心谈话,给干警勤敲警钟。嵊州法院针对队伍中发现的个别干警不廉洁苗头,及时作出严肃处理,依法免去2名中层副职的职务。新昌法院注重对纪检监察干部的严格管理,不断提高纪检监察干部的组织协调能力、查办案件能力和实施监督能力。

(五)强化监督检查力度

全市法院以对审判权、执行权的监督制约为重点,进一步探索符合司法工作特点和规律的有效途径与方法,不断完善内外结合、全程动态、惩防一体的工作格局,以推进司法廉洁,确保司法公正。

一是加强日常监督。主要包括监督干警个人重大事项报告制度执行情况;完善干警廉政档案;健全干警纪律作风档案;召开廉政监察员座谈会;加强司法巡查工作;对新上任中层干部进行任前廉政谈话;对拍卖、竞买行为进行程序监督,制定《对外委托司法鉴定、评估、拍卖案件"五统一"工作制度》,推进司法鉴定、评估、拍卖等工作公开、公正;监督干警个人工作作风、遵纪守法和工作绩效,对干警违反法律规定及职业操守的行为进行通报;开展《廉政准则》贯彻执行情况的专项检查,切实增强严格执行制度的自觉性和主动性;组织对违规收费及违规管理涉案款物专项检查"回头看"活动。

二是强化外部监督。利用公众开放日等载体邀请媒体、社会各界人士走进法院,推进阳光司法。拓展人民陪审员职能,提高人民陪审员参审率,以参与案件审判的方式加强对审判环节的监督。2011年,越城法院一审普通程序案件陪审率达到76.9%;上虞法院首次聘任了12名特约监督员,并出台了《特约监督员工作规则》。在接受人大、政协、人民群众、新闻媒体监督的同时,邀请各界代表参加案件旁听、寄送征求意见函、开设24小时投诉举报电话等一系列举措加强外部监督。建立院领导联系人大代表制度,采取上门走访、邀请座谈、寄送资料等形式,广泛征求意见建议,自觉接受监督。通过寄送资料、上门走访、邀请座谈等方式加强与特邀执法监督员的联系沟通,2011年还组织特邀执法监督员到丽水中级法院考察学习。同年,上海二中院来我院考察,就新形势下如何发挥特邀执法监督员在提升司法公信力上的工作优势等问题进行了深入的交流讨论。

同时,加强对信访反映问题的重视。对信访中反映的问题,全市各法院领导和职能部门及时调查了解相关情况,反映失实的还干警以清白,对确实存在问题的,对根据不同性质依规依纪作出相应处理。上虞法院坚持每月 15 日的院领导接访日和中层干部信访轮值制度。新昌法院建立信访投诉分析制度,明确信访投诉集中的部位、环节和人员,进一步凸显监督的重点。

坚持"五个注重"　推进廉洁司法

衢州市中级人民法院

衢州市中级人民法院坚持从严治院、从严治警的方针，始终注重从制度、班子、教育、监督、查处等方面入手，全面加强反腐倡廉建设，公正廉洁司法水平进一步提升，司法公信力进一步增强，人民法院和法官队伍形象进一步好转，法院各项工作全面发展。

一、注重班子自身建设，以模范的廉政行为带动人

领导班子在反腐倡廉建设中始终起着带领、引导和推动作用，我院领导班子对此认识到位，思想重视，率先垂范。一是严格落实党风廉政建设责任制。始终把贯彻落实党风廉政建设责任制作为反腐倡廉工作的重点来抓，列入党组工作重要议事日程，做到部署工作不忘廉政带路，分析工作不忘廉政措施，检查工作不忘廉政落实。每年年初，通过层层签订廉政责任书，形成层层落实、人人有责、齐抓共管的廉政责任体系。二是严格落实民主集中制原则。党组对贯彻党的路线方针政策、重要工作、重大事项、人事任免、大额经费支出以及审委会讨论案件等均坚持集体研究、集体讨论，按照少数服从多数的原则，实行科学决策、民主决策。三是严格执行领导干部廉洁从政的各项规定。认真执行《全省法院领导班子成员防止人情关系对司法工作不当影响的若干规定》，坚持"开前门，堵后门"，自觉抵制人情案、关系案。严格执行领导干部个人重大事项报告、个人收入申报、述职述廉等制度，在廉洁从政方面当表率、做模范。

二、注重制度机制建设，以完善的廉政制度管理人

坚持把制度建设贯穿于反腐倡廉建设始终，逐步形成了按制度用权、以制度办事、靠制度管人的廉政制度体系。一是不断完善廉洁司法制度。全面加强惩治和预防腐败体系建设，出台《关于建立健全惩治和预防腐败体系 2008 - 2012 年工作实施意见》，将惩防体系建设各项任务细化分解，反腐倡廉建设步入有计划、按步骤顺利推进的轨道。在严格执行上级部门一系列廉政规章制度的同时，针对我院廉政建设薄弱环节和容易发生违法违纪事件的岗位，制定出台了《关于进一步加强审判执行工作监督管理的若干规定》、《关于规范法官和律

师相互关系的若干规定》、《关于严格约束法官业外活动的若干规定》、《关于大标的案件廉政监督管理实施意见》等一系列文件，进一步加强对重点人员、重点岗位、重点案件的监督制约，从预防和监督等方面建立起了一套完整的审判监督管理体系，最大限度挤压违规操作空间。二是不断健全廉政风险防控机制。围绕“权、钱、人、物”等重点环节和关键岗位，从“查、防、控”三方面入手，采取自己找、群众评、同事帮、领导点、组织审等方式，认真查出存在或潜在的廉政风险点 352 个，并有针对性地制定岗位廉政风险防控措施，逐步建立起以岗位为点、以个案为线、以制度为面，环环相扣的岗位廉政风险防控模式。三是狠抓廉政制度的落实。开展“制度落实年”活动，在各部门对执行规章制度情况进行自查、自纠的基础上，对制度落实方面存在的问题进行不定期明查暗访，并督促整改。落实四个“100%”，即凡举报投诉的 100% 受理，有明显线索的 100% 核查，署名举报的 100% 答复，凡来信来访涉及的干警，纪检监察部门 100% 谈话。2009 年以来，中院监察室共受理并核查举报投诉来信来访 165 件次，全市法院党政纪处分 5 人、提醒诫勉谈话 8 人，进一步严肃了纪律，纯洁了队伍。

三、注重创新教育载体，以严格的廉政教育培育人

始终把廉政教育作为一项重要的任务常抓不懈，不断创新教育载体，努力筑牢拒腐防变的思想道德防线。一是坚持专题教育与经常性教育相结合。先后组织开展集中教育整顿、深化作风建设年等专题廉政教育活动，并结合人民法官为人民、“发扬传统、坚定信念、执法为民”等主题教育实践活动，教育引导干警牢固树立公正、廉洁、为民的司法核心价值观。同时，加强经常性廉政教育，坚持对新录用人员、初任法官进行廉洁教育，坚持轮岗交流、晋职晋级等关键阶段以及节日期间等特殊时段的警示提醒教育。2011 年底，基层法院换届的院长人选到位后，院党组专门组织了新任、留任、转任的基层法院院长集体廉政谈话。坚持逢会必讲廉政建设要求，坚持每周向干警发送廉政短信，不断提高干警廉洁自律的自觉性。二是坚持正面引导和反面教育相结合。在深入开展学习陈燕萍、詹红荔等先进事迹的同时，更加注意发掘和树立我们自己的先进典型，用身边的人物和事例，激励队伍。2011 年 6 月，衢州市委和浙江高院联合召开“吴超英同志先进事迹表彰暨学习活动动员大会”，在全市法院掀起学先进、比先进、赶先进、争先进的热潮。经常性开展警示教育活动，通过通报违法案例、观看警示影片、聆听廉政讲座、参观廉政展览等多种形式，为干警时刻敲响廉政警钟。三是坚持廉政教育与廉政文化建设相结合。建立院史室、图书室、活动室等文化设施，搭建法官论坛、青年沙龙、网上论坛等活动平台，坚持每

年向干警推荐一至两本经典著作，举办读书思廉演讲，撰写廉政心得体会，向干警征集廉政箴言，举办篮球、乒乓球、羽毛球等体育比赛，营造浓厚的廉政文化氛围，培育干警清正廉洁、健康向上的职业情操。

四、注重加强内外监督，以健全的监督网络规范人

不断强化内部监督，拓展外部监督，注重监督效果，确保司法公开、公正、高效运行。一是立足法院实际，突出监督重点。坚持司法作风明查暗访，重点对干警庭审中遵守司法礼仪以及工作中遵守纪律情况进行督查，及时发现问题并通报整改。从各部门挑选政治素质好、原则性强的同志担任兼职廉政监督员，重点对本部门干警的廉政情况进行监督。加强对基层法院的监督指导，出台《基层法院年度工作考核办法》，建立基层法院年度工作考核机制。开展对龙游法院的司法巡查工作，全方位巡查领导班子建设和法院各项工作情况，对发现的问题及时提出整改建议。二是拓展外部渠道，构建监督网络。自觉接受人大政协监督，主动向人大报告重大事项和重点工作，建立与市政协民主监督小组联系制度，构建法院院长定向分级联络人大代表工作机制，坚持通过上门走访、召开座谈会、发送《代表委员情况通报》等方式，认真听取代表委员对法院工作的意见和建议。认真落实省人大常委会《关于加强检察机关法律监督工作的决定》，支持和配合检察机关履行法律监督职能。积极拓宽社会监督渠道，充分发挥廉政执法监督员和人民陪审员的监督功能。不断推进阳光司法，通过举办公众开放日、邀请旁听庭审、裁判文书上网等方式，广泛接受社会各界对法院工作的监督。

五、注重坚持从优待警，以热情的关怀支持激励人

坚持从严治院与从优待警相结合，积极采取有力措施，在工作和生活上支持关心干警，努力营造有利于干警全身心投入工作的环境和氛围。一是工作上支持干警。积极为干警创造学习培训、提高自身水平的条件和机会，出台《关于进一步加强青年干警培养的工作意见》，从强化培养责任、加强技能锻炼、搭建交流平台、完善激励机制等方面，促进青年干警健康成长。鼓励符合条件的干警报考硕士和博士研究生，凡获得毕业证书或学位证书的，按规定给予报销学费。建立调研考核奖励机制，对获奖或发表的调研文章给予一定的物质奖励，2011 年有 43 篇文章在国家和省级刊物发表，有 14 篇文章在省级以上获奖，数量和质量均有明显提升。实行青年干警导师培养机制，探索建立青年干警旁听审委会、定期下派基层锻炼制度，提升青年干警司法实践能力。及时对先进集体和个人进行总结表彰,对工作业绩突出、群众认可度高的干警优先提拔任用,激发广大干警的干事创业热情。二是生活上关心干警。加强办公、审判场所的安全防范工作,切实保障干警的人身和财产安全。落实年休假制度,为干警定期体检,建立健康档案,保障干警身心健康。通过为每位干警发放生日蛋糕券,改善食堂用餐条件,坚持每年举办春节晚会,使干警感受“家”的温暖,队伍的凝聚力、战斗力进一步增强,公正廉洁司法水平进一步提高。

全面推行阳光司法　强化廉政风险防控

余姚市人民法院

阳光是最好的防腐剂。近年来,余姚市人民法院以全面实施阳光司法为切入点,积极建构开放、透明、便民、信息化的阳光司法工作机制,实行阳光管理、阳光执法、阳光服务,做到"司法权力运行到哪里,廉政风险防控到哪里",让不廉不洁行为无处藏身,从源头上预防和治理腐败问题,最大限度地遏制和减少不廉洁行为及违法违纪现象的发生。2008 年以来,浙江省余姚市人民法院受理和办结的案件年均超万件,2011 年受理 13476 件,办结 13412 件,在案件急剧上升的形势下,全院干警持续保持了自 2000 年以来的违法违纪"零"记录的良好势头。2010 年,余姚法院实施的岗位廉政风险防控的做法,得到了宁波中院的肯定,并在全市法院岗位廉政风险防范工作推广会上作了经验介绍,并于 2011 年 12 月被浙江高院荣记集体二等功。

一、建立"一个机制",为廉政风险防控提供制度保障

近年来,余姚法院一直力推阳光司法,并陆续推出了立案公开、庭审公开、审务公开、执行公开、文书公开等举措,让司法权力的运行最大限度地得以公开,让社会公众最大限度地接近司法,了解司法,信赖司法,让廉政风险防控最大限度地得以保障。在总结经验的基础上,该院推出的《余姚市人民法院实施阳光司法工作方案》(以下简称工作方案),提供了以下几项保障:一是思想保障。确立阳光司法工作机制的一个指导思想,就是为了实现司法公正与司法廉洁,树立司法公信力与司法权威,保障公众的知情权、参与权、表达权和监督权,减少甚至消除司法神秘主义。二是组织保障。确立组织领导与组织机构,是开展阳光司法的基础和保障。为此,该院设立了以党组书记、院长为组长,党组副书记、副院长为副组长,其他党组成员、专职委员为成员的阳光司法工作领导小组,领导小组下设办公室,日常办事机构设在审管办,各部门负责人为办公室成员。阳光司法工作领导小组的主要工作任务是讨论决定有关阳光司法实施制度规范,协调解决阳光司法工作开展过程中的问题与困难,审核决定考评结果等重大事项。三是科技保障。信息化的阳光司法工作机制需要大量的物质资源和科技力量的投入,为立案大厅、法院网站、其他信息公开平台、审判法庭安

全检查设备、庭审录音录像、直播设备等方面提供科技保障。四是力量保障。阳光司法涉及面较广,牵涉部门较多,司法权力又较分散,与司法权相对应的工作职责又比较多,为此,该院将实施阳光司法工作的责任分解到每一个部门、每一个司法岗位,以岗定责再定人,从而保障了实施阳光司法的参与力量。

二、抓住“两个关键”,为廉政风险防控明确工作重点

在阳光司法具体实施过程中,牢牢抓住“职权”与“职责”两个关键环节,突出了廉政风险防控的工作重点。

一是清理职权,规范权力。余姚法院牢固树立“有权力的岗位就有廉政风险”的理念,对全院各内设机构的司法职权进行清理,整理出立案工作岗位的立案审查权、立案调解权、缓减诉讼费报批权、案件分流权、告知权、诉讼引导权等权项,审判工作岗位的审理权、调解权、裁决权、讨论权、评议权等权项,执行工作岗位的执行权、听证权、实施权、裁决权、执行标的物保管权、评估、拍卖、变卖选择权等权项,司法行政事务岗位的人事管理权、财物管理权、重大事项决策权等权项。为规范各项权力的运行,近年来,余姚法院相继制定并实施了《余姚市人民法院关于立案调解的若干规定》、《余姚市人民法院审判委员会工作规则》、《余姚市人民法院法官联席会议若干规定(试行)》等制度,用制度管权、管人、管事,让权力在阳光下运行,减少人为主观因素对工作的影响,保障了各项职权的规范运行。

二是梳理职责,规范程序。与职权相对应的是职责,围绕职权,赋予更多的则是工作职责。对工作职责是否按程序操作,是否按规定履行,是否尽到了责任,是否存在不作为或乱作为,则是廉政风险防控的工作重点。通过阳光司法工作机制,将所有与职权相对应的工作职责纳入可以公开的范畴。立案公开:建设规范化、标准化的立案窗口,建成了集诉讼引导、立案审查、立案调解、诉讼风险告知、发放廉政监督卡、救助服务、查询咨询、收退费用、判后答疑、信访接待等功能于一体的“一站式”立案接待大厅,完成案件信息系统网上查询系统,开设“在线诉讼服务平台”,实行网上立案、案件查询、材料转收、文书送达、联系法官等在线诉讼服务;庭审公开:安装了24个数字法庭系统,对案件庭审实行全程录音录像,并刻录成光盘存档,对庭审旁听实行依法公开,建立公众开放日制度,实行诉讼档案公开查询制度;执行公开:实行执行立案信息、执行听证信息公开制度,执行重大事项向当事人履行告知制度;文书公开、审务公开:生效裁判文书、审判工作流程、管理制度、审判业务部门审判职能、非涉密审判工作情况、重要规范性文件、审判指导意见、重要研究成果等信息均予以网上公开。

通过最大限度地公开各项审判流程、工作职责，进一步地规范了司法行为，促进了司法公正，推进了司法民主，保障了司法廉洁。

三、强化“三个监督”，为廉政风险防控求取工作实效

在司法权力运行过程中，始终坚持将权力公开与权力监督结合起来，通过强化外部监督、制度监督、检查监督，来加强对权力运行的有效监督和制约，从而为廉政风险防控求取工作实效。自2000年以来，余姚法院实现了连续12年违法违纪“零”记录。

一是强化外部监督。实行“一案一卡”制度，在案件受理时向每一个当事人发送廉政监督卡，接受当事人对个案的廉政监督；在法院网上公开举报电话、设立院长信箱，接受社会公众的监督；建立“公众开放日”制度，让外来务工人员、妇联代表、学生代表、中小企业代表、当地驻军代表、媒体记者、机关干部等不同身份的人走进法院，了解法院，监督法院，增强了司法工作的透明度，2011年共组织安排了12次公众开放日，2012年已安排了8次公众开放日；制定院领导定向联系乡镇（街道）制度，实现全市23个乡镇（街道）全覆盖，规定每位院领导对每个联系乡镇（街道），每月主动联络不少于1次，每季度走访不少于1次，主动通报法院工作，争取地方党委政府对法院工作的支持理解，同时听取基层组织和社会各界对法院的意见建议，切实加以改进；对于社会影响大、具有重大典型意义的案件，适时邀请人大代表政协委员旁听，旁听结束后召开座谈会，认真听取代表委员们对庭审活动的意见和建议，解惑释疑；建立特约监督员工作联系制度，聘请部分人大代表、政协委员担任特约监督员，对法院工作进行实时监督；出台《阳光执行十二要》，通过上墙、资料发送等渠道向当事人和社会公布，同时鼓励申请人参与执行活动，特别是通过申请人参与集中执行、凌晨早起执行、夜晚执行等方式见证案件执行过程，提高执行工作的透明度；实行公开曝光、公开悬赏制度，对执行四个月仍未执毕案件，向社会公开老赖名单，接受社会监督；开通“局长热线”，实施每周一次“局长接待日”，对当事人的信访进行接访并处理。通过多途径多层次的外部监督，进一步增强了对权力运行监督的有效性。

二是强化制度监督。近年来，余姚法院进行了较为系统的制度建设，充分发挥了制度规范和约束的功能，对廉政风险防范起到了积极的作用。一是制定《余姚市人民法院岗位廉政风险防范工作实施办法（试行）》，对岗位廉政风险防范工作的总体要求、对象范围、工作安排和工作要求分别作出明确规定。二是完善司法绩效考核制度，制定和完善《余姚市人民法院个体及部门司法绩效考核奖惩办法(试行)》和《余姚市人民法院法官及其他工作人员职业道德考核评价办法(试行)》,对审判法官、执行员、业务部门负责人、综合部门负责人、司法辅助人员、司法综合人员等的工作实绩、司法能力、职业道德、外部评价等方面进行考评。已有多人次在绩效考核和法官职业道德方面因存在欠缺而被扣分。三是完善审判权运行规则。根据审判实际修改并完善了《余姚市人民法院审判委员会工作规则》,充实了审委会审议事项等内容,加强了对审判权力的制约;同时制定了《余姚市人民法院法官联席会议若干规定(试行)》,努力解决审判实践中遇到的疑难问题,统一司法尺度,提高办案质量,确保司法公正,提高法官业务素质。四是进一步健全司法行政事务管理制度。制定《余姚市人民法院文印工作管理办法(试行)》、《余姚市人民法院公文管理规定(试行)》、《余姚市人民法院财务管理规定》、《余姚市人民法院司法警察大队突发事件应急处置实施细则》等规定,规范了司法行政事务管理。五是落实了岗位廉政风险防控预警制度。确定了审判流程管理、案件质量督查、群众举报投诉、廉政监督卡反馈、廉政回访、日常巡查、特约监督、廉政监察、街道社区征求意见书等 9 条廉政风险信息采集渠道。列举出 17 种需要预警的情形,明确了红、黄、蓝三色预警警报方式。该院自开展这项工作以来,已经对 2 名法官进行了预警,有效预防了违纪违法行为的发生。自 2010 年以来该院干警拒贿却礼在监察室登记的约 34 人次,财物折合人民币 5 万余元。

三是强化检查监督。检验阳光司法工作机制是否合理,执行是否到位,效果是否突出,司法权力是否得到有效监督,廉政风险是否得以有效防范等后期效应,除了外部监督、制度约束外,还需要通过检查总结、考核评估来进行评判和监督。一是制定阳光司法实施标准考核计分办法,对阳光司法实施过程中的 35 项工作职责、工作机制作出了 1 至 5 分的计分标准,使权与职、职与责相对应。二是建立法官及其他工作人员职业道德考核办法,对职权运行过程中尚不构成违法违纪行为,但对法院工作有一定影响的瑕疵行为进行扣分处理。三是建立个人和部门绩效考核办法,对所有法院工作人员的德、能、勤、绩、廉纳入考核范畴,包括按阳光司法实施标准考核计分办法扣取的分数,按职业道德考核办法扣取的分数,兑换成相应的绩效分进行考核。绩效考核将与个人的经济利益、政治待遇、福利待遇等进行挂钩,从而极大地激发了全院干警为争先创优和实现公正司法、廉洁司法的工作积极性,实现廉政风险防控最终目的。

实行记分处理　强化风险管理

海宁市人民法院

一、出台背景

廉政风险防范机制的根本任务在于将以往以教育引导为主的源头防腐工作提升到采取具体防控措施的层面，核心特点是牢牢抓住风险行为的"查、防、控"三个环节，切实有效地前移反腐倡廉的工作阵地。2008 年开始，海宁市人民法院从查找审判廉政风险点入手，制定了《禁止与当事人"三同"办案的规定》、《日常办公管理规定》等一系列的防范制度，并与之配套实行了廉政风险行为自查、不定期专项检查、工作业绩评估考核等多项防控措施。但通过上述"查、防、控"三个环节，在实际运行过程中，仍发现了一些不足与管理漏洞。主要表现在：

一是审判质量瑕疵率未明显下降。从近年每月的案件质量、法律文书评查以及数据录入情况考察，办案程序瑕疵、手续材料不齐备、数据录入不准确、不及时、不完整等现象未发生质的改观，同样的问题经指出后仍反复再现，甚至集中发生在某个庭室、某个法官身上。

二是投诉举报数量未明显减少。2007 年至 2009 年，法院纪检监察部门接到的反映审执人员工作作风、审判质效等问题的投诉举报每年均在 10 件左右，虽然相关制度对司法礼仪、审判作风等作出了明确要求，但半落实、假落实的情况仍然不少，当事人投诉数量并未减少。

三是对许多中间行为难以处理。调研发现，绝大部分案件差错、瑕疵以及当事人投诉的原因是工作不够到位、工作粗心懒散、送达告知不及时以及工作态度不好等，并不影响案件的实体处理，也未造成什么后果。即上述行为绝大多数是介于规范与违法违纪之间。如果按违纪从严处理，则对干警不公平；但仅批评教育从宽处理，既不能有效对干警起警示作用，且极易引发当事人不满。

基于以上三方面综合考虑，为了对那些明显有失规范又不构成违法违纪的行为给予必要的惩戒和警示，把廉政风险行为防范工作提升到具体可操作的层面，海宁法院以廉政风险行为信息库为基础出台了《审判廉政风险行为记分处理办法》（以下简称《记分办法》）。

二、基本内容及做法

《记分办法》以前期风险行为查找和制定的防控措施为基础，逐一确定每个风险行为的记分值，并规定以记分情况给予行为人相应的惩戒。具体做法是：

一是在适用范围上做到全面涵盖与突出重点相结合。2008 年，海宁法院结合审判工作特点，对照岗位职责、工作制度，对可能发生的廉政风险行为进行了全面排查，共查找出审判廉政风险点 131 个。依据不同的工作岗位，建立了领导岗位风险库、审判岗位风险库、执行岗位风险库等六个子库，并汇总成廉政风险信息总库。该信息库涵盖了法院每个岗位以及各个工作环节的风险行为。《记分办法》将上述风险行为全部纳入适用范围，做到防控风险全覆盖。同时，牢牢抓住领导岗位、中层岗位、重要岗位"三个层次"，突出记分处理的重点。把领导岗位的不正当干预案件审理、中层岗位的违规签发裁判文书、重点岗位的评估拍卖程序不规范等几类风险行为，确定为最高等级风险，规定了最高的记分值。

二是在记分方式上做到风险等级与影响后果相结合。依据廉政风险行为的共性特点与个性差异，并结合具体风险行为的性质，海宁法院将上述 131 个风险行为进行了系统的风险等级划分，把其中的 31 个风险行为确定为一级风险，75 个风险行为确定为二级风险，25 个风险行为确定为三级风险。以风险等级为基准，根据行为造成的后果或影响分别规定了 1 至 3 分不等的记分值，同一行为同时符合数个记分规定的，择重处理。如采取财产保全、证据保全措施不当等风险行为属于一级风险，直接记 3 分；运用不当手段进行调解等风险行为属于二级风险，以记 2 分为基数，造成后果或影响的，记 3 分；办案拖拉、言行不当等风险行为属于三级风险，以记 1 分为基数，造成不良影响的，记 2 分或 3 分。

三是在惩戒措施上做到记分分值与岗位职责相结合。根据"一岗双职"要求，在确定惩戒方式上对院领导、部门领导提出了更高的要求，以督促管理职责的切实履行，形成风险防控合力。《记分办法》规定，一般干警发生风险行为被记 1 分的，由所在部门领导警示谈话，并在所在部门内通报批评；年内累计记 2 分的，由院纪检监察部门警示谈话，并责令作出书面检查；年内累计记 3 分不满 6 分的，由院党组警示谈话，给予全院通报批评，并取消个人当年评先、评优、立功资格；年内累计记 6 分以上，或者被记分累计 4 次以上的，年度考核确定为不称职，并作试岗处理。院领导、中层领导本人发生风险行为被记分的，只要达到一般干警记分值或记分次数的 50%，即给予相应的惩戒。所在庭室工作人员全年累计记分6分以上或者记分人数超过3人的，取消该庭室及其负责人当年评先、评优、立功资格。同时规定，部门负责人对一般干警、分管领导对部门负责人、院长对分管领导发生的廉政风险行为还需依层级承担相应的责任。

四是在具体实施上做到严格查处与申辩保护相结合。《记分办法》规定院相关职能部门的案件质量评查报告、司法统计报表分析材料等相关信息应定期送交纪检监察部门，纪检监察部门要从信访、投诉、举报、电子监控等多个渠道梳理、查找相关廉政风险信息，严格开展调查。经查实，如干警的行为已经超越风险行为范围构成违法违纪的，按有关规定予以纪律处分或追究相关责任；如其行为明显有失规范但尚不足以纪律处分的，则按记分处理。干警可在接到记分处理通知之日起3日内提出异议，由纪检部门进行复核，并向干警作出说明，确保对干警的处理客观公正、不纵不枉。

三、初步成效

自该制度实施以来，海宁法院有2人次被记分处理（一案件的承办人和书记员迟延对被告送达财产保全裁定，遭被告投诉，经查属实，分别被记3分和1分），有1件因拖延办案正在核查过程中。从一年多来的实施情况看，全院干警的风险防范意思、自觉执行制度的观念发生了较大转变，对不规范行为的惩戒警示作用明显提高，既促进了法院党风廉政建设工作的自身发展，又有力地促进了审判工作。

一是法院党风廉政建设工作格局进一步优化。从廉政风险行为的查找、防控，到记分处理制度的建立和实施，廉政风险防范机制形成了“查、防、控、惩”环环相扣的完整体系。可以说，是在反腐惩防的整个结构系统中，又在源头领域建立了一个相对独立的惩防体系，有效拓展了防腐工作领域。记分处理制度可以最大限度地涵盖各类不规范司法行为，比较好的解决了长期以来对有些不规范行为处理无据可循或者处理畸重畸轻的困扰，并找准了预防廉政风险行为发展为腐败行为、违纪违法行为的有力抓手，为法院党风廉政建设开辟了新的工作着力点。

二是审判质量和效率进一步提高。2008年至2010年，海宁法院受理案件数分别为8719件、10722件和14533件，平均每年递增30%，在办案法官基本保持不变的情况下，审判质量与效率稳步提高。2010年，该院有6项审判质效数据在全省法院排名第一，10项数据排名前十。2011年1至6月，一审民事息诉率达到98.57%，同期结案率91.91%、法官人均结案数94.63件，同比分别增长7.28%和14.50件，月均存案工作量、平均审理天数、民事调解率等指标在全省法院保持第一。在案件质量评查上,瑕疵率也明显下降。2010 年和 2011 年 1 月至 6 月,案件质量瑕疵率分别下降至 0.63% 和 0.45% 。

三是队伍素质和形象进一步提升。将不规范行为的纳入惩戒管理,无疑是对干警的行为提出了更高的要求,有利于干警时刻保持危机感、紧迫感,时刻审视自己的执法形象和手中的权力,牢记廉政这根弦,增强干警拒腐防变的能力。2010 年以来,海宁法院先后有 18 个集体和个人获得省级以上先进或表彰,15 名干警被荣记三等功,1 名干警经社会各界公开投票被评选为“嘉兴市首届反腐倡廉十大影响力人物”,彰显了人民法院、人民法官的良好形象。司法行为的进一步规范,赢得了当事人的认可,投诉和信访数量明显下降。2010 年,当事人投诉举报同比 2009 年下降 27.27% ,涉诉信访数量从 2008 年的 38 件降至 25 件。来信来访数量逐年减少,并连续多年保持零进京访。

以文化建设为载体　推进廉洁司法

三门县人民法院

公正是司法的生命，廉洁是公正的前提，没有廉洁就不会有公正。近年来，三门法院在廉政建设上刚柔并济，强调"修德为先"，坚持"教育、机制、查处"三管齐下，以法院文化建设为载体，借助中华民族优秀传统文化开展廉政教育，从灵魂上提升干警的精神境界，同时辅以完善的规章制度和严格的执行，逐步构建起"严于律己不想为、严格监督不能为、严肃查处不敢为"的廉政制度体系，提升了法院和法官的司法公信力。在2011年1月份召开的全省法院院长会议上，三门法院以"标本兼治　修德为先——三门法院党风廉政建设工作的几点做法"为题，在会上作了经验交流。

一、强调"修德为先"，以教育培养良好品行

在法院文化建设中，三门法院将"修德、成事、公正"作为法院文化建设的三个主题，将"修德"放在首位。

（一）将中华民族优秀传统文化融入廉政教育，使廉洁观念内化于心

三门法院将"人性"作为"修德"的有效支撑点，借助中华民族优秀传统文化启发干警善良、美好的人性，促使干警把公平正义的道德观念、法律至上的价值理念和一心为民的人本理念内化于心，从思想上筑牢拒腐防变的根基。从广大干警关心的儿童教育方面入手，组织干警观看台湾学者王财贵先生在北京师范大学所作的《儿童经典读诵理念讲座》演讲光盘，使广大干警由衷地认识到优秀传统文化的魅力。大部分干警结合讲座内容写下了自己对如何"修德"的体会，并展开专题研讨。在干警对中国的优秀传统文化普遍认同后，又组织全体干警在每周一晚间学习《于丹〈论语〉心得》系列光盘，并要求每位干警撰写学习心得体会，以庭室为单位展开讨论，并由各庭室推荐一名干警上台演讲交流，努力让干警认识到《论语》实质上阐述的是"人的心灵之道"，不是外加的一种说教，不是对人性的宰割，而是真真切切发自内心的需求和渴望，从而启发和唤醒干警人性中美好、善良的一面。还改变以往古板的廉政教育方式，由院领导结合《易经》、《论语》等传统经典，给干警作了以"永守正道、厚德载物"、"如临深渊、如履薄冰"、"把握心态、提升境界"等为主题的廉政党课，促使干警意识到

保持清正廉洁是实现美好人生的内在需要,告诉干警在社会世事的变化中,能够永远立于不败之地的准则是“永守正道”,告诫干警要以“战战兢兢,如临深渊,如履薄冰”的心态来从事审判事业。这些廉政党课给干警心灵带来较大的震动,受到干警的好评,也得到上级领导的充分肯定。

(二)坚持以德为先的用人导向,形成风清气正的工作环境

三门法院坚持“严谨、阳光、民主、择优”的干部选拔原则,实行竞争上岗、党组审查、任前公示,扩大普通干警及其他群众在干部任用上的知情权、参与权、选择权和监督权,增强透明度。2009 年 2 月份,通过竞争上岗,经过选拔的一批中层正副职,三门县人大常委会一致通过。除一名中层副职差一票为满票外,其余均得满票。这些中层近几年任劳任怨,责任心强,工作业绩突出,无一违法违纪行为。

(三)营造廉政氛围,陶冶道德情操

在布置法院文化建设长廊时,精心筛选出 100 多条与廉洁、公正、修德相关的古今中外名人警句、法律格言,并根据各庭室工作性质,选择相应的内容悬挂。如在干警上班进门处竖上“永守正道”大屏风,并作为院训;在法官通道悬挂“谨言、慎行、明察、慎断”等警醒格言;在执行局挂上“法律如果不能被执行就等于没有法律”;同时在公用纸杯上印上“责任胜于能力”。干警们一进入办公场所,立即接触到古圣先贤的教诲,潜移默化中陶冶自己的道德情操。

二、完善制度建设,以监督规范司法行为

(一)构建廉政建设长效机制

出台《告诫、待岗制度》,规定干警若出现纪律松弛、工作严重不负责任、作风不正派、漠视当事人权益等情形,将受到告诫并扣发相应奖金;受到三次告诫的干警将待岗,年度考核为不称职,连续两个年度考核不称职的,将依法予以辞退。《说情报告规定》要求干警及时报告说情情况,若不报告的,一律视为人情案。对群众反映审判不公、执行不力的案件,根据《院长督办令》实行院长督办,并确定专人对承办人进行跟踪督促,及时将案件办理进展反馈给当事人。审监庭根据《案件质量监督评查实施办法》,每月评查各部门送检的案件,对评查出的各种问题以法院工作简报形式予以实名通报。《岗位廉政风险防控机制》对照各部门岗位特点,查找出关于思想认识、日常行为、工作作风、案件审理和执行等 31 个方面 103 个廉政风险点,并结合排查出的风险点,明确风险防控责任人和防控措施。在《岗位目标管理考核办法》中设立廉政建设岗位责任奖,庭室中只要有一人在廉政方面出了问题,整个庭室的廉政奖金都要扣罚,庭室负责

人根据“一岗双责”的要求，个人奖金将被再次扣罚。通过这些制度，明确告知干警应该怎么做及违反规定将会面临的后果，形成“不能为”的防范机制。

（二）完善监督机制

一是权力相互制约。该院推行“审判岗位法官员额制”改革，给法官配备助理，法官只负责开庭、下判、签发，庭前组织当事人证据交换、接待当事人、组织庭前调解等各项工作均由助理在法官指导下具体承担，改变原先法官包揽案件审理各环节的做法，形成法官与助理之间的相互制约与监督。同时，因目前实行审判岗位法官员额制改革的业务庭室仅二名法官，在适用普通程序审理的案件中，由副院长或审委会专职委员担任审判长，由人民陪审员参加陪审。目前，院庭长办案数占到全院办案数的70%。一审普通程序中人民陪审员陪审率近70%。院领导通过参加合议庭、签发裁判文书，人民陪审员通过陪审等均对案件起到监督作用。

二是重点监督和日常监督相结合。审监庭对案件相似而判决结果有重大差异的案件、超审限案件进行专项检查，发现可能存在违法违纪行为的，及时报送本院纪检监察部门。监察室对发回重审、改判案件实行每案必查，查找问题，分析原因，对属于差错案的，在全院范围进行通报；对存在申请回避、当事人投诉、超审限情况的案件实行重点监控，通过直接与当事人联系、与承办法官沟通等方式即时跟进了解情况。在平时，院领导随机抽查案件质量、随机抽取案件旁听庭审、监察室随机与某一个在审案件的当事人取得联系，了解当事人对法官的意见，促使干警时刻注意自己的言行、认真对待每一个案件。

三是畅通外部监督渠道。在“五个严禁”出台后，立即开通24小时自动接听举报录音电话和电子邮箱，并向社会公布，同时在当地报纸媒体上公布最高院有关“五个严禁”的规定，更好地接受社会公众的监督。将最高院的“五个严禁”与省高院的“法官职业四要”的具体内容在法院进出楼道和电梯口等显眼处张贴，并在对应地方张贴投诉电话，让来法院办事办案的人员了解相关内容，对办案人员的不规范行为进行监督投诉。在遇到在当地社会影响较大或疑难案件等，主动邀请人大代表、政协委员等参加旁听，听取意见，接受监督。聘请24名人大代表、政协委员等担任廉政执法监督员，每半年召开廉政执法监督员会议，向其汇报法院的廉政建设落实情况。

三、坚持从严治院，以查处强化廉洁意识

坚持从严治院理念，对不廉行为采取“零容忍”态度，在廉政问题上抓早抓小，敢抓敢管，促使干警强化廉洁意识。

（一）形成每月通报制度，抓好制度落实

为防止制度流于形式，出台抓制度落实的20项数据通报、回报制度，形成了“以制度管制度”的严格管理方式。每一项制度的执行都设有落实单位、监督部门。每月25日，相关业务庭及案件承办人的办案效率、办案质量各项数据及群众投诉举报情况均公布张贴，落后的部门负责人和案件承办人还会被院领导谈话告诫，限期改正。政治处、纪检监察部门对每位干警的迟到早退、上班到岗情况、庭审规范、工作纪律、着装等各方面进行定期和不定期的督查，并将督查情况每周或每月通报。

（二）抓早抓小抓苗头，防微杜渐

监察室对群众的每一个投诉均进行登记，且每月将干警的被投诉情况在内部予以实名通报。监察室认为群众投诉属有理投诉的，会同有关部门或院领导对投诉情况进行核查，找被投诉人谈话。经查属实的，投诉情况将被记入干警的廉政档案，同时对该干警实行告诫，促使其及时改正。曾通过日常督查发现一名驾驶员存在违规使用加油卡的情况，经查实后，对其实行待岗三个月、扣全年奖金、追回损失的处罚，并进行通报。另有一名男法官请女当事人喝茶被拒绝，女当事人担心该法官由此不给她执行案件而向院领导反映。院领导马上找该法官谈话，并将此事向全院作了不点名通报。通过“抓早、抓小、抓苗头”和“小题大做”，防微杜渐，将各种廉政问题消除在萌芽状态，让干警意识到“严是爱、宽是害”，“小题大做”不是领导要与干警作对，而是为了保护干警。从严查处也对其他干警起到警醒作用，增强廉洁意识。

第三节 典型实例

推行情景案例教育 发放“拒腐”提示手册
——浙江高院打造法官“人身防火墙”

“某日，你受亲友、长辈、老师或同学邀请聚餐，入席时发现有案件当事人在场，你会如何处理？如果该当事人是中途到场的，你又会如何处理？”这是浙江省高级人民法院昨日发布的“拒礼、拒请、拒托”提示手册中的一个模拟场景。

《柔性处理，艺术拒绝——法院干警拒礼、拒请、拒托提示手册》是浙江高院深化廉洁司法风险防范管理、创新廉洁司法教育模式的重要成果。身处熟人社会，法院不是隔音空间，法官也不是生活在真空中，难免会碰到亲友、同事、战友、师长、同学、老乡等找上门就案件说情、打招呼，甚至“被”送礼请托等。“如果法官接受说情送礼，天平将会倾斜；冷冰冰、硬邦邦地简单拒绝又可能导致与亲朋好友断绝往来。”该院院长齐奇说，法官不仅要敢于拒绝、勇于拒绝，还要善于拒绝、艺术拒绝。为此，该院纪检组监察室在广泛调研基础上编写了《手册》。

《手册》立足法院工作实际和特点，围绕立案、审判、执行、诉讼保全、调解、司法鉴定等司法工作中心环节、重点岗位，精心模拟了 20 多种法官在办案中可能遇到的送礼、请托场景，将抽象、枯燥的廉洁司法风险转化为鲜活、灵动的案例，给出柔性、艺术的处理建议，还配以各种通俗易懂的反腐倡廉漫画作为补白，增添了可读性，使广大法官在“会心一笑”中潜移默化受教育，有效防范廉政风险。就文章开头的场景，《手册》建议：“不论入席时发现当事人在场，还是当事人中途到场，均应设法借故离开（例如家人来电，家中有急事需即刻回去处理；领导来电，单位有急事需要加班等）；如碍于情面确实难以离开的，应当坚持原则，避免谈论案件，并建议当事人通过正常来访途径书面反映情况。事后，可向亲友解释和说明法院有关纪律规定，恳请得到理解和支持。同时，要及时向组织说明情况，可能引起合理怀疑的，应主动申请回避。”

《手册》中类似处理方式，既遵循了有关廉洁自律的纪律规定，又不会因法官“不近人情”而被误解。浙江省委书记赵洪祝批示肯定：“省法院编写的这本小册子，内容具体，生动直观，实在管用，是加强法院队伍反腐倡廉建设的创新之举。希望切实抓好有关学用工作,真正使这本小册子发挥大作用。”浙江省纪委副书记杨晓光认为:“《提示手册》既是对过去经验教训的总结,又是关口前移、预防在先的有益探索。惩防体系的构建既要从大处着眼,又要从细处入手,《提示手册》提供了一个很好的样式。”

《手册》甫一发布,受到全省法院干警热烈欢迎,被誉为拒礼拒请“红宝书”。宁波中院党组成员、纪检组长彭仁益表示:“《提示手册》寓教于文、寓教于理、寓教于乐,使廉政教育由枯燥变灵动、廉政风险由模糊变清晰、廉政文化由抽象变具体,广大干警能够切实感受到岗位风险所在、体会组织的良苦用心,实现了以案说法、以事警人、以情醒人的效果。”杭州市余杭区法院刑庭肖法官也说:“这里的案例场景真实再现了法官在办案中碰到的风险,同时还提供了尽量不影响我们人际关系的处理建议,这种教育方式更加新颖,内容也很充实,堪称拒腐智慧宝典。”

(原载 2012 年 7 月 10 日《人民法院报》)

创新见质效 党建结硕果
——德清法院连续23年违法违纪零纪录

记者近日在浙江省德清县人民法院采访听说了这样两件事：一是该院年收案数7000余件，99名干警连续23年无违法违纪行为。二是不久前，一位78岁的退休老法官主动向党组织递交了入党申请书，并动情地说："我志愿加入中国共产党，这是我一辈子的心愿。"

干警违法违纪零纪录的秘诀是什么？老法官主动入党的动力是什么？

"这得益于我院党组坚持'以党建带队建、以队建促审判'的工作思路，得益于学习型、创新型、廉洁型党组织建设的有机结合。我们不仅狠抓在职干警的党建工作，对退休老同志的党组织生活也不放松。"德清法院副院长沈芳君感慨地说。

"党员身份亮出来、示范实绩干出来、人民满意看出来"，这是德清法院开展党员承诺、践诺和点评工作的目标要求。该院以创建学习型党组织为抓手，通过抓好党组中心组的学习，提高理论学习质量；抓好主题教育实践活动，强化思想政治教育；抓好干警教育培训，营造浓厚文化氛围。一些退了休的老同志表示，他们很有荣誉感。2011年2月，该院被浙江省高级人民法院确定为全省法院系统首批教育培训基地。

"党建只有与审判管理相结合，才能在发挥审判职能作用中谋求法院工作的新发展。"德清法院党组成员、党总支书记章旭波介绍说。针对"执行难"问题，该院推动建立了德清县审判执行协助联动机制，并成立了全国首家审判执行协助联动中心。自主开发"德清县人民法院审判执行协助联动系统"，当事人身份查询、财产保全等均可通过网络操作迅速完成，节约了办案时间和成本。今年上半年，德清法院受理执行案件1120件，执结率达80.18%。

为配合德清县"科技强县"战略的实施，该院积极向上级法院争取，成为湖州市首个取得一般知识产权案件审理权限的基层法院，成立了知识产权审判庭。由于金融危机的影响，大量与非法吸收公众存款罪相交织的民间借贷案件涌入法院。德清法院与公安、检察等有关方面密切配合，形成在最短时间内高效、公正解决问题的共识，即通过民事诉讼程序对民间借贷合同效力进行判断而无须等待刑事诉讼程序的终结，取得了较为理想的社会效果。

内抓“三条线”,外张“三张网”,构建全方位、多元化的反腐倡廉网络,是该院廉洁型党组织建设的重要举措。通过审判管理条线进一步强化审判管理职责,实现廉政督察与质量评查无缝对接,减少违纪违法行为发生的机率;从日常管理的细节入手,不断提高司法政务条线行政管理和服务审判的水平,铲除违纪违法行为滋生的土壤;通过纪检监察条线不断提高查办案件和实施有效监督的能力,保持查处违纪违法行为的高压态势。“三张网”则是:由人大代表、政协委员、社区工作人员和群众代表担任廉政监督员的“外部监督网”;制定倾听民意长效机制,密切关注新闻媒体与网络舆情动态,接受社会各界监督的“舆论监督网”;邀请干警家属参与的“家庭促廉网”。

数据显示,2007 年以来,德清法院共有 96 人次受到县级(含)以上表彰,其中 91 人次为党员。2011 年,该院被评为“全国法院党建工作先进集体”。

(原载 2012 年 7 月 26 日《人民法院报》)

婺城法院开展案件审判执行廉政干预工作

金华市婺城区人民法院

为进一步加强法院纪律作风建设,促进干警公正廉洁司法,提升审执案件的质效,金华市婺城区人民法院出台了《开展案件审判执行廉政干预工作实施意见》,对审判执行过程中存在廉政风险或可能存在廉政问题的案件,提前介入,主动干预,防患于未然。

该意见主要内容是:一是明确干预的七种情形。包括超12个月未结案件、未及时归档案件、瑕疵发改案件、信访举报案件、标的较大或社会影响较大的案件、执行和解中减免债务较多的案件及院党组认为需要干预的其他案件。二是明确干预的四种方式。第一,提醒干预。以谈话、短信通知、书面告知等形式提醒干预对象存在的廉政风险及需注意的事项。第二,教育干预。通过编印案例资料、召开专题会议、寄送相应党纪法规等形式警示教育干预对象。第三,检查干预。对上级部署的工作,针对执行落实中出现的问题进行专项检查,查找原因,督促改进。第四,监督干预。通过勤勉谈话、通报批评、轮岗换岗或免职等形式督促干预对象改正。三是明确干预主体和分工。成立廉政干预工作领导小组,由院长担任组长,院党组和审委会专职委员为成员,带头检查指导,实施干预。按照干部管理权限进行分工干预,区管干部由院党组领导组织实施,其他干部由分管院长组织实施。纪检监察部门负责检查干预和监督干预的组织实施,并把廉政干预工作作为领导班子党风廉政建设责任制和述职述廉的重要内容,予以考核。

义乌法院建立近亲属涉诉案件报告制度

义乌市人民法院

2012 年 3 月以来,针对义乌法院 2 名法官因涉嫌民事行政枉法裁判被检察机关逮捕事件,义乌法院党组经过专题研究,决定在严格执行依法回避制度的同时,出台本院工作人员及近亲属涉诉案件报告制度。该制度规定:凡本院正式干警、聘用人员或其“近亲属”(法院工作人员的配偶、直系血亲及其配偶、三代以内旁系血亲及其配偶;法院工作人员配偶的直系血亲、三代以内旁系血亲及其配偶、儿女配偶的父母等亲属;其他关系密切的近姻亲关系的亲属)为本院审判、执行案件一方当事人的,该工作人员或立案、审执案件所在庭应在知情后 5 日内向院纪检监察部门书面报告;纪检监察部门登记备案后将相关情况通知案件所在庭的主要负责人,并报送案件分管领导;分管领导决定对所涉案件上收裁判文书签发权限,或报请上级法院指定其他法院管辖。该项制度实施以来,已有 11 名工作人员报告案件 16 件;经分管领导审批,有 2 件报请上级法院指定其他法院管辖。

积极构建法官和律师“隔离墙”机制

丽水市中级人民法院

为深入推行“阳光司法”，提升司法公信力和权威性，最大限度减少司法不廉，丽水中院积极探索构建法官和律师“隔离墙”机制，制定出台了《关于规范法官和律师关系的若干规定（试行）》，全面规范法官与律师关系，以维护司法权威和公正廉洁。

一是突出“全”字。该制度从防范上着力，全面涵盖立案、庭审、诉讼调解、执行、业外活动等诸环节，将监督触角延伸至法官的诉讼活动乃至“八小时外”，对如何处理与律师的关系作了明确的规范，具有较强的可操作性。具体包括：法官不得违反规定受理或不受理案件；不得擅自改变诉讼费用收取情况；不得擅自确定或更换案件承办人；不得随意拖延立案、送达、移送、开庭、审理；不得违规采取、变更或解除保全措施；不得违规帮助或干扰律师调查取证；不得故意隐瞒案件事实和证据；不得强迫律师要求当事人撤诉或接受调解；不得违法作出执行行为；不得违规向律师提供案件咨询意见或法律意见；为案件托关系、打招呼；不得私自、违规会见律师；不得利用职务便利谋取私利；不得参加可能影响司法公正和司法权威的非公务活动。

二是突出“新”字。通过任职回避，清理“夫妻店”、“父子店”，尽量消除导致司法不廉的不利因素和可能性。根据最高院今年新出台的《关于对配偶子女从事律师职业的法院领导干部和审判执行岗位法官实行任职回避的规定（试行）》，该制度对任职回避作了明确规定，实行单方退出机制，以实现法官与律师的“物理隔离”，增强司法公信力。具体规定案件承办法官与当事人或代理律师，除有法定回避情形外，若有其他亲朋、同学、师生、曾经同事等关系且可能影响案件公正审判的，必须自行申请回避。针对法院工作人员配偶、子女从事律师职业容易导致利益冲突的问题，任职回避制度也在《规定》中首次得到了体现：法院领导干部和审判、执行岗位法官，其配偶、子女在其任职法院辖区内从事律师职业的，应当实行任职回避。

三是突出“严”字。该制度对法官与律师在交往中不得有的行为进行了明确限令，并详列法官在与律师交往中不得以职务谋利的十类行为和在执行案件中的八类违法行为。法官一旦违反《规定》，情节较轻的，视情给予批评教育、诫勉谈话、责令检查或者通报批评;构成违纪违法的,依照相关法律、法规和纪律规定,给予相应的处理,涉嫌犯罪的,一律移送司法机关依法处理。故意包庇、袒护或不及时查处、纠正的,按规定追责。

四是突出“合”字。近年来,该院注重通过加强制度建设来保障司法廉洁,不断创新工作制度,健全工作机制,相继出台了《关于处置说情送礼实行报告的规定》、《关于加强对法院干警业外活动管理和监督的若干规定(试行)》、《党风廉政建设责任制实施细则》、《岗位廉政风险防控制度》和涉廉重大事项报告制度等一系列廉政规章制度,相辅相成、形成合力,标本兼治、疏堵并重,有力规范法官与律师的行为,抵制“金钱案、关系案、人情案”,从而维护司法廉洁和法院形象,保障司法公正和司法权威。

积极探索“廉洁指数”促进量化评价机制建设

龙泉市人民法院

为切实抓好廉洁司法，进一步增强法院廉政风险防控、监督管理工作的针对性和有效性，2011 年，龙泉法院借助现代信息管理与数字分析手段，建立了“廉洁指数”量化评价监控机制。主要做法：由院纪检监察室从信访、人事、教育培训、投诉举报、案件质量评查、司法统计报表分析、电子监控、网络廉情信息阅评、廉政监察等渠道收集廉政风险信息，设定 139 个廉政风险点，并确定每个风险点的扣分幅度，一般为 0.1 分至 3 分。全院干警包括领导干部在内，违反廉政规定的，将从基础分 10 分中扣减相应分数，所余分数为该名干警的“廉洁指数”，个人廉洁指数总和除以部门总人数为部门廉洁指数。廉洁指数在 10 分至 8.5 分之间的，表示廉洁程度较高，列为三级风险，发出绿色预警，由部门负责人监控；在 8.5 分至 7 分之间的，表示廉洁程度一般，列为二级风险，发出黄色预警，由院领导、纪检监察室重点监控；在 7 分以下的，表示廉洁程度较差，列为一级风险，发出红色预警，发放《廉政风险预警告知书》，由院党组重点监控，并责成部门召开专题民主生活会，落实整改。廉洁指数连续两年在 7 分以下的，对个人将进行全院通报批评，或调整工作岗位，或取消当年评先评优资格，对部门将更换负责人，或进一步追究分管领导责任。

2011 年 8 月，龙泉法院结合《廉洁指数扣分提醒手册》出台了《龙泉市人民法院关于开展值周巡查工作的通知》，实行院领导值周巡查制度。经过实践，取得了较好的效果，有效促进了该院“廉洁指数”量化评价监控机制建设。

第八章　基层司法

夯实人民法院工作基层基础

第一节　导　　论

一、基层司法的科学内涵

欲叶茂者必深其根，欲流畅者必浚其源。基层司法强调“基层”作为司法场所在实践活动中的重要性。“基层”是指国家、社会管理体系中的最低层次。相对于间接性管理为主要特征的中上层管理，直接性是基层的最突出特点，即直接面对人民群众，直接接受人民群众的监督，即这些管理活动具有直接性而没有什么中间环节[①]。基层司法最重要的特征就是直接面向普通人民群众，是人民法院选择通过司法程序解决矛盾纠纷时所要进行的第一次司法过程。基层司法是以全面建设社会主义法治国家为目标，以满足广大人民群众的法律需求为宗旨，直接面向人民群众提供司法服务，结合实际情况以更为灵活应变的方式化解社会矛盾纠纷的司法活动。

基层司法在当今世界各国司法改革中都得到了极大的重视，主要体现在先进信息技术的投入。在信息技术方面，现代技术特别是数码技术一体化综合运用于诉讼，导致了电子法院观念的兴起，有效地降低当事人的诉讼成本，进一步凸显了知识经济和全球化时代司法机关的权利维护功能[②]。英国、美国、澳大利亚等许多国家已经制定了电子法院的发展规划[③]。美国、澳大利亚、芬兰、加拿大、新加坡等国家许可利用视频会议、网络会议、录像、电视会议等现代科技手段进行开庭审理和证明程序，诉讼当事人或证人无须实际出庭。在加强基础设施投入方面，用于基础设施（包括座椅、楼宇、计算机等）投资的增加可以提高每一位法官的结案比率，从而减少了案件审理的时间期限。比如，新加坡于 1991 年大幅度地增加了法院的基础投资，仅在 1993 年，法院的审案期限就惊人地下降了 39％。同样的奇迹还出现在巴拿马：当法院的基础投资增加后，1994 年的待审案件的比例就比前一年下降了 70％，同年的结案率也上升了 39％。同时，

---

① 王乐夫：“中国基层纵横涵义与基层管理制度类型浅析”，载《中山大学学报》（社会科学版）2001 年第 1 期。

② 徐昕：“信息时代的民生诉讼——一个比较法的视角”，载张卫平主编：《司法改革评论》（第 2 辑），中国法制出版社 2001 年版，第 106～125 页。

③ 徐昕主编：《英国民事诉讼与民事司法改革》，中国政法大学出版社 2002 年版，第 518 页。

足够的基础设施供给还能够提高士气并赢得公众对司法人员的尊重①。在法官培训方面,法官培训会大大提高判案的质量,而提高判案的质量又是司法服务的一个重要目标,并且影响着公众对司法工作的看法。在日本21世纪的司法改革中,在改革法曹养成制度方面,提出不能光靠司法考试这一点来选拔,而应建立完善把法学教育、司法考试、司法研修有机结合的“过程”法曹养成制度。其核心内容是创办专门培养法曹的职业学校——法科研究生院。同时为了培养具有与能够承担21世纪司法相适应的素质和能力的法曹,应把法曹的继续教育作为综合性、系统性教育的一环加以完善,对正在从事实务工作的法曹进入到法科研究生院通过选修课程等方式,学习先进的、现代化领域的知识或与国际相关联的跨学科领域的知识②。正是通过信息技术的广泛应用,以及审判人员素质的提高,基层司法建设得到了极大的加强,由此提高了案件审判的质量与效率,使得社会大众可以直接地接受到更为及时和便利的服务。

重视基层基础工作,是我们党的优良传统,也是人民司法工作不断取得进步的宝贵经验。基层建设是人民法院整体工作的基础,是提高人民法院整体工作水平的重要途径。基层人民法院司法水平的高与低,司法形象的好与坏,与提高党的执政能力和稳固党的执政基础息息相关。改革开放之初,人民法院各项工作走向正规,基层基础建设始终作为各项工作的重中之重,按照精力向基层集中、力量向基层加强、政策向基层倾斜、工作向基层贴近的思路,最高人民法院从人员配置、业务培训、物质装备等各个方面加强基层建设。2000年,最高人民法院专门召开全国法院加强基层建设工作会议;2004年,引发了《关于进一步加强人民法院基层建设的决定》。在各级党委和政府的关心支持下,人民法院基层基础建设取得了长足进步,“审判无庭、办公无房”的情况在大多数地方已成为历史,物质装备、信息化建设日新月异。但基础设施的建设并不是基层司法的全部内容,基层司法的本质目的是为广大人民群众提供更为便利和优质的司法服务,从这个角度讲,我国当前基层司法的推行还存在着一些问题:首先,各类社会矛盾急速增多,很大一部分以案件形式涌入法院,造成基层法院案多人少矛盾突出。其次,基层法官既要居中裁判,又要案结事了,尤其是国家法与民间习惯冲突时,置身乡土社会的基层法官经常感叹法官难当,案件难判。

---

① Maria Dakolias、Edgardo Buscaglia:“法院工作衡量机制的国际比较研究”,陈丽莉译,载孙谦、郑成良主编:《司法改革报告——有关国家司法改革的理念与经验》,法律出版社2002年版,第46~78页。

② 参见日本司法制度改革委员会:“日本司法制度改革审议会意见书——支撑21世纪日本的司法制度”,载丁相顺译,载孙谦、郑成良主编:《司法改革报告——有关国家司法改革的理念与经验》,法律出版社2002年版,第139~154页。

再次，当司法裁决无法满足当事人诉求时，司法裁决往往得不到民众的尊重与认同，当事人拒绝执行、不断上访、暴力抗法，不服从司法裁决，使得基层司法效果无法得到完全认同。司法权威的缺失，加上司法腐败时有发生，更加剧了民众对司法的不信任感。

造成基层司法面临困境的原因是多方面的，这与我国现阶段的经济社会发展现状密不可分，同时也与我国乡土文化的传统背景密切关联。社会转型与二元社会结构并存、立法与司法解释与现实社会脱节、基层司法面临更为复杂多样的环境，都是基层司法发展的制约因素。基层法院及其人民法庭是人民法院的立足之本，发展之基。基层联系群众最密切、最广泛，基层司法是发挥司法保障职能作用的重要力量，也是展示人民法院和人民法官良好司法形象的第一窗口。但目前影响社会和谐的问题主要集中在基层、暴露在基层，促进和保障社会和谐的重心在基层、难点也在基层。同时，基层法官在审判实践中，也能更为敏感、更为切实地感受到法律制度、司法体制和工作机制的不足。因此，加强基层司法，不仅关系到人民法院审判职能的正常行使，还决定着整个审判系统能否根深叶茂，干壮枝荣。

二、浙江法院基层司法的实践和发展

基础不牢，地动山摇。基础稳则全局强、基础则责全局兴。在浙江法院系统，90%的案件集中在基层，80%的法官工作在基层。“九层之台，起于垒土”，加强基层司法，事关建设“法治浙江”的进程，事关法院事业的发展。多年来，浙江法院牢固树立服务基层、服务审判一线的理念，以“心往基层一线想、人往基层一线放、事为基层一线办、钱为基层一线花”为导向，加强基层调研，切实帮助基层破解司法难题；加强科技强院，切实提高基层司法的科技含量；加强法官培训，切实提高基层司法能力，多渠道、多层次开展各种技能训练；加强“两庭”建设，进一步改善基层办案条件，不断提升基层司法水平。

（一）加强调研指导，解决基层司法难点

扎实开展“基层基础建设年”活动，按照依法监督、审级独立、上下互动的原则，加强宏观指导、分类指导、业务指导。创新联系办案一线方式，积极改进条线指导，改进文风会风，努力在工作上、作风上、服务上发挥表率作用。建立院长“微服探访”制度，齐奇院长来浙江的头两年就跑遍了全省的102个中、基层法院、30余个人民法庭。其后还事先不打招呼“微服私访”了20余个法院、法庭，掌握第一手情况，直接听取最基层干警的意见建议。重视对基层法官办案技能的实务指导，发布指导性案例240个，编发审务技能手册31册、审务资料

活页汇编10卷。调整、充实全省法院调研人才库,现有221名调研人才。组织实施了75项全省重点调研课题及成果转化工作。积极争取党政各方支持,努力解决一些法院业务骨干流失、资深法官过早退居二线、法官招录、司法辅助人员不足等问题。2012年5月,召开了有史以来规模最大的第五次全省人民法庭工作会议,还专门对扎根人民法庭20年以上的53名老法官进行隆重表彰。

(二)加强科技强院,提高基层司法科技含量

加强信息技术在法院办案和审判执行管理、司法政务管理、队伍管理、为民服务等方面的开发应用,进一步提升办案科技含量。目前,全省法院全部建立了电子局域网,1572个审判法庭全部数字化,实现所有开庭案件的全程录音、录像;建立92个远程视频室,对大部分事实清楚、证据充分、争议不大的刑事案件实现远程视频审理,提高了刑事审判效率和安全保障;为全省法官配备电子办案助手、裁判文书智能纠错等系统软件,方便法官办案。有56家法院实现诉讼档案电子化,并建立了当事人和辩护人、诉讼代理人查询服务平台,实现电子化阅卷。

(三)加强法官培训,提高基层司法能力

建立法官全员定期集中培训制度,规定要对近五年来尚未参加过省高级人民法院培训的基层法官轮训到位。会同各中院举办培训班926期,培训基层干警5.7万余人次。充分发挥优秀法官的“传帮带”作用,聘请64名资深法官担任培训兼职教师,增强培训效果,着力提高一线法官的把握运用法律政策能力、群众工作能力、突发事件处置能力、舆论引导能力。创新培训方式,在全员定期集中培训的基础上,组织专家型法官到各地法院巡回专题辅导。

(四)加强“两庭”(审判庭、法庭)建设,改善基层办案条件

争取党政支持,抓好中央加强“两院”工作决定的贯彻落实。加强“两庭”建设,有59个人民法庭完成了新建,进入新一轮立项或在建人民法庭的有78个,新增建筑面积14.2万平方米。新设杭州经济技术开发区人民法院,杭州铁路法院正式移交实行属地管理。新招录基层干警3339人,增编的中央政法专项编制中80.2%分配给基层法院。力争经过“十二五”期间的建设,全省103个人民法院,审判法庭建成率达到95%,236个人民法庭建成率达到90%以上,使全省法院的基础设施达到布局合理优化、规模符合标准、功能持续完善、设备配套齐全,全面提升基础设施水平,为增强人民法院的司法能力,提高司法水平,提供有力的物质保障。

第二节　实践经验

推进人民法庭建设　提高基层司法能力

浙江省高级人民法院

2008 年以来，浙江省各级法院坚持面向基层、服务基层、建设基层，以抓好“八项司法”为切入点，在加强基层建设方面做了大量卓有成效的工作。广大人民法庭干警在群众诉求明显增多、案件数量持续上升、司法难度日趋加大的情况下，兢兢业业，奋发有为，取得了令人瞩目的成绩。

一、近五年来浙江省人民法院工作所取得的成绩

(一)履行审判职能，化解纠纷水平显著提升

全省人民法庭忠实履行宪法和法律赋予的职责，狠抓执法办案第一要务。2008 年以来，共依法审结一审民商事案件 493495 件，占全省总数的 31.5%，诉讼标的总金额 550 亿元；依法执结案件 52914 件，占全省总数的 6%，执结标的总金额 24 亿元。人民法庭法官年人均结案 179 件，有的人民法庭年人均办案达 450 余件。各地人民法庭努力践行“公正、廉洁、为民”的庭训，实体公正与程序公正并重，法律效果与社会效果相统一，创新审判管理，运用信息技术，实现了审判执行流程的全程掌控和办案质效的实时分析评估，案件质量和效率有了新的提升。所办案件当事人的服判息诉率达到 96.3%，二审改判发回率为 8%，简易程序适用率达 82.2%，平均审理天数为 48.5 天。

2009 年省高院会同省司法厅联合召开“坚持发展‘枫桥经验’，完善诉调衔接机制”电视电话会议，部署《关于进一步加强诉调衔接机制建设的若干规定》26 条指导意见，努力实现和谐司法、协同司法。各地人民法庭根据会议精神，认真贯彻“调解优先、调判结合”原则，着力推动人民调解、行政调解、司法调解“三位一体”大调解工作体系建设，有效构筑了维护社会和谐稳定的第一道防线。近年来，人民法庭的调解撤诉率逐年上升，2011 年为 70.33%，有的法庭达 93%以上，使绝大多数矛盾纠纷化解在基层。

（二）践行能动司法，保障经济平稳较快发展

全省人民法庭紧紧围绕当地党政中心工作，认真落实省高院依法保障中小微企业创业创新发展和新农村建设的指导意见，充分发挥扎根基层、贴近企业的工作优势，广泛开展“进村入企”活动，认真排查经济领域矛盾纠纷和苗头隐患，注重帮扶涉案小微企业克难解困、转型发展，依法保障困难企业的有效生产力、职工的权益生计和社会大局的稳定。尤其是 2008 年国际金融危机发生以来，各地人民法庭走访企业 6700 余家（次），帮助排查经营上的法律风险 13000 多个，提出法律意见 743 项，编发典型案例 1600 多个，妥善化解欠薪纠纷 8580 件，审结涉企业和民间借贷纠纷案件 24000 余件。同时，密切关注当地经济社会发展中出现的新情况、新问题，深入调查研究，为上级法院和当地党政部门有效决策提供了大量有价值的参考信息，充分发挥了人民法庭为大局服务、为人民司法的前沿阵地作用。

（三）落实司法为民，便利群众诉讼

全省人民法庭坚持民本司法，结合当地实际制定实施了一系列便民、利民、护民的新举措。加强法庭立案窗口建设，为当事人提供诉讼引导、诉前调解、立案受理、诉调对接和判后答疑等低成本的司法服务；推行巡回审判、预约办案、远程立案，在边远地区或其他有诉讼需求的地方增设人民法庭 10 个，巡回审判站（点）333 个，开展巡回审判 41000 余次；针对案件当事人多是农村普通群众，经济收入较少、诉讼能力较低的实际情况，注重依司法职权释明指导、补充取证等，着力公平保护实体权益。同时，高度重视保护涉案民生，不断完善涉民生案件快速处理机制，每年的岁末年初都要开展农民工讨薪维权专项审判执行活动，使群众切身感受到“人民司法为人民”。

（四）参与社会管理创新，提高公共服务管理水平

全省人民法庭认真贯彻中央、省委决策部署，主动延伸审判功能，积极投入社会治安综合治理和平安创建活动，推动基层社会管理完善和创新，形成了许多富有成效的特色做法。改进了基层调解联席会议制度，135 个人民法庭设立了人民调解窗口，成为整合社会资源解决纠纷的平台、指导人民调解的平台、化解涉诉信访的平台。近五年来，共举办各类业务培训班 1600 余次，培训人民调解员近 2 万人次，有效提升人民调解员的法律素养和调解能力。积极参与当地“网格化管理、组团式服务”，主动与村居基层组织建立工作联系，健全与乡镇（街道）综治工作中心的对接机制，贴近人民群众，就地解决纠纷，被老百姓称为“法庭 110”、“家门口的法庭”。重视拓宽人民法庭协作地区治理的新途径，在义乌国际商贸城、绍兴柯桥等流动人口多的地方建立巡回审判站（点），配合有

关部门加强流动人口服务管理。加强司法调研，预警社会风险，发出司法建议475份，一些人民法庭还为辖区乡镇(街道)制作了涉诉纠纷分类剖析的年报，提出基层社会服务管理存在的问题和改进建议，产生了积极的效果。

(五)倾力加强保障，人民法庭物质装备和科技水平加速提升

近五年来，省高院和各中院进一步加大扶持力度，共拨付人民法庭建设专项资金2.6亿元。基层法院也主动争取党委政府的关心支持，合力推进人民法庭物质装备建设，大多数地区特别是欠发达地区人民法庭的执法条件得到了令人瞩目的改善。共有59个人民法庭完成了新建、新增建筑面积142064平方米，全省人民法庭平均建筑面积达到1605平方米，其中高于国家"两庭"建设基本标准的173个，占人民法庭总数的77.9%。不少法庭已建成了集审判法庭、调解室、办公室、档案室和接待室、图书室为一体的审判用房。目前，进入新一轮立项或在建人民法庭的有78个。2010年，全省222个人民法庭全部配备了司法警察或安保人员，落实了安保设备。有效推进信息技术在人民法庭工作中的广泛应用，建立完善了电子局域网，实现了网上办案、电子签章，所有审判用法庭都完成了数字化配置，为提升最基层的审判管理和司法水平创造了有利条件。

(六)推进公正廉洁司法，队伍整体素质明显提高

坚持把思想政治建设放在法庭建设的首位，人民法庭法官的政治、业务和职业道德素质有了明显提高。目前，全省人民法庭共有干警和审判辅助人员1847名，比2007年增加了12%，其中法官845名，占全省法官总数的11.6%。干警中具有大学本科以上学历的占89%，比2007年增长了9.4个百分点，其中具有研究生学历的194人。高度重视法庭党建工作，178个人民法庭成立了党支部，成为引领人民法庭工作的战斗堡垒。坚持以社会主义法治理念为指导，广泛开展"规范司法行为、促进司法公正"专项整改等一系列教育活动和人民法庭文化建设，严格执行"五个严禁"和浙江法官"职业四要"，人民法庭干警的违法违纪人数逐年下降，2011年是零违纪，同时涌现出一大批先进集体和个人。诸暨法院枫桥法庭、慈溪法院周巷法庭、鄞州法院姜山法庭等6个人民法庭被授予"全国优秀人民法庭"、"全国青年文明号"、"全国法院先进集体"等荣誉称号；洪建良、陈瑞根、邵云娥、沈金汝等120人(次)被评为"全国人民法庭优秀法官"、"全国优秀法官"或受到省级以上表彰。加强法庭干警培训工作，共有1900余人次的人民法庭法官接受了培训，实现了法庭审判人员全员轮训的目标。2008年以来，有107名法庭正副庭长被提拔为院领导，1101名有法庭工作经历的审判人员走上了法院中层领导岗位。

二、浙江省人民法庭工作的基本经验

回顾近年来的丰富实践，不仅摔打磨炼了人民法庭队伍，创造了许多成功做法和宝贵经验，还进一步深化了对加强和改进新形势下人民法庭工作规律的认识，主要是：

——必须依靠党委人大政府的重视支持，自觉服从服务于党政中心工作。服从服务于党和国家工作大局，是谋划和发挥人民法院地位作用所必须遵循的现实要求。人民法庭根植于基层，处在化解矛盾纠纷、维护社会和谐稳定的最前沿，其工作与改革发展稳定的大局息息相关。实践证明，只有善于把握好人民法庭日常办案工作，与维护当地经济社会平稳较快发展的内在联系，自觉、敏锐地依法保障当地党政不同时期的工作重点，人民法庭才能更加有作为有地位，自身存在的问题和困难才能更加顺利地得到解决，人民法庭事业才能更具生命力和创造力。

——必须坚持司法为民，依法维护民众权益。人民性是人民法院的本质属性。坚持以人为本、司法为民，是做好法院工作的根本宗旨。人民法庭直接面向基层、面向群众，是法院联系民众最为紧密的窗口和纽带，是践行司法为民最为直接的平台和机构。只有牢固树立群众观点、群众立场、群众方法，采取符合审判规律和现实生活的各种便民惠民措施，通过更具亲和力的审判方式，贴近群众诉求和期待，才能实现好、维护好民众的合法权益，真正赢得人民群众对司法权威的尊重和认同。

——必须深化“八项司法”，统筹推进人民法庭各项工作。统筹兼顾是我们党一贯倡导的工作方法，也是科学发展观的根本方法。“八项司法”是近年来浙江法院工作思路的总结，体现了对新时期司法规律的探索和把握，体现了浙江法院“为大局服务、为人民司法”的工作主题，是统筹兼顾这一科学方法在法院工作中的具体运用，已经成为浙江法院推进工作的有力抓手。各地人民法庭作为法院的重要组成部分，只有深化认识“八项司法”，统筹抓好，才能适应当前法院所面临的新形势、新任务，进一步夯实法院的基层基础建设，更好地实现法院服务科学发展和自身科学发展。

——必须从省情乡情出发，因地制宜找准工作着力点。坚持一切从实际出发，是做好各地法庭工作的客观要求。我省自然环境和人文环境丰富多彩，民众勤奋聪慧、吃苦耐劳，自古以来就形成了别具特色的浙江乡土文化。改革开放后更是异军突起，呈现出民营经济发达、区域块状特色产业优势、市场化和外向度较高等显著特点。同时外来人口大量流入，新老居民杂处，社会结构日益多元，利益诉求日益多样，城市与乡村、内陆与沿海、山区与海岛之间各具不同特点。我们推进人民法庭工作，只有立足本地实际，找准工作的结合点、着力点，力求各项举措简便、可行、有效。做到既符合审判工作规律，又适应当时当地的客观要求，充分运用本地乡土文化资源，有效发挥社会各方力量，才能最大限度地把问题解决在基层、化解在萌芽状态，让有限的审判资源发挥更大的作用，促进人民法庭的可持续发展。

——必须形成有效的工作载体，持之以恒地抓好基层基础建设。开展人民法庭争创活动，是我省的一个创举。1991 年，省高院根据人民法庭的实际，在全省部署开展了以"思想作风好、完成任务好、团结协作好、遵纪守法好、装备管理好"为主要内容的争创"省级五好法庭"活动。2002 年，又决定在已达标法庭中开展争创"省级模范五好法庭"活动。2009 年，开始在"省级模范五好法庭"之间，依托审判质效评估等充实争创内容，采用"流动红旗制"，实行"固定基数、优胜劣汰"的争创机制，有力推动了人民法庭的规范化、制度化建设，一大批优秀人民法庭脱颖而出。目前，除新设人民法庭外，其余 212 个人民法庭均已达到了"省级五好法庭"软、硬件标准。今天，我们隆重表彰了第四批 60 个"省级模范五好法庭"。实践证明，开展争创活动是加强基层基础建设、做好人民法庭工作的有效载体，只有一以贯之地抓下去，才能推动法庭建设不断迈上新台阶。这些宝贵经验和有益启示，是全省法院和人民法庭长期传承接力、不懈开拓的积淀和结晶，凝结了一代又一代法庭干警的汗水和智慧。我们一定要在今后的工作中一如既往地坚持，在实践中继续丰富发展。

重视和加强青年法官培养

浙江省高级人民法院

加强法官教育和培养是司法公信的基础,是司法公正的前提,是民众追求正义的人性化依赖。青年法官是法院的未来和希望,青年法官教育和培养工作,更是保障人民司法事业后继有人的重要基础工程。2012 年 5 月青年座谈会上,最高人民法院院长王胜俊指出,青年是国家和民族发展进步的希望,大力加强青年法官和干警队伍建设,是推进人民法院工作可持续发展的重要战略任务。

一、整体设计,重在谋划促发展

(一)明确目标,做好青年法官队伍发展的整体谋划

紧紧围绕《2011 - 2015 年全国法院教育培训规划》提出的“一个目标二个转变三个倡导”,在充分调研基础上,结合浙江实际,细致分析青年法官教育培养的新形势、新特点,研究制定中长期教育和培养规划,把青年法官培养作为一项长期性、系统性工程来抓。出台统一的青年法官教育培养指导性文件,明确教育培养的目标、基本原则、工作内容和措施要求,逐步构建一个适应浙江法院审判工作需要、符合青年法官成长规律、体现青年法官特点、贯穿青年法官成长全过程的科学培养机制。各级法院结合当地实际,制定可操作的具体实施办法,明确培养目标、原则和机制,为该项工作的长期、有效开展提供制度保障。各法院内部要构建党组统一领导、职能部门统筹协调、各部门具体实施的工作格局,把各项工作落到实处。

(二)统筹兼顾个体和总体设计,逐步完成梯次人才队伍建设

按照最高人民法院《全国法院人才队伍建设规划纲要(2010 - 2020)》“省高院侧重培养法律和司法研究型人才,中院侧重培养司法及管理技能型人才,基层培养司法实务应用型人才”的要求,三级法院框定不同侧重点的培养目标、方式,因材施教,对适合专家型人才的,鼓励钻研业务、出国进修、参与重大疑难复杂案件审理;对基层法院的,以加强多岗位锻炼、融入地方民情为侧重进行培养。

二、职业尊荣,重在教育抓提升

职业荣誉感,指从事某种职业的个体或群众出于对自己所从事职业的尊重

和热爱,并由此产生的一种荣辱情感,映射出一种优秀的良性进取的态度和职业境界。有职业荣誉感的青年法官,才能“守望相约,不改初衷”。

(一)深化道德教育,提升司法公信力

实践证明,大多数民众对司法公信力的评价,往往并不是来源于对司法工作的全面认识和了解,而是来源于对个案处理的感知、感觉和感受,来源于部分法官的司法技能、职业道德和个体形象。加强法官职业道德建设,特别是作为当前司法审判主力军的青年法官,培养他们高尚的道德情操、优良的人格品行,事关公众对社会正义的认知评价,对提高司法公信力尤为重要。面对纷繁复杂的生活环境、形形色色的诱惑,青年法官不能与世隔绝、深居简出来寻求保护,最有利的防护,不是外在强制力的逼迫,而是发自内心的道德修养和职业尊荣。厚德方可载法,修德才能安民,青年法官者必须“厚德”、“修德”,才能担当起法律正义的历史责任。

(二)突出主题教育,增强职业意识内化

要认真研究和把握青年法官特点和成长规律,从思想深处解决“为什么当法官”、“当什么样的法官”,在增强对人民群众的感情上,在增进对中国特色社会主义司法制度的理论认同、政治认同、感情认同和实践认同上做足、做好文章,把理想信念教育作为重中之重。相关职能部门每年要专门制订青年法官思想政治教育计划,贴近青年法官思想实际,组织开展好以“忠诚、公正、廉洁、为民”为中心内容的价值观专题教育。如开展“我们的价值观大家谈”等活动,重温曾经的激情和理想,坚定法官的职业信仰,切实增强对“三个至上”工作指导思想和“为大局服务、为人民司法”工作主题的理论认同、情感认同和实践认同。

(三)着力文化兴院,营造良好工作氛围

文化最重要的作用就是教育人、感化人,凝聚人的精神,陶冶人的情操。加强法院文化建设,突出精神文化这个核心,营造良好的工作环境,调节人的情绪,调动人的积极性,激发人的工作热情。倡导积极向上的法院文化,健全法院文化体育设施,定期开展健康有益的文体活动,引导法官放松心情、强健身心、享受生活;充分发挥团支部、工会、妇委会等组织的职能作用,组织青年法官开展形式多样的文体活动以及与外单位的联谊活动,促进交流,缓解工作压力。

(四)加强沟通交流,重视思想人文关怀

院领导和部门负责人分别每一年和每半年与分管部门青年法官谈心一次,分析研究青年法官的所思所想,提高思想引导工作的主动性和针对性。利用党组织平台,开展适合青年特点,具有感染力、亲和力和吸引力的活动,有针对性地加强思想引导。通过问卷座谈会等多种形式,及时、全面地与青年法官沟通,了解思想动态,给予充分的感情支持和资源支持,尽力帮助青年法官解决两地分居、住房等工作或生活困难,解除其后顾之忧。

三、细化制度,重在落实出成效

抓好日常管理,规范青年法官教育培养工作。梳理岗位锻炼、导师、平台交流等各项制度,一一进行细化,规范操作流程,辅以相应的奖惩措施,注意在落实中发展,发展中进一步完善,着力提升青年法官的各方面素质能力。

(一)强化业务培训,提高职业素养

按照全员岗位大培训的要求,牢固树立按需培训理念,缺什么补什么,探索和完善符合审判工作规律、契合法官职业特点的培训方式。根据青年干警的主要不足,有针对性地加强和改进青年干警的业务培训工作;根据青年干警的成长规律和工作实际,分阶段按岗位实行阶梯式培训工作。预备法官阶段,科学设计实用性教学内容和方式,引导他们正确把握社会主义法治理念、自觉遵守司法职业规范、拓宽视野和知识面;初任法官阶段,以司法能力训练作为培训重点,着眼于理论与实践相结合、知识与能力相结合,按岗位开展庭审观摩点评、裁判文书评比、案卷评查、书记员速录比赛等活动,较快提升青年法官司法技能;继续再教育阶段,在一定的实践积淀基础上,通过各种形式的培训“充电”,为法官素质再上一个台阶提供保障,

(二)加强实践锻炼,提高工作能力

1. 定期常规化

各级法院应有计划地落实其他青年法官的上挂下派锻炼工作。无基层工作经历的青年法官必须进行 2 年以上的锻炼,对在法院任职前已有基层工作经历的青年法官,可结合工作需要安排 1 至 2 年的基层锻炼。

2. 岗位多样化

首先,法院内部多岗位锻炼。严格执行年轻法官任命前的轮岗机制,完成从立案到民商、行政、刑事审判岗位等多部门的流转,每个业务庭轮岗 1 至 2 个月;岗位交流工作常态化,在同一部门一定年限的,可予以岗位交流。其次,法院系统畅通上挂下派机制。高院、中院、基层法院建立互派机制,每个法院每年核定派出、引进锻炼人员的比例,通过双向联系、上级法院调剂等方式进行纵向、横向的干部锻炼。再次,建立法院外部锻炼对接机制,进行下基层、下乡、进企业等锻炼,使青年法官及时掌握一线社情民意,积累经验,提高做群众工作的能力和化解矛盾的能力。最后,根据工作情况,增强特定技能锻炼。如宁波海事法院根据自身管辖特点,为解决新录用预备法官海事司法实务技能不足的问

题，与部分国际金融、国际贸易、航海航运等企业建立了长效协作机制，已确定将宁波港股份有限公司等单位作为实务培训基地，接受港口调度、集装箱码头业务管理、船务代理业务、货运代理业务等方面的实务培训，由具有丰富实务经验的老师进行授课指导。

3. 结果应用化

锻炼情况要与定岗、交流、提拔使用结合起来。任前的轮岗培训结束前一周由审管办组织模拟法庭、裁判文书制作考核，并由业务庭庭长进行量化轮岗评估考核，轮岗结束后综合考核情况进行科学定岗。具有上挂下派锻炼经验应成为提拔年轻干部的参考条件之一，表现较好的应成为加分项目。

（三）健全青年导师制度，提高职业技能

长期以来，基层法院对于青年法官由法学理论向司法实践的过渡，实际上是通过师傅带徒弟的模式完成的。这种传统的关系，具有较大的积极意义，但也存在师傅水平参差不齐、帮带时间短、随意性强、缺乏系统规划等不利因素。法律的生命在于经验。导师制成为青年法官成长成才和法律经验有效传承的制度保障。

1. 导师选任

各法院设置导师库，导师必须是审判长（助理）或在业务庭有十年以上办案经验的资深法官，以自我推荐和组织任命相结合的方式产生，将导师作为一种荣誉称号。

2. 导师确定

导师可分为综合导师、部门导师、专业导师。青年法官新进法院后，政治部门可根据专业、个人特点等为其指定1名综合导师，主要是传授业务知识、介绍法院工作、指点工作迷惑等，侧重于工作规划、心理引导；青年法官进行任前轮岗时，每个庭室在青年法官到任后都安排自己庭室的导师予以带教，侧重于本部门业务知识的传授；青年法官可依据自己所处的部门特点，双向选择专业导师，综合部门的可申请业务导师，导师引导帮带庭审驾驭、案件分析处理等，业务部门的可申请综合部门的导师，侧重培养调研写作、综合协调、组织管理等能力。

3. 帮带期限

综合导师一般须经过3至5年的帮带期限帮带，直至达到一定的考核目标。部门导师以所在部门轮岗为限，专业导师一般是一年至一年半，根据帮带对象个体差异及导师自身需要传授的经验和方式方法的不同而决定。

4. 考核

导师任期结束时，可根据其帮带内容，对帮带对象在职业素养、综合能力、办案水平、调研成果等方面进行考核，并将考核成绩作为导师和帮带对象考核、晋级和奖励的依据之一。

（四）搭建沟通交流平台，拓宽工作视野

为拓展青年法官办案视野，提高议事、决策和实际工作的能力，建立预备、初任阶段青年法官旁听审委会、院务会制度。旁听审委会由审判委员会办公室根据各业务庭报请讨论的案件类型、性质，确定每次旁听审委会案件讨论的青年法官，并事先将案件审理报告分发给旁听人员，帮助他们熟悉案情。青年法官通过旁听审委会委员讨论疑难、复杂案情，还可以在案件结案后参与典型案例撰写，提高自身审理疑难复杂案件的能力。以院法官论坛为载体，每年举办一至二期以青年法官为主体的论坛活动，为青年法官打造一个开放性的沟通交流、施展才华的平台。法官论坛以法院工作中的难点、疑点和热点为主题，由一名青年法官作为主讲人，其他青年法官参与自由讨论，同时邀请主讲法官的分管院领导、部门同事和其他中层领导参加。此外，还可以青年法官为主体的自治学习活动团体等形式，通过搭建思想交流平台，凝聚智慧，激发活力，展示青年风采，活跃法院文化。

（五）创新考核监督机制，永葆生机活力

1. 对青年法官的考核

加强对青年法官的全面考评，克服人才评价中重学历、资历，轻能力、业绩的倾向，建立以素质、能力和业绩为导向的人才评价机制，并将考核结果与评优评先、晋级晋职和岗位交流紧密挂钩，成为评价、管理和使用干部的重要依据。具体培养工作中，建立青年法官档案，将青年法官办案、调研文章发表、导师考核评价、各项奖励惩诫等情况都记录归档。

2. 对教育培养工作的考核

建立青年法官教育培养责任主体的考核制度，包括下级法院、部门负责人和导师。对下级法院的考核宜作为一项指标纳入法院整体工作考核。部门负责人考核与部门教育培养责任制挂钩，考核各部门负责人是否制定具体培养计划，按时检查青年法官学习、工作情况和导师制落实情况，掌握青年干警思想、生活问题并进行针对性的教育引导。导师考核重在实质考核，将青年法官的办案成效与导师挂钩，以青年法官实际司法工作能力的检测作为评定导师是否称职的主要标准。

四、选拔任用，重在创新树导向

探索将日常教育、培养成果与后备人才库的建立、竞争性选拔条件有机结合,鼓励各级法院积极提拔任用优秀年轻干警,为其提供施展才华的平台。

（一）完善选拔任用机制,树立正确的用人导向

目前,青年法官选拔任用情况各地发展不均,如衢州法院现有的 117 名青年法官中,除衢州中院 1 人和基层法院 3 人担任副庭长外,其他青年法官并没有担任任何行政领导职务,比例较低;宁波江北法院 24 名青年法官中,有 6 名同志担任中层及以上领导职务。坚持"重在培养,合理使用、定期分析、优进拙退、动态管理"的思路贯彻青年法官选拔任用始终。优化部门领导干部结构,重视培养使用青年法官,努力形成"老、中、青"合理配备的部门领导干部结构,实现领导班子和干部队伍全面协调可持续发展。健全优秀青年法官竞争性选拔机制,大胆提拔使用德才兼备、业绩突出、群众公认的优秀青年干警,充分发挥他们的工作潜能。

（二）探索建立后备人才库,搭建多方位的展示平台

建立青年法官业绩档案,个人业绩与评优评先、晋级晋职和岗位交流紧密挂钩。对德才兼备、有发展潜力的青年法官,按照不同工作需要和培养目标,有计划、有目的地形成相应人才储备,如审判业务专家等,提高多种形式的展示平台,激发青年法官工作热情。

实行预备法官导师制　助推青年法官成长

绍兴市中级人民法院

为提高青年法官的司法实务水平和做群众工作的能力,绍兴中院积极创新青年法官培养机制,建立预备法官审判实务导师制度,选聘资深法官对预备法官进行“一对一”地传、帮、带,取得了良好成效。该院近年来新招录的36名预备法官中,已有27名被任命为助理审判员,人均办案数为全院法官人均办案数的近2倍,8人获得市级以上表彰奖励,5人被评为全省法院先进个人,同时5名审判实务导师因工作突出走上中层领导岗位,实现了审判执行和队伍建设的健康发展。

一、坚持自愿和双向选择,一对一结对指导

2010年,该院出台《关于建立预备法官导师制的若干规定》,明确了庭审技能、调解技巧、裁判文书制作、审判实务研究和法官职业道德等9方面的指导内容,详细规定了导师选任、导师职责、结对程序以及导师与培养对象权利义务等内容。同时,经过自愿报名、部门推荐、政治部审核、上网公示、院党组研究决定等程序,选聘了29名审判实务导师。在自愿和双向选择的基础上,由政治部审核确定审判实务导师与预备法官的“一对一”结对关系,并举行隆重的审判实务导师聘任仪式,颁发聘书,签订《导师制培养协议》。为确保导师指导效果,该院本着有利于结对工作开展和发挥导师专业优势的原则,结合工作岗位调整等情况,对审判实务导师实行不定期调整,切实为预备法官配好配强导师。该院还建立了“三报告”制度,即预备法官每月上报《导师制培养情况汇报表》,每年上报《培养情况年度总结》,2年培养期结束后由导师上报《导师制培养情况鉴定书》,作为任命助理审判员的考核依据之一。

二、精心设计载体,锤炼思想作风

一是加强理想信念教育。每年新进预备法官到法院报到后,即以召开座谈会、见面会等形式开展社会主义法治理念和警示教育培训,并撰写体会文章,由导师进行指导把关,促使他们增进对司法核心价值观的认识,提升对职业内涵、职业道德、职业纪律、职业精神的理解。二是强化群众观点。出台新进人员到

信访窗口锻炼的规定,要求所有新进预备法官必须到信访窗口锻炼三个月,锻炼结束后,由信访窗口负责人和法官导师做出鉴定,对不合格的需转入下一轮继续锻炼。通过与群众面对面地打交道,培养感情,提高司法为民的意识和能力。三是提高司法服务意识。以服务发展、服务社会、服务群众为重点,要求法官导师与预备法官参与该院组织的百名法官进农村、进镇街、进企业、进学校活动。通过走访调研、座谈交流,深入了解基层的社情民意和群众司法需求,促进预备法官对司法为民理念的思考和实践。今年以来,预备法官在导师指导下,共开展各类司法服务活动 20 余次,提供法律解答和解决问题 108 个,担任中小学校法制教导员,举办法律讲座 10 余次。

三、拓展锻炼平台,提升司法能力

该院预备法官导师制突出实践性、互动性,以弥补传统预备法官培训在实践操作指导和审判理念传承等方面的欠缺。一是搭建沟通交流平台。建立导师谈心制度,导师通过日常交心谈心,引导预备法官树立正确司法理念,鼓励其变工作热情为工作成果,将自身潜能转为工作技能。同时,该院每半年召开一次预备法官导师制工作座谈会,交流推广工作经验。二是搭建实务研讨平台。定期开展预备法官案例研讨活动,由导师选择疑难复杂案件与预备法官进行深入分析、交流,帮助预备法官提升归纳争议焦点、查清案件事实、准确适用法律等方面的能力。三是搭建学术合作平台。要求每名预备法官在导师的指导下每年至少完成 1 篇高质量的学术论文,并参加全市法院系统的优秀学术论文评选,成绩作为考核指标列入培养评估体系。去年以来,共有 2 篇论文获全省法院系统征文二等奖,12 篇论文获全市法院系统征文三等奖以上奖项。四是搭建岗位练兵平台。每年举办以庭审驾驭能力比赛、模拟裁判文书比赛和案件质量评查等为主要内容的预备法官、初任法官业务比武活动。每项活动,均要求导师全程给予帮助指导,并签字认可。比武活动不仅成为检验导师制工作成果的有效手段,也是预备法官、初任法官展示能力的重要平台。

四、注重考核激励,促进良性互动

一是实施量化考核。根据"三报告"制度中反馈的情况,对导师和预备法官结对工作进行综合量化评分。预备法官没有完成相应实务锻炼任务、没有定期上报学术研究成果、业务考核落后或者违反工作纪律的,预备法官和审判实务导师都要逐项减分;如果预备法官结对期间成绩突出,受到领导嘉奖,获得各类先进奖项,则根据奖项等级,预备法官和审判实务导师分别加分。最终量化成绩作为奖惩的重要依据。二是强化表彰奖励。每年根据量化考核情况,评选优秀审判实务导师和优秀预备法官,并予以表彰。对于成绩靠后的预备法官给予通报,鞭策其尽快成长,同时激励审判实务导师更好地履行职责,切实发挥传帮带的作用。三是突出用人导向。导师制工作成效作为职务晋升的重要参考。在用人导向上,向优秀审判实务导师和优秀青年法官倾斜,在出国进修、考察培训等方面给予优先安排。

硬件与软件双管齐下　夯实法院工作基础

杭州市中级人民法院

基层法院是司法机关与人民群众密切联系的桥梁和纽带。加强基层,是实现法院整体工作全面协调可持续发展的长久动力。杭州法院以“心往基层一线想、人往基层一线放、事为基层一线办、钱为基层一线花”为导向,从硬件设施建设、软件制度建设、加强沟通指导和狠抓队伍建设入手,全面贯彻基层司法。

一、强化硬件设施建设,打造基层司法工作平台

基层人民法庭直接面向农村、面向基层、面向群众,与“三农”联系最为紧密、关系最为密切,是人民法院行使国家审判权的前沿阵地,是人民法院司法形象的第一个窗口,在准确、及时地运用法律手段定分止争、化解矛盾,依法维护农村社会稳定、促进农村经济发展、维护农民合法权益等方面发挥着不可替代的作用。因此,加强人民法庭建设,是我市法院着力夯实基层基础,贯彻基层司法的首要任务。富阳龙羊、临安昌北人民法庭恢复建制;建德梅城、桐庐江南等9个法庭完成审判楼改扩建工程;全市已建成运行的26个法庭均被评为“省级五好法庭”,其中8个被评为“省级模范五好法庭”。

(一)审判楼建设

按照《人民法院法庭建设标准》的要求,本着“庄重实用、功能齐全、设施完善”的原则,全市大部分法庭都在近年完成了新的法庭办公大楼的建设任务(包括新建或者装修翻新),典型如义蓬法庭、威坪法庭、分水法庭、上泗法庭等,总面积平均达到3000平方米以上,大、小法庭、立案室、调解室、活动室等一应俱全,使得法庭的审判用房、办公用房以及生活用房得到进一步的合理配备,极大地改善了法庭的工作环境。

(二)装备建设

全市法庭均实现了互联网联网和电子签章系统配置,办公设施中电脑、打印机、传真机、复印机、车辆等配置齐全,基本实现人手一台电脑的配置。实现了人民法庭和法院的联网,意味着可运用网络实现审判业务信息化管理、公文无纸化传输等基本应用。同时,各法庭也加强了与网络平台建设、应用建设同步进行的人民法庭信息网络的安全保密建设,充分利用安全认证、访问控制、防

病毒等安全技术,强化安全管理,确保网络和信息安全。另外,全市各法庭至少保证一辆警车的配备,大部分法庭配有两台甚至两台以上警车,硬件配备较以往进步不少。

(三)数字法庭建设

全市法院结合基层法院工作实际,围绕“基层司法”,按照省高院加强“科技强院”的要求,抓好数字法庭建设工作,努力提升基层司法的科技含量,取得了一定成效。2009 年初,上城法院被省高院确定为全省法院数字法庭建设试点单位。截至 2009 年 7 月底,该院提前全面完成 10 个标准型数字法庭和 6 个简约型数字法庭以及 1 个远程审判系统的建设,并于 8 月上旬率先通过验收。该院的主要做法是:

1. 高度重视,狠抓落实

将数字法庭建设列为“一把手”工程,由院长亲自负责主抓,并抽调办公室、后勤服务中心等部门组成信息化建设领导小组;坚持适度超前思维,每年年初编制信息化建设年度工作计划,对数字法庭建设提出工作目标和具体要求,纳入党组的议事日程进行贯彻落实。

2. 加强沟通,寻求支持

就财政预算和保障,积极加强与区委、区政府联系沟通,将信息化建设经费全部列入财政预算,确保数字法庭建设顺利推进。就技术层面,认真学习研究省高院下发的数字法庭建设规范化标准,严格按照数字法庭技术要求进行建设整改,并多次向上级法院汇报,寻求帮助和协调,接受技术指导。

3. 循序渐进,推广普及

坚持以需求为导向,以提高应用水平为重点,将数字法庭建设分为启动、实施和收官三个阶段,稳步推进。

4. 建章立制,规范管理

为进一步加强数字法庭的使用和管理,充分发挥科技在审判工作中的地位和作用,提升审判质量和效率,专门制订《数字法庭操作流程和使用管理办法》,对数字法庭的管理及操作规则、远程审判、庭审信息刻录、法庭安检、培训考核等制度作了详细规定。

5. 加强培训,强化运用

确立了“以建设带动运用,以运用促进发展”的思路,力求“边建设、边应用、边改进、边完善”。每年初由政治部制订培训方案,通过聘请数字法庭建设厂家技术人员,结合该院配备的专门技术人员,分批次、有计划地组织全院干警参加数字法庭使用培训,并进行考核,考核成绩纳入档案管理,作为干警晋级晋职、评优评先的重要依据。

数字法庭启建以来,经过近几年的推广应用,不仅对提高审判质效、规范庭审活动、加强审判监督、促进审判公开、落实司法为民等方面起到了积极的作用,而且对提升司法权威、司法形象和缓解基层法院案多人少的压力有着重要意义。

二、规范软件制度建设,奠定基层司法工作基础

1. 规范案件流程管理

通过建立案件流程管理规范,大力提高工作效率,坚持做到快立案、快保全、快调解、快审理、快执行的"五快"要求,高效化解民商事纠纷,使基层法院的绝大多数案件都能在最短的期限内予以解决,真正做到以规范促管理,以管理促效率的目标。

2. 加强案件质量管理

在杭州中院的倡导之下,全市基层人民法庭通过开展案件自查、审监庭评查、领导小组抽查等形式,切实加强案件质量管理,服务于打造"三信法院"的目标。当前,全市大部分人民法庭全年受理和审结的案件数量都在500件以上,审判任务艰巨。从杭州中院审理的二审民商事案件受理、改判状况以及每年的法庭案件质量抽查情况来看,我市各法庭的案件审理质量总体优良,绝大多数案件都达到了审判程序合法、认定事实清楚、适用法律正确、实体处理得当、文书制作精良的要求,经得起历史、人民及法律的检验。

3. 完善法庭制度管理

近年来,以省高院模范五好法庭评选活动为契机,我市各法庭大力加强法庭日常审判、内部管理、队伍管理等方面的制度建设,逐步填补了以往法庭内部管理方面的诸多制度空白。以江干法院、九堡法庭和笕桥法庭为例,两法庭在强化执行江干法院各项规章制度的基础上,对照模范五好法庭的标准,结合法庭实际,进一步健全了人民法庭立案接待、案件审理、行政管理、便民措施等方面的制度。为了将制度的实施落到实处,法庭还设立了工作分类台账,做到有章可循,有据可查,使法庭的管理更加规范化及科学化。

4. 创新送达举措

为有效解决"送达难",确保依法高效地送达各类法律文书,在利用好邮寄送达、直接送达等方式的同时,积极探索创新留置送达、委托送达等途径。淳安威坪法庭、余杭瓶窑法庭、余杭塘栖法庭尝试依靠乡镇司法所、村民委员会、协助执行员、联络员等寻找受送达人线索、邀请上述组织的代表参与送达等做法,既节省寻找时间,又方便基层组织的代表见证留置送达,成效明显。瓶窑法庭审理的案件有15%左右通过此种方式进行送达,使得可能要公告送达的案件未转为普通程序审理,大大节省了诉讼成本和办案时间。

5.推广巡回审判制度

近几年来,巡回审判制度在杭州市基层法院的审判工作中得到了充分的应用,其在纠纷解决、法治宣教等方面取得了较好的成绩和反响。例如淳安汾口法庭,明确将巡回审理作为落实司法为民的首要措施,将巡回审理的案件数列入每位审判人员的岗位考核。其在所辖的姜家镇、大市镇专门设立两个巡回法庭审判点(设有挂牌的专门办公室),对抚养、赡养和涉及弱势群体的案件,坚持就地巡回审理;对农业承包纠纷等敏感性案件以及人数众多的群体性案件,有选择性地开展巡回审理。在巡回审理期间,有当事人请求解决纠纷,对符合条件的,当即立案、当即审理。在开展巡回审理的时间上,针对农村实际,有针对性地选择在年初、年底、农闲时进行,以取得更大的法律效果和社会效果。西湖法院将巡回审判点与流动巡回相结合。针对部分乡镇距离法庭路途远的情况,法庭在双浦镇的周浦、袁浦设立了两个固定的巡回审判点,对于双方当事人均为同一乡镇的尽量安排在巡回审判点审理。对于有特殊需求的当事人则采取流动巡回审判模式,如在办理妻子诉瘫痪丈夫离婚一案中,法庭将审判席设在被告床前,会同村委干部以调解方式圆满结案。

三、加强指导沟通,提升基层司法工作水平

1.强化审判指导

杭州中院针对审判工作中出现的新情况、新问题,近年来先后制定有关劳动争议、物业管理、医疗纠纷等20余个审判指导意见,统一法律适用和裁判尺度。于2011年开始,每年编印《民事审判案例参考》,就全市法院民事审判工作中具有典型性、疑难复杂的或者新类型案件进行分析说明,对有效提升全市民事案件裁判尺度统一性及案件审判质量起到了积极作用。坚持案件日常评查与专项评查相结合,突出对改判、发回重审案件的重点评查,不断提升审判质效。2007－2011年,杭州中院审结各类上诉案件27213件,改判和发回重审率为6.7%,低于全省3.2个百分点。注重审判管理,目前全市共有6家法院成立审判管理办公室,进一步完善质效考评体系,加强审判管理的针对性和科学性,取得良好管理成效。通过条线业务例会、审判长联席会议等,加强新情况、新问题的研究,统一裁判尺度。上城、江干、萧山法院分别审理了7起涉杭州娃哈哈集团有限公司的案件,杭州中院多次召开协调会,指导三家法院共同解决法律

难点。富阳法院受理华伦集团破产重整案,中院及时跟进,加强与当地党委、政府的沟通,帮助厘清思路,把好关口。

2. 夯实基层基础工作

做好对辖区基层法院领导班子的协管工作,加强与市委组织部、区县市组织部门的联系和沟通,定期交换工作意见,在基层法院领导班子调整和干部提拔任用中,提出意见和建议,协管意见坚持由党组集体讨论决定。五年来,配合各区、县(市)党委对基层法院班子成员交流调整 72 人次。坚持基层工作联系点制度,面向基层、贴近基层、服务基层,每个班子成员均确定 2 - 3 个基层人民法院和人民法庭作为开展指导和帮扶的联系点,班子成员定期深入联系点调查研究,督促检查各项工作,切实帮助基层解决法官断层、司法保障等实际困难和问题。

四、狠抓队伍建设,打造基层司法专业队伍

法院要提升矛盾化解的能力,必须要有一流的队伍作支撑,必须大力提升队伍人员的思想素质、道德修养、专业知识和年龄结构等综合素质。近五年来,全市法院着力打造基层法院专业队伍,27 名法官入选省高院专业人才库,各基层法院逐步配备审判委员会专职委员。五年来为基层法院补充干警 372 人。

1. 充实办案力量,提升干警综合素质

基层法院(尤其农村山区)案多人少矛盾十分尖锐,经过近几年来各法院的扩编引员,情况有所好转:数量上,一批年轻的法律科班毕业生充实到法院干警队伍中来,扎根于基层法院甚至法庭;总体质量状况方面,位于市区的法庭,审判人员基本达到本科以上学历,且有研究生学历的干警人数呈上升趋势,个别法庭甚至实现全庭干警均达本科以上学历。位于农村的法庭,干警学历状况也较前几年有了较大改观,80% 以上的干警达到本科以上学历,义蓬法庭、良渚法庭等甚至是全庭干警达到本科以上学历。继续开展中院和基层法院双向挂职活动,安排预备法官到陈辽敏示范岗、朱学军调解工作室等岗位挂职,淳安法院实施预备法官立案信访窗口轮岗值班制度。建立青年法官导师制度,加强对青年法官的培养。

2. 狠抓廉政、作风建设,强化司法为民意识

近年来,全市各基层法院对于党风廉政建设、工作作风建设一直常抓不懈。每年均多次组织干警开展思想政治教育、学习及讨论。通过学习先进和警示教育,从正反两方面加强干警的爱岗敬业、勤政廉政的奉献精神和防微杜渐、廉洁自律的警醒意识。通过形式多样,内容丰富的廉政学习教育活动,使干警遵纪

守法、廉洁执法的自觉性和主动性大大增强。在最高法院公布以“公正、廉洁、为民”为内容的法庭庭训后，全市人民法庭立即组织干警认真学习讨论，统一思想认识，大家充分认识到：“公正”是人民法院工作的生命线，必须严格公正、精益求精地办好每一起案件；“廉洁”是法官的立身之本，必须严格恪守职业道德，严格遵守审判纪律和廉政规定，以清正廉洁取信于民；“为民”是人民司法的核心价值，必须发挥人民法庭身处最基层，与人民群众打交道最直接、最密切、最广泛的特点，在实际工作中要设身处地地为群众着想，真正的为群众排忧解难，切实维护人民群众的合法权益

3. 主动加强理论学习，切实提高业务能力。

为提高审判业务素质，全市各基层法院和法庭坚持定期地召开业务学习会，及时学习新出台的法律法规，并自行购买、阅读相关书籍，为新案件的审理打下坚实的基础。同时，还利用业务学习时间讨论疑难案件，集中集体智慧妥善处理案件。如桐庐分水法庭，在遇到疑难复杂案件时，充分发挥集体智慧，利用合议庭、庭务会及民商事审判联席会议等多种形式进行业务研讨，在公正、高效地解决纠纷的同时，也促进了审判人员业务素养的提高。此外，全市各基层法院和法庭通过参加上级法院组织的集中培训和自学相结合的方式，不断完善自身的知识结构、提高审判业务水平。

4. 注重司法礼仪，自觉维护法院形象

全市基层法院和派出法庭注重加强司法礼仪，从着装入手，统一要求干警在上班期间必须身着制服；参加庭审的承办法官、书记员须着统一制服，并佩戴徽章、领带。要求法院干警对于平时的言行举止，文明礼仪时刻谨记，避免因行为不当影响法院、法官整体形象。

加强基层司法　推动法院整体工作协调发展

绍兴市中级人民法院

基层司法是人民法院整体工作协调发展的重要环节，也是我国法治建设的基础工程。从2000年最高院专门召开全国法院加强基层建设工作会议以来，基层司法一直是各级法院工作的重点领域，绍兴法院高度重视基层司法，坚持重心下移，基层司法面貌得到了全然改观，为广大基层群众提供了更为便利和优质的司法服务。

一、领导重视，着力强调基层司法的重要性

基础不牢，地动山摇。绍兴两级法院的历届领导班子都十分重视基层法院建设与基层司法，在人力、物力、财力方面都对基层法院和人民法庭给予相应倾斜，每年都安排中院领导到基层法院实地调研并进行工作指导。自2002年省高院下发《关于争创五好人民法庭活动若干问题的意见》后，该市法院加大了人民法庭建设力度，及时召开全市法院院长会议进行研讨和部署，并印发了《关于深入开展争创五好人民法庭的意见》、《关于评选市级五好法庭及推荐省级五好法庭若干问题的意见》等文件，对如何搞好思想发动、五好标准的掌握、评比和组织领导等问题作出详细规定。在领导重视、两级法院通力协作下，2002年绍兴法院在全省率先实现了省级五好法庭"满堂红"。2009年该市法院共有6个人民法庭跨入"省级模范五好法庭"先进行列，其中诸暨市枫桥法庭还被最高法院授予"全国十佳法庭"的光荣称号。近年来，该市法院对基层法院和人民法庭建设坚持不懈，提出了"一手抓巩固，一手抓创模"的工作思路，要求以争创省级模范五好法庭为抓手，努力建设规范化、规模化、现代化的新型人民法庭。功夫不负有心人，今年，该市法院有7个法庭被评为"省级模范五好法庭"，尤其是绍兴县法院实现了"省级模范五好法庭"的"满堂红"。

此外，该市法院基层司法所取得的成绩也离不开上级领导的关心和支持。近年来，最高人民法院、中央政法委、省高级人民法院及其他省部级领导亲临人民法庭，进行实地调研并指导工作，为基层法院和人民法庭的建设建言建策。2010年7月，最高院王胜俊院长亲临绍兴县法院及所辖的钱清法庭视察工作并对法庭工作人员进行慰问和鼓励；2011年4月，省政协主席乔传秀到诸暨法院

枫桥法庭调研社会管理创新工作,察看设在法庭内的联合调解中心,听取工作情况汇报,对枫桥法庭创新工作机制、开展诉调对接、强化联合调解、促进案结事了的做法和成效,给予了充分肯定;2011 年 7 月,中共中央政治局委员、中央政法委副书记王乐泉在中央综治委副主任、中央政法委副秘书长、中央综治办主任陈冀平,省委副书记、省长吕祖善,省委常委、秘书长、政法委书记李强等领导陪同下,到诸暨法院枫桥法庭就“发扬传统、坚定信念、执法为民”主题教育实践活动开展情况进行调研和指导工作;2011 年 11 月和 2012 年 8 月,省高院齐奇院长分别“微服探访”了上虞法院小越法庭和绍兴县人民法院齐贤人民法庭,调研工作并与法官亲切交谈,关心了解法庭办案情况和干警工作生活情况,并向全体法庭干警表示亲切慰问。

二、重心下移,着力完善基层法院和人民法庭建设

绍兴法院以开展“省级模范五好法庭”、“市级优秀法庭”争创活动为载体,坚持重心下移,努力保障基层司法的各项投入,着力推进基层法院和人民法庭的全面建设。

(一)加大科技含量,实现科技强院

近年来,绍兴法院积极响应省高院号召,着力推进“科技强院”战略,先后投入 1300 万元资金,加快以数字法庭为龙头的法院信息化建设,全市法院 105 个数字法庭已全部建成,形成了一个以中院网络平台为中心,各县(市、区)法院数字法庭平台为依托,涵盖各基层派出人民法庭的数字法庭网络,所有庭审都具备同步录音录像和远程观摩功能,有力地促进了司法规范化。同时,在全市 6 家看守所建成远程审判、远程提讯视频室,实现远程提讯被告人、远程证人作证,提高了刑事审判效率,保障了庭审安全。在加大基本建设投入的同时,不断加大对信息化工程的建设力度,对于信息化的资金都列入专项资金,先后投入资金配置局域网,实现法院与法庭的两级联网,完成远程签章系统和电脑、打印机、传真机等数字化办公设备的配置工作,使法庭的信息化建设与审判工作发展要求相适应,大大提高了人民法庭办公信息化程度,在人民法庭的硬件设施建设方面跨出了重要的一步。为确保数字法庭的实效,使数字法庭建设实实在在服务于基层司法,绍兴中院还加强了对基层法院及人民法庭中数字法庭使用情况的监督。目前,绍兴地区绝大多数法院数字法庭利用率较高,70% 的法院位列全省前二十位之内,数字法庭建设取得了应有的效果。

(二)加大协调力度,强化基层法院、法庭建设

绍兴两级法院主动协调,积极争取当地党委、人大、政府、政协的理解和支

持,注重加强与土管、财政及乡镇等有关职能部门的联系,集中财力、物力新建人民法庭。新昌县法院新审判综合大楼今年年初也已结顶,新大楼的建设完工将大大改善新昌县法院的基础设施建设,司法服务水平和干警工作环境将得到较大改观。人民法庭的建设步伐也陆续跟进,诸暨市草塔法庭、上虞市小越法庭、上虞市滨海法庭、嵊州市长乐法庭、绍兴县平水法庭、越城区袍江法庭新审判办公大楼陆续投入使用,大大提高了人民法院工作的规范化水平和司法服务水平。绍兴县法院在人民法庭建设方面取得的成绩尤为突出。该院制定出台了《关于进一步加强人民法庭的意见》,规范全局工作;每年定期召开法庭工作例会,明确工作任务和要求;扩大法庭收案范围;规范巡回审判和诉调对接工作,规定各法庭巡回审判每年不少于6次;在法庭设立人民调解工作室,通过指导人民调解、开展司法确认等,把纠纷解决在基层。至2009年,绍兴县法院按照《人民法庭建设标准》的一类标准,完成了全部3个法庭的审判办公大楼建设,同时加大信息化建设力度,为3个法庭各建成1个简易数字法庭,并建成三级联网、电子签章、录像监控系统。在人员配备上,坚持配强庭长、配齐人员,选拔能办案、懂管理、富有开拓精神的优秀法官担任法庭庭长,落实副科级待遇;同时配备法警和安保人员,加强安全保障。法庭审判人员全部为本科以上学历,其中1名为研究生学历。2010年1月、5月、8月,《人民法院报》多次专版介绍绍兴县法院人民法庭工作情况。2010年3月,全省人民法庭工作例会现场会在绍兴县法院钱清法庭召开,同年7月,最高法院王胜俊院长视察钱清法庭,并对该庭的审判执行工作给予充分肯定。

三、加强队伍建设,着力提高基层司法人员的整体水平

基层司法队伍是基层司法的主心骨、生力军,关系到基层司法的公正、高效、廉洁,也关系到法院在基层群众心目中的良好司法形象,甚至影响党群关系、干群关系。加强基层司法队伍建设与加强基层基础设施建设是促进基层司法有序、健康发展的必要条件。在基层队伍建设方面,该市法院十分注重配强庭长、配齐人员,注重选拔群众公认度好、肯吃苦、能办案、懂管理,富有开拓精神和创新意识的法官担任法庭庭长,较大的法庭配置副庭长。根据省高院的要求,法庭庭长基本上落实了副科级待遇,对表现出色的法庭庭长,积极推荐提拔为院领导或进入党委班子。同时,把法庭作为培养和锻炼人才的基地,规定新进大学生无特殊情况一律先到法庭工作,法院提任干部注重有法庭工作的经历。目前,该市法庭法官的平均年龄仅为33.6岁,本科学历以上的干警已达85%以上,是一支具有蓬勃朝气和昂扬斗志的干警队伍。另外,根据目前法庭

工作中安保问题日益突出以及部分法庭以女法官居多的现状,结合上级法院要求,及时为法庭配备了警力,绍兴县法院、新昌法院的全部法庭均已实行了法警驻庭。

(一)积极开展主题教育活动,造就一支政治素质过硬的司法队伍

该市法院以开展“发扬传统、坚定信念、执法为民”、“人民法官为人民”主题实践活动为契机,以创先争优活动为抓手,教育干警以“三个至上”为司法工作的根本指导思想,切实增加对人民法院人民性的理论认同、感情认同和实践认同,强化司法为民,切实转变工作作风,大力倡导工作创先争优。一是树典型学先进。深入挖掘身边典型,进一步激发干警工作积极性,增强工作责任心。二是通过主题教育实践活动进一步推进三项重点工作。以“四百·四进”活动为载体,进一步做好法官进镇街、进农村、进企业、进学校活动,做好联系行政村工作,在每个行政村建立联系法官制度;狠抓廉洁司法不动摇,做到用制度管人管事。三是通过主题教育实践活动进一步提高执法办案第一要务意识。

(二)注重培训和法官职业发展,提高基层法官的业务水平

该市法院不断加大对基层司法人员的教育培训力度,提高法官司法技能和综合素养。注重加强对法庭的业务培训和指导,强化岗位培训、专题培训和系统培训,建立健全与法官选任相配套的法官职业专门培训体系,构建不同层次的法官职业素质培养体系。具体而言:一是为司法考试应考人员创造必要的条件,帮助其顺利通过司法考试。二是加强法官审判技能的训练和提高,通过司法调研、开示范庭、优秀裁判文书评比等途径积极开展学习交流,有效提高现有法官队伍的整体审判水平。三是建立法官知识能力定期更新培训机制,制定长远的培训规划,逐步实现以知识型、普及性、临时性培训为主向能力型、专业化、规范化培训为主的转变。四是鼓励基层法官继续深造,为基础法官就读在职硕士提供信息途径,并对顺利毕业者给予一定的奖励支持。

(三)真诚关心基层法官,为基层司法留住人才

该市基层法院、人民法庭案多人少的矛盾突出,基层法官工作量、工作压力巨大,但待遇薪资得不到改善,导致基层法院干警流动趋势明显。据统计,2007-2011年间,该市6个基层法院共有63名干警因公开选拔、组织调动、干部交流、提前离职或主动辞职等方式离开法院系统。为缓解人才流失状况,各法院不得不通过公开选调、招录公务员等形式进行补员。但这种补员具有被动性、集中性等特点,短时间内无法满足法院工作需要。为此,该市法院积极推行青年干警培养工程,实行业务骨干培养计划,通过竞争上岗选拔优秀青年干警担任中层干部,为青年干警成长发展搭建平台。嵊州法院规定,所有中层干部

都必须有法庭工作经历，年度考核评比先进时专门留出一定名额给法庭，为基层法官的晋升提供了一定的名额保障。同时，对法院干警的身心健康给予适当关注。一是积极倡导举办业余体育活动小组，开设瑜伽、摄影等培训班，拓展法官的业务爱好，丰富干警业余生活，缓解工作压力。二是定期邀请心理专家作心理健康辅导，关注干警心理健康。

（四）大力加强法庭文化建设，丰富基层法院文化

2011年11月29日，省高院齐奇院长对上虞法院小越法庭进行“微服探访”并对小越法庭提出改进要求，“像小越法庭这样硬件设施好的人民法庭，可以趁势而上，在法院文化设置上花些工夫，提升法庭的文化品位。每一个人民法庭都有平凡而光荣的传统，如能收集彰显一下，以增加干警的凝聚力、使命感，增强对民众的亲和力”。收到批示后，上虞法院立即进行了研究部署，力争在法院文化建设工作上取得新的进步。一是召开党委会部署开展人民法庭文化建设，小越、东关、丰惠三个法庭将率先实施，异地重建的章镇、崧厦法庭和新建设的滨海法庭，也将文化建设纳入整体规划。二是积极动员广大干警参与，征求干警对法庭文化建设的意见，形成人人参与建设的良好氛围。三是注意挖掘各地特色的法庭文化，防止出现千篇一律、千庭一面的情况，实现法庭文化与法庭工作的相互融合和促进。该市其他法院和人民法院也以省高院齐奇院长对小越法庭的批示为契机，在法院文化建设工作上相应跟进，呈现出基层法院、人民法庭文化建设颇为繁荣的景象，大大提升了基层司法工作者的文化品位，丰富了他们的文化生活，活跃了法院的工作氛围。

四、务实创新，着力提升基层司法的审判实效

审判实效是审判工作的重中之重。为进一步提升基层法院和人民法庭的审判实效，该院从以下几方面着手提高：

一是强化质效管理。将审判质量和效率作为评判法庭工作优劣的重要标准，将人民法庭审理案件纳入统一的流程管理，严格审限，加大案件质量的检查和错案责任追究力度，切实增强法官的质量意识。近三年来，全市法庭共办结案件28650件，审结率达99.36%，发改案件数远远低于院内平均数。

二是坚持便民利民。坚持和完善巡回审判制度，将巡回审判的功能由单一审案拓展到现场咨询、以案讲法、法律援助等多方位工作层面上。全市法庭共设置巡回审判法庭（站、点）26个，三年来，共开展巡回审判1211次，审结案件2362件。

三是创新发展“枫桥经验”。全市人民法庭结合实际创设出契合当地民情、

契合当事人心理的多种调解方法,法庭的平均调撤率和自动履行率保持在较高水平。绍兴县法院的三个法庭近三年来的案件调撤率接近80%,自动履行率高达92.72%。在省高院《2011年1-12月全省模范五好法庭评估数据》中,钱清、齐贤两个法庭共有结案率、平均审理天数、民事调撤率等7项数据位居全省第一。诸暨市枫桥法庭还建立和完善了“四环指导法”,全方位、全环节地开展调解指导工作,已在全国得以推广和认可。

四是积极探索诉调对接工作。为缓解法庭案多人少矛盾突出的现状,去年10月,绍兴中院制定了《关于建立健全诉讼与非诉讼相衔接的矛盾纠纷解决机制的实施意见》,指导全市法庭开展诉调对接工作。全市法庭均设立人民调解工作室,实现了诉讼与非诉讼工作场所、工作人员、日常管理和调解成果的对接,基本形成了大调解工作格局。

抓好数字法庭建设　提升司法科技含量

杭州市上城区人民法院

信息化是当今世界发展的强大动力。法院信息化建设是法院践行“公正与效率”工作主题、建立科学管理体系、促进各项工作制度化与规范化的重要举措。近几年来，杭州市上城区人民法院紧紧围绕省高院信息化工作部署，以建设全省领先、全国一流的现代化、规范化法院为目标，致力于提升基层司法的科技含量，高度重视法院信息化建设，将其作为提升司法公信力的有效载体，着力推出以信息化建设为核心的科技强院战略，将信息化工程列为“一把手”工程，由院长亲自主抓，并抽调办公室、后勤服务中心等部门组成信息化建设领导小组，加强领导，全力打造以节点管理系统、电子档案系统、网上审委会系统、执行款物流转管理系统为重点的“7216”信息化工程建设，构建了以流程节点管理为核心，覆盖审判执行全过程、提升案件质量效率、促进均衡结案的审判管理体系和以绩效考核为核心，集日常管理、监督保障、统计分析等功能为一体的队伍综合管理机制。以信息化建设全面推进法院审判管理、改革和队伍建设。立足高起点定位、高标准策划，运用现代科技手段“补充”、“武装”诉讼和司法活动等各个方面和环节，被省高院列为全省法院数字法庭建设试点单位。

一、科学规划，有的放矢，确保信息化建设实效性

上城法院将“科技强院”的信息化工程列为“一把手”工程，专门成立信息化建设领导小组，针对审判管理中发现的问题，有针对性地进行信息化工程建设。该院先后投入 250 万元打造信息化建设“7216”工程：即建设远程审判系统、队伍管理平台、节点管理、电子档案、网上审委会、执行款物流转管理和警车卫星导航定位系统等 7 个系统、内网和外网两个网络、16 个数字法庭，较好地解决了审判实践中出现的问题。

该院在现行审判流程管理系统的基础上，依托网络资源环境，自主研发的案件节点管理系统，以公正和效率为目标，以专门的管理机构为依托，以案件审理为工作对象，运用科技手段，对审判工作实行信息化、系统化的管理，努力构建覆盖办案全程、提升案件效率、促进均衡结案的案件全程动态管理机制。其基本功能定位是：一个能控制各个诉讼阶段用时、以分数量化工作成效、全面管

理审判、执行各个程序、充分调动承办人员主观能动性、实现案件考核和人员考核相结合的系统。该系统自2009年3月上线运行以来,在规范程序运行、促进司法公正、提高办案效率、实现均衡结案等方面发挥了积极作用。通过控制各个诉讼阶段用时、以分数量化工作成效、全面管理审判、执行各个程序、充分调动承办人员主观能动性、实现案件考核和人员考核相结合。该系统不仅明确了各个办案节点的工作内容和时间要求,并切实强化监控管理和考核奖惩,促进各个节点之间的相互衔接、相互制约,在确保案件质量的基础上,既有效遏制了办案拖沓、久拖不决等现象,缩短了办案周期,实现了均衡结案,又充分调动了办案法官的主观能动性,增强了法官的责任意识和竞争意识,实现了管案与管人的紧密结合。该院同期结案率由2008年的89.4%逐年上升至96.9%,案件平均审理天数由79.45天下降至50.88天,月均存案工作量由2008年年底的3.06个月下降至1.63个月,并基本保持在1.5个月左右。同时案件节点管理系统通过数字化系统实时监控,使审判、执行流程更加透明,对超节点情形,实行管理系统自动报警、自动催办,实现了办案进行到哪里,监督制约就跟踪到哪里,发现问题就查究到哪里,并使案件管理从传统的行政命令转化为平台管理、自我约束,每个案件每个节点都进行量化考核,以积分形式进行计算,并与奖惩和激励机制挂钩,既对办案中存在的不规范行为起到警示、约束作用,也能有效地调动干警的工作积极性,形成了统一、全程、严密、高效的管理监督制度体系,保障了司法公正、廉洁、高效。

该院针对目前审委会委员大多身兼数职、工作繁忙,而提交审委会的案件不断上升的状况,自行研制开发出网上审委会系统,有效缓解了审委会疲于应付的状况。充分发挥审委会对于疑难案件的业务指导作用,进一步提高审判委员会讨论案件的质量和效率,并以此加强审委会会前准备工作,扩大审委会成员参与讨论案件的力度,加快审判委员会由个案研究向宏观指导为主的转变。目前该院实行的网上审委会制度,先由承办法官通过内网将需要通过审委会讨论案件的审理报告发送给审监庭,由审监庭于当日将审理报告及合议庭意见发送给全体审委会成员,并在网上建立案件实时聊天讨论窗口,各审委会委员在五个工作日内发表意见。审委会委员审阅审理报告后,认为合议庭和独任审判员认定的案件事实清楚,适用法律和判决结果正确的,可以直接在网上签批意见。其他经过网上审委会系统讨论后需要向审委会委员发送审理报告的案件,审委会开会讨论时不再由案件承办人汇报案情,直接进入由各委员就不清楚的案件情况向案件承办人询问的程序,不仅节约了时间,而且由于各审委会成员事先对于案情已有所了解,在讨论时也更有针对性。

这些现代化的科学技术和管理方法，不仅能够达到事半功倍的效果，更有利于促进司法公正、高效、便捷、透明，为新形势下基层法院建设进行了有益的探索。

二、强化应用，多措并举，向科技要"审判力"

上城法院坚持以提高应用水平为重点，专题对数字法庭应用工作进行研究，确立了"以建设带动运用，以运用促进发展"的思路，力求边建设、边运用、边改进、边完善。

一是加强培训，普及信息化知识。每年初制订培训方案，和信息化建设厂家协商确定由其提供技术人员，结合配备的专门技术人员，分批次、有计划、组织干警进行培训，并对培训情况按照理论知识和实际操作分开进行考核，考核成绩纳入干警人事档案，作为干警晋级晋职、评优评先的重要依据。通过有组织的培训、个性化的引导，帮助审判人员提升对信息化技术应用的理解能力，充分使用已经开发完成的应用系统，并在使用中提出对现有应用系统完善升级的要求，增强应用系统设计和开发的业务实用性。

二是建章立制，强化对信息化应用的考核。上城法院相继出台了《数字法庭操作流程和使用管理办法》、《数字法庭光盘刻录管理规定》、《远程审判法庭使用规则》等一系列旨在加强信息化应用的考核制度，对数字法庭的管理及操作规则、远程审判、庭审信息刻录、一案一光盘等作了详细规定，要求所有案件都必须在数字法庭开庭、宣判，开庭审理的所有案件以及远程提讯被告人、远程庭审的案件必须全程同步录音、录像和记录，归档时由办公室对"一案一光盘"刻录情况进行检查，对未按照规定刻录或者刻录不符合标准的，退回重新刻录，并提请审监庭按照绩效考核规定扣分处罚。

三是成立领导小组，强化节点管理系统的应用。由院领导、政治处、办公室、审监庭等部门联合成立案件节点管理领导小组，小组下设办公室（具体设在审监庭），负责案件节点录入情况的具体检查、督办、考核和通报，实现对审判工作信息化的全方位管理。同时，为进一步加强节点管理系统的应用，还配套制定《案件节点管理实施办法》，将刑事、民商事、执行案件纳入考核范围，案件承办人违反规定超过节点限时按照天数扣罚，扣罚结果直接与部门和干警的绩效考核挂钩。实现法官办案进度从行政命令向科学管理转变，为解决长期困扰法院"案多人少"矛盾提供了机制保障。

四是拓展领域，加强现有科技成果的延伸应用。积极进行手段创新，不断扩展信息化在法院工作中的应用领域。例如，依托已经建成的数字法庭和远程审判系统,改革传统现场庭审评议方式为后台数字化庭审评议,庭审评议小组既可以通过在院审委会会议室显示屏前集中观看庭审情况进行评议,也可以通过法院内部局域网分散观看庭审实况进行评议,还可以通过抽取庭审录像光盘播放进行评议。和传统现场评议方式相比,数字化后台评议效率更高,评议成绩更为真实,评议效果更好。

三、相互促进,成效明显,科技进步与审判实践“双赢”

经过近几年的推广应用,上城法院信息化建设取得明显实效,不仅对提高审判质效、规范庭审活动、加强审判监督、促进审判公开、落实司法为民等方面起到了积极的作用,而且对提升司法权威、司法形象和缓解案多人少的压力有着重要意义,实现了科技进步与审判实践的“双赢”。

一是庭审效果优化。通过数字法庭安装的多个摄像头和配备的 2 台 42 寸液晶显示屏,对庭审过程进行实时全程拍摄和同步显示,其中一个显示屏显示整个庭审情况,另一个显示屏显示发言者的特写镜头,并直接根据语音激励功能自动进行画面切换,对旁听席同步进行播出,显著提高了旁听人员的视听效果。同时,审判人员、当事人的一言一行、细微动作都可以在显示屏上看得清清楚楚,任何发问、回答都可以通过话筒和扩音器听得明明白白,证据展示通过投影显示清楚明了,使得庭审视听效果更为直观生动。

二是庭审更加规范。庭审实现同步录音、录像和“一案一光盘”刻录后,不仅所有诉讼参与人在庭上的一言一行无形中均受到司法礼仪和司法规范的约束,而且承办法官对庭审准备、庭审着装、庭审礼仪、庭审纪律更加重视,不少法官庭后主动观看庭审录像,总结经验,查找不足。院领导及庭审评议小组也可通过观看同步庭审视频或者摄制的监控录像,及时发现、纠正庭审中的不规范行为。2009 年至今,上城法院共利用数字法庭和远程审判系统“无干扰”抽查评议案件 54 起,评议结果显示法官审判作风明显转变,庭审驾驭能力普遍提高,庭审规范化得到进一步加强。

三是审判质效切实提高。数字法庭结合节点管理的审判理念模式应用,使得一方面庭审信息更加完整、具体,既方便出现争议时的查询和检查,也方便补充、纠正笔录,为案件裁判提供最真实、最完整的记录依据,庭审质量得到保障;另一方面,从立案到判决、执行各个节点的设定,加快了办案进程,管住了办案中最易拖沓的环节,办案效率得到保证。2011 年,该院月均存案工作量 1.63 个月,平均审理天数 50.88 天,民事调撤率 64.35%,二审改判发回瑕疵率 3.40%,二审改判发回率 3.97%,申诉率 0.21%,均位居全省法院前列,审判质效切实提高。

四是司法资源得到节省。在当前“案多人少”的矛盾依然突出的条件下，上城法院通过数字法庭及远程审判系统进行刑事审理和宣判1103次，既节约了案件审理的时间，也缓解了警力不足的矛盾，还保障了刑事案件开庭的安全，降低了押解途中的风险，大大降低了法院司法成本，提高了审判工作效率，同时，也减少了当事人的诉累，使得群众诉讼更加便利，真正将司法为民落实到实处。

五是实现“阳光司法”。数字法庭及网络远程审判提供了完整的庭审直播、点播功能，并通过省、市、区三级法院联网播出，真正实现“网上开庭”、“网上旁听”等各类业务，为日常开庭、普法教育、观摩庭审等提供了良好的旁听环境和监督渠道。同时，将法官在庭审中的一切活动置于社会公众的监督之下，可确保阳光庭审和保护当事人的合法权益，从而确保最终实现审判工作的“公正与效率”。截至目前，利用数字法庭开庭审理6400余次，刻录光盘4100余个，数字法庭作为“阳光司法”的重要载体，真正让公正“可定格”、“可再现”、“可复制”，让司法公信力得到进一步提升。

开展“小巷法官”活动　打造无讼社区

宁波市鄞州区人民法院

鄞州区是宁波市最大的一个区,也是宁波经济发展最活跃、社区纠纷多发的典型城市区。鄞州区法院每年平均审结案件13000件左右,与社区关联的矛盾与纠纷不断涌现,社区群众对司法的新需求新期待愈发强烈。近年来,鄞州区法院与大多数城区法院一样,面临着案多人少、信访压力大、获得社会认同的难度增加等困难。为破解难题,走出困境,积极参与社会管理创新,实现法院工作的全面发展,院党组在总结基层工作的基础上,经过深入调查研究,充分酝酿论证,综合分析判断,个别试点探索,决定从2012年7月开始,依托院团委的志愿者载体,发挥法官职业特长,尤其是青年干警的创造力和积极性,顺应社区居民对法律知识的需求,在全区12个社区推行“小巷法官”制度,深入开展经常性的法律服务,努力打造无诉社区。“小巷法官”活动被鄞州区社会管理创新综合试点工作领导小组、共青团宁波市鄞州区委员会评为“鄞州区‘万人万岗’参与社会管理创新优秀项目”。

一、确立目标,建立机制,打造无讼社区的能动司法模式

如何用更有效的手段促进社会矛盾化解,鄞州法院一直在思考和探索。2011年7月,该院依托本院团委的志愿者载体,选定鄞州彩虹社区作为试点社区,发挥法官职业特长,尤其是青年干警的创造力和积极性,创设4名“小巷法官”,贴近社区居民提供司法服务。2012年4月,该院出台《宁波市鄞州区人民法院利用“小巷法官”活动载体,推进“无诉社区”建设的实施方案》确立了“小巷法官”的工作目标、组织形式、工作安排和工作要求。一是确立工作目标。从基层防控抓起,从“大调解”格局入手,联合政法系统、行政机关、街道、社区等部门,注重在源头预防和化解矛盾纠纷,将人民法院的司法主导作用与基层社区的群众自治作用相结合,将依法表达诉求与矛盾自我修复相结合,利用居住在该社区法官的公信力和老百姓对法官的认同感,将各种矛盾纠纷化解在社区、化解在萌芽状态、化解在诉讼之前,以“小社区”的幸福安居构建“大社会”的和谐稳定,形成“有纠纷无诉讼”的和谐新格局。二是成立领导小组。成立“小巷法官”工作领导小组,由党组书记、院长张光宏任组长,其他党组成员为成员。

领导小组下设办公室，由党组成员、政治处主任任办公室主任，各部门负责人为成员，团委为日常执行机构，负责“小巷法官”活动的日常工作。三是建立联动机制。积极构建外部环境，加强与区委政法委、所在社区及街道的联系，建立“无讼社区”的考核机制，形成党委领导、政府参与、法院指导、社区积极配合的工作机制；完善内部机制，将“小巷法官”活动纳入部门、个人绩效考核中，并对其中的突出者进行专项表彰，建立权责相当的管理体系。四是整合法官队伍。在由我院三名以上法官居住的社区推进“小巷法官”活动。在全院进行广泛发动，号召干警根据“属地”原则加入“小巷法官”队伍。同时与青年实用法学研究会联合成立“小巷法官”专家团，共同解答疑难问题的咨询。五是定期开展活动。加强与所在社区的沟通协调，排出活动年度计划表。注重每次活动的宣传发动、材料准备、人员组织、活动策划等各类工作，确保活动取得实效。每年组织一次社区联席会议，听取小巷法官的活动情况和对法院工作的意见和建议。五是明确职责。小巷法官的职责为五个方面：法律宣传。利用社区宣传栏宣传基础法律知识，定期举行知识讲座、法律现场问答等大型普法活动，提高和居民生活密切相关的法律知识的普及率，提高社区居民的法律素质。指导调解。为社区人民调解员提供业务指导。一年组织开展一到两次的专门业务培训，邀请调解员参与社区多发纠纷案件的庭审旁听，同时加强对疑难个案的调解指导。解决纠纷。主要通过四条途径完成：利用广场普法活动或轮流坐堂值班现场解答；通过 81890 系统，定期将群众法律咨询汇总给“小巷法官”工作办公室，办公室按照纠纷类型分给小巷法官或专家团负责解答；通过公布的微博、QQ、电子邮件等方式实时咨询；建立诉前监控机制，由立案庭监控来自定点社区的收案情况，在七天审查期内尽快反馈给“小巷法官”工作办公室，以便相关调解工作提前介入，力争把纠纷化解在诉前。信访引导。做好本社区内信访案件的引导和必要的协调工作，切实化解矛盾，正确引导群众通过正当途径反映诉求，依法维权。参与综治工作。协助参与社区的综合治理工作，在政策出台前作出风险评估，在社区相关措施的实施过程中及时提供法律意见，在纠纷发生后协助处理矛盾。

二、注重预防，多元服务，提升社会裂痕自我修复功能

“小巷法官”服务模式分为流动服务、坐堂服务、日常服务和网络服务四个层面，依托多元化的社区服务在潜移默化中提升居民法律意识和法制观念，大量纠纷在无形中得以避免和自我消化，起到了缓解纠纷“减压器”和人际交往“润滑剂”的作用。一是定期流动服务。该院制定“小巷法官”服务计划表，张贴在社区公告栏。4 名“小巷法官”分工负责,每月一次定期在社区广场、会议厅等场所开展集中普法活动,活动内容包括《婚姻法》、《物权法》、《合同法》等与居民生活息息相关的法律知识讲座、法律知识有奖竞猜、法律咨询等。二是晚间坐堂服务。“小巷法官”在社区建立“法律咨询屋”,晚上特定时间向居民开放,坐堂接受居民咨询,展开调解。同时,对需要立即处理的纠纷或其他事项,居民可通过电话预约,“小巷法官”将在非固定时间开放“法律咨询屋”,第一时间予以处理。三是日常普法服务。“小巷法官”为社区居民印制《法律知识百问》、《普法案例 100 例》、《诉讼指南》等各类法制宣传资料,已免费向居民发送 600 余份;在社区刊出普法黑板报,并精心制作普法活动展板,放置在居民集中活动区域,强化对居民的日常普法。四是随时网络服务。“小巷法官”利用 QQ、微博、邮箱、视频等网络工具和 81890 系统,发挥其深厚的法律底蕴和高超的矛盾协调技能,开展在线法律服务和调解,随时随地解决疑问、化解矛盾。

三、“个性套餐”,强化调解,着力化解重大疑难纠纷

对于社区居民或者居委会提交的较为重大和疑难的纠纷,“小巷法官”根据纠纷特点制定矛盾化解的“个性套餐”,全程跟踪介入纠纷进展,选取适当机会开展调解,灵活借助当事人邻居、亲友、居委会干部等力量参与调解,并采取上门调解、电话调解、在邻里聚会中穿插调解等多种方式,营造相对宽松和谐的纠纷化解环境,确保重大纠纷不出社区。如一起涉及价值百万余元房产的遗产继承纠纷,居民王阿姨的父亲去世后,她母亲将房屋过户到了王阿姨名下,王阿姨的三个兄弟姐妹认为母亲的行为侵害了父亲的共有权,在母亲去世后欲向法院起诉王阿姨。“小巷法官”考虑到亲人之间诉讼,势必会伤及亲情、影响和谐,于是立即取得当事人的电话号码,积极开展电话调解、上门调解,经过六次调解,双方最终达成一致。同时,“小巷法官”加强对所调处案件当事人的回访,以亲情、邻里情打动当事人,使其敞开心怀、放下芥蒂,帮助修复破损的社会关系,在社区纠纷处理中不仅做到“案结”、“事了”,更追求“人和”。

四、回应期盼,加强沟通,及时发现并堵塞社会管理漏洞

“小巷法官”在做好常规普法和日常调解工作的基础上,还着重对社区内重大、敏感或群体性纠纷的排查和化解,积极参与基层社会管理。一是建立邻里交往“情报站”。“小巷法官”通过邻里之间的日常聚会、娱乐活动、社区 QQ 群、论坛交流等渠道获取、收集相关线索,及时掌握社区及周边地区矛盾纠纷发展动向,以及基层社会管理中存在的问题和漏洞等。二是与居委会畅通不稳定信息沟通渠道。“小巷法官”及时向居委会干部了解近期社区纠纷动向，通报自己了解到的各类不稳定因素，与居委会联手制定重大不稳定因素化解预案，防范小纠纷酿成大矛盾。三是完善建议机制谋划社区管理“金点子”。“小巷法官”根据在社区服务中了解到的情况，结合审判工作实践，认真调研社区管理尤其是小区物业管理方面存在的缺漏，及时向居委会、街道和相关职能部门提出针对性的意见和建议，并以社区一份子的身份积极向居民发出有利社区自治的倡议，推动社会管理机制的完善和创新。

五、“小巷法官”机制功效的多视角考察

“小巷法官”主要是着眼基层矛盾和纠纷源头防控和化解，结合法院和社区实际，选出几名业务精通、贴近群众的不同年龄段法官，利用 8 小时外的时间，让法官们用自己的法律专业知识为生活在周边的邻里、社区居民解答法律问题和咨询、引导诉讼服务、开展普法教育，促进居民进一步提高法律意识，保障居民合法权益，进而达到居民安居乐业、社区和谐稳定的良好局面。

（一）创立基层司法参与社会管理创新的新方式

人民法院积极参与社会管理创新的路径主要表现为三个方面：一是积极发挥司法调控功能；二是有效推动社会资源整合；三是督促引导公共政策形成。随着城市化进程的加剧，我国正处于从乡土社会蜕变的过程中，古圣先贤所倡导的“无讼”观念渐渐弱化，人与人之间松散性强、追求独立诉求的“陌生人社会”特征更加明显。“小巷法官”的出现，有助于维护基层社会法治秩序，消除人与人之间的隔阂，重塑“无讼”、“和为贵”等传统理念，改变当前社会“锱铢必计”和“滥讼”等不良导向，寻求解决纠纷的新思路，在动态平衡中推进社会管理创新。利用“小巷法官”模式创建“无诉社区”是鄞州法院在构建“大调解”工作体系实践中的一项全新探索，彰显了为人民司法的社会管理新理念，符合党的十七大报告提出的健全“基层群众自治机制”和“社会自治”、推进“平安建设”的新要求，有利于从源头上预防、排查和化解矛盾纠纷，把矛盾纠纷化解在基层，解决在萌芽状态，有效发挥了司法调控功能。同时，通过“小巷法官”与基层社区干部、居民沟通顺畅、联系密切，能够及时掌握苗头性、倾向性的社会管理问题，并及时堵塞漏洞、恢复秩序，督促和引导公共政策的形成。该活动运行 8 个多月来，4 名法官已开展集中法律咨询活动 6 次，法律讲座 2 次，接待群众 235 人次，解决各类纠纷 27 起，提起建议和意见 2 条，社区居民起诉案件环比下降 73.3%。

(二)开创基层能动司法的新模式

能动司法有三个显著特征:即紧紧围绕服务经济发展、维护社会稳定、促进社会和谐、保障人民权益的要求,积极运用政策考量、利益平衡、和谐司法等司法方式,履行司法审判职能的服务型司法;主动开展调查研究,认真分析研判形势,主动回应社会司法需求,切实加强改进工作,主动延伸审判职能,积极参与社会治理,主动沟通协调,努力形成工作合力的主动型司法;根据经济社会发展要求,未雨绸缪,超前谋划,提前应对,努力把纠纷解决在萌芽状态的高效型司法。司法还应当勇敢地承担起社会责任,能动地参与社会公共政策的制定和社会治理过程。“小巷法官”模式以打造“无诉社区”为愿景,是人民法院主动延伸审判职能,积极参与社会治理,主动沟通协调,努力形成工作合力的服务型、主动型能动司法的具体形式。一方面将化解纠纷的关口前移,从法院审判的环节前移到基层管理的环节,即社区居民可以在“小巷法官”的帮助和指导下,将矛盾纠纷消灭在萌芽状态,减少社会中的不和谐因素;另一方面解决矛盾的层次更加深化,从单纯矛盾和纠纷化解,深化至对矛盾和纠纷的防控,这显然有助于实现“案结事了”的司法愿景,符合了主动型、服务型、高效型能动司法基本要求。

(三)积极回应人民群众对司法的新期待新需求

追求无诉,是中国古代民众的普遍心理,也是中国古代思想家的一贯理念。但近年来,随着人们法律意识的提高,很多人把诉讼当成解决矛盾纠纷最有效、最彻底的方法,致使大量的矛盾纠纷涌向法院。同时伴随着经济和社会的快速发展,我国社会进入矛盾凸显期,人民群众对司法和法官的新需求新期待也随之不断增强。这种司法需求具体表现为,在司法功能上,越来越多的群众选择用诉讼的手段来实现和维护自身的合法权益,人民法院受理的案件数量大幅增长。在司法公正上,既关注程序公正,要求司法程序的正当性和司法行为的规范性,又注重实体公正,不仅要求审判结果接受法律的评判,还要接受社会道德、民俗习惯、公众民意乃至当事人自身意志的评判。在司法效果上,不仅要求司法公正,还期待解决实际问题;不仅要求依法裁判,还期待案结事了;不仅要求做好审判的本职工作,还期待拓展审判社会职能,引导市场主体规范交易行为,推进社会管理机制的完善。在司法过程上,期待司法更加公开、民主、便民,特别是期待人民法院更加注意倾听人民的呼声,了解人民的意愿,自觉接受人民的评判等。回应和有效满足人民群众对司法工作的新期待和新需求,以公正、高效、权威的服务维护最广大人民群众的合法权益,是创设“小巷法官”的根本动因和价值依归,回应了人民群众对司法功能的需求。

（四）建立基层社会和谐的新平台

利用“无讼社区”这个平台，“小巷法官”发挥其深厚的法律底蕴和高超的矛盾协调技能，在社区中起到了缓解纠纷“减压器”和化解矛盾“润滑剂”的重要作用，把纠纷化解在最基层、最前沿，防止了社会裂痕的进一步扩大和恶化。同时，“小巷法官”通过日常开展的多层次普法活动，进一步浓厚了社区学法、用法、守法氛围，社区居民的法律意识和法制观念不断强化，大量纠纷在无形中得以避免和自我消化，人与人之间的关系更加和谐融洽。

（五）实现法律效果与社会效果的有机统一

“小巷法官”主要取得了以下法律效果与社会效果。（1）直接降低了社区居民解决纠纷的成本。“小巷法官”利用 8 小时外免费为社区居民提供法律服务，让他们足不出户就可以接受司法服务各类“套餐”。（2）有利于实现“案结事了”。“小巷法官”以社区居民的身份，更能利用亲情、邻里情打动纠纷当事人，可使当事人双方迅速怨消气散，履行协议一次到位。据统计，“小巷法官”解决的 27 起纠纷，主动履行率达 100%。（3）有利于缓解基层法院“案多人少”的压力。近几年，鄞州法院“案多人少”的矛盾十分突出，2008 年共受理各类案件 13743 件，2009 年为 13858 件，2010 年为 13456 件，2011 年为 12941 一直居于高位。通过“小巷法官”等“大调解”模式，可以合理分流与日俱增的案件。（4）减轻了涉诉信访工作压力。近几年，涉诉信访案件不断上升，牵制了审判人员的大量精力，通过诉讼解决纠纷的方式越来越凸显出现实的局限性，而通过“小巷法官”，把矛盾纠纷彻底化解在诉讼程序之前，可有效避免进一步转化为涉诉信访案件。

加强法庭建设　发挥基层司法优势

温岭市人民法院

温岭法院地处浙东南沿海,辖区经济发达、人口密集,设有6个法庭,是全省派出法庭最多的基层法院。近年来该院扎根基层、定位基层、拓展基层,切实发挥基层司法优势,有效破解基层司法难题,找到了一条基层司法和谐建设之路。2009年至今,该院所辖6个法庭共受理案件20787件,审结案件12803件,审结率为96.80%,执结案件7374件,调解撤诉案件8030件,调撤率为62.72%。先后8次受到台州市级以上表彰,有2名干警被授予个人三等功,有4名干警受到省级以上表彰。其中,该院箬横、泽国、新河等三个法庭被省高院授予第四批“省级模范五好法庭”称号,石陈法庭曾被评为全国优秀法庭,箬横法庭被最高院授予指导调解工作先进集体,泽国、石陈法庭分别获“台州市模范单位”和“台州市指导调解工作先进集体”称号。

一、重视软硬件建设,奠定法庭工作基础

基层工作是人民法院全部工作的根基,长期以来,人民法庭在解决基层社会矛盾和纠纷、服务党和国家的中心工作、维护当地社会生产和生活秩序中发挥了十分重要的作用。落实基层司法,人民法庭首当其冲。该院党组以服务大局的意识和敢为人先的魄力创新法庭文化建设,按照“创特色、创品牌、创一流”的工作要求,着力抓好法庭软硬件建设,为打造一流特色法庭奠定良好基础。

硬件建设方面:一是近年来共投资约1800万元在石陈、泽国、新河、箬横四个法庭先后建造凸显人民法庭特点的审判办公综合楼,积极争取大溪、松门法庭审判办公用房立项、选址工作。已新建的四个法庭建筑面积均在3000平方米以上,并合理设置了适应新时期人民法庭工作需要的立案、审判、工作及学习活动场所,做到“设计新、设施全、规格高”。二是为每个法庭配备了办案用车、安保系统、网上立案系统、电子证据展示系统及电脑、打印机等办公设施,使每个法庭都成为集智能化、现代化于一体的高品质标准法庭。三是在经费极端紧张的情况下,专门设立用于特色庭院建设专项资金,每年不少于50万元。

软件建设方面:一是对人民法庭实施人才倾斜政策。把人民法庭建成培养干部、锻炼干部的基地,规定新招录的大学生须到人民法庭锻炼不少于三年,在

岗庭长、副庭长均要求有基层法庭工作经历。2011年选任上岗的6名法庭副职均是从基层法庭出来的年轻业务骨干。在人员配备上，该院精心选派学历高、能力强、经验丰富的人员充实到6个法庭，强化法庭人员构成，把“好钢”用在刀刃上，为法庭配齐配强精干人员。目前6个法庭共有干警45名，平均年龄31岁，本科以上学历41人，其中研究生4人。二是加强法庭文化建设。因地制宜建立特色法庭文化，如石陈法庭精心挑选“千年曙光碑”、“石屋”等代表渔区风情的照片，邀请当地著名手工艺术家制作成特色剪纸画，形成法庭特色渔区文化宣传长廊，将“和为贵”、“和气生财”等理念，用渔民看得懂的形式表现出来。如箬横法庭在调解室和调解员工作室精心制作悬挂了劝和、促和的名言、谚语，营造了和谐的调解工作气氛；在干警活动区，配以励志名言，在宿舍区悬挂轻松、健康的漫画类作品，以调节干警的心理压力。同时，组织法庭干警开展丰富多彩的文体活动、演讲比赛、书画比赛和文艺晚会等，陶冶干警的情操、提升干警的文化品位。

二、立足法庭辖区特色，创新各项工作机制

根据各法庭所辖区域经济文化特征，开展系列争创活动，不断创新工作机制，提升人民群众对法院司法工作的整体满意度。

一是开展“一庭一品”活动。“竞争才有高效率，争先才能出效益”。只有营造出争先创优的浓厚氛围，法院的事业才有大发展、大进步，为此，该院党组研究决定，在六个人民法庭开展“一个法庭创一个品牌”（以下简称“一庭一品”）活动，根据法庭所辖区域经济文化特征，围绕基层司法主题，确定六个法庭争创“一庭一品”活动的主要方向，农业区的新河、箬横法庭倡导温馨调解，商贸区的大溪、泽国法庭倡导诚实守信，渔业区的松门、石陈法庭倡导便民服务。各人民法庭根据确定的主题，结合本庭实际，抓好各项工作的落实，提升质效水平。通过“一庭一品”活动，各项质效数据大幅度提升，大部分法庭月存案工作量都控制在1.5左右，平均审限控制在1个月之内，远低于全院平均水平。

二是创新特色调解机制。深化协助调解、温馨调解、巡回调解、审前调解及调解协议司法确认“四加一”工作模式。在箬横法庭首推协助调解员制度，公开选聘25名调解能手协助法庭开展调解工作，其中2名调解员采取“坐班”形式常驻法庭调解。2010年、2011年两年间仅驻庭调解成功案件数就达202件。如原告茅某某、江语某母女与被告江贤某、杨某某夫妻法定继承纠纷一案，经承办法官会同3名协助调解员、2名驻庭调解员及村干部，分头做调解工作不下十余次，终于使得该案件成功调解。新河法庭首设温馨调解室，法官与当事人同坐一张圆桌，以平静的心态、拉家常的方式调解纠纷。在泽国、大溪法庭率先推行审前调解制度,积极创设商事调解室,聘请了来自不同行业的12个同业公会共计21名商事调解员,开展背靠背式调解。如泽国法庭在审理一起股东申请解散公司纠纷案件中,考虑到该公司创建五年多来,年产值已上千万元,若公司解散对作为股东的原告、被告都会带来很大的损失,法庭为此特邀多名商事调解员多次开展背靠背调解,最终促使各股东在更换法定代表人的基础上达成了继续经营的和解协议。松门法庭尝试民事诉讼速裁速调制度,对小额债务纠纷、损害赔偿纠纷和婚姻家庭纠纷等案件速裁速调。石陈法庭充分利用前方渔船和后方村委员之间互通联系的单边带电台等渔业通讯设备,进行预约立案、判后答疑,方便群众诉讼,该庭指导设立的石塘女子调解队,更是当地和谐司法的一道风景线。继新河法庭尝试受理并办结全省首例司法确认案件后,各法庭积极探索并完善司法确认机制,对调解委员会或驻庭调解员主持达成的诉前调解协议依法予以确认,六个法庭办结司法确认案件162件,占全院的85.7%。

三是健全矛盾纠纷联动化解机制。充分发挥司法能动作用,实施早摸查通报、早预料防备、早介入化解,快保全财产、快立案审理、快执行到位的“三早三快”机制,加强法庭与当地政府的信息互通,提前共同做好预防工作,有力地破解因企业欠薪引发的重大劳资纠纷,大溪、泽国法庭利用该机制分别成功高效处置了温岭欧伯龙鞋业有限公司、奇立鞋业有限公司等系列劳资纠纷案件,涉案标的500余万元,该机制已成为温岭市政府应对欠薪逃匿事件的处置模式。审慎处理涉中小微企业纠纷,对于有前景的中小微企业,法庭坚持在依法前提下,采取放水养鱼的方法,慎用查封、扣押等财产保全措施,多做协调沟通工作,促成诉讼调解、执行和解,有力帮助企业渡过难关。如泽国法庭受理某公司为被告的15件案件,发现该公司还有一定的经营能力,如果简单处置,公司立马倒闭。为此,该庭召开债权人会议,释法说理,分析利弊,促成原被告双方达成和解,终于使该公司起死回生,且至今经营状况良好。同时,构建“一庭三所”(法庭、司法所、派出所、法律服务所)联动机制,做到与相关部门有效沟通,有效衔接,有效联动化解纠纷。

三、倡导一线工作模式,延伸基层司法举措

对于基层法院而言,一线工作要求做到领导在一线审判、案情在一线掌握、矛盾在一线解决、形象在一线树立。该院积极采取多项举措,巩固一线工作模式:

一是建立党组成员联系法庭制度。成立法庭建设工作领导小组,每位党组成员联系一个法庭,定期深入人民法庭调研、督查、指导工作,谋划法庭建设目标,共商复杂疑难案件,听取当地党委、政府、人大对法庭工作的意见、建议,协

调解决法庭工作中的实际困难。明确院领导监管职责，院领导通过示范开庭、参与旁听庭审、列席合议庭评议、审核签发裁判文书、抽查案件等方式，主动发现审判执行中存在的问题，及时指导办案；院领导通过明查暗访形式，每月不定期督查庭风庭貌、便民诉讼措施落实情况、内务管理制度执行情况等，着力对加强人民法庭队伍、审判、政务管理运行监管。

二是重视立案窗口规范化建设。实行从咨询到立案、诉讼费用收结的"一站式"服务。出台文明接待承诺，要求干警做到"三个心"、"三个一"、"三个不"，即对来访和到庭打官司的群众做到热心接待，耐心听讼，公心处理；生人熟人一个样，外地人本地人一个样，干部群众一个样；不打官腔，不踢皮球，不打回票。对老弱病残等特殊当事人，实行口诉立案、上门立案、预约立案等。开设网上立案信箱，实现诉讼材料收转、文书送达、预约开庭、联系法官等在线诉讼服务。推行民商事案件快速立案机制，对符合受理条件的在"10 分钟"内完成各项手续予以立案。

三是深化各项便民举措。对于涉及赡养费、抚养费、医疗费用、人身损害赔偿以及外地务工人员追索劳动报酬等严重影响当事人生活、生产的案件，开辟绿色通道，优先立案、审理、执行，依法及时保护其合法权益。对经济确有困难的当事人依法实行减、缓、免收诉讼费，确保困难群众打官司的权利，2009 年至今累计为 316 件民商事案件的 364 位当事人依法减、缓、免收诉讼费 91.4 万元，为 1875 件执行案件的 2611 位当事人免去申请执行费 70.77 万元，按照规定发放救助金 103.94 万元。完善巡回审判制度，分别在泽国、新河法庭设立牧屿、滨海巡回审判点，出台《巡回法庭规则》，定期安排干警到巡回审判点开展立案、调解、开庭等工作，2009 年至今，在巡回点办结案件 437 件，全部实现案结事了。

四是继续推进科技强庭建设。以信息化建设为依托，不断完善审判质效评估体系，及时从质效数据报表中发现工作薄弱环节并每月加以通报，力争实现指标数据与法官业绩考评的有机结合，对案件管理和对人管理的有机结合以及审判质量、效率和效果的有机结合。加大科技投入，全面建设数字法庭以提升庭审质量和效率，目前全院共有 26 个数字法庭，其中六个法庭就有 9 个，切实提高了基层司法的科技含量。

四、优化基层队伍素质，推动司法能力提升

司法能力是基层法院队伍建设的核心。所谓司法能力，用王胜俊院长的话说，就是"解决经济社会实际问题的能力"。随着诉讼门槛的降低，以及受金融危机影响，各类案件不断增加，案多人少矛盾更为突出。为此，该院在争取增编

进人的同时,更加注重干警综合素质的提高和人员的合理配置。

一是提升干警的理论素养。探索创建“崇尚学习、学以致用”的学习型法庭,加强干警政治理论学习,认真开展各类主题教育实践活动,引导广大干警自觉践行社会主义法治理念,弘扬“公正、廉洁、为民”司法价值观。邀请专家、学者来院授课,提升干警业务理论水平。鼓励干警特别是年轻干警结合辖区案件特点开展针对性调查研究,促进司法实践与法学理论的有机结合,并积极实现成果转化。如箬横法庭江伟根据办案心得撰写《调解中自认与自由心证下法官的能动性——证据规则67条之探讨》,获全省法院学术讨论会三等奖。如石陈法庭针对颇有辖区特色的水产品交易引发纠纷案件增多组织调研,并形成调研报告,为地方政府解决新问题提供参考,也为解决审判实践难题进行了有益探索。松门法庭以辖区审理的涉造船业案件数据为基础,从涉造船业案件的现状出发分析此类案件的基本特征、审理中存在的问题并提出相关对策,被最高法院信息专刊录用。

二是提升干警的业务技能。完善教育培训制度,鼓励干警在职攻读硕士、博士研究生,并保证他们学习时间及给予学费报销,当前在读研究生90%为法庭干警。积极参与上级组织的各类业务培训,2009年至今共选派418人次参加各类培训,其中法庭干警参与率达95%。组织业务研讨学习,开展优秀裁判文书评选、司法警察岗位大练兵等活动,提高年轻干警的业务技能。实施“多岗位”实践锻炼,规定新录用的大学生,先到机关业务庭锻炼一年,再到基层法庭工作不少于三年,增强他们的社会阅历和基层经验,全方位提高司法能力。针对年轻干警实务经验欠缺现状,采用师傅带徒弟的方式,确定一名法庭老法官带一名年轻法官,手把手教育,提高年轻干警做群众工作能力和矛盾化解能力。

三是提升干警的廉政意识。在法庭设立廉政监察员,加强对日常工作的监督。强化廉政预警机制建设、开展廉政风险点防控机制评估、层层签订廉政责任状、开展廉政谈话等活动,深化廉政意识。坚持将廉政教育融入到特色法庭建设之中,在营造廉政环境上下功夫,在各法庭设立悬挂有廉政警句格言的廉政长廊,利用闲置绿地开辟“廉政主题小公园”,既美化了法庭环境,又在潜移默化中构筑拒腐防变思想防线。积极开展各项廉政教育活动,通过上廉政教育课、送廉政贺卡、开展廉政文化笔会等形式完善法庭廉洁教育机制,增强干警抵御腐蚀的免疫力。

公正、廉洁、为民的法庭文化谱写着基层司法的新篇,温岭基层一线法庭在司法实践中发挥着巨大的优势,践行着人民法官为人民的信念,化解着基层矛盾,构建着和谐社会。

法庭巡回进乡村 便民司法保和谐

衢州市柯城区人民法院

目前,我国城市化、工业化进程快速发展,经济、社会发展已进入工业反哺农业、城市支持农村的新阶段。党中央、国务院提出建设社会主义新农村是我国现代化进程中的重大历史任务。我省也相应出台了新农村建设和美丽乡村建设等举措。“农业丰则基础强、农民富则国家盛、农村稳则社会安”,社会主义新农村建设也为法院工作提出新要求。为使审判工作更好地参与、服务和推进新农村建设,柯城法院在柯城区区委、区政府的支持和上级法院的指导下,于2007年9月正式建立了全省首个巡回人民法庭常设机构,管辖本区航埠、石梁等九个乡镇、街道各类民商事案件的审理,方便农村群众诉讼,彰显便民司法。巡回法庭设立至今,积极利用深入乡村、深入基层的优势,充分发挥人民法院的职能作用,积极拓展服务范围,为建设社会主义新农村服务找准结合点、着力点,增加服务的针对性和有效性,有效保障辖区农村的和谐稳定,促进了农村社会经济的发展,为辖区新农村建设提供优质的司法服务。浙江卫视新农村频道、钱江晚报等省内外诸多媒体对此进行了广泛报道,人民法院报也将柯城法院的亮点做法予以推广介绍。

一、法庭进乡入村,满足乡村群众司法需求

巡回法庭结合农村地区审判工作的特点,坚持“靠前、靠前、再靠前”的工作思路,建立了巡回审判长效机制,坚持面向农村、面向基层、方便群众诉讼的原则,下移工作重心,不断健全便民诉讼与司法服务的网络体系。法官走出机关,把审判法庭搬到人民群众的家门口,“零距离”为民化解矛盾纠纷。以“公正司法、一心为民”、“人民法官为人民”等活动为契机,充分发挥人民法庭贴近农村前沿的优势,切实使审判工作便民、利民、惠民。当前,巡回审判已成为法院常态化审判机制,五年来共巡回审判140余次,审结2749件案件,成为维护辖区农村稳定的“调节器”、促进经济发展的“推进器”。

(一)因地制宜,就地化解矛盾纠纷

在城市化、工业化已初具规模的情况下,具有一定文化知识的农村青年和青壮年劳动力大量进城就业和务工。长期生活在农村的多数是老年、妇女和儿

童,相对文化素质不高、诉讼能力不强,且一般离法院所在地较远,一旦发生纠纷,进城到法院诉讼成为难题,在家门口能打官司是农村群众的强烈司法需求。柯城法院充分发挥巡回法庭的作用,突出与强化巡回功能,顺应群众需求,送法下乡进村,就地解决纠纷,提供优质司法服务。

为切实方便农村群众诉讼,柯城法院认真分析辖区农村的地域位置、地理状况、交通状况、经济构成、人文环境及历年案件的发生量等特点,因地制宜地实施了各具特色的巡回审判形式。并不断加强便民力度。一是设立巡回站点。2010 年上半年,经区政法委同意,巡回法庭在辖区的航埠镇、石梁镇、万田乡、七里乡等四个乡镇设立了巡回审判点,在乡镇部门支持下,各巡回审判点均配备了具备办公条件的场所及相应设备支持,为群众提供公开、方便、快捷的法律服务。二是巡回工作常态化。确定每周定期在巡回点开展立案、审理、调解、执行活动,使群众诉讼能就近找到法庭,就近解决纠纷。三是深入山村巡回办案。辖区内的七里乡、九华乡地处山区,离乡镇所在地路程较远,且交通不便,为方便偏远地区群众诉讼,巡回法庭通过乡镇组织及时了解情况,不定期深入村庄就地立案、就地审理、就地执行,及时妥善处理好各类矛盾纠纷。

通过加强巡回审判力度、健全巡回审判机制、推广巡回审判方式,充分发挥巡回审判的职能,切实把矛盾纠纷妥善地化解在田间地头,以取得良好的法律效果和社会效果。

(二)因时制宜,尽力方便群众诉讼

农业生产、生活有其不同于城市的固有特点,为使审判工作不误农时、符合农村生产、生活规律,结合辖区工作实际,创新工作特色,在设立巡回审判点的基础上,进一步加大巡回立案、就地审判工作力度,因时制宜,有针对性地创设巡回审判工作机制,尽力为农村群众提供最大便利的司法服务。

一是农忙时节开设“午间、晚间法庭”。季节是农业生产的主导者,该种必种,该收则收,延误季节,所造成的损失将使农民一年辛劳付之东流。而纠纷与矛盾不能得以及时解决,也严重影响当事人的生产劳动。柯城法院巡回法庭为及时解决纠纷,促使农民安心生产,又不致审判工作影响农时,利用午间、晚间休息、收工时间,深入村间院落、深入田间地头开庭、调解案件,送达法律文书。

二是开设“双休日法庭”。针对农村部分在城务工人员只有休息日和节假日回乡的特点,巡回法庭采用“双休日法庭”方式,法官放弃休息时间,在周末来到乡村解决纠纷矛盾。

三是运用“电话调解”、“预约立案”等举措。巡回法官变审判者为服务者,取当事人之方便,满足当事人的特殊诉讼需求,充分体现法院的司法关怀,真正让老百姓感受司法、理解司法、亲近司法,增强办案效果。

二、就案宣传法律,精心营造乡村法治氛围

由于农村群众存在相对法律知识欠缺、法制观念较低等诸多客观原因,一般普法工作难以取得实质效果,而巡回审判则是一种极具效果的普法形式。一场庭审、一次调解、一桩执行,都是一次生动的法制教育课。柯城法院运用巡回审判的活动开展,大力营造乡村法治氛围,有力地促进了辖区社会主义新农村建设的顺利开展。

(一)因案利导,提升审判社会效果

为进一步提升巡回审判的法律与社会效果,对巡回法庭的法官加强法律理论、实务技能、社会知识和群众工作的能力的培养。巡回审判强调便捷而不粗糙,法庭程序必须严谨有序,以规范的审判活动,充分展示法院工作的公正性和权威性;以高质量的案件,阐明法律对人们行为的规制与要求。

在具体案件审理中,严把庭审质量,审判强化裁判文书的论证说理,除阐明认定事实的证据和适用法律规定外,强调从法理、情理、诚实信用、公序良俗等角度进行全方位深入分析,并运用新闻媒体进行报道,发挥案例教育作用,普及法律知识。

(二)因势利导,增强农民法律意识

法律意识比法律知识在构筑和谐社会中的作用中更为重要。柯城法院在巡回审判中注重对农民法律意识的培养,利用巡回审判深入乡村的有利时机,找准矛盾根源,摸清当事人心理,针对案件特点,因势利导,加强法律释明,深入解释法律的精神,让当事人对案件所涉及法律规定不仅知其然,尽量知其所以然,培养人们对法律的亲切之感、敬畏之情。

针对某些特殊案件,比如当事人明确要求法庭到其选定的适当地点开庭审理或调解的案件、群众普遍关注的典型案件、对培养当地群众法律意识具有良好引导作用的案件,到当事人所选定的地点或者关注群众集中的地点开庭进行现场说法,使得民众的法律意识、法治意识得以较大地增强。

三、力求标本兼治,积极探索纠纷化解新途径

乡村的社会结构相异于城市,城市居民来源于五湖四海,邻居数年可能尚不相知,不相往来,处理冲突与纠纷更注重于法律;而农村居民同村或许即是同族,相互知根知底,乃至邻村也能是亲朋,有着千丝万缕的联系,单靠法律很难妥善和从根本上解决纠纷,难以做到案结事了。巡回法庭积极探索农村纠纷案

件的新途径，取得了良好的效果，辖区民商事案件的发案数逐年下降。

（一）尊重乡情，审判中注重乡土知识运用

巡回法庭根植于基层，是审判工作的前沿阵地，与人民群众接触最直接、最广泛、最密切。由于以血缘关系为核心的家族与宗族观念在农村还有影响，审理案件时，在确保程序与实体正义的基础上，注重乡土知识的运用，正所谓“法律也不外乎人情”。法官审案融合法律与风俗、习惯、道德于一体，重视乡土民情，无论调解或判决，尽可能在法律规则和法律权力的框架内，参考乡情民意，案件的处理结果，既符合法律，又充分尊重当地的风俗、习惯，真正达到案结纠纷了，涉诉信访大幅下降。

（二）融法于情，审理时注重用情感化矛盾

法情并生，借助风俗、道德、舆论、情理、亲情化解矛盾。追求结果的合理性，特别重视纠纷解决的社会效果、舆论评价及对今后的规范效应。

一是利用当事人之间的亲情，化解矛盾。农村多发的赡养、继承纠纷、相邻关系、民间借贷等案件，都有亲情的背景。巡回审判中，尽量利用这一份亲情，以说理和劝解为主要方法，消除前嫌、解开宿怨，互谅互让，重归于好。

二是引入亲朋之情，化解矛盾。对于亲朋邻里之间因其他矛盾所引发的宅基地和相邻关系、损害赔偿纠纷，则利用双方都信任的长辈、朋友等当事人信任的第三方参与调解，通过各方力量促使双方和解，圆满解决纠纷。

四、践行能动司法，推进农村社会管理创新

巡回法庭深入基层，所审理的案件涉及农村工作的方方面面，对社会管理中的不足和缺陷能及时全面的感知。柯城法院践行能动司法，充分利用巡回法庭积极参与农村社会管理创新。

（一）加强诉调对接，构建多群体参与大调解格局

巡回法庭在审判中坚持调解优先原则，找准着力点，将调解工作贯穿到立案、送达、开庭、判后等每个审判环节当中，邀请人民调解员、乡镇干部、人民陪审员参与案件调解。当地人民调解员及乡镇干部往往对案件的来龙去脉更加清楚，更加了解当事人的思想状况，邀请他们参与案件的审理更有利于案件的解决。开展诉调对接，诉讼调解和人民调解实现了良性衔接。对农村中普遍存在的冲突不大、适用法律技术含量小的众多民间纠纷，委托当地人民调解委员会对案件进行调解，直接参与案件的调解工作，及时、妥善解决了大量的纠纷。2008 年至 2012 年 9 月，巡回法庭共委托当地人民调解委员会调解案件 39 件。

（二）强化普法宣传，利用多种形式进行普法教育

加大宣传指导，传播法律文化。巡回法庭抓住送文化下乡、村镇现场会等有利时机，多途径广泛开展法制宣传，切实提高当地群众的法制意识。审判中注重以浅显易懂的语言辨法析理，使旁听群众也能受到启发、提高认识，达到"审理一案，教育一片"的社会效果。

巡回法庭将农村中的突出问题和普遍问题，以及常用法律法规，整理汇编成册，发放给群众学习参考，并附印发法官姓名、电话的便民联系卡，对群众咨询的法律问题，及时予以解答引导。

通过举办法律讲座、赠送法律书籍以及邀请观摩庭审等形式，加强对基层调解组织的指导，全面提高人民调解员预防和化解民间纠纷的水平。与此同时，积极推行案件回访制度，在某些矛盾较为突出或群众较为关注的案件结案后，巡回法庭通过基层组织了解当事人对案件处理结果的反应，必要时召集双方听取当事人对判决的意见，及时进行判后答疑，依据法律规定，对裁判理由作出分析，及时反馈给当事人，最大限度地减少当事人的不满情绪，从源头上减少涉诉信访案件的发生。

（三）延伸审判职能，运用司法建议推动和谐发展

司法建议工作是法院实施能动司法，积极延伸审判职能，有效促进社会管理创新的重要手段。对审判工作中发现的社会管理缺陷，及时以司法建议形式，向政府或有关部门反映，为改进与创新社会提供依据和建议。如巡回法庭在审理一起涉及柯城信用联社农户小额信贷案件中，发现信用联社在发放小额贷款时的担保中，存在问题，及时向其提出司法建议。信用联社收到后专门召开客户经理会议，专题进行研究，改进与完善了相关制度。事后，该信用联社，特地书面形式表示对法院的感谢。

主动向地方党委、人大汇报工作，加强与辖区当地政府部门、司法机关的联系，争取党委、政府支持，自觉接受人大监督，促进了与有关执法机关工作联动配合机制的建立。

短短几年时间，柯城法院巡回法庭不仅及时高效地处理了大量案件，还将法治与法律意识逐渐推广至社会每一个角落，取得了良好的法律效果和社会效果，受到了当事人和广大群众的广泛好评，并受到国家、省市各级媒体的关注，审判经验成果也被省高院、最高院刊发介绍。在全院工作人员的努力下，柯城法院巡回法庭正努力发挥应有职能，积极促进和谐社会构建和社会主义新农村建设。

扎实推进基层法院信息化建设

松阳县人民法院

近年来,松阳法院积极践行“科技强院”工作方针,结合本院实际,加强组织规划,强化工作保障,自主研发了多款实用新型应用软件,有力助推了审判执行工作的开展,受到办案法官的一致好评。

一、加强组织领导,科学引领信息化建设

该院高度重视,切实落实三个保障,积极推进信息化建设,运用现代科技手段服务审判工作。一是落实组织保障。成立信息化建设领导小组,并把信息化建设作为一把手工程,列入党组重要议事日程。同时,该院还积极引进经验丰富的信息技术管理人员,有效解决信息化建设中技术力量薄弱与人员短缺的矛盾。二是落实制度保障。先后制定了《信息管理系统考核办法》、《计算机操作管理规定》、《信息管理系统操作规程》、《数字法庭使用管理规定》、《上网信息发布管理规定》、《信息化建设“十二五”规划》等制度,科学指导信息化建设工作。三是落实物质保障。松阳县系经济欠发达地区,但该院克服种种困难,积极筹措信息化建设资金,先后投入680万元,改造了弱电机房、隔离了内外网、设立了网络防火墙、安装了防雷系统,并建成“一标五简”6个数字法庭。下一步,该院还计划投资1053万元,实现业务覆盖、四级互联、资源共享、系统应用、网络安全五个目标,深入推进信息化建设。

二、打造质效分析查询系统,实现审判管理精细化

依托省高院“审判信息管理系统”和“执行管理系统”两大系统,该院自主研发“质效评估数据分析查询系统”,确定26项质效评估指标,对审判执行工作质效数据进行“健康体检”,有效提高案件承办人员的质效意识,实现对审执工作的动态管理、全程监督。该系统的优点有:一是数据采集及时准确。系统每6小时自动采集审判执行管理系统数据库信息,并根据预定公式自动生成评估指标,便于案件承办人发现未录入数据并及时补录。二是增设预警功能。系统可对相关评估指标设定警戒值,超过警戒值的,系统自动以红色字体提醒。院庭领导、办案人员可随时对审限、结案均衡度、存案工作量等效

率指标进行实时监控，有效督促案件承办人员。三是数据提取便捷。系统可自动生成各评估指标的月度、年度同比表，并进行全院排名，案件承办人员可随时查看自身工作指标，及时发现自身工作的不足。此外，系统还可对案件按承办部门、承办人员以及案件类型、结案方式等分类统计、比对，并设置数据图表、数据排名、工作进度及数据转换等查询项目，为各类数据分析、统计报告等材料撰写提供帮助，便于审判管理部门深层次挖掘数据，加强数据分析利用并形成审判运行态势分析，及时发现审判工作的问题和原因，为审委会和院庭领导科学决策提供重要依据。目前，该系统已在丽水两级法院推广应用。

三、研发审判实用型软件，促进法官办案规范化

该院依靠自身技术力量，研发了“量刑规范化系统导入程序”、“中转款开票系统”、“民商事司法统计数据转换软件”等服务审判工作的实用型软件，这些软件操作简便，有效减轻了审判人员的工作量，提高了办案效率，促进了规范管理，受到办案法官的一致好评。一是民商事司法统计数据转换软件。该软件可实时提取审判、执行管理系统中的信息，按业务庭分类汇总后自动生成民事一审、再审、特殊程序、执行案件统计表，有效减轻司法统计工作量。近期该软件已在丽水两级法院推广应用。二是量刑规范化系统导入程序。该院发现录入习惯（例如大小写）会导致量刑规范化系统发生程序错误，使得案件无法正确录入。针对此类问题，为确保数据录入及时准确，提高工作效率，该院成功研发了量刑规范化系统与审判管理系统对接程序，实现了案件信息自动从审判流程管理系统中导入到量刑规范化系统的功能。程序投入使用以来，大大减轻了办案人员的工作量，减少了输入环节引起的录入错误，在节约司法资源的同时，有效提高了量刑规范化信息录入工作效率和质量。省内外法院纷纷来电来人学习取经。三是中转款开票系统。为解决法院中转款手工操作带来的工作量大、易出错、统计不便、系统信息无法直接利用等问题，该院于 2009 年 4 月研发了“法院中转款开票系统”，拥有中转款开票、退费、收入、余额查询、日报表等多项功能。该系统与审判、执行管理系统实现了无缝对接，开票人在开票时只需录入开票金额，所对应的当事人姓名、案由等相关信息即可从审判管理系统中直接提取，大大提高工作效率。此外，该系统中的“日报表”等统计功能，可及时反映不同时间段各个案件收支情况，不仅为开票人员和会计人员提供方便，更为案件承办人提供了更为快捷的查询途径。

目前，该院正着手开发一套综合办公平台，有望实现上级法院推广应用系统与该院自行开发软件系统的融合对接，实现单点登录和数据共享，并整合质效评估预警、内部事务流程审批、车辆调度、食堂管理、移动办公、囚车移动监控、执行移动指挥等功能，实现对法院综合业务的全面覆盖。

第三节　典型实例

“一竿子插到底”的基层司法

我国正处于波澜壮阔的社会变革期，全国城镇人口今年首次超过农村。从乡土中国向现代中国的嬗变与冲突中，人民法庭作为司法的第一线，长期处于化解矛盾纠纷的最前沿阵地。

有着改革开放先发优势的浙江省，城镇人口已占61.6%。在城乡一体化的演变路径中，从礼治到法治的漫漫长途中，人民法庭始终坚守在定分止争的前哨，以全省1/10的法官数审理了全省的1/3案件，守望着“法治浙江”在“七山一水两分田”的古越大地茁壮成长。

坚持重心向下是浙江省高级人民法院党组一以贯之的理念。全省法院在党委、政府的重视支持下，按照“公正、廉洁、为民”要求，以创建“五好法庭”和“模范五好法庭”为载体，不断推进人民法庭迈上参与、引导社会管理创新的新台阶。

上下齐心的“一把手”工程

一身便装，一双帆布鞋，还时常拎着一只环保袋。在浙江222个人民法庭，你很可能会遇上如此行头的浙江高院院长齐奇。2007年到任以来，齐奇在走访全省102家法院后，选择了微服探访的方式来更直接观察了解法庭“这个司法的最小单元”。轻车简从，直抵基层，察看庭风庭貌、旁听庭审、座谈交流。该表扬的表扬，该批评的批评，当场指出，事后刊发《情况告知表》通报全省。截至目前，他已微服探访18个法庭。在他的要求下，为法庭干警配发外出公干棉制服，为有条件的法庭干警办理人身保险，对探访中发现的“悬挂法庭庭训”、“法官着装”、“庭审主持”、“安全保卫”和“法庭保洁”等数十个方面的问题，上升到全省统一要求的高度来解决。

“法庭工作看着小，但怎么抓很有学问，某种程度上说是‘一把手’工程。‘一把手’重视了，各个法庭就不会单兵作战，法院上下就会形成合力，从而整体推进工作。”浙江高院民一庭负责人蒋卫宇说，齐奇上任伊始就提出要重视基层司法,一竿子到底抓法庭,要求各业务庭腾出1/3的人力、精力搞调研指导,运用指导性意见、会议纪要、法官咨询交流平台等多种载体,帮助基层法官解决难题,推动工作上台阶,凡基层法官来信,每信必回,至今已回信266件。

跟随大法官步伐,浙江高院领导利用调研机会检查回访人民法庭,民一庭每年对全省人民法庭随机抽查,明察暗访后逐一点评,全省通报。齐奇对此很是欣慰:"我们一起努力,年年暗访、检查,坚持数年,必有建树,必上台阶。"

"基层司法"作为浙江"八项司法"之一,已扎根全省三级法院领导思路。温州中院针对全市28个人民法庭中23个亟须新建或改建的情况,成立法庭工作领导小组,两次专题向市委报告,使法庭建设纳入《温州市基层政法综治组织基础设施建设"十一五"规划》,进入县市区政法工作的年度考核,限时完成。面对征地、资金困难等,时任温州中院院长的崔盛刚多次深入一线,邀请党政领导现场办公,争取到省高院拨款1690万元、温州市级财政拨款1350万元、县级政府拨款6000多万元。五年来,新建成人民法庭用房11个、扩建2个、在建7个,建筑面积达4.5万平方米。

洞头县法院大门法庭成为大门岛的标志性建筑。同时,遵循乡土社会实际,温州中院出台"人民法庭便民诉讼二十条",在全市推广午间法庭、夜间法庭和节假日法庭,设立审判站点,开展巡回审判,方便群众诉讼。

舟山是我国唯一一个由群岛组成的海上城市,境内1390个岛屿星罗棋布。全市14个人民法庭,分布在大小海岛上。"海岛渔区的特点决定了人民法庭工作的重要性,法庭工作做得好不好,直接关系到海岛和谐,关系到平安舟山的建设。"在时任舟山中院院长何鑑伟的推动下,在舟山市委专门下发《关于加强人民法庭工作的意见》27条,市财政拨出900万元专项资金重建9个法庭。随后,舟山中院以14个法庭为平台,建立"网格化管理"对接工作机制,向各网格派出定点联系法官80余名,参与地方党委、政府牵头的网格服务团队,以前所未有的力度把人民法庭在服务发展、维护稳定、促进和谐的作用推向新的发展阶段。

基层法院作为人民法庭的直接"指挥",在调兵遣将、运送粮草等方面更是牵一发而动全身。嵊州法院规定,所有中层干部都必须有法庭工作经历,年度考核评比先进时专门留出一定名额给法庭。

2005年以来,全省法庭庭长享受副科级职级待遇,人民法庭审判人员全员轮训;所有法庭配备安保设备、警车、法警或安保人员,建立完善局域网,提高电子签章利用率,共建成数字法庭403个。近5年来拨付人民法庭建设专项资金2.6亿元,新建59个法庭,新增建筑面积14万平方米,全省人民法庭平均建筑面积达到1605平方米,其中高于国家"两庭"建设基本标准的173个,占人民法庭总数的77.9%。

节节提升的“两大载体”

为加强对法庭工作归口管理，浙江高院去年专门定编定人成立基层工作处。今年起，对全省222个人民法庭审判质效数据实行单独考评，让各法庭更好的看清楚工作强弱项，在全省上下左右所处的位置和差距。这也是法庭考评的重要依据。

让全省法庭同台竞技是浙江人民法庭建设不断攀登新高的关键所在。争创省级“五好人民法庭”和“模范五好法庭”是法庭生生不息的强大动力。

1988年，袁芳烈到任浙江高院院长，开启了“两庭建设”工作。当时“办公没有桌，睡觉没有窝，吃饭没有锅”的状况比比皆是，直接损害了人民法院和人民法官在群众中的形象。一场以“思想作风好、完成任务好、团结协作好、遵纪守法好、装备管理好”为主要内容的“五好法庭”争创活动在全省法庭紧锣密鼓地展开。

浙江三级法院普遍成立了由院领导挂帅、中层领导参加的法庭工作和争创活动领导小组，相关业务部门设立法庭工作指导组。一个高院抓全面、中院抓条块、基层法院抓实施，以及院长亲自抓、分管副院长具体抓、民庭协助抓、其他部门支持抓的争创活动管理体系形成了。

随着争创“五好法庭”活动与时俱进，细则越来越细，标准越来越高，全省各地“心往法庭想，腿往法庭跑，人往法庭派，钱往法庭花”的精神面貌更加突出，到2002年，全省80%以上的法庭都已达标。

为百尺竿头更进一步，争创“模范五好法庭”适时推出。“五好法庭只是达标，模范五好是好中评优，是精品和楷模。”蒋卫宇说，如今，全省法院“五好法庭”已实现满堂红，这就犹如麦当劳，一套标准化流程造就了汉堡包巨人。但模范五好更要强调先进性、模范性。

模范五好法庭，在工作实绩、队伍建设、物资装备方面有些硬指标。这些指标在适用10年后，2011年底，浙江高院进行修改，并采用“流动红旗制”，固定总数，根据审判质效数据客观量化分值，交叉考评，公平竞争，优胜劣汰。

浙江高院专门成立考核小组，分别进行实地考核，征求人大等有关部门意见，走访有关案件当事人，抽查各类案件，检查各种账簿册本，查看法庭内务外貌等，最后根据总分排名评优，并公示表彰。但荣誉牌绝非“永久牌”，一旦在检查回访中发现问题，将被通报批评、限期整改、取消荣誉称号。

“模范五好法庭”每两年考评一次。为确保考评数据的真实性，浙江高院规定,有隐瞒违法违纪事件或因管理不严导致的重大责任事故,或者对考评数据弄虚作假的,不仅取消其参评资格,还通报批评相关法庭、基层法院及中院,取消其下一年度的参评资格。

“争创活动的开展,从纵向上看,有利于上下级法院沟通,省高院一竿子插到底直接考核,不仅能及时掌握第一手信息材料,还可对法庭具体困难进行研究协调,真正实现三级法院齐抓共管、相互提升的局面。从横向看,有利于不同法庭在共同平台上沟通学习,更重要的是,各级法院和人民法庭在争取党委、政府的支持上有了着力点。”齐奇说。

良性互动的“三种关系”

随着基层司法日益深入,浙江法院工作呈现出扩散的“蝴蝶效应”,在基层基础建设上推动了全省法庭之间、法院与法庭之间以及法庭与基层组织之间的良性互动。

全省222个法庭同台竞技,一种你追我赶的良性竞争氛围油然而生,审判质效指标数据逐年优化。去年全省人民法庭法官年人均结案179件,最高达450件,上诉率仅为3.7%,二审改发率8.0%,许多法庭实现“零发回”、“零改判”。基层法院也借此统筹法庭之间关系,实现各法庭均衡发展。其中杭州萧山区法院和绍兴县法院依托审判质效评估体系,实行岗位分类考核,分解质效数据责任,推行法庭管理物业化和诉讼服务规范化,物业全天候保洁和诉讼服务定岗、定人、定责,辖区三个法庭都被授予“模范五好法庭”,实现“满堂红”。

人民法庭逐渐成为浙江法院审判人才的培育基地,管理人才的锻炼平台,近五年来,全省共有20余名法庭庭长被提拔为院领导,40余名法庭审判人员走上法院中层领导岗位,法庭更具吸引力。浙江高院定期对现在法庭岗位上满20年的资深法官颁发荣誉证书。杭州中院每年新招录研究生都被派驻法庭接受基层淬炼,也成为基层法院老中青梯次队伍中的新鲜血液。为让年轻干警更快融入法庭的乡土氛围,桐乡法院专门购置发放《桐乡方言》,邀请行家讲授方言规律,并对资深法官和青年干警结对实行半年双向考核。该院3名副院长都是法庭庭长出身。

随着从乡土迈向现代,法庭作用日益出挑,在基层司法与基层组织的良性互动中,短板互结变长板,推动基层社会矛盾有效化解。余杭区法院开始了欲取之先给之的务实调研之路,将基层司法的核心内容(如审判)留给法院和法庭,而非核心职能(如送达)则由基层法院与基层组织共同承担,良性互动使司法资源与民间资源互补,形成司法服务与社会管理的整体合力。

萧山经济正处高速发展期，重点项目分布广，拆迁安置任务重，矛盾纠纷增多。为此，萧山三个人民法庭主动定点联系工作，摸清辖区情况，提前预警建议，两年来向地方党委政府提出 34 条建议意见，得到党委政府的高度肯定。

温岭市箬横镇党委书记林建敏以前认为人民法庭不如派出所、司法所等部门重要，直到担任镇长后改变了认识。2007 年一起事件让他记忆犹新。

当时，某企业老板出逃的消息传出，来自外省的 247 名农民工打着横幅，聚集在镇政府门口。当派出所、司法所都赶过来劝说无效，又不能采取强制措施时，法庭负责人建议："镇政府先垫付工资款，法庭立马采取财产保全措施。"顺着这思路，法庭的同志一直忙到深夜。"事情圆满解决，使我重新审视法庭。"

在箬横法庭新大楼建设时，镇政府全额减免 25 万元建设配套费，出资 37 万多元缴纳征地费和改善法庭设施。如今，每年给予 5 万元专项调解基金，近两年 2 名驻庭协助调解员参与调解成功 200 多件案件，被最高人民法院授予"全国指导人民调解工作先进集体"荣誉称号。林建敏自豪地告诉记者："我在箬横这么多年，还从未有人投诉法庭干警。"

短评：基层工作无止境　提高能力创新篇

"基础不牢，地动山摇"，基层基础工作是人民法院全部工作的根基所在，尤其是人民法庭工作，处在司法工作的最前沿，离人民群众最近，如何夯实基层司法基础，扎实推进"司法为民"，是检验人民法院司法公信力和群众满意度最好的一块"试金石"。浙江法院把基层建设的着力点放在了人民法庭上，一以贯之，坚持不懈，如一步好棋激活了全盘，不仅有亮点有成绩，他们的经验和做法，也值得全国法院学习借鉴。

法庭虽小，责任却大，法庭虽远，离群众近。浙江很重要的一条经验，就是高度重视人民法庭的窗口和纽带作用，把它作为紧密联系群众、践行司法为民宗旨最直接的平台。无论是适应"乡土特色"的调解经验，还是做好服务基层的"法律参谋"，无论"司法单元格"参与社会"网格化管理"，还是主动调研服务小微企业，都是他们始终坚持和掌握群众观点、群众立场、群众方法，从而进行的符合审判规律的司法为民的生动实践。法庭工作人员坚持"有法庭在基层坚守，就是把法治的旗帜插进了那方土地"的信念，守土有责，爱民心切，播撒法治阳光，赢得了群众的支持和赞誉。

上下一心，泰山也移，浙江人民法庭建设之所以取得优异的成绩，还在于他们坚持把法庭工作作为"一把手"工程常抓不懈，无论是省高院院长齐奇带头"微服私访"，还是要求业务庭腾出时间精力搞基层调研，无论是积极争取地方党委政府支持推进法庭物质装备建设,还是提高改善法庭工作人员职级待遇,都体现了浙江法院从上到下重视基层建设的远见和思路,也是法庭工作取得长足发展的组织保障和动力来源。

见贤思齐,共同进步,这是浙江法院细化标准,创新载体,不断促进人民法庭工作进步的重要经验。从成立基层工作处到对全部法庭实行单独考核,从创“五好人民法庭”到争“模范五好法庭”,都是强化基层建设的“硬招”,也通过激励先进、鼓励后进的争创活动这一载体,有力推动了人民法庭的正规化、规范化、制度化建设。

当前,我国正处于经济转轨、社会转型的特殊时期,社会矛盾日趋复杂敏感,给人民法庭预防化解矛盾、维护稳定带来了新挑战;基层社会管理中的薄弱环节增多,给人民法庭能动司法、参与社会管理创新带来了新课题;法律体系的形成,给人民法庭确保法律正确实施、维护社会公平正义带来了新考验。“公正、廉洁、为民”既是人民法院的司法核心价值观,也是人民法庭的庭训,只有牢记这六个字,积极落实最高人民法院最近提出的加强司法能力建设的要求,着力提高人民法庭便民利民、预防纠纷、化解矛盾、服务发展的能力水平,人民法庭工作才能更好地服务经济社会发展,才能更好地维护人民群众的合法权益,也才会有更广阔的发展空间。

(原载2012年5月14日《人民法院报》)

文化为魂　公正为本
营造积极向上、催人奋进的人文环境

开车进入金华中院的人都会注意到这样一个细节:中院的主楼前,并没有设置车道。任何人都必须下车拾级而上。原来,这样的设计正是为了体现法的基本精神:法律面前人人平等,没有高低贵贱。主楼大厅有一组浮雕群,雕刻的是古今中外10位代表着司法公正理念的执法者和法学家。整个浮雕群就宛如一部沉甸甸的法学史,令人肃然起敬。

日前,两家中级法院被省高院确定为全省法院文化建设示范单位,金华市中级法院就是其中之一。法治文化的气息,早已渗透进了这里的角角落落。“法院文化是法院群体的灵魂,它决定与支配着法院群体的价值取向,决定着法院群体的凝聚力和战斗力。为什么一个审案办案的地方会散发出浓浓的文化气息?”金华中院院长徐建新如是说。

一、文化建设,塑造的是一个“学习型”法院,带出的是一支专家型、学术型的法官队伍

自从1991年以来,金华中院每年召开一届全市法院系统学术研讨会,至今已成功举办19届;金华中院还专门创办了自己的学术刊物《审判与研究》,提倡和鼓励广大干警潜心学习研究,撰写调研文章;此外,金华中院还与浙江大学等高校联合,组织开设了多期法官研究生课程进修班和业务技能培训班。

如今,翻开金华中院的审判人员履历表可以看到,中院45岁以下审判人员中,本科以上学历的人员达到100%。更难能可贵的是,金华中院干警历年来在省级刊物上发表的论文达4000多篇。

二、文化建设,提升的是法官的职业精神,增强的是对公平公正的信念

每年,金华中院都会开展以法官职业精神为主题的各项实践活动,潜移默化的熏陶、培养法官对法院精神文化的觉悟和意识。高层次的法学讲座、演讲比赛、书画大赛、法官授职典礼……形式多样的健康文化活动,培养了法官对法治文化的觉悟和意识,增强了对职业的归属感和崇敬感,更促进了法官队伍的廉政建设。

职业精神的加强,带来的是对司法公正的进一步追求。近年来,金华中院除旧布新,对人事制度、管理机制、审判方式进行了大刀阔斧的改革,先后建立了案件流程管理制度、庭前证据交换制度以及冤假错案责任追究制度,有效提升审判效率和案件质量。2008 年,全院共受理各类案件 11348 件,审结 11108 件,解决诉讼标的金额 39.2 亿元。收、结案数列全省第三位,人均结案数居全省各中院第一,生效裁判申诉率在全省各中院中最低。

为贴近民生,2009 年 9 月,院长徐建新还带头做客网络论坛,以“沟通民意、亲近司法”为主题,与广大网民朋友进行了在线互动交流。

金华中院院长徐建新表示,法院工作的核心是公正与效率。“围绕这个核心,以强化审判职能为重心,以建设现代化法院为目标,以法官职业化为根本,大力加强法院文化建设,营造出浓厚的法官职业文化氛围,形成一种积极向上、催人奋进的人文环境,就一定能推动法院各项事业不断前进。”

(原载 2010 年 1 月 4 日《浙江法制报》)

青年干警培养的“金华模式”

队伍建设是谋事之基，成事之本。近年来，金华中院面对队伍比较年轻、青年干警人数较多而审判任务又相当繁重的新形势，把对青年干警的培养锻炼作为法院队伍建设的一件大事抓紧抓好，多措施并举，促进早成才、快成才，在青年干警的教育培养方面成效显著，在队伍建设方面走出了一条新路子，为审判执行工作提供了坚强的组织保障。在连续三年收结案数高居全省第三的情况下，实现了连续三年人均办案数全省第一，中级法院队伍建设连续 11 年零违纪。2008 年、2009 年先后被省高院荣记集体三等功法院、集体二等功法院。2010 年被省委、省政府授予“省级文明单位”荣誉称号。

一、注重制度建设，科学晋升体系

“加强对青年干警的培养不仅是改善法院队伍构成现状的迫切需要，更是事关法院的长远科学发展。”金华市中级人民法院政治部主任楼庆丰介绍说，“从近几年看，青年干警人数占比、办案数量占比呈上升趋势，但其办案质效方面却存在一些反差”。

金华法院青年干警已成为法院主体力量。从市中级法院看，2007 年至 2010 年，该院共录用、选调干警 74 名，目前该院 35 周岁以下青年干警 82 人，占 44%，基层法院如东阳法院的青年干警已达半数。与此同时，从办案数量看，青年干警已成办案的主力军。2007 年、2008 年、2009 年金华法院青年干警办结案件数分别是 6997 件、10496 件、22432 件，分别占案件总数的 11%、18%、25.63%。从目前办案进度预测，青年干警的办案量所占比重仍将持续攀升。

令院党组担忧的是，与资深法官相比，青年干警的办案质量仍有待进一步提高。以调撤率为例，2007 年至 2009 年，金华法院平均调撤率从 48.9% 上升至 56.8%，而青年干警所办案件的调撤率从 44.7% 上升至 49.2%，始终都低于金华法院法官所办案件的平均调撤率。

当中院政治部把《关于基层法院年青干警培养的调研》的报告放到金华市中级人民法院党组书记、院长徐建新面前时，当场拍板，他说，“培养一支学识高、业务精、能力强、作风优的青年干警队伍对确保法官队伍素质、提升司法裁判水平、促进社会矛盾化解意义重大，也迫在眉睫”。

为使这些青年干警尽快成才,中院党组对这些青年干警的培养、选拔和任用,实行动态管理,跟踪考察,安排磨砺,使这些青年干警得到了迅速成长壮大,成为法院办案的主干力量。2010 年,中院相继修订完善了审判员晋升、审判长选任两项制度,对参加审判员晋升、审判长选任人员的办案数量、调研能力、任职年限等资格条件都作出了明确具体的硬性要求。这两项制度,一方面,都贯穿和突出了审判工作实绩。要求参加审判员晋升、审判长选任的人员,近三年办结的案件数量都必须排在所在庭的平均数以上。另一方面,突出了干警的一贯工作表现。在审判员晋升、审判长选任中,专门划出 20% 的比重,对参加晋升、选任人员近年工作业绩进行考核打分并记入总分。

此外,还新制定了《助理审判员选任办法》,规定书记员晋升助理审判员必须有 2 篇以上法学论文在市级以上刊物或论文研讨会上获奖,且须经过业务知识笔试、业绩考核、综合素质评价,择优选任。2010 年 8 月 20 日,中院出台规定强化书记员任命管理工作,要求新进人员必须熟练掌握各类案件审理、案卷的整理、办公自动化、计算机文字录入等工作。对考核合格的人员方可任命为书记员。获得任命的书记员实行定期轮岗交流,干部人事处每季度组织书记员进行一次工作经验交流,作为任命助审员的考核依据。

中院干部人事处处长支起来告诉我们,现在,中院已经建立并完善了一整套完善的培养体系,从进入法院到任命为书记员、助理审判员、审判员、审判长都必须经过考核,每一步成长阶梯都有一套严格规范、科学的考核标准,实现了审判职务任命制度的系统化。

二、立足技能培养,“一帮一”成长

2010 年 8 月 23 日,市中院出台《青年干警培养导师制度》,10 月 29 日,金华中院隆重举行青年干警导师结对仪式。23 名预备法官与 31 名资深法官签订结对培养协议。按照规定,该院将为每位新进法院干警指定至少一名导师,进行为期两年的指导。

2010 年考进法院的小张高兴跟记者说,太好了,对我们刚进入法院的“一年级新生”来说,就是一场“及时雨”。

过去,一名书记员晋升为审判员,需要在审判岗位经过 4 至 6 年时间的实践锻炼,而现在的过渡锻炼仅为 1 至 2 年。“法律的生命在于经验而不是逻辑”。虽然各级法院加大了岗前培训的力度,但裁判思维、审判技能、群众工作等一名法官必备的知识能力远未涉及。如何帮助青年干警尽快从法学理论知识向司法实际能力过渡,加快青年法官成长的速度,成为加强法官队伍建设的一个现实课题。

省法官进修学院优秀教师、金华中院审委会委员、民事审判第一庭庭长邵增兴，是该院的一名资深法官，有着丰富的民商审判和教学经验。这次，他与中国政法大学硕士研究生吕强双向选择，最终确定为“师生”关系，实行“一对一”、“手把手”的传帮带。

根据规定，邵法官重点突出对审判辅助、法律适用、庭审驾驭、调解和解工作方式、裁判文书制作和法官职业道德和职业信仰的培养等六个方面对干警进行指导，有效地缩短青年法官成长周期，尽快适应审判岗位需要。半年来，在邵法官的精心指导下，小吕的业务技能迅速提高，被院评为“优秀公务员”。

同时，为使青年干警尽快熟悉法院的全面工作，该院还建立书记员定期轮岗交流制度、工作经验交流制度，要求书记员每周报送《工作周记》，记录一周工作情况和工作心得，并适时组织他们进行工作经验交流和岗位轮换。

为进一步加强对青年干警的教育、引导和培养，11 月，全市法院青年法官两期培训班在金华中院成功举办。来自全市法院的 310 余名青年干警参加培训，本次培训班的授课老师，均由金华中院业务部门具有丰富审判、执行工作经验的庭（处）长和资深法官担任。政治部楼庆丰主任结合自身多年在党政部门的亲身经历，联系法院工作要求，亲自指导如何当好一名政治业务双优秀法官。

参加培训的小赵深有体会地说：“老师在课前都做了精心的准备，既有较深的理论性又有很强的实务性，授课深入浅出，比以前在学院里听老师从理论到理论的枯燥式传授深刻多了，对提高我们的政治理论素养、法律理论知识、办案能力都有很大的帮助。”

2010 年 10 月 15 日、16 日，金华中院邀请最高法院、省高院等专家执行业务授课。9 月 27 日、28 日，金华中院组织开展了全市法院量刑规范化培训，中院范旭东副院长亲自担任主讲，有针对性地组织刑事线上的青年干警加强学习、提高能力。

三、优化激励机制，焕发干警活力

2011 年 1 月 5 日，中院民二庭某涉及群体性纠纷的系列案件的一方当事人——某汽车有限公司的诉讼代理人给中院领导寄来感谢信。在信中写到：“在目前我国构建社会和谐的大背景下，在推进‘大调解’工作的进程中，金莉法官能够立足审判实践，克服就案办案、机械办案的思想，是服务民生、服务发展、服务和谐，能动司法，和谐解决经济纠纷案件的生动实例。从金莉法官的身上，我看到贵院法官的风采，也钦佩贵院审判思想教育的喜人成果……金莉法官无愧于头顶的国徽和胸前的天平,她真正做到了‘为国徽添彩,让天平永恒’!”。

自从院团支部在青年干警中发出争当办案能手,在青年干警中评选“青年突击手”倡议书后,涌现出一大批先进的青年干警。2010 年共评选出办案能手、青年突击手 29 名,其中青年干警占到 55%,民一庭的金桦年均办案 157.8 件,不仅是庭里第一,还是全院第一,调解率 22.2%,在庭里第一,而且所办结的案件,没发现有信访闹访的,荣获 2010 年度“全省法院十佳青年法官”。

“这些都得益于法院采取了一些行之有效的精神激励机制,一是立标杆,二是树典型,三是评能手”,金华市中级人民法院副院长孟玲告诉记者。

立标杆就是实行绩效考核数据月通报制度,每月将收结案、未结案、调解率、平均审限、一年以上未结案等个人办案方面绩效数据进行统计排名,并书面通报到每个部门和每位办案人员手中。评能手就是为鼓励先进、鞭策后进,在每月通报个人办案情况及排名的基础上,根据办结案件、调解率等情况,每半年评选一次“办案能手”,另外还举行青年干警打字比武大赛等比赛。

值得一提的是,为了提高案件调撤率,真正实现案结事了,院专门修订办案能手判定规则,规定办案能手所办案件的调撤率必须达到所在庭的平均水平以上。中院的一位干警办案数都在前列,仅仅因为调撤率只差零点一个百分点,而没被评为办案能手。

市中院团委书记王思维,也是连续两年被评为办案能手,他说,谁先谁后,干多干少,干好干坏,一目了然,使我们找差距有了参照、争先创优有了目标。

对评选出来的“办案能手”和“青年突击手”,定期进行通报和表彰,有计划地安排他们外出考察学习。近两年,中院已先后 3 次组织办案能手和青年突击手到上海一中院、成都中院、南京中院等地考察学习,较好地营造了争当办案能手、争当青年突击手的氛围。出现不少青年干警向院领导提建议,主动要求多分案,争当办案能手的良好局面。

中院徐建新院长指出,2011 年是金华法院的“全面工作规范年”,同时我们正在全市法院开展“百名法官进百村、百名法官进百企、百名法官解百案”为主题的实践活动,我们将以该两项活动的开展为契机,进一步把活动当作锤炼青年干警做群众工作的能力、服务大局的能力和提高司法能力的有力抓手。

(原载 2011 年 3 月 7 日《浙江法制报》)

关爱在平时

一、宣誓　六年持续

“我是中华人民共和国法官，我保证不得有下列行为……”5 月 31 日，全国十佳人民法庭——诸暨市人民法院枫桥法庭正在进行廉政宣誓活动。

2004 年，枫桥法庭结合法官法规定的法官行为“十三个不得有”，创新出台了《枫桥法庭廉政宣誓制度》，规定每月第一周上午上班前，全庭干警统一着装集体进行廉政宣誓，旨在增强干警廉洁自律意识。为增强每一位干警的责任意识，该庭规定领誓人由法庭干警轮流担任，宣誓完毕后，每位宣誓人在誓言上签名并备案，以增强庄严感，强化宣誓效果。

铁打的营盘，流水的兵，六年过去了，法庭干警已经换了好几茬，但该项制度一直坚持至今。廉政宣誓制度实施六年多来，枫桥法庭干警的廉洁自律意识进一步提高，没有发现一起违纪违法事件，也没有接到过有关廉政问题的投诉，同时，该庭的办案质量和效率都逐年提高，调撤率始终维持在 65% 左右，有效促进了当地社会和谐稳定。

为保证每一位干警廉洁执法，诸暨市人民法院建立廉洁办案全程督促机制。立案时，制作《廉政监督意见卡》，向所有审理和执行案件的当事人、代理人(辩护人)发放，并专门为干警建立廉政档案，及时记载干警廉政纪律遵守情况，做到对干警办案予以全程廉政提醒；利用每周一晚上政治学习时间，组织全院干警上廉政教育课、收看反腐倡廉警示片，做到警钟长鸣，常抓不懈，收到了良好的效果。

二、三访三谈　聚人心

“我病好后，还要继续战斗，站好最后一班岗，办好每一个案子。”绍兴市越城区法院立案庭审判员袁芳躺在病床上握着该院院长胡仲飞的手动情地说。53 岁的袁芳一直带病奋战在立案窗口平凡的岗位上，多年来积劳成疾，去年底患上乳腺癌，住院期间，胡仲飞带领全体班子成员集体到医院进行探望慰问，并采取多种形式帮助解决实际困难，让袁芳充分感受到法院大家庭的温暖，坚定战胜病魔的信心。现其病情已基本好转，即将返回她熟悉的工作岗位。这是越城法院落实三访三谈制度，开展凝聚力工程，关爱干警的真实写照。

越城法院三访三谈制度,即干警生病必访、干警及亲属婚嫁亡故必访、春节等重大节日必访;干警犯错误必谈、干警有思想波动必谈、干警工作调整必谈,及时掌握干警的思想动态,切实关心广大干警的成长和进步,为他们岗位成才、建功立业创造条件。人性化的制度和管理,充分激发了干警做事创业的信心和热情。在案多人少矛盾十分突出的情况下,该院干警主动放弃节假日,主要业务庭全年周六加班,2009 年人均办案数居浙江全省各 103 个法院第三位,人均结案数居全省各法院第四位。

(原载 2010 年 6 月 8 日《人民法院报》)

创新“枫桥经验”　开展群众工作

诸暨市是毛泽东同志亲笔批示的“枫桥经验”的发源地。近年来，诸暨市人民法院在新的历史条件下对“枫桥经验”进行了创新和发扬，核心是运用群众工作方法积极推进矛盾化解，取得了一定成效。他们的主要做法有：

一是坚定运用群众工作方法化解矛盾的理念

进一步以群众工作为统揽，放眼群众抓调解、促稳定。采取导师制度、业务培训、下派锻炼等方式，增强年轻法官开展群众工作的能力。贯彻“调解优先、调判结合”的工作原则，把调解作为处理案件的首要选择。对于不能调解或者根据案件特点不适宜调解的，尊重当事人的意愿，依据实际情况选择合理的方式，妥善化解矛盾纠纷。

二是立足审判职能，积极探索化解矛盾的新方法

在感情上和行动上进一步贴近群众，深入基层，深入群众。通过实地调查研究，广泛听取人民群众的意见，充分保证群众的知情权、参与权和监督权；把法律、情理、乡风民俗和群众监督有机结合起来，加强释法说理，学会推心置腹，用群众听得懂的语言，提高其对法律的理解和裁判的认同。灵活运用俗语、谚语、典故、歇后语、俏皮话等与群众加强交流，运用村规民约、风俗习惯、道德伦理等群众易于接受的道理说服双方，从源头上化解纠纷。

三是以机制创新推动司法联系群众工作经常化、制度化

强化群众对司法工作的监督，建立常态化的执法干警问责机制，确保法院干警的执法办案权始终处于可控状态。建立良好的内部协调互动机制。在每个业务部门确定一至两名经验丰富、业务精通的干警专职或兼职担任矛盾纠纷调处联络员，定期或不定期地进行交流沟通，对同一矛盾纠纷明确各自职责，通力合作。健全法院与党委、政府以及相关职能部门的配合协调、信息通报和联合调处等工作机制，推动建立经常性的协作网络。

四是多管齐下营造群众工作氛围

不断健全教育培训机制，把群众工作作为开展法官素质教育的重要内容之一，纳入到基层法院院长轮训、人民法庭庭长轮训、干警专项素质培训的内容中。定期总结基层创造的一些好经验、好做法，编写形成工作案例，并积极予以推广。探索将群众评议制度引入绩效考评机制，将运用群众工作化解矛盾情况

纳入到对法官绩效考核,并作为各部门及干警评比表彰、提拔使用、奖优罚劣的重要依据。

五是进一步加强与基层组织的联系协作与互信互动

加强与部门、乡镇、村居等基层单位的日常联系,通过建立多部门共同参与的信息共享、预警联动、部门协作、联调联处机制及纠纷排查和调解网络的信息反馈,发挥各自优势,变“法院调处纠纷”为“多元化解纠纷”。把人民调解、行政调解、司法调解、行业调解等有机衔接起来,综合发挥法律、政策、经济、行政等手段和教育、协商、疏导等办法,最大限度把矛盾解决在基层、解决在萌芽状态。

我国处于社会主义初级阶段和社会转型期,社会问题、社会矛盾多发、复杂,为着力构建和谐社会,建议对该院运用群众工作方法化解矛盾的做法予以推广。

(原载 2012 年 3 月 24 日《人民法院报》)

附　　录

近五年来浙江省高级人民法院制定的相关文件

（一）刑 事 审 判

浙江省高级人民法院　浙江省人民检察院　浙江省公安厅
关于当前办理集资类刑事案件适用法律
若干问题的会议纪要

（2008 年 12 月 2 日　浙高法〔2008〕352 号）

本省各级人民法院、人民检察院、公安局：

为了落实中央提出的全面发展、协调发展和可持续发展的科学发展观，有效、重点打击危害严重的非法金融活动，实现刑事司法的法律效果和社会效果的有机统一，在省政法委协调下，省高级人民法院、省人民检察院、省公安厅于 2008 年 11 月召开了处理集资类刑事案件法律适用问题研讨会。会议根据法律和司法解释，结合我省经济发展的实际情况，对办理集资类刑事案件法律适用问题达成共识。现纪要如下：

一、未经依法批准，以承诺还本分红或者付息的方法，向社会不特定对象吸收资金，用于发放贷款、办理结算、票据贴现、资金拆借、信托投资、金融租赁、融资担保、外汇买卖、证券期货等非法营利活动的，应当依法按照非法吸收公众存款定性处理；行为人具有非法占有目的的，应当依法按照集资诈骗等处理。

二、为生产经营所需，以承诺还本分红或者付息的方法，向相对固定的人员（一定范围内的人员如职工、亲友等）筹集资金，主要用于合法的生产经营活动，因经营亏损或者资金周转困难而未能及时兑付本息引发纠纷的，应当作为民间借贷纠纷处理。对此类案件，不能仅仅因为借款人或借款单位负责人出走，就认定为非法吸收公众存款犯罪或者集资诈骗犯罪。

三、以生产经营所需为由，以承诺还本分红或者付息的方法，向相对固定的人员筹集资金，部分用于合法的生产经营活动，部分用于违法犯罪行为，违法使用资金的行为触犯刑法的，依据其触犯的罪名定罪处罚。

四、为生产经营所需，以承诺还本分红或者付息的方法，向社会不特定对象筹集资金，主要用于合法的生产经营活动，因经营亏损或者资金周转困难而未能及时兑付本息引发纠纷的，一般可不作为非法吸收公众存款犯罪案件处理。但对于其中后果严重，严重影响社会稳定的，应当按非法吸收公众存款犯罪处理。

五、以生产经营或者投资所需为幌子，以承诺还本分红或者付息的方法，向社会不特定对象吸收资金,非法占有资金的,按照集资诈骗犯罪处理。

六、司法机关应当依法妥善处理涉及众多被害人的犯罪案件,积极配合地方党委和政府做好善后工作,尽量将犯罪造成的不良后果降到最低限度,确保社会稳定。要注意及时扣押、冻结、追缴赃款赃物和违法所得,及时将非法集资款返还被害人。但对于超出本金部分的利息,不予保护。对扣押、冻结、追缴在案的赃款赃物、违法所得,应当按照尚未归还的被害人集资本金按比例分配归还。对办案过程中发现有关部门和单位在资金管理中存在的漏洞和隐患,要及时提出司法建议,以做到防患于未然。

本纪要下发后,各级人民法院、检察院、公安机关要认真贯彻执行,如有新的规定,按照新的规定执行。

浙江省高级人民法院
关于审理交通肇事刑事案件的若干意见

(2009年8月21日　浙高法〔2009〕282号)

全省各级人民法院:

为了统一执法标准,依法审理交通肇事刑事案件,打击严重交通肇事犯罪,保障人民群众的生命财产安全,依照刑法和最高人民法院相关司法解释的规定,经本院审判委员会第2136次会议讨论通过,现就审理交通肇事刑事案件中的若干问题,提出如下意见:

一、关于缓刑的适用

要坚持宽严相济的刑事政策。对后果不是特别严重,赔偿积极,符合适用缓刑条件的被告人可以适用缓刑,同时又要避免出现适用缓刑过多过滥的情况。

下列情形,一律不适用缓刑:

(1)醉酒驾驶机动车致死亡一人或者重伤三人以上的;

(2)有出于追逐取乐、竞技、寻求刺激等动机,在道路上超速行驶50%以上情节的;

(3)致死亡一人或者重伤三人以上后逃逸的;

(4)斑马线上致行人死亡一人或者重伤三人以上的;

(5)具有《最高人民法院关于审理交通肇事刑事案件具体应用法律若干问题的解释》第四条规定的“其他特别恶劣情节”的;

(6)造成恶劣社会影响的。

下列情形,一般不适用缓刑:

(1)酒后、吸食毒品后驾驶机动车致死亡一人或者重伤三人以上的;

(2)无驾驶资格的人驾驶机动车致死亡一人或者重伤三人以上的;

(3)曾因违反交通安全法律法规被追究刑事责任或者受到过吊销机动车驾驶证、拘留行政处罚的;

(4)交通肇事后让人顶替的;

(5)明知是无牌证的机动车、已报废的机动车、安全设施、机件不符合技术标准等有安全隐患的机动车、非法改装的机动车而驾驶,或者严重超载等,致死亡一人或者重伤三人以上的。

二、关于自首的认定

交通肇事后报警并保护事故现场,是道路交通安全法规定的被告人交通肇事后必须履行的义务。人民法院依法不应将交通肇事后报警并在肇事现场等候处理的行为重复评价为自动投案,从而认定被告人自首。

交通肇事逃逸后向有关机关投案,并如实供述犯罪事实的,可以认定自首,依法在三年以上七年以下有期徒刑的幅度内从轻处罚,一般不予减轻处罚。对于有致死亡一人或者重伤三人以上情节的,不适用缓刑。

三、关于人身损害赔偿与量刑

交通肇事致人死亡或者重伤案件民事部分的及时足额赔偿,有利于安抚被害人或者被害人亲属。因此,对民事赔偿积极,取得被害人或者被害人亲属谅解的,一般应该在量刑时有所体现,酌情予以从轻处罚,以最大限度地化解矛盾,促进和谐。但要防止产生"以钱抵刑"的负面影响,对那些犯罪情节恶劣、影响极坏、造成后果特别严重的被告人,从轻幅度要小一些,甚至可以不予从轻处罚。

对于基本未赔偿的,或者隐匿财产逃避赔偿的,要酌情从重处罚。

人民法院应当加强交通肇事刑事附带民事赔偿案件的执行力度,并对符合司法救助条件的被害人或者被害人亲属给予司法救助。

四、关于无能力赔偿数额的确定

交通肇事造成公共财产或者他人财产直接损失,负事故全部或者主要责任,无能力赔偿数额在四十万元以上的,构成交通肇事罪,处三年以下有期徒刑或者拘役;造成公共财产或者他人财产直接损失,负事故全部或者主要责任,无能力赔偿数额在八十万元以上的,属交通肇事罪"有其他特别恶劣情节",处三年以上七年以下有期徒刑。

五、关于意见的执行

本意见自下发之日起执行。本院以前有关规定与本意见相抵触的,以本意见为准。如果最高人民法院有新的相关规定,以最高人民法院的规定为准。执行中如有问题,请及时报告本院。

浙江省高级人民法院　浙江省人民检察院
浙江省公安厅　浙江省司法厅
关于认定立功具体适用法律问题的若干意见

(2009年5月31日　浙检会(研)〔2009〕2号)

为规范立功的认定,统一执法标准,根据《中华人民共和国刑法》及相关司法解释的规定,结合我省实际,现就立功认定中的若干法律适用问题提出如下意见:

一、检举揭发他人犯罪行为,查证属实的,应当是现有证据足以证明被检举揭发对象的行为已经构成犯罪,且被检举揭发对象一般已被批准逮捕。

被检举揭发对象最终被撤案或者被作出绝对不起诉处理,或者被宣判无罪的,不能认定为立功。

二、两名以上犯罪分子共同检举揭发同一对象同一犯罪的,应查明实际提出检举揭发的某一犯罪分子,并认定其立功,对其他犯罪分子不认定立功;不能查明的,均不认定立功。

两名以上犯罪分子先后检举揭发同一对象同一犯罪的,原则上只能认定最先检举揭发的犯罪分子构成立功。但因先检举揭发的事实无法查明,而后检举揭发行为对侦破案件起作用的,则认定后检举揭发的犯罪分子构成立功,对先检举揭发的犯罪分子不认定立功。

三、犯罪分子协助司法机关抓捕其他犯罪嫌疑人(包括同案犯),有下列行为之一,且司法机关根据犯罪分子的协助行为成功抓获其他犯罪嫌疑人的,应认定有立功表现:

(一)带领司法机关工作人员抓获了其他犯罪嫌疑人的;

(二)提供了不为司法机关掌握或者司法机关按照正常工作程序无法掌握的其他犯罪嫌疑人藏匿的线索的;

(三)交代了其他犯罪嫌疑人的联系方式,又按要求积极协助司法机关抓获犯罪嫌疑人的;

(四)犯罪分子成功劝说其他犯罪嫌疑人归案或者直接将其扭送司法机关的。

共同犯罪中同案犯的姓名、住址、体貌特征、联络方式等基本信息,属于犯罪分子应当供述的范围。犯罪分子只提供上述基本信息的,不应认定为立功。

四、犯罪分子检举揭发他人犯罪的线索来源具有下列情形之一的,不应认定为立功;构成其他犯罪的,依法追究刑事责任:

(一)有偿(包括许诺有偿)方式获取的;

（二）本人因原担任的查禁犯罪等职务获取的；

（三）负有查禁犯罪活动职责的国家机关工作人员或者其他国家工作人员利用职务便利提供的；

（四）他人违反监管规定向犯罪分子提供的；

（五）通过暴力、胁迫、贿赂等非法手段获取的；

（六）教唆、引诱、指使、收买他人实施犯罪行为并予以检举、揭发的；

（七）线索来源明显可疑，无法排除非法获取可能的；

（八）其他非法手段或非法途径获取的。

五、犯罪分子检举揭发他人犯罪线索的，由检举揭发线索涉及的主要犯罪地侦查机关侦查；如果犯罪分子羁押地或原案侦查机关侦查更为适宜的，可以由羁押地或原案侦查机关侦查。

犯罪分子向侦查机关、检察机关或刑罚执行机关检举揭发他人犯罪线索的，由侦查机关、检察机关或刑罚执行机关依照第一款的规定，自行侦查或将线索移送有管辖权的侦查机关。

犯罪分子向人民法院检举揭发他人犯罪线索的，由人民法院将线索移送同级人民检察院，再由检察机关依照第一款的规定，自行侦查或将线索移送有管辖权的侦查机关。

对于犯罪分子在羁押期间检举、揭发他人犯罪的材料，侦查机关或刑罚执行机关应同时报检察机关派驻监管场所检察室备案。

六、侦查机关对检举揭发的线索应当及时查证。查证后，无论是否属实，侦查机关均应将查证结果书面反馈给提供线索的机关。对查证属实的，侦查机关应附立功证明材料。

提供线索的机关接到侦查机关反馈的查证材料后，认为构成立功的，应将相关材料按以下情形递交：

（一）检举揭发人的案件在侦查、审查起诉阶段的，向案件侦查机关、审查起诉的人民检察院递交；

（二）检举揭发人的案件在审判阶段的，向审查起诉的人民检察院递交，人民检察院审查后提出是否构成立功的书面意见，送交审判案件的人民法院；

（三）检举揭发人是服刑罪犯的，在罪犯申报减刑假释时，连同减刑假释呈报材料一起向人民法院递交。

七、犯罪分子检举揭发他人犯罪行为，查证属实的立功证明材料，包括：

（一）犯罪分子的检举揭发材料；

（二）证明检举揭发线索来源属实的材料；

（三）证明被检举揭发对象构成犯罪的主要证据材料；

(四)立案决定书、侦查机关出具的立功认定书面意见;

(五)批准逮捕决定书,或不起诉决定书,或起诉书,或判决书。

八、犯罪分子协助司法机关抓获其他犯罪嫌疑人(包括同案犯)的立功证明材料,包括:

(一)侦查机关提供的抓获经过材料;

(二)被抓获的犯罪嫌疑人被采取强制措施的法律文书;

(三)被抓获的犯罪嫌疑人构成犯罪的主要证据材料。

抓获经过材料应由承办人员、部门领导及单位分管领导分别签字并盖单位公章。

九、人民法院认为被告人的立功表现需要调查核实的,应当依据《中华人民共和国刑事诉讼法》规定的程序进行调查核实,对于需要人民检察院补充完善证据的,应当由同级人民检察院进行补充完善工作,人民检察院可以要求侦查机关补充完善相关证据。

被告人在庭审过程中检举揭发他人犯罪的,人民法院应制止被告人在庭审中公开线索内容,可在庭审后将检举揭发线索移送同级人民检察院,由人民检察院依照第五条的规定处理。

十、对具有立功表现的被告人,应综合考虑被告人罪行的严重程度、立功大小及悔罪表现来确定是否从宽处罚以及从宽幅度的大小。但立功情节考虑从轻、减轻的刑罚,不应高于或等于被检举揭发行为应当判处的刑罚。

对具有一般立功表现的被告人,可按以下标准掌握量刑:

(一)对于罪行较轻的被告人,可以从轻处罚;如果从轻处罚仍然过重,可以减轻处罚;

(二)对于罪行严重、主观恶性较大的被告人,可不予从轻处罚。

对具有重大立功表现的被告人,可按以下标准掌握量刑:

(一)对于罪行较轻的被告人,可以减轻处罚;如果减轻处罚仍然过重,可以免除处罚;

(二)对于罪行严重、主观恶性较大的被告人,可不予减轻处罚;

(三)对于罪行极其严重、主观恶性极大的被告人,可不予从轻或减轻处罚。

十一、对于共同犯罪中具有立功表现的被告人进行量刑,应当依照第十条的标准掌握,同时应考虑共同犯罪人之间的量刑平衡:

(一)对于共同犯罪的主犯立功的,从宽处罚应当从严把握;

(二)对于共同犯罪的从犯立功的,如果是协助抓获共同犯罪的首要分子、主犯的,应当从轻、减轻或者免除处罚。

对于毒品犯罪、黑社会性质的组织犯罪、恐怖组织犯罪、集团犯罪以及其他严重犯罪的首要分子、主犯,因立功而从宽处罚的,应当从严把握。

十二、犯罪分子的检举揭发线索在审判期限内尚无查证结果的,可在裁判文书中予以说明。在裁判生效后查明立功的,将立功材料移交刑罚执行机关。但对拟判处死刑被告人的检举揭发线索,侦查机关应当在审判期限内提供查证结果。

十三、司法机关对检举揭发人在刑事诉讼过程中应采取必要的保护措施,保障检举揭发人的人身安全。

十四、侦查机关出具的证明材料均应加盖单位公章,加盖内设机构印章的无效。

十五、本意见自下发之日起施行。正在办理和尚未办理的案件,适用本意见。

浙江省高级人民法院　浙江省人民检察院
关于以法院工作人员为被告人的
刑事案件实行异地审理的通知

(2008 年 11 月 17 日　浙高法〔2008〕307 号)

本省各级人民法院、人民检察院:

为确保人民法院审理被告人为法院工作人员刑事案件的公正性,根据《中华人民共和国刑事诉讼法》和司法解释的有关规定,结合刑事审判实际,通知如下:

一、以本省各中级人民法院和基层人民法院工作人员为被告人的刑事案件,按以下原则实行异地审理:

(一)依法应当由中级人民法院审理的一审刑事案件,由省高级人民法院指定被告人工作地以外的其他中级人民法院审理;

(二)以基层人民法院内设机构副职以上工作人员和中级人民法院工作人员为被告人的案件,一律由省高级人民法院指定被告人工作地以外的其他地区中级人民法院管辖,由该中级人民法院再指定辖区内基层人民法院审理;

(三)以基层人民法院其他工作人员为被告人的案件,根据案件具体情况,一般由中级人民法院指定本辖区被告人工作地以外的基层人民法院审理,必要时也可由省高级人民法院指定其他地区法院管辖。

二、需要由跨地区基层人民法院审理的案件,该地中级人民法院应在接到省高级人民法院指定管辖决定书 7 日内指定本辖区基层人民法院按照刑事第一审程序进行审判。

三、本省各级人民检察院提起公诉的上述案件,应当与人民法院审判管辖相适应。

以法院工作人员为被告人的刑事案件侦查终结移送审查起诉时,人民检察院应商请人民法院指定管辖,人民法院应当及时指定管辖。

四、本通知所称法院工作人员,是指法官、书记员、执行员、司法警察以及其他行政编制、事业编制人员。

五、本通知自二〇〇八年十二月一日起执行。

浙江省高级人民法院　浙江省公安厅关于在看守所建立和使用远程视频室有关事项的通知

(2009 年 4 月 13 日　浙高法〔2009〕114 号)

本省各级人民法院,各市、县(市、区)公安局:

为充分运用现代信息科学技术,保障监管安全,节约司法成本,提高审判效率,方便当事人、诉讼参与人参与诉讼活动,经省高级人民法院和省公安厅商定,在全省看守所敷设专网,建设远程审判、远程提讯视频室。现将有关事项通知如下:

一、各看守所提供一间提审室,供当地人民法院敷设有线网络,作为视频室,用于远程提讯、远程开庭。

二、视频室的选址由当地看守所、法院协商确定,有线网络敷设、设备和改造经费等由法院解决。视频室改造应以确保安全为前提。

三、视频室由当地看守所、法院共同管理。主要供上级法院和当地法院提讯、开庭之用;提审室紧缺的看守所,非远程提讯、开庭期间,仍可作提审室使用。

四、下列案件可以采用远程提讯、远程开庭:

1. 适用简易程序和普通程序简便审的案件,以及其他事实简单、被告人认罪的一审案件;

2. 事实争议不大的二审案件;

3. 事实清楚的复核案件。

宣判和就专门问题进行的远程听证等不受上述限制。

案情复杂、被告人众多的案件,一般不采用远程提讯、远程开庭。

五、上级法院远程提讯、远程开庭等需要调用有关法院司法警察押解被告人的,由上级法院司法警察主管部门将电子提押票电传至有关法院,有关法院在使用上级法院电子提押票时须加盖本院院章,并加注有关司法警察姓名,由电子提押票上确定的司法警察凭警官证到看守所押解被告人。

远程案件审理时被告人的现场监管和安全保障工作由司法警察负责。

执行中遇有问题，请分别报告省公安厅监管总队和省法院办公室、司法警察总队、刑庭。

附件：上级法院电子提押票样

浙江省　人民法院
电子提押票

（20　）刑　终字第　号

<table>
<tr><td colspan="10">________看守所：
现因我院进行远程视频________需要，委托________人民法院代为提押下列被告人一名，请予协助。
审判员：
书记员：
年　月　日</td></tr>
<tr><td colspan="5">代为提押人民法院
印　章</td><td colspan="5">提押人：
年　月　日</td></tr>
<tr><td>案由</td><td colspan="9"></td></tr>
<tr><td rowspan="2">姓名</td><td rowspan="2"></td><td>性别</td><td></td><td>出生日期</td><td></td><td>职业</td><td colspan="3"></td></tr>
<tr><td>籍贯</td><td></td><td>住址</td><td colspan="5"></td></tr>
<tr><td colspan="5">提讯及其他处理（法院填写）</td><td colspan="5">还押（看守所填写）</td></tr>
<tr><td>日期</td><td colspan="2">事　由</td><td colspan="2">提押人签章</td><td colspan="2">日　期</td><td colspan="3">看守所盖章</td></tr>
<tr><td></td><td colspan="2"></td><td colspan="2"></td><td colspan="2"></td><td colspan="3"></td></tr>
<tr><td></td><td colspan="2"></td><td colspan="2"></td><td colspan="2"></td><td colspan="3"></td></tr>
</table>

注：1. 提押票须加盖代为提押的人民法院印章方为有效；
2. 提押人须出示人民警察证或司法警察证，且警察证姓名应与提押人相符；
3. 提押票使用后，与笔录一并寄回出具提押票的人民法院。

浙江省高级人民法院
关于印发《全省法院审理减刑假释案件工作座谈会纪要》的通知

（2009 年 10 月 20 日　浙高法〔2009〕344 号）

为了正确理解和适用《浙江省办理减刑假释案件若干规定（试行）》（以下简称《若干规定》），本院于上月在余杭召开了全省法院审理减刑假释案件工作座谈会。省政法委、省人民检察院、省公安厅、省司法厅、省监狱管理局的代表参加了座谈会。座谈会总结交流了全省法院审理减刑假释案件工作的情况和经验，研究统一了《若干规定》在适用过程中的具体问题。现纪要如下：

一、关于《若干规定》第五条的适用

罪犯积极履行财产刑和因犯罪行为而承担的民事赔偿责任的，在减刑、假释时可以适度从宽掌握；明显有履行能力而没有履行的，应当从严掌握；确有证据证明具有履行能力而拒不履行的，不予减刑、假释。确有证据证明罪犯不具有履行能力的，可予减刑假释。

罪犯履行能力的审查，由执行机关根据罪犯的家庭背景和经济情况、犯罪获利情况、赃款有无被追缴、罚金有无主动履行、服刑期间的消费情况等综合考虑提出意见报请人民法院审查决定，并应附有罪犯本人陈述、罪犯住所地有关部门证明、监狱消费情况等证明材料；必要时，审理减刑假释案件法院可以通过听证、个别谈话，向执行机关或社区矫正部门调查了解等方式，进一步审查罪犯有无履行能力。

经相关乡镇、社区出具情况说明并经县级以上民政部门确认，证明罪犯家庭确属低保、特困户以及有其他证据证明罪犯无履行能力的，可认定罪犯确无履行能力。

二、关于减刑幅度与执行机关考核积分的关系

监狱服刑的罪犯在符合其他减刑条件的情况下，考核积分超出起报分值的，一般按每 25 分对应一个月的减刑幅度进行折算，看守所服刑的罪犯在符合其他减刑条件的情况下，考核积分超出起报分值的，一般按 20 - 30 分对应一个月的减刑幅度进行折算。老、病、残罪犯和犯罪时未成年罪犯的减刑幅度按有关规定执行。上述减刑幅度不得突破法律、司法解释和《若干规定》规定的减刑幅度限制。

三、关于《若干规定》第三十条的适用

该条第一款规定的罪犯，符合减刑条件的，减刑间隔时间应比同等条件的其他罪犯延长一至六个月；减刑幅度应比同等条件的其他罪犯少减一至六个月。

浙江省高级人民法院　浙江省人民检察院　浙江省公安厅关于印发《关于办理组织、领导传销活动罪追诉标准问题的会议纪要》的通知

（2009 年 10 月 21 日　浙公办〔2009〕109 号）

为有效打击我省传销违法犯罪行为，维护社会稳定，2009 年 10 月 12 日，省高级人民法院、省人民检察院、省公安厅召开座谈会，对组织、领导传销活动罪的追诉标准问题进行了研究，并达成共识。现纪要如下：

根据法律和有关规定，结合我省实际情况，对于同时具有下列情形的传销活动组织者、领导者，应当按照《刑法》第二百二十四条之一规定，以组织、领导传销活动罪追究刑事责任：

一、组织、领导的传销活动人员在三十人以上的；

二、组织、领导的传销活动层级在三级以上的。

《刑法》第二百二十四条之一规定的组织者、领导者，是指在传销活动中起组织、领导作用的发起人、决策人，策划、指挥、布置、协调人，以及其他在传销活动中担负重要职责，或者在传销活动中起到关键作用的人员。

本纪要自下发之日起执行，如有新的规定，按照新的规定执行。

浙江省高级人民法院关于印发《关于最高人民法院发回重新审判死刑案件的办理程序》的通知

（2010 年 3 月 9 日　浙高法〔2010〕84 号）

为了规范最高人民法院发回重新审判死刑案件的审理程序，特作如下规定：

一、本院各刑庭内勤收到最高人民法院发回重新审判的死刑案件后应当报告庭长。庭长依照刑事诉讼法和本院的有关规定，决定重审案件新的主审人。原判事实清楚、程序合法，最高人民法院认为判处死刑可不立即执行的，可以由原主审人办理。

二、案件主审人收案后，将最高人民法院发回重审裁定书及所附内部函件、本院原审裁判文书及审理报告等材料通过内勤送审判委员会办公室，由审判委员会办公室将相关材料报告院长、分管副院长及审判委员会其他委员。

三、院长、分管副院长没有意见的，应当及时将最高人民法院发回重审裁定书

送达省检察院。但是,原为本院复核审的案件可以不向省检察院送达。

院长、分管副院长有明确意见的,按照意见办理。

四、最高人民法院发回重审裁定书的委托送达函应当由庭长或者副庭长签发。

五、最高人民法院发回重审裁定书送达被告人后,由内勤到立案庭办理立案手续。

六、发回重审案件原系本院复核的,仍然按照复核案件进行审理;原系本院二审的,仍然按照二审案件进行审理,被告人原来的上诉及辩护理由仍然有效。

发回重审案件原有附带民事诉讼,最高人民法院发回重审裁定书没有撤销民事部分的,原附带民事判决或者裁定仍然有效。如果附带民事部分确有错误,可以按照审判监督程序予以撤销,与刑事部分一并审理。

七、因程序违法被发回的,或者因事实不清、证据不足被发回重审的案件,应当另行组成合议庭进行审理。

八、重审案件需要辩护人辩护的,应当有新的委托或者指定手续。

九、本院决定开庭审理的重审案件,被告人没有委托辩护人的,应当为其指定辩护人。

十、本院另行组成合议庭进行开庭审理的案件,合议庭评议后,应当报审判委员会讨论决定。

不开庭审理的重审案件,合议庭评议后,是否报请审判委员会讨论,由院长决定。

浙江省高级人民法院　浙江省人民检察院
关于县处以上领导干部职务犯罪案件
起诉和审判实行异地管辖的规定

(2010年4月1日　浙高法〔2010〕106号)

本省各级人民法院、人民检察院:

为推动反腐败斗争深入开展,依法惩治职务犯罪,根据刑事诉讼法和相关司法解释的规定,结合我省实际,现就办理县处以上领导干部职务犯罪案件起诉和审判实行异地管辖的若干问题,作出如下规定:

一、省管领导干部职务犯罪案件,由省人民检察院商省高级人民法院指定中级人民法院管辖。

二、依法应当由中级人民法院一审的党政机关、人民团体中副处职(杭州、宁波市管正处职)以上其他领导干部职务犯罪案件,原则上由犯罪地中级人民法院审理。需要异地管辖的,报请省人民检察院和省高级人民法院决定。

三、依法应当由基层人民法院审理的党政机关、人民团体中副处职(杭州、宁波市管正处职)以上其他领导干部职务犯罪案件,由市人民检察院商市中级人民法院,指定被告人案发前任职地、犯罪地以外的基层人民法院管辖。

四、其他需要实行异地管辖的领导干部职务犯罪案件,下级人民检察院和人民法院可以层报省人民检察院和省高级人民法院决定,省人民检察院和省高级人民法院经协商也可以直接指定下级人民检察院和人民法院起诉、审判。

五、需要指定管辖的案件,各人民法院在接到省高级人民法院或中级人民法院指定管辖通知后予以立案。

六、应当指定中级人民法院管辖的案件,负责侦查的市人民检察院应当在移送审查起诉前,向省人民检察院提交指定管辖的报告,并附案件侦查终结报告、起诉意见书。

七、省人民检察院收到市人民检察院的报告和有关材料后,应即商请省高级人民法院指定管辖。省高级人民法院应当在三日内作出指定管辖的决定。

省人民检察院在收到省高级人民法院《指定管辖决定书》三日内,将案件交给指定的市人民检察院审查起诉。

省高级人民法院在作出指定管辖决定后三日内,将《指定管辖决定书》交给指定的中级人民法院。

八、应当指定基层人民法院管辖的案件,中级人民法院应当在收到市人民检察院商请指定管辖书(函)三日内,作出指定管辖的决定。

市人民检察院在收到中级人民法院《指定管辖决定书》三日内,将案件交给指定的基层人民检察院审查起诉。

中级人民法院在作出指定管辖决定后三日内,将《指定管辖决定书》交给指定的基层人民法院。

九、指定异地管辖后,人民检察院、人民法院在审查起诉或者审理过程中,发现犯罪事实不清、证据不足或者遗漏罪行、遗漏同案犯罪嫌疑人等情形,需要补充侦查,以及遗漏应当由公安机关管辖的案件线索的,应当由起诉机关依法处理。

十、本规定中的职务犯罪案件是指贪污贿赂、渎职侵权犯罪案件。

本规定自下发之日起执行。

浙江省高级人民法院　浙江省人民检察院关于贪污、受贿刑事案件适用缓刑的意见

(2010年6月9日　浙高法〔2010〕187号)

本省各级人民法院、人民检察院:

为贯彻宽严相济刑事政策,严格控制贪污、受贿案件的缓刑适用,统一全省对此类案件缓刑适用的尺度,根据刑法和最高人民法院、最高人民检察院相关司法解释的规定,结合我省审判实践,现对贪污、受贿刑事案件适用缓刑提出如下意见:

一、贪污、受贿数额三万元以上不满五万元,具有法定或酌定从轻、减轻情节,符合缓刑适用条件的,报中级人民法院审核平衡。

二、贪污、受贿数额五万元以上不满十万元,原则上不适用缓刑。具有下列情形之一,需要减轻处罚并适用缓刑的,应报省高级人民法院审核平衡:

(一)同时具有自首和立功情节,且犯罪情节一般的;

(二)完全出于悔罪而主动投案自首,且犯罪情节一般的;

(三)属于共同犯罪中情节较轻的从犯;

(四)其他可以适用缓刑情形的。

三、贪污、受贿犯罪分子具有下列情形之一的,不得适用缓刑:

(一)致使国家、集体和人民利益遭受重大损失或者影响恶劣的;

(二)拒不退赃,无悔罪表现的;

(三)犯罪动机、手段等情节恶劣,或者将赃款用于非法经营、走私、赌博、行贿等违法犯罪活动的;

(四)属于共同犯罪中情节严重的主犯,或者犯有数罪的;

(五)曾因经济违法行为受过行政处分或者刑事处罚的;

(六)犯罪涉及的财物属于国家救灾、抢险、防汛、防疫、优抚、扶贫、移民、救济、捐助、社会保险、教育、征地、拆迁等款项和物资的;

(七)在纪委调查、检察侦查阶段抗拒查处,或者干扰审查、审判活动影响恶劣的;

(八)其他不宜适用缓刑情形的。

四、贪污、受贿犯罪原则上不得免予刑事处罚。但贪污、受贿数额在一万元以下,犯罪情节轻微、积极退赃、有悔改表现,不需要判处刑罚的,可以免予刑事处罚。

五、中级人民法院、高级人民法院审核同意适用缓刑的,应当将审核结果同时抄送同级人民检察院。

六、人民检察院收到适用缓刑的判决书后，应当在三日内将起诉书、判决书报审核法院的同级人民检察院备案。

七、人民法院、人民检察院在办理贪污、受贿案件中认定自首、立功情节时，必须根据刑法、司法解释和我省有关自首、立功认定的规定，严格掌握法定减轻处罚情节的认定标准。

八、各地要严格按照本意见对贪污、受贿适用缓刑案件进行审核把关，并注意总结经验。在执行过程中如有问题的，应及时层报省高级人民法院和省人民检察院。

九、本意见施行以前我省有关规定的内容与本意见不一致的，以本意见为准。

十、本意见自下发之日起执行。

浙江省高级人民法院　浙江省人民检察院　浙江省公安厅关于办理偷逃高速公路车辆通行费、盗窃高速公路交通设施等刑事案件具体适用法律若干问题的意见

(2010 年 6 月 13 日　浙公通字〔2010〕78 号)

本省各级人民法院、人民检察院、公安局：

为依法惩处偷逃高速公路车辆通行费、盗窃高速公路交通设施等违法犯罪活动，根据刑法和有关司法解释的规定，结合我省实际，制定如下意见。

一、有下列情形之一，偷逃高速公路车辆通行费，数额较大的，依照刑法第二百六十六条的规定，以诈骗罪定罪处罚：

(一)使用伪造、盗窃、买卖或者他人非法提供的武装部队车辆号牌；

(二)采用调换车辆通行卡等方法减少实际通行计费里程；

(三)使用伪造、变造的车辆通行卡支付；

(四)使用伪造、变造、盗窃的其他车辆交费优惠证明；

(五)假冒绿色通道免费车辆；

(六)采用影响计重的方式，隐瞒车辆实际载重；

(七)采用其他手段偷逃高速公路车辆通行费。

同时具有上述所列两项以上行为的，诈骗数额应当累计计算。

使用伪造、盗窃、买卖或者他人非法提供的武装部队车辆号牌，偷逃高速公路车辆通行费，同时构成伪造、盗窃、买卖、非法使用武装部队专用标志犯罪和诈骗犯罪的，依照刑法处罚较重的规定定罪处罚。

二、行为人与高速公路营运管理工作人员合谋，利用高速公路营运管理工作人

员的职务便利,共同偷逃高速公路车辆通行费,数额较大的,依照刑法第二百七十一条的规定,以职务侵占罪共犯论处;高速公路营运管理工作人员系国家工作人员的,依照刑法第三百八十二条的规定,以贪污罪共犯论处。

三、聚众堵塞高速公路或者聚集车辆强行冲卡,破坏交通秩序,抗拒、阻碍国家治安管理工作人员依法执行职务,情节严重的,对首要分子,依照刑法第二百九十一条的规定,以聚众扰乱交通秩序罪定罪处罚。

四、盗窃护栏、配电照明设备等高速公路交通设施,足以危害公共安全的,依照刑法第一百一十七条规定,以破坏交通设施罪定罪处罚;同时构成盗窃罪和破坏交通设施罪的,依照处罚较重的规定定罪处罚。

五、本意见自下发之日起执行。如有新的规定,以新的规定为准。执行中遇有问题,请及时报告。

浙江省高级人民法院　浙江省人民检察院
关于办理虚假诉讼刑事案件具体适用法律的指导意见

(2010年7月7日　浙高法〔2010〕207号)

为维护正常司法秩序和社会管理秩序,保障公民和其他社会组织的合法权益,依法惩治虚假诉讼犯罪活动,根据刑法有关规定,现就办理虚假诉讼刑事案件提出如下指导意见:

一、虚假诉讼犯罪是指为了骗取人民法院裁判文书,恶意串通,虚构事实,伪造证据,向人民法院提起民事诉讼构成犯罪的行为。

人民法院裁判文书包括判决书、调解书、裁定书、决定书。

二、为了提起虚假诉讼,或者在虚假诉讼过程中,指使他人提供虚假的物证、书证、陈述、证言、鉴定结论等伪证,或者受指使参与伪造证据,分别按照刑法第三百零七条妨害作证罪,帮助毁灭、伪造证据罪处理。

三、在虚构事实、伪造证据过程中,伪造、变造、买卖或者盗窃、抢夺、毁灭国家机关公文、证件、印章的,或者伪造公司、企业、事业单位、人民团体印章的,或者伪造、变造居民身份证的,分别按照刑法第二百八十条伪造、变造、买卖国家机关公文、证件、印章罪,盗窃、抢夺、毁灭国家机关公文、证件、印章罪,伪造公司、企业、事业单位、人民团体印章罪,伪造、变造居民身份证罪处理。

四、为逃避人民法院生效裁判文书的执行,进行虚假诉讼,套取、转移财产的,按照刑法第三百一十三条拒不执行判决、裁定罪处理。

五、为转移自有财产、多分共同财产,或者逃避共同债务,进行虚假诉讼的,按照本意见第二、三条的规定处理。

六、以非法占有为目的，进行虚假诉讼，骗取公私财物的，按照刑法第二百六十六条诈骗罪处理。

七、公司、企业或者其他单位的人员利用职务便利，进行虚假诉讼，侵吞本单位财产的，按照刑法第二百七十一条第一款职务侵占罪处理。

八、国家工作人员利用职务便利，进行虚假诉讼，侵吞公款的，或者国有公司、企业或者其他国有单位中从事公务的人员和国有公司、企业或者其他国有单位委派到非国有公司、企业以及其他单位从事公务的人员利用职务便利，进行虚假诉讼，侵吞本单位财产的，按照刑法第三百八十二条、第三百八十三条贪污罪处理。

九、行为人实施虚假诉讼犯罪活动，同时触犯两个或者两个以上罪名的，依法实行数罪并罚或者按处罚较重的罪名定罪处罚。

浙江省高级人民法院
关于在审理交通肇事刑事案件中正确认定逃逸等问题的会议纪要

（2011 年 3 月 4 日　浙高法〔2011〕65 号）

近年来，我省交通肇事刑事案件多发。人民法院审理此类案件时，在如何认定交通肇事逃逸等问题上争议很大，各地掌握标准不一，影响法律适用的统一性和严肃性。为了准确适用法律，正确处理此类案件，我院在深入调研并征求省公安厅、省检察院相关部门意见的基础上，召开有关法院相关人员参加的座谈会，对认定道路交通肇事逃逸的有关问题基本达成了共识。现纪要如下：

一、关于交通肇事后逃逸的构成

刑法第一百三十三条规定的交通肇事后逃逸，是指发生重大交通事故后，肇事者为了逃避法律追究，驾驶肇事车辆或者遗弃肇事车辆后逃跑的行为。

刑法规定对逃逸加重处罚，根本目的有二：一是为了及时抢救伤者，防止事故损失的扩大；二是便于尽快查清事故责任，处理事故善后。道路交通安全法第七十条规定，肇事者发生交通事故后必须立即停车，保护现场；造成人身伤亡的，应当立即抢救受伤人员，并迅速报告执勤的交通警察或者公安机关交通管理部门。因此，保护事故现场，抢救伤员，报警并接受公安机关的处理，是肇事者必须履行的法定义务。交通肇事后逃逸行为的本质特征就是为了逃避法律追究不履行上述法定义务，正确认定逃逸也应当围绕肇事者在肇事后是否履行了法定义务去考察。审判实践中，应当把握好主观和客观两个方面的要件。

一是主观要件，即为了逃避法律追究。包括为了逃避行政责任、民事责任和刑事责任的追究。如果没有法定事由或者正当理由离开事故现场,应当推定为逃避法律追究。

二是客观要件,即在接受公安机关处理前,驾驶肇事车辆或者遗弃肇事车辆后逃跑。以逃离事故现场为一般情形。这里的事故现场,不仅包括交通事故发生现场,还包括与事故发生现场具有紧密联系的空间,如按警察指定等候处理的地点等。在认定是否属于逃离事故现场时,要特别注意逃逸行为与肇事行为在时空上的连贯性。履行了道路交通安全法上设定的肇事者必须履行的法定义务后逃跑,不宜认定为交通肇事后逃逸。

二、关于几种常见情形的认定和处理

肇事者被殴打或者面临被殴打的实际危险而逃离事故现场,然后立即报警并接受公安机关处理的,可以不认定为逃逸。此种情形需要有足够的事实依据和证据存在,才能采信被告人的辩解。逃离事故现场后具备报警条件不及时报警,具备投案条件而不及时投案的,应当认定为逃逸。如果是因为出了事故内心恐惧而逃离事故现场的,或者为了逃避酒精检测等而逃离事故现场的,均应认定为逃逸。

肇事者接受公安机关处理后,在侦查、起诉、审判阶段为躲避责任经传唤不到案,取保候审或者监视居住期间逃跑,实质是一种逃避侦查、起诉、审判的违反刑事诉讼程序的行为,均不宜认定为逃逸,但应当酌情从重处罚。

肇事者离开事故现场迳直去公安机关投案,不影响事故责任的认定,且事故损失没有明显扩大的,可以不作为逃逸处理。肇事者逃逸后,途中害怕被加重追究刑事责任而到公安机关投案的,仍然应当认定为逃逸,其中如实交代罪行的,可以认定为自首。认定是否直接去公安机关投案,不能仅以被告人辩解为依据,应当根据离开现场后的行走线路、时间长短以及是否具备报案条件等因素综合判定。无法认定直接去公安机关投案的,以逃逸论。

肇事者肇事后虽然采用打电话等方式报警,然后逃离事故现场的,或者逃离事故现场后打电话报警的,仍然应当认定为逃逸。但因为有报警行为,可对其酌情从轻处罚。

造成人身伤亡的,肇事者应当立即抢救受伤人员。如果是为了抢救伤员而离开现场,不认定为逃离事故现场。但是如果肇事者将伤者送到医院后,没有报警并接受公安机关处理,而是为逃避法律追究逃离的,应当认定为逃逸,可以酌情从轻处罚。

肇事者具有《最高人民法院关于审理交通肇事刑事案件具体应用法律若干问题的解释》(以下简称“解释”)第二条第二款第(一)至(五)项情形之一,又有逃逸行为的,逃逸行为应作为法定加重情节,对肇事者在刑法第一百三十三条第二个量刑档次,即三年以上七年以下有期徒刑的幅度内量刑。但根据《解释》第二条第二款第(六)项规定因交通肇事后逃逸而构成犯罪的,由于逃逸已成为构成犯罪的要件,不能重复评价为加重情节,故对肇事者只能在刑法第一百三十三条第一个量刑档次,即三年以下有期徒刑或者拘役的幅度内量刑。

三、关于对交通肇事后让人顶替案件的处理

当前,交通肇事后肇事者让他人顶替,以逃避法律追究的情况多发,给交通事故责任的正确认定带来困难,容易使肇事者逃避法律的追究,也易使被害方的利益造成损害,且严重妨害司法机关的正常活动,应予从严惩治。

让人顶替的情形有多种。有的肇事者让同车人顶替或者打电话让人来现场顶替;有的肇事者逃离现场后叫顶替者到现场或者去公安机关投案等等,根本目的就是使自己逃避法律的追究。因此,肇事者让人顶替的行为从本质上说仍是一种交通肇事后的"逃跑"行为,而且还是一种指使他人向司法机关作伪证的行为,妨害了司法机关的正常诉讼活动,社会危害比一般逃逸更大,应认定为交通肇事逃逸并从重处罚。处理这类案件,还要区分肇事者是否逃离了事故现场。对肇事者让人顶替但自己没有逃离现场的,可酌情从轻处罚。对顶替者,构成犯罪的,以刑法第三百一十条包庇罪追究刑事责任。

四、关于因逃逸致人死亡的认定

刑法第一百三十三条中"因逃逸致人死亡",是指肇事者在交通肇事后为逃避法律追究而逃跑,致使被害人因得不到救助而死亡的情形。

因逃逸致人死亡,既包括被害人受重伤后得不到救助而死亡的情形,也包括被害人因伤无法离开现场而发生的其他车辆再次辗压致死的情形。

因逃逸致人死亡,只适用于肇事者因逃逸过失致人死亡的情况,不包括故意致人死亡的情况。如果发生事故后,肇事者为逃避法律追究,故意将被害人隐藏、抛弃或者移动至危险地段等积极行为,使其得不到救助而死亡或者发生再次辗压等事故死亡的,应按刑法第二百三十二条故意杀人罪定罪处罚。

肇事者将伤者送到医院接受救治后,没有报警也没有接受公安机关处理就逃跑而被认定为逃逸,但此后被害人经抢救无效死亡的,不宜再认定为"因逃逸致人死亡"。

是否因逃逸致使被害人得不到救助而死亡,须根据司法鉴定及在案其他证据综合判定。

五、关于交通事故认定书的性质和逃逸后的责任承担

交通肇事刑事案件中的交通事故认定书,是公安机关交通管理部门根据交通事故现场勘验、检查、调查情况和有关的检验、鉴定结果制作的一种法律文书,本质上具有证据性质。人民法院应当结合全案的其它证据综合分析,从而正确认定肇事者的责任,公正处理案件。

根据我国道路交通安全法及其实施条例第九十二条规定,对肇事者不履行法定义务而逃逸的,应当推定为承担事故的全部责任。但是,有证据证明对方当事人也有过错的,可以减轻肇事者的责任。人民法院审理此类案件时,也应按此原则处理。

六、关于本纪要的执行

本纪要从下发之日起执行。我院原有规定与本纪要不一致的,适用本纪要的规定。

浙江省高级人民法院
关于扩大刑事案件被告人指定辩护范围的通知

(2011年3月9日　浙高法〔2011〕69号)

本省各级人民法院:

为充分保障刑事案件被告人的辩护权,大力推进落实刑事诉讼法关于“可以为被告人指定辩护人”的相关规定,防止冤错案件的发生,确保打击犯罪和保障人权、实体公正和程序公正的有机统一,根据刑事诉讼法及有关法律援助法律法规的规定,结合我省实际,现就扩大刑事案件被告人指定辩护范围工作有关事项通知如下:

一、根据《刑事诉讼法》和司法解释的有关规定,被告人没有委托辩护人而具有下列情形之一的,人民法院应当为其指定辩护人:

(一)盲、聋、哑人或者限制行为能力的人;

(二)开庭审理时不满18周岁的未成年人;

(三)可能被判处死刑的人。

二、根据《刑事诉讼法》和司法解释的有关规定,结合我省实际情况,被告人因经济困难或者其他原因没有委托辩护人而具有下列情形之一,且被告人本人提出法律援助申请的,人民法院一般也应当为其指定辩护人:

(一)中级人民法院审理的一审刑事案件;

(二)基层人民法院适用普通程序审理的一审刑事案件,被告人可能被判处三年以上有期徒刑刑罚的;

(三)被告人本人明确要求委托辩护人但又无经济来源,无法联系其家属或者其家属经多次劝说仍不愿为其承担辩护律师费用的;

(四)案件有重大社会影响或者社会公众高度关注的;

(五)被告人犯罪时未满18周岁,开庭审理时已满18周岁的;

（六）被告人认知能力较差，可能影响案件正常审理的；

（七）法院认为起诉意见和移送的案件证据材料可能影响正确定罪量刑的；

（八）被告人作无罪辩护的。

三、人民法院在送达起诉书副本时，对于未委托辩护人的被告人，应当告知其可以委托辩护人；对于符合上述规定情形的，还应当告知被告人享有法院为其指定承担法律援助义务律师进行辩护的权利。被告人提出申请的，人民法院应当按照规定为其指定辩护律师；被告人不提出申请的，人民法院应当记录在案。

四、人民法院送达起诉书副本时被告人拒绝法院为其指定辩护人，开庭审理前或审理时又提出申请的，人民法院可以视情决定是否为其指定辩护人。

五、人民法院为被告人指定辩护人后，其又自行委托辩护人的，人民法院可以视情撤销指定。

六、人民法院应当积极支持律师行使辩护职能所开展的法律援助工作，依法保障律师参与刑事诉讼的各项权利。

人民法院也可视情将律师办理援助案件情况向有关司法行政部门、法律援助机构反映。

七、全省各级人民法院要认真执行本通知确定的范围，积极落实刑事案件被告人指定辩护工作。执行中如遇有问题，请及时报告我院刑二庭。

浙江省高级人民法院　浙江省司法厅
关于加强刑事案件指定辩护工作的若干意见

（2011 年 5 月 4 日　浙高法〔2011〕133 号）

为加强刑事法律援助工作，保障刑事案件被告人充分行使辩护权，根据《刑事诉讼法》及有关法律援助法律法规的规定，结合我省实际，现就加强刑事案件指定辩护工作有关事项提出如下意见：

一、具有下列情形之一而被告人没有委托辩护人的，人民法院应当为其指定辩护人：

（一）盲、聋、哑人或者限制行为能力的人；

（二）开庭审理时不满 18 周岁的未成年人；

（三）可能被判处死刑的人。

二、具有下列情形之一，被告人无力承担、家属不愿承担（含无法联系其家属）辩护律师费用，本人又提出法律援助申请的，人民法院一般也应当为其指定辩护人：

（一）中级人民法院审理的一审刑事案件；

（二）基层人民法院适用普通程序审理的一审刑事案件，被告人可能被判处三年以上有期徒刑刑罚的；

（三）案件有重大社会影响或者社会公众高度关注的；

（四）被告人犯罪时未满18周岁，开庭审理时已满18周岁的；

（五）被告人认知能力较差，可能影响案件正常审理的；

（六）法院认为起诉意见和移送的案件证据材料可能影响正确定罪量刑的；

（七）被告人作无罪辩护的。

三、人民法院在送达起诉书副本时，对于未委托辩护人的被告人，应当告知其可以委托辩护人；对于符合上述规定情形的，还应当告知被告人享有法院为其指定承担法律援助义务律师进行辩护的权利。被告人提出申请的，人民法院应当按照规定为其指定辩护律师；被告人不提出申请的，人民法院应当记录在案。

告知可以采取口头或者书面方式。口头告知的，应当制作笔录，由被告人签名；书面告知的，应当将送达回执入卷。

四、人民法院根据本意见确定的范围决定指定辩护的，应当将指定辩护的通知书和起诉书副本或者判决书副本送交其所在地的法律援助机构，由法律援助机构统一接收并组织实施。

人民法院决定开庭审理的，应当在开庭10日前将指定辩护通知书和起诉书副本或者判决书副本送交其所在地的法律援助机构。

人民法院的指定辩护通知书应当载明案件性质、被告人姓名、指定辩护的理由、案件承办人的姓名和联系方式，已确定开庭审理的，应当载明开庭时间、地点。

五、法律援助机构应当在开庭3日前将指定辩护律师的姓名及联系方式函告人民法院。

六、律师接受法律援助机构指派后，应当按照有关规定及时办理委托手续，并在开庭前会见被告人询问其是否同意本人为其辩护；被告人不同意的，律师应当记录在案，书面告知人民法院和法律援助机构。

七、被告人符合本意见第二条的情形，在人民法院决定为其指定辩护后，又拒绝指定的律师为其辩护的，人民法院应当准许，并记录在案。无正当理由的，人民法院不再另行指定辩护人。

八、人民法院送达起诉书副本时被告人拒绝法院为其指定辩护人，开庭审理前或审理时又提出申请的，人民法院可以视情决定是否为其指定辩护人。

人民法院根据情况决定指定辩护人的，应另行确定开庭时间，并按照本意见第四条第二款规定将有关材料送交法律援助机构。

九、人民法院为被告人指定辩护人后，其又自行委托辩护人的，人民法院可以视情撤销指定。

十、出现本意见第七条、第九条规定的情形,人民法院决定不再另行指定或撤销指定辩护的,应当在作出终止指定辩护决定的当日函告法律援助机构,法律援助机构相应作出终止决定。

十一、人民法院应当依法积极支持律师开展法律援助工作,保障律师会见被告人的权利,创造条件为律师查阅、摘抄、复制案件材料提供必要方便,对援助律师复制必要材料的费用应当予以免收或低于工本费计收;在庭审中切实保障辩护律师参与举证、质证、辩论、提问等权利,律师提请法院调取证据的,凡是符合法律规定和司法解释要求的,不得推诿、拒绝;必须在裁判文书中反映律师辩护意见的主要观点,并按规定及时将裁判文书送达辩护律师。

律师在办理法律援助案件过程中应当尽职尽责,恪守职业道德,严守执业纪律,做到认真阅卷、会见被告人、及时提交书面辩护意见等。

司法行政机关、法律援助机构要加强对律师办理法律援助业务活动的指导和监督,不断提高律援助案件质量。要将律师办理法律援助案件的质量,纳入有关年度考核和评优、评先考核范围。

人民法院应当将律师在办理法律援助案件中的突出表现、存在的问题及时向司法行政机关、法律援助机构通报。

十二、本意见自发布之日起施行。全省各级人民法院、司法行政机关要认真执行本意见,积极落实刑事案件指定辩护工作。执行中如遇有问题,请及时向上级人民法院、司法行政机关报告。

浙江省高级人民法院　浙江省人民检察院　浙江省公安厅
关于当前办理集资类刑事案件适用法律
若干问题的会议纪要(二)

(2011 年 7 月 18 日　浙高法〔2011〕198 号)

本省各级人民法院、人民检察院,各市、县(市、区)公安局:

2008 年 12 月,省高级人民法院、省人民检察院、省公安厅下发了《关于当前办理集资类刑事案件适用法律若干问题的会议纪要》,对有效、重点打击危害严重的非法金融活动,实现刑事司法的法律效果和社会效果的有机统一等发挥了重要作用。该《纪要》与最高人民法院于 2010 年 12 月公布的《关于审理非法集资刑事案件具体应用法律若干问题的解释》精神基本相符。近期,有些公安机关、检察院、法院在审理此类案件中就如何理解和认定"向社会公众吸收资金"和"向社会公开宣传”等产生不同认识。为统一法律适用尺度,防止执法偏差,省高级人民法院、省人民检察院、省公安厅就上述问题和司法实践中出现的新情况进行了研讨,对原会议纪要未涉及的有关问题达成了共识。现纪要如下:

一、非法吸收公众存款等集资犯罪行为的本质特征在于违反规定向社会公众即社会不特定对象吸收资金。集资对象是否特定的判断,既要考察行为人主观上是否仅向特定对象吸收资金,又要考察其客观上所实施的行为是否可控。如果行为人对集资行为的辐射面事先不加以限制、事中不作控制,或者在蔓延至社会后听之任之,不设法加以阻止的,应当认定为向社会不特定对象吸收资金。

行为人以向单位内部职工或亲友集资为名,实质上希望或放任内部职工或亲友向社会介绍,通过内部职工或亲友间接向社会公众吸收资金的,可以认定为向社会不特定对象吸收资金。

二、向社会公开宣传系判定行为人主观上具有向社会不特定对象集资的客观依据之一。公开宣传的具体途径可以多种多样,不应局限于司法解释所列举的“通过媒体、推介会、传单、手机短信”等几种。对于以口头等方式发布、传播集资信息是否属于公开宣传,能否将口口相传的效果归责于集资行为人,应根据主客观相统一的原则,结合行为人对此是否知情、态度如何,有无具体参与、是否设法加以阻止等主客观因素具体认定。

行为人为逃避有关部门的监管,采用相对隐蔽的手段向社会不特定对象发布、传播吸收资金信息的,可以认定为向社会公开宣传。

三、非法占有目的是区分集资诈骗罪和非法吸收公众存款罪等其他集资犯罪的关键所在。行为人主观上是否具有非法占有的目的,应当根据主客观相统一原则加以综合分析认定。行为人在非法集资过程中产生非法占有目的,应当只对非法占有目的支配下的非法集资犯罪行为以集资诈骗罪定性处罚,对于之前实施的行为,构成非法吸收公众存款罪等其他犯罪的,应按相关犯罪处理,并实行数罪并罚。

行为人将集资款用于高风险行业的情形,能否认定其主观上具有非法占有目的,不宜一概而论,应当结合行为人的抗风险能力,如自有资金、亏损程度、负债状况等案件具体情况具体认定。行为人明知自己没有偿还能力仍予为之,并造成严重后果的,可认定行为人具有非法占有目的。

四、本纪要下发后,各级人民法院、检察院、公安机关要认真贯彻执行,如有新的规定,按照新的规定执行。

浙江省高级人民法院
关于进一步推进扩大刑事案件被告人指定辩护工作的通知

（2011年9月8日 浙高法〔2011〕240号）

本省各级人民法院：

为了加强刑事法律援助工作，保障刑事案件被告人充分行使辩护权，省高院今年3月下发《关于扩大刑事案件被告人指定辩护范围的通知》、5月与省司法厅联合下发《关于加强刑事案件指定辩护工作的若干意见》。齐奇院长还在7月下旬举办的全省法院院长读书会上专门强调这项工作，并要求“各级院长回去抓一下落实”。经了解，全省大部分法院都能根据《通知》、《意见》和齐奇院长的要求，积极贯彻落实，扩大指定辩护工作已经取得了一定进展。有的地区如杭州落实情况较好，主动加强与司法行政部门的沟通协作，共同制定实施细则，取得了较好的效果。但据省法律援助中心反映，有的中院、基层法院并未认真落实，工作进展缓慢；有的中院没有具体工作部署，有的法院未按规定及时将指定辩护通知书送交法律援助机构；有的法院未与司法行政部门及时沟通，刑事案件被告人指定辩护工作仍停留在原先的水平。

刑事案件指定辩护工作是衡量一个地区法治环境和形象的重要标尺之一，律师参与刑事案件辩护，不仅有利于保障被告人的辩护权，还可以促进公正审判，提升案件质量，防止冤错案件发生，促进“法治浙江”建设。各级法院要认真贯彻齐奇院长今年7月在全省法院院长读书会上的讲话精神，严格按照《通知》、《意见》的要求，积极推进和加强扩大刑事案件指定辩护工作。要抓紧与司法行政机关、检察机关建立联动机制，充分调动指定辩护律师的工作积极性和责任心，提高指定辩护质量，确保指定辩护比例有一个明显的提高。各中级法院除带头落实外，还要加强对此项工作的指导监督，确保省高院工作部署落到实处。

省高院将于10月份对工作进展情况进行检查、调研，对于思想上不重视、工作不得力的法院，将予以通报批评。

浙江省高级人民法院
关于全省法院刑事审判疑难问题研讨会纪要

（2012年2月24日 浙高法〔2012〕47号）

为进一步统一法律适用尺度，省高级法院于2011年11月3日至4日和同月28日至30日先后在嘉善县和慈溪市召开了全省法院刑事审判疑难问题研讨会，就近年来各地法院在刑事审判中遇到的实体问题展开了充分讨论，并就其中一些带有普遍性的问题达成了共识。现纪要如下：

一、关于驱逐出境的适用

根据刑法规定，对于犯罪的外国人，可以独立适用或者附加适用驱逐出境。但对判处无期徒刑、死缓刑的被告人不宜并处驱逐出境。

二、关于财产刑的适用

刑法规定并处没收财产或罚金的犯罪，人民法院在对犯罪分子根据犯罪情节和罪刑相适应的原则判处主刑的同时，应当根据犯罪情节和罪刑相适应的原则依法判处相应的财产刑。对判处死刑、无期徒刑的犯罪分子，应当并处没收个人全部财产，但对判处有期徒刑的犯罪分子不宜并处没收个人全部财产。

三、关于累犯的认定

根据《刑法修正案(八)》第六条规定，不满十八周岁的人犯罪的，不构成累犯。但是，行为人的部分行为在十八周岁前实施，部分行为在十八周岁后实施，十八周岁后实施的行为达到犯罪标准，刑罚执行完毕后五年内再犯应当判处有期徒刑以上刑罚之罪的，应认定为累犯；两部分行为单独不够犯罪标准、累计才达到犯罪标准，或者十八周岁前实施的行为达到犯罪标准，十八周岁后实施的行为单独不够犯罪标准，刑满释放后五年内再犯罪的，不宜认定为累犯。

四、关于绑架罪情节较轻的认定

《刑法修正案(七)》所规定的绑架罪“情节较轻”，是指绑架犯罪行为本身情节较轻，而不是指案发后行为人具有自首、立功、认罪悔罪等罪后从轻处罚情节。犯罪行为本身情节是否较轻，应当根据主客观相统一原则，充分考虑绑架行为人的主观恶性和行为的客观危害，围绕绑架目的和动机是否卑劣、对象是否特殊、是否事出有因、暴力手段是否明显、情节是否恶劣、造成后果是否严重等因素进行综合分析后加以判定。

绑架后限制人身自由时间不长、尚未取得赎金即主动释放被绑架人，且未造成人身伤害后果的，可认定为情节较轻。

具有下列情形之一的，不应认定为情节较轻：(1)绑架造成他人轻伤以上后果的；(2)获得赎金数额巨大的；(3)造成其他严重后果或恶劣社会影响的。

五、关于盗窃罪的认定

《刑法修正案(八)》对盗窃罪所列举的五种情况即盗窃数额较大、多次盗窃、入户盗窃、携带凶器盗窃、扒窃之间系并列关系。据此，对扒窃行为入罪并没有次数、金额等附加限制条件，但情节显著轻微危害不大的，不认定为犯罪。

所谓扒窃，是指在公共交通工具上，或车站、码头、商店、交通要道等公共场所，行为人以非法占有为目的，秘密窃取他人贴身放置在衣服口袋或包中财物的行为。

对窃取他人非贴身放置、与身体有一定距离财物的行为，如窃取放置在椅子靠背上、悬挂衣帽钩上衣服内的现金、搁置在附近包内的财物等情形，一般不宜认定为扒窃。

所谓凶器，是指枪支、爆炸物、管制刀具等国家禁止个人携带的器械或者明显不能作为盗窃作案工具且能对人身构成较大危险性的器物。

六、关于组织他人偷越国（边）境罪的认定

判断行为人是否构成组织他人偷越国（边）境罪的关键在于考察其是否实施了组织行为。偷越是否成功、偷越的次数以及偷越者是否到达最终目的地等因素，不影响组织行为的成立。

对组织他人偷越国（边）境行为次数的判定，应当从行为人的主观故意内容及客观行为特征等角度综合加以考量。如果行为人主观上具有组织他人偷越国（边）境的故意，客观上所实施的组织行为在时间、地点上具有前后连贯等特点，宜认定为一次犯罪。

行为人已经着手实施组织他人偷越国（边）境犯罪行为，因意志以外原因未得逞的，宜认定为一次犯罪。

七、关于制作、复制、出版、传播淫秽物品牟利罪和传播淫秽物品罪中淫秽视频、音频文件“个”数和淫秽电子刊物、图片、文章、短信等“件”数的认定

根据司法解释和省公、检、法《关于办理利用计算机信息网络制作复制贩卖传播淫秽物品等刑事案件具体应用法律若干问题的意见》等规定，在计算机信息网络上，通过一次点击打开后连续播放或显示的淫秽影片、软件、书刊、录音，不论时间长短、字数多少，均计为一份；淫秽图片一张为一份。据此，淫秽视频、音频文件“个”数的认定及淫秽电子刊物、图片、文章、短信等“件”数的认定，宜根据自然观察下，按视频、音频文件的个数及电子刊物、图片、文章、短信等件数来计数、认定，对视频、音频文件中的内容是否由多个视频、音频文件拼接而成以及电子刊物、图片、文章、短信的内容是否由多件电子刊物、图片、文章、短信拼接而成等可不予审查。

八、关于销售盗版光碟行为的定性

根据2011年1月公布的《最高人民法院、最高人民检察院、公安部关于办理侵犯知识产权刑事案件适用法律若干问题的意见》第十二条规定，刑法第二百一十七条规定的“发行”，包括总发行、批发、零售、通过信息网络传播以及出租、展销等活动。非法出版、复制、发行他人作品，侵犯著作权构成犯罪的，按照侵犯著作权罪定罪处罚，不宜认定为非法经营罪等其他犯罪。据此，行为人实施销售盗版光碟等行为，侵犯他人著作权构成犯罪的，宜按照侵犯著作权罪定罪处罚。

九、关于涉及信用卡犯罪的认定

根据刑法第一百九十六条第一款第（三）项规定，冒用他人信用卡，骗取财物数额较大的,应以信用卡诈骗罪追究刑事责任。

利用他人遗忘在银行自动柜员机(ATM 机)内并已输入密码的信用卡取款的行为,符合秘密窃取他人财物的本质特征,数额较大的,应以盗窃罪追究刑事责任。

根据法律规定,恶意透支型信用卡诈骗犯罪中的持卡人有特定指向,包括信用卡的所有人和合法使用人。在办理以信用卡实际使用者为被告人的诈骗案件中,可从被告人是否属于冒用他人信用卡、主观上是否具有非法占有他人财物的诈骗犯罪故意等角度审查其实施的行为是否符合诈骗犯罪的构成特征。

十、关于以租车典当或抵押借款等手段骗取他人财物行为的定性

行为人以租赁的形式取得汽车,后采取将汽车典当或抵押等非法手段骗取他人提供借款的行为,是否构成合同诈骗罪,不能仅凭合同的形式加以判定。行为人虽具有以合同的方式骗取他人车辆的表象,但其实施的犯罪行为主要侵犯他人财产所有权而非扰乱市场经济秩序的,不符合合同诈骗罪的本质特征,对此类行为宜以诈骗罪定性处罚。

十一、关于卖淫类犯罪的处理

行为人明知他人从事组织卖淫犯罪活动而共同出资,即使没有参与实施卖淫组织管理等具体行为,也应认定为组织卖淫犯罪的共犯。对出资比例较小且没有参与卖淫组织决策、日常管理的,可认定为从犯。

对以相应的管理制度或者管理手段对卖淫女实施控制的行为人,以及在卖淫组织中起管理作用的“领班”、“经理”等受雇人员,应以组织卖淫罪定性处罚。对仅起辅助作用的工作人员,如收银员、服务员等,确有追究刑事责任必要的,应以协助组织卖淫罪定性处罚。

十二、关于寻衅滋事罪的认定

刑法第二百九十三条第一款规定:“有下列寻衅滋事行为之一,破坏社会秩序的,处五年以下有期徒刑、拘役或者管制:(一)随意殴打他人,情节恶劣的;(二)追逐、拦截、辱骂、恐吓他人,情节恶劣的;(三)强拿硬要或者任意损毁、占用公私财物,情节严重的;(四)在公共场所起哄闹事,造成公共场所秩序严重混乱的。”

该条第二款规定:“纠集他人多次实施前款行为,严重破坏社会秩序的,处五年以上十年以下有期徒刑,可以并处罚金。”

上述第二款所规定的“纠集他人多次实施前款行为”,包括多次纠集他人实施寻衅滋事行为和纠集他人实施多次寻衅滋事行为。

对行为人基于寻衅滋事的犯意,在同一时空下实施了多种符合刑法第二百九十三条第一款所列的寻衅滋事行为的,以及在同一地点连续对多人实施寻衅滋事行为的,宜认定为一次。

寻衅滋事致人重伤的案件中,如果行为人事先经预谋或事中形成了伤害他人身体的共同故意，不论谁的行为直接致人重伤，对所有参与者均宜以故意伤害罪定性处罚。

在部分人员先行离开现场、部分人员致人重伤的案件中，如果确有证据证明致人重伤超出共同犯罪故意范围的，对先行离开现场的人员按寻衅滋事罪定性处罚，对直接致人重伤的行为人和组织者按故意伤害罪定性处罚。

浙江省高级人民法院
关于审理死刑案件附带民事诉讼相关问题的研讨纪要

（2012 年 2 月 15 日 浙高法〔2012〕38 号）

2011 年 11 月，浙江省高级人民法院在宁波慈溪召开了全省刑事审判工作座谈会。会上，与会人员对审理死刑案件附带民事诉讼的相关问题进行了研究讨论，现纪要如下：

一、死刑案件判决赔偿附带民事诉讼原告人经济损失的数额标准，在最高人民法院没有新的规定以前，依照《最高人民法院关于审理人身损害赔偿案件适用法律若干问题的解释》规定，原则上以有利于保护被害方利益的方式计算，但精神损害赔偿不予支持。死刑案件附带民事诉讼，并非普通的民事案件，对确应存在，但原告人不能提供相关票据如交通费等必然损失，不能以原告人没有举证为由而简单予以驳回。

二、根据《中华人民共和国侵权责任法》第 17 条关于“因同一侵权行为造成多人死亡的，可以以相同数额确定死亡赔偿金”的规定，一案有两名或者两名以上被害人死亡的，可以以相同数额确定死亡赔偿金。同一案件中，死者有农业户籍和非农业户籍之分的，应当就高统一按照城镇居民的标准确定死亡赔偿金。

三、一审拟判处被告人死刑，经审查被告人确无赔偿能力的，应将此情况告知附带民事诉讼原告人，可以动员其撤回起诉。附带民事诉讼原告人不同意撤回起诉的，可分案处理，先对刑事部分作出判决，民事部分待二审、复核审有最终结果后再作处理，或者按照二审、复核审的意见进行处理。附带民事诉讼原告人强烈要求及时作出判决的，也可以一并作出判决，判决赔偿金额一般可掌握在 10 万元至 20 万元。

四、二审法院在审理死刑案件时，对分案处理尚在一审法院的附带民事部分，认为有必要的，可以指导、协助一审法院进行调解。调解成功的，一审法院对附带民事部分可据此结案。

五、分案处理的附带民事诉讼案件，被告人被执行死刑的，因被告人已死亡，没有可供执行的财产,也没有应当承担义务的人,根据民事诉讼法第137条第(二)项的规定,可裁定终结诉讼。

被告人最终未被判处死刑的,按照一般案件作出判决。

六、分案处理的附带民事案件,审理期限按照民事诉讼法第135条的规定执行。即审理期限为6个月,有特殊情况需要延长的,由本院院长批准,可以延长6个月;还需要延长的,报请上级人民法院批准。

七、分案处理的附带民事案件由同一审判组织继续进行审理。如果同一审判组织确实无法继续进行审理的,可以更换审判组织成员。

八、本纪要所称的死刑案件是指判处被告人死刑,立即执行的案件。不包括下列情形:

1. 一审判处被告人死缓刑或者死缓刑以下刑罚的;

2. 有两名或者两名以上被告人负连带责任,有其他被告人未被判处死刑,立即执行的;

3. 有同案犯在逃或者同案犯另案处理的。

九、被告人本人虽确无赔偿能力,但其家属曾表示愿意代为赔偿的,或者被告人亲属有代为赔偿可能的,虽然一审判处被告人死刑,但考虑二审、复核审可能出现的量刑变化,宜分案处理或者全额判赔。

十、被告人是否属确无赔偿能力应当进行必要审查。审查情况应当在审理报告和合议庭评议中体现。对被告人有家庭有房产,有正常工作,认定为确无赔偿能力应当慎重。对被告人涉赌涉黑涉恶,有家庭财产,其家庭财产与其个人财产无法区分,甚至其个人不法所得财产与现有家庭财产无法区分的,认定为家庭或者父母代为赔偿应当特别慎重。

十一、被害人或者被害人亲属得不到赔偿或者赔偿数额较少,生活确有困难的,可以予以适当的司法救助。

(二)民商事审判

浙江省高级人民法院关于充分发挥司法职能保障经济平稳较快发展的指导意见

(2009年1月5日　浙高法发〔2009〕1号)

为贯彻落实中央和省委有关经济工作的部署要求,认真执行最高人民法院关于为经济平稳较快发展提供有力司法保障的有关意见,结合我省经济发展中遇到的新情况新问题和法院工作实际,现就充分发挥司法职能,保障经济平稳较快发展提出以下指导意见:

一、审理好涉企业债务案件,防范和化解因企业生产经营困难加剧带来的各种风险

1. 坚持有利于发展和稳定原则。合理把握涉企业债务案件的审判尺度,坚持尽量救活企业的司法理念,在合法合规的前提下,尽可能维持有市场、有发展前景的困难企业、劳动密集型企业的生存,尽可能减少有挽救希望企业的关门倒闭,尽可能支持优势企业以兼并、重组、控股等方式延伸产业链,增加核心竞争力。通过发挥审判职能帮扶企业应对困难,维护我省民营经济大省的领先地位,增强企业家的创业、投资信心。

2. 实行案件集中管辖制度。对符合条件的涉当地行业龙头企业资金链断裂引发债务的重大案件,根据省高级人民法院《关于资金链断裂引发企业债务重大案件的集中管辖问题的通知》(浙高法〔2008〕289号),下级法院可以请求上级法院指定集中审理和执行,以支持当地政府妥善化解风险,促进矛盾纠纷的统筹化解。行使集中管辖权的法院应依法、公正审理和执行案件,平等保护当事人权益。上级法院适时对案件的审理执行情况进行监督检查。

3. 正确适用财产保全措施。对于出现暂时资金困难但运转正常或有发展前景的企业,在诉讼中要慎用财产保全措施,尽量不要使企业停工停产,最大限度维持企业的"造血"功能。但对于明显丧失偿债能力和继续经营前景黯淡的企业,要果断采取保全措施有效控制被诉企业财产,防止债务人转移资产、逃避债务,依法保护债权人和企业职工利益。

4. 及时采取"边控"等防止债务人逃匿的措施。对可能逃匿的债务企业的股东、法定代表人和高管人员,要根据当事人的申请,准确适用省高级人民法院《关于规范限制出境审批有关问题的规定》(浙高法〔2008〕65号),依法及时采取先行“边控”、“注销护照”等相关措施,防止因债务人逃匿而影响案件的审理。要按照《最高人民法院关于债权人对人员下落不明或者财产状况不清的债务人申请破产清算案件如何处理的批复》(法释〔2008〕10号)的规定依法受理破产清算案件,对于恶意逃避债务及有其他违法行为的企业股东、法定代表人和高管人员,依法追究相应法律责任。

5. 合理运用破产清算、重整及和解制度。对涉案企业要根据其不同发展前景和恢复能力,灵活运用相应的挽救措施,最大可能保存企业实体。对有挽救可能、具有一定核心竞争力和自主创新能力的企业,鼓励采取破产重整、和解方式化解企业尤其是上市企业的资金链断裂风险,帮助企业恢复清偿能力;同时也要引导产能落后、挽救无望的企业走破产清算的道路,形成企业退出机制的良性运转。

6. 严格区分罪与非罪的界限。正确鉴别行为人的主观目的和客观行为,把握好民事借贷纠纷与有关刑事犯罪的区别,不能仅因企业未能及时兑付借款本息或借款人、借款单位负责人出走就认定为犯罪。正确处理民、刑交叉问题,在民商事案件审理中发现涉嫌犯罪行为的,应根据相关司法解释并结合案件事实,分别适用继续审理、驳回起诉、移送公安机关或检察机关等不同情形。

二、审理好金融类案件,维护金融安全,保障金融业优先发展的战略地位

7. 依法保护金融债权。各级法院在审理金融不良债权转让案件中,要按照最高人民法院《关于为维护国家金融安全和经济全面协调可持续发展提供司法保障和法律服务的若干意见》(法发〔2008〕38号)和相关司法解释、司法政策的规定和精神,在合同效力、诉讼时效等重要方面,最大限度地保护国有金融债权。在认定不良金融资产转让合同效力中,加强对转让标的、转让程序、受让主体等方面的审查,防止追偿诉讼成为少数违法者牟取暴利的工具。

8. 保护中小企业信贷融资合法权益。在一以贯之保护金融债权的前提下,充分考虑浙江企业信用环境较好、银行不良贷款率低等实际情况,在案件处理中注意利益平衡,倡导银企合作,加大对有市场、有效益但资金暂时困难企业的信贷支持。金融机构自愿就借款本金的归还期限、利息减免等问题与债务人达成协议的,法院可以通过民事调解书形式依法予以确认。对一些金融机构违约停止放贷、提前收贷的行为,应根据案件的实际情况依法判令贷款人实际履行合同或承担赔偿责任。

9. 保障并推动具有浙江特色的金融创新。对具有我省特色的企业间联保“抱团贷款”、商业银行与担保公司“抱团增信”、小额贷款公司、村镇银行试点等金融创新行为,只要没有违反法律、行政法规的强制性规定,应当予以支持,并通过审判实践予以引导和规范。对政府主导的金融创新行为,应结合当地经济社会发展的实际情况,原则上尊重行政监管部门的认定权。贯彻落实国务院办公厅《关于当前金融促进经济发展的若干意见》(国办发〔2008〕126 号),密切关注列入金融改革试点区的金融创新实践,回应金融发展的客观要求,为支持金融创新发展营造良好的司法生态环境。

10. 保障证券、期货、信托市场的稳定运行。对我省经济现实生活中出现的委托理财、私募基金、证券市场虚假陈述、操纵市场、内幕交易、涉金融衍生品市场等新类型案件,应积极探索,妥善审理,切实保护投资者的合法权益,做到规范与监管并重,为金融市场健康、规范、有序发展提供有力司法保障。

11. 妥善审理保险类纠纷案件。配合我省保险业创新的主导方向,支持具有浙江特色的保险产品开发。案件审理中要从举证责任分担等方面平衡投保人与保险人双方利益,明确投保人如实告知的范围和违反如实告知义务的法律后果。认定保险人对于免责条款的明确说明义务的履行标准和证明标准有困难的,应运用日常生活经验法则与逻辑推理,进行综合判断。

12. 依法制裁金融犯罪活动。及时审结集资诈骗、合同诈骗、非法吸收公众存款等破坏金融秩序的刑事犯罪,努力挽回国家和被害人经济损失。根据省高级人民法院、省人民检察院、省公安厅联合下发的《关于当前办理集资类刑事案件适用法律若干问题的会议纪要》(浙高法〔2008〕352 号),慎重处理因资金链断裂引发的集资类刑事案件,严格区分企业集资类案件中罪与非罪的界限。对于确为生产经营所需而向不特定人员筹集部分资金的行为,不轻易动用刑罚,防止因机械执法而扩大打击面,影响企业经营和社会稳定;对于以非法占有为目的、以生产经营或投资所需为幌子,向社会不特定对象吸收资金的,按集资诈骗犯罪依法严惩。对涉及众多被害人的金融犯罪案件,要积极配合地方党委和政府做好善后工作,尽量将犯罪造成的不良后果降到最低限度,确保社会稳定。

三、审理好涉重大工程、重大项目及群体性纠纷案件,促进经济发展,维护社会稳定

13. 妥善审理涉重大工程、重大项目案件。做好在中央扩大内需、提振经济措施推进下涉重大工程、重大项目案件可能上升的充分预期和准备,总结土地使用权流转、建筑工程、道路施工、房屋拆迁、招标投标等类型案件的审判经验,以稳定大局为基本原则,依法审理,确保重大投资项目建设的顺利推进。特别要积极支持改善民生、基础设施、节能环保等方面的重大工程建设,为我省加快推进重点项目建设,促投资、保增长提供司法保障和法律服务。

14. 依法审理房地产纠纷类案件。正确认识房地产业在经济发展中支柱产业的地位,保障房地产市场的健康发展。注意审查按揭贷款合同的真实性,依法制裁开发商以虚假按揭贷款合同套取银行资金等违法行为;依法制裁恶意拖欠劳务工资的行为,优先保护建筑市场劳动者权益;依法制裁开发商恶意拖欠工程款等违约行为,保障房地产市场的健康发展。

15.依法妥善审理征地、拆迁等行政案件。对因重大工程、项目建设引发的涉土地、拆迁、环保等各类行政案件,要以法律法规的规定为依据,充分关注各地出台的帮扶性政策的合理性,妥善审理由此引发的行政诉讼案件,坚持保护与监督并重的方针,既要依法支持重大工程项目建设,保障客观调控政策措施的顺利实施,又要防止借征地、拆迁之机,损害群众及企业合法权益的情形,监督行政机关依法行政。要特别重视群体性行政案件的妥善化解,按照省高级人民法院《关于加强和规范行政诉讼协调的指导意见》(浙高法〔2008〕162 号),妥善运用协调和解手段,防止因案件审理不当形成大规模的群体性事件,影响社会稳定。

16.妥善审理欠薪、劳动争议案件。加大对劳企纠纷的调解力度,努力促成劳企双方达成谅解,尽量维护企业的正常运转和劳动者的长远利益。对于涉及面广、矛盾可能激化的群体性讨薪案件,要制定应急预案和协调机制,防止情绪激化和事态扩大,避免产生“民转刑”案件,必要时申请动用政府欠薪应急周转金先行垫付,再根据法院调解书或判决书参与企业财产分配。各级法院要按照省高级人民法院《关于切实做好今冬明春涉及农民工劳动报酬案件审判执行工作的通知》(浙高法〔2008〕346 号),高度关注恶意拖欠农民工工资纠纷,做到快立、快审、快执,最大限度地维护农民工获得劳动报酬的权利。

四、审理好涉“三农”案件,服务和保障农村改革和发展

17.保护和规范土地承包经营权加快流转。充分认识促进土地承包经营权加快流转在发展现代农业中的基础性作用。在审理土地承包经营权流转案件中,严格执行《物权法》、《农村土地承包法》以及最高人民法院《关于审理涉及农村土地承包纠纷案件适用法律问题的解释》(法释〔2005〕6 号)等法律、司法解释的规定,对于农户按照依法自愿有偿原则,采取转包、出租、互换、股份合作等形式流转土地承包经营权的,对其效力予以确认,对改变土地集体所有性质、改变土地用途、损害农民土地承包权益的流转行为,应依法确认无效。

18.依法支持农村信贷担保机制建设和金融创新。贯彻中共浙江省委《关于认真贯彻党的十七届三中全会精神加快推进农村改革发展的实施意见》精神,依法支持农村信贷担保机制建设和农村金融产品创新,扩大农村有效担保物范围,积极稳妥地探索对确权登记后的农民住房和农村集体经营性建设用地使用权进行抵押融资的有效途径,允许农产品收益权、企业存货、农业固定资产、林权和应收账款等财产抵押和权利质押。

19.切实依法维护健康的农产品交易秩序。严格执行《产品质量法》、《消费者权益保护法》以及其他法律、行政法规的相关规定,加强农产品生产、加工、包装、运输、销售等各环节纠纷案件的审判,明确农产品流转过程中各方当事人的权利和义务，既要保护农产品消费者的人身安全和财产权益，也要坚持各负其责的原则，明确农产品收购者、运输者、加工者、销售者各自的责任，推动农产品质量安全体系的进一步完善。

五、运用司法手段推动技术创新和经济转型升级，提升涉外审判的司法形象和国际公信力

20. 发挥知识产权司法保护的主导作用。根据中共浙江省委《关于深入学习实践科学发展观，加快转变经济发展方式，推进经济转型升级的决定》和省高级人民法院《关于贯彻落实〈国家知识产权战略纲要〉的举措》（浙高法〔2008〕305 号）要求，充分发挥知识产权司法保护的主导作用，坚持“司法护权、激励创新”，支持并保障我省技术跨越战略、品牌战略、知识产权战略和标准化战略的实施，为促进我省技术创新和经济转型升级提供有力保障。依法审理各类知识产权案件，在查明事实，分清是非，依法裁判的同时，注重知识产权民事案件的诉讼调解，要最大限度地发挥调解在解决知识产权民事纠纷中的独特作用，努力通过调解工作，促进当事人从矛盾对抗走向合作发展，实现互利双赢。

21. 发挥涉外商事海事审判职能。结合商务部、外交部、公安部、司法部发布的《外资非正常撤离中方相关利益方跨国追究与诉讼工作指引》（商资字〔2008〕323 号），做好外资非正常撤离相关经济纠纷的跨国追究和诉讼工作，为中方相关利益人提供司法救济与协助，追究逃逸者的法律责任，最大限度地挽回当事人损失。案件审理中要坚持平等保护、法制统一、审判独立和司法透明原则，正确行使司法管辖权，准确适用法律，平等保护中外各方当事人的合法权益，服务我省出口外向型经济特色，支持“港航强省”的建设目标，努力减少国际金融危机对我省外向型经济带来的负面影响。

六、加强组织协调，完善工作机制，不断提升司法保障和法律服务水平

22. 加强协调沟通，稳妥受理案件。对审判执行工作中遇到的影响区域经济发展的突出问题以及有可能影响社会稳定的重大案件，必须在党委的统一领导下，综合运用经济、行政、政策、法律等手段及时有效处理，通过发挥政治组织优势予以解决，尤其是对于因经济利益关系调整和民生问题引发的群体性矛盾，不要轻易纳入司法渠道。对于重大纠纷和突出问题，各级法院要及时向党委汇报，加强与相关职能部门的沟通协调，争取在政府有关部门的主持下妥善解决。要配合政府协调推动资金链断裂的区域性龙头企业的重组解困工作，将诉讼与非诉讼解决纠纷渠道有机结合，最大限度地减少影响经济发展和社会稳定的不和谐因素。

23. 贯彻“调解优先”原则。在审理民间借贷、企业之间借款合同、金融机构借款合同纠纷等涉企业债务案件中，坚持调解优先，对债权人要多做耐心细致的调解工作，通过设置担保等灵活多样的方法促成债权人给予债务人企业合理的宽限期，帮助债务人度过暂时的财务危机。对于涉重大工程、重大项目、涉“三农”、金融和群体性纠纷等案件,也要尽可能地采取调解、协调、和解等方式来处理,尽可能地把握一切有利于调解结案的机会和积极因素,要尽可能地多做一些辨法析理等工作,竭力寻找各方利益平衡点,努力实现互利共赢、胜败皆服、案结事了的目标。

24. 健全诉讼便民机制,妥善把握执行原则与方法。通过开通“诉讼绿色通道”、设立巡回法庭、扩大并规范简易程序的适用范围、加大司法救助力度、积极实施法律援助、加强诉讼指导、健全涉诉信访机制等系列措施,千方百计降低诉讼门槛,关注涉案民生,方便群众诉讼。要根据最高人民法院的部署和省高级人民法院执行局《关于集中清理执行积案活动中处理涉企执行案件应注意的几个问题》(浙执明传〔2008〕第45号)的要求,积极开展清理执行积案活动,注意把握好涉企案件的执行原则,在执行方式上要体现原则性与灵活性的统一,切忌简单化和片面性,在执行过程中要穷尽一切协调手段,穷尽一切和解方案。

25. 发挥司法能动作用,完善监督指导机制。各级法院要按照最高人民法院《关于认真贯彻中央经济工作会议精神,为经济平稳较快发展提供有力司法保障的通知》(法发〔2008〕41号)的要求,提高对各类敏感问题发展趋势的预测能力和疑难复杂问题的处置能力,密切关注经济社会环境的新情况新变化,深入开展前瞻性调查研究,及时总结审判经验,研究制定司法政策和指导意见。加强对大要案处置工作的监督指导力度,对群体性案件、集团诉讼案件、破产案件等可能存在影响社会和谐稳定因素的案件,要及时研究、依法妥善处置,努力提高对下业务监督和指导能力。

26. 强化基层基础建设,提升司法保障能力。各级法院应将确保当前经济平稳较快增长与加强法院“两庭”建设、法院信息化等自身建设紧密联系起来,在通过建立法官人才库、加强业务培训等措施,着力提高我省法官队伍服务经济大局的能力与水平的同时,将法院工作当前面临的办案压力大、司法环境不尽如人意、物质装备保障条件紧张等困难向党委、人大和政府如实汇报,积极争取支持,以进一步得到有效解决。

27. 加强司法宣传工作,发挥社会导向作用。加强司法宣传工作,对涉及扰乱国民经济和社会稳定秩序的影响重大的案件,要在审结后通过及时召开新闻发布会、公布典型案例、组织专题或系列报道等形式,进行广泛宣传,教育和引导各类市场主体增强依法经营和风险防范意识。充分发挥自身优势,协助参与企业信用体系、企业风险预警系统的建设和经济金融风险协调处置机制的完善,关注备案企业的风险跟踪和监控,尤其要关注企业间交叉担保和地方性担保链可能带来的传导性风险,做到早发现、早防范、早处置,发挥审判工作的社会导向作用。

浙江省高级人民法院
关于资金链断裂引发企业债务重大案件的集中管辖问题的通知

（2008年10月28日　浙高法〔2008〕289号）

本省各级人民法院：

今年以来，受国际国内宏观经济形势的影响，我省一些企业经营发生困难。各级人民法院树立服务经济平稳较快发展的大局意识，认真贯彻中央和省委指示，采取措施，积极应对，审理和执行了一大批企业债务案件，成效明显。为进一步化解企业资金链断裂引发的风险，维护经济、社会秩序的稳定，平等保护当事人的合法权益，统一司法尺度，现依照《中华人民共和国民事诉讼法》第三十九条第一款等规定精神，就资金链断裂引发企业债务重大案件的集中管辖问题通知如下：

1. 各级人民法院要紧紧依靠当地的党委领导，支持当地政府在化解企业资金链断裂引发风险方面的主导作用，妥善审理和执行好相关案件。

2. 中级人民法院请求我院指定集中审理和执行涉资金链断裂企业债务的重大案件，应在书面报告中说明具体情况和理由，并符合以下条件：

（1）涉案资金链断裂企业一般应是当地的行业龙头企业，企业融资余额特别巨大，如不采取集中管辖措施将严重影响当地经济、社会秩序的稳定。

（2）当地政府已经根据省政府办公厅批转的省经贸委、浙江银监局《关于做好行业龙头企业资金链安全保障工作若干意见的通知》（浙政办发〔2008〕58号）的要求，成立了应急处置工作机构，负责处理企业资金链断裂引发风险的化解工作。

（3）应急处置工作机构有较明确的化解企业债务风险、处理善后事宜的工作安排，特别是对人民法院集中审理和执行所涉案件有明确的支持意见和维稳预案。

（4）市委向省委或省委政法委报告，提出由我院指定中级人民法院集中审理和执行所涉案件的意见，省委或省委政法委批转我院审查处理的。

3. 中级人民法院请求指定集中审理和执行涉资金链断裂企业债务重大案件的相关事宜，归口我院立案庭办理。

4. 被指定集中审理和执行涉资金链断裂企业债务重大案件的有关中级人民法院，应依法、公正审理和执行案件，平等保护当事人权益，切实维护当地经济、社会秩序的稳定。遇有重要情况，及时向我院报告。必要时，我院可以对有关中级人民法院审理和执行案件的情况进行监督检查。

5. 涉资金链断裂企业符合《中华人民共和国公司法》、《中华人民共和国企业破产法》规定的清算、破产条件的，可依法分别适用清算程序和破产清算、重整及和解程序。

6.本省基层人民法院请求中级人民法院指定集中审理和执行辖区内涉资金链断裂企业债务案件的,由中级人民法院参照本通知意见研究办理,并报我院备案。

特此通知。

浙江省高级人民法院
关于切实做好今冬明春涉及农民工劳动报酬
案件审判执行工作的通知

(2008年11月28日　浙高法〔2008〕346号)

本省各级人民法院、宁波海事法院:

今年以来,受国内外宏观经济形势的影响,我省不少企业特别是一些出口企业经营困难,各地企业拖欠工资的现象明显增多,一些地方还发生了企业主欠薪逃匿事件。年关将至,既是农民工返乡的高峰期,也将是农民工欠薪纠纷的频发期。11月11日齐奇同志批示:"全省各级法院务必高度关注各地农民工年终付薪等涉案民生问题。着力依法追索拖欠农民工劳动报酬,着力依法查控、遏制涉案企业主出逃或转移、隐匿资产。千方百计维护职工权益,调解劳企纠纷,引导劳企共度难关。全力支持党委政府防范矛盾交汇引发社会动乱,保障大局稳定。"现结合我省法院工作实际,就今冬明春做好涉及农民工劳动报酬案件的审判执行工作通知如下:

一、高度重视农民工劳动报酬案件的审判执行工作。全省各级法院要紧密结合党的十七届三中全会精神的学习贯彻,从关注涉案民生、促进经济发展、维护社会和谐稳定的高度,增强忧患意识,充分认识当前形势下审理执行好农民工劳动报酬案件的重要性,切实加强领导,健全工作机制,落实工作责任,做好工作部署,积极采取有效措施,集中清理农民工劳动报酬案件。要根据省委、省政府"标本兼治、保稳促调"的总体思路,更加重视保障和改善民生,更加重视企业的生存发展,更加重视做好理顺情绪、安定人心的工作。充分运用审判职能,千方百计帮企业度难关,帮职工维权,帮党政维稳。

二、降低诉讼门槛,加大司法救助,方便农民工诉讼。全省各级法院要继续深化落实"三项承诺",热情接待来访农民工,耐心解答咨询,积极指导正确行使诉讼权利,努力做到不使其因不懂法律和诉讼规则而畏诉、败诉。要建立快捷、方便、畅通的立案通道,继续推行预约立案、巡回立案、假日立案、允许口头起诉、提供格式化诉状等便民措施,有条件的,可以设置农民工案件立案专席。对有证据初步证明用人单位拖欠劳动报酬、且诉讼请求不涉及劳动关系其他争议的,按普通民事纠纷受理。要加大司法救助力度,对农民工劳动报酬案件可实行诉讼费的缓、减、免。对被执行人确无履行能力而申请执行的农民工确有经济困难的,可按照《最高人民法院关于对经济确有困难的当事人提供司法救助的规定》和我省法院有关司法救助的规定,积极启动司法救助程序予以必要的救助,并努力做好被拖欠工资农民工的思想安抚,防止引发新的纠纷和矛盾。

三、简化诉讼程序,加强审执兼顾,千方百计维护职工权益。对涉及农民工劳动报酬的案件,符合法定条件的,人民法院一般应及时采取财产保全措施;对可能存在转移财产和设备的案件,要加大诉前保全力度。农民工确无财产可供担保的,可以不提供担保。对用工事实基本清楚,农民工又确有生活困难的,可依法责令用工单位先行支付生活费用;确有必要时,可依法采取先予执行措施。对符合条件的农民工劳动报酬案件要尽量适用简易程序,努力缩短审理周期。要结合全国法院集中清理执行积案活动,加大对涉农民工劳动报酬案件的执行力度。案件较多的法院,可以设立专项审判组、执行组,按照"定人、定时、定责"的原则,集中力量迅速解决纠纷。

四、注意利益平衡,调解劳企纠纷,引导劳企共度难关。对生产经营有潜力但暂时出现资金困难的企业,要加大调解力度,只有维持企业生存,才能维持农民工就业,力促劳企双方达成谅解,共度经营难关;对目前仍在运营的困难企业,要慎用静态查封等强制措施,可建议原告方放弃保全申请,促成双方以抵押、入股等方式实行担保和回报,尽可能维护企业的正常运转和农民工的长远利益。对恶意拖欠农民工工资企业所涉欠薪纠纷,要快立、快审、快执,最大限度挽回农民工的欠薪损失。对企业主欠薪逃匿所涉欠薪纠纷,可以采取集中受理、指定管辖的方法,加强统一协调,并注重立案、审判、执行等各环节配合,加快案件处理流程。对于群体性纠纷及涉及面广、影响大的案件,积极鼓励双方当事人进行调解或自行和解,防止矛盾激化,必要时吸收劳动行政部门、村委会、居委会等机构配合做好调解工作。

五、加强协调配合,全力支持党委政府防范矛盾交汇引发社会动乱,保障大局稳定。要积极争取当地党委、政府的重视和支持,加强与劳动、公安等职能部门的沟通和协调,充分发挥劳动行政等部门的管理职能和熟悉情况的优势,建立工作协调机制,努力形成共同解决农民工欠薪纠纷的合力。对情况紧急、有可能矛盾激化的农民工群体性讨薪案件,要制定应急处理预案,积极争取地方党委、人大和政府的支持,及时平息农民工群体性的情绪激化态势,必要时申请动用欠薪应急周转金进行垫付,再根据法院的调解书或判决书参与企业财产分配。对涉案企业主下落不明或逃匿的,及时向有关政府部门通报,并积极寻找、联系,必要时对涉案企业主可采取限制出境等稳控措施。对审理中发现的违法、违规行为,要及时向有关部门和单位发出司法建议,从源头上减少企业欠薪现象。

六、强化法制教育,提高法律意识,确保农民工劳动报酬案件在法制的轨道上解决。要做好对农民工的法制宣传工作,主动深入农民工集中的街道、社区、企业,开展法制宣传、巡回审判等法律服务,提高农民工的依法维权意识,增强其运用正当手段维护其自身合法权益的能力。同时,以案说法,加强舆论宣传,及时报道人民法院成功处理农民工欠薪纠纷的案例,树立我省保障民生、促进发展、维护社会和谐的良好法治形象。

浙江省高级人民法院
关于为推进农村土地流转和集体林权制度改革提供司法保障的意见

(2009 年 7 月 23 日　浙高法〔2009〕250 号)

本省各级人民法院、宁波海事法院:

为贯彻落实省委《关于认真贯彻党的十七届三中全会精神加快推进农村改革发展的实施意见》、《关于深化改革开放推动科学发展的决定》,以及省委、省政府《关于积极引导农村土地承包经营权流转促进农业规模经营的意见》、《关于进一步深化集体林权制度改革的若干意见》等文件精神,根据《最高人民法院关于为推进农村改革发展提供司法保障和法律服务的若干意见》,结合法院工作实际,现就我省法院为推进农村土地(含林地)承包经营权流转和集体林权制度改革提供司法保障,提出以下指导意见。

一、充分认识农村土地流转和集体林权制度改革的重要意义。农村土地流转和集体林权制度改革,是我省农村改革发展的新起点,是继续解放思想、深化改革开放、再创体制优势、推动科学发展的重要举措,事关新时期我省经济社会全面协调可持续发展的大局。全省各级法院要紧紧围绕党委和政府工作重心,把支持农村土地流转和集体林权制度改革创新作为践行科学发展观的重要内容,按照“八项司法”的要求,努力为推进农村土地流转和集体林权制度改革提供强有力的司法保障。

二、准确把握审理原则和指导思想。严格执行物权法、合同法、土地管理法、农村土地承包法、森林法、最高人民法院《关于审理涉及农村土地承包纠纷案件适用法律问题的解释》等法律、司法解释的规定。对我省各地根据省委、省政府决策部署推出的各项改革创新措施,只要不违反法律、行政法规的强制性规定,有利于农民得实惠,有利于土地集约化经营,有利于推进新农村建设和城镇化发展方向,都要给予有力的司法支持。出现矛盾和问题时,不要轻易认定涉案流转合同、协议无效。

三、依法保护农民土地承包经营权。以维护农民土地承包经营各项权益和保持土地承包关系稳定为核心，以稳定和完善农村基本经营制度，推进农村改革发展为最终目标，切实加强人民法院的审判和执行工作。依法保护农民对承包土地享有的占有、使用、收益的权能，制裁侵害农民土地承包经营权的行为，构建农村改革发展的基础条件。

四、妥善处理返乡农民工土地承包经营权流转纠纷。认真贯彻最高人民法院《关于当前形势下进一步做好涉农民事案件审判工作的指导意见》（法发〔2009〕37号），对返乡农民工因土地承包经营权流转费用明显偏低或者返乡后流转合同期限尚未届满而引发的纠纷，特别是返乡农民工因此陷于生活困难的案件，要在当地党委领导、政府支持下，加大调解力度，多做思想劝导工作，努力实现双方当事人利益的平衡。调解不成的，应当根据当事人和案件的具体情况，按照公平原则妥善处理，以最大限度地避免返乡农民工因生活无着而引发新的社会问题。

五、统筹协调保护农民承包经营权与规范和促进农村土地、林权流转之间的关系。按照既有利于土地承包经营权有序流转和规范流转，又有利于农民土地承包各项合法权益充分保障的原则，切实审理好相关案件。对承包方依法采取转让、转包、出租、互换、股份合作等方式，流转其农村土地承包经营权和林权的，只要符合“依法、自愿、有偿”原则，一般应确认有效。对改变土地集体所有性质、改变土地用途、损害农民土地承包权益的流转行为，依法确认无效。对以股份合作形式流转土地承包经营权的，要着重审查入股行为是否符合农民意愿，防止因股份合作导致农民丧失土地承包经营权。

六、依法支持宅基地使用权流转。对各地在农村住房改造和城乡统筹改革中采取的集体土地调换、农民宅基地串换、宅基地置换和流转试点等，只要解决好“地从哪里来、房在哪里建、钱从哪里出、人往哪里走”等问题，且农民自愿，不损害农民合法权益，确保农民相应获得住房、社会保险等必要保障的，应当予以确认和支持。对就业稳定、愿意进城镇定居的农户，通过经济补偿、宅基地置换城镇住房、纳入城镇职工基本养老体系等办法，支持其退出农村宅基地，拓宽农村建设发展的空间。

七、依法保障集体经营性建设用地的流转。在符合土地利用规划的前提下，依法确认集体经营性建设用地与国有土地享有平等权利，促进城乡统一的建设用地市场的形成。目前，在城镇工矿建设规模范围外，除宅基地、集体公益事业建设用地，凡符合土地利用总体规划，依法取得并已经确权为经营性的集体建设用地，采取出让、转让等方式有偿使用和流转的，应认定有效。国土资源部下发有关农村集体建设用地使用权出让和转让的办法后，可参照该办法的规定进行认定。

八、妥善处理征地补偿费用分配纠纷。对依法受理的征地补偿费用分配纠纷案件，应当在尊重相关集体经济组织依法作出的自治意思的同时，根据法律精神和当地实际情况,努力消除分配方案中既不合法也不合理的差别待遇,依法保护集体经济组织全体成员的合法权益。对涉及农村集体成员资格界定的,要在现行法律规定框架内,最大限度地保护农民特别是妇女、儿童的合法权益。要依照法律、法规、司法解释的规定,协助当地政府和集体经济组织完善征地补偿费用分配制度。

九、依法支持农村信贷担保机制的完善。承包人或者其他合法权利人以股份经济合作社股权、农村土地流转后衍生的经营权等权利质押,或者以农村集体经营性建设用地使用权、林权、农村住房抵押等新型贷款担保方式贷款的,只要当事人依据相关规定办理了抵押或出质登记的,对抵押权和质权应当予以确认和保护,依法支持创新贷款担保方式,扩大农村有效担保物范围,拓宽农村融资渠道。但在审判和执行中,应当注意保障农民享有的承包土地和必要的生活住房,防止农民彻底丧失承包土地和基本生活住房。

十、推动农业经营体制机制创新和经营方式转变。按照有利于提高农业市场集约化和组织化的原则开展审判工作,为加快发展集体经济和农民专业合作社提供司法保障。加大对农村新兴市场主体的保护力度,促进新型农业社会化服务体系的建立和完善。通过司法判决的示范效应,依法保护农村新型市场主体的发展,支持农民参与市场的新方式和新途径,提高农民通过多种形式参与市场竞争的能力。

十一、依法制裁农村土地流转中的违法行为。综合发挥刑事、民事、行政审判和执行等各方面的职能作用,加大对非法侵占土地特别是耕地的违法行为的制裁力度,支持行政机关依法行政。要依法制裁借土地流转之名,违反法律、政策规定收回、调整承包地等侵害农民土地承包经营权的行为。尤其要警惕并制裁农村宗族、黑恶势力利用农村土地征收、流转和集体林权制度改革,侵害农民合法权益的违法行为。

十二、切实贯彻落实“调解优先”原则。在审理涉及农村土地流转和集体林权制度改革的案件中,将“调解优先”原则贯穿于立案、审判、执行全过程,尽可能地采取调解、协调、和解等方式处理,尽可能地把握一切有利于调解结案的机会和积极因素,尽可能地多做一些辨法析理等工作,寻找各方利益平衡点,努力实现互利共赢、胜败皆服、案结事了的目标。

十三、继续建立健全诉讼便民机制。开通“诉讼绿色通道”,设立巡回法庭,建立健全案件繁简分流和速裁工作机制,规范并扩大简易程序的适用,方便农民群众诉讼。加大司法救助力度,积极实施法律援助,强化诉讼提示和指导,对经济上确有困难的农民当事人,特别是特殊困难群体,积极采取缓、减、免交诉讼费的措施,确保符合救助条件的农民当事人打得起官司。

十四、着力构建多元纠纷解决机制。坚持和发展“枫桥经验”,注重与基层党委政府、农村土地承包仲裁机构、村民自治组织等沟通联系，加强对人民调解组织的指导，逐步在基层法院尤其是人民法庭推广设立“人民调解窗口”，积极引导当事人以非诉讼方式解决纠纷，构建纠纷解决的全覆盖网络。积极做好法制宣传，对农民群众、集体经济组织和有关部门及时提供法律咨询，并通过审判工作和司法建议，促进相关政策及配套措施的制定和完善。

十五、不断总结和推广审判工作经验。密切关注农村土地流转和集体林权制度改革相关法律、政策，善于从各地改革实践和审判实务中总结、提炼成功经验和有效方法，不断提高法律适用能力和政策理论水平。上级法院要深入农村改革现场和基层审判一线调查研究，通过制定规范性文件和发布指导性案例等方式，加强对下级法院的业务指导，统一裁判尺度，不断提升司法保障工作水平。

十六、努力完善化解矛盾的工作机制。农村土地流转和集体林权制度改革，法律政策性强，涉及广大群众切身利益，情况复杂，相关纠纷处理难度大。全省各级法院要紧紧依靠党委领导，积极争取政府部门支持，建立和完善与当地党政部门、基层组织定期通报、矛盾排查、联动协作等制度和平台，以及突发性、群体性纠纷应急处置机制，并实现常态化、长效化，最大限度地防止因改革而出现利益失衡、矛盾激化、社会不稳定，规范和促进农村土地流转和集体林权制度改革。

浙江省高级人民法院　浙江省司法厅
关于依法规范民事行政诉讼活动中公民代理的若干规定（试行）

（2008 年 8 月 12 日　浙高法〔2008〕226 号）

为维护正常的诉讼秩序，保护当事人的合法权益，促进司法公正，依据《中华人民共和国民事诉讼法》、《中华人民共和国行政诉讼法》、《中华人民共和国律师法》的有关规定，现就规范民事、行政诉讼活动中的公民代理行为规定如下：

一、本规定所称的公民代理人，是指除律师以外所有以公民身份接受委托参与民事、行政诉讼活动的代理人。

二、下列公民可以在民事、行政诉讼活动中受委托担任代理人：

（一）当事人的近亲属；

（二）有关的社会团体、基层自治组织、当事人所在单位推荐的人；

（三）经人民法院许可的其他公民。

三、公民接受委托担任诉讼代理人的，应当向人民法院立案部门提交下列材料：

（一）《授权委托书》；

(二)居民身份证或其他身份证明;

(三)系近亲属委托的,应当提供能够证明其与当事人存在近亲属关系的书面材料;

(四)系社会团体、基层自治组织、当事人所在单位推荐的,应当提交推荐证明;

(五)由委托人和受委托人双方签名的《受委托人在诉讼代理中不收取任何报酬的承诺书》。

上述材料,人民法院应当附卷。

四、公民从事诉讼代理活动,具有下列情形之一的,人民法院不予准许:

(一)诉讼代理活动收取报酬的;

(二)煽动、教唆当事人或者群众扰乱诉讼秩序的;

(三)原系受案法院工作人员或聘用人员的;

(四)正在被执行刑罚或者被剥夺、限制人身自由的;

(五)其他不宜担任诉讼代理人的情形。

五、人民法院建立公民代理一案一登记制度。

人民法院在发送案件受理通知书和应诉通知书时应当告知当事人,委托公民代理的,应当到人民法院立案部门办理公民代理登记手续。

人民法院经审查,认为符合公民代理人条件的,应当向其出具《准予担任诉讼代理人决定书》。没有法院出具的《准予担任诉讼代理人决定书》的,不得担任诉讼代理人。

六、公民担任代理人参加诉讼活动,应当遵守有关法律、法规规定。凡提供虚假证明、证件、承诺书等材料掩盖营利事实或者煽动、教唆当事人或群众扰乱诉讼秩序的,人民法院在依法处理的同时,不准许其今后以公民代理人身份在本省法院参加诉讼活动。

七、人民法院建立公民代理人信息档案。对今后不准许以公民代理人身份在本省法院参加诉讼活动的公民,在浙江法院内网予以公示。

八、持有司法部统一制作的《法律服务工作者执业证》的基层法律服务工作者参加诉讼代理活动,仍依照《浙江省高级人民法院浙江省司法厅关于基层法律工作者参加诉讼代理活动有关问题的通知》(浙司基[1998]59号)的规定办理。

九、持有司法行政部门或者中华全国律师协会统一制作的《律师助理证》、《申请律师执业人员实习证》的律师助理,可以随律师出庭承担庭审记录等辅助工作,但在庭审过程中不能提问、发言,也不能单独出庭参加庭审活动。

十、民事案件执行中的公民代理,参照本规定执行。

十一、本规定自2008年10月1日起施行。

附件:1.《公民接受委托担任诉讼代理人登记表》

2.《准予担任诉讼代理人决定书》

3.《受委托人在诉讼代理中不收取任何报酬的承诺书》

浙江省高级人民法院
关于在民事审判中防范和查处虚假诉讼案件的若干意见

（2008 年 12 月 4 日　浙高法〔2008〕362 号）

为了防范和查处虚假诉讼案件，促进诉讼诚信，保障民事诉讼活动的正常进行，维护司法权威，根据有关法律和司法解释的规定，结合我省实际，制定本意见。

第一条　本意见所指的虚假诉讼，是指民事诉讼各方当事人恶意串通，采取虚构法律关系、捏造案件事实方式提起民事诉讼，或者利用虚假仲裁裁决、公证文书申请执行，使法院作出错误裁判或执行，以获取非法利益的行为。

第二条　下列几类案件，审判中应当特别关注：

（一）民间借贷案件；

（二）离婚案件一方当事人为被告的财产纠纷案件；

（三）已经资不抵债的企业、其他组织、自然人为被告的财产纠纷案件；

（四）改制中的国有、集体企业为被告的财产纠纷案件；

（五）拆迁区划范围内的自然人作为诉讼主体的分家析产、继承、房屋买卖合同纠纷案件；

（六）涉及驰名商标认定的案件。

第三条　诉讼中有下列情形之一的，审判人员应当予以谨慎审查，防范虚假诉讼：

（一）原告起诉的事实、理由不合常理，证据存在伪造可能；

（二）当事人无正当理由拒不到庭参加诉讼，委托代理人对案件事实陈述不清；

（三）原告、被告配合默契，不存在实质性的诉辩对抗；

（四）调解协议的达成异常容易；

（五）诉讼中有其他异常表现。

第四条　法院应当在立案大厅或人民法庭立案窗口设立禁止虚假诉讼的告示，引导当事人诚信诉讼。

第五条　审理中发现有虚假诉讼嫌疑的案件，审判人员应当立即向庭长、院长报告，并将有关案件异常情况予以记载附卷，在每个审理环节予以警示。

第六条　对有虚假诉讼嫌疑的案件，法院在审理过程中可以采取以下措施：

（一）传唤当事人到庭参加诉讼；

(二)通知当事人提交原始证据;

(三)要求证人出庭作证;

(四)向利害关系人通报情况,并通知其参与诉讼;

(五)依职权调查取证;

(六)邀请有关部门、基层组织人员参与审查调解协议;

(七)依法可以采取的其他措施。

第七条 对债务纠纷案件,法院应当严格审查债务产生的时间、地点、原因、用途、支付方式、基础合同以及债权人和债务人的经济状况。

第八条 对有虚假诉讼嫌疑的案件,法院应当传唤当事人到庭。

原告无正当理由拒不到庭的,或者未经法庭许可中途退庭的,可以按撤诉处理。

被告无正当理由拒不到庭的,可以依照《中华人民共和国民事诉讼法》第一百条的规定予以拘传。

第九条 对有虚假诉讼嫌疑的案件,法院通知当事人提交原始证据或者要求证人出庭作证的,当事人无正当理由拒不提交原始证据,或者证人无正当理由拒不出庭作证的,人民法院可以依法认定当事人主张的事实证据不足。

第十条 对有虚假诉讼嫌疑的案件,当事人委托公民代理诉讼的,应当严格按照《浙江省高级人民法院浙江省司法厅关于依法规范民事行政诉讼活动中公民代理的若干规定(试行)》执行。

第十一条 与虚假诉讼案件有利害关系的案外人,可以向法院提出再审的申请。

第十二条 经审查确认属于虚假诉讼的案件,已经作出生效的裁判文书或民事调解书的,人民法院应当依照法定程序撤销生效的裁判文书或民事调解书,并裁定驳回起诉。

第十三条 对有虚假诉讼嫌疑的案件,当事人申请撤诉的,法院可以准许;经审查确认属于虚假诉讼的案件,当事人申请撤诉的,法院不予准许。

第十四条 对参与制造虚假诉讼案件的有关人员,可以依照《中华人民共和国民事诉讼法》的有关规定,根据情节轻重,依法予以训诫、罚款、拘留;构成犯罪的,依法追究刑事责任。

对参与制造虚假诉讼案件的律师,应当同时向有关司法行政机关提出建议,依照《中华人民共和国律师法》有关规定吊销其律师执业执照。

对参与制造虚假诉讼案件的审判人员,应当依照最高人民法院《人民法院审判人员违法审判责任追究办法(试行)》和《人民法院审判纪律处分办法(试行)》以及《浙江省高级人民法院关于案件督查工作的若干规定》严肃处理。

第十五条　对举报虚假诉讼案件的单位和个人，经查证属实的，应当予以奖励。

对防范和查处虚假诉讼案件成绩突出的审判人员，应当予以表彰。

第十六条　全省各级人民法院发现虚假诉讼案件的，应当在本院范围内进行通报，并将有关情况逐级报省高级人民法院。

第十七条　本意见由浙江省高级人民法院审判委员会负责解释。

第十八条　本意见自公布之日起施行。

浙江省高级人民法院
关于民商事案件诉讼文书送达问题的若干规定（试行）

（2009 年 4 月 28 日　浙高法〔2009〕129 号）

为切实提高送达效率，充分发挥送达制度的积极作用，依据《中华人民共和国民事诉讼法》（以下简称《民事诉讼法》）及相关司法解释的规定，结合我省法院民商事审判和执行工作实际，制定本规定。

一、一般规定

第一条　人民法院在民商事审判和执行工作中办理有关诉讼文书送达事务时，应遵循合法、便捷、有效的原则，正确处理好公正与效率、权威与便民、切实保障受送达人权益与有效规制恶意拒收文书行为之间的关系。

第二条　人民法院可安排专门机构或者人员负责送达事务。

对同期立案、当事人在同一地区的不同案件，可集中送达有关诉讼文书。

第三条　国内民事诉讼文书的送达，应当以直接送达和邮寄送达为主，以留置送达、委托送达等其他方式为补充，以公告送达为最后手段。

第四条　人民法院知悉当事人联系方式的，可以通知当事人到法院签收诉讼文书。

第五条　定期宣判的案件，当事人无正当理由拒不到庭、未经许可中途退庭，或拒绝签收有关裁判文书的，定期宣判之日即为送达之日。

第六条　受送达人明确声明人民法院可以手机短信、传真或电子邮件等现代通讯方式送达诉讼文书，并指定相应手机号、传真号或电子邮箱的，人民法院只要确认已按声明的方式和指定的码址发出了相关诉讼文书，可视为送达。但确有证据证明受送达人因客观原因未实际接收到相关诉讼文书的除外。

受送达人未明确声明可以采用手机短信、传真或电子邮件等方式送达，人民法院向受送达人的手机号、传真号或电子邮箱进行送达的,必须确认受送达人收悉才可视为送达。

确认受送达人收悉的情形包括:

(一)已经按照所送达文书的内容履行;

(二)当事人在诉讼活动中和其他场合提及了所送达文书的内容;

(三)确认收悉的其他情形。

采取以上方式送达的,应在案卷中记明,并做好相关材料的备份。

有条件的法院,可以建立短信、传真或电子邮件发送平台。

第七条 人民法院应当在受送达人的住所或其所提供的送达地址向其送达诉讼文书,但送达人员在其他场所会晤受送达人的,也可在该会晤场所送达。

不知受送达人的住所或者不能在其住所送达时,送达人员可在受送达人的居所(如暂住地)、从业场所以及法人的营业场所、办公场所、受委托的律师事务所等能够直接向受送达人或其指定代收人送达诉讼文书的地方送达文书。

受送达人或其指定代收人在以上场所拒绝签收文书的,可留置送达。

第八条 根据《民事诉讼法》第七十八条、最高人民法院《关于适用〈中华人民共和国民事诉讼法〉若干问题的意见》(以下简称《若干意见》)第81条规定,义务签收人的范围主要包括:

(一)受送达人是自然人的,应当由其本人签收;如本人不在可交其同住成年家属签收;如本人是无行为能力人或者限制行为能力人的,应当由其法定代理人签收,法定代理人为多人的,可由其中一人签收;

(二)受送达人是法人或者其他组织的,应当由法人的法定代表人、其他组织的主要负责人,或者该法人、其他组织的办公室、收发室、值班室等负责收件的人签收;

(三)受送达人有诉讼代理人的,可以送交其代理人签收,但受送达人在授权委托书中明确表明其诉讼代理人无权代为接收有关文书的除外;

(四)受送达人已向人民法院指定代收人的,送交代收人签收。

上述义务签收人拒收诉讼文书的,可以留置送达。

受送达人的同住成年家属、法定代理人或者法人、其他组织负责收件的人是同一案件中另一方当事人或者有证据表明其不宜签收的,不适用前两款规定。

第九条 在直接送达有困难的情况下,人民法院可将诉讼文书交付当地公安派出所、村民委员会或居民委员会、人民调解组织等,或与受送达人有密切联系的人转交送达。经该公安派出所、基层组织或与受送达人有密切联系的人确认已将诉讼文书转交受送达人的,视为送达。

前款“与受送达人有密切联系的人”是指:

(一)受送达人是自然人的,包括其非同住成年家属、有辨别能力的同住人、受雇人、邻居、房主、出租人或居住地的物业管理部门等；

（二）受送达人是法人或其他组织的，其办公地点的其他有辨别能力的职员或雇员等。

受送达人的非同住成年家属、有辨别能力的同住人、受雇人、邻居、房主、出租人、居住地的物业管理部门或者法人、其他组织办公地点的其他有辨别能力的职员或雇员等是同一案件中另一方当事人或者有证据表明其不宜签收的，不适用前款规定。

第十条　送达人员应当在送达回证记明送达时间等事项，并交签收人签名、盖章或按指印。非本人签收的，应当载明其他签收人与受送达人之间的关系。

留置送达的，应当记明原因和经过。

第十一条　以法院专递方式邮寄送达民商事诉讼文书，受送达人未在送达回证上签收但在邮件回执上签收的，视为送达，签收日期为送达日期。

二、送达地址确认书

第十二条　在当事人起诉或者答辩时，人民法院应当要求其提供自己准确的送达地址，并填写送达地址确认书。

送达地址确认书应当告知当事人拒不提供送达地址、送达地址不准确、送达地址变更未及时告知人民法院、受送达人或其所指定的代收人拒绝签收的法律后果。

人民法院可以要求一方当事人提供对方当事人的送达地址或可能获得送达地址的相关线索（如要求离婚案件的一方当事人提供对方当事人亲属的联系方式），以便及时、有效实施送达。

第十三条　当事人将其诉讼文书送达地址确认为其委托的律师事务所或者律师住所的，在当事人未书面通知法院解除该委托之前，法院依送达地址确认书的送达行为，对当事人有法律约束力。律师事务所或者律师拒收的，邮寄送达的以文书退回之日视为送达之日，直接送达的可适用留置送达。

第十四条　以简易程序审理的案件转入普通程序审理后，当事人原填写的送达地址确认书，可以继续适用。

送达地址确认书除适用一审程序外，当事人未明确声明适用范围或者未向法院告知其送达地址变更事项的，可继续在二审和执行程序以及该当事人同期在受理法院审理的其他案件中适用。

以上两款规定的事项，人民法院应当以送达地址确认书或者其他适当方式告知当事人。

第十五条　当事人确认的送达地址不便送达的，法院向送达地址确认书以外的地址也可以实施有效送达。

第十六条 当事人具有以下两种情形之一的,可推定为“当事人拒不提供送达地址”,并依据最高法院最高人民法院《关于以法院专递方式邮寄送达民事诉讼文书的若干规定》第五条、第十一条执行:

(一)受送达人的送达地址不明,但能通过电话等方式联系,其在法院电话通知后,拒不到庭参加诉讼,也不提供准确的送达地址的;

(二)受送达人在本案中不出现或者有意躲避的,但在法院同期审理的其他案件中作为当事人参加诉讼且不提供或确认送达地址的;

(三)在法院公告送达期间,受送达人向法院提出管辖异议或要求回避等书面申请,但又未明确提供送达地址的。

上述电话录音内容,送达人员应整理成书面记录。普通程序审理的案件由全体合议庭成员、简易程序审理的案件由独任法官及一名书记员签名后附卷。电话录音的原始资料应暂时予以保存,一审未上诉案件一般保存至上诉期满后六个月;上诉案件一般保存至该案二审宣判后六个月。

三、留 置 送 达

第十七条 留置送达应当符合以下条件:

(一)送达人员有直接送达诉讼文书给受送达人的行为;

(二)受送达人或者义务签收人有恶意拒收的行为(如无正当理由拒绝签收、当场撕毁送达回证、否认自己是受送达人、送达人员表明身份后拒不开门等)。

第十八条 根据《民事诉讼法》第七十九条、最高人民法院《若干意见》第82条规定,留置送达要求送达人员应当邀请有关基层组织或者所在单位代表到场见证。这里的“基层组织”,一般是指村民委员会或居民委员会,但在人民法院送达人员邀请村民委员会或居民委员会作为见证人遇到困难的情况下,还可包括基层公安派出所、工商行政管理部门、人民调解委员会、司法服务所以及社区物业公司等。

上述组织是同一案件中另一方当事人的,不适用前款规定。

第十九条 见证人不愿签字证明的,送达人员可直接依据最高人民法院《若干意见》第82条规定,由送达人员在送达回证上记明拒收事由、时间和地点以及被邀请人不愿见证的情形,将诉讼文书留在受送达人的应送达场所,即视为送达。

见证人拒绝到场见证或者送达人员找不到见证人的,送达人员可对受送达人或义务签收人拒绝签收诉讼文书的现场,以拍照或者录像的方式予以固定,将诉讼文书留在受送达人的应送达场所,即视为送达。但送达人员应在送达回证上记明拒收事由、时间和地点,并把照片或录像资料存入卷宗;对情况紧急,不具备拍照或录像条件的,须由法院两名送达人员在送达回证上记明拒收事由、时间和地点及相关情况,即视为送达。

四、公告送达

第二十条　公告送达应符合《民事诉讼法》第八十四条规定的条件,即受送达人下落不明,或者用其他方式无法送达。

公告送达,应当在案卷中记明原因和经过。

第二十一条　受送达人下落不明是指除受送达人被宣告失踪、被申请宣告失踪外,送达人员按照原告提供的受送达人的地址通过直接送达等送达方式无法送达时,由受送达人住所地公安机关、工商行政管理部门、居民委员会、村民委员会等证实,或以其他适当的方式证实,其已处于下落不明的状态。

第二十二条　受送达人下落不明需公告送达的,自然人户籍所在地或经常居住地、法人或其他组织的主要办事机构所在地或登记注册地在受理法院所在行政辖区的,按照以下原则处理:

(一)受理法院是基层法院的,可以在该法院公告栏张贴送达公告(如果受送达人是自然人的,应当同时在该当事人所在的居民委员会、村民委员会或者物业小区等场所张贴送达公告),公告期满即视为送达;

(二)受理法院是中级法院的,除在该法院公告栏张贴送达公告外,应当同时在该当事人住所地辖区基层法院公告栏张贴送达公告,或者在该当事人所在的居民委员会、村民委员会或者物业小区等场所张贴送达公告,公告期满即视为送达;

(三)受理法院是高级法院的,除在该法院公告栏张贴送达公告外,应当同时在《人民法院报》或者省级以上公开发行的报纸上刊登送达公告。

在当事人所在的居民委员会、村民委员会或者物业小区等场所张贴送达公告的,应当张贴在上述场所的明显位置并以拍照的方式予以固定,照片附卷。

第二十三条　受送达人下落不明需公告送达的,自然人户籍所在地或经常居住地、法人或其他组织的主要办事机构所在地或登记注册地不在受理法院所在行政辖区的,除在该法院公告栏张贴送达公告外,还应根据受送达人住所地是否在本市(地级)、本省范围等情况,决定应同时刊登公告的公开发行的报纸的级别。

第二十四条　公告送达,应当严格按照最高人民法院《若干意见》第89条的规定公告相关内容。

第二十五条　在《人民法院报》或者其他公开发行的报纸上刊登送达公告的费用,由申请公告人预先支付。结案时,该费用由败诉方承担。

五、涉外送达

第二十六条　受送达人是外国自然人的,法院可以向其在我国领域内的居住场所、工作场所直接送达;受送达人不在,其同住成年家属签收的亦视为有效送达。

但同住成年家属为同一案件的对方当事人或依照受送达人本国法律禁止这种签收方式的除外。

法院向外国自然人或其同住成年家属直接送达时,应当核对有效护照或其他身份证明,以确认签收人的身份以及与受送达人的关系,并以复印、摘抄等方式固定上述证据。

第二十七条 受送达人是外国法人、其他组织的,法院可以向出现在我国领域内的该外国法人、其他组织的法定代表人、主要负责人直接送达。送达时应当核对有效护照或其他身份证明,以确认签收人的身份以及与受送达人的关系,并以复印、摘抄等方式固定上述证据。

外国法人的法定代表人系指依照登记国法律或法人组织章程规定,代表法人行使职权的负责人(包括且不限于董事长、执行董事或经理)。

第二十八条 外国受送达人或其义务签收人拒绝签收法院的送达文书时,可以适用留置送达。

第二十九条 涉外委托送达的方式包括并依次为依司法协助协定送达、依海牙送达公约送达和外交途径送达。当受送达人具备上述两种以上送达条件时,法院应按照顺序在先的方式向受送达人委托送达司法文书。当顺序在先的委托送达方式无法送达时,无需再采用顺序在后的委托送达方式,可直接采用《民事诉讼法》规定的其他送达方式。

第三十条 以司法协助协定、海牙送达公约或外交途径方式送达司法文书,如受委托的外国中央机关要求收取委托送达费用的,该费用应由申请送达人员预先支付。法院在首次委托送达司法文书时,可视情一并预收其他后续裁判、执行文书的委托送达费用(包括裁判、执行文书的翻译费用)。

第三十一条 当无法向外国受送达人在我国领域内设立的代表机构有效送达时,不能以此为由直接向该外国受送达人公告送达,而应当按照《民事诉讼法》第二百四十五条和最高人民法院《关于涉外民事或商事案件司法文书送达问题若干规定》规定的送达方式向该外国受送达人进行送达。

第三十二条 受送达人是外国公司的,法院可以通过该外国公司在我国领域内的子公司或其他参股公司转递司法文书。转递后外国公司签收该司法文书或符合最高人民法院《关于涉外民事或商事案件司法文书送达问题若干规定》第十三条所列情形之一的,视为送达。

第三十三条 认定涉外案件中的外国受送达人下落不明应符合以下条件:

(一)送达地址确为受送达人的住所地;

(二)有一种送达方式反馈其住所地无人接收(如委托送达回证上注明无法送达的原因是查无此人或已搬迁但不知迁往何处,或长期无人居住或无人办公,或邮寄送达被以查无此人而退回等）。

通过查询，发现在本省法院同一时期其他诉讼中显示受送达人下落不明的，在认真核实的前提下，亦可作为认定在本案中下落不明的依据。

第三十四条　涉外公告送达的，应当在《人民法院报》或省级以上对外公开发行的报纸和案件受理法院公告栏同时刊登。

第三十五条　本意见由浙江省高级人民法院审判委员会负责解释。

第三十六条　本意见自公布之日起施行。

浙江省高级人民法院　浙江省司法厅
关于进一步加强诉调衔接机制建设的若干规定（试行）

（2009 年 8 月 18 日　浙高法发〔2009〕8 号）

为坚持和发展"枫桥经验"，切实落实调解优先原则，进一步加强诉讼与人民调解的有效衔接（以下简称诉调衔接），推进诉讼与非诉讼相衔接的矛盾纠纷解决机制建设，及时、有效解决矛盾纠纷，促进社会和谐，根据《中华人民共和国民事诉讼法》、《人民法院第三个五年改革纲要》、《最高人民法院关于建立健全诉讼与非诉讼相衔接的矛盾纠纷解决机制的若干意见》（以下简称《若干意见》）、《最高人民法院关于审理涉及人民调解协议的民事案件的若干规定》（以下简称《若干规定》）以及《中共浙江省委办公厅、浙江省人民政府办公厅关于进一步加强新形势下人民调解工作的意见》等规定，结合我省实际，就进一步加强诉调衔接、推进诉讼与非诉讼相衔接的矛盾纠纷解决机制建设，作如下规定。

第一条　各级人民法院和司法行政机关应当按照"党委领导、政府支持、多方参与、司法推动"的诉讼与非诉讼相衔接的矛盾纠纷解决机制的要求，切实加强协调配合，深化完善诉调衔接，推进诉讼与非诉讼相衔接的矛盾纠纷解决机制建设，积极引导和鼓励当事人依法选择人民调解等非诉讼方式解决纠纷。

第二条　人民法院应当充分发挥普通程序、简易程序、督促程序等各种审理程序的纠纷化解功能，同时加强审判工作机制改革，进一步创新和简化诉讼程序，完善庭前准备程序、简易案件速裁、普通程序简便审、立案调解、巡回审判、预约开庭、假日法庭等诉讼机制，构建诉讼内纠纷快速平和解决机制，使纠纷以便捷、经济、和谐的方式解决。

第三条　人民法院要按照"调解优先，调判结合"的原则，以"定纷止争、案结事了"为目标，将诉讼调解贯穿于民商事诉讼立案、审判、执行的各个环节，贯彻于一审、二审、再审、信访的全过程，形成承办法官、庭领导、院领导注重调解、参与调解的格局,充分利用一切调解机会,平息纠纷,化解矛盾,以较少的成本实现法律效果与社会效果的有机统一。

要进一步加大刑事附带民事案件的调解力度,探索刑事自诉、轻微刑事犯罪、未成年人犯罪、刑事附带民事诉讼的刑事和解制度和行政诉讼的协调、和解制度,推行执行中的和解,不断扩大调解的适用范围。

案件审理中,人民法院应当鼓励当事人达成庭外和解协议。双方当事人申请庭外和解的期间,不计入案件审理期限。

第四条 各级人民法院和司法行政机关应当通过指导人民调解组织在民事纠纷受理前、审理中和执行程序中参与调解工作,以及人民法院对人民调解协议依法进行审查并对符合法律规定的人民调解协议予以法律支持等方式,建立完善诉调衔接工作机制。

第五条 基层人民法院和有条件的人民法庭应当在立案场所设置人民调解工作窗口。

设置在人民法院的人民调解工作窗口,应当有两名以上专职人民调解员,由当地司法行政机关会同人民法院在符合条件的人员中择优选聘。根据需要,可以选聘若干名兼职或特邀人民调解员,并建立调解员名册。

第六条 设置在人民法院(人民法庭)的人民调解工作窗口的工作经费及调解员的报酬、补贴由司法行政机关会同人民法院共同向当地财政部门争取落实。人民法院可以根据人民调解员的工作表现,给予适当的补助或奖励。

人民法院(人民法庭)应当为设置在本院、本庭内的人民调解工作窗口提供必要的办公场所和办公设施,为人民调解员开展工作提供便利。

第七条 人民法院在立案接待时,要对当事人进行诉讼指导,告知诉讼程序,提示诉讼风险,主动宣传人民调解的优势和特点,并根据案件类型、特点,在保障当事人诉权的前提下,引导当事人合理选择纠纷解决方式。

对于案情简单、争议不大的民事案件,征得当事人同意后,可暂缓立案,引导当事人协商选择人民调解组织(包括设置在人民法院的人民调解工作窗口、辖区内或纠纷发生地的区域性人民调解委员会和行业性专业人民调解委员会,下同)对其纠纷先行调解。

立案前当事人不同意调解或不能达成调解协议的,人民法院应当及时进行审查,认为符合受理条件的,应当立案。

第八条 民商事案件受理后,人民法院可以根据案件情况先行立案调解。有条件的人民法院可以成立专门机构或者安排专人负责立案调解。

第九条 人民法院对于已受理的民商事案件或刑事附带民事诉讼的民事部分,在征得当事人同意后,可将纠纷委托相关人民调解组织调解,或者邀请相关人民调解组织派员协助调解。

对于已经人民调解组织调解的民商事纠纷，人民法院原则上不再委托人民调解组织调解，但仍可邀请相关人民调解组织派员协助调解。

第十条　下列民商事纠纷，人民法院一般应当引导当事人申请人民调解组织调解，或者委托、邀请人民调解组织、相关社会组织、有特定社会经验的人员进行调解或协助调解：

（一）婚姻家庭、继承纠纷（婚姻关系、身份关系确认纠纷除外）；

（二）相邻关系、共有、农村土地承包经营权、宅基地使用权、建筑物区分所有权等物权纠纷；

（三）农村土地承包合同、民间借贷、合伙协议、买卖合同、劳动（劳务）合同、服务合同、租赁合同、借用合同、典当合同、赠与合同、供用电（水、气）合同等债权纠纷；

（四）财产损害赔偿、医疗损害赔偿、交通事故人身损害赔偿、饲养动物致人损害赔偿、工伤损害赔偿、雇员及义务帮工损害赔偿、环境污染损害赔偿等侵权纠纷；

（五）其他适合人民调解组织调解的纠纷。

第十一条　在民商事案件执行程序中，人民法院认为适宜和解解决且当事人同意交由人民调解组织和解的案件，可以委托相关人民调解组织和解。双方当事人达成和解协议的，应当将协议内容记入笔录，并由双方当事人签名或盖章。

第十二条　人民法院引导当事人申请人民调解组织调解，或者人民法院委托人民调解组织调解或和解民事纠纷的，应当遵循依法、自愿、便民原则。

对于符合人民调解组织受案范围的民商事纠纷，当事人申请调解或人民法院委托调解、邀请协助调解的，人民调解组织应当受理或予以配合。

第十三条　对于人民法院引导当事人申请人民调解组织调解或者人民法院委托人民调解组织调解的，人民调解组织应当按照以下程序进行调解：

（一）审查材料。受理纠纷时，应当审查以下材料：人民法院《建议人民调解函》或《委托人民调解函》、有关纠纷材料的复印件。

（二）填写《人民调解申请书》和《民事纠纷受理登记表》。《人民调解申请书》由人民调解员指导当事人填写；《民事纠纷受理登记表》由人民调解组织负责填写。当事人在填写《人民调解申请书》前反悔拒绝接受人民调解，人民调解组织应当函告相关的人民法院。

（三）调解纠纷。一般纠纷，可由一名人民调解员单独调解，复杂、疑难纠纷，可由两名以上人民调解员共同调解。调解过程中应做好调解笔录，并由人民调解员及当事人签字或盖章。

（四）调解结案。经调解达成调解协议的，应当制作人民调解协议书。对于委托调解的人民调解协议书应报当地司法所备案,其中属民事纠纷调解委员会或行业性调解委员会办理的,应报当地县(市、区)司法局登记备案。经调解未达成协议,应当做好调解记录。调解不成包含下列情形:当事人明确拒绝调解的;经调解不能达成合意的;规定期限届满后仍不能调解结案的。

按前款方式调解结案的民商事纠纷,属于经人民法院引导当事人申请调解的,相关人民调解组织应当将调解结果告知相关人民法院;属于人民法院委托调解的,相关人民调解组织应当填写《人民调解结案单》,连同相关材料复印件于三日内退回相关的人民法院。

人民法院和人民调解组织应当建立诉前申请、诉中委托人民调解案件交接档案。省司法厅制发专门的诉调衔接工作统计表。

第十四条 人民调解组织接受人民法院委托调解纠纷的,应当在指定期限内结案。如在指定期间内不能结案,应当终止调解,按照本规定第十三条第一款第(四)项规定办理,并将终止调解的事由在结案单中载明。

调解期间自当事人填写《人民调解申请书》之日起算。

第十五条 人民调解组织和人民调解员应当遵守人民调解工作的纪律和调解员职业道德准则,并不得泄露或者不正当使用在调解过程中知悉的审判秘密、商业秘密。

第十六条 诉前经人民调解组织主持调解达成调解协议,一方当事人反悔并向人民法院起诉的,有管辖权的人民法院应当依法及时受理,并以适当方式通知出具人民调解协议的人民调解组织派员旁听案件的审理。

人民法院应当严格执行《若干规定》,对于合法有效的人民调解协议予以支持;对于具有金钱、有价证券给付内容的人民调解协议,可根据民事诉讼法的有关规定和另一方当事人的申请,向承担义务一方的当事人发出支付令;对于经公证机构依法赋予强制执行效力的具有债权内容的人民调解协议,应当告知债权人可直接向被执行人住所地或者被执行人的财产所在地人民法院申请强制执行。

人民法院应当将该纠纷经过人民调解组织调解的情况,在裁判文书中予以说明,并将案件的审理结果及时告知同级司法行政机关和相关人民调解组织。变更、撤销人民调解协议或确认人民调解协议无效的,应当告知人民调解协议书被变更、撤销或者确认无效的原因。

第十七条 诉前经人民调解组织主持调解达成调解协议,或诉讼过程中,人民法院委托人民调解组织调解并达成调解协议的,当事人可以按照《若干意见》有关司法确认程序的规定,共同向有管辖权的人民法院申请司法确认,并提交调解协议书和承诺书。

人民法院在收到司法确认申请后,应当按照《若干意见》第23、24条的规定,对申请确认的协议依法进行审查,并作出是否予以确认的决定。确认调解协议效力的决定一经送达即发生法律效力,并具有强制执行力。

第十八条　经人民调解组织调解达成调解协议,当事人向人民法院申请撤诉或者经人民法院制作民事调解书的,人民法院可以在按照有关规定减半收取案件受理费的基础上,再酌情作适当减免。各级法院可根据各地实际,制定具体办法,并按照《若干意见》第 30 条的规定上报备案。

第十九条　人民法院委托人民调解组织对民事执行案件进行和解的,参照《若干意见》及本规定相关程序办理。

第二十条　司法行政机关应当加强对人民调解工作的日常指导和管理,不断提高人民调解工作的规范化水平。积极推进医患纠纷、劳动争议、交通事故纠纷、环境污染纠纷、物业纠纷等纠纷多发领域的行业性专业人民调解组织建设,不断扩大诉调衔接工作范围。采取多种形式加强对人民调解工作的宣传,进一步提高社会各界对人民调解工作性质、特点及优势的认识和了解,引导群众尽可能选择人民调解方式解决矛盾纠纷,充分发挥人民调解的"第一道防线"作用。

人民法院应当配合司法行政机关健全纠纷调处网络,特别是推进行业性专业人民调解组织建设,并做好与诉讼的衔接工作;会同司法行政机关,采取专题讲座、以会代训、旁听庭审、巡回审判、评阅人民调解协议书等多种形式加强对人民调解组织的业务指导与培训。基层人民法院及其派出法庭应当建立健全人民调解工作指导员制度。

第二十一条　人民法院应当通过提高人民陪审员参审率、邀请协助调解、参与送达或执行等方式,积极探索充分发挥人民陪审员作用的工作机制。

各级司法行政机关、人民法院应当注重在人民调解员队伍中推荐和选聘人民陪审员,尽可能将政治素质高、具有一定法律政策知识和调解工作经验的优秀人民调解员选聘为人民陪审员。

第二十二条　对于系列案件或群体性案件,人民法院可视情引导当事人采取"示范诉讼"方式,即当事人通过自行协商,选取部分当事人先行诉讼,待个案解决后再以该处理结果作为其他当事人寻求救济或者自行和解的基准,以提高纠纷解决的效率和效果。要特别注意与政府相关职能部门的沟通配合,尽量促成当事人和解或者达成调解协议。

第二十三条　各级人民法院和司法行政机关要建立健全联席会议制度。联席会议的主要任务包括:

(一)制定本地区人民调解及诉调衔接工作发展规划,推动人民调解及诉调衔接工作不断健康发展;

(二)研究人民调解及诉调衔接工作中遇到的问题和困难,联合向党委、政府提

出解决问题和困难的意见和建议;

(三)排查、分析本地区群众关心的焦点性、群体性纠纷,向党委、政府提出采取防范措施的建议;

(四)剖析影响本地区社会稳定的重大疑难纠纷,指导人民调解组织开展工作。

联席会议由各级人民法院、司法行政机关的分管领导作为召集人。省级联席会议每年不少于一次,市、县级联席会议每年不少于两次。

第二十四条 各级人民法院和司法行政机关应当将指导人民调解及推进诉调衔接工作情况列入各自工作的考核范围,对于成绩突出的集体和个人予以表彰和奖励。

第二十五条 司法行政机关应当引导、鼓励律师为当事人进行和解、协商、调解等提供专业咨询、调解服务或者法律援助。

律师在接受当事人委托参加诉讼过程中,应当做好自己一方当事人的工作,阐明法律原则,分清证据利弊,引导其以调解方式解决争议,在合理维护当事人合法权益的前提下,配合人民法院、人民调解组织做好调解息诉工作。对于已经生效的调解协议,律师应当及时督促自己一方当事人全面履行调解协议规定的各项义务。

第二十六条 本规定自下发之日起施行。

附件一

编号:

建议人民调解函

××人民调解委员会:

经双方当事人同意,现建议你委就×××与×××一案进行调解,并请将调解结果函告我院。

随函转此案相关材料复印件。

(院印)

年 月 日

联系人(法院): 联系电话:

—————————— 回 执 ——————————

编号:

贵院转来的×××与×××一案的材料已收悉，相关材料复印件共×××份，×××页。

收件人（签字）：

年　　月　　日

附件二

编号：

委托人民调解函

××人民调解委员会：

经双方当事人同意，现将×××与×××一案委托你委进行调解，请于　　日内调解完毕，并将调解结果函告我院。

随函转此案相关材料复印件。

（院印）

年　　月　　日

联系人（法院）：　　　　　　　　联系电话：

——————————回　执——————————

编号：

贵院转来的×××与×××一案的材料已收悉，相关材料复印件共×××份，×××页。

收件人（签字）：

年　　月　　日

附件三

编号:

人民调解反馈函

××人民法院(人民法庭):

对贵院转当事人×××与×××民事纠纷一案,现因　　　　　　　等原因,当事人拒绝人民调解。

特函告。

××人民调解委员会

年　　月　　日

调解员:　　　　　　　　　　联系电话:

附:相关材料清单

—————————— 回　执 ——————————

编号:

你委退回的×××与×××民事纠纷一案的材料已收悉,相关材料复印件共×××份,×××页。

收件人(签字):

年　　月　　日

附件四

编号:

人民调解结案单

××人民法院(人民法庭):

对贵院转当事人×××与×××民事纠纷一案,我委经召集双方当事人到场,在自愿、合法的原则下对该案进行了调解。现将调解情况反馈如下:

经调解,当事人×××与×××双方达成了调解协议(未达成调解协议),详见人民调解协议书(调解记录)。随函将转来有关材料退回贵院。

附:相关材料。

××人民调解委员会

年　　月　　日

调解员:　　　　　　　　联系电话:

回　执

编号:

你委退回的×××与×××一案的材料已收悉,相关材料复印件共×××份,×××页。

收件人(签字):

年　　月　　日

浙江省高级人民法院关于审理财产保险合同纠纷案件若干问题的指导意见

(2009年9月8日　浙高法〔2009〕296号)

为正确审理财产保险合同纠纷案件,统一裁判尺度,根据《中华人民共和国保险法》、《中华人民共和国合同法》及相关法律、法规的规定,结合我省财产保险合同纠纷审判实践,制定本指导意见。

一、财产保险合同的成立与生效

第一条　投保人提出财产保险要求,经保险人同意承保,财产保险合同成立。保险人虽未出具保险单或者其他保险凭证,但已接受投保单并收取了保险费的,一般应认定双方财产保险合同关系成立,但投保人与保险人另有约定的除外。

第二条　财产保险合同约定以投保人交付保险费作为合同生效条件的,投保人已交付部分保险费但未交足的,应认定合同已生效,保险人按已交保险费与应交保险费的比例承担保险责任。但保险人在保险事故发生前已书面通知投保人解除合同的除外。

第三条　投保人未按约定交付保险费,合同中也未对投保人拖欠保险费的后果作出约定的,在保险事故发生后,保险人不能以投保人拖欠保险费为由免除其应承担的保险责任。

第四条 财产保险合同约定保险责任自保险费缴纳之日起计算,而投保人尚未支付保险费时,保险人以投保人未支付保险费为由主张其不承担保险责任的,应予支持。

二、投保人的如实告知义务

第五条 投保人询问内容不限于保险人在投保单中设置的询问内容,但保险人须对存在投保单中设置的询问内容以外的询问事项负举证责任。

第六条 保险法第十六条规定的投保人应当如实告知事实应为保险标的的重要事实,主要指足以影响保险人决定是否同意承保或者提高保险费率等事实情况。保险人应对此负举证责任。

第七条 投保人因重大过失未履行如实告知义务的内容不属保险事故发生主要原因,对保险人承担保险责任不具有决定性因果关系的,保险人以投保人未尽如实告知义务为由拒绝承担保险责任的,不予支持。

第八条 对保险代理人介入的情况下,投保人在订立保险合同时违反如实告知义务的责任可因代理人对其行为的影响而消灭或减弱。在需投保人亲自回答问题场合,如保险代理人对内容不明问题以自己理解或解释来确定,或对投保人在回答时所产生疑问自动加以排除的,则投保人可免责。

保险代理人代为填写告知书等保险凭证并经投保人亲笔签名确认的,代为填写的内容视为投保人、被保险人的意思表示,但能够证明代理人误导投保人的除外。

第九条 投保人对保险人所询问的下列事项不作回答,不应认定为如实告知义务的违反:

(一)为保险人所已知的;

(二)依常理判断保险人已知的;

(三)经保险人声明不必进行告知的。

三、免责条款及保险人的明确说明义务

第十条 保险人在投保单、保险单或其他保险凭证对免责条款有显著标志(如字体加粗、加大、相异颜色等),对全部免责条款及对条款的说明内容集中单独印刷,并对此附有“投保人声明”,或附有单独制作“投保人声明书”,投保人已签字确认并同时表示对免责条款的概念、内容及其法律后果均已经明了的,一般可认定保险人已履行明确说明义务,除非投保人、被保险人能提供充分的反驳证据。

涉及保险人是否履行说明义务争议的举证责任分配规则问题,可适用最高人民法院《关于适用〈中华人民共和国合同法〉若干问题的解释(二)》(法释[2009]5

号)第六条第二款的规定。

第十一条　下列情形,保险人的明确说明义务可适当减轻但不得免除:

(一)同一投保人签订二次以上同类保险合同的;

(二)机动车辆保险合同中规定严重违反交通法规的免责条款,如无证驾驶、酒后驾车、肇事后逃逸等。

四、保险利益

第十二条　被保险人对保险标的没有保险利益,不论保险人是否主张保险合同欠缺保险利益,法院可依职权判决保险合同无效。

第十三条　财产保险的保险利益应具备合法、确定和可用货币衡量三个条件。保险标的不合法,不当然导致保险利益不合法。

财产保险的保险利益可分为财产上的既有利益、基于现有利益而产生的期待利益、责任利益等三类。

财产保险上的既有利益是指投保人或被保险人对保险标的所享有的现存利益。既有利益不以所有权利益为限,主要包括:(1)财产所有人对其所有的财产拥有的利益;(2)抵押权人、质权人、留置权人对抵押、出质、留置的财产拥有的利益(但债权人对债务人没有设定抵押权、质押权、留置权的其他财产则不应认定有保险利益);(3)合法占有人对其占有的财产拥有的利益;(4)财产经营管理人对其经营管理的财产拥有的利益。

期待利益是指投保人或被保险人对保险标的利益尚未存在,但基于其既有权利预期未来可获得的利益。期待利益必须具有得以实现的法律根据或合同根据。

责任利益是指因被保险人依法应承担民事赔偿责任而产生的经济利益。

第十四条　下列情形,发生保险事故时,保险人以被保险人对保险标的不具有保险利益为由主张不承担责任的,不予支持:

(1)投保人投保时保险标的虽存在物权上的瑕疵,但在发生保险事故时,其已具备了合法的物权;

(2)保险标的物出险时虽存在物权上的瑕疵,但投保人实际占有该保险标的并具有经济上的利益,且投保人占有该保险标的并不违反法律强制性规定和公序良俗。

五、保险理赔和责任认定

第十五条　财产保险合同中约定受益人条款的,在受益人与被保险人非同一人的情形下,被保险人未主张保险金请求权时,受益人可以作为原告向保险人主张权利。

第十六条 保险标的转让后,未及时通知保险人,保险人以保险标的转让未及时通知,被保险人与受让人不同为由主张不承担保险责任的,不予支持。但保险标的转让后使用性质等发生变化,导致保险标的危险程度显著增加而发生保险事故,保险人不承担保险责任。

第十七条 以分期付款方式向汽车销售公司购买汽车,在车款未全部付清之前,登记车主为汽车销售公司,汽车销售公司以自己名义进行投保,期间发生保险事故,保险人以实际车主不是被保险人拒绝承担保险责任的,不予支持。但销售公司可向实际车主主张其已经实际支付的相应保费。

第十八条 如保险标的损失系由多种原因造成,保险人以不属保险责任范围为由拒赔的,应以其中持续性地起决定或有效作用的原因是否属保险责任范围内为标准判断保险人是否应承担赔偿责任。

第十九条 被保险人虽在保险人制作的赔款相关凭证“赔偿责任终结”一栏内签字,但保险人并未完全履行赔偿责任的,不能认定保险人赔偿责任终结,被保险人向保险人主张保险赔偿责任的差额部分,应予支持。

保险人有其他充分的证据证明已经向被保险人说明了赔偿范围、标准、方法、数额等基本事实,被保险人明确表示同意终结赔偿的,保险人的赔偿责任终结。

第二十条 在责任保险中,被保险人与第三者之间的赔偿金额已由生效判决确定的,被保险人据此请求保险人承担保险责任的,在保险合同约定的范围内,可予支持。如被保险人与第三者之间采取调解方式,法院出具民事调解书确认的,在审理后续财产保险合同纠纷案件中,法院根据需要可对相关事实进行必要的审核。

责任保险的被保险人凭生效民事判决书及已向第三者履行的凭证要求保险人承担保险责任,被保险人可不必另行出具费用票证或其他赔偿凭证。

第二十一条 牵引车、挂车分别投保了机动车第三者责任险,牵引车或挂车造成保险事故,被保险人主张按牵引车和挂车保险金总额要求保险人承担保险责任的,应予支持。

第二十二条 车辆保险中,因挂靠等原因导致车辆的实际所有人与投保人、被保险人相分离,车辆实际所有人在侵权案件中被法院或交通事故处理机关确定为赔偿义务人的,车辆实际所有人提出要求保险人承担保险责任的,应予支持。

第二十三条 投保人与保险人明确约定保险标的的保险价值,并在保险合同中载明的,为定值保险。保险人明知保险标的的实际价值与约定的保险价值不符,仍按约定的保险价值确定保险金额并收取保险费的,发生保险事故后,保险人应按约定的保险价值赔偿,但能够查明投保人与保险人恶意串通的除外。

第二十四条 在不足额保险的财产保险合同中,在保险事故造成的实际损失超过保险金额时,保险合同约定免赔率的,如免赔率乘以实际损失后的金额仍然超过保险金额时,保险人应按保险金额赔付。

六、保险代位求偿权

第二十五条　因第三者的侵权行为引起保险事故导致保险标的损失的,被保险人可以基于侵权法律关系,请求第三者承担保险标的损失的赔偿责任,也可以基于保险合同关系,请求保险人依保险合同履行保险赔偿责任。

保险人依法行使代位求偿权时,被保险人已向第三者提起诉讼的,如查明属于重复求偿的,应依法驳回诉讼请求。

第二十六条　再保险人对造成保险事故发生的第三者不享有保险法规定的代位求偿权,但再保险人对原保险人行使代位求偿权所获得的赔偿额有权要求按再保险比例予以返还。

七、重 复 保 险

第二十七条　投保人就同一保险标的物分别向不同的保险公司订立保险合同的,如具有不同的保险利益,不属重复保险。但其中一个保险人依法承担保险责任后,另一保险人的保险责任消灭。

第二十八条　重复保险的投保人未将重复保险的事项通知各保险人的,保险人有权解除合同。保险人要求确认重复保险合同无效的,不予支持。

八、保险合同的解释

第二十九条　对保险合同条款发生争议的用语属于专业术语,应当按照其在专业上所具有的意义加以解释。

第三十条　对保险人提供的保险合同格式条款存在争议时,应从保险合同的用词、相关条款的文义、投保人的合理期待、合同目的、交易习惯以及诚实信用原则,认定条款的真实意思;按照上述方法仍有两种以上解释的,应作出不利于保险人的解释。

保险合同当事人通过协商确定的个别保险合同的特约条款,对保险人不适用"不利解释原则"。

第三十一条　保险合同非格式条款与格式条款不一致的,以非格式条款为准;明示(特约)条款与默示(一般)条款不一致的,以明示(特约)条款为准。

第三十二条　投保单与保险单或其他保险凭证记载不一致的,保险人已将保险单或其他保险凭证送达给投保人,投保人未提出异议的,以保险单或其他保险凭证的内容为准;保险人未将保险单或其他保险凭证送达给投保人,或投保人在收到保险单或其他保险凭证后已提出异议,保险人仍同意承保的,以投保人填写的投保单记载内容为准。

九、附　　则

第三十三条　本指导意见供全省商事审判法官在审理相关财产保险合同纠纷案件时参照适用。法律、法规和司法解释有新的规定的,适用法律、法规和司法解释的规定。

海上保险合同纠纷案件和涉外保险合同纠纷案件,不适用本指导意见。

根据本院《浙江省高级人民法院关于民事和商事案件主管划分的意见》(浙高法[2008]64号)和《浙江省高级人民法院关于全省法院案件字号编立的规定》(浙高法[2008]378号)的规定,人身保险合同纠纷、机动车交通事故责任强制保险合同纠纷案件不属于商事案件,人身保险合同纠纷、机动车交通事故责任强制保险合同纠纷案件之外的其他保险合同纠纷案件属于商事纠纷案件,立商字案号。

相关中级人民法院和基层人民法院将不属于商事案件的人身保险合同纠纷、机动车交通事故责任强制保险合同纠纷案件交由商事审判业务庭审理的,此类案件仍然立民事案号。

民事纠纷和商事保险纠纷交织的案件,根据本院《浙江省高级人民法院关于民事和商事案件主管划分的意见》(浙高法[2008]64号)第四部分“对民事和商事案件主管意见分歧的处理规则”规定的原则确定案件的条线主管和案由。

不同民商事审判业务庭分别审理民事纠纷和商事保险纠纷交织案件的,应加强法律适用问题的沟通,统一法律适用标准。

浙江省高级人民法院
关于审理民间借贷纠纷案件若干问题的指导意见

(2009年9月8日　浙高法〔2009〕297号)

为公正、规范审理民间借贷纠纷案件,统一裁判尺度,平等保护债权人、债务人的合法权益,依法维护市场经济秩序,根据有关法律法规和司法解释的规定,结合我省实际,特制定本指导意见。

一、受理与管辖

第一条　自然人之间、自然人与非金融机构的法人或者其他组织之间的下列纠纷,应当作为民间借贷纠纷案件受理:

(一)货币借贷纠纷;

（二）国库券等无记名的有价证券借贷纠纷。

第二条　当事人之间对因买卖、承揽、股权转让等其他法律关系产生的债务，经结算后，债务人以书面借据形式对债务予以确认，债权人据此提起诉讼，而债务人或担保人对基础法律关系的效力和履行事实提出抗辩并有证据证明纠纷确因其他法律关系引起的，原则上按照基础法律关系审理，但借据仍可以作为基础合同履行的重要证据。

第三条　民间借贷纠纷案件适用合同纠纷案件管辖的一般原则，由被告住所地或者合同履行地法院管辖。

根据最高人民法院《关于如何确定借款合同履行地问题的批复》（法复[1993]10号），出借人住所地为合同义务履行地，但当事人对合同履行地另有约定的除外。

借贷双方在不违反民事诉讼法有关级别管辖和专属管辖规定的情况下对诉讼管辖作出约定的，从其约定。

被告下落不明的，由被告原住所地或者其财产所在地法院管辖。

有关企业涉及多起民间借贷纠纷案件，符合本院《关于资金链断裂引发企业债务重大案件的集中管辖问题的通知》（浙高法[2008]289号）规定，相关人民法院可以根据该通知申请集中管辖。

二、诉讼主体

第四条　持有借据等债权凭证的当事人推定为债权人，具有原告主体资格。

被告对原告主体资格提出异议，并提供证据足以证明债权凭证的持有人并非债权人或者债权受让人的，可以裁定驳回起诉。

第五条　借据上署名的借款人推定为债务人，具有被告主体资格。

原告在起诉时应有明确的被告，被告不明确的，不予受理，已经受理的，应当裁定驳回起诉。

在案件审理过程中，发现有行为人虚构借款人或者以已注销的法人或者其他组织的名义借贷等被告不适格情形的，法院应告知原告变更被告，原告拒不变更或者无法变更的，可以裁定驳回起诉。如查明被告属被借名、冒名且无过错的，应当判决驳回诉讼请求。

第六条　出借人两人以上的共同债权，仅一个或者部分出借人对借款人提起诉讼的，法院应当追加其他出借人为共同原告，但明确表示放弃向借款人主张权利的其他出借人除外。放弃债权的其他出借人对借款人另行提起诉讼的，不予受理，已经受理的，裁定驳回起诉。

第七条　在连带责任保证中，出借人仅起诉借款人或者仅起诉保证人的，法院不主动追加保证人或者借款人为共同被告。被诉保证人主张借款人参加诉讼的，经法院释明后,出借人仍不申请追加借款人为共同被告的,法院可仅就保证之诉进行审理。

第八条 以夫妻一方名义向他人借贷,诉讼时夫妻关系仍然存续,债权人未将配偶列为共同被告的,法院不宜主动通知借款人的配偶参加诉讼,但配偶申请参加诉讼或者案件涉嫌虚假诉讼的除外。

借贷行为发生于夫妻关系存续期间,诉讼时出借人或者借款人一方已经离婚的,原告或者被告可以申请追加其原配偶为共同被告。

三、成立、生效、效力

第九条 借贷双方通过签订借款合同、出具借条、欠条、发送手机短信、电子邮件等以书面、口头或者其他方式达成借贷合意的,借贷合同成立。

第十条 依法成立的民间借贷合同,自款项实际交付借款人或者借款人指定、认可的接收人时生效。

第十一条 民间借贷的合同效力按照合同法第五十二条以及最高人民法院《关于适用〈中华人民共和国合同法〉若干问题的解释(二)》(法释[2009]5号)第十四条的规定认定。

自然人与非金融企业之间的借贷中,企业将借贷资金用于合法生产经营活动,不构成集资诈骗、非法吸收公众存款等金融犯罪活动的,不宜认定借贷合同无效。

第十二条 民间借贷被认定无效后,借款人应当返还出借人借款本金。无过错的出借人要求借款人赔偿资金占用期间的损失的,法院可参照中国人民银行公布的同期同档次贷款基准利率予以支持。

第十三条 保证合同是借贷合同的从合同。主合同借款人涉嫌犯罪并不必然导致保证合同无效,保证人以主合同借款人涉嫌犯罪为由主张不承担保证责任的,法院在依法认定主合同效力的前提下,确认保证人的责任。

保证合同无效时,法院应当根据出借人、借款人和保证人的过错,由其各自承担返还价款、赔偿损失等相应民事责任。借贷合同有效而保证合同无效,或者因借贷合同无效导致保证合同无效时,法院应当分别根据最高人民法院《关于适用〈中华人民共和国担保法〉若干问题的解释》(法释[2000]44号)第七条、第八条确定当事人民事责任的承担。

四、借贷事实的审查

第十四条 借据是证明双方存在借贷合意和借贷关系实际发生的直接证据,具有较强的证明力,法院应当审慎审查借据的真实性。除非有确凿的相反证据足以推翻借据所记载的内容,一般不轻易否定借据的证明力。

债务人对借据内容的笔迹或者签章的真实性提出异议的，双方当事人可以提供补充证据或者反驳证据。法院应当根据双方提供的有效证据，结合案件的其他证据及相关情况，对借据的真实性进行综合审查判断。

对需要通过司法鉴定确认借据是否真实的，双方均可以申请司法鉴定。双方均不申请的，法院可以根据具体案情作出处理：

（一）债权人仅凭借据起诉，没有其他证据佐证或者借据的真实性存在合理怀疑的，由债权人申请鉴定，债务人应提供笔迹比对样本。

（二）债权人提供的借据以及其他证据材料具备一定的可信性，债务人对借据的真实性提出异议，但未提供反驳证据的，由债务人申请鉴定。

经依法释明，债权人或债务人不申请鉴定或者不提供笔迹比对样本导致案件事实无法查清的，法院应依法裁判。

司法鉴定的申请应向符合全国人大常委会《关于司法鉴定管理问题的决定》和《浙江省司法鉴定管理条例》所规定的具有鉴定资质的司法鉴定机构和司法鉴定人提起。鉴定费用由申请人预交，最终负担按照国务院《诉讼费用交纳办法》（国务院令第 481 号）第二十九条的规定确定。

第十五条　债权人仅提供款项交付凭证，未提供借贷合意凭证，债务人提出双方不存在借贷关系或者其他关系抗辩的，债权人应当就双方存在借贷合意提供进一步证据。

对能够查明双方存在借贷关系的，按照民间借贷纠纷审理；查明债务属其他法律关系引起的，法院应向当事人释明，由债权人变更诉讼请求和理由后，按其他法律关系审理，债权人坚持不予变更的，判决驳回诉讼请求。判决驳回诉讼请求后，债权人可按其他法律关系另行起诉。

第十六条　债权人应当对借贷金额、期限、利率以及款项的交付等借贷合意、借贷事实的发生承担证明责任。债务人提出抗辩的，应当提供反驳证据证明。

债务人主张借款本金、利息等债务已经归还或者部分归还的，应当承担证明责任，不能提供证据或者举证不足，对其主张不予支持。

第十七条　对于现金交付的借贷，债权人仅凭借据起诉而未提供付款凭证，债务人对款项交付提出合理异议的，法院可以要求出借人本人、法人或者其他组织的有关经办人员到庭，陈述款项现金交付的原因、时间、地点、款项来源、用途等具体事实和经过，并接受对方当事人和法庭的询问。无正当理由拒不到庭的，应承担相应后果。

法院应当根据现金交付的金额大小、出借人的支付能力、当地或者当事人之间的交易方式、交易习惯以及借贷双方的亲疏关系等诸因素，结合当事人本人的陈述和庭审言辞辩论情况以及提供的其他间接证据，依据民事诉讼高度盖然性的证明标准,运用逻辑推理、日常生活常理等,综合审查判断借贷事实是否真实发生。必要时,法院可以依职权进行调查取证。

对金额较小的现金交付,出借人作出合理解释的,一般视为债权人已经完成行为意义上的证明责任,可以认定借贷事实存在。对于金额大小的界定,鉴于本省各地经济发展状况、出借人个体经济能力存在差异,可由法官根据个案具体情况裁量。

第十八条 法院为查明案件事实,可以视案情需要,依据职权进行调查或者要求借款人就部分事实进行举证。案件事实真伪不明的,债权人应当就借贷双方存在借贷合意、款项交付等法律要件事实等承担结果意义上的证明责任。债务人就其抗辩主张的债权受妨害或者受制约、债权已经消灭或者部分消灭的事实承担结果意义上的证明责任。

第十九条 婚姻关系存续期间,夫妻一方以个人名义因日常生活需要所负的债务,应认定为夫妻共同债务。

日常生活需要是指夫妻双方及其共同生活的未成年子女在日常生活中的必要事项,包括日用品购买、医疗服务、子女教育、日常文化消费等。

夫妻一方超出日常生活需要范围负债的,应认定为个人债务,但下列情形除外:

(一)出借人能够证明负债所得的财产用于家庭共同生活、经营所需的;

(二)夫妻另一方事后对债务予以追认的。

不属于家庭日常生活需要负债的,出借人可以援引合同法第四十九条关于表见代理的规定,要求夫妻共同承担债务清偿责任。

援引表见代理规则要求夫妻共同承担债务清偿责任的出借人,应对表见代理的构成要件承担证明责任。

表见代理的证明责任,适用最高人民法院《关于当前形势下审理民商事合同纠纷案件若干问题的指导意见》(法发〔2009〕40号)第13条的规定。

第二十条 民间借贷可以有偿,也可以无偿。借贷双方对支付利息没有约定或者约定不明的,根据合同法第二百一十一条的规定,视为不支付利息,但借款人自愿给付利息的除外。

借贷双方对借款期限内的利率有约定的,从其约定。约定的利率超过借贷行为发生时中国人民银行公布的同期同档次贷款基准利率四倍的(以下简称四倍利率),超过部分的利息,法院一般不予保护。但借款人自愿给付出借人四倍利率以上利息,且不损害国家、社会共同利益或者他人合法权益的,法院可不予干预。

第二十一条 借据载明的借款金额,一般认定为本金。

利息已经预先在本金中扣除的,本金应当按照实际出借的金额认定。

有证据证明债权人出示的借据系双方对前期借款本金和利息进行滚动结算后重新出具,计算复利的,折算后的实际利率没有超出四倍利率的,借据确认的欠款金额可以认定为本金;折算后的实际利率超出四倍利率,超出部分的利息应当从本金中扣减。

第二十二条　借贷双方对逾期利率有约定,从其约定。超出四倍利率的,超出部分的利息,法院一般不予保护。

逾期利率没有约定或者约定不明的,法院可以区分不同情况处理:

(一)仅约定借期内的利率,没有约定逾期利率的,出借人参照约定的利率或者根据《中国人民银行关于人民币贷款利率有关问题的通知》(银发[2003]251 号)第三条关于罚息利率的规定,以约定利率再上浮 30% -50% 的利率,向借款人主张逾期还款利息的,可以予以支持,但均以不超出四倍利率为限;

(二)既未约定借期内的利率,也未约定逾期利率的,出借人参照中国人民银行公布的同期同档次贷款基准利率,向借款人主张自借款逾期之日起或者自权利主张之日起的利息损失的,应当予以支持。

第二十三条　借贷双方对逾期还款的责任既约定了逾期利率,又约定了违约金的,出借人可以选择主张逾期利息或者违约金,但均以不超过四倍利率为限。

出借人同时主张逾期利息和违约金,折算后的实际利率没有超出四倍利率的,法院可以予以支持。

第二十四条　借贷双方约定的违约金超出四倍利率的,法院应当对超出部分予以减少,但债务人明确表示自愿给付的除外。

前款规定,对缺席审理的债务人同样适用。

第二十五条　债务人的给付不足以清偿其对同一债权人所负的数笔借贷债务的,应当优先抵充已到期的债务;几项债务均到期的,优先抵充对债权人缺乏担保或者担保数额最少的债务;担保数额相同的,优先抵充债务负担较重的债务;负担相同的,按照债务到期的先后顺序抵充;到期时间相同的,按比例抵充。但是,债权人与债务人对清偿的债务或者清偿抵充顺序有约定的除外。

债务人除借款本金之外还应当支付利息和费用,当其给付不足以清偿全部债务时,并且当事人没有约定的,法院应当按照下列顺序抵充:

(一)实现债权的有关费用;

(二)利息或者违约金;

(三)借款本金。

债权人主动放弃前述偿债顺序利益的,法院应当予以尊重。

第二十六条　债务履行完毕后,借款人以利息或者违约金超过司法保护幅度为由,起诉请求出借人返还其已支付的利息或者违约金的,一般不予支持。

第二十七条 因借贷外币、台币、港币、澳元等发生纠纷,出借人要求以同类货币偿还的,可以予以准许。因汇率变动给出借人造成损失,出借人主张逾期还款的汇率差价损失的,应当予以支持。

借款人确无同类货币的,有约定借款期限的,可参照借款期限届满之日国家外汇管理局对外公布的基准汇率折合人民币偿还;没有约定借款期限的,可参照出借人主张借款偿还之日国家外汇管理局对外公布的基准汇率折合人民币偿还。

五、涉嫌虚假诉讼的审理

第二十八条 审理民间借贷纠纷案件,应根据浙江省高级人民法院《关于在民事审判中防范和查处虚假诉讼案件的若干意见》(浙高法[2008]362号)的规定,谨慎审查民间借贷纠纷案件,防范和查处虚假诉讼,维护司法权威,促进诚信诉讼。

第二十九条 法院在审理中发现有下列情形之一的,应当严格审查借贷发生的原因、时间、地点、款项来源、交付方式、款项去向以及借贷双方的经济状况等事实:

(一)原告是其他多起或者重大债权债务关系中的债务人;

(二)原告起诉的借贷事实或者理由不符合常理,没有借据或者借据存在伪造可能;

(三)被告在一定期间反复涉及民间借贷纠纷诉讼;

(四)当事人双方存在近亲属等特殊密切关系;

(五)当事人一方或者双方未到庭参加诉讼,委托代理人对借贷事实经过陈述不清或者矛盾;

(六)当事人双方对借贷事实没有争议或者不存在实质性的诉辩对抗;

(七)其他债权人或者借款人的配偶等案外人提出异议;

(八)债权人轻易放弃权利,与债务人达成调解协议;

(九)其他异常情形。

第三十条 对涉嫌虚假诉讼的案件,法院可以采取下列措施予以防范:

(一)传唤出借人、借款人本人或者相关经办人员到庭陈述,并告知无正当理由拒不到庭的不利法律后果;

(二)要求当事人进一步提交其他相关证据,包括申请证人出庭作证;

(三)告知相关利害关系人,并依据利害关系人的申请或者依职权通知其参加诉讼。其他债权人参加诉讼的,列为第三人;配偶参加诉讼的,列为共同原告或者共同被告;

(四)依职权进行调查取证;

(五)依法可以采取的其他措施。

第三十一条　涉嫌虚假诉讼的案件,法院一般宜适用普通程序审理。

对当事人一方或者双方涉及多起民间借贷的关联案件可以交由同一合议庭审理。

对关联案件合并审理的,在审理过程中应当对不同的债权人采取和证人一样的隔离原则,由不同的债权人分别单独到庭陈述相关事实,并接受法庭询问。

第三十二条　经审查确认属于虚假诉讼的民间借贷纠纷案件,尚未作出裁判的,依法裁定驳回起诉;已经作出生效裁判文书的,法院应当依照审判监督程序,撤销生效民事判决书或者民事调解书,并裁定驳回起诉。

对有虚假诉讼嫌疑的案件,当事人申请撤诉的,法院可以予以准许;经审查确认属于虚假诉讼的案件,当事人申请撤诉的,法院不予准许。

六、其　　他

第三十三条　民间借贷纠纷案件的审理应贯彻"调解优先、调判结合"原则,按照浙江省高级人民法院、浙江省司法厅《关于进一步加强诉调衔接机制建设的若干规定(试行)》(浙高法发[2009]8 号)的要求,引导当事人申请人民调解组织调解,或者委托、邀请人民调解组织等组织和人员进行调解。

第三十四条　对集中管辖、破产重组等涉及当地社会稳定和金融安全的系列民间借贷纠纷案件,在利率保护幅度上应注意裁判尺度的统一,必要时可听取当地政府和金融监管部门的意见。

第三十五条　当事人主张的下列借贷,不予保护,依法判决驳回诉讼请求:

(一)因非法同居、不正当两性关系等行为产生"青春损失费"、"分手费"等有损社会公序良俗的情感债务转化的借贷。

(二)具有抚养、赡养义务关系的父母子女等直系亲属之间发生的有违家庭伦理道德和社会公序良俗的借贷。

第三十六条　法院应当严格审查民间借贷的被告是否确属下落不明,并分别采取以下措施,避免诉讼的迟延:

(一)可以向被告亲属等有密切关系的人阐明利害关系或者要求原告提供被告的其他联系方式或线索,尽可能通知被告应诉;

(二)向下落不明的被告送达诉讼文书的,按照本院《关于民商事案件诉讼文书送达问题的若干规定(试行)》(浙高法[2009]129 号)的规定处理。涉及以公告方式送达起诉状副本、举证通知书、开庭传票等诉讼文书的,举证通知书中应当载明依法指定的举证期限;

(三)经合法传唤后,被告仍不到庭应诉的,法院依法缺席审理,依照法定审理程序全面、客观地审核证据,并依法作出裁判。缺席被告未提出抗辩和提供证据的,不影响法院对到庭当事人提交的证据依法进行审查以及必要时的依法调查。

第三十七条 法院在审理中,发现借贷行为涉嫌非法集资、非法吸收公众存款、贩毒、洗钱等犯罪,或者当事人一方主张涉嫌犯罪,要求移送的,依照最高人民法院《关于在审理经济纠纷案件中涉及经济犯罪嫌疑若干问题的规定》(法释[1998]7号)第十条、第十一条、第十二条的规定,根据具体情况分别处理:

(一)案件存在明显的犯罪嫌疑,可以全案移送的,裁定驳回起诉,退还案件受理费,将有关材料移送公安机关或者检察机关;

(二)当事人一方主张涉嫌犯罪,但没有提供证据证明或者其他当事人虽有犯罪嫌疑但与民间借贷纠纷案件没有必然关联或者不属同一法律关系,案件继续审理,但有关犯罪嫌疑的线索、材料可以移送公安机关或者检察机关查处;

(三)案件的审理,必须以刑事案件的侦查、审理结果为前提的,裁定中止诉讼。中止诉讼后,没有特殊情况,在十二个月内,刑事案件仍不能侦查终结的,可以根据具体情况恢复民间借贷纠纷案件的审理。

裁定驳回起诉后,公安机关或者检察机关接到法院移送的涉案材料或者相关当事人的报案后不予立案侦查,或者立案侦查后又撤销案件,以及刑事案件起诉后法院审理认为不构成犯罪而宣告无罪的,出借人再行提起民事诉讼的,法院应当受理,并根据审理认定的案件事实,依法作出民事裁判。

法院应当慎用裁定驳回起诉和中止诉讼。

第三十八条 民间借贷纠纷案件的审理,应适用合同法、物权法、担保法和民法通则等法律规定。法律、法规没有规定或规定不明确的,适用最高人民法院《关于人民法院审理借贷案件的若干意见》(法〈民〉[1991]21号)等司法解释的规定。

七、附　　则

第三十九条 本指导意见自下发之日起施行,如具体内容与新颁布实施的法律、行政法规和司法解释不一致的,以新颁布的法律、行政法规和司法解释为准。

浙江省高级人民法院
关于第一审民事和商事案件级别管辖的规定(试行)

(2008年1月23日　浙高法〔2008〕18号)

为贯彻第十九次全国法院工作会议精神,落实《全国人民代表大会常务委员会关于修改〈中华人民共和国民事诉讼法〉的决定》,根据《中华人民共和国民事诉讼法》和最高人民法院有关司法解释的规定,本着强化上级法院的审判监督和指导职能、统一法律适用和裁判标准、方便群众诉讼和就地解决纠纷的原则，结合实际，对我省各级人民法院受理第一审民事和商事案件级别管辖作如下规定：

一、省高级人民法院管辖下列第一审民事和商事案件：

（一）在全省范围有重大影响的第一审民事和商事案件；

（二）最高人民法院指定省高级人民法院审理的第一审民事和商事案件。

二、中级人民法院管辖下列第一审民事和商事案件：

（一）杭州市、宁波市中级人民法院管辖诉讼请求或者争议标的金额在人民币3000万元以上，温州市、嘉兴市、绍兴市、台州市、金华市中级人民法院管辖诉讼请求或者争议标的金额在人民币1000万元以上，湖州市、衢州市、丽水市、舟山市中级人民法院管辖诉讼请求或者争议标的金额在人民币500万元以上的第一审民事和商事案件；

（二）最高人民法院规定和指定的涉外和涉港、澳、台第一审商事案件；

（三）法律、司法解释明确规定由中级人民法院管辖的其他第一审民事和商事案件；

（四）高级人民法院指定中级人民法院审理，或者属基层法院管辖而中级人民法院认为应当由自己审理并报高级人民法院备案的其他第一审民事和商事案件。

三、基层人民法院管辖下列第一审民事和商事案件：

（一）除上述规定以外的其他第一审民事和商事案件；

（二）当事人在同一基层人民法院辖区内的婚姻家庭、继承、物业、人身损害赔偿、交通事故、劳动争议、人事争议、土地征用、土地承包、环境污染、医疗损害赔偿等第一审民事案件不受诉讼请求或者争议标的金额的限制。

四、知识产权第一审民事案件按照本院有关规定管辖。

五、提级审理和指定管辖

（一）高级人民法院、中级人民法院认为下级人民法院受理的民事和商事案件应当由自己审理的，可以依法将案件提级审理。

（二）中级人民法院、基层人民法院认为有重大影响的民事和商事案件，或者由于特殊原因，由上级人民法院指定管辖更为合适的，可以依法将案件报请上级人民法院指定管辖。

中级人民法院报请指定管辖的民事和商事案件，应当附有提请指定管辖的报告，说明不宜由自己管辖的理由。高级人民法院经审查，可以依法将案件指定其他人民法院管辖。

基层人民法院报请指定管辖的民事和商事案件，应当附有提请指定管辖的报告，说明不宜由自己管辖的理由。中级人民法院经审查，可以依法将案件指定其他人民法院管辖，或者由自己提级审理并报高级人民法院备案。

六、本规定所指的“以上”包括本数。

七、本规定自二〇〇八年二月一日起施行。

浙江省高级人民法院
关于民事和商事案件主管划分的意见

(2008年3月25日　浙高法〔2008〕64号)

为统一全省法院民事和商事案件受理范围,规范审判管理,加强监督指导,依照《民事案件案由规定》,现就全省法院民事和商事案件的主管划分提出以下意见:

一、民事和商事案件的主管及其审判机构

1. 本意见所列的民事案件由民事审判第一庭主管;商事案件由民事审判第二庭主管;

基层人民法院可以根据需要将部分属于其主管范围的民事和商事案件交由人民法庭主管;

基层人民法院可以在立案庭内设置或单独设置速裁组织,审理适用简易程序的民事和商事案件。

2. 中级人民法院的民事、商事案件审判机构的主管范围应与本院相对应;

基层人民法院的民事、商事案件审判机构的主管范围由中级人民法院依据实际情况确定。

二、下列案件属于民事案件:

1. 人格权纠纷;

2. 婚姻家庭纠纷;

3. 继承纠纷;

4. 不动产登记纠纷;

5. 物权保护纠纷;

6. 所有权纠纷;

7. 用益物权纠纷;

8. 占有保护纠纷;

9. 下列合同纠纷:

(1)悬赏广告纠纷;

(2)房屋买卖合同纠纷;

(3)房地产开发经营合同纠纷;

(4)赠与合同纠纷;

(5)房屋租赁合同纠纷；
(6)承租人优先购买权纠纷；
(7)建设工程合同纠纷；
(8)公路、城市公交、出租汽车、水路、航空等旅客运输合同纠纷；
(9)诉讼、仲裁、人民调解代理合同纠纷；
(10)人身保险合同纠纷；
(11)机动车交通事故责任强制保险合同纠纷；
(12)农业承包合同纠纷；
(13)林业承包合同纠纷；
(14)渔业承包合同纠纷；
(15)牧业承包合同纠纷；
(16)农村土地承包合同纠纷；
(17)服务合同纠纷；
(18)劳务(雇佣)合同纠纷；
(19)人民调解协议纠纷；
10. 特殊类型的侵权纠纷；
11. 不当得利纠纷；
12. 无因管理纠纷；
13. 劳动争议；
14. 人事争议；
15. 适用特殊程序的下列案件：
(1)申请确定选民资格；
(2)申请宣告公民无民事行为能力；
(3)申请宣告公民限制民事行为能力；
(4)申请宣告公民恢复限制民事行为能力；
(5)申请宣告公民恢复完全民事行为能力；
(6)申请确定监护人；
(7)申请撤销监护人资格；
(8)申请宣告公民失踪；
(9)申请撤销宣告失踪；
(10)申请为失踪人财产指定、变更代管人；
(11)失踪人债务支付纠纷；
(12)申请宣告公民死亡；
(13)申请撤销宣告公民死亡；

(14)被撤销死亡宣告人请求返还财产纠纷;

(15)申请认定财产无主;

(16)申请撤销认定财产无主;

(17)申请承认和执行外国、香港特别行政区、澳门特别行政区、台湾地区法院民事判决;

16. 申请确认相关仲裁协议效力、申请撤销相关仲裁裁决的案件;

17. 与上述案件相关的申请复议案件;

18. 上述1—17项类型的涉外、涉港澳台民事纠纷案件;

19. 其他属于民事审判第一庭主管的民事案件。

三、下列案件属于商事案件:

1. 上述第二条第9项规定以外的合同纠纷;

2. 与企业有关的纠纷;

3. 与公司有关的纠纷;

4. 与合伙有关的纠纷;

5. 与破产有关的纠纷;

6. 证券纠纷;

7. 期货交易纠纷;

8. 信托纠纷;

9. 票据纠纷;

10. 担保物权确认纠纷;担保物权纠纷;

11. 申请确认相关仲裁协议效力、申请撤销相关国内仲裁裁决案件;

12. 与上述案件相关的申请复议案件;

13. 其他属于民事审判第二庭主管的商事案件;

14. 上述1—13项类型的涉外、涉港澳台商事纠纷案件由涉外商事审判机构主管。

四、对民事和商事案件主管意见分歧的处理规则

1. 案件所涉主合同与从合同分别属民事和商事性质的,按照主合同争议确定案件性质;

2. 案件所涉基础法律关系性质与附属法律关系性质分别属民事和商事性质的,按照基础法律关系性质确定案件性质;

3. 民事审判第一庭与民事审判第二庭对某一具体案件属于民事案件还是商事案件有分歧的,由立案庭根据案件性质确定。

五、本意见自二〇〇八年四月一日起施行,原2002年7月1日起试行的《关于浙江省高级人民法院民事审判第一庭、民事审判第二庭、民事审判第三庭受理案件主管的意见》同时废止。

浙江省高级人民法院
关于规范限制出境审批有关问题的规定

（2008年3月25日　浙高法〔2008〕65号）

为了规范立案和审理过程中限制出境审批程序，确保限制出境材料审查的准确性和审批工作有序进行，根据《中华人民共和国公民出境入境管理法》、《中华人民共和国外国人入境出境管理法》和《中华人民共和国民事诉讼法》的有关规定，结合我省法院工作实际，制定本规定。

一、办理限制出境必须符合以下条件：

1. 原告的起诉符合《中华人民共和国民事诉讼法》第一百零八条规定的受理条件；

2. 对申请人提供担保的真实性进行审查，确认无误后，在裁定书中写明“已提供相应担保”字样，交分管院领导签发。

二、报送限制出境需提交以下材料；

1. 报送边控函（格式附后）；

2. 限制出境裁定；

3. 申请人提供的担保真实性的材料；

4. 边控对象通知书和边控对象近一年来的出入境记录各二份；

上述材料按附表目录顺序装订成册。

三、诉讼过程中报送限制出境材料一般实行邮寄送审方式，报送法院将全部限制出境需提交的材料用特快专递寄至我院立案庭，立案庭在收到材料后3个工作日内审查完毕，并通知报送法院承办人在指定日期取回材料。

四、人民法院对被告解除限制出境的，应当作出解除限制出境裁定，并通过原报批法院通知相关公安机关。

五、对尚未申请护照、出入境通行证的被告限制出境的，由各中级人民法院负责审批。中级人民法院收到相关材料后，应当书面通知被告户籍所在地市、县（市、区）公安机关予以限制出境备案。

六、执行过程中的限制出境，按照浙江省高级人民法院、浙江省公安厅《关于贯彻〈关于依法规范人民法院执行和公安机关协助执行若干问题的通知〉的意见》（浙高法[2007]237号）办理。

七、本规定自二〇〇八年四月一日起施行。

附：1. 卷宗目录样式

2. 报送边控函样式

卷　宗

序号:材料名称

1. 报送边控函

2. 限制出境裁定书

3. 原告起诉状

4. 边控申请书

5. 申请人提供的担保真实性的材料

6. 边控对象通知书和边控对象近一年来的出入境记录

×××人民法院报送边控函

浙江省高级人民法院:

我院受理原告　　　与被告　　　纠纷一案,原告向本院提出限制×××出境的申请,我院经审查认为原告的申请符合有关法律规定,且已提供相应担保。本院于　　年　　月　　日作出(　　　　)　　　号裁定,对×××实行边控。现将材料报送你院审核,请查收。

省高院签收人:　　　　　　　　　　　　签收日:

报送法院联系人:　　　　　　　　　　　联系电话:

浙江省高级人民法院
关于涉外商事案件诉讼管辖的有关规定

(2008年3月31日　浙高法〔2008〕78号)

根据《中华人民共和国民事诉讼法》和《最高人民法院关于涉外民商事案件诉讼管辖若干问题的规定》(以下简称《涉外管辖规定》)等有关司法解释的规定,结合实际,现就我省法院审理涉外商事案件有关诉讼管辖问题规定如下:

一、涉外商事案件的级别管辖

1. 本规定所指的涉外商事案件的诉讼管辖按照《涉外管辖规定》执行。

2. 省高级人民法院管辖诉讼请求或争议标的的金额在人民币1亿元以上的第一审涉外、涉港澳台商事案件。

3. 中级人民法院管辖诉讼请求或争议标的的金额在人民币1亿元以下的第一审

涉外、涉港澳台商事案件。

4. 经最高人民法院批准具有涉商事案件管辖权的基层人民法院,管辖发生在其辖区内诉讼请求或争议标的金额在人民币500万元以下的第一审涉外、涉港澳台商事案件。

二、涉外商事案件的范围

5.《涉外管辖规定》第三条规定的实施集中管辖的涉外、涉港澳台商事案件,是指按照最高人民法院《关于适用(中华人民共和国民事诉讼法)若干问题的意见》第304条规定,包括主体、法律事实或诉讼标的物中的一项具有涉外、涉港澳台因素的商事案件。即当事人一方或双方是外国人、无国籍人、外国企业和组织,或是港澳台的自然人、企业和组织;当事人之间民事法律关系的设立、变更、终止的法律事实发生在国外或港澳台;诉讼标的物在外国或港澳台的商事案件。

6.《涉外管辖规定》第三条规定的涉外、涉港澳台合同、侵权纠纷案件,包括本院《关于民事和商事案件主管划分的意见》第三条规定的涉外、涉港澳台商事案件。

7.《涉外管辖规定》第三条规定的"信用证纠纷案件"包括在信用证开立、通知、修改、撤销、保兑、议付、偿付等环节产生纠纷的案件。主要是委托开立信用证纠纷、信用证开证纠纷、信用证议付纠纷、信用证欺诈纠纷、信用证转让纠纷等案件。

8.《涉外管辖规定》第三条规定的"申请撤销、承认国际仲裁裁决的案件"主要包括:(1)申请承认域外仲裁机构作出的商事仲裁裁决的案件;(2)申请撤销内地仲裁机构作出的涉外商事仲裁裁决的案件。

申请认可香港特别行政区、澳门特别行政区或台湾地区商事仲裁裁决案件参照该条适用。

9.《涉外管辖规定》第三条规定的"审查有关涉外民商事仲裁条款效力的案件"主要包括:(1)涉外商事案件的当事人仅就仲裁协议的效力有异议,申请人民法院予以确认的案件;(2)当事人在涉外商事案件管辖权异议中,对仲裁条款的效力有异议,需要人民法院确认仲裁条款效力的案件。

10.《涉外管辖规定》第三条所指的"申请承认外国法院民商事判决、裁定案件"主要包括:(1)申请承认外国法院的商事判决案件;(2)申请承认外国法院的商事裁定案件。

申请认可香港特别行政区、澳门特别行政区或台湾地区法院的商事判决、裁定案件参照该条适用。

三、附则

11. 当事人一方或双方是华侨、外商独资企业的商事案件,参照适用最高人民法院《涉外管辖规定》。

12. 涉外、涉港澳台海事海商案件,涉外、涉港澳台知识产权民事案件,不适用最高人民法院《涉外管辖规定》。

13. 本规定所指的“以上”包括本数,“以下”不包括本数。

14. 本规定自二〇〇八年四月一日起开始施行。

浙江省高级人民法院
关于外商独资企业商事案件诉讼管辖的规定(试行)

(2009 年 7 月 1 日　浙高法〔2009〕219 号)

为更好地审理外商独资企业案件,维护当事人合法权益,根据《最高人民法院关于涉外民商事案件诉讼管辖若干问题的规定》和《浙江省高级人民法院关于涉外商事案件诉讼管辖的有关规定》,结合审判实际,现就我省法院审理外商独资企业商事案件有关诉讼管辖问题规定如下:

一、省高级人民法院管辖诉讼请求或争议标的金额在 2 亿元以上一方或双方当事人是外商独资企业的第一审商事案件。

二、杭州市、宁波市中级人民法院管辖诉讼请求或争议标的金额在 500 万元以上一方或双方当事人是外商独资企业的第一审商事案件。

三、温州市、嘉兴市、绍兴市、台州市、金华市、湖州市、衢州市、丽水市、舟山市中级人民法院管辖诉讼请求或争议标的金额在 300 万元以上一方或双方当事人是外商独资企业的第一审商事案件。

四、基层人民法院管辖上述规定以外的其他一方或双方当事人是外商独资企业的第一审商事案件。义乌市人民法院管辖的案件按《浙江省高级人民法院关于涉外商事案件诉讼管辖的有关规定》执行。

五、基层人民法院作出外商独资企业商事案件的一审判决、裁定后,当事人提起上诉的,二审案件应由中级人民法院涉外商事审判业务庭负责审理。

六、上述案件按照《浙江省高级人民法院关于全省法院案件字号编立的规定》,以涉外商事案件编立案号。

七、本规定所指的“以上”包括本数。

八、本规定自二〇〇九年八月一日起施行。

浙江省高级人民法院
关于为中小企业创业创新发展提供司法保障的指导意见

（2010 年 5 月 27 日　浙高法发〔2010〕4 号）

中小企业是我省社会经济发展的关键支撑、优势所在和活力之源。促进中小企业加快创业创新发展，是贯彻科学发展观，实施“创业富民、创新强省”，加快经济转型升级的必然要求，也是新时期我省非公有制经济发展的特色工作。为贯彻《中华人民共和国中小企业促进法》、《国务院关于进一步促进中小企业发展的若干意见》（国发〔2009〕36 号）、《国务院关于鼓励和引导民间投资健康发展的若干意见》（国发〔2010〕13 号）以及省委、省政府的相关文件精神，根据最高人民法院《关于为维护国家金融安全和经济全面可持续发展提供司法保障和法律服务的若干意见》（法发〔2008〕38 号）等司法政策的要求，结合我省实际，现就为中小企业创业创新发展提供司法保障相关问题，提出以下意见：

一、明确为中小企业创业创新发展提供司法保障的指导思想和工作原则

各级法院要坚持“为大局服务、为人民司法”的指导思想，紧紧围绕中央和省委、省政府关于促进中小企业加快创业创新发展的决策部署，坚持能动司法，充分发挥民商事、刑事、行政审判、执行等各项司法职能，依法保障扶持中小企业发展的各项政策措施的落实，不断优化中小企业市场环境、融资环境和政务环境，实现我省从中小企业数量大省向素质强省转变的发展目标。为此，要注意把握好以下原则：

（一）依法合规原则。对我省各地推出的各项支持中小企业发展的创新措施，只要法律没有禁止性规定、不违背立法精神、有利于中小企业发展的，都要予以有力的司法支持。

（二）平等保护原则。依法平等保护中小企业财产权、经营自主权和平等竞争权等合法权益，制裁各种侵占、挪用中小企业资产、损害中小企业财产权益的违法、犯罪行为；确保中小企业在诉讼程序适用和实体处理结果上受到公平对待，提振企业家信心；依法维护省外境外浙商的投资及其他合法权益；通过司法职能的发挥，推动各种所有制经济平等竞争、共同发展。

（三）“调解优先、调判结合”原则。要全面加强涉中小企业民商事案件调解、轻微刑事案件和解、行政案件协调和执行案件和解工作，对具有调解可能的案件要先行调解，不能调解的案件要及时裁判，可引导中小企业通过非诉途径解决纠纷；推进与当地行业协会、商会等组织的协调配合，发挥律师事务所等中介组织的优势参与纠纷调解。

(四)统筹协调原则。要围绕扶持小企业、初创型微小企业和培养扶植一批创业型、创新型、外向型、配套型、品牌型中小企业的重点工作,维护市场化导向,统筹兼顾,建立和完善司法工作机制,公正高效审理和执行各类涉中小企业案件,实现依法公正与妥善合理的统一,增强司法工作与中小企业发展政策及市场需求的契合性。

二、依法支持改善中小企业融资环境的金融创新

各级法院对我省各地按照省政府要求出台的鼓励银行加大信贷支持、推进地方金融服务创新、拓宽融资渠道、开展融资性保险服务、加快融资服务平台建设、加强信用担保体系建设、促进产权交易流转、建立贷款风险救助等改善中小企业融资环境的各项政策措施,要依法给予支持;对涉案金融创新行为,可以在法律框架内,征询政府主管部门和金融监管部门意见后,通过司法裁判依法确认其法律效力;积极引导银企合作,对涉中小企业金融纠纷案件,可通过调解、和解等方式,争取银行合理回应涉案中小企业延期还贷的要求,依法保障金融债权和中小企业的发展;要按照《国务院关于鼓励和引导民间投资健康发展的若干意见》的要求,切实依法保护民间投资的合法权益,支持民间资本以入股方式参与商业银行的增资扩股,参与农村信用社、城市信用社的改制工作。鼓励民间资本发起或参与设立小额贷款公司、村镇银行、融资租赁公司、资金互助社、融资性担保公司、典当行等金融服务机构,妥善审理涉中小企业集合债券、短期融资券和资产证券化纠纷等案件,依法支持民间资本以投资各类产业基金等方式投资入股,参与解决中小企业的融资难题。

各级法院要参照中国银监会等七部委发布的《融资性担保公司管理暂行办法》(2010 年第 3 号),重视融资性担保机构在缓解中小企业融资难方面的作用,对融资性担保公司在法律监管框架内开展的投资等业务要在司法上予以确认和保护;紧密结合我省中小企业担保业发展现状,关注政府主导的再担保基金运作模式的健康发展,支持再担保公司的正常经营活动;依法保护具有浙江特色的企业“抱团担保、增信”、“网络联保”、“桥隧模式”和“路衢模式”等金融创新行为;妥当把握物权法定原则,依法确认中小企业可以股权、商标权、专利权、商铺使用权、林权、应收账款、捕捞证、大宗原材料、在建船舶、仓单等作为担保物申请贷款。

三、正确认定中小企业民间融资行为的性质和效力

各级法院要落实最高人民法院《关于贯彻宽严相济刑事政策的若干意见》(法发〔2010〕9 号)的精神,从有利于保障经济增长、维护社会稳定的角度,准确界定和把握非法集资与民间借贷、商业交易的罪与非罪的界限;未经社会公开宣传,在单位职工或者亲友内部针对特定对象筹集资金的,一般不作为非法集资;资金主要用于生产经营及相关活动,行为人有还款意愿,能够及时清退集资款项,情节轻微,社会危害不大的，可以免予刑事处罚或者不作犯罪处理；罪与非罪界限一时难以划清的案件，要从有利于促进企业生存发展、有利于保障员工生计、有利于维护社会和谐稳定的高度，依法妥善处理；慎重处理中小企业法定代表人、技术人员因政策界限不明而实施的轻微违法行为；依法审理涉中小企业民间借贷纠纷案件，通过审判职能的发挥，规范民间金融市场；企业之间自有资金的临时调剂行为，可不作无效借款合同处理。

四、依法审理中小企业涉财务风险债务纠纷案件

各级法院要根据浙江省高级人民法院《关于审理涉财务风险企业债务纠纷案件若干问题指导意见》（浙高法〔2010〕13 号）的要求，在党委领导下，努力配合政府做好涉财务风险企业债务纠纷案件中的维稳和担保链风险化解等工作，灵活运用相应的司法应对措施，依法保护债权人、职工、股东的合法权益，最大限度地维持企业生产力。

稳步推进涉财务风险中小企业司法重整、和解和破产清算案件的审理，对有挽救可能、发展前景较好、符合结构调整及转型升级需要的中小企业，鼓励采取司法重整、和解方式化解企业财务风险，实现资产重组；对污染环境比较严重，或者产能落后、不具发展前景的涉案中小企业，引导通过破产清算方式退出市场；积极推进涉财务风险中小企业司法重整、和解和破产清算案件审理工作与政府主导的资产重组、企业整合工作的衔接。

五、妥善审理涉中小企业劳动争议等相关案件

各级法院要正确理解《劳动合同法》、《劳动合同法实施条例》和《劳动争议调解仲裁法》的立法原意和宗旨，本着“关注民生、维护稳定、促进发展”的思路，合理平衡中小企业劳资双方的利益，确保中小企业发展和劳动者利益保护的平衡，依法审理因解除劳动合同、追索经济补偿、拖欠基本工资、追索加班费、企业裁员、竞业限制等原因引发的各类涉中小企业劳动争议案件，尤其是群体性劳动争议案件，引导劳动者合法、合理地表达利益诉求，促进和谐劳动关系的构建。

重点关注涉劳动密集型中小企业劳动争议案件的审理和执行，引导涉案企业与职工就工资、工时、劳动定额进行调解协商；在审理竞业限制引发的纠纷案件中，既要防止因不适当扩大竞业限制的范围而妨碍劳动者的择业自由，也要注意保护用人单位商业秘密等合法权益；对仍在运营的困难企业，要慎用静态查封等保全措施，可以通过抵押、入股等方式实行工资担保和回报。

妥善审理涉中小企业劳动监察行政处罚和工伤认定、工伤保险行政争议案件，在依法保障劳动者合法权益的同时，引导并促进中小企业进一步规范劳动用工、健全工伤保险制度。

六、加强对中小企业知识产权的司法保护

各级法院要按照最高人民法院《关于当前经济形势下知识产权审判服务大局若干问题的意见》(法发〔2009〕23 号)的要求,综合运用民商事、刑事和行政审判职能,加大侵权赔偿和制裁力度,充分发挥司法对中小企业自主知识产权和自主品牌产品保护的主导作用;拓展知识产权审判管辖机制,方便中小企业及时就地保护知识产权;指导基层法院开展知识产权特色化审判,服务区域特色经济发展;注重依法积极采取证据保全措施,有效化解权利人举证难瓶颈;妥善处理“贴牌加工”中的商标侵权纠纷,促进加工贸易的转型升级;妥善审理专利、商业秘密和技术合同等案件,促进技术成果的流转和运用;妥善审理涉及家纺、动漫游戏、网络传媒和电子商务等行业的案件,为具有浙江特色的创新型中小企业发展提供更具针对性和有效性的司法保障。

要积极与有关部门配合,创新知识产权司法宣传途径,注重网络等新兴媒体的作用,提高中小企业运用知识产权法律制度来保护创新成果和尊重他人知识产权的法律意识;引导中小企业注重技术开发和引进中的技术创新,重视发明专利申请,重视知识产权情报信息的检索和利用,重视技术引进的价值评估,避免重复开发和盲目引进;引导中小企业重视知识产权管理和自我保护,注意技术开发中的知识产权权利归属和防止人才流动带来的知识产权流失;引导中小企业注重通过司法途径解决纠纷,学会综合运用知识产权法律保护措施,帮助中小企业掌握保护知识产权的规则、法律程序,营造和维护有利于创新型中小企业发展的、合法有序的知识产权竞争环境。

七、完善便利中小企业诉讼的机制

各级法院要落实最高人民法院《关于进一步加强司法便民工作的若干意见》(法发〔2009〕6 号)和浙江省高级人民法院《关于规范民商事案件中法官释明的若干规定(试行)》(浙高法〔2009〕419 号)、《关于判后答疑的若干规定》(浙高法〔2010〕22 号)的要求,完善便利中小企业诉讼的机制:加强立案信访窗口建设,强化对涉诉中小企业的诉讼引导、诉前调解、判后答疑等职能;推广远程立案、预约立案等方式,积极开展巡回审判,扩大民事诉讼简易程序的适用范围,重视和发挥人民法庭在依法保障中小企业发展中的作用;加大对中小企业的司法救助力度,简化司法救助的办理程序,将确有困难的中小企业纳入缓、减、免交诉讼费等司法救助范围;对于确实没有能力调查取证的中小企业特别是小企业、微小企业,人民法院可以根据当事人的请求和审理案件的需要调查收集证据;加强审限管理,避免因司法周期过长而影响中小企业的生存发展。

八、加强和规范涉案中小企业的民商事执行工作

各级法院要认真落实浙江省人大常委会 2009 年《关于加强全省法院民事执行

工作的决定》和省综治委《关于完善全省综合治理执行难工作体系建设的意见》(浙综委〔2010〕2号),进一步完善执行征信、执行查控、执行惩戒、执行监督和执行保障的系统,切实加大执行力度,依法保护胜诉中小企业的合法权益;对因胜诉债权未及时实现、严重影响中小企业生产经营的案件,要优先执行,并适时开展专项执行活动,力争中小企业胜诉成果能够切实转化为推动企业继续发展的现实利益;对于有创新能力和发展前景只是暂时陷入困境的中小企业作为被执行人,而立即采取强制执行措施可能导致企业无法生存的,可召集当事人充分沟通,争取执行和解或采取债权转股权、债权转让、整体提存、企业资产重组等手段实现或保障债权。

九、积极参与中小企业信用制度建设

各级法院要积极参与建立适合中小企业特点的信息征集、信用评级、信用信息发布以及失信记录与惩戒机制的建设;在审理、执行涉诉中小企业案件中积极妥善运用银行征信机构和有资质的社会信用评价机构开展中小企业信用评级形成的资料和其他信用信息,依法维护诚实信用原则,制约失信、制裁违法,规范当事人的交易行为;根据法律规定和浙江省高级人民法院《关于在民事审判中防范和查处虚假诉讼案件的若干意见》(浙高法〔2008〕362号)的要求,惩戒虚假诉讼等非诚信行为。

十、依法支持行政机关对中小企业的规范管理

各级法院要认真贯彻最高人民法院《关于进一步加强司法建议工作为构建社会主义和谐社会提供司法服务的通知》(法发〔2007〕10号)精神,在审理涉中小企业案件中发现行政执法方面存在的问题,要及时向相关行政机关提出改进意见和建议,并跟踪和了解司法建议的落实情况。

依法支持行政机关促进中小企业发展的各种服务举措,依法审理涉及越权设立行政事业性收费项目、强制中小企业购买产品或接受指定服务等行政诉讼案件;贯彻执行反不正当竞争法、政府采购法、招标投标法等法律规定,依法确保中小企业在政府采购招标中获得公平对待;落实最高人民法院《关于审理行政许可案件若干问题的规定》(法释〔2009〕20号)的要求,依法维护涉诉中小企业在涉及行政许可的变更、延续、撤回、注销、撤销等事项中的合法权益。

十一、引导中小企业完善公司治理结构和企业组织形式

各级法院要发挥司法职能,促进中小企业建立健全符合现代市场经济发展要求的企业制度和经营机制;依法审理股权转让、股东权益、对董事会(股东会)决议申请宣告无效或撤销、公司高管背信、司法强制清算等公司诉讼案件,通过司法的适度介入,推进中小企业完善公司治理结构和管理创新;正确界定具有家族经营特征的中小企业公司财产责任和股东财产的范围,从严把握公司法人人格否认制度的适用条件。

十二、构建为中小企业发展提供司法保障的长效机制

积极推动司法保障中小企业发展的长效机制的建设;省高级人民法院与省中小企业局定期就司法保障中小企业发展相关问题进行沟通协商;根据最高人民法院《关于进一步加强民意沟通工作的意见》(法发〔2009〕20号)等要求,进一步改进工作作风,体察中小企业及其经营者创业创新的艰辛,及时回应中小企业和相关行业协会、商会的司法需求;各级法院要通过法制宣传、发布会议纪要、公布典型案例等方式,帮助中小企业提高风险防范意识、推进管理创新,引导中小企业的规范发展。

各级法院要按照省高级人民法院的工作部署,将司法保障中小企业发展纳入年度的工作目标,定期向党委政府报告、通报相关情况,省高级人民法院对全省法院司法保障中小企业发展的情况进行监督检查,及时推广典型经验。

浙江省高级人民法院
关于人民调解协议司法确认的若干意见

(2011年9月19日　浙高法〔2011〕244号)

为进一步规范人民调解协议司法确认程序,完善诉讼与非诉讼相衔接的矛盾纠纷解决机制,依照《中华人民共和国民事诉讼法》、《中华人民共和国人民调解法》和《最高人民法院关于人民调解协议司法确认程序的若干规定》等规定,结合我省实际,制定本意见。

第一条　人民调解协议司法确认,是指人民法院根据双方当事人的申请对人民调解协议的效力进行审查,并决定是否予以确认的诉讼活动。

第二条　经人民调解委员会调解达成的具有民事权利义务内容的调解协议,当事人认为有必要的,可以申请人民法院司法确认,但有下列情形之一的,人民法院不予受理:

(一)确认和解除婚姻关系、收养关系、身份关系的;

(二)调解协议内容不明确且无法补正的;

(三)调解协议不具有可执行内容或者无法执行的;

(四)调解协议的争议标的超过一定金额的(杭州、宁波地区为300万元,其他地区为100万元);

(五)其他不宜由人民法院受理和确认的。

第三条　当事人申请确认调解协议的,由主持调解的人民调解委员会所在地基层人民法院或者它派出的法庭管辖。

人民法院在立案前委派人民调解委员会调解并达成调解协议，当事人申请司法确认的，由委派的人民法院管辖。

对适用专属管辖的纠纷，选择异地人民调解委员会调解的，应当向人民法院说明选择异地调解的合理理由。

第四条　人民法院受理司法确认案件，应当符合下列条件：

（一）各方当事人的身份明确；

（二）有明确的确认请求；

（三）各方当事人共同提出申请；

（四）确认申请在调解协议生效之日起三十日内提出；

（五）纠纷属于民事诉讼受案范围且属于接受申请人民法院管辖的。

第五条　当事人申请司法确认的，应当向人民法院提交以下材料：

（一）司法确认申请书。口头提出申请的，由人民法院记入笔录，当事人签字确认；

（二）人民调解协议书原件；

（三）当事人身份证明、资格证明；

（四）与调解协议相关的财产权利证明；

（五）当事人的送达地址、电话号码等联系方式；

（六）各方当事人共同签署的承诺书。承诺书应当载明以下内容：①各方当事人出于解决纠纷的目的自愿达成协议，没有恶意串通、规避法律的行为；②如果因为该协议内容而给他人造成损害的，愿意承担相应的民事责任和其他法律责任。

当事人委托第三人或者人民调解委员会代为提出司法确认申请，应当说明合理理由，并出具由委托人签名或者盖章的授权委托书。

第六条　人民法院收到当事人司法确认申请后，经审查，认为符合受理条件的，应当在三日内受理，并向当事人送达受理通知书；认为不符合受理条件的，应当在三日内向当事人送达不予受理通知书。

各方当事人同时到人民法院申请司法确认的，人民法院可以当即受理并作出是否确认的决定。

第七条　司法确认案件，应当编立“调确字”案号，案由为“请求确认人民调解协议效力”。

第八条　司法确认案件由审判人员一人独任审查。对审判人员具有法律规定回避情形的，当事人可以申请审判人员回避。

第九条　人民法院一般应当自受理司法确认申请之日起十五日内作出是否确认的决定。因特殊情况需要延长的，经本院院长批准，可以延长十日。

第十条　人民法院审查人民调解协议，可以书面审查；也可以通知各方当事人同时到场,当面询问当事人;必要时可听取相关调解员的情况说明。

第十一条 司法确认案件,人民法院应当着重审查下列内容:

(一)当事人是否具有民事行为能力,代理人是否有代理权;

(二)调解协议是否是当事人的真实意思表示;

(三)调解协议是否违反法律、行政法规的强制性规定,是否损害国家利益、社会公共利益或者第三人的合法权益,是否损害社会公序良俗;

(四)调解协议内容是否明确、规范、具体;

(五)人民调解委员会、调解员是否存在强迫调解或者其他严重违反职业道德准则的行为;

(六)调解协议是否涉及人民法院正在审理或者执行的案件;

(七)其他需要审查的内容。

第十二条 人民法院在审查中,认为当事人的陈述或者提供的证明材料不充分、不完备或者有疑义的,可以要求当事人补充陈述或者补充证明材料。当事人无正当理由拒不接受询问或者未按时补充的,可以按撤回司法确认申请处理。

人民法院在审查中,认为当事人可能存在恶意串通,意图采用虚构法律关系、捏造案件事实等方式获取非法利益的情形的,应当要求当事人到庭接受询问或者提供相应证明材料。当事人无正当理由未到庭或者未按时提供材料的,可以按撤回司法确认申请处理。

补充证明材料的时间由人民法院根据案件情况自行确定,一般不超过七天,不计入审查期限。

第十三条 案件审查过程中,发现调解协议内容存在计算错误、文意不明等瑕疵的,经双方当事人同意,在不改变权利义务基本内容前提下,人民法院可以对调解协议内容进行补正,相关情况应当记入笔录,由当事人签字确认。

第十四条 在人民法院作出是否确认的决定前,一方或者双方当事人撤回司法确认申请的,人民法院应当准许,出具终结确认程序通知书。

撤回申请或者按撤回司法确认申请处理的,双方当事人可以在协议生效三十日内重新申请司法确认。

第十五条 具有下列情形之一的,人民法院不予确认调解协议效力:

(一)违背当事人真实意思表示的;

(二)违反法律、行政法规强制性规定的;

(三)侵害国家利益、社会公共利益或者第三人合法权益的;

(四)损害社会公序良俗的;

(五)以合法形式掩盖非法目的的;

(六)存在可变更、可撤销情形且当事人行使变更权、撤销权的;

（七）内容不明确，无法补正或者当事人拒绝补正的；

（八）其他不能进行司法确认的情形。

如发现调解协议部分不宜确认的，应当征询双方当事人的意见。双方当事人同意部分确认的，可以仅就适宜确认的部分进行确认。当事人不同意部分确认的，人民法院不予确认。

第十六条　经审查，认为调解协议符合确认条件的，人民法院应当作出确认决定书。决定不确认调解协议效力的，应当作出不予确认决定书。

第十七条　在审理司法确认案件过程中，各方当事人合意变更调解协议实质内容的，人民法院可以按诉讼调解办理；也可以建议当事人撤回申请，由人民调解组织重新调解。

第十八条　司法确认决定书一经作出即发生法律效力。人民法院应当在决定书作出后三日内向当事人和人民调解委员会送达。

第十九条　人民法院依法作出确认决定后，一方当事人拒绝履行或者未全部履行的，对方当事人可以根据《中华人民共和国人民调解法》第三十三条第二款、《中华人民共和国民事诉讼法》第二百一十二条第二款向作出确认决定的人民法院申请强制执行。

第二十条　司法确认决定书作出后，当事人确有证据证明人民调解协议违反自愿原则或者内容违反法律和行政法规强制性规定的，可以在决定作出后一年内向作出确认决定的人民法院申请撤销确认决定。

案外人认为经人民法院确认的调解协议侵害其合法权益的，可以自知道或者应当知道权益被侵害之日起一年内，向作出确认决定的人民法院申请撤销确认决定。

第二十一条　人民法院在收到撤销申请后，经审查认为调解协议确实存在本意见第二十条规定情形或者其他应当撤销的情形的，应当作出撤销司法确认决定书。

司法确认撤销案件由审监庭办理，作出原司法确认决定的法官应当回避。

申请撤销司法确认案件编立“调撤字”案号。

第二十二条　决定书被撤销后，对依据该决定书执行的财产可以按照《中华人民共和国民事诉讼法》第二百一十条的规定申请执行回转。

第二十三条　人民法院办理人民调解协议司法确认案件，不收取费用。

第二十四条　人民法院应当将人民调解协议不予确认的情况定期或者不定期通报同级司法行政机关和相关人民调解委员会。

第二十五条　经行政机关、商事调解组织、行业调解组织或者其他具有调解职能的合法组织调解达成的具有民事合同性质的协议，当事人申请确认的，参照本意见执行。

第二十六条 本意见不适用于人民法院立案后的委托调解和邀请调解的情形。

第二十七条 本意见自公布之日起施行。如与新颁布实施的法律和司法解释不一致的,以新颁布的法律和司法解释为准。

浙江省高级人民法院
关于规范民商事案件中法官释明的若干规定(试行)

(2009年12月7日 浙高法〔2009〕419号)

为规范法官释明,切实保障民商事案件当事人的诉讼权利和实体权益,提高诉讼效率和司法公信力,根据《中华人民共和国民事诉讼法》、《最高人民法院关于民事诉讼证据的若干规定》(以下简称《证据规定》)等法律、司法解释的规定,结合我省法院民商事审判工作实际,制定本规定。

一、一般规定

第一条 释明是法官的一项审判职责。释明应当遵循合法、公开、中立、适度、有利于诉讼的原则。

第二条 释明的内容一般限于阐释法律规定、告知诉讼风险及诉讼相关的事项,但不得违反辩论原则、处分原则。

第三条 释明应当根据案件审理的实际需要,在立案、送达、证据交换、调解、开庭、庭后等阶段适时进行。

第四条 释明可以采用书面方式,也可以口头告知,但具有下列情形之一的,应当将释明情况记录在案:

(一)诉讼主体瑕疵或有遗漏的;

(二)当事人主张的法律关系性质或民事行为效力与法院认定可能不一致的;

(三)指定举证期间及告知逾期举证的法律后果;

(四)举证责任的分配;

(五)重新指定举证期间的;

(六)拟采用拟制自认规则,对当事人的意思作出强制认定的;

(七)拟适用拒证推定规则,对案件事实作出强制认定的;

(八)其他可能对当事人权利发生失权效果,或者影响案件处理结果的情形。

第五条 一方当事人提出诉讼主张和诉讼理由后,应当由另一方当事人自己提出反驳主张和理由，包括权利发生、权利妨碍、权利消灭、权利制约等抗辩。法官不得帮助当事人提出权利抗辩事由和辩论理由。

第六条 案件经合议庭评议、审判委员会讨论作出决定的，法官不得作与合议庭或审判委员会意见不一致的释明，亦不得向当事人泄露合议庭或审判委员会等内部讨论的不同意见。对未经合议庭评议、审判委员会讨论、可能引起争议的重大事项，法官不得释明。

二、程序事项的释明

第七条 人民法院受理案件后，在向当事人送达应诉通知书、举证通知书等诉讼文书时，应同时送达诉讼风险提示书、权利义务告知书和廉政监督卡，告知当事人可能存在的诉讼风险、享有的诉讼权利及应履行的诉讼义务。

适用简易程序审理的案件，可以口头告知。

当事人对人民法院所告知的诉讼权利义务的相关内容有疑问的，法官应当作必要的释明，并在整个诉讼过程中，根据案件的具体情况，适时告知当事人正确行使诉讼权利、履行诉讼义务。

第八条 在当事人起诉或者答辩时，人民法院应当要求当事人提供自己准确的送达地址，并告知其拒不提供送达地址、送达地址不准确、送达地址变更未及时告知人民法院、受送达人或其所指定的代收人拒绝签收的法律后果。

第九条 起诉状中所列当事人存在瑕疵，如诉讼主体不适格、姓名（名称）有误等，法官应当告知当事人存在瑕疵情况并要求当事人在指定期限内予以变更。经释明，当事人仍不纠正的，法官可以视具体情况依法处理。

第十条 人民法院依职权追加当事人的，应当向被追加的当事人释明追加的理由及其诉讼权利与义务。

原告明确放弃对被追加的当事人主张权利的，法官应当向原告告知放弃诉讼请求的法律后果，并将放弃诉讼请求的情况制作笔录，在法律文书中叙明。

第十一条 人民法院依职权作出中止诉讼、终结诉讼等决定后，当事人有异议的，法官应当作必要的释明。

第十二条 在案件审理过程中，法官在财产保全方面应当向当事人作以下释明：

（一）对于已经提出财产保全申请的，实施保全的法官应在实施保全措施后七日内告知申请人已采取保全的措施、期限、到期申请续保的权利以及逾期未提出续保申请的法律后果；

（二）对于尚未提出财产保全申请的，审理过程中发现义务人有隐匿、转移、毁损财产等可能直接影响债务履行能力行为的，法官应当根据案件情况适时告知当事人可能存在的执行风险,询问其是否提出财产保全申请。同时告知人民法院作出财产保全裁定并不必然导致财产保全申请人胜诉,以及申请财产保全错误将可能承担的法律后果;

(三)当事人或案外人保全异议成立的,应当及时告知保全申请人,避免使申请人错失变更财产保全申请的机会。

第十三条 人民法院主持案件调解时,应当向当事人作以下释明:

(一)告知调解的意义、原则、后果;

(二)告知调解结案可减半收取诉讼费用;

(三)告知特别授权代理人参加调解的效力;

(四)告知调解协议经各方当事人签名或者盖章后即具有法律效力的条件。

三、诉讼请求及法律问题的释明

第十四条 对当事人提出的诉讼请求不明确、不充分、不正确的,法官可以要求当事人就诉讼请求的具体内容进行说明。

当事人的诉讼请求不明确,即当事人的诉讼主张不明了、有歧义或自相矛盾,法官应当要求当事人将诉讼主张陈述清楚,但应以了解当事人真实意思为限,不能影响当事人对自己实体权利的处分。

当事人的诉讼请求不充分,即当事人因对法律理解不够而造成不能充分提出诉讼主张,如应一并主张的诉讼请求没有主张,且可能产生失权后果的,法官应当根据案件的具体情况,告知其法律的相关规定。经释明,当事人在理解法律上并无障碍,仍坚持原诉讼请求的,应尊重当事人对自己权利的处分,根据当事人的主张进行裁判。

当事人的诉讼请求不正确,即当事人诉讼请求与相关法律规定的要求不一致时,法官应当告知不正确的原因及可能产生的法律后果,告知当事人可变更诉讼请求。经释明,当事人仍不变更的,可视案件具体情况依法处理。

第十五条 当事人主张的法律关系性质或民事行为的效力与法院根据案件事实作出的认定不一致的,法官应当告知当事人可以变更诉讼请求。

在告知当事人可变更诉讼请求时,应当告知当事人变更诉讼请求或诉讼主张并不意味着其必然胜诉。

经释明,当事人要求变更诉讼请求的,法官应当重新指定举证期限,但各方当事人均表示无须重新指定举证期限的除外。

第十六条 当事人主张的法律关系性质或民事行为效力存有较大争议,法官一时难以认定的,释明时应当遵循谨慎原则。

当事人主张的法律关系性质或民事行为效力明显有误的,法官可以视情况即时释明。

第十七条　当事人的请求权基础不明确或存在竞合情形的，法官应当告知当事人予以明确或者作出选择。经释明，当事人仍不予以明确或作出选择的，法官可根据其提出的诉讼请求、事实和理由依法处理。

第十八条　当事人的诉辩意见不明确或自相矛盾，法官可以要求当事人陈述清楚，或经法官归纳、总结后，由当事人确认或补充。

一方当事人的答辩或辩论意见未涵盖对方当事人的全部诉讼主张或辩论意见的，法官应当告知该当事人就对方当事人所提出的要点是否认同发表意见，必要时可将该方当事人遗漏的要点归纳或概括后，逐条进行询问。

对双方当事人均未涉及但存在疑点且构成裁判基础的事项，法官应当进行释明。

第十九条　当事人对法律用语、法律概念以及其他相关法律事项不能理解或者表示疑惑的，法官应当随时进行释明。

四、事实和证据问题的释明

第二十条　对当事人的举证责任，法官除了以举证通知书的形式告知外，还可根据当事人提出的诉讼请求及其请求权基础所指向的法律规范中所包含的要件事实，具体释明案件的举证责任分配原则。

第二十一条　当事人对要件事实的举证责任承担有异议的，法官应当明确告知当事人举证责任承担的理由，并告知其不遵从该种举证责任分配要求的法律后果。

当事人因法律认知能力较弱或情绪偏激等原因不能理性对待自己的举证义务，从而可能给案件公正处理带来影响的，法官在告知其举证不能后果的同时，应耐心做好解释引导工作。

第二十二条　法官可以根据案件情况及当事人法律知识、诉讼经验等方面的实际，向当事人释明要件事实所要达到的证明要求。如果当事人所提供的证据不能达到证明要件事实的证明要求，或者当事人在证据上没有明显优势的，法官可以要求当事人继续提供证据。

第二十三条　证据交换阶段，法官应当让双方当事人了解对方的诉讼主张和提交的证据，使双方当事人能针对对方提交的证据进行充分地辩驳、质证和提供相反证据。人民法院对证据交换的情况应当制作笔录。

第二十四条　对在证据交换中经当事人认可并记录在卷的证据，法官应当在庭审中予以说明，据此方可作为定案的根据。

第二十五条　当事人向法院申请调查收集证据，人民法院经审查认为不符合

《证据规定》规定的条件,应当及时向当事人说明理由,告知当事人按照规定的时间自行收集,并告知申请人举证期限届满前不能提供证据的,仍由负有举证责任的当事人承担举证不能的法律后果。

当事人应当申请人民法院调查收集证据而未提出申请的,如该证据对案件的审理结果明显起到决定作用,法官可以向双方当事人分析争议焦点,从诉讼证明的角度告知相关事项的证明要求,并可询问双方当事人围绕这一争议焦点是否需要人民法院调查收集的证据,但一般不得直接指明某项证据。

第二十六条 对于当事人在举证期限届满后提供的证据,无论是否认定为“新的证据”,法官都应当向当事人说明理由。

对方当事人拒绝对“新的证据”进行质证的,法官应当向其释明可能构成“放弃质证或者予以认可”的法律后果,并记入笔录。

第二十七条 在质证过程中,法官应当引导双方当事人围绕证据的真实性、合法性、关联性和证明力,充分发表质证意见,使法官对案件事实足以形成心证。

第二十八条 在案件审理中,对案件的审理结果明显会起到决定作用的事项需要鉴定、评估、审计,但当事人未提出申请的,法官应当明确对该事项负有举证责任的当事人,并告知其在人民法院指定的期限内无正当理由不提出鉴定申请或者不预交鉴定费用或者拒不提供相关材料,致使该争议事实无法通过鉴定结论予以认定的法律后果。

当事人对法院委托鉴定、评估结论有异议的,法官应当确定异议期,并告知其逾期提出异议的法律后果。对要求重新鉴定的,应当告知当事人对符合《证据规定》第二十七条所列情形进行举证证明。

在鉴定、评估、审计费用超过或接近争议标的金额,或者鉴定、评估或审计费用明显过高不符合诉讼经济的要求时,法官可以告知当事人改用成本较低的证明方式。

第二十九条 有证据证明一方当事人持有证据无正当理由拒不提供的,法官应当充分说明《证据规定》第七十五条的规定,即可能推定对方当事人所提出的对其不利的主张成立。

第三十条 在庭审过程中,一方当事人陈述事实后,另一方当事人既未表示承认也未否认,法官应当向当事人充分说明《证据规定》第八条第二款的内容,明确告知其如仍不作承认或否认表示的,将可能被视为对该项事实的承认。但涉及身份关系的事实除外。

第三十一条 当事人在法庭辩论终结前撤回自认的,法官应当作如下释明:

(一)对方当事人同意撤回自认的,法官应告知其撤回自认的法律后果;

(二)对方当事人不同意撤回自认的,法官应当询问自认一方当事人撤回自认的理由,并查明是否存在《证据规定》第八条第四款规定的"重大误解"的情形,如果撤回理由成立的,应告知对方当事人自认方有权撤回及撤回的法律后果。

五、裁判的释明

第三十二条　一审案件宣告判决时,应告知当事人上诉权利、上诉期限和上诉法院,以及逾期提出上诉和逾期预交二审案件受理费的法律后果。

第三十三条　对不具有强制执行内容的裁判文书,法官在宣判或送达裁判文书时应作以下释明:

(一)对确权判决,应告知当事人,确认的权利自判决生效时即具有法律效力,无需申请法院强制执行;

(二)对撤销或解除合同之判决,应告知当事人此类判决无需申请执行即具有法律效力,合同撤销或解除后相关财产权益纠纷未一并处理的,可另行起诉;

(三)对准予离婚的判决,应告知当事人在判决正式生效前不得另行结婚。

第三十四条　对具有强制执行内容的裁判文书,法官在宣判或者送达裁判文书时应作以下释明:

(一)告知权利人申请执行的法定期限;

(二)告知义务人迟延履行、拒不履行的法律后果;

(三)对具有金钱给付内容的判决,应向义务人告知判决书中"未按判决指定的期间履行给付义务的,应当加倍支付迟延履行期间的债务利息"等内容,促使其及时履行义务。

第三十五条　对于保留诉权的判决或者当事人对裁判不能完全理解、有误解等情况,法官应当根据案件的具体情况进行适当的解释。

第三十六条　本规定自下发之日起施行。

浙江省高级人民法院
关于在民事调解书中引导当事人设立
督促履行、担保履行条款的指导意见

(2010 年 7 月 7 日　浙高法〔2010〕208 号)

为进一步强化民事案件调解工作,提高民事调解书的自动履行率,促进诉讼诚信和案结事了,更好地发挥调解在化解矛盾纠纷中的作用,根据有关法律和司法解释的规定,结合我省实际,制定本意见。

第一条　人民法院在诉讼调解中,应当根据案件情况引导当事人在民事调解

书中设立督促履行、担保履行等条款,促使当事人自动履行调解书确定的义务。

第二条 督促履行条款,是指经当事人协商,约定义务人如果不按照调解书确定的内容履行时将加重其义务的条款。

担保履行条款,是指经协商,约定由义务人或者他人为调解书的履行提供担保的条款。

督促履行条款和担保履行条款可以单独适用,也可以同时适用。在同时适用的情况下,他人提供担保的,担保范围一般不及于督促履行条款,但是另有约定的除外。

第三条 人民法院在主持调解过程中,发现有下列情形的,可以引导当事人合理运用督促履行、担保履行条款:

(一)义务人履行能力不强的;

(二)义务人有利用调解拖延履行可能的;

(三)义务人信用较差,不按照调解协议履行可能性较大的;

(四)权利人在调解过程中作出较大让步后,担心义务人不能按调解协议履行的;

(五)义务人不按调解协议履行,可能对权利人正常生产、生活造成较大影响的;

(六)分期履行或者履行期限较长的;

(七)其他需要设立督促履行、担保履行条款的情形。

第四条 督促履行条款可以参照以下内容设立:

(一)调解协议约定分期付款,义务人不按协议履行的,权利人可以就剩余未到期部分款项一并申请强制执行;

(二)调解协议约定权利人放弃部分本金、违约金、利息及其他损失,义务人不按协议履行的,权利人可以按原来的请求标的额或者另行约定的金额申请强制执行;

(三)义务人不按协议履行的,权利人可以依照《中华人民共和国民事诉讼法》第二百二十九条的规定要求支付迟延履行期间的债务利息或迟延履行金,也可以要求另外支付合理数额的违约金或者赔偿金;

(四)二审调解结案的义务人不按调解协议履行的,权利人可以要求按一审判决执行;

(五)再审调解结案的义务人不按调解协议履行的,权利人可以要求按原生效判决执行;

(六)其他可以督促义务人履行的内容。

第五条 担保履行条款可以参照以下方式设立:

(一)义务人以自有权益设立抵押或者质押;

(二)本案其他当事人为义务人履行调解书确定的义务提供担保;

(三)案外人为义务人履行调解书确定的义务提供担保。

第六条　案外人提供担保的,应当在调解协议上签名或者盖章。调解书应当列明担保人,并将调解书送交担保人。担保人不签收调解书的,不影响调解书生效。

第七条　当事人或者案外人提供抵押担保或者质押担保的,应依法办理抵押或者质押登记。调解书应当载明抵押或者质押的登记情况。

第八条　调解书确定的督促履行、担保履行条款条件成就时,权利人申请执行的,人民法院应予准许。权利人同时要求义务人承担《中华人民共和国民事诉讼法》第二百二十九条规定的迟延履行责任的,人民法院不予支持。

第九条　权利人违反诚实信用原则,导致督促履行、担保履行条款条件成就并请求履行的,人民法院不予支持。

因权利人的原因导致义务人不能履行调解协议的,义务人可将相应款项或者其他标的物交到法院或者向提存机构办理提存。权利人请求按照督促履行、担保履行条款履行的,人民法院不予支持。

第十条　本意见由浙江省高级人民法院审判委员会负责解释。

第十一条　本意见自公布之日起施行。

附件:

调解书主文表述范本

示范案例:原告为甲,被告为乙,经查明,乙须偿还甲100万元债务。原告甲为达成调解协议,放弃本金五万元、违约金三万元、利息损失一万元及其他损失一万元。

一、调解书主文第一项表述范本

本案在审理过程中,经本院主持调解,双方当事人自愿达成如下协议:

被告乙给付原告甲款项共计九十万元,于二〇一〇年七月一日前给付三十万元,于二〇一〇年八月一日前给付三十万元,于二〇一〇年九月一日前给付三十万元。

二、调解书主文第二项表述范本之一(即督促履行条款)

第一种:一并申请强制执行型

若被告乙未按上述第一项条款约定的期限履行任何一笔给付义务,则原告甲可就剩余未到期部分款项一并申请强制执行;

如因原告甲的原因导致被告乙不能按第一项条款约定的期限履行给付义务,则被告乙可于期限届满后×日内将相应款项交到法院或者向提存机构办理提存,所增加的费用由原告甲承担。

第二种:恢复原来诉讼请求型

若被告乙未按上述第一项条款约定的期限履行任何一笔给付义务,则被告乙除继续履行上述付款义务外,还应一并给付原告甲已放弃的本金五万元、违约金三万元、利息损失(以未付款金额为计算基数,自应给付之日起至款项付清之日止,按中国人民银行同期同类贷款基准利率计算)及其他损失一万元,于××年×月×日前付清;

如因原告甲的原因导致被告乙不能按第一项条款约定的期限履行给付义务,则被告乙可于期限届满后×日内将相应款项交到法院或者向提存机构办理提存,所增加的费用由原告甲承担。

第三种:增加额外赔偿金型

若被告乙未按上述第一项条款约定的期限履行任何一笔给付义务,则应向原告甲赔偿损失费×元/每延迟一日赔偿原告甲损失×元;

如因原告甲的原因导致被告乙不能按第一项条款约定的期限履行给付义务,则被告乙可于期限届满后×日内将相应款项交到法院或者向提存机构办理提存,所增加的费用由原告甲承担。

上述三种方式既可以单独适用,也可以同时适用。

第四种:恢复原审判决执行型

若被告乙未按上述第一项条款约定的期限履行任何一笔给付义务,则按照原审判决执行;

同时,单列一条列明诉讼费承担情况。

三、调解书主文第二项表述范本之二(即担保履行条款)

第一种:义务人以自有权益设立抵押或者质押

(一)被告乙以自己所有的财产A作为抵押担保/质押担保,并在未履行上述第一项给付义务时以该物向原告甲优先清偿。

(二)注明抵押或质押的登记情况。

第二种:案内其他当事人为义务人履行调解书内容提供担保

(一)被告丁对被告乙的第一项给付义务承担连带保证责任/一般保证责任;或者被告丁对被告乙的第一项给付义务以其所有的财产B作为抵押担保/质押担保,在被告乙未履行上述第一项给付义务时以该物向原告甲优先清偿。

(二)被告丁承担担保责任后,在已承担担保责任的范围内,有权向被告乙进行追偿。

（三）注明抵押或质押的登记情况。

第三种：案外人为义务人履行调解书内容提供担保的

（一）担保人丙对被告乙的第一项给付义务承担连带保证责任/一般保证责任；或者担保人丙对被告乙的第一项给付义务以其所有的财产C作为抵押担保/质押担保，在被告乙未履行上述第一项给付义务时以该物向原告甲优先清偿。

（二）担保人丙承担担保责任后，在已承担担保责任的范围内，有权向被告乙进行追偿。

（三）注明抵押或质押的登记情况。

注：督促履行条款和担保履行条款可以单独适用，也可以同时适用。在同时适用的情况下，担保的范围应当明确约定。

浙江省高级人民法院
关于进一步加强涉台商事审判工作的若干意见

（2010年10月21日　浙高法〔2010〕293号）

涉台案件审判是服务对台工作大局的重要内容，也是人民法院审判工作的重要组成部分。两岸三通后，尤其是两岸经济合作框架协议（ECFA）的生效，我省与台湾的经贸往来更加频繁，涉台商事纠纷也将随之增多。为进一步提高涉台商事审判工作水平，推动我省台商权益保护工作，促进浙台经贸合作与交流，根据有关法律规定，结合我省司法实践，现就进一步加强我省涉台商事案件审判工作提出以下意见。

一、明确涉台商事审判工作的指导思想。各级法院要深入学习胡锦涛总书记就新形势下发展两岸关系提出的四点意见，明确涉台商事审判工作的指导思想，充分认识到当前及今后一个时期内做好涉台商事案件审判工作的重要意义，围绕对台大局做好涉台商事审判工作。

二、坚持一个中国原则。各级法院审理涉台商事案件应当保持高度的敏感性，遵循一个中国原则，牢牢把握台湾同胞在内的全体中国人民的根本利益与共同福祉，从根本上保障和实现两岸当事人的诉讼权利和民事权益。对台湾当事人在台湾地区的民事行为和所取得的民事权利，在不违反国家法律的基本原则、不损害社会公共利益的前提下，可以认可其事实效力。

三、坚持平等保护原则。各级法院要在诉讼程序和法律适用上对两岸当事人给予平等保护，充分尊重当事人意思自治，坚持诉讼主体在诉讼中的权利义务平等。对形成于台湾地区且各方当事人无异议的证据，可免于办理公证认证手续而直接确认。充分听取台湾当事人的意见,切实保护两岸当事人的合法权益,加深台湾当事人对祖国的归属感和认同感。

四、坚持便利诉讼原则。各级法院应当从便利当事人诉讼的角度出发,做到“及时立案、及时审理、及时执行”。针对台湾当事人对大陆诉讼程序不甚了解,不知如何到法院打官司的普遍情况,应加强对台湾当事人进行诉讼指导,积极行使释明权,引导其正确举证,降低不必要的诉讼成本和风险。主动为其提供《涉台商事案件诉讼须知》、《涉台商事案件举证须知》等,充分告知台湾当事人的诉讼权利和义务,保证台湾同胞的诉讼权利及案件审理的顺利进行。

五、坚持依法调解原则。两岸血缘相亲、文缘相承、法缘相循。各级法院应当积极贯彻最高法院《关于进一步贯彻“调解优先、调判结合”工作原则的若干意见》,注重运用司法调解,把调解贯穿于立案、审判和执行的各个环节,构建具有涉台案件审判特点的多元纠纷调解机制。对部分有着复杂历史和政治背景的涉台案件,各级法院还必须尊重历史、兼顾现实,在审理工作中注重调整思路和方法,透过司法的人文关怀,引导纠纷双方从长远合作和共同发展的角度出发,促成双方当事人达成一致,和解息诉,实现互利共赢。

六、能动司法服务对台工作大局。各级法院要进一步加强能动司法,牢固树立大局意识和服务意识,正确处理局部利益和全局利益的关系,法律效果和社会效果的关系,把握涉台审判工作发展趋势,通过公正高效权威的司法审判,确保司法公正,营造良好的投资环境和司法环境,为我省与台湾的经贸发展提供有力司法保障。

七、完善涉台商事审判工作机制。省高级法院要积极报请最高人民法院继续指定部分有条件的基层法院管辖一审涉台商事案件,完善涉台案件集中管辖制度。各级法院要健全涉台案件审判组织,涉台商事案件数量较多的法院也可探索组建“涉台案件审判庭”或专门合议庭,整合审判力量,发挥资源优势。可尝试选聘部分台胞担任涉台商事案件陪审员或调解员,明确其职责并加强培训,充分发挥台胞参与诉讼的工作热情以及乡情优势。完善涉台仲裁司法审查制度,正确办理申请认可台湾地区有关法院民事判决和台湾地区仲裁机构裁决案件。推动两岸司法互助机制的建立,研究两岸相互取证等司法互助工作的可行性和现实性,在法律框架内对涉台案件当事人主体确定、涉台案件法律适用等进行探索性司法实践。

八、创新涉台商事审判工作方法。针对涉台案件牵涉面广、审理难度大的特点,各级法院要坚持原则性与灵活性相结合的务实原则,开阔思路,创新举措。拓展涉台当事人法律文书送达和涉台证据审查的方式和途径,探索和推广传真、电子邮件、快递公司邮寄、承办法官电话联络、当事人亲戚朋友等便捷有效的送达方法。加强审判信息化,推行庭审同步录音录像、开展远程庭审、远程质证,让当事人通过互联网查询自己案件的办案进度，提高审判透明度。

九、推行精品战略，确保审判质量。各级法院要深入贯彻第三次全国涉外商事海事审判工作会议及第三次全省涉外商事海事审判工作会议关于推行精品战略的部署与要求，加强审判管理，强化精品意识。探寻涉台商事纠纷的规律和特点，对台资企业股权纠纷以及普遍存在的台商隐名投资现象进行规制。规范涉台案件审理程序，加强案件流程管理，严格审限意识，正确把握证据审查关、事实认定关和法律适用关。提高裁判文书制作水平，做到规范化、无瑕疵、重说理。省高级法院应加强涉台商事纠纷的研判和指导，确保司法尺度统一，提升审判水平，增强审判的权威性和公信力。

十、加强协同司法推动创新。各级法院应加强各法院间特别是海峡西岸经济区人民法院之间的合作与交流，积极落实《海峡西岸经济区人民法院涉台司法事务合作协议》，促进涉台商事审判工作的优势集成与互补，相互借鉴，推动创新。建立健全涉台案件多元纠纷解决机制，充分发挥台办、侨办、台商投诉协调中心、台商协会的协调作用，资源共享，及时沟通信息。加强与工商、税务、海关、公安等相关职能机构的沟通协调，共同优化、维护法治环境。

十一、加大涉台商事案件宣传力度。积极利用各种平台，适时发布台商权益司法保护的动态，结合人民法院审理的有影响的典型案例，邀请人大代表、政协委员、台胞、台商代表旁听庭审。对案件中蕴含的司法价值进行挖掘，注意倾听台胞意愿，开展法制宣传，提高台商的法律意识，加深台商对大陆法律制度的了解，消除台胞对司法的陌生和不信任感。公开庭审、公开宣判，及时上网公开裁判文书，让社会公众全面客观地了解涉台案件的审理程序和判决依据。

十二、落实重大涉台案件通报制度。各级法院应及时上报重大涉台案件和重要涉台事项，妥善处置工作中遇到的可能影响发展、稳定对台工作大局的敏感事件。对传唤重要台资企业负责人、冻结重点台资企业银行账户，查封、扣押台资企业财产等可能对台商和台资企业信用、社会形象造成负面影响的措施，均应慎重研究、慎重执行、着力保障台资企业正常的生产、经营不受诉讼活动的影响。凡涉及台商、台资企业的敏感性、群体性案件，各级法院均应及时向当地政府有关部门通报，争取支持，以妥善化解矛盾纠纷，切实保护台商合法权益，维护对台工作大局，建立保护台商合法权益的长效机制。

浙江省高级人民法院　浙江省司法厅
关于依法规范民事行政诉讼活动中公民代理的若干规定

(2011 年 3 月 1 日　浙高法〔2011〕67 号)

为维护正常的诉讼秩序,保护当事人的合法权益,促进司法公正,依据《中华人民共和国民事诉讼法》、《中华人民共和国行政诉讼法》、《中华人民共和国律师法》等有关规定,现就规范民事、行政诉讼活动中的公民代理行为规定如下:

一、本规定所称的公民代理人,是指除律师以外以公民身份接受委托参与民事、行政诉讼活动的代理人。

二、下列公民可以在民事、行政诉讼活动中受委托担任代理人:

(一)当事人的近亲属;

(二)有关的社会团体、基层自治组织、当事人所在单位推荐的人;

(三)经人民法院许可的其他公民。

三、公民接受委托担任诉讼代理人的,应当向人民法院提交下列材料:

(一)《授权委托书》;

(二)居民身份证或者其他身份证明;

(三)系近亲属委托的,应当提供能够证明其与当事人存在近亲属关系的书面材料;

(四)系社会团体、基层自治组织、当事人所在单位推荐的,应当提交推荐证明;

(五)由委托人和受委托人双方签名的《受委托人在诉讼代理中不收取任何报酬的承诺书》。

上述材料,人民法院应当附卷。

四、公民从事诉讼代理活动,具有下列情形之一的,人民法院不予准许:

(一)收取报酬的;

(二)煽动、教唆当事人或群众扰乱诉讼秩序的;

(三)原系受理案件的人民法院工作人员、聘用人员的;

(四)系受理案件的人民法院陪审员或人民调解窗口调解员的;

(五)正在被执行刑罚或者被剥夺、限制人身自由的;

(六)其他不宜担任诉讼代理人的情形。

五、人民法院在发送案件受理通知书和应诉通知书时应当告知当事人,委托公民代理的,应当在开庭前到人民法院办理公民代理登记手续。

属于本规定第二条第(一)、(二)项的公民代理人免予登记。

六、人民法院经审查，认为符合公民代理人条件的，应当出具《准予担任诉讼代理人决定书》，没有法院出具的《准予担任诉讼代理人决定书》的，不得担任诉讼代理人。

在诉讼过程中，发现公民代理人具有第四条规定情形的，人民法院应当作出撤销《准予担任诉讼代理人决定书》的决定。

七、在立案阶段委托公民代理的，由立案庭审查登记；在审理阶段委托公民代理的，由承办案件的审判庭审查登记。

八、公民担任代理人参加诉讼活动，应当遵守有关法律、法规规定。凡提供虚假证明、证件等材料或者煽动、教唆当事人或群众扰乱诉讼秩序的，人民法院应当在依法处理的同时，不准许其今后以公民代理人身份在本省法院参加诉讼活动。

九、属于本规定第四条、第八条规定情形的，全省各级人民法院应当逐级报省高级人民法院立案一庭备案。对不予准许涉案公民代理人今后在本省法院参加诉讼活动的，在浙江法院内网予以公示。

十、持有司法部统一制作的《法律服务工作者执业证》的基层法律服务工作者参加诉讼代理活动，仍依照《浙江省高级人民法院浙江省司法厅关于基层法律工作者参加诉讼代理活动有关问题的通知》（浙司基〔1998〕59 号）规定办理。

十一、持有企业法律顾问执业资格证书的企业法律顾问，可以依照人事部、国家经贸委、司法部制定的《企业法律顾问执业资格制度暂行规定》（人发〔1997〕26 号），接受本企业法定代表人委托，代理本企业参加诉讼，免予办理登记手续，但应出具法定代表人委托书。

十二、持有司法行政部门或者中华全国律师协会统一制作的《律师助理证》、《申请律师执业人员实习证》的律师助理，可以随律师出庭承担庭审记录等辅助工作，但在庭审过程中不能提问、发言，也不能单独出庭参加庭审活动。

十三、民事案件执行中的公民代理，参照本规定执行。

十四、本规定自发布之日起施行，2008 年 8 月 12 日公布的《关于依法规范民事行政诉讼活动中公民代理的若干规定（试行）》同时废止。

浙江省高级人民法院
关于适用小额诉讼程序审理民事案件相关问题的意见

（2012 年 12 月 31 日　浙高法〔2012〕408 号）

根据修改后民事诉讼法第一百六十二条规定，现就适用小额诉讼程序审理民事案件的相关问题提出以下意见：

第一条 事实清楚、权利义务关系明确、争议不大的单一金钱给付之诉,标的额低于当年公布的小额诉讼案件标的限额标准的民事案件,适用小额诉讼程序。

第二条 小额诉讼案件诉讼标的限额由浙江省高级人民法院根据法律规定的标准每年定期发布。

2013 年 1 月 1 日至浙江省高级人民法院发布 2013 年小额诉讼案件标的限额前,本省适用小额诉讼程序审理的民事案件标的额不得超过人民币 14000 元。

第三条 以下案件适用小额诉讼程序审理:

(1)买卖合同纠纷、借款合同纠纷、租赁合同纠纷和服务合同纠纷案件;

(2)身份关系清楚,仅在给付的数额、时间上存在争议的抚养费、赡养费、扶养费纠纷案件;

(3)道路交通事故损害赔偿和其他人身损害赔偿纠纷案件;

(4)劳动关系清楚,仅在劳动报酬、工伤医疗费、经济补偿金或者赔偿金的给付数额和给付时间上存在争议的劳动纠纷案件;

(5)劳务关系清楚,仅在劳务报酬的给付数额和给付时间上存在争议的劳务纠纷案件;

(6)其他事实清楚、权利义务关系明确的金钱给付案件。

海事法院依据海事诉讼特别程序法第九十八条规定审理的简单海事案件,符合本意见第一条规定的,可以适用小额诉讼程序审理。

第四条 以下案件不适用小额诉讼程序:

(1)起诉时被告下落不明,适用公告送达的案件;

(2)追加、变更当事人或被告提起反诉后不符合小额诉讼程序适用条件的案件;

(3)当事人追加、变更诉讼请求后不符合小额诉讼程序适用条件的案件;

(4)涉及人身关系争议、财产确权争议的案件;

(5)可能涉及评估、鉴定的案件;

(6)其他不宜适用小额诉讼程序审理的案件。

第五条 对符合适用小额诉讼程序其他条件,但案件标的额在规定标准以上、10 万元以下的案件,开庭审理前经双方当事人同意,可以适用小额诉讼程序审理。

第六条 小额诉讼案件原告可以口头起诉,由人民法院记入笔录且由原告签字确认,并告知对方当事人。

当事人双方可以同时到基层人民法院或其派出的人民法庭,请求解决纠纷。基层人民法院或其派出的人民法庭可以当即开庭审理。

第七条 小额诉讼案件不单独编立案号,但应在案件流程管理信息系统的案件适用程序选项中勾选“小额诉讼程序”。

第八条　在受理案件通知书或者应诉通知书中应当明确告知本案适用小额诉讼程序审理，同时送达《小额诉讼须知》。

第九条　当事人对适用小额诉讼程序提出异议，经审查异议成立的，按照一般简易程序审理或转为普通程序审理；异议不成立的，驳回当事人的异议申请，并将驳回理由记入笔录和裁判文书。

第十条　经充分释明后，当事人明确表示放弃答辩期和举证期限的，可以当即开庭审理。

当事人明确表示不放弃答辩期或举证期限的，由当事人约定或者人民法院指定，但答辩期一般不超过7日，举证期限一般不超过10日。

第十一条　可以用简便方式传唤当事人和通知证人出庭作证，但应当在案卷中记明。经人民法院许可，证人可以通过书面证言、视听传输技术或者视听资料等方式作证。

第十二条　公开开庭审理的，可以不在开庭三日前公告当事人姓名、案由和开庭时间、地点。

小额诉讼案件庭审可以适当简化，不受法庭调查、法庭辩论、最后陈述及法庭调解的顺序限制，但应当保障当事人陈述意见的权利，并加强对当事人的诉讼指导。

第十三条　经传唤，当事人无正当理由拒不到庭，或者未经法庭许可中途退庭的，不影响适用小额诉讼程序。

第十四条　小额诉讼案件视情可在法庭、当事人住所、居所或工作场所等地点开庭审理。

第十五条　立案后可以委托人民调解组织调解，也可以在庭前、庭审、庭后等环节组织当事人调解。但调解不成或者当事人明确拒绝调解的，应当及时作出裁判。

调解达成协议并经审判人员审核后，双方当事人同意该调解协议经双方签名或者捺印生效的，该调解协议自双方签名或者捺印之日起发生法律效力。调解结案的小额诉讼案件可不制作调解书，但应当将调解笔录复印件加盖原件核对章后交由当事人保存。

第十六条　应当严格控制小额诉讼程序向其他程序转换。审理过程中发现确不符合小额诉讼程序适用条件的，经批准可以向其他程序转换。转为一般简易程序审理的，应当明确告知当事人；转为普通程序审理的，应当根据民事诉讼法第一百六十三条规定制作裁定书。

第十七条　小额诉讼案件裁判文书可以仅记明当事人信息、案件事实要点、裁判主要理由、给付金额及履行期限等内容。

第十八条 小额诉讼案件一般应当在立案之日起一个月内审结。一个月内不能审结的,经批准可以延长至三个月。

第十九条 人民法庭审理的小额诉讼案件,一般应当由该人民法庭执行。

第二十条 小额诉讼案件当事人对已经发生法律效力的判决、裁定,可以依法申请再审。

第二十一条 2013年1月1日前已适用简易程序审理但未审结的案件,按照一般简易程序继续审理。

法律、司法解释关于小额诉讼程序有新规定的,按新规定执行。

浙江省高级人民法院
关于适用小额诉讼程序审理民事案件相关问题的解答

(2013年1月15日 浙高法〔2013〕11号)

为贯彻落实新民事诉讼法第一百六十二条关于小额诉讼程序的规定,我院于2012年12月31日制定了《浙江省高级人民法院关于适用小额诉讼程序审理民事案件相关问题的意见》(以下简称《意见》)。为帮助准确理解《意见》,现就相关问题作如下解答。

一、为什么要设置小额诉讼程序?

小额诉讼程序是新民事诉讼法(以下统称民事诉讼法)新设的制度,意义和作用主要体现在三方面:一是在现有简易程序的基础上,对涉案标的额较小的简单民事案件进一步简化程序,保障当事人更加方便、快捷、低成本地利用司法,维护其合法权益,减少诉累,快速稳定民事关系,促进社会和谐发展;二是小额诉讼案件由于争议标的金额较小,案件事实清楚、权利义务关系明确、争议不大,实施一审终审有助于防止有的当事人滥用上诉权以拖延诉讼,引导人民群众树立正确的诉讼观念,诚信诉讼;三是通过设立小额诉讼程序实现法院审理案件的繁简分流,合理配置司法资源,有效节省司法成本。

二、如何理解小额诉讼程序与简易程序的联系和区别?

小额诉讼程序规定在民事诉讼法第十三章“简易程序”,仍属简易程序的范畴。但小额诉讼程序具有特殊的程序理念和操作要求,也可以说是独立于普通程序和简易程序之外的新类型民事诉讼程序。与简易程序相比,差别体现:一是适用小额诉讼程序审理的案件实行一审终审;二是诉讼请求限于单一的金钱给付;三是除当事人约定外,适用小额诉讼程序的案件标的额有最高限额的规定要求;四是在流程和操作规范上,小额诉讼程序是“简易程序的再简化”,人民法院应当根据案件情况，按照方便群众诉讼、方便法院审理案件的原则，在简易程序的框架下进一步简化程序，实现快立快审快执。

三、人民法院为贯彻实施小额诉讼制度应当做好哪些准备？

小额诉讼程序是一项新规定，从出台到为人民群众所知晓、接受、利用，需要一个适应过程，且其实施对当事人的程序利益影响较大。各级法院，尤其是基层人民法院及其派出法庭要认真学习领会民事诉讼法和《意见》等相关规定的要求，对该程序在实施中将会遇到的问题和困难要有预判和应对预案，并在实践中积极探索该程序实际操作要领，及时总结。同时，要通过宣传栏展示、新闻媒体报道等方式宣传小额诉讼程序制度，普及相关知识，引导社会各方和人民群众正确理解该制度，树立正确的诉讼观念。

四、适用小额诉讼程序有哪些条件和特点？

一是适用小额诉讼程序案件的基本条件与适用简易程序的案件一致，即民事诉讼法第一百五十七条规定的“事实清楚、权利义务关系明确、争议不大的简单民事案件”；二是案件限于当事人仅请求金钱给付的民事纠纷案件；三是诉讼标的额为各省、自治区、直辖市上年度就业人员年平均工资的百分之三十以下案件；四是该程序只适用于基层人民法院及其派出人民法庭；五是小额诉讼程序由人民法院依职权决定是否适用，并实行一审终审；六是鼓励当事人自己参加诉讼。

五、可以适用小额诉讼程序进行审理的民事案件有哪些类型？

下列类型的民事纠纷案件可以适用小额诉讼程序进行审理：(1)买卖合同纠纷、借款合同纠纷、租赁合同纠纷和服务合同纠纷案件；(2)身份关系清楚，仅在给付的数额、时间上存在争议的抚养费、赡养费、扶养费纠纷案件；(3)道路交通事故损害赔偿和其他人身损害赔偿纠纷案件；(4)劳动关系清楚，仅在劳动报酬、工伤医疗费、经济补偿金或者赔偿金的给付数额和给付时间上存在争议的劳动纠纷案件；(5)劳务关系清楚，仅在劳务报酬的给付数额和给付时间上存在争议的劳务纠纷案件；(6)其他事实清楚、权利义务关系明确的金钱给付案件。

海事法院依据海事诉讼特别程序法第九十八条规定审理的简单海事案件，符合《意见》第一条规定的，可以适用小额诉讼程序审理。

六、凡是符合适用小额诉讼程序条件的民事纠纷案件均应当适用小额诉讼程序吗？

下列民事纠纷案件不能适用小额诉讼程序：(1)起诉时被告下落不明，适用公告送达的案件；(2)追加、变更当事人或被告提起反诉后不符合小额诉讼程序适用条件的案件；(3)当事人追加、变更诉讼请求后不符合小额诉讼程序适用条件的案件；(4)涉及人身关系争议、财产确权争议的案件；(5)可能涉及评估、鉴定的案件；(6)其他不宜适用小额诉讼程序审理的案件。

七、如何掌握我省小额诉讼案件诉讼标的额的具体限额?

民事诉讼法规定小额诉讼案件标的额限额为“各省、自治区、直辖市上年度就业人员年平均工资百分之三十以下”,我省限额由省高院根据法律规定的标准逐年调整,定期发布。由于民事诉讼法于今年1月1日施行,而省统计局一般在当年的第二季度发布上年度的统计公报,因此在1月1日至省统计局发布2012年度统计公报前这一阶段的计算标准可采纳2011年度的统计数据。确定2013年1月1日至省高院发布2013年小额诉讼案件标的限额前,我省适用小额诉讼程序审理的民事案件标的额不得超过人民币14000元。

八、诉讼标的额超过法定限额,当事人愿意适用小额诉讼程序的,应否准许?

根据民事诉讼法第一百五十七条第二款关于“基层人民法院和它派出的法庭审理前款规定以外的民事案件,当事人双方也可以约定适用简易程序”的规定精神,本着充分尊重当事人的程序选择权的原则,如果双方当事人同意采用小额诉讼程序解决纠纷的,人民法院在对小额诉讼的相关程序要求、法律效果,尤其是一审终审的规定予以释明的情况下,可以依照小额诉讼程序进行审理。同时,人民法院要鼓励、引导诉讼标的额在法定限额以上、十万元以下的案件当事人选择适用小额诉讼程序。

九、为什么要鼓励小额诉讼案件当事人自己参加诉讼活动?

小额诉讼案件仅限于事实清楚、权利义务关系明确、争议不大的简单民事案件,一般不需要具有专业知识、职业技能的律师代理介入纠纷。此外,增设小额诉讼程序的目的之一,就是要让普通人民群众能以最低的诉讼成本,尽快解决纠纷,而当事人聘请律师作为代理人,无疑将增加其诉讼成本。因此,人民法院要积极引导小额诉讼案件当事人自己参加诉讼活动。

十、怎样把握小额诉讼程序是“简易程序的再简化”?

小额诉讼程序中法官依职权简化程序的特点十分明显。要按照方便群众诉讼、方便法院审理案件的原则,在简易程序的框架下进一步简化程序,同时要充分注意到小额诉讼案件的当事人多为缺乏诉讼知识和技能的普通人民群众,可能会因为对小额诉讼程序要求缺乏了解而不能充分行使权利,因此在简化程序过程中,人民法院要以民事诉讼诚实信用原则为指导,对相关法律专业性问题和程序性问题做好释明工作,引导当事人进行合理的起诉和应诉,积极查明事实,平衡当事人之间的诉讼能力。同时,要选派审判经验丰富、业务能力强、调解水平高、熟悉当地社情民意的法官办理小额诉讼案件,确保案件的质量。

十一、如何处理小额诉讼案件当事人的口头起诉?

小额诉讼案件原告可以口头起诉。原告口头起诉的,立案工作人员应当按照起诉状应记明的事项提示原告进行陈述,并予以记录。口头起诉记录由原告签字确认，副本交原告保存，并告知对方当事人。可采用类型化、格式化诉状模板，记录当事人的口头起诉。

十二、应当在哪个工作环节确定具体个案是否适用小额诉讼程序？

从2011年以来开展小额速裁试点工作的情况看，在哪个工作环节、由谁来决定适用小额速裁程序，做法不一。有的由立案窗口工作人员根据案件性质、标的额大小等因素予以确定；有的由立案窗口工作人员初步确定后报庭长批准确定；有的则由速裁庭确定有经验的法官进行筛选确定。考虑到小额诉讼制度在当前尚处于起步阶段，我们认为不宜就如何决定适用小额诉讼程序作统一要求。各地法院可本着实事求是的原则先行先试，在实践中摸索行之有效的做法，并做好总结工作。

十三、小额诉讼案件的案号如何确定？

《意见》规定小额诉讼案件不单列案号。因为是否适用小额诉讼程序的初步判断和最终程序确定之间可能存在差异，单列案号可能导致相关司法统计口径不一，故决定沿用"初"字号不变。为了方便案件分类管理，确定适用小额诉讼程序时，要求在案件流程管理信息系统中关于案件适用程序的选项中勾选"小额诉讼程序"。

十四、立案时如何就适用小额诉讼程序相关事宜向当事人做好解释说明工作？

人民法院在向当事人送达受理案件通知书或者应诉通知书时，不仅要同时送达《小额诉讼须知》（见附件样式），还应主动对本案适用小额诉讼程序审理的相关事项予以明确告知，说明小额诉讼程序的适用条件、审判组织、审理方式、审理期限、裁判方式、诉讼费用收取标准、申请再审权利等相关程序安排，对当事人提出的问题作耐心细致说明。

十五、当事人对人民法院决定适用小额诉讼程序提出异议的如何处理？

当事人对适用小额诉讼程序提出异议，经审查异议成立的，按照一般简易程序审理或转为普通程序审理；异议不成立的，驳回当事人的异议申请，并将驳回理由记入笔录或裁判文书。

当事人对适用小额诉讼程序提出异议，应在庭审辩论终结前提出。当事人提出异议应以书面形式并具体列明案件不适用小额诉讼程序的事实与理由。

十六、如何确定小额诉讼案件的答辩期和举证期？

经充分释明后，当事人明确表示放弃答辩期和举证期限的，可以当即开庭审理。当事人明确表示不放弃答辩期或举证期限的，由当事人约定或者人民法院指定，但答辩期一般不超过7日，举证期限一般不超过10日。

十七、传唤当事人和通知证人出庭作证有哪些要求？

可以用简便方式传唤当事人和通知证人出庭作证，但应当在案卷中记明。经人民法院许可，证人可以通过书面证言、视听传输技术或者视听资料等方式作证。

十八、如何确定小额诉讼案件开庭时间?

适用小额诉讼程序审理案件主要是为了方便当事人诉讼,提高审判效率,人民法院适用小额诉讼程序审理案件,可灵活确定开庭时间,可以不在开庭三日前公告当事人姓名、案由和开庭时间、地点。根据当事人的共同申请并经法院同意,可以在晚间、休息日或法定节假日进行开庭。各方当事人同时到基层人民法庭或其派出法庭请求解决纠纷的,可以当即开庭审理。

十九、适用小额诉讼程序审理案件庭审流程如何确定?

在维护司法公正、保障当事人基本诉讼权利的前提下,庭审流程可依法予以简化,并加强对当事人的诉讼指导。在通知开庭时,可要求当事人在开庭时携带所有证据并通知证人出庭,争取做到一次开庭,当庭宣判。庭审中,当事人有正当理由不能到庭的,征得其他当事人同意,可利用视听传输技术开庭审理。注重庭审效率,不受法庭调查、法庭辩论、最后陈述及法庭调解的顺序限制。事先书面告知诉讼权利义务的,庭审时可省略相关告知环节。

经传唤,当事人无正当理由拒不到庭,或者未经法庭许可中途退庭的,不影响适用小额诉讼程序。

二十、小额诉讼案件的庭审场所有哪些要求?

对庭审场所不作特别要求,案件审理可在适合会见当事人的场所进行,如法庭、当事人住所、居所或工作场所等地点开庭审理。

二十一、小额诉讼案件是否必须当庭宣判?

适用小额诉讼程序审理的案件应尽量一次开庭,当庭宣判。双方当事人均到庭应诉的案件当庭宣判的,人民法院可口头形式宣告判决依据和判决主文,并由当事人在相关笔录上签字确认。

二十二、对小额诉讼案件的裁判文书有什么要求?

小额诉讼案件裁判文书可以仅记明当事人基本情况、案件事实要点、裁判主要理由、给付金额及履行期限等内容(见附件样式)。条件成熟时,可直接将裁判文书的相关内容填充到统一制作的文书表格或制作只记载诉讼参加人基本情况和裁判主文的令状等文书,进一步简化裁判文书。

二十三、适用小额诉讼程序的审理期限有何要求?

小额诉讼案件一般应在立案之日起一个月内审结。一个月内不能结案的,经批准可以延长至三个月。

二十四、小额诉讼案件中如何贯彻调解原则?

立案后,根据案件具体情况,可以委托人民调解组织调解,也可以在庭前、庭审、庭后等环节组织当事人调解。但调解不成或者当事人明确拒绝调解的,应当及时作出裁判。

调解达成协议并经审判人员审核后，双方当事人同意该调解协议经双方签名或者捺印生效的，该调解协议自双方签名或者捺印之日起发生法律效力。调解结案的小额诉讼案件可不制作调解书，但应当将调解笔录复印件加盖原件核对章后交由当事人保存。

二十五、对小额诉讼案件的执行有什么要求？

人民法院应积极督促当事人即时履行生效调解书、裁判确定的义务，努力提高自动履行率。进入执行程序的，人民法院应当及时执行。人民法庭审理的小额诉讼案件，一般应当由该人民法庭执行。

二十六、在审理过程中发现不适宜适用小额诉讼程序审理的，能否转为其他程序审理？

要严格控制小额诉讼程序向其他程序转换。审理过程中发现确不符合小额诉讼程序适用条件的，经批准可以向其他程序转换。转为一般简易程序审理的，应当明确告知当事人；转为普通程序审理的，应当根据民事诉讼法第一百六十三条规定制作裁定书，裁定书由独任审判人员、书记员署名。

二十七、小额诉讼案件的当事人申请再审有限制吗？

小额诉讼案件当事人对已经发生法律效力的判决、裁定，可以依法申请再审。人民法院应主动释明、积极引导其向原审人民法院申请再审，将矛盾纠纷化解在基层、化解在当地。

二十八、人民法院适用小额诉讼程序审理民事案件是否需要归口特定审理部门进行审理？

小额诉讼案件由基层人民法院相关庭室和人民法庭审理。有条件的基层人民法院应积极争取设立专门的小额诉讼审判庭，统一审理人民法庭受案范围之外的小额诉讼案件。

二十九、小额诉讼案件诉讼费如何计取？

小额诉讼案件的诉讼费按照简易程序案件标准计取。人民法院可根据本地区实际情况在国务院《诉讼费用交纳办法》规定的标准以下确定小额诉讼案件的诉讼收费。

三十、《意见》没有涉及的小额诉讼程序适用问题如何处理？

《意见》未尽事宜，可依据法律、司法解释关于简易程序的规定处理。法律、司法解释关于小额诉讼程序有新规定的，按新规定执行。

附：诉讼文书样式三份

样式一

×××人民法院
小额诉讼须知

一、基层人民法院和它派出的法庭审理事实清楚、权利义务关系明确、争议不大的、单一金钱给付的简单民事案件,标的额为各省、自治区、直辖市上年度就业人员年平均工资百分之三十以下的,适用小额诉讼程序。

二、小额诉讼案件诉讼标的限额由浙江省高级人民法院根据法律规定的标准每年定期发布。

三、可以适用小额诉讼程序审理的案件类型包括:(1)买卖合同纠纷、借款合同纠纷、租赁合同纠纷和服务合同纠纷案件;(2)身份关系清楚,仅在给付的数额、时间上存在争议的抚养费、赡养费、扶养费纠纷案件;(3)道路交通事故损害赔偿和其他人身损害赔偿纠纷案件;(4)劳动关系清楚,仅在劳动报酬、工伤医疗费、经济补偿金或者赔偿金的给付数额和给付时间上存在争议的劳动纠纷案件;(5)劳务关系清楚,仅在劳务报酬的给付数额和给付时间上存在争议的劳务纠纷案件;(6)其他事实清楚、权利义务关系明确的金钱给付案件。

海事法院依据海事诉讼特别程序法第九十八条规定审理的简单海事案件,可以适用小额诉讼程序审理。

四、对符合适用小额诉讼程序其它条件,但案件标的额在规定标准以上、10万元以下的案件,开庭审理前经双方当事人同意,可以适用小额诉讼程序审理。

五、当事人对适用小额诉讼程序有异议的,应在庭审前提出。异议应以书面形式并具体列明案件不适用小额诉讼程序的事实与理由。

六、当事人明确表示放弃答辩期和举证期限的,可以当即开庭审理。不放弃答辩期或举证期限的,由当事人约定或者人民法院指定,但答辩期一般不超过7日,举证期限一般不超过10日。

七、当事人经传唤无正当理由拒不到庭,或者未经法庭许可中途退庭的,不影响适用小额诉讼程序。

八、立案后可以委托人民调解组织调解,也可以在庭前、庭审、庭后等环节组织当事人调解。

九、小额诉讼案件一审终审,当事人不得提起上诉。当事人对已经发生法律效力的判决、裁定,认为有错误的,可以申请再审。当事人申请再审的,可以向原审人民法院申请再审。

样式二

×××人民法院
小额诉讼程序选择确认书

（201×）×民/商初字第××号

原告×××诉被告×××　×××纠纷一案，属事实清楚、权利义务关系明确、争议不大，争议标的额在浙江省上年度就业人员年平均工资百分之三十以上，10万元以下的单一金钱给付纠纷案件，当事人同意适用小额诉讼程序进行审理。现将小额诉讼程序的有关事项释明如下：

一、双方当事人均同意选择小额诉讼程序的，本院将按该程序审理本案。

二、小额诉讼程序实行一审终审，当事人不得提起上诉。

原告签名或盖章确认：　　　　　　被告签名或盖章确认：

原告确认时间：　　　　　　　　　被告确认时间：

样式三

×××人民法院
民事判决书

（201×）×初字第××号

原告×××（身份情况）

被告×××（身份情况）

原告×××诉被告××××××××纠纷一案，原告诉请：1. ……；2. ……。本院于201×年×月×日立案受理后，依法适用小额诉讼程序，由审判员×××独任审判，于×年×月×日公开（不公开）开庭进行了审理。原告×××，被告×××到庭参加诉讼。（/被告经传票传唤，无正当理由未到庭。）本案现已审理终结。

本院查明，×××的事实清楚（简明扼要概括本案主要事实）。根据《中华人民共和国××法》第×条第×款，《中华人民共和国民事诉讼法》第一百四十二条、第一百六十二条之规定，（缺席判决《中华人民共和国民事诉讼法》第一百四十四条）之规定，判决如下：

一、×××

二、×××

如未按本判决指定的期间履行给付金钱义务,应当依照《中华人民共和国民事诉讼法》第二百五十三条之规定,加倍支付迟延履行期间的债务利息。

案件受理费×元,减半收取×元,由×××负担×元。

本判决为终审判决。

审 判 员 ×××

二〇一×年××月××日

本件与原本核对无异

书 记 员 ×××

浙江省高级人民法院
关于审理实现担保物权案件的意见

(2012年12月25日 浙高法〔2012〕396号)

根据第十一届全国人大常委会第二十八次会议修改的《中华人民共和国民事诉讼法》第一百九十六条、第一百九十七条和第一百七十九条等规定,现就审理实现担保物权案件的相关问题提出如下意见:

第一条 实现担保物权案件由担保财产所在地或担保物权登记地基层人民法院管辖。

基层人民法院不管辖依法应当由海事法院管辖的实现担保物权的案件。

两个以上基层人民法院对实现担保物权案件都有管辖权的,由最先立案的基层人民法院管辖。

第二条 实现担保物权案件的申请人可以是担保物权人,也可以是《中华人民共和国物权法》第一百九十五条规定的抵押人、第二百二十条规定的出质人和第二百三十七条规定的财产被留置的债务人等其他有权请求实现担保物权的主体。

第三条 申请人提出实现担保物权申请的,应当提交申请书并附以下证据材料:

(1)主合同;

(2)担保物权合同;

(3)抵押权登记证明或者他项权利证书、权利质权的权利凭证或者出质登记证明;

(4)能够证明实现担保物权条件成就的有关证据材料,如证明债务已届清偿期、合同约定的实现担保物权情形发生等证据材料；

(5)人民法院认为需要提交的其他证据材料。

第四条　基层人民法院立案庭负责接收申请人提交的实现担保物权申请书并依法登记立案，编立"商特"字案号。

第五条　立案庭应当在立案登记之日起两日内将实现担保物权案件的相关材料移交商事审判业务庭审查。实现担保物权案件可以由审判员一人独任审查，但对担保合同财产标的额超过基层人民法院诉讼级别管辖范围或者人民法院认为应当组成合议庭审查的实现担保物权案件，应当组成合议庭审查。

独任审判员或者合议庭应当审核申请人提供的证据，必要时可以依职权调查相关事实并通过听证等程序询问当事人。对主债务、担保债务无异议的，依法裁定准予拍卖、变卖担保财产；对主债务、担保债务确有争议的，裁定驳回申请，并在裁定书中告知当事人可以提起诉讼。

第六条　人民法院作出准予实现担保物权的裁定生效后，主债务或担保债务未自动履行的，当事人可以向有管辖权的人民法院申请强制执行。

第七条　实现担保物权案件不收取案件申请费用。

申请人向人民法院申请强制执行的，按照执行金额收取执行申请费，由被执行人负担。

第八条　执行法院在执行程序中发现实现担保物权案件的裁定确有错误的，可以提出建议，交由作出裁定的人民法院组成合议庭进行审查。

第九条　本意见自2013年1月1日起施行。如与新颁布实施的司法解释不一致的，以司法解释为准。

附：民事裁定书样式两份

附件一

浙江省××人民法院
民事裁定书

(样式一:裁定拍卖、变卖担保财产用)

(××××)×××商特字第××号

申请人:

被申请人:

申请人×××于××××年××月××日向本院提出实现担保物权的申请。本院受理后,依法由独任审判员(或依法组成合议庭)进行了审查。

申请人称,……(写明申请请求及相关事实、理由)

被申请人辩称,……(写明被申请人的意见)

本院经审查认为,……(说理)。申请人的申请符合法律规定,本院予以支持。依照《中华人民共和国民事诉讼法》第一百九十七条、《中华人民共和国物权法》第×××条之规定,裁定如下:

对被申请人×××的×××担保财产准予采取拍卖、变卖等方式依法变价,申请人×××对变价后所得款项在×××的范围内优先受偿。

本裁定为终审裁定。

审 判 员 ×××

××××年××月××日

本件与原本核对无异

书 记 员 ×××

附件二

浙江省××人民法院
民事裁定书

（样式二：驳回申请用）

（××××）×××商特字第××号

申请人：

被申请人：

申请人×××于××××年××月××日向本院提出实现担保物权的申请。本院受理后，依法由独任审判员（或依法组成合议庭）进行了审查。

申请人称，……（写明申请请求及相关事实、理由）

被申请人辩称，……（写明被申请人的意见）

本院经审查认为，……（说理）。申请人的申请不符合法律规定，不予支持。依照《中华人民共和国民事诉讼法》第一百九十七条、第一百七十九条之规定，裁定如下：

驳回申请人×××要求实现担保物权的申请，申请人可以向人民法院提起诉讼。

本裁定为终审裁定。

审　判　员　×××

××××年××月××日

本件与原本核对无异

书　记　员　××

(三)知识产权审判

浙江省高级人民法院
关于加强知识产权民事案件诉讼调解工作的指导意见

(2009年4月10日　浙高法〔2009〕110号)

第一条　为加强知识产权民事案件诉讼调解工作,有效解决纠纷,化解社会矛盾,促进成果转化,构建和谐社会,根据《中华人民共和国民事诉讼法》、《最高人民法院关于人民法院民事调解工作若干问题的规定》等法律、法规和司法解释的规定,结合我省知识产权民事案件审判实际,制定本意见。

第二条　各级法院要按照“调解优先、调判结合”的要求,加强知识产权诉讼调解工作,尽可能通过调解、和解等方式解决矛盾纠纷,实现案结事了。

第三条　除根据法律、行政法规规定和案件性质不宜调解的案件外,对其他知识产权民事案件都应当调解。要加大对群体性、敏感性、疑难复杂、历史遗留以及矛盾容易激化、社会各界关注等案件的调解力度。

第四条　人民法院应当将调解工作贯穿在案件审理的各个阶段。要注意结合知识产权案件特点,在文书送达、诉前临时措施、财产保全、证据保全以及证据交换、质证、庭审及庭审后实施调解工作。

第五条　在诉讼调解中,要争取通过权利共有、交叉许可、授权使用以及转让等合适方式,促成知识产权的传播、推广、交流、转换与应用,促进技术创新和成果转化。

第六条　知识产权诉讼调解应贯彻自愿原则。当事人平等地享有决定是否调解、调解时机、调解方式、调解内容和调解协议生效方式的权利,人民法院不得强制调解。

第七条　知识产权诉讼调解应贯彻合法原则。人民法院应当对调解协议内容是否违反法律、行政法规的禁止性规定和是否损害社会公共利益和第三人合法权益进行审查。

第八条　对于涉及复杂历史背景的知识产权案件,在诉讼调解时,要在查明基本事实的基础上,既遵照法律原则和精神,又充分考虑历史和现状,引导当事人达成公平合理的调解协议。

第九条　在诉讼调解中,人民法院应加大释明力度。重点就知识产权权利的稳定性、知识产权法律规定的特殊性和技术比对的初步意见等向当事人进行释明，促使当事人达成调解协议。

第十条　在诉讼调解中，应注意查明事实，明确法律关系，防止当事人恶意串通和虚假诉讼的发生。

第十一条　在诉讼调解中，审判人员应充分发挥主导作用，调动和把握有利因素，适时做好调解说服工作，引导当事人寻求调解方案，促成达成调解协议。

第十二条　在充分发挥合议庭成员集体力量进行调解的基础上，可根据案件情况，积极邀请知识产权行政执法部门、行业协会和专业人士等参与调解，发挥协调作用，提升调解效果，妥善解决矛盾纠纷。

第十三条　在诉讼调解中，审判人员可以提供在先同类案件的处理原则及结果进行辨法析理，供当事人决定是否进行调解和确定调解方案时参考。

第十四条　当事人不能就全部诉讼请求达成调解协议的，但就部分请求达成协议的，人民法院可就已达成协议的部分先行确认并制作调解书。对未达成协议的诉讼请求另行裁判。

第十五条　调解协议内容超出诉讼请求范围或者案外人加入要求进行调解的，人民法院可以准许，但不得违反自愿、合法原则。

第十六条　当事人在调解协议中约定一方不履行协议应当承担的担保责任或者加重责任，经人民法院生效法律文书确认后，具有强制执行效力。

第十七条　知识产权诉讼调解书要文字简练，逻辑严谨，表达准确，不得改变当事人的协议意思。

第十八条　当事人请求不公开进行调解和对调解内容进行保密的，人民法院应予准许。对调解协议中有保密内容的，在制作知识产权裁判文书和知识产权裁判文书上网时，要注意采取适当措施进行保密。

第十九条　当事人为达成调解协议或者和解的目的作出妥协所涉及的对案件事实的认可，不得在以后的诉讼中作为对其不利的证据。

第二十条　知识产权诉讼调解应严格遵守审限制度，不得久调不结。调解不成的，应当及时裁判，但调解意向不得影响依法裁判。

第二十一条　在宣判前，当事人有调解意向的，可继续召集各方当事人进行调解，但应注意保守审判秘密。

第二十二条　审判人员在主持知识产权案件调解过程中，应严格遵守法律、法规和审判纪律，保持中立，避免当事人对法院调解公正性产生怀疑。

第二十三条　知识产权案件以调解方式结案的，均应当制作调解书。当事人请求人民法院按照和解协议或者调解协议的内容制作判决书的，不予支持。

第二十四条　人民法院不得通过诉讼调解方式认定驰名商标。

第二十五条 本《意见》自2009年5月1日起实施。

浙江省高级人民法院
关于贯彻落实国家知识产权战略纲要，
充分发挥司法保护知识产权主导作用的举措

(2008年11月14日 浙高法〔2008〕305号)

为深入贯彻落实《国家知识产权战略纲要》(以下简称《纲要》),实施国家知识产权战略,完善知识产权司法保护机制,加大知识产权司法保护力度,发挥司法保护知识产权主导作用,根据我省法院知识产权审判工作实际,特提出如下意见:

一、指导思想

坚持以邓小平理论和“三个代表”重要思想为指导,深入贯彻落实科学发展观,牢固树立社会主义法治理念,坚持“三个至上”指导思想和“公正与效率”工作主题,按照《纲要》确定的“激励创造、有效运用、依法保护、科学管理”的总体要求,积极实施国家知识产权战略和浙江省知识产权战略,充分发挥司法保护知识产权、激励自主创新、服务对外开放的职能作用,为大幅提升我国知识产权创造、运用、保护和管理能力,建设创新型国家、创新型省份提供坚强有力的司法保障。

二、总体目标

《纲要》根据新形势新任务要求和知识产权保护实际,从全局和战略高度对知识产权司法保护作出全新定位。对此,各级人民法院要有充分认识,以高度的政治责任感和历史使命感,不断增强知识产权审判工作的前瞻性和敏锐性,将思想认识和重视程度提升到实施国家战略高度,从新的战略起点和国家全局的高度来进一步谋划和推进知识产权司法保护工作,促进我省知识产权审判工作又好又快发展,争取到2020年,在继续保持我省法院知识产权司法保护水平走在全国前列的基础上,使全省法院知识产权审判机制更加完善,知识产权审判制度更加健全,知识产权审判职能更加强化,为我省“创业富民、创新强省”总战略实施提供更加公正、高效、权威的司法保障。

三、具体举措

(一)强化大局意识,提高服务创新型国家、创新型省份建设的主动性

1.知识产权审判工作要主动接受党委领导、人大监督。各级人民法院要通过向党委、人大、政府提交专题报告、办理人大代表建议案、政协提案等方式,及时汇报司法保护工作开展情况,积极争取对司法保护工作的理解、帮助和支持。

2.结合国家经济社会文化发展状况,以及我省和各地区经济发展特色,紧紧围

绕创新型建设的司法需求，积极寻找依法服务大局的结合点和切入点，为党委、政府提供决策依据，努力拓展司法保护空间。

3. 对于案件审理中发现的相关部门或企业在保护知识产权中存在的突出问题，要及时向有关部门提出建议和预警。

（二）依法公正审理案件，发挥司法保护知识产权主导作用

4. 发挥知识产权刑事审判的惩治与预防作用。依法惩处假冒专利犯罪和侵犯商业秘密的犯罪行为，依法惩处侵犯注册商标专用权的犯罪行为，依法惩处侵犯他人著作权的犯罪行为，有力维护市场经济秩序。在依法适用主刑的同时，加大罚金刑的适用与执行力度，充分发挥刑罚的惩罚作用。在行政案件审理过程中发现涉嫌刑事犯罪应予刑事立案而仅受到行政处罚或者行政处理的，应向行政机关提出将犯罪线索移送公安机关侦查处理的司法建议；民事案件审理中发现犯罪嫌疑线索，符合刑事自诉条件的，应当告知权利人可以同时提起刑事自诉；依法应当提起公诉的，应及时将涉嫌犯罪内容移送公安机关侦查处理。

5. 发挥知识产权民事审判的调节与主导作用。依法审理著作权纠纷案件，为家纺、动漫游戏、网络传媒和广播影视等浙江特色版权和创意产业的发展提供良好的司法环境。依法审理专利权纠纷案件，准确解释权利范围，加大对生物、医药、信息、新材料、先进制造、先进能源、海洋、资源环境、现代交通、航空航天等领域核心专利的保护力度，大力促进高新技术产业与新兴产业发展。依法审理商标权和不正当竞争纠纷案件，加强对注册商标专用权等识别性标志权的保护，规范竞争秩序，推动社会诚信体系建设。严格规范认定驰名商标，推进品牌战略实施。依法审理技术合同纠纷案件，促进技术成果流转和应用，降低研发和成果转化风险，减少交易成本。

6. 发挥知识产权行政审判的司法审查监督作用。依法审理好各类知识产权行政案件，保护行政相对人的合法权益，维护和监督行政机关依法履行知识产权行政执法和管理职能，促进知识产权行政保护。

（三）采取各项诉讼措施，为权利人提供必要的司法救济

7. 落实司法为民措施。对经济确有困难的当事人和特困、濒临破产企业，减免诉讼费；建立符合知识产权诉讼特点的导诉制度，免费提供知识产权诉讼指南，引导权利人正确举证，增进当事人参与诉讼的能力，降低不必要的诉讼成本和风险，增强裁判的公信力。

8. 依法正确适用诉前临时措施。对于当事人提出的诉前临时措施申请，要积极受理、迅速审查、慎重裁定、立即执行，高度重视诉前临时措施的时效性；准确把握采取诉前临时措施的实质性条件，对于诉前临时措施要在重点审查侵权可能性的同时，考虑权利的稳定性和因侵权造成损害的难以弥补性。

9. 合理分配举证责任。针对知识产权侵权行为隐蔽、举证困难的特点,人民法院要合理分配举证责任,适当降低诉讼门槛。对于权利人的证据保全申请,人民法院要在充分考虑侵权可能性及申请人的取证能力的基础上,加大证据保全力度,科学、合理地确定担保条件。对于被申请人无正当理由,拒不履行法院证据保全裁定所确定的诉讼义务,如拒绝提供生产、销售被控侵权产品数量的会计凭证、财务账册的案件,人民法院可适用举证妨碍规则,根据权利人提供的初步证据依法支持权利人的诉讼请求。对属于国家有关部门保存而当事人无法自行取得的证据和当事人确因客观原因不能自行收集的其他证据,人民法院应当依据职权或当事人的申请进行调查取证。要正确处理法律真实和客观真实之间的关系,慎用证据失权制度,除当事人因故意或重大过失未能在期限内提供证据外,尽最大可能在查明客观事实的基础上作出裁判。

10. 妥善处理专业技术事实认定。充分发挥专家证人、专家咨询、技术鉴定、技术调查等在解决专业技术难题方面的作用。支持当事人聘请具有专门知识的人员作为诉讼辅助人出庭就案件的专业性问题进行说明。要聘任具有专业技术特长和一定法律知识的专家为人民陪审员,参与知识产权案件的审理。

11. 注重民事诉讼调解工作。在查明事实,分清是非,依法裁判的同时,要注重知识产权民事案件的诉讼调解。要按照“能调则调、当判则判、调判结合、案结事了”的要求,把诉讼调解贯穿于民事诉讼全过程。完善多元化纠纷解决机制,积极发挥行政执法部门、行业协会和专业人士等的沟通协调作用,提高调解效果,妥善解决矛盾纠纷。要最大限度地发挥调解在解决知识产权民事纠纷中的独特作用,努力通过调解工作,促进当事人从矛盾对抗走向合作发展,实现互利双赢,达到法律效果与社会效果的有机统一。

(四)加大侵权赔偿和制裁力度,有效遏制侵权行为发生

12. 贯彻全面赔偿原则。适用侵权损害赔偿规则,贯彻全面赔偿原则。对于权利人为制止侵权行为所支付的合理开支,应一并计算在赔偿数额内。对于虽然不能提供证据证明权利人因侵权受到的损失或侵权人因侵权获得的利益的具体数额,但有证据证明侵权受损或获利数额明显超过法定赔偿最高限额的,可在50万元以上确定赔偿数额。

13. 适当减轻权利人损害赔偿举证责任。尽量按照权利人因侵权受到损失或侵权人因侵权获得利益的方法计算损害赔偿数额,积极引导权利人完成相应的举证责任,适当放宽证据的证明标准。只要权利人提供了证明损失的财务账册,表明销售数量因侵权而减少或销售价格因侵权而降低,或者提供被控侵权人向税务部门申报纳税时所记载的销售收入及获利情况,向工商部门年检时提供的相关报表资料等证据初步证明损失或获利数额时,从盖然性角度认定该侵权行为所引发的损

失或获利数额。

14. 拓宽损害赔偿计算方法。对于当事人在诉讼中或诉讼外就赔偿数额达成协议的，人民法院应当尊重当事人的意思自治，可直接以协商确定的赔偿数额为判决确定的赔偿数额。但如果协商过程中存在违反合法、自愿原则，或者对权利人明显不公的，权利人可以不受协议的约束，另行主张损害赔偿数额。

15. 加大对重复侵权和恶意侵权的赔偿力度。对于存在重大主观过错的重复侵权和恶意侵权行为，可根据权利人的诉讼请求，考虑侵权人的主观过错程度以及恶意侵权的规模、持续时间的长短以及造成的社会影响等因素，加大损害赔偿数额，制止恶意侵权行为的发生。

16. 判令赔偿精神损害抚慰金。对于侵犯知识产权致人精神损害并造成严重后果的，人民法院除判令侵权人承担停止侵害、恢复名誉、消除影响、赔礼道歉等民事责任外，还可以根据受害人一方的请求判令其赔偿相应的精神损害抚慰金。

17. 加大停止侵权民事责任的力度。根据当事人的诉讼请求、案件具体情况和责令停止侵权的实际需要，人民法院可在判决中加大停止侵权的力度，明确判令当事人销毁制造侵权产品的专用材料、模具和销毁侵权产品等停止侵权的具体方式，但采取这些措施应当与侵权行为的严重程度相当，以确有必要为前提，且不能造成不必要的损失。

18. 防止知识产权滥用。在加大知识产权保护力度的同时，也要注意规制滥用权利的行为。要合理界定知识产权的界限，依法审查和支持当事人的在先权、先用权、现有技术、禁止反悔、合理使用、正当使用等抗辩事由。制止非法垄断技术、妨碍技术进步的行为，依法认定限制研发、强制回授、阻碍实施、搭售、限购和禁止有效性质疑等技术合同无效。完善确认不侵权之诉和滥诉反赔制度，防止权利人滥用侵权警告和滥用诉权。对于被控侵权人滥用中止诉讼权利的，可以责令被控侵权人提供适当的担保。

（五）完善司法保护机制，提升知识产权司法保护整体水平

19. 完善审判管辖体制。结合各地审判工作进展情况，从既方便人民法院审理和方便当事人诉讼，又充分满足地方经济和科技发展对司法保护的需求角度出发，合理调整和完善管辖体制，适时增加专利管辖法院和审理知识产权案件的基层人民法院。

20. 稳妥推进“三审合一”改革试点工作。加强对试点工作的组织、领导、协调和监督指导。及时掌握试点工作进展情况，研究解决试点工作中出现的问题。采取有效措施统一知识产权民事、刑事、行政案件的裁判尺度，确保试点工作取得实效。

21. 健全法院内部的沟通与协调机制。加强知识产权民事、刑事和行政审判部门之间，以及与立案、执行和审判监督部门之间的工作衔接。落实重大案件报告和

重要信息通报制度,对事关全局、有重大影响、标的额巨大以及新类型案件,受理法院应当及时向上级法院通报审理情况。上级法院应加强对上述案件的沟通与协调,统一裁判标准。

22.加强与职能部门的协作与配合机制。加强与立法部门的沟通与协作,积极参与知识产权立法及司法解释的专项调研工作,为知识产权立法活动提供素材,推动知识产权法律体系不断健全和完善。加强与行政执法部门的沟通与协作,建立与公安、工商、版权、专利、海关等知识产权行政执法部门间的业务交流、信息沟通及工作协调机制,形成司法保护与立法、行政执法的良性互动和保护合力。

(六)加强调查研究和队伍建设,为实施战略提供可靠的组织保障

23.加强调查研究的针对性。结合科技、经济、文化发展的特点和审判工作实际,进一步加强对国内外及本省、本地区知识产权发展动态、政策、保护机制以及战略措施的研究,强化审判决策的科学性、前瞻性和主动性。加强知识产权司法保护新问题的研究,注意总结审判经验,提出科学合理、切实可行的对策建议,在条件成熟时制定规范性意见,统一裁判标准,指导审判实践。

24.加强审判组织建设。知识产权案件较多的中级人民法院要成立专门审理知识产权案件的知识产权审判庭。具有知识产权案件管辖权的各基层人民法院要设立独立的知识产权庭审理知识产权案件。各级人民法院刑事审判庭、行政审判庭根据案件情况,可相对固定合议庭审理知识产权刑事、行政案件。

25.加强审判队伍专业化建设。切实加强知识产权审判队伍建设,进一步调整和充实知识产权民事、刑事、行政审判力量。注意从精通法律、外语基础较好、具有理工科专业背景和一定审判经验的人员中选拔、培养知识产权法官。要注意保持知识产权审判队伍的稳定性,提高知识产权法官的政治素质和业务素质,切实提高司法廉洁意识。

26.建立知识产权法官多渠道的学习交流制度。发挥知识产权审判人才库作用,为知识产权审判人才提供交流和培训机会。建立知识产权民事审判法官轮训制度,知识产权案件较少的法院可以选派法官到案件较多的法院办案,上下级法院的法官可以挂职交流锻炼,通过审判实践尽快提高审判水平。加强国内外交流与合作,要尽量为知识产权法官创造出国培训学习的机会。通过开展考察、培训、互访、学术交流与研讨等活动,加强知识产权司法保护领域的国内外交流合作与信息、资源共享。

(七)加强审判宣传工作,提高知识产权司法保护的公众认同感

27.通过多种途径提高宣传效果。完善庭审观摩旁听机制,选择典型案件,邀请人大代表、政协委员、行业协会和有关部门代表、外国政府和国际组织驻华机构代表、专家学者等代表性人士和社会公众等旁听庭审,充分接受社会各界的监督。建

立知识产权审判新闻发布会制度，定期召开新闻发布会，公布上年度司法保护状况和典型案例，组织专题或系列报道，扩大知识产权司法保护的社会影响力。主动加强与新闻媒体的联系和沟通，协调广电、报刊、网络等各种载体和途径集中开展专题宣传，依法报道案件审判情况，扩大宣传效果。

28. 积极参与知识产权法律宣传教育活动。通过举办保护知识产权法制讲座、报告和论坛等形式，组织开展知识产权法律知识现场宣传咨询，印发知识产权审判宣传单、制作宣传手册等活动，普及知识产权知识，提高全社会知识产权法律保护意识，扩大宣传的覆盖面和社会影响力。

29. 加强裁判文书上网工作。通过裁判文书上网公开工作，充分展示我省司法保护水平，树立良好的司法保护形象，进一步提高公众对司法保护工作的认同感，增强司法保护效果。

30. 加强知识产权审判宣传工作的组织领导。加强宣传工作的组织领导，严格遵守宣传纪律，保守审判秘密，知识产权审判部门要加强与上级法院和本院负责宣传工作部门之间的联系，防止因宣传不当而造成负面影响。

全省法院要深入学习、准确把握和深刻理解《纲要》的基本内容和精神实质，从战略性和全局性高度充分认识实施国家知识产权战略的重大意义，并结合自身审判工作实际和当地经济社会发展特点，研究制定具体实施意见，切实把《纲要》精神贯彻到知识产权审判工作中去，努力建设公正高效权威的知识产权司法保护制度。

浙江省高级人民法院
关于审理侵犯专利权纠纷案件适用法定赔偿方法的若干意见

（2009 年 10 月 1 日　浙高法〔2009〕334 号）

为依法审理侵犯专利权纠纷案件，规范适用法定赔偿方法，合理确定损害赔偿数额，根据《中华人民共和国民法通则》、《中华人民共和国专利法》（2008 年 12 月修订）以及最高人民法院有关司法解释的规定，结合我省审理侵犯专利权纠纷案件实际，制定本意见。

第一条　在权利人因被侵权所受到的实际损失、侵权人因侵权获得的利益或专利许可使用费均难以确定时，可以适用法定赔偿方法，在 1 万元以上 100 万元以下确定赔偿数额。

第二条　人民法院应在诉讼中指导权利人对因被侵权所受到的实际损失、侵权人因侵权获得的利益或专利许可使用费进行举证，避免简单适用法定赔偿方法。

第三条　下列情形不适用法定赔偿方法确定赔偿数额：

(1)在人民法院释明后,权利人坚持主张以因被侵权所受到的实际损失、侵权人因侵权获得的利益或专利许可使用费确定赔偿数额的;

(2)权利人选择法定赔偿方法确定赔偿数额,侵权人以其他损害赔偿计算方法进行抗辩,经人民法院审查,该抗辩成立的;

(3)权利人和侵权人就损害赔偿计算方式或数额达成有效协议的;

(4)权利人虽不能举证证明因被侵权所受到的实际损失或侵权人因侵权获得的利益的具体数额,但是根据产品数量、市场份额、广告宣传以及向工商、税务管理部门提供的财务报表资料等相关证据,可以确信因被侵权所受到的实际损失或侵权人因侵权获得的利益明显超过100万元的;

(5)其他不适用法定赔偿方法的情形。

第四条 权利人可以在起诉时或法庭辩论终结前,请求适用法定赔偿方法确定赔偿数额。

权利人未明确损害赔偿计算方法的,人民法院应予以释明,要求权利人明确。权利人不作选择的,视为其请求适用法定赔偿方法确定赔偿数额。

第五条 在人民法院释明后,权利人坚持请求以被侵权所受到的实际损失或侵权人因侵权获得的利益等方法确定赔偿数额,但其赔偿依据又不充分的,人民法院应依法驳回权利人的赔偿诉讼请求,不能主动适用法定赔偿方法确定赔偿数额。

第六条 适用法定赔偿方法确定赔偿数额时,应当综合考虑以下因素:

(1)权利人因被侵权可能遭受的损失,或侵权人因侵权可能获得的利益;

(2)专利权的种类、创新程度;

(3)专利权的商业或市场价值;

(4)专利产品的价值、所占的市场份额;

(5)侵权行为的性质、持续时间、范围、后果以及侵权产品的广告宣传情况等;

(6)侵权人的主观过错程度;

(7)侵权人的注册资本、生产经营规模;

(8)工商等知识产权行政管理部门做出的行政处罚决定书中认定的侵权产品生产、经营情况;

(9)作为部件的专利产品在整个产品中所起的作用;

(10)专利权实施情况以及剩余保护期限;

(11)同类专利的合理转让费、许可使用费;

(12)其他可能影响确定赔偿数额的因素。

第七条 产品部件构成专利侵权的,在确定赔偿数额时,应当考虑该部件在整个产品中所起的作用。

体现成品的技术功能和效果的关键部件侵犯他人专利权的,可以参考整个产品的利润并结合其他因素合理确定赔偿数额。

在成品中只起辅助性作用的一般零部件侵犯专利权的，可以参照该部件本身的价值及其在实现整个产品利润中所起的作用等因素合理确定赔偿数额。

第八条　包装物侵犯他人外观设计专利权的，一般应当参照该包装物本身的价值及其在实现被包装产品利润中所起的作用等因素合理确定赔偿数额。但产品的外观设计对销售有较大影响时，可适当提高赔偿数额。

第九条　对于权利人既未自己实际实施、也未准备实施或许可他人实施的专利，在确定赔偿数额时可以适当减少。

第十条　侵犯发明专利权的，一般在50万元以下酌定赔偿数额。

对于侵权规模大、侵权范围广、侵权持续时间长或侵权故意明显的，在100万元以下酌定赔偿数额。

第十一条　侵犯实用新型专利权的，一般在30万元以下酌定赔偿数额。

侵犯具有较高创新程度的实用新型专利权，且侵权规模较大、侵权范围较广、侵权持续时间较长或侵权故意明显的，可在50万元以下酌定赔偿数额；侵权规模特别大、侵权范围特别广、侵权持续时间特别长或侵权故意特别明显的，可在100万元以下酌定赔偿数额。

第十二条　侵犯外观设计专利权的，一般在20万元以下酌定赔偿数额。

侵犯具有较高商业或市场价值的外观设计专利权，且侵权规模较大、侵权范围较广、侵权持续时间较长或侵权故意明显的，可在50万元以下酌定赔偿数额；侵权规模特别大、侵权范围特别广、侵权持续时间特别长或侵权故意特别明显的，可在100万元以下酌定赔偿数额。

第十三条　侵权人在人民法院判决停止侵犯专利权行为后，仍继续实施同一侵权行为的，权利人再行起诉请求损害赔偿的，人民法院应根据权利人的请求，结合案件实际情况，在前案确定的赔偿标准基础上，适当加大赔偿力度。

第十四条　侵权人生产、销售的同一产品在前案中认定侵犯权利人的商标权或著作权后，权利人又指控其侵犯外观设计专利权的，在后侵犯外观设计专利权案件认定侵权行为成立时，如果前案已给予权利人充分赔偿的，除为维权而支出的合理费用外，在后侵犯外观设计专利权案件不宜判决侵权人重复赔偿。

第十五条　权利人已在前案中就同一产品起诉生产者并获得赔偿后，在后案中起诉销售者或使用者时，又将生产者作为共同被告起诉的，如后案中确定生产者承担损害赔偿责任的因素已在前案中充分考虑，除为维权而支出的合理费用外，不宜再以法定赔偿方法确定生产者的损害赔偿责任。

第十六条　侵权人的侵权行为在诉讼期间仍在继续，权利人在法庭辩论终结前提出增加赔偿的请求并提供证据证明的，在人民法院释明其可另行起诉后，权利人坚持请求一并赔偿的,人民法院可以在增加后的赔偿总额范围内酌定赔偿数额,但赔偿数额不得超过最高限额。

第十七条 对于因案件特殊情况不宜判决侵权人停止侵权的,应当在法定赔偿幅度范围内适当增加赔偿数额。

第十八条 对于因在诉讼中为制止侵权行为而支付的合理开支等费用,人民法院可以单独确定,也可以将其与依法定赔偿方法确定的赔偿数额合并作为一个总的赔偿数额。

人民法院应当对合理开支等费用的必要性和关联性进行审查。在相关联的案件中,对于权利人为制止侵权行为而共同支付的合理费用,已在其他案件中获得赔偿的,不再重复计算。

第十九条 对于各种可能影响确定赔偿数额的因素,权利人应当承担举证责任,人民法院在查明后,应在判决书中详细说明,体现个案确定赔偿数额的具体因素以及这些因素与赔偿数额之间的量化关系。未经查明,不得作为确定赔偿数额的因素。

第二十条 本《意见》自2009年10月1日起实施。

浙江省高级人民法院
关于涉及驰名商标认定的民事纠纷案件管辖问题的通知

(2009年3月24日　浙高法〔2009〕95号)

本省各中级人民法院:

根据最高人民法院2009年1月5日下发《关于涉及驰名商标认定的民事纠纷案件管辖问题的通知》(法〔2009〕1号)要求,结合我省实际,从最高人民法院通知下发之日起,凡涉及驰名商标认定的民事纠纷案件,由杭州市、宁波市中级人民法院管辖,其他中级人民法院不再受理相关案件。嘉兴、湖州、金华、绍兴、衢州、丽水市中级人民法院辖区内发生的此类纠纷案件由杭州市中级人民法院管辖。温州、台州和舟山市中级人民法院辖区内发生的此类纠纷案件由宁波市中级人民法院管辖。其他中级人民法院在最高人民法院通知下发之日前已受理的涉及驰名商标认定的民事案件,无需移送。

以上通知,请遵照执行。

（四）行 政 审 判

浙江省高级人民法院
关于加强和规范行政诉讼协调工作的指导意见

（2008 年 6 月 17 日　浙高法〔2008〕162 号）

为切实贯彻中共中央办公厅、国务院办公厅《关于预防和化解行政争议，健全行政争议解决机制的意见》及第五次全国、全省行政审判工作会议精神，充分发挥行政审判预防化解行政争议的司法职能，积极探索行政争议解决新机制，根据《中华人民共和国行政诉讼法》、《最高人民法院关于行政诉讼撤诉若干问题的规定》等相关规定，结合构建"和谐浙江"、"法治浙江"的实际和法院行政审判工作特点，现就全省各级人民法院加强和规范行政诉讼协调工作提出以下指导意见。

一、行政诉讼协调的概念和作用

1. 行政诉讼协调是人民法院审理行政案件过程中，在坚持对被诉行政行为进行合法性审查的基础上，以充分保护当事人合法权益、实现社会公平正义、促进社会和谐稳定为目的，组织当事人及其他相关部门和个人进行协商，推动各方当事人在法律规定的处分权限范围内达成和解，以撤诉（撤回上诉、再审申请）等法定形式解决行政争议的审判工作机制。

2. 行政诉讼法规定审理行政案件不适用调解，但并不限制和禁止当事人之间的和解。《中华人民共和国行政诉讼法》第五十一条规定"被告改变其所作的具体行政行为，原告同意并申请撤诉的，是否准许，由人民法院裁定"，要求人民法院坚持合法性审查，规范原告撤诉，保护行政相对人的合法权益；同时，也为人民法院通过协调，促成当事人之间的和解、妥善化解行政争议预留了制度空间。

3. 充分发挥行政诉讼协调在行政审判中的作用，有利于彻底高效地化解行政争议，做到案结事了；有利于节约司法资源，降低化解行政争议的成本，维护和促进官民和谐。加强行政诉讼协调是人民法院贯彻"公正司法，一心为民"指导方针的具体体现，是服务社会主义和谐社会构建的必然要求。

二、行政诉讼协调的指导思想和原则

4. 行政诉讼协调应当遵循"坚持合法审查，促进执法完善，依法规范撤诉，力求案结事了"的指导思想，依靠党委领导、人大监督和政府及有关方面的理解支持，注重做好释法析理工作,力求以和谐的方式解决争议。对当事人确实不能达成和解的,应当及时依法作出裁判。

5. 人民法院在行政诉讼协调过程中应当坚持有限、合法、自愿、公平合理的原则。

(1)有限,是指并非所有的行政诉讼案件都可协调,由于行政法律关系的特殊性,行政诉讼协调的适用范围应当受到限制。

(2)合法,是指协调的程序、内容、目的及方法等不得违反国家法律、法规的禁止性规定,不得损害国家利益、公共利益或者他人的合法权益。

(3)自愿,是指人民法院主持协调要充分尊重当事人的意愿,使和解的共识建立在意思表达真实、权利处分自由的基础上,不得代替当事人表达意愿,更不得强迫当事人接受协调和解方案。

(4)公平合理,是指和解协调方案应当充分体现社会公平正义,适当衡平原告的合理诉求与被告行政执法的实际,以切实保护公民、法人和其他组织的合法权益,有效监督和促进行政机关依法行使行政职权。

三、行政诉讼协调的范围

6. 协调是解决行政争议的有效方式,但并不是所有的行政案件都适用协调。人民法院对有下列情形之一的行政诉讼案件可以进行协调:

(1)被诉行政行为违法,但撤销该行政行为将会给国家利益、公共利益或者他人合法权益造成重大损失的;

(2)被诉行政行为合法,但其合理性存在问题的;

(3)被诉行政行为涉及的法律规定不明确或者法律规定与相关政策不一致的;

(4)被诉行政行为涉及当事人基本生产资料、基本生活保障等重大民生权益的;

(5)行政相对人的诉讼请求难以得到法院支持,但其诉求又确实包含亟待解决的合理要求的;

(6)其他可以协调的情形。

7. 人民法院对下列案件一般不宜进行协调:

(1)被诉行政行为合法、合理,行政相对人的诉讼请求明显不能成立的;

(2)法律、法规对协调有禁止性规定的;

(3)行政法律关系的性质不适宜协调的。

四、行政诉讼协调的工作程序

8. 当事人可以以书面或者口头形式向人民法院提出要求协调的申请。人民法院也可以根据案件情况及相关单位的提议,向当事人提出案件协调的建议,在征得双方当事人同意后,启动案件的协调。

对于重大复杂或者可能影响社会稳定的行政案件，人民法院应当主动组织协调。

9. 人民法院应当根据案件具体情况，灵活把握协调时机，一审、二审、申诉复查、再审等案件审理的各个阶段都可以进行协调，但一般应当在行政诉讼案件立案后、裁判前开展协调工作。

10. 正确处理好协调与裁判的关系，当事人不同意协调或者和解后又反悔的，人民法院应当及时审理并作出裁判，不得久拖不决。案件协调应当在规定的审限内进行，特殊情况需要延长审限的，应当依法办理申请延长审限的手续。

11. 协调一般由案件的主审人组织实施，合议庭可以根据案件情况依职权或者经主审人提议，共同参与相关协调工作；合议庭协调确有困难的，院、庭领导应当及时给予指导。

下级法院进行协调有困难的，可以请求上级法院给予指导和帮助。

人民陪审员参加合议庭审理案件的，应当充分发挥人民陪审员熟知民情、社情的优势，做好协调工作。

人民法院认为有必要时，可以邀请党政机关、人大、政协，工会、妇联等社会团体或者其他社会组织等参与案件的协调。

12. 人民法院可以根据案件具体情况，采用不同方式主持行政案件的协调，既可以组织各方当事人共同进行，也可以分别进行，或者反复交叉进行。必要时，人民法院可以建议当事人自行协商。

13. 行政审判法官要努力提高司法审查、沟通协调、做群众工作的能力，善于引导当事人正当合法行使权利，力求个案处理的公正性与社会效益的最大化；在协调工作中要保持中立和公正形象，注意工作方法，真诚平等地对待各方当事人，努力营造和谐的协调氛围。

五、行政诉讼协调和解协议的审查监督

14. 人民法院组织协调时，可以根据利益衡量原则引导当事人提出和解方案，但据此达成的和解协议，须经合议庭讨论决定后方可作为结案依据。

15. 当事人之间自行达成的和解协议，不受诉讼请求范围限制；和解协议内容涉及民事权益的，应当以当事人或者相关的案外人对该民事权益有相应的处分权并自愿和解为前提。

当事人为达成和解而对有关事实或者权益处分的妥协意见，不得因协调不成而在其后的诉讼中作为对其不利的证据或者不利裁量因素。

16. 当事人之间达成的和解协议应当符合下列条件：

(1) 和解协议系当事人自愿达成，为当事人的真实意思表示；

(2) 和解事项属于当事人有权处分的范围，执行和解协议不影响行政职权的合

法行使,也不会使任何一方当事人获取非法利益;

(3)和解协议的内容不违反法律、法规及规章的禁止性规定,不损害国家利益、公共利益或者他人的合法权益。

凡不符合上述条件的和解协议,人民法院不予支持。

17. 当事人之间达成的和解协议应当由各方当事人签字、盖章或者通过其他方式确认。书面和解协议涉及案外人的内容,需经案外人签字认可。

18. 当事人特别授权的委托代理人可以参加和解,书面和解协议需经当事人的委托代理人签字确认。

六、行政诉讼协调撤诉结案方式

19. 当事人经协调达成的和解协议已经履行完毕,行政争议得到妥善解决的,人民法院应当根据法律规定及案件的实际情况,分别采取不同的结案方式。

20. 一审程序中,原告申请撤诉的,人民法院依法裁定准许,在裁定理由部分可以根据案件情况载明和解协议的内容,并明确被诉行政行为全部或者部分不再执行。

和解协议已经履行完毕,原告坚持不撤诉的,人民法院可以根据《最高人民法院关于执行〈中华人民共和国行政诉讼法〉若干问题的解释》第六十三条第(四)项的规定,裁定终结诉讼,在裁定理由部分可以根据案件情况载明和解协议的内容,并明确被诉具体行政行为不再执行。

21. 二审程序中,上诉人申请撤回上诉的,人民法院依法裁定准许,在裁定理由部分可以根据案件情况载明和解协议的内容,并明确原裁判和被诉行政行为全部或者部分不再执行。

和解协议已经履行完毕,上诉人坚持不撤回上诉的,人民法院可以根据《最高人民法院关于执行〈中华人民共和国行政诉讼法〉若干问题的解释》第六十三条(四)项的规定,裁定终结诉讼,在裁定理由部分可以根据案件情况载明和解协议的内容,并明确原裁判和被诉行政行为不再执行。

22. 再审程序中,再审申请人申请撤回再审申请的,人民法院依法裁定准许,在裁定理由部分可以根据案件情况载明和解协议内容,并明确原裁判和被诉行政行为全部或者部分不再执行。

和解协议已经履行完毕,再审申请人坚持不撤回再审申请的,人民法院可以裁定终结诉讼,在裁定理由部分可以根据案件情况载明和解协议的内容,并明确原裁判和被诉行政行为不再执行。

23. 申诉复查程序中,经协调达成和解协议并履行完毕,申诉人申请撤回申诉的,人民法院以通知的形式终结复查程序结案。申诉人反悔的,人民法院通知驳回其申诉。

24. 和解协议未履行完毕，当事人申请撤诉的，人民法院应当书面告知其诉讼风险，当事人仍坚持撤诉的，根据《最高人民法院关于行政诉讼撤诉若干问题的规定》第五条的规定，人民法院可以裁定准许撤诉，也可裁定中止审理。

25. 有下列情形之一的，人民法院应当及时送达准予撤诉的裁定书：

（1）被告已按和解协议改变或者决定改变具体行政行为并书面告知人民法院；

（2）协议各方已按和解协议履行相应义务的；

（3）当事人各方均同意在签收撤诉裁定之后再履行和解协议的；

（4）行政争议已得到妥善解决的其他情形。

26. 和解笔录、和解协议、被诉行政机关改变或者视为改变的具体行政行为的书面材料及和解协议履行情况等有关诉讼材料，人民法院应当装订入卷。

七、附　　则

27. 人民法院在行政诉讼协调中，发现行政执法或者行政管理活动存在问题的，应当及时向有关部门发出司法建议。

28. 人民法院办理非诉行政执行案件中的协调工作，参照本指导意见。

29. 全省各级人民法院要切实重视和进一步加强行政诉讼的协调工作，省高级人民法院将行政诉讼协调工作开展情况纳入行政审判绩效考核内容。

30. 本指导意见自下发之日起施行。

浙江省高级人民法院
关于进一步加强行政审判司法建议工作的通知

（2009 年 8 月 18 日　浙高法〔2009〕275 号）

本省各级人民法院：

近年来，全省各级人民法院认真贯彻最高人民法院《关于进一步加强司法建议工作为构建社会主义和谐社会提供司法服务的通知》精神，在行政审判工作中积极开展司法建议工作，对个案审理中发现的行政执法方面存在的问题，及时向行政机关提出改进意见和建议，对规范行政行为、促进依法行政发挥了积极作用。一些法院创新工作方式，在这方面积累了不少好的经验，取得了较好的效果。但是，从全省来看，这项工作的开展还很不平衡，司法建议的落实和反馈率较低，部分司法建议的质量不高、实效性不够强。为了进一步扩大行政审判促进依法行政的综合效果，不断强化行政审判的服务功能，现就认真做好行政审判司法建议工作，提出如下要求：

一要进一步提高认识,高度重视司法建议工作。司法建议是拓展和延伸行政审判职能、实现行政审判法律效果与社会效果有机统一的有效载体,是行政审判为大局服务、为党政决策建言献策的重要途径,是监督和促进依法行政、妥善化解行政争议的有效举措,是人民法院对行政案件依法裁判的必要补充。全省各级法院要充分认识开展司法建议工作的重要意义,在行政审判中全面开展这项工作。

二要拓宽范围,创新形式。行政审判中司法建议的适用范围除了《行政诉讼法》及其司法解释规定的情形外,对审判中发现的行政机关在行政管理和执法中存在的问题和漏洞、行政机关在应诉工作方面存在的不足以及案件审结后需要行政机关进一步做好善后或维稳工作的,均可以向相关行政机关提出司法建议。各级法院要结合本地实际,进一步拓宽司法建议范围,探索和创新司法建议形式。既可以针对个案中存在的问题提出司法建议,也可以就某一类案件或某一个阶段存在的突出问题提出系统性的司法建议;既可以就案件本身存在的问题提出建议,也可以就案件反映出的行政机关日常管理中存在的普遍性问题提出建议;既可以就行政行为的合法性问题提出建议,也可以就行政行为的合理性问题提出建议。对一些需要行政机关配合做好协调工作的重大复杂案件,也可以就案件的协调化解方案向有关行政机关提出司法建议。司法建议一般采用书面形式,但对一些个案存在的轻微瑕疵,也可以采用口头形式提出建议。同时,对需要与行政机关当面沟通并听取意见的,还可以采取召开座谈会的形式提出建议,以取得更好的效果。

三要提高质量,注重实效。要善于发现和梳理行政管理和执法中存在的问题,在深入剖析原因的基础上,有理有据地提出有针对性的意见和建议,确保司法建议内容翔实、言之有据、切实可行。要讲究司法建议的措词,正确把握尺度,增强司法建议的可接受性。要进一步规范司法建议的格式,确保司法建议作为一种法律文书的严谨、规范。要准确把握司法建议与行政审判依法裁判的界限,司法建议作为人民法院行政审判的有益补充,不能以司法建议代替对行政案件的依法裁判。要重视抓好司法建议的反馈和落实工作,承办人员要跟踪了解建议的采纳落实情况,确保所提建议落到实处。为了进一步提高司法建议的效果,今后所提司法建议都要在尾部附上“上述建议,请认真研究,并在×个月内予以反馈”的提示。

四要完善机制,规范运作。要规范提出和发送司法建议的程序。对个案提出司法建议一般由审判组织依审判权限决定,报庭长或分管庭长签发;重大案件报院领导签发。系统性和全面性的司法建议一般由行政庭提出,报院领导签发后,向有关单位送达。司法建议视情况可以抄送受送达单位的主管部门或上级领导机关。要建立健全监督考核机制,各级法院应将开展司法建议工作的情况纳入行政审判绩效考核体系,各中级法院每半年应将辖区内法院开展司法建议工作的情况汇总上报省高院行政庭,各级法院应当适时将行政机关落实反馈司法建议的情况向同级政府通报。要建立司法建议的督促落实机制，凡是接受司法建议的行政机关未在规定期限内反馈落实情况的，法院承办人员要及时了解情况，必要时可以主动上门走访。

浙江省高级人民法院
关于进一步推进行政机关负责人出庭应诉工作的意见

（2012 年 8 月 1 日　浙高法〔2012〕192 号）

本省各级人民法院：

为进一步贯彻落实浙江省全面推进依法行政工作领导小组办公室、浙江省高级人民法院、浙江省人民政府法制办公室联合下发的《关于全面推进行政机关负责人出庭应诉工作的通知》（浙依组办〔2011〕1 号，以下简称《通知》），充分发挥人民法院在推进行政机关负责人出庭应诉工作中的职能作用，促进该项工作持续健康发展，结合我省法院工作实际，提出如下意见：

一要进一步增强积极主动推进的意识。《通知》在全省层面建立了统一规范的行政机关负责人出庭应诉制度，有力地推动了这项工作的深入开展。但从实施情况看，一些法院对推进行政机关负责人出庭应诉工作的重要性、复杂性认识不足，工作积极性、主动性不高，相关配套举措不到位，一些地区行政机关负责人出庭应诉情况不理想。各级法院要进一步增强工作的积极性、主动性，落实和完善配套措施，着力培育与营造行政机关负责人出庭应诉的良好环境，加强与政府法制部门的沟通协调和配合，共同推进这项工作的全面深入开展。

二要准确把握行政机关负责人出庭应诉的范围。各级法院要正确理解、准确把握《通知》关于行政机关负责人出庭应诉范围的规定。对严重影响行政相对人人身权或重大财产权益，涉及重大公共利益或当地社会稳定，上级领导批示或社会广泛关注的行政案件，以及一审行政机关负责人应当出庭应诉但未出庭应诉的二审案件，人民法院应当视作《通知》所规定的“社会影响较大、案情复杂或者对本行政机关行政执法活动可能产生重大影响”情形，及时通知行政机关负责人按规定出庭应诉。对一审中行政机关负责人及工作人员均未出庭应诉的二审案件，对行政相对人人身权或重大财产权益造成较大影响的案件，人大代表、政协委员参加旁听的案件，以及其他社会关注度较高或者行政机关负责人出庭应诉更有利于化解争议的案件，人民法院应及时建议行政机关负责人出庭应诉。

三要建立健全出庭应诉工作的衔接机制。各级法院要结合工作实际，不断完善工作机制，将推进行政机关负责人出庭应诉与行政诉讼办案流程有效衔接，进一步提高行政机关负责人的实际出庭应诉率。对异地管辖的案件,被诉行政机关所在地法院在移送上一级法院指定管辖时,应随附行政机关负责人是否应当出庭应诉的书面意见,并由上一级法院移交至被指定管辖法院。人民法院对按规定行政机关负责人应当出庭应诉的案件,或认为行政机关负责人有必要出庭应诉的案件,应在发送开庭传票的同时,向行政机关发送《行政机关负责人出庭应诉通知书》或《行政机关负责人出庭应诉建议书》,明确告知被诉行政机关出庭应诉的相关工作要求,并抄送同级政府法制部门。开庭5日前,审理案件的人民法院收到被诉行政机关主要负责人因故不能出庭应诉理由的书面说明的,可以应行政机关要求酌情延期开庭;需按期开庭的,应当建议行政机关主要负责人委托分管相关业务的行政机关其他负责人出庭应诉。

四要加强对出庭应诉的释明指导。各级法院应通过加强释明指导,促进行政机关负责人提高出庭应诉能力,不断提升出庭应诉的实效。对行政机关负责人出庭应诉的案件,可以在开庭前就行政机关负责人出庭应诉的权利义务以及注意事项等,通过适当方式给予提示;对行政机关主要负责人出庭应诉的案件,可视情由院、庭领导担任审判长开庭审理。在庭审过程中,要引导行政机关负责人积极参与各项庭审活动,做到“既出庭又出声”,更好地发挥庭审活动对查明事实、解决争议的作用。要及时向被诉行政机关及其同级政府法制部门反馈行政机关负责人出庭应诉的情况,人民法院应当在行政裁判文书中载明行政机关负责人出庭应诉的情况,并在案件审结后10日内,将裁判文书连同《行政机关负责人出庭应诉情况反馈表》,一并抄送给同级政府法制部门。

五要密切与相关部门的沟通协作。各级法院要进一步加强与当地政府法制部门的沟通联系,共同推进行政机关负责人出庭应诉工作。要选择好典型案例,配合党委、人大、政府、政协以及有关行政机关,组织开展对行政机关负责人出庭应诉案件的庭审观摩活动。要积极配合各级政府对行政机关负责人出庭应诉制度落实情况的评议考核工作,建立行政机关负责人出庭应诉案件台账,定期统计分析行政机关负责人出庭应诉情况,梳理分析行政机关败诉原因,提出促进行政机关依法行政的意见和建议,以专项通报或“白皮书”等形式发送同级政府。要协助政府法制部门加强对行政机关负责人出庭应诉工作的培训指导,提升行政机关负责人出庭应诉的水平和能力。对行政机关负责人无正当理由不按规定出庭应诉、在出庭应诉活动中存在严重失职行为,造成不良影响的,要及时向同级政府法制部门书面通报。

附件:1. 行政机关负责人出庭应诉通知书

2. 行政机关负责人出庭应诉建议书

3. 行政机关负责人出庭应诉情况反馈表

（五）立案审监

浙江省高级人民法院
关于在全省法院立案庭开展心理咨询师培训工作的通知

（2009 年 7 月 3 日　浙高法〔2009〕227 号）

全省各级人民法院、宁波海事法院：

随着经济社会的发展，生活节奏不断加快，人们的心理承受压力增大，有各种精神和心理障碍的患者日益增多，很多人受到情绪和压力的困扰。目前我国在教育、医疗、残联、妇联、社区、企业等系统都设立了专业心理咨询机构，许多单位已经将心理咨询纳入了单位培训的范畴，国家也出台了《心理咨询师国家职业标准》。

当前全省各级人民法院信访立案任务繁重，且来信来访人员中有相当一部分人有各种各样的心理问题，不仅给信访接待人员的人身安全造成威胁，而且给他们带来一定的心理压力。在法院大门口以及立案大厅内自杀、自残、企图伤害信访接待人员等情况屡有发生，严重干扰了法院的正常工作。为提高全省各级人民法院立案窗口人员的群众工作能力、调解能力和司法能力，对来信来访人员进行科学的心理疏导，有效化解信访难题，经研究，决定在全省各级人民法院立案庭开展心理咨询师培训工作，现将有关事项通知如下：

一、全省各级人民法院要高度重视立案庭人员心理咨询师培训工作，把这项工作作为当前立案庭人员的教育培训工作任务来抓，全面提高全省各级人民法院立案窗口人员的接访水平。

二、全省各级人民法院要结合单位实际，在妥善处理工学矛盾的基础上，鼓励立案庭人员积极参加心理咨询师培训，培训经费由单位列支。

三、全省各级人民法院立案窗口均要求配备兼职心理咨询师。到明年底，全省各级人民法院立案信访窗口均要有一名以上兼职三级心理咨询师。

四、全省各级人民法院立案庭先行开展心理咨询师培训考试工作，今后视情逐步在各级法院其他部门推行。

附：心理咨询师有关培训资料

一、申报条件

心理咨询师三级（具备以下条件之一者）

（1）具有心理学、教育学、医学专业本科及以上学历。

(2)具有心理学、教育学、医学专业大专学历,经心理咨询师三级正规培训达规定标准学时数,并取得结业证书。

(3)具有其他专业本科以上学历,经心理咨询师三级正规培训达规定标准学时数,并取得结业证书。

心理咨询师二级(具备以下条件之一者)

(1)具有心理学、教育学、医学专业博士学位。

(2)具有心理学、教育学、医学专业硕士学位,经心理咨询师二级正规培训达规定标准学时数,并取得结业证书。

(3)取得心理咨询师三级职业资格证书,连续从事心理咨询工作满3年,经心理咨询师二级正规培训达规定标准学时数,并取得结业证书者。

(4)具有心理学、教育学、医学中级及以上专业技术职业任职资格,经心理咨询师二级正规培训达规定标准学时数,并取得结业证书,连续从事心理咨询工作满3年。

心理咨询师考试分二级和三级心理咨询师,目前考试一年分两次进行,分别是5月和11月,各地市都有相应的培训点,非心理学、教育学、医学专业本科以上学历,要经心理咨询师正规培训达规定标准学时数,并取得结业证书,才能报考。

二、鉴定方式

分为理论知识考试和专业能力考核,均采用闭卷笔试方式。理论知识考试和专业能力考核实行百分制,成绩皆达60分及以上者为合格。心理咨询师二级鉴定还须进行综合评审。单科考试合格成绩有效期为1年。

三、颁发证书

鉴定合格者按照有关规定统一核发《中华人民共和国职业资格证书》,证书上加贴“国家题库统一命题鉴定合格”证签,并实行统一编号登记管理和网上查询。

四、指定教材

指定教材授课内容:《基础知识课程》(基础心理学、社会心理学、发展心理学、变态心理学与健康心理学、心理测量学、咨询心理学)、《专业技能课程》(心理诊断技能、心理测验技能、心理咨询技能)、《实操训练课程》、《考前复习指导》,约200课时。

浙江省高级人民法院
关于当前做好我省审判监督工作的若干意见

（2009 年 8 月 20 日　浙高法〔2009〕279 号）

随着新修订《民事诉讼法》的实施，申请再审案件管辖“上提一级”后，各级法院审判监督庭的职能发生了重大变化。当前，在我省案多人少矛盾突出的情况下，有些法院尤其是基层法院对审判监督工作产生模糊认识，思想上不够重视，审判监督机构设置、人员配备不够到位，审判监督职能出现弱化、虚化的现象。如何从有限的人员力量出发，灵活调度好参与审判监督工作的力量，谋划好审判监督工作的着力点，努力推进我省审判监督工作的发展，是各级法院重要任务之一。现就当前做好我省审判监督工作的若干问题，提出如下意见：

一、高度重视审判监督工作

1. 加强对司法的监督已日益成为社会普遍共识，各级法院应当充分认识，审判监督工作作为法院内部监督的有效形式，是维护法院权威、促进司法公正的必然要求，是落实“为人民司法”工作主题、维护好人民群众切身利益的重要环节，是增强司法能力、提高司法水平的有力保障，是预防和惩治司法腐败、纯洁法官队伍的有效渠道。

2. 各级法院主要领导要高度重视审判监督工作，把审判监督工作放到法院工作的全局去考虑、去谋划，切实加强而不能削弱，使之成为院长抓好本院办案质效与规范的得力助手。

二、正确履行审判监督职能

3. 各级法院审判监督庭要充分发挥审判职能，公正高效地办理各类案件；要充分发挥质量监督管理职能，夯实法院案件质量基础；要充分发挥错案分析职能，促进裁判水平不断提高；要充分发挥总结审判经验职能，为科学决策提供参考依据。

4. 基层法院审判监督庭要结合职能转换要求，把案件质量监督管理工作作为主要职能，更新思路，将单纯的审判监督转向立案、审判、执行并重的监督，将单纯的事后监督适度转向事后与事中并重的监督，将单纯的裁判结果监督转向效率与效果并重的监督。

要继续办理好本院依职权提起再审、上级法院再审后发回重审的各类审判监督案件，有条件的可以根据工作需要承办被上级法院在二审程序中发回重审的全部或部分案件。

5. 中级法院审判监督庭要做好各类再审案件及减刑、假释案件的审理，一般不再担负申请再审与申诉案件的审查职能,但对生效裁判提出抗诉案件的审查,仍由审判监督庭负责;立案部门审查认为需要再审的疑难复杂刑事申诉案件,也可由审判监督庭进一步审查并决定是否提审或指令再审。因当事人申请裁定再审的民商事案件,凡属中级法院管辖的,不得指令或指定基层法院审理。

除审查、审理各类案件外,应当做好、指导好本院及辖区内各基层法院的案件质量监督管理工作。

6. 高院审判监督庭主要负责本院依职权提起的再审案件、对生效裁判提出抗诉的案件、上级法院指令或指定再审的案件、下级法院审判监督庭再审后又启动再审或下级法院依一审程序再审后上诉的案件、本院依当事人申请决定提审的刑事案件以及减刑假释案件的审理工作,同时承担抗诉案件以及刑事申诉案件的审查职能。

除上述职能外,还承担对中级、基层法院案件质量监督管理工作的指导任务。

三、妥善审理审判监督案件

7. 坚持宽严相济原则,做到打击犯罪与保障人权并重,保障被告人人权与保护被害人合法权益并重,认真做好刑事申诉案件审查、刑事再审以及减刑、假释案件审理工作。要加强与其他政法部门的联系,对工作中的分歧和意见,要充分尊重对方,主动沟通,求同存异,协调解决。在坚持依法裁判的同时,努力寻求社会各界的理解与尊重,最大限度地化解矛盾、减少对抗、维护稳定、促进和谐。

8. 减刑、假释案件审理要切实贯彻落实惩罚与改造、教育相结合的方针,认真执行《浙江省办理减刑、假释若干规定(试行)》。要建立和完善综合考核制度,全面考察核实罪犯的悔改情况,结合罪犯主观恶性程度、犯罪原因、类型、情节、是否初犯、偶犯、从犯、过失犯、中止犯、未成年犯、老残病女犯、累犯等各种因素,考虑再犯的可能性、被害人及社会公众的态度、财产刑执行以及附带民事诉讼赔偿的履行情况等,综合作出评判。刑罚执行机关对罪犯的劳动考核分数及减刑、假释建议是行使裁决权的重要参考,但不能作为唯一标准。

9. 积极探索减刑、假释案件公示与公开审理制度。逐步完善公示内容以及异议人提出异议的途径。在书面审理之外,创新方法,对于有争议、关注多、影响大的减刑、假释案件,尤其是对职务犯罪罪犯的减刑、假释,要积极推行公开审理方式,全面听取刑罚执行机关、检察机关及相关利害关系人意见,提高审理过程的透明度。

10. 坚持以案结事了为目标,依法公正高效审理各类民商事再审案件。要着眼经济社会发展大局,注意办案法律效果与社会效果有机统一,切实做到“八项司法”,肩负起“为大局服务、为人民司法”的历史使命。

11. 全面落实调解优先原则,构建全方位调解工作机制。对下列民商事再审案件,应当着重、多次进行调解:(1)集团诉讼、当事人众多的共同诉讼或系列诉讼案件;(2)当事人之间情绪严重对立,判决结案可能导致矛盾进一步激化的案件;(3)相邻权、继承权纠纷、离婚财产分割等当事人之间关系特殊的案件;(4)敏感性强、社会关注程度高的案件;(5)双方证据证明力相当,案件事实真伪不明难以彻底查清的案件;(6)相关法律法规没有规定或规定不明确的案件;(7)再审改判后难以执行回转的案件;(8)其他疑难、复杂、有重大影响或可能引发上访、闹访的案件。

12.切实改进调解方式方法。调解过程中及时做好法律释明工作,使当事人对诉讼风险有正确认识,产生合理诉讼预期。贯彻便民、利民原则,对当事人因居住地较远、行动不便等特殊原因无法或不便到法院参加调解的,应当通过上门调解、电话调解等方式。要本着"协同司法"的精神,坚持在党委统一领导下,协调相关部门、群众自治组织等联动进行调解,尤其对检察机关抗诉或政法委、人大、政协机关督办的再审案件,要根据工作需要,积极邀请检察机关、人大、政协参与调解,拓展与当事人有效沟通的渠道。

13.注意调判结合,避免久调不决。对于以要求调解为名,拖延诉讼时间、转移财产、增加另一方当事人经济和精神压力的,要在查清事实的基础上及时作出裁判;对生活有困难的老年人、未成年人、残疾人、下岗职工、返乡农民工和优抚对象等追索赡养费、抚养费、抚育费、养老金、社保金、劳动报酬等案件,应加快调解工作进度,调解不成的,及时判决。

四、逐步完善案件质量监督管理

14.提高工作认识。充分理解案件质量监督管理在规范司法行为、确保司法公正、提高司法效率、树立司法权威方面的重要作用,切实担负起案件质量监督管理工作的重任。做到一般监督与重点监督、日常监督与专项监督、程序监督与实体监督的有机结合,提高案件质量监督管理工作的实效性。

15.健全工作机制。省高院审判监督庭负责全省案件质量监督管理工作的统一指导和协调,各级法院除已设立专门案件质量监督管理部门的以外,应当在院党组和审判委员会领导下,将案件质量监督管理的日常事务归口审判监督庭。上下级法院之间要建立高效的对口联动机制,畅通业务指导以及信息反馈渠道。

16.实行工作试点。在最高法院确定余姚法院为全国案件质量监督管理工作试点法院的基础上,根据我省具体情况,确定宁波中级法院、瓯海法院、萧山法院为省级试点单位。试点法院应当在上级法院指导下,健全制度,勇于探索,开拓创新,努力为全省法院案件质量监督管理工作积累经验,并定期向省高院报告试点情况。

17.明确工作重点。要以案件质量评查为核心,抓好常规评查、重点评查和专项评查。常规评查重在实现对审判质量的常态化管理;重点评查范围主要包括二审及再审发回重审、改判的案件,当事人多次上访、申诉的案件,下级法院对本院改判或发回重审有重大不同意见的案件,党委、人大和上级法院转办可能涉及质量问题的案件等,要有针对性地进行分析评议,提出改进措施;专项评查要结合实际,在充分征求相关审判业务部门意见的基础上有计划地组织实施,通过评查发现司法尺度不统一、不规范的地方,对经常性、普遍性问题进行类型化梳理归纳,及时提出对策。

18. 注重工作实效。健全评查方式,做到随机抽查与普查相结合,单向评查与双向评查、相互交叉评查相结合;建立和完善信息反馈制度,尤其对重点评查、专项评查情况要形成详细的评查报告在各自辖区内进行通报,并报上级法院备案。对评查中发现的问题,要深入分析原因,找出症结,并及时反馈给其他审判业务部门。

19. 强化工作考核。要研究制订比较科学合理、可操作的考核方案和标准,定期组织对本院及辖区内法院案件质量监督管理工作的考核,对成绩突出的及时予以奖励表彰,充分调动各级法院开展案件质量监督管理工作的积极性和创造性。

五、扎实推进审判监督队伍建设

20. 要选配好审判监督力量。切实改善队伍结构,优化人员组合,基层法院审判监督庭人数原则上不得少于一个合议庭,防止和纠正把老弱病残安排到审判监督庭的倾向和做法。要选配公道正派、能力全面的同志担任审判监督庭领导,按照最高法院法政(2003)163 号文件规定,审判监督庭长应当是审委会委员,各法院要根据实际,结合审判监督庭长的个体素质,认真平衡考虑。

21. 审判监督法官要树立信心,自强不息,有所作为。要着眼自身存在的比较突出的思想、作风和纪律问题,着眼比较突出的业务水平、办案方法、司法技能问题,积极整改,苦练内功,不断强化法治意识、政治意识、大局意识、责任意识,不断提高对法律法规的适用能力、对大局时事的把握能力、对社情民意的洞察能力、对调解的促成能力、对内外监督的沟通能力。

浙江省高级人民法院　浙江省司法厅
关于进一步加强诉调衔接机制建设的若干规定(试行)

(2009 年 8 月 18 日　浙高法发〔2009〕8 号)

为坚持和发展“枫桥经验”,切实落实调解优先原则,进一步加强诉讼与人民调解的有效衔接(以下简称诉调衔接),推进诉讼与非诉讼相衔接的矛盾纠纷解决机制建设,及时、有效解决矛盾纠纷,促进社会和谐,根据《中华人民共和国民事诉讼法》、《人民法院第三个五年改革纲要》、《最高人民法院关于建立健全诉讼与非诉讼相衔接的矛盾纠纷解决机制的若干意见》(以下简称《若干意见》)、《最高人民法院关于审理涉及人民调解协议的民事案件的若干规定》(以下简称《若干规定》)以及

《中共浙江省委办公厅、浙江省人民政府办公厅关于进一步加强新形势下人民调解工作的意见》等规定，结合我省实际，就进一步加强诉调衔接、推进诉讼与非诉讼相衔接的矛盾纠纷解决机制建设，作如下规定。

第一条　各级人民法院和司法行政机关应当按照"党委领导、政府支持、多方参与、司法推动"的诉讼与非诉讼相衔接的矛盾纠纷解决机制的要求，切实加强协调配合，深化完善诉调衔接，推进诉讼与非诉讼相衔接的矛盾纠纷解决机制建设，积极引导和鼓励当事人依法选择人民调解等非诉讼方式解决纠纷。

第二条　人民法院应当充分发挥普通程序、简易程序、督促程序等各种审理程序的纠纷化解功能，同时加强审判工作机制改革，进一步创新和简化诉讼程序，完善庭前准备程序、简易案件速裁、普通程序简便审、立案调解、巡回审判、预约开庭、假日法庭等诉讼机制，构建诉讼内纠纷快速平和解决机制，使纠纷以便捷、经济、和谐的方式解决。

第三条　人民法院要按照"调解优先，调判结合"的原则，以"定纷止争、案结事了"为目标，将诉讼调解贯穿于民商事诉讼立案、审判、执行的各个环节，贯彻于一审、二审、再审、信访的全过程，形成承办法官、庭领导、院领导注重调解、参与调解的格局，充分利用一切调解机会，平息纠纷，化解矛盾，以较少的成本实现法律效果与社会效果的有机统一。

要进一步加大刑事附带民事案件的调解力度，探索刑事自诉、轻微刑事犯罪、未成年人犯罪、刑事附带民事诉讼的刑事和解制度和行政诉讼的协调、和解制度，推行执行中的和解，不断扩大调解的适用范围。

案件审理中，人民法院应当鼓励当事人达成庭外和解协议。双方当事人申请庭外和解的期间，不计入案件审理期限。

第四条　各级人民法院和司法行政机关应当通过指导人民调解组织在民事纠纷受理前、审理中和执行程序中参与调解工作，以及人民法院对人民调解协议依法进行审查并对符合法律规定的人民调解协议予以法律支持等方式，建立完善诉调衔接工作机制。

第五条　基层人民法院和有条件的人民法庭应当在立案场所设置人民调解工作窗口。

设置在人民法院的人民调解工作窗口，应当有两名以上专职人民调解员，由当地司法行政机关会同人民法院在符合条件的人员中择优选聘。根据需要，可以选聘若干名兼职或特邀人民调解员，并建立调解员名册。

第六条　设置在人民法院（人民法庭）的人民调解工作窗口的工作经费及调解员的报酬、补贴由司法行政机关会同人民法院共同向当地财政部门争取落实。人民法院可以根据人民调解员的工作表现，给予适当的补助或奖励。

人民法院(人民法庭)应当为设置在本院、本庭内的人民调解工作窗口提供必要的办公场所和办公设施,为人民调解员开展工作提供便利。

第七条 人民法院在立案接待时,要对当事人进行诉讼指导,告知诉讼程序,提示诉讼风险,主动宣传人民调解的优势和特点,并根据案件类型、特点,在保障当事人诉权的前提下,引导当事人合理选择纠纷解决方式。

对于案情简单、争议不大的民事案件,征得当事人同意后,可暂缓立案,引导当事人协商选择人民调解组织(包括设置在人民法院的人民调解工作窗口、辖区内或纠纷发生地的区域性人民调解委员会和行业性专业人民调解委员会,下同)对其纠纷先行调解。

立案前当事人不同意调解或不能达成调解协议的,人民法院应当及时进行审查,认为符合受理条件的,应当立案。

第八条 民商事案件受理后,人民法院可以根据案件情况先行立案调解。有条件的人民法院可以成立专门机构或者安排专人负责立案调解。

第九条 人民法院对于已受理的民商事案件或刑事附带民事诉讼的民事部分,在征得当事人同意后,可将纠纷委托相关人民调解组织调解,或者邀请相关人民调解组织派员协助调解。

对于已经人民调解组织调解的民商事纠纷,人民法院原则上不再委托人民调解组织调解,但仍可邀请相关人民调解组织派员协助调解。

第十条 下列民商事纠纷,人民法院一般应当引导当事人申请人民调解组织调解,或者委托、邀请人民调解组织、相关社会组织、有特定社会经验的人员进行调解或协助调解:

(一)婚姻家庭、继承纠纷(婚姻关系、身份关系确认纠纷除外);

(二)相邻关系、共有、农村土地承包经营权、宅基地使用权、建筑物区分所有权等物权纠纷;

(三)农村土地承包合同、民间借贷、合伙协议、买卖合同、劳动(劳务)合同、服务合同、租赁合同、借用合同、典当合同、赠与合同、供用电(水、气)合同等债权纠纷;

(四)财产损害赔偿、医疗损害赔偿、交通事故人身损害赔偿、饲养动物致人损害赔偿、工伤损害赔偿、雇员及义务帮工损害赔偿、环境污染损害赔偿等侵权纠纷;

(五)其他适合人民调解组织调解的纠纷。

第十一条 在民商事案件执行程序中,人民法院认为适宜和解解决且当事人同意交由人民调解组织和解的案件,可以委托相关人民调解组织和解。双方当事人达成和解协议的,应当将协议内容记入笔录,并由双方当事人签名或盖章。

第十二条 人民法院引导当事人申请人民调解组织调解,或者人民法院委托人民调解组织调解或和解民事纠纷的，应当遵循依法、自愿、便民原则。

对于符合人民调解组织受案范围的民商事纠纷，当事人申请调解或人民法院委托调解、邀请协助调解的，人民调解组织应当受理或予以配合。

第十三条　对于人民法院引导当事人申请人民调解组织调解或者人民法院委托人民调解组织调解的，人民调解组织应当按照以下程序进行调解：

（一）审查材料。受理纠纷时，应当审查以下材料：人民法院《建议人民调解函》或《委托人民调解函》、有关纠纷材料的复印件。

（二）填写《人民调解申请书》和《民事纠纷受理登记表》。《人民调解申请书》由人民调解员指导当事人填写；《民事纠纷受理登记表》由人民调解组织负责填写。当事人在填写《人民调解申请书》前反悔拒绝接受人民调解，人民调解组织应当函告相关的人民法院。

（三）调解纠纷。一般纠纷，可由一名人民调解员单独调解，复杂、疑难纠纷，可由两名以上人民调解员共同调解。调解过程中应做好调解笔录，并由人民调解员及当事人签字或盖章。

（四）调解结案。经调解达成调解协议的，应当制作人民调解协议书。对于委托调解的人民调解协议书应报当地司法所备案，其中属民事纠纷调解委员会或行业性调解委员会办理的，应报当地县（市、区）司法局登记备案。经调解未达成协议，应当做好调解记录。调解不成包含下列情形：当事人明确拒绝调解的；经调解不能达成合意的；规定期限届满后仍不能调解结案的。

按前款方式调解结案的民商事纠纷，属于经人民法院引导当事人申请调解的，相关人民调解组织应当将调解结果告知相关人民法院；属于人民法院委托调解的，相关人民调解组织应当填写《人民调解结案单》，连同相关材料复印件于三日内退回相关的人民法院。

人民法院和人民调解组织应当建立诉前申请、诉中委托人民调解案件交接档案。省司法厅制发专门的诉调衔接工作统计表。

第十四条　人民调解组织接受人民法院委托调解纠纷的，应当在指定期限内结案。如在指定期间内不能结案，应当终止调解，按照本规定第十三条第一款第（四）项规定办理，并将终止调解的事由在结案单中载明。

调解期间自当事人填写《人民调解申请书》之日起算。

第十五条　人民调解组织和人民调解员应当遵守人民调解工作的纪律和调解员职业道德准则，并不得泄露或者不正当使用在调解过程中知悉的审判秘密、商业秘密。

第十六条　诉前经人民调解组织主持调解达成调解协议，一方当事人反悔并向人民法院起诉的，有管辖权的人民法院应当依法及时受理，并以适当方式通知出具人民调解协议的人民调解组织派员旁听案件的审理。

人民法院应当严格执行《若干规定》,对于合法有效的人民调解协议予以支持;对于具有金钱、有价证券给付内容的人民调解协议,可根据民事诉讼法的有关规定和另一方当事人的申请,向承担义务一方的当事人发出支付令;对于经公证机构依法赋予强制执行效力的具有债权内容的人民调解协议,应当告知债权人可直接向被执行人住所地或者被执行人的财产所在地人民法院申请强制执行。

人民法院应当将该纠纷经过人民调解组织调解的情况,在裁判文书中予以说明,并将案件的审理结果及时告知同级司法行政机关和相关人民调解组织。变更、撤销人民调解协议或确认人民调解协议无效的,应当告知人民调解协议书被变更、撤销或者确认无效的原因。

第十七条 诉前经人民调解组织主持调解达成调解协议,或诉讼过程中,人民法院委托人民调解组织调解并达成调解协议的,当事人可以按照《若干意见》有关司法确认程序的规定,共同向有管辖权的人民法院申请司法确认,并提交调解协议书和承诺书。

人民法院在收到司法确认申请后,应当按照《若干意见》第23、24条的规定,对申请确认的协议依法进行审查,并作出是否予以确认的决定。确认调解协议效力的决定一经送达即发生法律效力,并具有强制执行力。

第十八条 经人民调解组织调解达成调解协议,当事人向人民法院申请撤诉或者经人民法院制作民事调解书的,人民法院可以在按照有关规定减半收取案件受理费的基础上,再酌情作适当减免。各级法院可根据各地实际,制定具体办法,并按照《若干意见》第30条的规定上报备案。

第十九条 人民法院委托人民调解组织对民事执行案件进行和解的,参照《若干意见》及本规定相关程序办理。

第二十条 司法行政机关应当加强对人民调解工作的日常指导和管理,不断提高人民调解工作的规范化水平。积极推进医患纠纷、劳动争议、交通事故纠纷、环境污染纠纷、物业纠纷等纠纷多发领域的行业性专业人民调解组织建设,不断扩大诉调衔接工作范围。采取多种形式加强对人民调解工作的宣传,进一步提高社会各界对人民调解工作性质、特点及优势的认识和了解,引导群众尽可能选择人民调解方式解决矛盾纠纷,充分发挥人民调解的“第一道防线”作用。

人民法院应当配合司法行政机关健全纠纷调处网络,特别是推进行业性专业人民调解组织建设,并做好与诉讼的衔接工作;会同司法行政机关,采取专题讲座、以会代训、旁听庭审、巡回审判、评阅人民调解协议书等多种形式加强对人民调解组织的业务指导与培训。基层人民法院及其派出法庭应当建立健全人民调解工作指导员制度。

第二十一条　人民法院应当通过提高人民陪审员参审率、邀请协助调解、参与送达或执行等方式，积极探索充分发挥人民陪审员作用的工作机制。

各级司法行政机关、人民法院应当注重在人民调解员队伍中推荐和选聘人民陪审员，尽可能将政治素质高、具有一定法律政策知识和调解工作经验的优秀人民调解员选聘为人民陪审员。

第二十二条　对于系列案件或群体性案件，人民法院可视情引导当事人采取"示范诉讼"方式，即当事人通过自行协商，选取部分当事人先行诉讼，待个案解决后再以该处理结果作为其他当事人寻求救济或者自行和解的基准，以提高纠纷解决的效率和效果。要特别注意与政府相关职能部门的沟通配合，尽量促成当事人和解或者达成调解协议。

第二十三条　各级人民法院和司法行政机关要建立健全联席会议制度。联席会议的主要任务包括：

（一）制定本地区人民调解及诉调衔接工作发展规划，推动人民调解及诉调衔接工作不断健康发展；

（二）研究人民调解及诉调衔接工作中遇到的问题和困难，联合向党委、政府提出解决问题和困难的意见和建议；

（三）排查、分析本地区群众关心的焦点性、群体性纠纷，向党委、政府提出采取防范措施的建议；

（四）剖析影响本地区社会稳定的重大疑难纠纷，指导人民调解组织开展工作。

联席会议由各级人民法院、司法行政机关的分管领导作为召集人。省级联席会议每年不少于一次，市、县级联席会议每年不少于两次。

第二十四条　各级人民法院和司法行政机关应当将指导人民调解及推进诉调衔接工作情况列入各自工作的考核范围，对于成绩突出的集体和个人予以表彰和奖励。

第二十五条　司法行政机关应当引导、鼓励律师为当事人进行和解、协商、调解等提供专业咨询、调解服务或者法律援助。

律师在接受当事人委托参加诉讼过程中，应当做好自己一方当事人的工作，阐明法律原则，分清证据利弊，引导其以调解方式解决争议，在合理维护当事人合法权益的前提下，配合人民法院、人民调解组织做好调解息诉工作。对于已经生效的调解协议，律师应当及时督促自己一方当事人全面履行调解协议规定的各项义务。

第二十六条　本规定自下发之日起施行。

附件一

编号：

建议人民调解函

××人民调解委员会：

经双方当事人同意，现建议你委就×××与×××一案进行调解，并请将调解结果函告我院。

随函转此案相关材料复印件。

（院印）

年　月　日

联系人（法院）：　　　　　　　　联系电话：

——————————————— 回　执 ———————————————

编号：

贵院转来的×××与×××一案的材料已收悉，相关材料复印件共×××份，×××页。

收件人（签字）：

年　月　日

附件二

编号：

委托人民调解函

××人民调解委员会：

经双方当事人同意，现将×××与×××一案委托你委进行调解，请于　　日内调解完毕，并将调解结果函告我院。

随函转此案相关材料复印件。

（院印）
年 月 日

联系人（法院）： 联系电话：

—————————— 回 执 ——————————

编号：

贵院转来的×××与×××一案的材料已收悉，相关材料复印件共×××份，×××页。

收件人（签字）：
年 月 日

附件三

编号：

人民调解反馈函

××人民法院（人民法庭）：

对贵院转当事人×××与×××民事纠纷一案，现因　　　　等原因，当事人拒绝人民调解。

特函告。

××人民调解委员会
年 月 日

调解员： 联系电话：

附：相关材料清单

—————————— 回 执 ——————————

编号:

你委退回的×××与×××民事纠纷一案的材料已收悉,相关材料复印件共×××份,×××页。

收件人(签字):

年　月　日

附件四

编号:

人民调解结案单

××人民法院(人民法庭):

对贵院转当事人×××与×××民事纠纷一案,我委经召集双方当事人到场,在自愿、合法的原则下对该案进行了调解。现将调解情况反馈如下:

经调解,当事人×××与×××双方达成了调解协议(未达成调解协议),详见人民调解协议书(调解记录)。随函将转来有关材料退回贵院。

附:相关材料。

××人民调解委员会

年　月　日

调解员:　　　　联系电话:

———————— 回　执 ————————

编号:

你委退回的×××与×××一案的材料已收悉,相关材料复印件共×××份,×××页。

收件人(签字):

年　月　日

浙江省高级人民法院
关于全省法院案件字号编立的补充规定

（2009年12月10日　浙高法〔2009〕423号）

2008年12月15日，我院下发了《浙江省高级人民法院关于全省法院案件字号编立的规定》，自2009年1月1日起施行。该规定对于规范审判和执行工作，准确反映案件的性质和审理程序，提高审判管理的效率和质量，科学进行司法统计起到了积极作用。由于新的法律法规、司法解释的实施，司法实践的发展需要，原先的规定已不能含盖所有的案件字号，需要进行增补，结合我省审判工作实际情况，现就案件字号的编立作如下补充规定：

一、关于执行异议之诉和分配方案异议之诉的字号编立

1. 案外人、申请执行人依照《民事诉讼法》第二百零四条的规定，提起诉讼的，为执行异议之诉。

一审案件案号为：（年号）+法院简称+执异初字第×号；二审案件案号为：（年号）+法院简称+执异终字第×号；

2. 债权人或者被执行人依照《最高人民法院关于适用〈中华人民共和国民事诉讼法〉执行程序若干问题的解释》第二十六条的规定，提起诉讼的，为分配方案异议之诉。

一审案件案号为：（年号）+法院简称+执分初字第×号；二审案件案号为：（年号）+法院简称+执分终字第×号。

二、关于诉调衔接过程中有关案件字号的编立

1. 依照《浙江省高级人民法院、浙江省司法厅关于进一步加强诉调衔接机制建设的若干规定（试行）》（浙高法发［2009］8号）第七条的规定，人民法院在立案接待时，征得当事人同意后，暂缓立案，引导当事人协商选择人民调解组织对其纠纷先行调解的，可编立顺序号，进行工作统计，字号为：（年号）+法院简称+引调字第×号。

2. 依照《浙江省高级人民法院、浙江省司法厅关于进一步加强诉调衔接机制建设的若干规定（试行）》（浙高法发〔2009〕8号）第十七条的规定，诉前经人民调解组织主持调解达成调解协议，当事人按照《最高人民法院关于建立健全诉讼与非诉讼相衔接的矛盾纠纷解决机制的若干意见》有关司法确认程序的规定，共同向有管辖权的人民法院申请司法确认的，案号为：（年号）+法院简称+调确字第×号。

3. 案件受理后，在审理过程中，人民法院委托调解的，以及调解达成协议，当事人申请确认的,仍为原案件字号,不重新编立案号。

行政案件审结后认为需要介入行政争议开展协调工作的,仍为原案件案号,不重新编立案号。

三、关于公司强制清算案件的案号编立

债权人或公司股东依照《公司法》第一百八十四条、《最高人民法院关于适用〈中华人民共和国公司法〉若干问题的规定(二)》第七条,以及《最高人民法院关于审理公司强制清算案件工作座谈会纪要》的规定,向有管辖权的人民法院申请对已经解散的公司进行强制清算的,为公司强制清算案件,案号为:

1. 人民法院收到申请人提交的对公司进行强制清算申请的,案号为:(年号)+法院简称+商清(预)字第×号;

2. 审判庭裁定受理强制清算申请的,案号为:(年号)+法院简称+商清(算)字第×号;

3. 对强制清算申请裁定不予受理或者裁定驳回受理申请,申请人不服提起上诉的,案号为:(年号)+法院简称+商清终字第×号。

四、其他有关案件字号的编立

1. 刑事自诉(含刑事自诉附带民事诉讼)驳回起诉的为:(年号)+法院简称+刑受初字第×号;上诉案件为:(年号)+法院简称+刑受终字第×号;

2. 申请破产案件不予受理的,为:(年号)+法院简称+破受初字第×号;对不予受理裁定上诉的,为:(年号)+法院简称+破受终字第×号;

3. 接受委托送达的,为:(年号)+法院简称+委送字第×号;

4. 驳回起诉的案件上诉后,二审裁定由原审法院立案进行审理的,原审法院按一审案件重新编立案号。

5. 人民法庭须单独编立案件字号,在基层法院简称后+法庭简称。承办部门必须明确为法庭。

6. 2010年案号从2009年12月23日开始使用。

7. 今后各级人民法院如需使用《规定》和《补充规定》以外的字号的,应向我院立案一庭报告并报办公室备案,说明该案号使用所对应的案件类型及理由,经批复同意后方可使用。如未经同意擅立字号的,将予通报批评并撤销该字号。

浙江省高级人民法院
关于指定杭州市滨江区等基层
人民法院管辖一审涉外民商事案件的通知

（2010年8月10日　浙高法〔2010〕246号）

本省各级人民法院：

根据《最高人民法院关于授权浙江省高级人民法院指定杭州市滨江区等基层人民法院管辖一审涉外民商事案件的批复》[（2010）民四他字第42号]的要求，我院指定杭州市滨江区人民法院、余姚市人民法院、瑞安市人民法院、乐清市人民法院、嘉兴市南湖区人民法院、永康市人民法院和温岭市人民法院管辖一审涉外、涉港澳台民商事案件，现就有关情况通知如下：

1. 自2010年10月1日起，发生在杭州市滨江区人民法院、余姚市人民法院、瑞安市人民法院、乐清市人民法院、嘉兴市南湖区人民法院、永康市人民法院和温岭市人民法院辖区内的诉讼请求或争议标的金额在人民币500万元以下的一审涉外、涉港澳台民商事案件由上述基层法院管辖；

2. 上述基层法院审理的一审涉外、涉港澳台民商事案件的上诉案件由各自上诉审中级人民法院管辖；

3. 上述基层法院要设立专门的审判庭或者合议庭，配足配强涉外民商事案件的审判力量，加强对审判人员的业务培训，努力提高审判水平，规范审判程序，确保审判质量；

4. 上述基层法院应在10月1日前将负责审理涉外、涉港澳台民商事案件的审判人员名单报送我院民四庭；

5. 上述基层法院在今后审理涉外、涉港澳台民商事案件过程中遇有情况和问题，请及时逐级报告我院立案一庭、民四庭。

浙江省高级人民法院
涉诉信访案件终结工作实施细则（试行）

（2011年6月9日　浙高法〔2011〕166号）

为依法办理涉诉信访案件，规范涉诉信访秩序，推进社会矛盾化解，维护公民合法权益，依照有关法律法规和《人民法院涉诉信访案件终结办法》、《最高人民法院涉诉信访案件终结备案工作细则》和《中央联席会议关于依法做好信访事项终结工作的意见》等文件规定，结合全省法院工作实际，制定本细则。

第一条 人民法院涉诉信访案件终结，包括最高人民法院审查终结和省高院审查终结并报最高人民法院备案两种形式。

涉诉无理访案件甄别，按《浙江省高级人民法院涉诉无理访案件甄别工作细则（试行）》办理。

第二条 省高院无理访甄别工作领导小组同时作为涉诉信访案件终结工作领导小组。设在立案一庭的领导小组办公室作为日常工作联络机构。

第三条 当事人不服基层人民法院或中级人民法院作出的生效裁判，提出申诉或申请再审，经中级人民法院审理或复查，又经省高院审理或复查并维持原生效裁判的，由中级人民法院提出申报，省高院审核后作出终结意见，报请最高人民法院备案后，案件予以终结。

第四条 备案终结的申报

（一）申报法院：符合本细则第三条规定的案件，由中级人民法院负责终结申报工作，省高院可以指定相关中级人民法院启动申报。

（二）申报程序：申报法院应确定申报承办人，充分掌握上访人的基本情况、案件的处理过程、裁判结果以及已做的化解工作、已采取的稳控措施和效果，提出申报报告，经合议庭及审委会或相关领导小组讨论通过后作出申报决定。

（三）申报材料：

1. 涉诉信访案件终结备案表（附件1）。

备案表除“报备法院”一行由省高院填写外，其余栏目均由申报法院填写完整。“复查再审法院1”是指中院最后一次复查再审情况；“复查再审法院2”是指省高院最后一次复查再审情况；“稳控工作”应包括稳控责任单位、联系人及稳控方案等内容；“上访人近期状况”应包括近年来省进京来信来访次数、非正常访情形等内容。

2. 涉诉信访案件终结工作稳控责任书（附件2）。

根据《人民法院涉诉信访案件终结办法》第五条的规定以及《最高人民法院涉诉信访案件终结备案工作细则》的具体要求，报送终结备案应提交表格形式的稳控责任书。上访人所在的乡镇、街道或具有人事权的相关企事业单位可作为稳控责任单位；稳控责任书由稳控责任单位领导、联系人签名，并加盖单位公章；由县区级联席办和地市级联席办逐级盖章确认。

3. 涉诉信访案件终结申报报告（附件3）。

报告应包括上访人及案件当事人基本情况、案件事实及处理情况、上访历程和矛盾化解情况以及案件终结报备工作情况等。

4. 申诉信访材料、相关裁判文书、必要的证据材料复制件、申报法院合议笔录、审委会或相关领导小组讨论记录。

5. 原案全部卷宗。

第五条 备案终结的审核

(一)审核法院:省高院负责终结审核工作。

(二)审核要求:

1. 形式审查。审查申报材料是否齐备,内容是否完整。

2. 实质审查。审查原案件事实是否清楚,适用法律是否准确,程序是否合法,相关结论是否正确,处理是否得当,合理诉求是否妥善解决,稳控责任是否落实。

(三)审核程序:领导小组办公室立案后将申报材料移送对该案作出最后审理或复查结论的部门进行终结审核。承办人审核完毕后,作出涉诉信访案件终结审核报告。认为符合终结条件的,应提出予以报备终结的建议;认为不符合终结条件的,应根据具体情况提出明确的后续工作方案。审核报告经合议庭讨论后报领导小组决定。

(四)审核期限:三个月。

第六条 备案终结的报备

(一)经省高院审核决定予以终结的涉诉信访案件,由审核承办人备齐相关材料,交领导小组办公室汇总后向最高人民法院报请备案。

(二)报备材料:

1. 涉诉信访案件终结备案表(附件1)。

2. 涉诉信访案件终结工作稳控责任书(附件2)。

3. 涉诉信访案件终结报告(附件3)。

第七条 经最高人民法院审查同意备案并反馈省高院后,案件予以终结;经最高人民法院审查认为需要补正材料的,由省高院审核承办人做好相关工作;经最高人民法院审查认为不符合备案条件而予以退回的,由省高院审核承办人提出具体的后续工作方案,经合议庭讨论后报领导小组决定。

第八条 涉诉信访案件终结结论的告知

经最高人民法院审查终结的,按照最高人民法院的要求告知结论。

经最高人民法院备案终结的,由省高院制作涉诉信访案件终结通知书(附件4)送达上访人,并抄送相关中级人民法院、基层人民法院及稳控责任单位。

对已经终结的涉诉信访案件,人民法院可在信访接待场所予以公示。

第九条 省高院建立终结案件档案库,定期将终结情况通报省联席会议办公室、省委政法委、省人大办公厅、省检察院等机关。

第十条 涉诉信访案件终结后,由中级人民法院、基层人民法院根据稳控责任书及有关规定,参照无理访人员稳控模式,移交地方党委政府落实稳控措施。

第十一条 涉诉信访案件终结后,当事人继续上访的,全省各级法院均不再受理,不进行交办、督办,并应协调、通知有关责任单位切实做好化解和稳控工作。有关部门仍有交办的,将最高人民法院的审查结论或备案意见、省高院的终结结论以及稳控责任的落实情况予以答复。

第十二条 涉诉信访案件终结后,当事人违法上访的,参照无理访人员违法上访的有关规定依法处理。

第十三条 办理涉诉信访案件终结工作中,因违法办案、不负责任、弄虚作假,造成不良社会影响或其他严重后果的,应当严肃追究有关责任人员的责任。

本细则自下发之日起施行。

浙江省高级人民法院
关于人民调解协议司法确认的若干意见

(2011 年 9 月 19 日　浙高法〔2011〕244 号)

为进一步规范人民调解协议司法确认程序,完善诉讼与非诉讼相衔接的矛盾纠纷解决机制,依照《中华人民共和国民事诉讼法》、《中华人民共和国人民调解法》和《最高人民法院关于人民调解协议司法确认程序的若干规定》等规定,结合我省实际,制定本意见。

第一条 人民调解协议司法确认,是指人民法院根据双方当事人的申请对人民调解协议的效力进行审查,并决定是否予以确认的诉讼活动。

第二条 经人民调解委员会调解达成的具有民事权利义务内容的调解协议,当事人认为有必要的,可以申请人民法院司法确认,但有下列情形之一的,人民法院不予受理:

(一)确认和解除婚姻关系、收养关系、身份关系的;

(二)调解协议内容不明确且无法补正的;

(三)调解协议不具有可执行内容或者无法执行的;

(四)调解协议的争议标的超过一定金额的(杭州、宁波地区为 300 万元,其他地区为 100 万元);

(五)其他不宜由人民法院受理和确认的。

第三条 当事人申请确认调解协议的,由主持调解的人民调解委员会所在地基层人民法院或者它派出的法庭管辖。

人民法院在立案前委派人民调解委员会调解并达成调解协议,当事人申请司法确认的,由委派的人民法院管辖。

对适用专属管辖的纠纷,选择异地人民调解委员会调解的,应当向人民法院说明选择异地调解的合理理由。

第四条　人民法院受理司法确认案件,应当符合下列条件:

(一)各方当事人的身份明确;

(二)有明确的确认请求;

(三)各方当事人共同提出申请;

(四)确认申请在调解协议生效之日起三十日内提出;

(五)纠纷属于民事诉讼受案范围且属于接受申请人民法院管辖的。

第五条　当事人申请司法确认的,应当向人民法院提交以下材料:

(一)司法确认申请书。口头提出申请的,由人民法院记入笔录,当事人签字确认;

(二)人民调解协议书原件;

(三)当事人身份证明、资格证明;

(四)与调解协议相关的财产权利证明;

(五)当事人的送达地址、电话号码等联系方式;

(六)各方当事人共同签署的承诺书。承诺书应当载明以下内容:①各方当事人出于解决纠纷的目的自愿达成协议,没有恶意串通、规避法律的行为;②如果因为该协议内容而给他人造成损害的,愿意承担相应的民事责任和其他法律责任。

当事人委托第三人或者人民调解委员会代为提出司法确认申请,应当说明合理理由,并出具由委托人签名或者盖章的授权委托书。

第六条　人民法院收到当事人司法确认申请后,经审查,认为符合受理条件的,应当在三日内受理,并向当事人送达受理通知书;认为不符合受理条件的,应当在三日内向当事人送达不予受理通知书。

各方当事人同时到人民法院申请司法确认的,人民法院可以当即受理并作出是否确认的决定。

第七条　司法确认案件,应当编立"调确字"案号,案由为"请求确认人民调解协议效力"。

第八条　司法确认案件由审判人员一人独任审查。对审判人员具有法律规定回避情形的,当事人可以申请审判人员回避。

第九条　人民法院一般应当自受理司法确认申请之日起十五日内作出是否确认的决定。因特殊情况需要延长的,经本院院长批准,可以延长十日。

第十条　人民法院审查人民调解协议,可以书面审查;也可以通知各方当事人同时到场,当面询问当事人;必要时可听取相关调解员的情况说明。

第十一条　司法确认案件,人民法院应当着重审查下列内容:

(一)当事人是否具有民事行为能力,代理人是否有代理权;

(二)调解协议是否是当事人的真实意思表示;

(三)调解协议是否违反法律、行政法规的强制性规定,是否损害国家利益、社会公共利益或者第三人的合法权益,是否损害社会公序良俗;

(四)调解协议内容是否明确、规范、具体;

(五)人民调解委员会、调解员是否存在强迫调解或者其他严重违反职业道德准则的行为;

(六)调解协议是否涉及人民法院正在审理或者执行的案件;

(七)其他需要审查的内容。

第十二条 人民法院在审查中,认为当事人的陈述或者提供的证明材料不充分、不完备或者有疑义的,可以要求当事人补充陈述或者补充证明材料。当事人无正当理由拒不接受询问或者未按时补充的,可以按撤回司法确认申请处理。

人民法院在审查中,认为当事人可能存在恶意串通,意图采用虚构法律关系、捏造案件事实等方式获取非法利益的情形的,应当要求当事人到庭接受询问或者提供相应证明材料。当事人无正当理由未到庭或者未按时提供材料的,可以按撤回司法确认申请处理。

补充证明材料的时间由人民法院根据案件情况自行确定,一般不超过七天,不计入审查期限。

第十三条 案件审查过程中,发现调解协议内容存在计算错误、文意不明等瑕疵的,经双方当事人同意,在不改变权利义务基本内容前提下,人民法院可以对调解协议内容进行补正,相关情况应当记入笔录,由当事人签字确认。

第十四条 在人民法院作出是否确认的决定前,一方或者双方当事人撤回司法确认申请的,人民法院应当准许,出具终结确认程序通知书。

撤回申请或者按撤回司法确认申请处理的,双方当事人可以在协议生效三十日内重新申请司法确认。

第十五条 具有下列情形之一的,人民法院不予确认调解协议效力:

(一)违背当事人真实意思表示的;

(二)违反法律、行政法规强制性规定的;

(三)侵害国家利益、社会公共利益或者第三人合法权益的;

(四)损害社会公序良俗的;

(五)以合法形式掩盖非法目的的;

(六)存在可变更、可撤销情形且当事人行使变更权、撤销权的;

(七)内容不明确,无法补正或者当事人拒绝补正的;

(八)其他不能进行司法确认的情形。

如发现调解协议部分不宜确认的,应当征询双方当事人的意见。双方当事人同意部分确认的，可以仅就适宜确认的部分进行确认。当事人不同意部分确认的，人民法院不予确认。

第十六条　经审查，认为调解协议符合确认条件的，人民法院应当作出确认决定书。决定不确认调解协议效力的，应当作出不予确认决定书。

第十七条　在审理司法确认案件过程中，各方当事人合意变更调解协议实质内容的，人民法院可以按诉讼调解办理；也可以建议当事人撤回申请，由人民调解组织重新调解。

第十八条　司法确认决定书一经作出即发生法律效力。人民法院应当在决定书作出后三日内向当事人和人民调解委员会送达。

第十九条　人民法院依法作出确认决定后，一方当事人拒绝履行或者未全部履行的，对方当事人可以根据《中华人民共和国人民调解法》第三十三条第二款、《中华人民共和国民事诉讼法》第二百一十二条第二款向作出确认决定的人民法院申请强制执行。

第二十条　司法确认决定书作出后，当事人确有证据证明人民调解协议违反自愿原则或者内容违反法律和行政法规强制性规定的，可以在决定作出后一年内向作出确认决定的人民法院申请撤销确认决定。

案外人认为经人民法院确认的调解协议侵害其合法权益的，可以自知道或者应当知道权益被侵害之日起一年内，向作出确认决定的人民法院申请撤销确认决定。

第二十一条　人民法院在收到撤销申请后，经审查认为调解协议确实存在本意见第二十条规定情形或者其他应当撤销的情形的，应当作出撤销司法确认决定书。

司法确认撤销案件由审监庭办理，作出原司法确认决定的法官应当回避。

申请撤销司法确认案件编立“调撤字”案号。

第二十二条　决定书被撤销后，对依据该决定书执行的财产可以按照《中华人民共和国民事诉讼法》第二百一十条的规定申请执行回转。

第二十三条　人民法院办理人民调解协议司法确认案件，不收取费用。

第二十四条　人民法院应当将人民调解协议不予确认的情况定期或者不定期通报同级司法行政机关和相关人民调解委员会。

第二十五条　经行政机关、商事调解组织、行业调解组织或者其他具有调解职能的合法组织调解达成的具有民事合同性质的协议，当事人申请确认的，参照本意见执行。

第二十六条　本意见不适用于人民法院立案后的委托调解和邀请调解的情形。

第二十七条 本意见自公布之日起施行。如与新颁布实施的法律和司法解释不一致的，以新颁布的法律和司法解释为准。

附件一

司法确认申请书

申请人：（申请人的姓名或名称等基本情况）

申请人：（申请人的姓名或名称等基本情况）

申请人×××和申请人×××之间的　　　纠纷于　　年　　月　　日经　　人民调解委员会主持调解，达成如下调解协议：

（写明调解协议内容，或者将调解协议作为附件）

现请求×××人民法院依法对上述协议予以司法确认。

申请人出于解决纠纷的目的自愿达成协议，没有恶意串通、规避法律的行为；如果因为该协议内容而给他人造成损害的，愿意承担相应的民事责任和其他法律责任。

此致

×××人民法院

附：人民调解协议书及有关证明材料一份

申请人×××

申请人×××

年　　月　　日

附件二

×××人民法院
司法确认受理通知书

（年号）+法院简称+调确字第×号

（申请人）：

你请求本院确认人民调解协议效力的申请已收到，经审查，你的申请符合条

件,本院决定受理。现将有关事项通知如下:

一、申请人应当积极配合本院对调解协议进行审查,应当按照要求提供相关材料,如实回答法庭提出的问题;

二、在本院作出是否确认的决定前,申请人有权撤回司法确认申请;

三、确认决定书一经作出,当即生效;

四、如果本院依法确认调解协议有效,一方当事人拒绝履行或者未全部履行的,对方当事人可以向人民法院申请强制执行。如果本院决定不予确认调解协议效力,当事人可以通过人民调解方式变更原调解协议或者达成新的调解协议,也可以就相关纠纷向有管辖权的人民法院提起诉讼;当事人之间有仲裁协议的,可以向仲裁机构申请仲裁。

年　　月　　日

(院印)

附件三

×××人民法院
司法确认决定书

(决定确认用)

(年号)+法院简称+调确字第×号

申请人:(申请人的姓名或名称等基本情况)

申请人:(申请人的姓名或名称等基本情况)

本院于　　年　　月　　日受理了申请人×××与申请人×××关于确认调解协议的申请。本院依法指定审判人员×××审查此案,现已审查完毕。

申请人×××与申请人×××因　　　　纠纷,于　　年　　月　　日经×××调解委员会调解,达成了如下调解协议:

(写明调解协议内容)

本院现依法确认上述协议有效。双方当事人应当按照调解协议的约定自觉履行义务。一方当事人拒绝履行或者未全部履行的,对方当事人可以向人民法院申请强制执行。

本决定书自即日起发生法律效力

审判员:

年　　月　　日

(院印)

本件与原本核对无异

书记员:

附件四

×××人民法院
不予确认决定书

(决定不予确认用)

(年号)+法院简称+调确字第×号

申请人:(申请人的姓名或名称等基本情况)

申请人:(申请人的姓名或名称等基本情况)

本院于　　年　　月　　日受理了申请人×××与申请人×××关于确认调解协议的申请。本院依法指定审判人员×××审查此案,现已审查完毕。

经审查,申请人×××与申请人×××于　　年　　月　　日关于　　纠纷达成的调解协议,因(写明不予确认理由),不符合人民法院确认调解协议的条件。据此,本院作出如下决定:

对申请人×××与申请人×××于　　年　　月　　日达成的调解协议效力不予确认。

当事人可以通过人民调解方式变更原调解协议或者达成新的调解协议,也可以就相关纠纷向有管辖权的人民法院提起诉讼;当事人之间有仲裁协议的,可以向仲裁机构申请仲裁。

审判员:

年　　月　　日

(院印)

本件与原本核对无异

书记员:

附件五

×××人民法院
撤销确认决定书

（撤销确认用）

（年号）+法院简称+调撤字第×号

申请人：

被申请人：

×××与×××于　　年　　月　　日关于　　　纠纷达成的调解协议，本院于　　年　　月　　日作出（　　）　　调确字第　　号决定书予以确认。后申请人×××以　　　　为由向本院申请撤销司法确认决定。经审查（写明撤销原因），申请人申请撤销理由成立，原司法确认决定确有错误，据此，本院作出如下决定：

撤销（　）　调确字第　号决定书。

审判员：

年　　月　　日

（院印）

本件与原本核对无异

书记员：

附件六

执行申请书

（申请执行司法确认决定书用）

申请人：

被申请人：

双方因　　　　纠纷，于　　年　　月　　日经×××人民调解委员会达成调解协议，并于　　年　　月　　日向×××人民法院申请司法确认。×××人民法院于　　年　　月　　日作出（　　）　　调确字第　号决定书。决定书发生法律效力后,被申请人　　　　未(全部)履行应尽义务,根据《中华人民共和国人民调解法》第三十三条第二款和《中华人民共和国民事诉讼法》相关规定,特向你院申请予以执行。

申请执行事项:

此致

×××人民法院

申请人:(盖章)

法定代表人:(盖章)

年　　月　　日

附件七

×××人民法院

终结确认程序通知书

(年号)+法院简称+调确字第×号

(×××):

你与×××因　　　纠纷于　　年　　月　　日经×××人民调解委员会达成调解协议,并于　　年　　月　　日向本院申请司法确认。在本院审查过程中,你(或申请人×××)于　　年　　月　　日向本院撤回司法确认申请,本院予以准许。

本案司法确认程序终结。

年　　月　　日

(院印)

浙江省高级人民法院
涉诉信访案件约期接谈实施办法

(2011年12月30日　浙高法〔2011〕371号)

为贯彻落实司法为民工作要求,减轻上访群众诉累,提高涉诉信访工作效率,减少重复来访,根据《最高人民法院关于涉诉信访案件约期接谈的规定》和《中共浙江省委办公厅、浙江省人民政府办公厅关于进一步深化领导干部定期接待群众来访工作的意见》的相关要求,结合全省法院涉诉信访工作实际,制定本办法。

第一条　涉诉信访案件约期接谈，是指人民法院接谈人与来访人约定接谈或者答复日期，并如期接谈或者将处理结果答复来访人。

第二条　约期接谈以减轻诉累、减少重访、便民高效、责任明确为原则，人民法院各个工作环节负有信访接待职责的人员都应当认真负责地做好约期接谈工作。

第三条　来访人反映的问题能够即时予以答复或者解决的，一般不安排约期接谈。

第四条　按照约定期限接谈或者答复来访人的人员为接谈人。来法院上访反映问题的涉案当事人或者利害关系人为来访人。立案信访部门负责初访接待并联系安排约谈事宜的人员为约谈联系人。

第五条　安排约期接谈的，由接谈人与来访人共同填写《约期接谈单》，确定约谈期限、地点和联系方式。

根据确定的轮值信访接待安排或者经征询接谈人意见，可以由约谈联系人与来访人共同填写《约期接谈单》。

第六条　约谈期限由接谈人根据来访人的来访情况合理确定，也可以就案件的办理情况及进展程度分阶段约期。

第七条　《约期接谈单》一式三份，接谈人、来访人、立案信访部门各留一份。

第八条　来访人因客观原因需要变更约谈日期的，应提前与接谈人或者接谈联系人联络协商。

未到约定日期，来访人重复来访的，由立案信访部门做好解释接谈工作。

第九条　接谈人应严格按照约定的时间如期进行接谈或者答复处理结果。因客观原因不能如期接谈或者答复的，应提前向来访人说明情况并重新商定日期。

第十条　接谈人与来访人约定时间出具书面答复的，包括出具是否立案的决定书、裁判文书、信访答复函等，应按照规定的程序在约定的期限内办理。书面答复意见可采取当面、委托或者专递邮寄等形式送达。

第十一条　如期接谈完毕或者答复结论后，接谈人在《约期接谈单》填写相应项目，连同接谈笔录，交立案信访部门留存。《约期接谈单》及接谈笔录作为案卷材料归档的，应将复印件交立案信访部门留存。

第十二条　实行中层干部轮值驻点接访和预约接访制度，在立案接待大厅公示轮值接访的人员姓名、职务、日期等事项。

来访人可以申请轮值接访中层干部约期接谈，经立案信访部门审查符合中层干部接访条件的，由接谈联系人与来访人填写《约期接谈单》。

立案信访部门在轮值接访日之前将《约期接谈单》送交相应的中层干部。中层干部如期接谈完毕后，在《约期接谈单》上填写相应内容，交立案信访部门留存。

第十三条　实行院领导定期预约接访制度。立案信访部门按照院领导分工及信访值班安排,提出接谈院领导、接谈时间和陪同接谈人员的建议,报相应的院领导。

立案信访部门应做好案件筛选、情况梳理、安排书记员、布置场所、通知来访人和陪同接谈人员等相关工作,并联系法警部门做好安保工作。

院领导接谈所涉案件,本院已作出审查处理结论的,一般由承办部门的部门领导或者承办人陪同接谈。

第十四条 立案信访部门建立约期接谈工作台账,接谈信息应及时录入法院信访接待系统,并纳入接谈人绩效考核范围。

第十五条 接谈人不按照《约期接谈单》确定的时间开展接谈,或者接谈态度敷衍、工作简单粗暴,从而引发非正常访事件或者造成其他严重后果的,根据有关规定追究责任。

第十六条 各中级人民法院、基层人民法院可结合各自实际制定具体工作细则。

第十七条 本办法自下发之日起实施。

附件:1. 约期接谈单

2. 约期接谈情况表

3. 省高院立案接待大厅约期接谈工作流程(供下级法院参考)

浙江省高级人民法院
关于试行浙江省各级法院第一审民商事案件级别管辖标准的通知

(2012 年 7 月 18 日 浙高法〔2012〕177 号)

本省各级人民法院、宁波海事法院:

为进一步强化上级法院的监督指导职能、统一裁判标准、方便群众诉讼和就地解决纠纷,根据《中华人民共和国民事诉讼法》相关规定和最高人民法院《关于报送民商事级别管辖标准调整方案的通知》,结合我省各地经济发展水平和审判工作实际,现对全省各级法院第一审民商事案件级别管辖标准调整如下:

一、省高级人民法院管辖下列第一审民事和商事案件:

(一)争议标的金额在人民币 2 亿元以上的涉外和涉港、澳、台的第一审民事和商事案件;

(二)最高人民法院指定省高级人民法院审理的第一审民事和商事案件。

二、中级人民法院管辖下列第一审民事和商事案件:

(一)杭州市、宁波市中级人民法院管辖争议标的金额在人民币 5000 万元以上且当事人一方住所地不在本辖区的第一审民事和商事案件;温州市、嘉兴市、绍兴市、台州市、金华市中级人民法院管辖争议标的金额在人民币3000万元以上且当事人一方住所地不在本辖区的第一审民事和商事案件;湖州市、衢州市、丽水市、舟山市中级人民法院管辖争议标的金额在人民币2000万元以上且当事人一方住所地不在本辖区的第一审民事和商事案件;

(二)争议标的金额在人民币2亿元以下的涉外和涉港、澳、台第一审商事案件;

(三)法律、司法解释明确规定由中级人民法院管辖的其他第一审民事和商事案件;

(四)高级人民法院指定中级人民法院审理,或者属基层法院管辖而中级人民法院认为应当由自己审理并报高级人民法院备案的其他第一审民事和商事案件。

三、基层人民法院管辖除上述规定以外的其他第一审民事和商事案件。

四、经最高人民法院批准具有涉外商事案件管辖权的基层人民法院,管辖发生在其辖区内诉讼请求或争议标的金额在人民币500万元以下的第一审涉外和涉港、澳、台商事案件。

五、知识产权一审案件和外商独资企业商事一审案件按照本院有关规定管辖。

六、本规定所指的"以上"包括本数。

七、本规定自二〇一二年八月一日起施行。

浙江省高级人民法院
关于试行诉前登记制度的通知

(2012年12月5日　浙高法〔2012〕363号)

本省各级人民法院、宁波海事法院:

为贯彻落实修改后民事诉讼法的先行调解制度,有利于加强当事人诉权保护,有利于从源头有效化解涉诉纠纷,决定从2012年12月23日起,在全省法院试行诉前登记制度。现将有关事项通知如下:

一、诉前登记制度是指法院在受理起诉时,根据纠纷的性质和特点,对更适合立案前调解或者其他非诉讼纠纷解决方式处理的,可暂缓受理,由立案部门根据起诉材料进行诉前登记的工作机制。

二、进行诉前登记的起诉应当予以编号,并录入审判流程管理系统。

对于适宜引导至法院设立的人民调解工作窗口、区域性人民调解委员会、行业性专业人民调解委员会以及具有调解职能的行政机关等先行调解的起诉,编立引

调字号;

对于经评估确有风险等级或者明显滥用诉权等情形,法院不宜受理或暂不宜受理,需另行或者联动协调处置的起诉,编立立调字号;

对于明显需提供评估、鉴定等证据,或者需涉外送达等期间较长的起诉,当事人同意先予诉前登记处置的,可以暂缓立案,编立立预字号。

三、编立引调字和立预字号的诉前登记起诉,接收当事人起诉材料后,应当向当事人出具《诉前材料接收确认单》;编立立调字号的诉前登记起诉,可以谈话笔录、工作记录等形式,载明当事人的诉求和事实理由。

四、编立立预字号的诉前登记起诉,当事人申请保全的,按照诉讼保全办理。

五、诉前登记起诉及办理结果,应及时录入审判流程管理系统。

六、引调字、立调字起诉经引导或协调化解,纠纷得以解决的,可予以办结;如当事人超过六个月未再到法院要求受理,也未向上级法院起诉或信访的,可视为办结。

立预字起诉应当在相关事项结束后三日内予以立案。

七、诉前登记起诉可视情单独或者集中装卷存档。

引调字起诉一般应保存诉前登记表、诉前材料接收确认单、建议人民调解函、人民调解反馈函等材料;

立调字起诉一般应保存诉前登记表、风险评估预防情况表、协调会议纪要、院庭领导接谈笔录、和解或调解笔录、化解报告等材料;

立预字起诉办结后转入诉讼程序或其他程序的,可以将相关材料并入诉讼或其他案件一并存档。

八、进行诉前登记的起诉,诉讼时效、起诉期限的计算以起诉人向人民法院递交起诉材料或交邮之日为准。

九、诉前登记起诉的工作成效,应当纳入干警绩效考核体系。

十、不得利用诉前登记制度,人为限制正常收案。

执行中遇有问题,请及时与我院立案一庭联系。

浙江省高级人民法院贯彻修改后民事诉讼法有关立案审判工作的意见

(2012 年 12 月 18 日　浙高法〔2012〕385 号)

为贯彻实施修改后的民事诉讼法,确保全省法院立案审判工作的有序、统一,制定本意见。

一、关于公益诉讼

1. 公益诉讼的受案范围限于就污染环境和侵害众多消费者合法权益的两类损害社会公共利益行为提起的诉讼。

2. 公益诉讼的起诉主体限于“法律规定的机关”和“法律规定的有关组织”，其他主体提起的公益诉讼，人民法院一般不予受理。

3. 依照法律规定，属于行政管理职权范围内的事项，告知当事人向有关行政机关申请解决；属于行政诉讼受案范围的，告知当事人提起行政诉讼。

人民法院审查受理公益诉讼案件时，除审查起诉人是否具备民事诉讼法第一百一十九条第（二）至（四）项规定的条件外，还应当要求起诉人提供能够初步证明存在侵权行为及危害社会公共利益的证据。

4. 公益诉讼由侵权行为地或者被告住所地的中级人民法院管辖。污染海洋环境类的公益诉讼由宁波海事法院管辖。

就同一损害社会公共利益的行为，同一原告或者不同原告向两个以上有管辖权的人民法院提起公益诉讼的，后立案的人民法院应将案件移送先立案的人民法院。必要时可由省高级人民法院指定集中管辖。

中级人民法院和宁波海事法院受理公益诉讼案件的，应报省高级人民法院审核。

5. 公益诉讼原则上可以调解，但不得损害社会公共利益。

6. 法律规定的机关提起公益诉讼，可以不预交案件受理费、保全申请费，人民法院在结案时确定由败诉被告直接负担。原告败诉的，可以申请免交。

法律规定的机关提起公益诉讼，申请保全的，可以不提供担保。

二、关于管辖权的移转

7. 2013 年 1 月 1 日以后，全省法院一审民商事案件的级别管辖标准仍按照《浙江省高级人民法院关于试行浙江省各级法院第一审民商事案件级别管辖标准的通知》（浙高法〔2012〕177 号）确定。

8. 当事人提出级别管辖异议的，受理法院应当做好释明工作。释明无效的，受理法院在作出管辖裁定之前应当口头或者书面向上一级人民法院报告案件的相关情况。

9. 民事案件有下列情形之一的，上级人民法院可以将应当由本院管辖的第一审民事案件交由下级人民法院审理：

（1）当事人一方或者双方为十人（公民）以上的案件；

（2）因拆迁安置、征收补偿、金融风险等引发的区域性、行业性关联案件；

（3）企业破产案件中的劳动争议、债权确认等案件；

（4）其他确有必要由下级人民法院审理的案件。

10. 上级人民法院确有必要将本院管辖的第一审民商事案件交下级人民法院审理的,应当报请其上级人民法院批准。其上级人民法院应当自收到请示之日起十日内,作出同意或者不同意的书面答复。

上级人民法院同意移交的,请示法院应当在收到答复之日起五日内书面通知当事人,并同时移交案件。上级人民法院不同意移交的,请示法院应当及时做好案件的审理工作。

三、关于对管辖裁定的申请再审

11. 当事人不服管辖权异议裁定申请再审的,一般不予受理,但违反级别管辖、专属管辖规定的除外。

12. 当事人不得单独以管辖错误为由对生效判决申请再审。当事人将管辖错误作为申请再审的理由之一,人民法院审查后认为实体判决确有错误的,可在再审审理中对管辖问题一并予以审查。

四、关于调解协议的司法确认

13. 经人民调解组织调解达成的具有民事权利义务内容的调解协议,双方当事人可以申请司法确认。

经行政机关、商事调解组织、行业调解组织或者其他具有调解职能的合法组织调解达成的调解协议,可以参照上述规定执行。

14. 司法确认案件由调解组织所在地基层人民法院管辖。

海事海商纠纷调解协议的司法确认案件由海事法院管辖。知识产权、涉外民商事纠纷调解协议的司法确认案件由相应有管辖权的基层人民法院管辖。

双方当事人根据特定调解组织与相关中级人民法院建立的诉调对接工作机制,向该中级人民法院申请司法确认的,按照诉讼调解办理。

15. 人民法院经审查认为调解协议符合法律规定的,应当裁定确认调解协议有效;不符合法律规定的,应当裁定驳回当事人的申请。

人民法院作出的确认有效或者驳回申请的裁定书经送达双方当事人后即发生法律效力,当事人不得对该裁定申请复议或者提起上诉。

16. 司法确认裁定的撤销采用裁定书的形式。

17. 司法确认案件的其他事项按照《最高人民法院关于人民调解协议司法确认程序的若干规定》(法释〔2011〕5号)和《浙江省高级人民法院关于人民调解协议司法确认的若干意见》(浙高法〔2011〕244号)办理。

五、关于民事申请再审案件的受理

18. 当事人一方为三人以上或者当事人双方为公民的案件,申请再审人向原审人民法院申请再审的,原审人民法院应当审查受理。

申请再审人直接向上一级人民法院申请再审的,上一级人民法院应当告知其可以向原审人民法院申请再审，并将申请再审材料登记后转原审人民法院。

19. 原审人民法院收到上一级人民法院转交的申请再审材料后，由原承办法官、原审判庭庭长或副庭长答疑化解。原生效法律文书系经审判委员会讨论作出或者被确定为重大风险等级的案件，由原审判庭分管院领导接谈。

原审人民法院答疑化解工作应当自收到符合申请再审法定条件的材料之日起二个月内完成。申请再审人同意延长的除外。

20. 经原审人民法院答疑化解，申请再审人坚持申请再审的，原审人民法院应当引导其向本院申请再审；申请再审人仍坚持向上一级人民法院申请再审的，原审人民法院应当在答疑化解程序结束后十日内将符合申请再审法定条件的材料、原一、二审案卷、答疑接谈笔录、化解情况报告等一并报送上一级人民法院。

21. 对上述申请再审案件，上一级人民法院经审查认为符合再审条件的，可指令原审人民法院再审。

六、关于修改前后民诉法中申请再审期限的衔接

22. 对于修改后民事诉讼法施行前已经生效的案件，修改后民事诉讼法施行时申请再审期限尚未届满，申请再审期限按下列方式计算：

剩余申请再审期限不足六个月的，期限从裁判生效之日起计算两年；

剩余申请再审期限超过六个月的，除依据民事诉讼法第二百条第（一）项和第（三）项申请再审的以外，期限计算至2013年6月30日；

剩余申请再审期限超过六个月，但依据民事诉讼法第二百条第（一）项和第（三）项申请再审的案件，申请再审期限从裁判生效之日起计算两年。

对于修改前民事诉讼法第一百八十四条规定的两种事由，如果修改后民事诉讼法施行之日申请再审期限尚未届满，期限自知道或者应当知道之日起计算三个月。

七、本意见自2013年1月1日起执行。如与新颁布实施的法律和司法解释不一致的，以新颁布的法律和司法解释为准。

(六)执行工作

浙江省高级人民法院关于合理配置民事执行权的规定

(2009年8月30日　浙高法〔2009〕312号)

为进一步完善民事执行权的监督制约体系,科学合理配置执行权,确保执行工作高效、公正、廉洁开展,根据《中华人民共和国民事诉讼法》、《最高人民法院关于进一步加强和规范执行工作的若干意见》及相关司法解释规定,结合本省实际,制定本规定。

第一条　人民法院执行工作中的执行立案权、执行实施权、执行审查权、涉执行的审判权由不同的主体分权行使。

第二条　执行立案权由人民法院的立案部门行使。执行实施案件、执行异议案件、执行复议案件、异议之诉案件等均由立案部门立案后交由相关部门办理。

第三条　人民法院的执行机构行使执行实施权、执行审查权。

第四条　案外人、当事人分别提起的案外人异议之诉、许可执行之诉、分配方案异议之诉,由执行法院相应的审判机构负责审理。

第五条　执行实施权由执行法官、执行员、司法警察等具体负责行使。

第六条　执行实施权的内容主要包括:

(一)送达有关执行法律文书;

(二)调查核实被执行人的财产状况;

(三)实施查封、扣押、查询、冻结、扣划、拍卖、变卖、提取、搜查、腾退等措施;

(四)裁定有关财产权证照转移;

(五)裁定以物抵债;

(六)实施拘传、罚款、拘留等措施;

(七)采取限制出境措施;

(八)制定分配方案;

(九)办理执行款物的交付;

(十)对违反协助义务的协助执行人民事责任的确定;

(十一)对约定利息或者迟延履行期间债务利息数额的确定;

(十二)对执行和解协议是否履行完毕以及是否应当恢复执行;

（十三）对案件实体终结执行；

（十四）对执行回转的范围、数额、孳息的确定；

（十五）涉及变更、追加执行当事人；

（十六）其他执行实施行为。

第七条　第六条第（一）（二）（三）（四）项可由执行法官、执行员或者司法警察组织实施。

第八条　办理第六条第（五）（六）（七）（八）（十）（十一）（十二）（十三）（十四）（十五）项应当由三名以上执行法官或者执行员、司法警察讨论决定。

第九条　为提高执行效率，有条件的人民法院对财产调查、财产控制等环节，可以由执行机构的专门人员集中采取措施。不具备条件的，可以由相对固定的人员行使。

第十条　办理执行款物交付时，应当由案件承办人提出意见报实施机构负责人审核并报局领导批准。

第十一条　执行中财产的评估、拍卖应当由执行机构以外的其他部门组织实施。

执行机构对执行标的物的起拍价、保留价有建议权；并可以视情决定重新拍卖和再次拍卖。

第十二条　执行实施过程中，有下列情形的，应当移送执行审查机构进行审查处理：

（一）对是否符合立案条件的异议；

（二）对执行管辖权的异议；

（三）对本规定第六条第（三）（四）（五）（十）（十一）（十二）（十三）（十四）（十五）项的异议；

（四）对为使债务人的财产免于诉讼保全或者解除已采取的保全措施提供保证的保证责任的确定；

（五）案外人异议审查和案外人异议之诉审理期间，申请执行人提供担保请求继续执行有错误，给对方造成损失的赔偿责任的确定；

（六）转化执行中赔偿金数额的确定；

（七）执行程序中对夫妻债务性质的认定；

（八）对公证债权文书应否裁定不予执行；

（九）对国内仲裁裁决应否裁定不予执行；

（十）其他需要审查的事项。

第十三条　当事人、利害关系人不服针对第十二条第（一）（二）（三）（四）（五）（六）（七）项作出裁定的，可以向上一级人民法院申请复议。该复议案件由上一级法院负责办理执行复议案件的机构办理。

第十四条 案外人对执行标的物主张所有权或者其他阻止执行标的物转让、交付的权利而提出异议的,由执行审查机构审查并作出裁定。

第十五条 执行审查、执行复议案件一般实行合议制,由执行法官办理。

第十六条 本规定2009年9月1日起施行。

浙江省高级人民法院
关于加强执行程序运行重点环节监督管理的若干规定

(2009年8月30日 浙高法〔2009〕312号)

为规范执行程序,加强重点环节监督管理,实现公正与效率,根据《中华人民共和国民事诉讼法》等法律和司法解释,结合本省实际,制定本规定。

第一条 执行程序重点环节包括执行立案,财产调查、控制、处分、管理、分配,执行标的、款项的交付、支付,异议及复议审查,执行结案等。

第二条 执行案件由立案庭负责立案,未经立案不得进入执行程序。非实施类案件经立案庭授权,可由执行机构自行立案、登记,受立案庭管理。

中止执行案件恢复执行不再重新立案。

终结本次执行程序案件恢复执行应当重新立案。

第三条 执行案件立案时,立案人员应严格审查立案条件,主动告知风险、权利、义务和其他事项,并作相应记录。

第四条 执行实施案件承办人自收到案件之日起3日内,必须向被执行人发出《执行通知书》和《财产报告令》;向申请执行人发出《提供被执行人财产线索通知书》。

符合《民事诉讼法》第二百一十六条第二款的规定情形立即采取强制执行措施的,执行通知书可以同时或者在3日内发出。

第五条 被执行人未在《执行通知书》指定的期限内履行生效法律文书确定的义务,又不在指定的期限内报告财产状况的,执行法院应当在10个工作日内调查被执行人财产状况,必要时实施搜查等措施。

报告财产状况不实的,应当在5个工作日内采取相应执行措施。

第六条 申请执行人提供被执行人财产线索的,应在收到后3个工作日内进行调查核实。情况紧急的,应当立即调查核实,并采取必要的执行措施。

第七条 执行中遇有下列情形之一的,由承办人员提出书面意见,执行实施机构负责人指定人员进行讨论并根据讨论意见作出决定:

(一)执行案件不符合立案条件的;

(二)被执行人提出仲裁裁决、公证债权文书有不予执行事由的;

(三)申请执行人申请变更或追加被执行主体的;

(四)当事人提出暂缓执行申请的;

(五)需要裁定拍卖、变卖较大数额财产的;

(六)需裁定以物抵债的;

(七)需裁定拍卖、变卖无效的;

(八)需作出罚款、拘留决定的;

(九)需裁定中止、终结执行的;

(十)执行程序中其他需要讨论的事项。

第八条 执行中需委托评估、拍卖被执行人财产价值较小的,由执行实施人员提出书面意见,经执行实施机构负责人批准后,移交本院对外委托管理部门办理。

第九条 执行实施部门应当对拍卖的执行标的物提出建议保留价。

确定的保留价高于评估价的,报本院院长决定。

第十条 执行标的拍卖、变卖应当在执行实施机构移交之日起 30 个工作日内进行。有特殊情况需要延长的,经本院院长批准,可以延长,延长的期限不得超过 10 日。

第十一条 执行标的委托评估、拍卖中产生的争议、异议由对外委托拍卖工作指导小组负责处理。

第十二条 执行案件一般应在 3 个月内执结。期限届满未能执结的,执行实施人员应将执行情况报执行实施机构负责人,由执行实施机构负责人决定易人执行。

有特殊情况需要由原执行实施人员继续执行的,由执行实施机构负责人提出建议,报执行局负责人审批。

第十三条 易人执行的案件,应在更换执行实施人员后 3 个月内执结。

易人执行以一次为限。易人后仍未能执结的案件,由执行实施机构向执行局长提交执行情况专题报告,或提交审判长联席会议讨论,作出继续执行或中止、终结执行的决定。

第十四条 当事人、利害关系人、案外人针对管辖权、执行行为、执行款分配、执行标的等提出异议或复议的,由执行审查机构处理。

执行实施案件承办人收到异议的,应当于当天移交执行局内勤。

第十五条 执行审查案件处理一般实行合议制。事实清楚、权利义务关系简单的可实行独任制。是否实行独任制由执行审查机构负责人决定。

合议庭意见分歧较大,或所涉问题重大的,提交审判长联席会议讨论;

第十六条 执行法院审查执行异议,应当在 15 日内作出裁定。有特殊情况需要延长的,须经本院院长批准,但延长的期限每次不得超过15日。

第十七条 执行款物的管理应严格遵守有关规定。各级法院设执行款专用帐户,由院财务部门负责管理;院财务部门和执行机构分别建立执行款台帐,并行管理,做到案、款一一对应。

执行款物应及时交付权利人,因故未能在15天内发放的,须由案件承办人作出书面说明报经主管院领导审查批准。

第十八条 执行人员应在结案后3个月内按照有关制度将案卷归档。

第十九条 各级人民法院执行局建立执行案件办理期限届满前的催办制度和执行案件情况通报制度。对违反本规定,超过案件执行期限的情况定期进行通报。

第二十条 本规定2009年9月1日起施行。

浙江省高级人民法院
关于加强执行当事人对执行工作监督的规定

(2009年8月30日　浙高法〔2009〕312号)

为保障执行当事人对人民法院执行权行使的监督,进一步促进执行工作规范,提高执行工作效率,根据《中华人民共和国民事诉讼法》等法律和有关司法解释的规定,结合我省执行工作实际,制定本规定。

第一条 案件执行情况应当向社会公开或者向执行当事人告知,涉及国家秘密、商业秘密、个人隐私或者法律另有规定的除外。

第二条 下列情况应当向社会公开:

(一)执行费收取依据;

(二)执行款专用帐户;

(三)法院内部监督执行工作的部门和联系方式;

(四)其他需要向社会公开的情况。

第三条 人民法院可以通过媒体登载和录入企业、个人信用征信系统等途径,将拒不履行生效法律文书确定义务的被执行人姓名或者单位名称、法定代表人、负责人姓名、未履行标的等信息向社会公布。

第四条 下列情况应当在执行开始时告知执行当事人:

(一)执行案件案号;

(二)承办人姓名及联系方式;

(三)执行当事人权利和义务;

(四)拒不履行生效法律文书确定义务的法律后果;

（五）其他需要向执行当事人告知的情况。

第五条 执行过程中遇有下列情况之一的，应当及时告知执行当事人：

（一）对被执行人申报、申请执行人举证、社会举报被执行人财产线索的核查情况；

（二）查找、控制、处分被执行人财产的情况；

（三）委托执行、提级执行、指定执行的事由，现执行法院及联系方式；

（四）对执行当事人利益有重大影响的其他情况。

第六条 告知一般采用书面形式。

采用口头形式告知的，执行人员应当制作笔录或者记录备案。

第七条 执行当事人下落不明或者因其他原因无法告知的，执行人员应向执行机构主要负责人报告，并记录备案。

第八条 执行当事人可以通过查询"全国法院被执行人信息查询"网、"信用浙江"网，获取案件执行情况等信息；可以通过执行法院网，了解执行法律法规，向执行法院反映问题、提出建议。

除合议庭合议笔录，涉及国家秘密、商业秘密、个人隐私或者法律另有规定的外，允许当事人查询。

第九条 申请执行人可以参与财产调查、控制、处分等执行活动，参与执行异议审查的听证活动。

第十条 申请执行人可以对执行行为和执行措施提出建议，执行法院应当作出相应的处理并答复。

第十一条 案件终结执行前，有证据证明存在民事诉讼法规定的申请回避情形的，申请执行人可以申请更换案件承办人。

第十二条 本规定2009年9月1日起施行。

浙江省高级人民法院
关于协助执行奖励的若干规定（试行）

（2008年10月27日 浙高法〔2008〕282号）

为鼓励公民、法人和其他组织积极协助人民法院执行，及时有效地执行生效法律文书，根据有关法律规定精神，结合我省法院执行工作实际，制定本规定。

第一条 对协助法院执行工作作用突出的下列单位（部门）和个人，可给予物质、精神奖励：

1. 积极向法院提供被执行人下落或财产线索的；

2. 积极配合法院强制执行活动的;

3. 积极协助法院有效化解矛盾或避免突发事件的;

4. 其他协助执行工作行为的。

第二条 对协助执行的奖励可根据实际情况,采取年终集中评奖或一案一奖的方式进行。

第三条 对需要奖励的情况及理由由执行局提出,报院长审批决定。

第四条 物质奖励金额按以下标准掌握:

协助执行的个人根据情况每次奖励一般不超过300元;

协助执行的单位(部门)根据情况每次奖励一般不超过3000元;

协助执行作用特别突出的单位(部门)、个人,奖励标准由各法院根据具体情况决定。

第五条 精神奖励可采取颁发证书、奖状,通报表彰等方式。

第六条 协助执行奖励的经费在各级法院经费中列支。

第七条 本规定适用本省各级法院受理的执行案件。

第八条 本规定自下发之日起施行。

浙江省高级人民法院
关于人民陪审员参与执行的若干意见(试行)

(2008年8月19日 浙高法〔2008〕228号)

为进一步加大执行力度,增强司法民主,强化执行监督,依照《全国人大常委会关于完善人民陪审员制度的决定》等有关规定,结合我省法院实际,制定本意见。

第一条 执行案件有下列情形之一的案件,可以邀请人民陪审员参与执行:

(一)案情较为复杂,需要组成合议庭审查后作出裁决处理的;

(二)群体性纠纷的;

(三)受到地方、部门保护主义等干扰的;

(四)严重抗拒、逃避执行的;

(五)专业性较强的;

(六)其他可以由人民陪审员参与的。

前款第(二)、(三)、(四)项情形中,可以邀请具有人大代表、政协委员等身份的人民陪审员参与;前款第(五)项情形中,可以邀请具有相应专业背景的人民陪审员参与。

第二条 人民陪审员参与执行,应当遵守法律关于回避的规定。

第三条　邀请人民陪审员参与执行，由本院执行局局长确定。

第四条　人民陪审员参与合议时，享有与法官同等的权利，在案件承办人汇报案情后，应当由人民陪审员先发表意见。执行裁决按照少数服从多数原则作出。

第五条　实施财产控制、财产处置等重要执行措施时，应当通知参与执行的人民陪审员参加。

第六条　人民陪审员参与执行实施活动时，案件承办人应当与人民陪审员共同商定执行方案，并邀请人民陪审员共同做好当事人及相关人员的疏导说服工作。

第七条　涉及执行案件的信访，可以邀请参与该案执行的人民陪审员或者其他适合的人民陪审员共同接待处理。

第八条　参与执行的人民陪审员有权对执行过程进行监督。发现执行人员违法违纪问题的，有权当即提出，也可以在事后通过其他渠道反映。

第九条　参与执行的人民陪审员应当遵守保密规定。

第十条　参与执行的人民陪审员依照有关规定领取交通、误工补贴等费用。

第十一条　参与执行的人民陪审员应当遵守有关法律、法规以及廉政纪律。违反规定的，视情给该人民陪审员所在单位发处理建议，或者依法提请免除其人民陪审员职务。

第十二条　本意见由浙江省高级人民法院审判委员会负责解释。

第十三条　本意见自2008年9月1日起施行。

浙江省高级人民法院
关于人民陪审员及社会各界人士参与执行的若干意见

（2009年8月30日　浙高法〔2009〕312号）

为进一步加大执行力度，增强司法民主，强化执行监督，依照《全国人大常委会关于完善人民陪审员制度的决定》、《最高人民法院关于进一步加强和规范执行工作的若干意见》等有关规定，结合我省法院实际，制定本意见。

第一条　组织集中执行活动或执行案件有下列情形之一的，可以邀请人民陪审员或社会各界人士参与执行：

（一）社会反映大、执行难度大、当事人对立情绪大的；

（二）群体性纠纷的；

（三）受到地方、部门保护主义等干扰的；

（四）严重抗拒、逃避执行的；

（五）专业性较强的；

(六)其他可以由人民陪审员及社会各界人士参与的。

前款第(五)项情形中,可以邀请具有相应专业背景的人民陪审员或社会各界人士参与。

第二条 人民法院可以聘请符合条件的社会各界人士担任执行协助员(执行协助员选任办法另行制定)。

第三条 人民陪审员有权参加合议庭对执行事项作出裁决,人大代表和政协委员可以参加对中止执行、终结本次执行、终结执行案件的讨论,执行协助员可以参与执行辅助工作,其他公民参与执行的可以对执行干警的执行活动和纪律作风进行监督。

第四条 邀请人民陪审员及社会各界人士参与执行,由本院执行局局长确定。

第五条 人民陪审员及人大代表、政协委员参与执行案件讨论的,应当遵守法律关于回避的规定。

第六条 人民陪审员参与合议时,享有与法官同等的权利,在案件承办人汇报案情后,应当由人民陪审员先发表意见。执行裁决按照少数服从多数原则作出。

第七条 人大代表、政协委员参加中止执行、终结本次执行、终结执行案件讨论时,重点就执行主体穷尽、执行措施穷尽、执行财产穷尽发表意见。

第八条 实施财产控制、处置等重要执行措施时,应当通知参与该案执行的人民陪审员及社会各界人士参加。

第九条 人民陪审员及社会各界人士参与执行实施活动时,案件承办人应当告知执行方案及注意事项,并邀请其共同做好当事人及相关人员的疏导说服工作。

第十条 执行协助员可以主持执行和解,协助法院送达执行通知书、了解被执行人人员去向及财产状况。

第十一条 涉及执行案件的信访,可以邀请参与该案执行的人民陪审员或者当事人所在地的人大代表、政协委员、基层组织干部、执行协助员共同接待处理。

第十二条 参与执行的人民陪审员、执行协助员及社会各界人士有权对执行过程进行监督。发现执行人员违法违纪问题的,有权当即提出,也可以在事后通过其他渠道反映。

第十三条 参与执行的人民陪审员及执行协助员依照有关规定领取交通、误工补贴等费用。

第十四条 参与执行的人民陪审员、执行协助员及社会各界人士应当遵守有关法律、法规以及廉政纪律。违反规定的,视情给予处理。

第十五条 本规定 2009 年 9 月 1 日起施行。

浙江省高级人民法院
关于办理申请变更执行法院案件的意见(试行)

(2008 年 8 月 19 日　浙高法〔2008〕229 号)

为规范申请变更执行法院案件的办理,依据《中华人民共和国民事诉讼法》第二百零三条以及有关法律和司法解释的规定,制定本意见。

第一条　有下列情形之一的执行案件,申请执行人可以申请上一级人民法院变更执行法院:

(一)申请执行人在申请执行时提供了被执行财产证据,执行法院自收到申请执行书之日起超过六个月对该财产未依法采取执行措施的;

(二)对已经查明的被执行财产,执行法院自申请执行人申请查封、扣押、冻结之日起超过六个月未依法采取处分措施或者未依法交付申请执行人清偿债务的;

(三)对生效法律文书确定的行为义务,执行法院自收到申请执行书之日起超过六个月未依法采取相应执行措施的。

第二条　民事诉讼法第二百零三条规定的六个月期限,不包括执行中的公告期间、鉴定评估期间、执行争议协调期间、暂缓执行、中止执行的期间。

第三条　申请上一级人民法院变更执行法院的,应当提交申请书,申请书应写明具体请求和理由,并附执行依据以及相关证明材料。

第四条　上一级人民法院应当在收到申请书等材料之日起三日内进行审查,经审查认为申请执行人提交的变更执行法院的主要材料欠缺的,应当以书面形式告知其限期补正,未按要求补正的,不予受理。

经审查申请执行人的申请不符合本意见第一条规定的,通知驳回申请;申请执行人的申请符合本意见第一条规定的,予以立案。

第五条　上一级人民法院应当在立案之日起五日内书面通知执行法院在指定期限内书面报告相关案件执行情况,案情复杂的可以调阅案卷或者通知执行法院派员携卷汇报。

第六条　上一级人民法院审查变更执行法院申请,应当由三人以上进行讨论,按照少数服从多数的原则作出处理决定。

处理决定可以是责令执行法院限期执行、提级执行或者指定其他人民法院执行。

第七条　责令执行法院限期执行的,由上一级人民法院向执行法院发出督促执行令。执行法院应当在收到督促执行令之日起三个月内办结,并及时向上一级人民法院报告案件执行结果。

第八条 提级执行的,由上一级人民法院作出提级执行决定。上一级人民法院应当在提级执行决定作出之日起三个月内办结。

第九条 指定辖区其他人民法院执行的,由上一级人民法院作出指定执行决定。执行法院应当在案件交接之日起三个月内办结,并及时向上一级人民法院报告案件执行结果。

第十条 上一级人民法院审查变更执行法院申请,作出的法律文书应当送达案件当事人并通知执行法院。

第十一条 申请执行人在处理决定作出前,撤回申请的,上一级人民法院经审查,可以决定准许。

第十二条 申请执行人以同一事实和理由再次提出变更执行法院申请的,不予受理。

第十三条 申请变更执行法院案件由上一级人民法院的执行机构负责办理。

办理申请变更执行法院案件的期限不得超过三十天。

第十四条 本意见由浙江省高级人民法院执行局负责解释。

第十五条 本意见自2008年9月1日起施行。

浙江省高级人民法院执行款物管理暂行规定

(2008年4月17日 浙高法〔2008〕89号)

为规范全省人民法院执行款物管理工作,维护当事人和利害关系人的合法权益,根据《中华人民共和国民事诉讼法》和《最高人民法院关于执行款物管理工作的规定(试行)》的规定,参照有关财务管理制度,结合我省人民法院执行工作的实际,制定本规定。

第一条 本规定所指的执行款物是在执行过程序中,依法应当由人民法院经管的金钱、物品及财产凭证。包括:

(一)被执行人交付或第三人代为交付的履行债务的款物;

(二)从金融等机构强制扣划的被执行人的款项;

(三)被执行人财产强制变价后的款项;

(四)提供执行担保的款物;

(五)强制拍卖中竞买人、买受人的保证金;

(六)依法应当由人民法院管理的其他财物。

第二条 各级人民法院应当开设执行款专户,对执行款实行专项管理、专款专付。执行款专户由财务部门统一管理。

各级人民法院收取的执行款应当存入法院执行款专户，不得存入其他帐户。人民法庭收取的执行款也应当存入所在基层人民法院的执行款专户。海岛、山区等交通不便的边远地方人民法庭收取的执行款，可先存入在当地银行（信用社）开设的帐户，但必须定期按规定转入所在基层人民法院的执行款专户。

第三条　执行款的管理实行执行部门与财务部门分工负责、相互配合、相互监督的原则。

执行部门负责通知被执行人缴纳执行款和审批申请执行人的领款手续；财务部门负责执行款到帐后给被执行人开具收据和根据执行部门的通知办理执行款的划付。

执行部门和财务部门应每季度核对一次执行款的收付情况，确保执行款收付帐目清楚、准确。

第四条　财务部门应当建立执行款收付的明细帐，逐案进行登记；执行部门应当建立执行款收付台帐，并指定专人负责，对每个案件实行明细记帐；案件承办人应当对所办案件的执行款往来情况进行登记，待执行完毕后归入案件档案。

第五条　下列情况取得的款项应当先划进执行款专户，不得直接交付给申请执行人：

（一）采取搜查、扣划、拍卖和变卖等措施取得的执行款；

（二）执行担保款；

（三）有争议或需再分配的执行款；

（四）被执行人要求划入人民法院帐户的款项；

（五）人民法院认为确有必要先存入执行款专户的其他款项。

第六条　被执行人以现金、支票、汇票等方式履行的，执行人员应当告知其直接交入本院开设有执行款专户的银行，并将银行回单送交人民法院财务部门；或由被执行人将现金或者票据交本院财务部门，由财务部门存入执行款专户。财务部门在收到执行款后应当出具收款凭据。

第七条　执行人员除特殊情况外，不得直接收取被执行人交付的现金或支票、汇票等票据，也不得向申请执行人转交、支付现金或支票、汇票等票据。确需执行人员直接代收现金或者票据的，应当有不少于两名执行人员在场，并即时向付款人出具由两名执行人员签名的收据。收款情况应记入笔录并由付款人签名。

执行人员直接收取现金、支票、汇票后，应当在回院后一个工作日内，将款项移交本院财务部门或缴入执行款专户。缴入执行款专户的，应及时将银行回单交本院财务部门。

第八条　人民法院委托拍卖机构拍卖被执行人财产时，应在拍卖委托书中要求竞买人、买受人将保证金、拍卖价款直接汇入法院执行款专户。并告知汇款时应注明汇款单位、拍卖机构名称、被执行人名称、案号。

第九条 人民法院在向被执行人收取执行款时,应依法结算诉讼费用和申请执行费,并给被执行人分别出具诉讼费用结算票据和执行款收款票据。

人民法院出具的必须是由财政票据中心监制的票据。

第十条 执行款到帐次日,财务部门应当将到帐情况告知执行部门,执行部门应当在五日内将收款时间和数额等有关情况告知申请执行人,在一个月内核算诉讼费、申请执行费用和应付的执行款金额,并及时通知申请执行人领取执行款。需要延期划付的,应当在期限届满前书面说明原因并报主管院领导审查批准。

第十一条 执行款专户的款项需要支付时,执行人员应当填报《浙江省人民法院执行案款划付审批表》,经执行部门执行款物台帐管理人员登记核签,报执行局长或主管院领导审核批准后,备齐下列材料,交财务部门办理划帐支付。

(一)生效的法律文书、执行立案审批表;

(二)受划付款人的有效身份证明。

申请执行人是自然人的,应附本人身份证复印件;委托他人代收的,应当向人民法院出具特别授权委托书及受托人身份证复印件;申请执行人是法人或其他组织的,应附有单位介绍信和领款人的身份证复印件。法人或其他组织不得委托他人代领执行款项。

财务部门在收到执行部门的支付案款审批表和上述材料后,应当按照有关财务管理规定认真审核。材料齐全的,应当在三日内办理划款手续,材料不齐的,应退回执行部门补齐材料。

第十二条 财务部门在向申请执行人划付执行款时,应当遵守以下规定:

(一)申请执行人为法人或其他组织的,划付执行款应以转帐的方式直接汇入以申请执行人名义开设的银行帐户;

(二)申请执行人为自然人的,可使用现金形式(现金支票)或转帐形式划付执行款。

财务部门在划付执行款的同时,应收取和审核申请执行人出具的身份证件和收款凭据。

第十三条 人民法院查封、扣押物品后应当按下列规定处理:

(一)执行部门应对查封、扣押物品造册登记,详细载明物品的名称、数量、估价、物品所在地、保管人等信息;

(二)由人民法院保管的,执行部门应指定专人负责,妥善保管;

(三)房产等固定物和不便移动的物品,人民法院应责令被执行人自行保管,也可以指定被执行人的上级主管部门或所在社区、村委会代为保管;

（四）对有保质、保鲜期要求的物品，执行部门如认为确有必要查封、扣押的，应对查封、扣押物品妥善保存。

第十四条　人民法院解除对财产的查封、扣押、冻结措施后，应当及时将财产裁定发还。

第十五条　案件承办人调离执行部门或因调整分工需移交案件时，必须同时移交执行款物及相关材料。执行款物交接不清的，不得办理调离手续。

第十六条　严禁使用、截留、挪用、侵吞和私分执行款物。违反者，按有关规定追究责任。

第十七条　法院纪检监察部门应监督执行款物的管理工作，对本院执行规定的情况每年至少进行一次检查，并将检查情况书面报告院党组。

纪检监察部门对检查出的问题，应向管理部门发出监察建议或整改通知；涉及违纪违法的，按有关规定处理。

管理部门在收到监察建议或整改通知后，应及时整改，并将整改情况向纪检监察部门反馈。

第十八条　上级法院应加强对辖区法院执行款物管理工作的监督，必要时可组织进行检查，对检查情况视情处理。

第十九条　各级人民法院在实施本规定过程中，可以根据实际需要制定实施细则。

第二十条　本规定自公布之日起施行。

浙江省高级人民法院
关于司法警察参与执行工作的规定

（2008 年 8 月 19 日　浙高法〔2008〕227 号）

为进一步加强司法警察参与执行工作，在人民法院内部形成解决执行难问题的合力，依据最高人民法院《关于人民法院执行工作若干问题的规定（试行）》、《人民法院司法警察暂行条例》和《关于加强人民法院司法警察队伍建设的若干意见》等规定，结合我省法院工作实际，制定本规定。

第一条　司法警察应切实履行工作职责，充分发挥司法警察的特点和优势，维护司法权威，防止、及时处置暴力抗拒执行行为，保证完成各项任务，保障执行活动顺利进行。

第二条　司法警察部门在实行“双重领导、编队管理”的体制下，明确相对固定的司法警察参与执行工作。

第三条 参与执行的司法警察在法官、执行员的指令下主要履行以下职责:

(一)送达法律文书;

(二)执行传唤、拘传、拘留;

(三)参与财产查封、扣押、冻结或没收活动;

(四)保障执行活动正常开展的其他事项。

第四条 执行活动开展前,执行人员应向参与执行的司法警察通报案件及被执行人等情况,并明确本次执行活动中司法警察应承担的主要任务。

重大执行活动开展前,执行机构应及时通报司法警察部门,必要时共同研究执行方案。

第五条 一般执行活动由相对固定的司法警察参与,重大执行活动需要增派司法警察的,执行机构应事先向司法警察部门提出,并填写《司法警察参与执行联系单》,司法警察部门应及时选派司法警察参与。

发生暴力抗拒执行等紧急情况需要增派司法警察的,司法警察部门应按照规定立即出警。

第六条 司法警察参与案件执行,必须携带《警官证》,按照规定着装,佩带警衔标志、臂章、警号。按规定配带警械和警具。警容严整,举止端庄,依法、规范、文明执行。

第七条 执行机构与司法警察部门要加强业务交流,对参与执行的司法警察进行必要的业务培训。

第八条 司法警察参与执行活动应当严格遵守法律和执行工作廉政纪律的规定。违反规定的,按照《中华人民共和国人民警察法》、《人民法院执行工作纪律处分办法(试行)》追究有关人员的责任。

第九条 本意见由浙江省高级人民法院审判委员会负责解释。

第十条 本意见自2008年9月1日起施行。

浙江省高级人民法院
关于司法警察编队派驻执行机构的意见

(2009年9月23日 浙高法〔2009〕320号)

本省各级人民法院、宁波海事法院:

为提高执行工作的快速反应能力,增强执行实施工作的威慑力,进一步发挥司法警察参与执行的职能作用,依照最高人民法院《人民法院司法警察暂行条例》和《关于进一步加强和规范执行工作的若干意见》(法发〔2009〕43号,以下简称《意

见》)的有关规定,现就司法警察编队派驻执行机构负责执行实施工作提出如下意见:

一、充分认识司法警察编队派驻执行机构的重要作用

去年8月,省高级人民法院下发了《关于司法警察参与执行工作的规定》(浙高法〔2008〕227号),明确提出了相对固定司法警察参与执行工作的要求,各地法院积极探索,充分发挥司法警察在执行工作中的重要作用,提高了执行工作的快速反应能力和威慑力,实践效果是好的。根据最高人民法院近日下发的《意见》,省高级人民法院要求各级法院领导,充分认识司法警察编队派驻执行机构,对提高执行工作快速反应能力、增强执行实施工作威慑力的重要作用,把司法警察编队派驻执行机构作为贯彻《意见》的重要内容。

二、司法警察编队派驻执行机构的措施

当前我省多数法院的执行机构已配备司法警察,但还存在人员配备不平衡和职责不够明确的问题,少数法院执行机构至今尚未配备司法警察,影响了执行实施工作的快速反应能力和威慑力。为此,需要建立司法警察编队派驻执行机构负责执行实施工作。

(一)各中级人民法院和基层人民法院司法警察部门要组建编队派驻执行机构,专司执行实施工作。配备从事执行实施工作的司法警察,必须符合《中华人民共和国人民警察法》和《人民法院司法警察暂行条例》规定的任职和首次授衔条件,热爱并胜任执行工作。

(二)派驻执行机构的司法警察具体行使执行实施权,实行"双重领导,编队管理"。中级法院编为执行大队,基层法院编为执行中队。日常工作和绩效管理考核由执行机构负责,司法警察的基本技能训练和业务知识培训由司法警察部门负责。

(三)执行机构和司法警察部门要加强配合和协作,遇有重大执行任务时,司法警察部门要组织司法警察积极参与执行实施工作;遇有重大警务活动时,在执行岗位上的司法警察要服从司法警察部门安排,积极参加警务活动。

三、加强组织领导,确保司法警察编队派驻执行机构取得预期成效

司法警察编队派驻执行机构负责执行实施工作,涉及到全省法院执行和司法警察工作格局的变化,是执行工作的改革和创新。各级法院要切实加强领导,从实际需要出发,积极稳妥地组织实施,确保执行力量得到进一步加强。各中院要加强对辖区法院的指导和监督。在实施过程中,要加强思想政治工作,明确开展此项工作的目的和意义。涉及调配司法警察时,应严格掌握政策、条件,政治部门、执行机构和司法警察部门要加强沟通协调,各司其职,各负其责,认真做好各项工作。对实施过程中遇到的困难和问题,要及时上报省高级人民法院。

浙江省高级人民法院
关于进一步完善委托评估拍卖管理工作的意见

(2009年12月11日　浙高法〔2009〕426号)

本省各级人民法院、宁波海事法院:

为认真贯彻落实最高人民法院《关于人民法院委托评估、拍卖和变卖工作的若干规定》(以下简称《若干规定》)及省人大常委会《关于加强全省法院民事执行工作的决定》,结合我省委托评估、拍卖工作中出现的新情况,现就进一步完善委托评估拍卖管理工作提出如下意见:

一、各级人民法院对外委托管理部门在选择评估机构时,无论是执行中的评估还是审判中的评估,均应当按《若干规定》的要求在评估机构名册内采取公开随机的方式选定。目前还没有建立评估机构名册的基层法院,可以根据实际需要按规定的程序建立名册;也可以在中级人民法院的名册内按《若干规定》的要求选定评估机构。

二、各级人民法院对外委托管理部门应加强对评估机构的监督,需要评估机构对现场进行勘验、对实物进行盘点,而评估机构未进行勘验、盘点的,对外委托管理部门可以责令其重新评估。

三、各级人民法院审判、执行部门在决定进行评估、拍卖时,应当征询各方当事人对人民法院选择评估、拍卖机构时是否到场的意见,如明确表示不到场的,应予记录并移交对外委托管理部门。各级人民法院在通知各方当事人及选择评估、拍卖机构时,应当充分运用短信群发平台、网络视频等技术手段,以方便当事人。

四、各级人民法院执行机构对委托评估、拍卖的执行财产状况及瑕疵情况应认真调查核实,对外委托管理部门也应认真审查,符合条件的,方可进行委托。已经委托拍卖而确需暂缓的,应当由执行机构书面决定,禁止无正当理由随意中止拍卖。

五、评估机构在评估时,对执行财产可评估市场价,但最终结论应以司法处置价(司法处置价又称快速变现价,是快速收回现金的一种交易价格,主要用于司法拍卖)为准,评估的司法处置价即为第一次拍卖的保留价,且不得向竞买人公开。

执行机构需要确定建议保留价时,应当由三人以上集体讨论。对外委托管理部门确定的保留价与执行机构的建议保留价正负相差10%以上的,应当报请分管对外委托管理部门的院领导批准。

六、各中级人民法院在选定拍卖机构时,对财产价值较低的拍卖财产可以根据就近、便利的原则确定拍卖机构。“财产价值较低”的标准以及选取拍卖机构的具体方法由各中级人民法院根据本辖区的具体情况决定,并报我院司法鉴定处批准。

基层人民法院因案件执行实际需要,要求对财产价值较低的拍卖财产及时变现的,中级人民法院可不进行捆绑式委托拍卖。

七、拍卖机构接受委托后,应当在拍卖财产所在地的媒体和中级人民法院、执行法院的外网上刊登拍卖公告。委托法院对刊登拍卖公告的范围有要求的,一般应当按要求办理。

八、拍卖不动产的,拍卖机构一般应当在拍卖财产所在地或委托法院所在地组织拍卖。

九、各级人民法院不得以任何方式、任何名义接受评估机构、拍卖机构的佣金分成或者赞助、资助等。

浙江省高级人民法院
关于办理承认和执行外国仲裁裁决及港澳台仲裁裁决案件的指导意见

(2010 年 3 月 31 日　浙高法〔2010〕105 号)

为规范办理承认和执行外国仲裁裁决案件、认可和执行香港特别行政区、澳门特别行政区仲裁机构作出的仲裁裁决或者台湾地区仲裁机构作出的仲裁裁决(以下简称港澳台仲裁裁决),提高案件审判质量,统一司法尺度,根据我国《民事诉讼法》等相关法律、《承认及执行外国仲裁裁决公约》(以下简称《纽约公约》)和最高人民法院有关司法解释的规定及精神,经过调查研究,广泛听取意见,在总结梳理我省办理相关案件既有经验的基础上,特制定本指导意见。

第一条　外国仲裁裁决,系指国际常设仲裁机构、外国仲裁机构或者临时仲裁机构在我国领土以外作出的根据我国法律属于契约性和非契约性商事法律关系所引起的争议的仲裁裁决。

第二条　对在《纽约公约》另一缔约国领土内作出的外国仲裁裁决的承认和执行适用该公约,该公约与我国《民事诉讼法》有不同规定的,按该公约的规定办理。

对在非《纽约公约》缔约国领土内作出的外国仲裁裁决,需要我国法院承认和执行的,如该国与我国已经签订双边司法协助协定,应按照协定规定办理;如该国与我国没有双边司法协助协定的,受理申请的法院应按我国《民事诉讼法》第二百六十七条的规定按照互惠原则办理。

第三条　对港澳台仲裁裁决,受理申请的法院应当按照《最高人民法院关于内地与香港特别行政区相互执行仲裁裁决的安排》、《最高人民法院、澳门特别行政区关于内地与澳门特别行政区相互认可和执行仲裁裁决的安排》或《最高人民法院关于人民法院认可台湾地区有关法院民事判决的规定》以及《最高人民法院关于人民法院认可台湾地区有关法院民事判决的补充规定》办理。

上述安排或规定没有规定的,受理申请的法院可以参照本指导意见执行。

第四条 申请承认和执行外国仲裁裁决的案件,以及申请认可和执行香港、澳门仲裁裁决的案件,由被申请人住所地、经常居住地或者财产所在地中级人民法院或者海事法院管辖。

申请认可和执行台湾仲裁裁决的案件,由申请人住所地、经常居住地或者财产所在地中级人民法院或者海事法院管辖。

第五条 受理申请的中级人民法院立案受理后,应当按照本院(2008)浙高法378号《浙江省高级人民法院关于全省法院案件字号编立的规定》编立“仲确”案号,将案件交由涉外商事审判业务庭组成合议庭进行审理。

受理申请的海事法院立案受理后,亦应按照前款规定编立案号将案件交由审判业务庭组成合议庭审理。

受理申请的法院审理此类案件时,一般应采取听证程序,并充分听取双方当事人的意见。如案件事实清楚、简单的,亦可通过询问当事人的方式审理。

第六条 对申请承认和执行外国仲裁裁决,以及认可和执行港澳台仲裁裁决的收费及审查期限问题,受理申请的法院应当按照《最高人民法院关于承认和执行外国仲裁裁决收费及审查期限问题的规定》及《最高人民法院关于人民法院认可台湾地区有关法院民事判决的补充规定》等规定办理。

申请承认和执行外国仲裁裁决的案件,以及申请认可和执行香港澳门仲裁裁决的案件,受理申请的法院决定予以承认/认可和执行的,应在受理申请之日起两个月内作出裁定;决定不予承认/认可和执行的,在受理申请之日起两个月内逐级上报最高人民法院。

申请认可和执行台湾仲裁裁决的案件,受理申请的法院决定予以认可和执行的,应在受理申请之日起六个月内作出裁定;决定不予承认和执行的,在受理申请之日起六个月内逐级上报最高人民法院。

第七条 当事人申请承认和执行在《纽约公约》另一缔约国领土内作出的外国仲裁裁决,除应当提交申请书以外,还应当按照《纽约公约》第四条规定,向受理申请的法院提交下列材料:

(一)经正式认证的裁决正本或经正式证明的副本;

(二)书面仲裁协议(含仲裁条款)正本或经正式证明的副本;

(三)如果上述裁决或协议不是用中文作成,应该提交由一官方的或宣过誓的译员或一外交或领事代理人证明的中文译本。

对于依照法律规定需要办理公证、认证的材料,申请人应当办理公证、认证手续。

第八条　当事人申请承认和执行在《纽约公约》另一缔约国领土内作出的外国仲裁裁决，受理申请的法院仅在被申请人提出有关下列情况的证明，才可以根据被申请人的要求，审查仲裁裁决是否存在下列五种情况，从而依据《纽约公约》第五条第一款判定该裁决是否存在可以拒绝承认和执行的情形：

（一）仲裁协议的双方当事人，根据对他们适用的法律，当时是处于某种无行为能力的情况之下；或者根据双方当事人选定适用的法律，或在没有这种选定的时候，根据作出裁决的国家的法律，仲裁协议无效；

（二）作为裁决执行对象的当事人，没有被给予指定仲裁员或者进行仲裁程序的适当通知，或者由于其他情况而不能对案件提出意见；

（三）裁决涉及仲裁协议所没有提到的，或者不包括仲裁协议规定之内的争执；或者裁决内含有对仲裁协议范围以外事项的决定；但是，对于仲裁协议范围以内的事项的决定，如果可以和对于仲裁协议范围以外的事项的决定分开，那么，这一部分的决定仍然可予以承认和执行；

（四）仲裁庭的组成或仲裁程序同当事人之间的仲裁协议不符，或者当事人之间没有这种协议时，同进行仲裁的国家的法律不符；

（五）裁决对当事人还没有约束力，或者裁决已经由作出裁决的国家或据其法律作出裁决的国家的管辖当局撤销或停止执行。

第九条　对当事人申请承认和执行在《纽约公约》另一缔约国领土内作出的外国仲裁裁决，如被申请人未提出本指导意见第八条列明的《纽约公约》第五条第一款规定的五种不予承认和执行的情形并提供相应证据的，受理申请的法院还需审查该仲裁裁决是否存在《纽约公约》第五条第二款列明的下列两种可以拒绝承认和执行的情况：

（一）争执的事项，依照我国法律，不可以用仲裁方式解决；

（二）承认和执行该项裁决将违反我国的社会公共利益。

受理申请的法院在审查承认和执行该项裁决是否将违反我国的社会公共利益时，应当综合考量，并从社会公共利益的时代性、发展性出发，坚持对具体案件的不同情况进行分析，不僵化地适用这一概念。一般情况下，仅仅涉及部门或者地方利益或者违反我国法律的单项强制性规定，并不必然构成对我国社会公共利益的违反。

第十条　当事人申请承认和执行外国仲裁裁决，或者申请认可和执行港澳台仲裁裁决，应当在我国《民事诉讼法》第二百一十五条规定的期限内提出申请。如果裁决书未明确履行期限，应从裁决书载明的裁决生效之日，或者依作出裁决的国家的法律规定的裁决生效之日起计算申请人申请执行的期限。

受理申请的法院审查后如查明申请人提出申请的日期已经超过我国《民事诉讼法》第二百一十五条规定的期限,应裁定不予承认/认可和执行该仲裁裁决。

第十一条 受理申请的法院经审查认为外国仲裁裁决或者港澳台仲裁裁决存在不予承认/认可和执行的情形,在作出裁定前,应提出书面审查意见,并连同案卷材料一并报请本院民四庭进行书面审查。

如本院民四庭同意不予承认/认可和执行,该庭会将审查意见报最高人民法院,待最高人民法院答复后,受理申请的法院方可裁定不予承认/认可和执行该仲裁裁决。

第十二条 受理申请的法院经审查认为外国仲裁裁决或者港澳台仲裁裁决不存在不予承认/认可和执行的情形,在作出裁定前,应当报请本院民四庭进行简易复核审查。

如本院民四庭复核同意受理申请的法院的审查意见,受理申请的法院方可裁定承认/认可和执行该仲裁裁决。

第十三条 申请人同时申请承认和执行外国仲裁裁决,或者同时申请认可与执行港澳台仲裁裁决的,受理申请的法院仅对应否承认/认可该仲裁裁决进行审查。

受理申请的法院审查认为该仲裁裁决不存在不予承认/认可和执行的情形,并裁定认可该仲裁裁决效力后,申请人可以另行向法院申请执行。

第十四条 本指导意见自下发之日起施行,如具体内容与新颁布实施的法律、行政法规和司法解释不一致的,以新颁布的法律、行政法规和司法解释为准。

浙江省高级人民法院
实施《人民法院对外委托司法鉴定管理规定》细则

(2010年10月22日 浙高法〔2010〕299号)

为规范全省人民法院对外委托司法鉴定工作,确保司法公正,保护当事人的合法权益,根据《人民法院对外委托司法鉴定管理规定》,制定本细则。

第一章 总 则

第一条 本细则所指司法鉴定的范围包括:法医类、医疗损害;物证类(包括文书、痕迹等);会计审计、工程造价;建筑工程、测绘测量;产品(包括药品、农药、种子等)质量;计算机技术、声像资料;知识产权;文物珠宝、书画作品;其他相关诉讼证据的鉴定。

第二条　建立省、市、县(市、区)三级人民法院司法鉴定机构名册(以下简称鉴定机构名册)。建立鉴定机构名册应当公告,并遵循自愿、择优的原则。

法医类、物证类、声像资料鉴定应当使用司法行政部门公告的名册;根据实际工作需要,人民法院也可从司法行政部门公告的法医类、物证类、声像资料鉴定机构名册内择优建立备选名录。

第三条　各级人民法院应当成立鉴定机构名册考核评审委员会,决定鉴定机构的入册和对违规鉴定机构的处理。

第四条　人民法院司法鉴定管理部门(以下简称管理部门)是人民法院对外委托司法鉴定的职能部门,负责对外委托、协调和监督鉴定工作,指导下级人民法院的对外委托司法鉴定工作。未单独设置管理部门的人民法院,一般由非审判业务部门行使对外委托司法鉴定的职责,并配备相应管理人员。

在对外委托司法鉴定工作中,各相关业务庭与管理部门应当相互配合,相互协作,并接受纪检、监察部门的检查和监督。

第二章　鉴定机构名册的建立

第五条　本细则所指的鉴定机构,是指依照我国相关法律、法规设立,具有行业执业资格和相应技能的机构;以及虽无相关法律、法规规定,但有能力承担相关专业技术鉴定的机构。

第六条　入册鉴定机构的基本条件:(一)具有法人资格或能独立承担民事责任;(二)有3名以上取得行业鉴定人资格或符合相应条件的人员;(三)有与所开展的鉴定业务相适应的必要设备。

各级人民法院可根据当地实际情况设定鉴定机构入册的具体条件。

第七条　鉴定机构申请加入鉴定机构名册,应当向所在地的人民法院申请,并提供以下材料:(一)营业执照副本;(二)专业资质证书;(三)专业人员名单、执业资格证书和主要业绩;(四)年检、年审文书;(五)其他必要的文件、资料。

第八条　省高级人民法院鉴定机构名册由省高级人民法院确定;市中级人民法院鉴定机构名册由市中级人民法院选定后,报省高级人民法院管理部门批准;基层人民法院鉴定机构名册由基层人民法院选定,并经市中级人民法院审核同意后,报省高级人民法院管理部门批准。

根据实际,未建立鉴定机构名册的基层人民法院,经市中级人民法院同意,可将市中级人民法院的鉴定机构名册作为本院鉴定机构名册使用,并报省高级人民法院管理部门备案。

第九条　已入册的鉴定机构提出申请,并经省高级人民法院管理部门批准,按属地原则加入下级人民法院鉴定机构名册。

第十条 建立鉴定机构名册的人民法院应当与入册的鉴定机构签订责任书，明确相互的权利和义务。

第十一条 鉴定机构名册应当在人民法院网站上公告。

第三章 司法鉴定的提起

第十二条 业务庭在审理、执行案件中,可应当事人及其诉讼参与人的申请或依职权,决定进行司法鉴定。业务庭应当及时将《司法鉴定决定书》及相关材料移交管理部门。《司法鉴定决定书》中应当明确鉴定的目的和要求。相关材料包括:(一)与鉴定有关的案卷材料;(二)应当由当事人提供的鉴定材料(须证明真实或经质证认可);(三)人民法院依职权调查的材料;(四)其他与鉴定有关的材料。

第十三条 管理部门接受《司法鉴定决定书》及相关材料后,经审核,对符合要求的予以受理;对鉴定要求不明或鉴定材料不全的,应当通知业务庭,待业务庭明确、补充后予以受理;对不属于司法鉴定范围或不需要进行司法鉴定的,管理部门应当说明理由后退回业务庭。

第四章 鉴定机构的选定

第十四条 选定鉴定机构应当由当事人协商选择和人民法院指定相结合,并遵循公开、公平、公正的原则。

下列案件不适用当事人协商选择鉴定机构:

(一)刑事案件;

(二)涉及国家机密的案件;

(三)其他不适用当事人协商选择鉴定机构的案件。

第十五条 管理部门受理案件后,应当指派 1 至 2 名鉴定督办人办理,对于可以协商选择鉴定机构的案件,应当在 3 个工作日内通知当事人在指定的时间、地点协商确定鉴定机构。当事人无正当理由缺席的,视为放弃协商。

第十六条 当事人协商选择鉴定机构应当在鉴定督办人主持下进行,原则上从本院鉴定机构名册内选定,也可从其他鉴定机构名册内选定。当事人协商选定的鉴定机构不在鉴定机构名册内的,应当从其选定,但需经管理部门审查,如该鉴定机构的资格、资质存在问题的,当事人应当重新协商选定。

当事人经协商选定鉴定机构后,应当在《对外委托鉴定机构协商确认书》上签名。

第十七条 当事人协商不一致或放弃协商的,由管理部门从本院鉴定机构名册内采用摇号、抽签、轮候等随机方式选定,无合适的,再从上级人民法院鉴定机构名册内选定,必要时也可从省内其他鉴定机构名册内选定。本省鉴定机构名册内均无相关鉴定机构的，可从社会相关鉴定机构中选定。

鉴定机构确定后，应当发给当事人《对外委托鉴定机构选定通知书》。

第十八条　当事人协商选定的鉴定机构为非本院鉴定机构名册内的，应当由建立该鉴定机构名册的人民法院出具《选定鉴定机构推荐书》；当事人协商不一致或放弃协商，需在非本院鉴定机构名册内选定的，应当由建立该鉴定机构名册的人民法院按规定程序选定，并出具《选定鉴定机构推荐书》。

第十九条　不适用协商选择鉴定机构的案件，由管理部门直接指定鉴定机构。

对涉及多学科的司法鉴定或所涉专业尚无法定鉴定机构的，可委托有鉴定资质或鉴定能力的机构组织鉴定。

特殊案件的鉴定，可采用公开招标的方式确定鉴定机构。

法律、法规另有规定的，从其规定。

第二十条　委托省外鉴定机构鉴定的，应当报省高级人民法院管理部门审核同意。

第二十一条　鉴定机构和鉴定人依法实行回避制度。鉴定机构有回避情形的，应当重新选定鉴定机构；鉴定机构中的鉴定人员有回避情形的，鉴定机构应当调换有关鉴定人员。

第五章　鉴定的实施

第二十二条　鉴定机构确定后，管理部门应当在3个工作日内将《司法鉴定委托书》及相关材料交鉴定机构，并对重要的证据材料采用照相、扫描、复印等方式进行固定。

第二十三条　鉴定机构应当及时审阅材料，制定鉴定计划，对尚需补充材料及需明确有关情况的一般在5个工作日内向管理部门提出。管理部门应当及时通知相关当事人补充；相关证据需业务庭提供或质证的，业务庭应当及时提供或质证。

第二十四条　鉴定机构根据鉴定需要，可勘验现场、取样检验，并由管理部门通知相关人员到场；需管理部门提供帮助、协调的，由管理部门负责；需业务庭协调的，由业务庭负责。当事人及相关人员应当积极配合。

第二十五条　在鉴定过程中，需要补充、增加鉴定事项的，业务庭决定后书面通知管理部门，并附相应的补充材料，管理部门应当及时通知鉴定机构。

第二十六条　鉴定材料的提供与收集：

（一）需要相关当事人提供鉴定材料的，由管理部门书面通知当事人，当事人应当在规定的期限内提供。未能提供的、或认为不应当由其提供的，应当在规定的期限内向管理部门书面说明理由，该证据的举证责任交业务庭决定；当事人既不提供、又不说明理由的，由管理部门将该情况书面告知业务庭，由业务庭处理。

(二)需要由人民法院依职权才能收集的鉴定材料,管理部门应当书面告知业务庭,由业务庭处理。

第二十七条 鉴定过程中,因当事人及相关人员不配合致使鉴定无法正常进行的,管理部门应当及时通知业务庭,由业务庭处理。

第二十八条 鉴定过程中鉴定对象发生变化的,管理部门应当及时通知业务庭,由业务庭处理。

第二十九条 人民法院必要时可组织鉴定听证会,鉴定人应当充分听取当事人的意见。

第三十条 需要鉴定人出庭接受质询或参加庭前听证的,业务庭应当在5个工作日之前书面通知管理部门,并落实鉴定人因出庭所需的合理费用。管理部门应当及时通知鉴定人出庭,并协助做好出庭工作,必要时鉴定督办人可就鉴定过程中的有关情况进行说明。鉴定人因特殊原因并经业务庭同意,可以书面答复当事人的质询。

第六章 鉴定期限、鉴定终止

第三十一条 鉴定期限是指受理鉴定之日起,至发出鉴定文书之日的期限。一般鉴定的期限为30个工作日;疑难复杂鉴定的期限为60个工作日。

因特殊情况不能按期完成鉴定的,鉴定机构应当书面向管理部门报告,管理部门在征求业务庭意见后,决定是否延长期限。延长一般不超过30个工作日。

第三十二条 鉴定完成后,鉴定机构应当将鉴定文书正本两份、副本数份(按当事人数量)和相关材料及时送交管理部门,正本一份、副本数份和相关材料由管理部门及时移交业务庭,正本一份管理部门存档。

第三十三条 人民法院可因下列事由终止鉴定、撤回委托:

(一)当事人撤诉或已调解结案的;

(二)无法获取必要的鉴定材料,致使鉴定无法进行的;

(三)当事人拒不配合,致使鉴定无法进行的;

(四)鉴定机构未经同意无故延长期限,致使人民法院无法及时结案的;

(五)鉴定机构以给好处、行贿等不正当方式获得鉴定,及在鉴定过程中严重违反有关规定的;

(六)当事人不按规定交纳鉴定费用的。

第三十四条 终止鉴定、撤回委托的处理:

(一)属第三十三条第(一)项规定情形的,由业务庭作出决定;

(二)属第三十三条第(二)、(三)、(四)、(五)、(六)项规定情形的,由管理部门提出书面意见后交业务庭处理;

（三）决定终止鉴定的，由管理部门向鉴定机构出具《撤回委托鉴定通知书》；

（四）非鉴定机构原因终止鉴定的，鉴定机构因鉴定已实际发生的费用由人民法院确定承担人；因鉴定机构原因终止鉴定的，退回鉴定费用。

第七章　鉴定费用

第三十五条　鉴定费用的交纳由业务庭决定，并在《司法鉴定决定书》中说明。

第三十六条　鉴定费用由鉴定机构收取。收费金额按有关标准确定，无标准的，由鉴定机构根据实际情况确定。

第三十七条　逾期不交纳鉴定费用，当事人申请鉴定的，视为放弃申请；人民法院决定鉴定的，终止鉴定。

第八章　考核与监督

第三十八条　上级人民法院管理部门对下级人民法院的对外委托司法鉴定管理工作进行指导、监督、检查。

第三十九条　各级人民法院对入册的鉴定机构实行动态管理、定期考核，有条件的人民法院可对入册的鉴定机构实行末位淘汰制。

第四十条　管理部门应当对鉴定机构的鉴定活动进行监督，对鉴定文书进行审查，对不按委托要求进行鉴定、鉴定结论不明确、运用证据材料有缺陷的，应当要求鉴定机构进行复查、补正。

第四十一条　鉴定机构有下列情形之一的，予以警告：

（一）违反操作规程和有关规定，尚未造成后果的；

（二）因疏忽、过失，致使出具不当的鉴定文书，尚未造成后果的；

（三）不按规定收取鉴定费用的；

（四）明知有法定回避情形而不主动提出回避的；

（五）无正当理由拖延鉴定的；

（六）未经建立鉴定机构名册的人民法院推荐受理案件的；

（七）其他应当给予警告处理情形的。

警告的决定由建立鉴定机构名册的人民法院作出。

第四十二条　鉴定机构有下列情形之一的，予以暂停委托鉴定：

（一）违反操作规程和有关规定，造成一定后果的；

（二）因疏忽、过失，致使出具不当的鉴定文书，造成一定后果的；

（三）直接接受业务庭委托的；

（四）无故延长鉴定期限，导致人民法院无法及时结案的；

（五）无正当理由拒绝接受委托的；

(六)无正当理由拒不出庭接受质询的;

(七)遗失鉴定材料,未造成后果的;

(八)受到有关部门处罚的;

(九)二年内已受到二次警告,再有应当予以警告情形的;

(十)其他应当给予暂停委托鉴定处理情形的。

暂停委托鉴定的决定由建立鉴定机构名册的人民法院作出,并报上一级人民法院批准。暂停期限为六个月至一年,期满后,经鉴定机构申请,对已落实整改措施的,可恢复委托鉴定。

第四十三条 鉴定机构有下列情形之一的,予以除名:

(一)因疏忽、过失,致使出具错误的鉴定文书,造成严重后果的;

(二)弄虚作假,出具虚假鉴定文书的;

(三)以给好处、行贿等不正当方式获得鉴定的;

(四)在鉴定过程中收受当事人好处等严重违规行为的;

(五)无故延长期限,导致人民法院无法及时结案,造成严重后果的;

(六)不认真履行职责而错过鉴定时机,或者将送检材料破坏、丢失,致使无法再鉴定,造成不良后果的;

(七)受到有关部门较重处罚的;

(八)二年内已受到暂停委托鉴定处理,再有应当予以警告或暂停委托鉴定处理情形的;

(九)鉴定机构或主要负责人职务犯罪的;

(十)有其他严重违规情形的。

除名的决定由建立鉴定机构名册的人民法院作出,并按建立鉴定机构名册的程序报批。除名后三年内不得再行加入鉴定机构名册。

第四十四条 上级人民法院发现鉴定机构确有应当暂停委托鉴定、除名情形,建立鉴定机构名册的人民法院不作处理的,可径行作出处理决定。

第四十五条 在对外委托司法鉴定管理工作中,管理部门的工作人员应当遵守下列规定:

(一)不得向鉴定机构或鉴定人施加影响,违规干预鉴定工作;

(二)严禁徇私舞弊、违反操作程序和纪律;

(三)严禁以任何形式收受鉴定机构和鉴定人的财物。

违反前款规定情形的,按有关规定追究责任。

第四十六条 业务庭或审判、执行人员自行对外委托司法鉴定或违规干涉鉴定的,按有关规定追究责任。

第九章　附　　则

第四十七条　本省各级人民法院有关对外委托司法鉴定的规定与本细则不一致的，以本细则为准。

第四十八条　本细则由浙江省高级人民法院负责解释。

第四十九条　本细则自公布之日起施行。

浙江省高级人民法院
关于审理案外人异议之诉和许可执行之诉案件的指导意见

（2010年10月27日　浙高法〔2010〕307号）

为规范案外人异议之诉和许可执行之诉案件的审理，保护当事人、案外人的合法权益，根据《中华人民共和国民事诉讼法》和最高人民法院《关于适用〈中华人民共和国民事诉讼法〉执行程序若干问题的解释》等规定，结合我省实际，制定本意见。

第一条　执行过程中，案外人、申请执行人依照民事诉讼法第二百零四条的规定向人民法院提起的下列诉讼，人民法院应当作为案外人异议之诉和许可执行之诉案件受理：

（一）案外人对驳回其异议的裁定不服，请求对执行标的停止执行，或者同时请求确认其对执行标的主张的权利，而提起的与原判决、裁定无关的诉讼；

（二）申请执行人对处理案外人异议作出的裁定不服，请求对执行标的许可执行而提起的诉讼。

第二条　案外人异议之诉和许可执行之诉案件由执行法院管辖，由审判监督庭审理。

本省提级执行、指定执行、委托执行的案件，涉及案外人异议之诉和许可执行之诉的，由最终执行的法院管辖。

第三条　执行过程中，案外人就执行标的另行提起确权之诉，人民法院不予受理；案件已经受理的，应当驳回起诉。

违反前款规定作出的判决书、调解书应当依法撤销。拒不撤销的，由执行法院报请共同的上级法院协调处理。

第四条　多个案外人分别提起异议之诉对同一执行标的主张同一性质的权利，或者多个申请执行人分别提起诉讼请求对同一执行标的许可执行的，可以合并审理。

诉讼由不同法院受理的,后受理的法院应当将案件移送最先受理的法院审理。

第五条 案外人提起异议之诉应当以申请执行人为被告;被执行人反对案外人对执行标的所主张的实体权利的,应当以申请执行人和被执行人为共同被告。

申请执行人提起诉讼,请求对执行标的许可执行的,应当以案外人为被告;被执行人反对申请执行人的请求的,应当以案外人和被执行人为共同被告。

被执行人下落不明,无法表明其对案外人或者申请执行人请求的意见的,应当将其列为共同被告。

第六条 案外人或者申请执行人对处理案外人异议作出的裁定不服,应当自收到执行法院的异议裁定之日起15日内提起诉讼。逾期起诉的,人民法院不予受理。

第七条 人民法院依照民事诉讼法第二百零四条规定裁定对异议标的中止执行后,申请执行人自裁定送达之日起15日内未提起诉讼的,人民法院应当裁定解除已经采取的执行措施。

第八条 案外人依照民事诉讼法第二百零四条的规定提起诉讼的,须对执行标的享有足以阻止其转让、交付的实体权利,该实体权利包括:

(1)所有权,包括国家所有权、集体所有权、自然人和法人所有权,以及基于共有关系所产生的权利;

(2)用益物权,包括土地承包经营权、建设用地使用权和宅基地使用权等;

(3)部分担保物权,如质权、留置权;

(4)租赁权,但执行中不涤除该权利的除外;

(5)法律规定的其他权利。

第九条 在案外人异议之诉中,案外人可以同时要求确认其对执行标的的主张的实体权利以及对执行标的停止执行。

在许可执行之诉中,申请执行人可以同时要求否定案外人对执行标的主张的实体权利以及对执行标的许可执行。

第十条 案外人异议之诉案件的案由为“请求对执行标的停止执行”。

许可执行之诉案件的案由为“请求对执行标的许可执行”。

第十一条 案外人异议之诉案件审理中,案外人应当就其对执行标的享有所有权或者其他足以阻止执行标的的转让、交付的实体权利承担举证责任。

被执行人对案外人的权利主张表示承认的,不能免除案外人的举证责任。

许可执行之诉案件审理中,被执行人同意申请执行人请求的,不能免除申请执行人的举证责任。

第十二条 案外人异议之诉和许可执行之诉案件经审理,人民法院认为理由不成立的,判决驳回其诉讼请求;理由成立的,根据原告的诉讼请求作出相应的判决。

案外人、申请执行人未根据本意见第九条规定诉请对相关实体法律关系进行裁判的，人民法院应当予以释明；如案外人和申请执行人明确表示不需要对相关实体法律关系进行裁判的，人民法院不在判决主文中予以宣告，但可以在事实和理由部分予以阐明。

第十三条　案外人异议之诉进行期间，不停止执行。

案外人的诉讼请求确有理由或者提供充分、有效的担保请求停止执行的，执行法院可以裁定停止对执行标的进行处分；申请执行人提供充分、有效的担保请求继续执行的，应当继续执行。

案外人请求停止执行，请求解除查封、扣押、冻结，或者申请执行人请求继续执行有错误，给对方造成损失的，应当予以赔偿。

第十四条　本意见由浙江省高级人民法院审判委员会负责解释。

第十五条　本意见自公布之日起施行。

浙江省高级人民法院执行局　浙江省信用中心
关于联建共享省公共联合征信平台有关问题纪要

（2010 年 3 月 25 日　浙高法〔2010〕95 号）

为贯彻落实省人大常委会《关于加强全省法院民事执行工作的决定》和省社会治安综合治理委员会《关于完善全省综合治理执行难工作体系的意见》，省高级人民法院执行局与省信用中心就进一步深化省公共联合征信平台（以下简称省征信平台）联建共享有关事宜，达成以下纪要：

一、失信信息提供与发布

省高级人民法院执行局向省信用中心提供未履行人民法院生效裁判的失信信息，包括：全省各级法院立案后三个月仍未履行生效法律文书的被执行人（含法人、个人、其他组织）的失信信息；全省各级法院程序终结案件的被执行人失信信息。

省信用中心对省高级人民法院执行局提供的上述失信信息在省征信平台（信用浙江网站）公开发布。

二、失信信息应用

发布于省征信平台的未履行人民法院生效裁判的失信信息，可供相关政府职能部门、中介机构及各类市场主体等查询；在推进省征信平台应用中，省信用中心应积极宣传民事执行案件信息的信用价值，引导各有关机构对未履行生效裁判的被执行人予以信用惩戒。

三、执行查控协助

省高级人民法院执行局基于工作需要,通过专线或政府外网等方式将省征信平台接入省法院内网平台,实现全省各级法院通过内网查询省征信平台拥有的各类信息,基层法院的查询权限由省高级人民法院确定。省信用中心全力配合省法院做好平台互联工作。

四、深化联建共享

双方按照建设"法治浙江"、"平安浙江"、"信用浙江"的总体要求,加强日常工作交流,建立经常性的沟通机制,发挥各自优势,努力形成工作合力。省高级人民法院执行局提供给省信用中心的信息,范围应逐步扩大。省征信平台今后拓展的有关功能,将提供给省高级人民法院执行局应用。

浙江省高级人民法院执行局　司法鉴定处
关于评估拍卖变卖被执行人财产中若干疑难问题的解答

(2012 年 9 月 10 日　浙高法执〔2012〕21 号)

在评估、拍卖、变卖被执行人财产中,经常遇到一些带有共性的问题,各地认识和做法不一。为正确妥善处理此类问题,省高院执行局和司法鉴定处经深入调研,依照《中华人民共和国民事诉讼法》、最高人民法院《关于人民法院执行工作若干问题的规定(试行)》(以下简称《执行规定》)、《关于人民法院民事执行中拍卖、变卖财产的规定》(以下简称《拍卖规定》)、《关于人民法院委托评估、拍卖和变卖工作的若干规定》等法律、司法解释的规定,就其中的 13 个突出问题作出解答,供办案时参考。

一、浙江省高级人民法院《关于进一步完善委托评估拍卖管理工作的意见》(浙高法〔2009〕426 号)规定,对未向执行人员明确表示选择评估、拍卖机构时不到场的当事人,对外委托管理部门应通知其届时到场。该通知是否必须按照民事诉讼法规定的方式送达?

答:关于执行文书及执行中有关资料的送达,《执行规定》仅规定:"执行通知书的送达,适用民事诉讼法关于送达的规定。"通知各方当事人在法院选择评估、拍卖机构时到场,主要是起到监督的作用。鉴于目前被执行人故意逃避执行的情况非常普遍,而法院确定评估、拍卖机构又采取公开随机的方式选定。因此,需要通知当事人尤其是被执行人在选择评估、拍卖机构时到场的,执行法院的司法技术管理部门可以制作书面通知邮寄至生效法律文书载明的当事人住所地,也可以通过电话、短信、邮件等方式告知。

二、被执行人下落不明的，评估报告是否必须公告送达？

答：关于评估报告的送达，最高人民法院〔2002〕执他字第14号批复明确：评估报告未送达给有关当事人，并不影响依据评估报告确定（拍卖、）变卖的价格。鉴于目前被执行人借逃避送达拖延执行的情况非常普遍，为了提高执行效率，维护申请执行人的合法权益，对评估报告可以采取请被执行人的近亲属转交、张贴在被执行人所在的自然村或小区公共活动场所、邮寄至生效法律文书载明的被执行人住所地等方式送达，无须公告送达。

三、执行人员向当事人及其他利害关系人送达评估报告后，当事人或者其他利害关系人针对评估报告提出异议，对此由执行机构还是司法技术管理部门负责处理？

答：由司法技术管理部门负责处理。

四、对被执行人的股权进行评估时，有关企业拒不提供法院责令其提供的会计报表等资料，执行法院强制提取未能取得，可否对有关企业及责任人采取民事强制措施？

答：执行法院为评估确定被执行人股权的价值，责令有关企业提供会计报表等资料，此时有关企业属于负有协助调查义务的单位。如有关企业无正当理由拒不协助调查的，或者隐藏被执行人履行能力的重要证据，妨碍执行法院查明被执行人履行能力的，执行法院可以按照《民事诉讼法》第一百零三条（2012年8月31日修正后的《民事诉讼法》第一百一十四条）、《执行规定》第100条第（4）项之规定，对有关企业及其主要负责人或直接责任人员予以罚款；仍不履行协助义务的，还可以对主要负责人或直接责任人员予以拘留。

五、被执行人的财产因客观原因无法评估的，能否进行拍卖？

答：被执行人的财产确因客观原因无法评估（包括无法估价、找不到对应的评估机构评估等情况）的，执行法院视情确定适当的起拍价和保留价，报经省高级法院司法鉴定处同意后进行拍卖。拍卖时应尽量采用公告范围广、参与人数多、公开程度高、综合成本低的方式，如网络司法拍卖。

六、对拍卖标的享有优先购买权的人通知不到，或者拍卖标的上可能存在未知的优先购买权人，应如何处理？

答：可在拍卖公告中载明，对拍卖标的享有优先购买权的人应在拍卖报名截止日前向执行法院主张优先购买权，由该院执行机构审查确认优先购买权是否存在。逾期不向执行法院主张的，视为放弃优先购买权。

七、拍卖被执行人房屋时，是否必须先腾空再拍卖？

答：执行中处分被执行人的房屋时，存在三次拍卖流拍，变卖也不成交，申请执行人和其他执行债权人又不接受抵债的可能。尤其是对被执行人先设定抵押后出租的房屋,如拍卖前先腾空,一旦出现前述情况,可能导致被执行人与承租人之间、或者承租人与执行法院之间发生纠纷。故司法技术管理部门不必一律要求房屋移交拍卖前必须腾空,但在未腾空的情况下拍卖的,拍卖成交后执行机构应当负责腾空。

八、只有一人报名参与拍卖,拍卖能否进行?

答:采用传统的现场拍卖方式拍卖的,若只有一人报名参与,不能开拍。采用网络司法拍卖方式拍卖的,开拍不受报名人数限制。

九、动产第一次拍卖、不动产前两次拍卖时,无人参与竞买或者竞买人的最高应价低于保留价,申请执行人和其他执行债权人不愿接受以保留价抵债,但有人愿意以当次拍卖的保留价买受,执行法院能否将拍卖标的直接变卖给该第三人?

答:变卖也应当经过公告、报名、竞价(不止一人报名时)等程序,拍卖不成直接变卖不符合规定。

如果允许在题述情况下组织变卖,一是可能损害当事人的利益,因为后一次拍卖有可能以超出前一次拍卖保留价的价格成交;二是容易造成程序上的混乱。

因此,动产第一次拍卖、不动产前两次拍卖流拍,执行债权人又不愿意接受抵债时,即使有人愿意以当次拍卖的保留价买受,执行法院也不能将拍卖标的变卖给该第三人。

十、按照浙江省高级人民法院《关于对外委托拍卖管理的规定(试行)》(浙高法〔2008〕4号)第五十七条规定,决定重新拍卖的,应按第几拍进行?

答:根据浙江省高级人民法院《关于对外委托拍卖管理的规定(试行)》第五十七条规定,决定重新拍卖的,仍按原拍次进行。即第一拍后决定重新拍卖的,按第一拍进行;第二拍后决定重新拍卖的,按第二拍进行;不动产第三拍后决定重新拍卖的,按第三拍进行。

十一、动产拍卖两次不成,申请执行人、其他执行债权人又不愿以第二次拍卖的保留价抵债,法院能否组织变卖一次?

答:《拍卖规定》限定拍卖次数主要是出于两个考虑:一是节约司法资源的需要,二是对被执行人权益的保护,避免出现一味降低拍卖保留价导致被执行人的财产被贱卖的情况。动产两次拍卖无人竞买,或者竞买人的最高应价低于保留价,申请执行人、其他执行债权人又不愿接受以保留价抵债时,如果第三人愿意以当次拍卖的保留价买受,有利于实现申请执行人的债权,且并不损害被执行人的合法权益。如果申请执行人、其他执行债权人在此情况下提出变卖申请,法院可以准许。变卖的最低价格应当是第二次拍卖的保留价。为了降低变卖成本,增加溢价成交的可能性,可通过我省网络司法拍卖平台进行变卖。

十二、被执行人的动产经两次拍卖，不动产经三次拍卖和一次变卖，不能成交。经过一段时间后，执行法院能否再次启动对该财产的处置程序？

答：如果经过一段时间后该标的市场需求回升，价格行情看涨，根据申请执行人的申请，执行法院可以再次处置，但不得以低于前次处置最后一次拍卖的保留价的价格拍卖或变卖。

十三、法院能否委托拍卖公司变卖被执行人的财产？

答：商务部办公厅2006年5月30日曾下发《关于拍卖企业不得直接从事变卖业务的意见》（商办建函〔2006〕47号），故执行中不宜委托拍卖公司变卖被执行人的财产。但如拍卖公司在流拍后自愿无偿为执行法院变卖一次，则可以准许。

浙江省高级人民法院
浙商银行股份有限公司
中信银行股份有限公司杭州分行
上海浦东发展银行股份有限公司杭州分行
华夏银行股份有限公司杭州分行
招商银行股份有限公司杭州分行
广发银行股份有限公司杭州分行
深圳发展银行股份有限公司杭州分行
中国民生银行股份有限公司杭州分行
兴业银行股份有限公司杭州分行
中国光大银行股份有限公司杭州分行
恒丰银行股份有限公司杭州分行
渤海银行股份有限公司杭州分行
关于集中查询被执行人银行存款有关问题的协作纪要

（2012年5月18日）

为了提高人民法院和商业银行在执行程序中查询和协助查询被执行人银行存款的质量和效率，减少查询和协助查询的成本，充分维护执行当事人的合法权益，根据《中华人民共和国民事诉讼法》、《中国人民银行、最高人民法院、最高人民检察院、公安部关于查询、冻结、扣划企业事业单位、机关、团体银行存款的通知》（银发[1993]356号）、《最高人民法院、中国人民银行关于依法规范人民法院执行和金融机构协助执行的通知》（法发[2000]21号）、《关于建立和完善执行联动机制若干问题的意见》（法发[2010]15号）等法律、法规和司法解释的规定，浙江省高级人民法院与浙商银行股份有限公司、中信银行股份有限公司杭州分行、上海浦东发展银行股份有限公司杭州分行、华夏银行股份有限公司杭州分行、招商银行股份有限公司杭州分行、广发银行股份有限公司杭州分行、深圳发展银行股份有限公司杭州分行、中国民生银行股份有限公司杭州分行、兴业银行股份有限公司杭州分行、中国光大银行股份有限公司杭州分行、恒丰银行股份有限公司杭州分行、渤海银行股份有限公司杭州分行(以下简称有关银行)经协商一致,就集中查询被执行人银行存款的有关问题达成如下协作纪要:

一、集中查询的范围

本省各级人民法院在执行过程中(含终局执行、财产保全执行、先予执行)通过浙江省高级人民法院查询被执行人银行存款信息的,适用本协作纪要。

二、集中查询的提起

本省各级人民法院因执行案件需要向有关银行查询被执行人存款信息的,应当通过浙江法院执行管理系统向浙江省高级人民法院提交申请,浙江省高级人民法院通过执行管理系统自动核对包括执行案件案号、承办法院名称、被查询人的姓名或名称、居民身份证号码或企业代码等在内的必要信息。

浙江省高级人民法院在收到下级法院提交的申请后,于当日汇总有关查询要求并通过专线发送给有关银行。被查询人系自然人的,应提供自然人的姓名以及居民身份证或其他有效证件号码或被查询账号;被查询人是法人或其他组织的,应提供被查询单位的全称及组织机构代码或营业执照号码或被查询账号等必要信息。

三、集中查询结果的反馈

有关银行应当每天定时接收浙江省高级人民法院所发送的集中查询要求,并在本行权限范围内查询包括被执行人账(卡)号、账户类型、账户状态、币种、账户余额、可用余额、开户银行名称、开户网点名称、开户网点代码等在内的信息,并自动生成查询结果文件。

有关银行收到浙江省高级人民法院所发送的集中查询要求后,应当在次日(工作日)查询完毕并通过专线将查询到的信息反馈给浙江省高级人民法院。有关银行向浙江省高级人民法院提供的被执行人银行账户信息系该被执行人 T-1 或 T-2 日的存款信息。

浙江省高级人民法院应当于收到有关银行反馈信息的当日通过浙江法院执行管理系统将有关信息反馈给相关的人民法院。

四、查询文书的要求

集中查询与协助查询采取无纸化的数据交换模式。浙江省高级人民法院传递给有关银行的数据内容包括需要协助查询的数据清单和浙江省高级人民法院出具的协助查询(集中查询)通知书、两名执行人员工作证和执行公务证。

五、保密义务

本省各级人民法院和有关银行在集中查询和协助查询被执行人银行账户信息数据传输过程中，采取自动加、解密的风险控制措施。

除有关法律、司法解释所明确规定的用途外，本省各级人民法院依照本协作纪要查询到的被执行人银行存款信息不得泄漏和挪作他用。

六、争议问题的处理

对于非因有关银行主观原因导致的查询信息错误，有关银行无须承担责任，但应根据浙江省高级人民法院的要求及时更正查询数据。

因执行法院采取冻结、扣划等执行措施的时间与集中查询时间存在时间差而导致被执行人存款余额变动的，协助查询的有关银行不承担责任。

本省各级人民法院与有关银行在集中查询和协助查询过程中发生其他争议的，由浙江省高级人民法院与有关银行协商处理。

七、集中查询机制的启动

本集中查询工作由浙江省高级人民法院正式发文通知有关银行后正式实施。

八、长效机制建设

为实现司法公正、维护司法权威，建立社会诚信体系和促进金融强省建设，本省各级人民法院和有关银行将通过建立不同层面的定期磋商机制和联络员制度，加强经常性的沟通与交流，更新协作方式、拓宽协作内容、完善协作机制、提高协作质效，并在法律法规和金融知识培训等方面相互提供支持。

浙江省高级人民法院执行局
关于执行中处理建设工程价款优先受偿权有关问题的解答

（2012 年 1 月 10 日　浙高法执〔2012〕5 号）

在建设工程施工合同纠纷案件的执行和涉及建设工程的参与分配中，经常遇到建设工程价款优先受偿权问题，争议也比较大。为正确处理此类问题，省高院执行局经深入调研，依照《中华人民共和国合同法》、最高人民法院《关于审理建设工程施工合同纠纷案件适用法律若干问题的解释》、《关于建设工程价款优先受偿权问题的批复》等法律、司法解释的规定，就其中的几个突出问题作出解答，供办案时参考。

一、行使优先权的六个月期限应该如何理解？

六个月期限的起算点应区分以下情况予以确定：发生建设工程施工合同纠纷时工程已实际竣工的，工程实际竣工之日为六个月的起算点；发生建设工程施工合同纠纷时工程未实际竣工的,约定的竣工之日为六个月的起算点;约定的竣工日期早于实际停工日期的,实际停工之日为六个月的起算点。

权利人未在上述期限内行使优先权的,建设工程价款优先受偿权丧失。

二、哪些方式可以认定为具有行使优先权的效力?

建设工程承包人自行与发包人协商以该工程折价抵偿尚未支付的工程价款,或者提起诉讼、申请仲裁要求确认其对该工程拍卖价款享有优先受偿权,或者直接申请法院将该工程拍卖以实现工程款债权,或者申请参加对建设工程变价款的参与分配程序主张优先受偿权,均属于对建设工程价款依法行使优先权。

建设工程承包人提起诉讼、申请仲裁仅要求判决或裁决由发包人向其支付工程款,未要求确认其对该工程拍卖价款享有优先受偿权的,不视为行使优先权。

三、建设工程价款优先受偿权的范围如何掌握?

建设工程价款优先受偿权的范围为建设工程的工程价款,包括承包人应当支付的工作人员报酬、材料款和用于建设工程的垫资款等。工程价款的利息不在优先受偿范围内。

发包人应当支付的违约金或者因为发包人违约所造成的损失,不属于建设工程价款优先受偿权的受偿范围。

四、建设工程承包人对工程占用范围内的土地使用权的拍卖价款是否享有优先受偿权?

建设工程承包人只能在其承建工程拍卖价款的范围内行使优先受偿权,对该工程占用范围内的土地使用权的拍卖价款不能主张优先受偿。

实际操作中可对建设工程和土地使用权分开进行价值评估,确定各大自在总价值中的比例,然后一并拍卖,拍卖成交后再确定建设工程承包人可以优先受偿的金额。

五、建设工程承包人承建的部分工程因另案被执行的,承包人行使优先权的工程价款范围如何掌握?

建设工程承包人承建的部分工程因发包人的其他债务被人民法院执行的,承包人只能根据被执行的工程占其承建的全部工程的比例,对相应的工程价款主张优先受偿。

六、装饰装修工程承包人、工程勘察人或设计人是否享有优先受偿权?

装饰装修工程承包人主张工程价款优先受偿权的,可予以支持。但装修装饰工程的发包人不是该建筑的所有人,或者承包人与该建筑物的所有权人之间没有合同关系的除外。享有优先权的承包人只能在建筑物因装修装饰而增加价值的范围内优先受偿。

工程勘察人或设计人就工程勘察或设计费主张优先受偿权的,不予支持。

浙江省高级人民法院执行局
关于多个债权人对同一被执行人申请执行
和执行异议处理中若干疑难问题的解答

（2012 年 3 月 5 日　浙高法执〔2012〕5 号）

多个债权人对同一被执行人申请执行时，应采用什么样的处理原则？适用平等分配原则时，哪些债权人有资格申请参与分配，被执行人多项财产被不同法院查封时如何实行分配，申请参与分配的截止日期如何确定，分配中对优先权如何保护，优先受偿权受制于财产处置权时如何解决？等等问题，我省各地法院和执行人员理解不一，做法各异。关于执行行为异议和执行标的异议的处理，由于法律和司法解释中缺乏具体的程序规定，执行审查机构和执行法官在一些问题的处理上无所适从。为正确处理这两类问题，省高院执行局经深入调研，广泛听取意见，依照《中华人民共和国民事诉讼法》、最高人民法院《关于适用〈中华人民共和国民事诉讼法〉若干问题的意见》、《关于人民法院执行工作若干问题的规定（试行）》、《关于适用〈中华人民共和国民事诉讼法〉执行程序若干问题的解释》等法律、司法解释的规定，就其中的 23 个突出问题作出解答，供办案时参考。

一、关于多个债权人对同一被执行人申请执行中的问题

（一）两个以上普通债权人分别对同一被执行人申请执行，哪些情况下按照各债权比例受偿？

答：具有以下情形之一的，按照各债权比例受偿：

1. 被执行人为公民或其他组织，其可供执行的财产不足清偿全部债务；

2. 被执行人为企业法人，未经清理或清算而撤销、注销或歇业，其可供执行的财产不足清偿全部债务；

3. 系同一份生效法律文书确定的债权，且被执行人可供执行的财产不足清偿全部债务。

（二）不同生效法律文书确定金钱给付内容的两个以上普通债权人分别对同一被执行人申请执行，哪些情况下适用最高人民法院《关于人民法院执行工作若干问题的规定（试行）》（以下简称《执行规定》）第 88 条第 1 款的规定，按照执行法院采取执行措施的先后顺序受偿？

答：具有以下情形之一的，适用《执行规定》第 88 条第 1 款的规定，按照执行法院采取执行措施的先后顺序受偿：

1. 被执行人为公民或其他组织，其可供执行的财产足以清偿全部债务；

2. 被执行人为企业法人,其可供执行的财产足以清偿全部债务,或者虽不足清偿全部债务,但尚在经营。

(三)问题(一)第2种情形中的“歇业”应如何掌握?

答:“歇业”是指企业法人终止经营的状态,企业法人歇业,依法应当向工商部门办理注销登记。根据《中华人民共和国企业法人登记管理条例》第二十二条的规定,企业法人领取营业执照后,满六个月尚未开展经营活动或者停止经营活动满一年的,视同歇业。

企业法人因资金链断裂、负责人逃匿或主要财产被执行处置等原因而停止经营的,可按歇业处理。

(四)被执行人为公民、其他组织或者未经清理或清算而撤销、注销、歇业的企业法人,其多项财产分别被不同法院查封,部分法院查封的财产足以清偿其执行中的债务,但被执行人可供执行的全部财产相加不足清偿已为生效法律文书所确定的债务,此种情况下是各自执行还是适用参与分配?

答:被执行人的多项财产分别被不同法院查封,部分法院查封的财产虽足以清偿其执行的债务,但被执行人的资产负债表,或者审计报告、资产评估报告等显示其可供执行的全部财产不足以清偿已为生效法律文书所确定的全部债务,此种情况仍属于《执行规定》第90条和第96条规定的“财产不足清偿全部债务”,应适用参与分配。

(五)被执行人的多项财产分别被不同法院查封、符合参与分配条件的,如何实行分配?

答:各查封法院对适用参与分配意见一致的,由每项财产的在先查封法院对各自查封的财产进行分配。

各查封法院对适用参与分配不能形成一致意见,或者涉及的法院较多的,可由各查封法院的共同上级法院通过提级执行或指定执行将所有案件管辖权集中至一家法院,由该法院处置财产并主持分配。或者由共同的上级法院作出决定,确定其中一家法院对被执行人所有可供执行的财产统一处置,统一分配。

(六)已经起诉或申请仲裁但尚未取得执行依据的普通债权人申请参与分配,如何处理?

答:根据最高人民法院《关于适用〈中华人民共和国民事诉讼法〉若干问题的意见》第297条,已经取得执行依据或者已经起诉的债权人都可以申请参与分配。但《执行规定》第90条规定,已经取得执行依据的债权人才有资格申请参与分配。根据“后法优于前法”的原则,已经起诉或申请仲裁但尚未取得执行依据的债权人申请参与分配的,法院一般不予准许。

但有以下情形之一的,主持分配的法院应当按照相关债权人诉讼或申请仲裁请求给付的债权数额确定其可分得的款项予以留存，待该债权人取得执行依据后支付：

1. 在先查封为财产保全，所涉案件尚未审结，经协调由首先进入终局执行的法院处置财产并主持分配，在先查封的申请人要求参与分配的；

2. 被执行人的职工主张支付被拖欠的工资和医疗、伤残补助、抚恤费用，应当划入职工个人账户的基本养老保险、基本医疗保险费用，以及法律、行政法规规定应当支付给职工的补偿金的；

3. 人身损害赔偿纠纷案件的受害人向被执行人主张赔偿金，不能实现将严重影响受害人生活的。

（七）尚未取得执行依据的优先权人申请参加参与分配程序，主张优先受偿权的，如何处理？

答：对执行标的物享有优先权的债权人，即使未取得执行依据，其申请参加参与分配程序，主张优先受偿的，应予允许。

对该优先权存在与否及其数额，由主持分配法院的执行机构审查认定。对于符合形式要件的优先权，原则上可予认定。

（八）问题（七）中的优先权包括哪些？

答：根据现行法律和司法解释的规定，包括：

1.《中华人民共和国物权法》、《中华人民共和国担保法》、《中华人民共和国民法通则》规定的“担保物权”；

2.《中华人民共和国海商法》第二十一条和第二十二条规定的“船舶优先权”；

3.《中华人民共和国民用航空法》第十八条和第十九条规定的“民用航空器优先权”；

4.《中华人民共和国合同法》第二百八十六条规定的“建设工程价款优先受偿权”；

5.《中华人民共和国担保法》第五十六条规定的“土地使用权出让金优先权”；

6.《中华人民共和国税收征收管理法》第四十五条规定的“税收优先权”；

7.《中华人民共和国民办教育促进法》第五十九条规定的“应退受教育者学杂费用优先权”；

8. 最高人民法院《关于建设工程价款优先受偿权问题的批复》第二条规定的“已交付全部或大部分款项的商品房买受人（消费者）优先权”；

9. 最高人民法院《关于人民法院民事执行中查封、扣押、冻结财产的规定》第十八条、第十九条规定的“基于保留所有权或未转移登记而产生的剩余价款优先受偿权”。

（九）尚未取得执行依据的优先权人申请参加参与分配程序，主张优先受偿权，而被执行人或其他债权人对优先权存在与否及其数额提出异议,如何处理?

答:可依照最高人民法院《关于适用〈中华人民共和国民事诉讼法〉执行程序若干问题的解释》(以下简称《民诉法执行程序解释》)第二十六条的规定,按分配方案异议处理。

(十)债权人申请对保证人的财产参与分配的,应不应当准许?

答:要区分是一般保证的保证人还是连带责任保证的保证人。如债权人申请对一般保证的保证人的财产参与分配的,必须提供主债务人已无财产可供执行的证据,否则不允许其参与分配。如债权人申请对连带责任保证的保证人的财产参与分配的,应当允许。

(十一)债权人在主债务人尚有财产可供执行的情况下,先申请对连带责任保证的保证人的财产参与分配,使得该保证人为主债务人的案件的申请执行人受偿比例降低,如何解决这一问题?

答:该保证人为主债务人的案件的执行法院可在保证人向主债务人行使追偿权后,对追偿所得予以执行,并在未足额受偿的债权人中再次分配。

如果该保证人怠于行使追偿权,上述法院可按执行已决到期债权的方法(第三人无权对履行到期债务的通知提出异议)在保证人可追偿的数额范围内对其为之担保的主债务人予以执行,执行所得在未足额受偿的债权人中再次分配。

(十二)申请参与分配的截止日期如何确定?

答:主持分配法院的执行程序中只有一个申请执行人的,其他债权人申请参与分配(根据《执行规定》第92条的规定,应通过其原申请执行法院向主持分配的法院转交参与分配申请书,下同)的截止日期,为执行价款支付给申请执行人的前一工作日,或者执行标的物因以物抵债而将产权转移给承受人的前一工作日。

主持分配法院的执行程序中已有两个以上债权人参与分配的,其他债权人申请参与分配的截止日期,为执行法院将分配方案送达第一个当事人的前一工作日。

(十三)《浙江省高级人民法院关于在立案和审判中兼顾案件执行问题座谈会纪要》(浙高法〔2009〕116号)第三条第(四)项规定首先申请财产保全并成功保全债务人财产的债权人在参与该财产变价所得价款的分配时,可适当多分,但最高不得超过20%(即1∶1.2的系数)。具体如何确定分配比例?

答:举例说明如下:

甲、乙、丙均申请执行丁,申请执行标的额分别为200万元、300万元和100万元,符合参与分配条件。在诉讼中,甲首先申请财产保全并成功保全丁的全部财产,后拍卖得款300万元。主持分配的法院决定给甲多分20%(即增加0.2的系数)。分配时,先计算出乙、丙的受偿比例(以A指代),确定系数1,再乘以(1+20%)得出甲的受偿比例。乙、丙受偿比例的计算方法为:甲债权200万元×A×(1+

20%）+（乙债权300万元+丙债权100万元）×A=可分配金额300万元，由此计算出A=46.875%。则甲的受偿比例为46.875%×1.2=56.25%。

需要注意的是，当首先申请财产保全并成功保全债务人财产的债权人的申请执行标的额远大于可分配金额，或者其他债权人的受偿比例已经较高（达到83.34%以上）时，奖励的系数应视情降低，以免出现首先申请财产保全并成功保全债务人财产的债权人分走全部款项或超额受偿的情况。

（十四）被执行人已设定抵押的财产被执行普通债权的法院在先查封，如抵押财产的价值低于或相当于抵押债权额的，应由哪个法院处置？

答：此种情况下，在先查封法院应将抵押财产的处分权移交给执行抵押债权的法院。在先查封法院不同意移交的，执行抵押债权的法院可以报请其与在先查封法院的共同上级法院协调处理。

（十五）被执行人已设定抵押的财产被执行普通债权的法院在先查封，该财产的价值高于抵押债权额，但执行普通债权的法院怠于处分，或者其当事人以执行和解等为由要求暂不处分财产，执行抵押债权的法院应如何处理？

答：执行抵押债权的法院可以报请其与在先查封法院的共同上级法院协调处理，要求移转抵押财产处置权。

（十六）在先查封为财产保全，但案件尚未审结，或虽已审结但债权人怠于申请执行，而其他涉及同一被执行人的案件亟待执行，应如何处理？

答：首先进入终局执行的法院可以报请其与在先查封法院的共同上级法院，决定由首先进入终局执行的法院处置财产并主持分配。

对于财产保全申请人诉讼中的债权，分配法院应当按照其诉讼请求数额计算出可分得的款项予以留存，视诉讼结果作出相应的处理。

（十七）债权人申请参与分配，但分配法院认为其不具备参与分配条件而未将其列入分配方案，该债权人提出异议的，怎么处理？

答：对该债权人的异议，可依照《中华人民共和国民事诉讼法》（以下简称《民诉法》）第二百零二条的规定，作为执行行为异议处理。

如该债权人的异议或复议申请得到支持，主持分配的法院将其列入分配方案后，其他债权人就该债权人的分配资格问题又提出异议的，不予受理。

二、关于审查处理执行行为异议和执行标的异议中的问题

（十八）执行行为异议和执行标的异议竞合时，怎么处理？

答：案外人提出的异议既指向执行行为，又对执行标的主张所有权等实体权利，或者其异议针对执行行为，但异议依据的基础权利为所有权或者其他实体权利，并主张该实体权利具有阻止执行效力的，按照《中华人民共和国民事诉讼法》（以下简称《民诉法》）第二百零四条的规定进行审查。

(十九)财产刑和行政非诉案件执行中,案外人参照《民诉法》第二百零四条行使救济,其对执行标的提出的异议被驳回后,因难以解决列被告的问题而无法提起诉讼,此时应如何保护其获得救济的权利?

答:为了不使这两类执行案件的案外人与民事执行案件案外人获得救济的权利相差太大,可允许前者参照《民诉法》第二百零二条向上一级人民法院申请复议。

(二十)审查执行行为异议和执行标的异议作出的裁定中,需不需要交代申请复议权或诉权?

答:审查这两类异议作出的裁定中,应当分别交代申请复议权或诉讼权利。

(二十一)审查执行行为异议和执行标的异议作出的裁定中,需不需要表述"本裁定送达即发生法律效力"?

答:在审查执行行为异议作出的裁定中,不需要表述"本裁定送达即发生法律效力",直接交代申请复议权即可。在审查执行标的异议作出的裁定中,应在交代诉讼权利后表述"本裁定送达即发生法律效力"。

(二十二)当事人、利害关系人援引《民诉法》第二百零二条提出异议,但执行法院审查后发现其提出的异议并不属于该条规定的执行行为异议,应如何处理?

答:对异议是否成立仍需审查并作出裁定,但裁定中不能告知申请复议权,而应表述"本裁定送达即发生法律效力"。

(二十三)当事人、利害关系人援引《民诉法》第二百零二条提出异议,执行法院作为执行行为异议审查并作出了裁定,裁定中还告知了申请复议权。上一级人民法院受理复议申请后,经审查发现当事人、利害关系人提出的异议并不属于《民诉法》第二百零二条规定的执行行为异议,应如何处理?

答:复议法院经审查发现存在上述情形的,可直接裁定驳回复议申请,无需对复议理由是否成立进行审查。

（七）廉政建设

全省法院领导班子成员防止人情关系对司法工作不当影响的若干规定（试行）

（2008 年 3 月 24 日　浙高法〔2008〕58 号）

为确保司法公正，防止人情关系对司法工作的不当影响，现就有关问题规定如下：

一、不得私下接触当事人、代理人、辩护人、涉案关系人；因情况不明或其他原因被动接触上述人员时，应告知其通过信访途径反映，不得对案件发表意见，；对可能引起合理怀疑的，要及时向组织说明或主动回避。

二、对各种涉案反映人（含有关部门的领导），应告知采用书面形式转达涉案请求；对坚持要求面谈反映的，应通过正常的来访途径公开进行；属于有关主管部门或相关组织要求来访反映的，应按接待来访的规定在法院机关公开进行；对领导同志口头转达涉案反映，未批转书面材料的，应制作电话记录或工作记录，再转批交办。所有来信、来访、批件，均存入副卷。

三、对涉案反映材料，不得作出实体处理或者倾向性意见的批示。

四、阅批涉案反映材料后需交办的，均不得直接交给承办人，应经分管院长、庭长、副庭长、审判长逐级转递；收到不属自己分管部门的材料需转交的，也应按照上述程序转递。

五、不得向承办人就个案私下打招呼，施加不正当影响。

六、对分管部门审判组织的意见有不同看法，应说明理由建议审判组织复议或提请审判委员会讨论。

七、参与审判组织讨论案件有法定回避情形的，应当主动回避；与案件当事人、代理人、辩护人、涉案关系人有其他关系，可能影响案件公正处理或导致他人合理怀疑的，也应主动说明自行回避。

八、对亲属和身边工作人员应加强教育，严格要求，不准其为案件当事人、代理人、辩护人、涉案关系人打听案情、说情。

九、违反上述规定的，视情予以批评、诫勉谈话、通报直至纪律处分。

十、领导班子成员应自觉接受干警的监督。干警发现领导班子成员违反上述规定的，应报告本院主要领导或上级法院纪检监察部门。

十一、领导班子成员发现下属办人情案、关系案的,应予以批评教育并采取纠正措施。对办案过程中揣摩曲解领导阅批意图,故意偏离公正,违法审判、执行的,依照《人民法院审判人员违法审判责任追究办法(试行)》处理。

十二、本规定所称各级法院领导班子成员是指全省各级法院院长、副院长和其他党组成员;第一条中"及时向组织说明"是指院长向院党组,其他领导班子成员向院长,中层以上领导干部向分管院领导说明;第二条中"正常的来访途径公开进行"是指在接访场所或者有其他人在场的办公地点。

十三、全省各级法院的中层以上领导干部参照本规定执行。

十四、本规定由省法院纪检组监察室负责解释。

十五、本规定自发布之日起试行。

浙江省高级人民法院
关于本院机关干警报告个人有关事项的规定

(2008 年 3 月 25 日　浙高法〔2008〕67 号)

为加强法院队伍的管理与监督,增强干警的廉洁自律意识,根据本院实际,就本院机关干警报告个人有关事项规定如下:

第一条　下列事项应当报告:

(一)配偶、子女、父母担任律师或从事诉讼代理业务情况;

(二)本人的婚姻变化情况;

(三)本人持有因私出国(境)证件和因私出国(境)的情况;

(四)子女与外国人、港澳台居民通婚的情况;

(五)配偶、子女出国(境)定居的情况;

(六)配偶、子女在国(境)外经商办企业的情况;

(七)配偶、子女担任外国公司驻华、港澳台公司驻境内分支机构主管人员的情况;

(八)家庭住房变动、新购住房情况;

(九)本人借用他人机动车辆的情况;

(十)配偶、子女工作变动情况;

(十一)配偶、子女及其配偶受到执法执纪机关查处或者涉嫌犯罪的情况;

(十二)本人认为应向组织报告的其他事项。

第二条　本院县处级副职以上干部(含县处级副职)发生本规定第一条所列事项的,应当在事后 30 日内,填写《省法院机关干警个人有关事项报告表一》以书面形式报告。

本院干警应于每年1月31日前填写《省法院机关干警个人有关事项报告表二》报告上一年度本规定第一条所列事项,没有发生或者没有变动所列事项的,也应当予以明示。本人认为有需要事前请示的事项,可以向负责受理报告的部门书面请示。

第三条　受理报告的部门为组织人事处,省管领导干部的报告,按照有关规定上报。

第四条　组织人事处应当将个人有关事项报告情况汇总后送纪检组监察室备案。

第五条　受理部门认为报告人有关事项报告不清楚、不完整的,应当要求报告人限期补充报告或者重新报告。

对报告人的书面请示事项,受理部门应当认真研究,及时答复报告人。报告人应当按照答复意见办理。

第六条　对报告的内容,应当予以保密。院党组认为应当予以公开或本人要求公开的,可采取适当方式在一定范围内公开。

第七条　有下列情形之一的,受理报告的部门应当进行调查核实,查明事实后,由受理报告的部门视情节轻重,会同有关部门采取批评教育、限期改正、责令作出检查、诫勉谈话、通报批评等方式予以处理;构成违纪的,依照有关规定予以纪律处分:

(一)无正当理由不按时报告的;

(二)不如实报告的;

(三)隐瞒不报的;

(四)不按照受理部门的答复意见办理的。

第八条　本规定所称的报告人包括本院行政事业编制工作人员。

第九条　本规定由院纪检组、政治部负责解释。

第十条　本规定自下发之日起施行。

附:1. 省法院机关干警个人有关事项报告表一

2. 省法院机关干警个人有关事项报告表二

浙江省高级人民法院
建立健全惩治和预防腐败体系 2008 - 2012 年工作细则

(2008 年 9 月 8 日 浙高法〔2008〕245 号)

为全面贯彻党的十七大精神,落实中共中央关于《建立健全惩治和预防腐败体系 2008 - 2012 年工作规划》(以下简称《工作规划》)以及最高人民法院《关于贯彻落实〈建立健全惩治和预防腐败体系 2008 - 2012 年工作规划〉的实施办法》(以下简称最高法院《实施办法》)和中共浙江省委《浙江省建立健全惩治和预防腐败体系 2008 - 2012 年实施办法》(以下简称省委《实施办法》),进一步推进我省人民法院惩治和预防腐败体系建设,根据我省法院的实际,特制定本工作细则。

一、指导思想和工作目标

高举中国特色社会主义伟大旗帜,以邓小平理论和"三个代表"重要思想为指导,深入贯彻落实科学发展观,促进社会主义和谐社会建设,始终坚持党的事业至上、人民利益至上、宪法法律至上的指导思想,坚持标本兼治、综合治理、惩防并举、注重预防的方针,把反腐倡廉建设放在更加突出的位置,紧密结合我省法院实际,整体推进人民法院惩治和预防腐败体系建设各项工作,为加强法院队伍建设、确保司法公正、维护司法权威提供有力保证,为扎实推进我省"创业富民、创新强省"总战略、全面建设惠及全省人民的小康社会提供有力支持。

五年的工作目标是,在目前我省人民法院初步建立惩治和预防腐败体系基本框架的基础上,建立健全拒腐防变教育长效机制、反腐倡廉制度体系和权力运行监控机制,继续深化从源头上防治腐败的司法体制改革,审判作风明显改进,法院队伍中的腐败现象减少到最低程度,人民群众对法院工作的满意度有新的提高。经过五年的努力,基本建成具有浙江法院特色的惩防体系,全省法院党风廉政建设和反腐败工作进入全国法院前列。

二、推进反腐倡廉教育,形成拒腐防变教育长效机制

(一)完善"大宣教"格局,全面加强司法廉洁教育

要把反腐倡廉教育作为队伍建设的一项经常性、基础性工作加以落实,进一步完善党组统一领导、政治部门和机关党组织为主、各部门积极参与落实的大宣教格局,确保各部门既充分发挥自身优势,又通力合作,密切配合,全面强化法院干警的司法廉洁教育。组织广大法官及其他工作人员认真学习《司法廉洁教育读本》、《法官职业道德基本准则》、《法官行为规范(试行)》以及法院各项廉政制度和纪律规定,落实《关于加强党员经常性教育的意见》,认真落实"三会一课"制度,不断增强

广大党员的党性观念。通过扎实有效的理想信念教育、党纪国法教育和职业道德教育，使广大干警牢固筑起拒腐防变的思想道德防线。建立反腐倡廉教育考核制度，制定科学的考核方法和考核标准，考核结果要与评先评优挂钩，把反腐倡廉教育落实到全省法院每位干警。

（二）深化领导干部党风廉政教育

认真学习党的三代中央领导集体反腐倡廉的重要思想和以胡锦涛同志为总书记的党中央关于反腐倡廉的重要论述，以及党章等党内法规和国家法律法规，加强党性修养和从政道德修养，增强法制观念和纪律意识，打牢廉洁从政的思想政治基础。2008 年底前，各级法院要进一步完善党组中心组学习制度，每年至少安排两次以上反腐倡廉理论学习。院长每年要在全院至少上一次有针对性的廉政课，副院长和其他班子成员每年至少要在分管部门上一次廉政课。对新任职的领导干部要进行任前廉政谈话，把反腐倡廉教育列入法官学院领导干部教育培训规划。法院各级领导干部要积极参加各级纪委、组织、宣传等部门开展的党风党纪专题教育，自觉遵守党的政治纪律、组织纪律和群众工作纪律，切实改进领导干部作风，密切联系群众，做到为民、务实、清廉。

（三）突出重点，创新教育形式，加强廉政文化建设

要把中层以上领导干部，从事审判、执行工作以及管人、管钱、管物等关键岗位的干部作为教育重点，保证他们多学多知，有更强的遵纪守法意识。创新教育形式，不断提高警示教育的针对性和有效性。认真开展警示教育，大力推行案例教育法，善于运用本省的反面典型开展教育，有条件的法院可建立反腐倡廉警示教育基地。根据审判工作的特点，开展丰富多彩的法院廉政文化创建活动，充分发挥法院廉政文化的导向、教育、激励和规范等作用，增强廉政教育内容的丰富性、生动性和人文性，运用知识竞赛、图片展览、演讲比赛、文艺演出、观看警示教育片、在办公区悬挂格言警句和书画作品、组织巡回宣讲、在局域网开辟专栏、远程多媒体教学等形式，有条件的法院可以开辟廉政公园，扩大覆盖面，增强影响力，进一步营造法院“以廉为荣、以贪为耻”的文化氛围。

三、以改革创新精神，加强制度建设，强化监督管理

抓好反腐倡廉建设，必须加强制度建设，把制度建设贯穿于反腐倡廉建设的各个环节，进一步完善法院反腐倡廉制度体系，形成用制度规范法官及其他工作人员的职务行为、按制度办事、靠制度管人的制约机制。要以加强对法院各级领导干部的监督、加强对组织人事权的监督、加强对审判执行权和财物管理权及其他关键岗位的监督为重点，全力构建“不能为”的防范机制，防止权力失控、决策失误和行为失范。

（一）完善党内民主制度

各级法院党组要严格执行民主集中制，坚持集体领导、民主集中、个别酝酿、会

议决定的原则,不断完善民主决策机制,坚持重大决策、重要干部任免、重大项目安排、大额度资金使用的集体研究制度。尊重党员主体地位,营造党内民主讨论环境。加强党务公开,制定党务公开工作意见,健全党内情况通报、情况反映、重大决策征求意见制度,增强党组织工作透明度。加强对执行民主集中制情况的监督,保证党组议事规则、决策程序的严格执行,反对和防止个人或少数人专断。

(二)加强党内监督特别是对领导干部的监督

各级法院领导班子要改进民主生活会的方式方法,积极开展批评与自我批评,加强班子成员之间相互监督。坚持领导干部过双重组织生活制度,落实党员在党内监督中的责任和权利,切实保障党员批评、建议、检举等权利。执行党员领导干部报告个人有关事项的规定,落实领导干部任前廉政谈话、诫勉谈话、述职述廉和函询制度。

不断加大执行政治纪律力度,始终坚持人民法院工作正确的政治方向,按照科学发展观的要求,不断深化对人民法院工作规律的认识,统筹兼顾程序正义与实体正义的关系、判决与诉讼调解的关系、刑事被告人的人权保障与被害人及社会公众感受之间的关系、树立司法权威与广泛接受社会监督之间的关系、司法工作专业性与坚持群众路线的关系。上级法院要加强对下级法院领导班子和领导干部的监督,省高级人民法院要依据最高人民法院《关于巡视工作的暂行办法》制定巡视工作细则,认真开展对中级人民法院的巡视。各中级人民法院可结合实际开展巡视工作。

(三)健全廉洁司法行为规范,落实和完善违纪违法行为惩处制度

认真贯彻落实法院干警报告个人有关事项的规定,继续抓好法院干警特别是法院领导干部违反规定收送礼金、礼券、礼卡,接受案件当事人及其代理人安排的宴请和娱乐活动等问题。严格执行法院领导干部配偶、子女从业的规定以及法院干警离职和退休后的从业行为。坚持法院干警配偶、子女、父母从事有偿法律服务人员名单公布制度。上级法院要加强对重大事项和重大案件的指导、协调和督办,加强考核和监督检查,加大责任追究力度。

(四)探索建立廉政廉情评价体系

探索建立廉政评价办法,充分运用干部考察考核、巡视工作、责任制考核、民主评议、信访举报、纠风工作、案件督查评查、查处违纪违法、党风廉政建设问卷调查等方面的信息和结果,把定性评价与定量评价有机结合起来,科学评价党员干部廉政情况,并作为干部任用和奖惩的重要依据。探索廉情预警机制,从日常工作、外界反映、投诉举报等方面实时考察廉情动态,进行预警分析,及时发现不良倾向和苗头,及时采取诫勉谈话等措施,确保抓早、抓小,不断提高反腐倡廉工作的科学性、前瞻性和有效性。

（五）改革和完善司法人事管理制度

建立健全科学的干部选拔任用制度和管理监督制度，加强对干部人事权行使的监督。坚持民主、公开、竞争、择优的原则，完善公开选拔、竞争上岗、差额选举办法，增强民主推荐、民主测评的科学性和真实性。加强对干部选拔任用全过程的监督，严格执行干部选拔任用责任追究制度，切实防范考察失真和干部"带病提拔"。切实解决选人用人中的突出问题和不正之风，提高选人用人公信力。完善干部考核评价体系，强化群众的参与和监督，实行平时考核和定期考核相结合，将廉政情况作为考核的一项基本评价指标，继续严格实行党风廉政"一票否决制"。

改革法官遴选程序、选任机制和培训制度，探索在高、中级人民法院辖区范围内实行法官统一招录、统一分配到基层人民法院任职的制度。进一步落实《法官法》的规定，推动建立和完善适合法官职业特点的任用、晋升、奖励、抚恤、医疗保障和工资、福利、津贴制度，逐步提高法官待遇。

（六）加强院、庭长对审判人员和执行人员的监督

强化院、庭长的监督职责，指导、监督审判人员、执行人员依法公正办好案件。要加强对重点案件的监督，院、庭长每年要担任案件主审人或审判长审理一定数量的案件。要认真行使裁判文书审核签发权、提请合议庭复议权和将案件提交审判委员会讨论的权力，按照《浙江省高级人民法院审判长联席会议工作规则（试行）》的规定充分发挥审判长联席会议的作用，切实把牢案件质量关。要通过旁听案件、列席合议庭评议、抽查案件、接待来访、处理来信等方式对案件和人员实施动态监督。对审判作风、廉政自律等方面的苗头性问题，要及时采取有效措施。

（七）努力构建处理涉案反映的"阳光机制"

人情关系的不当影响已成为干扰廉洁司法的突出因素。各级法院领导要严格执行省高级人民法院《全省法院领导班子成员防止人情关系对司法工作不当影响的若干规定》，引导涉案反映人走正常的来访途径，按规定程序转递涉案反映材料，公开处理涉案反映中的人情关系，严格执行回避制度，严禁对案件处理施加不正当的影响，努力构建处理涉案人情关系的"阳光机制"，形成公开透明、风清气正的工作氛围。纪检监察部门要严格抓好督查落实，切实防止和抵制人情案、关系案，确保司法公正。

（八）改革和完善合议庭制度

严格执行最高人民法院《关于人民法院合议庭工作的若干规定》和省高级人民法院《关于加强民事审判中合议庭工作的若干意见》，规范合议庭工作程序，提高合议质量，充分发挥合议庭这一基本审判组织的作用。优化合议庭人员配置并适时交流调整，支持合议庭及其每个成员依法充分行使权力，强化差错案责任追究，促使合议庭成员之间形成并保持健康的工作关系，确保合议庭成员之间的制约、监督

作用有效发挥。

(九)完善审判流程管理制度和审判质效管理体系

完善审判流程管理制度,全面监控立案、审判、执行各环节,实现对案件审判的全程跟踪与管理。全省各级法院要根据省高级人民法院的统一安排,以电子审务的开发、应用、完善为依托,建立和完善审判质量、效率评估体系。全面、客观、准确地采集和录入评估数据,自动生成评估报表,为领导决策提供重要参考依据,全面提升法院的司法管理水平。

(十)强化案件审限监管

认真落实最高人民法院《关于严格执行案件审理期限制度的若干规定》的要求,严格执行审限起算、中止和终止的标准。建立审限跟踪、公示、预警、督促制度,将每个案件的审限进度在内网公示,适时在一定范围内分类公布每个法官的在办案件审限进展情况和一定期间内的审案用时情况。需要延长案件审理期限的,必须严格履行报批手续。对申报的审限延长事由,要认真审查,从严把关。

(十一)全面落实审判公开

全面落实立案、审判、执行、审判监督等各个环节的公开制度,自觉接受当事人和人民群众的监督。继续推进审判和执行公开制度改革,逐步推行民商事裁判文书的网上发布制度,逐步建立执行案件信息网上查询制度,加快全省法院案件信息查询与监督系统建设,建立合理、及时、透明、有效、科学的司法公开制度。

(十二)完善案例指导制度

认真贯彻落实省高级人民法院《关于建立案例指导制度的若干意见》,完善法律适用规则,规范法官自由裁量权的行使,统一司法尺度,提高司法公信力,促进当事人息诉服判。

(十三)探索和完善对法官自由裁量权的制约和规范

各级法院要在落实省高级人民法院《关于规范民事审判自由裁量权的指导意见(试行)》的基础上,继续探索和完善对法官自由裁量权的制约和规范,进一步明确法官行使自由裁量权的范围和应遵循的原则,对审判实践中具普遍性的自由裁量情形及时作出规范,切实提升法律统一适用工作的水平。

(十四)强化案件评查督查制度

各级法院要把开展案件评查和督查工作作为加强审判、执行管理,强化内部监督的重要手段,认真落实省高级人民法院《案件质量评查办法(试行)》和《关于案件督查工作的若干规定》,扎实开展案件评查、督查工作。案件质量评查结果列入法官个人办案质量档案,作为年终考核及奖惩、晋级、晋职的重要依据。要根据最高人民法院《关于人民法院审判人员违法审判责任追究办法(试行)》、《关于人民法院审判纪律处分办法(试行)》和《关于人民法院执行纪律处分办法(试行)》规定,严肃追究有关人员的违法审判(执行)责任。

(十五)进一步规范法官和律师关系

认真贯彻最高人民法院、司法部《关于规范法官和律师相互关系维护司法公正的若干规定》,针对目前在规范法官与律师相互关系问题上存在的薄弱环节,积极探索防止法官与律师不当交往的举措,进一步完善制度。通过教育、引导和制度监管,强化对法官和律师的职业纪律约束,规范法官和律师的相互关系,在法官和律师之间筑起坚固的防火墙。对于法官在与律师交往过程中出现的违纪违法行为,要及时追究。

(十六)完善财物管理和监督

健全资金使用和物资管理制度,规范物资的采购、保管和使用,纪检监察部门要对财物管理工作进行定期、不定期的检查监督,把事前监督、事中监督、事后监督有机结合起来。自觉遵守中央《关于进一步加强因公出国(境)管理的规定》。

(十七)自觉接受人大监督、政协监督、法律监督和社会监督

自觉接受人大监督和政协民主监督,认真落实向同级人大及其常委会报告工作制度,认真听取并及时回复人大代表和政协委员对法院工作的批评和建议。继续开展邀请人大代表、政协委员旁听庭审活动,推广聘请人大代表、政协委员担任廉政监督员制度。自觉接受检察机关的法律监督,认真审理检察机关提出抗诉的案件,认真对待检察机关提出的书面检察意见。自觉接受社会监督,认真听取社会各界和人民群众的批评、意见,重视新闻媒体正确开展舆论监督。

四、加大纠风工作和惩治腐败的力度

(一)加大纠风工作力度

以加强立案接待大厅建设为中心,开展创建人民群众满意的办事窗口活动,坚决杜绝门难进、脸难看、事难办和刁难群众、不作为、乱作为等现象。要完善信访工作机制,进一步落实院、庭长接访制度,督促有关部门及时解决人民群众的合理诉求。紧紧围绕人民群众最关心、最直接、最现实的利益问题,开展执纪执法监督检查。深入开展对庭审作风的专项治理,建立经常性的明察暗访制度和定期通报制度,纠正法官庭审举止不端庄、语言不文明、行为不严肃、着装不规范等问题。深入开展对执行款物管理的专项治理,严禁挪用执行款物。严格执行国务院《诉讼费用交纳办法》和最高人民法院《关于诉讼收费监督管理的规定》,坚决防止和纠正乱收费等行为。进一步加强机关效能建设,简化会议文件,控制会议规模,切实解决机关效能中存在的突出问题,提高机关工作效率。

(二)坚决查办违纪违法案件

继续保持查办案件工作力度,严肃查处违反政治纪律、人事纪律、群众纪律、财经纪律的案件,严惩腐败分子。重点查处法院领导干部滥用职权、贪污受贿、失职渎

职的案件,法官在审判和执行工作中徇私舞弊、枉法裁判、故意拖延办案以及法官与律师勾结权钱交易等案件。

认真查处群众反映强烈的违反审判纪律的行为。重点查处法官及其他工作人员收受当事人及其辩护人、代理人、请托人的财物及接受吃请,私自会见当事人及其辩护人、代理人,为当事人介绍律师或者为律师介绍代理案件,为当事人说情、打探案情、疏通关系,以及在评估、拍卖中串通中介机构徇私舞弊、弄虚作假等行为。

(三)加大自办案件力度

完善违纪违法案件的办案规范,加大自办案件力度,增强调查核实和突破案件的能力。认真做好信访举报工作。完善对实名举报的反馈和回复制度。注意从信访举报、执法大检查、专项检查和案件评查中发现违纪违法线索。同时,对受到诬告、错告和打击报复的法官和其他工作人员,要及时给予澄清并切实加以保护。

各级法院主要领导干部要加强对查办案件工作的领导,大力支持纪检监察部门查办案件。上级法院要及时指导、支持下级法院查办违纪违法案件,认真做好协调工作,及时答复下级人民法院的请示。派驻纪检组要理顺与纪委的关系,及时调整工作思路,与监察室共同抓好法院反腐倡廉工作。

(四)重视和发挥查办案件在治本方面的作用

重视和发挥查处案件的综合效应,坚持开展“一案一分析”、“一案一教育”、“一案一整改”活动,对每一件违纪违法案件都要进行深入剖析,研究分析特点、规律,提出防治对策措施,以达到查处一案、教育一片的效果。

五、认真抓好《工作规划》的贯彻落实

各级法院党组要切实加强领导,把贯彻落实《工作规划》和最高人民法院《实施办法》、省委《实施办法》作为一项政治任务,列入党组重要议事日程,同审判工作及其他工作一起研究、一起部署、一起落实、一起检查。要继续严格执行党风廉政建设责任制,党组书记负总责,领导班子其他成员根据分工抓好职责范围内的工作。纪检监察部门要充分履行职责,积极协助党组制定实施方案,抓好两个《实施办法》各项任务的分解和落实。

各级法院要按照两个《实施办法》的总体要求,结合实际,制定落实细则,进行任务分解,各部门要密切配合,相互支持。抓住惩治和预防腐败体系建设中的重点难点问题,集中力量取得突破。深入调查研究新情况新问题,提出推进反腐倡廉建设的新思路新举措,不断提高工作水平。

要把贯彻落实《工作规划》和两个《实施办法》的情况纳入党风廉政建设责任制和领导班子、领导干部考察考核中,作为工作实绩评定和干部奖惩的重要内容,严格责任考核,强化责任追究。每年开展对工作进展情况的专项检查,并向上级法院报告。上级法院要加强督促检查,实施分类指导,确保各项任务落到实处。

浙江省高级人民法院
关于全省法院防止人情关系对司法工作不当影响的若干规定

（2011 年 12 月 1 日　浙高法〔2011〕333 号）

为确保司法公正廉洁，防止人情关系对司法工作的不当影响，根据《中华人民共和国法官法》、《中华人民共和国法官职业道德基本准则》、《最高人民法院关于在审判工作中防止法院内部人员干扰办案的若干规定》，制定本规定。

第一条　人民法院工作人员不得私下接触案件当事人及其亲属、代理人、辩护人或者其他涉案关系人。

因不明情况或者其他原因被动接触上述人员时，不得对案件发表意见，并告知其应当通过信访途径反映情况，因此可能引起合理怀疑的，要及时向组织说明或主动申请回避。

第二条　对要求反映涉案诉求的各类人员（含有关部门的领导），人民法院工作人员应告知其采用书面形式反映；对坚持要求面谈反映的，应通过正常的来访途径公开进行；属于有关主管部门或相关组织要求来访反映的，应按接待来访的规定在法院机关公开进行；对领导同志口头转达涉案反映，未批转书面材料的，应制作电话记录或工作记录，再按规定转批交办。所有来信、来访、批件，均存入案件副卷，并在审判组织评议和讨论案件时作出说明。

第三条　人民法院领导干部、一般工作人员及离退休人员不得违反规定向案件承办人和审判组织其他人员过问正在办理的案件、打听案情、说情打招呼和施加不正当影响，也不得在涉案反映材料上签批任何实体处理或者倾向性意见。

第四条　人民法院一般工作人员收到案件当事人及其亲属、代理人、辩护人或者其他涉案关系人转交、邮寄的涉案材料，且与自己所办案件无关时，应当送交本院立案信访部门处理，不得直接转交案件承办法院、案件承办部门及相关审判组织或者审判人员。

离退休人员收到上述涉案材料时，亦按此办理。

第五条　人民法院领导干部收到案件当事人及其亲属、代理人、辩护人或者其他涉案关系人转交、邮寄的涉案材料，对属于职责范围内需阅批交办的，应经分管院长、部门正职、部门副职、审判长逐级转递，不得直接交给案件承办人；对不属于自己分管部门的材料但需转交的，应按照上述程序转递或者直接转本院立案信访部门处理。

第六条　立案信访部门应当建立登记备案制度，确定专人对本规定第四条、第

五条所涉案件材料的来源、时间、主要内容等进行登记,并按以下规定处理:

(一)涉及正在办理案件的,转案件承办法院或者案件承办部门处理;

(二)涉及已经办结案件的,转原案件承办法院或者原案件承办部门处理;

(三)涉及申请再审或者申诉的,依照规定程序处理;

(四)涉及法院工作人员违纪违法问题的,转本院纪检监察部门处理。

上述工作应当在收到涉案材料后十五日内完成。

第七条 案件承办部门在收到立案信访部门移交的登记表和涉案材料后,应当由部门内勤统一登记,并报部门负责人同意后,经部门副职、审判长逐级转递,不得直接交给案件承办人。

第八条 人民法院领导干部对分管部门审判组织提出的案件处理意见有不同看法并认为需要改变的,应当以书面形式说明理由,并建议审判组织复议或提请审判委员会讨论决定。

第九条 上级人民法院审判执行业务部门对下级人民法院正在办理的案件提出指导性意见的,应当由部门以书面形式提出。非因履行职责,上级法院工作人员不得以业务指导等为名向下级人民法院过问正在办理的案件及批转涉案材料。

第十条 案件承办人应当将人民法院领导干部和上级人民法院提出指导性意见的批示、函文、记录等文字材料存入案件副卷备查,并在审判组织评议和讨论案件时作出说明。

案件承办人对人民法院工作人员及离退休人员违反本规定第四条、第五条转达转递涉案材料的,应当制作电话记录或工作记录存入案件副卷备查,并在审判组织评议和讨论案件时作出说明。

第十一条 人民法院工作人员在办理案件期间,遇有下列情形之一的,应当在七日内填写《人民法院工作人员涉廉事项报告单》:

(一)本人因不明情况或者其他原因私下接触过案件当事人及其亲属、代理人、辩护人或者其他涉案关系人的;

(二)人民法院工作人员、离退休人员涉嫌违反规定转递涉案材料、违反规定打听案情,或者为案件当事人说情打招呼的;

(三)人民法院工作人员涉嫌违反规定过问正在办理的案件,或者违反规定批转涉案材料的;

(四)本人或者人民法院其他工作人员、离退休人员具有影响案件公正办理的其他情形的。

第十二条 填写《人民法院工作人员涉廉事项报告单》应当一式两份,报主管领导或者廉政监察员签字后,一份存入案件副卷,另外一份送交本院纪检监察部门,由纪检监察部门按以下规定处理:

（一）填写人因不明情况或者其他原因私下接触过案件当事人及其亲属、代理人、辩护人或者其他涉案关系人，以及其他具有影响案件公正办理情形的，存入填写人的廉政档案。

（二）人民法院工作人员涉嫌违反规定转递涉案材料、打听案情、说情打招呼、过问正在办理的案件，或者批转涉案材料的，存入涉嫌违反规定的人民法院工作人员的廉政档案。其中涉及上级人民法院工作人员违反规定的，由本院纪检监察部门报上级人民法院纪检监察部门存入其廉政档案；涉及下级人民法院工作人员违反规定的，由本院纪检监察部门转下级人民法院纪检监察部门存入其廉政档案。

第十三条　人民法院领导干部和其他工作人员应对身边人员、亲属加强教育，严格要求，严禁其为当事人及其亲属、代理人、辩护人或者其他涉案关系人打听案情、说情。

人民法院领导干部发现下属办人情案、关系案的，应予以批评教育并采取纠正措施。对办案过程中揣摩曲解领导阅批意图，故意偏离公正，违法审判、执行的，依照有关规定处理。

人民法院领导干部应自觉接受干警的监督。干警发现领导干部违反本规定的，应报告本院主要领导或上级法院纪检监察部门。

第十四条　人民法院工作人员违反本规定，应当给予诫勉谈话、通报批评或者组织处理；构成违纪的，应当依照《人民法院工作人员处分条例》的相关规定给予纪律处分；涉嫌犯罪的，应当移送司法机关处理。

人民法院离退休人员违反本规定的，应当给予批评教育；构成严重违纪的，应当依照《人民法院工作人员处分条例》的相关规定处理；涉嫌犯罪的，应当移送司法机关处理。

第十五条　本规定由浙江省高级人民法院纪检组、监察室负责解释。

第十六条　本规定自发布之日起施行。

浙江省高级人民法院
关于落实2009年反腐倡廉建设责任分工实施意见

（2009年3月25日　浙高法〔2009〕88号）

省落实党风廉政建设责任制领导小组《2009省直单位反腐倡廉建设和作风建设责任分工》（浙党风廉政发〔2009〕1号）明确，省法院为“认真治理司法领域的突出问题、加强农村党风廉政建设、深入治理商业贿赂”等任务的参与单位，为履行好职责，完成参与单位任务，推动工作落实，现提出如下实施意见：

一、指导思想和总体思路

坚持以党的十七大精神和中纪委十七届三次全会、省纪委第十二届三次全会精神为指导，深入贯彻落实科学发展观，坚持标本兼治、综合治理、惩防并举、注重预防的方针，把反腐倡廉建设放在更加突出的位置。紧密结合工作实际，严格执行最高法院“五个严禁”，真正抓好“民本司法、阳光司法、廉洁司法”等为内容的“八项司法”，切实落实人民法院惩治和预防腐败体系建设，确保司法公正、维护司法权威，使全省法院更好地服务浙江的科学发展，更好地实现自身的科学发展。

根据省落实党风廉政建设责任制领导小组的部署，省法院重点做好与省纪委等部门的协调配合工作，加强农村党风廉政建设、深入治理商业贿赂和清理规范评比达标表彰工作；积极参加省委政法委牵头协调的反腐倡廉工作，认真治理司法领域的突出问题；抓好法院系统反腐倡廉工作，查办违法违纪案件，纠正执法工作中存在的问题，进一步发挥办案的治本功能。

二、责任分工

（一）结合“大学习、大讨论”活动，以深入学习实践科学发展观为主线，以实践“三项承诺”为抓手，以五好法庭、模范五好法庭考评为契机，狠抓审判作风建设，完善司法为民举措，全力维护群众权益，加强农村党风廉政建设，充分发挥人民法庭立足农村、服务农村、发展农村的审判特色。

责任人：徐杰

责任部门：民一庭

（二）深入治理商业贿赂，是拓展从源头上防治腐败领域、推进党风廉政建设和反腐败斗争的重要任务。结合惩治和预防腐败体系实施纲要，坚决惩处商业贿赂违法犯罪行为，研究分析滋生商业贿赂的深层次原因，推进从源头上防治商业贿赂的体制改革和制度创新。

责任人：王幼璋

责任部门：刑二庭

（三）认真贯彻《中共中央办公厅关于进一步清理规范党委、人大、政协和法院、检察院系统评比达标表彰活动的通知》，切实加强对清理规范工作的组织领导，及时解决清理规范过程中出现的各种问题，逐步形成规范法院系统评比达标表彰活动的长效机制。

责任人：林一

责任部门：政治部

（四）认真治理司法领域的突出问题，按照中央关于司法体制改革有关要求精神，以促进司法公正和提高司法公信力为目标，积极稳妥推进司法体制改革。完善惩防体系建设，制定防止司法腐败的有效措施，针对容易产生问题和腐败的重点领域、重点环节,进一步建立健全制度,进一步加强监督检查。

责任人:朱深远　钱建军

责任部门:研究室　纪检组监察室

(五)依法审理领导干部违法违纪的大案要案,完善办案协调沟通机制,严惩腐败分子,进一步发挥办案的治本功能,有力推动反腐败斗争的深入开展。

责任人:王幼璋

责任部门:刑二庭

三、工作措施

(一)服务科学发展。围绕省委提出的"深化作风建设、促进创业创新、服务保稳促调、推动科学发展"的主题,引导党员干部加强党性修养,切实转变工作作风。以服务群众、提升效能、考核评议等为重点,进一步建立健全作风建设长效机制。

(二)强化教育预防。开展警示教育专题活动,落实"一案一剖析、一案一教育、一案一整改、一案一建议"制度,加强法院廉政文化建设,进一步筑牢拒腐防变的思想道德防线。

(三)加大惩治力度。严肃查处利用审判权、执行权索贿受贿、徇私舞弊、违法立案、枉法裁判、违法执行等案件,决不让腐败分子逃脱党纪国法的惩处,进一步发挥查案的治本功能。

(四)完善体系机制。进一步完善人民法院的案件评查、业绩考评、责任追究、巡视督察等制度。试行廉政监察员制度,切实加强对审判执行活动的无缝隙监督。抓好"阳光司法"、"廉洁司法",会同省司法厅联合下发《关于规范法官与律师相互关系的若干意见(试行)》,加强法官和律师的职业纪律约束,确保司法公正。

(五)抓好纠风治乱。严格执行《诉讼费用交纳办法》,防止和纠正违反规定乱收费和乱拉赞助等损害当事人利益的问题;开展对执行款物管理的专项检查,进一步解决执行款被拖延发还、挪用、坐支等问题;继续整顿庭审作风,切实解决部分法庭"脏、乱、差",真正把齐院长提出的浙江"法官职业四要"的要求落到实处。

(六)狠抓监督制约。加强案件督查工作,进一步规范权力运行,重点抓好对审判、执行人员行使权力的监督。加大检查考核力度,量化考核办法,深入推进巡视工作,严格落实党风廉政责任制。

(八)综 合 工 作

浙江省高级人民法院
关于构建司法规范化工作长效机制的指导意见

(2009 年 1 月 5 日　浙高法发〔2009〕2 号)

为落实党中央、中央政法委员会和最高人民法院有关规范司法行为的要求,进一步推进全省法院司法规范化建设,实现人民法院自身的科学发展,结合我省法院实际,现就构建司法规范化工作长效机制提出如下指导意见。

一、总体要求

高举中国特色社会主义伟大旗帜,以邓小平理论和"三个代表"重要思想为指导,深入贯彻落实科学发展观,坚持党的事业至上、人民利益至上、宪法法律至上,树立理性、平和、文明、规范司法的新理念,从人民群众的司法需求出发,以解决影响司法公正、制约司法能力的突出问题为重点,以公开透明规范为基本要求,加强审判权执行权监督制约,加强司法工作制度化、程序化、规范化建设,从严治院,公信立院,科技强院,推进司法制度的自我完善和发展,建设公正、高效、权威的社会主义司法制度,更好地适应构建和谐社会的需要,为中国特色社会主义事业提供可靠的司法保障和法律服务。

二、重点工作

司法规范化建设是践行"三个代表"重要思想的实际行动,是落实科学发展观和构建社会主义和谐社会的具体实践,也是人民法院实现自身科学发展长期的战略任务,各级法院要认真总结中央政法委员会部署的 2006 - 2008 年规范化活动的成功经验,抓住最容易发生问题的岗位和环节,进一步完善明确、具体、操作性强的司法行为规范机制,完善内部管理的各项规章制度,真正使法官的各项司法活动、各个司法环节都有章可循,切实克服司法工作的随意性。当前和今后一个时期,要重点抓好以下几方面的工作。

(一)进一步规范司法礼仪。加强法官职业修养,严格落实最高人民法院和省高级人民法院有关司法礼仪的规范性要求。注重着装仪表。法官着制服时应当配套,佩带胸徽。着便服时应当整洁、庄重;约束言行举止。法官接待当事人及相关人员时,要表明身份,态度和蔼,讲话亲和,文明用语,举止得体;规范庭审活动。法官应当准时出庭,不迟到、缺席。庭审中应保持坐姿端正,专注庭审,杜绝各种不雅举动。保持人民法官公正、高效、廉洁、文明的职业形象。

（二）进一步规范立案工作。完善立案接待大厅的服务功能，落实当事人权利义务告知制度；规范案件受理，正确处理保护当事人诉权与防止滥用诉权的关系；规范各类案件的受理审查程序和标准，加快立案工作专业化进程；建立科学的审判流程管理工作机制，将各个审理阶段的实时监督落到实处。围绕新修改的民事诉讼法的实施，全面加强和规范申请再审审查工作。建立法院涉诉信访案件处理的统一协调机制和信息管理系统，明确上下级法院之间接待处理涉诉信访的分工与职责。

（三）进一步规范审判工作。构建科学的审级管理体系，优化法院各部门之间的职权配置。全面加强庭审规范化建设，进一步明确刑事、民事、行政等各类案件的庭审规范，防止庭审走过场。加强审判管理和监督，切实纠正审判程序不规范、事实和证据审查判断不严格以及隐性超审限等问题，建立典型案例指导制度，统一司法尺度。实现司法程序细节化，自由裁量权行使标准化，着力提高审判效率，尽可能地减少当事人的讼累，努力从实体上、程序上实现司法公正，确保办案法律效果与社会效果的有机统一。

（四）进一步规范执行工作。深化执行体制和工作机制改革，统一各级人民法院执行局及内设机构的设置，完善执行工作统一管理、统一协调工作机制和执行权分权运行机制。以规范执行行为为重点，完善执行案件流程管理，严格掌握执行期限，避免案件久拖不执；建立执行情况告知制度，增强执行工作的透明度，杜绝“暗箱操作”，切实解决执行不公；统一执行穷尽的标准，用尽一切执行措施、执行手段、执行方法，切实解决执行不力；加强执行活动的监督，切实做到依法规范执行，确保公正、高效、廉洁办理执行案件。

（五）进一步规范裁判文书制作。认真落实最高人民法院和省高级人民法院有关裁判文书制作的规范性要求，进一步明确各类裁判文书的制作要点，统一制作标准和要求。着力提高裁判文书在事实认定和裁判理由两方面内容的质量，清楚反映案件的审理过程，准确归纳事实争议焦点，正确阐释透法律规定内涵，做到繁简适当，切实解决裁判文书说理不透彻的问题。处理好专业化与通俗化的关系，根据裁判文书的受众对象，使裁判文书能为一般公众所理解和接受，促进司法公信力的提升。

三、工作机制

司法规范化建设是一项复杂的系统工程，要按照科学发展观的要求，根据人民法院的职能特点，紧密结合审判和执行工作实际，着重在立案、审判、执行等重点岗位和环节建立严密的规范体系，构建事事讲规范、处处重规范、人人守规范的规范化工作格局。要靠教育管理，更要靠制度和机制尤其是长效机制的保证，使司法规范化建设更具有针对性、实效性和长远性。

(一)完善司法规范化教育机制

——完善学习教育制度。按照建设学习型、团结型、创新型机关的要求,健全政治学习和业务学习制度,大力加强法治理念、职业精神、职业道德教育,进一步打牢人民法官“公正司法,一心为民”的思想根基,真正解决“为谁掌权、为谁司法、怎样司法”这一根本问题,保持人民法官应有的正义与良知,使广大法官专业知识不断更新,综合素质不断提升,更加自觉地规范自己的司法行为,在思想、政治、工作和作风等方面始终保持先进性,为确保行为规范提供内在的精神动力。

——完善岗位技能培训。按照“干什么、练什么,缺什么、补什么”的原则和全体参与、重在基层、立足岗位、注重实效的要求,实行以司法实务、解决实际问题能力为主的培训模式,加强培训资源共享,提高培训质量,形成与司法实践要求相适应的法官培训体系。突出抓好法官的岗位技能培训,积极通过办班培训、理论研讨、辅导讲座、开庭观摩、技能竞赛、交流锻炼等有效形式,不断提升法官解决实际问题的能力和水平。

——完善法院文化建设。注重司法规范化建设与法院文化建设的互相促进,积极开展更加丰富多彩、更具生机活力、更富有法院特色的法院文化创建活动。通过建立法官年度授职典礼等形式,大力实施队伍凝聚力工程,激发法官的职业尊荣感。充分发挥法院文化的激励、导向、规范和约束功能,使广大法官在日常学习、工作、生活中接受熏陶,培养公正、文明、廉洁司法的行为习惯,为司法规范化建设提供强大的文化支撑和人文支持。

(二)完善司法规范化管理机制

——完善案件流程管理。以优化办案程序、提高办案质量效率为目标,建立科学合理的审判流程管理工作机制。积极探索案件的类型化审理。适时制定全省法院统一的案件流程管理规则,区分案件类型、审理程序、审级法院等,按照立案、分案、质证、开庭、合议、讨论、审批、送达、归档等不同环节,有针对性地细化流程管理规定。健全落实承办法官、合议庭成员、审判长、院庭长、审判委员会的审限责任,建立起公正高效的办案规则。加快立案、审判、执行业务应用软件开发,积极推进网上办案进程。

——完善案件质量效率管理。紧紧围绕执法办案第一要务,大力加强办案质量、效率管理,不断完善各项工作运行机制。适时制定全省法院案件质量管理工作规定,规范案件质量管理方式、标准,落实奖惩措施,全面加强案件质量的经常性、专项性、科学性管理。各级法院要健全并落实案件质量管理机构和人员,负责案件质量管理的日常工作,加大案件质量管理的专项管理与监督。要将案件质量管理工作与业绩考核、晋职晋升、纪律监督等相关制度有机结合起来,确保真正发挥案件质量管理的功能。

——完善司法工作责任追究制度。进一步明确不同审级法院各岗位的工作标准、工作规范，明确承办法官、合议庭成员、审判长、审判长联席会议、院庭长、审判委员会的办案工作责任。按照法官的不同类型，建立审判法官办案基数和办案质量效率情况通报制度。建立健全干部队伍管理的目标责任制度，完善院长、庭长“一岗双责”制度以及上下级法院领导班子之间的层级负责制度，把管好队伍作为硬性指标纳入考评范围，进一步细化司法工作责任查究制度，切实改变责任不明确，查究不到位的状况。

（三）完善司法规范化监督机制

——落实司法公开制度。完善审判、执行公开制度，全面推行立案公开、庭审公开、证据采信公开、事实认定公开、判决理由和结果公开、执行过程公开。要注重以信息化促进审判、执行工作透明化、规范化，积极推进信息化在案件信息管理、审判执行管理、信访管理、裁判文书公开等方面的应用。加快推进网络视频远程审判工作，2009 年底前，完成全省三级法院所有审判法庭的“简约型数字法庭”、简易录音录像设备的安装。加快推进全省法院案件信息查询系统建设，建立全省法院诉讼当事人信息查询系统，探索执行案件信息网上查询制度。加快实现诉讼档案的电子化管理。

——完善法院内部监督。强化上级法院对下级法院的审级监督、审判委员会和院庭长对司法活动的管理监督、审判执行各个环节之间的互相监督，构建法院内部相互制约、协调运转的司法权运行机制。有条件的法院要在审判执行部门设立监察员，完善办案质量检查制度，有效掌控案件的整体质量。健全审判管理与司法人事管理、司法政务管理与法官行为监督的有机结合，充分利用现代化管理手段，把静态的制度管理转化为动态的流程监控，确保审判权、执行权的规范行使。

——自觉接受外部监督。完善人民法院自觉接受党委、党委政法委及相关部门对法院司法活动进行监督的工作机制。健全依法向人大报告工作并接受监督的工作机制。积极配合检察机关行使法律监督权，完善规范法官与律师、中介机构人员关系的制度。拓展与政协、民主党派、无党派人士的沟通渠道及工作机制。认真对待新闻媒体和社会各界的监督，完善听取人民群众与社会各界意见和建议的工作机制。充分利用互联网、来信来访、申诉和申请再审、举报投诉等方式和环节，建立健全民意沟通表达机制。

（四）完善司法规范化考评机制

——建立审判执行运行态势分析制度。建立包含人民法庭审判管理在内的全省法院审判质量和效率评估体系，切实解决办案进度“前松后紧”的问题。逐步细化和完善各项评估数据，加大数据录入的检查力度，确保统计数据的真实性和评估体系的权威性。加强评估体系的运用,严格监控影响审判质效的主要数据,通过定期发布、分析和讲评,切实加强对全省法院审判质量效率的动态管理和客观评估。完善人民法院司法统计制度。

——建立司法业绩考评体系。各级法院要坚持从实际出发,本着配套、科学、实用的原则,尽快建立起体现科学发展观和正确政绩观的司法业绩考评体系,使组织考察有充分依据,法官努力有正确方向,群众监督有明确标准。坚持简便实用的原则,进一步完善民意调查、实绩分析等考核评价办法,畅通民意沟通和表达渠道,强化群众参与和监督,防止考核失真失实。建立全省法院法官业务、培训档案,对法官办案、调研、培训、立功受奖、违纪处分等情况进行动态管理和跟踪,完善法官个人考核机制。

——建立司法工作社会评价体系。各级法院要始终坚持走群众路线,出台各项工作措施,都要从实现好、维护好、发展好最广大人民的根本利益出发,坚持“开门纳谏”,使出台的工作措施符合人民群众要求,符合司法工作规律。要高度重视社会舆论对法院工作的影响,虚心听取社会各界和人民群众对法院工作的评议,善于从中把握社情民意和群众感受,虚心接受评议,切实加以改进,防止法院自身评价与社会评价相脱节,进一步提高法院工作的社会认同度。

四、组织实施

司法规范化建设是严格、公正、文明司法的重要保障,各级法院要按照全面规划、重点推进的工作思路组织实施,系统、科学构建司法规范化工作长效机制,深化司法体制与工作机制改革,下大气力研究解决制约司法公正的各种相关因素,使法官司法指导思想更加端正,重点岗位和环节的司法工作制度更加完善,司法工作中的突出问题得到更加有效的预防和解决,司法水平和人民群众的满意程度进一步提高。

(一)加强领导。各级法院要把司法规范化建设摆上重要位置,“一把手”亲自部署,班子成员齐抓共管。结合自身实际,认真研究本单位规范化建设工作的重点任务,设置必要的工作机构,选调合适工作人员,切实加强领导、组织、指导、协调等工作,统筹规划、精心组织。根据相关部门的职能,明确工作目标、细化工作责任、落实责任主体,做到任务分工具体、职责划分清晰、责任要求明确、保障措施有力,确保司法规范化建设取得实效。

(二)注重调研。坚持以科学发展观为统领,深刻把握人民群众对司法工作的新要求新期待,围绕公正、高效、权威大兴调查研究之风,不断推进司法规范化建设工作的改革创新。要整合调研工作力量,多层次、多渠道、多方式开展调研工作。凡重要司法规范化建设措施的出台,事先都应进行充分的调研论证,广泛征求有关部门意见,特别要听取基层法官意见。注重调研成果的转化和应用,使调研工作成为司法规范化建设的重要推动力。

（三）强化督查。制度带有根本性、全局性、稳定性和长期性，要认真抓好司法规范化建设相关制度的落实，做到按制度办事、靠制度管人。上级法院要对下级法院开展司法规范化建设工作进行经常性的督查，通过列席会议、调阅文件、问卷调查、明查暗访、案件评查等方式，将督查制度与落实司法规范化建设教育、管理、监督、考评机制的落实结合起来，将督查中发现的问题及时转化为改进规范化建设工作和完善规范化制度的重要依据。

（四）落实保障。司法规范化建设的推进，需要一定的人力物力保障。要积极争取党委、人大、政府和社会各界的重视、支持，着力解决影响法院工作发展的困难和问题。队伍素质是司法规范化建设发展的关键。要关心法官的工作、学习和身心健康，切实解决好法官的职级待遇问题，理直气壮地支持法官依法履行职责。要积极争取财政部门的支持，进一步加大办案经费、物质装备等保障力度，为司法规范化建设提供强有力的工作保障。

浙江省高级人民法院
关于印发《长三角地区人民法院司法协作工作规则》的通知

（2009 年 7 月 3 日　浙高法〔2009〕229 号）

本省各级人民法院、宁波海事法院：

2009 年 5 月 26 日，沪、苏、浙三地高级人民法院在杭州召开了第二次长三角地区人民法院司法工作协作交流联席会议。会上，三地高级人民法院共同签署了《长三角地区人民法院司法协作交流联席会议议事规则》等 13 项司法协作工作规则，现予以印发，请认真组织学习，并结合实际积极与长三角地区法院开展交流合作。

长三角地区人民法院司法协作交流联席会议议事规则

为保证联席会议按期顺利举行，提高议事质量和效果，经沪、苏、浙高院充分协商，制定长三角地区人民法院司法协作交流联席会议议事规则。

一、联席会议组成人员

三地高院院长，与本次联席会议议题有关的三地高院分管院领导。三地高院联络组成员列席会议。

二、联席会议讨论事项

1. 交流三地法院工作情况；

2. 联络组通报三地法院协作交流情况；

3. 讨论、研究三地法院协作交流的相关重要问题、重大案件;

4. 研究确定下一步三地法院协作交流事项。

三、联席会议议事方式

联席会议由主办地高院主要领导主持。联络组汇报提请讨论的相关议题;三地高院领导发表意见;联席会议主办地高院领导总结。

四、联席会议事项确定

由联席会议主办地高院联络组成员拟定会议纪要,报三地高院院长联合审签后,发三地法院执行。

长三角地区人民法院司法协作交流联络组议事规则

为保证长三角地区人民法院司法协作交流顺利开展,经沪、苏、浙高院充分协商,制定长三角地区人民法院司法协作交流联络组议事规则。

一、联络组组成

联络组成员由三地高院办公室、研究室人员组成。每年确定一家高院联络组成员牵头召集联络组会议。联络组成员为:

上海高院:吴偕林、顾建荣、朱妙

江苏高院:蔡绍刚、刘亚军、孙辙

浙江高院:许雁、魏新璋、唐学兵

二、联络组沟通方式

1. 电话或网络沟通;

2. 不定期召开联络组会议。

联络组会议原则上轮值召开。

三、沟通程序

1. 主办方提出初步构想;

2. 三方共同研究协作交流具体事项;

3. 形成联络组工作方案,报三地高院院长审定,必要时召开联席会议讨论确定。联络组负责具体执行。

长三角地区人民法院审判执行业务部门协作交流工作规则

为广泛深入推进长三角地区人民法院在审判执行业务领域的协作交流,更好地服务长三角地区科学发展、率先发展,经沪、苏、浙高院充分协商,制定长三角地区人民法院审判执行业务部门协作交流工作规则。

一、建立三地法院审判执行业务协作交流联络员,负责三地法院司法协作交流联席会议决策具体事宜的落实及日常对口联络工作。

二、协作交流联络员应按照审判执行业务条线分别确定，并从三地高院对口审判执行业务部门负责人中分别指派一人担任。

三、各审判执行业务条线确定协作交流联络员名单后，连同各联络员的职务、通讯方式等基本信息同时报送三地法院司法协作交流联络组备案。各审判执行业务条线协作交流联络员发生人员变动情况的，应及时通报三地法院司法协作交流联络组。

四、协作交流联络员应本着对口联络、共同协商、友好互助、及时有效的工作原则积极开展工作。

五、协作交流联络员负责全面准确落实联席会议确定的协作交流事项，积极推进协作交流事项取得实效。

1. 针对具体协作项目及相关事宜，及时组织商讨和制定详细协作交流计划与工作措施；

2. 维护相关司法信息平台，及时发布三地法院相关司法信息；

3. 定期或不定期组织开展相关审判执行业务交流研讨活动，推动实现三地法院审判执行经验的及时交流与推广；

4. 及时通报三地法院重大案件、跨地区案件审理执行信息，积极组织实施必要的协助、协调事宜；

5. 及时发现和拓展三地法院不同审判执行业务领域协作交流的新事宜；

6. 积极推进相关审判执行业务条线中、基层法院间开展经常性的协作交流活动。

六、各审判执行业务条线协作交流联络员组织商讨制定的协作交流计划与工作措施、组织相关审判执行业务交流研讨活动、实施重大案件、跨地区案件协助、协调事宜等，应同时报送三地法院司法协作交流联络组备案。

七、各审判执行业务条线协作交流联络员经商讨计划拓展新的协作交流事宜，应首先报送三地法院司法协作交流联络组，由联络组提交三地司法协作交流联席会议讨论决定是否列入新的协作交流项目中。

长三角地区人民法院司法动态信息交流方案

为推进长三角地区人民法院司法信息交流，经沪、苏、浙高院充分协商，确立长三角地区人民法院司法动态信息交流方案。

一、信息交流形式

1. 书面形式。双月出刊一期。

2. 依托“长三角地区人民法院司法协作交流网”，在网页上有关栏目内刊登有关司法动态信息。

二、信息交流内容

1. 三地法院审判工作概况,包括受理案件情况、审判质效情况等。

2. 三地法院审理的重大案件,新类型案件。

3. 三地党政领导对法院工作的重要批示。

4. 三地法院主要领导有关视察调研活动报道。

5. 三地法院全局性会议的有关领导讲话精神。

6. 三地法院推出的重大改革措施。

7. 三地法院出台的重要规范性文件。

8. 三地法院的重要调研报告。

三、信息交流责任

1. 书面形式的司法动态信息交流,由联席会议承办单位联络组编辑,长三角地区其他两地高院确定专栏责任编辑,负责向专栏主办方投稿。

2. 网上信息交流,由三地法院分别上载至“长三角地区人民法院司法协作交流网”有关栏目。

长三角地区人民法院司法协作交流网方案

为推进长三角地区人民法院司法协作信息交流,经沪、苏、浙高院充分协商,确立长三角地区人民法院司法协作交流网方案。

一、栏目设置

1. 地域概况:分三大板块分别介绍沪苏浙地区的自然、经济、社会发展概况。

2. 法院简介:分三大板块分别介绍沪苏浙地区法院的基本情况(分高、中、基三级法院)。

3. 司法协作动态:长三角地区法院司法协作交流总体情况。

4. 规范性文件:分三大板块分别发布沪苏浙地区法院有关规范性文件。

5. 信息交流:分三大板块分别发布沪苏浙地区法院信息刊物、调研报告、工作动态。

6. 司法协作机制:按跨地区案件审理协调机制、知识产权审判协作交流机制、行政审判协作交流机制、人才培养协作交流机制、审判管理协作交流机制、执行工作协作交流机制、涉诉信访案件协作联动机制等7大机制分别介绍沪苏浙法院的有关工作情况。

二、信息发布和日常维护

1. 浙江高院在全国法院专网上建立“长三角地区人民法院司法协作交流网”,并负责日常网络维护,沪、苏高院开放相应的访问端口,保障网络通畅。

2. 信息发布使用统一的平台,“司法协作动态”由联席会议承办单位负责发布有关内容,其他栏目内容由沪苏浙高院自行发布。

3. 三地高院指定1—2名“长三角地区人民法院司法协作交流网”的联络员,协调相关工作。

长三角地区人民法院规范性文件协调交流机制(试行)

为促进长三角地区人民法院制定的规范性文件的协调和交流,实现区域法律适用标准的统一,经沪、苏、浙高院充分协商,建立长三角地区人民法院规范性文件协调交流机制。

一、本规定所称的规范性文件,是指三地高院制定的有关适用法律法规和司法解释(包括实体法和程序法)的指导性意见。

1. 规范性文件一般以法律、法规和司法解释尚未规定或规定不明确,审判实践中亟需解决,且带共性而法律适用中有争议的内容为重点。

2. 规范性文件内容不得与现行法律、法规和司法解释的精神相冲突,还应注意各部门法之间的协调,兼顾相关审判业务,并注重可操作性。

3. 规范性文件仅供在审判实践中参考,不得在裁判文书中直接引用。

二、建立规范性文件协调交流机制旨在通过对长三角地区人民法院制定的规范性文件之间的交流,为三地法院审判实践中具有共性的问题提供倾向性的审判思路,实现区域法律适用标准的统一,促进审判水平的提高。

三、规范性文件的形式一般应以“法律适用问题解答”、“意见”和“指南”等为标题。其中“解答”采用问答式,“指南”和“意见”可采用条文式或文件式的表达形式。

四、长三角地区人民法院规范性文件协调交流工作可以采取下列方式进行:

1. 不定期就法律适用中的疑难、复杂、重大问题进行研讨,对三地法院共同存在的普遍性的法律适用问题或涉及实施国家重要法律法规的,可组织联合课题组共同研究攻关。必要时,可以联合向最高法院提出司法解释建议。

2. 起草规范性文件时,可跨区域征求和听取长三角地区其他法院的意见和建议。涉及重大政策调整或涉及、影响其他法院审理案件的,应事先进行政策协调。

在召开有本地区相关国家机关有关人员及法院咨询专家、律师等专业人士参加的规范性文件草案论证会时,可邀请长三角地区其他法院相关人员参加,听取意见和建议。

3. 建立区域内各法院的规范性文件动态通报制度。三地高院应就新制定的规范性文件及时进行交换,并在正式公布七天内上载“长三角地区人民法院司法协作交流网”相应栏目;加强三地高院规范性文件制定信息的互通和流转,建立畅通的信息交流平台。

三地高院审判委员会通过的指导性案例参照上述规定执行。

4. 三地高院制定的相同或相似的规范性文件,如法律适用有不一致规定的,要及时进行沟通交流,以达成共识。

五、三地高院研究室应各选派一名工作人员负责规范性文件协调交流日常事务。涉及重大问题需处理的,应及时提交三地法院司法协作交流联络组协调解决。

长三角地区人民法院跨地区案件审理协调机制(试行)

为推进长三角地区人民法院跨地区案件审理的协调,统一司法标准,加强司法协助,经沪、苏、浙高院充分协商,建立长三角地区人民法院跨地区案件审理协调机制。

一、统一司法标准

1. 建立司法适用标准协调机制。加强三地法院立案、刑事、民商事、行政、审判监督等审判业务和执行领域的协作交流,不定期召开审判执行业务研讨会,共同探讨审判和执行实践中带有共性的疑难、复杂和新类型案件法律适用问题,提高案件裁判质量。

2. 建立司法适用信息共享机制。适时共享,定时传递三地高院审判委员会讨论通过的法律适用规范性文件;定期公布三地高院审判委员会讨论通过并发布的指导性案例,指导案件审判工作,实现区域司法裁判尺度的统一;三地发生的重大影响案件、关联案件及时相互通报,加强对案例的分析利用,解决案件审理中带有一定普遍性的问题。

3. 建立区域司法鉴定机构共享协作机制。统一长三角地区司法鉴定机构的准入资格,整合司法鉴定机构登记、管理和监督资源,建立三地法院司法鉴定机构目录,实现区域司法鉴定机构信息互通、共享。

二、加强司法协助

1. 加强司法文书送达协助。建立司法文书异地委托送达机制,对三地法院需异地送达的司法文书,协商采取委托转送,并规定相应的送达时效和协助责任。

2. 加强执行工作的协助。建立异地执行协助机制,对司法文书的执行,可协商委托三地法院代为执行,形成“异地执行公务、当地法院支援”的局面,以提高执行效率,缩短案件的执行周期,遏制跨区域转移财产、逃避执行的现象。

3. 加强案件调查取证协助。建立三地法院委托调查取证制度,对需要异地调查取证的案件,可协商确定由当地法院代为完成,并对委托调查取证的一般时限、取证情况反馈、证据移交等具体事项作出规定。

4. 加强案件管辖协助。三地法院可对区域内案件管辖权问题达成协议。比如,由最先收到申请材料的法院进行初步审查,并作出相应处理。如果经审查发现案件涉及到共同管辖问题的，通知共同管辖法院协商确定管辖法院；发现自己对本案无管辖权的，直接将案件移送有管辖权的法院。

5. 加强区域法律服务协助。对异地司法行政机关提供的律师身份证明予以确认，平等对待本地律师和外地律师。

三、排除不当干扰

1. 三地法院遵循公平、公开与非歧视原则，对本地、外地当事人平等对待，做到一视同仁、公正司法，维护社会诚信，增强司法公信力。

2. 对跨区域案件，可以组成联合调查与执行机构，协同办案，以减少干扰，排除阻力。对跨区域的涉诉案件及执行案件中当事人的基本情况、履行能力等及时调查，互相公布，克服信息不对称现象，为异地法院提供便利。

3. 加强沟通协调，营造良好司法环境。对跨区域案件，所在区域法院接到异地法院协助通知后，需要向当地党委、纪检监察、人大等汇报的，应当及时汇报，取得他们对异地法院的理解、信任和支持。同时，加强与所在地新闻媒体的联系，坚持正确的舆论监督导向。

四、协调工作程序

1. 上报。三地法院发现跨地区案件需要协调处理的，应逐级上报所在地高院相关审判业务部门。

2. 通报。各审判执行业务条线协作交流联络员应及时将跨地区案件审理的相关情况通报有关高院。

3. 备案。各协作交流联络员在进行通报的同时应将跨地区案件审理的相关情况报送三地高院联络组备案。

4. 协商。有关高院应尽快组织讨论，研究制定协调方案，确定协调事项。

5. 执行。协作交流联络员应负责督促跨地区案件所涉有关各方按照协调方案与协调事项确定的内容严格、及时执行。

长三角地区人民法院知识产权审判协作交流机制（试行）

为充分发挥司法保护知识产权的主导作用，维护长三角地区良好的经济秩序，经沪、苏、浙高院充分协商，建立长三角地区人民法院知识产权审判协作交流机制。

一、指导思想

认真贯彻落实《国家知识产权战略纲要》，充分发挥司法保护知识产权的主导作用，依法加大知识产权司法保护力度，切实保护知识产权权利人的合法权益，加强横向交流、纵向联动，为促进长三角地区经济平稳较快发展提供强有力的司法保障。

二、协作内容

1. 重大案件协调。对于同时发生在三地的系列案件、串案等，三地高院可以就执法尺度等问题进行协调。

2. 协助调查取证。根据有管辖权的法院委托,受托法院应积极协助开展知识产权纠纷案件的调查取证工作,并及时将结果反馈给委托法院。

3. 协助保全证据。三地法院跨区域进行证据保全时,证据所在地法院应提供必要的支持与配合。

4. 协助送达。三地法院对于当事人在其他法院辖区内直接送达法律文书有困难的,可请求当地法院协助送达。

5. 重大信息通报。对于重大知识产权案件,三地高院应及时将简要案情、关注焦点等审判信息相互通报。

6. 工作经验交流。三地法院对于在知识产权审判工作中的经验、举措和思路等,互相通报、互相交流、互相借鉴,实现共同提高。

7. 审判人才培养。发挥三地优势,共同为三地法院培养知识产权审判人才。必要时,可互派人员进行短期交流、锻炼。

8. 理论问题研讨。加强对知识产权疑难案件、知识产权重要理论问题的研讨,切实提高知识产权审判的能力和水平。

三、协作方式

1. 专题研讨制度。三地高院不定期举行知识产权审判研讨会,总结交流三地法院在知识产权司法保护方面的经验,研究探讨解决疑难法律问题,促进三地法院知识产权工作的整体推进。同时,三地法院在举行知识产权审判业务培训班时,可根据培训内容,邀请长三角地区其他两地法院中具有丰富知识产权审判经验和较深理论水平的资深法官授课。

2. 列席例会制度。三地高院每年举行本省(市)知识产权审判工作例会时,邀请长三角地区其他两地高院知识产权审判部门主要负责人列席。

3. 定期编辑刊物。三地高院在各自内部知识产权审判指导刊物中,设立长三角地区知识产权审判协作信息专栏,互相向其下级法院宣传三地知识产权审判最新动态和疑难复杂典型案件,交流审判经验,分析研究疑难法律问题,分享各自调研成果,了解法律适用标准,交流办案经验。内部刊物定期通过三地高院向辖区内法院下发。

4. 建立网络交流平台。经三地高院协商,在三地有一定影响的网站上开通知识产权保护论坛,利用网络进行知识产权审判信息的互动。

四、组织保障

三地高院知识产权审判部门分别指派一名联络员,负责处理三地协作的各项日常工作。

五、程序要求

1. 三地法院在调查取证、证据保全和送达等方面请求协助的，应按照法律和司法解释规定出具书面函件。

2. 对于三地法院知识产权审判发展中需要协调的重大事项，应及时提交三地法院司法协作交流联席会议讨论。

长三角地区人民法院行政审判协作交流机制（试行）

为共同推进长三角地区依法行政工作，在更大范围、更广领域和更高层次上加强长三角地区人民法院行政审判的司法协作，经沪、苏、浙高院充分协商，建立长三角地区人民法院行政审判协作交流机制。

1. 在"长三角地区人民法院司法协作交流网"的有关栏目中，实时上传三地行政审判工作动态、重大案件审判、审判经验及调研成果等信息，以实现相关行政审判司法信息的共享和交流。

2. 三地法院统一行政审判绩效评估数据指标，加强行政审判司法统计和绩效评估数据信息的共享与交流，实现三地高院行政审判庭相互在网查询行政审判数据。

3. 在三地高院建立的人才库基础上建立三地法院行政审判共享人才库。根据审判实践需要，每年确定一个调研课题，由一个高院为主承担，选择共享人才库部分成员参与，形成有价值的调研报告。

4. 三地高院每年举行本省（市）行政审判工作例会时，邀请长三角地区其他两地高院行政庭长列席，以利三地法院相互交流、借鉴在行政审判和非诉案件审查与执行工作、队伍建设、制度创新中的新思路、新举措、新经验，以相互促进、共同提高。

5. 在三地已有的本省（市）行政审判与行政复议联席会议的基础上，由三地高院行政庭和政府法制办共同建立长三角地区行政审判与行政复议联席会议。原则上每年在一地召开一次会议，每次确立一个专题进行研讨。通过印发会议纪要等方式，共同探讨行政审判和行政复议实践中带有共性的疑难、复杂和新类型案件法律问题的解决对策，统一行政执法和司法裁判尺度。

6. 建立规范性文件定期通报和关联案件实时通报制度。三地高院行政庭对于本院、本庭出台的规范性文件和对行政审判法律适用的请示答复，应当每半年向长三角地区其他两地高院行政庭书面通报一次。各高院行政庭对于本辖区内发生的以长三角地区其他两地辖区内行政机关为被告的行政案件，应当在开庭审理前向该地高院行政庭通报情况，该地高院行政庭对案件的处理和维稳工作有意见和要求的，可以提出书面建议。

7. 每两年开展一次长三角地区人民法院行政审判优秀裁判文书评选，由三地高院行政庭轮流承办并负责将获奖裁判文书汇编成册；每三年编写一册长三角地区人民法院行政审判指导案例集,由三地高院行政庭轮流承办汇编;在条件成熟后,由三地高院行政庭指定专人成立编辑部,利用网络手段共同定期编发《长三角地区人民法院行政审判通讯》,刊发三地法院行政审判工作动态、重大案件审判信息、审判经验及调研成果、相关规范性文件和请示答复等,该刊物由三地高院负责向辖区内法院下发。

8. 建立行政审判人才协作培养机制。三地高院每年举办本省(市)行政审判培训班时,可以邀请长三角地区其他两地法院行政审判的资深法官进行授课,受邀法院应当积极支持配合;每两年由一地高院行政庭及法官学院轮流承办一期长三角地区人民法院行政审判专题培训研讨班,培训学员由各高院行政庭负责报送,期限可在三至五天;近期实现三地高院行政庭业务骨干互相挂职锻炼,每次各一人,期限为两到六个月,远期实现三地中院行政庭业务骨干互相挂职锻炼,一年三至五人,期限为三到六个月。

9. 建立长三角地区人民法院行政审判协助送达、调查取证和保全证据等协作机制。三地法院对于当事人在其他法院辖区内直接送达法律文书有困难的,可请求当地法院协助送达;三地法院对于案涉证据和相关规范性文件在长三角地区其他两地法院辖区直接调取有困难的,可请求当地法院协助调取,受托法院应积极协助,并及时将结果反馈给委托法院;三地法院跨区域进行证据保全时,证据所在地法院应提供必要的支持与配合。三地法院在调查取证、证据保全和送达等方面请求协助的,应按照法律和司法解释规定出具书面函件。对于情况紧急的,可电话请求,但事后应补办相关书面手续。

10. 建立长三角地区人民法院行政审判工作协作交流联络员制度,由三地高院行政庭分别指派一名联络员负责处理三地协作的各项日常事务。

长三角地区人民法院人才培养协作交流机制(试行)

为提升长三角地区人民法院司法能力,经沪、苏、浙高院充分协商,建立长三角地区人民法院人才培养协作交流机制。

一、指导思想

以中国特色社会主义理论体系为指导,深入贯彻落实科学发展观,坚持"三个至上",围绕进一步加强长三角地区人民法院队伍建设,更好地保障司法协作健康、高效、顺利进行,实现协作共赢。

二、基本原则

坚持"平等参与、相互交流、优势互补、携手共进"的原则。

三、协作重点

1. 实行教育资源共享。三地法院应充分发挥各自在师资、场所、资讯、经验理论等方面的优势，根据实际需求，通过互派讲师团和授课人，定期在三地法院配合开展政治教育、专题讲座，最大限度地利用教育资源，实现人才培养效率的最大化。

2. 加强人才交流。三地法院应进一步加强法院队伍建设的人才交流和往来，可以尝试互派一些政治素质好、业务水平高、有发展前途的年轻法官到区域内对方法院短期挂职锻炼、交流，使之成为培养造就高素质法官的一条重要途径，力争实现三地法院人才资源开发利用一体化。

3. 加强业务交流。通过互派人员实地考察、经验交流以及举办研讨会、论坛会、座谈会等形式，相互学习和借鉴三地法院探索解决队伍建设热点、难点问题的成功做法。对涉及队伍建设的重大课题联合开展调研，并互相交换学术论文和调研成果，不断提高三地法院的人才培养、队伍建设工作水平。

4. 加强信息通报。三地法院应及时将当地党委、人大、政府、政协加强对法院工作的领导、监督、支持、关心的重要情况及在审判工作、队伍建设、司法改革中的新思路、新举措、新经验进行通报，以相互促进、共同提高。

5. 开展联席会议。定期举办三地法院政治工作联席会议，事先确定联席会议主题，由三地法院分管领导和相关部门负责人参加，研究探索影响制约法院队伍建设的重大问题，同商举措，共议发展，不断巩固和扩大队伍建设协作成果。

长三角地区人民法院审判管理协作交流机制(试行)

为共同推进长三角地区人民法院审判管理改革，促进长三角地区人民法院审判工作又好又快发展，经沪、苏、浙高院充分协商，建立长三角地区人民法院审判管理协作交流机制。

一、协作范围

1. 司法统计数据定期交换。三地法院协商确定需定期交换的司法统计指标目录，每半年一次相互交换、通报指标目录中的司法统计数据。三地法院因审判管理工作需要，需进行专项数据统计的，长三角地区其他两地法院应提供必要的支持与配合。

2. 审判管理工作经验交流。三地法院对审判管理工作中的成功经验、创新举措、工作思路等，互相通报，互相交流，共同提高。

3. 审判管理软件技术支持。三地法院对审判管理软件运行中暴露出的突出问题、疑难问题，共同探讨，相互提供技术支持，促进审判管理软件设计的不断完善。

4. 审判管理信息资源共享。三地法院对审判管理方面的工作动态、调研成果、规范性文件等交流互通，共享信息资源，促进三地法院审判管理工作优势的集成与互补。

5. 审判管理人才培养交流。发挥三地各自资源优势，共同为三地法院培养审判管理人才。必要时,可互派人员进行短期交流、锻炼。

二、协作方式

1.定期交流刊物。三地高院就审判管理工作制定的规范性文件以及出版的著作、内部刊物等,每半年相互交流一次。

2.专题研讨制度。三地高院不定期共同举行审判管理工作研讨会,总结交流三地法院在审判管理工作中的成功经验,研究探讨解决审判管理疑难问题和突出共性问题的对策,促进三地法院审判管理工作整体推进。

3.列席会议制度。三地高院每年举行本省(市)审判管理工作会议时,邀请长三角地区其他两地高院审判管理部门主要负责人列席。

4.召开例会制度。条件成熟时,每年召开一次三地法院审判管理工作例会。例会主要就审判管理工作年度总结和工作部署进行交流,共同探讨带有共性的审判管理难题,寻求审判管理工作取得新的突破。

5.鼓励下级法院间的学习交流。三地高院鼓励支持三地中、基层法院尤其是周边地区法院相互之间开展经常性的学习与交流。

三、组织保障

三地高院分别指派一名联络员负责审判管理联络工作,具体处理三地法院协作的各项日常工作。

长三角地区人民法院执行工作协作交流机制(试行)

为推进长三角地区人民法院执行工作协调发展,经沪、苏、浙高院充分协商,建立长三角地区人民法院执行工作协作交流机制。

一、协作范围

1.执行案件管辖。申请执行人根据《中华人民共和国民事诉讼法》第二百零一条的规定选择执行法院的,三地相关法院应当依法受理。申请执行人同时向三地两个或两个以上法院申请执行的,受理在后的法院应当裁定将案件及时移送首先受理的法院。第一审人民法院受理后,发现被执行的财产在长三角地区其他两地法院的,可以按规定委托执行。

2.执行案件委托。被执行人或被执行财产在长三角地区其他两地法院内的案件的执行,应当采取以委托执行为主、自行执行为辅的方式执行。对于被执行人查无下落或仅有部分财产在异地的案件,可采取查询、查控等事项委托。委托执行原则上应当在同级法院之间直接进行。三地的上级法院应当依照《最高人民法院关于适用〈中华人民共和国民事诉讼法〉若干问题的意见》、《最高人民法院关于人民法院执行工作若干问题的规定(试行)》和《最高人民法院关于加强和改进委托执行工作的若干规定》等,监督本地下级法院执行受托案件。

3. 执行案件协助。三地法院到长三角地区其他两地法院异地执行需要协助时，执行法院应当主动将案情和执行方案等向当地法院通报，当地法院应当指派专人、提供所需的交通工具和装备积极协助。执行法院在异地执行遇当地有关部门或人员不予协助或阻挠执行的，当地法院应当全力协助确保执行措施有效实施，并保证执行人员的人身安全和执行装备、执行标的物不受侵害。

4. 执行案件协调。三地法院对执行争议案件应当平等友好协商、有理有节协调。坚持逐级协商协调原则，可采取发函书面协商与面对面协商相结合的方式。充分发挥中院的协调作用。上级法院协调下级法院执行案件所作出的处理决定，有关法院必须执行。三地高院可对重大、疑难的协调案件进行集中协调。

5. 重大案件通报。对涉及三地的重大影响案件、关联案件，应当及时相互通报。必要时，提请三地高院联络组或联席会议协商确定，由一地法院集中管辖执行案件。

6. 执行人才培养。发挥各自资源优势，通过举办培训班、重大课题调研等形式，共同为三地法院培养执行人才。必要时，可互派人员进行短期交流、挂职锻炼。

7. 工作经验交流。三地法院对执行队伍建设、执行管理、执行改革等方面的成功经验、创新举措、规范性文件等，互相交流、互相借鉴。

8. 信息资源共享。共享三地法院执行联动威慑机制成果，搭建三地公安协助执行网络、基层协助执行网络和执行威慑网络的联动机制，互通交流执行工作动态、调研成果等，借鉴各地工作特点，促进三地法院执行工作优势的集成与互补。

二、协作方式

1. 召开年度例会。例会原则上每年举办一次，于每年第一季度召开，会后颁布会议纪要。例会应突出重点，务求实效，共同探讨带有共性的疑难、复杂和新类型案件法律问题的对策，集中协调重大、疑难案件，实现区域司法裁判尺度的统一。例会由三地高院轮流举办，第一次会议在浙江举办。每次例会由三地高院分管执行工作的院领导、执行局主要负责人和相关人员参加，三地高院可组织两个中院执行局负责人参加。共同参加"苏浙沪鲁闽法院执行工作协作会"，支持协作会的成功举办。

2. 列席会议制度。三地高院举行本省（市）执行工作会议时，邀请长三角地区其他两地高院执行局主要负责人列席。中国法学会审判理论研究会执行制度专业委员会的每次年会，由浙江高院邀请沪、苏两地高院执行局主要负责人列席。

3. 专题研讨制度。三地高院不定期共同举办专题培训和研讨班，总结交流三地法院执行工作中的成功经验，研究探讨破解执行难题。邀请长三角地区其他两地法院中具有丰富执行工作经验和较深理论水平的资深法官授课、讲座。

4. 定期交流刊物。三地高院就执行工作制定的规范性文件和出版的著作、内部刊物等,及时与长三角地区其他两地高院交流。

5. 建立交流平台。三地高院在“长三角地区人民法院司法协作交流网”的有关栏目中,实时上传三地法院执行工作动态、重大案件执行、执行工作经验及调研成果等信息,互通互动,共建共享。

6. 鼓励下级法院间的执行协作。三地高院鼓励支持三地中、基层法院尤其是周边地区法院相互间开展经常性的平等友好协作交流。

三、组织工作

三地高院执行部门分别指派一名执行局负责人和一名联络员负责处理三地协作的日常工作。

三地高院执行部门于每年第一季度召开一次执行局负责人和联络员会议,研究当年度三地法院协作计划、重点领域、具体措施及年度例会事宜。

三地的执行协作会议名称确定为“长三角地区人民法院执行工作协作会议”,不因会议举办地不同而改变名称及排列顺序。

长三角地区人民法院涉诉信访案件协作联动机制(试行)

为加强长三角地区跨区涉诉信访案件协作联动,加强信息沟通,提高跨区涉诉信访案件化解与维稳工作的有效性,经沪、苏、浙高院充分协商,建立长三角地区人民法院涉诉信访案件协作联动机制。

一、跨区涉诉信访案件是责任法院与信访人经常居住地在不同地区的信访案件。

二、三地高院定期交流跨区涉诉信访案件信息,保持信息畅通。矛盾激化或有矛盾激化苗头的跨区涉诉信访案件信息随时沟通。

1. 三地高院应将跨区涉诉信访案件信息及时通知责任法院或信访人经常居住地法院。

2. 跨区涉诉信访案件信息包括以下内容:信访人基本情况;责任法院;信访诉求与信访行为;生效裁判文书(经过申诉复查的案件,应包括复查裁定);其他必要材料和信息。

三、跨区涉诉信访案件化解协作联动由化解提出方所属高院立案信访部门向信访人经常居住地所属高院提出。

1. 信访人经常居住地所属高院应及时向信访人经常居住地所属基层或中级法院明确协作联动要求,并附相关信访案件信息。

2. 信访人经常居住地所属基层或中级法院根据需求应及时与信访人沟通,了解信访诉求,掌握信访情况,加强疏导化解,避免矛盾激化。

3. 信访人经常居住地所属基层或中级法院应积极借助当地协作联动机制配合

做好矛盾化解工作,落实后续工作。

四、对信访人实行稳控应通过高院进行。信访人经常居住地基层法院依托当地协作联动网络开展稳控工作。

五、责任法院与信访人经常居住地所属基层或中级法院就具体信访案件的协作联动实施情况以及信访动态等方面要保持信息畅通,提高协作联动的有效性。

六、三地高院立案信访工作分管副院长、立案信访部门负责人共同组成跨区涉诉信访案件协作联动指导小组。

1. 三地高院立案信访部门分管信访负责人具体负责协作联动事项的启动。

2. 三地高院立案信访部门各选派一名工作人员负责跨区涉诉信访案件协作联动的日常事务。

浙江省高级人民法院
审判委员会工作规则补充规定

(2008 年 9 月 22 日　浙高法〔2008〕254 号)

为改进审判委员会讨论案件的工作,现就《浙江省高级人民法院审判委员会工作规则》作如下补充规定:

一、合议庭审理经省检察院检察委员会讨论提起、支持的抗诉案件,应当将案件提请院长提交审判委员会讨论决定。

二、合议庭拟改判或者发回重审经中级法院审判委员会讨论决定的案件,经事先与原审法院交换意见,原审法院仍然坚持原判意见的,应当将案件提请院长提交审判委员会讨论,原审法院院长或者分管院长可以列席。

三、下列人员可以列席审判委员会会议:

(一)提请案件讨论的合议庭成员;

(二)拟再审案件的本院原承办部门负责人、合议庭成员;

(三)本院其他有关的庭、处、室负责人、承办人;

(四)本院具有较高部门法学理论水平,并有相当审判经验的法官;

(五)其他专业人员。

四、省检察院检察长可以列席本院审判委员会会议。

检察长或者受检察长委托的副检察长列席会议,可视情带检察人员作为助手。

五、审判委员会委员一般在会前应审阅提请审判委员会讨论案件的有关材料,会议期间充分发表个人意见。

六、审判委员会讨论案件一般按下列顺序进行:

(一)主审人汇报案情和有关事项;

(二)涉案部门负责人作归纳发言;

(三)各委员对案件事实、证据和有关事项进行询问;

(四)列席会议的中级法院院长或者分管院长发表意见;

(五)列席会议的省检察院检察长或者副检察长发表意见;

(六)分管院长发表意见;

(七)相关专业委员发表意见;

(八)其他委员发表意见;

(九)院长或者受院长委托主持会议的副院长发表意见,并根据会议讨论情况作出决定。

七、审判委员会委员应当明确表达对讨论事项的意见;审判委员会按照一人一票和少数服从多数的原则作出决定。

八、审判委员会办公室负责将审判委员会会议召开及相关讨论事项提前通知省检察院。

九、审判委员会会议讨论记录应当客观反映会议全过程,真实、全面记录各委员等发表的意见;在不违背发言原意的前提下,记录人可以适当对文字进行归纳。

十、本补充规定自通过之日起实施。

浙江省高级人民法院
咨询专家工作规则(试行)

(2008年12月5日　浙高法〔2008〕360号)

为进一步提高审判、执行工作质量和效率,充分发挥法院工作服务经济发展和社会进步的司法保障作用,省高级人民法院决定聘任咨询专家,建立专家咨询制度,并制定本工作规则。

第一条　省高级人民法院根据审判工作的需要,聘任咨询专家。咨询专家由法学及相关领域中具有较高专业权威、良好职业操守的专家学者担任。咨询专家的咨询意见,作为审判执行工作、队伍建设以及法院改革的参考依据。

第二条　咨询专家由省高级人民法院征得本人同意后聘任。聘期为二年,可以续聘。聘期内,因身体状况或其他原因不宜担任咨询专家的,可提前解聘。

第三条　咨询专家为省高级人民法院审判执行、队伍建设及法院改革等各项工作提供理论和实务上的咨询意见。其主要内容为:

(一)对法院工作有关的宏观决策、重大工作部署、重大理论问题提供论证意见；

（二）对省高级人民法院起草的法律适用问题的答复和具有重大指导意义的规范性文件提供论证意见；

（三）对省高级人民法院提供的重大、疑难、复杂和新类型案件提供咨询意见；

（四）协助省高级人民法院开展法官培训工作；

（五）对法院工作提出批评和建议；

（六）对其他咨询事项提供意见。

第四条 咨询专家的工作方式，主要采取召开会议或者个别咨询的方式进行。召开会议的，应当事先通知相关咨询专家研讨的议题以及需要解决的问题，随通知提供与研讨相关的材料；个别咨询时，应当以咨询函的形式函告相关咨询专家咨询事项及要求，并随函提供与咨询问题相关的材料。

涉案咨询应当隐去当事人及其代理人的真实姓名（名称）。

第五条 咨询专家会议应安排专人作记录，记明会议时间、地点、出席人员、主要议题及发言内容。出席会议的咨询专家应当在会议记录上签名或者盖章。参加咨询会议的咨询专家可以书面形式（包括会后提供的书面意见）提供本人的意见。

个别咨询的，咨询专家应当在出具的专家意见书上签名或盖章，并具明日期。

第六条 为便于咨询专家熟悉和了解法院工作有关情况，充分发挥咨询专家的作用，省高级人民法院为咨询专家提供与咨询工作有关的文件、信息简报等资料。

第七条 专家咨询应当坚持客观、公正、科学、求实的原则。

第八条 咨询专家应当对所获悉的案件有关情况、法院工作信息和所提出的咨询意见保密。非经省高级人民法院授权，不得对外透露和发布咨询专家会议议程、出席会议人员、咨询意见、讨论内容、争议问题等有关情况。

第九条 咨询专家在接受咨询时，如与当事人或者相关案件有利害关系的，应当自行回避。

第十条 咨询专家可以采取电话、信件、传真、电子邮件及其他书面或口头方式，主动向省高级人民法院就法院工作提出意见或者建议。

第十一条 咨询专家全体会议每年召开一至二次，通报专家咨询工作情况及法院主要工作信息，集中征集咨询专家的意见和建议。

第十二条 省高级人民法院研究室为咨询专家的日常联络机构。其主要职责是：

（一）负责与咨询专家的日常工作联系；

（二）落实咨询事项、咨询时间及咨询地点；

（三）收集咨询专家对法院工作的意见和建议；

(四)年终对咨询事项进行统计、汇总;

(五)办理其他事务。

第十三条 对于具有指导性和重要参考价值的咨询意见,由研究室负责整理、编辑,并在《浙江法院信息》等刊物上发表,以指导审判工作。

第十四条 对咨询专家的咨询工作给予一定形式的经济补助,具体办法另行制定。

第十五条 本工作规则自2008年12月5日起实行。

浙江法院调研人才库名册

(2009年3月30日 浙高法〔2009〕98号)

一、刑事审判调研人才库(35人)

聂 庆 杭州市中级人民法院刑一庭助理审判员
韩 骏 杭州市中级人民法院刑二庭审判员
周 莹(女) 杭州市上城区人民法院刑庭庭长
陈立芳 杭州市萧山区人民法院刑庭副庭长
何建华 桐庐县人民法院刑庭庭长审委会专职委员
袁玮玮(女) 宁波市中级人民法院刑一庭审判员
陈 峰 宁波市中级人民法院刑二庭副庭长
钱旱军 宁波市中级人民法院刑二庭审判员
吴 海 温州市中级人民法院刑一庭审判员
任国权 温州市中级人民法院刑二庭副庭长
孙曙光 温州市鹿城区人民法院刑庭副庭长
刘建国 温州市瓯海区人民法院刑庭审判员
虞 峰 嘉兴市中级人民法院刑庭审判员
陈启清 嘉兴市中级人民法院刑庭审判员
陈克娥(女) 湖州市中级人民法院刑庭副庭长
胡 亮 安吉县人民法院刑庭庭长
蒋红萍(女) 湖州市南浔区人民法院刑庭副庭长
陈建木 绍兴市中级人民法院刑庭助理审判员
王伟良 绍兴县人民法院刑庭副庭长
傅莹莹(女) 绍兴市越城区人民法院刑庭审判员
郑晓鸣 金华市中级人民法院刑一庭审判员

吴传档　　金华市中级人民法院刑二庭副庭长
蒋晓广　　永康市人民法院刑庭副庭长
李正荣　　东阳市人民法院刑庭副庭长
郑　艳（女）　　金华市婺城区人民法院刑庭庭长
杨日洪　　衢州市中级人民法院刑一庭审判员
阳桂凤（女）　　衢州市中级人民法院刑一庭审判员
朱建民　　丽水市中级人民法院刑二庭副庭长
周　斐　　景宁畲族自治县人民法院副院长
程小国　　台州市中级人民法院刑一庭审判员
陈泽彪　　台州市中级人民法院刑一庭审判员
曹中设　　仙居县人民法院刑庭副庭长
王普国　　台州市椒江区人民法院刑庭审判员
贝红雁（女）　　舟山市中级人民法院刑庭审判员
曹　敏（女）　　舟山市中级人民法院刑庭审判员

二、民事审判调研人才库（22 人）

李　骏　　杭州市中级人民法院民一庭副庭长
李燕山　　杭州市拱墅区人民法院民一庭助理审判员
孙锦菁（女）　　宁波市中级人民法院民一庭审判长
田明芳（女）　　宁波市镇海区人民法院民一庭副庭长
戴　真（女）　　温州市中级人民法院民四庭副庭长
张　敏　　温州市龙湾区人民法院审委会专职委员
苏江平　　嘉兴市中级人民法院民一庭审判员
裘靖飞　　海宁市人民法院民一庭庭长
冯新林　　湖州市中级人民法院民一庭庭长
宋国良　　长兴县人民法院副院长
王安洁（女）　　绍兴市中级人民法院民一庭助理审判员
傅海鑫　　绍兴市中级人民法院民一庭助理审判员
李良才　　金华市中级人民法院民一庭副庭长
吴伟俊　　东阳市人民法院民一庭庭长
王小红　　衢州市中级人民法院民一庭庭长
郑日知　　衢州市中级人民法院民一庭审判员
陈微春　　仙居县人民法院院长
项延永　　玉环县人民法院民一庭庭长
卢岳平　　丽水市中级人民法院民一庭副庭长

刘家库　　　　　　丽水市中级人民法院民一庭助理审判员
奚安娜(女)　　　　舟山市中级人民法院民一庭副庭长
徐文斌　　　　　　舟山市普陀区人民法院副院长

三、商事审判调研人才库(18人)

毛志军　　　　　　杭州市中级人民法院民二庭副庭长
程雪原(女)　　　　杭州市上城区人民法院民二庭助理审判员
洪学军　　　　　　宁波市中级人民法院民三庭审判员
徐力英(女)　　　　宁波市鄞州区人民法院民二庭副庭长
陈广秀(女)　　　　宁波市北仑区人民法院民二庭审判员
王　俊　　　　　　温州市中级人民法院民二庭审判员
郭启强　　　　　　海盐县人民法院民二庭助理审判员
陈　静(女)　　　　湖州市中级人民法院民二庭助理审判员
姚　俭　　　　　　德清县人民法院民二庭庭长
李　志　　　　　　绍兴市中级人民法院民二庭助理审判员
舒肖玲(女)　　　　嵊州市人民法院民二庭副庭长
陈志敏　　　　　　金华市中级人民法院民二庭审判员
林　榕　　　　　　金华市婺城区人民法院民二庭副庭长
宋志坚　　　　　　金华市金东区人民法院民二庭审判员
程顺增　　　　　　衢州市中级人民法院民二庭助理审判员
朱永红(女)　　　　丽水市中级人民法院民二庭审判员
胡尚慧(女)　　　　台州市黄岩区人民法院民二庭审判员
李东明　　　　　　舟山市中级人民法院民二庭庭长

四、知识产权审判调研人才库(15人)

王江桥　　　　　　杭州市中级人民法院民三庭审判员
朱光明　　　　　　杭州市西湖区人民法院行政庭庭长
陈贤军　　　　　　宁波市中级人民法院民四庭审判员
顾宏斐(女)　　　　余姚市人民法院民三庭助理审判员
何彬彬(女)　　　　宁波市鄞州区人民法院民三庭审判员
陈广秀(女)　　　　宁波市北仑区人民法院民三庭审判员
石圣科　　　　　　温州市中级人民法院民三庭助理审判员
包素素(女)　　　　乐清市人民法院民二庭助理审判员
秦善奎　　　　　　绍兴市中级人民法院民三庭助理审判员
陈立伟　　　　　　金华市中级人民法院民三庭审判员
郑　甬　　　　　　金华市婺城区人民法院民二庭庭长

何小丽(女)　　衢州市中级人民法院民二庭助理审判员
葛欠喜　　台州市中级人民法院民三庭助理审判员
朱永红(女)　　丽水市中级人民法院民二庭审判员
许旭涛　　舟山市中级人民法院民二庭副庭长

五、行政审判调研人才库(9 人)

王银江　　杭州市中级人民法院行政庭助理审判员
谭星光　　宁波市中级人民法院行政庭审判员
周　红(女)　　慈溪市人民法院行政庭助理审判员
章禾舟　　温州市中级人民法院行政庭副庭长
毕金刚　　绍兴市中级人民法院行政庭审判员
贺利平　　金华市中级人民法院行政庭审判员
姜秀莲(女)　　衢州市中级人民法院行政庭审判员
马英杰　　台州市中级人民法院行政庭审判员
柯盛华　　海宁市人民法院行政庭助理审判员

六、执行调研人才库(16 人)

徐　虹(女)　　杭州市中级人民法院执行局助理审判员
兰世民　　桐庐县人民法院执行庭副庭长
陈爱娣(女)　　宁波市中级人民法院执行裁决处审判员
王传亭　　慈溪市人民法院执行局助理审判员
曹启东　　温州市中级人民法院执行监督处处长
陈　斌　　温州市中级人民法院执行实施处副处长
樊钢剑　　嘉兴市中级人民法院执行局审判员
宋国良　　长兴县人民法院副院长
马军乐　　绍兴市中级人民法院执行庭副庭长
郭　巍　　绍兴市越城区人民法院执行庭副庭长
楼常青　　金华市中级人民法院执行局副局长
马美华(女)　　磐安县人民法院执行局审判员
徐根才　　江山市人民法院副院长
王再桑　　玉环县人民法院执行局局长
金振富　　临海市人民法院执行二庭庭长
王雄军　　舟山市定海区金塘法庭副庭长

浙江省高级人民法院
关于对外委托拍卖管理的规定(试行)

(2008 年 1 月 8 日　浙高法〔2008〕4 号)

第一章　总　　则

第一条　为规范全省人民法院对外委托拍卖工作,实现审判、执行与委托拍卖的分离,建立科学合理、客观公正的工作机制,确保司法公正,保护当事人的合法权益,保障审判、执行工作顺利进行,根据《中华人民共和国民事诉讼法》、《中华人民共和国拍卖法》、《最高人民法院关于人民法院民事执行中拍卖、变卖财产的规定》等相关规定,制定本规定。

第二条　人民法院对外委托的拍卖是指人民法院依照相关法律和司法解释规定,对查封、扣押、冻结及破产清算等涉案财产依法决定委托具有相应资质的拍卖机构,并监督、配合拍卖机构,将涉案财产以公开竞价方式进行转让的活动。

第三条　对外委托拍卖工作应当遵循公开、公平、公正、择优原则,及时、有效地变价处理涉案财产,实现财产价值的最大化,以维护国家、集体和个人利益,保证审判、执行工作的顺利进行。

第四条　省高级人民法院、各中级人民法院司法鉴定处是对外委托拍卖工作的管理部门;各基层人民法院遵循审判、执行与委托拍卖相分离的原则确定相关职能部门承担对外委托拍卖工作。业务部门与对外委托拍卖管理部门应建立分工协作、相互配合、相互制约的内部管理机制,并统一接受本院监察室的检查和监督。

上级人民法院指导、监督下级人民法院的对外委托拍卖工作。

第五条　各级人民法院成立对外委托拍卖工作指导小组,由分管院领导任组长,对外委托管理部门、审判庭、执行局、监察室等部门负责人为成员,必要时可邀请有关机关和相关行业协会负责人参加。指导小组领导、协调对外委托拍卖工作,负责对本院拍卖机构名册的确定和年度审核,处理对外委托拍卖工作中的其他重大事项。

第六条　人民法院与拍卖机构之间建立委托关系,拍卖机构应当根据人民法院的委托要求进行拍卖活动。人民法院应当对拍卖活动进行有效监督,并及时配合拍卖机构完成拍卖、财产交付等工作。

第七条　业务部门履行以下职责:

(一)确定财产权属,查明财产状况和有无瑕疵等;

(二)决定拍卖和重新拍卖;

(三)提出建议保留价;

(四)移送财产权属证明及相关材料;

(五)裁定和办理财产交付;

(六)与审判、执行有关的其他事项。

第八条 对外委托管理部门履行以下职责:

(一)随机选定或者指定拍卖机构;

(二)负责办理委托拍卖手续;

(三)确定保留价;

(四)协调、配合拍卖机构开展工作;

(五)监督拍卖活动;

(六)协助完成财产交付;

(七)与拍卖有关的其他事项。

第二章 拍卖机构的入册登记

第九条 本规定所指的拍卖机构,是指依照《中华人民共和国公司法》和《中华人民共和国拍卖法》设立的从事拍卖活动的企业法人。

第十条 入册的拍卖机构除必须具备《中华人民共和国拍卖法》所规定的设立拍卖企业的必备条件外,还应具备以下条件:

(一)三年内无违法违规行为;

(二)企业规模较大,经济实力较强,经营业绩较好;

(三)具有较高水准的经营队伍,完善的管理制度和先进的经营管理设施,运作能力较强。

各中级人民法院还可以根据实际情况设置其他相关的条件。所设置的入册条件,需经省高级人民法院批准并予以公告。

第十一条 申请入册的拍卖机构,应当向人民法院提交下列文本:

(一)法人营业执照副本;

(二)专业资质证书;

(三)拍卖师及其他工作人员的名单、执业资格和主要业绩;

(四)年检文书;

(五)注册资金证明、行业评选资质级别、获得荣誉称号等人民法院所设置条件的有效书面证明;

(六)其他必要的证明文件。

第十二条 申请加入名册的拍卖机构,应向注册地中级人民法院提出申请;拍卖机构的分公司,应向该分公司所在地中级人民法院提出申请。

第十三条 各中级人民法院选定的入册拍卖机构名册,报省高级人民法院批准后,在《浙江法院网》上公告。

第十四条 建立名册的中级人民法院应与入册的拍卖机构签订责任书,明确双方的权利和义务。并建立年度审核制度,经审核发现不符合入册条件的,取消其入册资格。

第三章 委托拍卖提起

第十五条 各级人民法院在审判、执行过程中决定委托拍卖的,由业务部门出具对外委托拍卖决定书,制作拍卖财产现状情况调查表、材料移交表,并对拍卖公告的刊登、拍卖费用的支付、财产交付期限的特殊要求、买受人资格条件的限制等事项作出书面说明,与案件相关基础材料一并移送对外委托管理部门。

第十六条 拍卖财产现状情况调查表应包括以下内容:财产的名称、型号、规格、数量、范围、地点;财产新旧程度、外观状况、瑕疵情况、权属及占有使用情况;已知的担保物权人、优先购买权人或者其他优先权人的基本情况及联系方式;财产拍卖顺序、财产能否分割、是否合并拍卖以及执行标的总额等情况。必要时附财产的照片、录像资料等。

第十七条 材料移交表应列明随案移送相关材料的名称及数量,申请执行人、被执行人的基本情况及联系方式等。

第十八条 随案移送的材料应包括:

(一)拍卖及执行所依据的法律文书;

(二)拍卖财产的评估报告或者申请执行人、被执行人确认价格的书面材料;

(三)拍卖财产的相关权属证明;

(四)拍卖财产的瑕疵情况说明;

(五)拍卖财产上享有的担保物权、优先购买权证明;

(六)其他因拍卖财产所需应当移送的相关材料。

第十九条 业务部门在移交对外委托管理部门委托拍卖前,应当查封、扣押、冻结拍卖财产,查明财产状况和瑕疵,依法排除拍卖成交后财产交付可能存在的法律和事实障碍。无法排除但不影响拍卖的,应予以说明。

涉案财产存在交付障碍或者有管辖、支付、执行异议时,业务部门不得将其移交拍卖。

第二十条 对外委托管理部门对移送的对外委托拍卖案件,应对移送手续是否齐全,资料内容是否详实明确等进行审查。符合条件的,应予登记受理。

第四章　拍卖机构的确定

第二十一条　拍卖机构的确定应遵循公开、随机的原则，各中级人民法院应根据各地情况制定具体操作规程。不采用双方当事人协商选取拍卖机构的方法。

第二十二条　选择拍卖机构的范围以拍卖机构名册为原则，必要时可选取名册外拍卖机构；以单一拍卖为原则，联合拍卖为例外；鼓励探索自行组织拍卖和招标拍卖等方法。

第二十三条　各中级人民法院及所辖基层人民法院的委托拍卖均使用中级人民法院的拍卖机构名册，由中级人民法院选定；各中级人民法院经省高级人民法院对外委托管理部门批准可以使用本省其他中级人民法院的拍卖机构名册；省高级人民法院的委托拍卖使用相关中级人民法院的拍卖机构名册。

第二十四条　各级人民法院对外委托管理部门受理拍卖委托后，应当在三个工作日内将案件信息输入对外委托拍卖计算机管理系统，由中级人民法院对外委托管理部门统一决定拍卖机构确定时间。

第二十五条　中级人民法院对外委托管理部门选定拍卖机构时，监察室应派员监督。对标的额或者社会影响较大的案件，可邀请相关业务部门派员监督。省高级人民法院对外委托管理部门对各中级人民法院确定拍卖机构实施监督。

第二十六条　具有下列情形之一的，可由中级人民法院决定是否进行联合拍卖：

（一）标的额在2000万元以上的；

（二）拍卖财产在省外，且由财产所在地拍卖机构参与为宜的；

（三）其他根据案件情况需要联合拍卖的，报省高级人民法院对外委托管理部门批准。

第二十七条　具有下列情形之一的，可由中级以上人民法院依职权直接指定拍卖机构：

（一）法律规定应当由具有专门资质机构进行拍卖的；

（二）联合拍卖需要指定的；

（三）其他需要人民法院依职权直接指定的，报省高级人民法院对外委托管理部门批准。

第五章　拍卖的对外委托

第二十八条　对外委托管理部门应当在确定拍卖机构后的三个工作日内办理对外委托手续，向受委托的拍卖机构出具拍卖委托书、移送表，移送相关材料，被委托的拍卖机构应当配合完成相关材料的交接手续。

第二十九条 委托拍卖移送表应当载明下列内容:

(一)委托拍卖的人民法院的名称、地址,受委托拍卖机构的名称、法定代表人、营业地址;

(二)拍卖财产名称、型号、规格、数量、新旧程度、外观状况等;财产拍卖顺序、是否合并拍卖、交割期限的特殊要求等;

(三)拍卖起拍参考价;

(四)拍卖公告发布方式和要求;

(五)拍卖财产展示方式和要求;

(六)竞买登记手续办理的方式,竞买保证金交纳的金额和方式;

(七)拍卖的时间、地点要求;

(八)拍卖财产交付的方式;

(九)拍卖佣金、税费及其支付的方式;

(十)成交价款的支付方式、期限;

(十一)其他需要明确的事项。

第三十条 为有效降低委托拍卖成本,在不延误审判、执行期限的情况下,财产价值较低的几个案件可实行小标的捆绑式委托拍卖,对外委托管理部门可将所涉案件财产进行同批次合并拍卖。

第三十一条 拍卖应当确定保留价。第一次拍卖的保留价由对外委托管理部门确定,业务部门可以提出建议保留价;再行拍卖的保留价,对外委托管理部门可征询业务部门意见后确定。财产设立抵押权的,且申请执行人非抵押权人,除抵押权人同意外,保留价的确定不得低于抵押价值。保留价应当严格保密,在拍卖开始时由对外委托管理部门的监拍人员将密封的保留价单交给公证员或者拍卖师,当无人应价时由公证员或者拍卖师当场拆封,无论是否成交均不公布保留价。

第三十二条 申请执行人在作出拍卖未能成交则用评估价以物抵债承诺的前提下,要求提高拍卖保留价的,应当准许。

第三十三条 保留价确定后,依据本次拍卖保留价计算,拍卖所得价款在清偿优先债权和强制执行费用后无剩余可能的,对外委托管理部门应当在实施拍卖前将有关情况通知申请执行人。申请执行人于收到通知后五日内申请继续拍卖的,对外委托管理部门应当准许,但应当重新确定保留价;重新确定的保留价应当大于该优先债权和强制执行费用的总额,但流拍后拍卖已经支出的合理费用由申请执行人负担。

第六章 拍卖的实施

第三十四条 拍卖机构接受委托后,应严格按照《中华人民共和国拍卖法》的规定进行操作。拍卖机构应当在接收拍卖事项五日内制定出拍卖计划，包括公告形式、展示内容、拍卖方式、时间安排、拍卖须知等，交人民法院对外委托管理部门审查确认并备案。

第三十五条　拍卖机构应当在接受委托后三十日内进行拍卖，涉及划拨土地拍卖的，从土地管理部门同意拍卖之日起计算。在规定时间内有正当理由难以进行的，向人民法院对外委托管理部门申请延长。

第三十六条　拍卖应当先期公告：

（一）拍卖动产的，应当在拍卖七日前公告；

（二）拍卖上市公司国有股和社会法人股的，应当在拍卖十日前公告；

（三）拍卖不动产或者其他财产权的，应当在拍卖十五日前公告。

因拍卖财产性质必须立即拍卖的，不在此限。

第三十七条　拍卖公告的媒体由对外委托管理部门根据案件实际情况确定，一般应当在财产所在地的社会发行量大的报纸上发布；财产在500万元以上的应当在地级市以上报纸同时发布；财产在5000万以上或者有重大影响的，应当在省级报纸上同时发布。拍卖财产具有专业属性的，应当同时在专业性报纸上进行公告；拍卖上市公司国有股和社会法人股，应当在《中国证券报》、《证券时报》或者《上海证券报》上发布。

拍卖公告应当刊登在报纸明显、醒目的位置，内容必须合法、真实、客观，不得对拍卖财产作引人误解的虚假宣传，不得在节假日发布。

第三十八条　申请执行人或者被执行人一方申请在其他新闻媒体上同时公告或者要求扩大公告范围的，对外委托管理部门应当准许，但该部分公告的费用由其自行承担。

申请执行人、被执行人可以参加竞买。法律对竞买人的资格或者条件有特殊规定的，从其规定。

第三十九条　对外委托管理部门应当在拍卖五日前以书面或者在拍卖公告上明示或者其他能够确认收悉的适当方式，通知申请执行人、被执行人、已知的担保物权人、优先购买权人或者其他优先权人于拍卖日到场，无法通知或者经通知不到场的，不影响拍卖；优先购买权人经通知未到场的，视为放弃优先购买权，并要求拍卖机构在拍卖公告上明示。

第四十条　拍卖不动产或者价值超过50万元的动产及其他财产权，竞买人应当向人民法院交纳保证金。保证金的数额由对外委托管理部门确定，但不得低于评估价或者市价的百分之五。申请执行人参加竞买的，可以不交纳保证金。

第四十一条　竞买人凭银行进帐单及人民法院财务收款凭证到拍卖机构办理竞买手续；交纳保证金人数不足二人的，视为不到法定的竞买人数，不得举行拍卖会;应当交纳保证金而未交纳的,不得参加竞买;拍卖成交后,买受人交纳的保证金充抵价款,其他竞买人交纳的保证金应当在三个工作日内退还。

第四十二条 人民法院对外委托管理部门在拍卖日应派员到拍卖现场进行监督;拍卖标的额较大的,或者人民法院认为必要的,拍卖机构应当邀请公证员到场公证;对外委托管理部门必要时可以派员或者要求拍卖机构对拍卖过程进行全程录像。

第四十三条 优先购买权人在拍卖过程中可以行使优先购买权,不参与竞价过程,有最高应价时,拍卖师应征得优先购买权人的意见后落槌。顺序相同的多个优先购买权人同时表示买受的,则当场以抽签方式决定买受人。

第四十四条 拍卖多项财产时,其中部分财产卖得的价款足以清偿债务和支付被执行人应当负担的费用的,对剩余财产应当停止拍卖,但被执行人同意继续拍卖的除外。

第四十五条 拍卖成交后,拍卖机构应制作拍卖成交确认书及拍卖报告。拍卖成交确认书应内容清楚、简要合法,不能越权承诺,对付款时间、拍卖财产的交付等严格按约定或者法律规定执行。拍卖报告应包括拍卖公告、拍卖须知、竞买情况、拍卖结果、成交确认、拍卖笔录等详细情况及相关副本。

第四十六条 拍卖机构应在拍卖成交后三个工作日内向人民法院对外委托管理部门移交拍卖成交确认书、拍卖报告及相关材料,对外委托管理部门在接到拍卖成交确认书、拍卖报告后三个工作日内将拍卖成交确认书、拍卖报告及相关材料移送业务部门。

第四十七条 拍卖成交后买受人应当在人民法院规定的期限内将价款全部汇入指定的账户:价款在200万元人民币以内的,十日内一次性全款到位;价款在200-1000万元的,可分期付款在二十日内全款到位;价款在1000万以上的,可分期付款在三十日内全款到位;特殊情况需延期付款的,应当经申请执行人同意。拍卖成交确认书中的付款条款应当符合此要求。

第四十八条 佣金的支付按照《最高人民法院关于人民法院民事执行中拍卖、变卖财产的规定》执行,由人民法院对外委托管理部门通知拍卖机构向买受人收取。

拍卖机构也可以根据《中华人民共和国拍卖法》和政府物价部门的相关规定,与买受人就拍卖佣金进行协商,协商一致的,由拍卖机构直接向买受人收取。

拍卖机构的佣金已经包括了工作人员前期调查、寻求客户、组织拍卖等发生的实际费用,拍卖成交后除按规定收取佣金外,拍卖机构不得另行收取其他费用。

第四十九条 买受人全额交付价款后,业务部门应在十个工作日内制作出裁定书,送达买受人,并在裁定书送达后十五个工作日内办理拍卖财产的交割手续。

对交割期限有特殊要求的,业务部门应及时告知对外委托管理部门,由对外委托管理部门通知拍卖机构，在拍卖须知及成交确认书上告知竞买人。

第七章　拍卖中止、撤回及再行拍卖、重新拍卖

第五十条　业务部门在移交拍卖后拍卖成交前，涉案财产发生法律或者事实障碍不宜继续拍卖的，应当及时书面通知对外委托管理部门中止或撤回委托拍卖工作。

第五十一条　人民法院可因下列事由中止拍卖：

（一）案外人提出执行异议，人民法院认为需要审查的；

（二）人民法院发现执行依据可能有错误，需要按审判监督程序处理的；

（三）拍卖机构有关活动违反法律规定的；

（四）拍卖现场出现影响拍卖正常进行情况的；

（五）竞买人串拍的；

（六）政府行政主管部门依职权认为不宜拍卖，人民法院认为需要审查的；

（七）其他应当中止拍卖的情形。

人民法院决定中止拍卖的，由对外委托管理部门通知拍卖机构和当事人。拍卖机构接到通知后，应当立即停止拍卖，并通知竞买人。待中止拍卖的事由消失后恢复拍卖。

第五十二条　人民法院可因下列事由决定撤回拍卖委托：

（一）执行过程中申请执行人或者其他执行债权人撤回执行申请，或者被执行人已经自动履行了生效法律文书确定的义务的；

（二）执行过程中申请执行人和被执行人达成和解协议，不需要拍卖财产的；

（三）人民法院经审查认为案外人对拍卖财产提出的异议理由成立的；

（四）据以执行的生效法律文书被撤销的；

（五）拍卖机构与竞买人之间恶意串通的；

（六）拍卖机构不在本规定期限内进行拍卖又未能及时书面申请延长期限的；

（七）同一拍卖机构拍卖动产二次、不动产及其他财产权三次均流拍的；

（八）拍卖机构因经营行为违法或者违纪，受到行政处罚的；

（九）其他应当撤回拍卖委托的情形。

人民法院决定撤回拍卖委托的，由对外委托管理部门书面通知拍卖机构。

第五十三条　因拍卖机构违反规定致拍卖中止、撤回的，由该拍卖机构自行承担支出的费用。

非因拍卖机构的原因中止、撤回拍卖的，拍卖机构为本次拍卖已实际支出的合理费用，提供相应票据，经人民法院审核确认并决定承担方后，据实核销。

第五十四条　人民法院可因下列事由决定再行拍卖：

（一）竞买人不足二人的；

（二）竞买人最高应价低于拍卖保留价的；

（三）其他认为需要再行拍卖的。

再行拍卖由对外委托管理部门与业务部门共同商定。决定再行拍卖的由对外委托管理部门在五日内通知拍卖机构。

第五十五条 流拍后，申请执行人或者其他执行债权人在权限范围内申请或者同意以该次拍卖所定保留价接受拍卖财产以抵债的，不再组织拍卖；如未申请或者不同意，再行拍卖。动产拍卖以二次为限，不动产及其他财产权以三次为限。

第五十六条 拍卖机构接到人民法院对外委托管理部门撤回拍卖委托的通知后三日内制作拍卖报告，与其他相关材料一并退还人民法院对外委托管理部门。对外委托管理部门按规定将相关材料移送业务部门。业务部门决定进行变卖的，应交由对外委托管理部门进行变卖。

第五十七条 拍卖成交后，发现有下列情形之一的，对外委托管理部门应将拍卖详细情况及时函告业务部门，由业务部门决定是否重新拍卖：

（一）买受人未支付价款致使拍卖目的难以实现的；

（二）拍卖人员不具备相关拍卖资格的；

（三）拍卖程序或者方法不符合规定的；

（四）提供的证据材料有虚假或者取得程序不合法的；

（五）按本规定第五十二条第（五）项撤回拍卖的；

（六）其他违反有关法律规定应重新拍卖的。

第五十八条 根据本规定第五十七条第（一）项重新拍卖的，原买受人不得参加竞买。重新拍卖的价款低于原拍卖价款造成的差价、费用损失及原拍卖佣金，由原买受人承担，可以直接从其预交的保证金中扣除。扣除后保证金有剩余的，退还原买受人；不足的责令其补交。

第八章　拍卖的管理

第五十九条 拍卖机构、对外委托管理部门工作人员应遵守法律规定的回避情形进行回避。

第六十条 拍卖机构及其工作人员未按行业规范进行拍卖活动，未按规定接受人民法院监督或者未按人民法院的要求开展业务的，人民法院对外委托管理部门可视情责令纠正、暂停委托、建议行业主管部门给予处分。

拍卖机构发生下列情形之一的，从拍卖机构名册中除名：

（一）以不正当的手段取得拍卖权的；

（二）操纵竞价或者恶意串通，压低价格，损害他人合法权益的；

(三)违反本规定,擅自接受业务部门直接委托的;

(四)弄虚作假,出具虚假拍卖成交确认书或者拍卖报告等;

(五)无正当理由,拒绝接受人民法院委托的;

(六)违反规定泄露拍卖保留价的;

(七)与人民法院工作人员、竞买人恶意串通损害他人合法权益的;

(八)违反规定非法谋利的。

第六十一条　对外委托管理部门工作人员应当遵守以下规定:

(一)不得非法干预拍卖机构独立的拍卖活动;

(二)不得直接买受或者指使他人代买本院委托拍卖的财产;

(三)严禁以任何形式收受拍卖机构的财物;

(四)不得泄露拍卖保留价;

(五)严禁与拍卖机构恶意串通损害他人合法权益;

(六)不得违反本规定的程序对外委托拍卖;

(七)其他法律规定不得为的情形。

违反上述规定,依照《人民法院审判人员违法审判责任追究办法(试行)》和《人民法院审判纪律处分办法(试行)》追究责任。

第九章　附　　则

第六十二条　本规定自 2008 年 4 月 1 日起施行,实施之前已委托尚未完成的拍卖案件不适用本规定。

第六十三条　浙江省高级人民法院《关于执行中评估拍卖变卖的规定》自本规定施行之日起废止。

第六十四条　本规定由浙江省高级人民法院审判委员会负责解释。

浙江省高级人民法院
关于公布全省各中级人民法院拍卖机构名册的通知

(2008 年 6 月 24 日　浙高法〔2008〕165 号)

本省各级人民法院:

根据浙江省高级人民法院《关于对外委托拍卖管理的规定(试行)》的规定,在各中级人民法院上报名册的基础上,本院对外委托拍卖工作指导小组经讨论,批准了全省各中级人民法院拍卖机构名册,现予公布。

建立拍卖机构名册的中级人民法院应与入册的拍卖机构签订责任书,加强对入册拍卖机构的监督,并建立年度审核制度,发现不符合入册条件的,及时报本院,取消其入册资格。

各中级人民法院应遵循公开、随机的原则选定拍卖机构,根据各地情况制定具体操作规程,并将操作规程报我院司法鉴定处备案。

全省各中级人民法院拍卖机构名册

杭州市中级人民法院(43 家):

1. 浙江恒腾拍卖有限公司;2. 浙江佳宝拍卖有限公司;3. 浙江大地拍卖有限公司;4. 浙江阳光拍卖有限公司;5. 浙江中财拍卖行有限公司;6. 浙江中兴拍卖有限公司;7. 浙江文华拍卖有限公司;8. 浙江世贸拍卖中心有限公司;9. 浙江保利国际拍卖有限公司;10. 浙江华业拍卖有限公司;11. 浙江方圆拍卖有限公司;12. 浙江天丰拍卖有限公司;13. 杭州嘉润拍卖有限公司;14. 浙江三江拍卖有限公司杭州分公司;15. 浙江天盛拍卖有限公司;16. 浙江百士德拍卖有限公司;17. 杭州鼎盛拍卖有限公司;18. 浙江华鼎拍卖有限公司;19. 杭州天正拍卖有限公司;20. 浙江永健拍卖有限公司;21. 浙江中利拍卖行有限公司;22. 浙江永盛拍卖有限公司;23. 浙江汇通拍卖有限公司;24. 浙江时代拍卖有限公司;25. 杭州产权拍卖有限公司;26. 浙江嘉成拍卖有限公司;27. 浙江一通拍卖有限公司;28. 浙江皓翰国际拍卖有限公司;29. 浙江光大拍卖有限公司;30. 浙江耀江拍卖有限公司;31. 浙江国际商品拍卖中心有限责任公司;32. 浙江东方泰拍卖有限公司;33. 浙江萧然拍卖有限公司;34. 杭州康城拍卖有限公司;35. 浙江镇远拍卖有限责任公司;36. 浙江瑞丰拍卖有限公司;37. 杭州嘉成拍卖有限公司;38. 浙江华凯拍卖有限公司;39. 浙江广润拍卖有限公司;40. 浙江天平拍卖有限公司;41. 浙江嘉禾拍卖有限公司;42. 浙江兴隆盛拍卖有限公司(如无续保,2009 年 9 月 25 日止);43. 杭州永信拍卖行有限公司(如无续保,2008 年 9 月 28 日止)。

宁波市中级人民法院(23 家):

1. 宁波新东方泰拍卖有限公司;2. 宁波天诚拍卖有限公司;3. 宁波经典拍卖有限公司;4. 宁波金诚拍卖有限公司;5. 宁波永为拍卖有限公司;6. 宁波市商品拍卖有限公司;7. 宁波东方拍卖有限公司;8. 宁波嘉成拍卖有限公司;9. 宁波市万事可拍卖有限公司;10. 宁波华诚拍卖有限公司;11. 宁波金桥拍卖有限公司;12. 宁波华夏拍卖有限公司;13. 宁波之江拍卖有限公司;14. 宁波佳和拍卖有限公司;15. 宁波精华拍卖有限公司;16. 宁波亚德拍卖有限公司;17. 浙江国际商品拍卖中心有限责任公司宁海分公司;18. 宁波市锦和拍卖有限公司;19. 宁波市产权拍卖有限公司;20. 浙江三江拍卖有限公司;21. 浙江天一拍卖有限公司;22. 宁波阳明拍卖有限公司;23. 宁波正大拍卖有限公司。

温州市中级人民法院(10家):

1. 温州拍卖行有限公司;2. 温州产权交易拍卖行有限公司;3. 温州市汇丰拍卖行;4. 温州市佳得拍卖有限公司;5. 温州市浙南拍卖有限公司;6. 温州市天诚拍卖有限公司;7. 温州市恒大拍卖行有限公司;8. 温州市华丰拍卖有限公司;9. 温州华大拍卖有限公司;10. 温州市乐清拍卖有限公司。

绍兴市中级人民法院(9家):

1. 浙江新中大拍卖有限公司;2. 绍兴市信诚拍卖有限公司;3. 绍兴中兴拍卖有限公司;4. 绍兴市拍卖中心有限责任公司;5. 绍兴市拍卖商行有限责任公司;6. 绍兴市世博拍卖有限公司;7. 绍兴中国轻纺城拍卖有限公司;8. 杭州市拍卖行有限公司绍兴分公司;9. 浙江广源拍卖有限公司诸暨分公司。

湖州市中级人民法院(5家):

1. 浙江联合拍卖有限公司;2. 湖州晟昌行产权交易拍卖有限公司;3. 湖州万信拍卖有限责任公司;4. 湖州莫干山拍卖有限公司;5. 湖州安吉拍卖有限责任公司。

嘉兴市中级人民法院(14家):

1. 嘉兴市嘉诚拍卖有限公司;2. 嘉兴市金平拍卖有限公司;3. 海宁市嘉泰拍卖有限公司;4. 嘉兴市佳得拍卖有限公司;5. 嘉兴市东方拍卖有限公司;6. 嘉兴市南湖拍卖有限公司;7. 嘉兴市大都市拍卖有限公司;8. 嘉兴市物资拍卖有限公司;9. 嘉兴市恒通拍卖行有限公司;10. 嘉兴市聚力源拍卖有限责任公司;11. 嘉兴市鑫茂拍卖有限公司;12. 嘉兴市嘉丰拍卖有限公司;13. 嘉兴市正联产权拍卖有限公司;14. 嘉兴市嘉德利拍卖有限公司。

金华市中级人民法院(14家):

1. 金华金信拍卖有限责任公司;2. 金华一通拍卖有限公司;3. 金华市宝丰拍卖有限公司;4. 金华市融华拍卖有限公司;5. 金华市拍卖有限公司;6. 金华华丰拍卖有限公司;7. 金华市金穗拍卖有限公司;8. 金华市信天拍卖有限公司;9. 金华市正泰拍卖有限公司;10. 义乌一通拍卖有限公司;11. 金华市武阳拍卖有限公司;12. 金华市祥泰拍卖有限公司;13. 浙江方圆拍卖有限公司金华分公司;14. 浙江嘉泰拍卖有限公司义乌分公司。

衢州市中级人民法院(3家):

1. 浙江嘉泰拍卖有限公司;2. 衢州市诚信拍卖有限公司;3. 浙江省广衢拍卖有限公司。

丽水市中级人民法院(5家):

1. 浙江山水拍卖有限公司;2. 浙江嘉泰拍卖有限公司丽水分公司;3. 丽水市阳光拍卖有限公司;4. 丽水市新世纪拍卖有限公司;5. 丽水市路通拍卖有限公司。

台州市中级人民法院(11家):

1. 浙江力新邦德拍卖有限公司;2. 浙江城乡拍卖有限公司;3. 浙江银合拍卖有限公司;4. 浙江开元拍卖有限公司;5. 浙江时间拍卖有限公司;6. 台州市正元拍卖有限公司;7. 台州市新世纪拍卖有限公司;8. 台州市产权拍卖有限公司;9. 台州市双赢拍卖有限公司;10. 台州市拍卖有限公司;11. 台州市永宁拍卖有限公司。

舟山市中级人民法院(3家):

1. 舟山市华力拍卖有限责任公司;2. 舟山市嘉联拍卖有限公司;3. 舟山天诚拍卖有限公司。

浙江省高级人民法院
关于公布司法鉴定人名册(2008)的通知

(2008年9月28日 浙高法〔2008〕268号)

本省各级人民法院、宁波海事法院:

按照《浙江省人民法院实施〈人民法院对外委托司法鉴定管理规定〉细则(试行)》的规定,我院对入册本院司法鉴定人名册的鉴定机构和鉴定人进行了年审,并调整、增设、新增了部分鉴定机构,现将《浙江省高级人民法院司法鉴定人名册(2008)》予以公布。各法院需选取本司法鉴定人名册内鉴定机构进行司法鉴定的,应严格按照《浙江省人民法院实施〈人民法院对外委托司法鉴定管理规定〉细则(试行)》的规定执行。

浙江省高级人民法院司法鉴定人名册(2008)

一、会计审计(11家)

1. 浙江天健会计师事务所有限公司
2. 浙江万邦会计师事务所有限公司
3. 浙江东方会计师事务所有限公司
4. 中汇会计师事务所有限公司
5. 浙江韦宁会计师事务所有限公司
6. 浙江天平会计师事务所有限责任公司
7. 浙江新华会计师事务所有限公司
8. 浙江中达会计师事务所有限公司
9. 杭州联信会计师事务所有限公司
10. 浙江中瑞江南会计师事务所有限公司

11. 浙江同方会计师事务所有限公司

二、资产评估（12家）

1. 浙江勤信资产评估有限公司
2. 浙江万邦资产评估有限公司
3. 浙江东方资产评估有限公司
4. 浙江天源资产评估有限公司
5. 浙江韦宁资产评估有限公司
6. 浙江之江资产评估有限公司
7. 浙江中企华资产评估有限公司
8. 浙江中诚健资产评估有限公司
9. 浙江中瑞江南资产评估有限公司
10. 浙江中远资产评估有限公司
11. 浙江天平资产评估有限公司
12. 浙江耀信资产评估有限公司

三、建筑工程造价（13家）

1. 浙江科佳工程咨询有限公司
2. 浙江省工程咨询有限公司
3. 杭州信达投资咨询估价监理有限公司
4. 浙江中达造价事务所有限公司
5. 杭州江河造价咨询有限公司
6. 浙江万邦工程管理咨询有限公司
7. 浙江天健工程造价咨询有限公司
8. 浙江中汇工程咨询有限公司
9. 浙江韦宁工程审价咨询有限公司
10. 浙江耀信工程造价咨询有限公司
11. 浙江天平投资咨询有限公司
12. 浙江中际造价师事务所有限公司
13. 浙江中瑞江南工程咨询有限公司

四、土地评估（6家）

1. 浙江恒基房地产土地资产评估有限公司
2. 浙江恒信房地产土地评估有限公司
3. 杭州永正房地产土地评估有限公司
4. 浙江省地产评估咨询中心有限公司
5. 浙江博南国土资源规划评估咨询有限公司

6. 杭州绿顺地产评估咨询有限公司

五、房地产评估(7家)

1. 浙江恒基房地产土地资产评估有限公司
2. 浙江恒信房地产土地评估有限公司
3. 杭州永正房地产土地评估有限公司
4. 浙江省直房地产资产评估有限责任公司
5. 杭州信达房地产评估有限公司
6. 浙江众诚房地产评估事务所有限公司
7. 浙江经纬房地产评估有限公司

六、其他专业评估机构(4家)

(一)价格鉴证(2家)

1. 杭州市价格认证中心
2. 浙江经纬房地产评估有限公司

(二)机动车评估(1家)

杭州理想二手车鉴定评估事务所有限公司

(三)矿产资源评估(1家)

浙江之源资产评估有限公司

七、产品质量鉴定(8家)

1. 浙江出入境检验检疫鉴定所
2. 浙江省计量科学研究院
3. 浙江省质量技术监督检测研究院
4. 杭州市质量技术监督检测院
5. 浙江大地农作物产品质量安全检测中心
6. 浙江省冶金产品质量检验站有限公司
7. 浙江省电子产品检验所
8. 浙江省特种设备检验研究院

八、建设工程质量鉴定及检测(5家)

1. 浙江省建筑科学设计研究院有限公司
2. 杭州市房屋安全鉴定所
3. 浙江瑞邦建设工程检测有限公司
4. 浙江中技建设工程检测有限公司
5. 天津市建筑工程质量检测浙江中心

九、测绘测量(房产测量)(4家)

1. 浙江省测绘质量监督检验站

2. 杭州市勘测设计研究院

3. 上海岩土工程勘察设计研究院有限公司浙江分院

4. 杭州市房地产测绘公司

十、建设工程设计(2 家)

1. 浙江展诚建筑设计有限公司

2. 上海岩土工程勘察设计研究院有限公司浙江分院

十一、珠宝、书画、文物鉴定(4 家)

(一)珠宝鉴定

1. 浙江省珠宝玉石首饰鉴定中心

2. 浙江之源资产评估有限责任公司

(二)书画鉴定

浙江当代中国画院有限公司

(三)文物鉴定

杭州钱塘文物有限公司

十二、科技咨询(1 家)

浙江省科技咨询中心

十三、环境检测和评估(1 家)

浙江省环境监测中心

浙江省高级人民法院 关于实施拍卖机构名册淘汰制试点的通知

(2009 年 5 月 15 日　浙高法〔2009〕146 号)

本省各中级人民法院、宁波海事法院:

为了更好地对各中级人民法院拍卖机构名册实行动态管理,建立优胜劣汰机制,充分调动入册拍卖机构工作的积极性,使有实力、有业绩、有水平的拍卖机构加入人民法院拍卖机构名册,我院决定建立各中级人民法院拍卖机构名册淘汰制度。为使这项工作顺利开展,先在拍卖机构入册较多的中级人民法院进行试点,积累经验后在全省中级人民法院推广。现将试点工作的有关事项通知如下:

一、试点法院:杭州市、宁波市、金华市、嘉兴市中级人民法院为试点单位。

二、淘汰数量:具体淘汰拍卖机构数量由各中级人民法院自行确定,至少淘汰一家,名册中数量多的,应多淘汰几家。被淘汰的拍卖机构在一定的期限后可以再申请入册。今后各中级人民法院的拍卖机构名册应确定数量,淘汰几家,替补几家,新加入机构应择优录用。为了集中精力建好优胜劣汰机制,试点阶段不吸纳新的拍卖机构加入。

三、淘汰方法:淘汰采用评分加投票表决制。即对入册拍卖机构上年度的业绩进行评分,在评分的基础上,在适当的范围内进行投票表决。评分的方法着重测评拍卖机构在承办法院委托拍卖案件中的表现,同时也考核拍卖企业的总体经营业绩。参加投票表决人员可由审判委员会委员、相关业务部门人员组成,也可邀请行业管理部门等代表参加。淘汰拍卖机构原则上每年进行一次,对上年的情况进行评分。实行淘汰制后不再进行拍卖机构的年审。

具体考核评分,在承办法院委托拍卖案件表现方面,应包括以下项目:1. 各阶段时间安排上是否符合法律及相关规定;2. 在公告操作上是否符合规范;3. 保证金、佣金、拍卖成交款的收取是否符合规范;4. 成交情况;5. 有无出现差错。在拍卖企业总体业绩方面,应包括以下项目:1. 拍卖企业资质等级;2. 经营规模:包括注册资本、年成交额(分司法、商业)、年业务收入、拍卖场次等;3. 对社会贡献:纳税额、公益捐赠等;4. 企业信誉:获各种荣誉称号;5. 企业信息化水平:是否建有网站,网上发布相关信息。

各试点法院可结合本地区实际情况增加项目,但不得减少,具体的评分办法应报我院司法鉴定处审查批准后实施。

四、时间安排:试点法院在2009年6月底前将具体实施办法上报我院。在2010年1月前对2009年全年各拍卖机构的总体业绩及办理法院委托的个案情况逐一评分,按实施办法进行淘汰,并将淘汰情况上报我院。联系部门:司法鉴定处,联系人:林忠。

浙江省高级人民法院
关于与省翻译协会共建法律翻译人才库的通知

(2008年9月4日　浙高法〔2008〕242号)

全省各级人民法院、宁波海事法院:

为进一步提高涉外案件审判过程中翻译质量,充分保障境外当事人的合法权益,省高院与省翻译协会进行了沟通联系,决定共建法律翻译人才库。现将有关事项通知如下:

一、省高院与省法律协会共建法律翻译人才名录,全省各级法院可根据需要,要求翻译协会提供相应的翻译人员。

二、翻译人员由省翻译协会派遣,省翻译协会负责对翻译人员资质的审查、把关,并对翻译质量负责。

三、翻译费用由各法院自行与省翻译协会结算。省高院与省翻译协会制定一个指导性的翻译价格,供各地法院参考。

附:1. 法律翻译人才库

2. 翻译费用价目表

浙江法院调研工作管理办法

(2010 年 11 月 2 日　浙高法〔2010〕310 号)

为了进一步加强调研工作的规范化、制度化、科学化,更好地发挥调研工作在服务人民法院执法办案、服务人民法院科学决策、服务人民法院科学发展方面的作用,根据最高人民法院《关于加强人民法院调查研究工作的规定》、《人民法院调研工作管理办法》和《关于进一步加强调查研究工作的意见》等规定,结合我省法院实际,制定本办法。

一、指导思想、基本原则和组织领导

第一条　人民法院调研工作应当以马列主义、毛泽东思想、邓小平理论和“三个代表”重要思想为指导,深入贯彻落实科学发展观,坚持“三个至上”工作指导思想,坚持“为大局服务,为人民司法”工作主题。

第二条　调研工作应当坚持解放思想、实事求是的原则,坚持理论联系实际的工作方法,深入实际、深入基层,抓难点、解难题,突出调研的针对性、应用性、科学性、及时性。

第三条　调研工作应当坚持上下联手、资源整合的原则。各级法院专职调研机构负责全院调研课题的综合实施工作,上级法院专职调研机构负责对所辖法院调研课题的指导协调工作。根据调研课题的具体情况,可以邀请院外专家、学者和其他有专业知识的人共同参与、联合攻关。

第四条　各级法院领导尤其是“一把手”要高度重视调研工作,切实加强对调研工作的组织领导和督促检查。每年要有相对固定的时间,围绕法院工作中的重大、紧迫和难点、热点问题,结合法院工作部署、重要决策性文件的制定和重要会议的筹备,深入开展调查研究。

第五条　各审判业务部门和其他部门应当结合本部门的工作实际和需要,在专职调研机构的统一组织协调下,深入开展调研活动,提出加强和改进工作的意见和对策,促进工作水平的提高。

第六条 各级法院应当根据本院工作实际和上级法院的部署,及时、合理确定调查研究事项,并坚持经常性调查研究与重点课题调查研究相结合。对确定的调查研究事项,应当及时开展调查研究,及时提出调查研究结论,及时转化和应用调查研究成果。

二、调研机构、人员配备及主要职责

第七条 研究室是综合性的审判业务部门,是各级法院负责调查研究的专门机构,要充分发挥其对调研工作的组织、管理、协调作用。

各中级法院、宁波海事法院和有条件的基层法院应当设立独立的研究室。不具备条件的基层法院,应当有人专门从事调研工作。

省高级法院和各中级法院的审判业务部门应当有专人负责调研工作,有条件的应当设立调研组或综合组。

第八条 研究室的人员配备应当与调研工作的职能和任务相适应。研究室人员应当从具有较高法律专业知识和审判经验的审判人员中选任,并适时与审判业务部门人员进行交流。

第九条 各级法院研究室的主要职责是:

(一)提出开展调研工作的建议和计划,实施重点调研课题的组织、协调、督促和指导等管理工作,协助院领导协调本院各部门之间开展综合性的调查研究活动,组织交流和推广调研成果;

(二)对法院的全局性工作、普遍性问题、重大问题进行专题调查研究,为领导科学决策提供依据、方案、建议和意见;

(三)总结推广法院工作经验,推动调研成果的转化;

(四)会同本院有关部门研究、解答本院和下级法院在审判实践中遇到的有关法律适用及政策问题。参与重大疑难案件的理论研讨;

(五)组织、参与有关法律、法规、规章和司法解释的研究、修改工作。组织、参与起草或修改有关审判工作的规范性文件,掌握审判工作综合情况;

(六)组织、参加不同形式的学术研讨和调研经验交流活动;

(七)编辑业务学习资料及有关理论研究刊物;

(八)挖掘、收集、撰写或组织撰写、编发、报送典型案例,通过案例指导本院及下级法院审判实践;

(九)完成本院领导交办的其他工作。

第十条 上级法院应当在本辖区建立调研网络,各级法院应当在本院建立调研网络。

省高级法院建立全省法院调研人才库,按照立案信访、刑事、民事、商事、知识产权、涉外、行政和执行等专业进行分类,实行动态管理。

三、重点调研课题管理

第十一条　各级法院应当根据一定时期的中心工作和审判工作的实际情况,确定本院一定时期的重点调研课题。

每年年底前,各中级法院和省高级法院各部门初步确定选题,并按要求填写《全省法院年度重点调研课题申报表》,申报下一年度重点调研课题。

上级法院在确定和发布重点调研课题时,应当征询下级法院的意见。

第十二条　省高级法院确定和发布全省法院重点调研课题,各中级法院确定和发布本辖区的重点调研课题,有条件的基层法院确定和发布本院的重点调研课题。各中级法院确定的重点调研课题应当报省高级法院备案。

第十三条　各级法院每一工作年度确定和发布的重点调研课题,其中省高级法院一般不超过20个,中级法院一般不超过10个,基层法院一般不超过3个。

各级法院的重点调研课题,应当在每一工作年度开始后两个月内确定并公布。

第十四条　上级法院确定的重点调研课题可以由所辖的下级法院承担,也可以由本院的有关部门承担;下级法院或本院有关部门应当积极向上级法院或本院申请承担重点调研课题任务;申请承担课题出现重复现象的,由课题发布法院择优确定承担单位或确定课题的共同承担人。

省高级法院确定的全省法院重点调研课题,面向全省各级法院公开招标,择优立项审批。各级法院可以与其他国家机关、高等院校、科研机构的人员合作申请。

第十五条　重点调研课题承担单位应当切实加强对开展重点调研课题活动的组织领导,周密安排,狠抓落实,加强指导和督促、协调。

第十六条　重点调研课题承担单位应组织具有扎实理论功底、丰富调研经验的人员成立课题组,确定课题组负责人,对调研工作的具体安排进行统筹协调。各级法院领导根据分管工作范围,担任相关重点课题的主持人。两个以上法院共同承担重点调研课题的,原则上由上级法院领导担任主持人,下级法院领导和相关部门负责人担任课题组负责人。如果法院与院外机构共同组成课题组承担重点调研课题的,由法院领导担任课题组负责人。

课题组负责课题调查研究工作的具体实施,接受课题发布法院的检查和监督,向课题发布法院汇报进展情况和提交课题成果,管理和使用课题经费。

第十七条　重点调研课题的承担单位应当按照课题发布法院要求的时间完成课题,上报调研报告。不能按时完成的,应当及时向课题发布法院报告并说明理由。

调研报告要内容翔实、结构严密、观点明确、论证充分,要有情况、有数据、有问题、有分析、有对策、有建议。调研报告拟定后,课题组应根据调研报告中所列的问题,尽可能拟定出工作指导性意见或法律适用规范性文件,连同调研报告一并送课题发布法院评审验收。

第十八条 重点调研课题的发布法院负责检查、督促重点调研课题的实施和评审验收。评审验收时应当组成重点调研课题评审小组,依据公开、公平、公正的原则,对课题承担单位报送的调研报告及转化形式进行评审验收。对于评审验收不合格的,可以指定承担单位在一定的时间内进一步修改。未完成重点调研课题的承担单位,无权获得重点调研课题发布法院的资助经费,并取消承担下一次重点调研课题的资格。

重点调研课题评审小组可以邀请法律院校和研究机构的相关专家参加。

第十九条 省高级法院定期组织对重点调研课题进行中期检查,通报调研课题进展情况,规划调研课题的成果转化方案。

第二十条 重点调研课题承担单位开展调查研究工作,其他法院应当予以支持和协助。

四、调研工作管理与制度建设

第二十一条 各级法院要加强调研工作的规范化建设,建立健全调研工作制度。

第二十二条 各级法院应当建立调研工作考核制度,纳入岗位目标管理责任制中,作为考核法院、部门和个人工作成绩的一项重要内容。通过建立科学的考核体系,从物质和精神两方面有效激励广大法院干警的调研工作积极性,不断推进专兼结合的调研网络建设。

第二十三条 省高院和各中级法院应当进一步完善重点课题的统一组织和协调配合制度,应当充分发挥研究室组织协调的职能作用,在辖区范围内统一组织重大调研活动,督促各法院相互之间有效进行协调配合,做到集中力量,重点投入,上下联动,横向联合,形成调研工作的整体合力。

第二十四条 各级法院应当建立调研资料的汇集、管理和使用制度,对已经形成的各种调研成果,分门别类进行汇总、整理,及时归入调研资料库。

第二十五条 各级法院应当建立和完善调研成果的转化机制。对法院改革、建设等全局性工作具有指导意义的,经院党组研究通过,作为工作指导性意见下发;对于审判、执行工作具有指导意义的,经院审判委员会讨论通过,作为法律适用规范性文件下发;对制定工作指导性意见或法律适用规范性文件尚不成熟的,应列入中长期调研计划,作为阶段性成果;对完善立法或者规范政府行为有建设性意义的,应当积极向有关部门报送调研报告,提出意见和建议,为立法和领导决策提供参考依据。

第二十六条　各级法院应当建立调研工作信息发布、交流制度。省高院和各中级法院应当定期对全省法院和所辖两级法院调研动态、调研课题、调研计划、调研成果等相关调研信息进行通报，激励先进，鞭策后进，优化和提升各级法院调研工作的针对性和实效性。

各级法院应当加强调研成果的横向交流，努力扩大调研成果的应用范围。对不属于国家秘密的调研成果及时向社会发布。

第二十七条　各级法院要高度重视对调研人员的使用和培养，建立调研人员的有效培养机制，有计划选送调研人员进行系统学习或选派基层锻炼，适当安排调研人员承办具体案件或参与案件的审理，全面提高调研人员的政治、业务水平。对表现突出的优秀调研人员，要优先晋职晋级，大胆提拔任用。

第二十八条　各级法院应当建立调研工作保障制度。各级法院领导要为研究室及调研人员开展调研工作创造必要条件，重要文件、信息资料要允许调研人员阅读，以便他们吃透上情，了解下情，增加调研工作的主动性和预见性。

各级法院要为调研人员配备必要的办公设备，订购调研所需要的书籍、报刊、资料，有条件的应当设立调查研究资料库，订购中国期刊网等网络资讯。每年应当安排一定的调研经费，重大课题应拨给专门经费。

第二十九条　上级法院应当建立调研工作督办制度，负责对本院和下级法院调研工作进行督办、管理。建立相关的调研工作简报制度、重大调研课题进展通报制度、抽样检查和定期检查制度。

省高院对全省各中级法院、宁波海事法院调研工作的开展情况每年进行一次考核、通报。考核内容包括：调研组织机构的建设、调研活动的开展、调研任务的完成、调研成果的报送、采用及调研成果的转化、工作荣誉等（具体项目和分值见附表）。

第三十条　各级法院应当建立和完善优秀调研成果的表彰奖励制度，通过研讨会、交流会、表彰会等多种形式评选和奖励优秀调研成果及先进个人、先进单位，推动调研工作广泛、深入开展。

省高院每两年组织一次全省法院调研工作先进集体及优秀调研成果表彰会，各中级法院、宁波海事法院和基层法院也可以适时召开理论研讨会、调研成果交流会、表彰会，评选、奖励优秀调研成果和优秀调研人员。

第三十一条　各级法院要进一步健全与党委、人大、其他政法部门和高等院校、研究机构的联系沟通制度。开展重大课题调研，应当积极借助社会力量，广泛征求社会各界意见。

第三十二条　各级法院要进一步健全对外考察交流制度，适时组织调研人员到外地先进法院进行学习考察，吸收、借鉴外地法院的先进经验，促进自身各项工作水平的提高。

五、附　　则

第三十三条　本办法自下发之日起施行。

浙江省法官协会　浙江省律师协会
关于建立法官与律师良性互动机制的意见

(2010 年 4 月 28 日　浙高法〔2010〕132 号)

为规范法官与律师关系,共同塑造良好职业形象,维护司法公信力,确保司法公正,根据法律和《最高人民法院司法部关于规范法官和律师相互关系维护司法公正的若干规定》等规定,结合我省实际,经浙江省法官协会、律师协会充分协商,现就建立我省法官与律师的良性互动机制提出如下意见:

一、建立良性互动组织机制

1. 省法官协会、省律师协会建立法官与律师良性互动组织机制。省高级法院研究室、省律师协会秘书处为日常工作沟通、交流的具体联系部门。

2. 建立省法官协会、省律师协会联席会议、座谈会、专题研讨、意见征询等制度。根据一方提议,交流、通报审判执行工作、律师执业情况及存在的问题和困难,研讨解决办法和措施。

二、坚持合法、独立、尊重、互信的良性互动原则

3. 法官与律师交往应当严格遵守《中华人民共和国法官法》、《中华人民共和国律师法》等法律和有关规定,共同恪守良好的职业道德,不得相互贬低或指责,做到相互尊重,有原则的交往。

4. 法官在审判工作中应当严格遵守司法礼仪,尊重律师职业和律师人格,重视律师作用,切实保障律师依法执业的权利,认真听取律师的代理意见、辩护意见。律师应当尊重法官在诉讼中的主导地位,遵守法庭纪律和诉讼规则,恰当表达代理意见、辩护意见。律师不得向当事人、新闻媒体或在公众场合发表可能激化矛盾、干扰正常审判执行秩序、损害法官声誉、影响司法权威等不适当言论。

三、加强司法业务研讨交流

5. 省高级法院在制定司法指导性意见过程中,根据需要可通过研究室向省律师协会及其专业委员会征询意见,并将制定的司法指导性文件及时提供给省律师协会。省律师协会秘书处负责意见征集、反馈和文件转发工作。

6. 省律师协会在制定相关执业规则或业务指导规范时,根据需要可听取法院意见。律师在执业过程中遇到的新情况、新问题,需要省高级法院统一规范或明确指导意见的,亦可通过省律师协会向省高级法院反映。

7. 省法官协会、省律师协会根据需要可采取专题讲座、研讨会等方式进行司法业务研讨。法官应谢绝律师事务所或律师个人组织的研讨、座谈等活动。

四、实行资源和信息共享

8. 双方的业务资料、刊物、信息除依规定需要保密或不必交流外,可通过网络等平台交换、共享。省高级法院《浙江审判》、《案例指导》、《审判业务资料》等刊物资料及省律师协会有关资料相互间实行一期一送。省律师协会所属律师事务所或律师均可通过省律师协会向省高级法院要求加印上述刊物。

五、重视律师作用,落实诉调衔接机制

9. 法院应重视律师作用,支持和保障律师依法行使辩护权、代理权。探索建立法院调查令制度。

10. 根据《浙江省高级人民法院浙江省司法厅关于进一步加强诉调衔接机制建设的若干规定(试行)》关于"多方参与、司法推动"的诉调衔接机制要求,法院在案件审理、执行过程中要重视充分发挥律师作用,及时、有效化解各类诉讼纠纷和矛盾,努力促进和谐司法,共同追求案结事了,维护社会和谐。

11. 省律师协会应当积极引导、鼓励律师参与诉调衔接机制建设。律师在接受当事人委托参加诉讼过程中,应当向委托人阐明法律原则,分析证据利弊,引导其以调解方式解决争议,在合理维护当事人合法权益的前提下,配合人民法院、人民调解组织做好调解息诉工作。

六、加强相互配合和监督,确保司法廉洁

12. 省法官协会、省律师协会应当加强对法官、律师的教育、管理、监督,建立健全法官与律师之间特定关系、违规交往以及应当回避情况的报告备案制度,建立规范法官和律师相互关系的信息交流机制。

13. 省法官协会应当重视听取律师界对法官司法能力、水平、职业道德、公信度以及法院审判执行工作、队伍建设的评价和建议。省律师协会应当重视听取法官对律师执业能力、水平、职业道德以及队伍建设的评价和建议。

14. 对法官、律师违法、违纪行为的反映和举报,省法官协会、省律师协会应当及时告知被反映或举报对象的单位、主管部门,由有关部门依照相关规定查处;处理情况相互函告或在联席会议上通报。

15. 鼓励和提倡各协会、会员单位、主管部门通过征求意见、问卷调查、测评和实行案件廉政监督卡、律师办案质量监督卡制度等多种形式开展监督活动。

七、附则

16. 本意见于二〇一〇年四月二十八日签署。一式两份,签署双方各执一份。

浙江省高级人民法院
诉讼(执行)案件归档报结实施办法(试行)

(2010年12月2日　浙高法〔2010〕361号)

为了规范审判工作,加强诉讼(执行)案件管理,确保案件材料的完整和及时归档,根据最高人民法院《人民法院诉讼文书立卷归档办法》和本院《关于诉讼档案管理的规定》制定本办法。

第一条　归档报结是指案件审理、执行结束后,承办书记员将该案的诉讼(执行)文书材料,按照归档质量要求整理立卷并移交本院档案部门检查合格后归档,该案件即属报送结案完毕。归档日期为案件报结日期。

统计“同期结案率”、“结案率”等有关考核指标,以归档报结数为结案数。

第二条　案件审(执)结后,承办法官应与书记员办理案件材料的交接。书记员按规定要求整理立卷后,并将相关信息录入流程管理系统。

第三条　整理好的卷宗须经承办法官检查,认为合格后立卷人和检查人在备考表上签名,不得由他人代笔。除减刑假释案件外,不得使用印章。

第四条　归档手续由书记员或承办法官办理,原则上不得由实习生代为办理。

第五条　档案部门接卷宗材料后应及时检查,检查合格即准予归档报结。如出现较多数量集中送卷时,应在5个工作日内完成卷宗验收。

第六条　对案卷中暂缺个别无法在案件审(执)后及时收集的材料的,档案部门视为归档,先予报结。所缺材料以统一格式的《缺少案件材料说明表》入卷备案(说明表应由承办法官签名);在规定的期限内收齐材料提交归档的,经检查合格后,档案员应将《缺少案件材料说明表》从卷内抽出交还。

第七条　档案部门应将接收的视为报结的案件卷宗单独存放;案件承办人应在归档报结后的规定期限内尽快收齐所缺材料。在期限届满后确无法补齐所缺材料的,由承办法官在原《缺少案件材料说明表》写明原因,经庭、处长审核签字后,档案部门予以确认,卷宗装订入库。

第八条　对已经归档完毕和已经庭、处长审核同意确无法补齐材料的卷宗,如还有案件材料需要入卷的,入卷材料须经庭、处长签批确认,档案部门方可办理入卷手续。

第九条　因执行、上诉、再审等原因需要调阅档案的案件,除裁定驳回起诉和管辖权异议、不予受理的案件等外,均应先归档报结,不得从承办法官处直接借卷。

第十条　档案部门对于审(执)结后三个月仍未办理归档的、已视为报结但在规定期限内未补齐材料的，应及时通知相关庭、处催归，同时实行归档情况院务会通报和季度书面通报，由政治部门备案，列入年度考核（考核细则另行规定）。

第十一条　对损毁、丢失案卷、证据材料或者其他诉讼材料等，根据情况，按最高人民法院《人民法院工作人员处分条例》第四十条、第八十八条处理。

第十二条　本实施办法从2010年12月22日起试行。

浙江法院阳光司法实施标准

（2011年2月26日　浙高法〔2011〕56号）

为贯彻最高人民法院《关于加强人民法院审判公开的若干意见》、《关于司法公开的六项规定》等要求，建立健全开放、透明、便民、信息化的阳光司法机制，结合浙江法院工作实际，参照最高人民法院《司法公开示范法院标准》，制定本标准。

一、立案公开

1. 完善立案信访窗口标准化、规范化建设，打造集诉讼引导、立案审查、立案调解、救助服务、查询咨询、材料收转、费用收结退、判后答疑、信访接待等功能于一体的一站式诉讼服务中心和纠纷分流平台。

（1）设置单独的立案、信访服务窗口，必要时可以设置电子叫号系统；

（2）设置导诉台并安排接待人员，告知诉讼风险、查询案件信息、解答诉讼疑问、引导当事人合理选择纠纷解决方式；

（3）设置宣传栏、公告牌、电子触摸屏或多媒体视频等，公开各类案件的立案条件、诉讼流程、法律文书样式、诉讼费用标准、缓减免交诉讼费程序和条件、当事人权利义务、服务承诺、管理制度等内容；

（4）完善案件信息网上查询系统，内容包括案件的案号、立案日期、案由、当事人姓名或名称、案件承办人和合议庭组成人员名单、案件流程等，有条件的法院可以在法院网站上设立“在线诉讼服务平台”，实行网上立案、案件查询、材料收转、文书送达、联系法官等在线诉讼服务；

（5）设置人民调解工作室，公开人民调解员的姓名、照片，以及相关工作职责、工作流程等，有条件的法院可以设置法律志愿者服务窗口。

2. 及时将案件受理情况告知当事人，向当事人送达案件受理通知书、举证责任通知书、诉讼执行风险须知和廉政监督卡等。对于不予受理的，向当事人说明理由，或告知有关权利救济途径。

二、庭审公开

3. 依法应当公开审理的案件一律公开审理。公开开庭审理的案件依法允许当事人近亲属、媒体记者和公众旁听;有较多媒体记者旁听的,可以设置媒体席;因审判场所等客观因素所限,可以发放旁听证,并作出必要的说明和解释。有条件的法院可以设立同步庭审视频室,以满足公众了解庭审实况的需要。定期邀请人大代表、政协委员和社会组织代表旁听庭审。

4. 按照有关规定,对庭审活动进行全程同步录音或者录像,每年选择案件进行庭审直播、录播。

5. 所有证据应当依法在法庭上公开。能当庭认证的,应当当庭认证。逐步提高证人、鉴定人的出庭比率。证人、鉴定人因故不能出庭或者征得各方当事人同意的,可以通过双向视听传输技术手段远程或在相关场所作证、接受询问。

6. 依法及时将审判组织的确定、变更等情况告知当事人,保障当事人申请回避的权利。

7. 案件未在法定期限内审结,需要延长审限的,应当将有关情况告知当事人;案件依法中止诉讼的,应当将有关法律文书送达当事人。

8. 实行诉讼档案公开查询制度,方便当事人和辩护人、诉讼代理人按照有关规定查阅和复印相关卷宗档案。推进诉讼档案电子化,建立当事人和辩护人、诉讼代理人查询服务平台,逐步实现电子化阅卷。

三、执行公开

9. 通过法院网站等载体公开执行案件的立案标准、收费标准、执行风险、执行规范、执行程序等信息。

10. 完善执行案件信息查询系统,依法向当事人公开案件当事人情况、立案信息、执行人员名单、被执行财产信息、执行过程中形成的法律文书、执行中止情况和理由、结案信息、执行异议信息以及变更、追加被执行人阶段的听证信息等。

11. 采取查封、扣押、冻结、划拨等重大措施后,应当及时将有关情况告知双方当事人。执行款项的收取发放、执行标的物的保管、评估、拍卖、变卖中的重要环节和重要事项,也应及时告知双方当事人。

12. 实施重大的执行行为时,可以邀请人大代表、政协委员到现场监督。

13. 公开选定评估、拍卖机构的条件、程序,向社会公布选定的具有相应资质的鉴定、评估机构、拍卖机构名单,实行鉴定、评估机构、拍卖机构考评淘汰制。案件执行中委托评估、拍卖的,向当事人和利害关系人公开评估、拍卖的过程和结果。探索利用市场交易平台或者互联网竞价拍卖,确保司法拍卖的公正、公开、公平。

14. 通过报纸、网络等媒体公布不履行法律文书确定义务的被执行人的基本信息、财产状况、执行标的等信息。建立全省法院执行未结案件信息库,将被执行人失信信息提供给政府监管、金融和招投标等部门,并统一在信用浙江网上发布,供公众查询。

15. 未按照规定的期限完成执行行为的，应当向申请执行人说明原因。

四、听证公开

16. 开庭审理程序之外的涉及当事人或者案外人重大权益的案件实行公开听证，公告听证事由、时间、地点、听证法官、听证参加人的权利义务等。

17. 对符合听证条件的申请再审案件和涉及人数较多、群众反映强烈、争议较大、多次上访以及在社会上引起重大影响的涉法涉诉信访等案件，人民法院认为有必要听证的，应当组织公开听证。

18. 对申请司法赔偿案件中侵权损害后果、赔偿方式、赔偿数额分歧较大或赔偿数额巨大、社会各界关注等案件，人民法院认为有必要听证的，应当组织公开听证。

19. 对执行案件中案外人异议、不予执行的申请，变更、追加被执行主体，中止或终结执行，多个债权人申请参与分配等事项，人民法院认为有必要听证的，应当组织公开听证。

20. 对危害国家安全、严重危害公共安全、严重暴力犯罪案件、职务犯罪等案件的被告人，以及黑社会性质组织的领导者、组织者和骨干分子、犯罪集团的首要分子和主犯等进行减刑、假释，人民法院认为有必要听证的，应当组织公开听证。

五、文书公开

21. 合议庭制作裁判文书，应当阐明当事人的诉辩意见和证据采信、事实认定、法律适用的理由和依据，还可以视情以附表、图示等方式，便于当事人理解。

22. 在法院网站设立专门的裁判文书公开栏目，按照有关规定，将生效的裁判文书上网公布。

23. 指定专门机构或专门人员管理裁判文书上网公布工作，建立相应的管理制度，监督管理上网公布的文书数量、质量和信息安全等事项。

六、审务公开

24. 在法院网站或者其他信息公开平台公布人民法院审判工作流程、管理制度、审判业务部门审判职能等基本情况。公开非涉密审判工作情况、重要规范性文件、审判指导意见、重要研究成果等信息。

25. 完善新闻发布制度，建立与媒体及其主管部门固定的沟通联络机制，定期或不定期举行新闻发布会、通气会、座谈会或研讨会。

26. 定期开展“公众开放日”活动，增进社会各界对人民法院工作的了解和理解。

27. 加强人民陪审员参与案件审理工作，提高人民陪审员陪审案件的比例。推进人民陪审员参与执行、送达、涉诉信访等工作，扩大人民群众参与、监督司法活动的范围。

28. 在制定重要的规范性文件、审判指导意见时，广泛听取相关部门、专家学者、其他法律工作者的意见，必要时向社会公众征询意见。

29. 建立和完善人民法院特约监督员、咨询专家等制度以及法官与律师正常交往机制，增强司法公开、接受监督的实效。

30. 完善网络舆情研判、应对机制，及时发布权威信息，主动回应社会关切。利用网络、电视台、广播电台等媒体加强与社会公众的对话与交流，使更多的群众了解法院，理解和支持法院工作。

31. 充分听取、广泛征求人大代表、政协委员、社会团体、基层群众等社会各界对法院司法公开工作的意见和建议。

七、工作机制

32. 高度重视司法公开工作，成立阳光司法领导小组，指定机构和专门人员负责落实司法公开工作。制定具体工作方案，建立分工协作、各负其责的长效机制。

33. 建立阳光司法考核评价机制和督促检查机制，加强工作指导，定期或不定期组织专项检查，评估工作开展情况，通报检查结果。

34. 建立阳光司法物质保障机制。对立案大厅、法院网站、其他信息公开平台、审判法庭安全检查设备、庭审录音录像、直播设备等方面提供物质保障。

35. 建立责任追究机制和举报投诉机制。对于违反司法公开相关规定，损害当事人合法权益，造成严重后果的行为，应当及时严肃查处。设立投诉电话、举报投诉信箱，由各级法院纪检监察部门对当事人和社会公众反映的问题进行核查。

36. 本实施标准自公布之日起施行。

浙江省高级人民法院
关于健全二审改判、发回重审案件沟通机制的意见

（2011 年 2 月 17 日　浙高法〔2011〕42 号）

为加强审判管理，提高案件质效，确保司法公正，完善上下级法院沟通协调机制，根据《最高人民法院关于规范上下级人民法院审判业务关系的若干意见》等的规定，结合审判工作实际，现就健全省高级法院二审改判、发回重审案件沟通机制有关问题提出如下意见：

一、省高级法院二审改判、发回重审案件沟通机制是指对拟改判、发回重审的二审案件，在作出裁判前相关业务庭与一审法院就案件证据和事实认定、法律适用、案件处理背景和效果等进行沟通、交换意见的工作机制。

二、省高级法院二审拟改判、发回重审的，一般需要与一审法院沟通、交换意见。

拟改判、发回重审经一审法院审判委员会讨论决定以及群体性、敏感性等涉及

面广、矛盾易激化案件和新类型案件,应当与一审法院沟通、交换意见。

三、合议庭负责沟通、交换意见工作,具体工作由承办法官进行。必要时,可由庭长或副庭长进行。意见征询情况应当记录并存二审案卷副卷。

合议庭可在评议后与一审法院相关业务庭庭长、审判长、承办法官沟通、交换意见,也可在报庭长或分管院长审核后进行。拟改判或发回重审二审案件需要提交审判委员会讨论决定的,合议庭应当在提交前与一审法院分管院领导或相关业务庭负责人沟通、交换意见。

承办法官在案件审理过程中针对案件事实认定、法律适用中的疑问,应当与一审审判长、承办法官进行沟通,了解案件的处理背景等情况,并在审理报告中阐明或在合议庭评议时如实汇报。

四、一审法院对拟改判、发回重审有不同意见的,可以书面陈述意见和理由,也可以口头沟通、交换意见,阐述一审作出裁判时其他考量的因素等。相关意见存二审案卷副卷。

在沟通、交换案件意见时,一审法院不得强调或暗示绩效考核、法官个人人情等因素,不得泄露审判工作秘密。

五、一审法院认为拟改判或发回重审的案件有协调可能或认为协调处理更为妥当的,可以一并提出相关意见和方案,并协助二审法院做好相关工作。

六、省高级法院应当重视一审法院的不同意见。根据具体案情和意见,由合议庭复议或者提交审判长联席会议讨论。提交审判长联席会议讨论的,可请一审法院分管院长或庭长、审判长、承办法官列席会议,听取其意见和理由。

对群体性、敏感性等涉及面广、矛盾易激化案件和新类型案件,一审法院坚持原判意见的,可报分管院长处理,或经分管院长提交审判委员会讨论决定。

七、拟改判或发回重审经一审法院审判委员会讨论决定的案件,经沟通、交换意见后,一审法院坚持原判意见的,应当将该案件提交审判委员会讨论,并请一审法院院长列席会议,听取其意见和理由。

八、省高级法院二审改判的,应当在裁判文书中详细阐明改判的理由及法律依据。

九、省高级法院各业务庭应当重视总结二审改判、发回重审的原因,通过业务条线例会、研讨会、业务培训等方式对改判、发回重审案件进行分析、研讨,对其中存在的证据、事实认定,法律适用和审判程序等普遍性、典型性问题及时进行总结归纳,并运用制发会议纪要、指导性意见或编写指导案例等形式,加强业务指导。

十、一审法院应当对被改判、发回重审案件及时组织自查、评估、总结,并适时向省高级法院反馈执行二审裁判的法律效果和社会效果。

十一、死(缓)刑复核、再审改判、发回重审案件的意见沟通机制参照本意见执行。

十二、本意见自发布之日起施行,法律、司法解释有新的规定的,从其规定。

浙江省高级人民法院特约监督员工作意见

(2010 年 12 月 15 日　浙高法发〔2010〕10 号)

为进一步健全和完善人民法院外部监督机制,维护司法公正,提高司法公信力,推动人民法院工作科学发展,根据最高人民法院《特约监督员工作条例》和省委统战部《关于建立完善民主党派和无党派人士特约人员工作制度的意见》,结合工作实际,制定本工作意见。

第一条　我院邀请各民主党派、省工商联、无党派人士和相关省人大代表、省政协委员担任特约监督员,监督法院工作,为法院工作建言献策。

第二条　特约监督员由有关组织推荐,并须征得本人及其所在单位同意。

我院向受聘的特约监督员颁发聘书和《特约监督员工作证》,并向社会公布。

特约监督员实行聘任制,每两年聘任一次。

特约监督员在任期内本人书面要求辞去特约监督员工作的,由我院予以解聘。

第三条　特约监督员以个人身份参与法院工作,在省高级人民法院院长的领导下开展工作。

第四条　特约监督员的职责:

(一)参与讨论研究涉及法院工作的重要政策、法律和法院工作的重大事项,提出建议和意见。

(二)反映人民群众、社会各界对法院审判、执行工作与队伍建设的批评和建议。

(三)参与人民法院调研活动和人民法院宣传活动。

(四)了解、监督本省各级人民法院工作人员在审判、执行工作中公正司法的情况。

(五)我院组织安排的其他活动。

第五条　特约监督员的权利:

(一)参加我院重要会议。参加全省法院院长会议及我院安排的有关业务会议,全面了解我院工作部署。

(二)调研和明查暗访。到我院各内设机构和本省各地人民法院进行调研,了解相关工作情况;对司法活动及法院工作人员遵纪守法情况进行明查暗访,提出建议、意见和批评。

（三）查阅人民法院相关工作文件、资料。

第六条　特约监督员的义务：

（一）遵守国家宪法和法律，遵守工作纪律，严格执行人民法院的保密规定；

（二）坚持尽职尽责，公正廉洁，不谋私利，不徇私情，不以特约监督员身份干扰审判工作；有关个案的反映材料，不宜直接递交办案法官或法院，应交由我院统一处理。

（三）认真履职，确保特约监督员工作质量，每年参加我院组织的活动不少于2次。

第七条　省高级人民法院纪检组（监察室）负责与特约监督员的联络、沟通以及有关活动的组织协调，协调省委统战部、各民主党派及特约监督员所在单位，为特约监督员开展工作创造良好环境。

第八条　开展特约监督员工作的主要内容和方式：

（一）组织特约监督员参加年度全省法院院长会议，参与法院工作重大决策部署。

（二）通过编发专刊及不定期情况通报会，向特约监督员及时通报一个时期的法院重点工作开展情况。

（三）围绕法院工作重点难点问题，不定期组织特约监督员开展专题调研视察，为法院工作建言献策。

（四）组织特约监督员参与审判业务部门重大活动、专项工作，参加重大案件的庭审观摩，接受特约监督员对具体执法活动的监督。

第九条　特约监督员履职所需费用由我院承担。参与法院活动期间，可按因公出差规定在我院报销差旅费。

浙江省高级人民法院
关于出具裁判文书生效证明的规定（试行）

（2011年9月26日　浙高法〔2011〕253号）

为规范和统一人民法院出具裁判文书生效证明事项，方便当事人及时实现权利，维护生效裁判权威，结合我省法院工作实际，制定本规定。

第一条　民事、行政、刑事附带民事案件的当事人或其权利义务继受人，可以向作出生效裁判文书的人民法院申请出具裁判文书生效证明。

第二条　当事人或其权利义务继受人向人民法院申请出具裁判文书生效证明时，应当提交申请书、身份证明和裁判文书。

申请人为自然人的,应当提交身份证复印件或者其他身份证明;申请人为法人或其他组织的,应当提交营业执照副本复印件或者其他证明其有效成立的法律文件复印件,以及法定代表人证明书或负责人证明书。

委托申请的,除提交上述规定的资料外,还应提交由委托人签名或盖章的授权委托书和受托人的身份证明。

第三条 立案部门负责审查受理当事人的申请。经审查认为符合条件的,应当编立文号,在受理之日起二日内将申请材料移交本院档案管理部门。

档案管理部门应当在收到立案部门移交的申请材料之日起三日内办结裁判文书生效证明事项。裁判文书已经生效的,出具裁判文书生效证明交申请人,并将副本送立案部门;裁判文书尚未生效的,应当告知申请人。

第四条 具备以下条件的,确认裁判文书生效:

(一)一审裁判的,裁判文书已全部送达,且上诉期限已届满,没有上诉的情形;

(二)二审裁判的,已公开宣判或裁判文书已全部送达;

(三)调解结案的,调解书已全部送达或者双方当事人同意在调解协议上签名或者盖章后生效,且已签名或者盖章。

第五条 案件主审人是确认裁判文书生效的责任人,并负责做好裁判文书生效信息的录入:

(一)一审裁判文书全部送达后,主审人应当在上诉期限届满次日对是否上诉进行确认;确认没有上诉情形的,应当在期限届满次日起三日内,将裁判文书生效信息录入法院审判流程管理信息系统;

(二)二审宣判后或裁判文书全部送达后,主审人应当在三日内,将裁判文书生效信息录入法院审判流程管理信息系统;

(三)调解书全部送达后,或者双方当事人同意在调解协议上签名或者盖章后生效,且已签名或者盖章的,主审人应当在三日内将裁判文书生效信息录入法院审判流程管理信息系统。

书记员可协助主审人录入裁判文书生效信息。

案件主审人在裁判文书生效前调离审理法院的,由承办案件的审判庭负责做好生效信息的录入。

第六条 原生效裁判案件正在再审的,暂不予出具裁判文书生效证明。

原生效裁判被再审改判的,出具再审裁判文书生效证明。

原生效裁判经再审改判或被撤销的,已出具的原裁判文书生效证明自作出改判或撤销决定之日起,自行失效。

第七条 裁判文书生效证明可加盖人民法院裁判文书生效证明专用章,并注明出具的日期。

第八条　立案部门应当对出具的裁判文书生效证明统一造册登记，载明裁判文书生效证明文号、申请人、案件的案号及案由、案件生效时间、承办法官、出具日期等信息。

档案管理部门应当将办理裁判文书生效证明的相关材料归入原卷宗。

第九条　申请人向人民法院申请出具裁判文书生效证明，无须交纳费用。

第十条　本规定自下发之日起施行。

浙江省高级人民法院
关于裁判文书上网公布的规定(试行)

(2011 年 9 月 26 日　浙高法〔2011〕254 号)

为贯彻落实审判公开原则，加大法院审判、执行工作透明度，保障公众知情权和监督权，规范裁判文书上网公布工作，根据最高人民法院《关于人民法院在互联网公布裁判文书的规定》和《浙江法院阳光司法实施标准》，制定本规定。

第一条　全省各级人民法院应当在《浙江法院网》和本院互联网门户网站设立裁判文书公开栏目，公布已经发生法律效力的裁判文书。

第二条　裁判文书上网公布应当遵循依法、及时、规范的原则。

第三条　上网公布的裁判文书包括：

(一)各类案件的一审、二审、再审判决书；

(二)维持原判的刑事裁定书；

(三)管辖权异议、不予受理、驳回起诉案件的民事、行政裁定书；

(四)发回重审的裁定书；

(五)再审审查案件的裁定书；

(六)执行异议、执行复议的裁定书；

(七)执行案件中其他具有实体内容的裁定书。

第四条　下列裁判文书，不予上网公布：

(一)涉及国家秘密、商业秘密、个人隐私的；

(二)涉及未成年人犯罪的；

(三)涉及死(缓)刑的；

(四)涉及婚姻家庭纠纷的；

(五)以调解方式结案的；

(六)准许撤诉或按撤诉处理的；

(七)减刑、假释的；

(八)其他不宜上网公布的。

第五条 上网公布的裁判文书电子文本应当与正本内容一致。除按照本规定第六条进行技术处理的部分外,不得对上网公布裁判文书的电子文本进行改动。

第六条 全省各级人民法院在互联网上公布裁判文书,对当事人的姓名、住址、通讯方式、身份证号码、银行账号等个人信息,以及证人等诉讼参与人或者当事人近亲属的个人信息,应当采用删除、符号替代等方法进行相应的技术处理。对其他不宜在互联网公布的内容,亦应进行技术处理。

第七条 全省各级人民法院应当对在互联网上公布的裁判文书进行适当分类,并载明裁判文书种类、案件类型、案号、案由等基本信息。

第八条 在互联网上公布裁判文书,应当在裁判文书生效之日起三十日内完成。

第九条 案件主审人应当审查已生效裁判文书是否属于上网公布的范围。对拟上网的裁判文书,应当再次审阅,确保裁判文书电子文本内容真实、准确,格式规范,无错别字,引用法律条款无误,并进行技术处理。认为不能上网公布的,应当注明理由。

裁判文书上网公布审核程序由各地法院根据实际情况确定。

第十条 全省各级人民法院应当指定专门机构负责裁判文书上网公布的管理工作。该机构履行以下职责:

(1)负责发布裁判文书。对不符合上网公布形式要求的,应当及时通知相关部门或人员进行补正;

(2)审查案件主审人提出的不予上网公布理由;

(3)指导、监督裁判文书上网公布工作,通报裁判文书上网公布情况,并针对上网公布裁判文书工作出现的问题提出改进建议;

(4)及时掌握和汇总公众对裁判文书的评论。

裁判文书上网公布后,案件当事人明确请求不在互联网公布的,应当及时撤换并备案。

第十一条 上级人民法院指导下级人民法院裁判文书上网公布工作,并对裁判文书上网公布情况进行检查、考核。

全省各级人民法院应当加强裁判文书上网公布工作的管理,通过健全制度、业务培训、评选优秀裁判文书,定期或不定期对本院裁判文书上网情况进行检查、通报等方法推动裁判文书上网公布工作开展。

第十二条 全省各级人民法院应当设置必要的技术安全措施,避免上网公布的裁判文书被篡改或被不当利用。

第十三条 违反本规定在互联网公布裁判文书造成不良影响的,应当及时纠正。不及时纠正造成严重后果的,追究相关人员的责任。

第十四条 本规定自下发之日起施行。

浙江省高级人民法院
案件风险评估预防工作实施细则(试行)

(2011年10月22日 浙高法〔2011〕285号)

为了进一步加强涉诉信访工作,做到从源头上预防和减少涉诉信访,切实维护社会稳定,根据《最高人民法院关于开展案件信访评估预防工作的若干意见》和《浙江省委维护稳定工作领导小组全面推行重大事项社会稳定风险评估工作的意见》的相关要求,结合我省法院工作实际,制定本细则。

第一条 各级人民法院应当建立案件风险评估预防制度,通过开展风险评估工作,尽早发现有信访苗头或者可能影响社会稳定的案件,及时制定对策,采取有效措施,切实预防和减少涉诉信访,维护社会稳定。

第二条 各级人民法院成立案件风险评估预防工作领导小组,负责督促本院及指导下级法院的案件风险评估预防工作。

第三条 立案、审判和执行等各个环节都应开展风险评估预防工作,确定风险等级。案件不存在本细则第六、七条所规定的情形的,可以不确定风险等级、不填写相应表格。案件存在本细则第六、七条所规定的情形的,不得隐瞒不报。

第四条 案件承办部门和承办人是案件风险评估预防工作的责任部门和责任人,负责确定风险等级、同步开展化解工作、填写《人民法院案件风险等级评估抄告表》(附件1)和《人民法院案件风险等级评估预防情况表》(附件2)。

第五条 案件承办部门和承办人在案件处理过程中应当综合分析当事人、当事人近亲属或者被害人近亲属、辩护人、委托代理人、法定代理人以及其他相关人员的言行举止、情绪表现、家庭状况等特征,和以往诉讼、信访行为表现等情况,结合纠纷背景、基本案情和处理思路,对案件进行全面客观的风险评估,确定风险等级。

第六条 当事人或者相关人员情绪较为激动,言辞较为激烈,有明确的上访意思表示、曾经有过上访经历,或者案件有一定起因和背景,有可能引发信访事件、引起社会关注、影响社会稳定的,确定为"一般风险等级"。具体情形包括:

1. 扬言去省赴京上访的;
2. 扬言在当地进行缠访、闹访等非正常访活动的;
3. 扬言组织集体访的;
4. 扬言在敏感时期到敏感地点或者领导机关、要害部门上访的;

5. 扬言进行网络炒作的;

6. 曾经在其他案件处理过程中实施过上述行为的;

7. 当事人的代理人或者关系密切人员曾经怂恿上访的;

8. 人大、党委、上级法院等领导机关交办信访件的;

9. 涉及群体性纠纷的;

10. 涉及知名人士、企业或重大涉外、涉港澳台等特殊主体的;

11. 案件政策性强、法律适用难度大的,如征地拆迁、企业破产重组、消费者维权、劳动者讨薪等;

12. 涉及政治、民族、宗教问题,容易引起舆论关注的;

13. 案件类型较新,可能引发社会关注的;

14. 其他有可能造成一定后果、产生较大影响的。

第七条 当事人或者相关人员有明确的非正常访意思表示,扬言进行违法犯罪行为,或者案件有一定起因和背景,有可能引发严重信访事件、引起社会普遍关注、严重影响社会稳定的,确定为“重大风险等级”。具体情形包括:

1. 扬言组织10人以上集体访的;

2. 扬言在全国两会、中央全会以及其他重大活动等敏感时期赴京到天安门、中南海、使领馆等敏感地点进行非正常访的;

3. 扬言自杀、自残的;

4. 扬言伤害对方当事人、法院干警、其他与案件相关的人员或者不特定人员的;

5. 扬言通过爆炸等严重暴力行为毁坏公私财物或者危害公共安全的;

6. 符合本细则第六条第9—13项规定的情形,且已经出现群体性事件苗头或者已经引起舆论关注、形成一定影响的;

7. 其他有可能造成严重后果、产生重大影响的。

第八条 经过评估,确定风险等级的案件,应及时填写《人民法院案件风险等级评估抄告表》将评估情况抄告本院立案信访职能部门。需要法警部门做好相应预案的,应同时抄告法警部门。有可能引发去省进京上访的,本院立案信访职能部门应及时将《人民法院案件风险等级评估抄告表》逐级上报至省高院立案信访职能部门。

第九条 案件风险涉及党委政府部门或者在当地有重大影响的,应及时向党委报告有关情况和工作方案。要在党委的统一领导下,有效协调有关方面,形成合力,共同做好相关工作。

第十条 案件承办部门应当根据所处环节的职责,客观评估案件的风险等级,努力化解已经存在的信访苗头或者不稳定因素。确实无法化解的,在向下一承办部门移送时,应当明确提示并提出预防、化解建议。承办部门和承办人处理案件时,应当统筹考虑上一环节作出的风险提示以及本环节的办理工作可能给下一环节带来的影响。

第十一条　立案受理环节的风险评估预防由立案庭负责。

立案庭在立案审查时应通过窗口接谈了解、信访信息联网查询等手段合理确定风险等级。对有一定风险因素但又符合受理条件的，要在确保依法及时立案的前提下开展相应化解工作，化解不成的要及时立案移送并提示风险。

立案受理环节的《人民法院案件风险等级评估预防情况表》应着重写明当事人或者相关利害关系人的以往信访情况和本阶段的情况摸排情况，对下一环节提示需注意的事项。

第十二条　案件审理环节的风险评估预防由相关审判业务庭负责。

无论立案环节有无确定风险等级，审理环节的承办人均应根据实际情况开展全面的评估工作。确定风险等级的，应当边审理边化解，运用多种手段，消除信访隐患和不稳定因素，力争案结事了。

合议庭对案件处理进行评议前，可以就风险等级及应对措施进行专门评议，积极开展化解工作。合议庭对案件处理进行评议时，应当就风险等级、已采取的应对措施、下一步化解方案等一并提出意见。

案件审理环节的《人民法院案件风险等级评估预防情况表》应着重写明本阶段矛盾化解工作情况，未成功化解的应写明下一步化解工作的建议。

第十三条　执行阶段的风险评估预防由执行局负责；涉及委托评估、拍卖等司法活动的评估预防由相关司法辅助工作部门负责；涉及其他司法活动的风险评估，由负责该项工作的部门负责。

第十四条　承办部门领导、院领导在审批案件时，应当对合议庭或者独任审判员提出的风险评估意见和应对措施提出意见，并做好必要的检查、督促和协调工作。审判委员会在讨论确定风险等级的案件时，应当对承办部门提出的评估意见和化解措施，一并进行研究，提出指导意见。

第十五条　案件风险评估预防工作机制的具体内容由人民法院内部掌握，应防止向社会公众扩散传播，尤其注意避免对当事人形成负面导向。

第十六条　已经确定的案件风险等级和化解措施属于审判秘密，各个环节的相关评估表格和评议记录应当保存于副卷。

第十七条　风险评估预防工作纳入审判执行流程管理，在立案、审理、执行等各个环节设置是否确定风险等级、确定何种风险等级、有无成功化解风险等节点信息，并上传相关评估表格文书。

第十八条　风险评估预防工作是案件质量评查和绩效考核的重要内容，各级人民法院要加强监督检查，确保制度措施落到实处。

对于不及时开展案件风险评估预防工作,在评估工作中搞形式主义、弄虚作假,或者随意夸大、降低风险等级,以及没有及时开展化解工作,造成严重后果的,依照相关规定严肃处理。

第十九条 本细则自下发之日起施行。

浙江省高级人民法院
关于加强司法建议工作的实施意见

(2012年6月26日 浙高法〔2012〕154号)

为加强司法建议工作,根据《最高人民法院关于加强司法建议工作的意见》,结合我省实际,提出以下实施意见。

一、一般规定

1. 司法建议是法律赋予人民法院的重要职责,是人民法院工作的重要组成部分,是充分发挥审判职能作用的重要方式,是人民法院工作“为大局服务,为人民司法”,实现法律效果、社会效果和政治效果有机统一的重要途径。

2. 各级人民法院应当把司法建议纳入整体工作部署,不断创新建议形式,规范管理机制,确保建议质量,增强建议效果,充分发挥司法建议在完善公共决策、堵塞管理漏洞、推进社会矛盾化解和社会管理创新中的应有作用。

3. 司法建议应当坚持必要性、针对性、合法性和实效性原则,力求把握问题准确,分析说理充分,建议合理可行,行文严谨规范,符合保密规定。

4. 对审判执行工作中发现的下列问题,人民法院可以向相关党政机关、企事业单位、社会团体及其他组织提出司法建议,必要时可以抄送该单位的上级机关或者主管部门:

(1)涉及经济社会发展重大问题需要相关方面积极加以应对的;

(2)相关行业或者部门工作中存在的普遍性问题,需要有关单位采取措施的;

(3)相关单位的规章制度、工作管理中存在严重漏洞或者重大风险的;

(4)国家利益、社会公共利益受到损害或者威胁,需要有关单位采取措施的;

(5)涉及劳动者权益、消费者权益保护等民生问题,需要有关单位采取措施的;

(6)法律规定的有义务协助调查、执行的单位拒绝或者妨碍人民法院调查、执行,需要有关单位对其依法进行处理的;

(7)拒不履行人民法院生效的判决、裁定,需要有关单位对其依法进行处理的;

(8)发现违法犯罪行为,需要有关单位对其依法进行处理的;

(9)诉讼程序结束后,当事人之间的纠纷尚未彻底解决,或者有其他问题需要有关部门继续关注的；

(10)其他确有必要提出司法建议的情形。

5. 人民法院在开展调查研究、案件质量评查等活动、上级人民法院对下级人民法院进行监督指导、院长、庭长在履行审判监督指导职责时，发现需要向相关党政机关、企事业单位、社会团体及其他组织提出司法建议的，可以建议提出司法建议。

6. 研究室是司法建议工作的日常管理机构，负责司法建议的文书编号、信息库管理、考核和通报等工作。未设立研究室的人民法院，应当指定专门机构或人员负责司法建议工作的日常管理。

二、司法建议书的制作

7. 人民法院提出司法建议，应当制作司法建议书。对某些不具有普遍性的问题，也可采取沟通、交流等方式提出意见建议，不制作司法建议书，但应当在案卷中记明，并向司法建议工作管理部门备案。

8. 司法建议书包括以下类型：

(一)针对一定时期审判执行工作中发现的普遍性、系统性问题制作的综合性司法建议书；

(二)针对某一类案件中反映的普遍性问题制作的类案司法建议书；

(三)针对个案中反映的具体问题制作的个案司法建议书。

人民法院也可以根据实际情况以专题报告、要情专报、定期制作发布相关审判工作报告(白皮书)等形式提出司法建议。

9. 司法建议书的格式应当统一、规范。司法建议书一般包括首部、主文和尾部三部分(见附件)。

首部包括：文件名称、文号、司法建议书标题、主送单位(被建议单位)名称。

主文包括：在审理和执行案件中或者相关调研中发现的需要重视和解决的问题，对问题产生原因的分析，依据法律法规及政策提出的具体建议，以及其他需要说明的事项。

尾部包括：反馈期限和反馈方式，联系人及联系方式，院印和日期。如需抄送被建议单位的上级机关、主管部门或其他有关部门的，应当列明抄送单位全称。

司法建议书可以根据实际需要附相关裁判文书、调研报告等材料。

10. 司法建议书应当根据具体情况合理确定被建议单位书面反馈的期限。

11. 司法建议书应当采用“××法建〔20××〕××号”的方式统一编立文号。

12. 司法建议书由所涉案件审判业务部门负责起草，综合司法建议书也可由有关综合性部门起草。

13. 制作司法建议书前，可以就有关问题与相关党政机关、企事业单位、社会团体及其他组织进行适当的交流和沟通。

14. 司法建议书起草完成后，交司法建议工作管理部门审核，报分管院领导签发。向党政机关发送的重要司法建议书或审判委员会决定发送的司法建议书，由院长签发。

三、司法建议的发送、落实和督促

15. 司法建议书应当以人民法院的名义发送，不得以法院内设机构和个人名义发送。

司法建议书一般由受理案件或者涉及相关工作的人民法院发送。拟向上级党委、人大、政府及其部门提出的司法建议，必要时可以提请上级人民法院发送。

16. 个案司法建议书一般应当在所涉案件裁判文书生效后或者执行、涉诉信访案件办结后，及时发送。必要时，也可在案件办理过程中发送。

17. 司法建议应当及时送达被建议单位。必要时可以抄送该单位的上级机关或者主管部门。

18. 司法建议书发送后，司法建议起草部门应当主动采取询问、提醒、回访等方式加以督促，做好后续沟通协调工作，推动司法建议落实。

对于被建议单位不落实司法建议事项可能会产生严重后果的，可以向其上级机关或主管部门提出意见。

四、司法建议工作的管理

19. 司法建议书起草部门将司法建议书、被建议单位反馈意见及相关材料整理后移送司法建议工作管理部门统一立卷，集中归档。个案司法建议书（正本）还应归入该案卷宗副卷。

20. 做好司法建议的统计、汇总工作，为分析和指导司法建议工作提供数据支持。

21. 省高级人民法院建立全省法院司法建议信息库。司法建议信息库包括司法建议书的类型、文号、内容、起草部门、审核部门、签发领导、涉案案号（如有）、送达情况、反馈和落实情况、归档情况等内容。各级人民法院应当将司法建议书的起草、送达、处理和归档情况及时上传至司法建议信息库。司法建议工作管理部门应当定期对信息库的信息进行检查，对发现信息录入有差错的，应当督促及时纠正。

22. 加强司法建议情况通报和总结工作。司法建议工作管理部门应当定期制作司法建议情况通报和年度司法建议总结报告。

23. 加强司法建议工作培训、经验交流等工作。适时开展司法建议专项培训，增强法官司法建议工作能力，提升司法建议书制作水平。

24. 开展优秀司法建议年度评选活动，加强对优秀司法建议的总结推广，对开展司法建议工作有突出成绩的单位和个人，给予表彰和奖励。

25. 积极争取党委、人大和政府对司法建议工作的支持，推动将司法建议反馈、落实情况纳入当地社会管理综合治理，依法行政，平安建设，创建先进法治市、县（市、区）工作先进单位等考核体系。

26. 加强司法建议工作宣传力度，不断扩大社会影响，既发挥司法建议的社会引导作用，又努力赢得社会各界的理解、尊重和支持，为司法建议工作营造良好的社会环境。

27. 本意见自下发之日起施行。本院以前有关规定与本意见相抵触的，不再适用。本意见施行后，法律和司法解释作出新规定的，按新规定执行。

图书在版编目(CIP)数据

“八项司法”的发展与深化:浙江法院司法创新成果.全二册/齐奇主编.—北京:法律出版社,2013.7
ISBN 978-7-5118-5088-1

Ⅰ.①八… Ⅱ.①齐… Ⅲ.①法院—司法制度—体制改革—研究—浙江省 Ⅳ.①D926.2

中国版本图书馆CIP数据核字(2013)第142967号

“八项司法”的发展与深化
——浙江法院司法创新成果
主编 齐 奇

编辑统筹 大众出版分社
策划编辑 韦钦平
责任编辑 韦钦平 朱海波
装帧设计 汪奇峰

出版 法律出版社
总发行 中国法律图书有限公司
经销 新华书店
印刷 固安华明印刷厂
责任印制 沙 磊

开本 720毫米×960毫米 1/16
印张 69.75
字数 1181千
版本 2013年7月第1版
印次 2013年7月第1次印刷

法律出版社/北京市丰台区莲花池西里7号(100073)
电子邮件/info@lawpress.com.cn
网址/www.lawpress.com.cn
销售热线/010-63939792/9779
咨询电话/010-63939796

中国法律图书有限公司/北京市丰台区莲花池西里7号(100073)
全国各地中法图分、子公司电话:
第一法律书店/010-63939781/9782
重庆公司/023-65382816/2908
北京分公司/010-62534456
西安分公司/029-85388843
上海公司/021-62071010/1636
深圳公司/0755-83072995

书号:ISBN 978-7-5118-5088-1
定价:120.00元(上、下册)
(如有缺页或倒装,中国法律图书有限公司负责退换)